Mini-Jobs · Aushilfen · Teilzeit

Probleme und Lösungen im Steuer- und Sozialversicherungsrecht mit den Fallstricken des Arbeitsrechts

Mini-Jobs · Aushilfen · Teilzeit 2021

Probleme und Lösungen im Steuer- und Sozialversicherungsrecht mit den Fallstricken des Arbeitsrechts

42., überarbeitete Auflage

Rechtsstand 1. Januar 2021
Redaktionsschluss 1. Dezember 2020

BEARBEITER

Arbeitsrecht:	Thomas Pauken Rechtsanwalt und Fachanwalt für Arbeitsrecht, Düsseldorf
Lohnsteuer/Vermögensbildung:	Diplom-Finanzwirt (FH) Wolfgang Deck Oberamtsrat am Bundesministerium der Finanzen a.D., Berlin
Sozialversicherung:	Andreas Abels, Betriebswirt (VWA), AOK-Rheinland-Hamburg, Grevenbroich
Kirchensteuer:	Dr. Rainer Rausch, Oberkirchenrat der Evangelischen Landeskirche Anhalts, Dessau-Roßlau

---

Dieses Printprodukt ist auch als Online-Datenbank erhältlich. Preise und Informationen finden Sie:

www.stollfuss.de

Es ist außerdem Bestandteil des Online-Fachportals Stotax First:

www.stotax-first.de

Für Fragen und kostenlose Testzugänge steht Ihnen unser Kundenservice gerne zur Verfügung (0228 724-0 oder info@stollfuss.de)

Bibliografische Information Der Deutschen Bibliothek
Die Deutsche Bibliothek verzeichnet diese Publikation in Der Deutschen Nationalbibliografie; detaillierte bibliografische Daten sind im Internet über http://dnb.ddb.de abrufbar.

ISBN: 978-3-08-317621-3
Stollfuß Medien GmbH & Co. KG · 2021 · Alle Rechte vorbehalten
Satz: mediaTEXT Jena GmbH, Jena
Druck und Verarbeitung: Bonner Universitäts-Buchdruckerei (bub)

Vorwort

Dieser Ratgeber zu den Mini-Jobs, den Aushilfs- sowie Teilzeitbeschäftigungen bietet Ihnen als Arbeitgeber, Angehöriger der steuerberatenden Berufe sowie als Arbeitnehmer eine komplette Übersicht für die ab 2021 zu beachtenden Regelungen. Die im praktischen Einsatz bewährte Konzeption des Ratgebers, sowohl die arbeitsrechtlichen, lohnsteuerlichen als auch sozialversicherungsrechtlichen Grundlagen möglichst umfassend darzustellen, ist auch im Jahr 2021 aktuell. Hinzu kommt das auch zu beachtende Kirchensteuerrecht.

Lang erwartet, wird der Solidaritätszuschlag ab dem Kalenderjahr 2021 deutlich abgesenkt. Ein sehr großer Anteil der Arbeitnehmer braucht auf die Einkommensteuer und die Lohnsteuer keinen Zuschlag mehr zu zahlen. Anders verhält es sich bei der Pauschalbesteuerung. In diesem Fall wird weiterhin der Solidaritätszuschlag mit 5,5 % der pauschalen Lohnsteuer fällig. Leider erhalten bleiben wird uns voraussichtlich auch die Belastung durch den Coronavirus. Dieser Ratgeber zeigt auf, durch welche Gesetzesregelungen der hier angesprochene Arbeitnehmerkreis betroffen sein kann.

Um die Beschäftigungsformen als Mini-Job bzw. als Aushilfs- oder Teilzeitbeschäftigung ordnungsgemäß und zugleich vorteilhaft gestalten zu können, bieten Ihnen die Gesetzesregelungen einige Möglichkeiten an. Hier muss der Arbeitgeber aber auf mögliche „Fallstricke" achten. So trägt er z.B. das Risiko von Nachforderungen durch den Fiskus und der Sozialversicherung auf Grund von Außenprüfungen. Deshalb ist es für Arbeitgeber empfehlenswert, neben den arbeitsrechtlichen Bestimmungen besonders auf die sozialversicherungsrechtlichen und steuerrechtlichen Regelungen zu achten. Nur dies gewährleistet eine zutreffende Abwicklung solcher Beschäftigungen.

Für die rechtssichere Anwendung ist dieser Ratgeber nach Stichwörtern in ABC-Form aufgebaut. Zu jedem Stichwort bzw. Sachverhalt und jeder Problemstellung werden sämtliche betroffenen Rechtsgebiete aufgeführt und deren Besonderheiten aufgezeigt. Sie können sich damit auf einen Blick über die lohnsteuerlichen, kirchensteuerlichen, sozialversicherungsrechtlichen und arbeitsrechtlichen Regelungen kompetent und umfassend informieren.

Zum Einstieg finden Sie Entscheidungsdiagramme, die Ihnen anhand der zu berücksichtigenden Kriterien die Auswahl eines idealen Beschäftigungsverhältnisses erleichtern. Anhand der Verweise auf die vertiefenden Erläuterungen im ABC-Teil können Praxisfragen sofort beantwortet werden.

Ergänzend finden Sie im Anhang dieses Ratgebers Musterformulierungen, Formulare und weitere wertvolle Arbeitshilfen.

Somit erhalten Sie auch für das Jahr 2021 alle notwendigen Informationen für Ihre Entscheidungsfindung direkt aus einer Quelle.

Wir sind uns sicher, Ihnen mit dieser Neuauflage einen aktuellen und auf Ihre Bedürfnisse ausgerichteten Ratgeber zur Verfügung zu stellen. Über Anregungen und Kritik freuen wir uns.

Bonn, im Dezember 2020   Verfasser und Verlag

Inhaltsübersicht

Seite

Vorwort V

Abkürzungsverzeichnis IX

Stichwort-Wegweiser XIII

Übersicht 1: Entscheidungshilfe zur Auswahl eines geeigneten Beschäftigungsverhältnisses XVII

Übersicht 2: Beschäftigungsverhältnisse im Überblick XIX

ABC-Stichworte 1

Anhang 417

1. (Jahres-) Arbeitsvertrag für saisonale Teilzeitarbeit, unbefristet 417
2. Arbeitsvertrag für Aushilfen 420
3. Arbeitsvertrag für geringfügig Beschäftigte im Privathaushalt 425
4. Arbeitsvertrag für geringfügig Beschäftigte mit Vergütung bis 450 € monatlich 427
5. Arbeitsvertrag für Beschäftigte im sozialversicherungsrechtlichen Übergangsbereich zwischen 450,01 € und 1 300 € 430
6. Arbeitsvertrag für gewerbliche Arbeitnehmer nach § 14 Abs. 2 TzBfG, befristet 432
7. Arbeitsvertrag für kurzfristig Beschäftigte 436
8. Arbeitsvertrag für befristete Beschäftigung, Verlängerung 438
9. Arbeitsvertrag für Teilzeitbeschäftigte 439
10. Arbeitsvertrag über Altersteilzeit 441
11. Arbeitsvertrag über Arbeit auf Abruf 445
12. Arbeitsvertrag über Arbeitsplatzteilung (Job-Sharing) 447
13. Aushilfsvereinbarung 450

14. Arbeitsvertrag für Ersatzkraft nach dem BEEG (Elternzeitvertretung), befristet 451

15. Praktikantenvertrag (Studenten) 453

16. Erklärung zur Religionszugehörigkeit (gegenüber dem Betriebsstättenfinanzamt für die Erhebung der pauschalen Lohnsteuer nach §§ 40, 40a Abs. 1, 2a und 3 und § 40b EStG und der pauschalen Einkommensteuer nach §§ 37a und 37b EStG) 455

17. Meldung über Beschäftigung im Haushalt (Haushaltsscheck) 456

18. Befreiungsantrag von der Rentenversicherungspflicht geringfügig entlohnter Beschäftigter nach § 6 Abs. 1b SGB VI – zum Nachweis in den Entgeltunterlagen des Arbeitgebers 461

19. Dokumentation der täglichen Arbeitszeit nach § 17 Abs. 1 Mindestlohngesetz (MiLoG) für geringfügig Beschäftigte nach § 8 Abs. 1 SGB IV 462

Stichwortverzeichnis 463

Abkürzungsverzeichnis

AAG	Aufwendungsausgleichsgesetz
ABl. EG	Amtsblatt der Europäischen Gemeinschaft
Abs.	Absatz
Abschn.	Abschnitt
abzgl.	abzüglich
AGG	Allgemeines Gleichbehandlungsgesetz
ak	alt-katholische Kirche
alt-kath.	alt-katholisch
AO	Abgabenordnung
AOK	Allgemeine Ortskrankenkasse
AP	Arbeitsrechtliche Praxis (Entscheidungssammlung)
ArbG	Arbeitsgericht
ArbplSchG	Arbeitsplatzschutzgesetz
ArbZG	Arbeitszeitgesetz
ArEV	Arbeitsentgeltverordnung
Art.	Artikel
ASAV	Anwerbestoppausnahmeverordnung
AtG	Altersteilzeitgesetz
AVmG	Altersvermögensgesetz
Az.	Aktenzeichen
BAföG	Bundesausbildungsförderungsgesetz
BAG	Bundesarbeitsgericht
BAGE	Entscheidungen des Bundesarbeitsgerichts (Entscheidungssammlung)
BAVAZ	bedarfsabhängige variable Arbeitszeit
BB	Betriebs-Berater (Zeitschrift)
BBiG	Berufsbildungsgesetz
BDSG	Bundesdatenschutzgesetz
BEEG	Bundeselterngeld- und Elternzeitgesetz
BErzGG	Bundeserziehungsgeldgesetz
BeschFG	Beschäftigungsförderungsgesetz
BetrVG	Betriebsverfassungsgesetz
BfA	Bundesversicherungsanstalt für Angestellte (seit 1.10.2005 = Deutsche Rentenversicherung Bund)
BFH	Bundesfinanzhof
BFHE	Bundesfinanzhofentscheidung
BGB	Bürgerliches Gesetzbuch
BGBl.	Bundesgesetzblatt
BLZ	Bankleitzahl
BMF	Bundesfinanzministerium
BNichtrSchG	Bundesnichtraucherschutzgesetz
BSG	Bundessozialgericht
BSHG	Bundessozialhilfegesetz
BStBl	Bundessteuerblatt
Buchst.	Buchstabe
B+P	Betrieb + Personal (Zeitschrift)
BUrlG	Bundesurlaubsgesetz
BVerfG	Bundesverfassungsgericht
BVV	Beitragsverfahrensverordnung
bzw.	beziehungsweise
d.h.	das heißt

Abkürzungsverzeichnis

DB	Der Betrieb (Wochenzeitschrift für Betriebswirtschaft, Steuerrecht, Wirtschaftsrecht, Arbeitsrecht; Handelsblatt GmbH)
DEÜV	Datenerfassungs- und -übermittlungsverordnung
DFÜ	Datenfernübertragung
DÖV	Die Öffentliche Verwaltung (Zeitschrift)
DStR	Deutsches Steuerrecht (Zeitschrift)
DVKA	Deutsche Verbindungsstelle Krankenversicherung Ausland
EFG	Entscheidungen der Finanzgerichte (Zeitschrift)
EFZG	Entgeltfortzahlungsgesetz
EG	Europäische Gemeinschaft
einschl.	einschließlich
EStG	Einkommensteuergesetz
EStH	Einkommensteuer-Hinweise
EStR	Einkommensteuer-Richtlinien
EU	Europäische Union
EuGH	Europäischer Gerichtshof
ev.-luth.	evangelisch-lutherisch
ev.-ref.	evangelisch-reformiert
evang.	evangelisch
evtl.	eventuell(e)
EWG	Europäische Wirtschaftsgemeinschaft
EWR	Europäischer Wirtschaftsraum
EzA	Entscheidungssammlung zum Arbeitsrecht
fa	Unitarische Religionsgemeinschaft Freier Protestanten
fb	freireligiöse Landesgemeinde Baden
f./ff.	folgend(e)/fortfolgend(e)
fg	Freireligiöse Landesgemeinde Pfalz
FG	Finanzgericht
fm	freireligiöse Gemeinde Mainz (umfasst Gebietsteile in Rheinland-Pfalz und Hessen)
frz.-ref.	französisch-reformiert
fs	freireligiöse Gemeinde Offenbach
gem.	gemäß
GewO	Gewerbeordnung
ggf.	gegebenenfalls
GKV-WSG	Gesetz zur Stärkung des Wettbewerbs in der Gesetzlichen Krankenversicherung
GmbH	Gesellschaft mit beschränkter Haftung
H	Hinweis (Abschnitt, Erläuterung in den EStH, LStH)
ib	Oberrat der Israeliten Badens
i.d.F.	in der Fassung
i.d.R.	in der Regel
IfSG	Infektionsschutzgesetz
i.H.v.	in Höhe von
il	Jüdische Gemeinden Bad Nauheim, Darmstadt, Fulda, Gießen, Kassel, Offenbach (Landesverband Hessen)
i.R.	im Rahmen
i.S.	im Sinne
is	israelitische Kultusgemeinde
i.V.m.	in Verbindung mit
iw	Israelitische Religionsgemeinschaft Württembergs
JAE	Jahresarbeitsentgelt
JArbSchG	Jugendarbeitsschutzgesetz
KAPOVAZ	Kapazitätsorientierte variable Arbeitszeit
KAV	Kindergeldauszahlungs-Verordnung
KBS	Deutsche Rentenversicherung Knappschaft-Bahn-See

KiBG	Kinderberücksichtigungsgesetz
KiSt	Kirchensteuer
KSchG	Kündigungsschutzgesetz
KStG	Körperschaftsteuergesetz
KUG	Kurzarbeitergeld
KündFG	Kündigungsfristengesetz
LFZG	Lohnfortzahlungsgesetz (gültig bis 31.12.2005)
LStÄR	Lohnsteuer-Änderungsrichtlinien
LStDV	Lohnsteuer-Durchführungsverordnung
LStH	Lohnsteuer-Hinweise
LStR	Lohnsteuer-Richtlinien
MiLoG	Mindestlohngesetz
mtl.	monatlich
MuSchG	Mutterschutzgesetz
NachwG	Nachweisgesetz
n.F.	neue Fassung
NJW	Neue Juristische Wochenschrift (Zeitschrift)
Nr.	Nummer
n.v.	nicht veröffentlicht
NZA	Neue Zeitschrift für Arbeitsrecht
NZA-RR	Neue Zeitschrift für Arbeitsrecht – Rechtsprechungs-Report
o.a.	oben angegeben
o.Ä.	oder Ähnliche(s)
OFD	Oberfinanzdirektion
PflegeZG	Pflegezeitgesetz
protestant.	protestantisch
rkr.	rechtskräftig
röm.-kath.	römisch-katholisch
R	Richtlinie (Abschnitt der EStR, LStR)
Rz.	Randziffer
S.	Seite
SchwbG	Schwerbehindertengesetz
SGB II	Zweites Buch Sozialgesetzbuch (Grundsicherung für Arbeitsuchende)
SGB III	Drittes Buch Sozialgesetzbuch (Arbeitsförderung)
SGB IV	Viertes Buch Sozialgesetzbuch (Gemeinsame Vorschriften für die Sozialversicherung)
SGB V	Fünftes Buch Sozialgesetzbuch (Gesetzliche Krankenversicherung)
SGB VI	Sechstes Buch Sozialgesetzbuch (Gesetzliche Rentenversicherung)
SGB IX	Neuntes Buch Sozialgesetzbuch (Rehabilitation und Teilhabe behinderter Menschen)
sog.	so genannte
SolZG	Solidaritätszuschlagsgesetz
StGB	Strafgesetzbuch
Stpf.	Steuerpflichtiger
StuW	Steuer und Wirtschaft (Zeitschrift)
SvEV	Sozialversicherungsentgeltverordnung
TVG	Tarifvertragsgesetz
Tz.	Textziffer
TzBfG	Teilzeit- und Befristungsgesetz
u.a.	unter anderem
u.Ä.	und Ähnliche/s
u.E.	unseres Erachtens
USK	Urteilssammlung für die gesetzliche Krankenversicherung

Abkürzungsverzeichnis

usw.	und so weiter
u.U.	unter Umständen
VermBDV	Durchführungsverordnung zum Vermögensbildungsgesetz
VermBG	Vermögensbildungsgesetz
vgl.	vergleiche
wöchentl.	wöchentlich
ZAV	Zentralstelle für Arbeitsvermittlung
z.B.	zum Beispiel
zz.	zurzeit
zzgl.	zuzüglich

Stichwort-Wegweiser

Der Stichwort-Wegweiser enthält alle im ABC-Teil des Ratgebers enthaltenen Stichwörter in alphabetischer Reihenfolge. Die Zahl hinter dem Stichwort bezeichnet die entsprechende Randziffer. Darüber hinaus enthält der Wegweiser als Einstiegshilfe weitere alternative Suchbegriffe mit Verweisen auf die Stichwörter, unter denen die entsprechenden Darstellungen zu finden sind. Zur besseren Orientierung sind diese Stichwörter durch Fettdruck hervorgehoben.

Beispiel: Aushilfsvereinbarung → **Aushilfe 169**

Die Ausführungen zur Aushilfsvereinbarung sind im Stichwort Aushilfe unter der Randziffer 169 nachzulesen.

Darüber hinaus steht Ihnen ab Seite 463 ein detailliertes Stichwortverzeichnis zur Verfügung.

Abmeldung 1

Abrufarbeit 7

Abwälzung 27

Abzugsbetrag
→ **Hinzurechnungsbetrag** 494

Ältere Arbeitnehmer 33

Akuter Bedarf 36

Altersgrenze
→ **Ältere Arbeitnehmer** 33

Altersteilzeit 41

Altersversorgung 52

Angehörige 55

Anmeldung 61

Anspruch auf Arbeitszeitverringerung
→ **Teilzeitanspruch** 967

Arbeitgeber 68

Arbeitnehmer 81

Arbeitnehmer-Sparzulage 85

Arbeitsentgelt
→ **Arbeitsvergütung** 126

Arbeitslohn
→ **Arbeitsvergütung** 126

Arbeitslohngrenze 94

Arbeitslohnzuschläge 97

Arbeitslosenversicherung 109

Arbeitsloser 112

Arbeitsplatzteilung
→ **Job-Sharing (Arbeitsplatzteilung)** 530

Arbeitsstätte/Betriebsstätte 121

Arbeitsvergütung 126

Arbeitsvertrag 130

Arbeitszeit 134

Arbeitszeitverlängerung 140

Aufbewahrungsfristen
→ **Aufzeichnungspflichten** 157

Aufmerksamkeit 149

Aufwandsentschädigung 153

Aufzeichnungspflichten 157

Ausgleichsverfahren AAG 163

Aushilfe 169

Aushilfsarbeitsvertrag
→ **Aushilfe** 169

Aushilfsbeschäftigung
→ **Aushilfe** 169

Aushilfsvereinbarung
→ **Aushilfe** 169

Ausländischer Arbeitnehmer 184

Auswärtstätigkeit 191

Auszubildende
→ **Geringverdienergrenze** 444

Beamter 194

Befristeter Arbeitsvertrag 198

Beitragsberechnung 225

Beitragsgruppenschlüssel 232

Beitragstragung 237

Beitragszuschlag zur Pflegeversicherung 241

Berufskleidung 244

Berufsmäßigkeit 251

Beschäftigung 262

Beschäftigungen im Übergangsbereich 266

Beschäftigungsdauer
→ **Beschäftigung** 262

Beschäftigungsverhältnis
→ **Beschäftigung** 262

Beschränkt steuerpflichtiger Arbeitnehmer
→ **Steuerpflicht** 938

Betriebliche Altersversorgung 278

Betriebsstätte
→ **Arbeitsstätte/Betriebsstätte** 121

Betriebsstättenfinanzamt 286

Betriebsverfassung 290

Beurlaubter Arbeitnehmer
→ **Urlaub** 1016

Bruttoarbeitslohn
→ **Arbeitsvergütung** 126

Coronakrise/COVID-19-Pandemie 293

Dienstverhältnis 298

Doppelter Haushalt 301

Ehrenamtliche Tätigkeit 309

Ehrenamtsfreibetrag
→ **Ehrenamtliche Tätigkeit** 309

Ein-Euro-Job 316

Einheitlicher Pauschsteuersatz
→ **Pauschalierung und Pauschalbeiträge** 764

Einkommensteuerveranlagung 319

Einkünfte aus nichtselbständiger Arbeit 325

Einsatzwechseltätigkeit 328

Ein-Tages-Aushilfe 331

Einzugsstelle (für geringfügig Beschäftigte) 335

Elektronische Übermittlung
→ **Abmeldung** 1
→ **Anmeldung** 61
→ **Lohnsteuer-Anmeldung** 637
→ **Lohnsteuerbescheinigung** 657

Elektronisches Meldeverfahren
→ **Abmeldung** 1
→ **Anmeldung** 61
→ **Lohnsteuer-Anmeldung** 637
→ **Lohnsteuerbescheinigung** 657

Elterngeld 341

Elternteilzeit 344

Elternzeit 348

Entgeltfortzahlung
→ **Entgeltfortzahlung im Krankheitsfall** 355

Entgeltfortzahlung im Krankheitsfall 355

Entgeltunterlagen
→ **Aufzeichnungspflichten** 157

Entstehungsprinzip 365

Ersatzkraft 369

Erstattung der Arbeitnehmeraufwendungen 373

Erstattung der Entgeltfortzahlung für Kleinbetriebe
→ **Entgeltfortzahlung im Krankheitsfall** 355

Erwerbsminderungsrentner
→ **Rentner** 830

Fahrtätigkeit 376

Fahrtkosten 379

Familienheimfahrt 386

Fehlgeldentschädigung 389

Feiertagsarbeit/Feiertagsvergütung 392

Flexible Arbeitszeitregelungen 395

Freibetrag 399

Freigrenze für Sachbezüge
→ **Sachbezüge** 838

Freistellung aus besonderen Anlässen 406

Geringfügig entlohnte Beschäftigung 410

Geringfügigkeitsgrenze 439

Geringverdienergrenze 444

Geschenk
→ **Aufmerksamkeit** 149

Gestaltungsmöglichkeiten 448

Grenzgänger 454

Haftungsbescheid 458

Hartz IV
→ **Arbeitsloser** 112

Hauptbeschäftigung 461

Haushaltsnahe Beschäftigung 465

Haushaltsscheckverfahren 484

Heimarbeiterzuschlag 491

Hinzurechnungsbetrag 494

Hinzuverdienstgrenzen 500

Home-Office-Tätigkeit (Telearbeit) 512

Insolvenzgeldumlage 524

Jahresarbeitsentgeltgrenze 527

Jahresarbeitsvertrag
→ **Arbeitsvertrag** 130

Jahresmeldung
→ **Abmeldung** 1
→ **Anmeldung** 61
→ **Lohnsteuer-Anmeldung** 637
→ **Lohnsteuerbescheinigung** 657

Job-Sharing (Arbeitsplatzteilung) 530

Kinderbetreuungskosten
→ **Kindergartenbeitrag/-zuschuss** 533

Kindergartenbeitrag/-zuschuss 533

Kindergartenzuschuss
→ **Kindergartenbeitrag/-zuschuss** 533

Kirchensteuer 541

Knappschaft-Bahn-See 565

Krankenversicherung 568

Krankenversicherungsbefreiung
→ **Krankenversicherung** 568

Stichwort-Wegweiser

Kündigung 571

Kündigungsschutz
→ **Kündigung** 571

Kurzfristige Beschäftigung 587

Land- und Forstwirtschaft 601

Lohnfortzahlung
→ **Entgeltfortzahlung im Krankheitsfall** 355

Lohngleichbehandlung 609

Lohngrenze 615

Lohnkonto 618

Lohnsteuer 625

Lohnsteuerabführung 628

Lohnsteuerabzug 633

Lohnsteuer-Anmeldung 637

Lohnsteuer-Anrufungsauskunft 648

Lohnsteuer-Außenprüfung 651

Lohnsteuerbescheinigung 657

Lohnsteuerjahresausgleich 663

Lohnsteuerkarte 668

Lohnsteuerpauschalierung
→ **Pauschalierung und Pauschalbeiträge** 764

Lohnunterlagen
→ **Aufzeichnungspflichten** 157

Mankogelder 678

Mehrere Beschäftigungen 681

Meldung
→ **Abmeldung** 1
→ **Anmeldung** 61
→ **Lohnsteuer-Anmeldung** 637
→ **Lohnsteuerbescheinigung** 657

Meldungen zur Sozialversicherung 699

Midi-Job

Mindestlohn 706

Mini-Job (Geringfügige Beschäftigung) 719

Mobilzeitarbeit 731

Mutterschaftsgeld 734

Nachbarschaftshilfe
→ **Schwarzarbeit** 886

Nachforderungsbescheid 737

Nachtzuschlag 741

Nachweisgesetz 744

Nebenberufliche Beschäftigung/Nebentätigkeit 748

Nettolohnvereinbarung 759

Nichtselbständige Arbeit
→ **Einkünfte aus nichtselbständiger Arbeit** 325

Pauschalbeiträge
→ **Pauschalierung und Pauschalbeiträge** 764

Pauschalierung und Pauschalbeiträge 764

Pauschalierungsgrenze
→ **Pauschalierung und Pauschalbeiträge** 764

Pauschalierungsvoraussetzungen
→ **Pauschalierung und Pauschalbeiträge** 764

Pauschsteuer
→ **Pauschalierung und Pauschalbeiträge** 764

PC-Überlassung 769

Pensionär 772

Personengruppenschlüssel 776

Pflegezeit/Familienpflegezeit 779

Praktikant 782

Praktikum
→ **Praktikant** 782

Preisnachlass 805

Private Nutzung betrieblicher Geräte 811

Privathaushalt 814

Rabatte 817

Rahmenarbeitsvertrag 820

Reisekosten 823

Rentner 830

Sachbezüge 838

Saisonarbeitnehmer 842

Schätzung 868

Scheinselbständigkeit 871

Schüler 875

Schülerpraktikum
→ **Praktikant** 782

Schwankendes Arbeitsentgelt 883

Schwarzarbeit 886

Schwerbehinderten-Zusatzurlaub
→ **Urlaub** 1016

Selbständig Tätige 895

Solidaritätszuschlag 900

Sonderleistungen 906

Sonderzuwendung 911

Sonstige Bezüge 915

Sozialversicherung
→ **Arbeitslosenversicherung** 109
→ **Krankenversicherung** 568
→ **Meldungen zur Sozialversicherung** 699

Sozialversicherungsentgeltverordnung 921

Sozialversicherungsrechtlicher Übergangsbereich
→ **Beschäftigungen im Übergangsbereich** 266

XV

Steuerbegünstigte Arbeitgeberleistungen
→ **Gestaltungsmöglichkeiten** 448

Steuerermittlung 924

Steuerfreie Einnahmen 931

Steuerfreier Arbeitslohn
→ **Arbeitsvergütung** 126

Steuerhinterziehung 934

Steuerpflicht 938

Student/Werkstudent 943

Stundenlohn 960

Tagesaushilfe
→ **Aushilfe** 169

Tarifvertrag 963

Teilzeitanspruch 967

Teilzeitarbeit
→ **Teilzeitbeschäftigung** 976

Teilzeitarbeitsvertrag
→ **Teilzeitbeschäftigung** 976

Teilzeitbeschäftigung 976

Teilzeitkraft
→ **Teilzeitbeschäftigung** 976

Telearbeit
→ **Home-Office-Tätigkeit (Telearbeit)** 512

Übergangsbereich
→ **Beschäftigungen im Übergangsbereich** 266

Überstunden/Überstundenzuschläge 994

Übungsleiterfreibetrag 999

Ultimo-Aushilfe
→ **Aushilfe** 169

Umlagen nach Aufwendungsausgleichsgesetz
→ **Ausgleichsverfahren AAG** 163

Umlageversicherung
→ **Ausgleichsverfahren AAG** 163

Unbeschränkt steuerpflichtiger Arbeitnehmer
→ **Steuerpflicht** 938

Unständig Beschäftigter 1005

Unterbrechungsmeldung
→ **Anmeldung** 61

Urlaub 1016

Urlaubserteilung
→ **Urlaub** 1016

Urlaubsgeld
→ **Sonstige Bezüge** 915

Verpflegungspauschale
→ **Reisekosten** 823

Vertretungsaushilfe
→ **Aushilfe** 169

Verzicht auf Arbeitsentgelt 1040

Vorruhestand 1043

Waldarbeiten
→ **Land- und Forstwirtschaft** 601

Wegearbeiten 1046

Weihnachtsgeld
→ **Sonstige Bezüge** 915

Weinbaubetrieb
→ **Land- und Forstwirtschaft** 601

Werbungskosten 1049

Werkstudent
→ **Student/Werkstudent** 943

Werkzeuggeld 1052

Wertguthabenvereinbarungen 1055

Wiederholungsabsicht
→ **Pauschalierung und Pauschalbeiträge** 764

Winzergenossenschaft
→ **Land- und Forstwirtschaft** 601

Wohnsitzfinanzamt 1060

Zeugnis 1064

Zuflussprinzip 1068

Zulagen/Zuschläge 1071

Zusammenveranlagung
→ **Einkommensteuerveranlagung** 319

Zusatzbeitrag zur Krankenversicherung
→ **Krankenversicherung** 568

Zuständige Einzugsstelle
→ **Einzugsstelle (für geringfügig Beschäftigte)** 335

Zwischenpraktika
→ **Praktikant** 782

Übersicht 1: Entscheidungshilfe zur Auswahl eines geeigneten Beschäftigungsverhältnisses

Diese Übersicht dient zur ersten Orientierung. Im Einzelfall sind die vertiefenden Erläuterungen zu beachten. Querverweise sind durch vorangestellte Pfeile (→) gekennzeichnet.

Unterscheidungskriterium: monatliche → Arbeitsvergütung bzw. → Beschäftigung	≤ 450 € (befristet oder unbefristet) Beschäftigungsbeginn ab 1.1.2021 auf Dauer angelegtes Arbeitsverhältnis (geringfügig entlohnte Beschäftigung) → Beschäftigung	Kurzfristige Beschäftigung, Aushilfsbeschäftigung oder Beschäftigung für höchstens drei Monate oder 70 Arbeitstage/Kalenderjahr — gelegentliches Arbeitsverhältnis → Kurzfristige Beschäftigung	Aushilfskraft in der Land- und Forstwirtschaft → Land- und Forstwirtschaft	Hauptbeschäftigung und eine Nebenbeschäftigung (geringfügig entlohnte Beschäftigung)	> 450 € (befristet oder unbefristet) Beschäftigungsbeginn ab 1.1.2021 — Hauptbeschäftigung und zwei oder mehrere Nebenbeschäftigungen (geringfügig entlohnte Beschäftigungen)	> 450 € und ≤ 1 300 € (Beschäftigung im Übergangsbereich)	> 1 300 € in Vollzeit
	1	2	3	4	5	6	7
Belastungsbeispiel	**Beispiel:** Eine geringfügig beschäftigte Person, die in der gesetzlichen Krankenversicherung versichert ist, erhält 450 € monatlich. Der **Arbeitgeber** hat für das monatliche Arbeitsentgelt i.H.v. 450 € folgende monatliche **Abgaben** zu entrichten und **Steuerbeträge** zu erheben: – Pauschalbeitrag des Arbeitgebers zur Rentenversicherung (15 %): 67,50 € – Vom Arbeitnehmer sind 3,6 % einzubehalten (16,20 €) – Pauschalbeitrag des Arbeitgebers zur Krankenversicherung (13 %): 58,50 €. Weil der Arbeitgeber für das Arbeitsentgelt die pauschalen Rentenversicherungsbeiträge zu entrichten hat, kann er die Lohnsteuer einschl. Solidaritätszuschlag und Kirchensteuer mit dem einheitlichen Pauschsteuersatz i.H.v. 2 % des Arbeitsentgelts oder nach den individuellen Lohnsteuerabzugsmerkmalen der geringfügig beschäftigten Person erheben. Dies ergibt folgenden Nettolohn: Bruttoverdienst mtl.: 450,00 € 2 % Pauschsteuer trägt der Arbeitgeber 3,6 % RV-Beitrag (AN-Anteil) 16,20 € Nettolohn: 433,80 € Hat der Arbeitnehmer sich von der RV-Pflicht befreien lassen, so bekommt er die 450 € netto. Wird die **Lohnsteuer** nach den **individuellen Lohnsteuerabzugsmerkmalen** erhoben, sind in der Steuerklasse V 38,41 € bzw. VI 50,50 € Lohnsteuer einzubehalten. Der Nettolohn beträgt folglich 411,08 € bzw. 399 €. Der **Privathaushalt** als Arbeitgeber hat zu zahlen 450 € zzgl. 2 % Pauschsteuer: 9 € zzgl. Beiträge an gesetzliche Rentenversicherung und Krankenversicherung 10 % 45 € Summe 504 € Für die Lohnsteuererhebung gelten die zuvor genannten Grundsätze. Der Arbeitgeber hat vom Bruttolohn 13,6 % AN-Anteil zur RV einzubehalten, wenn die geringfügig beschäftigte Person keinen Antrag auf Befreiung von der Rentenversicherungspflicht stellt. **Gesamtbelastung Privathaushalt:** Bruttolohn 450,00 € Einheitliche Pauschsteuer 9,00 € Pauschalbeitrag KV 22,50 € Pauschalbeitrag RV 22,50 € Umlage U1 4,50 € Umlage U2 1,76 € Gesamtbelastung ohne UV 60,26 € oder 13,39 %	**Beispiel 1:** Die kurzfristig beschäftigte Aushilfe erhält für die Aushilfsbeschäftigung an 10 Arbeitstagen insgesamt 600 €. Sie können ohne Lohnsteuerabzug ausgezahlt werden, wenn der Arbeitgeber die **Lohnsteuer pauschal** mit 25 % erhebt (150 €) und an das Betriebsstättenfinanzamt abführt. Hinzu kommen SolZ i.H.v. 5,5 % der Lohnsteuer zzgl. evtl. KiSt (8 % bzw. 9 % der Lohnsteuer). Nach der **Monatslohnsteuertabelle** fällt für 600 € in den Steuerklassen I bis IV keine Lohnsteuer an; in Steuerklassen V und VI sind 55,25 € bzw. 67,33 € Lohnsteuer einzubehalten. Der Nettolohn beträgt folglich 544,17 € bzw. 532,09 €. **Beispiel 2:** Vereinbartes Entgelt: 500,00 € AG-Aufwand pauschale LSt 125,00 € pauschale KiSt 8,75 € SolZ 6,88 € zzgl. Umlage U2 1,95 € ggf. zzgl. Umlage U1, wenn AG teilnimmt und der AN Anspruch auf EFZ hat zzgl. Unfallversicherung insgesamt 142,58 € AN erhält 500,00 €	**Beispiel 1:** Die land- und forstwirtschaftliche Aushilfskraft erhält für die Aushilfsbeschäftigung an 25 Arbeitstagen im Kalendermonat insgesamt 1 400 €. Sie können ohne Lohnsteuerabzug ausgezahlt werden, wenn der Arbeitgeber die Lohnsteuer pauschal mit 5 % erhebt (70 €) und an das Betriebsstättenfinanzamt abführt. Hinzu kommen SolZ i.H.v. 5,5 % der Lohnsteuer zzgl. evtl. KiSt (8 % bzw. 9 % der Lohnsteuer). Nach der **Monatslohnsteuertabelle** fällt für 1 400 € in den Steuerklassen I und IV Lohnsteuer i.H.v. 39,25 € an, in der Steuerklasse II 11,08 € und in den Steuerklassen V und VI 177,00 € bzw. 213,33 € Lohnsteuer an; in Steuerklasse III ist keine Lohnsteuer einzubehalten. Diese Beträge mindern den auszuzahlenden Arbeitslohn. **Beispiel 2:** Vereinbartes Entgelt 500,00 € AG-Aufwand pauschale LSt 25,00 € pauschale KiSt 2,25 € SolZ 1,37 € zzgl. Umlage U2 1,95 € ggf. zzgl. Umlage U1, wenn AG teilnimmt und der AN Anspruch auf EFZ hat ggf. zzgl. Unfallversicherung insgesamt 30,57 € AN erhält 500,00 € Keine Sozialversicherungsbeiträge, wenn es sich um eine kurzfristige Beschäftigung handelt (siehe Spalte Nr. 2) ansonsten volle Abgaben zur SV.	Die Beispiele in Spalte Nr. 2 gelten entsprechend.	Für die erste Nebenbeschäftigung gelten die Beispiele in Spalte Nr. 2 entsprechend. **Zweite und weitere Nebenbeschäftigung:** Der Arbeitgeber hat für das jeweils monatliche Arbeitsentgelt i.H.v. 450 € folgende monatliche Abgaben zu entrichten und Steuerbeträge zu erheben: Weil die Arbeitgeber für das Arbeitsentgelt der zweiten und weiteren Nebenbeschäftigung die pauschalen Rentenversicherungsbeiträge nicht zu entrichten haben, können sie die LSt zzgl. SolZ und KiSt (nur) mit dem Pauschsteuersatz i.H.v. 20 % des Arbeitsentgelts oder nach den individuellen Lohnsteuerabzugsmerkmalen der beschäftigten Person erheben. Dies ergibt folgenden **Nettolohn**: Anwendung Pauschsteuersatz i.H.v. 20 %: Bruttoverdienst mtl.: 450 € die 20 % Pauschsteuer (90 €) trägt der Arbeitgeber Nettolohn: 450 € Wird die Lohnsteuer nach den individuellen Lohnsteuerabzugsmerkmalen erhoben, sind in der Steuerklasse V 38,41 € bzw. VI 50,50 € LSt einzubehalten. Der Nettolohn beträgt folglich 411,08 € bzw. 399 €. Für den **Privathaushalt** als Arbeitgeber ergeben sich dieselben Belastungen. Die geringfügig beschäftigte Person hat eigene Beiträge zu allen Zweigen der Sozialversicherung zu entrichten. **Gesamtbelastung Arbeitgeber:** Eine genaue Bezifferung der Abgaben ist nicht möglich, da es auf die Höhe des individuellen Entgelts ankommt. Es fallen 18,775 % als AG-Anteil aus der zweiten geringfügig entlohnten Beschäftigung und zzgl. halber kassenindividueller Zusatzbeitrag, ggf. Umlage U1 sowie U2 und Insolvenzgeldumlage Keine Beiträge zur AV, da AV-Freiheit für diese Beschäftigungen besteht	Lohnsteuererhebung nach den individuellen Lohnsteuerabzugsmerkmalen.	Lohnsteuererhebung nach den individuellen Lohnsteuerabzugsmerkmalen.

Übersicht 1: Entscheidungshilfe zur Auswahl eines geeigneten Beschäftigungsverhältnisses

Diese Übersicht dient zur ersten Orientierung. Im Einzelfall sind die vertiefenden Erläuterungen zu beachten. Querverweise sind durch vorangestellte Pfeile (→) gekennzeichnet.

Unterscheidungskriterium: monatliche → Arbeitsvergütung bzw. → Beschäftigung	≤ 450 € (befristet oder unbefristet) Beschäftigungsbeginn ab 1.1.2021	Kurzfristige Beschäftigung, Aushilfsbeschäftigung oder Beschäftigung für höchstens drei Monate oder 70 Arbeitstage/Kalenderjahr			> 450 € (befristet oder unbefristet) Beschäftigungsbeginn ab 1.1.2021		
	auf Dauer angelegtes Arbeitsverhältnis (geringfügig entlohnte Beschäftigung) → Beschäftigung	gelegentliches Arbeitsverhältnis → Kurzfristige Beschäftigung	Aushilfskraft in der Land- und Forstwirtschaft → Land- und Forstwirtschaft	Hauptbeschäftigung und eine Nebenbeschäftigung (geringfügig entlohnte Beschäftigung)	Hauptbeschäftigung und zwei oder mehrere Nebenbeschäftigungen (geringfügig entlohnte Beschäftigungen)	> 450 € und ≤ 1 300 € (Beschäftigung im Übergangsbereich)	> 1 300 € in Vollzeit
	1	2	3	4	5	6	7
Definition	Geringfügige auf Dauer angelegte Alleinbeschäftigung des Arbeitnehmers – bei einem freiberuflich oder gewerblich tätigen → Arbeitgeber oder – im → Privathaushalt. Die nachfolgend dargestellten Grundsätze gelten auch, wenn die Alleinbeschäftigung befristet ausgeübt wird.	**Lohnsteuer:** Beschäftigung des Arbeitnehmers – längstens 18 zusammenhängende Arbeitstage – durchschnittlich max. 120 € je Arbeitstag – durchschnittlich max. 15 € je Arbeitsstunde → Akuter Bedarf Rz. 37, → Aushilfe. **Beschäftigung** des Arbeitnehmers – zu einem unvorhersehbaren Zeitpunkt sofort erforderlich – durchschnittlich max. 15 € je Arbeitsstunde → Akuter Bedarf Rz. 37. **Sozialversicherung:** → Kurzfristige Beschäftigung. – Beschäftigung für höchstens drei Monate bzw. 90 Kalendertage (bei Zusammenrechnung) oder 70 Arbeitstage je Kalenderjahr – kein Überschreiten der Grenzen bei Zusammenrechnung mehrerer Tätigkeiten (→ Kurzfristige Beschäftigung Rz. 592) – keine → Berufsmäßigkeit.	**Lohnsteuer:** – längstens 180 Arbeitstage/Kalenderjahr – durchschnittlich max. 15 € je Stunde bezogen auf die Beschäftigungsdauer; keine Begrenzung des Gesamtarbeitslohns während eines Lohnzahlungszeitraums (z.B. Monat) – keine land- und forstwirtschaftliche Fachkraft. **Sozialversicherung:** Grundsätzlich keine sv-rechtlichen Besonderheiten.	Zusammentreffen von einer mehr als geringfügig entlohnten Beschäftigung (Hauptbeschäftigung) mit einer geringfügig entlohnten Beschäftigung: – Keine Zusammenrechnung der beiden Beschäftigungsverhältnisse. – Für die geringfügig entlohnte Beschäftigung gelten die in Spalte Nr. 1 genannten Erläuterungen entsprechend.	Zusammentreffen von einer mehr als geringfügig entlohnten Beschäftigung (Hauptbeschäftigung) mit zwei oder mehreren geringfügig entlohnten Beschäftigungen: – Keine Zusammenrechnung der beiden ersten Beschäftigungsverhältnisse. – Für die **erste** Nebenbeschäftigung gelten die in Spalte Nr. 1 genannten Erläuterungen entsprechend.	Regelmäßiges monatliches Arbeitsentgelt übersteigt 450 €, aber nicht 1 300 €.	Regelmäßiges monatliches Arbeitsentgelt übersteigt 850 € bzw. 1 300 €.
Zusammenfassung	**Lohnsteuer:** – Für die Lohnsteuererhebung kann der Arbeitgeber zwischen der Lohnsteuerpauschalierung und der Erhebung nach den individuellen Lohnsteuerabzugsmerkmalen (lt. elektronischen Lohnsteuerabzugsmerkmalen oder Härtefallregelung → Lohnsteuerkarte) wählen. – Bei Wahl der Lohnsteuerpauschalierung fällt für 450 € die einheitliche Pauschsteuer i.H.v. 2 % an, sie ist an die KBS (in Essen) abzuführen. Wird die Lohnsteuer nach den individuellen Lohnsteuerabzugsmerkmalen erhoben, fällt lt. Monatstabelle in den Steuerklassen I bis IV keine Lohnsteuer an; in den Steuerklassen V und VI fallen monatlich 38,41 € bzw. 50,50 € Lohnsteuer an, die an das Betriebsstättenfinanzamt abzuführen ist. Hinzu kommt evtl. KiSt (8 % bzw. 9 % der Lohnsteuer). – Für diese Form der Lohnsteuererhebung sind keine besonderen Voraussetzungen zu beachten. **Sozialversicherung:** Der Arbeitgeber hat pauschale Sozialversicherungsbeiträge vom Arbeitsentgelt abzuführen: – 13 % (bzw. 5 % bei Beschäftigung im Privathaushalt) Pauschalbeitrag zur KV, wenn der Arbeitnehmer gesetzlich krankenversichert ist – 15 % (bzw. 5 % bei Beschäftigung im Privathaushalt) Pauschalbeitrag zur RV – Arbeitnehmeranteil 3,6 % (bzw. 13,6 % bei Beschäftigung im Privathaushalt) – 0,39 % Umlage U2 – ggf. zzgl. Umlage U1 1,0 % – ggf. zzgl. Insolvenzgeldumlage 0,12 % – zzgl. Unfallversicherungsbeitrag **Sonderfälle:** – → Schüler: kv-, av- und pv-frei – aber rv-pflichtig – → Student/Werkstudent: kv-, av- und pv-frei – aber rv-pflichtig – Rentner (→ Ältere Arbeitnehmer): Berücksichtigung des Altersentlastungsbetrags (→ Ältere Arbeitnehmer Rz. 35); kv-, av- und pv-frei – aber rv-pflichtig Wird eine Vollrente wegen Alters bezogen, entfällt die RV-Pflicht und damit auch der Anteil des Arbeitnehmers zur Rentenversicherung. – Auszubildender (→ Geringverdienergrenze): Sozialversicherungspflicht in der KV, RV, AV und PV. Allerdings hat der Arbeitgeber die Beiträge allein zu tragen und zu zahlen.	**Lohnsteuer:** – Lohnsteuerpauschalierung: 25 % oder Lohnsteuer nach den individuellen Lohnsteuerabzugsmerkmalen – KiSt: 8 % bzw. 9 % der Lohnsteuer – SolZ: 5,5 % der Lohnsteuer – alternativ: Lohnsteuerpauschalierung nach Spalte Nr. 1 ist grundsätzlich möglich. **Sozialversicherung:** – KV: frei – RV: frei – AV: frei – PV: frei	**Lohnsteuer:** – Lohnsteuerpauschalierung: 5 % oder individuelle Lohnsteuerabzugsmerkmale – KiSt: 8 % bzw. 9 % der Lohnsteuer – SolZ: 5,5 % der Lohnsteuer **Sozialversicherung:** wenn es sich um eine kurzfristige Beschäftigung handelt (siehe Spalte Nr. 2): – KV: frei – RV: frei – AV: frei – PV: frei ansonsten Regelbeitragssätze.	Die Erläuterungen in Spalte Nr. 1 gelten entsprechend.	**Lohnsteuer:** – Für die **zweite** Nebenbeschäftigung (bei weiterem Arbeitgeber) ist die Lohnsteuer wahlweise – mit 20 % pauschal zu erheben und an das Betriebsstättenfinanzamt abzuführen. Hinzu kommen SolZ i.H.v. 5,5 % der Lohnsteuer zzgl. evtl. KiSt (8 % bzw. 9 % der Lohnsteuer). – alternativ: Versteuerung nach den individuellen Lohnsteuerabzugsmerkmalen; Abführung an das Betriebsstättenfinanzamt. Hinzu kommt evtl. KiSt (8 % bzw. 9 % der Lohnsteuer). **Sozialversicherung:** – Die Arbeitgeber der zweiten und weiteren geringfügig entlohnten Beschäftigungen haben die Regelbeiträge an die zuständige Krankenkasse zu entrichten (Renten- und ggf. Kranken- und Pflegeversicherungsbeiträge). – AG-Anteil zur SV: – KV: 7,3 % – ½ Zusatzbeitrag*) – RV: 9,3 % – AV: frei – PV: 1,525 % – Gesamt: 18,775 % – zzgl. U2 und Unfallversicherung – ggf. zzgl. U1 – Insolvenzgeldumlage 0,12 % *) für Berechnung wurde ½ durchschnittlicher Zusatzbeitrag verwendet	**Lohnsteuer:** – Eine Lohnsteuerpauschalierung nach Spalten 2 oder 3 ist möglich. – Können die dort genannten Sonderregelungen nicht gewählt werden bzw. wählt sie der Arbeitgeber nicht, ist die Lohnsteuer nach den individuellen Lohnsteuerabzugsmerkmalen zu erheben, ggf. zzgl. SolZ (→ Solidaritätszuschlag) und evtl. KiSt (8 % bzw. 9 % der Lohnsteuer). **Sozialversicherung:** – Entlastung des Arbeitnehmers – Der Arbeitgeber hat aus dem Arbeitsentgelt die vollen Regelbeiträge an die zuständige Krankenkasse zu entrichten (Renten- und ggf. Kranken- und Pflegeversicherungsbeiträge). – AG-Anteil zur SV: – KV: 7,3 % – RV: 9,3 % – AV: 1,2 % – PV: 1,525 % – Gesamt: 19,975 % – zzgl. halber kassenindividueller Zusatzbeitrag – zzgl. U2 und Unfallversicherung – ggf. zzgl. U1 – Insolvenzgeldumlage 0,12 %	**Lohnsteuer:** – Eine Lohnsteuerpauschalierung nach Spalten Nr. 2 oder Nr. 3 ist möglich. – Können die dort genannten Sonderregelungen nicht gewählt werden bzw. wählt sie der Arbeitgeber nicht, ist die Lohnsteuer nach den individuellen Lohnsteuerabzugsmerkmalen zu erheben, ggf. zzgl. SolZ (→ Solidaritätszuschlag) und evtl. KiSt (8 % bzw. 9 % der Lohnsteuer). **Sozialversicherung:** – Grundsätzlich keine sv-rechtlichen Besonderheiten – AG-Anteil zur SV: – KV: 7,3 % – RV: 9,3 % – AV: 1,2 % – PV: 1,525 % – Gesamt: 19,975 % – zzgl. halber kassenindividueller Zusatzbeitrag – zzgl. U2 und Unfallversicherung – ggf. zzgl. U1 – Insolvenzgeldumlage 0,12 %

Übersicht 2: Beschäftigungsverhältnisse im Überblick

Diese Übersicht dient zur ersten Orientierung. Im Einzelfall sind die vertiefenden Erläuterungen zu beachten. Querverweise sind durch vorangestellte Pfeile (→) gekennzeichnet.

Teilzeitbeschäftigung

Arbeitsrecht

Grundsätzliches
- Verschiedene Formen möglich → Teilzeitbeschäftigung Rz. 976 ff.
- Befristung, → Befristeter Arbeitsvertrag Rz. 198 ff.
- Befristung mit Sachgrund/und ohne Sachgrund → Befristeter Arbeitsvertrag Rz. 211 ff.
- Befristung, Schriftformerfordernis → Befristeter Arbeitsvertrag Rz. 220
- → Abrufarbeit/KAPOVAZ
- Job-Sharing mit einschränkenden Sonderregeln → Job-Sharing (Arbeitsplatzteilung) Rz. 530 ff.
- Jahresarbeitszeitvertrag für saisonale Teilzeitarbeit → Anhang
- Teilzeitanspruch/Veränderung der Arbeitszeit → Teilzeitanspruch Rz. 967 ff.
- → Elternteilzeit Rz. 344 f.
- → Altersteilzeit Rz. 41 f.; Urlaub in der Freistellungsphase Rz. 41
- Brückenteilzeit → Teilzeitanspruch Rz. 971 ff.
- Arbeitszeitverlängerungsanspruch → Arbeitszeitverlängerung Rz. 140 ff.
- → Arbeitszeit Rz. 134
- Höchstarbeitszeit bei mehreren Teilzeitarbeitsverhältnissen zu beachten → Teilzeitbeschäftigung Rz. 980
- Arbeitnehmerbegriff → Scheinselbständigkeit Rz. 872
- → Scheinselbständigkeit Rz. 871 ff.
- Angehörigenbeschäftigung → Angehörige Rz. 55
- Ehegattenmitarbeit → Angehörige Rz. 55
- Kindermitarbeit → Angehörige Rz. 57
- Hauswirtschaftliche Beschäftigung → Haushaltsnahe Beschäftigung Rz. 465
- Pflegekräfte aus Osteuropa → Haushaltsnahe Beschäftigung Rz. 466
- → Ausländische Arbeitnehmer Rz. 184 ff.
- Asylbewerber/Flüchtlinge → Rz. 187
- Musterverträge, s. Anhang

Kündigung
- Keine gesetzlichen Sonderregeln für Teilzeitbeschäftigung → Kündigung Rz. 579 ff.
- Kündigungsfristen nur bei gleichzeitigem Aushilfscharakter verkürzbar → Kündigung Rz. 579 f.
- Fristlose Kündigung nach § 626 BGB → Kündigung Rz. 572
- Allgemeiner Kündigungsschutz nach dem KSchG → Kündigung Rz. 580
- Geringfügig Beschäftigte zählen für den Kündigungsschutz → Kündigung Rz. 581
- Bei betriebsbedingter Kündigung Besonderheiten für Teilzeitarbeit → Kündigung Rz. 583
- Sozialauswahl bei betriebsbedingter Kündigung → Kündigung Rz. 582
- Besonderer Kündigungsschutz für Schwerbehinderte, Frauen usw. → Kündigung Rz. 583

Entgeltfortzahlung
- Anspruch auch für Teilzeitkräfte → Entgeltfortzahlung im Krankheitsfall Rz. 355 ff.
- Anspruch auch für geringfügig Beschäftigte → Mini-Job Rz. 721 f.
- Bei mehreren Teilzeitarbeitsverhältnissen Anspruch gegen jeden Arbeitgeber → Entgeltfortzahlung im Krankheitsfall Rz. 358, → Mehrere Beschäftigungen Rz. 682 ff.
- Anspruch auch für kurzfristig Beschäftigte → Entgeltfortzahlung im Krankheitsfall Rz. 355 ff.

Urlaub
- Urlaubsanspruch wie Vollzeitbeschäftigte → Urlaub Rz. 1022 f.
- Umrechnung Urlaubsanspruch in Teilzeiturlaubstage → Urlaub Rz. 1028 f.
- Urlaub bei Wechsel Vollzeit/Teilzeit, Umrechnung zweifelhaft → Urlaub Rz. 1031 ff.
- Verfall des Urlaubsanspruchs → Urlaub Rz. 1026
- Urlaubsabgeltung verblich → Urlaub Rz. 1025
- Zusätzliches Urlaubsgeld entsprechend der Arbeitszeit anteilig → Urlaub Rz. 1035
- Bei mehreren Teilzeitarbeitsverhältnissen Anspruch gegen jeden Arbeitgeber → Urlaub Rz. 1036

Sonstige Regelungen
- Diskriminierungsverbot und Gleichbehandlungspflicht Teilzeitkräfte/Vollzeitkräfte → Teilzeitbeschäftigung Rz. 1033
- Gleichbehandlung bei der Vergütung → Lohngleichbehandlung Rz. 612
- Vergütung → Mindestlohn Rz. 706 ff.
- Zulagen/Zuschläge → Lohngleichbehandlung Rz. 610
- Feiertagsvergütung nach Lohnausfallprinzip → Feiertagsarbeit Rz. 392
- Bezahlte Freistellung mit Besonderheiten → Freistellung aus besonderen Anlässen Rz. 406
- Bei Gratifikationen/Sonderleistungen anteiliger Anspruch → Sonderleistungen Rz. 906 ff.
- Überstunden vereinbarungsbedürftig → Überstunden/Überstundenzuschläge Rz. 994
- Überstunden i.d.R. zuschlagspflichtig → Überstunden/Überstundenzuschläge Rz. 994
- Anspruch auf Zuschuss zum Mutterschaftsgeld → Mutterschaftsgeld Rz. 734
- Betriebsverfassungsrecht findet volle Anwendung → Betriebsverfassung Rz. 290

Steuerrecht

Lohnsteuer
- Der Arbeitgeber hat für Teilzeitbeschäftigte die Lohnsteuer grundsätzlich nach den individuellen Lohnsteuerabzugsmerkmalen (lt. elektronischen Lohnsteuerabzugsmerkmalen oder Härtefallregelung → Lohnsteuerkarte; Regelverfahren) zu erheben → Teilzeitbeschäftigung Rz. 991.
- An Stelle der Lohnsteuererhebung nach den individuellen Lohnsteuerabzugsmerkmalen kann der Arbeitgeber die pauschale Lohnversteuerung wählen. Dafür hat er zu unterscheiden zwischen geringfügig entlohnten Beschäftigten i.S. des Sozialversicherungsrechts (Mini-Jobs) und anderen Teilzeitbeschäftigten → Pauschalierung und Pauschalbeiträge Rz. 765.
- Abhängig von dieser sozialversicherungsrechtlichen Einordnung der Beschäftigungen ist die Lohnsteuerpauschalierung i.H.v. 2 % und 20 % oder mit 25 % des Arbeitslohns bzw. mit 5 % bei Aushilfskräften in der Land- und Forstwirtschaft möglich (→ Pauschalierung und Pauschalbeiträge Rz. 765, → Geringfügig entlohnte Beschäftigung Rz. 411 ff.).

Kirchensteuer
- Pauschalierung der Kirchensteuer möglich → Kirchensteuer Rz. 553 ff.

Geringfügige Beschäftigung/Mini-Jobs

Arbeitsrecht

Grundsätzliches
- Betrieblicher Bedarf für eine zeitlich geringfügige Arbeitsleistung, → Mini-Job (Geringfügige Beschäftigung) Rz. 720
- Musterverträge, s. Anhang
- Beschäftigung von Arbeitslosen → Arbeitsloser Rz. 112 ff.
- Beschäftigung von Schülern und Studenten → Schüler Rz. 877, → Student/Werkstudent Rz. 891, 943
- → Ausländische Arbeitnehmer Rz. 184 ff.
- Asylbewerber → Rz. 187

Kündigung
- Wie bei Teilzeitbeschäftigung → Kündigung Rz. 579 ff.
- Wie bei Aushilfsbeschäftigung, wenn nur gelegentlich → Kurzfristige Beschäftigung Rz. 589 ff.

Entgeltfortzahlung
- Bei regelmäßiger geringfügiger Beschäftigung, wie bei Teilzeitbeschäftigung → Entgeltfortzahlung im Krankheitsfall Rz. 355 ff.
- Bei gelegentlicher geringfügiger Beschäftigung, wie bei Aushilfsbeschäftigung → Kurzfristige Beschäftigung Rz. 587 ff.
- Wie bei Teilzeitbeschäftigung → Entgeltfortzahlung im Krankheitsfall Rz. 358
- Bei Arbeitsunfall in Nebentätigkeit ggf. Besonderheiten → Entgeltfortzahlung im Krankheitsfall Rz. 355 ff.

Urlaub
- Bei regelmäßiger geringfügiger Beschäftigung wie bei Teilzeitbeschäftigung → Urlaub Rz. 1022
- Bei gelegentlicher geringfügiger Beschäftigung wie bei Aushilfsbeschäftigung → Urlaub Rz. 1030 ff.

Sonstige Regelungen
- Abwälzung der Pauschallohnsteuer → Abwälzung Rz. 30; → Pauschalierung und Pauschalbeiträge Rz. 765
- Abwälzung Sozialversicherung bei Mehrfachbeschäftigung → Abwälzung Rz. 28
- Sonstige Arbeitsbedingungen → Aushilfe Rz. 180
- → Nachweisgesetz Rz. 745
- → Mindestlohn Rz. 706, 721
- → Altersversorgung Rz. 52
- Zuschuss zum Mutterschaftsgeld → Mutterschaftsgeld Rz. 734 f.
- Betriebsverfassungsrecht findet Anwendung → Betriebsverfassung Rz. 290

Steuerrecht

Lohnsteuer
- Einheitlicher Pauschsteuersatz 2 %, wenn pauschale Beiträge zur Rentenversicherung (nach SGB VI) zu entrichten sind → Geringfügig entlohnte Beschäftigung Rz. 411.
- Pauschsteuersatz 20 %, wenn keine pauschalen Rentenversicherungsbeiträge (nach SGB VI) zu entrichten sind → Geringfügig entlohnte Beschäftigung Rz. 419 ff.
- Individuelle Lohnsteuer: siehe auch → Teilzeitbeschäftigung Rz. 991
- Zur Anmeldung und Abführung der Lohnsteuer s. → Lohnsteuer-Anmeldung Rz. 638 ff., 629 ff. Zur Abwälzung der Pauschsteuer auf den Arbeitnehmer → Abwälzung Rz. 30

Kirchensteuer
- In dem einheitlichen Pauschsteuersatz ist die Kirchensteuer bereits mit einem Anteil von 5 % enthalten → Kirchensteuer Rz. 541 ff.
- Bei Pauschalierung mit 20 % pauschaler Kirchensteuersatz (je nach Bundesland) 4 % bis 7 % der pauschalen Lohnsteuer → Kirchensteuer Rz. 541 ff.
- Bei Pauschalierung mit 20 % und Nachweis der fehlenden Kirchensteuerpflicht einzelner Arbeitnehmer entfällt die pauschale Kirchensteuer für diese Arbeitnehmer → Kirchensteuer Rz. 541.

Sozialversicherungsrecht

Geringfügig Beschäftigte sind KV-, AV- und PV-frei und RV-pflichtig:
- **Geringfügig entlohnte Beschäftigte**
  Eine geringfügig entlohnte Beschäftigung liegt vor, wenn das Arbeitsentgelt regelmäßig im Monat 450 € nicht übersteigt → Geringfügig entlohnte Beschäftigung Rz. 428 ff. Der Arbeitgeber hat Pauschalbeiträge zur Kranken- und Rentenversicherung zu zahlen; vom Arbeitnehmer wird Rentenbeitrag (2021 = 3,6 %) einbehalten und vom Arbeitgeber abgeführt; von der Rentenversicherungspflicht besteht für Arbeitnehmer Befreiungsmöglichkeit (Antrag → Anhang 18).
- **Kurzfristig Beschäftigte**
  Eine kurzfristige Beschäftigung liegt in der Zeit vom 1.1.2015 an vor, wenn die Beschäftigung innerhalb eines Kalenderjahres von vornherein auf längstens
  - drei Monate (bei Beschäftigungen an wöchentlich fünf oder mehr Tagen) oder
  - 70 Arbeitstage (bei Beschäftigungen an wöchentlich weniger als fünf Tagen) befristet ist und nicht berufsmäßig ausgeübt wird → Kurzfristige Beschäftigung Rz. 594 ff.; die Höhe des Arbeitsentgelts ist dabei unerheblich.

Nebenbeschäftigung

Arbeitsrecht

Grundsätzliches
- Tätigkeit neben einem Hauptbeschäftigungsverhältnis → Nebenberufliche Beschäftigung Rz. 748 ff.
- Verbot einer Nebenbeschäftigung nur beschränkt zulässig → Nebenberufliche Beschäftigung Rz. 751
- Wettbewerbsverbot/Konkurrenzverbot → Nebenberufliche Beschäftigung Rz. 751
- Anzeigepflicht bei mehreren Mini-Jobs → Nebenberufliche Beschäftigung Rz. 752
- Erlaubnisvorbehalt → Nebenberufliche Beschäftigung Rz. 751

Kündigung
- Wie bei Aushilfsbeschäftigung bzw. Teilzeitbeschäftigung → Kündigung Rz. 571 ff., 579 ff.

Entgeltfortzahlung
- Für Angestellte und Arbeiter ohne Einschränkung → Entgeltfortzahlung im Krankheitsfall Rz. 355 f.

Urlaub
- Anspruch auf anteiligen → Urlaub Rz. 1037
- Kein Anspruch bei Beschäftigung unter einem Monat → Urlaub Rz. 1037
- Urlaub bei mehreren Beschäftigungen → Urlaub Rz. 1036 f.

Sonstige Regelungen
- Feiertagsvergütung nach dem Lohnausfallprinzip → Feiertagsarbeit Rz. 392
- Betriebsverfassungsrecht findet Anwendung → Betriebsverfassung Rz. 290
- Siehe auch Anmerkungen zu Aushilfsbeschäftigung und Teilzeitbeschäftigung

Mehrfachbeschäftigung
  - Grundsätze → Rz. 681
  - Konkurrenzverbot → Rz. 681
  - Arbeitszeitfragen → Rz. 637
  - Zuschuss zum Mutterschaftsgeld → Rz. 684

Steuerrecht

Lohnsteuer
- Eine Nebenbeschäftigung wird neben der Hauptbeschäftigung ausgeübt; regelmäßig bei einem weiteren Arbeitgeber. Insoweit bestehen keine lohnsteuerlichen Besonderheiten; zu den üblichen Formen der Beschäftigungsverhältnisse s. → Teilzeitbeschäftigung und → Geringfügige Beschäftigung. Das gezahlte Arbeitsentgelt ist lohnsteuerpflichtig.
- Hingegen ist eine Nebenbeschäftigung beim selben Arbeitgeber der dort ausgeübten Hauptbeschäftigung hinzuzurechnen. Das Steuerrecht kennt nur ein einheitliches Beschäftigungsverhältnis; Ausnahme → Pensionäre.
  → Übungsleiterfreibetrag

Kirchensteuer
- Für die Nebenbeschäftigung gelten je nach Beschäftigungsverhältnis die Ausführungen zu → Teilzeitbeschäftigung, → Geringfügige Beschäftigung oder Aushilfsbeschäftigung

Sozialversicherungsrecht
- Neben einer versicherungspflichtigen Hauptbeschäftigung kann bei einem rechtlich anderen Arbeitgeber eine geringfügig entlohnte Beschäftigung KV-, AV- und PV-frei ausgeübt werden – RV-Pflicht besteht; es sind Pauschalbeiträge durch den Arbeitgeber zu leisten.
- Wöchentliche Arbeitszeit in der Nebenbeschäftigung für die sv-rechtliche Beurteilung ohne Bedeutung.

Aushilfsbeschäftigung

Arbeitsrecht

Grundsätzliches
- Tätigkeit bei vorübergehendem Arbeitsbedarf → Aushilfe Rz. 169
- Typische Aushilfszwecke → Aushilfe Rz. 172 f.
- Vereinbarung über Aushilfscharakter notwendig → Aushilfe Rz. 174
- Nachweis des Aushilfszwecks → Aushilfe Rz. 174
- Befristung der Aushilfsbeschäftigung mit und ohne Sachgrund als Regel → Befristeter Arbeitsvertrag Rz. 201 ff.
- Befristung, Schriftformerfordernis, → Befristeter Arbeitsvertrag Rz. 204
- → Ein-Tages-Aushilfen Rz. 200
- Musteraushilfsvertrag → Anhang
- Saisonarbeit → Saisonarbeitnehmer Rz. 842 ff.

Kündigung
- Fristlose Kündigung nach § 626 BGB → Kündigung Rz. 572
- Kündigungsfristen verkürzbar → Kündigung Rz. 574
- Keine Verkürzung bei Beschäftigung über drei Monate → Kündigung Rz. 576
- Besonderer Kündigungsschutz kann eingreifen → Kündigung Rz. 578

Entgeltfortzahlung
- Anspruch auch für Aushilfen → Entgeltfortzahlung im Krankheitsfall Rz. 355 ff.
- Wartezeit entgeltfortzahlungsfrei → Entgeltfortzahlung im Krankheitsfall Rz. 355 ff.

Urlaub
- Anspruch auch für Aushilfen → Urlaub Rz. 1017 ff.
- ggf. Addition mehrerer Aushilfsverhältnisse → Urlaub Rz. 1018, 1036
- Berechnungsformeln ggf. wie bei Teilzeit → Urlaub Rz. 1028 ff.
- Urlaubsgeld i.d.R. nicht → Urlaub Rz. 1022

Sonstige Regelungen

siehe auch Anmerkungen zu Teilzeitbeschäftigung

Steuerrecht

Lohnsteuer
- **Pauschsteuersatz 25 %,** wenn
  - Beschäftigungsdauer höchstens 18 zusammenhängende Arbeitstage
  - durchschnittlicher Stundenlohn höchstens 15 €
  - durchschnittlicher Tagesarbeitslohn höchstens 120 € (die 120 €-Grenze entfällt bei unvorhersehbarem sofortigem Einsatz)
- → Akuter Bedarf Rz. 37
- Zur Anmeldung und Abführung der Lohnsteuer → Lohnsteuer-Anmeldung Rz. 638 ff., 628 ff.
- Zur Abwälzung der Pauschsteuer auf den Arbeitnehmer → Abwälzung Rz. 30
- Siehe auch → Teilzeitbeschäftigung Rz. 991

Kirchensteuer
- Pauschaler Kirchensteuersatz (je nach Bundesland) 4 % bis 7 % der pauschalen Lohnsteuer → Kirchensteuer Rz. 541
- Bei Nachweis der fehlenden Kirchensteuerpflicht einzelner Arbeitnehmer entfällt die pauschale Kirchensteuer für diese Arbeitnehmer → Kirchensteuer Rz. 541.

Sozialversicherungsrecht
- Aushilfsbeschäftigung als Dauerbeschäftigung siehe → Geringfügig entlohnte Beschäftigung
- Aushilfsbeschäftigung bei vorübergehendem Bedarf siehe → Kurzfristige Beschäftigung.

Aushilfsbeschäftigung (in der → Land- und Forstwirtschaft)

Arbeitsrecht

Grundsätzliches

Für Kündigung, Entgeltfortzahlung, Urlaub und sonstige Regelungen gelten je nach Art der Beschäftigung als Teilzeitkraft, in geringfügiger Beschäftigung, als Aushilfskraft oder in Nebenbeschäftigung die entsprechenden Anmerkungen.

Steuerrecht

Lohnsteuer
- **Pauschsteuersatz 5 %,** wenn
  - Beschäftigung in einem land- und forstwirtschaftlichen Betrieb
  - Beschäftigung mit typisch land- und forstwirtschaftlichen Arbeiten
  - Beschäftigung an höchstens 180 Tagen jährlich mit nicht ganzjährig anfallenden Arbeiten
  - keine land- und forstwirtschaftliche Fachkraft
  - durchschnittlicher Stundenlohn höchstens 15 €
- Zur Anmeldung und Abführung der Lohnsteuer → Lohnsteuer-Anmeldung Rz. 637 ff., 629 ff.
- Zur Abwälzung der Pauschsteuer auf den Arbeitnehmer → Abwälzung Rz. 30
- Siehe auch → Teilzeitbeschäftigung Rz. 991

Kirchensteuer
- Pauschaler Kirchensteuersatz (je nach Bundesland) 4 % bis 7 % der pauschalen Lohnsteuer → Kirchensteuer Rz. 548
- Bei Nachweis der fehlenden Kirchensteuerpflicht einzelner Arbeitnehmer entfällt die pauschale Kirchensteuer für diese Arbeitnehmer → Kirchensteuer Rz. 560.

Sozialversicherungsrecht
- keine Besonderheiten in der Sozialversicherung bei Aushilfsbeschäftigungen in der Land und Forstwirtschaft

Übersicht 2: Beschäftigungsverhältnisse im Überblick

Diese Übersicht dient zur ersten Orientierung. Im Einzelfall sind die vertiefenden Erläuterungen zu beachten. Querverweise sind durch vorangestellte Pfeile (→) gekennzeichnet.

Ältere Arbeitnehmer	Geringverdiener	Pensionäre	Praktikanten	Rentner	Schüler	Studenten

Arbeitsrecht
Grundsätzliches
– Altersgrenze problematisch → Ältere Arbeitnehmer Rz. 33
– Verbot der Altersdiskriminierung zu beachten → Ältere Arbeitnehmer Rz. 33
– Befristung ohne Sachgrund mit Besonderheiten → Befristeter Arbeitsvertrag Rz. 202, 213
– Befristung bei flexibilisierter Altersgrenze → Ältere Arbeitnehmer Rz. 33
– Altersversorgung/Späteheklausel → Ältere Arbeitnehmer Rz. 33
– Sozialplan/rentennahe Arbeitnehmer → Ältere Arbeitnehmer Rz. 33
Für Kündigung, Entgeltfortzahlung, Urlaub und sonstige Regelungen gelten je nach Art der Beschäftigung als Teilzeitkraft, in geringfügiger Beschäftigung, als Aushilfskraft oder in Nebenbeschäftigung die entsprechenden Anmerkungen.
Steuerrecht
Lohnsteuer
– Es bestehen keine lohnsteuerlichen Besonderheiten zu den üblichen Formen der Beschäftigungsverhältnisse, s. → Teilzeitbeschäftigung und → Geringfügige Beschäftigung. Das gezahlte Arbeitsentgelt ist lohnsteuerpflichtig.
– Wird die Lohnsteuer für den Arbeitslohn eines (aktiven) Arbeitsverhältnisses nach den individuellen Lohnsteuerabzugsmerkmalen erhoben, hat der Arbeitgeber für → Ältere Arbeitnehmer (bei Vollendung des 64. Lebensjahres vor Beginn des Kalenderjahres, für 2021: vor dem 2.1.1957 geboren), den Altersentlastungsbetrag zu berücksichtigen.
Kirchensteuer
– Es bestehen keine kirchensteuerlichen Besonderheiten
Sozialversicherungsrecht
– Ältere Arbeitnehmer sind
  – krankenversicherungsfrei, wenn sie nach Vollendung des 55. Lebensjahres versicherungspflichtig werden und in den letzten fünf Jahren vor Eintritt der Versicherungspflicht nicht gesetzlich krankenversichert waren → Ältere Arbeitnehmer Rz. 44,
  – rentenversicherungsfrei ab Beginn des Monats, in dem eine Vollrente wegen Alters bezogen wird. Aber: Arbeitgeberanteil zur Rentenversicherung bzw. bei geringfügig entlohnter Beschäftigung Pauschalbeitrag,
  – arbeitslosenversicherungsfrei mit Ablauf des Monats, in dem das Alter für den Bezug der Regelaltersrente vollendet wurde. Kein Arbeitgeberanteil bis 31.12.2021.
– Der Arbeitgeber hat jedoch gleichwohl den **Arbeitgeberbeitragsanteil** zur Rentenversicherung zu entrichten, wenn es sich um eine mehr als nur geringfügige Beschäftigung handelt; für geringfügig entlohnte Beschäftigte sind dagegen seit 1.4.1999 **Pauschalbeiträge** zur Kranken- und Rentenversicherung zu zahlen.
	Arbeitsrecht
	Die Ausführungen zu → Geringfügige Beschäftigung gelten entsprechend.
	Steuerrecht
	Lohnsteuer
	– Es bestehen keine lohnsteuerlichen Besonderheiten zu den üblichen Formen der Beschäftigungsverhältnisse, s. → Teilzeitbeschäftigung und → Geringfügige Beschäftigung. Das gezahlte Arbeitsentgelt ist lohnsteuerpflichtig.
	Kirchensteuer
	– Es bestehen keine kirchensteuerlichen Besonderheiten.
	Sozialversicherungsrecht
	– Für im Rahmen betrieblicher Berufsausbildung Beschäftigte, deren monatliches Arbeitsentgelt 325 € nicht übersteigt, hat der Arbeitgeber die Beiträge zur Kranken-, Pflege-, Renten- und Arbeitslosenversicherung allein zu tragen → Geringverdienergrenze Rz. 447.
		Arbeitsrecht
		Keine arbeitsrechtlichen Einschränkungen → Pensionäre Rz. 772
		Die Ausführungen zu → Ältere Arbeitnehmer gelten entsprechend.
		Steuerrecht
		Lohnsteuer
		– Pensionen und Werksrenten sind als Arbeitslohn steuerpflichtig. Der Arbeitgeber hat von den Zahlungen die Lohnsteuer einzubehalten; regelmäßig nach den individuellen Lohnsteuerabzugsmerkmalen (lt. elektronischen Lohnsteuerabzugsmerkmalen oder Härtefallregelung → Lohnsteuerkarte). Insoweit kommt eine Lohnsteuerpauschalierung nicht in Betracht, s. → Teilzeitbeschäftigung und → Geringfügige Beschäftigung.
		– Übt der Pensionär/Werksrentner beim (früheren) Arbeitgeber noch eine Beschäftigung aus, ist diese getrennt von der Pension/Werksrente zu beurteilen (kein einheitliches Beschäftigungsverhältnis). Für diese Beschäftigung bestehen keine lohnsteuerlichen Besonderheiten, s. → Teilzeitbeschäftigung, → Geringfügige Beschäftigung und → Aushilfsbeschäftigung. Das gezahlte Arbeitsentgelt ist lohnsteuerpflichtig.
		– Wird die Lohnsteuer für den Arbeitslohn eines (aktiven) Arbeitsverhältnisses nach den individuellen Lohnsteuerabzugsmerkmalen erhoben, hat der Arbeitgeber für → Ältere Arbeitnehmer (bei Vollendung des 64. Lebensjahres vor Beginn des Kalenderjahres, für 2021: vor dem 2.1.1957 geboren), den Altersentlastungsbetrag zu berücksichtigen.
		Kirchensteuer
		– Es bestehen keine kirchensteuerlichen Besonderheiten.
		Sozialversicherungsrecht
		– Beschäftigte Pensionäre, die im Krankheitsfall Beihilfeansprüche gegen ihren früheren Dienstherrn haben, sind krankenversicherungsfrei → Pensionär Rz. 774.
		– In der Rentenversicherung besteht Versicherungsfreiheit, wenn es sich um eine Alterspension handelt, nicht dagegen bei einer Pension wegen Dienstunfähigkeit → Pensionär Rz. 774.
		– In der Arbeitslosenversicherung besteht bei Beschäftigungen Versicherungsfreiheit, wenn der Arbeitnehmer das Alter für den Bezug einer Regelaltersrente vollendet hat → Pensionär Rz. 774.
		– Allerdings hat der Arbeitgeber für renten- bzw. arbeitslosenversicherungsfreie Pensionäre gleichwohl den **Arbeitgeberbeitragsanteil** zu entrichten (→ Pensionär Rz. 774), wenn es sich um eine mehr als nur → Geringfügige Beschäftigung handelt; für Pensionäre in → Geringfügig entlohnten Beschäftigungen sind dagegen seit 1.4.1999 **Pauschalbeiträge** zur Kranken- und Rentenversicherung zu zahlen → Pensionär Rz. 774.
		Aber: AV-Anteil Arbeitgeber bis 31.12.2021 ausgesetzt
			Arbeitsrecht
			Grundsätzliches
			– Besonderheiten beim Schülerpraktikum → Praktikant Rz. 784
			– Besonderheiten beim echten Studentenpraktikum → Praktikant Rz. 785
			– Freiwilliges Ausbildungspraktikum zulässig → Praktikant Rz. 786
			– Missbrauchsfragen/Niedriglohn → Praktikant Rz. 787 f.
			– → Mindestlohn Rz. 706
			– Mustervertrag, s. Anhang
			Steuerrecht
			Lohnsteuer
			– Es bestehen keine lohnsteuerlichen Besonderheiten zu den üblichen Formen der Beschäftigungsverhältnisse, s. → Teilzeitbeschäftigung, → Geringfügige Beschäftigung und → Aushilfsbeschäftigung. Das gezahlte Arbeitsentgelt ist lohnsteuerpflichtig.
			– Wird die Lohnsteuer für den Arbeitslohn nach den individuellen Lohnsteuerabzugsmerkmalen erhoben, ist die Jahrestabelle auch dann **nicht** anzuwenden, wenn für den Arbeitslohn aus Jahressicht keine Lohnsteuer zu erheben ist.
			– Es ist stets der Lohnzahlungszeitraum maßgebend; z.B. bei monatlicher Lohnzahlung die Monatstabelle und bei täglicher oder wöchentlicher Lohnzahlung die Tagestabelle.
			Kirchensteuer
			– Es bestehen keine kirchensteuerlichen Besonderheiten.
			Sozialversicherungsrecht
			– Praktikanten, die während des Studiums ein in einer Studien- oder Prüfungsordnung vorgeschriebenes Praktikum absolvieren, sind in diesem Praktikum kranken-, pflege-, renten- und arbeitslosenversicherungsfrei → Praktikant Rz. 782 ff.
			– Dagegen unterliegen nicht immatrikulierte Praktikanten in einem sogenannten Vor- oder Nachpraktikum grundsätzlich der Versicherungspflicht, selbst wenn sie kein Arbeitsentgelt erhalten → Praktikant Rz. 782 ff.
				Arbeitsrecht
				Keine arbeitsrechtlichen Einschränkungen → Rentner Rz. 830. Die Ausführungen zu → Ältere Arbeitnehmer gelten entsprechend.
				– → Befristung Rz. 831 f.
				– Hinausschiebensvereinbarung → Befristung Rz. 831
				Steuerrecht
				Lohnsteuer
				– Es bestehen keine lohnsteuerlichen Besonderheiten zu den üblichen Formen der Beschäftigungsverhältnisse, s. → Teilzeitbeschäftigung, → Geringfügige Beschäftigung und → Aushilfsbeschäftigung. Das gezahlte Arbeitsentgelt ist lohnsteuerpflichtig.
				– Wird die Lohnsteuer für den Arbeitslohn eines (aktiven) Arbeitsverhältnisses nach den individuellen Lohnsteuerabzugsmerkmalen erhoben, hat der Arbeitgeber für → ältere Arbeitnehmer (bei Vollendung des 64. Lebensjahres vor Beginn des Kalenderjahres, für 2021: vor dem 2.1.1957 geboren), den Altersentlastungsbetrag zu berücksichtigen.
				Kirchensteuer
				– Es bestehen keine kirchensteuerlichen Besonderheiten.
				Sozialversicherungsrecht
				– Beschäftigte Rentner sind in einer mehr als nur → Geringfügigen Beschäftigung in der
				  – Krankenversicherung versicherungspflichtig; für Bezieher einer Rente wegen voller Erwerbsminderung, Erwerbsunfähigkeit oder Vollrente wegen Alters sind die Beiträge jedoch lediglich nach einem ermäßigten Beitragssatz zu entrichten.
				  – Pflegeversicherung versicherungspflichtig
				  – Rentenversicherung versicherungspflichtig, es sei denn, der Rentner erhält eine Vollrente wegen Alters und hat das Alter für die Regelaltersrente vollendet; für rentenversicherungsfreie Altersvollrentner hat der Arbeitgeber jedoch gleichwohl den Arbeitgeberbeitragsanteil zu entrichten, wenn es sich um eine mehr als nur geringfügige Beschäftigung handelt; im Übrigen müssen beschäftigte Rentner → Hinzuverdienstgrenzen beachten, um ihre Rentenansprüche nicht zu gefährden, solange sie das Alter für die Regelaltersrente noch nicht vollendet haben.
				  – Arbeitslosenversicherung versicherungsfrei, wenn Rente wegen voller Erwerbsminderung oder Erwerbsunfähigkeit bezogen wird oder der Rentner bereits das Alter für die Inanspruchnahme der Regelaltersrente vollendet hat; im letzteren Fall ist jedoch vom Arbeitgeber gleichwohl der Arbeitgeberbeitragsanteil zur Arbeitslosenversicherung zu entrichten. Für Berufsunfähigkeitsrentner kommt darüber hinaus Arbeitslosenversicherungsfreiheit in Betracht, wenn sie wegen einer Minderung ihrer Leistungsfähigkeit dauernd nicht mehr verfügbar sind.
				  – Für Rentner in geringfügig entlohnten Beschäftigungen hat der Arbeitgeber seit 1.4.1999 Pauschalbeiträge zur Kranken- und Rentenversicherung zu zahlen.
					Arbeitsrecht
					Grundsätzliches
					– Verbot der Kinderarbeit mit Ausnahmen → Schüler Rz. 875
					– Schülerpraktikum → Praktikant Rz. 784
					– Ferienbeschäftigung von Schülern begrenzt zulässig → Schüler Rz. 877
					Urlaub
					– Mindesturlaubsanspruch für jugendliche Arbeitnehmer → Schüler Rz. 876
					Für Kündigung, Entgeltfortzahlung, Urlaub und sonstige Regelungen gelten je nach Art der Beschäftigung als Teilzeitkraft, in geringfügiger Beschäftigung oder als Aushilfskraft die entsprechenden Anmerkungen.
					Steuerrecht
					Lohnsteuer
					– Es bestehen keine lohnsteuerlichen Besonderheiten zu den üblichen Formen der Beschäftigungsverhältnisse, s. → Schüler Rz. 879 f., → Teilzeitbeschäftigung, → Geringfügige Beschäftigung und → Aushilfsbeschäftigung. Das gezahlte Arbeitsentgelt ist lohnsteuerpflichtig.
					– Wird die Lohnsteuer für den Arbeitslohn nach den individuellen Lohnsteuerabzugsmerkmalen erhoben, ist die Jahrestabelle auch dann **nicht** anzuwenden, wenn für den Arbeitslohn aus Jahressicht keine Lohnsteuer zu erheben ist.
					– Für die Lohnsteuerermittlung ist stets der Lohnzahlungszeitraum maßgebend; z.B. bei monatlicher Lohnzahlung die Monatstabelle und bei täglicher oder wöchentlicher Lohnzahlung die Tagestabelle.
					Kirchensteuer
					– Es bestehen keine kirchensteuerlichen Besonderheiten.
					Sozialversicherungsrecht
					– Schüler sind in → Geringfügigen Beschäftigungen kranken-, pflege-, und arbeitslosenversicherungsfrei, in der Rentenversicherung besteht Versicherungspflicht. Der Arbeitnehmeranteil beträgt 3,6 %. Der Arbeitgeber hat 15 % Pauschalbeitrag zu tragen. Befreiungsmöglichkeit auf Antrag. Hat der Schüler das 18. Lebensjahr noch nicht vollendet, muss ein gesetzlicher Vertreter den Antrag unterschreiben. Arbeitgeber hat jedoch für Schüler in → Geringfügig entlohnten Beschäftigungen seit 1.4.1999 Pauschalbeiträge zur Kranken- und Rentenversicherung zu zahlen; darüber hinaus sind Schüler allgemein bildender Schulen selbst in mehr als nur geringfügigen Beschäftigungen arbeitslosenversicherungsfrei.
						Arbeitsrecht
						Grundsätzliches
						– Besonderheiten beim echten Studentenpraktikum → Praktikant Rz. 785
						– Werkstudenten sind normale Arbeitnehmer → Student/Werkstudent Rz. 943 ff.
						Für Kündigung, Entgeltfortzahlung, Urlaub und sonstige Regelungen gelten je nach Art der Beschäftigung als Teilzeitkraft, in geringfügiger Beschäftigung oder als Aushilfskraft die entsprechenden Anmerkungen.
						Steuerrecht
						Lohnsteuer
						– Es bestehen keine lohnsteuerlichen Besonderheiten zu den üblichen Formen der Beschäftigungsverhältnisse, s. → Teilzeitbeschäftigung, → Geringfügige Beschäftigung und → Aushilfsbeschäftigung. Das gezahlte Arbeitsentgelt ist lohnsteuerpflichtig.
						– Wird die Lohnsteuer für den Arbeitslohn nach den individuellen Lohnsteuerabzugsmerkmalen erhoben, ist die Jahrestabelle auch dann **nicht** anzuwenden, wenn für den Arbeitslohn aus Jahressicht keine Lohnsteuer zu erheben ist.
						– Für die Lohnsteuerermittlung ist stets der Lohnzahlungszeitraum maßgebend; z.B. bei monatlicher Lohnzahlung die Monatstabelle und bei täglicher oder wöchentlicher Lohnzahlung die Tagestabelle.
						Kirchensteuer
						– Es bestehen keine kirchensteuerlichen Besonderheiten.
						Sozialversicherungsrecht
						– Studenten sind kranken-, pflege- und arbeitslosenversicherungsfrei, in Beschäftigungen, die
						  – i.d.R. höchstens an 20 Stunden wöchentlich ausgeübt werden oder
						  – von vornherein auf höchstens drei Monate befristet sind oder
						  – ausschließlich in der vorlesungsfreien Zeit (Semesterferien) ausgeübt werden.
						– → Student/Werkstudent Rz. 947 ff.
						– Die Versicherungsfreiheit erstreckt sich unabhängig von der wöchentlichen Arbeitszeit auch auf während des Studiums ausgeübte vorgeschriebene Praktika.
						– In der Rentenversicherung sind Studenten dagegen in mehr als nur geringfügigen Beschäftigungen (s. dort) seit 1.10.1996 grundsätzlich versicherungspflichtig.
						– Für Studenten in geringfügig entlohnten Beschäftigungen hat der Arbeitgeber seit 1.4.1999 Pauschalbeiträge zur Kranken- und Rentenversicherung zu zahlen.

ABC-Stichworte

Abmeldung

I. Arbeitsrecht
Es bestehen keine arbeitsrechtlichen Besonderheiten.

II. Lohnsteuer
1. Lohnsteuerpauschalierung, Lohnsteuerabzug, ELStAM-Verfahren

Nur ein inländischer Arbeitgeber ist zur ordnungsgemäßen Erhebung und Abführung der Lohnsteuer verpflichtet. Daraus ergeben sich für ihn bestimmte steuerliche Anzeigepflichten.

Lohnsteuerpauschalierung
Hat der inländische Arbeitgeber für den gezahlten Arbeitslohn die Lohnsteuerpauschalierung i.H.v. 2 %, 5 % oder 20 % bzw. 25 % gewählt (→ Geringfügig entlohnte Beschäftigung), besteht **keine** Verpflichtung, den Arbeitnehmer bei einer Beendigung des Dienstverhältnisses beim Finanzamt abzumelden. Denn die pauschale Lohnsteuer wird regelmäßig durch die Lohnsteuer-Anmeldung des Arbeitgebers festgesetzt. Folglich entfällt die Verpflichtung, pauschale Lohnsteuer zu erheben und sie an das Finanzamt (bzw. an die Deutsche Rentenversicherung Knappschaft-Bahn-See – KBS) abzuführen, wenn der Arbeitgeber keinen Arbeitslohn mehr zahlt.

ELStAM-Verfahren und Härtefall-Verfahren
Anders verhält es sich, wenn der Arbeitgeber die Lohnsteuererhebung nach den individuellen **Lohnsteuerabzugsmerkmalen** des Arbeitnehmers im sog. ELStAM-Verfahren (elektronische Lohnsteuerabzugsmerkmale = ELStAM) oder im alternativen Härtefall-Verfahren durchführt (→ Lohnsteuerkarte).

Nach Beendigung des Arbeitsverhältnisses (und dem damit regelmäßig verbundenen Wechsel des Arbeitgebers) ist der Arbeitgeber bei Anwendung des **ELStAM-Verfahrens** gesetzlich verpflichtet, den Arbeitnehmer bei der Finanzverwaltung unverzüglich abzumelden. Dazu hat er den Tag der Beendigung des Dienstverhältnisses auf elektronischem Weg nach amtlich vorgeschriebenem Datensatz mitzuteilen. Die Abmeldung kann frühestens am Tag der Beendigung des Dienstverhältnisses erfolgen. Für die Abmeldung sind die weiteren folgenden Daten elektronisch zu übermitteln:

– die steuerliche Identifikationsnummer des Arbeitnehmers,
– das Geburtsdatum des Arbeitnehmers sowie
– das sog. Referenzdatum Arbeitgeber.

Als Referenzdatum Arbeitgeber ist das Referenzdatum der ursprünglichen Anmeldung einzutragen. Diese Aufgaben erledigt i.d.R. das eingesetzte **Lohnabrechnungsprogramm**. Soweit der Arbeitgeber seiner Verpflichtung zur Abmeldung nachweislich nicht folgen kann oder trotz Zwangsmaßnahmen nicht nachkommt, kommt eine Abmeldung von Amts wegen – also durch das Finanzamt – in Betracht.

Wendet der Arbeitgeber das alternative **Härtefall-Verfahren** an (→ Lohnsteuerkarte, Härtefallregelung), muss er dem Betriebsstättenfinanzamt die Beendigung des Dienstverhältnisses schriftlich mitteilen. Daraufhin erhält der Arbeitgeber eine Abmeldebestätigung. Scheidet der Arbeitnehmer jedoch zum Ende des Kalenderjahrs aus, ist es im Härtefallverfahren nicht erforderlich, den Arbeitnehmer zum 31.12. des betreffenden Jahrs abzumelden. S. hierzu auch → Anmeldung.

Abmeldung

Überschneidungen bei Arbeitgeberwechsel
Meldet bei einem Wechsel des Arbeitgebers der neue Arbeitgeber den Arbeitnehmer an, bevor der frühere Arbeitgeber die Abmeldung vorgenommen hat, teilt die Finanzverwaltung dem neuen Arbeitgeber die für das erste Dienstverhältnis gültige Steuerklasse (Steuerklasse I bis V) ab dem Beginn des neuen Dienstverhältnisses mit. Zugleich wird dem bisherigen Arbeitgeber die Steuerklasse VI als ELStAM zum Abruf bereitgestellt, wenn er den Arbeitnehmer noch nicht abgemeldet hat. Als Anwendungsdatum wird der Beginn des neuen Dienstverhältnisses mitgeteilt.

BMF-Schreiben
Nähere Einzelheiten zum Lohnsteuerabzug im Verfahren der elektronischen Lohnsteuerabzugsmerkmale enthält das aktuelle BMF-Schreiben v. 8.11.2018 (IV C 5-S 2363/13/10003-02, BStBl I 2018, 1137), ergänzt durch das BMF-Schreiben v. 7.11.2019 (IV C 5-S 2363/19/10007:001, BStBl I 2019, 1087).

2. Lohnsteuer-Anmeldung

3   In der Lohnsteuer-Anmeldung hat der Arbeitgeber insbesondere anzugeben, wie viel Lohnsteuer im Anmeldungszeitraum einzubehalten bzw. zu übernehmen ist. War im Anmeldungszeitraum vom Arbeitgeber weder Lohnsteuer einzubehalten noch zu übernehmen, so hat er diese Tatsache in der Lohnsteuer-Anmeldung mitzuteilen. Seine Verpflichtung zur **Abgabe** von Lohnsteuer-Anmeldungen endet erst dann, wenn er dem Finanzamt mitteilt,

- keinen Arbeitnehmer mehr zu beschäftigen und
- keinen Arbeitslohn mehr zu zahlen

oder

- dass für den Arbeitslohn keine Lohnsteuer mehr anfällt bzw. abzuführen ist (z.B. weil für einen Mini-Job die einheitliche Pauschsteuer erhoben wird).

Diese Mitteilungen kommen letztlich einer „Abmeldung" gleich (→ Lohnsteuer-Anmeldung).

III. Sozialversicherung

1. Allgemeines

4   Eine Abmeldung kann aus folgenden Gründen erforderlich sein:

- Ende des Beschäftigungsverhältnisses (Abgabegrund: 30),
- Krankenkassenwechsel (Abgabegrund: 31),
- Abmeldung wegen Beitragsgruppenwechsel (Abgabegrund: 32),
- Abmeldung wegen sonstiger Gründe/Änderungen im Beschäftigungsverhältnis (Abgabegrund: 33),
- Abmeldung wegen Ende einer sozialversicherungsrechtlichen Beschäftigung bei einer Unterbrechung von länger als einem Monat (Abgabegrund: 34),
- Abmeldung wegen Tod (Abgabegrund: 49).

2. Meldefrist

5   Die Abmeldung ist mit der ersten Entgeltabrechnung nach Ende der Beschäftigung zu erstellen; spätestens innerhalb von sechs Wochen nach Ende der Beschäftigung.

3. Zu meldendes Entgelt

6   Als beitragspflichtiges Arbeitsentgelt ist in den Meldungen das Arbeitsentgelt einzutragen, von dem Beiträge zur Rentenversicherung entrichtet wurden.

Bei Arbeitnehmern, die ein Beschäftigungsverhältnis innerhalb des Übergangsbereichs ausüben, werden bei Abmeldungen mit einem Ende-Datum nach dem 30.6.2019 zwei Entgelte gemeldet:
- das beitragspflichtige verminderte Arbeitsentgelt und
- das RV-Brutto (was ohne Übergangsbereich beitragspflichtig gewesen wäre).

Das letztere Entgelt wird ab 1.7.2019 für die Rentenberechnung berücksichtigt.

Hat ein versicherungsfrei geringfügig entlohnt Beschäftigter auf die Rentenversicherungsfreiheit vor dem 1.1.2013 verzichtet und liegt das tatsächliche Arbeitsentgelt unterhalb von 175 € monatlich, so ist der Betrag der Mindestbeitragsbemessungsgrundlage von monatlich 175 € als beitragspflichtiges Arbeitsentgelt zu bescheinigen. Dieser Wert gilt auch für alle ab 1.1.2013 aufgenommenen geringfügig entlohnten Beschäftigungen, die rentenversicherungspflichtig sind.

Abrufarbeit

I. Arbeitsrecht

1. Abrufarbeitsverhältnis

a) Grundsätze

Eine besondere und in der Praxis durchaus beliebte Form der Aushilfsbeschäftigung ist das Abrufarbeitsverhältnis, dem in der Regel ein echter Aushilfszweck zu Grunde liegen dürfte, nämlich ein nur vorübergehender Bedarf für die jeweilige Einsatzzeit mit Teilzeitarbeit. Bei einem solchen Abrufarbeitsverhältnis geht es zumeist nicht um das Ausnutzen von steuerlichen und sozialversicherungsrechtlichen Vergünstigungen, sondern um eine betriebswirtschaftlich und organisatorisch günstige Nutzung flexibler Arbeitszeit durch Vertragsgestaltung. 7

Die Abrufarbeit ist zum 1.1.2019 zugunsten der Arbeitnehmer verändert worden. 8

Die Abrufarbeit ist in § 12 Abs. 1 Satz 1 TzBfG gesetzlich definiert: *„Arbeitgeber und Arbeitnehmer können vereinbaren, dass der Arbeitnehmer seine Arbeitsleistung entsprechend dem Arbeitsanfall zu erbringen hat (Arbeit auf Abruf)."* Ein Abrufarbeitsverhältnis liegt daher nach der genannten Vorschrift vor, wenn die Arbeitsleistung in einem bestimmten im Arbeitsvertrag festgelegten Zeitraum nach konkretisierter Anordnung des Arbeitgebers durch seinen **einseitigen Abruf** zu erbringen ist. 9

Erforderlich für das einseitige Direktionsrecht des Arbeitgebers ist also eine entsprechende ausdrückliche vertragliche Vereinbarung mit dem Arbeitnehmer, die auch nachträglich für ein Teilzeitarbeitsverhältnis mit bisher fester Arbeitszeitregelung vereinbart werden kann.

b) Vertragsfragen

Steht es den Arbeitsvertragsparteien grundsätzlich frei, eine Flexibilisierung der Arbeitszeit durch Abrufarbeit in den verschiedenen denkbaren Formen vertraglich zu vereinbaren, so bedarf es keiner Hervorhebung, dass diese Möglichkeit der flexiblen Reaktion auf unterschiedlichen Arbeitsanfall für den Arbeitgeber günstiger gegenüber einer festen Arbeitszeit ist, für den Arbeitnehmer hingegen in aller Regel ungünstiger im Hinblick auf seine mehr oder weniger stark eingeschränkten Zeitplanungen. Insoweit enthält die Vorschrift des § 12 TzBfG i.S. einer sozialverträglichen Gestaltung einige **Vereinbarungsbeschränkungen**. 10

Wichtig: Besonders zu beachten ist, dass der vereinbarte wöchentliche Arbeitszeitrahmen der Abrufarbeit und der schwankende Abruf auch tatsächlich eingehalten werden. Ansonsten besteht bei Handhabung ständig höherer Arbeitszeit oder regelmäßiger

Arbeitszeiten die Gefahr, dass die **tatsächliche Handhabung** als Vertragsinhalt eingeordnet wird. Denn eine im Rahmen eines Bedarfsarbeitsverhältnisses ständig erbrachte Mindestarbeitsleistung kann als **konkludent vereinbart** angesehen werden, wenn der Arbeitgeber die Arbeitsleistung nicht nur abgerufen und erwartet, sondern vom Arbeitnehmer als vertraglich geschuldete Leistung gefordert hat (BAG v. 26.9.2012, 10 AZR 336/11, DB 2013, 290).

Die Vereinbarung von Abrufarbeit schließt **Schichtarbeit** nicht aus. Die mit Schichtarbeit verbundenen Erschwernisse werden bei Abrufarbeit nicht bereits durch die vereinbarte Vergütung kompensiert, so dass der Arbeitnehmer Anspruch auf eine entsprechende **Schichtzulage** besitzt. Dies gilt auch dann, wenn der Arbeitgeber bei der Aufstellung der Dienstpläne auf die Einsatzwünsche der Abruf-Mitarbeiter Rücksicht nimmt (BAG v. 24.9.2008, 10 AZR 106/08, NZA 2008, 1424).

Bei **Tagesaushilfen** mit Ein-Tages-Arbeitsverträgen gilt: Eine Rahmenvereinbarung, welche nur die Bedingungen der erst noch abzuschließenden Arbeitsverträge wiedergibt, selbst aber noch keine Verpflichtung zur Arbeitsleistung begründet, ist kein Arbeitsvertrag; ein solcher kann sich aber aus einer abweichenden tatsächlichen Handhabung ergeben. Es besteht **keine Verpflichtung**, statt der Kombination einer solchen Rahmenvereinbarung mit Einzelvereinbarungen über die jeweiligen Einsätze ein **Abrufarbeitsverhältnis nach § 12 TzBfG zu vereinbaren**; zwingendes Kündigungsschutz- oder Befristungskontrollrecht wird dadurch nicht umgangen (BAG v. 15.2.2012, 10 AZR 111/11, NZA 2012, 733).

In der betrieblichen Praxis kommt es nicht selten vor, dass die vereinbarte Arbeitszeit nicht festgelegt ist, sondern sich **allgemein „nach dem jeweiligen Arbeitsanfall"** richten soll oder dass die festgelegte Arbeitszeit für längere Zeit überschritten wird. Dies ist nach Auffassung des Bundesarbeitsgerichts (BAG v. 7.12.2005, 5 AZR 535/04, NZA 2006, 423) unzulässig. Haben die Arbeitsvertragsparteien eine Abrufbeschäftigung mit flexibler Arbeitszeit vereinbart, aber **keine bestimmte Dauer der wöchentlichen und täglichen Arbeitszeit festgelegt**, berührt das nicht die Wirksamkeit der vereinbarten Arbeit auf Abruf. Es gelten die zum Schutz des Arbeitnehmers gesetzlich nach § 12 Abs. 1 Satz 3 und 4 TzBfG fingierten Arbeitszeiten, siehe → Rz. 12 ff. (BAG v. 24.9.2014, 5 AZR 1024/12, NZA 2014, 1328).

Insoweit stellt sich in derartigen Fällen, aber auch wenn ein Arbeitgeber einen Arbeitnehmer **über einen längeren Zeitraum über die vertraglich vorgesehene Arbeitszeit hinaus** einsetzt, die Frage, welche Arbeitszeit gilt. Hierzu meint das Bundesarbeitsgericht (BAG v. 21.6.2011, 9 AZR 238/10, NZA 2012, 527): Die Tatsache, dass ein Arbeitgeber einen Arbeitnehmer – auch über einen längeren Zeitraum – über die vertraglich vorgesehene Arbeitszeit hinaus einsetzt, ist für sich betrachtet nicht hinreichend, um eine einvernehmliche Vertragsänderung anzunehmen. Bei dem Einsatz des Arbeitnehmers handelt es sich um ein tatsächliches Verhalten, dem nicht notwendig ein bestimmter rechtsgeschäftlicher Erklärungswert in Bezug auf den Inhalt des Arbeitsverhältnisses zukommt. Die Annahme einer dauerhaften Vertragsänderung mit einer erhöhten regelmäßigen Arbeitszeit setzt die Feststellung entsprechender Erklärungen der Parteien voraus. Bei Fehlen einer Teilzeitvereinbarung wird im Zweifel ein Vollzeitarbeitsverhältnis begründet. Der Beschäftigungsumfang ist in einem solchen Fall – sofern möglich – unter Rückgriff auf das Tarifrecht oder durch ergänzende Vertragsauslegung zu bestimmen.

c) Gesetzliche Einschränkungen der Abrufarbeit

11   Der Gesetzgeber hat aus Gründen der Sozialverträglichkeit nach § 12 TzBfG einen gewissen Mindestschutz für den Arbeitnehmer in dreifacher Hinsicht geregelt.

Zu den so genannten **Null-Stunden-Verträgen**, mit denen sich der Arbeitgeber die entsprechende Bestimmung der Arbeitszeit vorbehält, siehe Preis, Flexicurity und Abrufarbeit – Flexible Arbeitsvertragsgestaltung zwischen 0 und 260 Stunden?, RdA

2015, 244; Bieder, Der Nullstundenvertrag – zulässiges Flexibilisierungsinstrument oder Wegbereiter für ein modernes Tagelöhnertum?, RdA 2015, 388; Forst, Null-Stunden-Verträge, NZA 2014, 998.

aa) Festlegung bestimmter Dauer der Arbeitszeit

Nach § 12 Abs. 1 Satz 2 TzBfG muss die Abrufvereinbarung eine bestimmte Dauer der wöchentlichen und täglichen Arbeitszeit festlegen. Haben die Arbeitsvertragsparteien für die Arbeit auf Abruf eine bestimmte Dauer der wöchentlichen und täglichen Arbeitszeit **nicht vereinbart**, so wird hierdurch der Abrufvertrag nicht unwirksam, sondern es gelten die gesetzlich fixierten Mindestzeiten nach § 12 Abs. 1 Satz 3 und 4 TzBfG (BAG v. 24.9.2014, 5 AZR 1024/12, NZA 2014, 1328): Es gilt dann eine wöchentliche Arbeitszeit von zwanzig Stunden als vereinbart und eine tägliche Dauer der Arbeitszeit für mindestens drei aufeinander folgende Stunden. Im Übrigen greift die Regel, wonach bei Fehlen einer Teilzeitvereinbarung im Zweifel ein Vollzeitarbeitsverhältnis begründet wird, nicht schon dann ein, wenn es an einer ausdrücklichen Vereinbarung über ein Teilzeitarbeitsverhältnis fehlt. Die Anwendung dieser Regel setzt vielmehr voraus, dass sich auch durch Auslegung eine Teilzeitvereinbarung nicht ermitteln lässt (BAG v. 24.9.2014, 5 AZR 1024/12, NZA 2014, 1328). Aus der Fiktion, dass eine Arbeitszeit von zwanzig Stunden als vereinbart gilt, ergibt sich aber kein Anspruch des Arbeitnehmers, an jedem Tag von Montag bis Freitag abgerufen zu werden (BAG v. 16.4.2014, 5 AZR 483/12, DB 2014, 1688). 12

Die fiktive Regelung bedeutet zunächst, dass trotz der Verpflichtung zur Festlegung einer wöchentlichen und täglichen Mindestarbeitszeit **nicht in jeder Woche** mindestens die festgelegte Arbeitszeit geleistet werden muss, denn der Sinn der Abrufarbeit besteht ja gerade darin, mit einer Flexibilisierung der Arbeitszeit durch Anpassung an den Arbeitsanfall Schwankungen des anfallenden Arbeitsvolumens auszugleichen und dem Arbeitnehmer eine Garantie für eine ihm regelmäßig zufließende Arbeitsvergütung zu geben.

Zulässig ist es also durchaus, einen **Ausgleichszeitraum** – etwa von einem Monat, einem Vierteljahr, einem halben Jahr oder einem ganzen Jahr – zu nehmen, wobei allerdings innerhalb dieses Ausgleichszeitraums die vereinbarte wöchentliche Arbeitszeit im Durchschnitt erreicht werden muss.

Zur Vermeidung der fiktiven Wochenarbeitszeitregelung mit ihrer Sanktion durch die Pflicht zur Vergütungszahlung für die fiktive Arbeitszeit ist es dringend zu empfehlen, einen bestimmten Arbeitszeitrahmen pro Woche, Monat oder Jahr **genau im individuellen Arbeitsvertrag festzulegen!** 13

Wichtiger Hinweis zur Klarstellung: Die gesetzliche Bestimmung zur Festlegung der Mindestarbeitszeit verlangt lediglich die präzise Festlegung der Dauer des Arbeitszeitrahmens. Dieser Arbeitszeitrahmen darf durchaus auch **unterhalb von zwanzig Wochenstunden** vereinbart werden, also z.B. mit fünf Wochenstunden. Nur muss die Unterschreitung mit der entsprechenden Stundenzahl genau vertraglich fixiert werden. Umgekehrt gibt es keinen allgemeinen Grundsatz, dass jeder Arbeitnehmer von Montag bis Freitag beschäftigt werden müsste. Soweit die Verteilung der Arbeitszeit arbeitsvertraglich nicht geregelt und auch kollektivrechtlich und gesetzlich nicht beschränkt ist, legt der Arbeitgeber die **Lage der Arbeitszeit durch Weisung** kraft seines Direktionsrechts aus § 106 Satz 1 GewO fest (BAG v. 16.4.2014, 5 AZR 483/12, NZA 2014, 1262).

Zulässig ist es im Übrigen auch, eine bestimmte **Mindestarbeitszeit** i.S.d. § 12 Abs. 1 Satz 2 TzBfG festzulegen und darüber hinaus

- eine nicht verpflichtend abrufbare **Unterschreitung**,
- eine abrufbare **Überschreitung**, oder auch eine **Bandbreitenregelung** von der Mindestarbeitszeit nach unten oder nach oben

zu vereinbaren und damit die Abrufarbeit zusätzlich variabel auszugestalten (→ Rz. 17 ff.).

bb) Mindestarbeitsblock von drei Stunden

14 Ist bei Abrufarbeit die Dauer der täglichen Arbeitszeit nicht vereinbart, so gilt nach § 12 Abs. 1 Satz 4 TzBfG, dass der Arbeitgeber die Arbeitsleistung des Arbeitnehmers jeweils für mindestens drei aufeinander folgende Stunden in Anspruch zu nehmen hat. Danach muss der Arbeitgeber also auch dann die Vergütung für drei Arbeitsstunden zahlen, wenn er den Arbeitnehmer beispielsweise nur für eine Stunde zur Arbeit abruft.

Wichtiger Hinweis zur Klarstellung: Die Pflicht des Arbeitgebers zur Abnahme von mindestens drei aufeinanderfolgenden Arbeitsstunden pro Einsatz ist **nicht zwingend**. Zulässig ist es durchaus, mit dem Arbeitnehmer von vornherein Arbeitseinsätze von weniger als drei Stunden zu vereinbaren. Die gesetzliche Sanktion der Vergütung für einen Arbeitsblock von mindestens drei Stunden greift nur ein, wenn von vornherein eine bestimmte Mindestdauer des täglichen Arbeitseinsatzes nicht vereinbart ist.

Haben Arbeitgeber und Arbeitnehmer eine bestimmte tägliche Arbeitszeit vereinbart, so muss davon ausgegangen werden, dass eine **zusammenhängende Arbeitszeit** verabredet worden ist. Sollte umgekehrt eine **gestückelte** tägliche Arbeitszeit gewollt sein, so sollte dies auch klar vereinbart werden.

Schließlich: Zulässig ist auch die Vereinbarung einer täglichen Höchstdauer der Arbeitszeit mit dem Vorbehalt für den Arbeitgeber, auch eine geringere Arbeitsleistung abzurufen. Bei einer derartigen Gestaltung mit vereinbarter, arbeitstäglicher Höchstdauer der Arbeitszeit greift allerdings bei Unterschreitung einer Arbeitszeit von drei Stunden die gesetzliche Sanktion ein: Der Arbeitnehmer hat Anspruch auf Vergütung für mindestens drei arbeitstägliche Stunden.

Aus der gesetzlichen Konstruktion folgt im Übrigen, dass bei Nichtfestlegung einer arbeitstäglichen Mindestarbeitszeit der Arbeitnehmer bei einem Abruf für weniger als drei Stunden die Wahl hat, ob er die – unzulässig kurze – Arbeitszeit ablehnen will, wenn der Arbeitgeber nicht bereit ist, die Vergütung für drei Arbeitsstunden zu zahlen. Bei Ablehnung eines kürzeren Arbeitseinsatzes durch den Arbeitnehmer kann der Arbeitgeber natürlich die Einsatzzeit auf das gesetzliche Mindestmaß verlängern oder auch auf den Einsatz des Arbeitnehmers verzichten.

Schließlich: Ist in der Abrufvereinbarung eine bestimmte Dauer der wöchentlichen und täglichen Arbeitszeit nicht vereinbart, zieht aber der Arbeitgeber den Arbeitnehmer mindestens in dem in § 12 Abs. 1 Satz 3 und 4 TzBfG bestimmten Umfang zur Arbeit heran, kommt der Arbeitgeber nicht in Annahmeverzug (BAG v. 24.9.2014, 5 AZR 1024/12, NZA 2014, 1328).

cc) Viertägige Vorankündigung des Arbeitseinsatzes

15 Nach § 12 Abs. 2 TzBfG ist der Arbeitnehmer nur zur Arbeitsleistung verpflichtet, wenn der Arbeitgeber ihm die Lage seiner Arbeitszeit jeweils mindestens vier Tage im Voraus mitteilt. Diese Frist ist nach Kalendertagen zu berechnen. Mit ihr soll dem Arbeitnehmer genügend Zeit gegeben werden, um seine persönliche Zeitplanung auf den Arbeitseinsatz einzurichten. Mit anderen Worten: Der Arbeitgeber darf einen kurzfristigeren Arbeitseinsatz nicht einseitig anordnen. **Zulässig** ist demgegenüber eine **Einsatzabsprache** zwischen Arbeitgeber und Arbeitnehmer unterhalb der gesetzlichen Ankündigungsfrist. Unzulässig wäre demgegenüber ein genereller Verzicht des Arbeitnehmers auf die Einhaltung der Ankündigungsfrist im Vorhinein oder auch die Vereinbarung einer kürzeren als der gesetzlichen Ankündigungsfrist.

Die **Berechnung** der gesetzlichen Ankündigungsfrist von vier Kalendertagen richtet sich nach den allgemeinen Bestimmungen über die Berechnung von Fristen nach

§§ 186 ff. BGB, wobei es für den Fristbeginn auf den – gegebenenfalls nachzuweisenden – Zugang der Ankündigung beim Arbeitnehmer ankommt. Will der Arbeitgeber den einmal fristgerecht ausgeübten Abruf der Arbeit **nachträglich ändern,** so muss er insoweit wiederum die Ankündigungsfrist von vier Tagen wahren. Will der Arbeitgeber einen unter Nichteinhaltung der Ankündigungsfrist erfolgten Einsatz des Arbeitnehmers nach Widerspruch des Arbeitnehmers **widerrufen,** so dürfte dies ohne Weiteres zulässig sein, weil damit die Rechtsordnung wiederhergestellt wird. Zulässig dürfte es aber auch sein, einen rechtzeitig angeordneten Einsatz im Rahmen des Direktionsrechts zu widerrufen.

Hält der Arbeitgeber die **Ankündigungsfrist** von vier Tagen **nicht** ein, so ist der Arbeitnehmer nicht zur Ableistung des Einsatzes verpflichtet. Er hat dann aber auch keinen Anspruch auf die Arbeitsvergütung; ebenso wenig wird die ausgefallene Zeit auf die vereinbarte Abrufarbeitszeit angerechnet. Leistet der Arbeitnehmer andererseits trotz nicht eingehaltener Ankündigungsfrist den angeordneten Einsatz, so hat er selbstverständlich auch Anspruch auf die entsprechende Vergütung. Die geleistete Arbeitszeit wird auf die Abrufarbeitszeit angerechnet.

dd) Tarifvertragliche Abweichungen

Nach § 12 Abs. 6 TzBfG kann durch Tarifvertrag auch zu Ungunsten des Arbeitnehmers von den vorstehend dargestellten Grundsätzen abgewichen werden unter der Voraussetzung, dass der Tarifvertrag Regelungen über die tägliche und wöchentliche Arbeitszeit und die Vorankündigungsfrist vorsieht. 16

Nicht tarifgebundene Arbeitgeber und Arbeitnehmer können im Geltungsbereich eines solchen Tarifvertrags die Anwendung der tarifvertraglichen Regelungen vereinbaren.

d) Variable Abrufarbeit, Bandbreitenregelungen und gerichtliche Kontrolle

Der Wunsch der Arbeitgeber über die vereinbarte wöchentliche oder durchschnittliche wöchentliche Abrufarbeitszeit hinausgehende flexibilisierte und variable Gestaltung der Abrufarbeit hat zu Vereinbarungen geführt, nach denen eine bestimmte Dauer der Abrufarbeitszeit festgelegt wird mit Abrufmöglichkeiten zur Überschreitung oder Unterschreitung dieser festgelegten Regeldauer nach dem Arbeitsanfall. Das Bundesarbeitsgericht hatte derartige sog. Bandbreitenregelungen mit Einschränkungen gebilligt (BAG v. 7.12.2005, 5 AZR 535/04, DB 2006, 897). 17

Die Regelung in § 12 Abs. 2 TzBfG hat diese Rechtsprechung klarstellend übernommen und mit folgenden Ableitungen kodifiziert:

aa) Abrufarbeit mit Ausgleichszeitraum

Nach § 12 Abs. 1 TzBfG kann Abrufarbeit mit festgelegter wöchentlicher Arbeitszeit vereinbart werden. Beim Abruf der vereinbarten durchschnittlichen wöchentlichen Arbeitszeit ist der Arbeitgeber im Rahmen der Vorgaben nach § 12 TzBfG flexibel. Flexibilität besteht insoweit auch dahingehend, dass die festgelegte wöchentliche Arbeitszeit über längere Ausgleichszeiträume über ein **Arbeitszeitkonto** (Monat, Vierteljahr, Halbjahr, Jahr) abgewickelt wird. 18

bb) Mindestarbeitszeit mit zusätzlich möglicher Abrufarbeit

Zulässig ist bei nach § 12 Abs. 1 TzBfG vereinbarter Mindestarbeitszeit die Vereinbarung einer möglichen Zusatzarbeit nach § 12 Abs. 2 TzBfG auf Abruf, so dass es insoweit zu einer variablen Arbeitszeit kommt. Dieser variable Anteil der Arbeitszeit auf Abruf darf aber **25 %** der vereinbarten wöchentlichen Mindestarbeitszeit **nicht überschreiten** (siehe Anhang → Arbeitsvertrag über Arbeit auf Abruf § 2 Abs. d). 19

> **Beispiel 1:**
>
> Vereinbart ist eine wöchentliche Mindestarbeitszeit von 20 Wochenarbeitsstunden verteilt auf Montag bis Freitag von 8.00 Uhr bis 12.00 Uhr.
>
> Hier kann zusätzliche variable Abrufarbeit von 25 % = fünf Arbeitsstunden pro Woche vereinbart werden, die abgerufen werden können oder auch nicht. Anspruch auf Vergütung besteht nur für tatsächlich abgerufene Stunden.

cc) Mindestarbeitszeit mit Unterschreitung durch Abrufarbeit

20 Zulässig ist bei nach § 12 Abs. 1 TzBfG vereinbarter Höchstarbeitszeit auch die Vereinbarung deren möglicher Verringerung nach § 12 Abs. 2 TzBfG auf Abruf, jedoch nur eine **Unterschreitung von höchstens 20 %**.

> **Beispiel 2:**
>
> Vereinbart ist eine wöchentliche Höchstarbeitszeit von 20 Wochenarbeitsstunden verteilt auf Montag bis Freitag von 8.00 Uhr bis 12.00 Uhr.
>
> Hier können 20 % = 4 Stunden unterhalb der festen Arbeitszeit von 20 Stunden als variable Abrufarbeit vereinbart werden, die abgerufen werden können oder auch nicht.
>
> Anspruch auf Vergütung besteht auch hier nur für tatsächlich abgerufene Stunden.

dd) Abrufarbeitszeit mit Abruf-Bandbreitenregelung

21 Zulässig ist Abrufarbeit schließlich auch in der Form, dass eine wöchentliche Mindestarbeitszeit vereinbart wird mit variablem Abruf-Unterschreiten oder Abruf-Überschreiten, also eine sog. Bandbreitenregelung, die sich allerdings wiederum an der vorstehend angeführten Schwankungsgrenze von höchstens 25 % bei Überschreiten und 20 % bei Unterschreiten orientieren muss.

ee) AGB-Kontrolle/Ermessenskontrolle

22 Werden die vorstehend dargestellten Grundsätze und Grenzen beachtet, so verstößt eine derartige variable Abrufarbeit mit allgemeiner Anbindung an den Arbeitsanfall bei der AGB-Kontrolle nach §§ 305 ff. BGB nicht gegen das Transparenzgebot nach § 307 Abs. 1 Satz 2 BGB und stellt auch keine unangemessene Benachteiligung des Arbeitnehmers nach § 307 Abs. 1 Satz 1 BGB dar. Derartige Vereinbarungen verstoßen auch nicht gegen billiges Ermessen nach § 315 BGB, wobei allerdings im Einzelfall auch bei der Ausübung des Abrufrechts durch den Arbeitgeber billiges Ermessen gewahrt werden muss (**Ausübungskontrolle**).

Also: Die Möglichkeit der Vereinbarung einer Mindestarbeitszeit mit variabler Abrufarbeit zwecks Überschreiten oder Unterschreiten der Mindestarbeitszeit oder auch mit einer Bandbreitenregelung führt zu einer zulässigen Möglichkeit der variablen Arbeitszeitgestaltung nach dem Arbeitsanfall.

e) Arbeitsentgelt, Entgeltfortzahlung, Urlaub, Feiertagsvergütung

23 Die Regelung in § 12 Abs. 4 TzBfG betrifft die **Berechnung der Entgeltfortzahlung im Krankheitsfall** bei Arbeit auf Abruf. Zur Berechnung des fortzuzahlenden Arbeitsentgelts ist die **durchschnittliche Arbeitszeit der letzten drei Monate** vor Beginn der Arbeitsunfähigkeit als Referenzzeitraum heranzuziehen. Hat das Arbeitsverhältnis bei Beginn der Arbeitsunfähigkeit keine drei Monate bestanden, ist die durchschnittliche Arbeitszeit dieses kürzeren Zeitraums maßgebend. Zeiten von Kurzarbeit, unverschuldeter Arbeitsversäumnis, Arbeitsausfällen und Urlaub im Referenzzeitraum bleiben außer Betracht. Schließlich wird sichergestellt, dass alle bestehenden gesetzlichen und

sonstigen (zum Beispiel tarifvertraglichen oder arbeitsvertraglichen) Regelungen, die für den Arbeitnehmer im Ergebnis eine günstigere Entgeltfortzahlungsberechnung darstellen, den vorstehend dargestellten Berechnungsvorschriften vorgehen.

Die vorgenannten Grundsätze gelten auch für die Berechnung der **Entgeltzahlung an Feiertagen** nach § 12 Abs. 5 TzBfG. Für die Frage, ob ein Arbeitnehmer, der Arbeit auf Abruf leistet, ohne den gesetzlichen Feiertag gearbeitet hätte, ist die Rechtsprechung des Bundesarbeitsgerichts (BAG v. 24.10.2001, 5 AZR 245/00, DB 2002, 1110) zu beachten: Gibt es für den Arbeitsausfall keine objektiven Gründe außer dem, dass an einem Wochenfeiertag nicht gearbeitet werden darf, ist auf Grund dessen davon auszugehen, dass die Arbeit wegen des Feiertags ausgefallen ist; in diesem Falle besteht ein Anspruch auf Feiertagsvergütung.

Die **Urlaubsberechnung und Urlaubsentgeltberechnung** bestimmt sich nach den allgemeinen Vorschriften.

Die mit **Schichtarbeit** verbundenen Erschwernisse werden bei Abrufarbeit nicht bereits durch die vereinbarte Vergütung kompensiert. Der Arbeitnehmer kann daher eine tarifliche **Schichtzulage** auch dann beanspruchen, wenn der Arbeitgeber bei der Aufstellung der Dienstpläne auf die Einsatzwünsche der Abruf-Mitarbeiter Rücksicht nimmt (BAG v. 24.9.2008, 10 AZR 106/08, NZA 2008, 1424).

2. Formulierungsvorschlag für einen Abrufarbeitsvertrag

Siehe Anhang → Arbeitsvertrag über Arbeit auf Abruf. 24

II. Lohnsteuer

Für diese besondere Beschäftigungsform von Aushilfen bestehen grundsätzlich keine steuerrechtlichen Besonderheiten. Der Arbeitgeber hat die vom Arbeitslohn einzubehaltende Lohnsteuer entweder im Regelverfahren nach den individuellen Lohnsteuerabzugsmerkmalen des Arbeitnehmers im ELStAM-Verfahren oder ggf. im Härtefall-Verfahren (→ Lohnsteuerkarte) zu ermitteln oder alternativ pauschal zu erheben. 25

Auch für die Dauer der Abrufarbeit ist der Beschäftigungs- und damit der Lohnzahlungszeitraum zu vereinbaren. Wird die Lohnsteuer nicht pauschal erhoben, entscheidet der Lohnzahlungszeitraum über die Höhe der Lohnsteuer. Üblicherweise entspricht der Kalendermonat dem Lohnzahlungszeitraum. Bei einem kürzeren Lohnzahlungszeitraum (z.B. Tag, Woche) ist der Arbeitgeber verpflichtet, die Lohnsteuer nach der Tageslohnsteuertabelle und nicht nach der Monatslohnsteuertabelle zu erheben. Näheres hierzu wird in den von Stollfuß Medien herausgegebenen Lohnsteuertabellen erläutert.

Die Frage, ob ein Beschäftigungsverhältnis „auf Abruf" vereinbart worden ist oder besteht, spielt nur dann eine Rolle, wenn die Lohnsteuer vom Arbeitslohn pauschal mit 25 % erhoben werden soll. Nähere Informationen hierzu siehe:

→ Akuter Bedarf

→ Kurzfristige Beschäftigung

→ Lohnsteuer

III. Sozialversicherung

Die Änderung des § 12 Abs. 3 TzBfG zum 1.1.2019, laut dem eine wöchentliche Arbeitszeit von 20 Stunden gilt, sofern keine wöchentliche Arbeitszeit vereinbart wurde, hat auch Auswirkungen auf die Sozialversicherung. 26

Aufgrund des Entstehungsprinzips ist in den Fällen, in denen keine Arbeitszeit vereinbart wurde, eine wöchentliche Arbeitszeit von 20 Stunden vorgesehen. Im Rahmen der Ermittlung eines durchschnittlichen monatlichen Arbeitsentgelts wird – auch unter Zugrundelegung des gesetzlichen Mindestlohns – die Geringfügigkeitsgrenze überschritten. Es kann sich dann keinesfalls mehr um eine geringfügig entlohnte Beschäftigung handeln.

Alternative für den Bereich der Sozialversicherung wäre eine kurzfristige Beschäftigung (Vertrag pro Arbeitseinsatz – hoher administrativer Aufwand) ggf. in Form eines Rahmenarbeitsvertrags (wenn Unternehmen nicht strukturell auf solche Aushilfen angewiesen ist.

Nähere Informationen hierzu siehe:

→ Kurzfristige Beschäftigung

→ Rahmenarbeitsvertrag

Abwälzung

I. Arbeitsrecht

1. Abwälzung der Pauschalsteuer

27 **Bei einer Steuerpflicht** für das Verhältnis der geringfügigen Beschäftigung kann es zur Pauschalversteuerung kommen (→ Pauschalierung und Pauschalbeiträge).

Insoweit stellt sich die **arbeitsrechtliche Frage,** ob der Arbeitgeber die Pauschalsteuer auf den Arbeitnehmer „abwälzen" darf, so dass im Endergebnis der **Arbeitnehmer die Pauschalsteuer trägt**. Von dieser arbeitsrechtlichen Fragestellung ist allerdings die rein **steuerrechtliche Frage** zu unterscheiden, ob und unter welchen Voraussetzungen der Arbeitgeber von seinem **Wahlrecht** nach § 40a EStG betr. Pauschalversteuerung oder Regelbesteuerung Gebrauch machen kann (BFH v. 26.11.2003, VI R 10/99, BStBl II 2004, 195).

Bei der Antwort auf diese Frage ist zu **unterscheiden:**

– Es besteht **keine gesetzliche Verpflichtung** steuerrechtlicher oder arbeitsrechtlicher Art dahingehend, dass der Arbeitgeber im Verhältnis zum Arbeitnehmer die Pauschalsteuer tragen muss. Wer steuerrechtlich Steuerschuldner ist, sagt noch nichts darüber, wer arbeitsrechtlich die Steuer zu tragen hat (BAG v. 24.6.2003, 9 AZR 302/02, HFR 2004, 270).

– Ohne anderweitige Vereinbarung zwischen Arbeitnehmer und Arbeitgeber kann der **Arbeitgeber** nach § 40a Abs. 2 EStG bei geringfügiger Beschäftigung **frei wählen** zwischen der Pauschalbesteuerung und der individuellen Besteuerung nach Lohnsteuerkarte; auf seine Wahl braucht der Arbeitgeber auch den Arbeitnehmer nicht hinzuweisen; aus unterbliebenem Hinweis kann daher keine Schadensersatzverpflichtung hergeleitet werden (BAG v. 13.11.2014, 8 AZR 817/13, BB 2015, 250).

– Bei einer arbeitsvertraglich mit dem Zusatz „**Brutto**" vereinbarten Vergütung muss der Arbeitnehmer den Steuerabzug wirtschaftlich tragen (BAG v. 24.6.2003, 9 AZR 302/02, HFR 2004, 270).

– Haben Arbeitnehmer und Arbeitgeber eine **Bruttovereinbarung** getroffen, so steht dem Arbeitgeber steuerrechtlich das **Wahlrecht** zwischen einer Pauschalbesteuerung und einer Besteuerung nach individuellen Merkmalen zu. Er kann den Arbeitnehmer bei einer Bruttolohnabrede **intern** mit der Pauschalsteuer **belasten** (BAG v. 1.2.2006, 5 AZR 628/04, DB 2006, 1059). Fiskalischer Schuldner der pauschalen Lohnsteuer ist der Arbeitgeber. Dies besagt nichts über seine Berechtigung, die Arbeitnehmer zivilrechtlich auf die Erstattung der Steuer in Anspruch zu nehmen. Grundsätzlich schuldet der Arbeitgeber seinen Arbeitnehmern lediglich eine Brutto-Vergütung. Im individualrechtlichen **Innenverhältnis** von Arbeitgeber und

- Arbeitnehmer ist dieser regelmäßig Schuldner der Steuerforderung. Dazu bedarf es keiner besonderen Abrede (BAG v. 21.7.2009, 1 AZR 167/08, NZA 2009, 1213).
- Durch entsprechende individualrechtliche oder kollektivrechtliche Vereinbarungen kann der Arbeitgeber (auch) im Innenverhältnis der Arbeitsvertragsparteien zum Steuerschuldner werden. Eine darauf gerichtete Vereinbarung muss den betreffenden Parteiwillen klar zu erkennen geben (BAG v. 21.7.2009, 1 AZR 167/08, NZA 2009, 1213). Nur bei einer **Nettolohnabrede,** die hinreichend deutlich zum Ausdruck kommen muss, hat der Arbeitgeber die Lohnsteuer selbst zu tragen (LAG Hamm v. 8.3.2006, 6 Sa 1631/05).
- Der Arbeitgeber kann mit dem Arbeitnehmer ausdrücklich oder auch konkludent durch entsprechende Handhabung **vereinbaren** (→ Rz. 30), dass der Arbeitnehmer die Pauschalsteuer trägt und von seinem Bruttolohn abgezogen erhält (BAG v. 5.8.1987, 5 AZR 22/86, NZA 1988, 157). Nach § 40 Abs. 3 EStG **gilt** aber die abgewälzte pauschale Lohnsteuer **als zugeflossener Arbeitslohn** und mindert nicht die Bemessungsgrundlage.
- Eine Verpflichtung des Arbeitgebers zur Übernahme der Pauschalsteuer kann sich auch aus **betrieblicher Übung** ergeben (BAG v. 24.6.2003, 9 AZR 302/02, HFR 2004, 270).
- Hat allerdings der Arbeitgeber in einem bestehenden Arbeitsverhältnis bisher die Pauschalsteuer allein getragen, so kann er diese konkludente Vereinbarung **nicht einseitig** zu seinen Gunsten umkehren (LAG Köln v. 25.1.2001, 10 Sa 1040/00, DB 2001, 1510); insoweit müsste er mit dem Arbeitnehmer eine mündliche oder schriftliche Änderungsvereinbarung abschließen.

2. „Abwälzung" der Arbeitgeber- und Arbeitnehmeranteile zur Sozialversicherung bei Mehrfachbeschäftigung

Mehrere geringfügige Beschäftigungen sind bekanntlich im Hinblick auf die Sozialversicherung **zusammenzurechnen,** so dass durch die Zusammenrechnung die Beitragspflicht zur Sozialversicherung entstehen kann.

Auch geringfügige Beschäftigungen mit einem monatlichen Arbeitsentgelt von nicht mehr als 450 € sind mit weiteren geringfügigen Beschäftigungen zusammenzurechnen. Dies bedeutet, dass die bisherigen geringfügigen Beschäftigungen auf Grund der Zusammenrechnung bei Übersteigen der Geringfügigkeitsgrenze versicherungspflichtig werden können.

Insoweit stellt sich die Frage, ob ein Arbeitgeber, der vom Arbeitnehmer in Unkenntnis über weitere Beschäftigungsverhältnisse gelassen wurde, nach Heranziehung zur Sozialversicherung die Erstattung der **Arbeitgeberanteile** vom Arbeitnehmer verlangen kann.

Diese Frage ist streitig, aber wohl **zu verneinen!** Nach der Rechtsprechung des BAG ist sogar eine **Vereinbarung unwirksam** und unverbindlich, in der sich der Arbeitnehmer zur Übernahme der Arbeitgeberanteile verpflichtet, falls er eine weitere Beschäftigung später aufnehme (BAG v. 18.11.1988, 8 AZR 12/86, BAGE 60, 135).

Fazit: Bei geringfügig Beschäftigten trägt der Arbeitgeber das Risiko, dass durch Aufnahme weiterer Beschäftigungen die Sozialversicherungspflicht entsteht. In einem solchen Fall braucht der Arbeitnehmer die Arbeitgeberanteile weder für Nachzahlungszeiten noch für die Zukunft zu erstatten!

Die Erstattungspflicht des Arbeitnehmers für die vom Arbeitgeber abzuführenden **Arbeitnehmeranteile** zur Sozialversicherung ist demgegenüber grundsätzlich zu bejahen.

Übrigens ist zu beachten: Die **Vorenthaltung der Arbeitnehmerbeiträge** zur Sozialversicherung gegenüber der Einzugsstelle kann nach § 266a StGB **strafbar** sein, zumindest aber nach § 8 Abs. 3 SchwarzArbG bußgeldbewehrt sein (zu den straf- und haftungsrechtlichen Konsequenzen bei Fehlern des Arbeitgebers im Zusammenhang mit geringfügiger Beschäftigung siehe Reiserer, BB 2001, 1843).

3. „Abwälzung" bei vor dem 1.4.2003 geschlossenen Altverträgen

29 Zu den Einzelheiten der **Übergangsproblematik** siehe die (35.) Vorauflage Rz. 30 ff.

II. Lohnsteuer

30 Für die Frage einer Abwälzung von Lohnsteuer ist zu unterscheiden zwischen der pauschalen Lohnsteuer und derjenigen, die nach den individuellen Lohnsteuerabzugsmerkmalen des Arbeitnehmers erhoben wird.

Pauschale Lohnsteuer
Steuerrechtlich dürfen Arbeitgeber und Arbeitnehmer vereinbaren, dass der Arbeitnehmer die **pauschale** Lohnsteuer (im Innenverhältnis) trägt (sog. Abwälzung oder Überwälzung der Lohnsteuer auf den Arbeitnehmer). Übernimmt der **Arbeitnehmer** die Pauschsteuer, mindert sich der Arbeitslohn bzw. die steuerliche Bemessungsgrundlage nicht.

Eine Übernahme der pauschalen Lohnsteuer durch den Arbeitnehmer kommt als Alternative zur Lohnsteuererhebung im ELStAM-Verfahren insbesondere dann in Betracht, wenn der individuelle Steuersatz des Arbeitnehmers über dem Pauschsteuersatz liegt und der Arbeitgeber die Lohnsteuerpauschalierung nicht wählen möchte. Unabhängig von solch einer Abwälzung der pauschalen Lohnsteuer ist der Arbeitgeber dem Finanzamt gegenüber stets der Steuerschuldner.

Lohnsteuerabzugsmerkmale
Die nach den **individuellen** Lohnsteuerabzugsmerkmalen (lt. ELStAM- oder Härtefall-Verfahren → Lohnsteuerkarte) erhobene Lohnsteuer hat der Arbeitnehmer als persönliche Schuld zu übernehmen. Gleichwohl können Arbeitgeber und Arbeitnehmer anstatt eines Bruttolohns die Zahlung eines bestimmten Nettobetrags/-lohns vereinbaren; siehe hierzu → Nettolohnvereinbarung. Folglich ist nur in diesem Fall eine ausdrückliche Regelung für die **Steuerübernahme** durch den **Arbeitgeber** erforderlich.

III. Sozialversicherung

31 Es bestehen keine sozialversicherungsrechtlichen Besonderheiten. Pauschalbeiträge (für geringfügig entlohnt Beschäftigte) dürfen nicht auf den Arbeitnehmer abgewälzt werden.

IV. Kirchensteuer

32 Übernimmt der Arbeitnehmer im Innenverhältnis die pauschale Lohnsteuer, gilt die auf den Arbeitnehmer **abgewälzte** pauschale Lohnsteuer als **zugeflossener Arbeitslohn**. Folglich mindert sie die Bemessungsgrundlage, also den Arbeitslohn, nicht (§ 40 Abs. 3 Satz 2 EStG). Entsprechendes gilt für eine vereinbarte Abwälzung der anderen Steuerabzugsbeträge – Solidaritätszuschlag und Kirchensteuer.

Soweit der Arbeitgeber bei Pauschalversteuerung die Abwälzung der Steuern mit dem Arbeitnehmer vereinbart hat, so dass der Arbeitnehmer die Steuern trägt und von seinem Bruttolohn abgezogen erhält, gilt diese Überwälzung auch für die Kirchensteuer. Für die Steuerberechnung gilt jedoch nach § 40 Abs. 3 Satz 2 EStG, dass die arbeitsvertragliche Barlohnkürzung um die überwälzte Steuer (einschl. Kirchensteuer) nicht etwa die Bemessungsgrundlage für die pauschale Lohnsteuer mindert (entsprechend in Fällen der Gehaltsumwandlung). Damit die Abwälzung (Vereinbarung, dass im Ergebnis der Arbeitnehmer wirtschaftlich die pauschale Steuer nebst Zuschlag bzw. Annexsteuer trägt) den Arbeitslohn für die Steuerberechnung nicht ändert, verlangt das Gesetz, so zu verfahren, als ob die abgewälzten Steuern Zufluss von Arbeitslohn darstellen.

Ältere Arbeitnehmer

I. Arbeitsrecht

Bei der Beschäftigung von Arbeitnehmern in vorgerücktem Alter ist darauf zu achten, dass sie nicht wegen ihres Alters unzulässig benachteiligt werden i.S.d. **Diskriminierungsverbots** nach §§ 1 ff. AGG; Altersdiskriminierung kann Erfüllungsansprüche, Gleichbehandlungsansprüche, Schadensersatzansprüche oder Entschädigungsansprüche auslösen. 33

Zur Altersdiskriminierung durch Altersgrenzen in Systemen der betrieblichen **Altersversorgung** siehe BAG v. 26.4.2018, 3 AZR 19/17, NZA 2018, 1006; BAG v. 17.10.2017, 3 AZR 199/16, AP Nr. 13 zu § 10 AGG; BAG v. 17.10.2017, 3 AZR 737/15, AP Nr. 14 zu § 10 AGG; speziell zur Altersdiskriminierung durch eine **Späteheklausel** siehe zuletzt BAG v. 19.2.2019, 3 AZR 215/18, NZA 2019, 997.

Eine unmittelbare oder mittelbare Altersdiskriminierung älterer Arbeitnehmer oder Behindertendiskriminierung liegt aber nicht vor, wenn sich die Höhe einer **Sozialplanabfindung** für **rentennahe Arbeitnehmer** nach der Bezugsmöglichkeit einer vorgezogenen Altersrente wegen Arbeitslosigkeit richtet und schwerbehinderte Arbeitnehmer die gleiche Sozialplanabfindung erhalten wie nicht behinderte Arbeitnehmer (BAG v. 23.3.2010, 1 AZR 832/08, NZA 2010, 774; BAG v. 26.3.2013, 1 AZR 813/11, NZA 2013, 921; BAG v. 23.4.2013, 1 AZR 916/11, NZA 2013, 980). Ältere Arbeitnehmer können sogar von Sozialplanleistungen ausgeschlossen werden, wenn sie nach dem Bezug von Arbeitslosengeld I nahtlos eine Regelaltersrente beanspruchen können (BAG v. 9.12.2014, 1 AZR 102/13, DB 2015, 624). Der **Ausschluss** rentennaher Arbeitnehmer von den in einem Sozialplan vorgesehenen Leistungen bewirkt zwar eine unmittelbare Benachteiligung wegen des Alters, die jedoch regelmäßig gerechtfertigt ist (BAG v. 7.5.2019, 1 ABR 54/17, NZA 2019, 1295).

Ein regelaltersrentenberechtigter Arbeitnehmer ist andererseits in einer **Sozialauswahl** nach § 1 Abs. 3 KSchG hinsichtlich des Kriteriums „Lebensalter" deutlich weniger schutzbedürftig als ein Arbeitnehmer, der noch keine Altersrente beanspruchen kann (BAG v. 27.4.2017, 2 AZR 67/16, NZA 2017, 902).

Die Vorschrift des § 41 Satz 1 SGB VI, dass der Anspruch eines Versicherten auf Altersrente keine Kündigung nach dem KSchG rechtfertigt, stellt den Grundsatz auf, dass der Anspruch auf Altersrente **nicht automatisch die Beendigung** des Arbeitsverhältnisses herbeiführt.

Die Vorschrift ist jedoch im Rahmen des KSchG anwendbar, greift daher nicht für Arbeitsverhältnisse in Kleinbetrieben und für Fallkonstellationen, in denen im Zeitpunkt des Zugangs der Kündigung die Wartezeit des Kündigungsschutzgesetzes noch nicht erfüllt ist.

Daraus folgt: Besteht für ein Arbeitsverhältnis keine wirksame Regelung, die die Beendigung des Arbeitsverhältnisses wegen Anspruchs auf Altersrente vorsieht, so besteht das Arbeitsverhältnis zeitlich unbeschränkt fort, auch wenn der Arbeitnehmer bereits Anspruch auf Altersrente hat. Einer gesonderten Vereinbarung hierzu bedarf es nicht.

§ 41 SGB VI garantiert in diesem Fall dem Arbeitnehmer die uneingeschränkte Dispositionsfreiheit darüber, ob und wann er bei Vorliegen der Voraussetzungen zur Inanspruchnahme einer Rente wegen Alters diese tatsächlich in Anspruch nimmt und sein

Arbeitsverhältnis beendet. Der Arbeitnehmer selbst kann also jederzeit unter Einhaltung der jeweils geltenden Kündigungsfrist das Arbeitsverhältnis beenden.

Eine **Befristung** des Arbeitsverhältnisses auf das Erreichen der Regelaltersgrenze durch Tarifvertrag, Betriebsvereinbarung oder anwendbaren Tarifvertrag bleibt aber zulässig. Dabei hat sich die Tendenz herausgebildet, dass das 65. Lebensjahr als Grenze aus sozialpolitischen Gründen prinzipiell zulässig ist; sowohl nationale als auch unionsrechtliche Regelungen sind hieran zu messen (EuGH v. 5.7.2017, C-190/16, NZA 2017, 897). Auch nach der Rechtsprechung des Bundesarbeitsgerichts kann eine auf das Erreichen des Regelrentenalters bezogene Altersgrenzenregelung, die einzelvertraglich vereinbart ist oder kollektivrechtlich gilt, die Befristung des Arbeitsverhältnisses im Sinne von § 14 Abs. 1 TzBfG **sachlich rechtfertigen**. Die Beendigung des Arbeitsverhältnisses aufgrund einer Altersgrenzenregelung ist allerdings nur gerechtfertigt, wenn an die Stelle der Arbeitsvergütung die Möglichkeit eines dauerhaften Bezugs von Leistungen aus einer gesetzlichen Altersversorgung tritt, wobei es nicht auf die konkrete wirtschaftliche Absicherung des Arbeitnehmers ankommt (BAG v. 25.10.2017, 7 AZR 632/15, NZA 2018, 507). Die Anbindung an eine rentenrechtliche Versorgung bei Ausscheiden aufgrund der Altersgrenze ist damit Bestandteil des Sachgrunds. Sie kann nicht durch eine Ausgleichszahlung des Arbeitgebers oder eine betriebliche Altersversorgung ersetzt werden (BAG v. 18.1.2017, 7 AZR 236/15, NZA 2017, 849).

Hinsichtlich der zwischenzeitlich erfolgten **Anhebung der Regelaltersgrenze über das 65. Lebensjahr hinaus** gilt: Arbeitsverträge und Betriebsvereinbarungen, nach denen das Arbeitsverhältnis mit der Vollendung des 65. Lebensjahrs endet, sind nach der Anhebung des Regelrentenalters regelmäßig dahingehend auszulegen, dass die Beendigung des Arbeitsverhältnisses erst mit der Vollendung des für den Bezug einer Regelaltersrente maßgeblichen Lebensalters erfolgen soll (BAG v. 9.12.2015, 7 AZR 68/14, NZA 2016, 695; BAG v. 13.10.2015, 1 AZR 853/13, NZA 2016, 54). Arbeitsverträge sehen inzwischen regelmäßig Regelungen vor, die nicht auf ein konkretes Lebensjahr, sondern allgemein auf das Erreichen des Regelrentenalters abstellen.

Eine Altersgrenze **vor Vollendung des 65. Lebensjahrs** ist demgegenüber nur beschränkt zulässig – **Bestätigung** des Arbeitnehmers in den letzten drei Jahren erforderlich –, wobei es für die Dreijahresfrist nicht auf die Vollendung des 65. Lebensjahrs, sondern auf den vereinbarten Zeitpunkt des Ausscheidens ankommt (BAG v. 17.4.2002, 7 AZR 40/01, DB 2002, 1941). Die erforderliche Bestätigung nach § 41 Satz 2 SGB VI ist eine einseitige empfangsbedürftige Willenserklärung des Arbeitnehmers; sie kann ebenso wie eine Bestätigung nach § 141 BGB auch schlüssig erfolgen (BAG v. 22.5.2012, 9 AZR 453/10, StuB 2012, 728).

Nach § 41 Satz SGB VI können die Arbeitsvertragsparteien den Beendigungszeitpunkt eines auf die gesetzliche Regelaltersgrenze befristeten Arbeitsverhältnisses, ggf. auch mehrfach, hinausschieben (sog. **Hinausschiebensvereinbarung**),

wie auch der EuGH anerkannt hat (EuGH v. 28.2.2018, C-46/17, NZA 2018, 355; siehe auch → Rentner Rz. 831).

Auch die Bestimmung des **§ 10 Nr. 5 AGG** lässt die Beendigung des Arbeitsverhältnisses ohne Kündigung durch eine vereinbarte Altersgrenze unter bestimmten Voraussetzungen zu, wenn der Arbeitnehmer zum Beendigungszeitpunkt eine Altersrente beanspruchen kann; dann liegt **keine Altersdiskriminierung** vor.

Altersgrenzen, die den vorstehenden Grundsätzen standhalten, entsprechen im Übrigen den **europarechtlichen Vorgaben** nach der Richtlinie 2000/79/EG (EuGH v. 12.10.2010, C-45/09, NZA 2010, 1167), soweit mit einer vor Vollendung des 65. Lebensjahrs liegenden **tariflichen** Altersgrenze **legitime Ziele** verfolgt werden und die vorzeitige Altersgrenze für diese Ziele **angemessen und erforderlich** ist (EuGH v. 13.9.2011, C-447/09, DB 2011, 2205). Insoweit muss eine tarifliche Altersgrenze vor Vollendung des 65. Lebensjahrs den europarechtlichen Vorgaben entsprechen. Daher ist z.B. eine tarifliche Altersgrenze von 60 Jahren für Flugzeugpiloten nicht gerechtfertigt. Diese Altersgrenze begründet wegen der Möglichkeit eines doppelt besetzten (Co-)Pilotencockpits eine unangemessene Anforderung. Sie ist auch nicht erforderlich, um das Ziel der Flugsicherheit zu erreichen (BAG v. 15.2.2012, 7 AZR 946/07, NZA 2012, 866). Andererseits ist das Verbot der Pilotentätigkeit im Gewerbebetrieb über das 65. Lebensjahr hinaus zum Schutz der Flugsicherheit nicht zu beanstanden (EuGH v. 5.7.2017, C-190/16, NZA 2017, 897).

Zu der Möglichkeit der **Befristung** des Arbeitsvertrags **ohne Sachgrund speziell bei älteren Arbeitnehmern** → Befristeter Arbeitsvertrag Rz. 206, 219.

Zu der Möglichkeit der **Befristung** des Arbeitsvertrags allgemein → Befristeter Arbeitsvertrag.

II. Lohnsteuer

Für die Einkommensteuer- bzw. Lohnsteuerpflicht und den damit verbundenen Lohnsteuerabzug ist das Lebensalter des Arbeitnehmers grundsätzlich unbeachtlich. Jedoch erhalten Arbeitnehmer, die vor Beginn des Kalenderjahrs das 64. Lebensjahr vollendet haben (für Kalenderjahr 2021: vor dem 2.1.1957 geborene Stpfl.), den **Altersentlastungsbetrag**. Begünstigt sind sowohl unbeschränkt als auch beschränkt einkommensteuerpflichtige Arbeitnehmer.

34

Der Altersentlastungsbetrag ist ein Steuerfreibetrag und wird vom Arbeitslohn (bzw. bei der Einkommensteuerveranlagung von der Summe der Einkünfte) abgezogen. Seine Höhe hängt in erster Linie von dem erzielten Arbeitslohn (bzw. der Höhe der Einkünfte) ab. Er wird anhand eines Prozentsatzes vom Arbeitslohn aus einer aktiven Tätigkeit (ohne Versorgungsbezüge) ermittelt und ist durch einen Höchstbetrag begrenzt. Der maßgebende Betrag (Prozentsatz und Höchstbetrag) verringert sich jährlich für jeden neuen Altersjahrgang und wird ab dem Jahrgang 2040 nicht mehr angesetzt. Die Beträge des Entlastungsbetrags sind in § 24a EStG tabellarisch festgelegt (siehe den folgenden Auszug aus der Tabelle):

Das auf die Vollendung des 64. Lebensjahres folgende Kalenderjahr	Altersentlastungsbetrag	
	in % der Einkünfte	Höchstbetrag in Euro
2020	16,0	760
2021	15,2	722
2022	14,4	684

Bei **monatlicher** Lohnabrechnung ist der Höchstbetrag anteilig anzusetzen.

Begünstigt sind aktiv erzielte Einkünfte älterer Arbeitnehmer; also nicht Versorgungsbezüge wie Werkspensionen und auch nicht (Alters-)Renten. Der Freibetrag soll einen Ausgleich dafür schaffen, dass die Einkünfte in voller Höhe in die Steuerbemessungsgrundlage eingehen. Er ist bei Arbeitnehmern anzusetzen, die unbeschränkt und beschränkt einkommensteuerpflichtig sind.

Arbeitgeber haben den Altersentlastungsbetrag zu berücksichtigen, wenn die Lohnsteuer nach den individuellen Lohnsteuerabzugsmerkmalen (lt. ELStAM- oder Härtefall-Verfahren → Lohnsteuerkarte) ermittelt wird. Die Lohnsteuerklasse ist unbeachtlich. Aktiv gefordert ist der Arbeitgeber nur, wenn er die Lohnsteuer anhand von **Lohnsteuertabellen** ermittelt. In diesem Fall ist der anzusetzende Entlastungsbetrag vorab vom maßgebenden Bruttoarbeitslohn abzuziehen. Wird ein **Lohnabrechnungsprogramm** eingesetzt, berücksichtigt dieses den Entlastungsbetrag anhand des für den Arbeitnehmer gespeicherten Geburtsdatums.

Erhebt der Arbeitgeber die Lohnsteuer mit einem **Pauschsteuersatz**, darf kein Altersentlastungsbetrag berücksichtigt werden.

Einzelheiten zur Berechnung

Beim Ansatz des Altersentlastungsbetrags ist zu beachten, dass für den Arbeitnehmer der **Prozentsatz** sowie der **Höchstbetrag** in dem auf die Vollendung des 64. Lebensjahrs folgenden Jahr zu ermitteln sind und für die Folgejahre beibehalten werden (Kohortenprinzip). Diese Festschreibung gilt jedoch nicht für die Höhe des jeweiligen Entlastungsbetrags. Seine Höhe ist jedes Jahr neu zu ermitteln, weil sie sich nach dem aktuellen Arbeitslohn (bzw. der Höhe der Einkünfte) richtet.

Bemessungsgrundlage für den Altersentlastungsbetrag ist der nach den individuellen Lohnsteuerabzugsmerkmalen zu besteuernde (steuerpflichtige) Arbeitslohn. Vorrangig ist der Altersentlastungsbetrag vom **laufenden Arbeitslohn** des **aktiven** Dienstverhältnisses entsprechend dem Lohnzahlungszeitraum abzuziehen. Der anteilige Entlastungsbetrag ist wie folgt anzusetzen:

- bei monatlicher Lohnzahlung mit einem Zwölftel des Jahresentlastungsbetrags,
- bei wöchentlicher Lohnzahlung mit 7/30 des Monatsentlastungsbetrags und bei
- täglicher Lohnzahlung mit 1/30 des Monatsentlastungsbetrags.

Dabei darf der sich hiernach ergebende

- Monatsbetrag auf den nächsten vollen Euro-Betrag,
- Wochenbetrag auf den nächsten durch zehn teilbaren Cent-Betrag und der
- Tagesbetrag auf den nächsten durch fünf teilbaren Cent-Betrag

aufgerundet werden. Nicht zulässig ist eine Verrechnung des in einem Monat nicht ausgeschöpften Höchstbetrags mit dem Arbeitslohn anderer Monate.

Für den Ansatz des Prozentsatzes sowie des Höchstbetrags ist es unbeachtlich, ob der Arbeitnehmer im Erstjahr der möglichen Anwendung bereits begünstigten Arbeitslohn bzw. solche Einkünfte bezogen hat oder ob er in einem späteren Jahr erstmals begünstigten Arbeitslohn bezieht.

Übersteigt der Höchstbetrag des Altersentlastungsbetrags den laufenden Jahresarbeitslohn, ist dieser übersteigende Betrag ggf. von dem als **sonstigen Bezug** gezahlten Arbeitslohn abzuziehen.

Bezieht ein Arbeitnehmer nebeneinander von mehreren Arbeitgebern Arbeitslohn, hat jeder Arbeitgeber den anzusetzenden Altersentlastungsbetrag in voller Höhe zu berücksichtigen. Eine Abstimmung mit dem bzw. den weiteren Arbeitgeber/n ist ebenso wenig durchzuführen wie eine anteilige Berücksichtigung des Freibetrags. In diesem Fall besteht für den Arbeitnehmer eine Verpflichtung zur Abgabe einer Einkommensteuererklärung.

III. Sozialversicherung

35 Seit dem 1.7.2000 sind nach § 6 Abs. 3a SGB V Arbeitnehmer krankenversicherungsfrei, wenn sie bei Aufnahme der Beschäftigung das 55. Lebensjahr vollendet haben und in den letzten fünf Jahren vor Beginn der grundsätzlich krankenversicherungspflichtigen Beschäftigung nicht gesetzlich krankenversichert waren. Bestand in den letzten fünf Jahren vor Beginn der krankenversicherungspflichtigen Beschäftigung jedoch an mindestens einem Tag ein gesetzlicher Krankenversicherungsschutz (Pflichtversicherung, freiwillige Versicherung oder Familienversicherung) so gilt diese Regelung nicht, mit der Folge, dass Krankenversicherungspflicht eintritt.

Bestand in den letzten fünf Jahren vor Aufnahme der versicherungspflichtigen Beschäftigung (nach Vollendung des 55. Lebensjahres) nicht mindestens an einem Tag ein gesetzlicher Krankenversicherungsschutz, so führt diese „Nichtversicherung" nicht automatisch zur Versicherungsfreiheit. Weitere Voraussetzung für die Krankenversicherungsfreiheit nach § 6 Abs. 3a SGB V ist, dass die Person mindestens die Hälfte dieser Zeit (zweieinhalb Jahre/30 Monate/900 Kalendertage)

- versicherungsfrei (die Zeiten einer versicherungsfreien geringfügigen Beschäftigung sind nicht zu berücksichtigen, gemeint sind hier Zeiten der Versicherungsfreiheit z.B. wegen Überschreitens der Jahresarbeitsentgeltgrenze oder auf Grund einer Beamtenbeschäftigung),
- von der Krankenversicherungspflicht befreit oder
- hauptberuflich selbständig erwerbstätig

war.

Zeiten der Ehe mit einer Person, die die Voraussetzungen erfüllt, stehen der Versicherungsfreiheit, der Befreiung von der Krankenversicherungspflicht oder der Nichtversicherung wegen hauptberuflich selbständiger Erwerbstätigkeit gleich.

Die Regelung des § 6 Abs. 3a SGB V gilt entsprechend auch in der Pflegeversicherung.

> **Beispiel:**
>
> Die 56-jährige Ehefrau eines Beamten nimmt erstmals am 1.4.2020 nach 20 Jahren wieder eine versicherungspflichtige Beschäftigung auf. Sie war in den vergangenen 20 Jahren privat krankenversichert. Ihr Ehemann ist auf Grund gesetzlicher Bestimmungen als Beamter krankenversicherungsfrei. Er ist seit der Aufnahme der Beschäftigung als Beamter privat krankenversichert.
>
> Die Ehefrau ist in der Beschäftigung ab dem 1.4.2021 kranken- und pflegeversicherungsfrei, da weder der Ehemann noch sie in den letzten fünf Jahren mindestens einen Tag gesetzlich krankenversichert waren und der Ehemann in den letzten fünf Jahren mindestens zweieinhalb Jahre krankenversicherungsfrei beschäftigt war.

Diese Regelung gilt jedoch nicht für

- Erwerbslose, die nach dem Bezug von Sozialhilfe bzw. von Arbeitslosengeld II wieder
- Personen, die nach einem längeren Auslandsaufenthalt im Inland wieder
- Ausländer, die nach Vollendung des 55. Lebensjahres in der Bundesrepublik Deutschland erstmals eine versicherungspflichtige Beschäftigung aufnehmen, sowie für
- Personen, die nicht anderweitig gegen das Risiko Krankheit abgesichert sind (§ 5 Abs. 1 Nr. 13 SGB V) und zuletzt gesetzlich krankenversichert waren.

Seit 1.7.2000 steht den Arbeitnehmern, die die Voraussetzungen der Versicherungsfreiheit nach § 6 Abs. 3a SGB V erfüllen, nach § 257 Abs. 2 SGB V ein Beitragszuschuss zur privaten Krankenversicherung – und damit auch zur Pflegeversicherung – zu. Damit wird sichergestellt, dass sich die Arbeitgeber auch bei über 55-jährigen Arbeitnehmern, die eine dem Grunde nach krankenversicherungspflichtige Beschäftigung ausüben, aber keinen Zugang zur gesetzlichen Krankenversicherung mehr haben, an der Beitragsaufbringung beteiligen. Der Beitragszuschuss bemisst sich nach dem Arbeitsentgelt, welches der Arbeitgeber zahlt (maximal bis zur Beitragsbemessungsgrenze). Auch hier ist wieder zu beachten, dass der Arbeitgeber aber höchstens die Hälfte der tatsächlichen Prämie zur privaten Krankenversicherung als Zuschuss steuer- und beitragsfrei zahlen darf. Das Gleiche gilt auch für die Pflegeversicherung (§ 61 Abs. 2 SGB XI).

In der Krankenversicherung ist ferner noch zu beachten, dass bei Arbeitnehmern, die sich in der Freistellungsphase der Altersteilzeit in einem sog. Blockmodell befinden, für den Beitragszuschuss in der Krankenversicherung der ermäßigte Beitragssatz anzuwenden ist.

Ebenso wurde das Zugangsalter zum Standardtarif vom 65. Lebensjahr auf das 55. Lebensjahr gesenkt (§ 257 Abs. 2 Satz 1 Nr. 2 SGB V).

Akuter Bedarf

I. Arbeitsrecht

36 Es bestehen keine arbeitsrechtlichen Besonderheiten; siehe im Übrigen → Aushilfe Rz. 169 ff.

II. Lohnsteuer

1. Pauschsteuersatz 25 %

37 Die Frage, ob der Arbeitgeber ein Beschäftigungsverhältnis auf Grund eines akuten Bedarfs an Arbeitnehmern abschließt, ist für die Prüfung der Arbeitslohngrenzen in Fällen der Lohnsteuerpauschalierung mit 25 % entscheidend (→ Pauschalierung der Lohnsteuer und Pauschalbeiträge). Ist ein **akuter Bedarf** gegeben, darf der für die Lohnsteuerpauschalierung maßgebende Tageshöchstbetrag von 120 € (seit 2020, zuvor 72 €) **überschritten** werden, nicht jedoch die Stundenlohngrenze von durchschnittlich 15 € (seit 2020, zuvor 12 €). Ob sozialversicherungsrechtlich eine kurzfristige Beschäftigung vorliegt oder nicht, ist für die hier genannte Lohnsteuerpauschalierung ohne Bedeutung.

Wird die Lohnsteuer nach den individuellen Lohnsteuerabzugsmerkmalen (lt. ELStAM- oder Härtefall-Verfahren → Lohnsteuerkarte) erhoben, ist die Frage, ob ein Beschäftigungsverhältnis auf Grund eines akuten Bedarfs an Arbeitskräften abgeschlossen wird, unbeachtlich. Die Lohnsteuer ist entsprechend dem Arbeitslohn des jeweiligen Lohnzahlungszeitraums (Monat oder Tag) sowie nach den Lohnsteuerabzugsmerkmalen einzubehalten (→ Lohnsteuerkarte).

2. Akuter Bedarf

38 Ein **akuter Bedarf** an Arbeitskräften i.S. der Pauschalierungsregelung liegt vor, wenn die Beschäftigung zu einem unvorhersehbaren Zeitpunkt sofort erforderlich wird (§ 40a Abs. 1 Satz 2 Nr. 2 EStG). Gemeint sind Beschäftigungen, die auf Grund des Ablaufs von Ereignissen erforderlich werden, die nicht kalkulierbar sind, außerhalb der Wahrscheinlichkeit liegen und überraschend eintreten.

Solche Ereignisse sind z.B.

- der Eintritt besonderer Witterungsverhältnisse (z.B. Unwetter, plötzlicher Frost oder Schneefall, Naturkatastrophen), wenn dadurch z.B. witterungsabhängige Arbeiten unaufschiebbar vorgezogen oder nachgeholt werden müssen,
- ein plötzlicher Stromausfall,
- der Ausfall von Arbeitskräften durch Krankheit,
- ein akuter Bedarf an zusätzlichen Arbeitskräften, oder
- kurzfristige Änderungswünsche des Auftraggebers, deren Umsetzung sofort zusätzliche Arbeitskräfte erfordert.

Als weitere Möglichkeiten kommen in Betracht: Zusätzliche Arbeitskräfte zum Einsatz im **Gartenbau** bei unvorhergesehenem Schönwetter sowie Hilfskräfte zum Entladen schnell **verderblicher** Ware bei unvorhergesehener Lieferung. Ein akuter Bedarf von **zusätzlichen** Aushilfskellnern kann im Hotel- und Gaststättengewerbe bei unerwartet starkem Ausflugsverkehr (z.B. auf Grund günstiger Witterung, Eintreffen nicht erwarteter Reisegesellschaften) eintreten; vgl. dazu auch FG Hamburg v. 5.4.1991, I 22/87, EFG 1991, 755. Auch in diesen Fällen darf die vorgenannte Sonderregelung (Lohnsteuerpauschalierung mit 25 % ohne Beachtung des Tageshöchstbetrags) angewendet werden.

Um ein unvorhergesehenes Ereignis handelt es sich **nicht**, wenn ein kurzfristiger Personalbedarf betriebstypisch ist. Das ist i.d.R. der Fall bei der Beschäftigung von Aushilfen, deren Einsatzpunkt längere Zeit vorher feststeht, beispielsweise bei Volksfesten oder Messen, oder wenn ein kurzfristiger Personaleinsatz **betriebstypisch** ist; z.B. bei Markthändlern, Hafenbetrieben, Taxiunternehmen sowie bei einem Unternehmen, das sich auf plötzlich zu erledigende Reparaturen oder Umbauarbeiten spezialisiert hat, und bei Reinigungsunternehmen.

In diesen Branchen bzw. Fällen kann die Beschäftigung grundsätzlich nicht als unvorhersehbar und sofort erforderlich angesehen werden.

Auch ein kurzfristiger Einsatz zusätzlicher Aushilfen im Baugewerbe nach alljährlich wiederkehrenden Schlechtwetterperioden kann allgemein nicht als zu einem unvorhersehbaren Zeitpunkt sofort erforderlich angesehen werden, weil ein solcher Einsatz in dieser Branche insoweit betriebstypisch ist. Ebenso kann i.d.R. nicht von einem Einsatz zu einem unvorhersehbaren Zeitpunkt gesprochen werden, wenn dem Arbeitgeber ein gewisser Stamm von erfahrenen und fachlich geeigneten Aushilfskräften auf Abruf zur Verfügung steht.

Fällt bei den vorgenannten Tätigkeiten jedoch ein Arbeitnehmer unerwartet aus, kann die Einstellung eines weiteren Mitarbeiters entgegen der vorhersehbaren Planung auf Grund eines akuten Bedarfs sowie aus betriebsbedingten Gründen notwendig sein. Dieser Grundsatz gilt auch dann, wenn ein bereits wegen eines akuten Bedarfs eingestellter Arbeitnehmer ungeplant ersetzt werden muss. Von solch einem Bedarf ist z.B. auszugehen, wenn

- durch einen Betriebsunfall ausgefallene Arbeitnehmer sofort ersetzt werden müssen,
- Arbeitnehmer plötzlich erkranken und dringend zu ersetzen sind,
- unentschuldigt ferngebliebene Arbeitnehmer sofort ersetzt werden müssen.

Auch bei solchen Einsätzen darf der Arbeitgeber die Lohnsteuerpauschalierung mit 25 % ohne Beachtung des Tageshöchstbetrags von 120 € (seit 2020, zuvor 72 €) wählen.

III. Sozialversicherung

Der Begriff „akuter Bedarf" wird im Sozialversicherungsrecht nicht verwendet. 39

Bei geringfügig entlohnten Beschäftigten kann die Arbeitsentgeltgrenze auf Grund unvorhersehbarer Ereignisse bis zur Dauer von maximal zwei Monaten innerhalb eines Zeitjahres überschritten werden. Näheres hierzu → Geringfügig entlohnte Beschäftigung Rz. 436.

IV. Kirchensteuer

Wird die Lohnsteuer pauschaliert, ist auch die Kirchensteuer zu pauschalieren. Zu den 40 kirchensteuerlichen Besonderheiten siehe → Kirchensteuer Rz. 541–564.

Altersteilzeit

I. Arbeitsrecht

1. Grundsätze

Durch das Altersteilzeitgesetz (AltTZG) sind für Arbeitnehmer und Arbeitgeber Rahmenbedingungen für Vereinbarungen über Altersteilzeit geschaffen. Ein **gesetzlicher Anspruch** des Arbeitnehmers auf Gewährung von Altersteilzeit gegen den Arbeitgeber besteht **nicht**. Ein Anspruch kann sich erst aus Individualvereinbarung, Tarifvertrag, Betriebsvereinbarung oder aus dem Gleichbehandlungsgrundsatz (BAG v. 15.11.2011, 9 AZR 387/10, DB 2012, 1047; LAG Sachsen-Anhalt v. 25.10.2017, 5 Sa 150/17, öAT 2018, 14) ergeben und richtet sich dann nach den dort vorgegebenen Voraussetzungen 41 und Bedingungen. Insoweit kommt in der Praxis den verbreiteten **flankierenden Tarifverträgen** zu Begründung und Inhalt der Altersteilzeit besondere Bedeutung zu.

Bestehen nach diesen Vorgaben im Betrieb Ansprüche auf Gewährung von Altersteilzeit, so haben nach dem **Gleichbehandlungsgrundsatz und dem Diskriminierungsverbot** auch **Teilzeitkräfte** entsprechende Ansprüche.

2. Einzelheiten der Regelungen

42 **Arbeitsrechtlich sind folgende Anmerkungen zu Einzelfragen von Bedeutung** (zu Gesamtdarstellungen verweisen wir auf weiterführende Werke):

- Voraussetzung für ein Altersteilzeitarbeitsverhältnis ist eine für Arbeitgeber und Arbeitnehmer maßgebliche entsprechende Vereinbarung. Dabei hat der Arbeitnehmer keinen Anspruch auf eine individuelle Verteilung der Arbeitszeit während des Altersteilzeitarbeitsverhältnisses. Er kann lediglich verlangen, dass der Arbeitgeber den Verteilungstyp Block- oder Teilzeitmodell mit ihm erörtert. § 8 TzBfG findet auf Altersteilzeitarbeitsverhältnisse im Teilzeitmodell keine Anwendung. Über die Verteilung der Arbeitszeit im Teilzeitmodell entscheidet der Arbeitgeber nach billigem Ermessen gem. § 106 Satz 1 GewO, § 315 Abs. 1 BGB (BAG v. 12.4.2011, 9 AZR 19/10, NZA 2011, 1044).

- Sonderregelungen für die Beschäftigten des öffentlichen Dienstes im Anwendungsbereich des TVöD ergeben sich aus den Bestimmungen des TVöD i.V.m. dem TV FlexAZ.

- Eine Altersteilzeitvereinbarung, die regelt, dass der Arbeitnehmer während der Altersteilzeit ein „Sabbatical" nimmt und von der Arbeitsleistung völlig freigestellt wird, erfüllt die Voraussetzungen des § 2 Abs. 1 Nr. 2 AltTZG bzw. des § 237 SGB VI nicht. Der bevorzugte Zugang zur Altersrente nach Altersteilzeitarbeit kann nur durch eine Gestaltung der Altersteilzeitarbeit erworben werden, die § 2 Abs. 1 Nr. 2 AltTZG entspricht (BAG v. 22.5.2012, 9 AZR 453/10, StuB 2012, 728).

- Im Altersteilzeitarbeitsverhältnis gelten dann die **allgemeinen Regeln für die Teilzeitbeschäftigung**.

- Das Altersteilzeitarbeitsverhältnis eines sich in der Freistellungsphase befindlichen Arbeitnehmers geht bei einem **Betriebsübergang** auf den neuen Betriebsinhaber über; bei **Übergang eines Betriebsteils** geht das Arbeitsverhältnis eines Arbeitnehmers in der Freistellungsphase auf den Betriebserwerber über, wenn das Arbeitsverhältnis dem übergegangenen Betriebsteil zuzuordnen ist (BAG v. 31.1.2008, 8 AZR 27/07, DB 2008, 1438).

- Das Altersteilzeitarbeitsverhältnis muss vor seinem Beginn vereinbart worden sein. Die gesetzlichen Vergünstigungen beschränken Arbeitsvertragsparteien bei der Gestaltung von Altersteilzeitarbeit. Eine **rückwirkende** Umwidmung oder **Umwandlung** eines „normalen" Arbeitsvertrags in einen Altersteilzeitarbeitsvertrag mit Wirkung gegenüber der Sozialversicherung oder der Bundesagentur für Arbeit ist deshalb grundsätzlich **ausgeschlossen**; hiervon besteht jedoch für den Fall eine **Ausnahme**, dass die rückwirkende Begründung des Altersteilzeitarbeitsvertrags das Ergebnis einer (gerichtlichen) Auseinandersetzung ist (BAG v. 23.1.2007, 9 AZR 393/06, EzA Nr. 24 zu § 4 TVG Altersteilzeit).

- Der **Arbeitnehmer** entscheidet **freiwillig** darüber, ob er von der Altersteilzeit Gebrauch machen oder lieber seine Tätigkeit im bisherigen Umfang weiter ausüben will.

- Auch für den **Arbeitgeber** ist der Abschluss eines Altersteilzeitvertrags mit dem Arbeitnehmer grundsätzlich **freiwillig**. Für ihn kann sich allerdings eine entsprechende **Abschlusspflicht** aus einem Tarifvertrag oder einer Betriebsvereinbarung oder einer betrieblichen Übung oder aus dem Gleichbehandlungsgrundsatz oder dem Diskriminierungsverbot ergeben.

- Will ein Arbeitnehmer den in einer **Betriebsvereinbarung** geregelten Anspruch auf Abschluss eines Altersteilzeitarbeitsvertrags geltend machen, muss das Altersteilzeitarbeitsverhältnis innerhalb der Geltungsdauer der Betriebsvereinbarung beginnen; der Anspruch erlischt mit Ende der Betriebsvereinbarung bzw. entsteht nicht, wenn die Anspruchsvoraussetzungen erst nach Ablauf der Betriebsvereinbarung erfüllt sind. Die Umwandlung eines Arbeitsverhältnisses in ein Altersteilzeitarbeitsverhältnis muss also **innerhalb der Laufzeit der Betriebsvereinbarung** bewirkt werden (BAG v. 29.4.2015, 9 AZR 999/13, NZA 2015, 1204).

- Hat der Arbeitgeber bei seiner Entscheidung über Ablehnung oder Gewährung der Altersteilzeit **billiges Ermessen** nach § 315 BGB zu wahren, ist die Entscheidung in vollem Umfang gerichtlich überprüfbar (BAG v. 3.12.2002, 9 AZR 457/01, AP Nr. 2 zu § 1 TVG Altersteilzeit). Welche tatsächlichen Umstände in die Ermessensabwägung einzubeziehen sind, richtet sich nach dem jeweiligen Regelungsgegenstand. Haben die Tarifvertragsparteien in ihrer Regelung keine besonderen Umstände aufgeführt, die der Arbeitgeber bei seiner Entscheidung über einen Antrag auf Altersteilzeit zu berücksichtigen hat, kommen alle sachlichen Gründe in Betracht, die sich aus einem Wechsel des Arbeitnehmers in die Altersteilzeit ergeben (BAG v. 14.10.2008, 9 AZR 511/07, AP Nr. 41 zu § 1 TVG Altersteilzeit).

- Ein tarifvertraglicher **Überforderungsschutz** ist zulässig, z.B. eine Beschränkung des Anspruchs auf Abschluss eines Altersteilzeitvertrags auf 5 % der Arbeitnehmer eines Betriebs (BAG v. 18.9.2001, 9 AZR 397/00, DB 2002, 486). Trifft der Arbeitgeber aber freiwillig mit über 5 % seiner Belegschaft Altersteilzeitvereinbarungen, ist er an den arbeitsrechtlichen **Gleichbehandlungsgrundsatz** gebunden (BAG v. 15.4.2008, 9 AZR 111/07, AP Nr. 39 zu § 1 TVG Altersteilzeit).

Der Arbeitgeber verwirkt das Recht, sich auf die **Überlastquote** zu berufen, nicht dadurch, dass er trotz Überschreitung der Quote weiterhin mit Mitarbeitern Altersteilzeitverträge abschließt. Eine **Verwirkung** kommt nur in Betracht, wenn besondere Umstände vorliegen, die darauf schließen lassen, der Arbeitgeber werde sich dauerhaft nicht auf die Überlastquote berufen (BAG v. 15.11.2011, 9 AZR 387/10, DB 2012, 1047).

Schließt allerdings der Arbeitgeber mit Arbeitnehmern Altersteilzeitarbeitsverträge, obwohl er wegen Überschreitens der **Überlastquote** hierzu tariflich nicht verpflichtet ist, erbringt er eine freiwillige Leistung und hat deshalb bei der Entscheidung über den Antrag eines Arbeitnehmers auf Abschluss eines Altersteilzeitarbeitsvertrags den arbeitsrechtlichen **Gleichbehandlungsgrundsatz** zu beachten (BAG v. 13.12.2016, 9 AZR 606/15, ArbR 2017, 115).

- Eine tarifvertragliche Regelung, die bei **Schwerbehinderten** auf die Beendigung des Arbeitsverhältnisses vor Vollendung des 65. Lebensjahres mit voller Altersrente abstellt, ist **keine unzulässige Benachteiligung** oder mittelbare Diskriminierung nach § 164 SGB IX (BAG v. 18.11.2003, 9 AZR 122/03, DB 2004, 1106; BAG v. 27.4.2004, 9 AZR 18/03, DB 2004, 2534). Der Umstand, dass schwerbehinderte Arbeitnehmer eine abschlagsfreie Rente früher in Anspruch nehmen können als nicht schwerbehinderte Arbeitnehmer, ist für sich aber nicht geeignet, bei im Blockmodell geleisteter Altersteilzeit eine Ungleichbehandlung von schwerbehinderten und nicht schwerbehinderten Arbeitnehmern zu rechtfertigen, wenn durch die Beendigung des Altersteilzeitarbeitsverhältnisses des schwerbehinderten Arbeitnehmers die **Freistellungsphase kürzer** würde als die bereits zurückgelegte Arbeitsphase; Rechtsfolge einer solchen unzulässigen Ungleichbehandlung ist, dass ein schwerbehinderter Arbeitnehmer vom Arbeitgeber verlangen kann, wie ein nicht schwerbehinderter Arbeitnehmer behandelt zu werden (BAG v. 12.11.2013, 9 AZR 484/12, ZTR 2014, 279).

- Eine **tarifvertragliche** Vorschrift, nach der die bisherige individuelle Arbeitszeit des Angestellten während des Altersteilzeitarbeitsverhältnisses **um die Hälfte gemin-**

dert werden muss, ist zulässig und wirksam (BAG v. 26.6.2001, 9 AZR 244/00, DB 2002, 98).

- Die teilweise **Refinanzierung** der Altersteilzeitvergütung setzt die **Verminderung der vorherigen vereinbarten wöchentlichen Arbeitszeit auf die Hälfte** voraus; insoweit handelt es sich bei einer über zwei Jahre vor dem Übergang in die Altersteilzeit um 3,5 Stunden erhöhten Arbeitszeit nicht um Überarbeit, sondern um die regelmäßige vereinbarte Arbeitszeit (BAG v. 18.8.2009, 9 AZR 482/08, NZA 2010, 503).

- Auch in der Altersteilzeit ist im Verhältnis der Arbeitnehmer in Altersteilzeit zu den anderen vollzeit- oder teilzeitbeschäftigten Arbeitnehmern der **Gleichbehandlungsgrundsatz** zu beachten (BAG v. 21.1.2003, 9 AZR 4/02, AP Nr. 157 zu § 611 BGB – Lehrer, Dozenten). Es verstößt gegen den arbeitsrechtlichen **Gleichbehandlungsgrundsatz**, wenn ein Arbeitgeber zwar seinen vollzeit- und teilzeitbeschäftigten Arbeitnehmern auf Grund einer Gesamtzusage eine jährliche **Leistungsprämie** gewährt, Altersteilzeitarbeitnehmer hiervon aber ohne billigenswerte Gründe ausschließt. Unerheblich ist, dass der Arbeitgeber in seiner Gesamtzusage auf die Freiwilligkeit der Leistung hinweist (BAG v. 24.10.2006, 9 AZR 681/05, DB 2007, 695).

- Das Arbeitsentgelt muss mindestens um 20 % des für die Altersteilzeitarbeit gezahlten Bruttoarbeitsentgelts **aufgestockt** werden. Die Aufstockung muss dabei mindestens so hoch sein, dass der Arbeitnehmer dadurch 70 % des pauschalierten Nettoarbeitsentgelts erhält, das er erhalten würde, wenn er seine Vollarbeitszeit nicht im Rahmen der Altersteilzeit vermindert hätte. Nach einem Urteil des BAG v. 25.6.2002, 9 AZR 155/01, DB 2002, 2491, braucht der Arbeitgeber für einen steuerlichen **Progressionsschaden** (wegen sog. Schattenbesteuerung) im Zusammenhang mit der Aufstockungsvereinbarung nicht aufzukommen.

- Eine **Verringerung der Arbeitszeit** ohne Altersteilzeitvertrag begründet allerdings keinen Anspruch auf die Aufstockungsleistung nach dem Gleichbehandlungsgrundsatz oder wegen Diskriminierung von Teilzeitarbeit (BAG v. 20.8.2002, 9 AZR 710/00, DB 2003, 727).

- Das im **Blockmodell** während der Freistellungsphase der Altersteilzeit zu zahlende **Entgelt** ist Gegenleistung für die während der Arbeitsphase über die verringerte Arbeitszeit hinausgehende Arbeit. Das in der Arbeitsphase angesparte Wertguthaben wird in der Freistellungsphase ausgeglichen. Für die Bemessung der Altersteilzeitvergütung während der Freistellungsphase ist grundsätzlich **spiegelbildlich** dieselbe tarifliche Vergütungsgruppe zu Grunde zu legen, nach der während der Arbeitsphase die Vergütung bemessen worden war (BAG v. 4.10.2005, 9 AZR 449/04, DB 2006, 1167). Mit anderen Worten: Monatlich zu zahlende Bezüge, die der Altersteilzeitarbeitnehmer in der Arbeitsphase des Blockmodells angespart hat, werden **zeitversetzt in dem Monat der Freistellungsphase** fällig. Das bedeutet, dass das in dem ersten Monat der Arbeitsphase angesparte Entgelt in dem ersten Monat der Freistellungsphase zu zahlen ist. Die in den folgenden Monaten angesparten Entgelte werden jeweils in einer weiteren Folge fällig, so dass die Ordnungszahl des Monats der Arbeitsphase der Ordnungszahl des Monats der Freistellungsphase entspricht (BAG v. 21.1.2011, 9 AZR 870/09, NZA 2011, 593).

- Kommt es **in der Freistellungsphase** zu **Lohnerhöhungen**, einem Einfrieren oder einer Kürzung von Zuwendungszahlungen, ist (mindestens) das auszuzahlen, was der Altersteilzeitarbeitnehmer erarbeitet hat (BAG v. 22.5.2012, 9 AZR 423/10, AP Nr. 57 zu § 1 TVG Altersteilzeit). Er darf aber von tariflichen Vergütungsänderungen, die nach dem ersten Monat der Freistellungsphase wirksam werden, ausgenommen werden (BAG v. 19.1.2016, 9 AZR 564/14, NZA 2016, 776).

- Im Falle **krankheitsbedingter Arbeitsunfähigkeit** während der Arbeitsphase besteht der Anspruch auf die Aufstockungsleistungen längstens für die Dauer der Entgeltfortzahlung. Diese Leistungen sind an den Arbeitnehmer längstens bis zum Ablauf der Fristen für die Zahlung von „Krankenbezügen" zu erbringen; im Falle langanhaltender krankheitsbedingter Arbeitsunfähigkeit während des Altersteil-

- zeitarbeitsverhältnisses über diese Fristen hinaus besteht kein Anspruch auf weitere Aufstockungsleistungen (BAG v. 15.8.2006, 9 AZR 639/05, AP Nr. 32 zu § 1 TVG Altersteilzeit).
- Der Arbeitgeber muss zusätzlich **Beiträge zur gesetzlichen Rentenversicherung** mindestens in Höhe des Beitrags entrichten, der auf den Unterschiedsbetrag zwischen 90 % des Vollarbeitsentgelts und dem Arbeitsentgelt für die Altersteilzeitarbeit entfällt.
- Nach einer Entscheidung des BAG (v. 15.3.2005, 9 AZR 143/04, DB 2005, 1858) kann **Resturlaub** des Arbeitnehmers in der Freistellungsphase der Altersteilzeit nicht mehr genommen werden und ist auch nicht abzugelten.
- Einem Arbeitnehmer, der sich in der **Freistellungsphase** eines Altersteilzeitarbeitsverhältnisses nach dem Blockmodell befindet und im gesamten Kalenderjahr von der Arbeitspflicht entbunden ist, steht mangels Arbeitspflicht **kein gesetzlicher Anspruch auf Erholungsurlaub** zu. Die Freistellungsphase ist mit „null" Arbeitstagen in Ansatz zu bringen. Vollzieht sich der **Wechsel von der Arbeits- in die Freistellungsphase** im Verlauf des Kalenderjahres, muss der Urlaubsanspruch nach Zeitabschnitten entsprechend der Anzahl der Tage mit Arbeitspflicht berechnet werden (BAG v. 24.9.2019, 9 AZR 481/18, B+P 2019, 724).
- Die Möglichkeit der Inanspruchnahme von Altersteilzeit darf **kündigungsschutzrechtlich** nach § 8 AltTZG nicht nachteilig zu Lasten des Arbeitnehmers berücksichtigt werden.
- Eine **betriebsbedingte Kündigung** des Arbeitnehmers in der **Freistellungsphase** der Altersteilzeit ist nicht sozial gerechtfertigt (BAG v. 5.12.2002, 2 AZR 571/01, DB 2003, 1334), in der **Arbeitsphase** aber nicht ausgeschlossen (BAG v. 16.6.2005, 6 AZR 476/04, DB 2005, 2303).
- Neben der Altersteilzeit können nach § 5 Abs. 3 AltTZG grundsätzlich **anderweitige Beschäftigungen** oder selbständige Tätigkeiten – leistungsunschädlich – ausgeübt werden, die die **Geringfügigkeitsgrenze** nicht überschreiten; soweit der in Altersteilzeit arbeitende Arbeitnehmer sie bereits innerhalb der letzten fünf Jahre vor Beginn der Altersteilzeitarbeit ständig ausgeübt hat.
- Bei **vorzeitiger Beendigung des Altersteilzeitarbeitsverhältnisses/„Störfall im Blockmodell"** hat der Arbeitnehmer Anspruch darauf, dass die von ihm erbrachten **Vorleistungen ausgeglichen** werden (BAG v. 14.10.2003, 9 AZR 146/03, DB 2004, 1320; BAG v. 18.11.2003, 9 AZR 270/03, DB 2004, 1322).
- Eine **Falschberatung des Arbeitgebers** betreffend den Anspruch des Arbeitnehmers auf vorzeitige Altersrente nach der Altersteilzeit führt zur **Schadensersatzpflicht** (BAG v. 10.2.2004, 9 AZR 401/02, DB 2004, 1046). Der Arbeitgeber ist aber nicht dafür verantwortlich, dass der von der gesetzlichen Rentenversicherung befreite Arbeitnehmer keine gesicherte Altersversorgung erhält (BAG v. 16.11.2005, 7 AZR 86/05, DB 2006, 1119).
- Spiegelt der Geschäftsführer einer GmbH-Arbeitgeberin vor, die tariflich vorgeschriebene **Insolvenzsicherung** eines Wertguthabens aus einem Altersteilzeitarbeitsverhältnis sei erfolgt, kann dies wegen Betrugs seine **Schadensersatzpflicht** nach § 823 Abs. 2 BGB i.V.m. § 263 Abs. 1 StGB begründen. Der Geschäftsführer haftet dann gem. § 823 Abs. 2 BGB i.V.m. § 263 Abs. 1 StGB persönlich für den Schaden, der dem Arbeitnehmer durch die (teilweise) Nichterfüllung seines erarbeiteten und nicht gesicherten Wertguthabens in der Insolvenz entsteht (BAG v. 13.2.2007, 9 AZR 207/06, DB 2007, 1919). Grundsätzlich haftet aber der Geschäftsführer einer GmbH nicht persönlich (BAG v. 23.2.2010, 9 AZR 44/09, NZA 2010, 1418). Den **Geschäftsführer** trifft vielmehr nur in den Fällen eine **Eigenhaftung**, in denen ein besonderer Haftungsgrund vorliegt (BAG v. 12.4.2011, 9 AZR 229/10, DB 2011, 2538).

- Wie die halbierte durchschnittliche Jahresarbeitszeit bei Altersteilzeit verteilt wird, bestimmen im Rahmen des nach Tarifvertrag oder Betriebsvereinbarung zulässigen Gestaltungsspielraums allein Arbeitgeber und Arbeitnehmer. Neben herkömmlicher Teilzeitarbeit kann z.B. auch Job-Sharing, Abrufarbeit, Jahressaisonarbeit (→ Job-Sharing (Arbeitsplatzteilung), → Abrufarbeit, → Saisonarbeitnehmer) oder Verteilung über mehrere Jahre (ein Jahr Vollarbeit, ein Jahr frei) vereinbart werden.

- Beliebt zu sein scheint in der Praxis ein gezielter **Wechsel der Lohnsteuerklasse** im Zusammenhang mit der Altersteilzeit im Hinblick auf die Pflicht des Arbeitgebers zur Aufstockung der Nettovergütung. Das **BAG** hat sich insoweit mit zwei Entscheidungen vom 9.9.2003 (9 AZR 554/02, DB 2004, 821, und 9 AZR 605/02, NZA 2004, 496) mit der Frage beschäftigt, wann ein Wechsel der Lohnsteuerklasse im Zusammenhang mit Altersteilzeit zu Lasten des Arbeitgebers **rechtsmissbräuchlich** ist. Der Arbeitgeber kann insoweit dem Arbeitnehmer den Einwand des Rechtsmissbrauchs entgegenhalten, wenn die **Änderung der Steuermerkmale ohne sachlichen Grund** erfolgt. Das ist regelmäßig anzunehmen, wenn der Wechsel nur erfolgt, um den Arbeitgeber zu höheren Zahlungen zu verpflichten. Dies ist wiederum insbesondere der Fall, wenn die gewählte Steuerklassen-Kombination für den Arbeitnehmer und seinen Ehegatten steuerlich nachteilig ist. Maßgebend sind insoweit die monatlich anfallenden steuerpflichtigen Arbeitsentgelte beider Ehegatten. Ein Rechtsmissbrauch ist dann nicht gegeben, wenn die gewählte Steuerklassen-Kombination **steuerlich vernünftig** ist.

- Ob ein Missbrauchsfall als Ausnahme vorliegt, muss im Einzelfall beurteilt werden; nicht missbräuchlich ist regelmäßig die Wahl der **Kombination IV/IV**; der Arbeitgeber ist regelmäßig gehalten, die auf der Lohnsteuerkarte eingetragenen Merkmale zu Grunde zu legen (BAG v. 13.6.2006, 9 AZR 423/05, DB 2006, 2470).

- Bei einem auf Antrag des Arbeitnehmers auf der Lohnsteuerkarte eingetragenen **Freibetrag** erhöht sich wegen der steuerlichen Entlastung das monatliche Teilzeitnettoentgelt. Bei der tarifvertraglichen Berechnung des monatlichen Aufstockungsbetrags bleibt der Freibetrag jedoch unberücksichtigt (BAG v. 17.1.2006, 9 AZR 558/04, NZA 2006, 1001).

Formulierungsvorschlag für eine Altersteilzeitregelung siehe Muster in Anhang → Arbeitsvertrag über Altersteilzeit.

II. Lohnsteuer

43 Auch wenn die Förderleistungen des AltTZG ausgelaufen sind, bleibt es bei der steuerlichen Begünstigung der Altersteilzeit. Nach wie vor sind die vom Arbeitgeber gezahlten **Aufstockungsbeträge** und zusätzlichen Beiträge zur gesetzlichen Rentenversicherung nach dem AltTZG **steuerfrei**, wenn die Voraussetzungen des § 2 AltTZG, z.B. Vollendung des 55. Lebensjahrs, Verringerung der tariflichen regelmäßigen wöchentlichen Arbeitszeit auf die Hälfte, vorliegen. Ebenso sind steuerfrei die in Form von Sachbezügen gewährten Aufstockungsbeträge, wenn die Aufstockung betragsmäßig in Geld festgelegt und außerdem vereinbart ist, dass der Arbeitgeber anstelle der Geldleistung Sachbezüge erbringen darf.

Die Vereinbarung über die Arbeitszeitverminderung muss sich zumindest auf die Zeit erstrecken, bis der Arbeitnehmer eine Rente wegen Alters beanspruchen kann. Dafür ist nicht erforderlich, dass diese Rente ungemindert gezahlt wird. Der frühestmögliche Zeitpunkt, zu dem eine Altersrente in Anspruch genommen werden kann, ist (derzeit) die Vollendung des 60. Lebensjahrs. Die Leistungen sind auch dann steuerfrei, wenn der freigewordene Voll- oder Teilarbeitsplatz nicht wieder besetzt wird.

44 Aufstockungsbeträge und zusätzliche Beiträge zur gesetzlichen Rentenversicherung sind auch insoweit steuerfrei, als sie über die im AltTZG genannten Mindestbeträge hinausgehen. Dies gilt jedoch nur, soweit die Aufstockungsbeträge zusammen mit dem

während der Altersteilzeit bezogenen Nettoarbeitslohn monatlich 100 % des maßgebenden Arbeitslohns nicht übersteigen. Maßgebend ist bei laufendem Arbeitslohn der Nettoarbeitslohn, den der Arbeitnehmer im jeweiligen Lohnzahlungszeitraum ohne Altersteilzeit üblicherweise erhalten hätte.

Die o.g. Steuerfreiheit kommt auch bei Mini-Jobs in Betracht, wenn der Arbeitslohn nach den individuellen Lohnsteuerabzugsmerkmalen (lt. ELStAM- oder Härtefall-Verfahren → Lohnsteuerkarte) besteuert wird.

Die Steuerfreistellung endet mit Ablauf des Kalendermonats, in dem der Arbeitnehmer die Altersteilzeitarbeit beendet oder wenn er die gesetzliche Altersgrenze für die Regelaltersrente in der gesetzlichen Rentenversicherung erreicht hat – dies ist jahrgangsweise ansteigend vom 65. bis zum 67. Lebensjahr (§ 5 Abs. 1 Nr. 2 AltTZG, § 235 SGB VI).

Weil die Steuerfreiheit der Aufstockungsbeträge einen Förderanspruch des Arbeitgebers an die Bundesagentur für Arbeit nicht voraussetzt, sind auch Altersteilzeitarbeitsverhältnisse begünstigt, die seit dem 1.1.2010 begonnen wurden.

Zahlt der Arbeitgeber **steuerfreie Beiträge** zur gesetzlichen Rentenversicherung i.S.d. § 3 Nr. 28 EStG, sind sie zwar im **Lohnkonto** aufzuzeichnen. Weil sie nicht als Sonderausgaben berücksichtigt werden, sind sie in der **Lohnsteuerbescheinigung** nicht anzugeben. Etwas anderes gilt für steuerpflichtige Beiträge zum Ausschluss einer Minderung der Altersrente. Sie sind als Sonderausgaben abziehbar und deshalb in der Lohnsteuerbescheinigung unter der Nummer 23a anzugeben.

Daneben sind die (steuerfreien) Aufstockungsbeträge im **Lohnkonto** aufzuzeichnen und in der Lohnsteuerbescheinigung (unter der Nummer 15) auszuweisen.

III. Sozialversicherung

Neben einer Altersteilzeit kann man eine geringfügig entlohnte Beschäftigung sozialversicherungsfrei (Ausnahme: Rentenversicherung) ausüben.

Der Arbeitgeber hat die Meldungen und Pauschalbeiträge an die Minijob-Zentrale der Deutschen Rentenversicherung Knappschaft Bahn See zu übermitteln bzw. abzuführen.

Wird die Altersteilzeit im sog. Blockmodell (Arbeitsphase mit anschließender Freistellungsphase) ausgeübt, ist ab dem ersten Tag der Freistellungsphase der ermäßigte Beitragssatz in der Krankenversicherung maßgebend, wenn nach der Freistellungsphase keine Erwerbstätigkeit mehr ausgeübt werden soll. Stellt sich im Laufe der Freistellungsphase aber heraus, dass nach der Altersteilzeit noch eine Erwerbstätigkeit aufgenommen werden soll, so ist ab diesem Zeitpunkt wieder der allgemeine Beitragssatz maßgebend.

Altersversorgung

I. Arbeitsrecht

Das Betriebsrentengesetz (BetrAVG) hat zuletzt durch Art. 8a des Gesetzes vom 12.6.2020 (BGBl. I 2020, 1248) zahlreiche Änderungen erfahren, die am 1.7.2020 in Kraft getreten sind. Es ergeben sich daraus keine allgemeinen arbeitsrechtlichen Besonderheiten für den Bereich dieses Ratgebers.

Zu speziellen Fragen siehe → Betriebliche Altersversorgung.

Altersversorgung

II. Lohnsteuer

53 Aus steuerlicher Sicht geht einer betrieblichen oder privaten Altersversorgung (Auszahlung im Alter) eine Altersvorsorge (Ansparen in der Arbeitsphase) voraus. Lohnsteuerlich ist die betriebliche Altersversorgung mit Unterstützung des Arbeitgebers von Bedeutung.

Unter einer betrieblichen Altersversorgung versteht das Steuerrecht Leistungen eines Arbeitgebers an ehemalige Arbeitnehmer oder an ihnen gleichgestellte Personen (sog. Werksrenten) sowie ggf. an Hinterbliebene. Solche Leistungen sind regelmäßig vom Eintritt biologischer Ereignisse abhängig, z.B. von einer Altersgrenze, dem Eintritt der Invalidität oder gar vom Tod des Arbeitnehmers.

Weil zum Arbeitslohn i.S.d. Lohnsteuerrechts auch Einnahmen gehören, die dem Arbeitnehmer aus einem früheren Arbeitsverhältnis zufließen, unterliegt eine betriebliche Altersversorgung wie z.B. eine Werksrente dem Lohnsteuerabzug. Dieser ist nach den individuellen Lohnsteuerabzugsmerkmalen (lt. ELStAM- oder Härtefall-Verfahren → Lohnsteuerkarte) vorzunehmen. Für solche Lohnzahlungen darf der Arbeitgeber die für geringfügige Beschäftigungsverhältnisse (→ Mini-Job) oder Teilzeitbeschäftigungen (→ Pauschalierung und Pauschalbeiträge) zulässige pauschale Lohnsteuererhebung nicht wählen.

Übt der Werksrentner daneben eine → geringfügig entlohnte Beschäftigung aus, ist für diesen Arbeitslohn die Lohnsteuerpauschalierung mit 2 % oder mit 20 % möglich. Dieser Grundsatz gilt auch dann, wenn der Werksrentner vom Arbeitgeber neben der Betriebsrente noch Arbeitslohn für ein aktives Dienstverhältnis (z.B. Mini-Job) bezieht. In solchen Fällen ist § 40a Abs. 2 EStG die speziellere Regelung, die der Anwendung der Vorschriften über die Regelbesteuerung nach den Steuerklassen im ELStAM- oder Härtefall-Verfahren vorgeht.

Renten aus der gesetzlichen Rentenversicherung, den landwirtschaftlichen Alterskassen und den berufsständischen Versorgungseinrichtungen sind in Höhe eines Besteuerungsanteils als sonstige Einkünfte steuerpflichtig. Sie unterliegen nicht dem Lohnsteuerabzug. **Schadensersatzrenten** sind regelmäßig nicht steuerpflichtig (nicht steuerbar).

Die vorgenannten Grundsätze gelten auch für die jeweiligen betrieblichen Witwen-/Witwer- sowie Waisenrenten.

III. Sozialversicherung

54 Personen, die Bezüge aus einer betrieblichen Altersversorgung (Betriebsrente) erhalten, haben hiervon Beiträge zur Kranken- und Pflegeversicherung zu entrichten, wenn die Betriebsrente monatlich den Betrag von (2021) 164,50 € übersteigt.

In der Krankenversicherung ist seit dem 1.1.2020 ein Freibetrag zu beachten. Dieser beträgt für das Jahr 2021 164,50 €. In der Pflegeversicherung gibt es keinen Freibetrag.

Beispiel:

Betriebsrente:	400 € monatlich
Bezieher ist gesetzlich krankenversichert.	
Beitragsbemessungsgrundlage KV:	235,50 € (= 400 € - 164,50 €)
Beitragsbemessungsgrundlage PV:	400,00 €

Angehörige

I. Arbeitsrecht

Zur Beschäftigung von Familienangehörigen siehe ausführlich D. Besgen, Arbeitsrechtliche Fragen bei der Mitarbeit von Familienangehörigen, B+P 2018, 235; ders., Beschäftigung von Familienangehörigen, B+P 2014, 307.

55

1. Ehegattenmitarbeit, eheähnliche Lebensgemeinschaft und Lebenspartnerschaft

Ob ein Ehegatte als Arbeitnehmer anzusehen ist, ist abhängig davon, ob er beim anderen auf Grund familienrechtlicher Verpflichtung (z.B. nach §§ 1353, 1360 BGB) oder aber auf der Grundlage eines besonderen Arbeitsvertrages tätig wird. Bei bloßer **familienrechtlicher Mitarbeit** des Ehegatten finden die arbeitsrechtlichen Regelungen im Wesentlichen keine Anwendung; die Rechtsbeziehungen richten sich nach den familienrechtlichen Vorschriften.

Auch die Mitarbeit des Partners einer **eheähnlichen Lebensgemeinschaft** oder einer **Lebenspartnerschaft** nach dem LPartG im Hauswesen, Geschäft, Gewerbe oder Beruf des anderen Partners kann wie bei Ehegatten auf familienrechtlicher, gesellschaftsrechtlicher, freiberuflicher oder arbeitsrechtlicher Grundlage erfolgen.

2. Ehegatten-Arbeitsverhältnis

Voraussetzung für ein Ehegatten-Arbeitsverhältnis sind **Abschluss und tatsächlicher Vollzug** eines Arbeitsvertrages. Dieser Arbeitsvertrag wird i.d.R. schon aus steuerlichen Gründen zur Dokumentation gegenüber dem Finanzamt ausdrücklich und förmlich abgeschlossen. Entscheidend ist der **tatsächliche Vollzug** des Arbeitsverhältnisses insbesondere in finanzieller Hinsicht (BAG v. 20.7.1993, 3 AZR 99/03, DB 1994, 151).

56

Fehlt es an einer ausdrücklichen oder konkludenten arbeitsvertraglichen Grundlage für die Mitarbeit des Ehegatten und ist insbesondere die Mitarbeit über einen längeren Zeitraum **unentgeltlich** und ohne besondere Absprachen erfolgt, so wird die Mitarbeit regelmäßig als familienrechtliche Mitarbeit zu behandeln sein.

Die Gefahr des Missbrauchs in Form von **Scheinarbeitsverträgen** besteht im Hinblick auf die günstigen Folgen, u.a. im steuerrechtlichen Bereich (s.u.). Neben der Schriftform und der Aufnahme für einen Arbeitsvertrag sonst üblicher Regelungen im Einzelnen ist deswegen zu empfehlen, den Vollzug des Arbeitsvertrages, insbes. die Vergütungszahlungen, entsprechend der Vertragsvereinbarung zu handhaben und dies zu dokumentieren. Etwaige nur zum Schein abgeschlossene Arbeitsverträge mit Angehörigen sind nach § 117 Abs. 1 BGB nichtig.

3. Kindermitarbeit

Ob ein Kind als Arbeitnehmer anzusehen ist, ist wie beim Ehegatten davon abhängig, ob es auf Grund einer familienrechtlichen Verpflichtung oder auf der Grundlage eines Arbeitsvertrages tätig wird. Die **familienrechtliche Mitarbeitspflicht** der Kinder ergibt sich nach § 1619 BGB aus der Zugehörigkeit zum elterlichen Haushalt einerseits und der Erziehung und Unterhaltung durch die Eltern andererseits und gilt sowohl für volljährige, als auch für minderjährige Kinder. Grundsätzlich besteht aber auch im Verhältnis zwischen Eltern und Kindern die Möglichkeit der **freien Vereinbarung**, in welcher Form eine Tätigkeit der Kinder abgewickelt werden soll.

57

4. Arbeitsverhältnis mit Kindern

Für die Vertragsanforderungen bei einem Arbeitsverhältnis mit Kindern gelten die Ausführungen zum Ehegatten-Arbeitsverhältnis entsprechend.

58

Nach § 5 JArbSchG ist ein Arbeitsverhältnis mit Kindern unter 15 Jahren grundsätzlich ausgeschlossen und nur in engen Ausnahmen zulässig. Kinder über 13 Jahre dürfen allerdings im Berufsausbildungsverhältnis und außerhalb eines solchen nur mit leichten und für sie geeigneten Tätigkeiten in bestimmten zeitlichen Grenzen mit Einwilligung des Personensorgeberechtigten nach den Vorschriften der §§ 5 bis 7 JArbSchG beschäftigt werden (→ Schüler); weitere zulässige Tätigkeiten sieht § 2 **Kinderarbeitsschutzverordnung** vor.

5. Mindestlohn bei Angehörigenbeschäftigung

Der gesetzliche Mindestlohn (→ Mindestlohn) nach dem Mindestlohngesetz (MiLoG) ist auch für das Arbeitsverhältnis mit Angehörigen maßgeblich. Die Dokumentationspflicht ist nach § 1 Abs. 2 MiLoDokV jedoch seit dem 1.8.2015 entfallen.

Bei rein familiärer, also nicht arbeitsvertraglicher Mitarbeit von Angehörigen besteht bei kein Anspruch auf Mindestlohn.

II. Lohnsteuer

59 Angehörige sind in gerader Linie verwandte und verschwägerte Personen.

Steuerliche Arbeitsverträge mit Angehörigen können aus verschiedenen Gründen vorteilhaft sein. Weil die Lohnzahlungen bzw. Aufwendungen dafür Betriebsausgaben sind, kann der Arbeitgeber – abgesehen von den unterschiedlichen Steuersätzen bei der Einkommensbesteuerung – Gewerbesteuer sparen. Auch der beschäftigte Angehörige kann profitieren.

Ein sich durch die einkommensteuerlichen Freibeträge wie z.B. den Arbeitnehmer-Pauschbetrag ergebender niedrigerer Steuersatz oder die günstige Pauschalversteuerung können insgesamt zu einer niedrigeren Steuerbelastung führen, als wenn der gesamte Gewinn von einer Person versteuert werden würde. So eignen sich z.B. kurzfristige Beschäftigungsverhältnisse gut, um den Ehegatten oder die leiblichen Kinder für einen begrenzten Zeitraum zu beschäftigen. In mittelständischen oder kleineren Familienbetrieben kann für den beschäftigten Ehegatten zudem der Aufbau einer eigenen Altersversorgung interessant sein. Für die steuerliche Anerkennung solcher Arbeitsverhältnisse sind jedoch besondere Regelungen zu beachten.

Grundsätzlich werden Arbeitsverhältnisse mit Angehörigen wie z.B. Familienmitgliedern steuerlich anerkannt. Die Arbeitsleistung des Angehörigen muss jedoch über die familienrechtliche Pflicht zur Mitarbeit hinausgehen. Ferner müssen das Dienstverhältnis und der Arbeitsvertrag ernsthaft gewollt sein, entsprechend der Vereinbarungen tatsächlich durchgeführt werden sowie einem Fremdvergleich mit dritten Personen standhalten. Deshalb sollten Arbeitsverträge mit Angehörigen schriftlich abgefasst und darin die wesentlichen Rechte und Pflichten festgelegt werden; z.B. neben Art und Umfang der Tätigkeit die Arbeitszeit, der zustehende Urlaub sowie die Höhe des Arbeitslohns einschl. einer Begründung, weshalb die Arbeitskraft des Kinds im Betrieb tatsächlich benötigt wird. Diese Grundsätze sollten bei Dienstverhältnissen zwischen Eltern und Kindern besonders beachtet werden.

Weil für die bürgerlich-rechtliche Wirksamkeit eines Arbeits- oder Ausbildungsvertrages mit einem minderjährigen Kind die Bestellung eines Ergänzungspflegers nicht erforderlich ist, gilt dies auch für die steuerliche Anerkennung eines Arbeitsverhältnisses mit Kindern. Ist das Kind jedoch noch keine 15 Jahre alt, verstößt ein Arbeitsverhältnis im Allgemeinen gegen das Jugendarbeitsschutzgesetz; es ist nichtig und wird deshalb auch steuerrechtlich nicht anerkannt werden. Zudem muss das Kind mit seiner Tätigkeit eine fremde Arbeitskraft ersetzen.

Im Rahmen eines o.g. Arbeitsverhältnisses kann der Angehörige oder das Familienmitglied auch einen Mini-Job mit Lohnsteuerpauschalierung ausüben. Die Gewährung freier Wohnung und Verpflegung kann als Teil der Arbeitsvergütung zu behandeln sein, wenn die Leistungen auf arbeitsvertraglichen Vereinbarungen beruhen.

Zur **steuerlichen Anerkennung** von Arbeitsverträgen mit Angehörigen siehe ausführlich ABC Lohnbüro 2021, Stichwort „Angehörige".

III. Sozialversicherung

Grundsätzlich gelten bei der Beschäftigung von Familienangehörigen keine Besonderheiten hinsichtlich einer versicherungspflichtigen bzw. versicherungsfreien Beschäftigung. 60

Damit ein sozialversicherungsrechtliches Beschäftigungsverhältnis besteht, sind folgende Punkte zu beachten:

– Beschäftigung anstelle einer fremden Hilfskraft,
– Zahlung eines angemessenen Arbeitsentgelts (mindestens 50 % des ortsüblichen Entgelts – Mindestlöhne sind zu beachten),
– Zahlung des Entgelts auf ein separates Konto des beschäftigten Familienangehörigen,
– Buchung der Aufwendungen als Betriebsausgaben,
– Über-/Unterordnungsverhältnis, wenn auch in abgeschwächtem Umfang (weisungsgebundene Tätigkeit).

Wird der Ehepartner, eingetragene Lebenspartner oder ein Abkömmling in gerader Linie beschäftigt, so ist zwingend ein Statusfeststellungsverfahren durch die Deutsche Rentenversicherung Bund in die Wege zu leiten. Hierzu ist bei der Anmeldung im Feld „Statuskennzeichen" die Ziffer 1 anzugeben. Die Deutsche Rentenversicherung Bund setzt daraufhin das Statusfeststellungsverfahren in Gang und nimmt dann die für alle SV-Zweige rechtsverbindliche versicherungsrechtliche Beurteilung der Beschäftigung vor. Weitere Informationen sind der Anlage 4 des Gemeinsamen Rundschreibens der Spitzenverbände der Sozialversicherungsträger vom 21.3.2019 (www.aok.de/fk/fileadmin/user_upload/sv/rundschreiben/2019/rds_20190321-Statusfeststellung_mit_Anlagen.pdf) zu entnehmen.

Zur **sozialversicherungsrechtlichen Statusklärung** bei Beschäftigung von Familienangehörigen ausführlich U. Freudenberg, B+P 2014, 341.

Anmeldung

I. Arbeitsrecht

Es bestehen keine arbeitsrechtlichen Besonderheiten. 61

II. Lohnsteuer

Das Steuerrecht verlangt eine Anmeldung des beschäftigten Arbeitnehmers beim Betriebsstättenfinanzamt, wenn der Arbeitgeber die Lohnsteuer nach den persönlichen Abzugsmerkmalen des Arbeitnehmers erheben möchte. Darüber hinaus muss der Arbeitgeber die einbehaltene Lohnsteuer und die zu übernehmende pauschale Lohnsteuer beim Finanzamt anmelden. 62

1. Erhebung pauschaler Lohnsteuer

Für Arbeitgeber von geringfügig Beschäftigten in Privathaushalten gibt es ein besonderes Haushaltsscheckverfahren. Der Haushaltsscheck ist ein Vordruck zur An- und 63

Anmeldung

Abmeldung bei der Minijob-Zentrale (→ geringfügig entlohnte Beschäftigung, → Haushaltsscheckverfahren).

Hat sich der Arbeitgeber für die Lohnsteuerpauschalierung mit 5 %, 20 % oder 25 % entschieden, muss er dem Finanzamt den Zeitpunkt mitteilen, ab dem er erstmals einen Arbeitnehmer eingestellt hat. Hierfür genügt ein formloses Schreiben. Daraufhin teilt ihm das Finanzamt ein sog. A-Signal (A = Arbeitgeber) mit. Eine Anmeldung des beschäftigten Arbeitnehmers bei der Finanzverwaltung ist in diesen Fällen nicht erforderlich.

Wählt der Arbeitgeber für das Dienstverhältnis die Lohnsteuerpauschalierung mit 2 % des Arbeitsentgelts → geringfügig entlohnte Beschäftigung.

2. Elektronische Lohnsteuerabzugsmerkmale

64 Erhebt der Arbeitgeber die Lohnsteuer **nicht** pauschal, hat er das Verfahren der elektronischen Lohnsteuerabzugsmerkmale (ELStAM-Verfahren) anzuwenden. Hierzu ist er auch dann verpflichtet, wenn das Finanzamt einem Härtefallantrag zur Anwendung des Papierverfahrens nicht zugestimmt hat. In beiden Verfahren obliegen ihm Meldepflichten.

Zu Beginn des Dienstverhältnisses hat der Arbeitgeber den Arbeitnehmer bei der Finanzverwaltung „anzumelden", um die individuellen Lohnsteuerabzugsmerkmale (elektronisch) zu erhalten. Hierzu übermittelt der Arbeitgeber oder der von ihm beauftragte Dritte die Daten des anzumeldenden Arbeitnehmers (Identifikationsnummer, Geburtsdatum und Datum des Beginns des Dienstverhältnisses) auf elektronischem Weg nach amtlich vorgeschriebenem Datensatz. Eine solche Anmeldung ist bei Beginn des Dienstverhältnisses stets erforderlich. Im Gegenzug stellt die Finanzverwaltung dem Arbeitgeber die elektronischen Lohnsteuerabzugsmerkmale des Arbeitnehmers zum Abruf bereit.

Solch eine elektronische Anmeldung des Arbeitnehmers sowie den Abruf der ELStAM steuert regelmäßig das Lohnabrechnungsprogramm. Wird das Dienstverhältnis beendet: → Abmeldung.

3. Härtefall-Verfahren

65 Möchte der Arbeitgeber den Lohnsteuerabzug im Papierverfahren (sog. **Härtefall-Verfahren**) anwenden, hat er bereits für den Antrag zum Einstieg in dieses Verfahren ein Verzeichnis mit dem bzw. den beschäftigten Arbeitnehmer/n unter Angabe der jeweiligen Identifikationsnummer und des Tages der Geburt des Arbeitnehmers an das Finanzamt zu übersenden. Auf diesem Wege werden die Arbeitnehmer beim Finanzamt „angemeldet". Beginnt ein Arbeitnehmer im laufenden Kalenderjahr ein Dienstverhältnis, muss dies der Arbeitgeber ebenfalls dem Betriebsstättenfinanzamt mitteilen.

Der Härtefall-Antrag ist nach amtlich vorgeschriebenem Vordruck jährlich zu stellen und vom Arbeitgeber zu unterschreiben. Nach Zustimmung übermittelt ihm das Betriebsstättenfinanzamt zur Durchführung des Lohnsteuerabzugs für die Dauer eines Kalenderjahrs eine arbeitgeberbezogene Bescheinigung mit den Lohnsteuerabzugsmerkmalen des Arbeitnehmers (Bescheinigung für den Lohnsteuerabzug) sowie etwaige spätere Änderungen. Diese Bescheinigung sowie die Änderungsmitteilungen sind als Belege zum Lohnkonto zu nehmen und bis zum Ablauf des Kalenderjahrs aufzubewahren.

4. Weitere Anmeldungen

66 Neben den Beschäftigungsverhältnissen hat der Arbeitgeber zu gesetzlich festgelegten Terminen dem Finanzamt mitzuteilen, ob und in welcher Höhe er vom Arbeitslohn

des Arbeitnehmers **Lohnsteuer** einbehalten oder zu übernehmen hat (→ Lohnsteuer-Anmeldung).

III. Sozialversicherung

Nähere Informationen hierzu siehe: → Meldungen zur Sozialversicherung. 67

Arbeitgeber

I. Arbeitsrecht

Es bestehen keine arbeitsrechtlichen Besonderheiten. 68

II. Lohnsteuer

Arbeitgeber ist derjenige, für den der Arbeitnehmer eine geschuldete Arbeitsleistung zu erbringen und dessen Weisungen er zu folgen hat. Unter seiner Leitung wird der Arbeitnehmer tätig. Weil der Arbeitgeber die Lohnsteuer und Sozialabgaben einzubehalten hat, wird er insoweit als Inkassostelle für den Fiskus tätig. 69

Arbeitgeber können juristische Personen, Personenvereinigungen und natürliche Personen, z.B. der Haushaltsvorstand, sein.

1. Pflichten des Arbeitgebers

Der steuerliche Arbeitgeber ist gesetzlich verpflichtet, 70

- den Arbeitnehmer im Regelfall bei der Finanzverwaltung zur Anforderung sowie zum Abruf der Lohnsteuerabzugsmerkmale an- und abzumelden (→ Anmeldung, → Abmeldung),
- vom gezahlten Arbeitslohn (→ Arbeitsvergütung) die → Lohnsteuer, den → Solidaritätszuschlag sowie ggf. die → Kirchensteuer einzubehalten und an das Finanzamt zu entrichten (→ Lohnsteuer-Anmeldung),
- ein → Lohnkonto zu führen und eine → Lohnsteuerbescheinigung auszustellen.

Das für lohnsteuerliche Zweifelsfragen des Arbeitgebers zuständige Finanzamt, an das auch die lohnsteuerlichen (Steuer-)Erklärungen zu senden sind, ist das sog. → Betriebsstättenfinanzamt.

Die zuvor genannten vielfältigen Pflichten entfallen für Arbeitgeber, bei denen ausschließlich geringfügig Beschäftigte tätig sind, gänzlich, wenn für deren Arbeitslohn die einheitliche Pauschsteuer erhoben wird. Ausgenommen hiervon ist die Verpflichtung zur Lohnkontenführung (→ Geringfügig entlohnte Beschäftigung).

2. Arbeitgeberbeiträge

Auf Grund eines Dienstverhältnisses hat der Arbeitgeber neben dem vereinbarten Arbeitslohn regelmäßig Zahlungen an den Fiskus zu leisten, z.B. den Anteil am Gesamtsozialversicherungsbeitrag. 71

Arbeitgeberbeiträge zur gesetzlichen Sozialversicherung des Arbeitnehmers sind **nicht** steuerbar und somit steuerfrei, soweit sie auf Grund gesetzlicher Verpflichtung geleistet werden. Bei versicherungspflichtigen Arbeitnehmern hat der Arbeitgeber zur Sozialversicherung regelmäßig die Hälfte der Beiträge zur Renten-, Kranken-, Pflege- und Arbeitslosenversicherung zu tragen. Steuerfrei sind auch die pauschalen Renten- und Krankenversicherungsbeiträge i.H.v. 15 % bzw. 5 % und 13 % bzw. 5 % des Arbeitsentgelts für eine geringfügige Beschäftigung sowie die Arbeitnehmeranteile am Gesamtsozialversicherungsbeitrag, die der Arbeitgeber auf Grund der gesetzlichen

Beitragslastverschiebung nachentrichten und übernehmen muss. Hat der Arbeitgeber für Arbeitslöhne bis zur Geringverdienergrenze die vollen Beiträge zur gesetzlichen Sozialversicherung zu übernehmen (§ 249b SGB V), sind diese Zahlungen ebenso steuerfrei.

Trägt der Arbeitgeber die **Arbeitnehmerbeiträge** zur gesetzlichen Sozialversicherung auf freiwilliger Basis (z.B. bei Nettolohnvereinbarung), sind diese Zahlungen als Arbeitslohn **steuerpflichtig**.

III. Sozialversicherung

72 Arbeitgeber im sozialversicherungsrechtlichen Sinne ist derjenige (natürliche oder juristische Person), der einem Arbeitnehmer gegenüber weisungsbefugt ist. Der Arbeitgeber hat die bei ihm beschäftigten Arbeitnehmer zu melden (→ Meldungen zur Sozialversicherung) und die entsprechenden Beiträge abzuführen.

IV. Kirchensteuer

73 Neben der Lohnsteuer hat der Arbeitgeber bei der Lohn- bzw. Gehaltszahlung auch Kirchensteuer in der jeweils nach Bundesland vorgeschriebenen Höhe (→ Kirchensteuer Rz. 542) abzuziehen und an das Betriebsstättenfinanzamt zu überweisen – allerdings bei auf Dauer angelegten Arbeitsverhältnissen mit einer Vergütung von über 450 € nur bei Mitarbeitern, die einer kirchensteuererhebenden Kirche oder Religionsgemeinschaft angehören (→ Kirchensteuer Rz. 542).

74 Macht der Arbeitgeber in den Fällen der §§ 40, 40a und 40b EStG sowie §§ 37a und 37b EStG von der Pauschalierungsmöglichkeit der Kirchensteuer keinen Gebrauch, hat er sich vom Arbeitnehmer eine Lohnsteuerkarte vorlegen zu lassen. Um sich zu vergewissern, ob für den einzelnen Arbeitnehmer nach Maßgabe der pauschalen Lohnsteuer Kirchensteuer zu entrichten ist, hat der Arbeitgeber dessen Kirchenzugehörigkeit bzw. fehlende Kirchenmitgliedschaft festzustellen. Diese Pflicht begründet der BFH (v. 7.12.1994, I R 24/93, BStBl II 1995, 507) mit der Erwägung, den §§ 38 ff. EStG sei der Grundsatz zu entnehmen, dass der Arbeitgeber für die wahrheitsgemäße und vollständige Aufklärung eines dem Lohnsteuerabzug unterliegenden Sachverhalts mitverantwortlich sei. Seine Mitwirkungs-, Informations- und Nachweispflichten bestehen darin, die für den Lohnsteuerabzug relevanten Besteuerungsmerkmale in vorgeschriebener Form sicherzustellen und ihre Überprüfung durch das Finanzamt zu ermöglichen. Für die übrigen Arbeitnehmer, für die Kirchensteuer abzuführen ist, ist der regelmäßige Kirchensteuersatz (8 % oder 9 %) anzuwenden (BFH v. 7.12.1994, I R 24/93, BStBl II 1995, 507). Der BFH hat in seinen Urteilen v. 30.11.1989 (I R 14/87, BStBl II 1990, 993) und v. 7.12.1994 (I R 24/93, BStBl II 1995, 507) festgestellt, dass die persönliche Kirchensteuerpflicht von Arbeitnehmern durch das System der Lohnsteuer-Pauschalierung nicht erweitert wird. Daher darf ein Arbeitgeber nicht als Steuerschuldner der pauschalierten Kirchenlohnsteuer in Anspruch genommen werden, wenn diese Lohneinkünfte Arbeitnehmer betreffen, die nachweislich nicht der Kirche angehören. Der Arbeitgeber ist daher berechtigt, für einzelne Arbeitnehmer auf Grund von Unterlagen nachzuweisen, dass diese keiner steuererhebenden Kirche angehören und folglich nicht kirchensteuerpflichtig sind. Keine Unterlagen über die Konfession der Arbeitnehmer hat der Arbeitgeber praktisch nur selten, z.B. bei Beschäftigung auf Zuruf.

75 Für die Mitarbeiter, für die der Arbeitgeber der pauschalierten Lohnsteuer keine Kirchensteuer zuschlägt, muss der Arbeitgeber aus seinen Unterlagen nachweisen, dass sie keiner steuererhebenden Religionsgemeinschaft angehören.

Für die kirchensteuerpflichtigen Arbeitnehmer muss ersichtlich sein, auf Grund welcher Konfessionsangehörigkeit Kirchensteuer erhoben wird.

76 Die Nichtzugehörigkeit zu einer steuererhebenden Kirche ist durch eine dem Arbeitgeber vorzulegende Lohnsteuerkarte oder eine Bescheinigung des Finanzamtes nachzu-

weisen. Der Arbeitgeber hat einen Vermerk anzufertigen, dass der Arbeitnehmer die Nichtzugehörigkeit zu einer kirchensteuererhebenden Kirche durch die Vorlage der Lohnsteuerkarte nachgewiesen hat. Weiter hat er die ausstellende Gemeindebehörde aufzuzeichnen (R 130 Abs. 4 Satz 3 LStR).

Eine schriftliche Versicherung des Arbeitnehmers, die der Arbeitgeber zum Lohnkonto nimmt, reicht als Nachweis für die fehlende Zugehörigkeit zu einer kirchensteuererhebenden Religionsgemeinschaft nicht aus. Vielmehr ist der Nachweis, dass der Arbeitnehmer keiner kirchensteuererhebungsberechtigten Religionsgemeinschaft angehört, durch eine möglichst zeitnahe amtliche Bescheinigung, zumindest aber durch eine an das Finanzamt gerichtete, im Rahmen des Besteuerungsverfahrens abzugebende (qualifizierte) Erklärung des Arbeitnehmers vom Arbeitgeber zu erbringen (FG Köln v. 25.6.1997, 11 K 1673/95, EFG 1998, 233, rkr.). **77**

Der Nachweis setzt voraus, dass sich der Arbeitgeber folgende Unterlagen vorlegen lässt: **78**

– die Lohnsteuerkarte, wenn vorhanden,
– das Familienstammbuch, sofern dieses Eintragungen über die Konfessionszugehörigkeit enthält,
– die Aufenthaltsbescheinigungen der Gemeindebehörde sowie
– gegebenenfalls die Austrittsbescheinigung des Standesamts bzw. Amtsgerichts.

Im Hinblick auf die Anforderungen an den Nachweis der Nichtkirchenzugehörigkeit bei kurzfristiger Beschäftigung von Arbeitskräften nach § 40a Abs. 1, 2a und 3 EStG ist der gleichlautende Erlass der obersten Finanzbehörden der Bundesländer betr. Kirchensteuer bei Pauschalierung der Lohnsteuer vom 8.8.2016 (BStBl I 2016, 773) zu beachten.

Der Erlass erlaubt dem Arbeitgeber, in Fällen der Pauschalierung der Lohnsteuer gem. §§ 40, 40a und 40b EStG bei der Erhebung der Kirchensteuer zwischen einem vereinfachten Verfahren und einem Nachweisverfahren zu wählen. Es wird zur Klarstellung darauf hingewiesen, dass der Arbeitgeber seine Methodenwahl sowohl für jeden Lohnsteuer-Anmeldezeitraum als auch für die jeweils angewandte Pauschalierungsvorschrift und darüber hinaus für die in den einzelnen Rechtsvorschriften aufgeführten Pauschalierungstatbestände unterschiedlich treffen kann. **79**

In den Fällen des § 40a Abs. 1, 2a und 3 EStG genügt nach R 130 Abs. 4 Satz 4 LStR als Nachweis gegenüber dem Betriebsstättenfinanzamt eine Erklärung (amtlicher Vordruck) nach dem bei den Finanzämtern zu erhaltenden Muster.

Siehe Anhang → Erklärung zur Religionszugehörigkeit.

Für pauschal versteuerten Arbeitslohn sind entsprechend pauschale Annexsteuern (Kirchensteuer, Solidaritätszuschlag) abzuführen. Die Höhe der Kirchensteuer auf pauschalierte Lohnsteuer beträgt den jeweils im Bundesland festgesetzten pauschalen Kirchensteuersatz.

Die unter dem Stichwort → Kirchensteuer Rz. 548 zu findende Tabelle gibt Auskunft über die Höhe der pauschalierten Kirchensteuer. **80**

Arbeitnehmer

I. Arbeitsrecht

Es bestehen keine arbeitsrechtlichen Besonderheiten; zum Arbeitnehmerbegriff bei problematischen Abgrenzungsfragen zur Selbständigkeit → Scheinselbständigkeit. **81**

II. Lohnsteuer

82 Steuerrechtliche Arbeitnehmer sind natürliche Personen, die mit einem → Arbeitgeber

- einen Dienst- oder → Arbeitsvertrag abgeschlossen haben,
- ihre Arbeitskraft schulden und dafür
- Gehalt oder Arbeitslohn beziehen (→ Arbeitsvertrag).

Dazu rechnen auch Personen, die Arbeitslohn aus einem früheren Dienstverhältnis erhalten, und **Rechtsnachfolger** von Arbeitnehmern, die aus dessen früherem Dienstverhältnis Arbeitslohn oder Bezüge beziehen.

Folglich sind auch Witwen und Waisen sowie hinterbliebene Lebenspartner, die als Rechtsnachfolger auf Grund eines früheren Arbeitsverhältnisses des Ehepartners/Lebenspartners bzw. Elternteils von dessen ehemaligem Arbeitgeber Werksrenten oder Bezüge erhalten, Arbeitnehmer. In diesen Fällen ist der Bezug von Arbeitslohn für die steuerliche Einstufung als Arbeitnehmer entscheidend.

Für die übliche Einordnung einer Person als steuerlicher **Arbeitnehmer** (Arbeitnehmereigenschaft) sprechen insbesondere die folgenden **Merkmale**:

- persönliche Abhängigkeit, Weisungsgebundenheit hinsichtlich Ort, Zeit und Inhalt der Tätigkeit,
- feste Arbeitszeiten, Ausübung der Tätigkeit gleichbleibend an einem bestimmten Ort,
- feste Gehalts- oder Lohnzahlungen (Bezüge),
- Urlaubsanspruch, Anspruch auf sonstige Sozialleistungen,
- Fortzahlung der Bezüge im Krankheitsfall, Überstundenvergütung,
- Unselbständigkeit hinsichtlich Organisation und Durchführung der Tätigkeit, kein Unternehmerrisiko,
- keine Unternehmerinitiative, kein Kapitaleinsatz, keine Pflicht zur Beschaffung von Arbeitsmitteln,
- Notwendigkeit der engen ständigen Zusammenarbeit mit anderen Mitarbeitern, Eingliederung in den Betrieb,
- Schulden der Arbeitskraft und nicht eines Arbeitserfolgs,
- Ausführung von einfachen Tätigkeiten, bei denen eine Weisungsabhängigkeit die Regel ist.

Nach Auffassung der Finanzverwaltung ergeben sich diese Merkmale regelmäßig aus dem der Beschäftigung zu Grunde liegenden Vertragsverhältnis, sofern die Vereinbarungen ernsthaft gewollt sind und tatsächlich durchgeführt werden. Dabei sind die für oder gegen ein Dienstverhältnis sprechenden Merkmale ihrer Bedeutung entsprechend gegeneinander abzuwägen.

Entscheidende Merkmale für eine Arbeitnehmertätigkeit sind:

- an Weisungen des Arbeitgebers gebunden und
- in dessen Geschäftsablauf (geschäftlichen Organismus) bzw. den der Firma eingegliedert zu sein.

Hinzu kommt das fehlende Unternehmerrisiko des Arbeitenden.

Kein Abgrenzungskriterium ist, ob die Arbeitsleistung als Haupttätigkeit, Aushilfstätigkeit oder im Rahmen einer Nebentätigkeit erbracht wird. Auch spielt die Beschäftigungsdauer keine Rolle.

Für die steuerliche Beurteilung ist die sozialversicherungsrechtliche Einstufung oftmals prägend, grundsätzlich aber nicht bindend. Gleiches gilt für die arbeitsrechtliche Einordnung. Die sozialversicherungsrechtliche Auffassung ist insbesondere dann nicht maßgebend, wenn die Entscheidung nach den Grundsätzen gegen die Scheinselbständigkeit getroffen worden ist.

Bei Beschäftigungsbeginn hat der Arbeitnehmer seinem Arbeitgeber grundsätzlich das Geburtsdatum sowie die Identifikationsnummer für die erforderliche Anmeldung bei der Finanzverwaltung und für die Anforderung der elektronischen (individuellen) Lohnsteuerabzugsmerkmale mitzuteilen (→ Lohnsteuerkarte). Alternativ darf der Arbeitgeber auf den Abruf der ELStAM verzichten und die Lohnsteuerpauschalierung wählen (→ Pauschalierung der Lohnsteuer und Pauschalbeiträge).

Erhebt der Arbeitgeber die Lohnsteuer nach den individuellen Lohnsteuerabzugsmerkmalen (Regelbesteuerung), hat der Arbeitnehmer den Lohnsteuerabzug zu dulden.

III. Sozialversicherung

Arbeitnehmer i.S.d. Sozialversicherung sind die abhängig Beschäftigten. Wesentliches Merkmal ist die persönliche Abhängigkeit. Der Beschäftigte ist dem Arbeitgeber gegenüber weisungsgebunden hinsichtlich Art, Ort, Zeit und Weise der Tätigkeit. Ferner tragen Beschäftigte kein Unternehmerrisiko. 83

In der Sozialversicherung sind immer die tatsächlichen Verhältnisse maßgebend. Dies bedeutet, dass eine Bezeichnung als freier Mitarbeiter oder Honorarkraft ein bestehendes Beschäftigungsverhältnis nicht ausschließen kann.

In Zweifelsfällen sollte der Sachverhalt mit der zuständigen Krankenkasse geklärt oder ein Statusfeststellungsverfahren nach § 7a SGB IV durch die DRV Bund eingeleitet werden (www.deutsche-rentenversicherung.de).

IV. Kirchensteuer

Kirchenangehörige haben Kirchensteuer zu entrichten. Diese beträgt (je nach Bundesland) 8 % oder 9 % der Lohnsteuer. 84

Arbeitnehmer-Sparzulage

I. Arbeitsrecht

Es bestehen keine arbeitsrechtlichen Besonderheiten. 85

II. Lohnsteuer

Neben dem üblichen Arbeitslohn besteht für den Arbeitgeber die Möglichkeit, besondere Lohnteile zur Anlage als **vermögenswirksame Leistungen** zu zahlen. Zwar sind diese Arbeitslohnteile steuerpflichtig, doch kann der Arbeitnehmer für den angelegten Betrag eine staatliche Förderung in Form der Arbeitnehmer-Sparzulage erhalten. Als vermögenswirksame Leistungen dürfen auch pauschal besteuerte Arbeitslohnteile angelegt werden, z.B. Teile des für einen Mini-Job gezahlten und mit 2 % pauschal besteuerten Arbeitsentgelts. 86

Entscheidet sich der Arbeitnehmer, diese Lohnteile in bestimmte gesetzlich festgelegte Spar- bzw. Anlageformen einzuzahlen, erhält er auf Antrag vom Finanzamt eine Arbeitnehmer-Sparzulage. Die Höhe der Sparzulage ist von der Anlageart der vermögenswirksamen Leistungen abhängig; sie ist keine steuerpflichtige Einnahme i.S.d. Einkommensteuergesetzes.

1. Arbeitnehmer-Sparzulage

Die Arbeitnehmer-Sparzulage wird ausschließlich Arbeitnehmern gewährt. Allerdings ist der Arbeitgeber verpflichtet, die vermögenswirksamen Leistungen auf Anweisung 87 des Arbeitnehmers an das Unternehmen bzw. Institut zu zahlen, bei dem die Leistungen angelegt werden sollen.

Näheres zu den Anlageformen und deren Begünstigung regelt das 5. Vermögensbildungsgesetz (5. VermBG). Als förderungsfähige Anlageformen kommen sowohl Vermögensbeteiligungen am Unternehmen des Arbeitgebers als auch an anderen Unternehmen in Betracht, sog. Produktivkapital (z.B. Aktien). Eine weitere Anlageform sind Bausparverträge bzw. Zahlungen für eine sog. wohnungswirtschaftliche Verwendung. Für beide Anlagen sind unterschiedliche Einkommensgrenzen sowie Zulagensätze zu beachten. Ferner verlangt der Fiskus eine bestimmte Anlagedauer (sechs bzw. sieben Jahre).

2. Produktivkapital, Vermögensbeteiligungen

88 Die üblichen Anlageformen als sog. Produktivkapital sind (Spar-)Verträge über den Kauf von Wertpapieren (z.B. Aktien). In diesen Fällen beträgt die **Arbeitnehmer-Sparzulage** 20 % der im Anlagejahr angelegten vermögenswirksamen Leistungen. Begünstigt sind jedoch nur Sparleistungen von höchstens 400 € jährlich (§ 13 VermBG). Dies ergibt eine Zulage i.H.v. 80 €.

3. Wohnungsbau

89 Werden die vermögenswirksamen Leistungen auf einen Bausparvertrag eingezahlt, kommt eine Förderung mit der Arbeitnehmer-Sparzulage in Betracht. Für solche Sparleistungen beträgt die Sparzulage 9 % des angesparten Betrags. Begünstigt sind Sparleistungen von höchstens 470 € jährlich. Hierfür wird eine Zulage i.H.v. 42,30 €, gerundet auf 43 €, gezahlt.

Gefördert werden:

- Anlagen nach dem **Wohnungsbau-Prämiengesetz**, z.B. auf Bausparverträge, und Anlagen für den Bau, Erwerb, den Ausbau, die Erweiterung oder die Entschuldung eines Wohngebäudes,
- Gelder, die unmittelbar zum Wohnungsbau verwendet werden, z.B. zum Erwerb von Bauland, eines Wohngebäudes, einer Eigentumswohnung oder zur Rückzahlung von Darlehen zum Wohnungsbau (Entschuldung, wohnungswirtschaftliche Verwendung).

Hat der Arbeitnehmer keinen Anspruch auf die Arbeitnehmer-Sparzulage, kann er für seine begünstigte Anlageform eine Wohnungsbauprämie beantragen. Sie wird bei bestimmten Sparleistungen nach dem Wohnungsbau-Prämiengesetz gewährt.

4. Weitere Voraussetzungen/Festsetzung

90 **Beide Zulagen** können nebeneinander in Anspruch genommen werden, wenn der Arbeitnehmer seine vermögenswirksamen Leistungen auf die begünstigten Anlagearten aufteilt, z.B. einen Teil in einem Wertpapier-Sparvertrag für Aktien anlegt und einen weiteren Teil zum Wohnungsbau anspart. Wählt der Arbeitnehmer beide Anlageformen, erhält er für vermögenswirksame Leistungen i.H.v. 870 € jährlich als Arbeitnehmer-Sparzulage **insgesamt** 123 € pro Jahr (80 € für Vermögensbeteiligungen zzgl. 43 € für den Wohnungsbau).

Vermögenswirksame Leistungen können als zusätzliche steuerpflichtige **Arbeitgeberleistungen** in Einzelverträgen mit Arbeitnehmern, in Betriebsvereinbarungen, in Tarifverträgen oder in bindenden Festsetzungen (bei Heimarbeitern) vereinbart werden.

Stattdessen kann der Arbeitnehmer bei seinem Arbeitgeber auch den schriftlichen Antrag stellen, Teile des Arbeitslohns vermögenswirksam anzulegen. Der Arbeitgeber hat diesem Antrag zu folgen, **soweit** diese vermögenswirksam anzulegenden Lohnteile – ggf. zusammen mit anderen vermögenswirksamen Leistungen des Kalenderjahrs – den für die Förderung geltenden Höchstbetrag von 870 € jährlich nicht übersteigen. Als Mindestbetrag muss der Arbeitnehmer monatlich 13 € anlegen.

Voraussetzung für die Gewährung der Sparzulage ist, dass das zu **versteuernde** Einkommen des Arbeitnehmers im **Sparjahr** bestimmte, gesetzlich festgelegte Grenzen nicht übersteigt. Als Sparjahr wird das Kalenderjahr bezeichnet, in dem die prämienbegünstigten Aufwendungen geleistet worden sind. Seit dem Kalenderjahr 2009 gelten folgende jahresbezogene Einkommensgrenzen:

- für Anlageformen in **Vermögensbeteiligungen** (sog. Produktivkapital, wie Aktien) beträgt die Einkommensgrenze 20 000 € für Ledige (Steuerklasse I oder II) und 40 000 € für Verheiratete/verpartnerte Personen (Steuerklasse III oder IV);
- für Anlagen im Bereich des **Wohnungsbaus** beträgt die Einkommensgrenze 17 900 € für Ledige (nicht zur Einkommensteuer zusammenveranlagte) Personen bzw. 35 800 € für Verheiratete/verpartnerte Personen.

Diese Einkommensgrenzen erhöhen sich bei Arbeitnehmern mit Kindern um die Freibeträge für Kinder (Kinderfreibetrag und Freibetrag für den Betreuungs- und Erziehungs- oder Ausbildungsbedarf – Bedarfsfreibetrag).

Ob die gesetzlichen Einkommensgrenzen überschritten sind oder nicht, prüft ausschließlich das Finanzamt. Dazu hat der Arbeitnehmer den Antrag auf Festsetzung der Sparzulage spätestens bis zum Ende des vierten Kalenderjahrs nach dem Kalenderjahr zu stellen, in dem die vermögenswirksamen Leistungen angelegt worden sind; für das Sparjahr 2021 also bis zum 31.12.2025. Grundlage für die Festsetzung der Sparzulage ist eine Bescheinigung des Anlageinstituts, an das die vermögenswirksamen Leistungen gezahlt worden sind (z.B. Bank, Bausparkasse) oder solch eine Bescheinigung des Arbeitgebers über die in seinem Betrieb angelegten Leistungen.

Die Sparzulage wird auf Grund des o.g. Antrags des Arbeitnehmers vom Finanzamt jährlich festgesetzt; regelmäßig i. R. der Einkommensteuerveranlagung des Arbeitnehmers. Dabei wird die Arbeitnehmer-Sparzulage für jeden Anlagevertrag auf volle Euro aufgerundet.

Grundlage für den Antrag auf die Arbeitnehmer-Sparzulage ist eine jährliche Bescheinigung des Anlageinstituts, mit dem der Arbeitnehmer den Anlagevertrag abgeschlossen hat, z.B. Bank oder Bausparkasse. In ihr werden dem Finanzamt die vermögenswirksamen Leistungen nachgewiesen und Information zum Arbeitnehmer mitgeteilt. In früheren Jahren war dies die „Anlage VL" als Papiervordruck. Seit dem Sparjahr 2017 übermittelt das Anlageinstitut diese Angaben elektronisch an die Finanzverwaltung. Für die Übermittlung ist eine Einwilligung des Anlegers bzw. Sparers erforderlich. Zu Informationszwecken sind die Anlageinstitute jedoch verpflichtet, den Anlegern die der Finanzverwaltung übermittelten Daten mitzuteilen (§ 93c AO).

Für die Antragstellung enthält das Hauptformular zur Einkommensteuererklärung (Einkommensteuer-Mantelbogen – ESt 1A) auf der Seite 2 in Zeile 37 folgende Abfrage: „Für alle vom Anbieter übermittelten elektronischen Vermögensbildungsbescheinigungen wird die Festsetzung der Arbeitnehmer-Sparzulage beantragt." In zwei Ankreuzfeldern kann die Zulage sowohl für den Ehemann (Stpfl., Arbeitnehmer) als auch für eine zweite Person (z.B. Ehegatte) beantragt werden (Eintragung „1").

5. Auszahlung

Noch nicht fällige Sparzulagen werden bundesweit bei der Zentralstelle der Länder beim Technischen Finanzamt Berlin (ZPS ZANS) in 10179 Berlin gespeichert. Nach Ablauf der für die Anlageart geltenden Sperrfrist veranlasst das Finanzamt bei der o.g. Zentralstelle der Länder die Auszahlung der gespeicherten Sparzulagen zu Gunsten des Arbeitnehmers an das Kreditinstitut, das Unternehmen oder den Arbeitgeber, bei dem die vermögenswirksamen Leistungen angelegt worden sind.

Ist für die Anlageart keine Sperrfrist zu beachten (z.B. bei Entschuldung von Wohnungseigentum), erfolgt die Auszahlung nach Prüfung des Antrags und Zustimmung durch das Finanzamt.

92 Ist keine Sperrfrist zu beachten, z.B. bei einer Anlage zum Erwerb von Grundstücken oder Erwerb von Wohneigentum, wird die Sparzulage jährlich ausgezahlt. In bestimmten Lebenssituationen darf über das angesammelte Guthaben auch vorzeitig und prämienunschädlich verfügt werden; z.B. bei Tod und Erwerbsunfähigkeit des Arbeitnehmers bzw. oder seines Ehepartners, bei Heirat und Arbeitslosigkeit.

III. Sozialversicherung

93 Bei der Arbeitnehmer-Sparzulage handelt es sich nicht um Arbeitsentgelt i.S.d. Sozialversicherung.

Arbeitslohngrenze

I. Arbeitsrecht

94 Es bestehen keine arbeitsrechtlichen Besonderheiten; zu beachten ist jedoch der gesetzliche → Mindestlohn.

II. Lohnsteuer

95 Arbeitslohngrenzen bzw. die davon abhängige **Lohnsteuererhebung** sind im Steuerrecht zu beachten für die Fragen,

– ob die Lohnsteuerpauschalierung (→ Pauschalierung der Lohnsteuer und Pauschalbeiträge) für das Arbeitsentgelt/den Arbeitslohn von Mini-Jobs bzw. von Aushilfskräften gewählt werden kann,

– zu welchem Zeitpunkt die → Lohnsteuer-Anmeldungen abzugeben sind und

– bis wann die → Lohnsteuer an das Finanzamt abzuführen ist.

Ferner ist die **Steuerfreiheit** von bestimmten Arbeitgeberzahlungen, wie z.B. → Reisekosten und andere steuerfreie/nicht steuerbare Lohnteile bzw. steuerfreie → Arbeitslohnzuschläge, regelmäßig auf bestimmte Höchstbeträge begrenzt.

Der arbeitsrechtlich zu beachtende gesetzliche Mindestlohn (ab 1.1.2021 i.H.v. 9,50 € je Zeitstunde) ist steuerlich unbeachtlich. Er hat jedoch ggf. Folgen für die sozialversicherungsrechtliche Pauschalierungsgrenze und die mögliche Pauschalbesteuerung mit der einheitlichen Pauschsteuer i.H.v. 2 % (→ Geringfügig entlohnte Beschäftigung, → Mindestlohn).

III. Sozialversicherung

96 Es bestehen keine sozialversicherungsrechtlichen Besonderheiten. Was jedoch zu beachten ist, sind die Mindestlöhne in den einzelnen Wirtschaftszweigen bzw. der ab 1.1.2020 geltende gesetzliche Mindestlohn von 9,35 € je Zeitstunde. Bei laufenden Entgelten ist in der Sozialversicherung das **Entstehungsprinzip** maßgebend. Diese Mindestlöhne sind demnach für die Berechnung der Beiträge zu Grunde zu legen – auch wenn tatsächlich ein niedrigerer Lohn gezahlt wurde. Das Gleiche gilt bei Tarifverträgen, die für allgemeinverbindlich erklärt wurden. Das Entstehungsprinzip wurde in den Entscheidungen des BSG (BSG v. 14.7.2004, B 12 KR 1/04 R, B 12 KR 10/03 R, B 12 KR 7/03 R, B 12 KR 7/04 und B 12 KR 10/02 R) bestätigt. Zahlt der Arbeitgeber ein geringeres Entgelt, so ist dennoch der (tarifliche) Mindestlohn für die Berechnung der Beiträge zur Sozialversicherung maßgebend. Beiträge, die aus einem Entgelt berechnet werden, welches gar nicht gezahlt wurde, nennt man auch „Phantomlohn".

Durch dieses Entstehungsprinzip kann es dazu kommen, dass aus einer geringfügig entlohnten Beschäftigung durch die Zugrundelegung des Mindestlohns eine versicherungspflichtige Beschäftigung wird.

> **Beispiel:**
> Beschäftigung seit 1.1.2013: 17 Stunden/Woche
> Stundenlohn ab 1.1.2015 **weiterhin**: 6,00 €
> regelmäßiges monatliches Arbeitsentgelt: **651,21 € (8,84 €** · 17 Std. · 13 : 3)
>
> **Hinweis zur Berechnung:**
> (fiktives) Stundenentgelt unter Berücksichtigung des Mindestlohns · wöchentliche Stundenzahl · Wochenanzahl pro Vierteljahr : Vierteljahr in Monaten
>
> Folge:
> - Seit dem 1.1.2015 liegt ein sozialversicherungspflichtiges Beschäftigungsverhältnis vor (Entstehungsprinzip). Ab dem 1.1.2017 wird ein regelmäßiges monatliches Arbeitsentgelt von 651,21 € für die Beitragsberechnung zur Sozialversicherung zugrunde gelegt: ab 1.1.2019 677,00 € und ab 1.1.2020 688,78 €.
> - Für die Berechnung der Beiträge sind die Besonderheiten des Übergangsbereichs zu berücksichtigen.

Arbeitslohnzuschläge

I. Arbeitsrecht

→ Zulagen/Zuschläge 97

II. Lohnsteuer

1. Steuerfreie und pauschal besteuerte Lohnteile

Zahlt der Arbeitgeber freiwillig oder auf Grund arbeitsrechtlicher Grundlagen 98 Zuschläge zum Arbeitslohn, sind diese regelmäßig **steuerpflichtig**. Unter besonderen Voraussetzungen können Arbeitslohnzuschläge **steuerfrei** sein. Zur Vereinfachung ist oftmals auch eine **Pauschalbesteuerung** möglich.

Welche Lohnteile steuerfrei bleiben oder pauschal besteuert werden dürfen, schreibt das Einkommensteuergesetz vor. Für die Berechnung und Erhebung der **Lohn- und Einkommensteuer** bleiben die **steuerfreien** Arbeitslohnteile wie folgt **unberücksichtigt**:

- **Bei Teilzeitbeschäftigten und geringfügig Beschäftigten mit Lohnsteuerpauschalierung:**
  Bei der Prüfung, ob die 120 €-Tageslohngrenze (seit 2020, zuvor 72 €) sowie der durchschnittliche Höchstbetrag von 15 € (seit 2020, zuvor 12 €) pro Arbeitsstunde überschritten sind (R 40.1 Abs. 4 und 5 LStR). Für die Prüfung dieser Pauschalierungsgrenzen werden von den nach anderen Vorschriften pauschal besteuerten Lohnteilen nur die Fahrtkostenzuschüsse nicht einbezogen (R 40.1 Abs. 5 Satz 2 LStR).
- **Bei Teilzeitbeschäftigten und geringfügig Beschäftigten mit Lohnsteuerabzug nach den individuellen Lohnsteuerabzugsmerkmalen:**
  Bei der Ermittlung des steuerpflichtigen Arbeitslohns, von dem der Lohnsteuerabzug nach den individuellen Lohnsteuerabzugsmerkmalen (lt. ELStAM- oder Härtefall-Verfahren → Lohnsteuerkarte) vorzunehmen ist.

Die steuerfreien und pauschalbesteuerten Arbeitslohnteile werden auch bei der **Einkommensteuerveranlagung** nicht berücksichtigt (§ 40 Abs. 3 EStG).

Arbeitslohnzuschläge

> **Beispiel:**
> Eine Teilzeitbeschäftigte arbeitet an zwei Kalendertagen in der Woche (Freitag und Sonntag) jeweils sechs Stunden. Soll der Arbeitslohn im Rahmen eines geringfügig entlohnten Beschäftigungsverhältnisses mit 2 % oder 20 % pauschaler Lohnsteuer versteuert werden, ist die Arbeitsentgeltgrenze von monatlich höchstens 450 € (und seit 2021 der gesetzliche Mindestlohn i.H.v. 9,50 € pro Arbeitsstunde) zu beachten. Dies ergibt einen **Monatslohn** i.H.v. 443,46 € (9,50 € · 5 Stunden und 50 Minuten, bei acht Arbeitstagen).

Möchte der Arbeitgeber einen **höheren Arbeitslohn** zahlen, wird die für ein geringfügig entlohntes Beschäftigungsverhältnis maßgebende monatliche Arbeitslohngrenze von 450 € rasch überschritten. Folglich ist die Lohnsteuerpauschalierung mit 2 % oder 20 % nicht mehr zulässig. Als Alternative bietet sich an, für die Sonntagsarbeit einen Lohnzuschlag zu vereinbaren, der steuerfrei gezahlt werden kann (§ 3b Abs. 1 Satz 1 Nr. 2 EStG). Nach dieser Vorschrift kann für Sonntagsarbeit ein Lohnzuschlag von bis zu 50 % des Grundlohns steuerfrei gezahlt werden.

Im **Beispielsfall** kann der Arbeitgeber für die **Sonntagsarbeit** folgenden Arbeitslohn zahlen:

Steuerpflichtiger Grundlohn: 5 Stunden und 50 Minuten · 9,50 € =	55,42 €
Steuerfreier Zuschlag für Sonntagsarbeit bis zu folgendem Höchstbetrag	
Für 5 Stunden und 50 Minuten · 50 % von 55,42 € =	27,71 €
Dies ergibt einen Gesamtlohn von	83,13 €

Weil der Lohnzuschlag für Sonntagsarbeit steuerfrei und beitragsfrei in der Sozialversicherung ist, bleiben die gesetzlichen Voraussetzungen für ein geringfügig entlohntes Beschäftigungsverhältnis und für die Lohnsteuer-Pauschalierung mit 2 % oder 20 % bestehen.

Fazit: Durch den steuer- und beitragsfreien Zuschlag lässt sich das **Arbeitsverhältnis** ungleich **attraktiver** gestalten.

Steuerfrei können insbesondere folgende Lohnteile/Bezüge gezahlt und zugewendet werden:

– die vorgenannten Arbeitslohnzuschläge für Sonntags-, → Feiertagsarbeit oder Nachtarbeit (→ Nachtzuschlag),
– Aufmerksamkeiten des Arbeitgebers (→ Aufmerksamkeit),
– kostenlose oder verbilligte Gestellung von → Berufskleidung,
– Aufwendungsersatz anlässlich einer → doppelten Haushaltsführung,
– → Fehlgeldentschädigung (→ Mankogelder),
– → Geschenk,
– → Heimarbeiterzuschlag,
– Job-Tickets sowie andere Fahrkarten (→ Rz. 100),
– → Kindergartenbeitrag/-zuschuss,
– → Reisekosten (z.B. bei Pkw-Benutzung Fahrtkosten mit 0,30 € je gefahrener Kilometer) anlässlich einer beruflichen Auswärtstätigkeit,
– Fortbildungsmaßnahmen, um die Einsatzfähigkeit des Arbeitnehmers im Betrieb zu erhöhen (→ Rz. 99),
– ein betriebliches Mobiltelefon einschl. der Telefongebühren (→ Rz. 105),
– → Werkzeuggeld,
– → Sachbezüge bis zur Freigrenze von 44 € monatlich (Freigrenze für Sachbezüge),

- Zuschüsse zur betrieblichen Altersversorgung, z.B. an einen Pensionsfonds oder eine Direktversicherung,
- Arbeitgeberbeiträge im ersten Dienstverhältnis an eine Direktversicherung, Pensionskasse und einen Pensionsfonds zum Aufbau einer kapitalgedeckten betrieblichen Altersversorgung; insgesamt sind bis zu 8 % der Beitragsbemessungsgrenze in der gesetzlichen (allgemeinen) Rentenversicherung West (§ 3 Nr. 63 EStG) steuerfrei (für 2021: 6 816 € [85 200 € · 8 %]).

2. Fortbildungsmaßnahmen

Nicht steuerbar und somit steuerfrei sind die Aufwendungen des Arbeitgebers für Fortbildungsmaßnahmen des Arbeitnehmers (z.B. PC-Kurse, sprachliche Bildungsmaßnahmen). Dies setzt allerdings ein ganz überwiegendes betriebliches Interesse des Arbeitgebers voraus, das regelmäßig vorliegt, wenn

- mit der Fortbildungsmaßnahme die Einsatzfähigkeit des Arbeitnehmers im Betrieb des Arbeitgebers erhöht werden soll oder
- das Aufgabengebiet des Arbeitnehmers eine solche Qualifikation verlangt.

Diese Voraussetzungen sind grundsätzlich immer dann erfüllt, wenn die Zeit für die Fortbildungsmaßnahme ganz oder teilweise als Arbeitszeit angerechnet wird.

Bei Arbeitnehmern, deren Muttersprache nicht Deutsch ist, sind Bildungsmaßnahmen zum Erwerb oder zur Verbesserung der deutschen Sprache dem ganz überwiegenden betrieblichen Interesse des Arbeitgebers zuzuordnen und somit nach R 19.7 LStR nicht steuerbar, wenn der Arbeitgeber die Sprachkenntnisse in dem für den Arbeitnehmer vorgesehenen Aufgabengebiet verlangt.

Für Rechtssicherheit soll seit dem Kalenderjahr 2019 eine neue Steuerbefreiung sorgen (§ 3 Nr. 19 EStG). Dadurch werden ausdrücklich steuerfrei gestellt Arbeitgeberleistungen

- als Bildungsmaßnahmen i.S.v. § 82 Abs. 1 und 2 SGB III sowie
- als Weiterbildungsleistungen, welche der Verbesserung der Beschäftigungsfähigkeit des Arbeitnehmers dienen (z.B. Sprachkurse oder Computerkurse), aber nicht arbeitsplatzbezogen sind.

Arbeitslohn kann in den vorgenannten Bildungsmaßnahmen und Weiterbildungsleistungen nur dann angenommen werden, wenn dem Finanzamt konkrete Anhaltspunkte für ihren Belohnungscharakter vorliegen.

3. Job-Ticket

Seit 2019 sind **steuerfrei** Arbeitgeberleistungen

- für Fahrten des Arbeitnehmers mit öffentlichen Verkehrsmitteln im Linienverkehr im Personenfernverkehr (ohne Luftverkehr), sog. erste Alternative, sowie
- für Fahrten des Arbeitnehmers im öffentlichen Personennahverkehr, sog. zweite Alternative.

Diese Gliederung weicht von dem Aufbau der Gesetzesregelung ab und folgt dem maßgebenden BMF-Anwendungsschreiben (BMF v. 15.8.2019, IV C 5-S 2342/19/10007:001, BStBl I 2019, 875).

Nach der o.g. ersten Alternative der Steuerfreistellung sind nur Arbeitnehmer in einem aktiven Beschäftigungsverhältnis begünstigt (da Fahrten zwischen Wohnung und Tätigkeitsstätte zurückgelegt werden müssen). Nicht begünstigt sind Privatfahrten im Personenfernverkehr.

Hingegen gilt die Steuerfreiheit der zweiten Alternative für sämtliche Arbeitnehmer; folglich auch für Werksrentner. Es ist nicht Voraussetzung, dass Wege zwischen der Wohnung und der ersten Tätigkeitsstätte zurückgelegt werden.

Begünstigt sind Fahrberechtigungen in Form von Einzel-/Mehrfahrtenfahrscheinen und Zeitkarten – auch als Job-Tickets –, z. B. Monats-, Jahrestickets sowie allgemeine Freifahrberechtigungen oder Ermäßigungskarten (z.B. Bahncard 25).

a) Personennahverkehr

101 Als öffentlichen Personennahverkehr beschreibt die Finanzverwaltung die allgemein zugängliche Beförderung von Personen im Linienverkehr, die überwiegend dazu bestimmt ist, die Verkehrsnachfrage im Stadt-, Vorort- oder Regionalverkehr zu bedienen. Aus Vereinfachungsgründen sind dies sämtliche öffentliche Verkehrsmittel, die nicht zum Personenfernverkehr rechnen.

Eine bestimmte Nutzung des öffentlichen Personennahverkehrs verlangt die Steuerbefreiung nicht. Sie ist unabhängig von der Art der Fahrten. Begünstigt sind also auch nur ausschließliche Privatfahrten des Arbeitnehmers. Damit darf das Finanzamt – anders als im Personenfernverkehr – bei Fahrberechtigungen für eine Nutzung des Personennahverkehrs keine Prüfung zur Art der Nutzung des Job-Tickets vornehmen.

Weitere Einzelheiten, insbesondere bei Nutzung einer Fahrberechtigung des Personenfernverkehrs zu beruflichen Fahrten (s.o.), regelt das o.g. neue umfangreiche BMF-Schreiben vom 15.8.2019.

Der Arbeitgeber darf solch begünstigte Fahrkarten bzw. Job-Tickets selbst kaufen und sie an den Arbeitnehmer weitergeben oder seinem Arbeitnehmer den Preis für die von diesem erworbene(n) Fahrkarte(n) erstatten. Beide Leistungen/Vorteile sind **steuerfrei**.

b) Zusätzlichkeit

102 Diese Steuerfreiheit setzt voraus, dass die o.g. Zuschüsse und Sachleistungen des Arbeitgebers zusätzlich zum ohnehin geschuldeten Arbeitslohn geleistet werden (→ Rz. 106). Ansonsten sind sie steuerpflichtig.

c) Anrechnung auf Entfernungspauschale

103 Für den Arbeitnehmer ist zu beachten, dass die steuerfrei erhaltenen Tickets bzw. Erstattungsleistungen auf die Entfernungspauschale angerechnet werden, wodurch ein möglicher Werbungskostenabzug entsprechend vermindert wird.

Um dies zu **vermeiden**, ist für den Arbeitgeber seit dem 1.1.2019 eine Wahlmöglichkeit eingeführt worden. Er muss seine vorgenannten Fahrkarten bzw. Zuschüsse nicht steuerfrei zahlen, sondern kann eine besondere **Pauschalbesteuerung** mit **25 %** wählen (§ 40 Absatz 2 Satz 2 Nr. 2 EStG). Wählt der Arbeitgeber diese Pauschalbesteuerung, entfällt für den Arbeitnehmer die Anrechnung der Arbeitgeberleistungen auf die Werbungskosten (Entfernungspauschale).

d) Aufzeichnungs- und Nachweispflichten

104 Der Arbeitgeber hat seine steuerfreien Arbeitgeberleistungen (einschl. Fahrkarte/Job-Ticket) im Lohnkonto des Arbeitnehmers aufzuzeichnen. Zahlt der Arbeitgeber einen Zuschuss zu den vom Arbeitnehmer selbst erworbenen Fahrberechtigungen, muss er als Nachweis der zweckentsprechenden Verwendung die vom Arbeitnehmer erworbenen und genutzten Fahrausweise oder entsprechende Belege zum Lohnkonto aufbewahren.

4. Mobiltelefon/Handy

Als weiterer steuerbegünstigter Lohnteil darf der Arbeitgeber seinem Arbeitnehmer ein betriebliches Mobiltelefon/Handy zur Verfügung zu stellen und die Telefon-/Verbindungsgebühren übernehmen. Dabei spielt es keine Rolle, ob oder in welchem Umfang der Arbeitnehmer das Handy beruflich nutzt. Solche Vorteile durch die private Nutzung sind **steuerfrei** (§ 3 Nr. 45 EStG, R 3.45 LStR, H 3.45 LStH). Für die Steuerfreiheit kommt es nicht darauf an, ob diese Vorteile zusätzlich zum ohnehin geschuldeten Arbeitslohn oder auf Grund einer Herabsetzung des Arbeitslohns gezahlt werden.

5. Zusätzlichkeitsvoraussetzung

Für einige der zuvor genannten steuerfreien Lohnteile ist zu beachten, dass sie **zusätzlich** zum ohnehin geschuldeten Arbeitslohn gezahlt werden müssen. Das gilt z.B. für die Steuerfreiheit von Arbeitgeberleistungen zur Unterbringung und Betreuung von nicht schulpflichtigen Kindern in Kindergärten sowie das Job-Ticket und die hier nicht genannte Pauschalbesteuerung von Fahrtkostenzuschüssen des Arbeitgebers für Fahrten zwischen Wohnung und regelmäßiger Arbeitsstätte mit 15 % (→ Fahrtkosten).

Die zuvor genannten Lohnteile/Bezüge dürfen grundsätzlich in sämtlichen Beschäftigungsverhältnissen gezahlt bzw. zugewendet werden, also auch in Betrieben der Land- und Forstwirtschaft für die dort beschäftigten Arbeitnehmer. Zu beachten ist dabei, dass solche steuerfreien Zuschläge ernsthaft vereinbart werden müssen mit der Folge, dass z.B. der Arbeitgeber an anderen (nicht begünstigten) Tagen bzw. Arbeitszeiten nur den niedrigeren zuschlagsfreien Arbeitslohn zahlen darf.

Im Übrigen → Gestaltungsmöglichkeiten.

III. Sozialversicherung

Zuschläge, die zusätzlich zum vereinbarten Arbeitsentgelt gezahlt werden, sind Arbeitsentgelt i.S.d. Sozialversicherung, soweit sie lohnsteuerpflichtig sind.

Soweit Zulagen und Zuschläge, die zusätzlich zum ohnehin geschuldeten Arbeitsentgelt gezahlt werden, lohnsteuerfrei sind, sind sie auch im Bereich der Sozialversicherung kein Arbeitsentgelt (vgl. § 1 Abs. 1 Satz 1 Nr. 1 SvEV).

Bei den Zuschlägen für Sonntags-, Feiertags- und Nachtarbeit sind die Zuschläge nur dann kein Arbeitsentgelt, wenn der Grundlohn, auf dem sie berechnet werden, 25 € je Stunde nicht überschreitet.

Zu beachten ist in diesem Zusammenhang aber § 1 Abs. 2 SvEV. Danach sind nämlich in der gesetzlichen Unfallversicherung und in der Seefahrt lohnsteuerfreie Zuschläge für Sonntags-, Feiertags- und Nachtarbeit dem Arbeitsentgelt zuzurechnen. Dies bedeutet, dass sich bei der Berechnung des Umlageanteils, den das einzelne Unternehmen als Mitglied zur Berufsgenossenschaft jährlich zu leisten hat, lohnsteuerfreie Zuschläge Berücksichtigung finden.

IV. Kirchensteuer

108   Wird Lohnsteuer fällig, ist auch Kirchensteuer zu entrichten.

Arbeitslosenversicherung

I. Arbeitsrecht

109   Es bestehen keine arbeitsrechtlichen Besonderheiten.

II. Lohnsteuer

110   **Arbeitgeberbeiträge** zur gesetzlichen Arbeitslosenversicherung (Sozialversicherung) des Arbeitnehmers sind nicht steuerbar, soweit sie auf Grund gesetzlicher Verpflichtung geleistet werden. Bei versicherungspflichtigen Arbeitnehmern hat der Arbeitgeber regelmäßig die Hälfte der Beiträge zur Arbeitslosenversicherung zu tragen; sie sind folglich steuerfrei. Der **Arbeitnehmer** hat seine Beiträge zur gesetzlichen Arbeitslosenversicherung aus dem versteuerten Arbeitslohn zu entrichten.

Übernimmt der Arbeitgeber auf freiwilliger Basis (und ggf. vertraglich vereinbart) Arbeitnehmerbeiträge zur Arbeitslosenversicherung, rechnen sie zum Arbeitslohn und sind folglich steuerpflichtig. Solche Festlegungen werden regelmäßig bei einer **Nettolohnvereinbarung** getroffen.

Anders verhält es sich hingegen, wenn der Arbeitgeber gesetzlich verpflichtet ist, die gesamten Beiträge zur Arbeitslosenversicherung (Sozialversicherung) allein zu entrichten bzw. zu übernehmen, z.B. bei Geringverdienern nach § 20 Abs. 3 Satz 1 Nr. 1 SGB IV (→ Geringverdienergrenze) oder bei der Nachentrichtung von Sozialversicherungsbeiträgen (einschl. Arbeitslosenversicherung). In diesem Fall sind die gesamten Arbeitgeberbeiträge nicht steuerbar, also steuerfrei.

Die steuerfrei gezahlten Arbeitgeberbeiträge sowie die versteuerten Beiträge des Arbeitnehmers zur Arbeitslosenversicherung sind in der Lohnsteuerbescheinigung anzugeben, wenn die Lohnsteuer für den Arbeitslohn nicht pauschal, sondern nach den individuellen Lohnsteuerabzugsmerkmalen (→ Lohnsteuerkarte) erhoben worden ist.

III. Sozialversicherung

111   Übt ein Arbeitnehmer neben einer u.a. arbeitslosenversicherungspflichtigen Beschäftigung mehr als eine geringfügig entlohnte (Neben-)Beschäftigung aus, so gilt in der Arbeitslosenversicherung die Besonderheit, dass keine Addition von Haupt- und Nebenbeschäftigung zu erfolgen hat. Die zweite und jede weitere geringfügig entlohnte Beschäftigung neben einer versicherungspflichtigen Hauptbeschäftigung bleibt arbeitslosenversicherungsfrei (→ Mehrere Beschäftigungen).

Bezieher von Arbeitslosengeld sind in einer gleichzeitig ausgeübten Beschäftigung arbeitslosenversicherungsfrei, wenn die regelmäßige wöchentliche Arbeitszeit weniger als 15 Stunden beträgt. Liegt das monatliche Arbeitsentgelt oberhalb von 450 €, so besteht in diesen Fällen also Kranken-, Renten- und Pflegeversicherungspflicht, aber Arbeitslosenversicherungsfreiheit.

Arbeitsloser

I. Arbeitsrecht

112   Wollen sich arbeitslos gemeldete Arbeitnehmer mit Anspruch auf **ALG I** zur Überbrückung der Zahlung von ALG mit **kurzzeitiger Nebenbeschäftigung** etwas hinzuverdie-

nen, so ist dies grundsätzlich erlaubt, solange dies nicht betrügerisch am Arbeitsamt vorbei bewerkstelligt wird. Erlaubt ist eine (abhängige) Beschäftigung, selbstständige Tätigkeit oder die Tätigkeit als mithelfender Familienangehöriger. Arbeitslosigkeit ist nach § 138 Abs. 3 SGB III nicht mehr gegeben bei einer Beschäftigung **ab 15 Wochenstunden,** wobei mehrere Beschäftigungen zusammengerechnet werden; gelegentliche Abweichungen von geringer Dauer in den Bereich ab 15 Wochenstunden bleiben unberücksichtigt. Bei einer Überschreitung der Stundengrenze entfällt also der Status der Arbeitslosigkeit und damit auch der Anspruch auf Arbeitslosengeld. Überzahlte Leistungen müssen einschließlich der Sozialversicherungsbeiträge an die Agentur für Arbeit erstattet werden. Die Agentur für Arbeit prüft außerdem, ob eine Ordnungswidrigkeit oder ein strafbares Verhalten vorliegt.

Eine Beschäftigung des arbeitslosen Arbeitnehmers von **weniger als 15 Wochenstunden** belässt den Status der Arbeitslosigkeit und den Anspruch auf Arbeitslosengeld, führt aber nach § 155 Abs. 1 SGB III zur **Anrechnung der Vergütung** aus der Zwischenbeschäftigung; **anzurechnen** ist insoweit die erzielte Vergütung **abzüglich**

- der Steuern,
- der Sozialversicherungsbeiträge,
- der Werbungskosten und
- eines Freibetrags von 165 €.

Einen Sonderfall zulässiger Beschäftigung eines Arbeitslosen behandelt im Übrigen § 155 Abs. 2 SGB III: Unter bestimmten Voraussetzungen darf ein vor der Arbeitslosigkeit neben seinem Hauptberuf **geringfügig beschäftigter Arbeitnehmer** diese Beschäftigung anrechnungsfrei weiter ausüben.

Weitere Einzelheiten sind der Vorschrift des § 155 SGB III zu entnehmen. Im Zweifelsfall sollte sich der Arbeitnehmer bei der Agentur für Arbeit erkundigen, um nachträgliche Probleme zu vermeiden.

Dies gilt insbesondere bei Bezug von **Arbeitslosengeld II**, wo für die Berechnung des Freibetrags für den Hinzuverdienst gesonderte komplizierte Regelungen gelten. Weitere Informationen bietet das Merkblatt „Arbeitslosengeld II/Sozialgeld" der BA.

Eine ausführliche Darstellung zum zulässigen Nebeneinkommen bei Bezug von Arbeitslosengeld I und Arbeitslosengeld II findet sich (zur damaligen Gesetzeslage) in B + P 2008, 701.

Den Arbeitgeber eines beschäftigten Arbeitslosen berührt die Fragestellung eigentlich nicht, ob die Beschäftigung im Verhältnis zur Agentur für Arbeit zulässig ist und ob eine Anrechnung des Verdienstes auf das Arbeitslosengeld zu erfolgen hat; lediglich ein kollusives Zusammenwirken mit dem Arbeitslosen zulasten der Agentur für Arbeit ist selbstverständlich unzulässig.

Bei einem **Auskunftsverlangen** des Arbeitnehmers gegenüber dem Arbeitgeber über die Anrechenbarkeit des Nebeneinkommens auf das Arbeitslosengeld sollte der Arbeitgeber auf die zuständige **Agentur für Arbeit als Auskunftsstelle** verweisen; ihn selbst trifft keine Auskunftspflicht, weil die Frage der Anrechenbarkeit den Arbeitnehmer und sein Verhältnis zur Agentur für Arbeit betrifft; eine fehlerhafte Auskunft könnte den Arbeitgeber sogar u.U. **Schadensersatzansprüchen** aussetzen.

II. Lohnsteuer

1. Grundsätze

Wird eine als arbeitslos gemeldete Person in einem Dienstverhältnis beschäftigt, unterliegt der gezahlte Arbeitslohn dem (üblichen) Lohnsteuerabzug (siehe auch → Arbeitnehmer).

Arbeitsloser

117 Erhält ein Arbeitsloser Lohnersatzleistungen, wie z.B. Arbeitslosengeld nach dem SGB III, sind diese steuerfrei; sie unterliegen aber dem Progressionsvorbehalt. Dieser wird im Rahmen einer Einkommensteuerveranlagung vom Finanzamt berücksichtigt.

2. Progressionsvorbehalt

118 **Progressionsvorbehalt bedeutet**: Die Lohnersatzleistungen bleiben zwar steuerfrei. Zur Ermittlung eines besonderen Steuersatzes für das steuerpflichtige Einkommen werden sie jedoch den weiteren im Kalenderjahr bezogenen steuerpflichtigen Einkommensteilen hinzugerechnet, z.B. dem in den Monaten vor oder nach der Arbeitslosigkeit bezogenen Arbeitslohn.

Für das sich so ergebende fiktive Gesamteinkommen werden die Einkommensteuer und der Steuersatz berechnet. Mit diesem Steuersatz wird die zu zahlende Einkommensteuer für das steuerpflichtige und zu versteuernde Einkommen, also ohne die steuerfreien Lohnersatzleistungen, ermittelt. Diese Berechnungsmethode erhöht regelmäßig die Steuerbelastung, wodurch sich u.U. Steuernachforderungen ergeben. Dies gilt auch dann, wenn das zu versteuernde Einkommen niedriger ist als das steuerfreie Existenzminimum.

Verfassungsrechtliche Bedenken gegen diese Regelung hat die Rechtsprechung zurückgewiesen. Damit das Finanzamt den Progressionsvorbehalt anwenden kann, ist der Arbeitnehmer verpflichtet, in solchen Fällen eine Einkommensteuererklärung abzugeben.

Dem Progressionsvorbehalt unterliegen z.B. die folgenden Lohnersatzleistungen:

- Arbeitslosenbeihilfe nach dem Soldatenversorgungsgesetz,
- Arbeitslosengeld,
- Aufstockungsbeträge oder Zuschläge nach § 3 Nr. 28 EStG wegen Altersteilzeit,
- Eingliederungshilfe nach dem Dritten Buch Sozialgesetzbuch (SGB III),
- Elterngeld (einschl. des Sockelbetrags),
- Entschädigungen für Verdienstausfall nach dem Infektionsschutzgesetz,
- Insolvenzgeld (auch vorfinanziertes Insolvenzgeld, dieses unterliegt bereits im Zeitpunkt der Auszahlung durch den Dritten dem Progressionsvorbehalt),
- Krankengeld (auch bei freiwilliger Versicherung in der gesetzlichen Krankenversicherung),
- Kurzarbeitergeld (einschl. Saison- und Transferkurzarbeitergeld),
- Übergangsgeld.

Es unterliegen jedoch nicht sämtliche steuerfreien Lohnersatzleistungen dem Progressionsvorbehalt. Zum Beispiel werden die während eines Streiks von Gewerkschaften an ihre streikenden Mitglieder als Ersatz für den Ausfall des Arbeitslohns gezahlten Streik- und Aussperrungsunterstützungen nicht berücksichtigt. Denn diese Zahlungen sind weder eine Gegenleistung für eine Leistung noch eine Entschädigung. Sie sind auch deshalb kein Arbeitslohn, weil sie nicht durch den Arbeitgeber gezahlt werden.

Muss der Arbeitnehmer dem Progressionsvorbehalt unterliegende Lohnersatzleistungen (z.B. Kurzarbeitergeld oder vergleichbare Leistungen) **zurückzahlen**, so wird auf Antrag ein sog. **negativer** Progressionsvorbehalt vom Finanzamt berücksichtigt. Dadurch mindert sich in aller Regel die Einkommensteuerbelastung im Kalenderjahr der Rückzahlung.

III. Sozialversicherung

119 Bei zulässigen Beschäftigungen, die neben dem Bezug von Arbeitslosengeld ausgeübt werden, wenn die wöchentliche Arbeitszeit **regelmäßig weniger als 15 Stunden** beträgt (vgl. § 27 Abs. 5 SGB III i.V.m. § 138 Abs. 3 und § 1 Nr. 1 SGB III), besteht **Arbeitslosenversicherungsfreiheit**.

Gelegentliche Abweichungen von geringer Dauer wirken sich nicht auf die Arbeitslosenversicherungsfreiheit aus. Die Begriffe „gelegentlich" und „geringe Dauer" sind folgendermaßen zu verstehen:

Eine gelegentliche Überschreitung dieser Grenze liegt vor, wenn

- sie nicht voraussehbar ist und
- auch nicht zu erwarten ist, dass sie sich innerhalb eines Jahres wiederholt.

Ist die Überschreitung vorhersehbar bzw. zu erwarten, so handelt es sich um eine **schwankende Arbeitszeit**. Hier ist im Rahmen einer Durchschnittsberechnung festzustellen, ob eine zulässige Beschäftigung im o.a. Sinne vorliegt.

Eine geringe Dauer ist dann gegeben, wenn die Abweichung bei einer **befristeten Beschäftigung**

- von mindestens vier Wochen nicht mehr als eine Woche,
- von mindestens acht Wochen nicht mehr als zwei zusammenhängende Wochen,
- von mindestens zwölf Wochen nicht mehr als drei zusammenhängende Wochen

beträgt.

Bei einer **unbefristeten Beschäftigung** liegt eine Abweichung von geringer Dauer nur vor, wenn die Abweichung nicht mehr als drei zusammenhängende Wochen umfasst. Auf den Umfang der Zeitüberschreitung kommt es nicht an.

> **Beispiel:**
> Die vereinbarte wöchentliche Arbeitszeit in einem unbefristeten Beschäftigungsverhältnis beträgt 14 Stunden. Wider Erwarten wird die Arbeitszeit betriebsbedingt vom 1.11. bis zum 14.11. auf 28 Stunden angehoben. Die Anhebung der Arbeitszeit war nicht zu erwarten. Weiterhin ist nicht zu erwarten, dass die Arbeitszeit nochmals auf 28 Stunden angehoben wird.
>
> Auch in der Zeit vom 1.11. bis zum 14.11. handelt es sich um eine zulässige Beschäftigung im o.a. Sinne, da die Grenze von weniger als 15 Stunden gelegentlich und nur für eine geringe Dauer überschritten wurde.

IV. Kirchensteuer

Arbeitslose zahlen keine Kirchensteuer. 120

Wenn allerdings eine als arbeitslos gemeldete Person in einem Dienstverhältnis beschäftigt wird (→ Rz. 116), unterliegt der gezahlte Arbeitslohn dem Lohnsteuerabzug und bei Kirchenmitgliedern dem Kirchensteuerabzug.

Arbeitsstätte/Betriebsstätte

I. Arbeitsrecht

Es bestehen keine arbeitsrechtlichen Besonderheiten. 121

II. Lohnsteuer

Die Begriffe Arbeitsstätte und Betriebsstätte entscheiden im Lohnsteuerrecht darüber, 122

- ob steuerfreie Reisekostenvergütungen bzw. steuerfreie Spesen gezahlt werden dürfen,
- ob der Arbeitgeber zum Lohnsteuereinbehalt verpflichtet ist,

- wo die Lohnkonten zu führen sind sowie
- an welches Finanzamt der Arbeitgeber die Lohnsteuer anzumelden und abzuführen hat.

1. Erste Tätigkeitsstätte

Aus der Festlegung einer ersten Tätigkeitsstätte für den Arbeitnehmer ergibt sich, ob er eine Auswärtstätigkeit durchführt und ob und in welcher Höhe

- steuerfreie → Reisekosten gezahlt werden dürfen oder andernfalls
- welche → Werbungskosten angesetzt werden können.

Arbeitnehmer üben ihre Tätigkeit üblicherweise an einer ersten Tätigkeitsstätte aus. Hat ein Arbeitnehmer mehrere Dienstverhältnisse, kann er je Dienstverhältnis eine erste Tätigkeitsstätte innehaben.

Der Arbeitgeber hat die Möglichkeit, durch seine (arbeitsvertraglichen) Regelungen eine erste Tätigkeitsstätte des Arbeitnehmers festlegen. **Voraussetzung** für eine erste Tätigkeitsstätte ist, dass der Arbeitnehmer in einer ortsfesten betrieblichen Einrichtung (§ 9 Abs. 4 Satz 1 EStG) **dauerhaft tätig** werden soll (Prognose). Typische Fälle einer dauerhaften Zuordnung sind die **unbefristete** Zuordnung des Arbeitnehmers zu einer bestimmten betrieblichen Einrichtung, die Zuordnung für die gesamte Dauer des befristeten oder unbefristeten Dienstverhältnisses oder die Zuordnung über einen Zeitraum von 48 Monaten hinaus (§ 9 Abs. 4 Satz 3 EStG). Die Zuordnung „bis auf Weiteres" ist eine Zuordnung ohne Befristung und damit dauerhaft.

Eine Zuordnung ist **unbefriste**t, wenn die Dauer der Zuordnung zu einer Tätigkeitsstätte nicht kalendermäßig bestimmt ist und sich auch nicht aus Art, Zweck oder Beschaffenheit der Arbeitsleistung ergibt. Auch der Umstand, dass der Arbeitnehmer jederzeit einer anderen Tätigkeitsstätte zugeordnet werden könnte, führt nicht zur Annahme einer befristeten Zuordnung (BFH v. 4.4.2019, VI R 27/17, BStBl 2019 II, 536). Entscheidend sind allein die Festlegungen des Arbeitgebers und die dienstlich erteilten Weisungen.

Zu beachten ist, dass die maßgebende Tätigkeitsstätte nicht in jedem Fall eine ortsfeste betriebliche Einrichtung des steuerlichen Arbeitgebers sein muss. Sie kann auch die **Einrichtung** eines **Dritten** (z.B. eines Kunden) sein.

Der Arbeitgeber kann steuerlich nicht festlegen, dass der Arbeitnehmer keine erste Tätigkeitsstätte hat (Negativfestlegung). Er kann allerdings (ggf. auch ausdrücklich) darauf verzichten, eine erste Tätigkeitsstätte dienst- oder arbeitsrechtlich und damit auch steuerlich festzulegen.

Legt der Arbeitgeber **keine dauerhafte** Tätigkeitsstätte fest, bestimmen die Regelungen des EStG, welcher Ort ggf. als erste Tätigkeitsstätte anzunehmen ist. Danach ist sie eine betriebliche Einrichtung, an welcher der Arbeitnehmer **dauerhaft**

- typischerweise arbeitstäglich oder
- pro Arbeitswoche zwei volle Arbeitstage oder
- mindestens ein Drittel seiner vereinbarten regelmäßigen Arbeitszeit

tätig werden soll (sog. quantitative Voraussetzungen).

Näheres regelt das ergänzte BMF-Schreiben zur Reform des steuerlichen Reisekostenrechts ab 1.1.2014 (BMF v. 24.10.2014, IV C 5-S 2353/13/10004, BStBl I 2014, 1412), das im Kalenderjahr 2020 überarbeitet worden ist und voraussichtlich Ende Dezember 2020 veröffentlich wird (Stand bei Redaktionsschluss). Zur aktuellen Rechtsprechung, wann ein Leiharbeitnehmer auf Grund der Vertragsklausel „bis auf Weiteres" in einer betrieblichen Einrichtung des Entleihers eine erste Tätigkeitsstätte hat → Auswärtstätigkeit.

2. Lohnsteuerliche Betriebsstätte

Eine **Betriebsstätte** ist der Betrieb oder Teilbetrieb des Arbeitgebers, in dem der für die Durchführung des Lohnsteuerabzugs maßgebende Arbeitslohn ermittelt wird. Es kommt also darauf an, wo die für den Lohnsteuerabzug maßgebenden Lohnteile zusammengestellt oder bei maschineller Lohnabrechnung die für den Lohnsteuerabzug maßgebenden Eingabewerte festgestellt werden. Es ist **nicht** entscheidend, wo sich die Arbeitsstätte des Arbeitnehmers befindet (Beschäftigungsort, Tätigkeitsstätte), wo die Berechnung der Lohnsteuer vorgenommen wird und wo die Lohnsteuerbescheinigungen und andere für den Lohnsteuerabzug maßgebenden Unterlagen tatsächlich aufbewahrt werden.

Eine lohnsteuerliche Betriebsstätte setzt keinen gewerblichen Betrieb im allgemeinen Sinne voraus. Auch **Privatpersonen**, die z.B. eine Hausangestellte beschäftigen, haben eine Betriebsstätte; dies ist regelmäßig die (private) Wohnung.

Voraussetzung für die Verpflichtung des Arbeitgebers zum **Lohnsteuereinbehalt** ist sein Sitz oder andernfalls eine lohnsteuerliche Betriebsstätte im Inland.

Die Betriebsstätte legt letztlich fest,

– wo das **Lohnkonto** für den Arbeitnehmer zu führen ist (§ 41 Abs. 1 EStG),
– bei welchem Finanzamt die **Lohnsteuer-Anmeldungen** abzugeben sind (§ 41a EStG),
– an welches Finanzamt die einbehaltene **Lohnsteuer** sowie der Solidaritätszuschlag und die Kirchensteuer abzuführen sind.

Weiter ist der Betriebsstättenbegriff von Bedeutung für die Fragen,

– welches Finanzamt für die **Lohnsteuer-Außenprüfung** zuständig ist (§ 42f EStG) und
– von welchem Finanzamt eine → **Lohnsteuer-Anrufungsauskunft** eingeholt werden kann (§ 42e EStG).

Das Finanzamt der Betriebsstätte ist auch zuständig für die Genehmigung einer Pauschalierung der Lohnsteuer mit dem betriebsindividuellen Lohnsteuersatz (Lohnsteuerpauschalierung nach § 40 EStG).

III. Sozialversicherung

Hinsichtlich der Arbeitsstätte ist für die Sozialversicherung wichtig, in welchem Rechtskreis die Beschäftigung ausgeübt wird. Bei einer Beschäftigung in den alten Bundesländern einschließlich West-Berlin ist der Rechtskreis West anzugeben, ansonsten der Rechtskreis Ost. Diese Unterscheidung ist nach wie vor wichtig für die Bereiche der Renten- und Arbeitslosenversicherung.

IV. Kirchensteuer

An das für die Betriebstätte zuständige Finanzamt ist außer der Lohnsteuer bei Kirchenangehörigen auch die Kirchensteuer abzuführen.

Arbeitsvergütung

I. Arbeitsrecht

Teilzeitarbeit bedeutet die lediglich in quantitativer Hinsicht geringere Arbeitsleistung gegenüber Vollzeitarbeit. Deshalb haben Teilzeitkräfte grundsätzlich Anspruch auf den gleichen Zeit- oder Leistungslohn (einschließlich des Arbeitsentgelts im weiteren Sinne wie z.B. → Sonderleistungen) wie die vergleichbaren vollbeschäftigten Arbeitnehmer. Dies verlangen der arbeitsrechtliche **Gleichbehandlungsgrundsatz,** die spezielle Vorschrift des § 4 Abs. 1 TzBfG und das **Diskriminierungsverbot**. Dabei ist selbstverständlich auch der Grundsatz der **Lohngleichheit für Frauen** zu beachten (vgl. auch das EntgelttransparenzG).

> **Beispiel:**
>
> Ein Arbeitgeber beschäftigt im Bürodienst fünf Vollzeitkräfte mit 40-Stunden-Woche mit jeweils 2 400 € brutto Monatsgehalt. Daneben sind zwei Halbtagskräfte mit jeweils einer 20-Stunden-Woche eingesetzt, die bei gleicher Tätigkeit 1 100 € brutto als Monatsgehalt bekommen.
>
> Diese beiden Halbtagskräfte haben aus Gleichbehandlung Anspruch auf anteiligen gleichen Lohn, d.h. auf ein Monatsgehalt von 1 200 € brutto.

Aus den Diskriminierungsverboten ergibt sich aber entgegen dem Schlagwort von der **Zwangsteilzeit** keine Pflicht des Arbeitgebers, Arbeitsplätze als Vollzeitarbeitsplätze deshalb auszuschreiben, weil bei ihnen Aufgaben anfallen, die zurzeit noch ganz überwiegend von Frauen wahrgenommen werden (BAG v. 18.2.2003, 9 AZR 272/01, AP Nr. 22 zu § 611a BGB).

Eine unterschiedliche Bezahlung kann aber aus sachlichen **Differenzierungsgründen** infrage kommen, beispielsweise aus Gründen der

– Arbeitsleistung,

– Qualifikation,

– Berufserfahrung,

– unterschiedlichen sozialen Lage oder wegen

– unterschiedlicher Arbeitsplatzanforderungen.

Die Berücksichtigung dieser Kriterien ermöglicht damit weiterhin die grundsätzlich freie Vereinbarung von Vergütung im Rahmen der Vertragsfreiheit. Dies muss sich im Streitfall aber begründen lassen.

Lohn- oder Gehaltstarifverträge sehen zudem regelmäßig auch zu Gunsten der Teilzeitkräfte entsprechende Vergütungsregelungen vor, z.B. bei der Lohn- oder Gehaltsgruppe.

Siehe auch → Lohngleichbehandlung.

Siehe auch → Mindestlohn.

II. Lohnsteuer

127 Die vom Arbeitgeber oder einem Dritten an den Arbeitnehmer gezahlten Arbeitsvergütungen werden steuerlich als **Arbeitslohn** bezeichnet und den Einkünften aus nichtselbständiger Arbeit zugerechnet.

Zum Arbeitslohn rechnen **sämtliche Einnahmen** (regelmäßig Löhne und Gehälter), die einem Arbeitnehmer aus einem Dienstverhältnis zufließen. Dabei spielt es keine Rolle, unter welcher Bezeichnung und in welcher Form sie gezahlt werden, z.B. als Geldzahlungen (Barlohn), Sachleistungen (Sachbezüge wie z.B. Unterkunft, Warengutschein) oder als sonstige Vorteile, z.B. Dienstleistungen. Der steuerliche (Brutto-) **Arbeitslohn** entspricht dem arbeitsvertraglich festgelegten und gezahlten Bruttoarbeitslohn, beispielsweise dem zwischen Arbeitnehmer und Arbeitgeber für die Aushilfstätigkeit vereinbarten Arbeitslohn.

Unbeachtlich für die Zurechnung zum Arbeitslohn ist, in welchem Zeitraum die Einnahmen zufließen, ob sie einmalig oder fortlaufend gezahlt werden und ob der Arbeitnehmer einen Rechtsanspruch darauf hat oder nicht. Ferner ist die Form der Besteuerung – ob nach den individuellen Lohnsteuerabzugsmerkmalen (lt. ELStAM- oder Härtefall-Verfahren → Lohnsteuerkarte) oder mit pauschaler Lohnsteuer – nicht entscheidend.

Nicht zum steuerpflichtigen Bruttoarbeitslohn gehören steuerfreie Bezüge, z.B. steuerfreie Zuschläge für Sonntags-, Feiertags- oder Nachtarbeit, steuerfreier Reisekostenersatz, steuerfreier Auslagenersatz (→ Arbeitslohnzuschläge) sowie Bezüge, für die der Arbeitgeber die Lohnsteuer pauschal erhoben hat. Die vom Arbeitgeber an die gesetzliche Sozialversicherung zu zahlenden **Arbeitgeberbeiträge** rechnen nicht zum Arbeitslohn, sie sind nicht steuerbar und klarstellend durch § 3 Nr. 62 EStG steuerfrei gestellt. Für nach dem Einkommensteuergesetz steuerfrei gezahlte Lohnteile ist keine Lohnsteuer einzubehalten.

III. Sozialversicherung

Der Begriff des Arbeitsentgelts i.S.d. Sozialversicherung (§ 14 SGB IV) ist recht umfassend. Arbeitsentgelt sind u.a. alle laufenden und einmaligen Einnahmen aus einer Beschäftigung, egal in welcher Form sie zur Verfügung gestellt werden (Sach- oder Geldbezug), ob ein Rechtsanspruch auf diese Leistung besteht und ob die Einnahme unmittelbar aus der Beschäftigung oder im Zusammenhang mit ihr erzielt wird. 128

Arbeitsentgelteigenschaft liegt aber z.B. dann nicht vor, wenn es sich um lohnsteuerfreie Zulagen oder Zuschläge handelt, die zusätzlich zum bisher beitragspflichtigen Arbeitsentgelt gezahlt werden. Näheres ist in der Sozialversicherungsentgeltverordnung (SvEV) geregelt.

Ferner wirkt sich eine Gehaltsumwandlung zu Gunsten einer betrieblichen Altersversorgung bis maximal 4 % der Beitragsbemessungsgrenze in der Rentenversicherung (2021: 3 408 €) dahingehend aus, dass bis zu dieser Grenze die Arbeitsentgelteigenschaft entfällt.

IV. Kirchensteuer

Kirchenangehörige haben Kirchensteuer zu entrichten. Diese beträgt (je nach Bundesland) 8 % oder 9 % der Lohnsteuer. 129

Arbeitsvertrag

I. Arbeitsrecht

Wer Mitarbeiter einstellt, muss sich nicht nur um steuer- und sozialversicherungsrechtliche Gesichtspunkte kümmern. Ein auf diesen Gebieten erzielter Vorteil in Form der Kosteneinsparung kann sich schnell ins Gegenteil verkehren, wenn arbeitsrechtliche Gesichtspunkte und Vorschriften übersehen worden sind oder vermeintlich nicht gelten sollen. Denn: Was in der betrieblichen Praxis häufig nur zu schnell in den großen Topf mit der Aufschrift „Aushilfe" geworfen wird in der irrigen Meinung, das arbeitsrechtliche Schutzrecht gelte für diesen Personenkreis nicht, wird arbeitsrechtlich fein **aufgegliedert**. 130

Im Überblick sind arbeitsrechtlich zu unterscheiden:

– **Aushilfsbeschäftigungen**
  Das Aushilfsarbeitsverhältnis dient der Deckung eines betrieblichen Bedürfnisses nach vorübergehender, nicht unbedingt kurzzeitiger, zusätzlicher Arbeitskraft oder Ersatzarbeitskraft.

– **Befristete Aushilfsbeschäftigungen**
  Die Aushilfe wird nicht auf unbestimmte Dauer eingestellt, sondern endbefristet für eine bestimmte Zeit mit Beendigung des Arbeitsverhältnisses durch Erreichen des Endzeitpunkts ohne Kündigung.

Arbeitsvertrag

- **Teilzeitbeschäftigungen**
  Das sind auf Dauer angelegte Arbeitsverhältnisse von Arbeitnehmern, deren regelmäßige Arbeitszeit kürzer ist als die Arbeitszeit vergleichbarer vollzeitbeschäftigter Arbeitnehmer des Betriebs; die geringfügige Beschäftigung ist insoweit arbeitsrechtlich nur ein Unterfall der Teilzeitbeschäftigung.

- **Mobilzeitarbeit**
  Hierbei handelt es sich um auf Dauer angelegte Arbeitsverhältnisse mit geringerer als der betrieblichen Regelarbeitszeit. Mit dem positiven Begriff soll die Flexibilität und Mobilität hervorgehoben werden. Materiell geht es um Teilzeitarbeit.

- **Befristete Teilzeitbeschäftigungen**
  Auch sie enden mit Erreichen des festgelegten Endzeitpunkts ohne Kündigung.

- **Job-Sharing/Arbeitsplatzteilung**
  Hier teilen sich zwei oder mehr Arbeitnehmer zeitlich versetzt einen Arbeitsplatz mit der Pflicht gegenüber dem Arbeitgeber, den Arbeitsplatz immer besetzt zu halten.

- **Abrufarbeit, kapazitätsorientierte variable Arbeitszeit (KAPOVAZ) oder bedarfsabhängige variable Arbeitszeit (BAVAZ)**
  Dies sind Arbeitsverhältnisse, bei denen der Arbeitgeber vereinbarungsgemäß die Arbeitszeit an den jeweiligen Arbeitsbedarf anpassen, also die Arbeit abrufen kann.

- **Altersteilzeitarbeit**
  Hier handelt es sich um eine gesetzlich nur rahmenmäßig geltende Spezialgestaltung mit Schwerpunkt in der Sozialversicherung; auf tarifliche Sonderregelungen bleibt zu achten.

- **Geringfügige Beschäftigungen**
  Von ihnen als Untergruppe der Teilzeitbeschäftigung spricht man arbeitsrechtlich ohne begrifflich feste Konturen bei Arbeitnehmern mit zeitlich geringfügiger Arbeitsleistung oder kurzfristiger Beschäftigung. Die Begrifflichkeit unterscheidet sich von der im Sozialversicherungs-/Lohnsteuerrecht.

- **Mini-Jobs**
  Dies ist die Bezeichnung für geringfügige Beschäftigungen in den Varianten nach der seit dem 1.4.2003 geltenden Neuregelung in steuerlicher und sozialversicherungsrechtlicher Hinsicht nach dem Zweiten Gesetz für moderne Dienstleistungen am Arbeitsmarkt.

- **Ein-Euro-Jobs**
  Dies sind Arbeitsgelegenheiten für schwer vermittelbare Arbeitslose mit Arbeiten bis zu 30 Stunden wöchentlich im öffentlichen Interesse nach § 16 Abs. 3 SGB II, durch die kein Arbeitsverhältnis mit Anspruch auf eine angemessene Entschädigung begründet wird.

- **Nebenberufliche Beschäftigungen/Nebentätigkeiten**
  Als Untergruppe der Teilzeitarbeit zählt hierzu eine neben einem Hauptbeschäftigungsverhältnis ausgeübte Tätigkeit bei einem anderen oder auch bei demselben Arbeitgeber.

- **Mischformen**
  Hier handelt es sich um Kombinationen der vorgenannten Beschäftigungsformen, beispielsweise im Fall einer sowohl aushilfsweisen als auch geringfügig und nebenberuflich ausgeübten Tätigkeit.

- **Beschäftigung von Studenten, Praktikanten und Schülern**
  Mit diesen Personen werden häufig Aushilfsverträge für Ferienzeiten abgeschlossen, aber auch längere Teilzeitverträge, ohne dass arbeitsrechtlich wesentliche Besonderheiten gelten.

- **Familiäre Arbeitsverhältnisse**
  Auch mit Familienmitgliedern können echte Arbeitsverhältnisse begründet werden

- **Telearbeit/Home-Office**
  Diese – als Home-Office-Tätigkeit spätestens seit der Corona-Pandemie 2020 weit verbreitete – Beschäftigungsform wird häufig mit Abweichung von der normalen Arbeitszeit vereinbart.

(mit besonderer **versicherungsrechtlicher Statusfeststellung** bei Ehegatten oder Lebenspartnern), die dann aber auch wie normale Arbeitsverträge behandelt werden müssen; diese Familienarbeitsverhältnisse sind nicht Gegenstand dieser Darstellung.

- **Telearbeit/Home-Office**
  Diese – als Home-Office-Tätigkeit spätestens seit der Corona-Pandemie 2020 weit verbreitete – Beschäftigungsform wird häufig mit Abweichung von der normalen Arbeitszeit vereinbart.

Für die betriebliche Praxis sind diese begrifflichen Unterscheidungen keine akademischen Spielereien. Denn: Die richtige Einordnung der Mitarbeiter ist deshalb wichtig, weil für die einzelnen Beschäftigungsarten **unterschiedliche gesetzliche Regelungen** bestehen, insbesondere unterschiedliche Schutzvorschriften zu beachten sind, z.B. bei Kündigung, Kündigungsfristen, Arbeitszeit, Entgeltfortzahlung bei Krankheit oder bei Urlaubsfragen.

Es empfiehlt sich daher dringend, **ablesbare, klare und eindeutige arbeitsvertragliche Regelungen** unter Beachtung der **Nachweispflichten** nach § 2 Nachweisgesetz (→ Nachweisgesetz) zu treffen.

Bei der Abfassung der auf die verschiedenen Beschäftigungsverhältnisse zugeschnittenen Arbeitsverträge bieten die **Musterverträge im Anhang** Hilfe.

II. Lohnsteuer

Die Regelungen des Arbeitsvertrags sind lohnsteuerlich maßgebend für die Frage, ob eine **Arbeitnehmereigenschaft** vorliegt oder nicht. In solch einem Vertrag sollten neben der Dauer des Dienstverhältnisses und der Höhe des (z.B. monatlichen) Arbeitslohns weitere Einzelheiten wie der übliche Stundenlohn, ggf. Lohnzuschläge (wie für Sonntags-, Feiertags- oder Nachtarbeit) sowie weitere (Sonder-)Zahlungen bzw. Sachleistungen und der **Lohnzahlungszeitraum** ausdrücklich vereinbart werden. 131

Ein solcher Vertrag kann schriftlich, mündlich oder durch konkludente Handlung abgeschlossen werden. Im Zweifelsfall zählt die tatsächliche Durchführung des Vertragsverhältnisses.

Weil das Lohnsteuerrecht keine bestimmte Vertragsform vorschreibt, entstehen steuerliche Arbeitgeber- und Arbeitnehmerpflichten auch ohne schriftlichen Arbeitsvertrag, wenn für einen Auftraggeber eine geschuldete nichtselbständige Tätigkeit ausgeübt wird und er dafür eine Vergütung bzw. Arbeitslohn zahlt.

III. Sozialversicherung

In der Sozialversicherung ist es unerheblich, ob ein Arbeitsvertrag geschlossen wurde oder nicht. Liegen die Voraussetzungen für die Versicherungspflicht als Beschäftigter (Arbeitnehmer) vor, so tritt kraft Gesetzes Versicherungspflicht bzw. Versicherungsfreiheit ein. 132

IV. Kirchensteuer

Bei Kirchenangehörigen ist Kirchensteuer in Abhängigkeit von der Lohnsteuer zu begleichen, sofern Lohnsteuer zu entrichten ist. 133

Arbeitszeit

I. Arbeitsrecht

134 Es bestehen keine arbeitsrechtlichen Besonderheiten beim Arbeitszeitschutz für Teilzeitbeschäftigte oder Aushilfskräfte. Es ist aber zu beachten, dass **mehrere nebeneinander ausgeübte Beschäftigungen** hinsichtlich der Arbeitszeiten zu **addieren** sind (§ 2 Abs. 1 Satz 1 ArbZG) und sich daraus unzulässige Überschreitungen der Arbeitszeit und weitere entsprechende Rechtsfolgen nach dem ArbZG ergeben können. (→ Mehrere Beschäftigungen Rz. 681 ff.).

Noch nicht abschließend geklärt sind die sich aus dem „**Stechuhr-Urteil**" des **EuGH** (v. 14.5.2019, C-55/18, NZA 2019, 683) ergebenden Auswirkungen, nach dem der Arbeitgeber europarechtlich verpflichtet ist, ein System einzurichten, mit dem die tägliche Arbeitszeit gemessen werden kann. Das deutsche Arbeitszeitgesetz sieht in § 16 Abs. 2 bisher lediglich die Pflicht des Arbeitgebers vor, die über die Regelarbeitszeit von acht Stunden hinausgehende Arbeitszeit aufzuzeichnen. Mit einer Anpassung der Vorschrift durch den deutschen Gesetzgeber i.S. strengerer und erweiterter Aufzeichnungspflichten für den Arbeitgeber ist zu rechnen. Allerdings ist zu beachten, dass erste Gerichte bereits eine schon jetzt bestehende diesbezügliche Aufzeichnungspflicht des Arbeitgebers angenommen haben (ArbG Emden v. 20.2.2020, 2 Ca 94/19, ZIP 2020, 1094) und dies deshalb auch ohne gesetzgeberisches Handeln im Zweifel schon jetzt z.B. zu Bußgeldern zulasten von Arbeitgebern kommen kann. Gerade auch vor diesem Hintergrund sollten Arbeitgeber bei der Beschäftigung von Teilzeitkräften, geringfügig Beschäftigten etc. besondere Sorgfalt bei der Erfassung der Arbeitszeiten walten lassen.

II. Lohnsteuer

1. Steuerpflichtiger Arbeitslohn

135 Für die Beurteilung, ob der Arbeitslohn steuerpflichtig ist oder nicht, kommt es auf die Dauer der täglichen **Arbeitszeit** bzw. auf die Arbeitsdauer im Lohnzahlungszeitraum nicht an. Gleiches gilt für Zuschläge zur Abgeltung von Überstunden, Mehrarbeit und Arbeitserschwernisse. Ob eine **Arbeitspause** vergütet wird oder ob sie ohne Bezahlung eingelegt wird, ist für die Steuerpflicht des Arbeitslohns unbeachtlich. Besteuert wird nur zugeflossener Arbeitslohn. Stellt der Arbeitgeber Aufenthalts- oder Ruheräume für die Arbeitspausen zur Verfügung, ist dies eine steuerfreie Annehmlichkeit. Soweit für **nicht** in Anspruch genommene Arbeitspausen eine Vergütung gezahlt wird, gehört sie zum laufenden Arbeitslohn des Lohnzahlungszeitraums, in den die Zahlung fällt.

Zusätzlich gezahltes **Urlaubsgeld** sowie vergleichbare Leistungen gehören zum steuerpflichtigen Arbeitslohn. Dabei spielt es keine Rolle, ob diese Sonderzahlung auf tarifvertraglicher, betrieblicher oder einzelvertraglicher Regelung beruht oder ob sie als freiwillige Leistung des Arbeitgebers gezahlt wird; siehe auch → Urlaub.

2. Lohnsteuertabelle

136 Die vertragliche Arbeitszeit bzw. die Arbeitsdauer ist für die zutreffende Anwendung der Lohnsteuertabellen maßgebend. Folglich hat der Arbeitgeber den Zeitraum, für den der Arbeitslohn tatsächlich gezahlt wird, als Lohnzahlungszeitraum zu bestimmen. Davon abhängig muss er sich für die zutreffende Lohnsteuertabelle (Monats- oder Tagestabelle) entscheiden, wenn er die Lohnsteuer nicht pauschal erhebt. Bei nur **tageweise** entlohnten Arbeitnehmern kommt stets die Lohnsteuer-Tagestabelle zur Anwendung.

3. Pauschale Lohnsteuer

Die Zahl der Arbeitstage bzw. die Zahl der im Lohnzahlungs- oder Beschäftigungszeitraum geleisteten Arbeitsstunden ist ferner für die pauschale Lohnsteuererhebung mit dem Steuersatz von 5 % bei landwirtschaftlichen Arbeitnehmern oder mit 25 % bei kurzfristigen bzw. kurzzeitigen Aushilfskräften von Bedeutung → Pauschalierung und Pauschalbeiträge. **137**

4. Steuerfreier Arbeitslohn

Um Lohnteile oder Lohnzuschläge **steuerfrei** zahlen zu können, kann sowohl die Tageszeit als auch die Arbeitsdauer maßgebend sein. Will der Arbeitgeber steuerfreie Vergütungen für Sonntags-, → Feiertagsarbeit sowie Nachtarbeit zahlen, muss er die begünstigten Arbeitszeiten beachten. **138**

III. Sozialversicherung

Es bestehen keine sozialversicherungsrechtlichen Besonderheiten. **139**

Arbeitszeitverlängerung

I. Arbeitsrecht

1. Antrag auf Arbeitszeitverlängerung

Dem Wunsch vieler Teilzeitkräfte nach einer **Verlängerung der Teilzeitarbeitszeit** oder auch Vollzeitarbeit trägt § 9 TzBfG Rechnung: Hat der Teilzeitarbeitnehmer dem Arbeitgeber den Wunsch nach einer Verlängerung der vertraglich vereinbarten Arbeitszeit angezeigt, so muss der Arbeitgeber diesen Arbeitnehmer bei der Besetzung eines vergleichbaren freien Arbeitsplatzes bei gleicher Eignung wie die Konkurrenten **bevorzugt berücksichtigen (Aufstockungsanspruch)**. Dies gilt nur ausnahmsweise dann nicht, wenn dringende betriebliche Gründe oder Arbeitszeitwünsche anderer Teilzeitkräfte entgegenstehen, die unter sozialen Gesichtspunkten vorrangig sind. **140**

Die Anzeige des Arbeitszeitverlängerungswunsches löst im Übrigen die Pflicht des Arbeitgebers nach § 7 Abs. 2 TzBfG aus, den Teilzeitarbeitnehmer über entsprechende Arbeitsplätze zu informieren; diese **Informationspflicht** endet regelmäßig nicht schon mit einer ersten Ablehnung des Arbeitgebers, wenn der Arbeitnehmer sich dauerhaft an einer Aufstockung interessiert gezeigt hat (LAG Köln v. 6.12.2018, 7 Sa 217/18, ArbR 2019, 336). Für die Prüfung, ob ein **"entsprechender Arbeitsplatz"** besetzt werden soll, kommt es nur auf die Vergleichbarkeit der Arbeitsplätze an. Der zu besetzende freie Arbeitsplatz muss mit dem von dem teilzeitbeschäftigten Arbeitnehmer bisher besetzten Arbeitsplatz gleich oder zumindest vergleichbar sein. Das schließt ein, dass der teilzeitbeschäftigte Arbeitnehmer auf Grund seiner bisher ausgeübten Tätigkeit die erforderliche Eignung und Qualifikation hat (BAG v. 8.5.2007, 9 AZR 874/06, DB 2007, 2207).

Die Vorschrift des § 9 TzBfG gewährt allerdings **vollzeitbeschäftigten Arbeitnehmern keinen Anspruch** gegen den Arbeitgeber, die vertragliche Arbeitszeit zu verlängern. Die regelmäßige Arbeitszeit des Vollzeitbeschäftigten bildet die Obergrenze des Arbeitszeitverlängerungsanspruchs nach § 9 TzBfG (BAG v. 21.6.2011, 9 AZR 236/10, DB 2011, 2441).

Will ein teilzeitbeschäftigter Arbeitnehmer **ohne Aufstockungsanspruch** nach § 9 TzBfG seine Arbeitszeit aufstocken, so bedarf es dazu einer Vereinbarung mit dem Arbeitgeber, zu der der Arbeitgeber auch dann nicht verpflichtet ist, wenn er bei einer vorangegangenen Verringerung den Arbeitnehmer nicht auf die Möglichkeit einer Befristung der Herabsetzung der Wochenarbeitszeit hingewiesen hat (BAG v. 13.11.2001, 9 AZR 442/00, NZA 2002, 1047).

Auch bei längerfristiger **Mehrarbeit** bzw. Überschreitung der vereinbarten Arbeitszeit der Teilzeitkraft greift **nicht automatisch** eine Verlängerungsvereinbarung ein, denn allein daraus ergibt sich noch keine Vertragsänderung. Vielmehr ist auf die Absprachen abzustellen, die dem erhöhten Arbeitseinsatz zu Grunde liegen. Dazu zählen auch die betrieblichen Anforderungen, die vom Arbeitgeber gestellt und vom Arbeitnehmer akzeptiert werden (BAG v. 25.4.2007, 5 AZR 504/06, NZA 2007, 801). Selbst wenn ein Teilzeitbeschäftigter längere Zeit wie ein Vollzeitbeschäftigter eingesetzt wird, kann daraus grundsätzlich noch nicht die konkludente Vereinbarung einer Vollzeitbeschäftigung abgeleitet werden (BAG v. 24.6.2010, 6 AZR 75/09, NZA 2011, 368; BAG v. 21.6.2011, 9 AZR 236/10, DB 2011, 2441).

141 Auf eine **Befristung der Erhöhung** der regelmäßigen Teilzeitarbeitszeit sind die Vorschriften des Teilzeit- und Befristungsgesetzes nicht anwendbar, denn die Befristung einzelner Arbeitsvertragsbedingungen unterliegt nicht der Befristungskontrolle nach dem TzBfG (BAG v. 23.3.2016, 7 AZR 828/13, NZA 2016, 881), Jedoch einer **AGB-Kontrolle** nach §§ 305 ff. BGB. Jedenfalls bei der befristeten Erhöhung der Arbeitszeit in einem erheblichen Umfang bedarf es zur Annahme einer gerechtfertigten Benachteiligung des Arbeitnehmers i.S.v. § 307 Abs. 1 BGB solcher Umstände, die auch bei einem gesonderten Vertrag über die Arbeitszeitaufstockung dessen Befristung nach § 14 Abs. 1 TzBfG rechtfertigen würden (BAG v. 15.12.2011, 7 AZR 394/10, DB 2012, 1442). Außergewöhnliche Umstände, die eine befristete Aufstockung der Arbeitszeit trotz Vorliegens eines Sachgrundes ausnahmsweise als unangemessen erscheinen lassen, können z.B. darin bestehen, dass der Arbeitnehmer vor Abschluss des befristeten Vertrags seinen Wunsch angezeigt hat, die Arbeitszeit in seinem unbefristeten Arbeitsverhältnis zu erhöhen, und der Arbeitgeber ihm dauerhaft verfügbare Zeitanteile entgegen § 9 TzBfG nicht zugewiesen hat (BAG v. 2.9.2009, 7 AZR 233/08, NZA 2009, 1253).

2. Grundsätze zum Aufstockungsanspruch

a) Allgemeine Anspruchsvoraussetzungen

142 Einzige Voraussetzung für die in § 9 TzBfG geregelte Anspruchsgrundlage ist ein bestehendes Arbeitsverhältnis in Teilzeit. Anders als für den gegenläufigen Antrag auf Reduzierung der Arbeitszeit nach § 8 TzBfG muss weder eine Wartezeit erfüllt sein noch muss der Vertragsarbeitgeber eine Mindestzahl von Arbeitnehmern beschäftigen. Die Vorschrift umfasst alle in Teilzeit beschäftigten Arbeitnehmer i.S.d. § 2 TzBfG. Der Antrag kann zudem jederzeit neu gestellt werden.

b) Inhalt des Anspruchs

aa) Arbeitszeit

143 § 9 TzBfG regelt Ansprüche von in Teilzeit beschäftigten Arbeitnehmern auf Verlängerung ihrer individuellen Arbeitszeit.

Arbeitszeit i.S.v. § 9 TzBfG sind alle denkbaren Arbeitszeitmodelle.

bb) Verpflichtung

144 § 9 TzBfG verpflichtet den Arbeitgeber, einen teilzeitbeschäftigten Arbeitnehmer, der ihm den Wunsch nach einer Verlängerung seiner vertraglich vereinbarten Arbeitszeit angezeigt hat,

- bei der Besetzung eines entsprechenden **freien Arbeitsplatzes**
- bei mindestens gleicher **Eignung** im Verhältnis eines vom Arbeitgeber bevorzugten Bewerbers

zu berücksichtigen es sei denn,

- dass dringende betriebliche Gründe oder
- Arbeitszeitwünsche anderer teilzeitbeschäftigter Arbeitnehmer entgegenstehen.

Voraussetzung ist die **Anzeige des Verlängerungswunsches in Textform**, mit der für den Arbeitgeber Rechtssicherheit geschaffen und für den Arbeitnehmer die Beweisführung erleichtert werden soll.

Nach ihrem Wortlaut enthält die Vorschrift scheinbar keinen unmittelbar auf Erhöhung der Arbeitszeit gerichteten Anspruch. Der Arbeitgeber hat den Wunsch lediglich „bevorzugt zu berücksichtigen". Gleichwohl enthält die Norm nicht nur einen unverbindlichen Appell an den Arbeitgeber, bei einem zu besetzenden Arbeitsplatz den Wunsch des teilzeitbeschäftigten Arbeitnehmers zu erwägen. Die Formulierung „hat..." gebietet die tatsächliche Berücksichtigung des teilzeitbeschäftigten Arbeitnehmers. Der Arbeitgeber muss ihn dann auswählen, wenn die weiteren Anspruchsvoraussetzungen erfüllt sind. In Umsetzung des Gebots ist mit dem Arbeitnehmer ein Arbeitsvertrag über die verlängerte Arbeitszeit abzuschließen (BAG v. 15.8.2006, 9 AZR 8/06, NZA 2007, 255).

Der Arbeitgeber ist deshalb nach § 9 TzBfG **verpflichtet**, den Vertragsantrag des Arbeitnehmers auf Verlängerung seiner individuellen Arbeitszeit **anzunehmen**, soweit nicht einer der gesetzlich bestimmten Zustimmungsverweigerungsgründe vorliegt (Vertragslösung).

Verstößt der Arbeitgeber gegen seine Verlängerungspflicht, so gilt (BAG v. 18.7.2017, 9 AZR 259/16, NZA 2017, 1401): Berücksichtigt ein Arbeitgeber einen teilzeitbeschäftigten Arbeitnehmer, der ihm den Wunsch nach einer Verlängerung seiner vertraglich vereinbarten Arbeitszeit angezeigt hat, trotz dessen Eignung nicht bei der Besetzung eines entsprechenden freien Arbeitsplatzes, geht der Anspruch des Arbeitnehmers auf Verlängerung seiner Arbeitszeit unter, sobald der Arbeitgeber den Arbeitsplatz mit einem anderen Arbeitnehmer besetzt. Bei einem schuldhaften Verstoß hat der Arbeitnehmer Anspruch auf **Schadensersatz**, dem zufolge der Zustand herzustellen ist, der bestehen würde, wenn der zum Ersatz verpflichtende Umstand nicht eingetreten wäre. Dies führt jedoch nicht dazu, dass der Arbeitgeber verpflichtet wird, mit dem Arbeitnehmer die Verlängerung der Arbeitszeit zu vereinbaren.

cc) Freier Arbeitsplatz

Dieser Anspruch besteht nur, soweit er auf die Besetzung eines vom Arbeitgeber eingerichteten **„freien" Arbeitsplatzes** gerichtet ist. Ein freier zu besetzender Arbeitsplatz liegt vor, wenn der Arbeitgeber die Organisationsentscheidung getroffen hat, diesen zu schaffen oder einen unbesetzten Arbeitsplatz neu zu besetzen.

Arbeitszeitwünsche anderer Arbeitnehmer sind grundsätzlich gleichrangig zu berücksichtigen. Soweit kein neuer Arbeitsplatz eingerichtet wird, ist der Arbeitgeber in der Auswahl frei, welchen Teilzeitbeschäftigten er eine Verlängerung der Arbeitszeit anbietet. § 9 TzBfG verpflichtet ihn auch nicht, das gestiegene Arbeitszeitvolumen auf alle interessierten Teilzeitbeschäftigten gleichmäßig zu verteilen. Der Arbeitgeber kann nämlich frei entscheiden, welche Maßnahmen er zur Deckung des erhöhten Personalbedarfs ergreift.

Ein **„entsprechender"** Arbeitsplatz i.S.v. § 9 TzBfG ist gegeben, wenn auf dem zu besetzenden freien Arbeitsplatz die gleiche oder eine zumindest vergleichbare Tätigkeit auszuüben ist, wie sie der teilzeitbeschäftigte Arbeitnehmer schuldet, der den Wunsch nach der Verlängerung der Arbeitszeit angezeigt hat; hinsichtlich Eignung und Qualifikation muss der Teilzeitbeschäftigte den objektiven Anforderungen dieses Arbeitsplatzes genügen; der Arbeitgeber kann den Berücksichtigungsanspruch nicht dadurch umgehen, dass er die gleiche Tätigkeit auf dem zu besetzenden Arbeitsplatz anders vergüten will (BAG v. 8.5.2007, 9 AZR 874/06, DB 2007, 2207). Einen Wechsel auf einen Arbeitsplatz mit einer **höherwertigen Tätigkeit** kann der teilzeitbeschäftigte

Arbeitnehmer nur ausnahmsweise beanspruchen (BAG v. 16.9.2008, 9 AZR 781/07, DB 2008, 2426).

Die Organisationsfreiheit des Arbeitgebers darf nur nicht zur **Umgehung** des § 9 TzBfG genutzt werden. Wenn der Arbeitgeber, anstatt die Arbeitszeiten eines oder mehrerer aufstockungswilliger Teilzeitbeschäftigter zu verlängern, weitere Teilzeitarbeitsplätze ohne höhere Arbeitszeit einrichtet, müssen für diese Entscheidung arbeitsplatzbezogene Sachgründe bestehen. Ansonsten würde der Anspruch auf Aufstockung leerlaufen (BAG v. 13.2.2007, 9 AZR 575/05, DB 2007, 1140).

Im Übrigen zwingt aber § 9 TzBfG den Arbeitgeber nicht, einen entsprechenden Arbeitsplatz überhaupt erst einzurichten und dazu vorhandene Arbeitsplätze entsprechend neu zuzuschneiden. Insoweit führt die Entscheidung des Arbeitgebers, einen bestimmten Arbeitskräftebedarf durch die **Arbeitszeiterhöhung bereits beschäftigter Teilzeitarbeitnehmer** abzudecken, nicht zur „Besetzung eines entsprechenden freien Arbeitsplatzes"; der Arbeitgeber ist in einem solchen Fall auch grundsätzlich in der Auswahl frei, welchen Teilzeitbeschäftigten er eine Verlängerung der Arbeitszeit anbietet (BAG v. 17.10.2017, 9 AZR 192/17, NZA 2018, 174)

Auch ist der Arbeitgeber bei der **Einstellung eines externen (Leih-)Arbeitnehmers** nicht verpflichtet, den **Betriebsrat** darüber zu unterrichten, welche teilzeitbeschäftigten Arbeitnehmer auf Grund ihres angezeigten Wunsches auf Aufstockung ihrer Arbeitszeit für die zu besetzende Stelle grundsätzlich in Betracht gekommen wären (BAG v. 1.6.2011, 7 ABR 117/09, NZA 2011, 1435).

c) Ablehnungsgründe

146 Die Ablehnung der Verlängerung der vertraglichen Arbeitszeit ist nur bei entgegenstehenden dringenden betrieblichen Gründen zulässig. Wegen des Adjektivs „dringend" gilt ein strengerer Maßstab als im § 8 TzBfG. Die Interessen des Arbeitnehmers genießen eher Vorrang. Die Ablehnungsgründe müssen also „dringend", d.h. von besonderem Gewicht sein (BAG v. 19.4.2005, 9 AZR 233/04, DB 2005, 2582), denn mit dem Begriff „dringend" wird ausgedrückt, dass eine Angelegenheit notwendig, erforderlich oder auch sehr wichtig ist; die entgegenstehenden betrieblichen Interessen müssen mithin von erheblichem Gewicht sein (BAG v. 9.5.2006, 9 AZR 278/05, NZA 2006, 1413) und sich als zwingende Hindernisse (BAG v. 15.12.2009, 9 AZR 72/09, DB 2010, 731) für die beantragte Verkürzung der Arbeitszeit darstellen.

Die entgegenstehenden dringenden betrieblichen Gründe können sich u.a. aus der Organisation, dem Arbeitsablauf oder der Sicherheit des Betriebs ergeben. Denkbare Ablehnungsgründe können sich beispielhaft aus einer „Unentbehrlichkeit" des Arbeitnehmers auf seinem innegehabten Arbeitsplatz ergeben, zumal § 9 TzBfG nicht betriebsbezogen, sondern unternehmensbezogen ist. Vorrangig können Rechtsansprüche Dritter sein. So muss der Arbeitgeber einen Arbeitnehmer, dem sonst betriebsbedingt gekündigt würde, auf einem freien Arbeitsplatz weiterbeschäftigen. Diese **Weiterbeschäftigungspflicht** geht § 9 TzBfG vor.

Zum Ablehnungsgrund, der Arbeitgeber wolle nach seinem **unternehmerischen Organisationskonzept nur Teilzeitkräfte** beschäftigen: Dies kann der Arbeitgeber einem Verlängerungswunsch des Arbeitnehmers nur erfolgreich entgegenhalten, wenn es hierfür arbeitsplatzbezogene Erfordernisse gibt (BAG v. 15.8.2006, 9 AZR 8/06, NZA 2007, 255; BAG v. 13.2.2007, 9 AZR 575/05, DB 2007, 1140). Deshalb zieht dieser Grund nicht, wenn der Arbeitgeber Servicekräfte mit Teilzeitvertrag tatsächlich über lange Zeiträume gleichbleibend im Umfang von mehr als einer Vollzeitstelle eingesetzt hat (LAG Köln v. 2.4.2008, 7 Sa 864/07, NZA-RR 2009, 66).

Schließlich: Bietet der Arbeitgeber nur eine **zeitlich befristete Aufstockung** der Arbeitszeit mit einem Sachgrund hierfür an, so ist dies unwirksam, wenn der Teilzeitarbeitnehmer einen begründeten Anspruch auf Aufstockung nach § 9 TzBfG geltend gemacht hatte (BAG v. 2.9.2009, 7 AZR 233/08, NZA 2009, 1253).

Besetzt ein Arbeitgeber einen freien Arbeitsplatz im Sinne des § 9 TzBfG, so führt dies zum **Untergang des Aufstockungsanspruchs** des Arbeitnehmers (BAG v. 27.2.2018, 9 AZR 167/17, NZA 2018, 1075). Lehnt allerdings der Arbeitgeber einen Aufstockungsanspruch des Teilzeitarbeitnehmers **schuldhaft** unberechtigt ab und besetzt er den betreffenden Arbeitsplatz anderweitig, so richtet sich der danach zu leistende **Schadensersatz** auf den finanziellen Ausgleich der Nachteile, die der Arbeitnehmer infolge der Stellenbesetzung in kausal-adäquater Weise erleidet. Ihm stehen regelmäßig im Wege des Schadensersatzes ohne zeitliche Grenze **Nachzahlungsansprüche** i.H.d. Vergütungsdifferenz zu (BAG v. 16.9.2008, 9 AZR 781/07, DB 2008, 2426).

Der **Arbeitgeber trägt die Beweislast** für das Vorliegen des von ihm geltend gemachten Ablehnungsgrundes.

II. Lohnsteuer

Eine Verlängerung der Arbeitszeit wird bei einem → Mini-Job (geringfügige Beschäftigung) dazu führen, dass die sozialversicherungsrechtliche Arbeitsentgeltgrenze i.H.v. 450 € pro Monat regelmäßig überschritten wird. Bei den anderen Formen der steuerlichen Teilzeitbeschäftigungen (kurzfristigen oder kurzzeitigen Beschäftigungen) wird die Verlängerung der Arbeitszeit zu einer Überschreitung der für die Lohnsteuerpauschalierung zulässigen Arbeitsdauer bzw. der Arbeitslohngrenze führen (→ Pauschalierung und Pauschalbeiträge). In diesen Fällen hat der Arbeitgeber die Lohnsteuer im Regelverfahren (→ Lohnsteuerkarte) zu erheben. Ansonsten bestehen keine lohnsteuerlichen Besonderheiten. **147**

III. Sozialversicherung

Es bestehen keine sozialversicherungsrechtlichen Besonderheiten. **148**

Aufmerksamkeit

I. Arbeitsrecht

Es bestehen keine arbeitsrechtlichen Besonderheiten. **149**

II. Lohnsteuer

Sachzuwendungen bzw. Geschenke des Arbeitgebers an seinen Arbeitnehmer rechnen als Aufmerksamkeiten nicht zum (steuerpflichtigen) Arbeitslohn, wenn sie **150**

- auch im gesellschaftlichen Verkehr üblicherweise ausgetauscht werden,
- zu keiner ins Gewicht fallenden Bereicherung der Arbeitnehmer führen und
- allgemein als Aufmerksamkeiten angesehen werden.

Solche Sachleistungen sind z.B. Blumen, Genussmittel, ein Buch, eine CD (ein Tonträger) oder ein Film (DVD), die dem Arbeitnehmer oder seinen Angehörigen aus Anlass eines besonderen **persönlichen Ereignisses** zugewendet werden; z.B. zum Geburtstag, Hochzeitstag. Voraussetzung für die Einstufung als steuerfreie Aufmerksamkeit ist stets, dass der Wert der Sachleistungen **60 €** je Anlass nicht übersteigt (R 19.6 LStR). Nutzt der Arbeitgeber mehrere begünstigte Anlässe für Geschenke an den Arbeitnehmer, bleiben sie steuerfrei, wenn jeweils die 60 €-Freigrenze eingehalten wird. Das Lohnsteuerrecht kennt keinen Jahreshöchstbetrag für solch steuerfreie Arbeitgeberleistungen.

Aufmerksamkeit

151 Stellt der Arbeitgeber den Arbeitnehmern Aufenthalts- oder Ruheräume für die Arbeitspausen zur Verfügung, ist dies eine steuerfreie Annehmlichkeit.

Als Aufmerksamkeiten gehören nicht zum Arbeitslohn **Getränke** und **Genussmittel** (keine Mahlzeiten), die der Arbeitgeber den Arbeitnehmern zum Verzehr im Betrieb bzw. am Arbeitsplatz unentgeltlich oder teilentgeltlich überlässt.

Dasselbe gilt für **Speisen**, die der Arbeitgeber den Arbeitnehmern anlässlich und während eines außergewöhnlichen Arbeitseinsatzes, z.B. während einer außergewöhnlichen betrieblichen Besprechung, Sitzung oder der Inventur unentgeltlich oder teilentgeltlich überlässt. Dabei darf der Wert der jeweiligen Speise 60 € pro Arbeitnehmer nicht übersteigen.

Geldzuwendungen gehören stets zum steuerpflichtigen Arbeitslohn, auch wenn es sich um einen geringen Betrag handelt.

III. Sozialversicherung

152 In der Sozialversicherung sind die Regelungen des Steuerrechts entsprechend anzuwenden. Handelt es sich steuerrechtlich um Arbeitslohn, so ist die Aufmerksamkeit auch Arbeitsentgelt i.S.d. Sozialversicherung.

Aufwandsentschädigung

I. Arbeitsrecht

153 Bei einer Aufwandsentschädigung handelt es sich nach allgemeinem Begriffsverständnis um eine pauschalierte Abgeltung von entstehenden Aufwendungen im Rahmen einer Tätigkeit oder eines Amtes. Ein arbeitsrechtlicher Anspruch auf Aufwandsentschädigung besteht jedoch äußerst selten und i.d.R. nur bei entsprechender Vereinbarung, ist z.B. als Element in einer Auslösung enthalten. In Ausnahmefällen kann sich auch ein Anspruch entsprechend § 670 BGB ergeben. Bei einem Anspruch für Vollzeitkräfte dürfen wegen des Gleichbehandlungsgebotes Teilzeitkräfte nicht ausgeschlossen werden (→ Lohngleichbehandlung).

Davon zu unterscheiden sind Aufwandsentschädigungen, die z.B. für Betriebs- oder Personalratsmitglieder im Rahmen der gesetzlichen Vorgaben von BetrVG und BPersVG gezahlt werden.

Um keine Aufwandsentschädigung handelt es sich dagegen, wenn der Arbeitnehmer für seinen Arbeitgeber in Erfüllung seiner arbeitsvertraglichen Pflichten Aufwendungen tätigt, die er den Umständen nach für erforderlich halten darf (z.B. der Arbeitnehmer bezahlt ein Bahnticket, um eine Dienstreise anzutreten); hierbei handelt es sich um echten Aufwendungsersatz im Sinne von § 670 BGB, auf den grds. ein Anspruch besteht.

Für die Fälle dieses Ratgebers bestehen insoweit keine arbeitsrechtlichen Besonderheiten.

II. Lohnsteuer

154 Die steuerliche Bedeutung einer „Aufwandsentschädigung" entscheidet sich oft grundsätzlich von dem im privaten Bereich verwendeten Begriff. Wird eine als Aufwandsentschädigung bezeichnete Vergütung gezahlt, so können durchaus steuerbare Einkünfte vorliegen. Allein die Bezeichnung solcher Zahlungen ist nicht ausschlaggebend dafür, ob sie steuerlich erfasst werden oder unberücksichtigt bleiben. Nach diesen Grundsätzen können vom Arbeitgeber oder Auftraggeber gezahlte Aufwandsentschädigungen steuerpflichtig oder steuerfrei sein.

Steuerfrei sind aus **öffentlichen Kassen** als Aufwandsentschädigung gezahlte Beträge an ehrenamtlich Tätige (öffentliche Dienste leistende Personen), z.B. freiwillige Feuerwehrleute. Die Höhe der Steuerfreiheit hängt davon ab, nach welcher Rechtsgrundlage die Aufwandsentschädigung gezahlt wird:

– Wird sie auf gesetzlicher Grundlage aus einer Bundes- oder Landeskasse gezahlt (nach § 3 Nr. 12 Satz 1 EStG): Steuerfreiheit in voller Höhe;
– Wird sie auf anderen Rechtsgrundlagen aus öffentlichen Kassen gezahlt (nach § 3 Nr. 12 Satz 2 EStG): Steuerfreiheit in begrenzter Höhe.

Von begrenzt steuerfreien Aufwandsentschädigungen bleiben monatlich mindestens 200 € steuerfrei. Nach einem koordinierten Ländererlass vom 15.10.2002 können nicht ausgeschöpfte steuerfreie Monatsbeträge auf andere Tätigkeitsmonate übertragen werden (R 3.12 Abs. 3 LStR, H 3.12 LStH). Auf Grund der bei Redaktionsschluss ab dem Kalenderjahr 2021 geplanten Anhebung der Übungsleiterpauschale auf 3 000 € jährlich ist damit zu rechnen, dass im Verwaltungswege der o.g. steuerfreie Mindestbetrag von 200 € auf 250 € erhöht wird.

Für Einnahmen aus nebenberuflichen Tätigkeiten im gemeinnützigen, mildtätigen oder kirchlichen Bereich kann der allgemeine **Ehrenamtsfreibetrag** i.H.v. 720 € im Kalenderjahr angesetzt werden; sie bleiben dann steuerfrei. Bei Redaktionsschluss hatte die Bundesregierung angekündigt, ab dem Kalenderjahr 2021 die Übungsleiterpauschale auf 3 000 € und die Ehrenamtspauschale auf 840 € jährlich zu erhöhen. Beide Änderungen sollen mit dem Jahressteuergesetzes 2020 (JStG 2020) vorgenommen werden.

Siehe auch → Ehrenamtliche Tätigkeit, → Übungsleiterfreibetrag.

Zahlt der **private Arbeitgeber** seinem Arbeitnehmer sog. Aufwandsentschädigungen, rechnen sie grundsätzlich zum **steuerpflichtigen** Arbeitslohn. Lediglich die vom Arbeitnehmer beruflich veranlassten **Auslagen** oder sog. durchlaufende Gelder darf der Arbeitgeber **steuerfrei** ersetzen/zahlen (§ 3 Nr. 50 EStG).

Steuerfreie durchlaufende Gelder oder solcher Auslagenersatz liegen vor,

– wenn der Arbeitnehmer die Ausgaben für Rechnung des Arbeitgebers macht, wobei es gleichgültig ist, ob das im Namen des Arbeitgebers oder im eigenen Namen geschieht, und
– wenn der Arbeitnehmer über die Ausgaben im Einzelnen abrechnet.

In diesem Fall sind die Ausgaben des Arbeitnehmers bei ihm so zu beurteilen, als hätte der Arbeitgeber sie selbst getätigt. Die Steuerfreiheit der durchlaufenden Gelder oder des Auslagenersatzes ist hiernach stets dann ausgeschlossen, wenn die Ausgaben durch das Dienstverhältnis des Arbeitnehmers veranlasst und z.B. arbeitsvertraglich vereinbart worden sind.

Pauschaler Auslagenersatz führt regelmäßig zu steuerpflichtigem Arbeitslohn. Ausnahmsweise kann pauschaler Auslagenersatz steuerfrei bleiben, wenn er regelmäßig wiederkehrt und der Arbeitnehmer dem Arbeitgeber die entstandenen Aufwendungen für einen repräsentativen Zeitraum von drei Monaten im Einzelnen nachweist → Rz. 374; siehe auch → Arbeitslohnzuschläge, → Erstattung der Arbeitnehmeraufwendungen.

III. Sozialversicherung

Nach ausdrücklicher Bestimmung in § 1 Abs. 1 Satz 1 Nr. 16 SvEV gehören steuerfreie Aufwandsentschädigungen nach § 3 Nr. 26 und 26a EStG nicht zum Arbeitsentgelt in der Sozialversicherung.

Siehe auch → Übungsleiterfreibetrag und → Ehrenamtliche Tätigkeit.

IV. Kirchensteuer

156 Bei Kirchenangehörigen ist Kirchensteuer in Abhängigkeit von der Lohnsteuer zu begleichen, sofern Lohnsteuer (→ vgl. Rz. 154) zu entrichten ist.

Aufzeichnungspflichten

I. Arbeitsrecht

157 Es bestehen keine spezifischen arbeitsrechtlichen Besonderheiten. Mit Blick auf den **Mindestlohn** (→ Mindestlohn) besteht nach d § 17 Abs. 1 MiLoG die grundsätzliche Pflicht des Arbeitgebers zur Dokumentation der Arbeitszeiten bei der Beschäftigung von geringfügig Beschäftigten nach § 8 Abs. 1 SGB IV und von Arbeitnehmern in den in § 2a Schwarzarbeitsbekämpfungsgesetz genannten Wirtschaftsbereichen und -zweigen gemäß den Vorgaben der **Mindestlohndokumentationspflichten-Verordnung** und der **Mindestlohnaufzeichnungsverordnung** (→ Rz. 716), d.h.

- zur Aufzeichnung von Beginn, Ende und Dauer der täglichen Arbeitszeit spätestens bis zum Ablauf des siebten Tages nach der Arbeitsleistung und
- zur Aufbewahrung der Aufzeichnungen für mindestens zwei Jahre.

Ein Verstoß gegen diese Aufzeichnungs- und Aufbewahrungspflichten steht nach § 21 Abs. 1 Nr. 7 MiLoG unter **Bußgeldandrohung**.

Weitere Aufzeichnungspflichten ergeben sich insbesondere aus dem Arbeitsschutzrecht, z.B. im Rahmen einer Gefährdungsbeurteilung sowie im Kontext der Arbeitnehmerüberlassung. Insoweit gelten für die in diesem Ratgeber dargestellten Beschäftigungsformen aber keine arbeitsrechtlichen Besonderheiten.

Zu einer **allgemeinen Pflicht zur Arbeitszeitaufzeichnung** verhält sich aktuell das in seinen einzelnen Auswirkungen noch nicht zu übersehende „**Stechuhr-Urteil**" des **EuGH** (→ Arbeitszeit Rz. 134).

II. Lohnsteuer

158 Der Arbeitgeber ist grundsätzlich verpflichtet, für jeden Arbeitnehmer ein → Lohnkonto zu führen und dieses nach Beendigung des Dienstverhältnisses oder andernfalls am Ende des Kalenderjahrs abzuschließen. Dies gilt unabhängig davon, ob der Arbeitslohn nach den individuellen Lohnsteuerabzugsmerkmalen (lt. ELStAM- oder Härtefall-Verfahren → Lohnsteuerkarte) oder pauschal besteuert wird.

Bei fehlenden oder fehlerhaften Aufzeichnungen im Lohnkonto kann das Finanzamt die vom Arbeitgeber gewählte Lohnsteuerpauschalierung (→ Pauschalierung und Pauschalbeiträge) gleichwohl anerkennen, wenn er die Voraussetzungen auf andere Weise – z.B. durch Arbeitsvertrag, Arbeitsnachweise, Zeitkontrollen, Stundenabrechnungen, Zeugenaussagen – nachweisen oder glaubhaft machen kann.

III. Sozialversicherung

1. Entgeltunterlagen

159 Der Arbeitgeber hat für jeden bei ihm beschäftigten Arbeitnehmer – unabhängig von dessen sozialversicherungsrechtlicher Beurteilung – Entgeltunterlagen zu führen, die für eine spätere Betriebsprüfung durch den Rentenversicherungsträger mindestens zur Verfügung stehen müssen. Ausgenommen von der Führung der Entgeltunterlagen sind ausschließlich Privathaushalte. Nach der Beitragsverfahrensverordnung (BVV) gehören zu den Entgeltunterlagen:

- der Familien- und Vorname des jeweiligen Arbeitnehmers,
- das betriebliche Ordnungsmerkmal (z.B. Personalnummer),

Aufzeichnungspflichten

- das Geburtsdatum,
- bei Ausländern aus Staaten außerhalb des EWR die Staatsangehörigkeit und die Arbeitsgenehmigung der Bundesagentur für Arbeit sowie Unterlagen, aus denen die ausländische Staatsangehörigkeit hervorgeht,
- die Anschrift,
- der Beginn und das Ende der Beschäftigung,
- der Beginn und das Ende der Altersteilzeitarbeit,
- das Wertguthaben aus flexibler Arbeitszeit einschließlich der Änderungen (Zu- und Abgänge), den Abrechnungsmonat der ersten Gutschrift sowie den Abrechnungsmonat für jede Änderung; einen Nachweis über die getroffenen Vorkehrungen zum Insolvenzschutz; bei auf Dritte übertragenen Wertguthaben sind diese beim Dritten zu kennzeichnen,
- die Art der Beschäftigung (Bezeichnung der ausgeübten Tätigkeit),
- die für die Versicherungsfreiheit oder die Befreiung von der Versicherungspflicht maßgebenden Angaben (z.B. Immatrikulations- oder Schulbescheinigung, Rentenbescheid, Antrag auf Befreiung von Versicherungspflicht im Rahmen der Übergangsregelungen bei den geringfügig entlohnten Beschäftigungen zum 1.4.2003 etc.),
- das Arbeitsentgelt i.S.d. Sozialversicherung, seine Zusammensetzung und zeitliche Zuordnung, ausgenommen sind Sachbezüge und Belegschaftsrabatte, soweit für sie eine Aufzeichnungspflicht nach dem Lohnsteuerrecht nicht besteht,
- das beitragspflichtige Arbeitsentgelt bis zur Beitragsbemessungsgrenze der Rentenversicherung, seine Zusammensetzung und zeitliche Zuordnung,
- der Beitragsgruppenschlüssel,
- die Einzugsstelle (Krankenkasse) für den Gesamtsozialversicherungsbeitrag,
- der vom Beschäftigten zu tragende Anteil am Gesamtsozialversicherungsbeitrag, nach Beitragsgruppen getrennt,
- die für die Erstattung von Meldungen erforderlichen Daten, soweit sie nicht in den zuvor genannten Punkten enthalten sind,
- die für den Arbeitgeber bestimmte Mitgliedsbescheinigung der Krankenkasse des jeweiligen Arbeitnehmers,
- ein Beleg über die erstatteten Meldungen (bei manuellen Meldeverfahren bis zum 31.12.2005 die Durchschrift für den Arbeitgeber),
- die Erklärung des geringfügig Beschäftigten gegenüber dem Arbeitgeber, dass auf Versicherungsfreiheit in der Rentenversicherung verzichtet wird (bis 31.12.2012),
- die Erklärung des Beschäftigten gegenüber dem Arbeitgeber, dass in der Rentenversicherung auf die Anwendung der Gleitzone verzichtet wird,
- die Niederschrift über die für das Arbeitsverhältnis geltenden wesentlichen Bedingungen gemäß dem Nachweisgesetz,
- eine Kopie des Antrags zum Statusfeststellungsverfahren an die Bundesversicherungsanstalt für Angestellte (BfA, seit dem 1.10.2005 Deutsche Rentenversicherung Bund – Organisationsreform in der Rentenversicherung), den die BfA für ihre Entscheidung benötigt, ob eine selbständige Tätigkeit oder abhängige Beschäftigung vorliegt bzw. den Bescheid über die Feststellung der BfA im Rahmen des Statusfeststellungsverfahrens,
- den Bescheid der zuständigen Einzugsstelle über die Feststellung der Versicherungspflicht insbesondere bei Beschäftigungen nach §§ 8 und 8a SGB IV,
- der Nachweis über die Elterneigenschaft, hinsichtlich der Arbeitnehmer, für die kein Beitragszuschlag zur Pflegeversicherung entrichtet wird, sofern sich dieser Nachweis nicht aus den bisherigen Lohnunterlagen ergibt,

- die Erklärung über den Auszahlungsverzicht von zustehenden Entgeltansprüchen,
- seit dem 1.1.2011 hat der Arbeitgeber **jeden geringfügig entlohnten und kurzfristig Beschäftigten** darüber zu informieren, dass der Arbeitnehmer weitere Beschäftigungen **unverzüglich anzuzeigen** hat. Die Information ist vom Arbeitnehmer zu unterzeichnen und zu den **Entgeltunterlagen** zu nehmen. Weiterhin ist jeder geringfügig entlohnte Beschäftigte nach aktuellen Beschäftigungen zu befragen. Jeder kurzfristig Beschäftigte ist nach Vorbeschäftigungen im laufenden Kalenderjahr zu befragen.
- Seit dem 1.1.2012 sind auch die besonderen Aufzeichnungspflichten nach § 13 AEntG (Arbeitnehmerentsendegesetz) wieder zu den Entgeltunterlagen hinzuzunehmen. Dies gilt nur für entsprechende Arbeitgeber. Ob man als Arbeitgeber davon betroffen ist, kann man unter www.zoll.de erfahren.
- Seit dem 1.1.2013: der Antrag des geringfügig Beschäftigten auf Befreiung von der Versicherungspflicht nach § 6 Abs. 1b SGB VI, auf dem der Tag des Eingangs beim Arbeitgeber dokumentiert ist,
- die Erklärung des Beschäftigten über die Befreiung von der Rentenversicherungspflicht (bei Arbeitnehmern, die zum Zeitpunkt der Antragstellung das 18. Lebensjahr noch nicht vollendet hatten, muss ein **gesetzlicher Vertreter** unterschreiben) bzw. der Nachweis der Krankenkasse über eine bestehende Familienversicherung.
- Stundenaufzeichnungen, die u.a. für den Betriebsprüfdienst der Rentenversicherung zur Überprüfbarkeit von Entscheidungen des Arbeitgebers über die Versicherungsfreiheit zur Arbeitslosenversicherung, von beitragsrechtlichen Beurteilungen zu Sonntags-, Feiertags- und Nachtarbeitszuschlägen und der Anwendung des Entstehungsprinzips bei allgemeinverbindlich erklärten Tarifverträgen erforderlich sind.
- Ab 1.1.2015: die **Aufzeichnungen nach § 17 Abs. 1 MiLoG** über Beginn, Ende und Dauer der täglichen Arbeitszeit der geringfügig Beschäftigten.

Bei der Entsendung von Arbeitnehmern ins Ausland, bei Arbeitsteilzeit sowie bei Kurzarbeiter- oder Saisonkurzarbeitergeld gelten weitere Besonderheiten bei der Führung der Entgeltunterlagen. Hierzu geben die Krankenkassen nähere Auskünfte.

2. Beitragsliste

160 Neben den Unterlagen zur Entgeltabrechnung hat der Arbeitgeber für jeden Abrechnungszeitraum (i.d.R. dürfte dies der Kalendermonat sein) alle Beschäftigten – auch versicherungsfreie Arbeitnehmer – mit den folgenden Angaben listenmäßig aufzuführen:

- Familien- und Vornamen,
- betriebliches Ordnungsmerkmal (z.B. die Personalnummer),
- das beitragspflichtige Arbeitsentgelt bis zur Beitragsbemessungsgrenze der Rentenversicherung,
- bei Arbeitnehmern, die an einer Altersteilzeitregelung teilnehmen, den Ausgangswert, von dem der zusätzliche Beitrag zur Rentenversicherung entrichtet wird (unterschiedliche Regelungen für Altersteilzeitregelungen, die vor bzw. ab dem 1.7.2004 begonnen haben),
- den Beitragsgruppenschlüssel,
- die Sozialversicherungstage im entsprechenden Abrechnungszeitraum,
- den nach Beitragsgruppen sowie nach Arbeitnehmer- und Arbeitgeberanteilen getrennten Gesamtsozialversicherungsbeitrag,
- das gezahlte Kurzarbeiter- oder Winterausfallgeld und die hierauf entfallenden beitragspflichtigen Einnahmen,

– Umlagesätze.

Seit dem 1.4.2003 sind zudem die Beschäftigten gesondert mit Familien- und Vornamen sowie dem Arbeitsentgelt aufzuführen, für die Beiträge

– im Rahmen der Gleitzonenregelung zu ermitteln sind oder
– nicht anfallen (versicherungsfreie Arbeitnehmer).

Hat der Arbeitgeber mit mehreren Einzugsstellen abzurechnen, so ist für jede Einzugsstelle eine separate Liste zu erstellen. Diese Liste der Beitragsabrechnung wird, da sie für die Krankenkassen als Einzugsstelle für die Überprüfung der korrekten Beitragsabrechnung gedacht ist, in der Praxis auch Krankenkassenliste genannt.

3. Aufbewahrungsfristen

Die Entgeltunterlagen sind bis zum Ablauf des auf die letzte Betriebsprüfung folgenden Kalenderjahrs geordnet aufzubewahren. Gleiches gilt für die Beitragsnachweise und Krankenkassenlisten. 161

IV. Kirchensteuer

Im Lohnkonto ist auch die Kirchenzugehörigkeit zu verzeichnen, wenn der Arbeitnehmer einer Kirchensteuer erhebenden Kirche oder Religionsgemeinschaft angehört. 162

Ausgleichsverfahren AAG

I. Arbeitsrecht

Dem **Ausgleichs- und Erstattungsverfahren für Kleinbetriebe** nach dem **Aufwendungsausgleichsgesetz** (AAG) kommt besondere Bedeutung zu. Das Verfahren wurde ab dem 1.1.2006 durch das AAG neu geregelt. Die Regelungen gelten dabei uneingeschränkt auch für geringfügig Beschäftigte, Teilzeitkräfte und befristet beschäftigte Arbeitnehmer. 163

– **U1-Verfahren:**

Die an **Aushilfen** oder **Teilzeitbeschäftigte** geleistete **Entgeltfortzahlung** im Krankheitsfall kann der Arbeitgeber eines Kleinbetriebs unter bestimmten Voraussetzungen von der zuständigen Krankenkasse im U1-Verfahren teilweise erstattet bekommen. Dies gilt auch für **geringfügig beschäftigte Teilzeitkräfte.**

– **U2-Verfahren:**

Mutterschutzleistungen sind nach dem AAG für alle Betriebe, egal welcher Größe, im sog. U2-Verfahren zu erstatten.

Zu den inhaltlichen Einzelheiten → Rz. 165 ff.

Mit Ausnahme der landwirtschaftlichen Krankenkassen nehmen alle Krankenkassen am Verfahren teil. Für geringfügig Beschäftigte ist nach § 2 Abs. 2 Satz 1 AAG die Deutsche Rentenversicherung Knappschaft Bahn-See für die Beitragserstattung zuständig.

II. Lohnsteuer

Die vom Arbeitgeber gezahlten Umlagen nach dem AAG rechnen nicht zum Arbeitslohn des Arbeitnehmers. Ebenso verhält es sich mit den später an den Arbeitgeber gezahlten Leistungen, z.B. die Erstattung der vom Arbeitgeber geleisteten Entgeltfortzahlung durch die Lohnausgleichskasse der Bundesknappschaft. Im Übrigen bestehen keine lohnsteuerrechtlichen Besonderheiten. 164

Für den Arbeitgeber stellen die gezahlten Umlagen nach dem AAG Betriebsausgaben und die an ihn erstatteten Beiträge gewinnerhöhend anzusetzende Betriebseinnahmen dar. Gleiches gilt für die im Ausgleichsverfahren erstatteten Aufwendungen des Arbeitgebers für die Entgeltfortzahlung an den Arbeitnehmer (z.B. wegen Arbeitsunfähigkeit oder als Mutterschaftsleistungen).

III. Sozialversicherung

1. Allgemeines

165 Seit dem 1.1.2006 nehmen grundsätzlich alle Arbeitgeber am Umlageverfahren nach dem AAG teil.

Das Umlageverfahren wird getrennt nach der Umlage U1 (Erstattung der Arbeitgeberaufwendungen bei Krankheit) und der Umlage U2 (Erstattung der Arbeitgeberaufwendungen bei Mutterschaft und Schwangerschaft) durchgeführt.

Für geringfügig Beschäftigte sind die Umlagebeträge an die KBS zu entrichten.

Besteht Versicherungspflicht in der Krankenversicherung, so sind die Umlagebeträge an die Krankenkasse zu entrichten, bei welcher der Arbeitnehmer versichert ist.

2. Teilnehmende Arbeitgeber – Umlage 1

Übersicht zu den Beitragssätzen Umlage 1 (U1)

166 Am Ausgleichsverfahren Umlage 1 nehmen gem. § 1 AAG i.V.m. § 6 der Anlage 4 der Satzung der KBS grundsätzlich alle Arbeitgeber teil (Ausnahme: öffentlich-rechtliche Arbeitgeber), die regelmäßig nicht mehr als 30 Arbeitnehmer beschäftigen.

Die Feststellung, ob ein Arbeitgeber am Umlageverfahren teilnimmt, hat jeweils zu Beginn eines Kalenderjahrs zu erfolgen. Dabei ist grundsätzlich von den Verhältnissen des Vorjahrs auszugehen.

Für die Ermittlung der Mitarbeiterzahl sind alle Arbeitnehmer (egal, ob Arbeiter oder Angestellte) maßgebend, die ein Arbeitgeber beschäftigt. Es ist immer die Anzahl der Arbeitnehmer maßgebend, die am Ersten eines Kalendermonats beschäftigt sind. Die Krankenkassenzugehörigkeit der Arbeitnehmer ist bei der Feststellung, ob ein Arbeitgeber am Umlageverfahren teilnimmt, unerheblich. Hierbei werden ggf. auch Beschäftigte mehrerer Betriebe eines Arbeitgebers zusammengezählt.

Nicht mitgezählt werden:

– Auszubildende, unabhängig davon, ob diese für den Beruf eines Arbeiters oder Angestellten ausgebildet werden; gleichgestellt sind Volontäre und Praktikanten (→ Praktikant),

– schwerbehinderte Menschen,

– Bezieher von Vorruhestandsgeld (→ Vorruhestand),

– Arbeitnehmer, die einen freiwilligen Wehrdienst leisten,

– Teilnehmer an einem freiwilligen sozialen oder ökologischen Jahr

– → unständig Beschäftigte und

– Arbeitnehmer(innen) in → Elternzeit.

Vollzeitbeschäftigte Arbeitnehmer sind mit dem Faktor 1 zu berücksichtigen. Als Vollzeitbeschäftigte gelten Arbeitnehmer, deren regelmäßige wöchentliche Arbeitszeit mehr als 30 Stunden beträgt.

Eine besondere Regelung gilt für Teilzeitbeschäftigte. Sie werden bei der Feststellung der Gesamtzahl der Arbeitnehmer

- bei regelmäßiger wöchentlicher Arbeitszeit von mehr als 20 bis einschließlich 30 Stunden mit dem Faktor 0,75,
- bei regelmäßiger wöchentlicher Arbeitszeit von mehr als 10 bis einschließlich 20 Stunden mit dem Faktor 0,5 und
- bei regelmäßiger wöchentlicher Arbeitszeit bis zu 10 Stunden mit dem Faktor 0,25

berücksichtigt.

Die Teilnahme am Ausgleichsverfahren zur Umlage U1 wird in der Praxis zum Ende eines Jahrs für das Folgejahr festgestellt. Diese Feststellung gilt dann für das gesamte folgende Kalenderjahr.

Die für die Durchführung des Erstattungsverfahrens aus der Umlage U1 erforderlichen Mittel werden durch Umlagen von den am Ausgleich beteiligten Arbeitgebern aufgebracht.

Die Umlage ist für den Ausgleich der Arbeitgeberaufwendungen bei Entgeltfortzahlung wegen Arbeitsunfähigkeit zu entrichten. Sie errechnet sich aus den Bruttoarbeitsentgelten aller im Betrieb geringfügig beschäftigten Arbeitnehmer (Arbeiter und Angestellte).

Beitragssätze Umlage U1:

Zeitraum	Beitragssatz	Erstattungssatz
1.4.2003 – 31.12.2004	1,2 %	70 %
1.1.2005 – 31.12.2008	0,1 %	80 %
1.1.2009 – 31.12.2011	0,6 %	80 %
1.1.2012 – 31.8.2015	0,7 %	80 %
1.9.2015 – 31.12.2016	1,0 %	80 %
1.1.2017 – 30.9.2020	0,9 %	80 %
1.10.2020 – lfd.	1,0 %	80 %

3. Teilnehmende Arbeitgeber – Umlage 2

Übersicht zu den Beitragssätzen Umlage 2 (U2)

Die Umlage U2 ist für den Ausgleich der Aufwendungen nach dem Mutterschutzgesetz zu entrichten. Seit dem 1.1.2006 haben alle Arbeitgeber – unabhängig von der Anzahl der Beschäftigten – Beiträge zur Umlage U2 zu entrichten. Durch diese Regelung wird einem Beschluss des BVerfG vom 18.11.2003 (1 BvR 302/96, BVerfGE 109, 64) Folge geleistet.

Für geringfügig Beschäftigte sind Umlage-2-Beiträge seit dem 1.4.2003 ausschließlich an die Deutsche Rentenversicherung Knappschaft-Bahn-See zu entrichten. Der Umlagesatz zur Umlage U2 wurde zum 1.9.2015 auf 0,3 % erhöht. Zum 1.6.2019 ist der Umlagesatz von 0,24 % auf nunmehr 0,19 % gesunken. Der Satz wurde zum 1.10.2020 auf 0,39 % erhöht.

Beitragssätze Umlage U2:

Zeitraum	Beitragssatz
1.4.2003 – 31.12.2004	0,1 %
1.1.2005 – 31.12.2008	keine Beitragszahlung erforderlich (aber Erstattungsanspruch)
1.1.2009 – 31.12.2010	0,06 %

Zeitraum	Beitragssatz
1.1.2011 – 31.12.2014	0,14 %
1.1.2015 – 31.8.2015	0,24 %
1.9.2015 – 31.12.2017	0,3 %
1.1.2018 – 31.5.2019	0,24 %
1.6.2019 – 30.9.2020	0,19 %
1.10.2020 – lfd.	0,39 %

4. Erstattung von Arbeitgeberaufwendungen

168 Versicherungspflichtige Arbeitnehmer und geringfügig Beschäftigte, die durch Arbeitsunfähigkeit infolge Krankheit oder infolge einer medizinischen Vorsorge- bzw. Rehabilitationsmaßnahme an ihrer Arbeitsleistung gehindert sind, haben grundsätzlich Anspruch auf Entgeltfortzahlung durch den Arbeitgeber für längstens 42 Tage.

Die Erstattung durch die jeweilige Krankenkasse und der KBS beträgt für Arbeiter, Angestellte und Auszubildende für Erstattungszeiträume bis zu 80 % des fortgezahlten Bruttoarbeitsentgelts ohne Einmalzahlungen. Für Angestellte ist eine Erstattung aus der Umlage 1 gesetzlich erst seit dem 1.1.2006 möglich.

Des Weiteren gehören Leistungen nach dem Mutterschutzgesetz zu den erstattungsfähigen Arbeitgeberaufwendungen. Danach sind erstattungsfähig für Arbeiter und Angestellte

– 100 % des Arbeitgeberzuschusses zum Mutterschaftsgeld während der Schutzfristen vor und nach der Entbindung zuzüglich der darauf entfallenden pauschalen Kranken- und Rentenversicherungsbeiträge,

– 100 % des fortgezahlten Arbeitsentgelts für die Dauer von Beschäftigungsverboten zuzüglich der darauf entfallenden pauschalen Kranken- und Rentenversicherungsbeiträge.

Die Erstattung wird auf Antrag (elektronische Übermittlung) gewährt und kann unmittelbar nach geleisteter Entgeltfortzahlung erfolgen.

Aushilfe

I. Arbeitsrecht

1. Grundsätze

169 Bei Aushilfsbeschäftigungen sind bestimmte Schutzrechte des Arbeitnehmers eingeschränkt, z.B. bei den Kündigungsfristen (§ 622 Abs. 5 Nr. 1 BGB). Der Gesetzgeber hat deshalb einen gewichtigen „Prüfstein" aufgestellt, damit diese arbeitsrechtlichen Besonderheiten nicht unzulässig ausgenutzt werden. Entscheidend ist, dass es sich um eine echte Aushilfe handelt. Das heißt: **Der Aushilfszweck** muss sich aus dem **betrieblichen Bedürfnis nach vorübergehender, nicht unbedingt kurzzeitiger zusätzlicher Arbeitskraft** ergeben (BAG v. 11.12.1985, 5 AZR 135/85, DB 1986, 1027). Der Aushilfsarbeitsvertrag wird daher regelmäßig befristet abgeschlossen werden (zu **Befristungsfragen** im Einzelnen → Befristeter Arbeitsvertrag Rz. 198 ff.). Fehlt ein vorübergehender Bedarf als Grundlage, ist der Abschluss eines Aushilfsarbeitsvertrages missbräuchlich und unzulässig, z.B. eine Beschäftigung als „Daueraushilfe".

170 **Missbräuchlich** und arbeitsrechtlich unwirksam ist im Übrigen auch die Umfunktionierung eines Aushilfsarbeitsverhältnisses in ein Verhältnis der **freien Mitarbeit** (Scheinselbstständigkeit), insbesondere um die Abführung von pauschaler Lohnsteuer und

ggf. auch von Sozialversicherungsbeiträgen zu umgehen; so ist z.B. ein studentischer Tankwart auf Abruf regelmäßig Arbeitnehmer (BAG v. 12.6.1996, 5 AZR 960/94, DB 1997, 429).

Weitere Informationen hierzu unter → Scheinselbständigkeit und → selbständig Tätige.

Erlaubt ist demgegenüber die kurzzeitige **Aushilfsbeschäftigung von Arbeitslosen** bei Verdienstanrechnung auf das Arbeitslosengeld (→ Arbeitsloser). 171

2. Echte und unechte Aushilfen

a) Echte Aushilfen

Typische Beispiele für **echte Aushilfen** sind Mitarbeiter, 172

- die Arbeitnehmer vertreten, die z.B. wegen Krankheit, Urlaub, Elternzeit oder Schwangerschaft fehlen (**Ersatz- oder Vertretungsbedarf**, vgl. BAG v. 22.5.1986, 2 AZR 392/85, DB 1986, 2548), wobei es zulässig ist, dass ein ständiger Mitarbeiter in **mittelbarer Vertretung** die Aufgaben des ausfallenden Arbeitnehmers übernimmt und die Aushilfe den ständigen Mitarbeiter vertritt (BAG v. 25.8.2004, 7 AZR 32/04, NZA 2005, 472; BAG v. 10.3.2004, 7 AZR 402/03, DB 2004, 1434);
- die wegen vorübergehender Produktionserhöhung benötigt werden (**Zusatzbedarf**) oder wegen eines sonstigen vorübergehenden **Mehrbedarfs** (BAG v. 19.3.2008, 7 AZR 1098/06, AP Nr. 7 zu § 14 TzBfG Haushalt);
- die beim Sommer- und Winterschlussverkauf, Jahresabschluss, bei Inventuren oder Ernten usw. gebraucht werden (**Saisonbedarf**, → **Saisonarbeitnehmer**).

b) Unechte Aushilfen

Typische Beispiele für **unechte** Aushilfen (**Daueraushilfen**) sind beispielsweise sog. Springer oder Frauen, die als Dauerersatz für die zahlreichen betrieblichen Mutterschutzfälle in einem Großbetrieb eingestellt werden. 173

Daher handelt es sich bei dem folgenden Fall trotz der entsprechenden Bezeichnung nicht um ein Aushilfsarbeitsverhältnis:

> **Beispiel:**
> Ein Buchhalter wird als Aushilfe mit einer vereinbarten Kündigungsfrist von einer Woche beschäftigt. Die Einstellung erfolgt aber nicht wegen eines vorübergehenden Bedarfs, sondern hier wurde eine Dauerarbeitsstelle mit einer „Aushilfe" besetzt. Rechtlich besteht somit ein Dauerarbeitsverhältnis, bei dem nicht die vereinbarte, sondern die gesetzliche Kündigungsfrist gilt.

3. Aushilfsvereinbarung und Nachweis

a) Aushilfsvereinbarung

Ein Arbeitgeber muss bei der Einstellung eines „Mitarbeiters auf Zeit" die **Aushilfstätigkeit ausdrücklich vereinbaren;** anderenfalls kommt es zu einem normalen Arbeitsverhältnis. In einem Streitfall hat der **Arbeitgeber** regelmäßig die **Nachweispflicht**. 174

> **Beispiel:**
> Eine Verkäuferin wird als Vertreterin für eine erkrankte Kollegin eingestellt. Der Chef erwähnt aber diesen Vertretungszweck nicht. Es besteht somit kein Aushilfsarbeitsverhältnis. Die Folge: Es gilt die gesetzliche Kündigungsfrist und nicht die mit der Verkäuferin vereinbarte „Eine-Woche-Frist".
>
> Dies könnte jedoch auch eintreten, wenn der Chef den entsprechenden Hinweis gegeben hätte – dann nämlich, wenn die Verkäuferin diese mündliche Vereinbarung bestreiten sollte. Denn ein Nachweis dürfte dem Arbeitgeber nur schwer gelingen.

Um solche und andere mögliche Schwierigkeiten bei Aushilfsbeschäftigungen von vornherein auszuschließen, ist dringend zu empfehlen, mit „Mitarbeitern auf Zeit" eine **schriftliche Vereinbarung zu treffen** und darin den **Aushilfszweck besonders aufzuführen.** Der Anhang enthält ein Muster einer Vereinbarung (→ Arbeitsvertrag für Aushilfen).

b) Nachweis wesentlicher Vertragsbedingungen

175 Nach dem **Nachweisgesetz** (NachwG) gilt:

- Bei einem **echten Aushilfsarbeitsverhältnis,** also bei vorübergehendem Bedarf, mit zeitlicher Begrenzung auf **höchstens einen Monat** ist der Arbeitgeber **nicht zur schriftlichen Festlegung und Aushändigung** der wesentlichen Arbeitsbedingungen verpflichtet (§ 1 NachwG).

- Bei **unechter Aushilfe** (→ Rz. 173) oder bei feststehender oder absehbarer Dauer der Aushilfe von **über einem Monat** müssen die wesentlichen Vertragsbedingungen (§ 2 NachwG) dem Arbeitnehmer spätestens **einen Monat** nach Beginn des Arbeitsverhältnisses **schriftlich** (nicht elektronisch) **ausgehändigt** werden.

- Handelt es sich bei einer Aushilfsbeschäftigung von mehr als einem Monat um eine sozialversicherungsrechtliche geringfügige (nicht kurzfristige) Beschäftigung, muss der Arbeitnehmer auch auf die Möglichkeit der **Befreiung von der gesetzlichen Rentenversicherungspflicht** hingewiesen werden.

- Eine **Änderung** wesentlicher Vertragsbedingungen muss spätestens einen Monat nach der Änderung schriftlich (nicht elektronisch) mitgeteilt werden.

- Die Pflicht zur schriftlichen Mitteilung entfällt bei einem **schriftlichen Arbeitsvertrag,** der die erforderlichen Angaben enthält (Mustervertrag siehe Anhang → Arbeitsvertrag für Aushilfen); ähnlich bei **Hinweis auf Tarifverträge,** Betriebsvereinbarungen und ähnliche Regelungen (§ 2 Abs. 3 NachwG).

4. Befristete Ersatzkraft für Mitarbeiter in Elternzeit

176 Der häufig auftretende Sonderfall, dass ein Arbeitnehmer während der **Elternzeit** durch eine **Vertretungsaushilfe** ersetzt werden muss, ist gesetzlich ausdrücklich in § 21 BEEG geregelt. Danach ist eine zeitliche Befristung des Ersatzverhältnisses für die Dauer der Elternzeit, für kürzere Zeiträume auch mehrfach hintereinander mit einem oder mehreren Arbeitnehmern, auch in Teilzeit zulässig.

Ebenso zulässig ist nach § 21 BEEG eine Zweckbefristung, die aber weniger zu empfehlen ist (→ Befristeter Arbeitsvertrag).

177 Der Anhang enthält eine Mustervereinbarung zur Elternzeitvertretung durch eine Aushilfe → Arbeitsvertrag für Ersatzkraft nach dem BEEG (Elternzeitvertretung), befristet.

5. Befristete kurzfristige Beschäftigung

178 Eine besondere Form der Aushilfsbeschäftigung ist das steuerlich und sozialversicherungsrechtlich interessante sog. kurzfristige Arbeitsverhältnis, dem im Übrigen nicht zwingend unbedingt ein Aushilfszweck zu Grunde liegen muss. Dieses kurzfristige Arbeitsverhältnis, das auch ein Teilzeitarbeitsverhältnis sein kann, ist weitgehend ein normales Arbeitsverhältnis. Da es im Allgemeinen **befristet** abgeschlossen wird, müssen die Regelungen des Teilzeit- und Befristungsgesetzes beachtet werden. (zu **Befristungsfragen** im Einzelnen → Befristeter Arbeitsvertrag Rz. 198 ff.).

Eine **Mustervereinbarung** zur kurzfristigen Beschäftigung einer Aushilfe siehe Anhang → Arbeitsvertrag für kurzfristige Beschäftigung.

6. Vergütung

Auch für die **Vergütung** an Aushilfen gelten die Bestimmungen des Mindestlohngeset- 179
zes (MiLoG) → **Mindestlohn**.

Für die **Vergütung in besonderen Fällen** an Aushilfen gelten folgende Regeln:

- Fällt in die Vertragsdauer eines Aushilfsarbeitsverhältnisses ein **Feiertag,** so hat der Arbeitgeber die ausgefallene Arbeitszeit nach den Bestimmungen des Entgeltfortzahlungsgesetzes (§ 2 EZFG) zu vergüten.
- Aushilfskräfte haben wie sonstige Mitarbeiter bei besonderen Anlässen Anspruch auf **bezahlte Freistellung** (→ Freistellung aus besonderen Anlässen).
- **Mutterschutzleistungen** für Kleinbetriebe sind nach dem AAG im sog. U2-Verfahren zu erstatten.
- Auf **Gratifikationen** und ähnliche soziale Leistungen (z.B. Weihnachtsgeld) besteht aber wegen der vorübergehenden Beschäftigung und der kurzen Dauer regelmäßig kein Anspruch.

7. Sonstige Regelungen

Bei der Beschäftigung von Aushilfen sind folgende weitere arbeitsrechtliche Rege- 180
lungen zu beachten:

- Aushilfskräfte sind **Arbeitnehmer i.S.d. Betriebsverfassungsgesetzes** (§ 5 BetrVG). Sie haben damit beispielsweise das aktive Wahlrecht bei Betriebsratswahlen; bei ihrer Einstellung hat der Betriebsrat ein Mitbestimmungsrecht, und bei einer Kündigung muss er angehört werden; nach sechs Monaten Betriebszugehörigkeit ist eine Aushilfe auch in den Betriebsrat wählbar.
- Aushilfskräfte, sogar Ein-Tages-Aushilfen, können auch bei der Bestimmung der Anzahl der zu wählenden Betriebsratsmitglieder nach § 9 BetrVG mitzählen: Insoweit zählt die durchschnittliche Anzahl der an einem Arbeitstag beschäftigten Aushilfskräfte zu den regelmäßig im Betrieb beschäftigten Arbeitnehmern i.S.v. § 9 BetrVG (BAG v. 7.5.2008, 7 ABR 17/07, NZA 2008, 1142).
- Dem Abschluss eines befristeten Aushilfsvertrages kann der Betriebsrat im Übrigen nicht mit der Begründung widersprechen, die Befristung sei gesetzwidrig, unzulässig oder sonst für den Betriebsrat unerwünscht.

II. Lohnsteuer

Als Aushilfen bzw. Aushilfskräfte beschäftigte Personen werden steuerlich regelmäßig 181
als Arbeitnehmer eingestuft. Dazu sind die lohnsteuerlichen Abgrenzungskriterien für
eine **Arbeitnehmereigenschaft** (→ Arbeitnehmer) und deren Folgerungen sowie die
Dauer des Dienstverhältnisses und die Arbeitslohnhöhe für die Lohnsteuererhebung
zu beachten. Die arbeitsrechtliche Einstufung in echte oder unechte Aushilfen ist steuerlich nicht von Bedeutung.

Eine Arbeitnehmereigenschaft/Aushilfstätigkeit liegt **nicht** vor, wenn die Tätigkeit

- als eine bloße Gefälligkeit, Nachbarschaftshilfe oder gelegentliche Hilfeleistung anzusehen ist,
- als Ausfluss persönlicher Verbundenheit und nicht zu Erwerbszwecken geleistet wird.

Ist eine solche Hilfeleistung nicht auf Gewinn ausgerichtet, d.h. es wird für die Gefälligkeit keine Vergütung gezahlt, ergeben sich regelmäßig keine steuerlichen Folgerungen.

Andernfalls sind Aushilfskräfte grundsätzlich Arbeitnehmer und unterliegen mit ihrem
Verdienst dem Lohnsteuerabzug. Auch eine nur stundenweise Tätigkeit schließt die

Arbeitnehmereigenschaft nicht aus, wenn die für ein Arbeitsverhältnis sprechenden Merkmale (z.B. Bindung an Weisung, Ort und Zeit, Zahlung einer Vergütung) überwiegen.

Liegt ein → Dienstverhältnis vor, erhält die Aushilfe regelmäßig steuerpflichtigen Arbeitslohn. Von diesem ist die Lohnsteuer nach den individuellen Lohnsteuerabzugsmerkmalen (lt. ELStAM- oder Härtefall-Verfahren) zu berechnen (Regelverfahren → Lohnsteuerkarte). Zu den Möglichkeiten der Lohnsteuerpauschalierung → Geringfügig entlohnte Beschäftigung sowie → Pauschalierung und Pauschalbeiträge.

III. Sozialversicherung

182 Es bestehen keine sozialversicherungsrechtlichen Besonderheiten.

IV. Kirchensteuer

183 Bei Kirchenangehörigen ist Kirchensteuer in Abhängigkeit von der Lohnsteuer zu begleichen, sofern Lohnsteuer zu entrichten ist.

Ausländischer Arbeitnehmer

I. Arbeitsrecht

1. Grundsätze

184 Ausländische Arbeitnehmer benötigen zur Arbeitsaufnahme in Deutschland grundsätzlich einen Pass und einen Aufenthaltstitel nach den Bestimmungen des **Aufenthaltsgesetzes** (AufenthG). Dies gilt auch für Einsätze als **Aushilfen, Teilzeitkräfte, geringfügig Beschäftigte** (siehe LSG Baden-Württemberg v. 24.6.2003, L 13 AL 1666/03 ER-B, n.v.) **und Nebenberufler,** so dass bei verbotswidriger Beschäftigung staatliche Sanktionen drohen (z.B. Ausweisung, Abschiebung etc.; für Arbeitgeber drohen zudem z.B. Bußgelder nach § 404 SGB III und u.U. die Verfolgung als Straftat nach § 10 SchwarzArbG). Zur Vermeidung solcher Sanktionen sollten Arbeitsverträge jedenfalls aus Arbeitgebersicht nur unter der aufschiebenden Bedingung des Vorliegens eines Aufenthaltstitels geschlossen werden. Umgekehrt gelten bei einem zulässigen Einsatz ausländischer Arbeitnehmer alle in diesem Ratgeber dargestellten nationalen arbeitsrechtlichen Regelungen ohne zusätzliche Besonderheiten, so dass ausländische Arbeitnehmer z.B. auch Anspruch auf den gesetzlichen → **Mindestlohn** besitzen, unter den entsprechenden Voraussetzungen Kündigungsschutz genießen etc.

Die illegale Beschäftigung von Ausländern hat jedoch nicht die Unwirksamkeit des Arbeitsvertrages zur Folge (§ 98a Abs. 1 Satz 1 AufenthG), sondern insbesondere vergütungs- und haftungsrechtliche Folgen (§ 98a Abs. 2 bis 6 AufenthG). Liegt jedoch kein Aufenthaltstitel vor, kann der Arbeitgeber das Arbeitsverhältnis in der Regel personenbedingt kündigen. Während eines bestehenden Beschäftigungsverbotes (z.B. aus § 4a Abs. 5 Satz 1 AufenthG) kommt der Arbeitgeber trotz Ablehnung der angebotenen Arbeitsleistung nicht in Annahmeverzug (BAG v. 6.3.1974, 5 AZR 313/73); vielmehr ruht das Arbeitsverhältnis, wenn und solange kein Aufenthaltstitel vorliegt (LAG Köln v. 19.1.1996, 11 (13) Sa 907/95).

Das Fehlen eines Aufenthaltstitels berechtigt zudem den Betriebsrat zur Zustimmungsverweigerung im Rahmen der Einstellung nach § 99 Abs. 2 Nr. 1 BetrVG.

2. Arbeitnehmer aus EU-Staaten

185 Inzwischen genießen nach Ablauf von Übergangsfristen Staatsangehörige aller **EU-Staaten volle Freizügigkeit**. Es bestehen keine Übergangsregelungen mehr für später beigetretene Staaten.

3. Saison- und Aushilfskräfte aus Rumänien und Bulgarien

Für die Beschäftigung von Arbeitnehmern aus Rumänien und Bulgarien bestehen seit dem 1.1.2014 keine Einschränkungen mehr. **186**

4. Asylbewerber/Flüchtlinge

Nach § 5 AsylbLG sollen Asylbewerbern **Arbeitsgelegenheiten in Aufnahmeeinrichtungen** nach dem Asylverfahrensgesetz sowie (soweit möglich) bei staatlichen, kommunalen bzw. gemeinnützigen Trägern gegen Zahlung einer Aufwandsentschädigung von 80 Cent je Stunde zur Verfügung gestellt werden, ohne dass hierdurch – weder arbeits- noch steuerrechtlich – ein Arbeitsverhältnis begründet wird (§ 5 Abs. 5 AsylbLG). Arbeitsfähige, nicht erwerbstätige Leistungsberechtigte, die nicht mehr im schulpflichtigen Alter sind, sind zur Wahrnehmung derartiger Arbeitsgelegenheiten verpflichtet. **187**

Die Aufnahme eines Arbeitsverhältnisses und die Tätigkeit als Arbeitnehmer in jedweder Form bzw. umgekehrt eine Beschäftigung durch einen Arbeitgeber ist (wie allgemein bei der Beschäftigung ausländischer Arbeitnehmer aus Drittstaaten) auch bei Asylbewerbern und Flüchtlingen nur zulässig, wenn der Asylsuchende bzw. Flüchtling eine **Arbeitserlaubnis** besitzt. Diese wird nach § 4a Abs. 1 AufenthG durch den Aufenthaltstitel begründet, sofern nicht ein gesetzliches Verbot besteht. Eine eigenständige Arbeitserlaubnis existiert seit Inkrafttreten des Zuwanderungsgesetzes nicht mehr. Insoweit ist für Asylsuchende bzw. Flüchtlinge jedoch zu beachten:

- Der Asylsuchende darf nach § 61 Abs. 1 AsylG für die Dauer der Pflicht, in einer Aufnahmeeinrichtung zu wohnen, grundsätzlich keine Erwerbstätigkeit ausüben.
- Asylsuchende mit Aufenthaltserlaubnis, Aufenthaltsgestattung oder mit Duldung dürfen nach § 61 Abs. 2 AsylG eine Arbeit ausüben, wenn die Ausländerbehörde auf Antrag nach Ablauf einer **Wartezeit von drei Monaten** eine Arbeitserlaubnis für eine konkrete Beschäftigung erteilt hat. Die Erlaubniserteilung hängt von der Zustimmung der Bundesagentur für Arbeit ab.
- **Ausnahmen**: Keiner Zustimmung bedarf u.a. nach § 32 BeschV die Ausübung eines **Praktikums** nach § 22 MiLoG, eine **Berufsausbildung** sowie die Beschäftigung einer Fachkraft mit akademischer Ausbildung, wenn diese u.a. ein Gehalt in Höhe von mindestens zwei Dritteln der jährlichen Bemessungsgrenzen in der allgemeinen Rentenversicherung erhält (§ 18b Abs. 2 Satz 1 AufenthG).
- Anerkannte Asylbewerber/Flüchtlinge aus völkerrechtlichen, humanitären oder politischen Gründen **mit Aufenthaltserlaubnis** können jeder Beschäftigung nachgehen.

Die wichtigsten Aufenthaltstitel für die Praxis sind die Blaue Karte EU (§ 18a Abs. 2 AufenthG), die ICT-Karte für den unternehmensinternen Transfer eines Ausländers (§ 19 AufenthG) und die selbstständige Tätigkeit (§ 21 AufenthG). Die allgemeinen (§ 5 AufenthG) und die besonderen (§§ 16 ff. AufenthG) Erteilungsvoraussetzungen müssen vorliegen.

Hinweise:

Ausführliche Informationen und aktuelle Hinweise über mögliche Rechtsänderungen stellt das Bundesamt für Migration und Flüchtlinge auf seinen Internetseiten bereit. Auch die Minijob-Zentrale hat ausführliche Informationen bereitgestellt (www.minijob-zentrale.de).

Auskünfte zur Beschäftigung geflüchteter Menschen (z.B. Anerkennung ausländischer Berufsabschlüsse, Einreise und Aufenthalt usw.) erteilen zudem das Bundesamt für Migration und Flüchtlinge (BMAF) und die Bundesagentur für Arbeit (BA).

Eine ausführliche und aktuelle Darstellung hinsichtlich der Beschäftigung von Flüchtlingen findet sich bei N. Besgen, Die Beschäftigung von Flüchtlingen – ein Überblick,

B+P 2016, 19; siehe auch Giesen, Migration und ihre Folgen – Sozialrecht, Arbeitserlaubnisrecht und Arbeitsrecht, NJW-Beilage 2018, 41; Deinert/Fontana, Migration und ihre Folgen, NJW 2018, 2767; Deinert, Illegale Ausländerbeschäftigung, NZA 2018, 71.

II. Lohnsteuer

188 Arbeitnehmer, die im Inland weder ihren Wohnsitz noch ihren gewöhnlichen Aufenthalt haben, aber hier arbeiten (ausländische Arbeitnehmer), z.B. Saisonkräfte in der Land- und Forstwirtschaft, sind beschränkt einkommensteuerpflichtig (→ Saisonarbeitnehmer). Grundsätzlich gelten für diesen Personenkreis keine lohnsteuerlichen Sonderregelungen. Die Frage, ob der Arbeitnehmer in Deutschland eine Arbeit aufnehmen darf, ist für die Lohnbesteuerung grundsätzlich unbeachtlich. Deshalb hat der (inländische) Arbeitgeber die Möglichkeit, auch für das an ausländische Arbeitnehmer gezahlte Arbeitsentgelt bzw. solchen Arbeitslohn die Lohnsteuerpauschalierung zu wählen.

Zur **Lohnsteuerpauschalierung** → Geringfügig entlohnte Beschäftigung sowie → Pauschalierung und Pauschalbeiträge.

Soll der Arbeitslohn nach den **persönlichen Merkmalen** (z.B. Steuerklasse) erhoben werden, können seit dem Kalenderjahr 2020 auch die beschränkt steuerpflichtigen Arbeitnehmer **elektronische** Lohnsteuerabzugsmerkmale erhalten (→ Lohnsteuerkarte). Eine Ersatzbescheinigung (sog. Bescheinigung für beschränkt einkommensteuerpflichtige Arbeitnehmer) ist nur noch in Ausnahmefällen erforderlich. Sie enthält die für den Lohnsteuerabzug maßgebenden persönlichen Besteuerungsmerkmale. Diese Bescheinigung wird auf Antrag (des Arbeitnehmers bzw. dessen Arbeitgebers) vom → Betriebsstättenfinanzamt des Arbeitgebers ausgestellt; sie ist dem Arbeitgeber vorzulegen. Siehe auch → Grenzgänger.

189 Beschäftigt ein Arbeitgeber einen Flüchtling oder Asylsuchenden, gelten grundsätzlich die vorgenannten allgemeinen lohnsteuerlichen Regelungen für ausländische Arbeitnehmer → Rz. 188.

Flüchtlinge oder Asylsuchende können auch dann im Inland einen Wohnsitz oder ihren gewöhnlichen Aufenthalt haben, wenn sie zunächst in Erstaufnahmeeinrichtungen wie z.B. Turnhallen oder Wohncontainern untergebracht sind. In diesen Fällen kann der Arbeitnehmer ggf. als unbeschränkt Steuerpflichtiger eingestuft werden. Über die Frage der unbeschränkten oder beschränkten Einkommensteuerpflicht entscheidet das für den Steuerpflichtigen zuständige Wohnsitzfinanzamt.

III. Sozialversicherung

190 Ausländische Arbeitnehmer sind alle Arbeitnehmer, die in Deutschland eine Beschäftigung aufnehmen und nicht im Besitz der deutschen Staatsangehörigkeit sind. Personen, die nicht im Besitz der deutschen Staatsangehörigkeit sind, sich aber rechtmäßig in Deutschland aufhalten, sind sozialversicherungsrechtlich wie deutsche Arbeitnehmer zu behandeln.

Die Beurteilung der Sozialversicherungspflicht bzw. -freiheit erfolgt aber auch unabhängig davon, ob eine Arbeits- und bzw. Aufenthaltserlaubnis vorliegen.

Bei der befristeten Beschäftigung von Arbeitnehmern aus anderen EU-Staaten und Abkommensstaaten gilt es, Besonderheiten zu beachten. Kommen die Arbeitnehmer nur befristet nach Deutschland, z.B. als Saisonarbeitnehmer (→ Rz. 842 ff.), kommt es hinsichtlich der Beurteilung der Sozialversicherungspflicht auf den Status des Arbeitnehmers in seinem Heimatland an. Hier kann es durchaus vorkommen, dass die Beschäftigung zwar in Deutschland ausgeübt wird, dennoch Sozialversicherungspflicht nach dem Recht des Herkunftslandes besteht. Demzufolge sind dann auch Beiträge und Meldungen an die dortigen Behörden zu übermitteln. Nähere Informationen hierzu unter www.dvka.de.

Auswärtstätigkeit

I. Arbeitsrecht

Es bestehen keine arbeitsrechtlichen Besonderheiten. **191**

II. Lohnsteuer

Das Vorliegen einer beruflich veranlassten Auswärtstätigkeit ist entscheidend für die **steuerfreie** Zahlung von → Reisekosten oder für den Ansatz solcher Aufwendungen als → Werbungskosten. **192**

Eine beruflich veranlasste Auswärtstätigkeit liegt vor, wenn der Arbeitnehmer

– vorübergehend außerhalb seiner Wohnung und
– nicht an seiner ersten Tätigkeitsstätte (→ Arbeitsstätte/Betriebsstätte)

beruflich tätig wird. Wird der Arbeitnehmer bei seiner individuellen beruflichen Tätigkeit typischerweise nur an ständig **wechselnden** Tätigkeitsstätten (→ Einsatzwechseltätigkeit) oder auf einem **Fahrzeug** (→ Fahrtätigkeit) tätig, handelt es sich ebenfalls um eine Auswärtstätigkeit.

Leiharbeitnehmer üben nach Auffassung der Finanzverwaltung nicht stets eine beruflich veranlasste Auswärtstätigkeit aus. Als erste Tätigkeitsstätte kann auch eine ortsfeste betriebliche Einrichtung eines Dritten bzw. Kunden angesehen werden. Hiervon sind Leiharbeitnehmer und im „Outsourcing" tätige Arbeitnehmer betroffen, wenn sie für die Dauer des befristeten Beschäftigungsverhältnisses bzw. dauerhaft beim Kunden tätig sein sollen. Diese Arbeitnehmer können durch den Arbeitgeber oder ggf. durch das Finanzamt einer ersten Tätigkeitsstätte zugeordnet werden mit der Folge, dass die nach Reisekostengrundsätzen gezahlten Pauschalen steuerpflichtig sind bzw. ein entsprechender Werbungskostenansatz nicht zulässig ist.

Diese vorgenannte Verwaltungsauffassung hat der BFH inzwischen in zwei Urteilen (v. 11.4.2019, VI R 36/16, BStBl II 2019, 543, und v. 10.4.2019, VI R 6/17, BStBl II 2019, 539, zu befristeten Leiharbeitsverhältnissen) bestätigt. Demnach ist eine Zuordnung zur ersten Tätigkeitsstätte für Dauer des befristeten Dienstverhältnisses möglich; auch wenn dieses nur einen Tag dauern sollte. Wird ein befristetes Beschäftigungsverhältnis vor Ablauf der Befristung durch bloßes Hinausschieben des Beendigungszeitpunkts bei ansonsten unverändertem Vertragsinhalt verlängert, liegt ein einheitliches Beschäftigungsverhältnis vor. Folglich ist für die Frage, ob eine Zuordnung für die Dauer des Beschäftigungsverhältnisses erfolgt, ab dem Zeitpunkt der Verlängerung auf das einheitliche Beschäftigungsverhältnis (also mit Rückwirkung) abzustellen und nicht lediglich auf den Zeitraum der Verlängerung.

Erfolgt jedoch während eines befristeten (Leih-) Arbeitsverhältnissen eine Zuordnung zu einer **anderen** bzw. weiteren Tätigkeitsstätte, stellt letztere **keine** erste Tätigkeitsstätte mehr dar. Ab diesem Zeitpunkt liegt (ggf. wieder) eine **Auswärtstätigkeit** vor, für welche die Dienstreisegrundsätze anzuwenden sind.

III. Sozialversicherung

193 Es bestehen keine sozialversicherungsrechtlichen Besonderheiten.

Beamter

I. Arbeitsrecht

194 Es bestehen keine arbeitsrechtlichen Besonderheiten.

II. Lohnsteuer

195 Beamte erhalten als Beschäftigte im **öffentlichen** Dienst (Arbeitgeber ist z.B. der Bund, ein [Bundes-]Land oder eine Kommune) steuerpflichtige Bezüge. Beamte sind Arbeitnehmer im lohnsteuerlichen Sinne. Für den Lohnsteuerabzug gelten die allgemeinen Vorschriften; dabei ist die Lohnsteuer nach der **besonderen Lohnsteuertabelle** zu erheben. Die Anwendung dieser Tabelle ist erforderlich, weil sich danach eine höhere Lohnsteuer ergibt als bei einem rentenversicherungspflichtigen Arbeitnehmer und der üblicherweise anzuwendenden allgemeinen Lohnsteuertabelle.

Beschäftigt ein **privater** Arbeitgeber einen Beamten als Aushilfskraft, ist der gezahlte Arbeitslohn nach den allgemeinen Regelungen grundsätzlich steuerpflichtig. Wird die Lohnsteuer nach den individuellen **Lohnsteuerabzugsmerkmalen** (lt. ELStAM- oder Härtefall-Verfahren → Lohnsteuerkarte) erhoben, ist ebenso wie im Beamtenverhältnis die **besondere Lohnsteuertabelle** anzuwenden.

Für die **Lohnsteuerpauschalierung** sind keine Sonderregelungen zu beachten. Der pauschale Steuersatz ist für sämtliche als Arbeitnehmer beschäftigte Personen gleich hoch.

III. Sozialversicherung

196 Beamte sind auf Grund ihres Status in der Beamtentätigkeit sozialversicherungsfrei.

Beamte sind in einer geringfügigen Beschäftigung, die sie neben der Beamtenbeschäftigung ausüben, kranken-, pflege-, renten- und arbeitslosenversicherungsfrei. Rentenversicherungsfrei sind sie bei Aufnahme der Beschäftigung ab 1.1.2013 nur, wenn sie auf die Rentenversicherungspflicht schriftlich gegenüber dem Arbeitgeber verzichten. Der Arbeitgeber hat zur Rentenversicherung Pauschalbeiträge zu entrichten. Zur Krankenversicherung fallen nur dann Pauschalbeiträge an, wenn der Beamte gesetzlich krankenversichert ist – dies ist eher der Ausnahmefall.

Übt ein Beamter neben seiner Beamtentätigkeit mehrere geringfügig entlohnte Beschäftigungen aus, so sind die Arbeitsentgelte in der Renten- und Arbeitslosenversicherung zu addieren. Überschreitet das Arbeitsentgelt aus den geringfügig entlohnten Beschäftigungen regelmäßig 450 € monatlich, so tritt in beiden Beschäftigungen Renten- und Arbeitslosenversicherungspflicht ein.

> **Beispiel:**
> Ein Beamter einer Bundesbehörde nimmt am 1.4.2021 in einem Gewerbebetrieb eine geringfügig entlohnte Beschäftigung gegen ein regelmäßiges monatliches Arbeitsentgelt i.H.v. 450 € auf. Der Beamte ist privat krankenversichert.

> **Lösung:**
> Der Beamte ist in der geringfügig entlohnten Nebenbeschäftigung kranken-, arbeitslosen- und pflegeversicherungsfrei, aber rentenversicherungspflichtig. Er hat die Möglichkeit, sich auf Antrag von der Rentenversicherungspflicht zu befreien.

Wichtig: Die private Absicherung des Beamten gegen das Risiko Krankheit ist seit dem 1.1.2019 in den Entgeltunterlagen zu dokumentieren.

Beamte, die neben ihrer Beamtenbeschäftigung eine mehr als geringfügige Beschäftigung ausüben, sind in diesen Beschäftigungen generell kranken- und pflegeversicherungsfrei. In der Renten- und Arbeitslosenversicherung unterliegen sie jedoch regelmäßig der Versicherungspflicht.

> **Beispiel:**
> Eine Bundesbeamtin nimmt am 1.6.2021 eine Nebenbeschäftigung in einem Gewerbebetrieb gegen ein regelmäßiges monatliches Arbeitsentgelt i.H.v. 900 € auf.

> **Lösung:**
> Die Beschäftigung ist renten- und arbeitslosenversicherungspflichtig, da der Beamtenstatus sich nicht auf weitere Beschäftigungen auswirkt. In der Kranken- und Pflegeversicherung besteht Versicherungsfreiheit, da sich der Beamtenstatus hier auf alle weiteren Beschäftigungsverhältnisse auswirkt.

IV. Kirchensteuer

Bei Kirchenangehörigen ist Kirchensteuer in Abhängigkeit von der Lohnsteuer zu begleichen, sofern Lohnsteuer zu entrichten ist. **197**

Befristeter Arbeitsvertrag

I. Arbeitsrecht

1. Befristeter Aushilfsvertrag

a) Grundsätze zur Befristung

Ein Aushilfsarbeitsvertrag sollte i.d.R. **befristet** werden. Damit wird auch der Aushilfscharakter, die Tätigkeit wegen eines vorübergehenden Bedarfs, besonders dokumentiert. Eine Befristung ist wegen des Aushilfszwecks in der Regel auch sachlich gerechtfertigt. **198**

Ein solcher sachlicher Grund für eine Befristung fehlt häufig regelmäßig bei mehreren hintereinander geschalteten Aushilfsarbeitsverhältnissen **(Kettenarbeitsverträge),** mit denen die Bedingungen eines normalen Arbeitsverhältnisses auf unbestimmte Zeit umgangen werden sollen (im Einzelnen hierzu → Rz. 210).

Im Übrigen bedarf aber auch die Befristung und auch die verlängerte Befristung unter den Voraussetzungen des § 14 Abs. 2 bis 3 TzBfG keines sachlichen Grunds (**sachgrundlose Befristung** → Rz. 205).

Der gesetzliche Kündigungsschutz gilt grundsätzlich auch für Aushilfen, wenn die sonstigen Voraussetzungen erfüllt sind, so dass der Arbeitgeber das **Risiko** einer unberechtigten und damit unwirksamen **Kündigung** trägt, also u.U. mit einem für ihn teuren Kündigungsschutzprozess rechnen muss. **199**

Dieses **Risiko entfällt bei** einem zulässig **befristeten Aushilfsvertrag.** Denn: Der befristete Aushilfsvertrag endet ohne Kündigung mit Erreichen des Endzeitpunkts; Kündigungsschutzbestimmungen greifen somit nicht ein.

> **Beispiel:**
> Eine Schreibkraft in einem Büro wird wegen einer schweren Operation mit anschließender Genesungszeit voraussichtlich für mehrere Monate ausfallen. Der Arbeitgeber stellt daher für sie eine Ersatzkraft aushilfsweise ein, und zwar unbefristet auf unbestimmte Zeit.

> Als sich nach drei Monaten abzeichnet, dass die erkrankte Mitarbeiterin in Kürze ihre Arbeit wieder aufnehmen kann, will der Arbeitgeber die Ersatzkraft zum nächstmöglichen Termin kündigen. Inzwischen ist die Ersatzkraft jedoch schwanger geworden. Eine Kündigung wäre daher unzulässig und unwirksam nach § 9 MuSchG. Denn diese Schutzvorschrift gilt auch bei – unbefristeten – Aushilfsverträgen (→ Kündigung Rz. 576).
>
> Wäre demgegenüber der Vertrag mit der Aushilfe etwa für vier Monate bis zum 30.9. befristet worden, so würde er ohne Kündigung und ohne Mutterkündigungsschutz unproblematisch mit dem Enddatum enden.

Zu **Befristungsfragen** allgemein und ausführlich N. Besgen, Überblick und aktuelle Fragen zum Befristungsrecht, B+P 2013, 235 (Teil I) und B+P 2013, 307 (Teil II).

b) Speziell: Ein-Tages-Aushilfen

200 In der extremsten Form kann es sogar zu wirksamen **Ein-Tages-Aushilfsverträgen** kommen, die nur auf den jeweiligen Einsatztag befristet sind, was eine oder sogar vielfache Wiederholungen nicht ausschließt (→ Ein-Tages-Aushilfe). Ob ein unbefristeter Arbeitsvertrag oder einzelne, jeweils befristete Arbeitsverträge geschlossen werden, richtet sich allein nach dem Parteiwillen (BAG v. 16.5.2012, 5 AZR 268/11, DB 2012, 2048).

Eine Rahmenvereinbarung, welche nur die Bedingungen der **erst noch abzuschließenden Arbeitsverträge** wiedergibt, selbst aber noch keine Verpflichtung zur Arbeitsleistung begründet, ist kein Arbeitsvertrag; ein solcher kann sich aber aus einer abweichenden tatsächlichen Handhabung ergeben. Es besteht keine Verpflichtung, statt der Kombination einer solchen Rahmenvereinbarung mit Einzelvereinbarungen über die jeweiligen Einsätze ein Abrufarbeitsverhältnis nach § 12 TzBfG zu vereinbaren; zwingendes Kündigungsschutz- oder Befristungskontrollrecht wird dadurch nicht umgangen (BAG v. 15.2.2012, 10 AZR 111/11, NZA 2012, 733).

Damit also **Tagesaushilfen** als Ein-Tages-Arbeitsverhältnisse (und nicht als Dauerarbeitsverhältnis) anerkannt werden können, darf **kein bindender Rahmenarbeitsvertrag** abgeschlossen sein. Zulässig und unschädlich ist insoweit nach dem BAG (v. 31.7.2002, 7 AZR 181/01, DB 2003, 96) eine den Arbeitnehmer und Arbeitgeber nicht bindende Rahmenvereinbarung (BAG v. 7.5.2008, 7 ABR 17/07, NZA 2008, 1142) nach folgendem **Muster**:

- Es muss Einigkeit darüber bestehen, dass der Arbeitgeber nicht verpflichtet ist, Beschäftigungsangebote zu machen.
- Es muss klargestellt sein, dass der Arbeitnehmer – **weisungsfrei** – nicht verpflichtet ist, Beschäftigungsangebote des Arbeitgebers anzunehmen (BAG v. 21.5.2019, 9 AZR 295/18, AP Nr. 131 zu § 611 BGB Abhängigkeit).
- Die Einsätze müssen auf den jeweiligen Einsatz befristet sein, dies sollte unbedingt durch schriftliche und unterschriftliche Bestätigung festgehalten werden.
- Es sollte klarstellend schriftlich vereinbart werden, dass durch die Rahmenvereinbarung und die im Einzelfall erfolgenden Beschäftigungen kein Dauerarbeitsverhältnis und auch kein Abrufarbeitsverhältnis begründet werden sollen.

Auch bei befristeten Ein-Tages-Aushilfsverträgen ist jedoch nicht auszuschließen, dass der Arbeitnehmer im Wege der **Befristungskontrollklage** die Unzulässigkeit der Befristung einer Tagesaushilfe auf einen Tag geltend macht wegen des **Vorbeschäftigungsverbots** (im Einzelnen s. → Rz. 215 f.) bzw. Verbots der Anschlussbefristung nach § 14 Abs. 2 TzBfG (vgl. insoweit BAG v. 16.4.2003, 7 AZR 187/02, DB 2003, 2391; BAG v. 12.11.2008, 7 ABR 73/07, AP Nr. 13 zu § 9 BetrVG 1972).

c) Befristung nach dem Teilzeit- und Befristungsgesetz

aa) Befristung mit Sachgrund nach dem TzBfG

Nach § 14 Abs. 1 TzBfG ist die – **schriftformbedürftige** – Befristung des Arbeitsvertrags zulässig, wenn sie durch einen **sachlichen Grund** gerechtfertigt ist. Die Vorschrift des § 14 Abs. 1 TzBfG führt einige **Beispielsfälle** für Sachgründe auf, darunter unter Nr. 1 den betrieblich nur vorübergehenden Bedarf an der Arbeitsleistung (z.B. → Saisonarbeitnehmer) und unter Nr. 3 die Beschäftigung eines Arbeitnehmers zur Vertretung eines anderen, also gerade die hinter einer echten Aushilfsbeschäftigung stehenden Gründe. Der **Aushilfszweck** ist daher ein **zulässiger Sachgrund** für die Befristung des Arbeitsvertrags.

201

Insoweit kann z.B. auch ein **projektbedingter personeller Mehrbedarf** einen Sachgrund zur Befristung für die Dauer des Projekts darstellen, sog. **Projektbefristung** (BAG v. 23.1.2019, 7 AZR 212/17, AP Nr. 174 zu § 14 TzBfG; BAG v. 21.11.2018, 7 AZR 234/17, NZA 2019, 611). Der Aushilfszweck und damit der Sachgrund für eine Befristung wird allerdings nicht allein dadurch infrage gestellt, dass der vom Arbeitgeber prognostizierte Bedarf an der Arbeitsleistung noch **über das Vertragsende hinaus andauert** und erst später wegfällt. Der Arbeitgeber kann frei darüber entscheiden, ob er den Zeitraum des von ihm prognostizierten zusätzlichen Arbeitskräftebedarfs ganz oder nur teilweise durch den Abschluss von befristeten Arbeitsverträgen abdeckt. Aus der Vertragslaufzeit darf sich jedoch nicht ergeben, dass der Sachgrund tatsächlich nicht besteht oder nur vorgeschoben ist (BAG v. 14.12.2016, 7 AZR 688/14, NZA 2017, 711).

Umgekehrt gilt jedoch: Ist in Wirklichkeit der **Aushilfszweck nicht** gegeben, sondern nur vorgeschoben, ist die Befristung unzulässig, so dass ein unbefristetes Arbeitsverhältnis auf unbestimmte Zeit nach § 16 TzBfG besteht, soweit nicht doch noch ein befristeter **Vertrag ohne Sachgrund** (→ Rz. 205) **nachgeschoben** werden kann: Ebenso wie sich der Arbeitgeber bei einer Sachgrundbefristung zu deren Rechtfertigung auch auf einen anderen als den im Arbeitsvertrag genannten Sachgrund berufen oder er sich auf einen Sachgrund stützen kann, wenn im Arbeitsvertrag § 14 Abs. 2 TzBfG als Rechtfertigungsgrund für die Befristung genannt ist, kann er grundsätzlich die Befristung auch dann mit § 14 Abs. 2 TzBfG begründen, wenn im Arbeitsvertrag ein Sachgrund für die Befristung angegeben ist (BAG v. 29.6.2011, 7 AZR 774/09, NZA 2011, 1151).

202

Sachgründe müssen nicht im befristeten Arbeitsvertrag genannt werden (auch wenn sich dies zur Klarstellung empfiehlt), sie müssen bei Vertragsschluss jedoch vorliegen und sollten daher zumindest außerhalb der Vertragsurkunde dokumentiert werden.

Der Arbeitnehmer muss zur Wahrung seiner Rechte nach § 17 TzBfG innerhalb einer **Klagefrist von drei Wochen** nach dem vereinbarten Ende des befristeten Arbeitsvertrages Feststellungsklage beim Arbeitsgericht erheben.

Dieser Grundsatz – fehlender Sachgrund = Unwirksamkeit der Befristung – gilt im Übrigen auch dann, wenn das Arbeitsverhältnis nicht dem Kündigungsschutzgesetz unterliegt.

203

Auch eine im Übrigen zulässige Befristung bedarf zu ihrer Wirksamkeit in jedem Fall der Schriftform, § 14 Abs. 4 TzBfG; zu Einzelheiten → Rz. 214.

204

bb) Befristung ohne Sachgrund nach dem TzBfG

Nach § 14 Abs. 2 TzBfG bedarf die Befristung des Arbeitsvertrages keines Sachgrundes, wenn der Arbeitsvertrag oder seine höchstens **dreimalige Verlängerung** nicht die **Gesamtdauer von zwei Jahren** überschreitet (im Einzelnen s. → Rz. 217). Dies gilt aber nicht, wenn mit demselben Arbeitgeber bereits **zuvor** ein befristetes oder unbefristetes **Arbeitsverhältnis** bestanden hat, sog. **Vorbeschäftigungsverbot** (im Einzelnen s. → Rz. 215 f.).

205

206 Die Möglichkeit der Befristung des Arbeitsvertrags **ohne Sachgrund bei älteren Arbeitnehmern** ist nach Unwirksamkeit der alten Fassung des § 14 Abs. 3 TzBfG wegen Altersdiskriminierung neu geregelt; Einzelheiten → Rz. 219.

207 Sind die vorstehend dargestellten Voraussetzungen für eine Befristung ohne Sachgrund nicht gegeben, so ergeben sich die unter → Rz. 202 dargestellten Folgen: Die Befristung ist unwirksam.

208 Auch hier gilt das Schriftformerfordernis; Einzelheiten → Rz. 214.

d) Zweckbefristung vermeiden, Zeitbefristung wählen

209 Es ist möglich, ein Aushilfsarbeitsverhältnis mit einer sog. **Zweckbefristung** (§ 15 Abs. 2 TzBfG) als Beendigungstatbestand zu vereinbaren, beispielsweise dahingehend, dass das Arbeitsverhältnis enden soll *„ohne Kündigung mit Wiederantritt der Arbeit durch die erkrankte und vertretene Mitarbeiterin X".*

Derartige Zweckbefristungen sollten jedoch wegen des ihnen innewohnenden zeitlichen Unsicherheitsfaktors vermieden werden; das zweckbefristete Aushilfsarbeitsverhältnis kann auch ggf. nur mit schriftlicher Ankündigung und mit der **Ankündigungsfrist** von zwei Wochen nach § 15 Abs. 2 TzBfG beendet werden. Also: **Klare Verhältnisse** schafft allein die **Zeitbefristung.** Dagegen ist eine **Kombination** von Zeit- und Zweckbefristung durchaus zulässig, etwa bei einer Vertretung für eine Mitarbeiterin im Beschäftigungsverbot, wenn die Rückkehr dieser Mitarbeiterin zeitlich unklar ist.

Der Anhang enthält ein Muster einer entsprechenden Vereinbarung → Arbeitsvertrag für kurzfristige Beschäftigung.

2. Befristeter Teilzeitvertrag

210 Auch Teilzeitarbeitsverhältnisse können befristet abgeschlossen werden und unterliegen den gleichen Anforderungen an einen Sachgrund wie Vollzeitarbeitsverhältnisse (→ Rz. 198 ff.). Ein sachlicher Grund für eine Befristung fehlt häufig bei mehreren hintereinander geschalteten Teilzeitverträgen **(Kettenarbeitsverträge),** mit denen die Bedingungen eines normalen Arbeitsverhältnisses auf unbestimmte Zeit umgangen werden sollen (BAG v. 27.3.1969, 2 AZR 302/68, DB 1969, 1249) oder bei von vornherein beabsichtigter Dauerbeschäftigung (BAG v. 3.10.1984, 7 AZR 192/83, NZA 1985, 561). Andererseits sind auch zahlreiche Kettenbefristungen bei jeweils gegebenem Sachgrund **nicht automatisch unwirksam**, sondern nur in **Missbrauchsfällen** (EuGH v. 26.1.2012, C-586/10, NZA 2012, 135; BAG v. 18.7.2012, 7 AZR 443/09, DB 2012, 2813; BAG v. 18.7.2012, 7 AZR 783/10, NZA 2012, 1359). Bei der Missbrauchsprüfung sind alle Umstände des Einzelfalls und dabei namentlich die **Gesamtdauer und die Zahl** der mit derselben Person zur Verrichtung der gleichen Arbeit geschlossenen aufeinanderfolgenden befristeten Verträge zu berücksichtigen, um auszuschließen, dass Arbeitgeber rechtsmissbräuchlich auf befristete Arbeitsverträge zurückgreifen (BAG v. 19.2.2014, 7 AZR 260/12, NZA-RR 2014, 408).

Nach der neueren Rechtsprechung des BAG (BAG v. 26.10.2016, 7 AZR 135/15, NZA 2017, 382) ist eine **umfassende Kontrolle** nach den Grundsätzen eines institutionellen Rechtsmissbrauchs regelmäßig geboten, wenn

– die Gesamtdauer des befristeten Arbeitsverhältnisses acht Jahre überschreitet oder

– mehr als zwölf Verlängerungen des befristeten Arbeitsvertrags vereinbart wurden oder

– wenn die Gesamtdauer des befristeten Arbeitsverhältnisses sechs Jahre überschreitet und mehr als neun Vertragsverlängerungen vereinbart wurden.

Von einem **indizierten Rechtsmissbrauch** ist regelmäßig auszugehen, wenn

– die Gesamtdauer des Arbeitsverhältnisses zehn Jahre überschreitet oder

- mehr als 15 Vertragsverlängerungen vereinbart wurden oder
- wenn mehr als zwölf Vertragsverlängerungen bei einer Gesamtdauer von mehr als acht Jahren vorliegen.

In einem solchen Fall kann aber der Arbeitgeber durch Darlegung besonderer Umstände die Annahme des Gestaltungsmissbrauchs widerlegen (BAG v. 29.4.2015, 7 AZR 310/13, NZA 2015, 928).

Vergleiche allgemein und ausführlich N. Besgen, Überblick und aktuelle Fragen zum Befristungsrecht, B+P 2013, 235 (Teil I) und B+P 2013, 307 (Teil II).

a) Befristung mit Sachgrund

Nach § 14 Abs. 1 TzBfG ist die – schriftformbedürftige – Befristung des Arbeitsvertrages zulässig, wenn sie durch einen **sachlichen Grund** gerechtfertigt ist. Die Vorschrift des § 14 Abs. 1 TzBfG führt in einem Katalog einige **Beispielsfälle** für Sachgründe auf, z.B. den Sachgrund der Vertretung eines anderen Arbeitnehmers. 211

Zum Nachschieben von Befristungsgründen bzw. zum Berufen auf eine sachgrundlose Befristung sowie zur Klagefrist nach § 17 TzBfG gelten die Ausführungen unter → Rz. 202. 212

Auch bei einem **wirksam befristeten Vertrag** gilt: Verweigert der Arbeitgeber einem befristet beschäftigten Arbeitnehmer den Abschluss eines Folgevertrags und ist das Motiv des Arbeitgebers hierfür eine nach § 612a BGB **unzulässige Maßregelung** des Arbeitnehmers, so besteht nach einer neueren Entscheidung des BAG zwar ein Anspruch auf **Schadensersatz**, aber kein Anspruch auf einen Folgevertrag (BAG v. 21.9.2011, 7 AZR 150/10, DB 2012, 524).

Dieser Grundsatz – fehlender Sachgrund = Unwirksamkeit der Befristung – gilt im Übrigen auch dann, wenn das Arbeitsverhältnis nicht dem Kündigungsschutzgesetz unterliegt. 213

Im Übrigen ist eine zulässige Befristung nur dann wirksam, wenn sie schriftlich vereinbart worden ist, § 14 Abs. 4 TzBfG. Schriftform bedeutet dabei nach § 126 BGB Unterschriftsform oder elektronische Form. **Wichtig:** Nur die Befristungsabrede, nicht der gesamte Arbeitsvertrag bedürfen der Schriftform! Bei nicht eingehaltener Schriftform, also z.B. bei einer mündlichen Befristungsabrede, ist nicht der Vertrag nichtig, sondern die Befristung unzulässig, d.h. es besteht ein Arbeitsverhältnis auf unbestimmte Zeit, § 16 TzBfG. 214

Wichtig: Der schriftliche befristete Vertrag muss **vor Antritt der Arbeit** abgeschlossen sein. Eine mündlich und damit formnichtig und unwirksam vereinbarte Befristung wird durch eine nach Vertragsbeginn erfolgte **nachträgliche schriftliche Niederlegung** in einem Arbeitsvertrag **nicht rückwirkend wirksam** (BAG v. 16.4.2008, 7 AZR 1048/06, NZA 2008, 1184). Hat der Arbeitnehmer die vom Arbeitgeber vorformulierte, aber noch nicht unterschriebene Vertragsurkunde unterzeichnet an den Arbeitgeber zurückgegeben, muss auch die von diesem gegengezeichnete schriftliche Annahmeerklärung dem Arbeitnehmer zur Einhaltung der Schriftform zugegangen sein (BAG v. 25.10.2017, 7 AZR 632/15, NZA 2018, 507). Es muss daher besonders darauf geachtet werden, dass die unterschriebene schriftliche Befristungsabrede (der unterschriebene schriftliche Vertrag) **bei Arbeitsbeginn** vorliegt und vorher noch keine Arbeitsaufnahme erfolgt.

b) Befristung ohne Sachgrund

Nach § 14 Abs. 2 TzBfG bedarf die Befristung des Arbeitsvertrages keines Sachgrundes, wenn der Arbeitsvertrag oder seine höchstens **dreimalige Verlängerung** nicht die **Gesamtdauer von zwei Jahren** überschreitet. Dies gilt aber nicht, wenn mit demselben Arbeitgeber bereits **jemals zuvor** ein befristetes oder unbefristetes **Arbeitsverhältnis** bestanden hat, sog. **Vorbeschäftigungsverbot,** das auch nicht umgangen werden darf 215

(BAG v. 15.5.2013, 7 AZR 525/11, DB 2013, 2276); danach ist nur noch eine Befristung mit Sachgrund möglich (→ Rz. 211); insoweit ist die Verkürzung eines sachgrundlos befristeten Vertrags nur mit Sachgrund zulässig (BAG v. 14.12.2016, 7 AZR 49/15, BB 2017, 1529). Voraussetzung ist, dass das Vorbeschäftigungsarbeitsverhältnis auch schon aktiviert war (BAG v. 12.6.2019, 7 AZR 548/17, NZA 2019, 1352). Dieses Anschlussverbot gilt auch für kurzzeitige Arbeitsverträge (BAG v. 6.11.2003, 2 AZR 690/02, DB 2004, 2755). Demgegenüber ist ein **Berufsausbildungsverhältnis kein Arbeitsverhältnis** i.S.d. Vorbeschäftigungsverbots für eine sachgrundlose Befristung (BAG v. 21.9.2011, 7 AZR 375/10, DB 2012, 462).

Auch greift das Vorbeschäftigungsverbot nicht, wenn im Rahmen eines **Betriebsübergangs** nach § 613a BGB ein Arbeitsverhältnis lediglich mit dem Betriebsveräußerer irgendwann einmal zuvor bestanden hat; der Betriebserwerber wird hierdurch nicht gebunden (BAG v. 18.8.2005, 8 AZR 523/04, NZA 2006, 145; BAG v. 25.10.2012, 8 AZR 572/11). Denn nur ein jemals zuvor befristetes Arbeitsverhältnis mit demselben (!) Arbeitgeber ist insoweit schädlich. Ist das Zuvor-Arbeitsverhältnis dagegen noch nicht beendet und geht so auf den Erwerber über, dann kommt eine erneute Befristung weder mit dem neuen noch mit dem alten Arbeitgeber in Betracht (ErfK-*Müller-Glöge*, 20. Aufl. 2020, § 613a Rz. 93a).

Nachdem das Bundesarbeitsgericht das Vorbeschäftigungsverbot dahingehend eingeschränkt hatte, dass nur Zuvor-Arbeitsverhältnisse in den letzten drei Jahren schädlich sein sollten (BAG v. 6.4.2011, 7 AZR 716/09, DB 2011, 1811) hat das **Bundesverfassungsgericht** diese Rechtsfortbildung verworfen (BVerfG v. 6.6.2018, 1 BvL 7/14 und 1 BvR 1375/14, NZA 2018, 774). Auch wenn damit eigentlich keine zeitliche Grenze mehr für das Vorbeschäftigungsverbot besteht, so bedarf es dennoch einer Einzelfallprüfung, ob das Anschlussverbot unzumutbar ist, weil eine Gefahr der Kettenbefristung in Ausnutzung der strukturellen Unterlegenheit der Beschäftigten nicht besteht und das Verbot der sachgrundlosen Befristung nicht erforderlich ist, um das unbefristete Arbeitsverhältnis als Regelbeschäftigungsform zu erhalten. Das kann insbesondere dann der Fall sein, wenn eine Vorbeschäftigung

- sehr **lang zurückliegt**,
- ganz **anders geartet** war oder
- von sehr **kurzer Dauer** gewesen ist.

Insoweit gilt hinsichtlich des **Zeitfaktors**: Liegt ein vorangegangenes Arbeitsverhältnis acht Jahre zurück, ist dies kein sehr langer Zeitraum in diesem Sinne (BAG v. 23.1.2019, 7 AZR 733/16, NZA 2019, 700; BAG v. 20.3.2019, 7 AZR 409/16, NZA 2019, 1274); auch bei einem ca. 15 Jahre zurückliegenden Arbeitsverhältnis ist kein sehr langer Zeitraum anzunehmen (BAG v. 17.4.2019, 7 AZR 323/17, NZA 2019, 1271). Wird ein Arbeitnehmer dagegen **22 Jahre** nach der Beendigung seines Arbeitsverhältnisses erneut bei demselben Arbeitgeber eingestellt, darf der Arbeitgeber den Arbeitsvertrag trotz der Vorbeschäftigung sachgrundlos befristen (BAG v. 21.8.2019, 7 AZR 452/17). Die **Grenze** dürfte danach **bei 20 Jahren** liegen, wobei dies keinesfalls pauschal angenommen werden sollte.

216 Auf einen engen sachlichen Zusammenhang, der nach alter Rechtslage anzunehmen war, wenn zwischen den Arbeitsverhältnissen ein Zeitraum von weniger als vier Monaten bestand, kommt es nicht mehr an.

Beratungshinweis:

Da es auf die Frage ankommt, ob mit demselben Arbeitgeber irgendwann einmal ein möglicherweise weit zurückliegendes und bzw. oder nur kurzfristiges Arbeitsverhältnis bestanden hat, ggf. mit welchen Modalitäten, ist dringend anzuraten, neben eigener Nachforschung im Einstellungsgespräch nach einer vorangegangenen Beschäftigung zu fragen oder eine solche Frage in den Einstellungsfragebogen mit aufzunehmen und an die Dokumentation der Antwort zu denken. Dies wird insbesondere in größeren Betrieben – oder wenn der Personalsachbearbeiter zwischenzeitlich gewechselt haben sollte – hilfreich sein. Eine bewusst wahrheitswidrige Antwort des Bewerbers berechtigt den Arbeitgeber regelmäßig zur Anfechtung des Arbeitsverhältnisses. Lässt sich gleichzeitig ein Sachgrund für die Befristung begründen, so sollte dieser unbedingt herangezogen werden.

Weiterhin gilt, dass eine Befristung ohne Sachgrund **bis zur Höchstdauer von zwei Jahren** zulässig ist, wobei im Rahmen dieser Gesamtdauer eine **höchstens dreimalige Verlängerung** der jeweiligen Befristung erfolgen darf (vgl. § 14 Abs. 2 Satz 1 TzBfG). Die letzte Verlängerung darf nur den Zeitraum von zwei Jahren nicht überschreiten, sonst besteht auch bei nur kurzfristiger Überschreitung ein unbefristetes Arbeitsverhältnis. 217

Beispiel 1:

Die Parteien schließen einen befristeten Vertrag nach § 14 Abs. 2 TzBfG vom 1.1. bis zum 30.6.2018 (1. Befristung). Sie schließen einen zweiten befristeten Vertrag an für die Zeit vom 1.7. bis zum 31.12.2018 (2. Befristung). Vom 1.1. bis zum 30.6.2019 wird ein weiterer befristeter Vertrag abgeschlossen (3. Befristung). Schließlich verlängern die Parteien die Befristung nochmals vom 1.7. bis zum 31.12.2019 (4. Befristung).

Ergebnis: Der zunächst abgeschlossene befristete Vertrag ist zulässigerweise noch dreimal befristet verlängert und zulässig insgesamt für zwei Jahre abgeschlossen worden.

Beispiel 2:

Die Parteien vereinbaren bei der in Beispiel 1 genannten letzten Befristung das Fristende auf den 15.1.2020. Hier besteht – da der Zeitraum von zwei Jahren überschritten wird – ein unbefristetes Arbeitsverhältnis, das auch dem allgemeinen Kündigungsschutz nach §§ 1 bis 14 KSchG unterliegt.

Hinsichtlich der zulässigen **Verlängerungen** des befristeten Vertrags ist darauf zu achten, dass

– die Verlängerungsabrede **vor Ablauf** der zuletzt vereinbarten Befristung getroffen sein muss (BAG v. 4.12.2013, 7 AZR 468/12, NZA 2014, 623),
– der **Inhalt** des Verlängerungsvertrags **keinesfalls vom vorangegangenen Vertrag abweicht** (BAG v. 4.12.2013, 7 AZR 468/12, NZA 2014, 623), z.B. durch Veränderung der regelmäßigen Arbeitszeit (BAG v. 26.7.2000, 7 AZR 51/99, DB 2001, 100), es sei denn, der Arbeitnehmer habe Anspruch auf die Verlängerung nach § 9 TzBfG (BAG v. 16.1.2008, 7 AZR 603/06, DB 2008, 1323) oder auf die ansonsten geänderten Vertragsbedingungen (BAG v. 23.8.2006, 7 AZR 12/06, NZA 2007, 204).

Der Anhang enthält ein Muster einer entsprechenden Vereinbarung → Arbeitsvertrag für befristete Beschäftigung, Verlängerung.

Durch **Tarifvertrag** sind nach § 14 Abs. 2 Satz 3 TzBfG **Abweichungen** hinsichtlich der Anzahl der Verlängerungen und der Höchstdauer der Befristung zulässig, auch kumulativ (BAG v. 5.12.2012, 7 AZR 698/11, NZA 2013, 515). Diese Möglichkeit gilt nicht völlig unbegrenzt: Durch Tarifvertrag kann geregelt werden, dass die sachgrundlose Befristung eines Arbeitsvertrags bis zur Dauer von sechs Jahren und bis zu dieser Gesamtdauer die bis zu neunmalige Verlängerung eines sachgrundlos befristeten Arbeitsvertrags zulässig ist; eine Befristung ohne Sachgrund bis zur Gesamtdauer von sieben Jahren ist jedoch nicht zu rechtfertigen (BAG v. 17.4.2019, 7 AZR 410/17, NZA 2019, 1223). 218

Die Möglichkeit der Befristung des Arbeitsvertrags **ohne Sachgrund bei älteren Arbeitnehmern** ist wie folgt geregelt: Erlaubt ist die sachgrundlose Befristung des Vertrags mit älteren Arbeitnehmern, die das 52. Lebensjahr vollendet haben, bis zur **Gesamtdauer von fünf Jahren** bei mehrfacher Verlängerungsmöglichkeit innerhalb dieses Zeitraums unter der Voraussetzung, dass 219

- der Arbeitnehmer unmittelbar vor Beginn des befristeten Arbeitsverhältnisses mindestens vier Monate beschäftigungslos i.S.d. § 138 Abs. 1 Nr. 1 SGB III gewesen ist oder
- Transferkurzarbeitergeld bezogen oder
- an einer öffentlich geförderten Beschäftigungsmaßnahme nach SGB II oder III teilgenommen hat.

Im Übrigen können die Arbeitsvertragsparteien nach § 41 Satz 3 SGB VI unter der Voraussetzung einer schon getroffenen – wirksamen – Vereinbarung der Beendigung des Arbeitsverhältnisses mit Erreichen der gesetzlichen Regelaltersgrenze rechtssicher auch weitere sich nahtlos anschließende Befristungen des Arbeitsverhältnisses vereinbaren (**Hinausschiebensvereinbarungen**), wie auch der EuGH anerkannt hat (EuGH v. 28.2.2018, C-46/17, NZA 2018, 355); siehe auch → Rentner Rz. 831, → Ältere Arbeitnehmer Rz. 33. Sind die vorstehend dargestellten Voraussetzungen für eine Befristung ohne Sachgrund nicht gegeben, so ergibt sich die Folge der Unwirksamkeit der Befristung (→ Rz. 212), wobei wiederum der Arbeitnehmer die **Klagefrist** von drei Wochen wahren muss. Deshalb sollte auch mit älteren Arbeitnehmern möglichst eine Befristung mit Sachgrund gewählt werden.

220 Auch hier gilt das Schriftformerfordernis; Einzelheiten → Rz. 214.

3. Befristete Musterverträge

221 Einen Formulierungsvorschlag für einen befristeten **Teilzeit-Arbeitsvertrag** enthält der Anhang → Arbeitsvertrag für gewerbliche Arbeitnehmer, befristet.

Einen Formulierungsvorschlag für einen befristeten **Aushilfe-Arbeitsvertrag** enthält der Anhang → Arbeitsvertrag für gewerbliche Arbeitnehmer, befristet.

Einen Formulierungsvorschlag für einen befristeten Arbeitsvertrag für eine **Ersatzkraft** zur Vertretung des in **Elternzeit** befindlichen Arbeitnehmers nach § 21 BEEG enthält der Anhang → Arbeitsvertrag für Ersatzkraft nach dem BEEG (Elternzeitvertretung), befristet.

II. Lohnsteuer

222 Es bestehen keine lohnsteuerlichen Besonderheiten. Abhängig vom Lohnzahlungszeitraum (z.B. vereinbarter Tages-, Wochen- oder Monatslohn) ist die Lohnsteuer ggf. nicht nach der üblichen Monatstabelle, sondern nach der Tagestabelle zu ermitteln. Alternativ ist die pauschale Erhebung der Lohnsteuer möglich → Pauschalierung und Pauschalbeiträge.

III. Sozialversicherung

223 In der Sozialversicherung ist bei befristeten Arbeitsverträgen zu prüfen, ob es sich um eine sozialversicherungsfreie **kurzfristige Beschäftigung** handelt oder nicht.

Liegt keine sozialversicherungsfreie, sondern eine versicherungspflichtige Beschäftigung vor, so ist für den Bereich der Krankenversicherung zu prüfen, welcher Beitragssatz maßgebend ist.

Ist die Beschäftigung von vornherein auf weniger als zehn Wochen (bei gesetzlichem Anspruch auf EFZ) befristet, so ist der ermäßigte Beitragssatz (Beitragsgruppe 3000) maßgebend. Der ermäßigte Beitragssatz ist anzuwenden, da kein Anspruch auf mindestens sechs Wochen EFZ im Krankheitsfall besteht und dadurch bedingt auch kein Anspruch auf Krankengeld.

Ist die Beschäftigung auf mindestens zehn Wochen (70 Kalendertage) oder länger befristet, so ist der allgemeine Beitragssatz (Beitragsgruppe 1000) anzuwenden.

IV. Kirchensteuer

Abhängig vom Lohnzahlungszeitraum ist auch die Kirchensteuer bei Kirchenangehörigen zu ermitteln. 224

Beitragsberechnung

I. Arbeitsrecht

Es bestehen keine arbeitsrechtlichen Besonderheiten. 225

II. Lohnsteuer

Die vom Arbeitgeber geleisteten Umlagen sowie die sozialversicherungsrechtlichen Arbeitgeberbeiträge einschl. dem Zusatzbeitrag zur Krankenversicherung rechnen nicht zum Arbeitslohn. Im Übrigen bestehen keine lohnsteuerrechtlichen Besonderheiten. 226

III. Sozialversicherung

1. Beitragsberechnung bei versicherungsfrei geringfügig entlohnten Beschäftigten

Der Arbeitgeber hat aus dem Arbeitsentgelt die Pauschal- und Umlagebeträge allein zu tragen. 227

Berechnung: Arbeitsentgelt · Beitragssatz

2. Beitragsberechnung bei versicherungspflichtig Beschäftigten

Arbeitgeber und Arbeitnehmer haben die Sozialversicherungsbeiträge grundsätzlich zur Hälfte zu tragen, wenn Versicherungspflicht in dem einzelnen Zweig besteht. 228

Ausnahmen bestehen in der Krankenversicherung und Pflegeversicherung.

In der Krankenversicherung tragen Arbeitnehmer und Arbeitgeber den vom Gesetzgeber festgelegten allgemeinen bzw. ermäßigten Beitragssatz jeweils zur Hälfte. Seit dem 1.1.2015 legen die gesetzlichen Krankenkassen die Höhe der Zusatzbeiträge fest, die sie benötigen, um die Finanzierungslücke zwischen den Zuweisungen aus dem Gesundheitsfonds und den eigenen Ausgaben zu schließen. Dieser Zusatzbeitrag ist seit dem 1.1.2019 wieder paritätisch zu tragen (also jeweils zur Hälfte von Arbeitnehmer und Arbeitgeber). Der Zusatzbeitrag ist nach wie vor vom Arbeitgeber im Rahmen des Lohnabzugsverfahrens einzubehalten.

In der Pflegeversicherung tragen Arbeitnehmer und Arbeitgeber den Beitrag jeweils zur Hälfte. Hat der Arbeitnehmer allerdings das 23. Lebensjahr vollendet und gegenüber dem Arbeitgeber die Elterneigenschaft nicht nachgewiesen, so hat der Arbeitgeber vom Arbeitnehmer aus dem Bruttoentgelt den Beitragszuschlag für Kinderlose einzubehalten.

Berechnung:

Krankenversicherung:	Arbeitsentgelt · 7,3 % = Arbeitnehmeranteil Arbeitsentgelt · ½ Zusatzbeitrag (Arbeitnehmeranteil)
	Arbeitsentgelt · 7,3 % = Arbeitgeberanteil Arbeitsentgelt · ½ Zusatzbeitrag (Arbeitgeberanteil)
Pflegeversicherung:	Arbeitsentgelt · 1,525 % = Zwischenergebnis · 2 = Gesamtbeitrag Pflegeversicherung

Beitragsberechnung

	Besonderheit Sachsen: Arbeitgeberanteil: 1,025 % Arbeitnehmeranteil: 2,025% zzgl. Arbeitsentgelt · 0,25 % = Beitragszuschlag Pflegeversicherung, wenn der Arbeitnehmer das 23. Lebensjahr vollendet und keine Elterneigenschaft nachgewiesen hat
Renten- und Arbeitslosenversicherung:	Arbeitsentgelt · halber Beitragssatz = Zwischenergebnis · 2 = Gesamtbeitrag

3. Geringverdienergrenze

229 Der Arbeitgeber hat aus dem Arbeitsentgelt die Beiträge allein zu tragen. Die Beiträge werden berechnet, in dem das Arbeitsentgelt mit dem entsprechenden Beitragssatz multipliziert wird. Zur Krankenversicherung hat der Arbeitgeber auch den Zusatzbeitrag zur Krankenversicherung zu tragen. Hierbei ist zu beachten, dass es sich um den durchschnittlichen Zusatzbeitragssatz der GKV (2021: 1,3 %) handelt. Die Höhe des kassenindividuellen Zusatzbeitragssatzes der Krankenkasse, bei der der Arbeitnehmer versichert ist, ist nicht anzuwenden.

4. Beitragsberechnung bei geringfügig entlohnt Beschäftigten – außerhalb Privathaushalt

230 Arbeitsentgelt · Pauschalbeitragssatz (KV 13 % und RV 15 %)

Seit dem 1.1.2013 sind geringfügig entlohnte Beschäftigungen grundsätzlich rentenversicherungspflichtig, falls nicht der Beschäftigte einen Antrag auf Befreiung von der Rentenversicherungspflicht stellt (Befreiungsantrag → Anhang 18). Der Arbeitgeber hat aber nach wie vor einen Pauschalbeitrag zur Rentenversicherung zu entrichten. Hinzu kommen noch die Umlage U2 und ggf. die Umlage U1 (→ Ausgleichsverfahren AAG). Der Arbeitnehmer hat ab dem Jahr 2013 aus dem Arbeitsentgelt ebenfalls einen Beitragsanteil zu leisten. Dieser berechnet sich aus der Differenz zwischen dem Arbeitgeberanteil und dem jeweils gültigen Beitragssatz der Rentenversicherung. 2020 wird dies z.B. ein Beitrag i.H.v. 3,6 % (in Privathaushalten 13,6 %) sein, den der geringfügig entlohnte Beschäftigte von seinem Arbeitsentgelt als Rentenversicherungsbeitrag zu tragen hat.

5. Beitragsberechnung bei Beschäftigungen im Übergangsbereich

231 Aus der beitragspflichtigen Einnahme ist der jeweilige Gesamtbeitrag je Versicherungszweig zu ermitteln. Anschließend ist aus dem tatsächlich erzielten Arbeitsentgelt der Arbeitgeberanteil zu ermitteln. Der vom Arbeitnehmer zu tragende Anteil ergibt sich, wenn man vom Gesamtbeitrag den Arbeitgeberanteil abzieht. Näheres hierzu → Beschäftigungen im Übergangsbereich.

Beitragsgruppenschlüssel

I. Arbeitsrecht
Es bestehen keine arbeitsrechtlichen Besonderheiten. 232

II. Lohnsteuer
Es bestehen keine lohnsteuerrechtlichen Besonderheiten. 233

III. Sozialversicherung

1. Allgemeines

Sozialversicherungsmeldung: Übersicht der möglichen Beitragsgruppenschlüssel
Der Beitragsgruppenschlüssel gibt in der Sozialversicherung Auskunft über die versicherungs- und beitragsrechtliche Beurteilung eines Beschäftigten. Der Beitragsgruppenschlüssel ist immer vierstellig anzugeben. 234

Die Stellen sind folgendermaßen besetzt:

1. Stelle	2. Stelle	3. Stelle	4. Stelle
Krankenversicherung	Rentenversicherung	Arbeitslosenversicherung	Pflegeversicherung

2. Mögliche Beitragsgruppenschlüssel

Sozialversicherungsmeldung: Übersicht zu den möglichen Beitragsgruppenschlüsseln 235

Krankenversicherung		Rentenversicherung		Arbeitslosenversicherung		Pflegeversicherung	
0	kein Beitrag	0	kein Beitrag	0	kein Beitrag	0	kein Beitrag
1	allgemeiner Beitrag	1	voller Beitrag*	1	voller Beitrag	1	voller Beitrag
3	ermäßigter Beitrag	3	halber Beitrag	2	halber Beitrag (bis 31.12.2016)	2	halber Beitrag
4	Beitrag zur landwirtschaftlichen Krankenversicherung	5	Pauschalbeitrag für geringfügig Beschäftigte				
5	Arbeitgeberbeitrag zur landwirtschaftlichen Krankenversicherung						
6	Pauschalbeitrag für geringfügig Beschäftigte						
9	Beitrag zur freiwilligen Krankenversicherung Firmenzahler						

* Beitragsgruppenschlüssel auch bei rv-pflichtigem Minijob.

Beitragsgruppenschlüssel

3. Häufig vorkommende Fallgestaltungen in der Praxis

Übersicht zu häufig vorkommenden Fallgestaltungen in der Praxis und deren Beitragsgruppenschlüssel in Sozialversicherungsmeldungen

236 Aus der nachstehend aufgeführten Tabelle können Sie die in der Praxis am häufigsten vorkommenden Fallgestaltungen und deren Beitragsgruppenschlüssel entnehmen:

Sachverhalt – **ab 1.1.2013**	Beitragsgruppen-schlüssel			
	KV	RV	AV	PV
Geringfügig entlohnt Beschäftigter – gesetzlich krankenversichert	6	1	0	0
Geringfügig entlohnt Beschäftigter – nicht gesetzlich krankenversichert	0	1	0	0
Geringfügig entlohnt Beschäftigter – gesetzlich krankenversichert – **Antrag auf Befreiung von der RV-Pflicht liegt vor**	6	5	0	0
Geringfügig entlohnt Beschäftigter – nicht gesetzlich krankenversichert – **Antrag auf Befreiung von der RV-Pflicht liegt vor**	0	5	0	0
Arbeitnehmer – mehr als geringfügig entlohnt beschäftigt – Bezug einer Vollrente wegen Alters – aber Alter für den Bezug der Regelaltersrente ist noch nicht vollendet	3	1	1	1
Arbeitnehmer – mehr als geringfügig entlohnt beschäftigt – Bezug einer Vollrente wegen Alters – Alter für den Bezug der Regelaltersrente ist vollendet (bis 31.12.2016)	3	3	2	1
Arbeitnehmer – mehr als geringfügig entlohnt beschäftigt – Bezug einer Vollrente wegen Alters – Alter für den Bezug der Regelaltersrente ist vollendet (ab 1.1.2017 – 31.12.2021)	3	3	0	1
Arbeitnehmer, dessen regelmäßiges Jahresarbeitsentgelt die JAE-Grenze übersteigt – private Krankenversicherung	0	1	1	0
Arbeitnehmer – versicherungspflichtige kurzfristige Beschäftigung – Befristung aber weniger als 10 Wochen	3	1	1	1
Arbeitnehmer – mehr als geringfügig entlohnt beschäftigt – gleichzeitiger Bezug einer Rente wegen voller Erwerbsminderung (alt: Erwerbsunfähigkeitsrente)	3	1	0	1
Arbeitnehmer – mehr als geringfügig entlohnt beschäftigt – gleichzeitiger Bezug einer Rente wegen teilweiser Erwerbsminderung (alt: Berufsunfähigkeitsrente)	1	1	1	1
Eingeschriebener Student – mehr als geringfügig entlohnt beschäftigt – wöchentliche Arbeitszeit nicht mehr als 20 Stunden	0	1	0	0
Versicherungsfreier kurzfristig beschäftigter Arbeitnehmer	0	0	0	0
Zweite geringfügig entlohnte Beschäftigung neben einer kranken-, renten-, arbeitslosen- und pflegeversicherungspflichtigen (Haupt)Beschäftigung	1	1	0	1

Beitragstragung

I. Arbeitsrecht

Es bestehen keine arbeitsrechtlichen Besonderheiten. **237**

II. Lohnsteuer

Die vom Arbeitgeber nach dem Sozialversicherungsrecht geleisteten Beiträge rechnen nicht zum Arbeitslohn. Der Arbeitnehmer hat seine an die Sozialversicherung zu leistenden Beiträge aus dem versteuerten Arbeitslohn zu zahlen. Im Übrigen bestehen keine lohnsteuerrechtlichen Besonderheiten. **238**

III. Sozialversicherung

Die Beiträge zur Sozialversicherung werden grundsätzlich vom Arbeitnehmer und Arbeitgeber jeweils zur Hälfte getragen. Bei geringfügig entlohnt Beschäftigten sieht der Gesetzgeber vor, dass die Pauschalbeiträge zur Renten- und ggf. Krankenversicherung durch den Arbeitgeber zu tragen sind. Seit dem 1.1.2013 sind geringfügig entlohnte Beschäftigte grundsätzlich rentenversicherungspflichtig (hier besteht jedoch die Möglichkeit einer Befreiung → Anhang 18). Neben dem vom Arbeitgeber weiterhin zu tragenden Pauschalbeitrag i.H.v. 15 % (Privathaushalt 5 %) zur Rentenversicherung hat der Arbeitnehmer ab dem Jahr 2013 ebenfalls einen Beitragsanteil zu leisten. Dieser berechnet sich aus der Differenz zwischen dem Arbeitgeberanteil und dem jeweils gültigen Beitragssatz der Rentenversicherung. Seit dem 1.1.2018 (18,6 %) ist dies ein Beitrag i.H.v. 3,6 % (in Privathaushalten 13,6 %), den der geringfügig entlohnte Beschäftigte von seinem Arbeitsentgelt als Rentenversicherungsbeitrag zu tragen hat. Weiterhin hat der Arbeitgeber die anfallenden Beiträge zur Unfallversicherung und den Umlagen nach dem AAG und die Insolvenzgeldumlage selbst zu tragen. **239**

Beitragslast: Übersicht der Verteilung bei verschiedenen Fallgestaltungen
Die nachfolgende Übersicht verdeutlicht die Verteilung der Beitragslast ab 1.1.2020 bei den verschiedenen Fallgestaltungen unter Berücksichtigung der Wiedereinführung der paritätischen Finanzierung in der Krankenversicherung: **240**

SV-Zweig	Beitragsgruppe	Beitragssatz	Arbeitgeber	Arbeitnehmer
Krankenversicherung	1000	14,6 %	7,3 % zzgl. Hälfte des kassenindividuellen Zusatzbeitrags	7,3 % zzgl. Hälfte des kassenindividuellen Zusatzbeitrags
	3000	14,0 %	7,0 % zzgl. Hälfte des kassenindividuellen Zusatzbeitrags	7,0 % zzgl. Hälfte des kassenindividuellen Zusatzbeitrags
	6000	13 % 5 % *(Beschäftigung im Privathaushalt)*	13 % 5 %	./. ./.

SV-Zweig	Beitrags-gruppe	Beitragssatz	Arbeitgeber	Arbeitnehmer
Rentenversicherung **Keine** geringfügig entlohnte Beschäftigung Geringfügig entlohnte Beschäftigung	0100	18,6 %	9,3 %	9,3 %
	0300	9,3 %	9,3 %	./.
	0500	15 % 5 % *(Beschäftigung im Privathaushalt)*	15 % 5 %	./. ./.
	0100	18,6 % 18,6 %	15 % 5 %	3,6 % 13,6%
Arbeitslosenversicherung	0010	2,4 %	1,2 %	1,2 %
	*0020**	*1,25 %*	*1,25 %*	*./.*
Pflegeversicherung	0001	3,05 %	1,525 % Sachsen: 1,025 %	1,525 % Sachsen: 2,025%

* Beitragsgruppe 0020 ausgesetzt bis 31.12.2021.
Die zu entrichtenden Umlagen tragen die Arbeitgeber alleine (U2 und ggf. U1 sowie die Insolvenzgeldumlage).

Ausnahme: Geringverdiener (Auszubildende, deren Entgelt monatlich die Grenze von 325 € nicht übersteigt). Der Arbeitgeber hat für diesen Personenkreis die Beiträge zur Kranken-, Renten-, Arbeitslosen- und Pflegeversicherung allein zu tragen.

Beitragszuschlag zur Pflegeversicherung

I. Arbeitsrecht

241 Es bestehen keine arbeitsrechtlichen Besonderheiten.

II. Lohnsteuer

242 Der Arbeitnehmer hat den nach Sozialversicherungsrecht zu entrichtenden Beitragszuschlag für die Pflegeversicherung aus seinem Nettolohn zu leisten. Im Übrigen bestehen keine lohnsteuerrechtlichen Besonderheiten.

III. Sozialversicherung

243 Der Beitragszuschlag in der Pflegeversicherung ist für alle pflegeversicherungspflichtig Beschäftigten zu entrichten, die

– das 23. Lebensjahr vollendet haben und
– gegenüber dem Arbeitgeber den Nachweis der Elternschaft nicht erbracht haben.

Der Beitragszuschlag ist ab dem Ersten des Kalendermonats zu entrichten, der auf die Vollendung des 23. Lebensjahrs folgt.

> **Beispiel:**
> Arbeitnehmer geboren am 15.2.1998.
> Vollendung des 23. Lebensjahrs am 14.2.2021.
> Beitragszuschlag in der Pflegeversicherung ab 1.3.2021, vorausgesetzt, es wird keine Elterneigenschaft nachgewiesen.

Der Beitragszuschlag zur Pflegeversicherung für Kinderlose beträgt 0,25 % – maximal bis zur Beitragsbemessungsgrenze in der Krankenversicherung.

Der Beitragszuschlag zur Pflegeversicherung ist vom Arbeitnehmer zu tragen. Hat der Arbeitnehmer den Beitragszuschlag zur Pflegeversicherung zu entrichten, so trägt er seit 1.1.2019 1,775 % (in Sachsen: 2,275 %) zur Pflegeversicherung.

Berufskleidung

I. Arbeitsrecht

Berufskleidung kann je nach ihrer spezifischen Art die Verpflichtung des Arbeitgebers zu Aufwendungsersatz (siehe hierzu ausführlich „Auslagen- und Aufwendungsersatz im Zusammenhang mit dem Arbeitsverhältnis", B+P 2009, 665 ff. und „Aufwand für Berufskleidung: Erstattungsgrundsätze – Pflegeaufwand – Aufrechnung – Pfändungsschutz", B+P 2011, 26 f.) auslösen oder auch einen von Hause aus nicht ohne Weiteres erstattungspflichtigen Aufwand darstellen, den der Arbeitgeber nur kraft besonderer Vereinbarung vergüten muss. 244

In der betrieblichen Praxis treten insbesondere hauptsächlich folgende **Streitfragenkomplexe** auf:

– Müssen bestimmte Kleidungsstücke getragen werden?
– Dürfen bestimmte Kleidungsstücke getragen werden?
– Darf das Tragen bestimmter Kleidungsstücke untersagt werden?
– Wer trägt die Kosten für bei der Arbeit getragene Kleidung, welche Verteilung ist ggf. zulässig?
– Zählen Umkleidezeiten zur vergütungspflichtigen Arbeitszeit?

Die Lösung der angeführten und weiterer Problemfragen im Einzelfall ergibt sich aus gesetzlichen Vorgaben (z.B. §§ 618 und 670 BGB), aus arbeitsvertraglicher Vereinbarung, aus Richtlinien, aus Direktionsrecht, aus Betriebsvereinbarung und aus Tarifvertrag, wobei im Einzelfall noch abzuwägen sein kann zwischen dem Persönlichkeitsrecht des Arbeitnehmers und Arbeitgeberinteressen.

Speziell zum Umkleiden als – vergütungspflichtige – Arbeitszeit: Zur Arbeit gehört auch das Umkleiden für die Arbeit, wenn der Arbeitgeber das Tragen einer bestimmten Kleidung vorschreibt und das Umkleiden im Betrieb erfolgen muss (BAG v. 26.10.2016, 5 AZR 168/16, NZA 2017, 323). Die Fremdnützigkeit des Umkleidens ergibt sich schon aus der **Weisung** des Arbeitgebers, die ein Anlegen der Arbeitskleidung zu Hause und ein Tragen auf dem Weg zur Arbeitsstätte ausschließt, aber auch daraus, dass bestimmte Arbeitskleidung betrieblichen Belangen des Arbeitgebers dient. Insoweit ergibt sich die **Fremdnützigkeit** auch aus einer **besonderen Auffälligkeit** einer Dienstkleidung (BAG v. 25.4.2018, 5 AZR 245/17, NZA 2018, 1077; BAG v. 17.11.2015, 1 ABR 76/13, NZA 2016, 247). Da die Arbeit in diesem Falle mit dem Umkleiden beginnt, zählen **auch die innerbetrieblichen Wege** zur Arbeitszeit, die dadurch veranlasst sind, dass die Arbeitgeberin das Umkleiden nicht am Arbeitsplatz ermöglicht, sondern dafür eine vom Arbeitsplatz getrennte Umkleidestelle einrichtet, die der Arbeitnehmer zwingend benutzen muss (BAG v. 19.9.2012, 5 AZR 678/11, BAGE 143, 107).

Eine Dienstkleidung ist **besonders auffällig**, wenn der Arbeitnehmer auf Grund ihrer Gestaltung in der Öffentlichkeit einem bestimmten Arbeitgeber oder einem bestimmten Berufszweig beziehungsweise einer bestimmten Branche zugeordnet werden kann; an der Fremdnützigkeit des An- und Ablegens einer besonders auffälligen Dienstkleidung fehlt es dagegen, wenn sich der Arbeitnehmer freiwillig dafür entscheidet, diese nicht im Betrieb an- und abzulegen; das Umkleiden außerhalb des Betriebs dient dann nicht ausschließlich einem fremden Bedürfnis (BAG v. 6.9.2017, 5 AZR 382/16, NZA 2018, 180).

Aber: Nur die unter Ausschöpfung der persönlichen Leistungsfähigkeit des Arbeitnehmers **erforderlichen Umkleidezeiten** einschließlich der innerbetrieblichen Wegezeiten von der Umkleide- bis zur Arbeitsstelle sind vergütungspflichtig, ggf. als Überstunden (BAG v. 19.3.2014, 5 AZR 954/12, NZA 2014, 787). Offen ist im Übrigen, ob und inwieweit individualvertraglich eine Vergütung für Umkleide- und Wegezeiten ausgeschlossen werden könnte. Ohnehin bleibt eine angemessene **Pauschalierung** zu empfehlen.

Durch **Tarifvertrag** kann die Pflicht zur Vergütung von Umkleidezeiten **abbedungen** werden, auch wenn das An- und Ablegen der Dienstkleidung vergütungspflichtige Arbeit ist (BAG v. 12.12.2018, 5 AZR 124/18, AP Nr. 55 zu § 611 BGB Arbeitszeit); hierfür ist allerdings eine hinreichend klare Tarifregelung erforderlich (BAG v. 25.4.2018, 5 AZR 245/17, NZA 2018, 1077).

Zum Fragenbereich siehe ausführlich D. Besgen, Kleidung und Outfit im Arbeitsverhältnis, B+P 2013, 163.

1. Arbeitsschutzkleidung

245 Aus § 618 BGB ergibt sich, dass der Arbeitgeber gegenüber dem Arbeitnehmer verpflichtet ist, nach den Unfallverhütungsvorschriften erforderliche Schutzausrüstungen zum Schutz gegen gesundheitliche Gefahren, außerordentliche Verschmutzungen und Witterungsunbilden **zur Verfügung zu stellen**. Diese Verpflichtung des Arbeitgebers ist gem. § 619 BGB **unabdingbar**, d.h., der Arbeitgeber kann sich aus dieser Verpflichtung nicht durch Vereinbarung mit dem Arbeitnehmer lösen. Daraus ergibt sich wiederum, dass der Arbeitnehmer an den Kosten für Schutzkleidung, z.B. Sicherheitsschuhe, **nicht beteiligt** werden darf. Hat der Arbeitnehmer die Schutzkleidung dennoch ganz oder teilweise auf eigene Kosten beschafft, so hat er Anspruch auf Ersatz seiner Aufwendungen nach § 670 BGB (BAG v. 19.5.1998, 9 AZR 307/96, DB 1999, 339). So gehört z.B. in einem Lebensmittelunternehmen auch die **Reinigung der Hygienekleidung** zu den öffentlich-rechtlichen Pflichten. Deshalb kann der Arbeitgeber einen Anspruch auf Erstattung der verauslagten Reinigungskosten gegenüber dem Arbeitnehmer nicht aus § 670 BGB herleiten. Zwar enthält diese Vorschrift den allgemeinen Rechtsgrundsatz, dass derjenige, der im Interesse eines anderen Aufwendungen macht, für die er keine Vergütung erhält, Ersatz der Aufwendungen von demjenigen verlangen kann, für den er tätig geworden ist. Der Lebensmittelunternehmer macht die Reinigungsaufwendungen jedoch nicht im Fremd-, sondern im Eigeninteresse, weil er damit seine Pflicht zur Einhaltung der Lebensmittelhygiene erfüllt (BAG v. 14.6.2016, 9 AZR 181/15, NZA-RR 2016, 565).

Neben § 618 BGB existieren eine Vielzahl von Arbeitsschutzbestimmungen, die eine bestimmte Schutzbekleidung vorschreiben. Auch Unfallverhütungsvorschriften der BG sind hier u.U. zu beachten. Bis zur Gestellung von erforderlicher Schutzkleidung hat der Arbeitnehmer ein Zurückbehaltungsrecht an der Arbeitsleistung, § 273 BGB, kann die Arbeit also vorerst verweigern. Verweigert der Arbeitnehmer dagegen beharrlich das Tragen angeordneter Schutzkleidung, kann dies nach vorheriger Abmahnung einen Kündigungsgrund darstellen.

2. Dienstkleidung

246 Schreibt der Arbeitgeber vor, dass während der Arbeit im betrieblichen Interesse eine bestimmte Dienstkleidung anstelle normaler Kleidung getragen wird – auf die Berechtigung zu einer derartigen Anordnung soll hier nicht näher eingegangen werden –, wie dies z.B. für Spielbankangestellte der Fall ist, so besteht – abgesehen von der Erstausstattung – **kein Anspruch** des Arbeitnehmers auf Aufwendungsersatz für die Ersatzbeschaffung nach Abnutzung oder für Reinigungs- und Pflegekosten (BAG v. 19.5.1998, 9 AZR 307/96, DB 1999, 339; BAG v. 17.2.2009, 9 AZR 676/07, DB 2009, 1542). Denn insoweit gilt der Grundsatz, dass der Arbeitnehmer nur in seiner Kleidung der Arbeitspflicht genügen kann und der natürliche Verschleiß und der Aufwand für die Reini-

gung und Pflege der Kleidung Privatsache ist bzw. mit der Arbeitsvergütung abgegolten ist. Etwas anderes gilt bei vorgeschriebener Dienstkleidung nur dann, wenn sich eine Aufwandsentschädigung aus einer anderweitigen Vereinbarung (Arbeitsvertrag, Tarifvertrag, Betriebsvereinbarung) ergibt.

Bezüglich des Tragens von Dienstkleidung handelt es sich um ein erzwingbares Mitbestimmungsrecht, da die Ordnung des Betriebes betroffen ist, § 87 Abs. 1 Nr. 1 BetrVG (BAG v. 1.12.1992, 1 AZR 260/92, NZA 1993, 711).

Das Tragen von **Dienstkleidung auf dem Weg von und zur Arbeit,** zu dem weder die Betriebsparteien noch eine Einigungsstelle die Arbeitnehmer wegen des damit verbundenen Eingriffs in die private Lebensführung verpflichten könnten, dient allein dem Interesse des Arbeitgebers; der Arbeitgeber muss insoweit eine angemessene betriebliche Umkleidemöglichkeit zur Verfügung stellen (BAG v. 17.1.2012, 1 ABR 45/10, NZA 2012, 687). Insoweit können Umkleidezeiten zur **Arbeitszeit** zu zählen sein (BAG v. 10.11.2009, 1 ABR 54/08, DB 2010, 454).

3. Berufskleidung

Die vorstehenden Grundsätze zur Dienstkleidung gelten auch für sogenannte Berufskleidung, die in bestimmten Berufen typischerweise getragen wird, z.B. von Kellnern, Zimmerleuten, Forstleuten u.Ä. Auch hier bestehen also grundsätzlich keine Ansprüche auf Aufwendungsersatz oder auf eine Aufwandsentschädigung.

247

4. Arbeitskleidung

Schließlich und erst recht gilt für einfache Arbeitskleidung, die der Arbeitnehmer zum Schutz vor Schäden und Abnutzung seiner privaten Kleidung bei der Arbeit trägt, dass sie zu seiner selbstverständlichen Einsatzpflicht zählt und er mit deren natürlichem Verschleiß rechnen muss, so dass weder ein Anspruch auf Aufwendungsersatz noch auf Aufwandsentschädigung besteht (BAG v. 14.10.2003, 9 AZR 657/02, NZA 2004, 604). Es handelt sich hierbei nicht um vorgeschriebene Kleidungsstücke, sondern der Arbeitnehmer entscheidet sich aus Praktikabilitätsgründen dazu, bestimmte Kleidungsstücke bei der Arbeit zu tragen.

248

II. Lohnsteuer

Steuerfrei sind die Gestellung und die Übereignung typischer Berufskleidung durch den Arbeitgeber. Typische Berufskleidung liegt vor, wenn sie ihrer Beschaffenheit nach objektiv nahezu ausschließlich für die berufliche Verwendung bestimmt und wegen der Eigenart des Berufs nötig ist. Zur typischen Berufskleidung gehören:

249

– Arbeitsschutzkleidung, die auf die ausgeübte Berufstätigkeit zugeschnitten ist oder
– die durch ihre uniformartige Beschaffenheit oder dauerhaft angebrachte Kennzeichnung durch ein Firmenemblem (Logo) objektiv eine berufliche Funktion erfüllt.

Eine private Nutzung der Kleidung muss nahezu ausgeschlossen sein.

Zur **typischen** Berufskleidung bzw. Arbeitsschutzkleidung rechnet z.B. Kleidung, die nach Unfallverhütungsvorschriften, Tarifvertrag oder Betriebsvereinbarung vorgeschrieben ist, wie Sicherheitsschuhe, Schutzkittel bzw. Schutzkleidung aus hygienischen Maßnahmen oder als allgemeiner Schutz der getragenen Kleidung oder zur Gefahrenabwehr.

Gestellt der Arbeitgeber auf Grund der **Corona-Krise** dem Arbeitnehmer Schutzmasken, eine Schutzausrüstung, Desinfektionsmittel, Corona-Tests usw. für den beruflichen Gebrauch, handelt es sich um einen Vorteil im ganz überwiegend eigenbetrieblichen Interesse des Arbeitgebers. Insoweit liegt kein steuerpflichtiger geldwerter Vorteil beim Arbeitnehmer vor. Solche Anschaffungen des Arbeitnehmers können steuerlich nicht (z.B. als → Werbungskosten) berücksichtigt werden.

Übliche bürgerliche **Kleidung**, wie z.B. Schuhe, Unterwäsche oder Jeans für den täglichen Bedarf, wird auch bei hoher Abnutzung, z.B. durch den Einsatz auf einer Baustelle, nicht zur typischen Berufskleidung.

Allerdings können **ausnahmsweise** auch solche Kleidungsstücke zur typischen Berufskleidung gehören, die ihrer Art nach der bürgerlichen Kleidung zuzurechnen sind. Voraussetzung dafür ist, dass die Verwendung dieser Kleidungsstücke für Zwecke der privaten Lebensführung aufgrund berufsspezifischer Eigenschaften so gut wie ausgeschlossen ist. Diese Voraussetzung hat der BFH bejaht für den Cut eines Empfangschefs, den Frack und den schwarzen Anzug eines Kellners sowie für den schwarzen Anzug eines Leichenbestatters. Anders hat das Gericht jedoch im Fall eines Lodenmantels entschieden, den der Leiter eines staatlichen Forstamts getragen hat. Danach wird ein seinem Charakter nach zur bürgerlichen Kleidung gehörendes Kleidungsstück (hier: Lodenmantel) nicht dadurch zur typischen Berufskleidung, dass es nach der Dienstanweisung des Arbeitgebers zur Dienstbekleidung zählt und mit einem Dienstabzeichen versehen ist.

Beschafft der Arbeitnehmer die typische Berufskleidung selbst, darf der Arbeitgeber diese Aufwendungen **steuerfrei erstatten**. Steuerfrei sind auch pauschale Barablösungen, soweit sie die regelmäßigen Absetzungen für Abnutzung sowie die üblichen Instandhaltungs- und Instandsetzungskosten der typischen Berufskleidung abgelten (§ 3 Nr. 31 EStG, R 3.31 LStR, H 3.31 LStH).

Aufwendungen für die **Reinigung** gehören regelmäßig nicht zu den Instandhaltungs- und Instandsetzungskosten der typischen Berufsbekleidung. Sie können vom Arbeitgeber **nicht** steuerfrei erstattet werden. Übernimmt der Arbeitgeber die Reinigung und Instandsetzung der Berufskleidung, hat dies für den Arbeitnehmer keine lohnsteuerlichen Folgen.

III. Sozialversicherung

250 Handelt es sich steuerrechtlich um Arbeitslohn, so ist dieser auch Arbeitsentgelt i.S.d. Sozialversicherung.

Berufsmäßigkeit

I. Arbeitsrecht

251 Es bestehen keine arbeitsrechtlichen Besonderheiten.

II. Lohnsteuer

252 Es bestehen keine lohnsteuerrechtlichen Besonderheiten; s. auch → Aushilfe, → Dienstverhältnis, → Ein-Euro-Job.

III. Sozialversicherung

253 Eine kurzfristige Beschäftigung (→ Kurzfristige Beschäftigung Rz. 594) erfüllt dann nicht mehr die Voraussetzungen einer geringfügigen Beschäftigung, wenn die Beschäftigung berufsmäßig ausgeübt wird und ihr Arbeitsentgelt 450 € im Monat übersteigt. Die Prüfung der Berufsmäßigkeit ist mithin nicht erforderlich, wenn das aufgrund dieser Beschäftigung erzielte Arbeitsentgelt die (anteilige) Arbeitsentgeltgrenze von 450 € im Monat nicht überschreitet. Gleiches gilt, wenn das Arbeitsentgelt bei einer Rahmenvereinbarung, die die Voraussetzungen für eine kurzfristige Beschäftigung erfüllt, die Arbeitsentgeltgrenze von 450 € im Kalendermonat nicht übersteigt. Die Anzahl der

Arbeitseinsätze im jeweiligen Beschäftigungsmonat ist insofern unerheblich, wobei allerdings zu beachten ist, dass die Beschäftigung ohne Entgeltzahlung aus sozialversicherungsrechtlicher Sicht spätestens nach Ablauf eines Monats endet (§ 7 Abs. 3 Satz 1 SGB IV) und abzumelden ist. Darüber hinaus braucht die Berufsmäßigkeit der Beschäftigung auch dann nicht geprüft zu werden, wenn die Beschäftigung bereits infolge Überschreitens der Zeitgrenze von drei Monaten bzw. 70 Arbeitstagen als nicht geringfügig anzusehen ist.

Berufsmäßig wird eine Beschäftigung dann ausgeübt, wenn sie für die in Betracht kommende Person nicht von untergeordneter wirtschaftlicher Bedeutung ist (vgl. Urteil des BSG v. 28.10.1960, 3 RK 31/56, SozR Nr. 1 zu § 166 RVO).

Kurzfristige Beschäftigungen, die neben einer versicherungspflichtigen (Haupt-)Beschäftigung, neben einem freiwilligen sozialen oder ökologischen Jahr, neben dem Bundesfreiwilligendienst, neben einem dem freiwilligen sozialen oder ökologischen Jahr vergleichbaren Freiwilligendienst (wie beispielsweise dem entwicklungspolitischen Freiwilligendienst „WELTWÄRTS" oder dem „Incoming-Freiwilligendienst"), neben dem freiwilligen Wehrdienst oder neben dem Bezug von Vorruhestandsgeld ausgeübt werden, sind grundsätzlich nicht berufsmäßig.

Die Bestimmung von Berufsmäßigkeit geht einher mit der Frage, ob der Arbeitnehmer zum Personenkreis der Erwerbstätigen zu zählen ist. Sie ist anhand von Indizien im jeweiligen Einzelfall bei Beginn der zu beurteilenden Beschäftigung unabhängig von der tatsächlichen Einkommenssituation des Arbeitnehmers zu beantworten. Berufsmäßigkeit kann sich beispielsweise aufgrund des Erwerbsverhaltens des Arbeitnehmers ergeben oder bereits im Status der Person des Arbeitnehmers begründet sein. Die folgenden Ausführungen dienen hierbei als Orientierung.

1. Gelegentlich ausgeübte Beschäftigungen

Beschäftigungen, die nur gelegentlich ausgeübt werden, sind grundsätzlich von untergeordneter wirtschaftlicher Bedeutung und daher als nicht berufsmäßig anzusehen (vgl. BSG v. 11.6.1980, 12 RK 30/79, USK 80106). Hierzu gehören z. B. Beschäftigungen zwischen dem Schulabschluss und beabsichtigter Fachschulausbildung bzw. beabsichtigtem Studium.

Kurzfristige Beschäftigungen zwischen Schulentlassung und Ableistung eines freiwilligen sozialen oder ökologischen Jahres, eines Bundesfreiwilligendienstes, eines dem freiwilligen sozialen oder ökologischen Jahr vergleichbaren Freiwilligendienstes (wie beispielsweise dem entwicklungspolitischen Freiwilligendienst „WELTWÄRTS" oder dem „Incoming-Freiwilligendienst") oder eines freiwilligen Wehrdienstes werden dagegen berufsmäßig ausgeübt. Dies gilt auch, wenn nach der Ableistung des freiwilligen Dienstes voraussichtlich ein Studium aufgenommen wird. Für befristete Beschäftigungen, die zwischen einem Freiwilligendienst und dem beabsichtigten Studium ausgeübt werden, kann sich Berufsmäßigkeit unter den nachfolgend beschriebenen Voraussetzungen ergeben.

2. Nicht nur gelegentlich ausgeübte Beschäftigungen

Folgt eine kurzfristige Beschäftigung auf bereits ausgeübte Beschäftigungen, ist Berufsmäßigkeit ohne weitere Prüfung anzunehmen, wenn die Beschäftigungszeiten im Laufe eines Kalenderjahres insgesamt mehr als drei Monate oder 70 Arbeitstage betragen. Dabei werden alle Beschäftigungen, mit Ausnahme geringfügig entlohnter Beschäftigungen und kurzfristiger Beschäftigungen, mit einem (anteiligen) Arbeitsentgelt bis 450 € im Monat berücksichtigt.

Bei Personen, die aus dem Berufsleben ausgeschieden sind und infolgedessen nicht mehr zum Personenkreis der Erwerbsmäßigen zählen bzw. dem Arbeitsmarkt nicht mehr dauerhaft zur Verfügung stehen (z.B. Bezieher einer Vollrente wegen Alters),

Berufsmäßigkeit

können für die Prüfung der Berufsmäßigkeit mehr als geringfügige Beschäftigungszeiten nur nach dem Ausscheiden angerechnet werden. Im Übrigen stehen bei der Prüfung der Berufsmäßigkeit Zeiten der Meldung als Ausbildung- oder Arbeitsuchender (§ 15 Sätze 1 und 2 SGB III) mit Beschäftigungslosigkeit den Beschäftigungszeiten gleich (BSG v. 27.9.1972, 12/3 RK 49/71, USK 72149).

3. Kurzfristige Beschäftigungen neben Elternzeit, unbezahltem Urlaub oder selbständiger Tätigkeit

256 Arbeitnehmer, deren Beschäftigungsverhältnis wegen Elternzeit oder wegen eines unbezahlten Urlaubs unterbrochen wird und die während dieser Zeit eine auf drei Monate bzw. 70 Arbeitstage befristete Beschäftigung ausüben und deren Verdienst die (anteilige) Arbeitsentgeltgrenze von 450 € im Monat übersteigt, üben diese Beschäftigung berufsmäßig aus. Dabei spielt es keine Rolle, ob die befristete Beschäftigung beim bisherigen Arbeitgeber oder bei einem anderen Arbeitgeber ausgeübt wird.

Neben selbständiger Tätigkeit wird, auch wenn diese durch die Beschäftigung unterbrochen wird, eine kurzfristige Beschäftigung mit einem (anteiligen) Arbeitsentgelt von mehr als 450 € im Monat nicht berufsmäßig ausgeübt.

4. Beschäftigungslose

257 Üben Personen, die beschäftigungslos und bei der Arbeitsagentur für eine mehr als kurzfristige Beschäftigung als Ausbildung- oder Arbeitsuchende gemeldet sind (mit und ohne Leistungsbezug), eine Beschäftigung aus, sind sie zum Personenkreis der Erwerbstätigen zu zählen, die eine Beschäftigung berufsmäßig und daher ohne Rücksicht auf die Beschäftigungsdauer nicht kurzfristig ausüben; es sei denn, die (anteilige) Arbeitsentgeltgrenze von 450 € im Monat wird nicht überschritten. Durch die Meldung bei der Arbeitsagentur scheiden diese Personen nicht aus dem Kreis der berufsmäßig Beschäftigten aus. Vielmehr beruht ihre wirtschaftliche Stellung nach wie vor auf dem durch Erwerbstätigkeit als Beschäftigte zu erzielenden Verdienst (vgl. BSG v. 27.9.1972, 12/3 RK 49/71, USK 72149, und v. 11.5.1993, 12 RK 23/91, USK 9353).

5. Beschäftigungen von Schulentlassenen

258 Beschäftigungen zwischen der Schulentlassung (Tag der Ausstellung des letzten Schulzeugnisses) und Ausbildungs- bzw. Freiwilligendienstabsicht sind ohne weitere Prüfung berufsmäßig und damit sozialversicherungspflichtig, wenn das monatliche Arbeitsentgelt 450 € übersteigt. Dies gilt auch dann, wenn nach einem Freiwilligendienst ein Studium aufgenommen werden soll.

6. Berücksichtigung von Zeiten im Ausland

259 Für die Prüfung der Berufsmäßigkeit sind auch Beschäftigungszeiten im Ausland zu berücksichtigen, wobei allerdings die Höhe des im Ausland erzielten Arbeitsentgelts unerheblich ist. Folglich werden in diesem Zusammenhang auch Beschäftigungszeiten in anderen Staaten mit einem Arbeitsentgelt bis zu 450 € im Monat angerechnet. Dem liegt die Ansicht zugrunde, dass die Berufsmäßigkeit einer Beschäftigung nicht allein vom Erwerbsverhalten in Deutschland bestimmt wird, sondern vom allgemeinen Erwerbsleben des Beschäftigten.

7. Abgrenzung der geringfügig entlohnten Beschäftigung von der kurzfristigen Beschäftigung

260 Während die geringfügig entlohnte Beschäftigung grundsätzlich auf Dauer bzw. regelmäßige Wiederkehr angelegt ist, sieht die kurzfristige Beschäftigung hingegen als Grundvoraussetzung einen befristeten Arbeitseinsatz vor. Die beiden Beschäftigungsarten unterscheiden sich somit in erster Linie dadurch, dass eine geringfügig entlohnte Beschäftigung regelmäßig und eine kurzfristige Beschäftigung nur gelegentlich ausge-

übt wird. Eine auf längstens drei Monate oder 70 Arbeitstage innerhalb eines Kalenderjahres befristete Beschäftigung mit einem Arbeitsentgelt, welches **die (anteilige) Arbeitsentgeltgrenze von 450 € im Monat nicht über**schreitet**,** kann sowohl als kurzfristige als auch als geringfügig entlohnte Beschäftigung behandelt werden. Eine geringfügig entlohnte und eine kurzfristige Beschäftigung schließen sich somit nicht zwangsläufig gegenseitig aus.

Sofern im unmittelbaren Anschluss an eine geringfügig entlohnte (Dauer-)Beschäftigung bei demselben Arbeitgeber eine auf längstens drei Monate befristete Beschäftigung vereinbart wird, ist von der widerlegbaren Vermutung auszugehen, dass es sich um die Fortsetzung der bisherigen (Dauer-)Beschäftigung handelt. Hieraus folgt, dass bei einem Arbeitsentgelt von mehr als 450 € im Monat, vom Zeitpunkt der Vereinbarung der befristeten Beschäftigung an, die Arbeitsentgeltgrenze überschritten wird und damit Versicherungspflicht eintritt; bei einem monatlichen Arbeitsentgelt bis 450 € liegt durchgehend eine geringfügig entlohnte Beschäftigung vor. Dies gilt umso mehr, wenn sich an die befristete Beschäftigung wiederum unmittelbar eine (für sich betrachtet) geringfügig entlohnte Beschäftigung anschließt. Versicherungsfreiheit wegen Vorliegens einer kurzfristigen Beschäftigung kommt in Fällen der hier in Rede stehenden Art nur dann in Betracht, wenn es sich bei den einzelnen Beschäftigungen um völlig voneinander unabhängige Beschäftigungsverhältnisse handelt. Gleiches gilt, wenn zwischen dem Ende der geringfügig entlohnten Beschäftigung und dem Beginn der kurzfristigen Beschäftigung bei demselben Arbeitgeber ein Zeitraum von mindestens zwei Monaten liegt.

Die Ausführungen gelten gleichermaßen, wenn eine kurzfristige Beschäftigung auf eine nicht geringfügige (Haupt-)Beschäftigung folgt.

Prüfkriterien bei 261

Kurzfristigkeit	**Berufsmäßigkeit**
Bei der Prüfung der Kurzfristigkeit sind innerhalb des Kalenderjahrs alle Beschäftigungen zu berücksichtigen, die für sich allein betrachtet das Kriterium der Kurzfristigkeit erfüllen.	Bei der Prüfung der Berufsmäßigkeit sind innerhalb des Kalenderjahrs alle Beschäftigungen zu berücksichtigen, deren monatliches Arbeitsentgelt mehr als 450 € beträgt.

Beschäftigung

I. Arbeitsrecht

Es bestehen keine arbeitsrechtlichen Besonderheiten. 262

II. Lohnsteuer

Die Beschäftigung eines Arbeitnehmers (→ Dienstverhältnis) ist Voraussetzung für die Verpflichtung des Arbeitgebers, von dem gezahlten Arbeitslohn die Lohnsteuer einzubehalten und regelmäßig an das Finanzamt abzuführen. Anders verhält es sich bei der einheitlichen Pauschsteuer i.H.v. 2 %. Sie ist an die Minijob-Zentrale zu melden und dorthin abzuführen (→ Lohnsteuerabführung). 263

Für Zwecke der Lohnsteuerpauschalierung wird zwischen einer → kurzfristigen Beschäftigung, → geringfügig entlohnten Beschäftigung (Mini-Job, § 8 Abs. 1 Nr. 1 SGB IV) oder einer geringfügig entlohnten Beschäftigung im Privathaushalt (→ Mini-Job (Geringfügig Beschäftigte)) einschl. der zu einem unvorhersehbaren Zeitpunkt sofort erforderlichen Beschäftigung (→ Kurzfristige Beschäftigung) unterschieden.

Beschäftigung

Wird die Beschäftigung im Haushalt ausgeübt, kann der Arbeitgeber i.R. seiner Einkommensteuerveranlagung eine Steuerermäßigung beantragen (→ Haushaltsnahe Beschäftigung).

III. Sozialversicherung

264 Im Sozialversicherungsrecht spricht man anstelle von Arbeitsverhältnis von einem Beschäftigungsverhältnis. Unter einem Beschäftigungsverhältnis ist die nichtselbständige Arbeit insbesondere in einem Arbeitsverhältnis zu verstehen. Anhaltspunkte für eine Beschäftigung – im Gegensatz zu einer selbständigen Tätigkeit – sind eine Tätigkeit nach Weisungen und eine Eingliederung in die Arbeitsorganisation des Weisungsgebers (Arbeitgebers) hinsichtlich Art, Ort, Zeit und Weise der Beschäftigung. Für eine Beschäftigung i.S.d. Sozialversicherung sprechen ferner folgende Kriterien:

- fehlendes Unternehmerrisiko,
- Verbot der Beschäftigung für Dritte,
- erfolgsunabhängige Vergütung,
- Anspruch auf bezahlten Urlaub und Entgeltfortzahlung im Krankheitsfall.

Es handelt sich nicht um eine abschließende Auflistung. Liegen sowohl Merkmale für eine abhängige Beschäftigung als auch für eine selbständige Tätigkeit vor, so sollte man sich mit der Krankenkasse in Verbindung setzen bzw. ein Statusfeststellungsverfahren durch die Deutsche Rentenversicherung Bund anstreben.

Weitere Einzelheiten sind dem Gemeinsamen Rundschreiben der Spitzenverbände der Sozialversicherungsträger v. 21.3.2019 zu entnehmen. Dieses Gemeinsame Rundschreiben findet sich auf den Internetseiten der Krankenkassen für Arbeitgeber (www.aok.de/fk/fileadmin/user_upload/sv/rundschreiben/2019/rds_20190321-Statusfeststellung_mit_Anlagen.pdf).

IV. Kirchensteuer

265 Behält der Arbeitgeber Lohnsteuer ein, ist bei Kirchenangehörigen auch Kirchensteuer einzubehalten und an das Finanzamt abzuführen. Im Falle der Lohnsteuerpauschalierung (→ Pauschalierung und Pauschalbeiträge) gelten besondere Regelungen. Zu den kirchensteuerlichen Besonderheiten → Kirchensteuer.

Beschäftigungen im Übergangsbereich

I. Arbeitsrecht

266 Die Beschäftigung im Übergangsbereich, früher als Gleitzonenregelung bezeichnet, hat insbesondere sozialversicherungsrechtliche Bedeutung. Schlagwortartig spricht man auch (in Abgrenzung von den sog. Mini-Jobs) von **Midi-Jobs**. Dabei handelt es sich beim Midi-Job in der Gleitzone arbeitsrechtlich um eine **Sonderform der Teilzeitarbeit** in geringfügigem Umfang bzw. im Niedriglohnbereich.

Siehe auch → Geringfügig entlohnte Beschäftigung Rz. 410 ff.

Siehe auch → Mini-Job (Geringfügige Beschäftigung) Rz. 719 ff.

II. Lohnsteuer

267 Der in den sozialversicherungsrechtlichen Übergangsbereich fallende Arbeitslohn ist ebenso wie der darunter und darüber liegende Arbeitslohn steuerpflichtig und unterliegt nach den allgemeinen Regelungen dem Lohnsteuerabzug (→ Lohnsteuerkarte). Ansonsten bestehen keine lohnsteuerrechtlichen Besonderheiten.

III. Sozialversicherung

1. Allgemeines

Zum 1.7.2019 wurde die „Gleitzonenregelung" abgeschafft und durch die Beschäftigungen im Übergangsbereich ersetzt. An der bisherigen Zielsetzung der Beschäftigungen im Übergangsbereich – verminderte Beitragstragung durch den Arbeitnehmer und volle Beitragsanteile durch den Arbeitgeber – hat sich nichts geändert. Die Zahl der so begünstigten Arbeitnehmer soll durch die Anhebung des oberen Grenzbetrages von 850,00 € auf 1 300,00 € verdoppelt werden. Neu ist ab dem 1.7.2019 auch, dass ein Verzicht auf die Anwendung der Beschäftigungen im Übergangsbereich im Bereich der Rentenversicherung nicht mehr erforderlich ist. Ab 1.7.2019 wird, trotz Beitragszahlung zur Rentenversicherung von einem geringeren Entgelt, das volle Arbeitsentgelt gemeldet. Bisherige Verzichtserklärungen verlieren ab 1.7.2019 ihre Wirkung. Während die Arbeitgeber ihren Beitragsanteil vom Bruttoarbeitsentgelt zu entrichten haben, haben die Arbeitnehmer lediglich einen reduzierten und progressiv ansteigenden Beitragsanteil am Gesamtsozialversicherungsbeitrag zu tragen. Der Gesetzgeber verfolgt mit den Beschäftigungen im Übergangsbereich das Ziel, Beschäftigungen im Niedriglohnbereich für die Arbeitnehmer interessanter zu machen und in diesem Segment neue Arbeitsplätze zu schaffen. Damit Arbeitnehmer, die eine Beschäftigung mit einem monatlichen Arbeitsentgelt von mehr als 450 € ausüben, nicht direkt mit der Hälfte des Gesamtsozialversicherungsbeitrags belastet werden, steigt der Arbeitnehmeranteil bei Arbeitsentgelten innerhalb der Beschäftigungen im Übergangsbereich progressiv an. Bei einem Monatsentgelt von 450,01 € liegt der vom Arbeitnehmer zu tragende Anteil am Sozialversicherungsbeitrag bei ca. 4 % und steigt bis zu einem monatlichen Entgelt von 1 300 € progressiv auf etwa 20 % an. Bei monatlichen Arbeitsentgelten über 1 300 € gilt dann die normale hälftige Tragung des Gesamtsozialversicherungsbeitrags durch Arbeitgeber und Arbeitnehmer.

268

2. Beschäftigungen im Übergangsbereich

Ein **Beschäftigungsverhältnis im Übergangsbereich liegt nach § 20 Abs. 2 SGB IV vor, wenn** das aus der Beschäftigung erzielte Arbeitsentgelt innerhalb der Zone von 450,01 € bis 1 300 € im Monat liegt und die Grenze von 1 300 € im Monat regelmäßig nicht überschreitet. Bei der Prüfung, ob das Arbeitsentgelt regelmäßig innerhalb des sozialversicherungsrechtlichen Übergangsbereichs liegt, gelten die gleichen Grundsätze, die auch bei der Ermittlung des regelmäßigen Arbeitsentgelts bei geringfügig entlohnten Beschäftigungen anzuwenden sind.

269

Werden **mehrere Beschäftigungen** ausgeübt, gelten die besonderen Regelungen zur Beschäftigung im Übergangsbereich, wenn das vom Arbeitnehmer insgesamt erzielte Arbeitsentgelt innerhalb der Grenzen für den sozialversicherungsrechtlichen Übergangsbereich liegt. Es sind nur die Arbeitsentgelte aus versicherungspflichtigen Beschäftigungen zu berücksichtigen. Arbeitsentgelte aus versicherungsfreien geringfügig entlohnten Beschäftigungen bleiben außen vor. Auch geringfügig entlohnte Beschäftigungen, die nur in der gesetzlichen Rentenversicherung versicherungspflichtig sind, werden bei der Zusammenrechnung nicht berücksichtigt.

> **Beispiel 1:**
>
> Beschäftigung A ab 1.4.2021: monatliches Arbeitsentgelt 360 €.
>
> Beschäftigung B ab 1.7.2021: monatliches Arbeitsentgelt 240 €.
>
> Die monatlichen Arbeitsentgelte der beiden geringfügigen Beschäftigungen liegen zwar jeweils unterhalb des sozialversicherungsrechtlichen Übergangsbereichs, da jedoch die Summe der monatlichen Arbeitsentgelte der auf Grund der Zusammenrechnung **versicherungspflichtigen** Beschäftigungen i.H.v. 600 € innerhalb des Rahmens für die Beschäftigungen im Übergangsbereich liegt, finden die besonderen Regelungen zum Übergangsbereich Anwendung.

> **Beispiel 2:**
>
> Beschäftigung A: monatliches Arbeitsentgelt 755 €.
>
> Beschäftigung B: monatliches Arbeitsentgelt 600 €.
>
> Die monatlichen Arbeitsentgelte der Beschäftigungen liegen zwar jeweils im sozialversicherungsrechtlichen Übergangsbereich; da die Summe der monatlichen Arbeitsentgelte i.H.v. 1 355 € oberhalb des oberen Grenzbetrags für Beschäftigungen im Übergangsbereich liegt, finden die besonderen Regelungen zum Übergangsbereich keine Anwendung.

Für jeden Zweig der Sozialversicherung ist separat zu prüfen, ob für die Berechnung der Beiträge die besonderen Regelungen für Beschäftigungen im Übergangsbereich anzuwenden sind. Es besteht daher die Möglichkeit, dass auf Grund der Additionsregelung bei der Ausübung mehrerer geringfügig entlohnter Beschäftigungen neben einer versicherungspflichtigen Hauptbeschäftigung in der Arbeitslosenversicherung die Beiträge nach den Regelungen zu Beschäftigungen im Übergangsbereich zu ermitteln sind (keine Addition von versicherungspflichtigen mit versicherungsfreien geringfügig entlohnten Beschäftigungen), während zur Kranken-, Pflege- und Rentenversicherung die Beiträge nach den allgemeinen Regelungen zu berechnen sind, wie folgendes Beispiel verdeutlicht.

> **Beispiel 3:**
>
> Beschäftigung A: monatliches Arbeitsentgelt 1 000 €.
>
> Beschäftigung B: monatliches Arbeitsentgelt 220 € (ab dem 1.4.2021).
>
> Beschäftigung C: monatliches Arbeitsentgelt 400 € (ab dem 1.7.2021).
>
> Da es sich bei der Beschäftigung B um eine (mit Ausnahme der Rentenversicherung) versicherungsfreie „erste" geringfügige Nebenbeschäftigung handelt, erfolgt in der Kranken-, Pflege- und Rentenversicherung keine Zusammenrechnung der Arbeitsentgelte aus den Beschäftigungen A und B. In der Arbeitslosenversicherung sind Zusammenrechnungen mit Hauptbeschäftigungen generell ausgeschlossen. Das monatliche Arbeitsentgelt aus der Beschäftigung A liegt demnach zunächst weiterhin im Übergangsbereich. Die besonderen Regelungen zu Beschäftigungen im Übergangsbereich finden daher vorerst auf die Beschäftigung A Anwendung.
>
> Mit Aufnahme der Beschäftigung C am 1.7.2021 hat jedoch eine Zusammenrechnung der Arbeitsentgelte aus der Beschäftigung A und C in der Kranken-, Pflege- und Rentenversicherung zu erfolgen. Da die Summe der Arbeitsentgelte die obere Grenze für Beschäftigungen im Übergangsbereich übersteigt, finden ab dem 1.7.2021 für die Kranken-, Pflege- und Rentenversicherung die besonderen Regelungen zu Beschäftigungen im Übergangsbereich keine Anwendung mehr.
>
> Etwas anderes gilt jedoch für die Arbeitslosenversicherung, in der keine Zusammenrechnung erfolgt. Hier sind bei der Beschäftigung A auch über den 30.6.2021 hinaus die Regelungen zum sozialversicherungsrechtlichen Übergangsbereich für die Ermittlung der Arbeitslosenversicherungsbeiträge anzuwenden.

3. Beitragsberechnung und Beitragstragung

a) Ermittlung der Höhe der beitragspflichtigen Einnahme

270 Bei Arbeitnehmern, die gegen ein regelmäßiges monatliches Arbeitsentgelt innerhalb des Übergangsbereichs beschäftigt sind, wird in der Kranken-, Pflege-, Renten- und Arbeitslosenversicherung nach § 226 Abs. 4 SGB V, § 57 Abs. 1 SGB XI, § 163 Abs. 10 SGB VI und § 344 Abs. 4 SGB III für die Berechnung des Beitrags als beitragspflichtige Einnahme nicht das tatsächlich erzielte Arbeitsentgelt zu Grunde gelegt, sondern ein Betrag, der für Beschäftigungen mit einem regelmäßigen Arbeitsentgelt innerhalb der Spanne von 450,01 € und 1 300 € vom 1.7.2019 an nach folgender Formel berechnet wird:

AE steht für das tatsächliche Arbeitsentgelt und F für den Quotienten aus 30 % und dem durchschnittlichen Gesamtsozialversicherungsbeitragssatz. Für das Jahr 2021 betragen der durchschnittliche Gesamtsozialversicherungsbeitragssatz 39,95 % (Krankenversicherung 15,9 % (inkl. durchschnittlicher Zusatzbeitrag), Pflegeversicherung 3,05 %, Rentenversicherung 18,6 %, Arbeitslosenversicherung 2,4 %) und der Faktor F 0,7509. Demzufolge kann die für das Jahr 2021 anzuwendende Formel wie folgt vereinfacht werden:

Beitragspflichtige Einnahme = 1,1318764706 · Arbeitsentgelt − 171,43941177

Die Formel für die Reduzierung der beitragspflichtigen Einnahme ist immer anzuwenden, unabhängig davon, ob der Arbeitnehmer in allen Zweigen der Sozialversicherung versicherungspflichtig ist.

> **Beispiel:**
> monatliches Arbeitsentgelt = 650 €
> beitragspflichtige Einnahme = 1,1318764706 · 650 € − 171,43941177 = **564,28 €**

b) Teilmonate

In den Fällen, in denen nur ein Teilarbeitsentgelt gezahlt wird, ist – ausgehend von der monatlichen beitragspflichtigen Einnahme – zunächst die anteilige beitragspflichtige Einnahme zu berechnen, welche in diesen Fällen der monatlichen beitragspflichtigen Einnahme entspricht. Die Berechnung erfolgt nach folgenden Formeln:

$$\text{monatliches Arbeitsentgelt} = \frac{\text{anteiliges Arbeitsentgelt} \cdot 30}{\text{Kalendertage, für die Arbeitsentgelt gezahlt wurde}}$$

$$\text{anteilige beitragspflichtige Einnahme} = \frac{\text{monatliche beitragspflichtige Einnahme} \cdot \text{Kalendertage}}{30}$$

> **Beispiel:**
> Beendigung der Beschäftigung am 12.7.2021.
> Arbeitsentgelt für Juli 2021 = 240 €
> Ermittlung des monatlichen Arbeitsentgelts: 240 € · 30 : 12 = 600 €
> monatliche beitragspflichtige Einnahme = 1,1318764706 · 600 − 171,43941177 = 507,69 €
> anteilige beitragspflichtige Einnahme 1.7.–12.7.2021 = 507,69 € · 12 : 30 = 203,08 €

Dabei ist unerheblich, ob das anteilige Arbeitsentgelt unterhalb der unteren Grenze für Beschäftigungen im Übergangsbereich liegt. Für die Anwendung der besonderen Regelungen zu Beschäftigungen im Übergangsbereich ist allein auf das monatliche Arbeitsentgelt abzustellen.

c) Beitragsberechnung

Die vom Arbeitgeber und Arbeitnehmer zu zahlenden Beitragsanteile werden innerhalb des sozialversicherungsrechtlichen Übergangsbereichs unterschiedlich berechnet. Die Berechnung ist für jeden Versicherungszweig getrennt vorzunehmen.

Für **Arbeitgeber** sind die von ihnen zu tragenden Beitragsanteile vom beitragspflichtigen Arbeitsentgelt (ohne Beachtung der Regelungen zu Beschäftigungen im Übergangsbereich) zu ermitteln.

tatsächliches Arbeitsentgelt · halber Beitragssatz = Arbeitgeberanteil

Für **Arbeitnehmer** werden die zu tragenden Beitragsanteile aus der Differenz des aus dem reduzierten beitragspflichtigen Arbeitsentgelt berechneten Gesamtsozialversicherungsbeitrags abzüglich des Arbeitgeberanteils berechnet. Seit dem 1.1.2019 ist für den Bereich der Krankenversicherung zu beachten, dass der Arbeitgeber den halben kassenindividuellen Zusatzbeitrag zu tragen hat.

vermindertes Arbeitsentgelt · voller Beitrag – Arbeitgeberanteil

Beispiel:

monatliches Arbeitsentgelt		650 €
beitragspflichtiges Arbeitsentgelt	1,1318764706 · 650 € – 171,43941177 =	**564,28 €**

Beitragshöhe/-verteilung

Krankenversicherung (Beitragssatz: 14,6 %) angenommener Zusatzbeitrag: 1,0 %

Gesamtbeitrag:	564,28 € · 7,3 % = 41,19 € · 2 =	82,38 €
	abzgl. Arbeitgeberanteil: 650,00 € · 7,3 % =	47,45 €
	Arbeitnehmeranteil	34,93 €

Zusatzbeitrag Krankenversicherung

Gesamtbeitrag:	564,28 € · 0,5 % = 2,82 € · 2 =	5,64 €
	abzgl. Arbeitgeberanteil: 650,00 € · 0,5 % =	3,25 €
	Arbeitnehmeranteil	2,39 €

Pflegeversicherung (Beitragssatz 3,05 %)

Gesamtbeitrag:	564,28 € · 1,525 % = 8,61 € · 2 =	17,22 €
	abzgl. Arbeitgeberanteil: 650,00 € · 1,525 % =	9,91 €
	Arbeitnehmeranteil	7,31 €

Der Arbeitnehmer hat das 23. Lebensjahr vollendet. Gegenüber dem Arbeitgeber wurde eine Elterneigenschaft nicht nachgewiesen. Dies hat zur Folge, dass der Arbeitnehmer den Beitragszuschlag zur Pflegeversicherung zu entrichten hat.

Die Ermittlung des vom Arbeitnehmer allein zu tragenden Beitragszuschlags erfolgt aus dem reduzierten beitragspflichtigen Arbeitsentgelt.

Beitragszuschlag zur Pflegeversicherung 564,28 € · 0,25 % = 1,41 €

Der Arbeitgeber hat vom Entgelt des Arbeitnehmers insgesamt 8,72 € als dessen Anteil am Pflegeversicherungsbeitrag einzubehalten.

Rentenversicherung (Beitragssatz 18,6 %)

Versicherungsbeitrag	564,28 € · 9,3 % = 52,48 € · 2 =	104,96 €
abzgl. Arbeitgeberanteil	650,00 € · 9,3 % =	60,45 €
Arbeitnehmeranteil		44,51 €

Arbeitslosenversicherung (Beitragssatz 2,4 %)

Versicherungsbeitrag	564,28 € · 1,2 % = 6,77 € · 2 =	13,54 €
abzgl. Arbeitgeberanteil	650,00 € · 1,2 % =	7,80 €
Arbeitnehmeranteil		5,74 €

d) Mehrere Beschäftigungen

273 Werden mehrere **versicherungspflichtige** Beschäftigungen ausgeübt, deren Arbeitsentgelte jedoch in der Summe innerhalb der Grenzen des Übergangsbereichs liegen, ist das beitragspflichtige Arbeitsentgelt wie folgt zu ermitteln:

$$\frac{[F \cdot 450 + ([1300/(1300 - 450)] - [450/(1300 - 450)] \cdot F) \cdot (GAE - 450)] \cdot EAE}{Gesamtarbeitsentgelt}$$

Auch hieraus lässt sich wieder eine vereinfachte Formel ableiten:

$$\frac{(1{,}1318764706 \cdot \text{Gesamtarbeitsentgelt} - 171{,}43941177) \cdot \text{Einzelarbeitsentgelt}}{\text{Gesamtarbeitsentgelt}}$$

Das Ergebnis der Berechnung ist auf zwei Dezimalstellen zu runden, wobei die letzte Dezimalstelle um 1 zu erhöhen ist, wenn sich in der folgenden Dezimalstelle eine der Zahlen von 5 bis 9 ergeben würde. Der Arbeitnehmer hat seinen Arbeitgebern die für die Beitragsberechnung erforderlichen Angaben über die Höhe der jeweiligen monatlichen Arbeitsentgelte der einzelnen Beschäftigungen zu machen. Diese Verpflichtung des Arbeitnehmers ergibt sich aus § 28o Abs. 1 SGB IV. Zum 1.1.2015 ist für Mehrfachbeschäftigte innerhalb des Übergangsbereichs die GKV-Monatsmeldung entfallen. In diesen Fällen muss der Arbeitnehmer nach § 28o Abs. 2 SGB IV seine Arbeitgeber immer über das jeweilige Entgelt, das er beim anderen Arbeitgeber erhalten hat, informieren.

Beispiel:

Beschäftigung A:	monatliches Arbeitsentgelt	350 €
Beschäftigung B:	monatliches Arbeitsentgelt	370 €
Gesamtarbeitsentgelt:		720 € (Beschäftigung im Übergangsbereich)

beitragspflichtige Einnahme A = (1,1318764706 · 720 − 171,43941177) · 350 : 720 = 312,82 €
beitragspflichtige Einnahme B = (1,1318764706 · 720 − 171,43941177) · 370 : 720 = 330,69 €

Aus der Beschäftigung A ist der Arbeitnehmeranteil von einer reduzierten beitragspflichtigen Einnahme von 312,82 € und aus der Beschäftigung B von 330,69 € zu ermitteln.

e) Beschäftigungen mit Arbeitsentgelten außerhalb des Übergangsbereichs

Bei Beschäftigungen mit Arbeitsentgelten außerhalb der Grenzen des Übergangsbereichs, in denen zwar das regelmäßige monatliche Arbeitsentgelt innerhalb der Beschäftigungen im Übergangsbereich liegt, das tatsächliche monatliche Arbeitsentgelt diese aber **unterschreitet**, wird das beitragspflichtige Arbeitsentgelt wie folgt ermittelt:

Tatsächliches Arbeitsentgelt · F (2021: 0,7509)

In den Monaten des **Überschreitens** der oberen Grenze des Übergangsbereichs von 1 300 € ist das tatsächlich erzielte Arbeitsentgelt dem beitragspflichtigen Arbeitsentgelt gleichzusetzen. Die Beitragsberechnung hat nach den allgemeinen Grundsätzen zu erfolgen. Arbeitgeber und Arbeitnehmer tragen die Sozialversicherungsbeiträge je zur Hälfte.

4. Verzicht auf die Reduzierung des beitragspflichtigen Arbeitsentgelts in der Rentenversicherung

Zum 1.1.2019 wird für den Bereich der Rentenversicherung so getan, als ob vom vollen Arbeitsentgelt Beiträge zur Rentenversicherung entrichtet wurden.

5. Personenkreise, die von Beschäftigungen im Übergangsbereich ausgenommen sind

Für folgende Personenkreise sind die Regelungen zur Beitragsberechnung bei Arbeitsentgelten innerhalb des **Übergangsbereichs nicht anzuwenden**:
- Auszubildende,
- Praktikanten, Teilnehmer an dualen Studiengängen
- behinderte Menschen, die in anerkannten Werkstätten für behinderte Menschen beschäftigt sind,

- Mitglieder geistlicher Genossenschaften, Diakonissen und Angehörige ähnlicher Gemeinschaften,
- Beschäftigungen im Rahmen flexibler Arbeitszeitregelungen (z.B. Altersteilzeit), in denen lediglich das reduzierte Arbeitsentgelt innerhalb des Übergangsbereichs liegt,
- Beschäftigungen im Rahmen einer stufenweisen Wiedereingliederung während einer Arbeitsunfähigkeit, wenn das Arbeitsentgelt lediglich wegen der reduzierten Arbeitszeit innerhalb des Übergangsbereichs liegt,
- Personen, deren Arbeitsentgelt aus einer versicherungspflichtigen Beschäftigung wegen Kurzarbeit oder im Baugewerbe wegen schlechten Wetters so weit gemindert wird, dass das tatsächlich erzielte Arbeitsentgelt innerhalb des Übergangsbereichs liegt.

6. Meldungen

277 Ein separater Meldetatbestand für den Eintritt in eine oder den Austritt aus einer Beschäftigung mit einem Arbeitsentgelt innerhalb des Übergangsbereichs wurde nicht geschaffen. Allerdings ist bei Entgeltmeldungen eine besondere Kennzeichnung erforderlich. Liegt das Arbeitsentgelt innerhalb des Übergangsbereichs, sind im Feld „Übergangsbereich" folgende Schlüssel einzutragen:

0 = keine Beschäftigung im Übergangsbereich
1 = Beschäftigung im Übergangsbereich; die Arbeitsentgelte in allen Entgeltabrechnungszeiträumen betragen zwischen 450 € und 1 300 €
2 = Beschäftigung im Übergangsbereich; die Meldung erfasst sowohl Entgeltabrechnungszeiträume mit Arbeitsentgelten zwischen 450 € und 1 300 € als auch Monate mit Entgelten unter 450,01 € sowie Monate mit evtl. über 1 300 €

Aus den Entgeltabrechnungsprogrammen werden zwei Entgelte übermittelt:

a) das beitragspflichtige Bruttoarbeitsentgelt,
b) das tatsächliche Bruttoarbeitsentgelt.

Betriebliche Altersversorgung

I. Arbeitsrecht

278 Auch Teilzeitkräfte und Minijobber haben nach dem Gleichbehandlungsgrundsatz grds. Anspruch auf betriebliche Altersversorgung, wenn diese auch Vollzeitbeschäftigten gewährt wird, auch wenn noch nicht alle Zweifelsfragen abschließend geklärt sind. Jedenfalls für Teilzeitkräfte besteht zudem das Diskriminierungsverbot des § 4 Abs. 1 TzBfG und auch nach dem europarechtlichen Verbot der mittelbaren und unmittelbaren Diskriminierung der Frau wegen des Geschlechts im Erwerbsleben (→ Lohngleichbehandlung) besteht grundsätzlich Anspruch auf eine entsprechende Altersversorgung (BAG v. 20.11.1990, 3 AZR 613/89, NZA 1991, 635). Teilzeitbeschäftigte müssen nach dem **Pro-rata-temporis-Grundsatz** Leistungen der betrieblichen Altersversorgung mindestens in der Höhe erhalten, die dem Umfang ihrer Arbeitszeit an der Arbeitszeit eines vergleichbaren Vollzeitbeschäftigen entspricht. Vergleichbar sind dabei nur Teilzeit- und Vollzeitbeschäftigte mit einer gleichlangen Betriebszugehörigkeit (BAG v. 19.4.2016, 3 AZR 526/14, NZA 2016, 820).

Der Gleichbehandlungsgrundsatz greift auch, wenn die Teilzeitkraft nur bestimmte Wochen oder Monate des Jahres mit voller oder verringerter Stundenzahl arbeitet (sog. **zyklisch-vertikale Teilzeitarbeit).** Als Beitragszeiten gelten auch arbeitsfreie Zeiträume, die der Verringerung der Arbeitszeit im Verhältnis zu vergleichbaren Vollzeitarbeitnehmern entsprechen, es sei denn, eine solche Ungleichbehandlung ist durch sachliche Gründe gerechtfertigt (EuGH v. 10.6.2010, C-395/08, 396/08, NZA 2010, 753). Nach dem Gebot der **Gleichbehandlung** von Teilzeitkräften steht ihnen bei einer betrieblichen Altersversorgung, gleichviel in welcher Form, auch bei einer Zusatzversorgung, ein Anspruch auf Teilhabe anteilig entsprechend dem Anteil der Arbeitszeit zu. Dieser Grundsatz gilt rückwirkend für die Zeit der Ungleichbehandlung. Bei einer erforderlichen Nachversicherung des Arbeitnehmers besteht eine **Schadensersatzpflicht** z.B. für **Steuerschäden** nur bei Verschulden des Arbeitgebers (BAG v. 14.12.1999, 3 AZR 713/98, DB 2000, 2534).

Eine **Ausnahme** gilt lediglich

- bei geringfügiger Teilzeitarbeit, die auch bei Zusammenrechnung mit anderen geringfügigen Beschäftigungen nicht zur Versicherungspflicht führt (BAG v. 27.2.1996, 3 AZR 886/94, NZA 1996, 992), oder
- bei geringfügiger Beschäftigung ohne Rentenversicherungspflicht bei Gesamtversorgungszweck der betrieblichen Altersversorgung (BAG v. 22.2.2000, 3 AZR 845/98, DB 2000, 1083); diese Ausnahme erscheint nach der Neufassung des § 4 Abs. 1 TzBfG zweifelhaft (vgl. BAG v. 25.4.2007, 6 AZR 746/06, NZA 2007, 881).

Die Rechtslage zur Frage, ob die Gleichbehandlungspflicht auch für **geringfügig beschäftigte Teilzeitkräfte** in Mini-Jobs gilt, ist allerdings höchstrichterlich noch nicht abschließend geklärt (bejahend LAG München v. 13.1.2016, 10 Sa 544/15, BetrAV 2016, 256).

Beispiel 1:
Eine Teilzeitangestellte in einem Krankenhaus mit gegenüber den Vollzeitkräften hälftiger Arbeitszeit hat Anspruch auf hälftige Altersversorgung entsprechend der Versorgungszusage gegenüber den Vollzeitkräften.

Beispiel 2:
Eine geringfügig beschäftigte Putzfrau mit drei Arbeitsverhältnissen mit je acht Wochenstunden (also durch Zusammenrechnung sozialversicherungspflichtig) hat bei den Arbeitgebern mit Betriebsrentenzusage Anspruch auf – anteilige – Gleichbehandlung.

Ein Ausschluss von Arbeitnehmern, die lediglich in einem Zweitarbeitsverhältnis/Nebenjob zum Arbeitgeber stehen, stellt ebenfalls eine unzulässige Ungleichbehandlung dar (BAG v. 22.11.1994, 3 AZR 349/94, NZA 1995, 733).

Dagegen stellt eine Befristung weiterhin ein zulässiges Differenzierungskriterium dar, sodass befristet Beschäftigte zulässig von betrieblicher Altersvorsorge ausgeschlossen werden können (siehe BAG v. 15.1.2013, 3 AZR 4/11).

Eine **Bruttoentgeltumwandlung** in eine betriebliche Altersversorgung nach § 1 BetrAVG kann auch für solche Arbeitnehmer in Betracht kommen, deren Arbeitsentgelt durch die Durchführung einer Entgeltumwandlung **unter die Geringfügigkeitsgrenze des § 8 Abs. 1 Nr. 1 SGB IV absinkt**. Denn in einem solchen Fall wird die so entstandene geringfügige Beschäftigung sozialversicherungsfrei.

Ansonsten bestehen keine arbeitsrechtlichen Besonderheiten für den Bereich dieses Ratgebers.

II. Lohnsteuer

Unter diesem Stichwort werden die typischen Möglichkeiten der betrieblichen Altersversorgung erläutert, ohne dass auf die vielfältigen Ausnahme- und Sonderregelungen eingegangen wird.

1. Begriff

280 Eine betriebliche Altersversorgung liegt vor, wenn der Arbeitgeber dem Arbeitnehmer aus Anlass seines Arbeitsverhältnisses Leistungen oder Beiträge für eine Versorgung im Alter, im Todesfall oder bei Invalidität zusagt (§ 1 des Betriebsrentengesetzes – BetrAVG). Man bezeichnet dies als Absicherung mindestens eines biometrischen Risikos, dessen Eintritt die Voraussetzung für die Fälligkeit der Ansprüche und Leistungen ist. Entscheidend sind der Bezug der Versorgungszusage zum Arbeitsverhältnis und die spezifische Zweckbindung in bestimmte Versorgungsformen. Folglich muss der Arbeitgeber die Versorgung als Gegenleistung für die vom Arbeitnehmer insgesamt erbrachte Arbeitsleistung zusagen. Es können auch Leistungen für mehrere biometrische Risiken vereinbart werden.

Als Durchführungswege der betrieblichen Altersversorgung kommen in Betracht:
- die Direktzusage, auch Pensionszusage genannt (§ 1 Abs. 1 Satz 2 BetrAVG),
- die Unterstützungskasse (§ 1b Abs. 4 BetrAVG),
- die Direktversicherung (§ 1b Abs. 2 BetrAVG),
- die Pensionskasse (§ 1b Abs. 3 BetrAVG, § 232 des Versicherungsaufsichtsgesetzes – VAG) und
- der Pensionsfonds (§ 1b Abs. 3 BetrAVG, § 236 VAG).

Weil der Arbeitgeber mit der betrieblichen Altersversorgung dem Arbeitnehmer eine spätere Rentenzahlung zusagt, spricht man auch von einer Betriebsrente.

Keine betriebliche Altersversorgung liegt vor bei Vereinbarungen, wonach ohne Eintritt eines biometrischen Risikos die Auszahlung einer „Altersversorgung" bzw. des angesparten Guthabens an beliebige Dritte (z.B. die Erben) erfolgt bzw. erfolgen kann. Dies gilt für alle Auszahlungsformen (wie eine lebenslange Rente), wenn der Arbeitgeber z.B. dem nicht bei ihm beschäftigten Ehegatten eines Arbeitnehmers eigene Versorgungsleistungen zur Absicherung seiner biometrischen Risiken (Alter, Tod, Invalidität) verspricht. In diesem Fall liegt keine Versorgungszusage aus Anlass eines Arbeitsverhältnisses vor, denn zwischen dem Arbeitgeber und dem Ehegatten besteht kein Dienstverhältnis.

2. Entgeltumwandlung zu Gunsten betrieblicher Altersversorgung

281 Möchte der Arbeitgeber eine betriebliche Altersversorgung nicht durch Zahlung eines zusätzlichen Lohnteils einrichten, kann sie durch eine Entgeltumwandlung finanziert werden. Dazu müssen Arbeitgeber und Arbeitnehmer vereinbaren, künftige Arbeitslohnansprüche zu Gunsten einer betrieblichen Altersversorgung herabzusetzen (Entgeltumwandlung nach § 1 Abs. 2 Nr. 3 BetrAVG). Die Herabsetzung kann sich auf den laufenden Arbeitslohn oder auf Einmal- und Sonderzahlungen erstrecken.

Davon zu unterscheiden sind die eigenen Beiträge des Arbeitnehmers, zu deren Leistung er aufgrund einer eigenen vertraglichen Vereinbarung mit der Versorgungseinrichtung originär selbst verpflichtet ist. Diese eigenen Beiträge des Arbeitnehmers zur betrieblichen Altersversorgung werden aus dem bereits zugeflossenen und versteuerten Arbeitsentgelt geleistet.

3. BAV-Förderbetrag für den Arbeitgeber

282 Zahlt der Arbeitgeber für seinen Arbeitnehmer Beiträge an eine Pensionskasse, einen Pensionsfonds oder für eine Direktversicherung, bleiben sie bis zu bestimmten Höchstbeträgen steuerfrei (→ Rz. 283). Leistet er diese Beiträge für einen Arbeitnehmer mit geringem Einkommen, erhält der Arbeitgeber den sog. BAV-Förderbetrag als staatlichen Zuschuss (§ 100 EStG). Er verringert anteilig den vom Arbeitgeber geleisteten Beitrag.

Begünstigt sind Arbeitnehmer mit einem Arbeitslohn von bis zu 2 575 € im Monat; Höchstlohn bei täglichem Lohnzahlungszeitraum 85,84 € und bei wöchentlichem Lohnzahlungszeitraum 600,84 €.

Der Zuschuss für den Arbeitgeber beträgt 30 % seiner geleisteten Beiträge. Gefördert werden Arbeitgeberbeiträge von mindestens 240 € jährlich und von höchstens 960 € je Arbeitnehmer. Folglich beträgt der jährliche BAV-Förderbetrag zwischen 72 € und 288 € als Höchstbetrag. Daneben sind die verbleibenden Arbeitgeberzahlungen als Betriebsausgaben abzugsfähig.

Als weitere Voraussetzungen sind zu beachten, dass

– der Arbeitnehmer im ersten Dienstverhältnis steht, also nicht die Steuerklasse VI angewendet wird,
– der Arbeitgeberbeitrag zusätzlich zum ohnehin geschuldeten Arbeitslohn (→ Rz. 451) gezahlt wird.

Diese Förderung der betrieblichen Altersversorgung durch den BAV-Förderbetrag ist auch bei einer pauschalen Besteuerung des Arbeitslohns bzw. des Arbeitsentgelts möglich.

4. Zufluss, Steuerfreiheit

Zu welchem Zeitpunkt die Leistungen bzw. Beiträge des Arbeitgebers zur betrieblichen Altersversorgung dem Arbeitnehmer als Arbeitslohn zufließen und wann sie zu versteuern sind, hängt von dem gewählten Durchführungsweg ab. **283**

Bei Zahlungen an eine Direktversicherung, eine kapitalgedeckte Pensionskasse oder einen Pensionsfonds fließt der Arbeitslohn im Zeitpunkt der Zahlung der Beiträge durch den Arbeitgeber an die entsprechende Versorgungseinrichtung zu. Jedoch sind solche Zuwendungen des Arbeitgebers nach § 3 Nr. 63 EStG steuerfrei.

Diese **Steuerfreiheit** ist begrenzt auf 8 % der Beitragsbemessungsgrenze in der allgemeinen Rentenversicherung (West); für 2021 auf 6 816 € (8 % von 85 200 €). Bei diesem Höchstbetrag handelt es sich um einen Jahresbetrag. Eine zeitanteilige Kürzung des Höchstbetrags ist daher nicht vorzunehmen, wenn das Arbeitsverhältnis nicht während des ganzen Jahrs besteht oder nicht für das gesamte Jahr Beiträge gezahlt werden.

Hat der Arbeitgeber eine Versorgung über eine Direktzusage oder Unterstützungskasse zugesagt, fließt der Arbeitslohn erst im Zeitpunkt der Zahlung der Altersversorgungsleistungen an den Arbeitnehmer zu und ist ab diesem Zeitpunkt zu versteuern (zunächst keine lohnsteuerlichen Folgen).

5. Riester-Förderung

Übersteigen die vom Arbeitgeber entrichteten Beiträge zur betrieblichen Altersversorgung den steuerfreien Höchstbetrag von 8 % der BBG oder hat der Arbeitnehmer auf die Steuerfreiheit der Beiträge verzichtet, ist dieser Betrag individuell nach den Lohnsteuerabzugsmerkmalen des Arbeitnehmers zu versteuern. Für diese steuerpflichtigen Zuwendungen kann der Arbeitnehmer die sog. Riester-Förderung beantragen. In die Riester-Förderung ist der Arbeitgeber nicht eingebunden. **284**

Als Riester-Förderung kommt eine Altersvorsorgezulage oder ein Sonderausgabenabzug in Betracht. Voraussetzung dafür ist, dass die Beiträge gem. einem **zertifizierten Altersvorsorgevertrag** geleistet werden. Zahlt der zulageberechtigte Arbeitnehmer die Beiträge zu Gunsten eines zertifizierten Vertrags, kann er sicher sein, dass die erforderlichen Voraussetzungen für eine steuerliche Begünstigung der Beiträge erfüllt sind.

Die Altersvorsorgezulage setzt sich aus einer Grundzulage i.H.v. 175 € und aus einer Kinderzulage i.H.v. 300 € pro Jahr und Kind für jedes Kind, das nach dem 31.12.2007 geboren wurde, (für davor geborene Kinder i.H.v. 185 € pro Jahr) zusammen. Auf die

Betriebliche Altersversorgung

Zulage(n) hat jeder Stpfl. Anspruch, der einen Riester-Rentenvertrag oder einen Wohn-Riester-Vertrag abgeschlossen hat.

Ausführlich erläutert wird die steuerliche Förderung der betrieblichen Altersversorgung mit den BMF-Schreiben v. 13.3.2014, IV C 3-S 2257-b/13/1000, BStBl I 2014, 554; BMF-Schreiben v. 6.12.2017, IV C 5-S 2333/17/10002, BStBl I 2018, 147 sowie BMF-Schreiben v. 8.8.2019, IV C 5-S 2333/19/10001, BStBl I 2019, 834.

III. Sozialversicherung

285 Für den Bereich der Sozialversicherung können seit dem 1.1.2008 maximal 4 % der RV-BBG (West – gilt hier bundesweit) umgewandelt werden, für das Kalenderjahr 2021 maximal 3 408 € (monatlich 284 €). Bei Neuverträgen ab 1.1.2019 hat sich der Arbeitgeber an den Beiträgen zu beteiligen, da er ebenfalls eine Ersparnis bei den Sozialversicherungsbeiträgen hat. Dies gilt für die Durchführungswege

– Direktversicherung,
– Pensionskasse und
– Pensionsfonds.

Es wird zwischen den folgenden Fallgestaltungen unterschieden:

1 SV-pflichtiger Arbeitnehmer (BGR: 1 1 1 1):

Der Arbeitgeber hat einen Beitragsanteil von 15 % des umgewandelten Entgelts an der Finanzierung der bAV zu beteiligen.

2. Arbeitnehmer ist aufgrund des Überschreitens der JAE-Grenze krankenversicherungsfrei und nicht pflegeversicherungspflichtig (z.B. 0 1 1 0 oder 0 1 1 1 oder 9 1 1 1), aber Entgelt übersteigt nicht die RV-BBG.

Der Arbeitgeber spart 10,55 % (9,3 % AG-Anteil RV und 1,25 % AG-Anteil AV) mit diesem Betrag hat er sich an der bAV zu beteiligen. Er kann sich auch mit 15 % beteiligen.

3. Arbeitnehmer ist aufgrund des Überschreitens der JAE-Grenze krankenversicherungsfrei und nicht pflegeversicherungspflichtig (z.B. 0 1 1 0 oder 0 1 1 1 oder 9 1 1 1), und sein Entgelt übersteigt – auch nach der Entgeltumwandlung – die RV-BBG.

Der Arbeitgeber hat keine Ersparnis. Er muss sich nicht an der bAV beteiligen. Er kann aber bis zu 15 % des Umwandlungsbetrags als Arbeitgeberanteil dazugeben.

Arbeitnehmer- und Arbeitgeberanteil sind zusammenzurechnen und dürfen 4 % der RV-BBG (West) nicht überschreiten.

Für Altverträge (vor dem 1.1.2018) ist der Arbeitgeberzuschuss erst ab 1.1.2022 zu entrichten.

Betriebsstättenfinanzamt

I. Arbeitsrecht

286 Es bestehen keine arbeitsrechtlichen Besonderheiten.

II. Lohnsteuer

287 Als **Betriebsstättenfinanzamt** wird das Finanzamt bezeichnet, in dessen Bezirk sich der Betrieb bzw. die lohnsteuerliche Betriebsstätte des Arbeitgebers befindet. Es ist zuständig für sämtliche Fragen zur Lohnsteuererhebung, z.B. ob ein Dienstverhältnis vorliegt, ob eine Zahlung zum steuerpflichtigen Arbeitslohn rechnet bis hin für Zweifelsfragen

zur Anmeldung und Abführung der Lohnsteuer. Es ist zugleich Ansprechpartner für den Arbeitgeber sowie in Ausnahmefällen auch für den Arbeitnehmer.

Für den **Privathaushalt** als Arbeitgeber ist regelmäßig das für die Veranlagung zur Einkommensteuer zuständige (Wohnsitz-)Finanzamt das Betriebsstättenfinanzamt.

Eine lohnsteuerliche **Betriebsstätte** ist der im **Inland** gelegene Betrieb oder Betriebsteil des Arbeitgebers, an dem der Arbeitslohn insgesamt ermittelt wird. Dies ist der Ort/Betriebsteil, an dem die einzelnen Lohnbestandteile oder bei maschineller Lohnabrechnung die Eingabewerte zu dem für die Durchführung des Lohnsteuerabzugs maßgebenden Arbeitslohn zusammengefasst werden.

Nicht maßgebend ist, an welchem Ort einzelne Lohnbestandteile ermittelt werden, wo die Berechnung der Lohnsteuer vorgenommen wird und wo die für den Lohnsteuerabzug maßgebenden Unterlagen aufbewahrt werden. Ein selbständiges Dienstleistungsunternehmen, das für einen Arbeitgeber tätig wird, kann nicht als Betriebsstätte dieses Arbeitgebers angesehen werden.

Der Arbeitgeber hat die insgesamt einbehaltene und übernommene (nach der Gesetzesformulierung die einzubehaltende und zu übernehmende) **Lohnsteuer**, den Solidaritätszuschlag und eine evtl. Kirchensteuer beim Betriebsstättenfinanzamt **anzumelden** und dorthin **abzuführen** (Sollsteuer). In Betracht kommen (nur) die nach den individuellen Lohnsteuerabzugsmerkmalen (lt. ELStAM- oder Härtefall-Verfahren → Lohnsteuerkarte) erhobenen Beträge sowie die pauschale Lohnsteuer mit den Steuersätzen i.H.v. 20 %, 25 % und 5 %. Eine Sonderregelung gilt für die einheitliche Pauschsteuer i.H.v. 2 %. Sie ist an die **Minijob-Zentrale** zu melden und dorthin abzuführen (→ Lohnsteuerabführung).

Arbeitgeber und Arbeitnehmer können zu ihren lohnsteuerlichen Fragen und zur steuerlichen Absicherung ihrer Auffassung beim Betriebsstättenfinanzamt eine → **Lohnsteuer-Anrufungsauskunft** einholen, z.B. darüber, ob eine Arbeitnehmereigenschaft zu bejahen ist oder nicht.

Für die Durchführung einer **Lohnsteuer-Außenprüfung** oder der **Lohnsteuer-Nachschau** ist ebenso das Betriebsstättenfinanzamt zuständig. Dieses entscheidet auch, ob und wann eine → Lohnsteuer-Außenprüfung bzw. Lohnsteuer-Nachschau durchzuführen ist.

III. Sozialversicherung

Es bestehen keine sozialversicherungsrechtlichen Besonderheiten.

288

IV. Kirchensteuer

Ebenso wie die Lohnsteuer hat der Arbeitgeber auch die Kirchensteuer an das Betriebsstättenfinanzamt abzuführen (§ 41 Abs. 2 EStG). Wird die Lohnsteuer pauschaliert in einer Summe an das Betriebsstättenfinanzamt abgeführt, wird auch mit der Kirchensteuer korrespondierend verfahren. Dies liegt daran, dass die Kirchensteuer in Akzessorietät zur Lohnsteuer steht, d.h. insoweit als Zuschlag zur Lohnsteuer bzw. zur pauschalierten Lohnsteuer festgesetzt und erhoben wird.

289

Nach dem Prinzip der Betriebsstättenbesteuerung ist der Arbeitgeber verpflichtet, die Kirchenlohnsteuer auch für diejenigen kirchensteuerpflichtigen Arbeitnehmer einzubehalten und abzuführen, die ihren Wohnsitz oder gewöhnlichen Aufenthalt in einem anderen Bundesland als der Arbeitgeber haben. Dabei ist durch Anweisungen der Finanzverwaltung geregelt, dass der Arbeitgeber auch dann evangelische Lohnsteuer („ev") einzubehalten hat, wenn der Arbeitnehmer aus einem anderen Bundesland das Kirchensteuersignal „lt" oder „rf" hatte. Ist in einem Bundesland ein Kirchensteuersignal für die Kirchensteuer erhebende Kirche nicht vorgesehen, wird keine Kirchensteuer einbehalten (z.B. „is" in Mecklenburg-Vorpommern). Zu den Kirchensteuersignalen siehe → Rz. 542.

Der Arbeitgeber hat, ohne Rücksicht auf die unterschiedlichen Hebesätze in den Bundesländern, nur denjenigen Hebesatz anzuwenden, der für das Bundesland seiner Betriebsstätte gilt. Ausnahmen gibt es in Niedersachsen, Nordrhein-Westfalen und Rheinland-Pfalz: Hier kann beim Finanzamt beantragt werden, dass die Kirchensteuer nach dem Steuersatz berechnet wird, der am Wohnort des Mitarbeiters gilt.

Im Rahmen der Veranlagung zur (Kirchen-)Einkommensteuer berücksichtigt das zuständige Finanzamt den am Wohnsitz des Arbeitnehmers geltenden Kirchensteuerhebesatz.

Wer während eines Beschäftigungsverhältnisses Mitglied einer Kirche wird, hat Kirchensteuer bei der Lohnzahlung zu entrichten, die in den auf den Aufnahmetag folgenden Kalendermonat fällt. Die Kirchenmitgliedschaft beginnt mit der Taufe, dem Kircheneintritt oder dem Zuzug.

Bei kirchensteuerpflichtigen Beschäftigten hört der Steuerabzug mit der letzten Lohnzahlung (im Todesfall spätestens mit Ablauf des Sterbemonats) auf.

Bei einem Kirchenaustritt, auch bei einem Übertritt zu einer anderen Religionsgemeinschaft, endet der Steuerabzug mit Ablauf des Monats, in dem die Kirchenaustrittserklärung wirksam abgegeben wird (siehe → Rz. 545).

Betriebsverfassung

I. Arbeitsrecht

290 **Aushilfskräfte** sind **Arbeitnehmer i.S.d. Betriebsverfassungsgesetzes** (§ 5 BetrVG). Sie genießen damit sämtliche Rechte aus der Betriebsverfassung und fallen voll in den Mitbestimmungsbereich des Betriebsrats, namentlich bei Einstellungen und Kündigungen. Ebenso sind Aushilfen im Rahmen von § 7 BetrVG wahlberechtigt und können nach sechs Monaten in den Betriebsrat gewählt werden (§ 8 BetrVG), wobei es eher eine praktische Frage sein dürfte, ob eine Aushilfskraft auch tatsächlich in den Betriebsrat gewählt wird.

Aushilfskräfte, sogar Ein-Tages-Aushilfen, können auch bei der Bestimmung der Anzahl der zu wählenden Betriebsratsmitglieder nach § 9 BetrVG mitzählen: Insoweit zählt die durchschnittliche Anzahl der an einem Arbeitstag beschäftigten Aushilfskräfte zu den regelmäßig im Betrieb beschäftigten Arbeitnehmern i.S.v. § 9 BetrVG (BAG v. 7.5.2008, 7 ABR 17/07, NZA 2008, 1142).

Ebenso wie die Aushilfskräfte sind auch die **Teilzeitbeschäftigten und geringfügig Beschäftigten** (z.B. Zeitungszusteller und Putzfrauen) **Arbeitnehmer i.S.d. Betriebsverfassungsrechts** mit allen Rechten und Pflichten (→ Teilzeitbeschäftigung). Sie sind z.B. bei einer Betriebsratswahl wahlberechtigt und wählbar; der Betriebsrat wirkt z.B. bei Einstellung und Kündigung mit, ebenso (wichtig!) bei der Lage und Verteilung der Arbeitszeit (BAG v. 23.7.1996, 1 ABR 17/96, NZA 1997, 216).

Eine **dauerhaft vorgesehene Erhöhung** der Arbeitszeit eines Teilzeitarbeitnehmers von mindestens zehn Stunden pro Woche ist eine nach § 99 Abs. 1 Satz 1 BetrVG **mitbestimmungspflichtige Einstellung** (BAG v. 9.12.2008, 1 ABR 74/07, DB 2009, 743). Für die **vorübergehende Verlängerung** der vereinbarten → Arbeitszeit einer Teilzeitkraft (→ Teilzeitbeschäftigung) gilt: Die zur Abdeckung eines betrieblichen Mehrbedarfs mit einem teilzeitbeschäftigten Arbeitnehmer vereinbarte befristete Erhöhung der Arbeitszeit ist regelmäßig eine nach § 87 Abs. 1 Nr. 3 BetrVG **mitbestimmungspflichtige** Verlängerung der betriebsüblichen Arbeitszeit (BAG v. 24.4.2007, 1 ABR 47/06, DB 2007, 1475).

Bei der **Einstellung** einer Aushilfs- oder Teilzeitkraft mit einem **befristeten** → Arbeitsvertrag kann übrigens der Betriebsrat nicht mit der Begründung widersprechen, die Befristung sei gesetzwidrig, unzulässig oder sonst unerwünscht (BAG v. 16.7.1985, 1 ABR 35/83, NZA 1986, 163). Bei der **Umwandlung einer befristeten** → Teilzeitbeschäftigung in eine unbefristete muss demgegenüber die Zustimmung des Betriebsrats eingeholt werden. Der Befristung steht es nicht entgegen, dass der Arbeitnehmer in den Betriebsrat gewählt wird; umgekehrt endet auch das befristete Arbeitsverhältnis eines Betriebsratsmitglieds mit Ablauf der Befristung, ohne dass hierin eine ungerechtfertigte Schlechterstellung von Betriebsratsmitgliedern zu sehen ist (BAG v. 25.6.2014, 7 AZR 847/12, NZA 2014, 1209). Allerdings wäre es unzulässig, dem befristet beschäftigten Betriebsratsmitglied den Abschluss eines Folgevertrages gerade wegen der Betriebsratstätigkeit zu verwehren (BAG v. 25.6.2014, 7 AZR 847/12, NZA 2014, 1209).

II. Lohnsteuer

Es bestehen keine lohnsteuerrechtlichen Besonderheiten. 291

III. Sozialversicherung

Es bestehen keine sozialversicherungsrechtlichen Besonderheiten. 292

Coronakrise/COVID-19-Pandemie

Das Coronavirus hat innerhalb kürzester Zeit massiven Einfluss auf die Arbeitswelt genommen. Hierzu haben Gesetzgeber und Bundesregierung im Eiltempo diverse Maßnahmen u.a. in den Bereichen Arbeitsrecht, Steuerrecht und Sozialversicherungsrecht beschlossen, auf die im Folgenden – soweit Arbeitgeber und Arbeitnehmer betroffen und die Fragen Gegenstand dieses Ratgebers sind – jeweils näher eingegangen wird.

I. Arbeitsrecht

Für den Bereich der in diesem Ratgeber dargestellten Beschäftigungsformen ergeben sich aus den vielfältigen gesetzgeberischen Maßnahmen keine arbeitsrechtlichen Besonderheiten. Es hat sich aber gezeigt, dass insbesondere geringfügig Beschäftigte erheblich unter den wirtschaftlichen Auswirkungen der Pandemie zu leiden haben und vielfach von Arbeitslosigkeit betroffen sind. Die wesentlichen Regelungspunkte seien kurz wie folgt dargestellt: 293

Kurzarbeit
Da auch die in diesem Ratgeber dargestellten Beschäftigungsformen – soweit nicht anders erläutert – Arbeitsverhältnisse sind, kann auch für diese nach Maßgabe der §§ 95 ff. SGB III **Kurzarbeit** eingeführt werden. Dazu sind entweder Einzelvereinbarungen mit den Mitarbeitern oder kollektive Regelungen (Betriebsvereinbarung oder Tarifvertrag) erforderlich. Einseitig kann der Arbeitgeber Kurzarbeit nicht anordnen. Der Arbeitgeber zahlt dabei den wegen Kurzarbeit gekürzten Lohn und das damit im Verhältnis berechnete Kurzarbeitergeld zunächst aus und beantragt gleichzeitig die Erstattung bei der Agentur für Arbeit für den jeweiligen Monat. Er geht insofern also gegenüber seinen Arbeitnehmern in Vorleistung. Die **Bezugsdauer** für das Kurzarbeitergeld ist durch die Kurzarbeitergeldbezugsdauerverordnung (KugBeV) vom 20.4.2020, BGBl. I 2020, 801 auf bis zu 21 Monate, längstens aber bis zum 31.12.2020 verlängert worden, sofern der Anspruch auf Kurzarbeitergeld bis zum 31.12.2019 entstanden ist. Die Bundesregierung kann den Zeitraum bei außergewöhnlichen Verhältnissen auf bis zu 24 Monate verlängern (§ 109 Abs. 1a SGB III).

Nebentätigkeiten

Nebentätigkeiten bleiben unter den allgemeinen Voraussetzungen auch **während** des Bezuges von **Kurzarbeitergeld** erlaubt. Bis zum 31.12.2020 gilt dabei nach § 421c SGB III: Entgelt aus einer anderen, während des Bezugs von Kurzarbeitergeld aufgenommenen Beschäftigung wird dem Ist-Entgelt nicht hinzugerechnet, soweit das Entgelt aus der neu aufgenommenen Beschäftigung zusammen mit dem Kurzarbeitergeld und dem verbliebenen Ist-Entgelt aus der ursprünglichen Beschäftigung die Höhe des Soll-Entgelts aus der Beschäftigung, für die Kurzarbeitergeld gezahlt wird, nicht übersteigt. Handelt es sich bei dieser (Neben-)Beschäftigung um eine geringfügige Beschäftigung nach § 8 Abs. 1 Nr. 1 SGB IV, wird das Entgelt aus dieser Beschäftigung dem Ist-Entgelt nicht hinzugerechnet; eine geringfügige Nebenbeschäftigung ist also anrechnungsfrei möglich. Die in diesem Sinne während des Bezugs von Kurzarbeitergeld aufgenommenen Beschäftigungen sind versicherungsfrei zur Arbeitsförderung.

Entgeltfortzahlung im Krankheitsfall

Für den Anspruch auf **Entgeltfortzahlung im Krankheitsfall** ergeben sich auch durch die Corona-Pandemie keine arbeitsrechtlichen Besonderheiten. Teilweise war bzw. ist die telefonische Krankschreibung beim Hausarzt möglich (derzeit noch bis 31.12.2020 zulässig), wobei dies aber den Arbeitnehmer von seinen sonstigen Pflichten gegenüber seinem Arbeitgeber befreit.

COVID-19-Arbeitszeitverordnung

Die zwischenzeitlich auf Grundlage von § 14 Abs. 4 ArbZG erlassene **COVID-19-Arbeitszeitverordnung** vom 7.4.2020 ist zum 31.7.2020 wieder außer Kraft getreten. Sie sah eine Lockerung der geltenden Vorschriften des Arbeitszeitgesetzes für Tätigkeiten vor, die wegen der Corona-Pandemie zur Aufrechterhaltung der öffentlichen Sicherheit und Ordnung, des Gesundheitswesens und der pflegerischen Versorgung, der Daseinsvorsorge oder zur Versorgung der Bevölkerung mit existenziellen Gütern notwendig waren, wenn und soweit gleichzeitig die Verlängerung nicht durch vorausschauende organisatorische Maßnahmen einschließlich notwendiger Arbeitszeitdisposition, durch Einstellungen oder sonstige personalwirtschaftliche Maßnahmen hätte vermieden werden können. Eine Verlängerung der Verordnung war bei Verfassung dieses Beitrags nicht geplant.

Insolvenzantragspflicht

Aufgrund des COVID-19-Insolvenzaussetzungsgesetzes vom 27.3.2020 ist die **Insolvenzantragspflicht** vorerst bis zum 30.9.2020 und hinsichtlich des Tatbestands der Überschuldung inzwischen bis zum 31.12.2020 ausgesetzt worden. Dies gilt nicht, wenn die Insolvenzreife nicht auf den Folgen der Ausbreitung des Coronavirus beruht oder wenn keine Aussichten darauf bestehen, eine bestehende Zahlungsunfähigkeit zu beseitigen.

Sonderleistungen

Nach dem Corona-Steuerhilfegesetz vom 19.7.2020 können Arbeitgeber ihren Beschäftigten zudem eine einmalige **Sonderleistung** i.H.v. bis zu 1 500,00 € brutto zukommen lassen, sofern dies im Zeitraum 1.3.2020 bis 31.12.2020 erfolgt. Dabei ist Voraussetzung, dass diese Sonderleistung zusätzlich zum ohnehin geschuldeten Arbeitslohn geleistet wird, was z.B. eine Entgeltumwandlung ausschließt. Die Sonderleistung ist steuerfrei und hat auch keine Auswirkungen auf den Geringfügigkeitsstatus im Sinne von § 8 Abs. 1 SGB IV. Zudem darf bei geringfügig Beschäftigten die Verdienstgrenze für eine Übergangszeit vom 1.3.2020 bis 31.10.2020 sogar fünfmal überschritten werden.

Elterngeld

Auch im Bereich des **Elterngeldes** haben sich mit Einfügung des § 27 BEEG situationsbedingte Neuregelungen ergeben. So können Eltern in systemrelevanten Bereichen und Berufen ihre Elterngeldmonate bis zum 31.12.2020 aufschieben. Sofern die Elterngeldvariante Partnerschaftsbonus genutzt wird, führen Veränderungen des Arbeitsumfangs aufgrund der Corona-Pandemie nicht zur Beeinträchtigung des Anspruchs auf Elterngeld. Spezielle Einkommensersatzleistungen, die Eltern auf Grund der Corona-Pandemie erhalten, sollen die Höhe des Elterngelds nicht reduzieren (§ 2b Abs. 1 Satz 3 BEEG). Monate in denen, die elterngeldberechtigte Person auf Grund der Corona-Pandemie ein geringeres Einkommen aus Erwerbstätigkeit hatte und dies glaubhaft machen kann (z.B. mit einer Bescheinigung des Arbeitgebers), fließen dann (nur) bei entsprechender Beantragung bei der Bemessung des Elterngeldes nicht mit ein.

Erstattung von Verdienstausfall
Eine **Erstattung von Verdienstausfall** infolge einer behördlich angeordneten Quarantäne richtet sich nach § 56 IFSG. Der Arbeitgeber hat dem Arbeitnehmer, sofern dieser aufgrund der Quarantäne tatsächlich seine Arbeitsleistung nicht erbringen kann (d.h. anders insbesondere in Fällen, in denen Home-Office (vgl. auch → Home-Office-Tätigkeit (Telearbeit)) möglich ist), den Verdienstausfall für max. 6 Wochen zu zahlen, kann sich die ausgezahlten Beträge jedoch von der zuständigen Behörde nach Maßgabe von § 56 IfSG erstatten lassen. Die diesbezügliche Antragsfrist ist derzeit auf 12 Monate ausgedehnt (§ 56 Abs. 11 IfSG).

Weitere arbeitsrechtlich diskutierte **Themen**, die ohne Besonderheiten auch für die in diesem Ratgeber dargestellten Beschäftigtengruppen gelten, sind derzeit:

Dürfen Arbeitgeber einseitig **Corona-Tests** anordnen? Dies wird überwiegend abgelehnt. Der Arbeitgeber kann aber bei entsprechenden Verdachtsmomenten die Beschäftigung verweigern, um seiner Fürsorgepflicht für die übrige Belegschaft nachzukommen.

Überwiegend wird auch vertreten, dass Arbeitgeber nicht **einseitig Home-Office anordnen** können, weil hierdurch unverhältnismäßig in die Privatsphäre des Arbeitnehmers eingegriffen wird. Umgekehrt kann der Arbeitnehmer aber auch grds. kein Home-Office einfordern (ArbG Augsburg v. 7.5.2020, 3 Ga 9/20, NZA-RR 2020, 417). Eine andere Betrachtung kann sich allenfalls mit Blick auf die wechselseitigen Rücksichtnahmepflichten aus § 241 Abs. 2 BGB ergeben. Ist Arbeit im Home-Office nicht möglich oder unzumutbar und beschäftigt der Arbeitgeber den Arbeitnehmer nicht im Betrieb, behält dieser grundsätzlich seinen Gehaltsanspruch (§ 615 Satz 1 und 3 BGB). Eine Anrechnung nach § 615 Satz 2 BGB ist aber denkbar.

Aus den aktualisierten **Arbeitsschutzregeln** (SARS-CoV-2-Arbeitsschutzstandard und SARS-CoV-2-Arbeitsschutzregel) ergeben sich mittlerweile detaillierte Handlungsrichtlinien für Arbeitgeber zum Gesundheitsschutz und zur Reduzierung des Infektionsrisikos im Betrieb. Diese gelten für Betriebe und Unternehmen jeglicher Größenordnung und für alle Beschäftigtengruppen. Bei Einhalten dieser Konkretisierungen kann der Arbeitgeber davon ausgehen, dass die Anforderungen aus den Verordnungen erfüllt sind. Wählt der Arbeitgeber andere Lösungen, muss er damit mindestens die gleiche Sicherheit und den gleichen Gesundheitsschutz für die Beschäftigten erreichen. Unzureichende Arbeitsschutzmaßnahmen können dem Arbeitnehmer ein Leistungsverweigerungsrecht gewähren. Der Arbeitgeber ist mit Blick auf seine Fürsorgepflichten gegenüber der Belegschaft grds. auch berechtigt und ggf. sogar verpflichtet, das Tragen einer **Mund-Nase-Bedeckung** im Betrieb anzuordnen. Dagegen wird ein Anordnungsrecht zur Nutzung der **Corona-Warn-App** weitgehend abgelehnt. Allerdings ist der Arbeitnehmer verpflichtet, den Arbeitgeber über einen Aufenthalt in **Risikogebieten** (z.B. im Urlaub) zu informieren und verliert u.U. seinen Vergütungsanspruch, wenn er sich anschließend in Quarantäne begeben muss.

Im Übrigen wird auf weiterführende Darstellungen in anderen Werken verwiesen. Zahlreiche Themen erfahren aufgrund der dynamischen Lage häufig auch kurzfristige Änderungen, sodass auch auf die offiziellen Bekanntmachungen z.B. des BMAS zu achten ist.

II. Lohnsteuer

1. Allgemeines

294 Auf Grund der aktuellen Entwicklung geht die Finanzverwaltung auch für das Kalenderjahr 2021 davon aus, dass grundsätzlich sehr viele Branchen und Personen von den Auswirkungen der Corona-Krise erheblich betroffen sind. Dies betrifft sowohl Arbeitgeber als auch Arbeitnehmer mit Mini-Jobs und Aushilfstätigkeiten. Deshalb sollen den **Finanzämtern** bei steuererleichternden Anträgen der Arbeitgeber plausible Angaben ausreichen, wonach die Corona-Krise schwerwiegende negative Auswirkungen auf ihre wirtschaftliche Situation hat.

Im Kalenderjahr 2021 werden hierzu lediglich eine Anpassung der **Vorauszahlungen** zur Einkommensteuer oder Körperschaftsteuer in Betracht kommen. Insbesondere dann, wenn sich wegen der Corona-Krise für den Veranlagungszeitraum 2021 eine Gewinnminderung andeutet.

In der nachfolgenden Zusammenstellung werden einkommen- und lohnsteuerrechtliche Fragen und Möglichkeiten zu den für das Kalenderjahr 2021 wichtigen Maßnahmen und Regelungen alphabetisch sortiert kurz angesprochen und erläutert.

2. Leistungen, Zahlungen

Arbeitslohnspende

295 Für Arbeitnehmer ist die im Kalenderjahr 2020 vorgesehene Möglichkeit, Arbeitslohnspenden für von der Corona-Krise Betroffene steuerfrei zu leisten, **nicht** verlängert worden (BMF v. 9.4.2020, IV C 4-S 2223/19/10003:003, BStBl I 2020, 503).

Arbeitszimmer/Home-Office

Zu den steuerlichen Möglichkeiten und Folgen, wenn der Arbeitnehmer seine berufliche Tätigkeit im häusliches Arbeitszimmer ausübt, → Home-Office-Tätigkeit (Telearbeit) Rz. 518 ff.

Corona-bedingter Betreuungsbedarf für Kinder

Entstehen dem Arbeitnehmer auf Grund der Corona-Krise für seine Kinder oder pflegebedürftige Angehörige Betreuungsaufwendungen, kann sie der Arbeitgeber steuerfrei erstatten. Zusätzlich zum ohnehin geschuldeten Arbeitslohn erbrachte Arbeitgeberleistungen bleiben je Arbeitnehmer bis zu einem Betrag von 600 € im Kalenderjahr **steuerfrei**. Dabei spielt es keine Rolle, ob es sich um eine Vollzeit- oder Teilzeitbeschäftigung handelt.

Zu weiteren Einzelheiten → Kindergartenbeitrag/-zuschuss sowie den Frage- und Antwortkatalog des Bundesministeriums der Finanzen „FAQ „Corona" (Steuern)", unter „VI. Lohnsteuer" die Antwort zu Frage Nr. 7 „Kann der Arbeitgeber außergewöhnliche Betreuungsleistungen, die aufgrund der Corona-Krise für pflegebedürftige Angehörige und Kinder entstehen, steuerfrei erstatten?"

Corona-Beihilfen und Unterstützungen

Corona-Prämien sowie coronabedingte **Sonderzahlungen** des Arbeitgebers für das Kalenderjahr 2020 durften bis zum 31.1.2021 steuerfrei ausgezahlt werden (bis zu 1 500 €, § 3 Nr. 11a EStG). Solche für das Kalenderjahr 2021 gezahlte Beihilfen und Unterstützungen sind steuerpflichtig.

Corona-Desinfektionsmittel, Impfung, Schutzausrüstung

Gestellt der Arbeitgeber Schutzmasken, Schutzausrüstung und Desinfektionsmittel für den beruflichen Gebrauch, handelt es sich um einen Vorteil im ganz überwiegend eigenbetrieblichen Interesse des Arbeitgebers. Insoweit liegt **kein** steuerpflichtiger Arbeitslohn vor. Gleiches gilt, wenn der Arbeitgeber eine Corona-Impfung des Arbeitnehmers veranlasst und diese Kosten sowie die des Corona-Impfstoffs trägt.

Erwirbt der Arbeitnehmer solche Schutzausrüstungen selbst, können sie auch dann steuerlich **nicht** (z.B. als Werbungskosten) berücksichtigt werden, wenn er sie beruflich nutzt.

Corona-Tests
Veranlasst der Arbeitgeber, dass seine Mitarbeiter von Fall zu Fall oder regelmäßig auf den Coronavirus SARS-CoV-2 getestet werden (Covid-19-Tests; PCR- und Antikörper-Tests) und übernimmt er die hierfür anfallenden Kosten, handelt es sich um Arbeitgeberleistungen im ganz überwiegenden eigenbetrieblichen Interesse. Folglich ist **kein** steuerpflichtiger Arbeitslohn zu erfassen. Private Aufwendungen des Arbeitnehmers für eine Testung können steuerlich nicht berücksichtigt werden.

Kurzarbeitergeld, Arbeitgeberzuschüsse zum Kurzarbeitergeld
Das Kurzarbeitergeld ist **steuerfrei** (§ 3 Nr. 2a EStG), unterliegt jedoch bei der Einkommensteuerveranlagung dem Progressionsvorbehalt (→ Rz. 118).

Entsprechend der sozialversicherungsrechtlichen Behandlung der Arbeitgeberzuschüsse zum Kurzarbeitergeld bleiben in den Kalenderjahren 2020 sowie 2021 Zuschüsse des Arbeitgebers zum Kurzarbeitergeld und Saison-Kurzarbeitergeld bis zu 80 % des Unterschiedsbetrags zwischen dem sozialversicherungsrechtlichen Soll-Entgelt und dem Ist-Entgelt **steuerfrei** (§ 3 Nr. 28a EStG). Dies gilt auch für Zuschüsse zum Transfer-Kurzarbeitergeld. Die zunächst für das Kalenderjahr 2020 begrenzte Steuerbefreiung ist bis zum 31.12.2021 verlängert worden.

Diese steuerfrei gezahlten Zuschüsse unterliegen als Lohnersatzleistungen dem Progressionsvorbehalt (→ Rz. 118), den ggf. das Finanzamt zu prüfen hat.

Verdienstausfallentschädigungen für Quarantäne, bei Kita- und Schulschließung
Erhält der Arbeitnehmer Verdienstausfallentschädigungen nach dem Infektionsschutzgesetz für Quarantäne sowie bei Kita- und Schulschließung, sind sie **steuerfrei**, unterliegen jedoch dem Progressionsvorbehalt (→ Rz. 118). Solche Lohnersatzleistung zahlt regelmäßig der Arbeitgeber aus, der sie vom zuständigen Gesundheitsamt erstattet bekommt.

3. Behandlung der Corona-spezifischen Leistungen

Eigenbetriebliche, steuerfreie Leistungen
Im ganz überwiegend eigenbetrieblichen Interesse des Arbeitgebers erbrachte Vorteile erscheinen **weder** in der Lohnabrechnung des Arbeitnehmers noch sind sie in seinem Lohnkonto aufzuzeichnen; sie rechnen nicht zum Arbeitslohn. Hingegen sind „echte" steuerfreie Lohnzahlungen regelmäßig im Lohnkonto des Arbeitnehmers aufzuzeichnen (§ 4 Abs. 2 Nr. 4 LStDV).

296

Lohnsteuerbescheinigung, Einkommensteuerveranlagung
Die sog. Lohnersatzleistungen, wie das steuerfreie Kurzarbeitergeld und die steuerfreien Zuschüsse des Arbeitgebers sind in der Lohnsteuerbescheinigung (Zeile 15) gesondert **auszuweisen** (→ Lohnsteuerbescheinigung). Näheres zur Frage, welche Leistungen und Zahlungen in der Lohnsteuerbescheinigung auszuweisen sind, s. → Lohnsteuerbescheinigung.

Zur Angabe der während einer Quarantäne gezahlten Beiträge zur Kranken-, Renten- und Arbeitslosenversicherung in der Lohnsteuerbescheinigung gelten Sonderregelungen. Weil diese Beiträge mit steuerfreien Einnahmen in Verbindung stehen, sind keine Eintragungen in den Zeilen 22 bis 27 der Lohnsteuerbescheinigung vorzunehmen. Es besteht ein Sonderausgabenabzugsverbot. Den Umfang der Ausweispflichten in der Lohnsteuerbescheinigung ab dem Kalenderjahr 2020 regelt das BMF-Schreiben v. 9.9.2019, IV C 5-S 2378/19/10002:001, BStBl I 2019, 911 zur Ausstellung von elektronischen Lohnsteuerbescheinigungen für Kalenderjahre ab 2020; das Muster für den Ausdruck der elektronischen Lohnsteuerbescheinigung 2021 bestimmt das BMF-Schreiben v. 9.9.2020, IV C 5-S 2533/19/10030:002, BStBl I 2020, 926.

Um den **Progressionsvorbehalt** (→ Rz. 118) berücksichtigen zu können, ist der Arbeitnehmer verpflichtet, beim Finanzamt eine Einkommensteuererklärung abzugeben (→ Einkommensteuerveranlagung).

Ergänzende Erläuterungen sowie detaillierte Zusammenstellungen der einkommen- und lohnsteuerrechtlichen Regelungen auf Grund der Corona-Krise enthalten das ABC des Lohnbüros 2021 sowie die Sonderausgabe Juli der Lohnsteuer-Tabellen 2020 im Schwerpunktthema Corona.

III. Sozialversicherung

297 Der Anspruch auf Kurzarbeitergeld ist mit dem Bestehen einer arbeitslosenversicherungspflichtigen Beschäftigung verbunden. Viele Personenkreise, die in diesem Werk sozialversicherungsrechtlich beleuchtet werden, sind jedoch arbeitslosenversicherungsfrei und haben daher keinen Anspruch auf Kurzarbeitergeld. Dies sind

- Geringfügig entlohnt Beschäftigte;
- Kurzfristig Beschäftigte;
- Schüler, allgemeinbildender Schulen, die mehr als 450 € Arbeitsentgelt aus einer Beschäftigung erhalten;
- Altersvollrentner, die das Alter für die Regelaltersrente vollendet haben;
- Bezieher einer Rente wegen voller Erwerbsminderung.

Sofern diese Arbeitnehmer für länger als einen Monat kein Arbeitsentgelt erhalten, sind diese nach Ablauf eines Monats mit dem Grund 34 abzumelden. Wird die Beschäftigung gegen Arbeitsentgelt dann wieder aufgenommen, so hat die Anmeldung mit dem Abgabegrund 13 zu erfolgen.

Hinzuverdienst bei Kurzarbeit
Bis 30.4.2020 galt: Wenn man nach Eintritt von Kurzarbeit eine Nebentätigkeit neu aufgenommen hatte, wurde das daraus erzielte Entgelt auf das Kurzarbeitergeld angerechnet.

Vom 1.5.2020 bis zum 31.12.2020 galt folgende Sonderregelung: Beschäftigte in Kurzarbeit können einen Nebenverdienst bis zur Höhe ihres ursprünglichen Einkommens haben, ohne dass dieser auf das Kurzarbeitergeld angerechnet wird. Einzige Bedingung: Sie dürfen die Höhe des Lohns nicht überschreiten, den sie vor der Kurzarbeit bekommen haben. Weitere Besonderheit war, dass die in dieser Zeit aufgenommene Beschäftigung arbeitslosenversicherungsfrei war.

Ab dem 1.1.2021 kann ein Arbeitnehmer, der sich in Kurzarbeit befindet im Rahmen einer geringfügig entlohnten Beschäftigung hinzuverdienen, ohne dass dieser Hinzuverdienst bei seinem Ist-Entgelt berücksichtigt wird.

Übergangsregelungen bei kurzfristiger Beschäftigung
Um die Folgen der Corona-Pandemie abzumildern, traten im Jahr 2020 Regelungen in Kraft, die unter anderem die Zeitgrenzen für eine Kurzfristige Beschäftigung von 3 auf 5 Monate bzw. von 70 auf 115 Arbeitstage innerhalb eines Kalenderjahres auszuweiten. Analog dazu wurde das gelegentliche und unvorhergesehene Überschreiten der 450 €-Grenze bei Minijobs von 3 auf 5 Monate innerhalb eines Zeitjahres ausgeweitet.

Die Ausweitung der Zeitgrenzen war auf die Zeit vom 1.3.2020 bis 31.10.2020 befristet.

In der Praxis stellt sich nun häufig die Frage, wie die Sachverhalte zu bewerten sind, bei denen eine im Zeitraum März bis Oktober 2020 zunächst versicherungsfrei beurteilte Beschäftigung über den 1.11.2020 hinaus zu beurteilen ist.

Die versicherungsrechtliche Beurteilung erfolgt bei Beginn der Beschäftigung zunächst nach der aktuellen Rechtslage. Wenn also am 1.7.2020 eine im Voraus befristete Beschäftigung bis 30.11.2020 aufgenommen wurde, keine Berufsmäßigkeit vorliegt und keine Vorbeschäftigungen vorhanden sind, ist diese Beschäftigung ab 1.7.2020 als kurzfristige Beschäftigung versicherungsfrei (5 Monate werden nicht überschritten). Es erfolgt eine Anmeldung zur Minijob-Zentrale (PGR 110 - BGR 0000).

Zum 1.11.2020 erfolgt nun eine Neubewertung der Beschäftigung. Die jetzt (wieder) gültige Rechtslage erlaubt lediglich eine Befristung auf 3 Monate. Die Beschäftigung ist aber auf insgesamt 5 Monate befristet. Deshalb tritt ab 1.11.2020 Versicherungspflicht in der Beschäftigung ein. Der Beschäftigte ist bei der Minijobzentrale zum 31.10.2020 abzumelden und für die Zeit vom 1.11.2020 bis 30.11.2020 bei der zuständigen Krankenkasse zu melden (PGR 101 - BGR 1111).

Übergangsregelung bei geringfügig entlohnter Beschäftigung
Das gelegentliche und unvorhersehbare Überschreiten der Entgeltgrenze bei geringfügig entlohnten Beschäftigungen ist jeweils für das bis zum Ende der Überschreitung vergangene Zeitjahr zu beurteilen. Insofern kommt es hier auf das Datum des Endes der Überschreitung an. Liegt das Ende der Überschreitung im Zeitraum vom 1.3.2020 bis 31.10.2020, darf die 450 €-Grenze in insgesamt 5 Monaten überschritten werden. Liegt das Ende der Überschreitung in der Zeit ab 1.11.2020, dürfen 3 Monate nicht überschritten werden.

Dienstverhältnis

I. Arbeitsrecht

Es bestehen keine arbeitsrechtlichen Besonderheiten. **298**

II. Lohnsteuer

Im Lohnsteuerrecht wird der Begriff „Dienstverhältnis" anstelle der sonst üblichen Bezeichnung „Arbeitsverhältnis" verwandt. Ein solches (steuerliches) Dienstverhältnis **liegt** dann **vor**, **299**

- wenn der Beschäftigte einen Vertrag geschlossen hat mit dem Inhalt, dem Auftraggeber (Arbeitgeber) seine Arbeitskraft zu schulden, und
- er bei Ausführung seiner Tätigkeit unter der Leitung des Auftraggebers (Arbeitgebers) steht, in dessen geschäftlichen Organismus (Betrieb) eingegliedert ist und dabei dessen Vorgaben und Anweisungen zu folgen verpflichtet ist (→ Arbeitnehmer).

Der Vertrag kann sowohl mündlich als auch durch konkludente Handlung oder schriftlich abgeschlossen sein. Die **arbeitsrechtliche** Fiktion eines Dienstverhältnisses/Arbeitsverhältnisses ist steuerrechtlich nicht maßgebend.

1. Mehrere Tätigkeiten bei einem Arbeitgeber

Übt der Arbeitnehmer bei demselben Arbeitgeber **mehrere Beschäftigungen** oder Tätigkeiten aus, z.B. morgens in der Arztpraxis und am Nachmittag im Privathaushalt, liegt steuerlich ein einheitliches Dienstverhältnis (Beschäftigungsverhältnis) vor, so dass es sich hier um keine weitere bzw. gesonderte Beschäftigung im Privathaushalt handelt. Für diesen Teil des Arbeitslohns kann folglich keine eigenständige Lohnsteuerpauschalierung gewählt werden. Die Summe der Arbeitslohnteile muss entweder nach den individuellen Lohnsteuerabzugsmerkmalen (lt. ELStAM- oder Härtefall-Verfahren → Lohnsteuerkarte) oder pauschal erhoben werden.

Anders ist es u.E. zu beurteilen, wenn der Arbeitsvertrag für die Tätigkeit im Privathaushalt mit einem anderen Arbeitgeber abgeschlossen wird, z.B. dem Ehegatten des Hauptarbeitgebers. Die Entscheidung, ob ein oder zwei Dienstverhältnisse vorliegen, ist für die Frage, ob ein Mini-Job bzw. eine → geringfügig entlohnte Beschäftigung vorliegt oder nicht, von Bedeutung (→ Mini-Job).

2. Tätigkeiten bei mehreren Arbeitgebern

Ist der Arbeitnehmer bei mehreren Arbeitgebern ein Dienstverhältnis eingegangen, ist jedes Dienstverhältnis gesondert zu betrachten. Eine dem Sozialversicherungsrecht vergleichbare Zusammenrechnung der Arbeitslöhne erfolgt lohnsteuerlich nicht. Deshalb kann jeder Arbeitgeber für sich entscheiden, ob er die Lohnsteuer nach den individuellen Lohnsteuerabzugsmerkmalen (lt. ELStAM- oder Härtefall-Verfahren → Lohnsteuerkarte) oder pauschal erheben möchte. Die sozialversicherungsrechtliche Zusammenrechnung mehrerer Dienstverhältnisse hat jedoch Folgen für die Entscheidung, ob ein steuerlich begünstigter Mini-Job (Pauschsteuer i.H.v. 2 %) bzw. eine → geringfügig entlohnte Beschäftigung vorliegt oder nicht (→ Mini-Job).

III. Sozialversicherung

300 Es bestehen keine sozialversicherungsrechtlichen Besonderheiten. Ein Dienstverhältnis im Rahmen eines Dienst- bzw. Arbeitsvertrags kann eine abhängige Beschäftigung im sozialversicherungsrechtlichen Sinne sein.

Doppelter Haushalt

I. Arbeitsrecht

301 Es bestehen keine arbeitsrechtlichen Besonderheiten.

II. Lohnsteuer

1. Voraussetzungen

302 Einen doppelten Haushalt führt ein Arbeitnehmer, der

- außerhalb des Orts seiner ersten Tätigkeitsstätte wohnt und dort an seinem Lebensmittelpunkt einen eigenen Hausstand unterhält (Hauptwohnung) und
- daneben auch am Ort der ersten Tätigkeitsstätte (Beschäftigungsort) wohnt bzw. dort eine **Zweitwohnung** innehat.

Aus beruflichem Anlass werden also zwei Wohnungen geführt (R 9.11 LStR und H 9.11 LStH). Die Anzahl der Übernachtungen in der Zweitwohnung ist für die Beurteilung unerheblich. Einen doppelten Haushalt können auch ausländische Arbeitnehmer (z.B. Erntehelfer) führen. Zudem erkennt die Finanzverwaltung auch dann eine berufliche Veranlassung an, wenn der Arbeitnehmer aus privaten Gründen den (Familien-)Wohnsitz vom Arbeitsort wegverlegt und im Anschluss daran am Arbeitsort oder in dessen Umgebung eine weitere Wohnung bezieht bzw. einen Zweithaushalt begründet.

Eine doppelte Haushaltsführung liegt nicht vor, solange die auswärtige Beschäftigung eine → Auswärtstätigkeit (R 9.4 Abs. 2 LStR) ist und somit keine regelmäßige Arbeitsstätte vorliegt. Arbeitnehmer mit einer → Einsatzwechseltätigkeit führen keinen doppelten Haushalt. Sie befinden sich auf einer Auswärtstätigkeit → Reisekosten. Übernachten sie am Tätigkeitsort (aber außerhalb ihrer Wohnung), sind die Aufwendungen grundsätzlich in voller Höhe ansatzfähig.

Das Vorliegen eines eigenen Hausstands setzt neben dem Innehaben einer Wohnung aus eigenem Recht als Eigentümer oder Mieter bzw. aus gemeinsamen oder abgeleitetem Recht als Ehegatte, Lebenspartner oder Lebensgefährte sowie Mitbewohner auch eine finanzielle Beteiligung an den Kosten der Lebensführung (laufende Kosten der Haushaltsführung) voraus (§ 9 Abs. 1 Satz 3 Nr. 5 Satz 3 EStG).

Es genügt nicht, wenn der Arbeitnehmer z.B. im Haushalt der Eltern lediglich ein oder mehrere Zimmer unentgeltlich bewohnt oder wenn dem Arbeitnehmer eine Wohnung im Haus der Eltern unentgeltlich zur Nutzung überlassen wird. Die finanzielle Beteiligung an den Kosten der Haushaltsführung ist dem Finanzamt nachzuweisen und wird auch bei volljährigen Kindern, die bei ihren Eltern oder einem Elternteil wohnen, nicht generell unterstellt.

2. Steuerfreie Erstattungen

Führt der Arbeitnehmer einen beruflich veranlassten doppelten Haushalt, kann der Arbeitgeber **steuerfrei** zahlen: 303

a) Fahrtkosten

Ansetzbar sind die tatsächlichen Fahrtkosten aus Anlass des **Wohnungswechsels** zu Beginn und am Ende der doppelten Haushaltsführung (An- und Abreise). Bei einer Fahrt mit eigenem Pkw kann der Arbeitgeber pauschal bis zu 0,30 € pro gefahrenen Kilometer steuerfrei zahlen. 304

Steuerfreie Erstattungsleistungen für eine → **Familienheimfahrt** werden auf Grund der kurzen Dauer der in diesem Berater überwiegend angesprochenen Aushilfs- und Teilzeitbeschäftigungen regelmäßig nicht in Betracht kommen.

b) Mehraufwendungen für Verpflegung

Als **Verpflegungspauschale** darf der Arbeitgeber bei einer 24-stündigen Abwesenheitsdauer des Arbeitnehmers von seiner Familienwohnung im Inland seit dem Kalenderjahr 2020 bis zu **28 €** pro Kalendertag steuerfrei zahlen; längstens für die ersten drei Monate der Abwesenheit bzw. der doppelten Haushaltsführung. 305

Bei einer Abwesenheit von mehr als acht Stunden können seit dem Kalenderjahr 2020 bis zu **14 €** pro Kalendertag steuerfrei gezahlt werden. Für die **An- und Abreisetage** vor und nach einer Übernachtung im doppelten Haushalt bzw. in der Zweitwohnung kommt seit dem Kalenderjahr 2020 ebenso die steuerfreie Pauschale i.H.v. 14 € pro Kalendertag zum Ansatz.

c) Kosten der Zweitwohnung, Übernachtungskosten

Steuerfrei dürfen dem Arbeitnehmer als Unterkunftskosten für eine doppelte Haushaltsführung im Inland die **tatsächlich** entstandenen Aufwendungen für die Nutzung der Wohnung oder Unterkunft am Beschäftigungsort, höchstens bis zu einem nachgewiesenen Betrag von 1 000 € im Monat, gezahlt werden. Dieser Höchstbetrag gilt sowohl für den Ansatz von Werbungskosten als auch für die steuerfreie Erstattung durch den Arbeitgeber. 306

Alternativ darf der Arbeitgeber die Unterkunft kostenlos und steuerfrei zur Verfügung stellen oder, falls der Arbeitnehmer die Kosten der Unterkunft selbst trägt, **pauschal** 20 € pro **tatsächlicher** Übernachtung in den ersten drei Monaten der doppelten Haushaltsführung steuerfrei zahlen. In der **Folgezeit** reduziert sich dieser steuerfreie Betrag auf den Höchstbetrag von 5 € **pro Übernachtung** (R 9.11 Abs. 10 Satz 7 Nr. 3 LStR).

3. Voraussetzungen für steuerfreie Erstattung, Werbungskostenabzug, Belege, Lohnkonto

Für den steuerfreien Ersatz der Aufwendungen anlässlich einer doppelten Haushaltsführung kann der Arbeitgeber bei Arbeitnehmern mit den **Steuerklassen** III, IV oder V 307 ohne Weiteres unterstellen, dass sie am Familienwohnort einen eigenen Hausstand haben, an dem sie sich auch finanziell beteiligen.

Bei anderen Arbeitnehmern (mit den Steuerklassen I und VI) darf der Arbeitgeber einen eigenen Hausstand nur dann annehmen, wenn sie schriftlich erklären, dass sie neben einer Zweitwohnung/-unterkunft am Beschäftigungsort außerhalb des Beschäftigungsortes einen eigenen Hausstand unterhalten, an dem sie sich auch finanziell beteiligen. Gleiches gilt, wenn die Lohnsteuer pauschal erhoben wird.

Als Grundlage der steuerfreien Erstattung hat der Arbeitnehmer dem Arbeitgeber die Belege über die entstandenen Kosten sowie die entsprechenden Reisekostenabrechnungen usw. vorzulegen. Der Arbeitgeber hat diese Unterlagen als Belege zum → Lohnkonto aufzubewahren.

Vom Arbeitgeber nicht steuerfrei erstattete Aufwendungen darf der Arbeitnehmer alternativ als Werbungskosten geltend machen. Für den Werbungskostenabzug im Rahmen der Einkommensteuerveranlagung hat der Arbeitnehmer dem Finanzamt das Vorliegen einer doppelten Haushaltsführung und die finanzielle Beteiligung an der Haushaltsführung am Ort des eigenen Hausstands darzulegen.

III. Sozialversicherung

308 Es bestehen keine sozialversicherungsrechtlichen Besonderheiten. Arbeitsentgelt im Sinne der Sozialversicherung ist der steuerpflichtige Arbeitslohn.

Ehrenamtliche Tätigkeit

I. Arbeitsrecht

309 Die Wahrnehmung – gesellschaftlich wünschenswerter und auch erforderlicher – ehrenamtlicher Tätigkeit gerät häufig in Konflikt mit arbeitsrechtlichen Pflichten. Regelungen, die solche Kollisionen zum Gegenstand haben, sind in einer Vielzahl verstreuter gesetzlicher oder tarifvertraglicher Vorschriften enthalten, bleiben aber oft fragmentarisch (vgl. N. Besgen, Arbeitsverhältnis und Ehrenamt, B+P 2010, 595 ff.). Zahlreiche Gemeinde- und Landkreisordnungen sehen hierzu spezielle Regelungen vor, namentlich einen besonderen Schutz gegen Kündigungen wegen der Ausübung eines öffentlichen Ehrenamtes (z.B. § 44 GO NRW). Die Ausübung eines öffentlichen Ehrenamtes rechtfertigt auch mit Blick auf das Maßregelungsverbot des § 612a BGB regelmäßig keine personenbedingte Kündigung.

Kennzeichnend für ehrenamtliche Tätigkeiten ist, dass sie zumeist unentgeltlich außerhalb eines Arbeitsverhältnisses, gelegentlich mit **Entschädigung** für zeitlichen und sachlichen **Aufwand,** geleistet werden. Das BAG hat jetzt auch grundsätzlich geklärt, dass durch eine echte ehrenamtliche Tätigkeit **kein Arbeitsverhältnis** begründet wird (BAG v. 29.8.2012, 10 AZR 499/11, DB 2013, 404). Insoweit finden arbeitsrechtliche Bestimmungen, insbesondere Arbeitnehmerschutzvorschriften, keine Anwendung, es sei denn, die ehrenamtliche Tätigkeit wird rechtsmissbräuchlich nur zum Schein verwendet, um ein Arbeitsverhältnis zu verdecken (vgl. die gleichgelagerte Problematik → Scheinselbständigkeit).

Die Ausübung eines öffentlichen Ehrenamtes bedarf grundsätzlich nicht der Zustimmung des Arbeitgebers, da entsprechende Vertragsklauseln regelmäßig nur in Bezug auf berufliche Nebentätigkeiten gelten (BAG v. 11.12.2001, 9 AZR 464/00, NZA 2002, 965).

Kommt es zu einer Kollision zwischen Ehrenamt und Arbeitspflicht, so besteht regelmäßig kein Anspruch auf bezahlte Freistellung nach § 616 BGB (vgl. ErfK-Preis, 20. Aufl. 2020, § 616 BGB Rz. 5; Küttner, Personalhandbuch 2019, Ehrenamtliche Tätigkeit Rz. 4).

II. Lohnsteuer

1. Unentgeltlichkeit

Übt ein Stpfl. ein Ehrenamt unentgeltlich aus, so ist i.d.R. weder eine Gewinn-/Überschusserzielungsabsicht noch ein Dienstverhältnis anzunehmen. Wird weder Arbeitslohn noch eine Vergütung gezahlt, ergeben sich für die Beteiligten keine steuerlichen Verpflichtungen.

310

Eine Gewinn- bzw. Überschusserzielungsabsicht (auch sog. Einkünfteerzielungsabsicht) wird dann unterstellt, wenn ein Stpfl. eine Tätigkeit ausübt und damit eine Vermögensmehrung in Form eines Totalgewinns bzw. Totalüberschusses anstrebt. Seine Einnahmen sollen also die steuerlich berücksichtigungsfähigen Ausgaben übersteigen.

2. Entgeltlichkeit

Anders verhält es sich, wenn der ehrenamtlich Tätige einmalige oder laufende Bezüge erhält und auch die übrigen Merkmale eines Dienstverhältnisses gegeben sind (→ Arbeitnehmer). Weil solch ein Ehrenamt entgeltlich ausgeübt wird, sind die Bezüge grundsätzlich auch dann steuerpflichtig, wenn sie als „Aufwandsentschädigung" o.Ä. bezeichnet werden (→ Aufwandsentschädigung). Denn die privatrechtliche Bezeichnung einer Vergütung kann für ihre steuerliche Behandlung nicht entscheidend sein.

311

3. Übungsleiterfreibetrag

Bei einer ehrenamtlichen, nebenberuflichen Tätigkeit als Übungsleiter, Ausbilder, Erzieher o.Ä., als Pfleger in einer inländischen gemeinnützigen, kirchlichen oder mildtätigen (karitativen) Einrichtung oder als Künstler bleiben von den hierfür gezahlten Vergütungen insgesamt **2 400 €** jährlich steuerfrei (→ **Übungsleiterfreibetrag**), auch wenn gleichzeitig mehrere ehrenamtliche Tätigkeiten ausgeübt werden. Bei Redaktionsschluss war vorgesehen, ab dem Kalenderjahr 2021 den Übungsleiterfreibetrag (auch Übungsleiterpauschale genannt) auf 3 000 € jährlich zu erhöhen (Änderung i.R. des Jahressteuergesetzes 2020).

312

4. Ehrenamtsfreibetrag

Ferner stellt der sog. allgemeine **Ehrenamtsfreibetrag** Einnahmen aus nebenberuflichen Tätigkeiten im gemeinnützigen, mildtätigen oder kirchlichen Bereich i.H.v. **720 €** im Jahr steuerfrei (§ 3 Nr. 26a EStG). Mit diesem Freibetrag soll den nebenberuflich Tätigen, z.B. in Sportvereinen wie Vorsitzende, Kassierer, Bürokraft, Platzwart, Aufsichtspersonal oder eine helfende Kraft, welche für die Wartung und das Waschen der Wettkampfkleidung der Sportler zuständig ist, der durch ihre Beschäftigung entstehende Aufwand pauschal abgegolten werden. Bezüge an Amateursportler sind nicht begünstigt. Bei Redaktionsschluss war vorgesehen, ab dem Kalenderjahr 2021 die Ehrenamtspauschale auf 840 € jährlich zu erhöhen (Änderung i.R. des Jahressteuergesetzes 2020).

313

Übersteigen die als Werbungskosten (oder Betriebsausgaben) abziehbaren Aufwendungen den Freibetrag, können sie von den Einnahmen abgezogen werden. Dazu sind die gesamten Aufwendungen dem Finanzamt nachzuweisen oder glaubhaft zu machen.

Der allgemeine Ehrenamtsfreibetrag wird bezogen auf die Einnahmen aus der jeweiligen nebenberuflichen Tätigkeit nicht zusätzlich zu den Steuerbefreiungen für Aufwandsentschädigungen aus öffentlichen Kassen (§ 3 Nr. 12 EStG) oder dem sog. Übungsleiterfreibetrag i.H.v. 2 400 € (bzw. 3 000 €, § 3 Nr. 26 EStG) gewährt. Ein nebenberuflicher Übungsleiter kann folglich für eine bzw. dieselbe Tätigkeit den Ehrenamtsfreibetrag nicht neben dem Betrag von 2 400 € (bzw. 3 000 €) in Anspruch nehmen. Anders erhält es sich jedoch, wenn zwei verschiedenartige Tätigkeiten ausgeübt werden.

5. Ansatz Übungsleiterfreibetrag, Ehrenamtsfreibetrag

314 Durch die vorgenannten Freibeträge können die als Arbeitgeber begünstigten Organisationen und Vereine ihren ehrenamtlichen Helfern ohne Nachweis pauschal bis zu 2 400 € bzw. 720 € (bzw. 3 000 € / 840 €) im Kalenderjahr ohne steuerliche (und sozialversicherungsrechtliche) Folgen zahlen. Übt der Arbeitnehmer für einen Arbeitgeber neben der Hauptbeschäftigung eine der begünstigten nebenberuflichen Tätigkeiten aus, kann dafür der jeweilige Freibetrag angesetzt werden.

Voraussetzung für den Ansatz des Übungsleiterfreibetrags und des allgemeinen Ehrenamtsfreibetrags bei der Lohnzahlung ist eine schriftliche Bestätigung des Arbeitnehmers, dass die Steuerbefreiung nicht bereits in einem anderen Dienst- oder Auftragsverhältnis berücksichtigt worden ist oder berücksichtigt wird. Ist ein Freibetrag von einem anderen Arbeitgeber bereits teilweise berücksichtigt worden, kann nur noch der verbleibende Teilbetrag ausgeschöpft werden. Der Arbeitgeber hat diese Erklärung des Arbeitnehmers als Beleg zum Lohnkonto zu nehmen und aufzubewahren.

III. Sozialversicherung

315 Hinsichtlich der Arbeitsentgelteigenschaft gelten die Ausführungen zum Steuerrecht.

Ein-Euro-Job

I. Arbeitsrecht

316 Von Aushilfs- und Teilzeitbeschäftigungen und Mini-Jobs, die vollwertige Arbeitsverhältnisse darstellen, sind die sog. Ein-Euro-Jobs zu unterscheiden.

Bei den sog. Ein-Euro-Jobs nach der Regelung gem. § 16d SGB II handelt es sich nicht um bürgerlich-rechtliche Arbeitsverhältnisse, sondern um Arbeitsgelegenheiten zur Förderung schwer vermittelbarer Arbeitsloser, für die den Hilfsbedürftigen zuzüglich zum Arbeitslosengeld II eine angemessene Entschädigung für Mehraufwendungen zu zahlen ist. Insoweit sind Ein-Euro-Jobs von Rechtssätzen des **öffentlichen Rechts** geprägte Rechtsverhältnisse und **keine Arbeitsverhältnisse** (BAG v. 26.9.2007, 5 AZR 857/06, NZA 2007, 1422; BAG v. 20.2.2008, 5 AZR 290/07, DB 2008, 1159), wie auch in § 16d Abs. 7 SGB II ausdrücklich festgehalten. Für die Annahme eines Arbeitsverhältnisses bedürfte es des Nachweises eines entsprechenden Vertragsschlusses (BAG v. 19.3.2008, 5 AZR 435/07, NZA 2008, 760). Für Streitigkeiten aus diesen Rechtsverhältnissen sind deshalb auch nicht die Arbeitsgerichte, sondern die **Sozialgerichte** zuständig (BAG v. 8.11.2006, 5 AZB 36/06, NZA 2007, 53). Andererseits hat der **Betriebsrat mitzubestimmen**, wenn der Arbeitgeber in seinem Betrieb erwerbsfähige Hilfebedürftige i.S.v. § 16d SGB II – sog. Ein-Euro-Jobber – beschäftigen will. Die Beschäftigung dieser Personen ist eine mitbestimmungspflichtige **Einstellung** i.S.v. § 99 Abs. 1 Satz 1 BetrVG. Zwar sind die Ein-Euro-Jobber keine Arbeitnehmer, sie werden aber in den Betrieb eingegliedert und verrichten zusammen mit den dort beschäftigten Arbeitnehmern zur Verwirklichung des Betriebszwecks weisungsgebundene Tätigkeiten. Dies genügt für das Mitbestimmungsrecht (BAG v. 2.10.2007, 1 ABR 60/06, NZA 2008, 244). Im öffentlichen Dienst hat der **Personalrat** entsprechend mitzubestimmen (BVerwG v. 21.3.2007, 6 P 4/06, NZA-RR 2007, 499).

II. Lohnsteuer

317 Erwerbsfähige Hilfebedürftige erhalten für bestimmte und von der Agentur für Arbeit geförderte Tätigkeiten eine geringe Entschädigung für Mehraufwendungen – regelmä-

ßig 1 bis 2 € pro Arbeitsstunde, sog. Ein-Euro-Jobs. Die für solch einen Ein-Euro-Job als Mehraufwand gezahlten Vergütungen sind **steuerfrei** (§ 3 Nr. 2d EStG); diese Zahlungen unterliegen nicht dem Progressionsvorbehalt (→ Arbeitsloser). Dabei wird unterstellt, der Arbeit- bzw. Auftraggeber leitet lediglich die von der Agentur für Arbeit geleisteten Zuschüsse an den Beschäftigten weiter. Zahlt er eine höhere Vergütung, ist sie in voller Höhe steuerpflichtig.

Auf Grund der Steuerfreiheit braucht der Arbeit- bzw. Auftraggeber solcher Jobs grundsätzlich keine lohnsteuerlichen Pflichten zu beachten. Da Lohnsteuer nicht einzubehalten ist, entfällt für den beschäftigten Hilfebedürftigen die Verpflichtung zur Angabe seiner steuerlichen Identifikationsnummer zum Abruf und der Anwendung des ELStAM- oder Härtefall-Verfahrens → Lohnsteuerkarte.

III. Sozialversicherung

Bei den Ein-Euro-Jobs handelt es sich sozialversicherungsrechtlich nicht um Beschäftigungsverhältnisse. Aus diesem Grund sind für diese Tätigkeiten weder Meldungen zu erstellen noch (Pauschal-)Beiträge zu entrichten. **318**

Einkommensteuerveranlagung

I. Arbeitsrecht

Es bestehen keine arbeitsrechtlichen Besonderheiten. **319**

II. Lohnsteuer

1. Wesen der Einkommensteuerveranlagung

Die Einkommensbesteuerung erfolgt nicht nur durch den Lohnsteuereinbehalt, sondern auch durch eine Veranlagung zur Einkommensteuer. Weil mit dem Lohnsteuereinbehalt die steuerlichen Pflichten des Arbeitnehmers grundsätzlich erfüllt sind, werden Arbeitnehmer nur unter bestimmten Voraussetzungen zur Einkommensteuer veranlagt. Diese sind im § 46 EStG festgelegt. Nach diesen Regelungen sind Arbeitnehmer in bestimmten Fällen verpflichtet, nach Ablauf des Kalenderjahrs unaufgefordert eine Einkommensteuererklärung abzugeben. Die häufigsten Fälle sind: **320**

– Bezug (noch) anderer einkommensteuerpflichtiger Einkünfte, z.B. Renten aus der gesetzlichen Rentenversicherung, wenn die positive Summe dieser Einkünfte mehr als 410 € beträgt,

– Bezug steuerfreier, aber dem Progressionsvorbehalt unterliegender Entgelt-/Lohnersatzleistungen (z.B. Arbeitslosengeld I, Kurzarbeitergeld),

– Dienstverhältnisse zu mehreren Arbeitgebern oder der Arbeitslohn des Ehegatten ist nach der Steuerklasse V oder VI besteuert worden.

Ferner darf der Stpfl. beim Finanzamt eine Veranlagung zur Einkommensteuer beantragen, wenn aus Jahressicht insgesamt zu viel Lohnsteuer bezahlt worden ist; z.B. wenn nicht während des ganzen Jahres ein Dienstverhältnis bestanden hat. Voraussetzung hierfür ist ein → Lohnsteuerabzug nach den persönlichen Lohnsteuerabzugsmerkmalen (→ Lohnsteuerkarte).

Hierbei ist zu berücksichtigen, dass der pauschal besteuerte Arbeitslohn und die pauschale Lohnsteuer bei einer Veranlagung zur Einkommensteuer (und bei dem vom Arbeitgeber durchgeführten betrieblichen → Lohnsteuer-Jahresausgleich) außer Ansatz bleiben. Gleiches gilt für die entstandenen Werbungskosten. Die pauschale Lohnsteuer wird weder auf die Einkommensteuer noch auf die Jahreslohnsteuer angerechnet.

Die Veranlagung wird stets für ein ganzes **Kalenderjahr**, den sog. Veranlagungszeitraum, durchgeführt. Dieses Kalenderjahrprinzip ist unabhängig davon, ob die beschränkte oder unbeschränkte persönliche Steuerpflicht das gesamte Kalenderjahr bestanden hat und ob die Einnahmen im Kalenderjahr einmalig oder laufend zugeflossen sind. Unbeachtlich ist auch, wie lange das jeweilige Dienstverhältnis bestanden hat und ob der Arbeitnehmer ein oder mehrere Beschäftigungen im Kalenderjahr ausgeübt hat. I.R. einer solchen Veranlagung wird das im Zeitraum der Steuerpflicht bezogene (erzielte) Einkommen ermittelt und zu Grunde gelegt. Zuständig für die Einkommensteuerveranlagung ist das → Wohnsitzfinanzamt des Arbeitnehmers.

Eine Einkommensteuerveranlagung ist für einen Arbeitnehmer grundsätzlich dann vorteilhaft, wenn er nicht das gesamte Kalenderjahr beschäftigt gewesen ist, der Arbeitgeber keinen → Lohnsteuer-Jahresausgleich durchgeführt hat oder wenn einkommensmindernde Aufwendungen (z.B. → Werbungskosten) angefallen sind. Hat der Arbeitnehmer keine weiteren Einkünfte erzielt, kann in den zuvor genannten Fällen mit einer Steuererstattung gerechnet werden.

2. Einkommensmindernde Aufwendungen

321 Im Rahmen einer Einkommensteuerveranlagung können die Arbeitnehmer ebenso wie die anderen Stpfl. einkommensmindernde Aufwendungen wie → Werbungskosten, Sonderausgaben und außergewöhnliche Belastungen geltend machen. Weil solche Aufwendungen die Bemessungsgrundlage für die festzusetzende Einkommensteuer mindern, können sie zu einer Einkommensteuer-/Lohnsteuerrückzahlung führen. In diesem Fall erstattet das Finanzamt die – gemessen am zu versteuernden Einkommen und der danach festgesetzten Einkommensteuer – zu viel einbehaltenen Lohnsteuerbeträge (einschließlich Solidaritätszuschlag und Kirchensteuer).

3. Abgabefrist, Verspätungszuschlag

322 Steuerlich nicht beratene Steuerpflichtige haben ihre Einkommensteuererklärungen spätestens im Juli des Folgejahrs abzugeben haben (§ 149 AO, § 10a Abs. 4 Satz 1 EGAO). Fertigt ein Steuerberater die Einkommensteuererklärung (sog. Beraterfälle), verschiebt sich die Steuererklärungsfrist auf Ende Februar (28. bzw. 29.2.) des Zweitfolgejahrs. Fällt dieser Tag auf einen Samstag oder Sonntag, verlängert sich die Frist bis zum folgenden nächsten Werktag. Die Einkommensteuererklärung 2020 ist bis zum 2.8.2021 einzureichen, weil der 31.7.2021 ein Samstag ist. Für die Einkommensteuererklärung 2021 gilt eine Frist bis zum 1.8.2022, weil der 31.7.2022 ein Sonntag ist.

Wird die Erklärung zwar verspätet, aber noch innerhalb von 14 Monaten nach Ablauf des maßgebenden Kalenderjahrs abgegeben, hat das Finanzamt ein Ermessen, ob es einen Verspätungszuschlag festsetzt. Nach internen Anweisungen sollen die Finanzämter in diesen Fällen von der Festsetzung eines Verspätungszuschlags absehen, wenn der Steuerzahler glaubhaft macht, dass die Verspätung entschuldbar ist. Ein Verspätungszuschlag nach § 152 AO (§ 8 Abs. 4 EGAO) muss zwingend festgesetzt werden (Finanzamt hat keinen Ermessensspielraum) bei Steuererklärungen, die nicht innerhalb von 14 Monaten nach Ablauf des Kalenderjahrs abgegeben werden. In diesem Fall beträgt der Verspätungszuschlag grundsätzlich für jeden angefangenen Monat der eingetretenen Verspätung 0,25 % der noch zu zahlenden Steuer, mindestens jedoch 25 € für jeden angefangenen Monat der eingetretenen Verspätung. Dies gilt nicht, wenn die Einkommensteuer i.H.v. 0 € oder als ein negativer Betrag festgesetzt wird. In diesen Fällen besteht für das Finanzamt die Möglichkeit, nach Ermessensausübung einen niedrigeren Verspätungszuschlag festzusetzen.

III. Sozialversicherung

Es bestehen keine sozialversicherungsrechtlichen Besonderheiten. 323

IV. Kirchensteuer

Für die Höhe der Kirchensteuer ist nicht der Einbehalt zusammen mit dem Lohnsteuereinbehalt entscheidend, sondern auch die Veranlagung zur Einkommensteuer. Die Kirchensteuer beträgt in Baden-Württemberg und Bayern 8 %, in den anderen Bundesländern 9 % der Einkommensteuer. Es gelten die Grundsätze der Einkommensteuerveranlagung. 324

Einkünfte aus nichtselbständiger Arbeit

I. Arbeitsrecht

Es bestehen keine arbeitsrechtlichen Besonderheiten. 325

II. Lohnsteuer

Als Einkünfte aus nichtselbständiger Arbeit werden steuerlich die Löhne und Gehälter (→ Arbeitsvergütung) bezeichnet und erfasst, die einem → Arbeitnehmer aus einem → Dienstverhältnis zufließen. Dabei spielt es keine Rolle, unter welcher Bezeichnung, in welcher Form (Barlohn oder Sachleistungen, → Sachbezüge) und in welchem Zeitraum die Einnahmen zufließen, ob sie einmalig oder fortlaufend gezahlt werden und ob der Arbeitnehmer einen Rechtsanspruch darauf hat. 326

Für diese Zuordnung ist die Form der Besteuerung – ob nach den individuellen Lohnsteuerabzugsmerkmalen (→ Lohnsteuerkarte) des Arbeitnehmers (Regelverfahren) oder mit pauschaler Lohnsteuer (→ Pauschalierung und Pauschalbeiträge) – unbeachtlich.

III. Sozialversicherung

Es bestehen keine sozialversicherungsrechtlichen Besonderheiten. 327

Einsatzwechseltätigkeit

I. Arbeitsrecht

Es bestehen keine arbeitsrechtlichen Besonderheiten. 328

II. Lohnsteuer

Wird ein Arbeitnehmer i.R. seiner beruflichen Tätigkeit typischerweise nur an ständig wechselnden Tätigkeitsstätten eingesetzt, übt er eine Einsatzwechseltätigkeit aus. Dieser Begriff wird der umfassenden Bezeichnung einer beruflich veranlassten → Auswärtstätigkeit (Oberbegriff) zugeordnet. Typische **Beispiele** für eine Einsatzwechseltätigkeit sind Bau-, Montagearbeiter, Kundendienstmonteure, Leiharbeitnehmer, Mitglieder einer Betriebsreserve für Filialbetriebe, Glas- und Gebäudereiniger, Pfleger in der häuslichen Krankenpflege. Dabei ist die Anzahl der jährlich aufgesuchten Einsatzstellen unbeachtlich. 329

Arbeitnehmer mit Einsatzwechseltätigkeit haben regelmäßig keine erste Tätigkeitsstätte (→ Arbeitsstätte/Betriebsstätte). Allein ein regelmäßiges Aufsuchen der betrieblichen Einrichtung, z.B. für kurze Rüstzeiten, zur Berichtsfertigung, zur Wartung und

Pflege des Fahrzeugs, zur Abholung oder Abgabe von Kundendienstfahrzeugen oder von Material, Auftragsbestätigungen, Stundenzetteln, Krankmeldungen und Urlaubsanträgen führt hier noch nicht zu einer Qualifizierung der betrieblichen Einrichtung als erste Tätigkeitsstätte. Wird solch ein Arbeitnehmer längerfristig auf einer Einsatzstelle (z.B. auf einer **Baustelle**) eingesetzt, führt diese Tätigkeit zu keiner regelmäßigen Arbeitsstätte.

Zu beachten ist, dass der Arbeitgeber anhand der arbeits- oder dienstrechtlichen Regelungen ausdrücklich festlegen kann, ob der Arbeitnehmer eine erste Tätigkeitsstätte (ortsfeste betriebliche Einrichtung des Arbeitgebers oder eines Dritten) hat. Dies gilt auch in Fällen einer Einsatzwechseltätigkeit (→ Arbeitsstätte/Betriebsstätte). Auf Grund der auswärtigen Tätigkeit kann der Arbeitgeber an den Arbeitnehmer mit einer Einsatzwechseltätigkeit **steuerfreien Reisekostenersatz** (→ Reisekosten) zahlen.

III. Sozialversicherung

330   Es bestehen keine sozialversicherungsrechtlichen Besonderheiten.

Ein-Tages-Aushilfe

I. Arbeitsrecht

331   Bei der befristeten Einstellung von Aushilfskräften kann es in der extremsten Form sogar zu wirksamen **Ein-Tages-Aushilfsverträgen** kommen, die nur auf den jeweiligen Einsatztag befristet sind, was eine sogar vielfache Wiederholung nicht ausschließt. Ob ein unbefristeter Arbeitsvertrag oder einzelne, jeweils befristete Arbeitsverträge geschlossen werden, richtet sich allein nach dem Parteiwillen (BAG v. 16.5.2012, 5 AZR 268/11, DB 2012, 2048).

Damit **Tagesaushilfen** als Ein-Tages-Arbeitsverhältnisse (und nicht als Dauerarbeitsverhältnis) anerkannt werden können, darf **kein Rahmenarbeitsvertrag** abgeschlossen sein. Zulässig und unschädlich ist insoweit nach dem BAG (v. 31.7.2002, 7 AZR 181/01, DB 2003, 96) eine den Arbeitnehmer und Arbeitgeber nicht bindende Rahmenvereinbarung (BAG v. 7.5.2008, 7 ABR 17/07, NZA 2008, 1142) nach folgendem **Muster**:

– Es muss Einigkeit darüber bestehen, dass der Arbeitgeber nicht verpflichtet ist, Beschäftigungsangebote zu machen.

– Es muss klargestellt sein, dass der Arbeitnehmer – **weisungsfrei** – nicht verpflichtet ist, Beschäftigungsangebote des Arbeitgebers anzunehmen (BAG v. 21.5.2019, 9 AZR 295/18, AP Nr. 131 zu § 611 BGB Abhängigkeit).

– Die Einsätze müssen auf den jeweiligen Einsatz befristet sein, dies ist tunlichst durch schriftliche und unterschriftliche Bestätigung festzuhalten.

Es sollte klarstellend schriftlich vereinbart werden, dass durch die Rahmenvereinbarung und die im Einzelfall erfolgenden Beschäftigungen kein Dauerarbeitsverhältnis und auch kein Abrufarbeitsverhältnis (→ Abrufarbeit) begründet werden soll.

Eine Rahmenvereinbarung, welche nur die Bedingungen der **erst noch abzuschließenden Arbeitsverträge** wiedergibt, selbst aber noch keine Verpflichtung zur Arbeitsleistung begründet, ist kein Arbeitsvertrag; ein solcher kann sich aber aus einer abweichenden tatsächlichen Handhabung ergeben. Es besteht keine Verpflichtung, statt der Kombination einer solchen Rahmenvereinbarung mit Einzelvereinbarungen über die jeweiligen Einsätze ein Abrufarbeitsverhältnis nach § 12 TzBfG zu vereinbaren; zwingendes Kündigungsschutz- oder Befristungskontrollrecht wird dadurch nicht umgangen (BAG v. 15.2.2012, 10 AZR 111/11, NZA 2012, 733).

Auch bei befristeten Ein-Tages-Aushilfsverträgen ist jedoch nicht auszuschließen, dass der Arbeitnehmer – zukunftsgerichtet – im Wege der **Befristungskontrollklage** die

Unzulässigkeit der Befristung einer Tagesaushilfe auf einen Tag geltend macht wegen des **Vorbeschäftigungsverbots** bzw. Verbots der Anschlussbefristung nach § 14 Abs. 2 TzBfG sowie des Fehlens von Befristungsgründen; siehe hierzu → Befristeter Arbeitsvertrag Rz. 200).

Zudem besteht in der Praxis aufgrund der nur sehr kurzen Tätigkeit des Arbeitnehmers häufig die Verlockung, diesen nicht ordnungsgemäß anzumelden, um u.a. Sozialversicherungsbeiträge zu sparen. Davon kann nur dringend abgeraten werden, da ein solches Vorgehen einen Verstoß z.B. gegen das SchwarzArbG darstellen kann.

II. Lohnsteuer

Bei der Beschäftigung von Ein-Tages-Aushilfen sind keine steuerlichen Besonderheiten zu beachten. Für die Frage des Lohnsteuerabzugs ist lediglich zu prüfen, ob ein Dienstverhältnis vorliegt, für das der Arbeitgeber einen vereinbarten oder erwarteten Arbeitslohn zahlt. Die Lohnsteuer kann nach den individuellen Lohnsteuerabzugsmerkmalen des Arbeitnehmers (lt. ELStAM- oder Härtefall-Verfahren) oder pauschal (→ Pauschalierung und Pauschalbeiträge) erhoben werden. 332

Bei Ein-Tages-Aushilfen, die steuerlich regelmäßig den kurzzeitigen Beschäftigungen zuzuordnen sein werden, wird der Arbeitslohn regelmäßig tageweise und nicht monatlich ausgezahlt. Folglich hat der Arbeitgeber bei der Lohnsteuerermittlung nach den individuellen Lohnsteuerabzugsmerkmalen (→ Lohnsteuerkarte) des Arbeitnehmers die Lohnsteuer-Tagestabelle anzuwenden. Näheres hierzu vgl. die Erläuterungen im Abschnitt C in der Tabelle Lohnsteuer 2021 Tagestabelle.

III. Sozialversicherung

Bei einer unbefristeten Beschäftigung liegt Sozialversicherungsfreiheit wegen Geringfügigkeit (Ausnahme: Rentenversicherung) vor, wenn das Arbeitsentgelt 450 € nicht übersteigt. Sozialversicherungsrechtlich ist zu prüfen, ob es sich um eine von vornherein befristete Beschäftigung handelt (→ Kurzfristige Beschäftigung; → Berufsmäßigkeit) oder um eine unbefristete. 333

Die monatliche Entgeltgrenze von 450 € (Geringfügigkeit bzw. keine Berufsmäßigkeit) ist nicht mehr auf einen Teilmonat bzw. einen Tag umzurechnen (vgl. BSG-Urteil vom 5.12.2017, B 12 R 10/15 R, USK 2017-102).

IV. Kirchensteuer

Bei Kirchenangehörigen ist Kirchensteuer in Abhängigkeit von der Lohnsteuer zu begleichen, sofern Lohnsteuer zu entrichten ist. 334

Einzugsstelle (für geringfügig Beschäftigte)

I. Arbeitsrecht

Es bestehen keine arbeitsrechtlichen Besonderheiten. 335

II. Lohnsteuer

Eine Einzugsstelle kennt das Steuerrecht nicht. Der Arbeitgeber hat die einbehaltene Lohnsteuer sowie die übernommene pauschale Lohnsteuer an das zuständige → Betriebsstättenfinanzamt abzuführen. Es ist stets für die Belange des Arbeitgebers zuständig. 336

Eine Sonderregelung gilt für die **einheitliche Pauschsteuer** (2 %). Sie ist an die Deutsche Rentenversicherung Knappschaft-Bahn-See (Minijob-Zentrale) abzuführen.

Wählt der Arbeitgeber für eine geringfügig entlohnte Beschäftigung im **Privathaushalt** die einheitliche Pauschsteuer mit 2 %, ist für deren Abwicklung der **Haushaltsscheck** zu verwenden (→ Haushaltsscheckverfahren). Auf dem Haushaltsscheck hat der Arbeitgeber das Arbeitsentgelt anzugeben und ob die Lohnsteuer mit der einheitlichen Pauschsteuer erhoben werden soll. Die Deutsche Rentenversicherung Knappschaft-Bahn-See berechnet nach diesen Angaben die einheitliche Pauschsteuer und zieht sie als Einzugsstelle zusammen mit den pauschalen Beiträgen zur gesetzlichen Sozialversicherung jeweils am 31.7. und zum 31.1. vom Arbeitgeber ein. Am 31.7. des laufenden Jahrs werden die sozialversicherungsrechtlichen Beiträge sowie die Lohnsteuer für das in den Monaten Januar bis Juni gezahlte Arbeitsentgelt und am 31.1. des folgenden Jahrs die Beträge für das in den Monaten Juli bis Dezember gezahlte Arbeitsentgelt eingezogen.

Andere Arbeitgeber, z.B. gewerblich tätige Arbeitgeber/Betriebe, berechnen die einheitliche Pauschsteuer selbst und teilen diesen Betrag der Deutschen Rentenversicherung Knappschaft-Bahn-See mittels des elektronischen Beitragsnachweises mit.

Wird die Lohnsteuer **nicht** mit der einheitlichen Pauschsteuer, sondern pauschal i.H.v. 5 %, 20 % oder 25 % des Arbeitsentgelts oder nach Maßgabe der individuellen Lohnsteuerabzugsmerkmale (→ Lohnsteuerkarte) erhoben, so ist stets das → Betriebsstättenfinanzamt zuständig. Diese Lohnsteuer ist ggf. mit weiteren Lohnsteuerbeträgen getrennt nach pauschaler oder im Regelverfahren (ELStAM- oder Härtefall-Verfahren) nach den individuellen Lohnsteuerabzugsmerkmalen erhobener Lohnsteuer in der (elektronischen) → Lohnsteuer-Anmeldung anzugeben und an das Betriebsstättenfinanzamt abzuführen.

III. Sozialversicherung

1. Allgemeines

337 Unter dem Begriff Einzugsstelle ist die Krankenkasse zu verstehen, an die Meldungen und Beitragsnachweise zu übermitteln sind.

2. Geringfügig Beschäftigte – außerhalb von Privathaushalten

338 In diesen Fällen ist die Deutsche Rentenversicherung Knappschaft-Bahn-See (Minijob-Zentrale) zuständige Einzugsstelle – unabhängig davon, wo der geringfügig Beschäftigte versichert ist (§ 28i Satz 5 SGB IV). Dies gilt auch, wenn in der Rentenversicherung auf die Versicherungsfreiheit verzichtet wurde oder ab 1.1.2013 Rentenversicherungspflicht besteht oder die Befreiung beantragt wird.

3. Geringfügig Beschäftigte – in Privathaushalten

339 Siehe hierzu → Haushaltsscheckverfahren.

4. Versicherungspflichtig (geringfügig) Beschäftigte

340 Ist der Beschäftigte auf Grund der Additionsregelungen bei den geringfügigen Beschäftigungen versicherungspflichtig, so ist die Krankenkasse zuständige Einzugsstelle, bei der der Arbeitnehmer krankenversichert ist. Ist der Arbeitnehmer nicht krankenversichert, so sind die Beiträge und Meldungen an die Krankenkasse abzuführen bzw. zu übermitteln, an die z.B. auf Grund einer Hauptbeschäftigung bereits Renten- und Arbeitslosenversicherungsbeiträge abgeführt werden.

Elterngeld

I. Arbeitsrecht

Bei Vorliegen der Voraussetzungen haben auch Teilzeitarbeitskräfte unabhängig vom Umfang ihrer Teilzeittätigkeit Anspruch auf → Elternzeit und damit auf **Elterngeld**. Nach § 9 BEEG hat der Arbeitgeber Bescheinigungen über das Arbeitsentgelt und die Arbeitszeit auszustellen. Insofern ergeben sich keine arbeitsrechtlichen Besonderheiten.

Bei **Erwerbstätigkeit** während der Elternzeit findet u.U. nach § 2 BEEG eine **Anrechnung** auf das Elterngeld statt.

Aktuell ist die ab 1.3.2020 geltende **Fassung des BEEG** durch das Gesetz für Maßnahmen im Elterngeld aus Anlass der COVID-19-Pandemie zu beachten (BGBl. I 2020, 1061).

II. Lohnsteuer

Elterngeld rechnet nicht zum Arbeitslohn und ist steuerfrei; es unterliegt jedoch dem Progressionsvorbehalt (→ Arbeitsloser).

III. Sozialversicherung

Personen, die in einer versicherungspflichtigen Beschäftigung stehen, bleiben auf Grund des Elterngelds Mitglied ihrer bisherigen Krankenkasse.

Neben dem Bezug von Elterngeld kann – auch bei dem bisherigen Arbeitgeber – eine geringfügig entlohnte Beschäftigung sozialversicherungsfrei, sofern ein Antrag auf Befreiung von der Rentenversicherungspflicht gestellt wurde, ausgeübt werden. Der Arbeitgeber hat Meldungen und Beiträge an die Minijob-Zentrale (→ Mini-Job) zu entrichten. Wird allerdings eine mehr als geringfügig entlohnte Beschäftigung ausgeübt, so besteht Sozialversicherungspflicht. Eine kurzfristige Beschäftigung ist von vornherein berufsmäßig und somit ebenfalls sozialversicherungspflichtig.

Elternteilzeit

I. Arbeitsrecht

1. Grundsätze

Der Anspruch auf Teilzeitarbeit beim bisherigen Arbeitgeber während der Elternzeit (Elternteilzeit) ist in § 15 BEEG geregelt. Aus dem Gefüge der Bestimmungen ergibt sich, dass

- der Anspruch beim Arbeitgeber unter Wahrung der in § 126 Abs. 1 BGB vorgeschriebenen **Schriftform** gestellt sein muss; ansonsten ist das Verlangen nichtig (BAG v. 10.5.2016, 9 AZR 145/15, NZA 2016, 1137).
- ein vor der Elternzeit bestehendes Teilzeitarbeitsverhältnis bis 30 Wochenstunden unverändert fortgeführt werden kann auf Verlangen des Arbeitnehmers und ohne Zustimmung des Arbeitgebers, ohne dass hierfür weitere Voraussetzungen gegeben sein müssen (BAG v. 27.4.2004, 9 AZR 21/04, DB 2004, 2146).
- eine Verringerung der Arbeitszeit auf einen Umfang zwischen 15 und 30 Wochenstunden im Monatsdurchschnitt sowohl vom Ausgangspunkt einer bisherigen Vollzeitarbeit als auch von einer bisherigen Teilzeitarbeit (BAG v. 13.11.2012, 9 AZR 259/11, NZA 2013, 373) aus stattfinden kann, und zwar **zweimalig** während der Gesamtdauer der Elternzeit. Dabei sind jedoch getroffene einvernehmliche Eltern-

teilzeitregelungen nicht auf den Anspruch auf zweimalige Verringerung der Arbeitszeit anzurechnen, es sei denn, Arbeitgeber und Arbeitnehmer einigten sich auf eine Anrechnung (BAG v. 19.2.2013, 9 AZR 461/11, NZA 2013, 907).
- der Gesetzgeber hinsichtlich Verringerung der Arbeitszeit und deren Ausgestaltung von einer Einigungslösung ausgeht und andererseits die Inanspruchnahme einer Elternteilzeit gegen den Willen des Arbeitgebers arbeitsgerichtlich eingeklagt werden kann und dann davon abhängt, ob die Anspruchsvoraussetzungen nach § 15 Abs. 7 BEEG gegeben sind, insbesondere der Arbeitgeber aus dringenden betrieblichen Gründen ablehnen durfte.
- es für den Teilzeitanspruch keine gesetzlichen Vorgaben hinsichtlich eines Mindestmaßes der Verringerung der Arbeitszeit gibt. Ein Arbeitnehmer, der nur eine verhältnismäßig geringfügige Verringerung seiner Arbeitszeit und eine bestimmte Verteilung der reduzierten Arbeitszeit verlangt, handelt daher nicht per se rechtsmissbräuchlich; im Einzelfall kann aber die Annahme eines **Rechtsmissbrauchs** gerechtfertigt sein (BAG v. 11.6.2013, 9 AZR 786/11, NZA 2013, 1074).
- für die Berechnung einer **Sozialplanabfindung**, die allein auf das Bruttomonatsgrundgehalt eines einzelnen Referenzmonats abstellt, bei Arbeitnehmern, die sich in diesem Monat in einer Elternteilzeit befinden, dasjenige Bruttomonatsgrundgehalt maßgebend ist, welches ihnen nach den bestehenden vertraglichen Vereinbarungen für die Beschäftigung ohne Elternzeit zustehen würde (BAG v. 15.5.2018, 1 AZR 20/17, NZA 2018, 1198). Auch der EuGH hat entschieden, dass die **Entlassungsentschädigung** eines unbefristet in Vollzeit angestellten Arbeitnehmers, dem während einer Elternteilzeit gekündigt wird, vollständig auf der **Grundlage des Vollzeitentgelts** zu zahlen ist; die Berücksichtigung des geringeren Teilzeitentgelts verstieße gegen die Rahmenvereinbarung über den Elternurlaub (EuGH v. 8.5.2019, C-486/18, NZA 2019, 1131).

2. Einzelfragen

345 Auf folgende **Einzelfragen** sei hingewiesen:
- **Elternteilzeit nach zunächst voller Elternzeit**

  Der Anspruch auf Elternteilzeit kann auch **nach** dem Beginn der Elternzeit mit **zunächst völliger Freistellung** von der vertraglichen Arbeit verwirklicht werden. Dieser Inanspruchnahme stehen die Regelungen der §§ 15, 16 BEEG nicht entgegen (BAG v. 19.4.2005, 9 AZR 233/04, DB 2005, 2582). Der Arbeitnehmer ist also grundsätzlich berechtigt, auch dann nachträglich Elternteilzeit in Anspruch zu nehmen, wenn er zunächst volle Elternzeit mit vollständiger Freistellung von der Arbeit beansprucht hat. Der Arbeitnehmer muss insoweit auch bei seinem ursprünglichen Antrag keinen entsprechenden Vorbehalt erklären, muss jedoch andererseits bei seinem nachträglichen Elternteilzeitantrag die Antragsfrist von acht Wochen gem. § 15 Abs. 7 Nr. 5 BEEG beachten.

- **„Verfrühter" Elternteilzeitantrag ohne konkrete Elternzeit**

  Ein „verfrühter" Elternteilzeitantrag des Arbeitnehmers, wenn der **konkrete Zeitraum der Elternzeit noch gar nicht feststeht**, der Arbeitnehmer aber beispielsweise gutwillig den Arbeitgeber auf seine Planungen hinweisen will, damit dieser sich organisatorisch hierauf einstellen kann, ist unbeachtlich (BAG v. 5.6.2007, 9 AZR 82/07, AP Nr. 49 zu § 15 BErzGG). Der Arbeitnehmer sollte deshalb darauf achten, dass bei Abgabe seines Antrags auf Elternteilzeit vorher oder gleichzeitig der Zeitraum der Elternzeit festgelegt ist, in dem die Elternteilzeit liegen soll. Bei einem „verfrüht" gestellten Antrag auf Elternteilzeit sollte umgehend ein korrekter Antrag neu gestellt werden.

- **Dringende betriebliche Ablehnungsgründe für die Arbeitszeitverringerung**

  Bei der Frage, wann ein **dringender** betrieblicher Ablehnungsgrund vorliegt, ist zunächst klar, dass nicht betriebliche Gründe jeder Art ausreichen können. Im

Gegensatz zum Teilzeitanspruch nach § 8 Abs. 4 TzBfG (→ Teilzeitanspruch Rz. 907 ff.) genügen für die Ablehnung eines Anspruchs auf Verringerung der wöchentlichen Arbeitszeit nach § 15 Abs. 7 Nr. 4 BEEG eben nicht Gründe aus der betrieblichen Sphäre allein, sondern diese Gründe müssen „dringend", d.h. von besonderem Gewicht sein (BAG v. 19.4.2005, 9 AZR 233/04, DB 2005, 2582), denn mit dem Begriff „dringend" wird ausgedrückt, dass eine Angelegenheit notwendig, erforderlich oder auch sehr wichtig ist; die entgegenstehenden betrieblichen Interessen müssen mithin von erheblichem Gewicht sein (BAG v. 9.5.2006, 9 AZR 278/05, NZA 2006, 1413) und sich als zwingende Hindernisse für die beantragte Verkürzung der Arbeitszeit darstellen (BAG v. 18.3.2003, 9 AZR 126/02, DB 2004, 319 und BAG v. 15.12.2009, 9 AZR 72/09, DB 2010, 731).

Insoweit liegen dringende betriebliche Gründe **ausnahmsweise** z.B. dann vor,

- wenn der Arbeitsplatz nicht teilbar ist,
- der Arbeitnehmer mit der verringerten Arbeitszeit nicht eingeplant werden kann,
- keine Beschäftigungsmöglichkeit besteht,
- der Arbeitgeber eine **Vertretungskraft** für den Elternzeitausfall **eingestellt** hat, die ebenso wenig wie andere Arbeitnehmer zu Gunsten des Elternzeitlers die Arbeitszeit reduzieren will (BAG v. 19.4.2005, 9 AZR 233/04, DB 2005, 2582). Andererseits reicht aber die Nachbesetzung des Arbeitsplatzes des Elternzeitlers nicht in jedem Fall als dringender betrieblicher Grund zur Ablehnung der Elternteilzeit aus, wenn z.B. der Arbeitgeber „bösgläubig" im Zusammenhang mit einer angekündigten Elternzeit den Personalbestand durch eine unbefristete Neueinstellung dauerhaft erhöht hat.
- Voraussetzung für den Erfolg des Elternteilzeitantrags bleibt aber das Vorhandensein eines entsprechenden **Beschäftigungsbedarfs**. Insoweit gilt nach dem BAG (Urteil v. 15.4.2008, 9 AZR 380/07, DB 2008, 1753): Möchte ein Arbeitnehmer nach § 15 Abs. 6 BEEG während der Elternzeit die Verringerung seiner Arbeitszeit (Elternteilzeit) beanspruchen, so setzt das gegenüber dem Elternzeitverlangen einen zusätzlichen Beschäftigungsbedarf voraus. Besteht dieser nicht, kann sich hieraus ein dem Teilzeitverlangen entgegenstehender dringender betrieblicher Grund i.S.v. § 15 Abs. 7 Satz 1 Nr. 4 BEEG ergeben. **Konkurriert** ein Arbeitnehmer während der Elternzeit mit anderen sich nicht in Elternzeit befindenden Arbeitnehmern um einen freien Arbeitsplatz, ist unter den Bewerbern **keine Sozialauswahl** vorzunehmen. Der Arbeitgeber hat gegenüber den anderen Arbeitnehmern seine Beschäftigungspflicht zu erfüllen.
- **Ablehnungsgründe für die Arbeitszeitverteilung in der Elternteilzeit**

Die Vorschrift des § 15 Abs. 7 BEEG begründet nach ihrem Wortlaut keinen Anspruch auf eine bestimmte vertragliche Festlegung der verringerten Arbeitszeit. Soweit die Zeit der Arbeitsleistung nicht durch eine arbeitsrechtliche Regelung bestimmt ist, wird sie durch den Arbeitgeber in Wahrnehmung seines Weisungsrechts nach billigem Ermessen festgelegt (§ 106 GewO i.V.m. § 315 Abs. 3 BGB). Insoweit muss die Ermessensentscheidung des Arbeitgebers, will er einem bestimmten Verteilungswunsch des Arbeitnehmers nicht nachkommen, wiederum auf dringenden betrieblichen Gründen im vorstehend dargestellten Sinne beruhen (BAG v. 9.5.2006, 9 AZR 278/05, NZA 2006, 1413).

- **Schriftform für Ablehnung und Ablehnungsgründe**

Möchte der Arbeitgeber den Antrag des Arbeitnehmers auf Verringerung der Arbeitszeit in der Elternzeit und deren Verteilung ablehnen, muss er die Ablehnung gemäß § 15 Abs. 7 BEEG mit einer schriftlichen Begründung versehen. Dies erfordert die Einhaltung der Schriftform des § 126 BGB (Unterzeichnung durch eigenhändige Namensunterschrift oder mittels notariell beglaubigten Handzeichens). In dem Ablehnungsschreiben muss er die Tatsachen mitteilen, die für die Ablehnung maßgeblich sind, ohne dass es einer schlüssigen oder substantiierten Darlegung bedarf. In einem Rechtsstreit über die vom Arbeitnehmer erfolglos verlangte Elternteilzeit kann sich der Arbeitgeber nur auf solche Gründe berufen, die er in einem form- und fristgerechten Ablehnungsschreiben genannt hat (BAG v. 11.12.2018, 9 AZR 298/18, NZA 2019, 616).

– **Wirkung einer unberechtigten Ablehnung von Elternteilzeit**

Lehnt der Arbeitgeber den Antrag des Arbeitnehmers auf Elternteilzeit unberechtigt ab, sei es, dass ihm dringende betriebliche Gründe nicht zur Seite stehen, sei es, dass er dringende betriebliche Gründe nicht nachweisen kann, so kann der Arbeitnehmer, der dies nicht hinnehmen will, hiergegen Klage beim Arbeitsgericht erheben. Eine solche Klage kann auf Feststellung der Elternteilzeit gerichtet werden. Sie kann aber auch gerichtet werden auf Leistung, nämlich auf Zustimmung zur Reduzierung der Arbeitszeit und/oder der Festlegung der Verteilung der Arbeitszeit. Ausnahmsweise kann auch eine **einstweilige Verfügung** auf tatsächliche Beschäftigung in Elternteilzeit in Betracht kommen (LAG Frankfurt v. 17.7.2019, 10 SaGa 738/19, NZA-RR 2019, 567).

Eine solche Leistungsklage auf Reduzierung/Verteilung behält auch dann Gültigkeit, wenn bei der Entscheidung durch das letztentscheidende Gericht der infrage stehende Zeitraum der Elternzeit bereits verstrichen sein sollte. Eine derartige Verurteilung zu einer **rückwirkenden Vertragsänderung** ist zulässig für das Reduzierungsverlangen; für das Verteilungsverlangen ist jedoch sodann eine Feststellungsklage nach § 256 ZPO erforderlich (BAG v. 9.5.2006, 9 AZR 278/05, NZA 2006, 1413).

Die wirtschaftliche Konsequenz einer unberechtigten Ablehnung der Elternteilzeit, die vom Arbeitnehmer erfolgreich gerichtlich durchgesetzt wird, ist der Anspruch des Arbeitnehmers auf **Annahmeverzugslohn** nach § 615 BGB. Der Arbeitgeber, der den Antrag des Arbeitnehmers auf Elternteilzeit erfolglos zurückgewiesen und den Arbeitnehmer ja auf die völlige Freistellung während der Elternzeit verwiesen hat, muss also die für den Arbeitnehmer ausgefallene Vergütung nach den Grundsätzen des Annahmeverzugs nachzahlen.

Korrigiert der Arbeitgeber nachträglich seine Ablehnungsentscheidung, sei es in oder nach einem erfolgreichen Klageverfahren des Arbeitnehmers, sei es auf Grund neuerer Entwicklung oder besserer Einsicht, muss er natürlich neben der Vergütungszahlung aus dem Gesichtspunkt des Annahmeverzugs nunmehr auch den Arbeitnehmer entsprechend dem Elternteilzeitverlangen beschäftigen, nach Ablauf der Elternzeit im Übrigen im ursprünglichen Umfang.

– **Keine Umdeutung des Elternzeitverlangens in einen Teilzeitanspruch**

Eine **Umdeutung** des Antrags auf Elternteilzeit nach § 15 Abs. 7 BEEG in einen Antrag auf Arbeitszeitverringerung nach § 8 TzBfG ist nicht möglich, weil das Elternteilzeitverlangen für einen befristeten Zeitraum gestellt wird, der Teilzeitanspruch nach § 8 TzBfG hingegen eine Verringerung der Arbeitszeit auf Dauer voraussetzt; ein befristetes Teilzeitverlangen nach § 8 TzBfG ist unzulässig (BAG v. 12.9.2006, 9 AZR 686/05, NZA 2007, 253). Für die Praxis ist es aber ratsam, in einer Vereinbarung über Elternteilzeit klarzustellen, dass diese nur für die Dauer der Elternzeit gilt; dies sollte der Arbeitnehmer vorsorglich in seinem Teilzeitverlangen zum Ausdruck bringen.

II. Lohnsteuer

346 Es bestehen keine lohnsteuerlichen Besonderheiten.

III. Sozialversicherung

347 Werden während der Elternzeit Teilzeitbeschäftigungen ausgeübt, so sind diese sozialversicherungsrechtlich ohne Besonderheiten zu beurteilen. Übersteigt das monatliche

Entgelt regelmäßig nicht 450 €, so handelt es sich um eine geringfügig entlohnte Beschäftigung. Übersteigt das Entgelt diese Grenze regelmäßig, so besteht grundsätzlich Versicherungspflicht in allen Zweigen der Sozialversicherung (ggf. Gleitzonenregelung anzuwenden). Wird während der Elternzeit eine kurzfristige Beschäftigung mit einem Entgelt von mehr als 450 € monatlich ausgeübt, so besteht ohne weitere Prüfung Sozialversicherungspflicht, da Berufsmäßigkeit vorliegt.

Elternzeit

I. Arbeitsrecht

Nach der derzeit geltenden **Fassung des BEEG** (Bekanntmachung vom 27.1.2015, BGBl. I 2015, 33) gilt im Wesentlichen Folgendes: 348

- Jeder Elternteil kann bis zu 36 Monate eine unbezahlte Auszeit (Elternzeit) vom Job nehmen.
- Beide Elternteile können ihre Elternzeit **in je drei Abschnitte** aufteilen; beim dritten Abschnitt kann der **Arbeitgeber** der Inanspruchnahme jedoch innerhalb von acht Wochen nach Zugang des Antrages **widersprechen**, wenn der Abschnitt nach dem dritten Geburtstag liegen soll und der Inanspruchnahme dringende betriebliche Gründe entgegenstehen, § 16 Abs. 1 BEEG. Eine Verteilung auf mehr als drei Abschnitte ist nur mit Zustimmung des Arbeitgebers möglich.
- Eltern können **24 Monate** Elternzeit zwischen dem 3. und dem 8. Geburtstag des Kindes nehmen, § 15 Abs. 2 BEEG. Eine Inanspruchnahme der Elternzeit zwischen dem dritten und achten Geburtstag des Kindes bedarf nicht der Zustimmung des Arbeitgebers.
- Die Elternzeit vor dem dritten Geburtstag muss sieben Wochen vorher, die Elternzeit nach dem 3. Geburtstag des Kindes muss 13 Wochen vorher verlangt werden.
- Der Elternzeitberechtigte muss sich bei der Anmeldung von Elternzeit in den ersten drei Lebensjahren **für zwei Jahre festlegen**, § 16 Abs. 1 BEEG. Eine Festlegung für den Zeitraum zwischen dem dritten und dem neunten Geburtstag ist hingegen nicht nötig.
- Der Arbeitgeber hat dem Elternzeitberechtigten die Elternzeit zu bescheinigen und bei einem Arbeitgeberwechsel ist auf Verlangen des neuen Arbeitgebers eine **Elternzeitbescheinigung** des bisherigen Arbeitgebers vorzulegen, wenn der Berechtigte Elternzeit in Anspruch nimmt, § 16 Abs. 1 BEEG.
- **Großeltern** können dann Elternzeit nehmen, wenn ihr Kind vor dem 18. Lebensjahr ein Kind bekommt und sich im ersten Ausbildungsjahr befindet oder ein Elternteil des Kindes minderjährig ist, § 15 Abs. 1a BEEG.
- Während der Elternzeit darf der Arbeitgeber das Arbeitsverhältnis grds. nicht kündigen, § 18 BEEG.

Die Regelungen des BEEG dienen dem Ziel, eine bessere Vereinbarkeit von Beruf und Familie zu ermöglichen und beiden Elternteilen mehr Zeit für die Familie zu geben.

1. Grundsätze

Für **Aushilfskräfte** kommt wohl die – theoretisch denkbare – **Elternzeit** praktisch nur selten zum Zuge. Ausgeschlossen ist die Elternzeit andererseits gesetzlich nicht. **Teilzeitarbeitskräfte** (Mütter und Väter) können **Elternzeit** (und **Elterngeld**) beanspruchen. Hinsichtlich der Voraussetzungen im Einzelnen sei auf weiterführende Werke verwiesen (z.B. Handbuch Betrieb und Personal, Fach 11 Rz. 500 ff.). 349

2. Einzelne Regelungen

350 Folgende **Eckpunkte** sind zu beachten:

- Der Arbeitnehmer kann während der Elternzeit **auch bei einem anderen Arbeitgeber** Teilzeitarbeit leisten, wenn der Arbeitgeber zustimmt (§ 15 Abs. 4 BEEG); diese **Zustimmung** kann der Arbeitgeber nur schriftlich innerhalb von vier Wochen und auch nur dann verweigern, wenn betriebliche Interessen dem entgegenstehen; die Nichtreaktion gilt als Zustimmung.

- Jeder Elternteil kann Elternzeit erhalten. Zulässig ist auch die Inanspruchnahme eines Teils der Elternzeit bei dem ersten Arbeitgeber und eines weiteren Teils nach **Wechsel zu einem neuen Arbeitgeber**; dort genießt der Elternzeitler wieder besonderen Kündigungsschutz (vgl. BAG v. 11.3.1999, 2 AZR 19/98, NZA 1999, 1047).

- Der Anspruch auf Elternzeit wird ausgeübt durch ein entsprechendes **schriftliches Verlangen des Arbeitnehmers** an den Arbeitgeber oder an zuständige Mitarbeiter. Das einseitige rechtsgestaltende Verlangen bedarf keiner Zustimmung oder Genehmigung des Arbeitgebers und legt die Elternzeit verbindlich fest.

- Elternzeit ist **spätestens mit einer Frist von sieben Wochen vor** dem Zeitpunkt der **Inanspruchnahme beim Arbeitgeber zu beantragen**. Dabei ist zu erklären, für welchen Zeitraum oder für welche Zeiträume Elternzeit in Anspruch genommen wird. Die **Beweislast** für den rechtzeitigen Zugang des Verlangens trägt der Arbeitnehmer.

- Hat der Arbeitnehmer seinen **Erholungsurlaub** vor Beginn der Elternzeit nicht vollständig erhalten, so hat der Arbeitgeber den Resturlaub nach der Elternzeit im laufenden oder im nächsten Urlaubsjahr zu gewähren. Schließt sich an eine erste Elternzeit unmittelbar eine **weitere Elternzeit** an, so wird der vor der ersten Elternzeit entstandene Anspruch auf Erholungsurlaub nach § 17 Abs. 2 BEEG auf die Zeit nach der weiteren Elternzeit **übertragen** (BAG v. 20.5.2008, 9 AZR 219/07, DB 2008, 2258). Endet das Arbeitsverhältnis, so hat der Arbeitgeber den noch nicht gewährten Erholungsurlaub abzugelten.

- Der Arbeitgeber kann den **Erholungsurlaub** für jeden vollen Kalendermonat der Elternzeit nach § 17 Abs. 1 BEEG um ein Zwölftel **kürzen**. Für die Elternzeit folgt daraus auch, dass trotz ruhendem Arbeitsverhältnis Urlaubsansprüche entstehen, denn nur ein entstandener Urlaubsanspruch kann gekürzt werden (BAG v. 17.5.2011, 9 AZR 197/10, ZTR 2011, 605).

  Die Kürzung führt zu einer Anpassung der Urlaubsdauer an die während der Elternzeit ausgesetzte Arbeitspflicht. Im bestehenden Arbeitsverhältnis kann der Arbeitgeber sein **Kürzungsrecht vor, während und nach dem Ende der Elternzeit** ausüben, nicht aber nach dessen Beendigung und nicht vor der Erklärung des Arbeitnehmers, Elternzeit in Anspruch zu nehmen; erforderlich ist eine ausdrückliche oder konkludente **Kürzungserklärung** (BAG v. 19.3.2019, 9 AZR 362/18, NZA 2019, 1141). Der Arbeitgeber sollte also eine nachweisbar dokumentierte Kürzungserklärung vor einer etwaigen Beendigung des Arbeitsverhältnisses aussprechen; der Urlaubsabgeltungsanspruch nach Beendigung des Arbeitsverhältnisses kann nicht mehr gekürzt werden.

- Der Arbeitnehmer kann die ursprünglich festgelegte, aber wegen der vorzeitigen Beendigung nach Geburt eines weiteren Kinds nicht verbrauchte Restelternzeit gem. § 15 Abs. 2 BEEG mit einem Anteil von bis zu zwölf Monaten mit Zustimmung des Arbeitgebers auf die Zeit nach Vollendung des dritten bis zur Vollendung des achten Lebensjahrs des Kinds **übertragen**; der Arbeitgeber hat seine Entscheidung über die Zustimmung zur Übertragung nach billigem Ermessen zu treffen (BAG v. 21.4.2009, 9 AZR 391/08, NJW 2010, 695).

- Elternzeit kann auf Antrag des Arbeitnehmers nach § 16 Abs. 3 Satz 1 BEEG **vorzeitig beendet** oder im Rahmen des Gesamtanspruchs verlängert werden, wenn der **Arbeitgeber zustimmt**.

- Bei Geburt eines weiteren Kinds gilt nach § 16 Abs. 3 Satz 2 BEEG: Der Arbeitgeber kann eine erklärte vorzeitige Beendigung der Elternzeit wegen der **Geburt eines weiteren Kindes** nur innerhalb von vier Wochen schriftlich aus dringenden betrieblichen Gründen ablehnen; bei nicht form- oder fristgerechter Ablehnung oder fehlenden dringenden betrieblichen Gründen tritt vier Wochen nach Zugang der Erklärung die Beendigung der Elternzeit ein (BAG v. 21.4.2009, 9 AZR 391/08, NJW 2010, 695).
- Das einseitige Gestaltungsrecht nach § 16 Abs. 3 BEEG, die Elternzeit wegen der Geburt eines weiteren Kindes vorzeitig zu beenden, setzt die **Entbindung des weiteren Kindes** voraus. Die Beendigungswirkung kann nicht schon während der Schwangerschaft herbeigeführt werden (BAG v. 5.2018, 9 AZR 8/18, NZA 2018, 1195).

3. Befristeter Vertrag mit Ersatzkraft

Nach § 21 BEEG kann ein Arbeitnehmer befristet zur Elternzeitvertretung eingestellt werden. Eine solche Zweckbefristung zur Elternzeitvertretung setzt nicht voraus, dass die Stammkraft zum Zeitpunkt des Vertragsschlusses mit der Vertretungskraft bereits ein den Anforderungen des § 16 Abs. 1 BEEG genügendes Elternzeitverlangen geäußert hat; eine entsprechende Ankündigung reicht aus (BAG v. 9.9.2015, 7 AZR 148/14, NZA 2016, 169). 351

Einen Formulierungsvorschlag für einen befristeten Arbeitsvertrag für eine Ersatzkraft zur Vertretung des in Elternzeit befindlichen Arbeitnehmers nach § 21 BEEG enthält Anhang 14 → Arbeitsvertrag für Ersatzkraft nach dem BEEG (Elternzeitvertretung), befristet.

II. Lohnsteuer

Übt ein Arbeitnehmer während der Elternzeit eine Beschäftigung aus, unterliegt der Arbeitslohn nach den allgemeinen Regelungen dem Lohnsteuerabzug. Dafür ist die Dauer der Tätigkeit bzw. des Dienstverhältnisses nicht entscheidend. Folglich kann der Arbeitslohn nach den individuellen Lohnsteuerabzugsmerkmalen (lt. ELStAM- oder Härtefall-Verfahren → Lohnsteuerkarte), ggf. im zweiten Dienstverhältnis nach Steuerklasse VI, oder pauschal erhoben werden. 352

Zur Möglichkeit des Arbeitgebers des Hauptarbeitsverhältnisses (ersten Dienstverhältnisses), für die Arbeitslöhne einer weiteren Beschäftigung des Arbeitnehmers

- während der Elternzeit oder auch
- während einer vergleichbaren Unterbrechungszeit des aktiven Dienstverhältnisses

die Steuerklasse VI ohne Abruf weiterer Lohnsteuerabzugsmerkmale anwenden zu können, siehe → Lohnsteuerkarte.

Im Übrigen bestehen keine lohnsteuerlichen Besonderheiten.

III. Sozialversicherung

Während der Elternzeit – unerheblich ob mit oder ohne Bezug von Elterngeld – kann man eine geringfügig entlohnte Beschäftigung versicherungsfrei (Ausnahme: Rentenversicherung) ausüben. Ob die Beschäftigung beim bisherigen oder bei einem anderen Arbeitgeber ausgeübt wird, ist unerheblich. 353

Wird statt einer geringfügig entlohnten Beschäftigung eine kurzfristige Beschäftigung mit einem regelmäßigen monatlichen Arbeitsentgelt von mehr als 450 € ausgeübt, so tritt in allen Sozialversicherungszweigen Versicherungspflicht ein (berufsmäßige Beschäftigung). Ist das Beschäftigungsverhältnis von vornherein auf weniger als zehn

Wochen befristet, so ist in der Krankenversicherung der ermäßigte Beitragssatz maßgebend (Beitragsgruppe: 3 1 1 1).

IV. Kirchensteuer

354 Bei Kirchenangehörigen ist Kirchensteuer in Abhängigkeit von der Lohnsteuer zu begleichen, sofern Lohnsteuer zu entrichten ist. Die Regelungen über die Pauschalierung der Kirchensteuer bei Pauschalierung der Lohnsteuer sind zu beachten (siehe → Rz. 541 ff.).

Entgeltfortzahlung im Krankheitsfall

I. Arbeitsrecht

1. Entgeltfortzahlung bei Aushilfsbeschäftigung

355 Die Entgeltfortzahlung im Krankheitsfall ist mit dem **Entgeltfortzahlungsgesetz** für alle Arbeitnehmer (Arbeiter, Angestellte, Auszubildende) einheitlich mit 100 % der ausgefallenen Vergütung geregelt.

356 Insoweit **gilt zusammengefasst auch für die kurzfristig beschäftigten Aushilfen**:
- Aushilfsarbeitnehmer haben wie andere normale Arbeitnehmer im Krankheitsfall Anspruch auf Entgeltfortzahlung.
- Auch kurzfristig beschäftigte Aushilfen haben im Arbeitsunfähigkeitsfall Anspruch auf Entgeltfortzahlung, wenn die für alle Arbeitnehmer entgeltfortzahlungsfreie **Wartezeit von vier Wochen** nach § 3 Abs. 3 EFZG zurückgelegt ist. Insoweit besteht im Übrigen auch für geringfügig beschäftigte kurzfristige Aushilfen keine Ausnahme mehr (→ Rz. 358).

> **Beispiel:**
>
> Ein Sommerausflugslokal stellt einen Aushilfskellner für drei Monate ein, der nach zwei Monaten bei der Arbeit ausrutscht, sich den rechten Arm bricht und für mehrere Wochen arbeitsunfähig wird.
>
> Hier besteht vom Eintritt der Arbeitsunfähigkeit bis zum vorgesehenen Zeitpunkt der Beendigung des Aushilfsverhältnisses die Pflicht zur Entgeltfortzahlung; u.U. kann Erstattung der Entgeltfortzahlung nach dem Aufwendungsausgleichsgesetz (AAG) beansprucht werden (→ Rz. 357).

357 Zur **Erstattung von Lohnfortzahlungskosten für Kleinbetriebe** wird auf die Regelung durch das seit dem 1.1.2006 geltende **Aufwendungsausgleichsgesetz** (AAG) verwiesen (→ Ausgleichsverfahren AAG), das auch für nur kurzfristig beschäftigte Aushilfen gilt.

2. Entgeltfortzahlung bei Teilzeitbeschäftigung/Geringfügiger Beschäftigung

358 Für Teilzeitbeschäftigte einschließlich der geringfügig Beschäftigten gelten keine Besonderheiten. Auch hier ist für Kleinbetriebe das Aufwendungsausgleichsgesetz von Relevanz.

359 Die Entgelthöhe im Krankheitsfall richtet sich nach dem **Lohnausfallprinzip** und daher nach der verkürzten Arbeitszeit der Teilzeitkraft, so dass nur für die ausgefallenen Stunden eine entsprechende Vergütung geleistet werden muss, wobei der gesetzliche Mindestlohn die Untergrenze bildet (→ Rz. 711).

3. Entgeltfortzahlung bei mehreren Teilzeitverträgen

360 Übrigens: Wer gleichzeitig **mehreren Teilzeitbeschäftigungen** nachgeht, kann von jedem Arbeitgeber die Zahlung des anteiligen Arbeitsentgelts verlangen.

> **Beispiel:**
>
> Eine junge Frau arbeitet täglich drei Stunden als Putzhilfe und vier Stunden als Schreibkraft in einem anderen Betrieb. Wenn sie erkrankt, hat sie bei ihrem ersten Arbeitgeber Anspruch auf Entgeltfortzahlung für drei Stunden, bei ihrem zweiten Arbeitgeber für vier Stunden.

4. Entgeltfortzahlung bei nebenberuflicher Beschäftigung

Wer eine haupt- und nebenberufliche Tätigkeit wegen einer Erkrankung nicht ausüben kann, hat **gegenüber beiden Arbeitgebern Anspruch** auf Entgeltfortzahlung. 361

Dieser Anspruch auf Entgeltfortzahlung gegenüber beiden Arbeitgebern besteht auch, wenn jemand während der Nebenbeschäftigung einen **Arbeitsunfall** erleidet. Selbst im Fall einer unerlaubten Nebenbeschäftigung entfällt der Anspruch nicht automatisch, sondern erst dann, wenn nachgewiesen ist, dass die konkrete Unfallursache gerade in den Umständen liegt, die eine Nebenbeschäftigung unzulässig machen (BAG v. 21.4.1982, 5 AZR 1019/79, DB 1982, 1729; siehe auch die Darstellung von Boecken, NZA 2001, 233).

> **Beispiel:**
>
> Ein Schichtarbeiter mit einer 40-Stunden-Woche ist daneben täglich noch acht Stunden als Taxifahrer tätig. Dabei erleidet er einen Verkehrsunfall, so dass er vier Wochen arbeitsunfähig ist.

In diesem Beispiel erhält der Arbeitnehmer keine Entgeltfortzahlung von seinem Hauptarbeitgeber. Denn es ist zu vermuten, dass der Unfall durch selbstverschuldete Übermüdung verursacht wurde, wobei dem Arbeitnehmer der Gegenbeweis möglich bleibt.

II. Lohnsteuer

Zahlt der Arbeitgeber im Krankheitsfall den Arbeitslohn fort, ist dafür Lohnsteuer einzubehalten. Krankengeld ist hingegen steuerfrei; es unterliegt jedoch dem Progressionsvorbehalt (→ Arbeitsloser). Im Übrigen bestehen keine lohnsteuerlichen Besonderheiten. 362

III. Sozialversicherung

Die Entgeltfortzahlung im Falle von Arbeitsunfähigkeit ist Arbeitsentgelt i.S.d. Sozialversicherung. Nimmt ein Arbeitgeber am Umlage-U1-Verfahren (→ Ausgleichsverfahren AAG) teil, so bekommt er auf Antrag einen Anteil seiner Aufwendungen erstattet. 363

IV. Kirchensteuer

Bei Lohnfortzahlung im Krankheitsfalle hat der Arbeitgeber außer der Lohnsteuer für Kirchenangehörige Kirchensteuer einzubehalten. 364

Entstehungsprinzip

I. Arbeitsrecht

Es bestehen keine arbeitsrechtlichen Besonderheiten. 365

II. Lohnsteuer

Bei der **Besteuerung** des Arbeitsentgelts – also der Erhebung und Abführung der Lohnsteuer – bestimmt sich die Höhe des steuerpflichtigen Lohns (Arbeitsentgelts) allein 366 nach dem einkommensteuerlichen → **Zuflussprinzip.** Das Steuerrecht kennt insoweit das **Entstehungsprinzip** nicht. **Nur** zugeflossener Arbeitslohn (sowie zugeflossenes Arbeitsentgelt) unterliegt der Einkommens- und **Lohnbesteuerung.**

Eine gewisse **Ausnahme** ist jedoch beim → Mini-Job zu beachten. Weil das Steuerrecht für die **Frage** der Geringfügigkeit einer Beschäftigung – also ob überhaupt eine geringfügige Beschäftigung vorliegt – dem **Sozialversicherungsrecht folgt**, ist insoweit das im Sozialversicherungsrecht anzuwendende **Entstehungsprinzip** zu beachten. Doch auch hier gilt: Nur zugeflossener Arbeitslohn unterliegt der Lohnbesteuerung. Dies hat der BFH bereits mit Urteil v. 29.5.2008 (VI R 57/05, BStBl II 2009, 147) entschieden.

III. Sozialversicherung

367 Für die Prüfung der Frage, ob die monatliche Arbeitsentgeltgrenze von 450 € überschritten ist, ist vom regelmäßigen Arbeitsentgelt auszugehen. Dabei ist auf das Arbeitsentgelt abzustellen, auf das der Arbeitnehmer einen **Rechtsanspruch** hat (z.B. auf Grund eines Tarifvertrags, einer Betriebsvereinbarung oder einer Einzelabsprache). Insoweit kommt es auf die Höhe des tatsächlich gezahlten Arbeitsentgelts **nicht** an.

Ein Verzicht auf laufendes Arbeitsentgelt wird sozialversicherungsrechtlich nur dann wirksam, wenn **der Verzicht arbeitsrechtlich zulässig ist**. Der Verzicht kann nur für die Zukunft erklärt werden.

IV. Kirchensteuer

368 Auch bei der Kirchensteuer gilt das einkommensteuerliche Zuflussprinzip.

Ersatzkraft

I. Arbeitsrecht

369 Tritt im Betrieb wegen des Ausfalls eines Stammarbeitnehmers vorübergehend Vertretungsbedarf für die Einstellung einer Ersatzkraft ein, z.B. als Urlaubsvertretung, Krankheitsvertretung u.Ä., so greifen die Besonderheiten für eine **Aushilfsbeschäftigung** ein (→ Aushilfe); insbesondere kann der Vertrag mit der Ersatzkraft wegen des Sachgrunds des vorübergehenden Bedarfs zulässigerweise **befristet** werden nach § 14 Abs. 1 TzBfG.

Der häufig auftretende Sonderfall, dass ein Arbeitnehmer während der → **Elternzeit** durch eine **Vertretungsaushilfe** ersetzt werden muss, ist gesetzlich ausdrücklich in § 21 BEEG geregelt. Danach ist eine zeitliche **Befristung** des Ersatzverhältnisses für die Dauer der Elternzeit, für kürzere Zeiträume auch mehrfach hintereinander mit einem oder mehreren Arbeitnehmern, auch in Teilzeit zulässig. Die **Dauer der Befristung** des Arbeitsvertrags nach § 21 BEEG muss entweder kalendermäßig bestimmt oder bestimmbar sein oder den genannten Zwecken zu entnehmen sein. Eine – zulässige – **Zweckbefristung** zur Elternzeitvertretung kann bereits vereinbart werden, wenn die Stammkraft noch nicht Elternzeit gemäß § 16 Abs. 1 BEEG verlangt, sondern die Inanspruchnahme von Elternzeit nur angekündigt hat (BAG v. 9.9.2015, 7 AZR 148/14, NZA 2016, 169).

Siehe auch Musterformulierungen Anhang 13 → Aushilfsvereinbarung, Anhang 14 → **Arbeitsvertrag für Ersatzkraft nach dem BEEG** (Elternzeitvertretung), befristet.

II. Lohnsteuer

370 Stellt der Arbeitgeber eine Ersatzkraft ein (→ Dienstverhältnis), hat er für die → Lohnsteuererhebung vom gezahlten Arbeitslohn die allgemeinen Regelungen zu beachten.

Wird die Ersatzkraft anstelle eines kurzfristig Beschäftigten eingesetzt, siehe unter
→ Akuter Bedarf.

III. Sozialversicherung

Es ist zu prüfen, ob die Voraussetzungen einer geringfügig entlohnten oder kurzfristigen Beschäftigung vorliegen oder ob es sich um eine normale sozialversicherungspflichtige Beschäftigung handelt. 371

IV. Kirchensteuer

Bei Kirchenangehörigen ist Kirchensteuer in Abhängigkeit von der Lohnsteuer zu begleichen, sofern Lohnsteuer zu entrichten ist. 372

Erstattung der Arbeitnehmeraufwendungen

I. Arbeitsrecht

Es bestehen keine arbeitsrechtlichen Besonderheiten (ausführlich Jüngst, Auslagen- und Aufwendungsersatz im Zusammenhang mit dem Arbeitsverhältnis, B+P 2009, 665 ff.). 373

II. Lohnsteuer

Übernimmt der Arbeitnehmer **Auslagen** für seinen Arbeitgeber, steht ihm regelmäßig ein Anspruch auf Auslagenersatz zu, falls die Ausgaben für und auf Rechnung des Arbeitgebers getätigt werden. Durchlaufende Gelder oder Auslagenersatz werden immer zusätzlich gezahlt, da sie ihrem Wesen nach keinen Arbeitslohn darstellen. Sie können daher keinen Arbeitslohn ersetzen. Deshalb ist eine Erstattung der für den Arbeitgeber geleisteten Aufwendungen (durchlaufende Gelder) **steuerfrei**. 374

Voraussetzung für die Steuerfreiheit ist, dass über die ausgelegten Beträge im Einzelnen abgerechnet wird. In diesen Fällen ist es gleichgültig, ob der Arbeitnehmer die Beträge im Namen des Arbeitgebers verauslagt oder im eigenen Namen (z.B. wessen Name auf der Rechnung vermerkt ist).

Pauschaler Auslagenersatz führt grundsätzlich zu Arbeitslohn. Hiervon abweichend kann pauschaler Auslagenersatz jedoch steuerfrei gezahlt werden,

– wenn er regelmäßig wiederkehrt und
– der Arbeitnehmer dem Arbeitgeber die entstandenen Aufwendungen für einen repräsentativen Zeitraum von drei Monaten im Einzelnen nachweist.

Der pauschale Auslagenersatz bleibt grundsätzlich so lange steuerfrei, bis sich die Verhältnisse wesentlich ändern (z.B. durch eine Änderung der Berufstätigkeit). Als Nachweis für die Finanzverwaltung muss der Arbeitgeber die Aufzeichnungen des Arbeitnehmers zum Lohnkonto nehmen.

III. Sozialversicherung

Wenn es sich steuerrechtlich nicht um Arbeitslohn handelt, dann liegt auch kein Arbeitsentgelt i.S.d. Sozialversicherung vor. 375

Fahrtätigkeit

I. Arbeitsrecht

376 Es bestehen keine arbeitsrechtlichen Besonderheiten.

II. Lohnsteuer

377 Eine Fahrtätigkeit i.S.d. Lohnsteuerrechts liegt bei solchen Arbeitnehmern vor, die ihre berufliche Tätigkeit auf einem Fahrzeug ausüben. Diese Tätigkeit wird jedoch dem übergeordneten Begriff der beruflich veranlassten → Auswärtstätigkeit zugeordnet. Für die steuerliche Behandlung der Arbeitslohnzahlungen hat dies keine Folgen. In der Lohnabrechnungspraxis wird die Bezeichnung „Fahrtätigkeit" weitgehend fortgeführt.

Auf einem **Fahrzeug** sind tätig: Berufskraftfahrer und Beifahrer, Linienbusfahrer, Straßenbahnführer, Taxifahrer, Müllfahrzeugfahrer, Beton- und Kiesfahrer, Lokführer sowie das Zugbegleitpersonal.

Dabei ist es unbeachtlich, ob der Arbeitnehmer auf dem Fahrzeug übernachten kann (z.B. im Schiff, in der Lkw-Kabine) oder nicht. Diese Berufsgruppen haben regelmäßig **keine** erste Tätigkeitsstätte; es sei denn, sie suchen vor ihrer eigentlichen Tätigkeit dauerhaft und typischerweise arbeitstäglich einen vom Arbeitgeber festgelegten Ort auf.

Die Fahrtätigkeit (Auswärtstätigkeit) beschränkt sich nicht nur auf das Fahren oder Begleiten des Fahrzeugs; auch die (auswärtige) Übernachtungszeit **rechnet dazu**. Dies gilt auch für die Zeit des Be- und Entladens des Fahrzeugs, Ruhezeiten und andere Tätigkeiten wie Bereitschaftsdienst usw., wenn sie nicht an einem ortsfesten Arbeitsplatz ausgeführt werden, z.B. im Betrieb oder Zweigbetrieb des Arbeitgebers.

Auf Grund dieser Tätigkeit kann der Arbeitgeber an den Arbeitnehmer **steuerfreien** Reisekostenersatz (→ Reisekosten) zahlen.

III. Sozialversicherung

378 Es bestehen keine sozialversicherungsrechtlichen Besonderheiten.

Fahrtkosten

I. Arbeitsrecht

379 Es bestehen keine arbeitsrechtlichen Besonderheiten.

II. Lohnsteuer

1. Begünstigte Fahrten

380 Aufwendungen des Arbeitnehmers für Fahrten, die mit der Erzielung von Einnahmen im Zusammenhang stehen, darf der Arbeitgeber in bestimmten Grenzen **steuerfrei** oder **pauschal** besteuert ersetzen. Alternativ kann der Arbeitnehmer die Fahrtkosten als → Werbungskosten bei seinen Einkünften aus nichtselbständiger Arbeit ansetzen. Auf Grund der unterschiedlichen steuerlichen Behandlung ist zwischen den Fahrten aus Anlass einer beruflichen **Auswärtstätigkeit** sowie den Fahrten zwischen Wohnung und **erster Tätigkeitsstätte** zu unterscheiden.

Zu der Möglichkeit, **Job-Tickets** sowie Monats-/Jahrestickets auch für private Fahrten im öffentlichen Personennahverkehr **steuerfrei** zur Verfügung zu stellen bzw. die Aufwendungen dafür steuerfrei zu ersetzen, s. → Arbeitslohnzuschläge.

2. Berufliche Auswärtstätigkeit, Reisekosten

Der Arbeitgeber darf dem Arbeitnehmer die auf Grund einer beruflich veranlassten 381
→ Auswärtstätigkeit entstandenen **Fahrtkosten** als **Reisekosten steuerfrei** ersetzen (§ 3 Nr. 13, 16 EStG, R 3.13, 3.16 und 9.4 ff. LStR). Voraussetzung hierfür ist, dass diese Aufwendungen durch eine so gut wie ausschließlich beruflich veranlasste Auswärtstätigkeit des Arbeitnehmers entstanden sind. Einzelheiten zum steuerfreien Arbeitgebersatz bei einer beruflich bedingten **doppelten Haushaltsführung** des Arbeitnehmers → Doppelter Haushalt.

Anlässlich einer beruflichen **Auswärtstätigkeit** können z.B. Aufwendungen für folgende Fahrten als **Reisekosten** angesetzt werden:

– Fahrten von der Wohnung oder ersten Tätigkeitsstätte **zur** auswärtigen Tätigkeitsstätte,

– Fahrten von der Unterkunft am Ort der auswärtigen Tätigkeitsstätte (oder im Einzugsgebiet) **zur** auswärtigen Tätigkeitsstätte,

– Fahrten **zwischen** mehreren auswärtigen Tätigkeitsstätten oder innerhalb einer weiträumigen Tätigkeitsstätte,

– Fahrten von der Wohnung **zu** ständig wechselnden Tätigkeitsstätten bei einer Einsatzwechseltätigkeit (falls der Arbeitnehmer keine erste Tätigkeitsstätte hat) sowie die Fahrten **zwischen** den wechselnden Tätigkeitsstätten,

– bei einer Übernachtung im Rahmen einer Einsatzwechseltätigkeit die Fahrten von der Wohnung **zum** Einsatzort und von der auswärtigen Unterkunft zum Einsatzort.

Fährt der Arbeitnehmer auf dem Weg zur ersten Tätigkeitsstätte oder zu seiner Wohnung im Auftrag des Arbeitgebers einen **Umweg**, dürfen die zusätzlichen Kilometer ebenfalls als **Reisekosten** behandelt werden. Solch zusätzliche Strecken sind z.B. denkbar, wenn der Arbeitnehmer vor oder nach Dienstbeginn die betriebliche Post an einer Poststelle abholt oder abgibt.

Die Höhe der **steuerfreien** Erstattung von Reisekosten richtet sich nach dem Beförderungsmittel, das der Arbeitnehmer für die Reise/Fahrt benutzt.

Fährt der Arbeitnehmer mit **öffentlichen Verkehrsmitteln** (z.B. Bahn), Flugzeug oder Taxi, kann der Arbeitgeber den entrichteten (Fahr-)Preis einschließlich etwaiger Zuschläge steuerfrei ersetzen.

Verwendet der Arbeitnehmer sein **Kraftfahrzeug** für eine berufliche Auswärtstätigkeit, darf der Arbeitgeber für die zurückgelegten Strecken

– pauschale Beträge bis zu den steuerlichen Kilometersätzen oder

– die vom Arbeitnehmer nachgewiesenen tatsächlichen Aufwendungen

steuerfrei zahlen.

3. Pauschale Kilometersätze

Reisekosten

Ohne Einzelnachweis kann der Arbeitgeber als Reisekosten an den Arbeitnehmer pro 382
gefahrenen Kilometer die folgenden gesetzlich festgelegten pauschalen Kilometersätze (Höchstbeträge) **steuerfrei** zahlen: bei Benutzung eines **Kraftwagens**, z.B. Pkw, bis zu 0,30 € pro gefahrenen Kilometer und für jedes andere **motorbetriebene** Fahrzeug 0,20 € pro gefahrenen Kilometer.

Eine Prüfung der tatsächlichen Kilometerkosten ist demnach nicht erforderlich, wenn der Arbeitnehmer bzw. Arbeitgeber von dieser (gesetzlichen) Typisierung Gebrauch macht. Zusätzliche Aufwendungen, die durch die Mitnahme von Gepäck anfallen, sind durch die Kilometersätze abgegolten.

Wichtig: Keine steuerfreien Pauschalen bei Nutzung eines Firmenwagens

Stellt der Arbeitgeber dem Arbeitnehmer für die beruflichen Auswärtstätigkeiten einen Firmenwagen (kostenlos) zur Verfügung, ist diese Gestellung steuerfrei. Ein geldwerter Vorteil ist nicht zu erfassen. Allerdings ist eine steuerfreie Erstattung der pauschalen Kilometersätze nicht zulässig, auch nicht teilweise.

4. Einzelnachweis der Gesamtkosten für ein Kraftfahrzeug als Reisekosten

383 Sollen für das vom Arbeitnehmer auf beruflichen Auswärtstätigkeiten verwendete eigene Kraftfahrzeug statt der pauschalen Kilometersätze (z.B. 0,30 €/km) die **höheren tatsächlichen** Kosten angesetzt werden, sind die folgenden Grundsätze zu beachten.

Als tatsächliche Aufwendungen für das Kraftfahrzeug ist der Teilbetrag der jährlichen Gesamtkosten des vom Arbeitnehmer genutzten Fahrzeugs anzusetzen, der dem Anteil der zu berücksichtigenden Fahrten an der Jahresfahrleistung entspricht (Gesamtkosten des Kraftfahrzeugs : Jahresfahrleistung = Kilometersatz der tatsächlichen Aufwendungen).

Die Gesamtkosten des Kraftfahrzeugs und die Fahrleistung sind für einen Zeitraum von zwölf Monaten zu ermitteln. Der errechnete Kilometersatz darf so lange angesetzt werden, bis sich die Verhältnisse wesentlich ändern, z.B. bis zum Ablauf des Abschreibungszeitraums des Kfz oder bis zum Eintritt veränderter Leasingbelastungen für das Fahrzeug.

Zu weiteren Einzelheiten s. die Erläuterungen in den vom Verlag herausgegebenen Lohnsteuertabellen unter „Fahrtkosten als Reisekosten bei Auswärtstätigkeiten".

4. Fahrten zwischen Wohnung und erster Tätigkeitsstätte

384 Zur Steuerfreiheit der dem Arbeitnehmer gestellten Job-Tickets oder der Barzuschüsse zum Erwerb solcher Fahrkarten → Rz. 100 ff. Nutzt der Arbeitnehmer sein privates Kraftfahrzeug für Fahrten zwischen seiner **Wohnung** und **der ersten Tätigkeitsstätte**, sind die Fahrtkostenzuschüsse des Arbeitgebers grundsätzlich steuerpflichtiger Arbeitslohn. Für die Besteuerung der Fahrtkostenzuschüsse hat der Arbeitgeber folgende Möglichkeiten:

– nach den individuellen Lohnsteuerabzugsmerkmalen (→ Lohnsteuerkarte),
– mit dem üblichen Pauschsteuersatz für den Arbeitslohn der Aushilfe bzw. des Mini-Jobs; dazu sind die Zuschüsse dem üblichen Arbeitslohn hinzuzurechnen und in die zu beachtenden Arbeitslohngrenzen einzubeziehen, oder aber
– mit dem besonderen Pauschsteuersatz von **15 %**.

Wählt der Arbeitgeber die Besteuerung nach den **individuellen** Lohnsteuerabzugsmerkmalen oder mit dem für den Arbeitslohn anzuwendenden Pauschsteuersatz, ist die Höhe der Zuschüsse, die Entfernung zwischen Wohnung und Arbeitsstätte sowie die Begrenzung auf den als Werbungskosten ansetzbaren Betrag unbeachtlich. In diesem Fall werden die Zuschüsse als üblicher Arbeitslohn angesehen.

Anders verhält es sich bei der **Pauschalbesteuerung** mit 15 %. Mit dem besonderen Pauschsteuersatz von 15 % sind folgende Fahrtkostenzuschüsse pauschalierungsfähig (Höchstbeträge):

– bei Benutzung eines **eigenen** Kfz: Zuschüsse bis zur Höhe der Entfernungspauschale (ab dem Kalenderjahr 2021 für die ersten 20 km 0,30 € zzgl. ab dem 21. km 0,35 € je Entfernungskilometer zwischen Wohnung und erster Tätigkeitsstätte),
– bei Benutzung **öffentlicher Verkehrsmittel**: Zuschüsse bis zur Höhe der **nachgewiesenen** tatsächlichen Aufwendungen für die Fahrkarte (und damit unabhängig von der Entfernungspauschale) sowie

- bei Benutzung eines **Flugzeugs**: Zuschüsse bis zur Höhe der tatsächlichen Aufwendungen des Arbeitnehmers. Für die Flugstrecken selbst darf zwar keine Entfernungspauschale angesetzt werden; jedoch für die An- und Abreise zum Flughafen.

Zu beachten ist, dass pauschal besteuerte Fahrtkostenzuschüsse die abziehbaren Werbungskosten des Arbeitnehmers für die Fahrten zwischen Wohnung und Arbeitsstätte mindern.

Für die **Pauschalierung mit 15 %** ist Voraussetzung, dass die Arbeitgeberzuschüsse/-leistungen **zusätzlich** zum ohnehin geschuldeten Arbeitslohn gezahlt werden (→ Gestaltungsmöglichkeiten).

Pauschal besteuerte Fahrtkostenzuschüsse sind in die Prüfung der für die Lohnsteuerpauschalierung (→ Pauschalierung und Pauschalbeiträge) maßgebenden Arbeitslohngrenzen (Stundenlohn seit dem Kalenderjahr 2020 i.H.v. 15 €, Tageslohn seit dem Kalenderjahr 2020 i.H.v. 120 €) nicht einzubeziehen. Für → geringfügig entlohnte Beschäftigungen ist die monatliche Arbeitsentgeltgrenze von 450 € nach den sozialversicherungsrechtlichen Vorschriften zu prüfen.

III. Sozialversicherung

Handelt es sich steuerrechtlich um Arbeitslohn, so ist dieser auch Arbeitsentgelt i.S.d. Sozialversicherung.

Im Falle der pauschalen Versteuerung der Fahrtkosten nach § 40 Abs. 2 Satz 2 EStG entfällt die Arbeitsentgelteigenschaft in der Sozialversicherung (vgl. § 1 Abs. 1 Satz 1 Nr. 3 SvEV).

Familienheimfahrt

I. Arbeitsrecht

Es bestehen keine arbeitsrechtlichen Besonderheiten.

II. Lohnsteuer

Führt der Arbeitnehmer eine beruflich bedingte doppelte Haushaltsführung (→ Doppelter Haushalt), kann der Arbeitgeber folgende Beträge **steuerfrei** ersetzen:

1. **Fahrtkosten für eine wöchentliche Heimfahrt an den Ort des eigenen Hausstands**
   - falls der Arbeitnehmer sein **Kraftfahrzeug** benutzt, ab dem Kalenderjahr 2021 von bis zu **0,30 €/km** für die ersten 20 Entfernungskilometer und ab dem 21. Entfernungskilometer von bis zu **0,35 €/km** für die jeweils wöchentlich tatsächlich durchgeführte Heimfahrt;
   - für Flugstrecken die tatsächlichen Aufwendungen;
   - falls **öffentliche Verkehrsmittel** genutzt werden, die tatsächlichen Aufwendungen.

   Aufwendungen für Fahrten mit einem im Rahmen des Dienstverhältnisses zur Nutzung überlassenen Kraftfahrzeug (Firmenwagen) können nicht steuerfrei erstattet werden; im Gegenzug ist kein steuerpflichtiger geldwerter Vorteil anzusetzen.

2. **Verpflegungspauschalen**

   Übernachtet der Arbeitnehmer vor und nach der Familienheimfahrt in der Wohnung am auswärtigen Arbeitsort im Inland (dies ist regelmäßig der Fall), kommt für die Tage der Familienheimfahrt eine Verpflegungspauschale von 14 € zum Ansatz (seit dem Kalenderjahr 2020). Weil solche An- und Abreisetage keine bestimmte

Abwesenheitsdauer voraussetzen, braucht der Arbeitgeber sie im Rahmen des steuerfreien Reisekostenersatzes nicht zu prüfen.

Ist der Arbeitnehmer von der Familienwohnung 24 Stunden abwesend, das sind die Tage zwischen dem Anreise- und Abreisetag, dürfen bis zu 28 € pro Tag steuerfrei gezahlt werden (seit dem Kalenderjahr 2020).

Beide Pauschalen dürfen längstens für die ersten drei Monate der Abwesenheit vom Lebensmittelpunkt bzw. für die Dauer der doppelten Haushaltsführung steuerfrei gezahlt werden.

3. **Übernachtungskosten**

Pauschale Zahlungen des Arbeitgebers für die Kosten der Zweitwohnung/-unterkunft am Ort der ersten Tätigkeitsstätte sind bis zu 20 € bzw. 5 € (→ Doppelter Haushalt) **steuerfrei**, wenn der Arbeitnehmer dort auch übernachtet. Übernachtet er anlässlich der Familienheimfahrt in der Familienwohnung, ist eine pauschale Zahlung für die Kosten der Zweitwohnung **steuerpflichtig**.

Anders verhält es sich bei den vom Arbeitnehmer **nachgewiesenen** Übernachtungskosten. Sie kann der Arbeitgeber steuerfrei erstatten (z.B. die Monatsmiete für die Zweitwohnung), auch wenn der Arbeitnehmer auf Grund der Familienheimfahrt(en) dort nicht übernachtet.

III. Sozialversicherung

388 Liegt steuerrechtlich Arbeitslohn vor, so handelt es sich auch um Arbeitsentgelt i.S.d. Sozialversicherung.

Fehlgeldentschädigung

I. Arbeitsrecht

389 Es bestehen keine arbeitsrechtlichen Besonderheiten.

II. Lohnsteuer

390 Der Arbeitgeber kann an Arbeitnehmer, die im Kassen- und (Geld-)Zähldienst beschäftigt sind, für ein eventuelles Fehlgeld regelmäßig einen steuerfreien Zuschlag zahlen (R 19.3 Abs. 1 Satz 2 Nr. 4 LStR). Steuerfrei ist eine pauschale Fehlgeldentschädigung (→ Mankogelder) von höchstens 16 € pro Kalendermonat.

III. Sozialversicherung

391 Handelt es sich steuerrechtlich um Arbeitslohn, so ist dieser auch Arbeitsentgelt i.S.d. Sozialversicherung.

Feiertagsarbeit/Feiertagsvergütung

I. Arbeitsrecht

392 Die Pflicht zur Zahlung eines „Feiertagslohns" nach § 2 EFZG folgt dem Lohnausfallprinzip. Dies gilt für alle in diesem Ratgeber dargestellten Beschäftigungsformen.

> **Beispiel:**
> Eine Buchhalterin arbeitet regelmäßig in einem Kleinbetrieb am Dienstag, Mittwoch und Donnerstag – jeweils acht Stunden. Der Tag der deutschen Einheit, der 3.10.2019, fällt auf einen Donnerstag. Sie erhält deshalb „Feiertagslohn".

Der gesetzliche **Mindestlohn** bildet die Untergrenze für die Feiertagsvergütung (→ Rz. 711).

Feiertagszuschläge (→ Zulagen/Zuschläge) sind dann fällig, wenn ein Teilzeitbeschäftigter – wie z.B. eine Halbtagskellnerin – zur Arbeit an einem Feiertag verpflichtet ist, sofern der Zuschlag tariflich oder arbeitsvertraglich vorgesehen ist; ein gesetzlicher Anspruch auf Feiertagszuschläge besteht nicht. **Pfingstsonntag und Ostersonntag** sind **keine Wochenfeiertage**; für Arbeit an diesen Tagen fällt daher der tarifliche Feiertagszuschlag nicht an (BAG v. 13.4.2005, 5 AZR 475/04, NZA 2005, 882; BAG v. 17.3.2010, 5 AZR 317/09, DB 2010, 1406). Die gesetzlichen Feiertage sind durch die entsprechenden Feiertagsgesetze der einzelnen Bundesländer festgelegt. Maßgeblich ist der jeweilige **Beschäftigungsort** (BAG v. 17.8.2011, 10 AZR 347/10, NZA 2012, 824). Etwaige rein kirchliche Feiertage oder Brauchtumstage sind unbeachtlich.

Auch bei **Abrufarbeit** nach § 12 TzBfG kann der Arbeitnehmer Anspruch auf Feiertagsvergütung gem. § 2 Abs. 1 EFZG besitzen, wobei es für den Anspruch darauf ankommt, ob die Arbeit allein wegen des Feiertags ausgefallen ist oder ob die Arbeit aus anderen objektiven Gründen nicht abgerufen worden wäre (→ Abrufarbeit). Diese konkreten, objektiven Umstände muss der Arbeitgeber darlegen (BAG v. 24.10.2001, 5 AZR 245/00, DB 2002, 1110).

Bei einem **Zeitungszusteller**, der nach arbeitsvertraglicher Regelung einerseits Zeitungsabonnenten täglich von Montag bis Samstag zu beliefern hat, wobei andererseits Arbeitstage des Zustellers lediglich solche Tage sind, an denen Zeitungen im Zustellgebiet erscheinen, muss bei einem Werktagfeiertag ohne Zeitungsauslieferung wegen des Grundsatzes der Unabdingbarkeit des gesetzlichen Anspruchs auf Entgeltzahlung an Feiertagen Feiertagslohn gezahlt werden (BAG v. 16.10.2019, 5 AZR 352/18).

Im Übrigen ergeben sich keine arbeitsrechtlichen Besonderheiten.

II. Lohnsteuer

Steuerfrei sind Lohnzuschläge, die für Feiertagsarbeit zusätzlich zu dem sonst üblichen und vertraglich vereinbarten Stundenlohn (Grundlohn) gezahlt werden. Die Steuerfreiheit ist möglich für Zuschläge bis zu 125 % des Grundlohns (§ 3b EStG, R 3b LStR, H 3b LStH). Hierbei ist zu beachten, dass der begünstigte Stundenlohn, also die Bemessungsgrundlage für solch steuerfreie Zuschläge, auf höchstens 50 € begrenzt ist. 393

Sowohl der Anspruch als auch die Höhe der Lohnzuschläge für Feiertagsarbeit sollten neben dem üblichen Stundenlohn im Arbeitsvertrag eindeutig vereinbart werden. Erläuterungen in einem Berechnungsbeispiel: → Arbeitslohnzuschläge.

III. Sozialversicherung

In der Sozialversicherung gelten die gleichen Prozentsätze hinsichtlich der Zuschläge für Sonn-, Feiertags- und Nachtarbeit. Allerdings ist zu beachten, dass die Sozialversicherungsfreiheit sich nur auf einen Grundlohn bis 25 € pro Stunde erstreckt. 394

Zuschläge, die auf einen Grundlohn oberhalb von 25 € pro Stunde gezahlt werden, sind Arbeitsentgelt i.S.d. Sozialversicherung.

Flexible Arbeitszeitregelungen

I. Arbeitsrecht

Es bestehen keine allgemeinen arbeitsrechtlichen Besonderheiten; siehe aber spezifisch → **Abrufarbeit**. 395

II. Lohnsteuer

396 Lohnsteuerlich ist grundsätzlich der zugeflossene Arbeitslohn zu erfassen. Dabei spielt es keine Rolle, nach welchem Arbeitszeitmodell der Arbeitslohn bezogen wird.

Vereinbaren Arbeitgeber und Arbeitnehmer ein sog. Zeitwertkonto (auch Arbeitszeitkonto, Lebensarbeitszeitkonto i.S.v. § 7b SGB IV genannt), wird der erarbeitete Arbeitslohn nicht sofort ausbezahlt. Stattdessen wird er beim Arbeitgeber betragsmäßig erfasst und auf dem Arbeitszeitkonto als Wertgutschrift geführt. Folglich wird der erarbeitete Arbeitslohn als Guthaben angesammelt, um ihn anlässlich einer späteren vollen oder teilweisen Freistellung des Arbeitnehmers von seiner Arbeitsleistung auszuzahlen. In der Zeit der Arbeitsfreistellung wird das angesammelte Guthaben um die dem Arbeitnehmer gezahlten Vergütungen gemindert.

Arbeitslohn ist mit der Erlangung der wirtschaftlichen Verfügungsmacht zugeflossen und zu besteuern. Geldbeträge – wie der Arbeitslohn – fließen dem Arbeitnehmer i.d.R. dadurch zu, dass sie bar ausgezahlt oder einem Konto des Empfängers bei einem Kreditinstitut gutgeschrieben werden. Beide Voraussetzungen liegen bei einer Gutschrift auf dem Arbeitszeitkonto nicht vor. Folglich löst erst die spätere Auszahlung des Guthabens den Zufluss von Arbeitslohn und damit eine Besteuerung aus; siehe auch → Wertguthabenvereinbarungen.

Werden steuerfreie → Arbeitslohnzuschläge in das Zeitwertkonto eingestellt (und getrennt ausgewiesen), bleibt die Steuerfreiheit bei Auszahlung erhalten. Dies gilt jedoch nicht für eine etwaige Verzinsung der begünstigten Zuschläge.

III. Sozialversicherung

397 Das Führen von Arbeitszeitkonten zum Aufbau von Wertguthaben mit der Folge, dass Beiträge nicht in dem Monat fällig werden, in dem der Anspruch auf das Arbeitsentgelt entstanden ist, sondern erst beim Abbau des Wertguthabens in Zeiten der Freistellung von der Arbeitsleistung, war in geringfügigen Beschäftigungen bis 31.12.2008 ausgeschlossen. Seit 1.1.2009 sind sozialversicherungsrechtlich relevante flexible Arbeitszeitregelungen jedoch auch für geringfügig Beschäftigte möglich. Dabei ist zwischen

- sonstigen flexiblen Arbeitszeitregelungen (z.B. Gleitzeit- oder Jahreszeitkonten) und
- Wertguthabenvereinbarungen (z.B. Langzeit- oder Lebensarbeitszeitkonten)

zu unterscheiden.

Für Zeiten der Freistellung von der Arbeitsleistung im Rahmen sonstiger flexibler Arbeitszeitregelungen kann eine Beschäftigung nach § 7 Abs. 1 SGB IV jedoch nur für längstens einen Monat begründet werden, während bei Freistellungen von der Arbeitsleistung auf der Grundlage einer Wertguthabenvereinbarung (§ 7b SGB IV) auch für Zeiten von mehr als einem Monat eine Beschäftigung besteht (§ 7 Abs. 1a SGB IV).

Freistellungen im Rahmen sonstiger flexibler Arbeitszeitregelungen

Sonstige flexible Arbeitszeitregelungen verfolgen im Unterschied zu Wertguthabenvereinbarungen nicht das Ziel der (längerfristigen) Freistellung von der Arbeitsleistung unter Verwendung eines – auf Grund Verzichts auf die Auszahlung erarbeiteten Arbeitsentgelts aufgebauten – Wertguthabens. Vielmehr erfolgt bei diesen Arbeitszeitregelungen bei schwankender Arbeitszeit regelmäßig ein Ausgleich in einem Arbeitszeitkonto.

Für diese Arbeitszeitregelungen zur flexiblen Gestaltung der werktäglichen oder wöchentlichen Arbeitszeit oder zum Ausgleich betrieblicher Produktions- und Arbeitszeitzyklen unter Verstetigung des regelmäßigen Arbeitsentgelts besteht bei Abweichungen der tatsächlichen Arbeitszeit von der vertraglich geschuldeten (Kern-)Arbeitszeit auch in Zeiten der vollständigen Verringerung der Arbeitszeit (Freistellung) unter

Fortzahlung eines verstetigten Arbeitsentgelts bis zu einem Monat die Beschäftigung nach § 7 Abs. 1 SGB IV fort. Der Beitragspflicht unterliegt ausschließlich das ausgezahlte vertraglich geschuldete verstetigte Arbeitsentgelt, unabhängig von der im Rahmen einer geringeren oder höheren Arbeitszeit tatsächlich erbrachten Arbeitsleistung. Einer Verschiebung der Fälligkeit von Sozialversicherungsbeiträgen auf den Zeitpunkt der Inanspruchnahme des Zeitguthabens – wie bei → Wertguthabenvereinbarungen – bedarf es in diesen Fällen daher nicht.

Für die beitragsrechtliche Behandlung der in entsprechenden Beschäftigungen mit einem Stundenlohnanspruch aus einem Arbeitszeitkonto beanspruchten Arbeitsentgelte wurde das Zuflussprinzip eingeführt (§ 22 Abs. 1 Satz 2 SGB IV). Hiernach hängt die Fälligkeit der Beiträge für Arbeitsentgelte aus einem Stundenlohnanspruch, die während des Abbaus eines Arbeitszeitkontos einer sonstigen flexiblen Arbeitszeitregelung ausgezahlt werden, vom Zufluss des Arbeitsentgelts ab.

Die sonstigen flexiblen Arbeitszeitregelungen für geringfügig Beschäftigte müssen neben dem Aufbau von Zeitguthaben auch deren tatsächlichen Abbau ermöglichen. Ist der Abbau eines Zeitguthabens von vornherein nicht beabsichtigt, ist die Arbeitszeitvereinbarung sozialversicherungsrechtlich irrelevant (§ 32 SGB I). In diesen Fällen wäre – unabhängig von der Führung eines Arbeitszeitkontos – vom Beginn der Beschäftigung an der versicherungs- und beitragsrechtlichen Beurteilung das tatsächlich erarbeitete Arbeitsentgelt zu Grunde zu legen.

> **Beispiel:**
>
> Die Reinigungskraft eines Gebäudereinigungsunternehmens ist mit einem monatlichen Arbeitsentgelt i.H.v. 450 € für drei Jahre befristet geringfügig entlohnt beschäftigt. Die Arbeitszeit kann über ein Arbeitszeitkonto flexibel gestaltet werden. Zusätzlich erklärt sich die Reinigungskraft bereit, Urlaubs- und Krankheitsvertretungen zu übernehmen, die ihrem Arbeitszeitkonto gutgeschrieben werden. Das Arbeitszeitguthaben soll am Ende der Beschäftigung in Arbeitsentgelt abgegolten werden.
>
> Da bereits von vornherein feststeht, dass die auf Grund der Urlaubs- und Krankheitsvertretungen aufgebauten Arbeitszeitguthaben nicht bis zum Ende der Beschäftigung abgebaut werden, hat die versicherungs- und beitragsrechtliche Beurteilung unter Berücksichtigung der zu erwartenden Vertretungsarbeit zu erfolgen. Die sonstige flexible Arbeitszeitregelung ist dabei irrelevant.

Beim flexiblen Einsatz von geringfügig entlohnt Beschäftigten ist darauf zu achten, dass der Jahresbetrag von 5 400 € nicht überschritten wird (450 € · 12). Wird diese Grenze beachtet, so entsteht bei schwankenden Arbeitsentgelten keine versicherungspflichtige Beschäftigung.

Erhält der geringfügig entlohnt beschäftigte Arbeitnehmer einen Stundenlohn, so sollte man vorab ermitteln, wie viele Stunden der Arbeitnehmer im Kalenderjahr arbeiten darf.

Stellt sich im Laufe der Beschäftigung heraus, dass die Jahresgrenze von 5 400 € überschritten wird, so ist die Beschäftigung zukunftsbezogen umzustellen. Für den Prüfer ist zu dokumentieren, warum es zunächst ein Minijob war und warum die Beschäftigung zukunftsbezogen umzustellen war.

IV. Kirchensteuer

Bezüglich der Kirchensteuer gelten insoweit die gleichen Grundsätze wie für die Lohnsteuer.

Freibetrag

I. Arbeitsrecht

399 Es bestehen keine arbeitsrechtlichen Besonderheiten.

II. Lohnsteuer

400 Ein steuerlicher Freibetrag mindert beim Lohnsteuerabzug als Abzugsbetrag den steuerpflichtigen Bruttolohn. Dadurch erhöht sich im **Regelverfahren** (Anwendung von Lohnsteuerabzugsmerkmalen) das monatliche Nettoeinkommen. Die Summe der einzelnen Freibeträge ergibt den als (elektronisches) Lohnsteuerabzugsmerkmal (→ Lohnsteuerkarte) zu berücksichtigenden Freibetrag.

Anders verhält es sich, wenn der Arbeitgeber die Lohnsteuer **pauschal** erhebt. In diesem Fall darf er keinen Freibetrag ansetzen. Somit bleibt die (monatliche) Bemessungsgrundlage, das steuerpflichtige Bruttogehalt, unverändert.

1. Berücksichtigungsfähige Freibeträge

401 Für die Berücksichtigung bzw. Bildung eines Freibetrags als Lohnsteuerabzugsmerkmal für den Lohnsteuerabzug muss der Arbeitnehmer bei seinem → Wohnsitzfinanzamt einen Antrag auf Lohnsteuer-Ermäßigung stellen. Als **Freibetrag** kommen insbesondere in Betracht:

- **Werbungskosten**, z.B. für Fahrten zwischen Wohnung und erster Tätigkeitsstätte, für berufliche Auswärtstätigkeiten,
- **außergewöhnliche Belastungen** wie Krankheitskosten, Aufwendungen für Hilfsmittel wie Brillen und Zahnersatz (einschließlich des Unterhalts von bedürftigen Angehörigen), ein Pauschbetrag für behinderte Menschen sowie
- der **Ausbildungs-Freibetrag** für auswärts wohnende Kinder, die Steuerermäßigung für Aufwendungen für eine haushaltsnahe Beschäftigung und bei einer Inanspruchnahme haushaltsnaher Dienstleistungen (§ 35a EStG).

Werbungskosten werden nur insoweit berücksichtigt, als sie bei aktiv tätigen Arbeitnehmern **1 000 €** bzw. bei Pensionären 102 € im Kalenderjahr übersteigen. Die Summe der im Kalenderjahr zu berücksichtigenden Freibeträge (ohne Pauschbetrag für behinderte Menschen) muss 600 € übersteigen. Diese Grenze wird bei Ehegatten nicht verdoppelt.

Der Erhöhungsbetrag des Entlastungsbetrags für **Alleinerziehende** i.H.v. 240 € jährlich für das zweite und jedes weitere Kind (Steuerklasse II) kann zusätzlich und unabhängig von der 600 €-Grenze als Freibetrag beantragt und berücksichtigt werden. Eine steuerliche Berücksichtigung von Kindern bzw. Kinderfreibeträgen wirkt sich nicht auf den Lohnsteuerabzug, sondern nur auf die Höhe des monatlichen Abzugs von Kirchensteuer und Solidaritätszuschlag aus.

Die bei der Lohnsteuerermittlung berücksichtigungsfähigen Beiträge zur **privaten Krankenversicherung** werden vom Finanzamt nicht als Freibetrag angesetzt bzw. gebildet. Für deren Berücksichtigung beim Lohnsteuerabzug reicht weiterhin die Vorlage der vom Versicherungsunternehmen des Arbeitnehmers ausgestellten Bescheinigung beim Arbeitgeber aus.

2. Antrag zur Lohnsteuerermäßigung

402 Damit das Finanzamt einen Freibetrag bilden kann, stellt es den Antrag auf Lohnsteuerermäßigung bereit. Neben dem Hauptvordruck muss der Arbeitnehmer lediglich die erforderliche Anlage ausfüllen (für Werbungskosten, für Sonderausgaben/außerge-

wöhnliche Belastungen und für die Berücksichtigung von Kindern bzw. kindbezogenen Steuerermäßigungen, wie z.B. den Ausbildungs-Freibetrag).

Ein Antrag auf Lohnsteuerermäßigung kann für jedes Jahr bis zum 30. November des laufenden Kalenderjahrs beim Finanzamt gestellt werden. Die Freibeträge werden in die ELStAM-Datenbank eingetragen und dem Arbeitgeber elektronisch oder auf dem Papierweg mitgeteilt. Der Arbeitnehmer kann im Erklärungsvordruck einen Papierausdruck der geänderten ELStAM anfordern. Der Freibetrag kann mit einer zweijährigen Gültigkeit beantragt werden.

3. Anwendung des Freibetrags

Besteuert der Arbeitgeber den Arbeitslohn im Regelverfahren (→ Lohnsteuerkarte), muss er für jede Lohnzahlung bzw. für jeden Monat die elektronischen Lohnsteuerabzugsmerkmale des Arbeitnehmers beim Finanzamt abrufen. Dabei wird ihm ein zu berücksichtigender Freibetrag mitgeteilt. Im Ersatz-/Härtefallverfahren erhält er eine aktualisierte Papierbescheinigung des Finanzamts. **403**

Werden der Arbeitslohn und die (Steuer-) Abzüge durch ein Lohnabrechnungsprogramm berechnet, braucht der Arbeitgeber regelmäßig nicht tätig zu werden. Ermittelt der Arbeitgeber die Lohnsteuer nach der **Lohnsteuertabelle**, hat er den Freibetrag vor der Lohnsteuerermittlung vom Arbeitslohn abzuziehen und für den so geminderten Arbeitslohn die Lohnsteuer abzulesen.

Siehe auch → Hinzurechnungsbetrag.

III. Sozialversicherung

Es bestehen keine sozialversicherungsrechtlichen Besonderheiten. **404**

IV. Kirchensteuer

Der Arbeitgeber hat auch die Kirchensteuer von dem durch den Freibetrag geminderten Arbeitslohn zu berechnen. **405**

Freistellung aus besonderen Anlässen

I. Arbeitsrecht

Folgende Ereignisse können neben vielen anderen Gründen einen Anspruch auch der Teilzeitkraft auf bezahlte Freistellung von der Arbeit begründen (z.B. § 616 BGB), soweit ein solcher Anspruch nicht durch einzelvertragliche Vereinbarung, Betriebsvereinbarung oder Tarifvertrag ausgeschlossen oder eingeschränkt ist: **406**

- Arztbesuche und Heilbehandlungen,
- besondere Familienereignisse, z.B. Hochzeit, Silberhochzeit, Geburten, Todesfälle u.Ä.,
- Erkrankung eines Kleinkinds oder naher Angehöriger, gesundheitliche Pflichtuntersuchungen,
- Pflegebedürftigkeit naher Angehöriger (→ Pflegezeit/Familienpflegezeit),
- Vorladung vor Gericht oder Behörden,
- Stellensuche,
- Umzug mit eigenem Hausstand,
- Wahrnehmung von Ämtern, Ehrenämtern.

Wichtig: Ein **Arztbesuch** zählt nur dann zu diesen Anlässen (BAG v. 29.2.1984, 5 AZR 92/82, BB 1984, 1046), wenn ein solcher z.B. aufgrund akuter Beschwerden, aufgrund der Terminvergabe des Arztes oder auch bei mehrfacher Teilzeitbeschäftigung außerhalb der Arbeitszeit nicht möglich ist. Andernfalls ist auch ein Teilzeitbeschäftigter gehalten, dies in seiner arbeitsfreien Zeit zu erledigen.

Nach dem Ausfallprinzip erhält der Teilzeitmitarbeiter nur dann die vereinbarte Vergütung, wenn die von ihm verlangte **Freistellung auch tatsächlich in die vereinbarte Teilzeit** fällt.

> **Beispiel 1:**
>
> Eine Verkäuferin arbeitet jeweils von Donnerstag bis Samstag. Sollte sie an einem Montag heiraten, besteht kein Anspruch auf eine bezahlte Freistellung. Sie erhält dagegen eine Vergütung, wenn sie in der zweiten Wochenhälfte, zwischen Donnerstag und Samstag, ihren Hochzeitstag hat.

Das Ausfallprinzip gilt natürlich auch dann, wenn ein Arbeitgeber von sich aus, z.B. im Karneval, an sonstigen **Brauchtumstagen** oder Vorfeiertagen, Freizeit gewährt (BAG v. 26.5.1993, 5 AZR 184/92, DB 1994, 99).

> **Beispiel 2:**
>
> Ein Unternehmen gibt seinen Mitarbeitern am Rosenmontag frei. Eine Sekretärin, die nur halbtags arbeitet, kann nur eine Vergütung für diesen ausgefallenen halben Arbeitstag erwarten. Es besteht auch kein Anspruch, den anderen halben Tag später „abzufeiern".

> **Beispiel 3:**
>
> Ein Betrieb gibt an einem Montagnachmittag wegen der Dorfkirmes und am Nachmittag von Heiligabend und Silvester der Belegschaft frei unter Bezahlung dieser Zeit.
>
> Eine Halbtagssekretärin mit Arbeitszeit lediglich an den Vormittagen geht bei dieser Regelung „leer" aus; sie erhält für die Freistellungszeiten der übrigen Mitarbeiter weder eine Vergütung noch hat sie Anspruch auf ein anderweitiges „Abfeiern".

Im Übrigen richtet sich die Freistellung nach den einschlägigen Vorschriften, namentlich § 616 BGB.

II. Lohnsteuer

407 Erhält der Arbeitnehmer während einer Freistellung den Arbeitslohn fortgezahlt, ist dieser regelmäßig steuerpflichtig; es gelten die allgemeinen Grundsätze.

III. Sozialversicherung

408 Es bestehen keine sozialversicherungsrechtlichen Besonderheiten.

IV. Kirchensteuer

409 Bei Kirchenangehörigen ist Kirchensteuer in Abhängigkeit zur Lohnsteuer zu begleichen, sofern Lohnsteuer zu entrichten ist.

Geringfügig entlohnte Beschäftigung

I. Arbeitsrecht

→ Mini-Job (Geringfügige Beschäftigung) 410

II. Lohnsteuer

1. Grundsätze

Vom Arbeitsentgelt für geringfügige Beschäftigungen i.S.d. Sozialversicherungsrechts, 411
kurz auch als Mini-Job bezeichnet, darf der Arbeitgeber

- die Lohnsteuer im **Regelverfahren** (nach den individuellen Lohnsteuerabzugsmerkmalen lt. den elektronischen Lohnsteuerabzugsmerkmalen des Arbeitnehmers oder nach der Härtefallregelung → Lohnsteuerkarte) erheben oder
- den **Pauschsteuersatz** i.H.v. 2 % oder 20 % wählen.

Wird die Beschäftigung im Haushalt ausgeübt, kann der Arbeitgeber eine Steuerermäßigung nach § 35a EStG beantragen (→ Haushaltsnahe Beschäftigung).

2. Pauschalierung

a) Einheitlicher Pauschsteuersatz i.H.v. 2 % des Arbeitsentgelts

aa) Grundsatz

Der Arbeitgeber kann die Lohnsteuer einschließlich Solidaritätszuschlag und Kirchensteuer für das Arbeitsentgelt 412

- aus einer **geringfügig** entlohnten Beschäftigung (§ 8 Abs. 1 Nr. 1 SGB IV) oder einer geringfügig entlohnten Beschäftigung im **Privathaushalt** (§ 8a SGB IV),
- für das er die **Pauschalbeiträge** zur gesetzlichen Rentenversicherung i.H.v. 15 % oder 5 % zu entrichten hat,

mit einem **einheitlichen** Pauschsteuersatz i.H.v. insgesamt **2 %** des Arbeitsentgelts erheben.

Für diese Pauschalierung ist es unbeachtlich, nach welcher Regelung des SGB VI der Arbeitgeber die pauschalen Beiträge zur Rentenversicherung zu entrichten hat. Regelmäßig werden es Beiträge nach § 168 Abs. 1 Nr. 1b oder 1c SGB VI (geringfügig versicherungspflichtig Beschäftigte) sein. Denkbar sind auch pauschale Sozialversicherungsbeiträge nach § 276a Abs. 1 SGB VI (Besitzstandsregelung auf Grund der Mini-Job-Reform zum 1.1.2013 für Personen, die am 31.12.2012 als geringfügig Beschäftigte versicherungsfrei waren) oder nach § 172 Abs. 3 oder 3a SGB VI (versicherungsfrei geringfügig Beschäftigte). Siehe auch → Rz. 430 Übergangsregelung ab 1.1.2013.

bb) Voraussetzungen

Grundvoraussetzung für die Lohnsteuerpauschalierung mit 2 % ist allein die Verpflichtung des Arbeitgebers, die (pauschalen) Beiträge zur gesetzlichen Rentenversicherung i.H.v. 15 % oder 5 % zu entrichten. 413

Die **sozialversicherungsrechtlichen** Regelungen für die Pauschalbeiträge gelten auch für von der Rentenversicherungspflicht befreite Mitglieder berufsständischer **Versorgungswerke**, die eine geringfügig entlohnte Beschäftigung ausüben und auf die Rentenversicherungsfreiheit verzichtet oder die Befreiung beantragt haben.

Sofern es sich bei der geringfügig entlohnten Beschäftigung um eine von der Befreiung nach § 6 Abs. 1 Satz 1 Nr. 1 SGB VI nicht erfasste **berufsfremde Beschäftigung** handelt, erhält der Rentenversicherungsträger die Pauschalbeiträge. Handelt es sich um eine

nicht berufsfremde geringfügig entlohnte „Kammertätigkeit", sind die Pauschalbeiträge an das berufsständische Versorgungswerk zu zahlen. Da die Vorschriften des § 168 Abs. 1 Nr. 1b oder 1c SGB VI auch für von der Rentenversicherungspflicht befreite Mitglieder berufsständischer Versorgungswerke gelten, kommt die einheitliche Pauschsteuer 2 % gem. § 40a Abs. 2 EStG zur Anwendung und nicht der 20 %ige Pauschsteuersatz nach § 40a Abs. 2a EStG. Der Begriff der gesetzlichen Rentenversicherung ist hier weit auszulegen.

414 Die Pauschalbesteuerung des Arbeitsentgelts mit dem einheitlichen Pauschsteuersatz von 2 % ist **möglich**

- für die **erste** geringfügig entlohnte Beschäftigung (Mini-Job) neben einer versicherungspflichtigen Hauptbeschäftigung oder
- bei ausschließlich **einer** geringfügig entlohnten Beschäftigung (ohne Hauptbeschäftigung) oder **mehreren** geringfügig entlohnten Beschäftigungen, die auch nach sozialversicherungsrechtlicher Zusammenrechnung die **Voraussetzungen** für die Geringfügigkeit (Arbeitsentgelt höchstens 450 € monatlich) erfüllen.

Trifft eine **geringfügig** entlohnte Beschäftigung mit einer → kurzfristigen Beschäftigung zusammen, werden sie beide **eigenständig** (isoliert) betrachtet. Die Höhe des monatlichen Arbeitsentgelts ist durch das Merkmal der Geringfügigkeit auf regelmäßig 450 € begrenzt.

Die einheitliche Pauschsteuer **umfasst** die Lohnsteuer, den Solidaritätszuschlag sowie die Kirchensteuer; sie sind mit den 2 % abgegolten. Bei diesem Steuersatz verbleibt es auch dann, wenn der Arbeitnehmer konfessionslos ist oder keiner erhebungsberechtigten Religionsgemeinschaft angehört.

Für Lohnbestandteile, die **nicht** zum sozialversicherungsrechtlichen Arbeitsentgelt gehören, z.B. Entlassungsabfindungen, ist die Lohnsteuerpauschalierung mit 2 % und 20 % nicht zulässig; sie unterliegen der Lohnsteuererhebung nach den allgemeinen Regelungen (Regelverfahren → Lohnsteuerkarte).

b) Wegfall der Pauschalierungsmöglichkeit mit 2 %

415 Hat der Arbeitgeber die pauschalen Rentenversicherungsbeiträge **nicht** oder nicht mehr zu entrichten, z.B. auf Grund der sozialversicherungsrechtlichen Zusammenrechnung der Arbeitsentgelte, **entfällt** die Pauschalierungsmöglichkeit mit 2 %. Ab diesem Zeitpunkt hat der Arbeitgeber die Lohnsteuer entweder

- pauschal mit **20 %** des Arbeitsentgelts (auch im Kalenderjahr 2021 stets zzgl. Solidaritätszuschlag i.H.v. 5,5 % der pauschalen Lohnsteuer und ggf. Kirchensteuer) oder
- im Regelverfahren (nach den individuellen Lohnsteuerabzugsmerkmalen → Lohnsteuerkarte)

erheben.

Übt ein Arbeitnehmer **neben** seiner Hauptbeschäftigung und der ersten Nebenbeschäftigung noch eine zweite oder mehrere **Nebenbeschäftigungen** aus, hat der Arbeitgeber der zweiten und weiteren Nebenbeschäftigung die pauschalen Rentenversicherungsbeiträge von 15 % oder 5 % nicht zu entrichten, weshalb insoweit die Lohnsteuerpauschalierung mit 2 % ausscheidet. Folglich kann anstelle des Lohnsteuereinbehalts nach individuellen Lohnsteuerabzugsmerkmalen die Lohnsteuerpauschalierung

- mit 20 % (bei geringfügig entlohnter Beschäftigung, Mini-Job) oder
- mit 25 % (bei steuerlich kurzfristiger Beschäftigung oder Aushilfstätigkeit)

des Arbeitsentgelts bzw. Arbeitslohns in Betracht kommen.

c) Berechnung und Abführung der Lohnsteuer

Bemessungsgrundlage für die einheitliche Pauschsteuer ist grundsätzlich das sozialversicherungsrechtliche Arbeitsentgelt. Zum Begriff und Umfang des Arbeitsentgelts → Arbeitsvergütung. 416

Hat der Arbeitnehmer bei **demselben** Arbeitgeber zwei Beschäftigungen, liegt sozialversicherungsrechtlich und steuerlich regelmäßig ein **einheitliches** Beschäftigungsverhältnis vor.

Die einheitliche Pauschsteuer (2 %) ist neben den pauschalen Rentenversicherungsbeiträgen mit dem Beitragsnachweis an die KBS zu **melden** und **abzuführen**. Bei Verwendung des **Haushaltsschecks** sind Sonderregelungen zu beachten (→ Haushaltsscheckverfahren). 417

Beispiel: Ermittlung der einheitlichen Pauschsteuer

Der geringfügig entlohnte Teilzeitbeschäftigte A, der in der gesetzlichen Krankenversicherung versichert ist, arbeitet im Betrieb des B. Der Verdienst beträgt 450 € monatlich. Weitere Einkünfte bezieht A nicht.

Für den Arbeitgeber B ergeben sich folgende Abgaben:
- Entgelt: 450,00 €
- Einheitliche Pauschsteuer 2 %: 9,00 €
- Sozialversicherung:
  - Arbeitgeberbeitrag zur Krankenversicherung (13 %): 58,50 €
  - Arbeitgeberbeitrag zur Rentenversicherung (15 %): 67,50 €

Der Teilzeitbeschäftigte A erhält 450 € ausbezahlt.

Beispiel: Haushaltsscheckverfahren

Die in einem Privathaushalt B geringfügig entlohnt beschäftigte Teilzeitkraft A ist über den Ehepartner gesetzlich krankenversichert. Der Verdienst beträgt 450 € monatlich. Weitere Einkünfte bezieht A nicht.

Für den Arbeitgeber/Privathaushalt B ergeben sich folgende Abgaben:
- Entgelt: 450,00 €
- Einheitliche Pauschsteuer 2 %: 9,00 €
- Sozialversicherung:
  - Arbeitgeberbeitrag zur Krankenversicherung (5 %): 22,50 €
  - Arbeitgeberbeitrag zur Rentenversicherung (5 %): 22,50 €

Die Teilzeitkraft A erhält 450 € ausbezahlt.

Gegenüber dem Finanzamt bzw. der Minijob-Zentrale (KBS) hat der Arbeitgeber die einheitliche Pauschsteuer als **Steuerschuldner** zu tragen. Weil die Pauschsteuer **Abgeltungscharakter** hat, wird das Arbeitsentgelt im Rahmen der Einkommensteuerveranlagung des Arbeitnehmers nicht erfasst. Deshalb können die für diese Beschäftigung angefallenen **Werbungskosten** nicht angesetzt und die Pauschsteuer nicht auf die Einkommensteuerschuld angerechnet werden.

Verzichtet der Arbeitgeber auf die Pauschalbesteuerung, fällt für das Arbeitsentgelt geringfügig Beschäftigter auf Grund des geringen Arbeitslohns (bis zu 450 € monatlich) nach den Lohnsteuerklassen I bis IV keine Lohnsteuer an. Gleichwohl ist das lohnsteuerunbelastet gezahlte Arbeitsentgelt **steuerpflichtig** und im Rahmen einer **Einkommensteuerveranlagung** des Arbeitnehmers zu erklären. Das Finanzamt setzt den Arbeitslohn nur insoweit an, als der Arbeitnehmer-Pauschbetrag von 1 000 € im Kalenderjahr (→ Werbungskosten) überschritten wird. 418

Bezieht der Arbeitnehmer neben diesem Arbeitslohn noch **weitere Einkünfte**, z.B. eine Altersrente, kann für das Arbeitsentgelt einer geringfügig entlohnten Beschäftigung

(Einkünfte aus nichtselbständiger Arbeit) gleichwohl eine **Steuerbelastung** (-schuld) entstehen, ggf. zuzüglich Solidaritätszuschlag und Kirchensteuer. Dieser Steuerbetrag liegt regelmäßig über dem Steuersatz der einheitlichen Pauschsteuer (2 %).

Ebenso verhält es sich, wenn mit dem **Ehepartner** oder dem Lebenspartner eine Veranlagung zur Einkommensteuer durchgeführt wird (**Zusammenveranlagung**). Durch die Einbeziehung des Arbeitsentgelts für die geringfügig entlohnte Beschäftigung als Einkünfte aus nichtselbständiger Arbeit wird regelmäßig der nicht steuerbelastete Grundfreibetrag in Anspruch genommen, soweit der Arbeitnehmer-Pauschbetrag von 1 000 € im Kalenderjahr überschritten wird. Weil der Ehepartner mit den höheren Einkünften diesen Anteil am Grundfreibetrag nicht mehr ausschöpfen kann, führt dies im Ergebnis zu einer **höheren Einkommensteuer**. Deshalb dürfte es regelmäßig ratsam sein, den Arbeitgeber von den Vorteilen der Lohnsteuerpauschalierung mit 2 % zu überzeugen.

Möchte der Arbeitgeber die Steuerbelastung nicht selbst tragen, kann der Arbeitnehmer die 2 % im sog. **Innenverhältnis** übernehmen. In diesem Fall ist der auszuzahlende Nettolohn um die zu entrichtende einheitliche Pauschsteuer (2 %) zu kürzen. Insgesamt ergibt sich so für den geringfügig Beschäftigten bzw. die Eheleute regelmäßig eine geringere Steuerbelastung als i.R. einer Einkommensteuerveranlagung zu zahlen wäre.

Zur Anmeldung und Abführung der einheitlichen Pauschsteuer → Betriebsstättenfinanzamt; → Einzugsstelle (für geringfügig Beschäftigte).

Fallbeispiel: Versicherungspflichtige Hauptbeschäftigung und geringfügig entlohnte Nebenbeschäftigung

Arbeitnehmer A hat eine versicherungspflichtige Hauptbeschäftigung bei Arbeitgeber B (monatliches Arbeitsentgelt 1 500 €) sowie eine geringfügig entlohnte Nebenbeschäftigung bei Arbeitgeber C mit einem monatlichen Arbeitsentgelt von 450 € (Mini-Job).

Arbeitgeber B erhebt die Lohnsteuer nach den individuellen Lohnsteuerabzugsmerkmalen (→ Lohnsteuerkarte).

Arbeitgeber C hat pauschale Rentenversicherungsbeiträge in Höhe von 15 % zu entrichten. Deshalb macht er von seinem Wahlrecht Gebrauch, die Lohnsteuer einschl. Solidaritätszuschlag und Kirchensteuer mit der einheitlichen Pauschsteuer von 2 % des Arbeitsentgelts zu erheben. Dies ergibt einen steuerlichen Zahlbetrag von 9 €. Die Pauschsteuer ist neben den pauschalen Rentenversicherungsbeiträgen mit dem Beitragsnachweis an die KBS zu melden und abzuführen.

Arbeitnehmer A braucht den Arbeitslohn für die Nebenbeschäftigung in der Einkommensteuererklärung nicht anzugeben, es bleibt bei der Versteuerung mit 2 %.

Fallbeispiel: Zwei geringfügig entlohnte Beschäftigungsverhältnisse

Arbeitnehmer F hat zwei geringfügig entlohnte Beschäftigungsverhältnisse (Mini-Jobs) mit einem Arbeitsentgelt von je 225 €. Durch die sozialversicherungsrechtliche Zusammenrechnung der Arbeitsentgelte (2 · 225 €) wird die Geringfügigkeitsgrenze von 450 € nicht überschritten, so dass jeder Arbeitgeber die pauschalen Rentenversicherungsbeiträge von 15 % zu entrichten hat.

Damit liegen die Voraussetzungen für die pauschale Lohnversteuerung mit dem einheitlichen Pauschsteuersatz von 2 % des Arbeitsentgelts vor (jeweils 2 % von 225 € = 4,50 €).

Fallbeispiel: Mehrverdienst wegen unvorhergesehenen Arbeitsanfalls

Arbeitnehmer B übt bei Arbeitgeber C eine geringfügig entlohnte Nebenbeschäftigung mit einem monatlichen Arbeitsentgelt von 450 € aus. Im Juni übernimmt er unvorhergesehen die Vertretung eines erkrankten Kollegen und arbeitet eine höhere Stundenzahl; dafür erhält er zusätzlich 350 €, insgesamt also 800 €.

Sozialversicherungsrechtlich liegt nach wie vor eine geringfügig entlohnte Beschäftigung vor, für die pauschale Rentenversicherungsbeiträge von 15 % zu entrichten sind.

Folglich kann der Arbeitgeber vom gesamten Arbeitsentgelt die einheitliche Pauschsteuer von 2 % (2 % von 800 € = 16 €) erheben. Ein individueller Lohnsteuerabzug ist nicht erforderlich; der Ansatz des Arbeitslohns in der Einkommensteuererklärung von Arbeitnehmer B scheidet auf Grund der Lohnsteuerpauschalierung aus.

d) Pauschaler Lohnsteuersatz von 20 % des Arbeitsentgelts

aa) Grundsatz

Hat der Arbeitgeber für das Arbeitsentgelt einer geringfügig entlohnten Beschäftigung den (pauschalen) Beitrag zur gesetzlichen Rentenversicherung (15 % oder 5 %) **nicht** zu entrichten, entsteht noch nicht zwangsläufig eine individuelle Steuerpflicht des Arbeitnehmers. Die Pauschalierung mit der einheitlichen Pauschsteuer (2 %) scheidet zwar aus, jedoch kann der Arbeitgeber die Lohnsteuer pauschal mit einem **Steuersatz von 20 %** des Arbeitsentgelts erheben. Hinzu kommen der Solidaritätszuschlag (auch im Kalenderjahr 2021 stets i.H.v. 5,5 % der pauschalen Lohnsteuer) und ggf. die Kirchensteuer nach dem jeweiligen Landesrecht.

419

bb) Voraussetzung

Voraussetzung für die Lohnsteuerpauschalierung mit 20 % ist die (sozialversicherungsrechtliche) Einordnung als geringfügig entlohnte Beschäftigung. Hierdurch ist insbesondere das monatliche Arbeitsentgelt auf regelmäßig nicht über 450 € begrenzt; unbeachtlich sind die wöchentliche Arbeitszeit und der Stundenlohn. Einzelheiten zur Arbeitsentgeltgrenze siehe → Rz. 422 ff.

420

Zur Entscheidung, ob eine **Lohnsteuerpauschalierung** des Arbeitsentgelts **mit 20 %** möglich ist, hat der Arbeitgeber eine **arbeitgeberbezogene** Anwendung und Prüfung der Arbeitsentgeltgrenze vorzunehmen. Der sozialversicherungsrechtlichen Zusammenrechnung mit den geringfügigen Beschäftigungsverhältnissen bei anderen Arbeitgebern folgt das Steuerrecht **nicht**. Diese sozialversicherungsrechtliche Regelung ist steuerlich unbeachtlich, weshalb eine mehrfache geringfügige Beschäftigung bei anderen Arbeitgebern keine steuerlichen Folgen für die Pauschalierungsmöglichkeit mit 20 % hat.

Liegen die Voraussetzungen für eine geringfügig entlohnte Beschäftigung nicht vor (z.B. Arbeitsentgelt regelmäßig über 450 € monatlich), ist die Lohnsteuerpauschalierung mit 20 % nicht möglich. In diesem Fall ist die Lohnsteuer vom gesamten Arbeitslohn entsprechend den individuellen Lohnsteuerabzugsmerkmalen zu erheben. Ein gestaffelter (prozentualer) Anstieg der Belastung analog der Beiträge zur Rentenversicherung (Übergangsbereich) ist für die Lohn- bzw. Einkommensteuer nicht vorgesehen. Ist die Beschäftigung von **kurzer** Dauer, kommt ggf. die Lohnsteuerpauschalierung 25 % in Betracht (→ Akuter Bedarf, → Kurzfristige Beschäftigung).

Dem Finanzamt gegenüber haben der Arbeitgeber die Pauschsteuer i.H.v. 20 % des Arbeitsentgelts und der Arbeitnehmer die Lohnsteuer nach den individuellen Lohnsteuerabzugsmerkmalen als Steuerschuldner zu tragen. Zur Anmeldung und Abführung der Pauschsteuer i.H.v. 20 % → Betriebsstättenfinanzamt.

421

> **Fallbeispiel: Hauptbeschäftigung und zweite Nebenbeschäftigung**
>
> Arbeitnehmer A hat neben seiner Haupt- und einer geringfügig entlohnten Nebenbeschäftigung (Mini-Job) bei den Arbeitgebern B und C am 30.9.2021 eine weitere geringfügig entlohnte Nebenbeschäftigung bei Arbeitgeber D mit einem monatlichen Arbeitsentgelt von 200 € aufgenommen. Weil dies die zweite geringfügig entlohnte Nebenbeschäftigung ist, hat der Arbeitgeber D nicht die Pauschalbeiträge zur Rentenversicherung, sondern die Regel-Beiträge zu entrichten. Damit liegen die Voraussetzungen für die Lohnsteuerpauschalierung mit der einheitlichen Pauschsteuer von 2 % des Arbeitsentgelts nicht vor.
>
> Steuerlich und für sich allein betrachtet handelt es sich bei der zweiten Nebenbeschäftigung um eine geringfügig entlohnte Beschäftigung. Deshalb kann der Arbeitgeber die Lohnsteuerpauschalierung von 20 % des Arbeitsentgelts zuzüglich Solidaritätszuschlag (auch im Kalenderjahr 2021 stets i.H.v. 5,5 % der Lohnsteuer) und ggf. Kirchensteuer wählen.

Fallbeispiel: Mehrverdienst wegen unvorhergesehenen Arbeitsanfalls

Im Oktober 2021 übernimmt Arbeitnehmer A bei Arbeitgeber D die Vertretung eines erkrankten Kollegen und arbeitet eine höhere Stundenzahl, hierdurch erhält er insgesamt 500 €.

Sozialversicherungsrechtlich liegt nach wie vor eine geringfügig entlohnte Beschäftigung vor. Folglich kann der Arbeitgeber die pauschale Lohnsteuer mit 20 % vom gesamten Arbeitsentgelt (20 % von 500 € = 100 €) erheben. Ein individueller Lohnsteuerabzug ist nicht erforderlich und der Ansatz des Arbeitslohns in der Einkommensteuererklärung des Arbeitnehmers A scheidet auf Grund der Lohnsteuerpauschalierung aus.

Fallbeispiel: Erhöhung des regelmäßigen monatlichen Arbeitsentgelts

Ab dem 3.12.2021 arbeitet Arbeitnehmer A bei Arbeitgeber D regelmäßig eine höhere Stundenzahl, so dass sich ein regelmäßiges monatliches Arbeitsentgelt von 500 € ergibt.

Durch die Erhöhung des regelmäßigen steuerlichen Arbeitsentgelts liegt nach dem Sozialversicherungsrecht eine geringfügig entlohnte Beschäftigung nicht mehr vor mit der Folge, dass die Lohnsteuerpauschalierung von 20 % ausscheidet. Deshalb hat der Arbeitgeber D die Lohnsteuer vom Arbeitslohn nach den individuellen Lohnsteuerabzugsmerkmalen mit Steuerklasse VI (→ Lohnsteuerkarte) zu erheben.

Fallbeispiel: Beendigung der ersten Nebenbeschäftigung

Am 19.11.2021 beendet Arbeitnehmer A seine erste Nebenbeschäftigung. Hierdurch rückt die zweite Nebentätigkeit auf mit der Folge, dass Arbeitgeber D für die geringfügig entlohnte Nebenbeschäftigung (monatliches Arbeitsentgelt 200 €) die Pauschalbeiträge zur Rentenversicherung von 15 % zu entrichten hat.

Folglich kann der Arbeitgeber die Lohnsteuerpauschalierung mit dem einheitlichen Pauschsteuersatz von 2 % wählen (4 €). Die Anmeldung und Abführung an die KBS erfolgt mit dem Beitragsnachweis.

Fallbeispiel: Arbeitsentgelt über 450 €

Das Arbeitsentgelt bei Arbeitgeber D liegt regelmäßig über 450 € monatlich.

Weil das regelmäßige Arbeitsentgelt die 450 €-Grenze übersteigt, liegt eine geringfügig entlohnte Beschäftigung nicht mehr vor. Beide Möglichkeiten der Lohnsteuerpauschalierung (2 % und 20 %) scheiden aus, so dass Arbeitgeber D die Lohnsteuer nach den individuellen Lohnsteuerabzugsmerkmalen mit Steuerklasse VI (→ Lohnsteuerkarte) zu erheben hat.

3. Arbeitsentgeltgrenze

422 Regelungen des Sozialversicherungsrechts

Die Frage, ob als **Pauschalierungsvoraussetzung** ein **geringfügig entlohntes** Beschäftigungsverhältnis vorliegt, richtet sich ausschließlich nach den Bestimmungen des Sozialversicherungsrechts. Hieran knüpft das Steuerrecht unmittelbar an. Deshalb ist in den neuen und alten Bundesländern grundsätzlich die monatliche 450 €-Grenze (auch sog. Geringfügigkeitsgrenze) zu beachten.

Ferner ist für Fragen des maßgeblichen laufenden Arbeitsentgelts das im Sozialversicherungsrecht anzuwendende **Entstehungsprinzip** (→ Rz. 434) zu beachten, weshalb für die Prüfung, ob die monatliche Arbeitsentgeltgrenze von 450 € überschritten ist, vom regelmäßigen Arbeitsentgelt auszugehen ist. Dabei ist auf das Arbeitsentgelt abzustellen, auf das der Arbeitnehmer einen Rechtsanspruch hat (z.B. auf Grund eines Tarifvertrags, einer Betriebsvereinbarung oder einer Einzelabsprache; ein Lohnverzicht wird regelmäßig nicht anerkannt). Insoweit kommt es auf die Höhe des tatsächlich gezahlten Arbeitsentgelts nicht an.

Die Regelungen des Sozialversicherungsrechts lassen zu, dass in bestimmten Fällen das Arbeitsentgelt die 450 €-Grenze **überschreitet**, z.B. Mehrarbeit wegen Krankheitsvertretung (→ Rz. 436). Liegt bei Überschreitung der Geringfügigkeitsgrenze sozialversicherungsrechtlich gleichwohl noch eine geringfügig entlohnte Beschäftigung vor, kann auch für das über 450 € hinausgehende Arbeitsentgelt die Lohnsteuer mit 2 % oder 20 % erhoben werden. **Nicht zulässig** ist die Lohnsteuerpauschalierung mit 20 % für den Arbeitslohn eines kurzfristigen Beschäftigungsverhältnisses i.S.d. Sozialversicherung.

> **Beispiel:**
>
> Der Arbeitnehmer A mit einer geringfügig entlohnten Beschäftigung übernimmt die Vertretung eines erkrankten Kollegen und arbeitet deshalb eine höhere Stundenzahl, hierdurch erhält er in einem Monat insgesamt 700 €.
>
> Sozialversicherungsrechtlich liegt nach wie vor eine geringfügig entlohnte Beschäftigung vor. Folglich kann der Arbeitgeber die pauschale Lohnsteuer von ggf. 2 % oder 20 % vom gesamten Arbeitsentgelt erheben (→ Rz. 424 und → Rz. 418, Fallbeispiel „Mehrverdienst wegen unvorhergesehenen Arbeitsanfalls").

Zuflussprinzip

Nach R 40a.2 LStR ist Bemessungsgrundlage für die einheitliche Pauschsteuer grundsätzlich das sozialversicherungsrechtliche Arbeitsentgelt. Gleichwohl ist für die **Lohnbesteuerung** nach wie vor das strenge **Zuflussprinzip** maßgebend (§ 40a Abs. 6 Satz 2, § 38 Abs. 2 Satz 2, § 11 Abs. 1 sowie § 38a Abs. 1 EStG). Das heißt, es wird nur das dem Arbeitnehmer **tatsächlich** zugeflossene bzw. gezahlte (Brutto-)Arbeitsentgelt besteuert. Diese Auffassung wurde in der Vergangenheit mitunter bestritten. Hierzu hat der BFH bereits mit Urteil v. 29.5.2008 (VI R 57/05, BStBl II 2009, 147) Klarheit geschaffen und unmissverständlich das Zuflussprinzip als maßgeblich angesehen. Somit kann die Höhe des sozialversicherungsrechtlichen Arbeitsentgelts von dem Betrag abweichen, der für die Besteuerung als Arbeitsentgelt anzusetzen ist (siehe auch → Rz. 423). Zu Besonderheiten nach dem Mindestlohngesetz → Mindestlohn.

Bemessungsgrundlage 423

Bemessungsgrundlage für die pauschale Lohnsteuer mit **2 % und 20 %** ist das sozialversicherungsrechtliche Arbeitsentgelt. Lohnbestandteile, die nicht zum sozialversicherungsrechtlichen **Arbeitsentgelt** gehören, bleiben im Falle der Lohnsteuerpauschalierung mit 2 % und 20 % außer Ansatz (R 40a.2 LStR).

Sämtliche Lohnteile, die nicht dem sozialversicherungsrechtlichen Arbeitsentgelt zugerechnet werden, sind steuerlich **getrennt** zu würdigen. Sind diese steuerpflichtig, ist neben der pauschalen Lohnsteuer auch Lohnsteuer im Regelverfahren nach den individuellen Lohnsteuerabzugsmerkmalen (→ Lohnsteuerkarte) zu erheben. So ist z.B. eine beitragsfreie Entlassungsabfindung steuerpflichtig und bei pauschaler Lohnsteuererhebung nicht mit 20 % (oder 2 %), sondern nach den individuellen Lohnsteuerabzugsmerkmalen zu besteuern (zu Arbeitnehmer-Pauschbetrag → Rz. 418).

Ferner ist eine getrennte Behandlung erforderlich, wenn geringfügig Beschäftigte in einem Privathaushalt Zuwendungen erhalten, die nicht in Geld bestehen (z.B. Kost und Logis). Sie rechnen nicht zum sozialversicherungsrechtlichen Entgelt (§ 14 Abs. 3 SGB IV), weshalb deren Wert nicht mit 2 % oder 20 % besteuert werden darf. Weil solche Zuwendungen nicht ausdrücklich steuerfrei gestellt sind, unterliegen diese steuerpflichtigen → Sachbezüge dem Lohnsteuerabzug nach den allgemeinen Regelungen (R 40a.2 Satz 4 LStR). Dies bedeutet eine Besteuerung nach den individuellen Lohnsteuerabzugsmerkmalen, ggf. Steuerklasse VI (→ Lohnsteuerkarte).

Dieser Gleichklang mit dem Sozialversicherungsrecht hat nach Auffassung der Finanzverwaltung zur Folge, dass als Arbeitsentgelt **auch** Lohnteile anzusetzen sind, die ggf. steuerfrei wären, z.B. Beiträge zum Aufbau einer betrieblichen kapitalgedeckten Altersversorgung (§ 3 Nr. 63 Satz 3 EStG), und steuerpflichtige Lohnteile, die beitragsfreies Arbeitsentgelt darstellen, z.B. Heimarbeiterzuschläge nach § 10 Entgeltfortzahlungsgesetz, letztlich unversteuert bleiben. Hierfür maßgeblich sind die Regelungen des § 1 der Sozialversicherungsentgeltverordnung (SvEV). **Steuerrechtliche** Prüfungen soll der Arbeitgeber in den Fällen der Pauschalierung mit 2 % bzw. 20 % nach R 40a.2 Satz 3 LStR grundsätzlich **nicht** vornehmen. Danach ist Bemessungsgrundlage für die einheitliche Pauschsteuer und den Pauschsteuersatz i.H.v. 20 % das sozialversicherungsrechtliche Arbeitsentgelt, unabhängig davon, ob es steuerpflichtiger oder steuerfreier Arbeitslohn ist.

Die Auffassung ist u.E. zumindest **zweifelhaft** und verstößt zudem gegen die einschlägigen Regelungen des Einkommensteuergesetzes (s. auch → Rz. 422). Denn der Lohn- und Einkommensbesteuerung unterliegen **nur** steuerpflichtige **Einkommenszuflüsse**. Daran ändert die o.g. auch nicht ansatzweise begründete Verwaltungsvorschrift nichts. Allerdings ist der Umkehrschluss unzweifelhaft: Für Lohnbestandteile, die nicht zum sozialversicherungsrechtlichen Arbeitsentgelt gehören, ist die Lohnsteuerpauschalierung mit 2 % und 20 % nicht zulässig; sie unterliegen der Lohnsteuererhebung nach den allgemeinen Regelungen.

Gemäß den vorgenannten Grundsätzen ist auch **einmaliges Entgelt** (Einmalzahlungen), das zur Bemessungsgrundlage für die pauschalen Sozialversicherungsbeiträge gehört, als Arbeitsentgelt zu behandeln und folglich mit 2 % bzw. 20 % pauschal besteuerungsfähig, z.B. Jubiläumszuwendungen oder eine Zahlung des Arbeitgebers für die Vermittlung eines verbilligten Immobilien-Erwerbs (Vermittlungsprovision). Die Höhe der Einmalzahlung ist für die Frage der Pauschalierung nicht entscheidend.

Andererseits hat der Arbeitgeber die steuerlichen Folgen für Lohnteile, die **nicht** zum sozialversicherungsrechtlichen Arbeitsentgelt gehören, nach den **steuerlichen** Regelungen zu prüfen (s. zuvor). Nach der eindeutigen Gesetzesfassung scheidet dafür die Lohnsteuerpauschalierung mit 2 % bzw. 20 % aus. Dies bedeutet jedoch nicht, dass solche Lohnteile nicht steuerbar oder steuerfrei sind. Vielmehr ist im Einzelfall zu prüfen, ob die Zahlung bzw. Zuwendung sonstiger Vorteile, wie Waren und Dienstleistungen, freie Verpflegung oder freie Unterkunft, steuerpflichtigen Arbeitslohn darstellt, der dann nach den individuellen Lohnsteuerabzugsmerkmalen (→ Lohnsteuerkarte) zu besteuern ist (im Regelverfahren mit Lohnsteuer-Anmeldung und Abführung der Lohnsteuer an das Finanzamt).

4. Gestaltungsmöglichkeiten, Lohnsteuerberechnung

424 Der Arbeitgeber kann das **Arbeitsentgelt** für eine **geringfügig entlohnte** Beschäftigung **aufbessern** durch **steuerfreie** bzw. **pauschal** besteuerte Arbeitslohnteile bzw. → Arbeitslohnzuschläge. Steuerfreie Zahlungen, wie z.B. Reisekosten und Zuschläge für Nacht- und Sonntagsarbeit, bleiben bei der Prüfung der sozialversicherungsrechtlichen und steuerlichen Entgeltgrenze (450 € monatlich) außer Ansatz; ebenso die mit **15 %** pauschal besteuerten **Zuschüsse** des Arbeitgebers für die Fahrten zwischen Wohnung und Arbeitsstätte (§ 40 Abs. 2 Satz 3 EStG). Hierdurch kann der Arbeitnehmer einen höheren Arbeitslohn erhalten, ohne nachteilige sozialversicherungsrechtliche und steuerliche Folgerungen befürchten zu müssen (Arbeitsentgeltgrenze 450 € wird nicht überschritten; → Arbeitslohnzuschläge).

Soweit das Einkommensteuergesetz eine Besteuerung bestimmter Lohnteile mit **besonderen Pauschsteuersätzen** 25 % nach § 40 Abs. 2 EStG zulässt, kann der Arbeitgeber auch diese **Pauschalierungsmöglichkeit** wählen, z.B.

– der Vorteil einer PC-Übereignung mit 25 % pauschaler Lohnsteuer,
– die gezahlten Erholungsbeihilfen mit 25 % pauschaler Lohnsteuer oder
– die über den steuerfreien Betrag hinausgehenden Verpflegungspauschalen mit 25 % pauschaler Lohnsteuer.

Nach § 1 Abs. 1 Nr. 3 SvEV sind solche Einnahmen dem Arbeitsentgelt nicht zuzurechnen und somit **nicht** für die Prüfung der sozialversicherungsrechtlichen Arbeitsentgeltgrenze sowie für die Lohnsteuerpauschalierung mit 2 % oder 20 % zu berücksichtigen. Auch für die Erhebung und Abführung der pauschalen Lohnsteuer mit 15 % und 25 % sind die steuerlichen Regelungen maßgebend (→ Zuflussprinzip). Nur **zugeflossener** Arbeitslohn unterliegt der Lohnbesteuerung.

Abweichende Vorschriften sind bei Sachbezügen zu beachten. Erhält eine im **Privathaushalt** beschäftigte Person neben dem Barlohn noch **Sachzuwendungen** (z.B. kostenlose Unterkunft und Verpflegung), sind diese Sachbezüge nicht als Arbeitsentgelt anzusetzen (§ 1 Abs. 1 Satz 1 Nr. 16 SvEV). Hingegen sind solche Sachbezüge bei der Besteuerung nach den individuellen Lohnsteuerabzugsmerkmalen (→ Lohnsteuerkarte) oder pauschal mit 25 % oder 5 % als Arbeitslohn zu erfassen.

Für die steuerliche Prüfung, ob eine **Lohnsteuerpauschalierung** vom Arbeitslohn der Aushilfen und Teilzeitbeschäftigten mit 25 % und 5 % möglich ist, sind gesetzlich nur die mit 15 % pauschal besteuerten Arbeitgeberzuschüsse für Fahrten zwischen Wohnung und Arbeitsstätte auszuschließen (§ 40 Abs. 2 Satz 3 EStG). Die sonstigen gesondert pauschal besteuerten Lohnteile sind hingegen bei der Prüfung der Pauschalierungsgrenze zu berücksichtigen – anders als im SV-Recht (R 40a.1 Abs. 5 Satz 2 LStR). 425

Ferner sind **abweichende** Vorschriften zur Ermittlung des Arbeitsentgelts und des Arbeitslohns in den Fällen der **Arbeitslohnumwandlung** von steuerpflichtigem Arbeitslohn in steuerfreie Reisekosten sowie beim Vor- und Rücktrag nicht ausgeschöpfter Teile des steuerfreien Betrags bei → Aufwandsentschädigungen (i.H.v. 200 € monatlich nach R 3.12 LStR und H 3.12 LStH) zu beachten. 426

Näheres zu der Frage, ob der Arbeitslohn für eine Tätigkeit als Gesellschafter-Geschäftsführer pauschal mit 2 % oder 20 % des Arbeitsentgelts besteuert werden darf, wenn das monatliche Arbeitsentgelt 450 € nicht übersteigt s. → Gestaltungsmöglichkeiten. 427

III. Sozialversicherung

1. Allgemeines

Nach § 7 SGB V und § 27 Abs. 2 SGB III sind geringfügige Beschäftigungen auf Grund der Reform 2013 nur noch versicherungsfrei in der Kranken-, Arbeitslosen- und – gem. dem Grundsatz „Pflegeversicherung folgt Krankenversicherung" – pflegeversicherungsfrei. Doch trotz der Versicherungsfreiheit ist der Arbeitgeber verpflichtet, die geringfügig Beschäftigten zu melden. Neu ist seit dem 1.1.2013, dass geringfügig entlohnte Beschäftigungen, die ab dem 1.1.2013 aufgenommen werden, **rentenversicherungspflichtig** sind. In diesen Fällen ist der volle Beitrag zur Rentenversicherung zu entrichten (Arbeitgeber: 15 % Pauschalbeitrag – Arbeitnehmer: Aufstockung auf den aktuellen Beitragssatz in der allgemeinen Rentenversicherung, 2021 also 3,6 % des Arbeitsentgelts). 428

Diese Regelung gilt auch für Minijobber, die vor dem 1.1.2013 eine geringfügig entlohnte Beschäftigung ausübten und deren regelmäßiges monatliches Arbeitsentgelt zu einem Zeitpunkt nach dem 1.1.2013 die „alte" Geringfügigkeitsgrenze von 400 € übersteigt. Eine Entgelterhöhung über 400 € „gilt" als neue geringfügig entlohnte Beschäftigung.

Man unterscheidet zwei **Arten von geringfügigen Beschäftigungen**:

– **geringfügig entlohnte Beschäftigung** (§ 8 Abs. 1 Nr. 1 SGB IV) (Entgeltgeringfügigkeit) und
– **kurzfristige Beschäftigung** (§ 8 Abs. 1 Nr. 2 SGB IV) (Zeitgeringfügigkeit).

Diese Unterscheidung ist sowohl für das Meldeverfahren als auch für das Beitragsrecht von Bedeutung. Die Reform der Mini-Jobs ab 1.1.2013 sah hauptsächlich Änderungen für die geringfügig entlohnte Beschäftigung vor, die kurzfristigen Beschäftigungen sind lediglich durch eine Anpassung der Grenze von 450 € in § 8 Abs. 1 Nr. 2 SGB IV betroffen.

Die Regelungen zur Versicherungsfreiheit in der Kranken-, Arbeitslosen- und Pflegeversicherung bei geringfügiger Beschäftigung gelten unabhängig von der Staatsangehörigkeit des Arbeitnehmers.

Neben einer Hauptbeschäftigung oder selbständigen Tätigkeit kann eine geringfügige Beschäftigung kranken-, arbeitslosen- und pflegeversicherungsfrei ausgeübt werden.

Versicherungsfreiheit (Ausnahme: Rentenversicherung) wegen geringfügiger Beschäftigung kommt allerdings nicht in Betracht für Personen, die

- im Rahmen betrieblicher Berufsbildung (z.B. Auszubildende, Teilnehmer an dualen Studiengängen und Praktikanten),
- im Rahmen des Gesetzes zur Förderung von Jugendfreiwilligendiensten bzw. des Bundesfreiwilligendienstes,
- als behinderte Menschen in geschützten Einrichtungen,
- in Einrichtungen der Jugendhilfe oder in Berufsbildungswerken oder ähnlichen Einrichtungen für behinderte Menschen,
- auf Grund einer stufenweisen Wiedereingliederung in das Erwerbsleben,
- wegen Kurzarbeit oder witterungsbedingtem Arbeitsausfall (saisonale Kurzarbeit)

geringfügig beschäftigt sind.

2. Änderungen auf Grund der Mini-Job-Reform seit 1.1.2013

a) Neuregelung per 1.1.2013

429 Nachstehend zusammengefasst sind die **wichtigsten Änderungen** der Mini-Job-Reform, die zusammen seit 1.1.2013 mit der Anhebung der Geringfügigkeitsgrenze auf 450 € gelten.

- Die Einkommensgrenze für die **Familienversicherung** wird bei der Ausübung eines Mini-Jobs auch auf 450 € angehoben.
- Zur **Rentenversicherung** haben sich die Rahmenbedingungen verändert. Ab 1.1.2013 ist ein Mini-Job jetzt grundsätzlich rentenversicherungspflichtig. Im Gegenzug besteht grundsätzlich die Möglichkeit, sich von der Rentenversicherungspflicht befreien zu lassen. Dieser Antrag kann nicht widerrufen werden und bezieht sich auf alle zeitgleich ausgeübten Mini-Job-Verhältnisse.
- Die **Mindestbeitragsbemessungsgrundlage,** aus der die Rentenversicherungsbeiträge zu berechnen sind, erhöht sich auf 175 €.
- Bei der **gleichzeitigen Ausübung einer Hauptbeschäftigung** erfolgt auch weiterhin keine Zusammenrechnung mit dem ersten Mini-Job, bei Aufnahme des Mini-Jobs nach 1.1.2013 besteht aber Rentenversicherungspflicht. Zu beachten ist, dass eine bis 31.12.2012 versicherungspflichtige Beschäftigung mit einem Entgelt von 400,01 € bis 450 € neben einer Hauptbeschäftigung nun zum ersten Mini-Job wird und ab 1.1.2013 in allen Versicherungszweigen (Ausnahme: Rentenversicherung) versicherungsfrei ist.
- Die Hinzuverdienstgrenze bei einer Rente wegen Alters als Vollrente wurde ebenfalls auf 450 € angehoben.

b) Übergangsregelungen ab 1.1.2013

430 Für Beschäftigungsverhältnisse, die **am 31.12.2012 schon bestanden,** hat die Neuregelung grundsätzlich keine Auswirkungen.

Es sind allerdings die nachstehenden **Übergangsregelungen** zu beachten:

- Für Beschäftigungsverhältnisse, die am 31.12.2012 bereits bestanden und bei denen das Entgelt regelmäßig bis 400 € monatlich beträgt, bleibt es weiterhin bei der Versicherungsfreiheit. Diese Regelung gilt unbefristet. Sofern auf die Versicherungsfreiheit in der Rentenversicherung verzichtet wurde oder noch wird, besteht Rentenversicherungspflicht. Ein Verzicht auf die Rentenversicherungsfreiheit ist in diesem Fall auch nach dem 31.12.2012 möglich. Wurde auf die Rentenversicherungsfreiheit verzichtet, ist allerdings für die Dauer der Beschäftigung eine Befreiung von der Rentenversicherungspflicht nicht mehr möglich.
- Beträgt das Arbeitsentgelt bis 31.12.2012 regelmäßig bis 400 € und soll ab 1.1.2013 auf 450 € angehoben werden, tritt Rentenversicherungspflicht ein. Wird nämlich die Grenze von 400 € überschritten, gelten die neuen Regelungen. Der Arbeitnehmer kann sich aber von der Rentenversicherungspflicht befreien lassen.

c) Befreiung von der Rentenversicherungspflicht

Geringfügig entlohnten Beschäftigten wird nach § 6 Abs. 1b SGB VI die Möglichkeit eingeräumt, sich von der Rentenversicherungspflicht befreien zu lassen. Der Arbeitgeber sollte den geringfügig Beschäftigten bei Beginn der Beschäftigung auf die Möglichkeit der Befreiung hinweisen. Die Befreiung von der Rentenversicherungspflicht kann nicht widerrufen werden und gilt für die gesamte Dauer der geringfügig entlohnten Beschäftigung. Erst bei Aufgabe der geringfügig entlohnten Beschäftigung verliert die Befreiungserklärung ihre Wirkung. Selbst bei einer nahtlosen Neuaufnahme einer geringfügig entlohnten Beschäftigung muss dann wieder ein Befreiungsantrag gestellt werden. Dies gilt jedoch nicht innerhalb eines Zeitraums von nicht mehr als zwei Monaten bei demselben Arbeitgeber, da in diesem Fall von der widerlegbaren Vermutung ausgegangen wird, dass eine durchgehende Beschäftigung vorliegt. In diesem Fall gilt die Befreiung von der Rentenversicherungspflicht fort.

Im Falle der Ausübung mehrerer geringfügig entlohnter Beschäftigungen, die trotz Zusammenrechnung der Arbeitsentgelte die 450 €-Grenze nicht überschreiten, kann nur eine einheitliche Befreiung für alle geringfügig entlohnten Beschäftigungen erfolgen. Daher wirkt die Befreiung für die Dauer aller im Zeitpunkt der Antragsstellung bestehenden und danach aufgenommenen Beschäftigungen und endet erst, wenn keine geringfügig entlohnten Beschäftigungen mehr ausgeübt werden.

Wählt der geringfügig entlohnte Beschäftigte die Befreiungsmöglichkeit, ist dem Arbeitgeber ein unterschriebener Befreiungsantrag zu übergeben. Damit entfällt der Eigenanteil des Beschäftigten am Rentenversicherungsbeitrag. Der Arbeitgeber meldet bei Vorliegen eines Befreiungsantrags mit der ersten folgenden Lohn- und Gehaltsabrechnung, spätestens innerhalb von sechs Wochen nach Zugang den Beschäftigten als geringfügig entlohnten Beschäftigten mit der Beitragsgruppe „5" in der zweiten Stelle des Beitragsgruppenschlüssels bei der Mini-Job-Zentrale bei der Deutschen Rentenversicherung Knappschaft-Bahn-See als zuständige Einzugsstelle an. Der Arbeitgeber sollte dann den Befreiungsantrag, mit einem Eingangsdatum versehen, in die Entgeltunterlagen des Arbeitnehmers nehmen (er gilt in einer möglichen späteren Prüfung als Nachweis). Die Befreiung gilt als erteilt, wenn die Mini-Job-Zentrale bei der Deutschen Rentenversicherung Knappschaft-Bahn-See dem Befreiungsantrag des Arbeitnehmers innerhalb eines Monats nach Eingang der Meldung des Arbeitgebers nicht widerspricht. Die Befreiung wirkt rückwirkend vom Beginn des Monats, in dem der Antrag des geringfügig entlohnt Beschäftigten dem Arbeitgeber zugegangen ist, wenn der Arbeitgeber den Befreiungsantrag innerhalb der Meldefrist gemeldet und die Mini-Job-Zentrale dem Befreiungsantrag nicht widersprochen hat. Erfolgt die Meldung des Arbeitgebers später, wirkt die Befreiung vom Beginn des auf den Ablauf der einmonatigen Widerspruchsfrist der Mini-Job-Zentrale folgenden Monats.

Der bei einem Arbeitgeber abgegebene Befreiungsantrag gilt auch für alle weiteren Beschäftigungen. Die Minijob-Zentrale hat daher die anderen Arbeitgeber durch eine Meldung über das Vorliegen der Befreiung und den Zeitpunkt der Wirkung zu informieren. Da Bezieher einer Vollrente wegen Alters bzw. Versorgung wegen Erreichens einer Altersgrenze nach beamtenrechtlichen Vorschriften rentenversicherungsfrei sind, so dass sie bei Ausübung einer geringfügig entlohnten Beschäftigung nicht der Rentenversicherungspflicht unterliegen, ist in diesen Fällen kein Antrag auf Befreiung von der Rentenversicherungspflicht erforderlich.

Minderjährige:

Vielfach arbeiten Schüler im Rahmen einer geringfügig entlohnten Beschäftigung, um sich etwas hinzuzuverdienen. Haben die Schüler bei Beginn der geringfügig entlohnten Beschäftigung allerdings noch nicht das 18. Lebensjahr vollendet und wollen sich diese von der Rentenversicherungspflicht befreien lassen, so muss ein gesetzlicher Vertreter diesen Antrag unterschreiben, damit er wirksam wird. In der Sozialversicherung kann man zwar ab Vollendung des 15. Lebensjahres über die sog. Handlungsfähigkeit (§ 36 SGB I) selbst Anträge auf Leistungen stellen, da dies im Regelfall zum Positiven für den Antragsteller beschieden wird. Die Befreiung von der Rentenversicherungspflicht hat aber nicht nur Vorteile. Daher muss ein Erziehungsberechtigter den Antrag auf Befreiung von der RV-Pflicht unterschreiben.

→ Anhang 18 Befreiungsantrag von der Rentenversicherungspflicht geringfügig entlohnter Beschäftigter nach § 6 Abs. 1b SGB VI

3. Entgeltgrenze

432 Eine geringfügig entlohnte Beschäftigung nach § 8 Abs. 1 Nr. 1 SGB IV liegt seit dem 1.1.2013 vor, wenn das regelmäßige monatliche Arbeitsentgelt 450 € nicht übersteigt. Diese Grenze gilt bundesweit, also für die alten und die neuen Bundesländer.

Die wöchentliche Arbeitszeit ist in der Sozialversicherung grundsätzlich ohne Bedeutung. Durch Einführung des Mindestlohns dürfen geringfügig entlohnt Beschäftigte mit einem Stundenlohn in Höhe des Mindestlohns 2020 maximal 48,12 Std. pro Monat bzw. 11,1 Std. pro Woche eingesetzt werden.

> **Beispiel 1:**
>
> Ein Kellner erhält für seine Tätigkeit ab 1.2.2020 ein monatlich gleichbleibendes Arbeitsentgelt von 450 €. Die wöchentliche Arbeitszeit beträgt 16 Stunden.
>
> Es handelt sich um eine versicherungspflichtige Beschäftigung, da das regelmäßige monatliche Arbeitsentgelt im Sinne der Sozialversicherung 658,67 € (16 Stunden · 13 Wochen ÷ 3 · 9,50 €) beträgt. Hier gilt das sogenannte Entstehungsprinzip. Für die versicherungsrechtliche Beurteilung und Feststellung des beitragspflichtigen Arbeitsentgelts gilt das Entstehungsprinzip.
>
> Wird die geringfügig entlohnte Beschäftigung befristet und nicht für einen vollen Monat ausgeübt, so gilt dennoch der volle Monatswert von 450 € (BSG v. 5.12.2017, B 12 R 10/15 R, USK 2017-102).

> **Beispiel 2:**
>
> Es wird eine Beschäftigung am 10.6. aufgenommen. Das Arbeitsentgelt für den Monat Juni beträgt 300 €.
>
> Das Arbeitsentgelt für den Monat Juni (300 €) übersteigt die Geringfügigkeitsgrenze von 450 € nicht. Es liegt eine geringfügig entlohnte Beschäftigung vor.
>
> Steht allerdings von vornherein fest, dass das monatliche Arbeitsentgelt regelmäßig die Grenze von 450 € monatlich überschreiten wird, so besteht ab Beginn der Beschäftigung Sozialversicherungspflicht.

4. Ermittlung des regelmäßigen Arbeitsentgelts

a) Arbeitsentgelt

Arbeitsentgelt i.S.d. Sozialversicherung sind alle laufenden oder einmaligen Einnahmen, die unmittelbar aus oder im Zusammenhang mit einer Beschäftigung erzielt werden. Unerheblich ist, ob ein Rechtsanspruch auf die Zahlung besteht oder nicht, ebenso ohne Bedeutung ist die Bezeichnung oder die Form des Arbeitsentgelts (§ 14 SGB IV). Auch Sachbezüge gehören zum Arbeitsentgelt. **433**

Die Sachbezugswerte ergeben sich aus der Sozialversicherungsentgeltverordnung (SvEV).

b) Ermittlungsgrundsätze

Um festzustellen, ob das Arbeitsentgelt die Grenze von 450 € übersteigt, ist vom regelmäßigen monatlichen Arbeitsentgelt auszugehen. Bei der Ermittlung des regelmäßigen Arbeitsentgelts sind Einmalzahlungen, deren Gewährung mit hinreichender Sicherheit mindestens einmal jährlich zu erwarten ist (z.B. auf Grund eines für allgemein verbindlich erklärten Tarifvertrags oder auf Grund betrieblicher Übung), zu berücksichtigen. **434**

Wichtig: Bei der Ermittlung des regelmäßigen monatlichen Arbeitsentgelts ist dabei mindestens auf das Arbeitsentgelt abzustellen, auf das der Arbeitnehmer einen Rechtsanspruch hat (z.B. auf Grund eines Tarifvertrags, einer Betriebsvereinbarung oder einer Einzelabsprache); insoweit kommt es auf die Höhe des tatsächlich gezahlten Arbeitsentgelts nicht an. Bis zum 31.12.2002 galt für die versicherungs- und beitragsrechtliche Beurteilung in der Sozialversicherung für alle Einnahmen aus einer Beschäftigung das **Entstehungsprinzip**. Dieses Prinzip gilt seit dem 1.1.2003 jedoch nur noch für die laufenden Arbeitsentgeltbestandteile. Bei den Einmalbezügen ist seit dem 1.1.2003 das **Zuflussprinzip** anzuwenden.

c) Einmalige Einnahmen

Einmalige Einnahmen, deren Gewährung mit hinreichender Sicherheit (z.B. auf Grund eines für allgemein verbindlich erklärten Tarifvertrags oder auf Grund Gewohnheitsrechts wegen betrieblicher Übung) mindestens einmal jährlich zu erwarten ist, sind bei der Ermittlung des Arbeitsentgelts zu berücksichtigen. Allerdings bleiben Zuwendungen, die nicht jährlich wiederkehrend gezahlt werden, bei der Ermittlung des regelmäßigen Arbeitsentgelts außen vor (z.B. Prämie für Verbesserungsvorschläge). Eine Einmalzahlung auf Grund betrieblicher Übung ist dann als regelmäßiges und planbares Arbeitsentgelt zu berücksichtigen, wenn es dem Arbeitnehmer bereits in drei aufeinander folgenden Jahren – ohne Vorbehalt seitens des Arbeitgebers – ausgezahlt wurde. Betriebliche Übung besteht ab dem vierten Jahr. Die Sozialversicherung lehnt sich hier an die ergangene Rechtsprechung des BAG an. **435**

> **Beispiel 1:**
>
> Eine Raumpflegerin arbeitet gegen ein monatliches Arbeitsentgelt von 430 €. Außerdem erhält sie jeweils im Dezember ein ihr vertraglich zugesichertes Weihnachtsgeld 300 €.
>
> Das für die versicherungsrechtliche Beurteilung maßgebende Arbeitsentgelt ist wie folgt zu ermitteln:
>
> | | |
> |---|---|
> | laufendes Arbeitsentgelt | (430 € · 12 =) 5 160 € |
> | Weihnachtsgeld | 300 € |
> | zusammen | 5 460 € |
>
> Ein Zwölftel dieses Betrags beläuft sich auf (5 460 € ÷ 12 =) 455 € und übersteigt die Arbeitsentgeltgrenze von 450 €, so dass die Raumpflegerin versicherungspflichtig ist.
>
> Hat der Arbeitnehmer im Voraus schriftlich auf eine Einmalzahlung verzichtet, so ist die einmalige Einnahme – ungeachtet der arbeitsrechtlichen Zulässigkeit eines solchen Verzichts – bei der Ermitt-

lung des regelmäßigen Arbeitsentgelts nicht zu berücksichtigen. Im Übrigen sind einmalige Einnahmen bei der Ermittlung des Arbeitsentgelts nur insoweit zu berücksichtigen, als sie aus der zu beurteilenden Beschäftigung resultieren. Soweit einmalige Einnahmen aus ruhenden Beschäftigungsverhältnissen (z.B. bei Wehrdienst oder Elternzeit) gezahlt werden, bleiben sie außer Betracht.

Beispiel 2:

Eine Verkäuferin erhält ein tarifliches monatliches Arbeitsentgelt von 450 €. Laut Tarifvertrag steht ihr zudem ein Weihnachtsgeld von 225 € zu. Die Beschäftigung wird am 1.2.2021 aufgenommen. Die Verkäuferin verzichtet bei der Unterzeichnung des Arbeitsvertrages schriftlich auf das Weihnachtsgeld.

Das Weihnachtsgeld ist – ungeachtet der arbeitsrechtlichen Zulässigkeit des Verzichts auf die Einmalzahlung – bei der versicherungsrechtlichen Beurteilung nicht zu berücksichtigen. Es handelt sich daher um eine geringfügig entlohnte Beschäftigung. Ab dem 1.2.2021 besteht in der Beschäftigung daher Kranken-, Arbeitslosen- und Pflegeversicherungsfreiheit.

Abwandlung des obigen Beispiels:

Die Verkäuferin verzichtet erst am 1.8.2021 schriftlich auf die Zahlung des Weihnachtsgelds.

Vom 1.2.2021 bis zum 31.7.2021 besteht Versicherungspflicht. Ab dem 1.8.2021 liegt eine geringfügig entlohnte Beschäftigung vor. Von diesem Zeitpunkt an besteht Kranken-, Arbeitslosen- und Pflegeversicherungsfreiheit – aber weiterhin Rentenversicherungspflicht.

Weitere Gestaltungsmöglichkeiten bei der Zahlung von Entgelten für geleistete Arbeit ergeben sich aus § 14 Abs. 1 SGB IV i.V.m. der Sozialversicherungsentgeltverordnung (SvEV). Danach gehören einmalige Einnahmen, laufende Zuschläge, Zuschüsse sowie ähnliche Einnahmen, die zusätzlich zu den geschuldeten Löhnen oder Gehältern gewährt werden, nicht zum Arbeitsentgelt, soweit sie lohnsteuerfrei sind. Wichtig hierbei ist, dass die Zahlungen zusätzlich zum ohnehin geschuldeten Arbeitsentgelt gezahlt werden. Handelt es sich lediglich um Entgeltumwandlungen, so wird das sozialversicherungspflichtige Arbeitsentgelt grundsätzlich nicht gemindert. Ausnahme: Entgeltumwandlung zu Gunsten der betrieblichen Altersvorsorge.

Beispiel 3:

Seit dem 1.1.2021 wird eine versicherungspflichtige Beschäftigung als Sekretärin ausgeübt. Es besteht Kranken-, Renten-, Arbeitslosen- und Pflegeversicherungspflicht. Das arbeitsvertraglich vereinbarte Arbeitsentgelt beträgt monatlich 500 €. Der Arbeitgeber vereinbart mit der Sekretärin zum 1.4.2021, dass vom Arbeitsentgelt monatlich 100 € als Kindergartenzuschuss gezahlt werden sollen.

Die Entgeltumwandlung ab dem 1.4.2021 100 € monatlich in einen Kindergartenzuschuss mindert das beitragspflichtige Arbeitsentgelt i.S.d. Sozialversicherung nicht. In dieser Beschäftigung besteht über den 31.3.2021 hinaus Sozialversicherungspflicht.

Beispiel 4:

Zum 1.4.2021 wird ein Beschäftigungsverhältnis zur Aushilfe im Einzelhandel begründet. Das monatliche Arbeitsentgelt beträgt 450 €. Einmalbezüge werden nicht gezahlt. **Zusätzlich** zahlt der Arbeitgeber einen steuerfreien Kindergartenzuschuss von 100 € monatlich.

Bei dem zum 1.4.2021 begründeten Beschäftigungsverhältnis handelt es sich um eine geringfügig entlohnte Beschäftigung. Obwohl der Arbeitgeber an die Arbeitnehmerin monatlich 550 € zahlt, gelten lediglich 450 € davon als Arbeitsentgelt i.S.d. Sozialversicherung. Der steuerfreie Kindergartenzuschuss ist sowohl bei der versicherungsrechtlichen Beurteilung als auch bei der Ermittlung der Beiträge nicht zu berücksichtigen.

Es besteht Versicherungsfreiheit zur Kranken-, Arbeitslosen- und Pflegeversicherung, jedoch Rentenversicherungspflicht.

Steuerfreie Entgeltbestandteile sollten nur bei neu begründeten Beschäftigungsverhältnissen vereinbart werden. Entgeltumwandlungen bei bestehenden Beschäftigungsverhältnissen mindern das für die versicherungsrechtliche Beurteilung maßgebliche beitragspflichtige Arbeitsentgelt i.d.R. nicht.

Ausnahme: Verzicht auf Arbeitsentgelt zu Gunsten der privaten Altersvorsorge (max. 4 % der RV-BBG). Diese ursprünglich bis zum 31.12.2008 befristete Regelung gilt unbefristet fort. Hierdurch soll der Anreiz zu einer privaten Altersvorsorge gesteigert werden.

d) Überschreiten der Arbeitsentgeltgrenze

Überschreitet das Arbeitsentgelt regelmäßig 450 €, so tritt vom Tage des Überschreitens an Versicherungspflicht in allen Zweigen der Sozialversicherung ein. Für die zurückliegende Zeit bleibt es bei der Versicherungsfreiheit in der Rentenversicherung, insofern der Arbeitnehmer auf die Rentenversicherungspflicht verzichtet hat. Ein nur **gelegentliches** und **nicht vorhersehbares** Überschreiten der Arbeitsentgeltgrenze führt **nicht** zur Versicherungspflicht; als gelegentlich ist dabei ein Zeitraum von bis zu drei Monaten innerhalb eines Jahres anzusehen.

Wann liegt ein unvorhersehbares Überschreiten vor?

436

Zu dieser Ausnahme – die vom Prüfdienst der Deutschen Rentenversicherung sehr eng ausgelegt wird – gibt es keine höchstrichterliche Rechtsprechung. In den zum 1.1.2019 neu aufgelegten Geringfügigkeitsrichtlinien ist angegeben, dass ein unvorhersehbares Überschreiten vorliegt, wenn eine nicht einplanbare Einmalzahlung (z.B. Gewinnbeteiligung) ausgezahlt wird. Aber auch Krankheitsvertretung und unvorhersehbare Mehrarbeit sind dort aufgeführt.

Hinweis zum Thema **Krankheitsvertretung**: Halten Sie fest, wann sie von der Arbeitsunfähigkeit, deren voraussichtlicher Dauer und deren jeweiliger Verlängerung erfahren haben. Nehmen Sie dies zu den Lohnunterlagen des geringfügig entlohnt Beschäftigten, damit sie dies auch später bei der Prüfung belegen können. Sobald Sie erkennen, dass der Zeitraum von drei Monaten innerhalb des Zeitjahres überschritten wird, ist die Beschäftigung nicht mehr geringfügig. Dies bedeutet: Abmeldung zur Minijob-Zentrale und Anmeldung zur Krankenkasse des Arbeitnehmers. Steuerrechtlich handelt es sich ab diesem Zeitpunkt auch nicht mehr um eine geringfügig entlohnte Beschäftigung – daher Versteuerung nach den individuellen Merkmalen. Wird die Beschäftigung – nachdem der erkrankte Kollege zurückkommt – wieder in geringfügigem Umfang ausgeübt, so ist eine Abmeldung zur Krankenkasse und eine Wiederanmeldung zur Minijob-Zentrale erforderlich.

Hinweis zum Thema **unvorhersehbare Mehrarbeit:** Bisher liegt keine höchstrichterliche Rechtsprechung zu diesem Thema vor und auch die zum 1.1.2019 neu aufgelegten Geringfügigkeitsrichtlinien enthalten keine Definition. Als Anhaltpunkt für eine strenge Auslegung der Begrifflichkeit kann die Auffassung des Prüfdienstes der Deutschen Rentenversicherung zu werten sein, nach der im folgenden Fall eine unvorhersehbare Mehrarbeit abzulehnen ist: In Asien ist die Vogelgrippe ausgebrochen und wird zur Pandemie ausgerufen. Die Bundesregierung gibt die Produktion von 80 Mio. Impfampullen in Auftrag. Aus diesem Grund beschäftigt ein Hersteller dieser Impfampullen seine bei ihm angestellten Mini-Jobber zeitweise für mehr als 450 €, wodurch die Geringfügigkeitsgrenze überschritten wird. Der Prüfdienst der Deutschen Rentenversicherung hat in seinem Prüfbescheid festgestellt, dass es sich vorliegend nicht um unvorhersehbare Mehrarbeit handelt. Der Arbeitgeber muss Sozialversicherungsbeiträge und Steuern im sechsstelligen Eurobereich nachzahlen.

Bei Zweifeln an der Rechtmäßigkeit eines Prüfbescheids ist an einen Widerspruch oder sogar an eine Klage vor dem zuständigen Sozialgericht (kein Anwaltszwang!) zu denken. Gerade diese Ausnahme des „unvorhersehbaren Überschreitens" verlangt nach Rechtsprechung.

Die Thematik wird in den nachfolgenden Beispielen noch einmal verdeutlicht.

Geringfügig entlohnte Beschäftigung

Beispiel 1:

Am 1.10.2020 nimmt Frau Klar eine Beschäftigung als Reinigungskraft gegen ein monatliches Arbeitsentgelt von 410 € auf. Wegen der Arbeitsunfähigkeit einer Kollegin arbeitet Frau Klar in der Zeit vom 15.2. bis zum 30.4.2021 mehr. Das monatliche Arbeitsentgelt für diese Zeit beträgt 1 000 €. Ab dem 1.5.2021 arbeitet Frau Klar wieder im bisherigen Umfang weiter.

Da es sich bei der Arbeitsunfähigkeit der Kollegin von Frau Klar um ein **unvorhersehbares Ereignis** handelt und die Grenze von drei Monaten nicht überschritten wird, besteht durchgehend eine versicherungsfreie geringfügig entlohnte Beschäftigung, wenn Frau Klar bei Beginn der Beschäftigung auf die Rentenversicherungspflicht verzichtet hat. In der Zeit vom 15.2. bis zum 30.4.2021 hat der Arbeitgeber Pauschalbeiträge vom erhöhten Entgelt zu entrichten.

Beispiel 2:

Eine Raumpflegerin arbeitet seit dem 1.1.2021 gegen ein monatliches Arbeitsentgelt von 420 €. Am 15.5.2021 wird eine Erhöhung des Arbeitsentgelts auf 455 € mit Wirkung vom 1.6.2021 vereinbart.

Da das Arbeitsentgelt vom 1.6.2021 an 450 € überschreitet, endet die Versicherungsfreiheit in der Kranken-, Renten- (bei Verzicht auf die Rentenversicherungspflicht bei Beschäftigungsbeginn), Arbeitslosen- und Pflegeversicherung am 31.5.2021. Ab dem 1.6.2021 handelt es sich um ein Beschäftigungsverhältnis im Übergangsbereich.

Beispiel 3:

Eine familienversicherte Raumpflegerin arbeitet seit dem 1.1.2021 gegen ein monatliches Arbeitsentgelt von 240 €. Ende Juni bittet der Arbeitgeber sie wider Erwarten, vom 1.7.2021 bis zum 30.9.2021 zusätzlich eine Krankheitsvertretung zu übernehmen. Dadurch erhöht sich das Arbeitsentgelt vom 1.7.2021 bis zum 30.9.2021 auf monatlich 480 €.

Die Raumpflegerin bleibt auch für die Zeit vom 1.7.2021 bis zum 30.9.2021 weiterhin versicherungsfrei in der Kranken-, Arbeitslosen- und Pflegeversicherung, da es sich nur um ein gelegentliches und nicht vorhersehbares Überschreiten der Arbeitsentgeltgrenze handelt. Es besteht ab dem 1.1.2021 durchgehend Rentenversicherungspflicht, da die Raumpflegerin nicht zu Beginn ihrer Beschäftigung einen schriftlichen Antrag auf Befreiung von der Rentenversicherungspflicht gestellt hat. Der Arbeitgeber hat (auch in der Zeit vom 1.7.2021 bis zum 30.9.2021) Pauschalbeiträge zur Kranken- und Rentenversicherung zu zahlen (vom erhöhten Arbeitsentgelt). Zusätzlich sind der Arbeitnehmerin 3,6 % als Arbeitnehmeranteil zur Rentenversicherung einzubehalten.

Beispiel 4:

Wie zuvor, allerdings stellt sich am 15.9.2021 heraus, dass die Raumpflegerin über den 30.9.2021 hinaus die erkrankte Arbeitnehmerin vertreten muss.

Ab dem 15.9.2021 besteht Kranken-, Pflege-, Renten- und Arbeitslosenversicherungspflicht, da ab diesem Tag absehbar ist, dass der Zeitraum von drei Monaten überschritten wird.

An die Regelung des unvorhersehbaren Überschreitens werden strenge Maßstäbe angelegt. Für die Betriebsprüfung durch den Rentenversicherungsträger sollte in diesen Fällen entsprechend dokumentiert sein, dass es sich um ein nicht vorhersehbares Überschreiten der Zeit- bzw. Entgeltgrenze handelt. Je größer hierbei die Anzahl der Mitarbeiter im Unternehmen ist, desto eher kann man unterstellen, dass für Urlaubs- und Arbeitsunfähigkeitsvertretungen entsprechendes Personal vorgehalten wird. Es empfiehlt sich, diese Fälle direkt mit der Minijob-Zentrale der Knappschaft bzw. der Krankenkasse abzuklären, bei der der Arbeitnehmer versichert ist.

Problematisch sind Urlaubsvertretungen, da der Arbeitgeber den Urlaub seiner Arbeitnehmer planen kann und die Urlaubsansprüche der Arbeitnehmer kennt.

Beispiel 5:

Eine familienversicherte Raumpflegerin ist seit dem 1.1.2021 gegen ein monatliches Arbeitsentgelt von 440 € beschäftigt. Durch Tarifvertrag vom 15.8.2021 wird das Arbeitsentgelt rückwirkend ab dem 1.7.2021 auf 455 € erhöht.

Infolge der rückwirkenden Erhöhung des Arbeitsentgelts wird die Arbeitsentgeltgrenze zwar vom 1.7.2021 an überschritten; Versicherungspflicht tritt jedoch erst mit dem 15.8.2021 ein, weil erst

> an diesem Tage der Anspruch auf das erhöhte Arbeitsentgelt entstanden ist. Aus dem erhöhten Arbeitsentgelt sind für den Zeitraum vom 1.7. bis einschließlich zum 14.8.2021 Pauschalbeiträge zu entrichten. Dies gilt auch für das 450 € übersteigende Arbeitsentgelt.

Sofern im unmittelbaren Anschluss an eine geringfügig entlohnte (Dauer-)Beschäftigung bei demselben Arbeitgeber eine auf längstens zwei Monate befristete Beschäftigung mit einem Arbeitsentgelt von mehr als 450 € vereinbart wird, ist von der widerlegbaren Vermutung auszugehen, dass es sich um die Fortsetzung der bisherigen (Dauer-)Beschäftigung handelt. Dies hat zur Konsequenz, dass vom Zeitpunkt der Vereinbarung der befristeten Beschäftigung an die Arbeitsentgeltgrenze überschritten wird und damit Versicherungspflicht eintritt. Dies gilt umso mehr, wenn sich an die befristete Beschäftigung wiederum unmittelbar eine – für sich betrachtet – geringfügig entlohnte Beschäftigung bei dem gleichen Arbeitgeber anschließt. Versicherungsfreiheit wegen einer kurzfristigen Beschäftigung kommt in diesen Fällen nur dann in Betracht, wenn es sich um voneinander völlig unabhängige Beschäftigungsverhältnisse handelt. Von einem neuen Beschäftigungsverhältnis ist auszugehen, wenn zwischen den Beschäftigungen ein Zeitraum von zwei Monaten liegt. **437**

IV. Kirchensteuer

Wird die Lohnsteuer mit einem pauschalen Lohnsteuersatz i.H.v. 20 % pauschalisiert, ist auch die Kirchensteuer zu pauschalisieren (→ Kirchensteuer Rz. 553). Weist der Arbeitgeber nach, welcher Mitarbeiter Kirchenangehöriger ist, sind für diese Kirchenangehörigen 8 % bzw. 9 % (je nach Bundesland) einzubehalten und an das Finanzamt abzuführen. **438**

Geringfügigkeitsgrenze

I. Arbeitsrecht

Es bestehen keine arbeitsrechtlichen Besonderheiten. **439**

II. Lohnsteuer

Die Geringfügigkeitsgrenze des Sozialversicherungsrechts ist lohnsteuerlich nur beachtlich für die Entscheidung, ob für das Arbeitsentgelt eines → Mini-Jobs die Lohnsteuerpauschalierung mit 2 % oder 20 % zulässig ist. Insoweit folgt das Lohnsteuerrecht dem der Sozialversicherung. Im Übrigen gelten die allgemeinen Grundsätze. **440**

III. Sozialversicherung

In der Sozialversicherung können mit dem Begriff Geringfügigkeitsgrenze zwei Grenzen gemeint sein. **441**

1. Entgeltgeringfügigkeit

In der Sozialversicherung ist unter einer geringfügig entlohnten Beschäftigung eine Dauerbeschäftigung gegen ein geringfügiges Entgelt zu verstehen. Das regelmäßige monatliche Arbeitsentgelt darf in diesem Zusammenhang 450 € nicht überschreiten. **442**

Näheres hierzu siehe → Geringfügig entlohnte Beschäftigung.

2. Zeitgeringfügigkeit

Eine kurzfristige und damit auch geringfügige Beschäftigung liegt seit dem 1.1.2015 vor, wenn **443**

- die Beschäftigung von vornherein befristet ist,
- der Zeitraum von **drei Monaten** (mindestens fünf Arbeitstage pro Woche) oder **70 Arbeitstagen** (bei weniger als fünf Arbeitstagen pro Woche) innerhalb eines Kalenderjahrs (1.1. bis 31.12.) nicht überschritten wird und
- die Beschäftigung nicht berufsmäßig ausgeübt wird, es sei denn, dass das Arbeitsentgelt 450 € im Monat nicht überschreitet.

Die Höhe des Arbeitsentgelts, das in dieser Beschäftigung erzielt wird, ist ohne Bedeutung. Bei einer kurzfristigen Beschäftigung kann man also innerhalb kurzer Zeit so viel verdienen wie möglich.

Näheres hierzu siehe → Kurzfristige Beschäftigung.

Geringverdienergrenze

I. Arbeitsrecht

444 Es bestehen keine arbeitsrechtlichen Besonderheiten.

II. Lohnsteuer

445 Es bestehen keine lohnsteuerrechtlichen Besonderheiten.

III. Sozialversicherung

446 Die sog. Geringverdienergrenze gilt seit dem 1.4.1999 nur noch für Beschäftigte im Rahmen betrieblicher Berufsausbildung (Auszubildende). Für diesen Personenkreis besteht trotz des geringen Verdienstes während der Berufsausbildung Kranken-, Pflege-, Renten- und Arbeitslosenversicherungspflicht. Die anfallenden Beiträge hat jedoch der Arbeitgeber zu 100 % zu entrichten, wenn das Arbeitsentgelt des Auszubildenden 325 € im Monat nicht übersteigt. Bei der Anwendung dieser Regelung ist kein „regelmäßiges" monatliches Arbeitsentgelt zu ermitteln. Schwankt das monatliche Arbeitsentgelt, so hat der Arbeitgeber den Gesamtsozialversicherungsbeitrag nur dann komplett zu tragen, wenn das Arbeitsentgelt 325 € nicht übersteigt.

In diesen Fällen hat der Arbeitgeber auch den Zusatzbeitrag zur Krankenversicherung zu erheben. Die kassenindividuellen Zusatzbeiträge, die viele Krankenkassen seit 1.1.2015 erheben, bleiben bei der Ermittlung des Krankenversicherungsbeitrags unberücksichtigt. Es ist der durchschnittliche Zusatzbeitrag (2020: 1,1 %) zu berücksichtigen. Auch dieser Zusatzbeitrag ist vom Arbeitgeber zu tragen. Ebenso ein eventuell anfallender Beitragszuschlag für Kinderlose in der sozialen Pflegeversicherung i.H.v. zusätzlich 0,25 % des beitragspflichtigen Arbeitsentgelts, jedoch nur dann, wenn der zur Berufsausbildung Beschäftigte das 23. Lebensjahr vollendet hat und das monatliche Arbeitsentgelt 325 € nicht übersteigt.

Der Zuschlag zur Pflegeversicherung ist nicht zu entrichten, wenn der zur Berufsausbildung Beschäftigte dem Arbeitgeber gegenüber seine Elterneigenschaft nachweist. Ein solcher Nachweis ist zu den Entgeltunterlagen (→ Aufzeichnungspflichten) des Arbeitnehmers zu nehmen.

447 Wird die Grenze von 325 € z.B. durch eine Einmalzahlung überschritten, so hat der Arbeitgeber die aus dem Arbeitsentgelt anfallenden Sozialversicherungsbeiträge bis zur Höhe der Geringverdienergrenze von 325 € allein zu tragen. Von dem 325 € übersteigenden Arbeitsentgelt tragen Arbeitgeber und Arbeitnehmer die Sozialversicherungsbeiträge je zur Hälfte.

> **Beispiel:**
>
> Eine Auszubildende, 20 Jahre, erhält eine monatliche Ausbildungsvergütung i.H.v. 320 €. Im November erhält sie ein Weihnachtsgeld i.H.v. 160 €. Das Arbeitsentgelt für den November beträgt also insgesamt 480 €.
>
> Da die Geringverdienergrenze nur durch die Zahlung des Weihnachtsgeldes (Einmalbezug) überschritten wird, hat der Arbeitgeber die Kranken-, Pflege-, Renten- und Arbeitslosenversicherungsbeiträge bis zu einem Arbeitsentgelt von 325 € alleine zu tragen. Aus dem 325 € übersteigenden Arbeitsentgelt (155 €) tragen Arbeitgeber und Auszubildende die anfallenden Beiträge je zur Hälfte.

Übt ein Auszubildender mehrere versicherungspflichtige Beschäftigungen aus, so ist vom Gesamtbetrag seines monatlichen Arbeitsentgelts aus diesen Beschäftigungen auszugehen. Arbeitsentgelte aus versicherungsfreien geringfügigen Beschäftigungen sind nicht zu berücksichtigen.

Seit dem 1.1.2012 sind diese Personen mit dem Personengruppenschlüssel 121 zu melden.

Gestaltungsmöglichkeiten

I. Arbeitsrecht

Es bestehen keine arbeitsrechtlichen Besonderheiten. **448**

II. Lohnsteuer

1. Arbeitslohngrenzen und steuerfreie bzw. pauschal besteuerte Arbeitslohnzahlungen

Oftmals reicht die sozialversicherungsrechtliche 450 €-Arbeitslohn- bzw. Arbeitsentgeltgrenze nicht aus, um qualifizierte Teilzeitkräfte beschäftigen zu können. Entfällt aber die Möglichkeit der pauschalen Lohnversteuerung (§ 40a EStG), mindern die entsprechend der Steuerklasse zu erhebende Lohnsteuer und die Beiträge zur gesetzlichen Sozialversicherung den auszuzahlenden Arbeitslohn in oft demotivierender Weise. Dies lässt sich vermeiden, indem die Möglichkeiten der **steuerfreien** oder **pauschal besteuerten** Arbeitslohnzahlungen gewählt werden. **449**

Welche Lohnteile steuerfrei bleiben oder pauschal besteuert werden können, schreibt das Einkommensteuergesetz vor. Für die Frage der Beitragspflicht zur Sozialversicherung ist hingegen die Sozialversicherungsentgeltverordnung (SvEV) maßgebend.

Nach der Sozialversicherungsentgeltverordnung sind u.a. grundsätzlich dem (sozialversicherungsrechtlichen) **Arbeitsentgelt nicht** zuzurechnen:

- einmalige Einnahmen, laufende Zulagen, Zuschläge, Zuschüsse sowie ähnliche Einnahmen, die zusätzlich zu Löhnen oder Gehältern gezahlt werden, soweit sie **lohnsteuerfrei** sind (§ 1 Abs. 1 Nr. 1 SvEV) und
- nach § 40 Abs. 2 EStG **pauschal versteuerte** Lohnzahlungen (§ 1 Abs. 1 Nr. 3 SvEV).

In der Sozialversicherung ist die **Beitragsfreiheit** der Zuschläge für Sonntags-, Feiertags- und Nachtarbeit – **abweichend** von den steuerlichen Regelungen – auf 25 € für jede Arbeitsstunde begrenzt. Sie ist ggf. bei der Lohnsteuerpauschalierung mit 2 % und 20 % zu beachten.

Die Beitragsfreiheit (von den Sozialabgaben) gilt gleichermaßen für die Arbeitgeberbeiträge (pauschale und Regelbeiträge) und für die Arbeitnehmerbeiträge.

Für die Berechnung und Erhebung der **Lohn- und Einkommensteuer** bleiben die **steuerfreien** und **pauschal** besteuerten Arbeitslohnteile wie folgt **unberücksichtigt**: **450**

- Bei Teilzeitbeschäftigten und kurzfristig Beschäftigten sowie Aushilfskräften in der Land- und Forstwirtschaft mit Lohnsteuerpauschalierung i.H.v. 25 % und 5 %:
bei der **Prüfung**, ob die 120 €-Tageslohngrenze (seit 2020, zuvor 72 €) sowie der

Gestaltungsmöglichkeiten

durchschnittliche Höchstbetrag von 15 € pro Arbeitsstunde (seit 2020, zuvor 12 €) überschritten sind; siehe R 40a.1 Abs. 4 und 5 LStR. Für die Prüfung dieser Pauschalierungsgrenzen werden von den pauschal besteuerten Lohnteilen nur die Fahrtkostenzuschüsse nicht angerechnet (R 40a.1 Abs. 5 Satz 2 LStR).

- Bei Teilzeitbeschäftigten und geringfügig Beschäftigten mit Lohnsteuerabzug nach den individuellen **Lohnsteuerabzugsmerkmalen** (→ Lohnsteuerkarte):
bei der Ermittlung des Arbeitslohns, von dem der Lohnsteuerabzug nach den individuellen Lohnsteuerabzugsmerkmalen vorzunehmen ist.

Die steuerfreien und pauschalbesteuerten Arbeitslohnteile werden auch bei der **Einkommensteuerveranlagung** nicht berücksichtigt (§ 40 Abs. 3 EStG).

> **Beispiele:** → Arbeitslohnzuschläge

Die Möglichkeiten der dort genannten Arbeitslohnzahlungen gelten grundsätzlich für sämtliche Beschäftigungsverhältnisse; also auch für Betriebe der Land- und Forstwirtschaft und die dort beschäftigen Arbeitnehmer.

2. Zusätzlichkeitsvoraussetzung

451 Bei einigen dieser begünstigten steuerfreien Lohnteile ist zu beachten, dass sie zusätzlich zum **ohnehin geschuldeten** Arbeitslohn gezahlt werden müssen. Das gilt z.B. für

- die Steuerfreiheit von Arbeitgeberleistungen zur Unterbringung und Betreuung von nicht schulpflichtigen Kindern in Kindergärten (→ Kindergartenbeitrag/-zuschuss) und für Job-Tickets (→ Rz. 100);
- die Pauschalierung von Fahrtkostenzuschüssen des Arbeitgebers für Fahrten zwischen Wohnung und regelmäßiger Arbeitsstätte mit 15 % (→ Rz. 384).

Nach der gesetzlichen Neuregelung in § 8 Abs. 4 EStG (bei Redaktionsschluss dieses Ratgebers vorgesehene Änderung nach dem Regierungsentwurf des Jahressteuergesetzes 2020) wird eine Leistung des Arbeitgebers (Barlohn bzw. Barzuschüsse oder Sachbezüge) für eine Beschäftigung nur dann „zusätzlich zum ohnehin geschuldeten Arbeitslohn" erbracht, wenn

- diese Leistung nicht auf den Arbeitslohnanspruch des Arbeitnehmers angerechnet,
- der Arbeitslohnanspruch nicht zugunsten dieser Leistung herabgesetzt,
- die verwendungs- oder zweckgebundene Leistung nicht anstelle einer bereits vereinbarten künftigen Erhöhung des Arbeitslohns gewährt

wird und wenn bei Wegfall dieser Leistung der Arbeitslohn des Arbeitnehmers nicht erhöht wird. Entsprechend dieser Auffassung sind im gesamten Lohn- und Einkommensteuerrecht nur echte Zusatzleistungen des Arbeitgebers steuerbegünstigt.

Diese Grundsätze gelten unabhängig davon, ob der gezahlte Arbeitslohn tarifgebunden ist oder nicht. Folglich darf tarifgebundener verwendungsfreier Arbeitslohn nicht zugunsten bestimmter anderer steuerbegünstigter verwendungs- oder zweckgebundener Zahlungen bzw. Leistungen herabgesetzt oder zugunsten dieser umgewandelt werden. Denn in diesem Fall würde nach Wegfall der steuerbegünstigten Leistung(en) der tarifliche Gesamtarbeitslohn wiederaufleben und der Arbeitgeber müsste den Gesamtbetrag zahlen (unveränderter Gesamtlohn). Diese Auffassung hat die Finanzverwaltung im Vorgriff auf o.g. gesetzliche Regelung mit Wirkung ab 2020 in einem BMF-Schreiben mitgeteilt (BMF v. 5.2.2020, IV C 5-S 2334/19/10017 :002, BStBl I 2020, 222).

> **Beispiel:**
> Der Arbeitgeber zahlt seinen Arbeitnehmern freiwillig eine jährliche Sonderzahlung, die mit einer möglichst geringen Lohnsteuer belastet sein soll. Diese Sonderzahlung kommt zu dem Arbeitslohn

> hinzu, den der Arbeitgeber arbeitsrechtlich schuldet. Folglich prüft er, ob die Arbeitnehmer steuerfreie Leistungen oder einen pauschalierungsfähigen Fahrtkostenzuschuss erhalten können.
>
> Soweit dies nicht möglich ist, zahlt er den Restbetrag als „üblichen" Arbeitslohn aus und erhebt die Lohnsteuer nach den individuellen Lohnsteuerabzugsmerkmalen des Arbeitnehmers. Arbeitnehmern, die keine begünstigten Lohnteile erhalten können, wird die Sonderzahlung in voller Höhe steuerpflichtig ausgezahlt.
>
> Die **Zusätzlichkeitsvoraussetzungen** sind erfüllt, da die begünstigten Sonderzahlungen bei sämtlichen Arbeitnehmern zu dem Arbeitslohn hinzukommen, den der Arbeitgeber arbeitsrechtlich schuldet. Unschädlich ist, dass ein Teil der Arbeitnehmer die freiwillige Sonderzahlung in voller Höhe steuerpflichtig erhält.

Zu weiteren Einzelheiten siehe das vorgenannte BMF-Schreiben v. 5.2.2020 sowie die teilweise nicht mehr aktuellen R 3.33 Abs. 5 LStR. Auf Grund der neuen restriktiven Sichtweise der Finanzverwaltung ist zu empfehlen, vor grundlegenden und weitreichenden Gehaltsumwandlungen neben einer → Lohnsteuer-Anrufungsauskunft auch eine sozialversicherungsrechtliche Auskunft einzuholen.

Zur Aufzählung von steuerbegünstigten Arbeitgeberleistungen → Arbeitslohnzuschläge.

III. Sozialversicherung

In der Sozialversicherung kann das Entgelt des Arbeitnehmers durch **zusätzlich zum ohnehin geschuldeten Arbeitsentgelt** erhöht werden, indem man als Arbeitgeber **steuerfreie Entgelte** zahlt. Diese sind durch die Sozialversicherungsentgeltverordnung kein Arbeitsentgelt – und damit bei der versicherungsrechtlichen Beurteilung nicht mit zu berücksichtigen. 452

Wird bisher beitragspflichtiges Arbeitsentgelt lediglich umgewandelt, so ist die Voraussetzung „zusätzlich" nicht erfüllt.

Lediglich für den Bereich der betrieblichen Altersversorgung wirkt sich eine Gehaltsumwandlung dahingehend aus, dass sich das Arbeitsentgelt mindert. Maximal werden hierzu 4 % der RV-BBG im Sozialversicherungsrecht berücksichtigt (2021: 284 € monatlich bzw. 3 408 € jährlich). Sozialversicherungsrechtlich ist es unerheblich, für welchen der fünf Durchführungswege man sich entscheidet.

IV. Kirchensteuer

Je nach Wahl der aufgezeigten Gestaltungsmöglichkeiten (→ Rz. 449) ist im Falle der Verpflichtung zur Zahlung von Lohnsteuer bei Kirchenangehörigen Kirchensteuer zu entrichten. 453

Grenzgänger

I. Arbeitsrecht

Es bestehen keine arbeitsrechtlichen Besonderheiten. 454

II. Lohnsteuer

Grenzgänger sind Arbeitnehmer, die ihren Wohnsitz und ihren Arbeitsort in zwei verschiedenen Staaten haben und arbeitstäglich oder in anderen regelmäßig kurzen Abständen zwischen Wohnsitz und Arbeitsort hin- und herpendeln. Oftmals setzt der Status „Grenzgänger" voraus, dass der Arbeitnehmer in einer bestimmten Grenzzone eines Staates wohnt und in der Grenzzone des Nachbarstaates arbeitet. 455

Befinden sich der Wohnsitz und der Arbeitsort eines Arbeitnehmers in unterschiedlichen Staaten, bestimmen die mit den einzelnen Ländern abgeschlossenen **Doppelbesteuerungsabkommen** (DBA) regelmäßig, dass sich die Besteuerung des Arbeitslohns nach dem Arbeitsort richtet. Nach den Regelungen mit Frankreich, Österreich und der Schweiz wird die Besteuerung des Arbeitslohns jedoch dem Wohnsitzstaat zugewiesen. Deshalb können die in Deutschland arbeitenden Bürger der zuvor genannten Länder eine Freistellung vom inländischen Lohnsteuerabzug beantragen (R 39b.10 LStR, § 39 Abs. 2 EStG). Zuständig für die Bearbeitung des Antrags sowie die Entscheidung darüber und für die Ausstellung einer Freistellungsbescheinigung ist das Betriebsstättenfinanzamt des Arbeitgebers.

Grundsätzlich gelten für diesen Personenkreis keine lohnsteuerlichen Sonderregelungen. Das heißt, für den Arbeitslohn kann die Lohnsteuer auch pauschal erhoben werden (→ Ausländischer Arbeitnehmer). Dazu benötigt der Arbeitgeber keine Bescheinigung des Finanzamts.

III. Sozialversicherung

456 Bei Personen, deren Wohn- und Beschäftigungsort in zwei verschiedenen **EU-Staaten** liegen (Grenzgänger), richtet sich die Zuständigkeit über die Durchführung der sozialen Sicherung **grundsätzlich** nach dem Beschäftigungsort. Üben diese Personen mit Wohnort im In- oder Ausland zwei oder mehrere Beschäftigungen bei Arbeitgebern im In- oder Ausland aus, so gelten die nachfolgend dargestellten besonderen Regelungen:

Sachverhalt*	Anzuwendende Rechtsvorschriften
Hauptbeschäftigung in Deutschland Nebenbeschäftigung in einem anderen EU-Staat (450 € monatlich) Wohnort in Deutschland	Es sind die deutschen Rechtsvorschriften anzuwenden. Auch der ausländische Arbeitgeber der Nebenbeschäftigung hat Beiträge zur deutschen Sozialversicherung zu zahlen (in diesem Fall Pauschalbeiträge an die KBS).
Haupt- und Nebenbeschäftigung in Deutschland Wohnort in einem anderen EU-Staat	Für die Sozialversicherung sind die deutschen Rechtsvorschriften maßgebend.
Hauptbeschäftigung in einem anderen EU-Staat Wohnort und Nebenbeschäftigung in Deutschland	Die deutschen Rechtsvorschriften über die soziale Sicherung sind für die Beschäftigungen anzuwenden. Da es bei Mehrfachbeschäftigten auf den Wohnort ankommt, sind in diesem Fall selbst dann die deutschen Rechtsvorschriften anzuwenden, wenn die Hauptbeschäftigung im Ausland ausgeübt wird.
Hauptbeschäftigung und Wohnort in einem anderen EU-Staat Nebenbeschäftigung in Deutschland	Es gelten für alle Beschäftigungen die Vorschriften über die soziale Sicherung des anderen EWR-Staates.

* Gilt auch in Bezug auf die Schweiz sowie die EWR-Staaten Norwegen, Island und Liechtenstein.

IV. Kirchensteuer

457 Die Verpflichtung, Kirchensteuer zu zahlen, besteht nur für Kirchenangehörige, die Mitglieder einer der in Deutschland Kirchensteuer erhebenden Kirchen oder Religionsgemeinschaften sind. Da die Grenzgänger ihren Wohnsitz im Ausland haben, ist keine Kirchensteuer in den Fällen zu erheben, in denen Lohnsteuer nach Maßgabe des

Arbeitsentgelts einbehalten wird. Die Steuerpflicht gegenüber der römisch-katholischen Kirche besteht nicht zur Weltkirche, sondern zu der in Deutschland gelegenen Diözese.

Haftungsbescheid

I. Arbeitsrecht

Es bestehen keine arbeitsrechtlichen Besonderheiten. **458**

II. Lohnsteuer

Grundsätzlich ist der **Arbeitnehmer Schuldner** der **Lohnsteuer**. Jedoch hat der Fiskus **459** den Arbeitgeber verpflichtet, die nach den individuellen Lohnsteuerabzugsmerkmalen (lt. ELStAM- oder Härtefall-Verfahren → Lohnsteuerkarte) zu erhebende Lohnsteuer, den darauf entfallenden Solidaritätszuschlag sowie ggf. die Kirchensteuer für Rechnung des Arbeitnehmers einzubehalten, dem Finanzamt anzumelden und dorthin abzuführen. Kommt er diesen Verpflichtungen nicht nach, kann ihn das Finanzamt dafür **haftbar** machen.

Wird der Arbeitgeber als **Haftungsschuldner** in Anspruch genommen, erlässt das Finanzamt einen Haftungsbescheid, in dem das Finanzamt neben der Haftungsschuld auch die maßgebenden Gründe für die Entscheidung anzugeben hat (zur Nachforderung pauschaler Lohnsteuer → Nachforderungsbescheid).

Für die durch einen Haftungsbescheid angeforderten Steuerbeträge hat der Arbeitgeber regelmäßig eine Zahlungsfrist von einem Monat. Um evtl. Einwendungen vorzutragen, muss der Arbeitgeber beim Finanzamt Einspruch einlegen.

Muss der Arbeitgeber **pauschale** Lohnsteuer nachzahlen, setzt das Finanzamt den fälligen Betrag in einem sog. **Pauschalierungsbescheid** gegenüber dem Arbeitgeber fest. Das ist regelmäßig ein Nachforderungsbescheid. Alternativ kann der Arbeitgeber sie (freiwillig) in einer berichtigten Lohnsteuer-Anmeldung angeben. Pauschale Lohnsteuer darf das Finanzamt auch bei einer Nachforderung nicht durch einen Haftungsbescheid geltend machen, weil der Arbeitgeber Schuldner der pauschalen Lohnsteuer ist (§ 40 Abs. 3 EStG). Er kann folglich für eine nicht angemeldete und nicht abgeführte pauschale Lohnsteuer nicht in Haftung genommen werden.

III. Sozialversicherung

Es bestehen keine sozialversicherungsrechtlichen Besonderheiten. **460**

Hauptbeschäftigung

I. Arbeitsrecht

Es bestehen keine arbeitsrechtlichen Besonderheiten, siehe auch → Nebenberufliche **461** Beschäftigung/Nebentätigkeit.

II. Lohnsteuer

Für die Besteuerung des Arbeitslohns nach den individuellen Lohnsteuerabzugsmerk- **462** malen (lt. ELStAM- oder Härtefall-Verfahren → Lohnsteuerkarte) ist es unbeachtlich, ob es sich um eine Haupt- oder Nebenbeschäftigung des Arbeitnehmers handelt (lohnsteuerrechtlich spricht man von einem ersten oder einem weiteren Dienstverhältnis). Für die Nebenbeschäftigung kommt regelmäßig die Steuerklasse VI zur Anwendung.

Eine Lohnsteuerpauschalierung (→ Pauschalierung und Pauschalbeiträge) ist auch für Arbeitslöhne einer Hauptbeschäftigung möglich.

Übt ein Arbeitnehmer neben seiner Hauptbeschäftigung noch eine oder weitere Nebenbeschäftigung(en) aus, richten sich die Voraussetzungen für die Lohnsteuerpauschalierung des Arbeitsentgelts für diese Beschäftigungen mit 2 % und 20 % nach den Regelungen der Mini-Jobs (→ Rz. 719 ff.).

III. Sozialversicherung

463 Unter einer Hauptbeschäftigung i.S.d. Sozialversicherung ist eine versicherungspflichtige Beschäftigung zu verstehen. Werden neben einer versicherungspflichtigen Hauptbeschäftigung mehrere geringfügig entlohnte Beschäftigungen ausgeübt, so bleibt lediglich die erste geringfügig entlohnte versicherungsfrei. In den weiteren geringfügig entlohnten Beschäftigungen besteht grundsätzlich Kranken-, Pflege- und Rentenversicherungspflicht, jedoch Arbeitslosenversicherungsfreiheit. Eine Ausnahme besteht in der Rentenversicherung für alle nach dem 31.12.2012 aufgenommenen geringfügig entlohnten Beschäftigungen. Hier tritt seit dem 1.1.2013 für alle geringfügig entlohnten Beschäftigungen kraft Gesetzes Versicherungspflicht ein.

IV. Kirchensteuer

464 Bei Kirchenangehörigen ist für die Hauptbeschäftigung Kirchensteuer in Abhängigkeit zur Lohnsteuer zu begleichen. Wird neben der Hauptbeschäftigung eine Nebenbeschäftigung ausgeübt, bei der die Lohnsteuer mit einem pauschalen Lohnsteuersatz i.H.v. 20 % pauschalisiert wird, ist auch die Kirchensteuer zu pauschalisieren (→ Kirchensteuer Rz. 553). Weist der Arbeitgeber nach, welcher Mitarbeiter Kirchenangehöriger ist, sind für diese Kirchenangehörigen 8 % bzw. 9 % (je nach Bundesland) einzubehalten und an das Finanzamt abzuführen.

Haushaltsnahe Beschäftigung

I. Arbeitsrecht

1. Grundsätze

465 Unter einer haushaltsnahen bzw. hauswirtschaftlichen Beschäftigung versteht man arbeitsrechtlich ein Arbeitsverhältnis mit dem Zweck, in einem Privathaushalt für den Inhaber bzw. für die Haushaltsangehörigen die vereinbarten Dienstleistungen zu erbringen. Nicht erforderlich ist die Aufnahme in die häusliche Gemeinschaft. Ebenso wenig kommt es auf die Art der Tätigkeit i.S. einfacher oder höherwertiger Dienstleistungen an. Unerheblich ist schließlich, ob es sich um eine geringfügige Beschäftigung (z.B. im Haushaltsscheckverfahren) handelt oder ob es sich im steuerrechtlichen Sinn um eine „haushaltsnahe Beschäftigung" handelt. So können zum Personenkreis der hauswirtschaftlich Beschäftigten z.B. gehören: Hauswirtschafterin, Haushaltshilfe, Reinigungskraft (Raumpflegerin, Putzhilfe), Zugehfrau, Koch/Köchin, Kinderbetreuer, Erzieher, Hauslehrer, Au-Pair-Kraft, Chauffeur, Diener, Gärtner, Krankenschwester, Pflegekraft, Einkaufshilfe usw.

Soweit es, wie in aller Regel, um die hauswirtschaftliche Beschäftigung in einem Arbeitsverhältnis geht, gilt das allgemeine Arbeitsvertragsrecht. Eher selten ist die Beschäftigung von Hausangestellten als **Selbständige** oder im Rahmen eines mit ihnen selbst abgeschlossenen **Werk- oder Dienstvertrages**, wobei auch dies grundsätzlich zulässig ist. Hier stellt sich aber dann sehr schnell schon wegen der Abweichung von der Regelbeschäftigung als Arbeitnehmer die Frage nach Scheinselbständigkeit, Scheinwerk- oder Scheindienstvertrag (→ Scheinselbständigkeit, Rz. 871 f.).

Im Bereich der hauswirtschaftlichen Beschäftigungen ist die geringfügige Beschäftigung in Mini-Jobs bis 450 € verbreitet, insbesondere für Haushaltshilfen und Reinigungskräfte im Haushaltsscheckverfahren. Diese Mini-Jobs sind **vollwertige Arbeitsverhältnisse** – so ausdrücklich § 2 Abs. 2 TzBfG , die sich hinsichtlich der Rechte und Pflichten nicht von normalen Teilzeitarbeitsverhältnissen bzw. Vollzeitarbeitsverhältnissen unterscheiden (→ Mini-Jobs, Rz. 719 f.). Auch **mehrfache Mini-Jobs** bei verschiedenen Arbeitgebern sind arbeitsrechtlich ohne besondere Probleme (→ Mehrere Beschäftigungen).

Hinsichtlich der sozialversicherungsrechtlichen Seite sind jedoch bekanntlich mehrere Mini-Jobs zusammenzurechnen, so dass durch die **Zusammenrechnung** die normale Beitragspflicht zur Sozialversicherung entstehen kann. Deshalb sollte der Arbeitgeber vom Arbeitnehmer **Aufklärung** über das Bestehen weiterer Mini-Jobs verlangen, um sich vor Belastungen im Nachhinein zu schützen. Dem Arbeitgeber wird man insoweit ein Fragerecht zubilligen können. Dabei sollten das Aufklärungsverlangen und das Ergebnis dokumentiert werden.

Zur Höhe der Arbeitsvergütung → **Mindestlohn**.

Zur **Schwarzlohnvereinbarung** → Schwarzarbeit.

Zu **hauswirtschaftlichen Beschäftigungen** siehe ausführlich D. Besgen, Hauswirtschaftliche Beschäftigungen, B+P 2014, 163.

2. Speziell: Pflegekräfte aus Osteuropa

Der Einsatz von Pflegekräften insbesondere aus Osteuropa hat in den vergangenen Jahren zugenommen. Unter Beachtung von aufenthaltsrechtlichen Bestimmungen ist dies grundsätzlich auch möglich und es bestehen keine arbeitsrechtlichen Besonderheiten. Allerdings zeigt die Praxis, dass die vermeintliche Win-Win-Situation für beide Seiten häufig (mit Blick auf die Umgehung von arbeitsrechtlichen oder sozialversicherungsrechtlichen Vorgaben) rechtsunsicher ist, sofern sie nicht im Rahmen eines regulären Arbeitsverhältnisses erfolgt.

466

3. Vergütung/Mindestlohn/Sachbezug

a) Vergütung/Mindestlohn

Auch mit Hausangestellten können Höhe und Modalitäten der Vergütung unter Beachtung des MiLoG frei vereinbart werden. Gegebenenfalls sind bei einschlägigen Tätigkeiten (z.B. für Reinigungskräfte oder im Pflegebereich) branchenspezifische Mindestlohnbestimmungen zu beachten.

467

b) Sachbezug

Nach § 107 Abs. 2 GewO können als Ausnahme vom Grundsatz der Barentlohnung Sachbezüge mit Anrechnung auf das Arbeitsentgelt vereinbart werden (allerdings nur bis zur Grenze des **unpfändbaren** Arbeitseinkommens, BAG v. 24.3.2009, 9 AZR 733/07, NZA 2009, 861), wenn dies dem Interesse des Arbeitnehmers oder der Eigenart des Arbeitsverhältnisses entspricht. Dies wird z.B. bei der Gewährung von Kost und/oder Logis an Hausangestellte unter Anrechnung auf die Vergütung der Fall sein.

468

4. Arbeitsschutz

Die Arbeitsschutzvorschriften des Arbeitsschutzgesetzes gelten nach ausdrücklicher Bestimmung in § 1 Abs. 2 ArbSchG nicht für Hausangestellte in privaten Haushalten. Außerdem ist auf diesen Personenkreis auch das Arbeitssicherheitsgesetz nach ausdrücklicher Bestimmung in § 17 Abs. 1 ASiG nicht anzuwenden.

469

Arbeitsschutzrechtliche Vorgaben für die Gestaltung des Arbeitsplatzes bestehen aber auch für Hausangestellte; sie ergeben sich aus den **Unfallverhütungsvorschriften** der

Gemeindeunfallversicherung, in der auch Hausangestellte gesetzlich unfallversichert sind und zudem aus der allgemeinen Schutzpflicht nach § 618 BGB.

Erweiterte Schutzpflichten bestehen demgegenüber nach § 618 Abs. 2 BGB für in die **häusliche Gemeinschaft** („live-in") aufgenommene Hausangestellte.

5. Arbeitszeit

470 Hausangestellte sind nach dem Arbeitszeitgesetz nicht mehr von den arbeitszeitrechtlichen Vorschriften ausgenommen, sodass gesetzlichen Regelungen nebst Rechtsprechung auch für diesen Personenkreis in vollem Umfang gelten. Dabei gelten zwei **Ausnahmen**:

– Werdende oder stillende **Mütter** dürfen auch bei Beschäftigung im Familienhaushalt an Sonn- und Feiertagen nur nach Maßgabe von § 6 Abs. 1 MuSchG beschäftigt werden; d.h. insbesondere ist ihnen in jeder Woche im Anschluss an eine ununterbrochene mindestens elfstündige Nachtruhe ein Ersatzruhetag zu gewähren.

– Auf Arbeitnehmer, die in **häuslicher Gemeinschaft** mit den ihnen anvertrauten Personen zusammenleben und sie eigenverantwortlich erziehen, pflegen oder betreuen, ist das ArbZG nach § 18 Abs. 1 Nr. 3 ArbZG nicht anzuwenden.

Die letztere Ausnahmevorschrift betrifft z. B. und in erster Linie SOS-Kinderdörfer und sonstige Institutionen mit betreuten Wohngruppen. Ob diese Ausnahme auch für die sogenannte **24-Stunden-Pflege** gilt, wie sie zumeist von Pflegekräften aus Osteuropa erbracht wird (siehe oben), erscheint zweifelhaft.

6. Kündigungsschutz

a) Kein Schutz gegen fristgerechte Kündigung

471 Hausangestellte genießen, unabhängig vom regelmäßig nicht erreichten Schwellenwert von mehr als zehn Arbeitnehmern nach § 23 Abs. 1 Satz 3 KSchG, keinen Schutz gegen die ordentliche, fristgerechte Kündigung des Arbeitsverhältnisses, können also ohne weitere Voraussetzungen jederzeit fristgerecht gekündigt werden. Denn die Schutzvorschriften des KSchG gelten nach der ausdrücklichen Vorschrift des § 23 Abs. 1 Satz 1 KSchG nur für Arbeitnehmer, die in einem Betrieb oder in einer Verwaltung beschäftigt sind. Dazu zählen Privathaushalte jedoch regelmäßig nicht (BAG v. 11.6.2020, 2 AZR 660/19; v. 19.1.1962, 1 ABR 14/60); anders ist dies nur zu beurteilen, wenn die Hausangestellten auch außerhalb des Privathaushalts eingesetzt werden und dort der Betriebsbegriff erfüllt ist (ErfK-Kiel, 20. Aufl. 2020, § 23 KSchG Rz. 3).

Die nach § 623 BGB vorgeschriebene **Schriftform** für die Kündigung muss allerdings beachtet werden.

b) Keine verlängerten Kündigungsfristen

472 Auch die verlängerten Kündigungsfristen für die Arbeitgeberkündigung bei langdauernden Arbeitsverhältnissen nach § 622 Abs. 2 BGB gelten nicht bei Hausangestellten, denn sie finden ebenfalls nur bei Beschäftigung in einem Betrieb oder Unternehmen Anwendung. Auch bei sehr langer Beschäftigungsdauer bleibt also eine Hausangestellte mit der gesetzlichen oder vereinbarten Grundkündigungsfrist kündbar, es sei denn, die Parteien hätten eine anderweitige Vereinbarung getroffen.

Die hierzu bislang umstrittene Rechtslage hat das BAG nun eindeutig geklärt (BAG v. 11.6.2020, 2 AZR 660/19).

c) Schutz gegen fristlose Kündigung

473 Demgegenüber können sich Hausangestellte gegen eine außerordentliche, fristlose Kündigung nach § 626 BGB zur Wehr setzen. Die fristlose Kündigung kann allerdings

bei materieller Unwirksamkeit nach § 140 BGB in eine fristgerechte und damit nicht weiter angreifbare Kündigung umgedeutet werden. Auf diese hilfsweise **Umdeutung** sollte sich der Arbeitgeber schon in der – schriftformbedürftigen – fristlosen Kündigung ausdrücklich berufen.

d) Sonderkündigungsschutz

Ungeachtet des fehlenden allgemeinen Kündigungsschutzes steht der Sonderkündigungsschutz 474

- nach dem **Mutterschutzgesetz** (§ 9 MuSchG),
- bei **Elternzeit** (§ 18 BEEG) und
- bei **Schwerbehinderung** (§§ 85 ff. SGB IX)

bei Vorliegen der jeweiligen Voraussetzungen auch Hausangestellten zu.

e) Vertraglicher Kündigungsschutz

Auch wenn, wie oben ausgeführt, bei Hausangestellten der gesetzliche Kündigungsschutz und auch die gesetzlichen verlängerten Kündigungsfristen keine Geltung beanspruchen, können doch vertraglich 475

- die Anwendbarkeit der allgemeinen Kündigungsschutzvorschriften,
- die Verlängerung der Grundkündigungsfrist für die ordentliche Kündigung,
- die Anwendbarkeit der verlängerten gesetzlichen Kündigungsfristen oder
- eigene Verlängerungsfristen

vereinbart werden.

Unbedenklich zulässig ist es auch, die ordentliche Kündigung für einen längeren Zeitraum, sogar bis zum Lebensende des Arbeitgebers, auszuschließen (BAG v. 25.3.2004, 2 AZR 153/03, AP Nr. 60 zu § 138 BGB). In einem solchen Fall bleibt dann dem Arbeitgeber im Konfliktfall nur die Möglichkeit einer außerordentlichen, fristlosen Kündigung nach § 626 BGB (ggf. mit sozialer Auslauffrist) – wenn deren Voraussetzungen erfüllt sind.

II. Lohnsteuer
1. Steuerermäßigung

Der Arbeitgeber bzw. Auftraggeber kann für die **in** seinem inländischen oder im EU- oder EWR-Bereich liegenden Haushalt ausgeübten haushaltsnahen Beschäftigungen eine Steuerermäßigung erhalten (§ 35a EStG), z.B. für die Betreuung von Kindern sowie von kranken, alten oder pflegebedürftigen Personen, für die Zubereitung von Mahlzeiten im Haushalt, die Reinigung der Wohnung oder die Gartenpflege. Gleiches gilt für eine im Haushalt erbrachte haushaltsnahe Dienstleistung oder Handwerkerleistung. Im Folgenden werden nur die wesentlichen Regelungen für Arbeitgeber von Mini-Jobs (→ Mini-Job) und Teilzeitbeschäftigten (→ Teilzeitbeschäftigung) im Inland erläutert. 476

Auf Antrag ermäßigt sich die tarifliche **Einkommensteuer** des Arbeitgebers bzw. Auftraggebers im Kalenderjahr

- für eine geringfügige Beschäftigung im **Privathaushalt** (§ 8a SGB IV) um 20 % der Aufwendungen des Stpfl., jedoch höchstens um **510 €**,
- für eine andere **haushaltsnahe** Beschäftigung, für die Pflichtbeiträge zur gesetzlichen Sozialversicherung entrichtet werden, sofern es sich um keine geringfügig entlohnte Beschäftigung handelt, um 20 % der Aufwendungen des Stpfl., jedoch höchstens um **4 000 €**.

Bemessungsgrundlage für die Ermittlung der Steuerermäßigung sind die begünstigten Aufwendungen des Stpfl. Die Höchstbeträge werden nicht gekürzt, wenn die Voraussetzungen für die Steuerermäßigung nicht das gesamte Kalenderjahr vorgelegen haben.

Zu den **begünstigten Aufwendungen** des Stpfl. als Arbeitgeber gehören

- der Bruttoarbeitslohn oder das Arbeitsentgelt (bei Anwendung des Haushaltsscheckverfahrens und geringfügiger Beschäftigung im Sinne des § 8a SGB IV),
- die vom Stpfl. getragenen Sozialversicherungsbeiträge,
- die Lohnsteuer zuzüglich Solidaritätszuschlag und Kirchensteuer,
- die Umlagen nach der Lohnfortzahlungsversicherung (U1 und U2) und
- die Unfallversicherungsbeiträge, die an den Gemeindeunfallversicherungsverband abzuführen sind.

Die Steuerermäßigung i.H.v. 20 % und bis zu 4 000 € kann auch angesetzt werden für die Inanspruchnahme von **Pflege- und Betreuungsleistungen** sowie für Aufwendungen, die einem Steuerpflichtigen durch die Unterbringung in einem **Heim** oder zur dauernden Pflege erwachsen, soweit darin Kosten für Dienstleistungen enthalten sind, die mit denen einer Hilfe im Haushalt vergleichbar sind.

Steuerermäßigung bedeutet, dass durch den Ansatz des Ermäßigungsbetrags nur eine entstandene Einkommensteuerschuld gemindert werden kann (Abzug von der Steuerschuld). Eine Erstattung des als Steuerermäßigung angesetzten Betrags ist nicht möglich. Führt die Einkommensteuerveranlagung zu keiner Steuerschuld, scheidet demnach eine steuerliche Förderung aus. Hierdurch werden insbesondere Altersrentner von der Steuerermäßigung **ausgeschlossen**, falls sie neben der Altersrente nicht noch hohe steuerpflichtige Einkünfte beziehen, die zu einer Einkommensteuerschuld führen.

2. Voraussetzungen für eine Steuerermäßigung

477 Die **Steuerermäßigungen** von 510 € und 4 000 € kann der **private Arbeitgeber** (Privathaushalt) in Anspruch nehmen.

a) Inländischer Haushalt

478 Die Ermäßigung von **510 €** setzt ein geringfügiges haushaltsnahes Beschäftigungsverhältnis voraus, das in einem inländischen Haushalt ausgeübt wird und im **Haushaltsscheckverfahren** abgewickelt wird (→ Haushaltsscheckverfahren).

Hat der Privathaushalt/Arbeitgeber ein anderes (kein geringfügiges) Beschäftigungsverhältnis abgeschlossen, kommt die Ermäßigung von bis zu **4 000 €** zum Ansatz, wenn der Arbeitgeber **Pflichtbeiträge** zur gesetzlichen Sozialversicherung zu entrichten hat.

b) Begünstigte haushaltsnahe Beschäftigungsverhältnisse oder Dienstleistungen

479 Ein **Beschäftigungsverhältnis** ist **begünstigt**, wenn eine **haushaltsnahe** Tätigkeit ausgeübt wird; z.B.

- Zubereiten von Mahlzeiten im Haushalt, Reinigung der Wohnung des Stpfl., Gartenpflege,
- Pflege und Betreuung von Kindern – sofern ein Ansatz der Zahlungen als Betriebsausgaben und Werbungskosten oder als Sonderausgaben (für Kinderbetreuung) ausscheidet –,
- Betreuung von alten bzw. pflegebedürftigen Personen.

Die Erteilung von Unterricht (z.B. Sprachunterricht), die Vermittlung besonderer Fähigkeiten sowie sportliche und andere Freizeitbetätigungen fallen nicht unter die Begünstigung. Personenbezogene Dienstleistungen (z.B. Friseur- oder Kosmetikerleistungen) sind keine haushaltsnahen Dienstleistungen, selbst wenn sie im Haushalt des Steuerpflichtigen erbracht werden. Diese Leistungen können jedoch zu den Pflege- und Betreuungsleistungen gehören, wenn sie im Falle einer Pflegebedürftigkeit im Leistungskatalog der Pflegeversicherung aufgeführt sind.

Als haushaltsnahe **Dienstleistungen** sind auch begünstigt geringfügige Beschäftigungsverhältnisse, die durch Wohnungseigentümergemeinschaften und Vermieter im Rahmen ihrer Vermietertätigkeit eingegangen werden. Beschäftigungsverhältnisse oder Dienstleistungen, die ausschließlich Tätigkeiten zum Gegenstand haben, die **außerhalb** des Haushalts des Stpfl. ausgeübt bzw. erbracht werden, sind **nicht** begünstigt. Die **Begleitung** von Kindern, kranken, alten oder pflegebedürftigen Personen bei Einkäufen und Arztbesuchen sowie kleine Botengänge usw. sind nur dann begünstigt, wenn sie zu den Nebenpflichten der Haushaltshilfe, des Pflegenden oder Betreuenden im Haushalt gehören.

c) Ausschluss Steuerermäßigung

Die Steuerermäßigung ist für Aufwendungen **ausgeschlossen**, wenn diese zu den Betriebsausgaben oder Werbungskosten einer Einkunftsart des Arbeit- bzw. Auftraggebers gehören, wie z.B. Aufwendungen für die Reinigung der Arztpraxis im eigenen Haus. Ferner ist der Ansatz ausgeschlossen, soweit die Aufwendungen als Kinderbetreuungskosten im Rahmen des Sonderausgabenabzugs berücksichtigungsfähig sind; für diese abgestufte Reihenfolge besteht kein Wahlrecht. 480

Kommt für Kinderbetreuungskosten dem Grunde nach der Sondergabenabzug (nach § 10 Abs. 1 Nr. 5 EStG) in Betracht, ist ein Abzug als Steuerermäßigung ausgeschlossen (§ 35a Abs. 5 Satz 1 EStG). Dies gilt sowohl für den Betrag, der zwei Drittel der Aufwendungen für Dienstleistungen übersteigt, als auch für alle Aufwendungen, die den Höchstbetrag von 4 000 € je Kind übersteigen.

> **Beispiel:**
> Die Stpfl. A ist als Unternehmerin tätig, weshalb sie eine Haushaltshilfe im Rahmen eines geringfügigen Beschäftigungsverhältnisses in ihrem Privathaushalt beschäftigt. Die Aufwendungen für den Mini-Job (§ 8a SGB IV) betragen 2021 insgesamt 4 800 €. Ferner beschäftigt A im Jahr 2021 einen Gärtner zur Gartenpflege (kein Mini-Job). Die Aufwendungen für dieses Dienstverhältnis betragen 2021 6 000 €.
>
> A kann für die Haushaltshilfe eine Steuerermäßigung i.H.v. 20 % von 4 800 € = 960 €, höchstens jedoch **510 €** und
>
> zusätzlich für die Gartenpflege eine Steuerermäßigung i.H.v. 20 % von 6 000 € = 1 200 € (höchstens jedoch 4 000 €) ansetzen.
>
> Die gesamte Steuerermäßigung für 2021 beträgt: 1 710 €.
>
> Ferner hat die Stpfl. A zur Betreuung ihres Kindes (unter 14 Jahren) im eigenen Haushalt eine Kinderbetreuerin ganzjährig beschäftigt (kein Mini-Job). Die Aufwendungen für die Kinderbetreuung betragen im Kalenderjahr 2021 insgesamt 9 000 €.
>
> Hiervon sind als Sonderausgaben dem Grunde nach abzugsfähig 6 000 € (2/3 von 9 000 €), höchstens jedoch 4 000 €. Der Restbetrag i.H.v. 5 000 € darf nicht für eine Steuerermäßigung berücksichtigt werden.
>
> Ist das Kind der Stpfl. A 15 Jahre alt, ist ein Sonderausgabenabzug der Kinderbetreuungskosten nicht mehr möglich. Stattdessen kommt für die haushaltsnahe Beschäftigung eine Steuerermäßigung i.H.v. 20 % von 9 000 € = 1 800 € (höchstens 4 000 €) in Betracht. Der Restbetrag bleibt unberücksichtigt.

d) Nachweis der Beschäftigung

Als **Nachweis** dient bei **geringfügigen** Beschäftigungsverhältnissen, für die das Haushaltsscheckverfahren Anwendung findet, die dem Arbeitgeber von der Einzugsstelle 481

(Minijob-Zentrale) zum Jahresende erteilte Bescheinigung nach § 28h Abs. 4 SGB IV. Diese enthält den Zeitraum, für den Beiträge zur Rentenversicherung gezahlt wurden, die Höhe des Arbeitsentgelts sowie die vom Arbeitgeber getragenen Gesamtsozialversicherungsbeiträge und Umlagen. Zusätzlich wird in der Bescheinigung die Höhe der einbehaltenen Pauschsteuer beziffert.

Bei **sozialversicherungspflichtigen** haushaltsnahen Beschäftigungsverhältnissen, für die das allgemeine Beitrags- und Meldeverfahren zur Sozialversicherung anzuwenden ist und bei denen die Lohnsteuer pauschal (nicht i.H.v. 2 %) oder nach den individuellen Lohnsteuerabzugsmerkmalen (lt. ELStAM- oder Härtefall-Verfahren → Lohnsteuerkarte) erhoben wird, gelten die allgemeinen Nachweisregeln für die Steuerermäßigung (z.B. Vorlage von Kopien der Lohnabrechnungen, Überweisungen an die Einzugsstelle der Sozialversicherung/Krankenkasse). Die Steuerermäßigung ist davon **abhängig**, dass der Steuerpflichtige für die Aufwendungen eine Rechnung erhalten hat und die Zahlung auf das Konto des Erbringers der haushaltsnahen Dienstleistung, der Handwerkerleistung oder der Pflege- oder Betreuungsleistung erfolgt ist (§ 35a Abs. 5 Satz 3 EStG).

e) Ergänzende Regelungen

482 Für die Inanspruchnahme der Steuerermäßigung ist auf den Veranlagungszeitraum der **Zahlung** (Zahlungszeitpunkt) abzustellen. Regelmäßig wiederkehrende Ausgaben, z.B. nachträgliche monatliche Zahlungen oder monatliche Vorauszahlungen des Arbeitslohns, die innerhalb von bis zu zehn Tagen nach Beendigung bzw. vor Beginn eines Kalenderjahrs geleistet worden sind, werden dem Kalenderjahr zugerechnet, zu dem sie wirtschaftlich gehören. Die von der KBS i.R. des **Haushaltsscheckverfahrens** am 31.1. des Folgejahrs eingezogenen Beträge gehören jedoch zu den begünstigten Aufwendungen des **Vorjahrs**.

Die vorgenannten Steuerermäßigungen können nur **haushaltsbezogen** in Anspruch genommen werden. Sind z.B. zwei in einem Haushalt lebende Alleinstehende Arbeitgeber haushaltsnaher Beschäftigungsverhältnisse, erfolgt die Aufteilung der Höchstbeträge grundsätzlich nach Maßgabe der jeweiligen Aufwendungen, es sei denn, es wird einvernehmlich eine andere Aufteilung gewählt. Dies gilt auch für Partner einer eingetragenen Lebenspartnerschaft.

Misstrauisch ist das Finanzamt bei **familienrechtlichen Hilfen**. Haushaltsnahe Beschäftigungsverhältnisse mit → Angehörigen, die nicht im Haushalt des Steuerpflichtigen leben (z.B. mit Kindern, die in einem eigenen Haushalt leben), können steuerlich nur anerkannt werden, wenn die Verträge zivilrechtlich wirksam zustande gekommen sind, inhaltlich dem zwischen Fremden Üblichen entsprechen und tatsächlich auch so durchgeführt werden. Ansonsten werden solche Hilfen bzw. Verpflichtungen grundsätzlich nicht anerkannt. Deshalb prüft das Finanzamt entsprechende Vereinbarungen zwischen in einem Haushalt zusammenlebenden Ehegatten oder zwischen Eltern und in deren Haushalt lebenden Kindern regelmäßig sehr kritisch (→ Angehörige).

Auch bei in einem Haushalt zusammenlebenden Partnern einer nichtehelichen Lebensgemeinschaft wird regelmäßig nicht von einem begünstigten Beschäftigungsverhältnis ausgegangen, weil jeder Partner auch seinen eigenen Haushalt führt und es deshalb an dem für Beschäftigungsverhältnisse typischen Über- und Unterordnungsverhältnis fehlt.

Nähere Erläuterungen – auch zu der Frage, wie die Steuerermäßigung anzusetzen ist, wenn eine begünstigte haushaltsnahe Dienstleistung als Auftraggeber (von einem Dritten, z.B. einem Handwerker) eingekauft wird – enthält das BMF-Schreiben v. 9.11.2016, IV C 8-S 296-b/07/10003:008, BStBl I 2016, 1213.

III. Sozialversicherung

Es bestehen keine sozialversicherungsrechtlichen Besonderheiten. Wird die Beschäftigung allerdings in einem Privathaushalt ausgeübt und handelt es sich um eine Tätigkeit, die normalerweise von einer im Haushalt lebenden Person ausgeübt wird, dann ist in der Sozialversicherung das → Haushaltsscheckverfahren anzuwenden. Vorausgesetzt, das regelmäßige monatliche Arbeitsentgelt beträgt nicht mehr als 450 €. **483**

Haushaltsscheckverfahren

I. Arbeitsrecht

Es bestehen keine arbeitsrechtlichen Besonderheiten. **484**

II. Lohnsteuer

Beschäftigt ein Privathaushalt eine geringfügig entlohnte Kraft, ist die einheitliche Pauschsteuer (2 %) im Haushaltsscheckverfahren mit dem Beitragsnachweis an die Deutsche Rentenversicherung Knappschaft-Bahn-See in 45115 Essen (Minijob-Zentrale – KBS) zu melden und abzuführen (→ Rz. 488 ff. und → Geringfügig entlohnte Beschäftigung). **485**

III. Sozialversicherung

1. Allgemeines

Für geringfügige Beschäftigungen in Privathaushalten ist seit dem 1.4.2003 das Haushaltsscheckverfahren obligatorisch, d.h. der Arbeitgeber ist an dieses Verfahren gebunden. Er kann nicht mehr alternativ das allgemeine Beitrags- und Meldeverfahren nutzen. Das Haushaltsscheckverfahren wird – wie das Beitrags- und Meldeverfahren für geringfügig Beschäftigte – seit dem 1.4.2003 ausschließlich von der KBS durchgeführt. **486**

In diesem Verfahren erstattet der Arbeitgeber der KBS eine vereinfachte Meldung über die wesentlichen Inhalte der Beschäftigung im Privathaushalt, den sog. Haushaltsscheck. Man kann sich dieses Formular aus dem Internet herunterladen. Zu finden ist es unter www.minijob-zentrale.de. Hier kann man den Haushaltsscheck auch online ausfüllen. Arbeitgeber, die über keinen Internetzugang verfügen, können den Haushaltsscheck als Formular bei der Deutschen Rentenversicherung Knappschaft-Bahn-See in 45115 Essen anfordern. Als Arbeitgeber kommen in diesem Verfahren nur natürliche Personen in Betracht. Beschäftigungen in privaten Haushalten, die durch Dienstleistungsagenturen oder andere Unternehmen begründet werden, fallen nicht unter diese Regelung. Dies gilt auch für Beschäftigungen, die mit Wohnungseigentümergemeinschaften oder mit Hausverwaltungen geschlossen werden.

Der Privathaushalt als Arbeitgeber nimmt nicht am allgemeinen Melde- und Beitragsverfahren teil. Für die am Haushaltsscheckverfahren teilnehmenden Arbeitgeber ist das maschinelle Meldeverfahren nicht anzuwenden. Seine Verpflichtung besteht lediglich darin, den Haushaltsscheck ordnungsgemäß auszufüllen und mit seiner Unterschrift sowie der des Arbeitnehmers bei der Bundesknappschaft einzureichen. Wird ein monatlich gleichbleibendes Entgelt an den Arbeitnehmer gezahlt, so kann er das Feld „Dauerscheck" ankreuzen und muss erst dann wieder einen Haushaltsscheck einreichen, wenn sich das Entgelt des Arbeitnehmers ändert. Bei unterschiedlichen monatlichen Arbeitsentgelten ist monatlich ein solcher Haushaltsscheck einzureichen. Der Arbeitgeber ist verpflichtet, der KBS eine Ermächtigung zum Einzug des Gesamtsozialversicherungsbeitrags zu erteilen.

Die KBS prüft nach Eingang des Haushaltsschecks die Einhaltung der Arbeitsentgeltgrenzen bei geringfügiger Beschäftigung und vergibt, sofern noch nicht vorhanden, die Betriebsnummer, berechnet die Gesamtsozialversicherungsbeiträge, die Umlagen nach dem Aufwendungsausgleichgesetz sowie die ggf. zu zahlenden Pauschsteuern und zieht den Gesamtbetrag mittels Lastschriftverfahren vom Konto des Arbeitgebers ein. Die Gesamtsozialversicherungsbeiträge aus dem Haushaltsscheckverfahren werden nicht monatlich, sondern lediglich an zwei Terminen im Jahr eingezogen.

Die Gesamtsozialversicherungsbeiträge aus den Arbeitsentgelten für den Zeitraum von Januar bis einschließlich Juni werden im Juli des laufenden Jahres und für das in den Monaten Juli bis einschließlich Dezember erzielte Arbeitsentgelt im Januar des folgenden Jahres fällig bzw. eingezogen.

2. Halbjahresscheck bei schwankendem Arbeitsentgelt

487 Um die Privathaushalte als Arbeitgeber von überflüssigen Verwaltungspflichten zu befreien, wurde der Halbjahresscheck eingeführt.

Durch Verwendung des Halbjahresschecks wird dem Arbeitgeber, der eine Hilfe im Privathaushalt mit monatlich schwankendem Arbeitsentgelt beschäftigt, die Zusendung eines monatlichen Haushaltsschecks an die Minijob-Zentrale erspart.

Der Halbjahresscheck ergänzt den normalen Haushaltsscheck und wird von der Minijob-Zentrale automatisch den Haushalten zur Verfügung gestellt, die Arbeitnehmer mit schwankenden Arbeitsentgelten melden. Er stellt lediglich ein zusätzliches Angebot zum normalen Haushaltsscheck dar, die Nutzung steht dem Arbeitgeber frei.

Vor Nutzung des Halbjahresschecks ist es allerdings erforderlich, dass der Arbeitgeber zunächst einen Haushaltsscheck mit schwankenden Bezügen einreicht. Nach Verarbeitung dieses Haushaltsschecks innerhalb der Minijob-Zentrale werden dem Arbeitgeber dann automatisch mehrere Halbjahresschecks mit einem entsprechenden Merkblatt übersandt. In den maschinell vorgefertigten Schecks sind bereits enthalten

– die Personalien und die Betriebsnummer des Arbeitgebers,
– die Personalien der Haushaltshilfe und deren Versicherungsnummer sowie
– je nach Sachlage die halbjährlichen Beschäftigungszeiträume.

Diese vorbereiteten Schecks sind nur noch um das insgesamt erzielte Arbeitsentgelt für das jeweilige Kalenderhalbjahr sowie gegebenenfalls den Beschäftigungszeitraum zu ergänzen und rechtzeitig vor den Terminen für die Beitragsfälligkeit vom Arbeitgeber und Arbeitnehmer unterschrieben bei der Minijob-Zentrale einzureichen. Nach Eingang dieses Halbjahresschecks laufen bei der Minijob-Zentrale die gleichen Prozesse ab wie sie für den Haushaltsscheck gelten.

Das Verfahren zur Nutzung des Halbjahresschecks wird den Arbeitgebern in dem übersandten Merkblatt der Minijob-Zentrale eingehend erläutert.

Die Minijob-Zentrale übernimmt für Arbeitgeber im Haushaltsscheckverfahren auch die Anmeldung zur Unfallversicherung. Auch die Beiträge zur Unfallversicherung werden von der Minijob-Zentrale zusammen mit den anderen zu entrichtenden Abgaben zweimal jährlich per Lastschriftverfahren eingezogen – am 31.1. und am 31.7. Der Beitrag zur Unfallversicherung beträgt 1,6 % des Arbeitsentgelts.

3. Geringfügige Beschäftigung im Privathaushalt

488 Für geringfügige Beschäftigungen, die ausschließlich in Privathaushalten ausgeübt werden, gelten die gleichen Voraussetzungen wie für geringfügige Beschäftigungen außerhalb von Privathaushalten (§ 8a Satz 1 i.V.m. § 8 SGB IV). Für die Annahme einer geringfügigen Beschäftigung im Privathaushalt wird nach § 8a Satz 2 SGB IV allerdings gefordert, dass diese durch einen privaten Haushalt begründet ist und die Tätigkeit sonst gewöhnlich durch Mitglieder des privaten Haushalts erledigt wird. Hierzu gehören u.a. Tätigkeiten wie die Zubereitung von Mahlzeiten im Haushalt, die Reinigung

der Wohnung, die Gartenpflege sowie die Pflege, Versorgung und Betreuung von Kindern, Kranken, alten Menschen und pflegebedürftigen Personen.

Übt die im Privathaushalt beschäftigte Person mehrere geringfügig entlohnte Beschäftigungen aus, so sind auch diese miteinander zu addieren. Überschreitet das regelmäßige monatliche Arbeitsentgelt 450 €, so besteht auch in der im Privathaushalt ausgeübten Beschäftigung Sozialversicherungspflicht. Das Haushaltsscheckverfahren kann in diesen Fällen nicht mehr durchgeführt werden. Der Privathaushalt als Arbeitgeber nimmt dann am allgemeinen Beitrags- und Meldeverfahren teil und hat die Beiträge monatlich an die zuständige Einzugsstelle abzuführen.

4. Pauschalbeiträge

Der Arbeitgeber hat im Haushaltsscheckverfahren unter den gleichen Voraussetzungen wie für geringfügig entlohnte Beschäftigungen in anderen Bereichen Pauschalbeiträge zur Kranken- und Rentenversicherung zu entrichten. Anders als bei geringfügig entlohnten Beschäftigungen, die nicht in Privathaushalten ausgeübt werden, hat der Privathaushalt als Arbeitgeber zur Kranken- und Rentenversicherung lediglich Pauschalbeiträge i.H.v. jeweils 5 % des Bruttoarbeitsentgelts zu entrichten. Durch die ab 1.1.2013 eingetretene Rentenversicherungspflicht ist zusätzlich vom Bruttoentgelt des Arbeitnehmers ein Rentenversicherungsbeitrag einzubehalten und an die Minijob-Zentrale abzuführen. Da geringfügig entlohnte Beschäftigungen, die nach dem 31.12.2012 aufgenommen wurden, rentenversicherungspflichtig sind, ist vom Arbeitsentgelt der volle Beitrag zu entrichten (2021: 18,6 %). Der Arbeitgeber hat im Haushaltsscheckverfahren lediglich einen Pauschalbeitrag i.H.v. 5 % zu tragen. Der Arbeitnehmer muss dann die Differenz zum geltenden Beitragssatz in der allgemeinen Rentenversicherung tragen – also 13,6 %. **489**

Zu beachten ist, dass der Rentenversicherungsbeitrag insgesamt von einem Entgelt i.H.v. mindestens 175 € zu entrichten ist. Die Entgelte aus mehreren geringfügig entlohnten Beschäftigungen sind zu addieren.

5. Formular „Haushaltsscheckverfahren"

Ein Muster eines Haushaltsschecks inklusive Ausfüllhinweisen findet sich im Anhang 17 → Haushaltsscheck, Formular. Weitere Informationen können dem Gemeinsamen Rundschreiben der Spitzenverbände der Sozialversicherungsträger vom 4.12.2017 entnommen werden (u.a. www.minijob-zentrale.de/SharedDocs/Downloads/DE/Rundschreiben/01_ag_rundschreiben_versicherung/Gemeinsame_Verlautbarungen_HHS.pdf?__blob=publicationFile&v=2). **490**

Das Formular Haushaltsscheck steht auch unter der folgenden URL zum Download bereit: www.minijob-zentrale.de/SharedDocs/Downloads/DE/Formulare/privat/01_haushaltsscheck_19904_version_08.html?nn=700998.

Heimarbeiterzuschlag

I. Arbeitsrecht

Es bestehen keine arbeitsrechtlichen Besonderheiten. **491**

II. Lohnsteuer

Heimarbeiter werden steuerlich als Arbeitnehmer angesehen. **492**

Lohnzuschläge, die den Heimarbeitern zur Abgeltung ihrer durch die Heimarbeit veranlassten Aufwendungen neben dem Grundlohn gezahlt werden (z.B. Miete, Kosten der Heizung, Aufwendungen für Arbeitsmaterial, Transportkosten), lässt die Finanzverwaltung aus Vereinfachungsgründen steuerfrei, soweit sie 10 % des Grundlohns nicht übersteigen (R 9.13 Abs. 2 Satz 1 LStR). Davon abweichend kann für bestimmte Gruppen von Heimarbeitern ein anderer (höherer) Prozentsatz (nach Maßgabe der tatsächlichen Verhältnisse) von der zuständigen obersten Landesfinanzbehörde mit Zustimmung des Bundesfinanzministeriums festgelegt werden (R 9.13 Abs. 2 Satz 2 LStR).

Abweichend hiervon ist der nach § 10 Entgeltfortzahlungsgesetz (EFZG) gezahlte Zuschlag für den Krankheitsfall des Heimarbeiters zwar steuerpflichtig; er zählt aber nicht zum Arbeitsentgelt der Sozialversicherung. Weil er folglich beitragsfrei ist, belässt ihn die Finanzverwaltung steuerfrei, wenn eine geringfügige Beschäftigung ausgeübt wird und der Arbeitgeber für das Arbeitsentgelt die Lohnsteuer pauschal mit 2 % oder 20 % erhebt.

III. Sozialversicherung

493   Heimarbeiterzuschläge sind kein Arbeitsentgelt i.S.d. Sozialversicherung.

Hinzurechnungsbetrag

I. Arbeitsrecht

494   Es bestehen keine arbeitsrechtlichen Besonderheiten.

II. Lohnsteuer

1. Beantragung und Anwendung Abzugsbetrag/Freibetrag

495   Um einen Lohnsteuerabzug im zweiten oder weiteren Dienstverhältnis nach der Steuerklasse VI zu **vermindern**, kann ein → **Freibetrag** für erhöhte → Werbungskosten sowie insbesondere für bestimmte Sonderausgaben und außergewöhnliche Belastungen beim Finanzamt beantragt und berücksichtigt werden.

Daneben lässt es das EStG zu, im ersten Dienstverhältnis **nicht ausgeschöpfte** Frei- und Pauschbeträge auf ein weiteres Dienstverhältnis bzw. mehrere weitere Dienstverhältnisse (Steuerklasse[n]) zu **übertragen** (**Abzugsbetrag**). Gemeint sind der Grundfreibetrag, Arbeitnehmer-Pauschbetrag und Sonderausgaben-Pauschbetrag, bzw. der insgesamt steuerunbelastete Arbeitslohn der Steuerklasse des ersten Dienstverhältnisses.

Im Gegenzug wird dem ersten Dienstverhältnis ein Betrag in gleicher Höhe hinzugerechnet (**Hinzurechnungsbetrag**).

Sowohl der o.g. Freibetrag als auch der **Abzugsbetrag** sind hier u.a. für Arbeitnehmer bestimmt, die nebeneinander aus **mehreren Dienstverhältnissen** jeweils geringen Arbeitslohn erhalten, für den die Lohnsteuer nicht pauschal, sondern nach den individuellen Lohnsteuerabzugsmerkmalen (lt. ELStAM- oder Härtefall-Verfahren → Lohnsteuerkarte) erhoben wird.

Hierbei ist zu **beachten**: Auf Grund der **Steuerklasse VI** wird für das zweite und die weiteren Dienstverhältnis(se) unabhängig davon Lohnsteuer einbehalten, ob sich für den gesamten Arbeitslohn des Kalenderjahrs letztlich eine Einkommensteuerschuld ergibt oder nicht. Eine dadurch zu viel einbehaltene Lohnsteuer kann erst nach Ablauf des Kalenderjahrs im Rahmen einer Einkommensteuerveranlagung zurückgeholt werden.

Solch ein überhöhter Lohnsteuereinbehalt kann durch den o.g. **Abzugsbetrag** und Hinzurechnungsbetrag vermieden werden. Mit diesem Abzugsbetrag können z.B. **Altersrentner**, die neben einer Betriebsrente noch Arbeitslohn aus einem Beschäftigungsverhältnis beziehen oder die mehrere kleinere **Betriebsrenten** erhalten, den Lohnsteuerabzug vermeiden.

Der Abzugsbetrag errechnet sich als **Unterschiedsbetrag** zwischen dem Betrag der Eingangsstufe der Jahreslohnsteuertabelle (= nicht steuerbelasteter Arbeitslohn) der Steuerklasse für das erste Dienstverhältnis abzüglich des voraussichtlichen Jahresarbeitslohns aus diesem Dienstverhältnis. 496

Folglich ist **Voraussetzung** für die Bildung und Berücksichtigung des Abzugsbetrags, dass der Jahresarbeitslohn des ersten Dienstverhältnisses unterhalb der Eingangsstufe der maßgebenden Lohnsteuertabelle liegt. Für das Kalenderjahr 2021 sind dies folgende Beträge (Stand bei Redaktionsschluss): 497

Lohnsteuerklasse	Eingangsbeträge Allgemeine Lohnsteuertabelle **(Jahresbruttolöhne 2021)**
I und IV	13 427,99 €
II	15 803,99 €
III	25 523,99 €
V	1 295,99 €

Weil die Freibeträge für das zweite und ggf. die weiteren Dienstverhältnisse als Abzugsbetrag den für den Lohnsteuerabzug maßgebenden Arbeitslohn mindern, bildet das Finanzamt zum Ausgleich für das erste Dienstverhältnis einen Betrag in Höhe der Freibeträge als Lohnsteuerabzugsmerkmal. Dieser Betrag ist für den Lohnsteuerabzug dem Arbeitslohn hinzuzurechnen (**Hinzurechnungsbetrag**). Der Hinzurechnungsbetrag stellt den im Lohnsteuerabzugsverfahren erforderlichen Ausgleich sicher.

Dabei ist zu **beachten**, dass bei einem höheren als zunächst angenommenen Arbeitslohn unter Berücksichtigung des Hinzurechnungsbetrags ggf. Lohnsteuer einzubehalten ist. Deshalb sollte der Arbeitnehmer Abzugsbetrag und Hinzurechnungsbetrag so beantragen bzw. begrenzen, dass jeweils keine Lohnsteuer oder ggf. eine nur geringfügige Lohnsteuer im ersten Dienstverhältnis zu erheben ist.

Dieses **Freibetrags-/Abzugsverfahren** ist nicht auf bestimmte Personengruppen oder bestimmte Beschäftigungsverhältnisse begrenzt. Die Abzugsbeträge können im Rahmen des Lohnsteuer-Ermäßigungsverfahrens beim Wohnsitzfinanzamt beantragt werden (Antrag auf Lohnsteuer-Ermäßigung). Der Vordruck ist beim Finanzamt erhältlich; als späteste Antragsfrist ist der 30.11. des jeweiligen Kalenderjahrs zu beachten. Der Arbeitnehmer kann den Freibetrag sowie den Hinzurechnungsbetrag für eine Dauer von zwei Kalenderjahren beantragen.

Der **Arbeitgeber** muss beim Lohnsteuerabzug prüfen, ob als individuelles Lohnsteuerabzugsmerkmal (im ELStAM- oder Härtefall-Verfahren) ein Freibetrag oder ein Hinzurechnungsbetrag übermittelt oder in der von Finanzamt ausgestellten Bescheinigung für den Lohnsteuerabzug eingetragen ist. Der Hinzurechnungsbetrag ist wie die anderen Besteuerungsmerkmale im **Lohnkonto** des Arbeitnehmers aufzuzeichnen (§ 4 Abs. 1 Nr. 2 LStDV). Zudem darf der Arbeitgeber in den Fällen eines Freibetrags oder Hinzurechnungsbetrags für den Arbeitnehmer keinen betrieblichen **Lohnsteuer-Jahresausgleich** durchführen.

> **Beispiel:**
>
> **Freibetrag und Hinzurechnungsbetrag bei mehreren geringfügigen Beschäftigungen**
>
> Frau Baum ist alleinerziehende Mutter. Sie hat im Jahr 2021 mehrere Arbeitsstellen, für die sie unterschiedlichen Arbeitslohn erhält. Bei Rechtsanwalt Kohl erhält sie 800 € monatlich, bei Familie Freund (F) 450 € und im Haushalt Erhart (E) 400 € monatlich.
>
> Die Arbeitsentgelte werden sozialversicherungsrechtlich zusammengerechnet. Insgesamt bezieht Frau Baum also ein Arbeitsentgelt von 1 650 € monatlich; damit ist die Geringfügigkeitsgrenze von 450 € überschritten.

Hinzurechnungsbetrag

Die Arbeitslöhne sind steuerpflichtig. Da die Arbeitgeber F und E die pauschale Lohnsteuer nicht tragen wollen, hat Frau Baum die Besteuerung nach den individuellen Lohnsteuerabzugsmerkmalen (Steuerklassen II und VI) gewählt. Bei monatlichen Arbeitslöhnen von 450 € und 400 € ist nach der Steuerklasse VI bereits Lohnsteuer einzubehalten. Dies möchte Frau Baum vermeiden, indem sie beim Finanzamt beantragt, **Freibeträge** i.H.v. 450 € und 400 € als Lohnsteuerabzugsmerkmale zu bilden. Dies ist möglich, weil der Arbeitslohn aus dem **ersten** Dienstverhältnis von Frau Baum (bei Rechtsanwalt Kohl) unter der Eingangsstufe der Jahreslohnsteuertabelle für die Steuerklasse II (18 058 €) liegt.

Deshalb bildet das Finanzamt für die beiden **weiteren** Dienstverhältnisse mit der Steuerklasse VI jeweils folgende **Freibeträge**: Für den Arbeitslohn bei Familie Freund monatlich 450 € und für den Arbeitslohn im Haushalt Erhart monatlich 400 €. Diese Freibeträge werden den Arbeitgebern elektronisch übermittelt oder auf der vorzulegenden Papierbescheinigung eingetragen. Hierdurch können die Arbeitslöhne **ohne Lohnsteuerabzug** ausgezahlt werden.

Für das erste Dienst-/Beschäftigungsverhältnis bildet das Finanzamt einen **Hinzurechnungsbetrag** von monatlich 850 €. Dadurch hat Rechtsanwalt Kohl von einem rechnerischen Arbeitslohn i.H.v. 1 650 € (Barlohn 800 € zuzüglich Hinzurechnungsbetrag 850 €) Lohnsteuer zu erheben. Für einen Monatslohn i.H.v. 1 650 € beträgt die Lohnsteuer lt. Lohnsteuertabelle in der Steuerklasse II 53,83 €; Rechtsanwalt Kohl hat den Arbeitslohn also um den Lohnsteuereinbehalt i.H.v. 53,83 € gemindert auszuzahlen. Solidaritätszuschlag ist für diesen Arbeitslohn bzw. diese Lohnsteuerbeträge nicht zu erheben.

Variante 1

Rechtsanwalt Kohl hat für Frau Baum die Lohnsteuer nach der Steuerklasse I zu erheben. In diesem Fall hätte der Arbeitgeber von einem rechnerischen Arbeitslohn i.H.v. 1 650 € lt. Lohnsteuertabelle Lohnsteuer i.H.v. 90,50 € einzubehalten, ggf. zzgl. Kirchensteuer. Solidaritätszuschlag wird für diesen Lohnsteuerbetrag nicht erhoben. Dies wäre eine geringfügig höhere Steuerbelastung als sich durch den Lohnsteuerabzug mit Steuerklasse VI ergeben würde; für Arbeitslohn i.H.v. 450 €/400 € beträgt die Lohnsteuer 50,50 €/44,83 € (= 95,33 €), ggf. jeweils zzgl. Kirchensteuer; Solidaritätszuschlag ist für diese Lohnsteuerbeträge nicht zu erheben.

Variante 2

Lässt Frau Baum beim Finanzamt **keine Freibeträge** bilden, haben die Arbeitgeber Freund und Erhart Lohnsteuer nach der Steuerklasse VI einzubehalten. Nach Ablauf des Jahrs kann Frau Baum durch Abgabe einer Einkommensteuererklärung die Erstattung der Lohnsteuer beantragen bzw. wird diese auf eine etwaige Einkommensteuerschuld angerechnet.

2. Verteilung Abzugsbetrag/Freibetrag

498 Wendet der Arbeitnehmer das Verfahren der elektronischen Lohnsteuerabzugsmerkmale an, darf der **Arbeitnehmer** entscheiden, ob bzw. in welcher Höhe der Arbeitgeber einen Abzugsbetrag und einen vom Finanzamt ermittelten Freibetrag bei der Lohnsteuerberechnung berücksichtigen und dazu bei der Finanzverwaltung „abrufen" soll.

Diese Wahlmöglichkeit ist für zweite und weitere Beschäftigungsverhältnisse insbesondere für Fälle eines Arbeitgeberwechsels, nach Beendigung eines Dienstverhältnisses sowie bei in größeren Zeiträumen schwankenden Arbeitslöhnen gedacht. Wichtig: **Voraussetzung** hierfür ist, dass der Arbeitnehmer den Freibetrag beim Finanzamt beantragt.

Der Arbeitgeber hat den vom Arbeitnehmer genannten Abzugsbetrag i.R. einer üblichen Anmeldung des Arbeitnehmers bzw. Anfrage von elektronischen Lohnsteuerabzugsmerkmalen an die Finanzverwaltung zu übermitteln. Nach Prüfung des übermittelten Betrags stellt die Finanzverwaltung dem Arbeitgeber den tatsächlich zu berücksichtigenden Abzugsbetrag als Lohnsteuerabzugsmerkmal zum Abruf bereit. Nur dieser Abzugsbetrag ist für den Arbeitgeber maßgebend und für den Lohnsteuerabzug anzuwenden sowie in der üblichen Lohn- und Gehaltsabrechnung des Arbeitnehmers auszuweisen.

Soll ein (üblicher) **Freibetrag** (§ 39a Abs. 1 Satz 1 Nr. 1 bis 6 EStG) auf mehrere Dienstverhältnisse **aufgeteilt** werden, ist dies beim Finanzamt gesondert zu beantragen (im Vordruck „Antrag auf Lohnsteuer-Ermäßigung" → Freibetrag). Nur dadurch kann das Finanzamt die Freibeträge den einzelnen Dienstverhältnissen für den Abruf als elektronisches Lohnsteuerabzugsmerkmal zuordnen. In diesen Fällen hat der Arbeitnehmer seinen Arbeitgebern weder Angaben zur Anwendung des Freibetrags noch über dessen Höhe mitzuteilen.

III. Sozialversicherung

Es bestehen keine sozialversicherungsrechtlichen Besonderheiten. **499**

Hinzuverdienstgrenzen

I. Arbeitsrecht

Es bestehen keine arbeitsrechtlichen Besonderheiten. **500**

II. Lohnsteuer

Der Hinzuverdienst eines Rentners oder Pensionärs ist steuerpflichtig. Die bei bestimmten Rentenarten zu beachtenden Hinzuverdienstgrenzen sind lohnsteuerlich ohne Bedeutung. Nach den allgemeinen lohnsteuerrechtlichen Regelungen hat der (weitere) Arbeitgeber den Lohnsteuerabzug regelmäßig nach den individuellen Lohnsteuerabzugsmerkmalen (lt. ELStAM- oder Härtefall-Verfahren → Lohnsteuerkarte) vorzunehmen. Diese Verpflichtung entfällt, wenn der Arbeitgeber die Lohnsteuer pauschal erhebt, z.B. bei einer Beschäftigung als → Mini-Job. Denn auch für Altersrentner ist eine Beschäftigung im Mini-Job mit der Lohnsteuer-Pauschalierung zulässig (→ Geringfügig entlohnte Beschäftigung, → Kurzfristig Beschäftigte, → Lohnsteuer-Pauschalierung). **501**

Möchte der Arbeitgeber die Lohnsteuer nach den individuellen (elektronischen) Lohnsteuerabzugsmerkmalen vornehmen, kann der Lohnsteuerabzug durch die Eintragung eines → Freibetrags (und eines → Hinzurechnungsbetrags) verringert oder vermieden werden. Voraussetzung hierfür ist, dass für den Arbeitslohn im ersten Dienstverhältnis keine Lohnsteuer anfällt. Hat der Altersrentner vor Beginn des betreffenden Kalenderjahrs das 64. Lebensjahr vollendet, steht ihm ein steuermindernder Altersentlastungsbetrag (→ Rz. 34) zu.

III. Sozialversicherung

Der Deutsche Bundestag hat am 21.10.2016 das „Gesetz zur Flexibilisierung des Übergangs vom Erwerbsleben in den Ruhestand und zur Stärkung von Prävention und Rehabilitation im Erwerbsleben" (**Flexirentengesetz**) beschlossen (**BT-Drucks. 18/9787**). **502**

Ziel des Gesetzes ist es, den Übergang vom Erwerbsleben in den Ruhestand flexibler zu gestalten und gleichzeitig die Attraktivität für ein Weiterarbeiten über die reguläre Altersgrenze hinaus zu erhöhen. Unter anderem sollen danach Bezieher einer Altersrente vor Erreichen der Regelaltersgrenze zukünftig flexibler hinzuverdienen dürfen. Diese Regelung ist zum 1.7.2017 in Kraft getreten. Nach Erreichen der Regelaltersgrenze soll sich ein Weiterarbeiten neben der Rente auf Antrag rentensteigernd auswirken. Das Alter, in dem Sondereinzahlungen zum Ausgleich von Abschlägen vorgenommen werden können, soll vom 55. auf das 50. Lebensjahr reduziert werden. Diese Regelungen sollen bereits zum 1.1.2017 in Kraft treten. Im Einzelnen ist vorgesehen:

Hinzuverdienstgrenzen

1. Flexibilisierung der Teilrenten und des Hinzuverdienstrechts

503 Die bisherigen monatlichen Hinzuverdienstgrenzen für die Vollrente und die drei bisherigen Teilrenten entfallen zugunsten einer kalenderjährlichen Hinzuverdienstgrenze mit stufenloser Anrechnung. Damit kommt es nicht mehr dazu, dass die Rente schon bei geringfügigem Überschreiten einer Hinzuverdienstgrenze unverhältnismäßig stark gekürzt wird.

Die Höhe der Teilrente kann entweder in Höhe von mindestens 10 % frei gewählt werden oder sie ergibt sich – wenn der Hinzuverdienst über der kalenderjährlichen Hinzuverdienstgrenze von 6 300 € liegt – durch eine stufenlose Anrechnung des Hinzuverdienstes auf die Rente. Dabei werden grundsätzlich 40 % des die Hinzuverdienstgrenze übersteigenden Betrages **von der Rente abgezogen.**

a) Hinzuverdienstregelungen

504 Ab dem 1.7.2017 sollen Rentner vor Erreichen der Regelaltersgrenze 6 300 € im Jahr (= 525 € monatlich) anrechnungsfrei hinzuverdienen können. Die bisherige monatliche Grenze von 450 € wird aufgegeben. Ein über diesen Betrag hinausgehender Verdienst wird zu 40 % auf die Rente angerechnet. Liegt die Summe aus gekürzter Rente und dem Hinzuverdienst über dem bisherigen Einkommen (höchstes Einkommen der letzten 15 Kalenderjahre = sogenannter Hinzuverdienstdeckel), wird der darüber liegende Hinzuverdienst zu 100 % auf die verbliebene Teilrente angerechnet.

> **Beispiel 1:**
>
> Rentner mit 43 Jahren Durchschnittsverdienst (Altersrente ab Alter 63)
>
> Monatliche Rente: 1 139 €
>
> Höchstes Entgelt in den letzten 15 Jahren: **30 000 € jährl.** = 2 500 € mtl. = mtl. Hinzuverdienstdeckel
>
> Jährlicher Hinzuverdienst: 19 884 € = Monatlicher Hinzuverdienst: 1 657 €
>
> Anrechnungsfrei: 6 300 €
>
> verbleiben: 13 584 €
>
> davon werden 40 % auf die Rente angerechnet = 5 433 € im Jahr beziehungsweise 452 € im Monat.
>
> Die volle Altersrente von 1 139 € verringert sich durch den Hinzuverdienst um 452 € auf 687 €.
>
> 687 € + 1 657 € = 2 344 €
>
> Der monatliche Hinzuverdienstdeckel wird nicht überschritten.

> **Beispiel 2:**
>
> Rentner mit 43 Jahren Durchschnittsverdienst (Altersrente ab Alter 63)
>
> Monatliche Rente: 1 139 €
>
> Höchstes Entgelt in den letzten 15 Jahren: **24 000 € jährl.** = 2 000 € mtl. = mtl. Hinzuverdienstdeckel
>
> Jährlicher Hinzuverdienst: 19 884 € = Monatlicher Hinzuverdienst: 1 657 €
>
> Anrechnungsfrei: 6 300 €
>
> verbleiben: 13 584 €
>
> davon werden 40 % auf die Rente angerechnet = 5 433 € im Jahr beziehungsweise 452 € im Monat.
>
> Die volle Altersrente von 1 139 € verringert sich durch den Hinzuverdienst um 452 € auf 687 €.
>
> 687 € + 1 657 € = 2 344 €
>
> Der monatliche Hinzuverdienstdeckel (2 000 €) wird um 344 € überschritten.
>
> Die Rente wird um 344 € auf 343 € gekürzt.
>
> 343 € + 1 657 € = 2 000 € = Hinzuverdienstdeckel

b) Jährliche Neuberechnung des Hinzuverdienstes

Zur Bestimmung des Hinzuverdienstes prognostiziert die Deutsche Rentenversicherung zu jedem 1. Juli eines Jahres den voraussichtlichen Verdienst im laufenden und im folgenden Jahr, stellt ihn jeweils der jährlichen Hinzuverdienstgrenze von 6 300 € gegenüber und setzt die Rente für die Zeit ab 1. Juli und ab dem kommenden 1. Januar fest.

505

Die Einkommensprognosen für das Vorjahr werden zum darauffolgenden 1. Juli mit dem tatsächlich erzielten Hinzuverdienst rückschauend centgenau verglichen („Spitzabrechnung") und die Rente unter Berücksichtigung des tatsächlichen Hinzuverdienstes neu berechnet. Gegebenenfalls entstehende Überzahlungen werden zurückgefordert, Nachzahlungen werden ausgezahlt. Gleichzeitig wird für die nächsten zwölf Monate eine neue Prognose erstellt.

2. Rentenversicherungspflicht für Vollrentner

Vollrentenbezieher sind rentenversicherungsfrei. Arbeitgeber haben für diese Beschäftigten einen Arbeitgeberanteil zu zahlen, der der Höhe nach dem Arbeitgeberbeitrag entspricht, der zu zahlen wäre, wenn die Person versicherungspflichtig wäre. Diese Beiträge wirken sich bisher nicht auf die Höhe der Rente aus. Bei einem Altersteilrentenbezug besteht hingegen keine Rentenversicherungsfreiheit

506

Ab 1.1.2017 besteht Rentenversicherungsfreiheit für beschäftigte Altersvollrentner nur noch nach Erreichen der Regelaltersgrenze. Für diese Beschäftigten ist weiterhin der Arbeitgeberanteil zu entrichten, welcher sich nicht rentensteigernd auswirkt.

Jedoch können beschäftigte Altersvollrentner nach Erreichen der Regelaltersgrenze durch Erklärung gegenüber ihrem Arbeitgeber für die Dauer der Beschäftigung auf die Rentenversicherungsfreiheit verzichten. Die in einem Kalenderjahr aus den Pflichtbeiträgen erworbenen zusätzlichen Rentenanwartschaften werden zum 1.7. des Folgejahres in einer Rentenneuberechnung rentensteigernd berücksichtigt.

Daraus folgt, dass Beschäftigte über den Beginn einer vorzeitigen Altersvollrente bis zum Erreichen der Regelaltersgrenze rentenversicherungspflichtig bleiben. Aus den geleisteten Pflichtbeiträgen werden zusätzliche Rentenanwartschaften erworben, die den bestehenden Altersrentenanspruch ab dem Folgemonat des Erreichens der Regelaltersgrenze erhöhen. Arbeitnehmer, die am 31.12.2016 aufgrund des Bezugs einer Altersvollrente rentenversicherungsfrei beschäftigt waren, bleiben jedoch in dieser Beschäftigung im Rahmen einer Bestandsschutzregelung rentenversicherungsfrei. Sie können aber gegenüber dem Arbeitgeber auf die Versicherungsfreiheit verzichten. Der Verzicht kann nur für die Zukunft erklärt werden und ist für die Dauer der Beschäftigung bindend.

3. Meldeverfahren

Zur korrekten Bestimmung der für die Rentenberechnung zu Grunde zu legenden Entgeltpunkte bis zum Beginn einer Altersvollrente sowie der Zuschläge jeweils für Zeiten einer Beschäftigung während eines Altersvollrentenbezug vor und nach Erreichen der Regelaltersgrenze ist eine differenzierte Darstellung von Beschäftigungszeiten rentenversicherungsfreier und rentenversicherungspflichtiger Altersvollrentner im Meldeverfahren unabdingbar. Zur Gewährleistung der erforderlichen Verfahrenssicherheit soll diese Abgrenzung durch die Angabe eines jeweils eigenen Personengruppenschlüssels in Verbindung mit dem Beitragsgruppenschlüssel erreicht werden.

507

Hierfür wird die Beschreibung des bereits bestehenden Personengruppenschlüssels 119 für „Versicherungsfreie Altersvollrentner" wie folgt angepasst:

119 – Versicherungsfreie Altersvollrentner und Versorgungsbezieher wegen Alters

Es handelt sich um Personen, die nach Erreichen der Regelaltersgrenze eine Vollrente wegen Alters aus der gesetzlichen Rentenversicherung oder eine entsprechende Versorgung von einer berufsständischen Versorgungseinrichtung oder eine Versorgung nach beamtenrechtlichen Vorschriften oder Grundsätzen wegen Erreichens einer Altersgrenze beziehen (§ 5 Abs. 4 Nr. 1 und 2 SGB VI) oder vor Erreichen der Regelaltersgrenze eine Vollrente wegen Alters aus der gesetzlichen Rentenversicherung beziehen und aufgrund des Bestandsschutzes versicherungsfrei bleiben (§ 230 Abs. 9 Satz 1 SGB VI).

Zusätzlich wird ein neuer Personengruppenschlüssel 120 für „Versicherungspflichtige Altersvollrentner" mit folgender Definition eingeführt:

120 – Versicherungspflichtige Altersvollrentner

Es handelt sich um Personen, die vor Erreichen der Regelaltersgrenze eine Vollrente wegen Alters aus der gesetzlichen Rentenversicherung beziehen oder nach Erreichen der Regelaltersgrenze eine Vollrente wegen Alters aus der gesetzlichen Rentenversicherung beziehen und auf die Versicherungsfreiheit nach § 5 Abs. 4 Satz 2 SGB VI verzichten oder vor Erreichen der Regelaltersgrenze eine Vollrente wegen Alters aus der gesetzlichen Rentenversicherung beziehen und auf die Versicherungsfreiheit nach § 230 Abs. 9 Satz 2 SGB VI verzichten.

4. Befristete Abschaffung der Arbeitgeberbeiträge zur Arbeitsförderung bei Beschäftigung nach der Regelaltersgrenze und Erweiterung der Weiterbildungsförderung bei Kleinstunternehmen

508 Nach geltendem Recht sind Arbeitnehmer ab Erreichen der Regelaltersgrenze versicherungsfrei in der Arbeitslosenversicherung. Dagegen haben Arbeitgeber ihren Anteil an den Beiträgen zur Arbeitsförderung weiter zu zahlen. Die eigenständige Beitragspflicht der Arbeitgeber soll für fünf Jahre entfallen.

Darüber hinaus entfällt bei einer Weiterbildungsförderung von Arbeitnehmerinnen und Arbeitnehmern in Betrieben mit weniger als zehn Beschäftigten das Erfordernis einer Co-Finanzierung der Weiterbildungskosten durch den Arbeitgeber, um den Anreiz für die berufliche Weiterbildung in Kleinstunternehmen zu erhöhen.

5. Zahlung von Beiträgen zum Ausgleich von Rentenabschlägen

509 Ein vorzeitiger Rentenbezug – auch als Teilrente – ist mit Abschlägen in Höhe von 0,3 % je Monat der früheren Inanspruchnahme verbunden. Die Abschläge sollen die Kosten des längeren Rentenbezugs ausgleichen.

Bereits nach geltendem Recht besteht bis zum Erreichen der Regelaltersgrenze die Möglichkeit, die Rentenabschläge für die vorzeitige Inanspruchnahme einer Rente wegen Alters mittels zusätzlicher Beitragszahlung auszugleichen. Dies wird nur in sehr begrenztem Umfang genutzt, weil ein relativ hoher Betrag einzuzahlen ist und die Einzahlungsmöglichkeit grundsätzlich erst ab einem Lebensalter von 55 Jahren besteht.

Um eine zeitliche Streckung zu ermöglichen, wird die Zahlung von Beiträgen bereits ab einem Alter von 50 Jahren ermöglicht. Damit können die Menschen früher und flexibler ihren Ausstieg aus dem Erwerbsleben planen und die finanziellen Folgen **des vorgezogenen Rentenzugangs verringern.**

6. Neue Renteninformation

510 Die Rentenauskunft wird um Informationen ergänzt, die für Versicherte vor dem Hintergrund der Möglichkeiten zum Vorziehen oder Hinausschieben des Rentenbeginns

und insbesondere im Zusammenhang mit der Flexibilisierung des Hinzuverdienstrechts von Interesse sind.

IV. Kirchensteuer

Wenn ein Hinzuverdienst lohnsteuerpflichtig ist, ist auch Kirchensteuer zu entrichten. 511

Home-Office-Tätigkeit (Telearbeit)

I. Arbeitsrecht

1. Grundsätze und Begriffliches

Im Zuge der modernen Informationstechnologien wandeln sich auch die Arbeitswelt und die Umstände der Arbeitsleistung für die einzelnen Mitarbeiter, so dass vielfältige Arbeiten von den Mitarbeitern **außerhalb des Betriebs und zu Hause** erledigt werden können, z.B. Textverarbeitung, Programmieren und Systementwicklung, Kundenbetreuung, Übersetzungen, Marketing, Design und Wartung. Die Corona-Pandemie des Jahres 2020 hat zu einem drastischen Anstieg von mobilen Arbeitsformen geführt, um ein Zusammentreffen von Arbeitnehmern im Betrieb – und damit ein potentielles Ansteckungsrisiko – zu vermeiden. Im Übrigen sind Arbeitgeber auch nach den geltenden Arbeitsschutzrichtlinien aufgerufen, Home-Office weitestgehend zu ermöglichen. 512

Während umgangssprachlich von Home-Office gesprochen wird, ergeben sich inhaltlich doch einige Unterschiede bei der Abgrenzung der verschiedenen Beschäftigungsformen.

So liegt **„echtes" Home-Office** vor, wenn eine Person in ihren Privaträumen einfache oder qualifizierte Tätigkeiten mithilfe der EDV ausübt, wobei der Home-Office-Tätigkeitsplatz mit dem Betrieb durch elektronische Kommunikationsmittel „online" oder auch „offline" verbunden ist.

Dagegen handelt es sich um **mobiles bzw. ortsunabhängiges Arbeiten** (oft als „Mobile Office" bezeichnet), wenn ein solcher externer fester Arbeitsplatz gerade nicht besteht, sondern der Mitarbeiter z.B. am Küchentisch, in einem Co-Working-Space oder auf der Parkbank jederzeit nach freier Entscheidung durch entsprechende elektronische Arbeitsmittel (i.d.R. Laptop, Smartphone etc.) seine Tätigkeit erbringen kann.

Alle in diesem Ratgeber dargestellten Beschäftigungsformen sind grds. auch im Rahmen von Home-Office bzw. mobilem Arbeiten denkbar. Welche Art der Beschäftigung gewollt ist, sollten die Arbeitsvertragsparteien vertraglich regeln und in diesem Kontext auch die wesentlichen Rechte und Pflichten niederlegen.

Der Arbeitgeber ist allein aufgrund seines arbeitsvertraglichen **Weisungsrechts nicht berechtigt**, dem Arbeitnehmer Telearbeit zuzuweisen (LAG Berlin-Brandenburg v. 14.11.2018, 17 Sa 562/18, NZA-RR 2019, 287). Umgekehrt hat auch der Arbeitnehmer grundsätzlich **keinen Anspruch** auf gänzliche oder teilweise Telearbeit. Zu empfehlen ist daher eine klarstellende schriftliche **Vereinbarung**, ggf. schon im Arbeitsvertrag.

Ebenso gibt es – noch – keinen gesetzlichen Anspruch des Arbeitnehmers auf Home-Office/mobiles Arbeiten. Zudem ist auch die Telearbeit nur punktuell gesetzlich beschrieben, wobei diese Definition auch nicht ohne Weiteres übertragbar ist. Deshalb müssen die für derartige Beschäftigungsformen zahlreichen Regelungsfragen allgemeiner und individueller Art nach den allgemeinen arbeitsrechtlichen und bürgerlichrechtlichen Grundsätzen geordnet werden, wobei die Arbeitsvertragsparteien insbesondere auf konkrete vertragliche Vereinbarungen Wert legen sollten.

Definiert ist der **Begriff des Telearbeitsplatzes** in § 2 Abs. 7 ArbStättV auch nur für den Anwendungsbereich dieser Verordnung:

"Telearbeitsplätze sind vom Arbeitgeber fest eingerichtete Bildschirmarbeitsplätze im Privatbereich der Beschäftigten, für die der Arbeitgeber eine mit den Beschäftigten vereinbarte wöchentliche Arbeitszeit und die Dauer der Einrichtung festgelegt hat. Ein Telearbeitsplatz ist vom Arbeitgeber erst dann eingerichtet, wenn Arbeitgeber und Beschäftigte die Bedingungen der Telearbeit arbeitsvertraglich oder im Rahmen einer Vereinbarung festgelegt haben und die benötigte Ausstattung des Telearbeitsplatzes mit Mobiliar, Arbeitsmitteln einschließlich der Kommunikationseinrichtungen durch den Arbeitgeber oder eine von ihm beauftragte Person im Privatbereich des Beschäftigten bereitgestellt und installiert ist."

Da bei der sog. **mobilen Telearbeit (Mobile Office)** die Tätigkeit ohne ständige Anwesenheit an einem festen Arbeitsplatz nicht von einem bestimmten Arbeitsplatz aus geleistet wird (siehe oben), also gerade kein zu Hause eingerichteter Bildschirm-/Telearbeitsplatz i.S.v. § 2 Abs. 5, 7 ArbStättV vorliegt und lediglich mobiler Kontakt zur Zentrale über mobile Kommunikationssysteme und Notebooks besteht, gelten auch die Bestimmungen der ArbStättV nicht für mobile Telearbeit. Außerdem sind tragbare Bildschirmgeräte für die ortsveränderliche Verwendung, die nicht regelmäßig an einem Arbeitsplatz verwendet werden, nach § 1 Abs. 4 Nr. 2 ArbStättV ausdrücklich vom Anwendungsbereich der ArbStättV ausgenommen.

Auch einschlägige Rechtsprechung ist bisher nur wenig ergangen. Lediglich dem Urteil des BAG v. 14.10.2003, 9 AZR 657/02, NZA 2004, 604, ist zu entnehmen, dass der Home-Office-Tätige für die Nutzung des **häuslichen Arbeitszimmers** Anspruch auf **Aufwendungsersatz** hat – wenn nicht vertraglich eine andere Regelung (z.B. Ausschluss oder Abgeltung mit der Arbeitsvergütung) vereinbart ist.

Zur aktuellen Problematik der **Arbeitszeitaufzeichnung** siehe → Arbeitszeit Rz. 134.

Als Vorgabe für die Formulierung einer Vertragsvereinbarung empfiehlt sich neben zahlreicher einschlägiger Literatur auch die Rahmenvereinbarung über Home-Office-Tätigkeit der europäischen Sozialpartner vom 16.7.2002 (NZA 2002, 1268) orientieren. Zu einer ausführlichen Darstellung siehe D. Besgen, Heimarbeit und Telearbeit (Home-Office/Mobile Office), B+P 2014, 379; siehe auch Benkert, Arbeitsrechtliche Aspekte einer Tätigkeit im Home-Office, NJW-Spezial 2019, 306).

2. Vor- und Nachteile der Home-Office-/mobilen Tätigkeit

513 Die Corona-Pandemie hat die Bedeutung von Home-Office bzw. mobilen Arbeitsformen und des digitalisierten Arbeitens dramatisch ansteigen lassen, sodass diese in der Arbeitswelt der Zukunft einen festen Platz einnehmen dürften.

In diesem Zusammenhang sind eine Vielzahl von Fragestellungen aufgetreten, die auch die gängigen Vor- und Nachteile von Home-Office bzw. mobiler Arbeit betreffen.

Die hauptsächlichen Vorteile der Home-Office-/mobilen Tätigkeit liegen **für das Unternehmen** in der erhöhten Flexibilität, im Wegfall von Wegezeiten und Arbeitszeiten und, nicht zu vernachlässigen, im Wegfall von Raumbedarf, also insgesamt im Bereich der Kosteneinsparung. Mit Blick auf die Corona-Pandemie hilft Home-Office-/mobile Tätigkeit zudem dabei, Infektionen der Mitarbeiter untereinander zu verhindern und damit auch die Arbeitsfähigkeit zu erhalten. Gleichzeitig ermöglicht es Home-Office/mobile Tätigkeit, den Betrieb trotz erheblicher Beschränkungen fortzuführen, zumal sich gezeigt hat, dass trotz der mit Home-Office/mobilem Arbeiten einhergehenden Nachteile Arbeitnehmer in den meisten Fällen gleich effektiv oder sogar effektiver arbeiten und auch virtuelle Meetings inzwischen flächendeckend und ohne größere Schwierigkeiten stattfinden können.

Für die Mitarbeiter selbst liegen die Vorteile in der freien Arbeitszeitgestaltung, in der selbständigen Einteilung, in der Ersparnis von Wegezeiten, in der Ermöglichung von Beschäftigung für besondere Mitarbeitergruppen, z.B. für Behinderte, Schwangere, Alleinerziehende, in der besseren Koordination von Familie und Beruf sowie nicht zuletzt auch in der Möglichkeit, fern von den Arbeitsplätzen in den Ballungsgebieten günstig eine Wohnung nehmen zu können.

Im Zuge der Corona-Pandemie und des flächendeckenden Lockdowns und der damit verbundenen sprunghaften und massiven Zunahme von Home-Office/mobilem Arbeiten war zudem der Nebeneffekt zu beobachten, dass die Einsparung von Wegzeiten – und damit die deutliche Reduzierung von Kfz-Aufkommen – zu einer spürbaren CO_2-Reduzierung geführt hat.

Als **Nachteile für Unternehmen** werden in der Regel die schwerere Kontrollierbarkeit der Arbeitsleistung und der Arbeitszeiten, der Einhaltung der Datenschutzvorgaben und der Wahrung von Geschäfts- und Betriebsgeheimnissen genannt. Auch die Arbeitssicherheit ist häufig schwieriger zu gewährleisten.

Für **Mitarbeiter** liegen die **Nachteile** dagegen vielfach in sozialen Aspekten. So fällt häufig eine Trennung von Beruf und Familie schwerer, weil (zeitliche) Grenzen – auch mit Blick auf Arbeitszeiten und einzuhaltende Pausen – verschwimmen. Hinzu kommt – abhängig von Dauer und Umfang der Home-Office/mobilen Tätigkeit – eine mögliche zunehmende Entfremdung von den Kollegen und dem Unternehmen allgemein, was sich auch durch virtuelle Meetings kaum ausgleichen lässt. Es wird zudem befürchtet, dass dies nicht nur die Integration neuer Mitarbeiter in das Unternehmen erschwert, sondern auch den Aufstieg auf der Karriereleiter behindern kann, da dieser regelmäßig auch von sozialen Aspekten beeinflusst wird.

Ob eine Home-Office-/mobile Tätigkeit ein Hineinwachsen in den Bereich der Schattenwirtschaft und der → Scheinselbständigkeit begünstigt, lässt sich nicht pauschal, sondern nur am Einzelfall entscheiden.

3. Statusformen der Home-Office-/mobilen Tätigkeit und Abgrenzung

a) Home-Office-/mobile Tätigkeit von Arbeitnehmern

Home-Office-Tätigkeit bzw. mobiles Arbeiten kann im Rahmen eines abgeschlossenen Arbeitsvertrags von Mitarbeitern mit Arbeitnehmereigenschaft geleistet werden. Diese Form der Home-Office-/mobilen Tätigkeit im Arbeitsverhältnis dürfte auch in der bisherigen Praxis den Regelfall darstellen. Wird die **Arbeitnehmereigenschaft** bei der Home-Office-/mobilen Tätigkeit infrage gestellt, so ist für die Abgrenzung die Definition maßgeblich, nach der Arbeitnehmer ist, wer auf Grund privatrechtlichen Vertrages oder ihm gleichgestellten Rechtsverhältnisses im Dienste eines anderen in persönlicher Abhängigkeit zur Arbeit verpflichtet ist.

514

Die Bedingungen der Home-Office-/mobilen Tätigkeit sollten im **Arbeitsvertrag oder einer gesonderten Vereinbarung** (siehe oben), möglichst schriftlich, geregelt werden, wobei insbesondere Fragen der Arbeitszeit, der Mehrarbeit, der Zeiterfassung, der Arbeitsmittel und der Kosten der Arbeitsmittel, des Versicherungsschutzes, Rückkehr in den Betrieb, Arbeitsschutz und Fragen des Zutritts zur Arbeitsstätte für Arbeitgeber und Betriebsrat geregelt werden sollten.

Da sich bei der Home-Office-/mobilen Tätigkeit die **Abrufarbeit** oder die Arbeit mit kapazitätsorientierter variabler Arbeitszeit **(KAPOVAZ)** von der Sache her gut einsetzen lassen, müssen die gesetzlichen Besonderheiten und Einschränkungen nach § 12 TzBfG beachtet werden (→ Abrufarbeit).

Nach einer Entscheidung des LAG Düsseldorf (v. 10.9.2014, 12 Sa 505/14, LAGE § 307 BGB 2002 Nr. 44) kann der Arbeitgeber eine Home-Office-Vereinbarung über **alternierende Telearbeit**, wonach der Arbeitnehmer einen Teil seiner Arbeit als „Telearbeit" von zu Hause aus verrichten kann, **nicht ohne weiteres kündigen**, sondern muss die Grenzen billigen Ermessens beachten. Ein voraussetzungsloses Kündigungsrecht des Arbeitgebers benachteiligt den Arbeitnehmer unangemessen und ist daher unwirksam.

b) Home-Office-/mobile Tätigkeit in Heimarbeit

515 Home-Office-/mobile Tätigkeit kann auch mit entsprechender Vertragsgestaltung in Heimarbeit geleistet werden, jedenfalls soweit es um **einfache Angestelltentätigkeiten** geht. Insoweit kommen beispielsweise Schreibarbeiten im Sinne von Adressenschreiben, Abschreibearbeiten, Schreibarbeiten nach Tonbanddiktat, einfache technische Zeichenarbeiten, Buchungsarbeiten und ähnlich zu qualifizierende Tätigkeiten in Betracht.

Demgegenüber ist umstritten und nicht gesichert, ob auch **qualifizierte Angestelltentätigkeiten** in einem Heimarbeitsverhältnis (in Home-Office-/mobiler Tätigkeit) verrichtet werden können. Mit Blick auf die Entwicklungen der Corona-Pandemie wird man dies aber inzwischen für eine Vielzahl von Jobs bejahen müssen.

c) Home-Office-/mobile Tätigkeit in freier Mitarbeit

516 Wird die Home-Office-/mobile Tätigkeit so ausgestaltet, dass sie nicht als Arbeitnehmertätigkeit oder als Heimarbeitstätigkeit einzuordnen ist, so kommt bei persönlicher Selbständigkeit des Telemitarbeiters eine Vereinbarung und Einordnung als freie Mitarbeit in Betracht. Insoweit kann die Tätigkeit gelegentlich, wie bei der sonstigen freien Mitarbeit, in die Grauzone zwischen Arbeitsverhältnis und Unternehmertätigkeit/freie Mitarbeit geraten i.S.d. → Scheinselbständigkeit.

Unabhängig davon ist Home-Office/mobilen Office aber keine Frage der selbstständigen oder abhängigen Tätigkeit, und zwar schon deshalb nicht, weil der „echte" selbstständige = freie Mitarbeiter seinen Arbeitsplatz grds. ohnehin frei wählen kann. Aus der Erbringung einer Tätigkeit im Home-Office/mobilen Office allein kann also noch nicht unmittelbar auf die rechtliche Einordnung der Tätigkeit geschlossen werden.

d) Home-Office-Tätigkeit im Dienst- oder Werkvertrag

517 Bei entsprechender vertraglicher und tatsächlicher Ausgestaltung kann Home-Office-/mobileTätigkeit im Rahmen eines Dienst- oder Werkvertrages zwischen zwei Unternehmern geleistet werden. Auch hier könnte sich das Vertragsverhältnis gelegentlich in der Grauzone zwischen echter Selbständigkeit und Arbeitsverhältnis, Scheindienst- oder Scheinwerkvertrag und Arbeitnehmerüberlassung bewegen, ohne dass dies zwingend ist und stets von einer Betrachtung des Einzelfalls abhängt.

II. Lohnsteuer

518 Erledigt der Mitarbeiter seine beruflichen Arbeiten mit Zustimmung des Arbeitgebers ganz oder teilweise in der privaten Wohnung, sog. Home-Office-Tätigkeit oder Telearbeit, so wird sie regelmäßig im **häuslichen Arbeitszimmer** ausgeführt. In Sonderfällen können diese Tätigkeiten auch in einem Arbeitszimmer ausgeübt werden, das nicht dem häuslichen Bereich zugerechnet wird. In diesem Fall sind die nachfolgenden Grundsätze entsprechend anzuwenden.

Bei Nutzung eines häuslichen Arbeitszimmers sind insbesondere folgende steuerliche Regelungen zu beachten:

1. Home-Office-Ausstattung

519 Schafft der Arbeitgeber das **Mobiliar** (Schränke, Schreibtisch usw.) einschl. der Telekommunikationsgeräte (PC, Fax-, Kopiergerät, Telefon usw.) an und stellt er dies dem Arbeitnehmer ausschließlich für die Dauer der Telearbeit zur Verfügung, ergeben sich bei beruflicher Nutzung keine lohnsteuerlichen Folgerungen. Nutzt der Arbeitnehmer das Mobiliar gelegentlich (in geringem Umfang) auch privat, ist dies von untergeordneter Bedeutung.

Falls ein Kopiergerät auch **privat** genutzt werden darf, kommt für die private Nutzung die Freigrenze für → Sachbezüge i.H.v. monatlich 44 € in Betracht, wenn sich der Arbeitgeber die Kosten für privat erstellte Kopien nicht erstatten lässt.

Die → **private** Nutzung betrieblicher Geräte, wie z.B. eines betrieblichen PC sowie der dazu gehörenden Software und von betrieblichen Telekommunikationsgeräten, ist **steuerfrei** (nach § 3 Nr. 45 EStG, R 3.45 LStR und H 3.45 LStH). Gleiches gilt für die vom Arbeitgeber getragenen Verbindungsentgelte und für die angefallenen Telekommunikationsgebühren auf Grund einer beruflichen und privaten Nutzung. Das vom Arbeitgeber für die **berufliche** Nutzung zur Verfügung gestellte Büromaterial (Schreibpapier, Kugelschreiber usw.) ist steuerlich unbeachtlich. Zur Möglichkeit des Arbeitgebers, seinem Arbeitnehmer die Aufwendungen für die vom privaten Telefonanschluss aus geführten betrieblichen Gespräche (Telekommunikationsaufwendungen) steuerfrei zu ersetzen → Private Nutzung betrieblicher Geräte.

Gestellt der **Arbeitnehmer** eigenes Mobiliar sowie seine Telekommunikationsausstattung, kann der Arbeitgeber die Telekommunikationsaufwendungen sowie die Betriebskosten der Telekommunikationsgeräte (Strom) als → Erstattung der Arbeitnehmeraufwendungen steuerfrei ersetzen. Nach Auffassung der Finanzverwaltung ist dies für das zur Verfügung gestellte Mobiliar nicht möglich. Pauschal gezahlte Nutzungsentschädigungen o.Ä. sind grundsätzlich als Arbeitslohn zu erfassen.

2. Vergütungen für das Telearbeitszimmer

Mietet der Arbeitgeber das Arbeitszimmer als Telearbeitsplatz an, ist die Prüfung für die Erfassung der Zahlungen als Arbeitslohn oder als Einkünfte aus Vermietung und Verpachtung danach vorzunehmen, in wessen vorrangigem Interesse die Nutzung des Arbeitszimmers (Büros) erfolgt. Dient die Nutzung in erster Linie den Interessen des Arbeitnehmers, so sind die Einnahmen als Arbeitslohn zu erfassen. So verhält es sich regelmäßig, wenn der Arbeitnehmer im Betrieb des Arbeitgebers über einen weiteren Arbeitsplatz verfügt und die Nutzung des häuslichen Arbeitszimmers vom Arbeitgeber lediglich gestattet bzw. geduldet wird.

Wird der betreffende Raum jedoch v.a. im betrieblichen Interesse des Arbeitgebers genutzt und geht dieses Interesse – objektiv nachvollziehbar – über die Entlohnung des Arbeitnehmers bzw. über die Erbringung der jeweiligen Arbeitsleistung hinaus, so ist anzunehmen, dass die betreffenden Zahlungen auf einer neben dem Dienstverhältnis gesondert bestehenden Rechtsbeziehung beruhen. Eindeutige Kriterien sind u.a. räumliche Trennung von der privaten Wohnung des Arbeitnehmers (separater Eingang) und ein unbeschränktes Zutrittsrecht des Arbeitgebers. Liegen diese Voraussetzungen vor, sind die Mietzahlungen regelmäßig als Einkünfte aus Vermietung und Verpachtung zu behandeln.

Nach einem neueren BFH-Urteil ist ein Werbungskostenabzug bei der Vermietung eines Home-Offices an den Arbeitgeber zulässig. Allerdings ist der Finanzverwaltung nachzuweisen, dass entsprechend der voraussichtlichen Dauer der Nutzung ein Überschuss der Einnahmen über die Werbungskosten erzielt werden kann (BFH v. 17.4.2018, IX R 9/17, BFHE 261, 400). Siehe hierzu ergänzend auch das BMF-Schreiben v. 18.4.2019, IV C 1-S 2211/16/10003:005, BStBl I 2019, 461.

Soweit nicht steuerfrei ersetzt, kann der Arbeitnehmer für seine Aufwendungen für das Arbeitszimmer den **Werbungskostenabzug** in Anspruch nehmen, falls ihm

1. für die berufliche Tätigkeit kein anderer Arbeitsplatz zur Verfügung steht, z.B. im Betrieb, oder
2. das Arbeitszimmer den Mittelpunkt der gesamten beruflichen (und betrieblichen) Betätigung bildet.

Im Fall der Nummer 1 ist die Höhe der abziehbaren Aufwendungen auf **1 250 €** im Kalenderjahr begrenzt. Trifft die Nummer 2 zu, sind die tatsächlichen Aufwendungen ansatzfähig. Somit kann der Arbeitnehmer keine Werbungskosten ansetzen, wenn für ihn im Betrieb einen anderer Arbeitsplatz zur Verfügung steht und er nicht über 50 % seiner Tätigkeit im häuslichen Arbeitszimmer (Home-Office) tätig ist. Detaillierte Regelungen und Erläuterungen zur einkommensteuerlichen Behandlung der Aufwendungen für ein häusliches Arbeitszimmer enthält das BMF-Schreiben vom 6.10.2017, IV C 6-S 2145/07/10002:019, BStBl I 2017, 1320 sowie das vorgenannte BMF-Schreiben v. 18.4.2019.

Die **Fahrten** vom häuslichen Arbeitszimmer zum Betrieb/ersten Tätigkeitsstätte sind regelmäßig Fahrten zwischen Wohnung und erster Tätigkeitsstätte. Das typische häusliche Arbeitszimmer/Home-Office ist **keine** erste Tätigkeitsstätte, weil es nicht zum Betrieb des Arbeitgebers gehört und somit keine ortsfeste betriebliche Einrichtung ist.

3. Spekulationsgewinn

521   Wird selbstgenutztes Wohneigentum innerhalb der zehnjährigen Spekulationsfrist verkauft, ist ein sich ergebender Veräußerungsgewinn steuerpflichtig. Dies gilt nach Auffassung der Finanzverwaltung auch für den auf ein häusliches Arbeitszimmer entfallenden Gewinn (§ 23 Abs. 1 Nr. 1 EStG, Rz. 21 des BMF-Schreibens v. 5.10.2000, IV C 3-S 2256-263/00, BStBl I 2000, 1383).

Zwar hat das FG Köln mit Urteil v. 20.3.2018, 8 K 1160/15, EFG 2018, 1256 entschieden, dass beim Verkauf eines selbstgenutzten Wohneigentums innerhalb der zehnjährigen Spekulationsfrist der Veräußerungsgewinn grundsätzlich auch dann in vollem Umfang steuerfrei ist, wenn Teile der Wohnung im Rahmen einer nichtselbständigen Tätigkeit als häusliches Arbeitszimmer genutzt werden. Diese Auffassung konnte aber in dem anschließenden BFH-Verfahren nicht überprüft werden (Einstellungsbeschluss v. 2.7.2018, IX R 11/18, nicht dokumentiert). Denn die weiteren Ermittlungen haben ergeben, dass es sich bei dem strittigen Zimmer im Urteilsfall gerade nicht um ein häusliches Arbeitszimmer im steuerlichen Sinne gehandelt hat (keine ausschließliche bzw. fast ausschließliche berufliche Nutzung). Eine lediglich berufliche Mitbenutzung eines ansonsten zu Wohnzwecken genutzten Zimmers führt jedoch insoweit nicht zu einem steuerpflichtigen Veräußerungsgewinn.

4. Coronabedingtes Arbeitszimmer, Home-Office

522   Für ein häusliches Arbeitszimmer ist ein Werbungskostenabzug bis zur Höhe von 1 250 € im Kalenderjahr zulässig, wenn dem Arbeitnehmer für die berufliche Tätigkeit kein anderer Arbeitsplatz zur Verfügung steht. Hiervon dürfte auszugehen sein, wenn der Arbeitgeber aus Gründen des Infektionsschutzes keine betrieblichen Büroräume zur Verfügung gestellt hat. Dieser Höchstbetrag ist nicht anteilig zu kürzen, wenn das Arbeitszimmer nur kurzzeitig beruflich genutzt worden ist. Folglich kann eine Tätigkeit von einem Monat oder von wenigen Monaten im Arbeitszimmer ausreichen, um den Höchstbetrag zu erreichen.

Die Kosten des Arbeitszimmers dürfen in voller Höhe als Werbungskosten angesetzt werden, wenn es sich bei dem häuslichen Arbeitszimmer um den Mittelpunkt der Tätigkeit handelt. Üblicherweise hat die Mehrheit der Arbeitnehmer den Mittelpunkt ihrer Tätigkeit im Betrieb des Arbeitgebers. Dieser Mittelpunkt kann sich aber auch durch die Corona-Krise verlagern. Ist z.B. ein Arbeitnehmer ausschließlich am Heimarbeitsplatz tätig und steht ihm im Büro des Arbeitgebers kein anderer Arbeitsplatz zur Verfügung, liegt der Mittelpunkt der beruflichen Tätigkeit regelmäßig im häuslichen Arbeitszimmer.

Wegen Einzelheiten zur Berücksichtigung der Aufwendungen für ein Arbeitszimmer vgl. ABC des Lohnbüros, Rz. 1486.14.

III. Sozialversicherung

Es ist zu prüfen, ob eine abhängige Beschäftigung oder eine selbständige Tätigkeit vorliegt. Arbeitsentgelt ist – bei einer abhängigen Beschäftigung – grundsätzlich jeweils das, was als steuerpflichtiger Arbeitslohn festgestellt wurde.

523

Insolvenzgeldumlage

I. Arbeitsrecht

Es bestehen keine arbeitsrechtlichen Besonderheiten.

524

II. Lohnsteuer

Die vom Arbeitgeber an die Einzugsstelle entrichtete Insolvenzgeldumlage rechnet nicht zum Arbeitslohn.

525

III. Sozialversicherung

Seit dem 1.1.2009 ist die Insolvenzgeldumlage (auch als Umlage U3 bezeichnet) zusammen mit dem Gesamtsozialversicherungsbeitrag an die für den jeweiligen Arbeitnehmer zuständige Einzugsstelle zu entrichten.

526

Die Insolvenzgeldumlage ist grundsätzlich von allen Arbeitgebern zu entrichten. Ausgenommen hiervon sind lediglich folgende Arbeitgeber:

- öffentlich-rechtliche Arbeitgeber, die vom Risiko der Insolvenz nicht tangiert sind,
- Privathaushalte als Arbeitgeber,
- Wohnungseigentümergemeinschaften als Arbeitgeber (so BSG v. 23.10.2014, B 11 AL 6/14 R, ZIP 2015, 601).

Die Beiträge zur Insolvenzgeldumlage sind aus dem rentenversicherungspflichtigen Arbeitsentgelt der Arbeitnehmer zu ermitteln. Auch das Arbeitsentgelt von geringfügig Beschäftigten ist zu berücksichtigen. Ebenso sind Einmalzahlungen als Bemessungsgrundlage zu berücksichtigen.

Im Jahre 2011 war keine Insolvenzgeldumlage zu entrichten (Umlagesatz 0,0 %). Der Umlagesatz der Insolvenzgeldumlage betrug 2012 0,04 %, vom 1.1.2013 bis 31.12.2015 0,15 % und vom 1.1.2016 bis zum 31.12.2016 0,12 %. Vom 1.1.2017 bis 31.12.2017 betrug die Insolvenzgeldumlage 0,09 %. Zum 1.1.2018 wurde die Insolvenzgeldumlage auf 0,06 % abgesenkt.

Durch das Beschäftigungssicherungsgesetz (BR-Drucks. 701/20) wird der Umlagesatz (§ 360 SGB III) gesetzlich festgesetzt auf

- 0,12 % für das Jahr 2021,
- 0,15 % ab dem Jahr 2022.

Unter den Voraussetzungen des § 361 Nr. 1 SGB III kann dann ein abweichender Umlagesatz durch Rechtsverordnung festgesetzt werden.

Die Insolvenzgeldumlage ist ausschließlich vom Arbeitgeber zu tragen und auch zu zahlen. Im Beitragsnachweisdatensatz ist die Insolvenzgeldumlage mit der Beitragsgruppe 0050 verschlüsselt.

Bemessungsgrundlage ist immer das rentenversicherungspflichtige Arbeitsentgelt der Arbeitnehmer. Im Gegensatz zu den Umlagen U1 und U2 sind auch einmalig gezahlte Arbeitsentgelte beitragspflichtig zur Insolvenzgeldumlage.

Bei Beschäftigungen im Übergangsbereich ist die Insolvenzgeldumlage von der verminderten beitragspflichtigen Einnahme zu berechnen.

Jahresarbeitsentgeltgrenze

I. Arbeitsrecht

527 Es bestehen keine arbeitsrechtlichen Besonderheiten.

II. Lohnsteuer

528 Für die Frage der Besteuerung des Arbeitsentgelts von Mini-Jobs oder des Arbeitslohns für andere (übliche oder ggf. auch kurzfristige) Dienstverhältnisse ist die Jahresarbeitsentgeltgrenze unbeachtlich. Steuerlich ist stets der gesamte zugeflossene Arbeitslohn zu erfassen.

III. Sozialversicherung

529 Die Jahresarbeitsentgeltgrenze (JAE-Grenze) wird im allgemeinen Sprachgebrauch auch als Versicherungspflichtgrenze bezeichnet.

Wessen regelmäßiges JAE die maßgebende JAE-Grenze überschreitet, der ist krankenversicherungsfrei; kann also entscheiden, ob er sich freiwillig gesetzlich weiterversichern oder in eine private Krankenversicherung wechseln möchte.

Seit dem 1.1.2003 gibt es zwei JAE-Grenzen:

- Allgemeine JAE-Grenze (für 2021: 64 350 €),
- Besondere JAE-Grenze (für 2021: 58 050 €)

Für Personen, die am 31.12.2002 privat krankenvollversichert und krankenversicherungsfrei wegen Überschreitens der JAE-Grenze waren, gilt die besondere (niedrigere) JAE-Grenze. Dass für den Arbeitnehmer die besondere JAE-Grenze gilt, hat er dem Arbeitgeber gegenüber nachzuweisen. Dieser Nachweis ist zu den Entgeltunterlagen zu nehmen. Erfolgt der Nachweis nicht, so ist die allgemeine JAE-Grenze maßgebend.

Für alle anderen Personen ist die allgemeine JAE-Grenze maßgebend.

Das regelmäßige JAE ist

- zu Beginn einer Beschäftigung,
- bei Entgeltänderungen oder
- bei Erhöhung der JAE-Grenze

zu ermitteln.

Zu berücksichtigen sind nur regelmäßige Arbeitsentgelte. Näheres hierzu ist bei den Krankenkassen zu erfahren bzw. den Gemeinsamen Grundsätzen zum Jahresarbeitsentgelt vom 20.3.2019 (www.aok.de/fk/fileadmin/user_upload/sv/rundschreiben/2019/rds_20190320_jae.pdf) zu entnehmen.

Job-Sharing (Arbeitsplatzteilung)

I. Arbeitsrecht

530 Um eine besondere, aber kaum verbreitete Form der Teilzeitarbeit handelt es sich beim Job-Sharing/der Arbeitsplatzteilung nach § 13 TzBfG, bei der die Partner der Arbeitsplatzteilung untereinander bzw. in Abstimmung mit dem Arbeitgeber festlegen, wie die Arbeitszeit an einem Arbeitsplatz aufgeteilt wird. Dabei werden **terminabhängige Arbeitsverträge** mit dem Ziel und der Abstimmungsnotwendigkeit geschlossen, die aber grundsätzlich rechtlich unabhängige Arbeitsverhältnisse sind und darauf abzielen, dass der Arbeitsplatz ständig besetzt ist. Es finden die Bestimmungen des TzBfG

Anwendung, wobei sich z.B. der **Teilzeitanspruch** auch auf eine Neuverteilung der Arbeitszeit im Job-Sharing-Arbeitsverhältnis beziehen kann (→ Teilzeitanspruch; BAG v. 8.5.2007, 9 AZR 1112/06, NJW 2007, 3661). Auch auf (tarifliche) **Erschwerniszuschläge**, die der Arbeitszeit des Job-Sharers zuzuordnen sind, z.B. bei Spätarbeit und Nachtarbeit, besteht Anspruch wie bei sonstigen Teilzeitkräften (BAG v. 15.12.1998, 3 AZR 239/97, NZA 1999, 882). Im Übrigen bestehen aber keine arbeitsrechtlichen Besonderheiten.

Es besteht weitgehend Vertragsfreiheit mit zwei gesetzlichen Vorgaben:

- Nach § 13 Abs. 1 TzBfG ist eine **Vertretungspflicht** des einen Partners für den Ausfall des anderen Partners nur mit Zustimmung im Einzelfall zulässig vereinbar oder mit genereller Vereinbarung unter der Voraussetzung dringender betrieblicher Gründe einerseits und Zumutbarkeit im Einzelfall andererseits (tarifvertraglich ungünstigere Regelungen sind zulässig).
- Die **Kündigung** eines Partners durch den Arbeitgeber wegen des Ausscheidens des anderen Partners aus der Arbeitsplatzteilung ist nach § 13 Abs. 2 TzBfG unwirksam.

Diese Vorgaben gelten auch bei sog. Turnusarbeitsverträgen nach § 13 Abs. 3 TzBfG.

Bei der Vertragsgestaltung ist besonders Wert auf die Ausgestaltung des Arbeitszeitverteilungsplans und der Vertretung zu legen sowie auf die Regelung der Entgeltfortzahlung im Krankheitsfall, des Urlaubs und der Feiertagsvergütung.

Anhang 12 enthält ein → Muster eines Arbeitsvertrags über Arbeitsplatzteilung.

II. Lohnsteuer

Es bestehen keine lohnsteuerrechtlichen Besonderheiten. 531

III. Sozialversicherung

Es bestehen keine sozialversicherungsrechtlichen Besonderheiten. 532

Kindergartenbeitrag/-zuschuss

I. Arbeitsrecht

Es bestehen keine arbeitsrechtlichen Besonderheiten. 533

II. Lohnsteuer

1. Steuerfreie Leistungen

a) Zuschuss zum Kindergartenbeitrag

Zuschüsse des Arbeitgebers an die Arbeitnehmer zur Unterbringung und Betreuung 534
von nicht schulpflichtigen Kindern in Kindergärten oder vergleichbaren Einrichtungen sowie in Vorschulen sind **steuerfrei** (§ 3 Nr. 33 EStG, R 3.33 LStR). Ob ein Kind schulpflichtig ist, richtet sich nach dem jeweiligen landesrechtlichen Schulgesetz; regelmäßig ist es nicht schulpflichtig, wenn es das 6. Lebensjahr noch nicht vollendet hat.

b) Dienstleistungen zur Beratung des Arbeitnehmers und zur Vermittlung von Betreuungspersonen

Steuerfrei sind auch **pauschale** Zahlungen des Arbeitgebers an ein Dienstleistungsun- 535
ternehmen, wenn es den Arbeitnehmer regelmäßig kostenlos hinsichtlich der Betreuung von Kindern oder pflegebedürftigen Angehörigen **berät** oder für diesen Personenkreis Betreuungspersonen **vermittelt** (§ 3 Nr. 34a EStG).

Darunter fallen z.B. Beratung- und Serviceleistungen durch Fremdfirmen, die den beruflichen Wiedereinstieg des Arbeitnehmers oder die Betreuung von pflegebedürftigen Angehörigen erleichtern. Diese Kosten kann der Arbeitgeber ohne steuerliche Folgen für die betroffenen Arbeitnehmer tragen.

c) Notbetreuung von Kindern und pflegebedürftigen Angehörigen

536 Ebenso sind Leistungen des Arbeitgebers zur sog. Kindernotbetreuung sowie für die Betreuung von pflegebedürftigen Angehörigen **steuerfrei** gestellt. Hierzu gehören aus zwingenden und beruflich veranlassten Gründen entstandene Aufwendungen für die **kurzfristige** Betreuung

– von Kindern, die das 14. Lebensjahr noch nicht vollendet haben oder die wegen einer vor Vollendung des 25. Lebensjahres eingetretenen körperlichen, geistigen oder seelischen Behinderung außerstande sind, sich selbst zu unterhalten oder

– von pflegebedürftigen Angehörigen des Arbeitnehmers,

wenn die Betreuung aus **zwingenden** und beruflich veranlassten Gründen notwendig ist. Begünstigt ist auch die Betreuung dieser Personen im privaten Haushalt des Arbeitnehmers.

Eine solche **Notmaßnahme** liegt z.B. vor

– bei überraschend zu leistenden Überstunden,

– beim zwingenden beruflichen Einsatz zu außergewöhnlichen Arbeitszeiten,

– bei einer Fortbildungsmaßnahme des Arbeitnehmers oder

– bei Krankheit des Kindes bzw. des Angehörigen.

Die Steuerfreiheit umfasst dabei auch Dienstleistungen, die von Fremdfirmen angeboten und durch den Arbeitgeber beauftragt werden. Allerdings ist diese **Steuerfreiheit** auf den Betrag von **600 €** im Kalenderjahr **begrenzt**.

d) Coronabedingter Betreuungsbedarf

537 Die Finanzverwaltung unterstellt stets einen zusätzlichen Betreuungsbedarf, wenn der Arbeitnehmer auf Grund der Corona-Krise zu außergewöhnlichen Dienstzeiten arbeitet oder die Regelbetreuung der Kinder infolge der zur Eindämmung der Corona-Krise angeordneten Schließung von Schulen und Betreuungseinrichtungen (z.B. Kindergärten, Schulhorte) weggefallen ist. Von einer durch den Arbeitnehmer kurzfristig zu organisierenden Betreuung wird so lange ausgegangen, bis die entsprechenden Betreuungseinrichtungen ihren Regelbetrieb wiederaufnehmen können. Der o.g. Höchstbetrag von 600 € im Kalenderjahr je Kind des Arbeitnehmers ist auch in diesen Fällen zu beachten.

Zu weiteren Einzelheiten s. im Frage- und Antwortkatalog des Bundesministeriums der Finanzen „FAQ „Corona" (Steuern)", unter „VI. Lohnsteuer" die Antwort zu Frage Nr. 7 „Kann der Arbeitgeber außergewöhnliche Betreuungsleistungen, die aufgrund der Corona-Krise für pflegebedürftige Angehörige und Kinder entstehen, steuerfrei erstatten?"

e) Betreuungsaufwendungen

538 Die vorgenannten Zuschüsse des Arbeitgebers für die Kinderbetreuung sind auch dann **steuerfrei**, wenn bei einem unverheirateten Elternpaar der nicht beim Arbeitgeber beschäftigte Elternteil die Betreuungsaufwendungen trägt. Es muss sich lediglich um Zuschüsse für ein (leibliches oder angenommenes) Kind des Arbeitnehmers handeln.

2. Zusätzlichkeitsvoraussetzung

Sowohl die Zuschüsse zum Kindergartenbeitrag, die Arbeitgeberzahlungen für die Beratungs- und Vermittlungsleistungen als auch die Zahlungen des Arbeitgebers für die Kindernotbetreuung und zur Betreuung von pflegebedürftigen Angehörigen des Arbeitnehmers müssen **zusätzlich** zum ohnehin geschuldeten Arbeitslohn gezahlt werden; s. → Gestaltungsmöglichkeiten; dort insbesondere die für das Kalenderjahr 2020 rückwirkenden gesetzlichen Neuregelungen durch § 8 Abs. 4 EStG (nach dem Regierungsentwurf eines Jahressteuergesetzes 2020, das bei Redaktionsschluss noch nicht verabschiedet worden war). 539

Gegenüber der Finanzverwaltung muss der Arbeitgeber die sachgerechte Verwendung der Zuschüsse **nachweisen** können, z.B. durch Vorlage der vom Arbeitnehmer zur Verfügung gestellten Quittungen bzw. der Überweisungsformulare von den monatlichen Zahlungen an den Kindergarten oder Träger der Einrichtung. Diese Nachweise sind im **Original** als Beleg zum **Lohnkonto** des Arbeitnehmers/der Arbeitnehmerin aufzubewahren.

III. Sozialversicherung

Handelt es sich steuerrechtlich um Arbeitslohn, so ist dieser auch Arbeitsentgelt i.S.d. Sozialversicherung. Anders ausgedrückt: Wird dieser Zuschuss zusätzlich zum ohnehin geschuldeten Arbeitsentgelt gezahlt und ist er steuerfrei nach § 3 Nr. 33 EStG, so handelt es sich nicht um Arbeitsentgelt. 540

Kirchensteuer

I. Fallkonstellationen

1. Arbeitsverhältnis mit einem Verdienst über 450 €

a) Kirchensteuerabzugsverpflichtung des Arbeitgebers

Neben der Lohnsteuer hat der Arbeitgeber bei der Lohn- bzw. Gehaltszahlung auch Kirchensteuer abzuziehen und an das Betriebsstättenfinanzamt zu überweisen – allerdings bei auf Dauer angelegten Arbeitsverhältnissen mit einer Vergütung von über 450 € nur bei Mitarbeitern, die einer kirchensteuererhebenden Kirche oder Religionsgemeinschaft angehören. 541

b) Steuererhebende Kirchen und Religionsgemeinschaften

Der Arbeitgeber muss zunächst prüfen, ob er bei seinem Mitarbeiter Kirchensteuer abzuziehen hat oder nicht. Hier hilft die folgende Tabelle. Sie informiert darüber, für welche Religionsgemeinschaften mit welchem Steuersignalkürzel in den einzelnen Bundesländern im Lohnsteuerabzugsverfahren Kirchensteuer erhoben wird. Man kann so feststellen, ob die Religionsgemeinschaft, der der Arbeitnehmer angehört, Kirchensteuer erhebt. Für die Kirchensteuer erhebenden Kirchen wird ein Steuersignal verwendet (Steuersignalkürzel jeweils in Klammern). 542

Bundesland	Kirchensteuererhebende Kirche bzw. Religionsgemeinschaft [Kirchensteuersignal]
Baden-Württemberg	evang. [ev], röm.-kath. [rk], alt-kath. [ak] Kirche, Oberrat der Israeliten Badens [ib], Israelitische Religionsgemeinschaft Württembergs [iw], freireligiöse Landesgemeinde Baden [fb]
Bayern	evang. (ev.-luth., ev.-ref.) [ev], röm.-kath. [rk], alt-kath. [ak] Kirche, israelitische Kultusgemeinde [is]
Berlin	evang. [ev], röm.-kath. [rk], alt-kath. [ak] Kirche

Kirchensteuer

Bundesland	Kirchensteuererhebende Kirche bzw. Religionsgemeinschaft [Kirchensteuersignal]
Brandenburg	evang. [ev], röm.-kath. [rk] Kirche
Bremen mit Bremerhaven	evang. (ev.-luth., ev.-ref.) [ev], röm.-kath. [rk] Kirche
Hamburg	evang. (ev.-luth., ev.-ref.) [ev], röm.-kath. [rk] Kirche, Jüdische Gemeinde Hamburg [ih]
Hessen	evang. [ev], röm.-kath. [rk], alt-kath. [ak] Kirche, freireligiöse Gemeinde Mainz [fm], freireligiöse Gemeinde Offenbach [fs], Jüdische Gemeinden in Frankfurt a.M., [is] Gießen, Fulda, Bad Nauheim, Darmstadt, Kassel, Offenbach (Landesverband Hessen) [il]
Mecklenburg-Vorpommern	evang. (ev.-luth., ev.-ref.) [ev], röm.-kath. [rk] Kirche
Niedersachsen	evang. (ev.-luth., ev.-ref.) [ev], röm.-kath. [rk], alt-kath. [ak] Kirche
Nordrhein-Westfalen	evang. (ev.-luth., ev.-ref.) [ev], röm.-kath. [rk], alt-kath. [ak] Kirche, Landesverband der Jüdischen Gemeinden von Nordrhein [is], Landesverband der jüdischen Kultusgemeinden von Westfalen/Lippe [is], Landesverband jd. Kultusgemeinden von Nordrhein, von Westfalen/Lippe, Synagogengemeinde Köln [is]
Rheinland-Pfalz	evang. (ev.-luth., ev.-ref.) [ev], röm.-kath. [rk], alt-kath. [ak] Kirche, Jüdische Kultusgemeinde Bad Kreuznach und Koblenz [is], Freireligiöse Gemeinde Mainz [fm], Freireligiöse Landesgemeinde Pfalz [fg], Unitarische Religionsgemeinschaft Freier Protestanten [fa]
Saarland	evang. (ev.-luth., ev.-ref.) [ev], röm.-kath. [rk], alt-kath. [ak] Kirche, Synagogengemeinde Saar [is]
Sachsen	evang. [ev], röm.-kath. [rk] Kirche
Sachsen-Anhalt	evang. [ev], röm.-kath. [rk] Kirche
Schleswig-Holstein	evang. [ev], röm.-kath. [rk] Kirche
Thüringen	evang. [ev], röm.-kath. [rk] Kirche

Wichtig:

Die Eintragung „evang." [ev] erfasst auch die in den Ländern Niedersachsen und Schleswig-Holstein üblichen Einträge ev.-luth. und ev.-ref. sowie die in Mecklenburg-Vorpommern, Sachsen und Thüringen übliche Bezeichnung ev.-luth.

c) Höhe der Kirchensteuer (Kirchensteuersätze)

543 Der Kirchensteuersatz beträgt als prozentualer Zuschlag zur Einkommen-/Lohnsteuer unter Beachtung der Regelung des § 51a EStG in den einzelnen Bundesländern wie folgt:

Prozentsatz	Bundesländer
8 %	Baden-Württemberg und Bayern
9 %	Berlin, Brandenburg, Bremen (mit Bremerhaven), Hamburg, Hessen, Mecklenburg-Vorpommern, Niedersachsen, Nordrhein-Westfalen, Rheinland-Pfalz, Saarland, Sachsen, Sachsen-Anhalt, Schleswig-Holstein und Thüringen

Da der Sitz der lohnsteuerlichen Betriebsstätte maßgebend für die Höhe des Kirchensteuersatzes ist, hat sich der Arbeitgeber nach den Bestimmungen des Landes zu richten, in dem sein Betrieb liegt (§ 41 Abs. 2 EStG). Dieser Kirchensteuersatz ist grundsätzlich abzuführen – unabhängig davon, ob ein Beschäftigter in demselben oder in einem anderen Bundesland wohnt. Ausnahmen gibt es in Niedersachsen, Nordrhein-Westfalen und Rheinland-Pfalz: Hier kann beim Finanzamt beantragt werden, dass die Kirchensteuer nach dem Steuersatz berechnet wird, der am Wohnort des Mitarbeiters gilt.

Bei einem Umzug in ein anderes Bundesland mit einem anderen Prozentsatz der Kirchensteuer von der Lohnsteuer wird Kirchensteuer bei der Veranlagung nacherhoben bzw. gutgeschrieben.

d) Beginn der Kirchensteuerabzugsverpflichtung des Arbeitgebers

Bei Beschäftigten, die einer kirchensteuererhebenden Kirche angehören, beginnt der Steuerabzug bei der ersten Lohnzahlung nach einer Neueinstellung.

Wer während eines Beschäftigungsverhältnisses Mitglied einer Kirche wird, hat Kirchensteuer bei der Lohnzahlung zu entrichten, die in den auf den Aufnahmetag folgenden Kalendermonat fällt. Die Kirchenmitgliedschaft beginnt mit der Taufe, dem Kircheneintritt oder sie wird bei Zuzug am neuen Wohnort fortgesetzt.

Ein Übertritt (= Kircheneintritt nach vorangegangenem Kirchenaustritt aus einer anderen Kirche) wirkt sich erst nach dem Ende der bisherigen Kirchensteuerpflicht aus.

e) Ende der Kirchensteuerabzugsverpflichtung des Arbeitgebers

Bei kirchensteuerpflichtigen Beschäftigten hört der Steuerabzug mit der letzten Lohnzahlung (im Todesfall spätestens mit Ablauf des Sterbemonats) auf.

Bei einem Kirchenaustritt, auch bei einem Übertritt zu einer anderen Religionsgemeinschaft, endet der Steuerabzug mit Ablauf des Monats, in dem die Kirchenaustrittserklärung wirksam abgegeben wird.

f) Steuerpflicht bei Ehegatten

Bei Ehegatten ist zu unterscheiden, ob das Ehepaar der gleichen kirchensteuererhebenden (konfessionsgleiche Ehe) oder verschiedenen kirchensteuererhebenden Kirchen (konfessionsverschiedene Ehe) oder ob einer der Ehepartner einer kirchensteuererhebenden Kirche angehört.

– Konfessionsverschiedene Ehe:
  Die Kirchensteuer des oder der steuerpflichtigen Ehegatten wird auf die beiden steuererhebenden Religionsgemeinschaften je zur Hälfte aufgeteilt. Dies gilt nicht in Bayern; dort wird die volle Kirchensteuer des Beschäftigten jeweils für die Religionsgemeinschaft einbehalten, der er angehört.

– Glaubensverschiedene Ehe:
  Wenn der Arbeitnehmer Mitglied einer steuererhebenden Religionsgemeinschaft ist, nicht jedoch der Ehegatte (glaubensverschiedene Ehe), wird die volle Kirchensteuer des Beschäftigten jeweils für die Religionsgemeinschaft einbehalten, der er angehört. Gehört der Arbeitnehmer dagegen keiner oder einer nicht steuererhebenden Religionsgemeinschaft an, ist keine Kirchensteuer einzuhalten – auch dann nicht, wenn der Ehegatte einer steuerberechtigten Religionsgemeinschaft angehört.

→ Betriebsstättenfinanzamt; → Lohnsteuerkarte

2. Kurzfristige Beschäftigung

a) Voraussetzungen für eine kurzfristige Beschäftigung

547 Kurzfristig ist eine Beschäftigung dann, wenn sie zeitlich auf drei Monate begrenzt ist oder im Kalenderjahr 70 Tage nicht überschreitet (→ Kurzfristige Beschäftigung Rz. 587).

b) Wahlmöglichkeit des Arbeitgebers im Hinblick auf die Kirchensteuerabzugsverpflichtung

548 Der Arbeitslohn aus einer kurzfristigen Beschäftigung ist lohnsteuerpflichtig und auch kirchensteuerpflichtig. Der Arbeitgeber kann zwischen zwei Möglichkeiten der Besteuerung wählen, wobei diese Wahl für jeden Lohnsteuer-Anmeldungszeitraum unterschiedlich getroffen werden kann:

- entweder: Individualbesteuerung nach Maßgabe der Lohnsteuerkarte (→ Rz. 25, 30) im Hinblick auf die Lohnsteuer und die Kirchensteuer
- oder: pauschale Besteuerung – ohne Vorlage der Lohnsteuerkarte – mit einem pauschalen Steuersatz von 25 % des Arbeitslohns zuzüglich pauschale Kirchensteuer (deren Höhe jeweils nach Bundesland differiert), wenn der Arbeitnehmer bei dem Arbeitgeber gelegentlich, nicht regelmäßig wiederkehrend beschäftigt wird und die Dauer der Beschäftigung 18 zusammenhängende Arbeitstage nicht übersteigt und der durchschnittliche Arbeitslohn während der Beschäftigungsdauer 62 € je Arbeitstag und 12 € je Arbeitsstunde nicht übersteigt.

Für pauschal versteuerten Arbeitslohn sind entsprechend pauschale Annexsteuern (Kirchensteuer, Solidaritätszuschlag) abzuführen. Die Höhe der Kirchensteuer auf pauschalierte Lohnsteuer beträgt den jeweils im Bundesland festgesetzten pauschalen Kirchensteuersatz. Dieser Hebesatz gilt auch für Sachprämien und § 37a EStG und für Sachzuwendungen nach Maßgabe des § 37b EStG.

Übersicht über die Höhe der pauschalierten Kirchensteuer

Bundesland	Hebesatz bei Fällen der Pauschalierung
Baden-Württemberg	5,5 %
Bayern	7 %
Berlin	5 %
Brandenburg	5 %
Bremen mit Bremerhaven	7 %
Hamburg	4 %
Hessen	7 %
Mecklenburg-Vorpommern	5 %
Niedersachsen	6 %
Nordrhein-Westfalen	7 %
Rheinland-Pfalz	7 %
Saarland	7 %
Sachsen	5 %
Sachsen-Anhalt	5 %
Schleswig-Holstein	6 %
Thüringen	5 %

→ Arbeitgeber; → Kurzfristige Beschäftigung; → Gestaltungsmöglichkeiten; → Lohnsteuerkarte; → Pauschalierung und Pauschalbeiträge

3. Aushilfskräfte in der Land- und Forstwirtschaft

a) Voraussetzungen für Aushilfskräfte in der Land- und Forstwirtschaft

Voraussetzung für die Annahme von Aushilfskräften in der Land- und Forstwirtschaft, 549
dass diese Aushilfskräfte in einem Betrieb i.S.d. § 13 Abs. 1 EStG beschäftigt werden, eine typische land- und forstwirtschaftliche Tätigkeit ausüben, nicht abwechselnd mit typisch land- und forstwirtschaftlichen und anderen Arbeiten betraut und auch keine ausgebildeten Fachkräfte in der Land- oder Forstwirtschaft sind (ausführlich hierzu → Rz. 601 ff.).

b) Wahlmöglichkeit des Arbeitgebers im Hinblick auf die Kirchensteuerabzugsverpflichtung

Der Arbeitslohn ist lohnsteuerpflichtig. Bei der Erhebung der Kirchensteuer kann der 550
Arbeitgeber zwischen einem vereinfachten Verfahren und einem Nachweisverfahren wählen. Diese Wahl kann für jeden Lohnsteuer-Anmeldungszeitraum unterschiedlich getroffen werden. Der Arbeitgeber kann zwischen zwei Möglichkeiten der Besteuerung wählen:

- entweder: Individualbesteuerung im Hinblick auf die Lohnsteuer und die Kirchensteuer (die Kirchensteuer beträgt je nach Bundesland zzgl. 9 % oder 8 % der Lohnsteuer, siehe → Rz. 543),
- oder: pauschale Besteuerung mit einem pauschalen Steuersatz vom Arbeitslohn (siehe → Rz. 548). Für pauschal versteuerten Arbeitslohn sind entsprechend pauschale Annexsteuern (Kirchensteuer, Solidaritätszuschlag) abzuführen.

→ Arbeitgeber; → Land- und Forstwirtschaft; → Gestaltungsmöglichkeiten; → Pauschalierung und Pauschalbeiträge

4. Mini-Job

a) Grundsätzliches

Mini-Jobs sind geringfügig entlohnte Beschäftigungen, bei denen der Monatsverdienst 551
die festgelegte Höchstgrenze von 450 € nicht übersteigen darf. Beachte: Auch eine kurzfristige Beschäftigung kann ein Mini-Job sein.

b) Steuerabzugsverpflichtung des Arbeitgebers

In den Fällen, in denen bei geringfügigen Beschäftigungsverhältnissen i.S.d. §§ 8 552
Abs. 1 Nr. 1, 8a SGB V pauschale Rentenversicherungsbeiträge vom Arbeitgeber zu zahlen sind, hat der Arbeitgeber einen einheitlichen Pauschsteuersatz i.H.v. 2 % des Arbeitsentgelts zu erheben. Mit Abführung der einheitlichen Pauschsteuer sind die ansonsten zu erhebenden Beiträge für die Kirchensteuer bereits abgegolten.

→ Mini-Job (Geringfügige Beschäftigung).

II. Kirchensteuerpflicht bei Lohnsteuerpauschalierung

1. Pauschalierungsfälle

Bei der Erhebung der Kirchensteuer kann in den Fällen der Pauschalierung zwischen 553
einem vereinfachten pauschalierenden Verfahren und einem Nachweisverfahren gewählt werden.

Diese Möglichkeit hat

- der Arbeitgeber nach Maßgabe der § 40, § 40a Abs. 1, 2a und 3 und § 40b EStG,

Kirchensteuer

- das Unternehmen, das Sachprämien im Sinne des § 3 Nummer 38 EStG gewährt, nach Maßgabe des § 37a EStG,

- sowie der Steuerpflichtige, der Sachzuwendungen nach Maßgabe des § 37b EStG gewährt.

Der nach den soeben aufgezählten Vorschriften zur Pauschalierung Berechtigte darf die Wahl zwischen diesen Verfahren unterschiedlich ausüben

- sowohl für jeden Lohnsteuer-Anmeldungszeitraum

- als auch für die jeweils angewandte Pauschalierungsvorschrift und darüber hinaus

- für die in den einzelnen Rechtsvorschriften aufgeführten Pauschalierungstatbestände.

Im Hinblick auf die Kirchensteuer bei Pauschalierung sind die gleich lautenden Erlasse der obersten Finanzbehörden der Bundesländer betr. Kirchensteuer bei Pauschalierung der Lohnsteuer vom 8.8.2016 (BStBl I 2016, 773) zu beachten.

2. Kirchensteuerpauschalierung bei Wahl des vereinfachten pauschalierenden Verfahrens als Zuschlag zur pauschalen Lohnsteuer

554 Die Steuerabzugsbeträge können bei Wahl des vereinfachten pauschalierenden Verfahrens pauschal ermittelt werden, weil anzunehmen ist, dass nicht sämtliche Arbeitnehmer einer kirchensteuererhebenden Kirche angehören. Ebenso wie bei der Lohnsteuerpauschalierung wird die Kirchensteuer nicht in Abhängigkeit von der Höhe des Arbeitslohns und anderen persönlichen Merkmalen erhoben, sondern mit einem bestimmten ermäßigten Prozentsatz als Zuschlag zur pauschalierten Lohnsteuer. Wird also die Lohnsteuer pauschaliert, gilt dies auch für die Kirchensteuer. Soweit der Arbeitgeber die Lohnsteuer zulässigerweise (§§ 40, 40a Abs. 1, 2a und 3 sowie 40b EStG außer § 40a Abs. 2 EStG) mit einem Pauschsteuersatz erhebt, kann er auch die Kirchensteuer pauschalieren. Der Antrag des Arbeitgebers auf Pauschalierung der Lohnsteuer nach §§ 40, 40a, 40b EStG bzw. die Durchführung der Lohnsteuerpauschalierung zieht automatisch die Pauschalierung der Lohnkirchensteuer nach sich (BFH v. 30.11.1989, I R 14/87, BStBl II 1990, 993). Daher knüpft die Kirchensteuer im Falle der Pauschalierung der Lohnsteuer an die ermittelte pauschale Lohnsteuer als Maßstabsteuer und als akzessorische Zuschlagsteuer an. Der Arbeitgeber hat die nach den ermäßigten Pauschsteuersätzen berechnete Kirchensteuer in einer Summe an das zuständige Finanzamt abzuführen.

Während im Normalfall der Arbeitnehmer Schuldner der Kirchensteuer ist und der Arbeitgeber nur für die ordnungsgemäße Einbehaltung und Abführung der Steuer haftet, ist der Arbeitgeber formal gesehen alleiniger Steuerschuldner der auf die pauschale Lohnsteuer zu erhebenden Kirchensteuer. Die Kirchensteuer auf die pauschale Lohnsteuer ist insoweit als eine „Unternehmenssteuer eigener Art" (BFH v. 5.11.1982, VI R 219/80, BStBl II 1983, 91) zu charakterisieren, die aus Praktikabilitätsgründen in verfahrensrechtlich-technischer Hinsicht vom Arbeitgeber erhoben wird. Die Steuerschuldnerschaft des Arbeitgebers hat dabei nur steuertechnische und formale Bedeutung. Der BFH hat in seinen Urteilen v. 30.11.1989 (I R 14/87, BStBl II 1990, 993) und v. 7.12.1994 (I R 24/93, BStBl II 1995, 507) festgestellt, dass die persönliche Kirchensteuerpflicht von Arbeitnehmern durch das System der Lohnsteuer-Pauschalierung nicht erweitert wird. Materiell-rechtlich bleibt die pauschale Lohnsteuer und folglich auch die pauschale Kirchenlohnsteuer eine in der Person des Arbeitnehmers durch Verwirklichung des Steuertatbestands ausgelöste Steuer, die sich aber durch die Generalisierung des Pauschalisierungsverfahrens in der Höhe verändert.

3. Kirchensteuerpauschalierung bei Wahl des vereinfachten pauschalierenden Verfahrens für Empfänger von Sachprämien oder von Sachzuwendungen

Auch die Pauschalierungsmöglichkeit für sämtliche Empfänger von Sachprämien oder für sämtliche Empfänger von Sachzuwendungen trägt durch den ermäßigten Steuersatz in pauschaler Weise dem Umstand Rechnung, dass nicht alle Empfänger dieser Leistungen Angehörige einer steuererhebenden Religionsgemeinschaft sind. Auch hier sind die gleich lautenden Erlasse der obersten Finanzbehörden der Bundesländer betr. Kirchensteuer bei Pauschalierung der Lohnsteuer vom 8.8.2016 (BStBl I 2016, 773) zu beachten.

555

4. Zuschlagsatz der Kirchensteuer bei Pauschalierung der Lohnsteuer

Während die Kirchensteuer je nach Bundesland 9 % oder 8 % der Lohnsteuer beträgt, beträgt der Zuschlag zur Lohnsteuer bei Pauschalierung je nach Bundesland zwischen 4 % und 7 %. Dieses Verfahren berücksichtigt, dass nicht das gesamte Aufkommen aus pauschalierter Kirchensteuer von Kirchenmitgliedern aufgebracht wird (siehe → Rz. 548).

5. Anmeldung der pauschalierten Kirchensteuer

Die pauschalierte Kirchensteuer wird mit einem ermäßigten Kirchensteuersatz einbehalten. Die im vereinfachten Verfahren ermittelten Kirchensteuern sind in der Lohnsteuer-Anmeldung bei Kennzahl 47 gesondert anzugeben und in einer Summe an das zuständige Betriebsstättenfinanzamt abzuführen.

Zur Höhe der Kirchensteuersätze siehe → Rz. 548.

6. Aufteilung der pauschalierten Kirchensteuer auf die Kirchen durch die Finanzverwaltung

Im Falle der Pauschalierung kann für die Aufteilung der pauschalen Lohnkirchensteuer die Konfessionszugehörigkeit durch Schätzung ermittelt werden (BFH v. 7.8.1985, I R 309/82, BStBl II 1986, 42). Orientierung für eine solche zulässige Schätzung sind die von den Religionsgemeinschaften untereinander getroffenen Vereinbarungen über die Aufteilung der mit ermäßigtem Kirchensteuer-Pauschsatz einbehaltenen Kirchensteuer oder die von den Finanzministerien im Land ermittelte Aufteilung. Die kirchensteuererhebenden Religionsgemeinschaften bzw. die Finanzverwaltungen der Länder haben im Voraus einen Aufteilungsschlüssel festgelegt, der sich an dem Verhältnis der Mitgliederzahl und deren Kirchensteueraufkommen zu den Stpfl. insgesamt und dem Steueraufkommen in dem jeweiligen Bundesland ausrichtet. Nach diesem Aufteilungsschlüssel wird die mit einem ermäßigten Kirchensteuersatz einbehaltene pauschalierte Kirchensteuer von der Finanzverwaltung nach Konfessionen aufgeteilt abgeführt. Das Aufteilungsverhältnis für die im vereinfachten Verfahren erhobene Kirchensteuer gilt neben den Fällen der Pauschalierung der Lohnsteuer nach Maßgabe der §§ 40, 40a Abs. 1, 2a und 3 sowie 40b EStG auch für die als Lohnsteuer geltende und mit einem Pauschsteuersatz erhobene Einkommensteuer auf Sachprämien nach Maßgabe des § 37a EStG und für Sachzuwendungen nach Maßgabe des § 37b EStG.

556

Aus der Tabelle in → Rz. 564 ergeben sich der Hebesatz und die von der Finanzverwaltung zu berücksichtigende Aufteilung auf die Kirchen (Stand 1.12.2019).

7. Rechtsgrundlage für die Pauschalierung der Kirchensteuer

Die von den Gerichten (OVG Koblenz v. 25.5.1994, 6 A 11217/93, BB 1995, 286; BFH v. 7.12.1994, I R 24/93, BStBl II 1995, 507) geforderte kirchliche Rechtsgrundlage für die Pauschalierung sind die jeweiligen Kirchensteuerbeschlüsse für die Erhebung der Kirchensteuer in Pauschalierungsfällen. Die steuererhebungsberechtigten Kirchen bzw. Religionsgemeinschaften haben in ihren Kirchensteuerbeschlüssen in den Fällen

557

Kirchensteuer

der Pauschalierung einen ermäßigten Kirchensteuersatz bestimmt, der gilt, wenn die Kirchensteuer nicht durch Individualisierung derjenigen kirchensteuererhebenden Kirche zugeordnet wird, der der Arbeitnehmer angehört.

Die besondere Erhebungsform der Lohnkirchensteuer-Pauschalierung – und damit auch der Kirchensteuer-Pauschalierung – wird als verfassungsrechtlich unbedenklich angesehen, weil jederzeit das Regelbesteuerungsverfahren gewählt werden kann mit der Konsequenz, dass dann die Pauschalierung entfällt (im Hinblick auf die Lohnkirchensteuer-Pauschalierung BVerfG v. 17.2.1977, 1 BvR 343/76, DÖV 1977, 448).

8. Höhe der Kirchensteuer (Zuschlag zur Lohnsteuer)

558 Die Höhe der Kirchensteuersätze ergibt sich sowohl bei Anwendung der Vereinfachungsregelung als auch im Nachweisverfahren aus den Kirchensteuerbeschlüssen der steuererhebenden Religionsgemeinschaften. Die je nach Bundesland anzuwendenden Kirchensteuersätze bei Pauschalierung der Lohnsteuer – maßgebend ist jeweils der Satz des Lands, in dem der Ort der Betriebsstätte liegt – sind um einige Prozentpunkte niedriger als die landesüblichen Kirchensteuersätze; sie schwanken zwischen 4 % und 7 %. Diese Ermäßigung berücksichtigt in pauschaler Weise, dass u.U. nicht alle Arbeitnehmer Angehörige einer kirchensteuererhebenden Körperschaft sind. Die in den jeweiligen Ländern geltenden Regelungen werden für jedes Kalenderjahr im BStBl I veröffentlicht. Es gelten auf der Basis der ermittelten Lohnsteuer folgende Sätze (Stand 1.12.2019):

Bundesland	Vom Arbeitgeber zu berücksichtigender Hebesatz	
	bei Individualisierung	bei Pauschalierung
Baden-Württemberg	8 %	5,5 %
Bayern	8 %	7 %
Berlin	9 %	5 %
Brandenburg	9 %	5 %
Bremen	9 %	7 %
Bremerhaven	9 %	7 %
Hamburg	9 %	4 %
Hessen	9 %	7 %
Mecklenburg-Vorpommern	9 %	5 %
Niedersachsen	9 %	6 %
Nordrhein-Westfalen	9 %	7 %
Rheinland-Pfalz	9 %	7 %
Saarland	9 %	7 %
Sachsen	9 %	5 %
Sachsen-Anhalt	9 %	5 %
Schleswig-Holstein	9 %	6 %
Thüringen	9 %	5 %

→ Arbeitgeber; → Pauschalierung und Pauschalbeiträge; → Sachbezüge

III. Individualbesteuerung bei Verzicht auf die Pauschalierung der Kirchensteuer

1. Mitwirkungspflicht des Arbeitgebers

Will der Pauschalierende das vereinfachte Verfahren nicht anwenden, hat er grundsätzlich für alle Empfänger die Zugehörigkeit zu einer steuererhebenden Religionsgemeinschaft festzustellen. Nach Durchführung dieses Nachweisverfahrens ist für Kirchenmitglieder der allgemeine Kirchensteuersatz (8 % oder 9 %) anzuwenden und abzuführen (BFH v. 7.12.1994, I R 24/93, BStBl II 1995, 507). Für diejenigen, die keiner steuererhebenden Religionsgemeinschaft angehören, ist keine Kirchensteuer auf die pauschale Steuer zu entrichten. 559

Die Nachweispflicht des Arbeitgebers, die Kirchenzugehörigkeit bzw. fehlende Kirchenmitgliedschaft festzustellen, begründet der BFH (BFH v. 7.12.1994, I R 24/93, BStBl II 1995, 507) mit der Erwägung, den §§ 38 ff. EStG sei der Grundsatz zu entnehmen, dass der Arbeitgeber für die wahrheitsgemäße und vollständige Aufklärung eines dem Lohnsteuerabzug unterliegenden Sachverhalts mitverantwortlich sei. Seine Mitwirkungs-, Informations- und Nachweispflichten bestehen darin, die für den Lohnsteuerabzug relevanten Besteuerungsmerkmale in vorgeschriebener Form sicherzustellen und ihre Überprüfung durch das Finanzamt zu ermöglichen.

Daher darf ein Arbeitgeber nicht als Steuerschuldner der pauschalierten Kirchenlohnsteuer in Anspruch genommen werden, wenn diese Lohneinkünfte Arbeitnehmer betreffen, die nachweislich nicht der Kirche angehören. Der Arbeitgeber ist daher berechtigt, für einzelne Arbeitnehmer auf Grund von Unterlagen nachzuweisen, dass diese keiner steuererhebenden Kirche angehören und folglich nicht kirchensteuerpflichtig sind. Keine Unterlagen über die Konfession der Arbeitnehmer hat der Arbeitgeber praktisch nur selten, z.B. bei Beschäftigung auf Zuruf.

Für die Mitarbeiter, für die der Arbeitgeber der pauschalierten Lohnsteuer keine Kirchensteuer zuschlägt, muss der Arbeitgeber aus seinen Unterlagen nachweisen, dass sie keiner steuererhebenden Religionsgemeinschaft angehören.

Für die kirchensteuerpflichtigen Arbeitnehmer muss ersichtlich sein, auf Grund welcher Konfessionsangehörigkeit Kirchensteuer erhoben wird.

2. Nachweis der Nichtkirchenzugehörigkeit

Die vom Arbeitgeber beim Bundeszentralamt für Steuern abgerufenen elektronischen Lohnsteuerabzugsmerkmale (ELStAM) dienen in den Fällen der §§ 40 und 40b EStG grundsätzlich als Nachweis für die Nichtzugehörigkeit zu einer steuererhebenden Religionsgemeinschaft. In gleicher Weise zulässig ist auch ein Vermerk des Arbeitgebers, dass der Arbeitnehmer seine Zugehörigkeit oder Nichtzugehörigkeit zu einer steuererhebenden Religionsgemeinschaft mit der vom Finanzamt ersatzweise ausgestellten Bescheinigung für den Lohnsteuerabzug nachgewiesen hat. Verfügt der Arbeitgeber nicht über diese amtlichen Nachweise, ist der Nachweis, dass der Arbeitnehmer keiner kirchensteuererhebungsberechtigten Religionsgemeinschaft angehört, durch die (je nach Bundesland) vom Standesamt oder Amtsgericht ausgestellte amtliche Austrittsbescheinigung, zumindest aber durch eine an das Betriebsstättenfinanzamt gerichtete, im Rahmen des Besteuerungsverfahrens abzugebende (qualifizierte) Erklärung des Arbeitnehmers vom Arbeitgeber zu erbringen (siehe FG Köln v. 25.6.1997, 11 K 1673/95, EFG 1998, 233, rkr.). 560

Die gleich lautenden Erlasse der obersten Finanzbehörden der Bundesländer betr. Kirchensteuer bei Pauschalierung der Lohnsteuer vom 8.8.2016 (BStBl I 2016, 773) enthält die im → Anhang 16 abgedruckte Erklärung gegenüber dem Betriebsstättenfinanzamt zur Religionszugehörigkeit für die Erhebung der pauschalen Lohnsteuer.

Den Nachweis über die fehlende Kirchensteuerpflicht des Arbeitnehmers sowie jede weitere Erklärung über den Beitritt zu einer steuererhebenden Religionsgemeinschaft oder auch den Austritt aus einer steuererhebenden Religionsgemeinschaft hat der Arbeitgeber als Beleg beim Lohnkonto aufzubewahren.

Eine dem obigen Muster nicht entsprechende schriftliche Versicherung des Arbeitnehmers, die der Arbeitgeber zum Lohnkonto nimmt, reicht als Nachweis für die fehlende Zugehörigkeit zu einer kirchensteuererhebenden Religionsgemeinschaft nicht aus.

Kann der Arbeitgeber die auf den einzelnen kirchensteuerpflichtigen Arbeitnehmer bzw. Empfänger von Sachprämien oder Sachzuwendungen entfallende pauschale Lohnsteuer nicht ermitteln, kann er aus Vereinfachungsgründen die gesamte pauschale Lohnsteuer im Verhältnis der kirchensteuerpflichtigen zu den nicht kirchensteuerpflichtigen Arbeitnehmern aufteilen; der auf die kirchensteuerpflichtigen Arbeitnehmer bzw. Empfänger entfallende Anteil ist die Bemessungsgrundlage für die Anwendung des allgemeinen Kirchensteuersatzes. Die so ermittelte Kirchensteuer ist im Verhältnis der Konfessions- bzw. Religionszugehörigkeit der Kirchensteuerpflichtigen aufzuteilen.

3. Nachweis der Kirchenzugehörigkeit

561 Bei Nachweis durch den Arbeitgeber, dass einzelne Arbeitnehmer nicht Kirchenmitglieder sind, entfällt die Pauschalierung für die nicht einer Kirche angehörenden Arbeitnehmer. Die im Nachweisverfahren ermittelten Kirchensteuern sind in der Lohnsteuer-Anmeldung unter der jeweiligen Kirchensteuer-Kennzahl (z.B. 61, 62) anzugeben.

Die Herauslösung einzelner Arbeitnehmer aus der Kirchensteuerberechnung führt dazu, dass für die anderen kirchensteuerpflichtigen Arbeitnehmer der volle regelmäßige Kirchensteuersatz (8 % bzw. 9 %) auf die pauschale Lohnsteuer zuzuschlagen ist (BFH v. 7.12.1994, I R 24/93, BStBl II 1995, 507).

Der Einzelnachweis für jeden Arbeitnehmer, der nicht kirchensteuerpflichtig ist, kann wegen des Verwaltungsaufwands dem Vereinfachungszweck der Pauschalierung zuwiderlaufen.

4. Tipp für den Arbeitgeber

562 Der Arbeitgeber kann durch eine Vergleichsberechnung ermitteln, ob die Pauschalierung oder das Nachweisverfahren für ihn günstiger ist.

Für den Arbeitgeber lohnt sich dieser Verwaltungsaufwand, die Besteuerungsgrundlagen für die Lohn-Kirchensteuer auf Grund konkreter Unterlagen zu ermitteln, nur dann, wenn hierdurch eine geringere Steuerlast anfällt.

5. Vereinbarung zwischen Arbeitgeber und Arbeitnehmer über die Abwälzung der Steuern

563 Da gesetzlich nicht geregelt ist, wer die Steuer im Verhältnis der Arbeitsvertragsparteien wirtschaftlich zu tragen hat, kann der Arbeitgeber bei Pauschalversteuerung die Abwälzung der Steuern mit dem Arbeitnehmer vereinbaren. Die steuerlichen Auswirkungen einer Abwälzung sind in § 40 Abs. 3 Satz 2 EStG festgelegt. Für die Steuerberechnung gilt jedoch nach § 40 Abs. 3 Satz 2 EStG, dass arbeitsvertragliche Barlohnkürzung um die überwälzte Steuer (einschl. Kirchensteuer) nicht etwa die Bemessungsgrundlage für die pauschale Lohnsteuer mindert (entsprechend in Fällen der Gehaltsumwandlung). Damit die Abwälzung (Vereinbarung, dass im Ergebnis der Arbeitnehmer wirtschaftlich die pauschale Steuer nebst Zuschlag bzw. Annexsteuer trägt) den Arbeitslohn für die Steuerberechnung nicht ändert, verlangt das Gesetz zu verfahren, als ob die abgewälzten Steuern Zufluss von Arbeitslohn darstellen. Wegen der Verweise in § 40a Abs. 5 EStG und § 40b Abs. 5 Satz 1 EStG findet § 40 Abs. 3 EStG auch für die weiteren Pauschalierungsvorschriften der §§ 37a und 37b EStG Anwendung (zur Abwälzung siehe → Rz. 27).

IV. Zusammenfassung (Stand 1.12.2019)

Kirchensteuer: Übersicht über Hebesatz und die von der Finanzverwaltung zu berücksichtigende Aufteilung auf die Kirchen

Bundesland	Vom Arbeitgeber zu berücksichtigender Hebesatz		Von der Finanzverwaltung zu berücksichtigende Aufteilung auf die nachfolgenden Kirchen				
	bei Individualisierung	bei Pauschalierung	röm.-kath. [rk]	evangelisch [ev]	jüdische Gemeinde	alt-katholische	weitere
Baden-Württemberg	8 %	5,5 %	53,3812 %	46,5383 %	0,0171 % (ib) 0,0133 % (iw)	0,0479 %	0,0022 % (fb)
Bayern	8 %	7 %	69,887 %	30,020 %	0,031 %	0,062 %	
Berlin	9 %	5 %	30 %	70 %	0 %	0 %	
Brandenburg	9 %	5 %	30 %	70 %	0 %	0 %	
Bremen	9 %	7 %	20 %	80 %	0 %	0 %	
Bremerhaven	9 %	7 %	10 %	90 %	0 %	0 %	
Hamburg		4 %	29,5 %	70 %	0,5 %	0 %	
Hessen	9 %	7 %	44,9009 %	54,8744 %	0,1639 % (is) 0,0215 % (il)	0,0275 %	0,0019 % (fm) 0,0099 % (fs)
Mecklenburg-Vorpommern	9 %	5 %	10 %	90 %	0 %	0 %	
Niedersachsen	9 %	6 %	27 %	73 %	0 %	0 %	
Nordrhein-Westfalen	9 %	7 %	58,92 %	40,97 %	0,07 %	0,04 %	
Rheinland-Pfalz	9 %	7 %	60,0334 %	39,8989 %	0,0118 %	0,0289 %	0,0069 % (fm) 0,0120 % (fg) 0,0081 % (fa)
Saarland	9 %	7 %	75 %	25 %	0 %	0 %	
Sachsen	9 %	5 %	15 %	85 %	0 %	0 %	
Sachsen-Anhalt	9 %	5 %	27 %	73 %	0 %	0 %	

Kirchensteuer

Bundesland	Vom Arbeitgeber zu berücksichtigender Hebesatz		Von der Finanzverwaltung zu berücksichtigende Aufteilung auf die nachfolgenden Kirchen				
	bei Individualisierung	bei Pauschalierung	röm.-kath. [rk]	evangelisch [ev]	jüdische Gemeinde	alt-katholische	weitere
Schleswig-Holstein	9 %	6 %	15 %	85 %	0 %	0 %	
Thüringen	9 %	5 %	28 %	72 %	0 %	0 %	

Siehe auch → Abwälzung; → Arbeitgeber; → Lohnsteuerkarte; → Pauschalierung und Pauschalbeiträge; → Sachbezüge

Knappschaft-Bahn-See

I. Arbeitsrecht

565 Es bestehen keine arbeitsrechtlichen Besonderheiten.

II. Lohnsteuer

566 Der Arbeitgeber hat die einheitliche Pauschsteuer i.H.v. 2 % (→ Geringfügig entlohnte Beschäftigung) gegenüber der Deutschen Rentenversicherung Knappschaft-Bahn-See (KBS) als Schuldner zu tragen und sie mit dem Beitragsnachweis dorthin zu melden und abzuführen. Die KBS ist für die Erhebung und den Einzug der einheitlichen Pauschsteuer zuständig. Bei Verwendung des Haushaltsschecks sind Sonderregelungen zu beachten (→ Haushaltsscheckverfahren).

III. Sozialversicherung

567 Seit dem 1.4.2003 ist die Deutsche Rentenversicherung Knappschaft-Bahn-See die zuständige Einzugsstelle für alle geringfügig (geringfügig entlohnt oder kurzfristig) Beschäftigten in Deutschland. Sie prüft Mehrfachbeschäftigungen und stellt – seit dem 1.1.2009 – auch die Versicherungspflicht fest. Im allgemeinen Sprachgebrauch wird dieser Träger der Sozialversicherung auch Minijob-Zentrale genannt.

Krankenversicherung

I. Arbeitsrecht

568 Es bestehen keine arbeitsrechtlichen Besonderheiten.

II. Lohnsteuer

569 Beiträge des Arbeitnehmers zur gesetzlichen oder privaten Krankenversicherung werden steuerlich als Vorsorgeaufwendungen berücksichtigt. Eine solch steuermindernde Berücksichtigung ist möglich in der Einkommensteuerveranlagung, aber auch bereits beim Lohnsteuerabzug. So wird ein Teilbetrag der in der Lohnsteuertabelle eingearbeiteten Vorsorgepauschale angesetzt für die tatsächlichen Beiträge des Arbeitnehmers

an die gesetzliche oder private Krankenversicherung sowie an die soziale Pflegeversicherung.

Die Vorsorgepauschale mindert den steuerpflichtigen Arbeitslohn. Sie ist in die **Lohnsteuertabellen** eingearbeitet und wird auch bei der Lohnsteuerermittlung per PC oder Rechenprogramm berücksichtigt. Erhebt der Arbeitgeber die **pauschale** Lohnsteuer, darf er vom Arbeitslohn keine Vorsorgepauschale abziehen.

Arbeitgeberbeiträge zur gesetzlichen Kranken- und Pflegeversicherung sind **steuerfrei**. Dies gilt auch für die pauschalen Beiträge i.H.v. 13 % bzw. 5 % des Arbeitsentgelts für eine geringfügige Beschäftigung sowie die Arbeitnehmeranteile am Gesamtsozialversicherungsbeitrag, die der Arbeitgeber auf Grund der gesetzlichen Beitragslastverschiebung nachzuentrichten und zu übernehmen hat (→ Arbeitgeber).

III. Sozialversicherung

Die Krankenversicherung in Deutschland wird in zwei verschiedenen Systemen betrieben. Man unterscheidet zwischen gesetzlicher und privater Krankenversicherung. Arbeitnehmer, die gegen ein regelmäßiges Jahresarbeitsentgelt von nicht mehr als 62 550 € beschäftigt sind, unterliegen im Regelfall der Versicherungspflicht in der gesetzlichen Krankenversicherung, wobei die gesetzliche Krankenkasse grundsätzlich frei gewählt werden kann. 570

Bei Krankenversicherungspflicht tragen Arbeitnehmer und Arbeitgeber den Beitrag jeweils zur Hälfte. Der allgemeine Beitragssatz für 2020 beträgt 14,6 %. Arbeitnehmer und Arbeitgeber tragen jeweils 7,3 %. Allerdings erheben die meisten Krankenkassen seit 1.1.2015 einen kassenindividuellen, einkommensabhängigen Zusatzbeitrag, um ihre Ausgaben decken zu können. Der kassenindividuelle Zusatzbeitrag ist auf Grund des GKV-Versichertenentlastungsgesetzes seit 1.1.2019 zur Hälfte vom Arbeitnehmer und Arbeitgeber zu finanzieren. Der Arbeitgeber ist seit 1.1.2015 verpflichtet, diesen im Lohnabzugsverfahren vom Arbeitnehmer einzubehalten und an dessen Krankenkasse abzuführen. Bei laufendem Arbeitsentgelt fallen 2021 Krankenversicherungsbeiträge maximal von einem Arbeitsentgelt i.H.v. 4 837,50 € (Beitragsbemessungsgrenze) monatlich an.

Bei gesetzlich krankenversicherten Arbeitnehmern in einer krankenversicherungsfreien geringfügig entlohnten Beschäftigung hat der Arbeitgeber einen Pauschalbeitrag i.H.v. 13 % aus dem Arbeitsentgelt zu tragen und an die Minijob-Zentrale abzuführen. Hier ist kein Zusatzbeitrag einzubehalten. Bei privat krankenversicherten Mini-Jobbern ist kein Pauschalbeitrag zur Krankenversicherung zu entrichten.

Kündigung

I. Arbeitsrecht

1. Kündigung des Aushilfsarbeitsverhältnisses

Jede Kündigung des Aushilfsvertrags **bedarf** nach § 623 BGB zu ihrer Wirksamkeit **der Schriftform** (elektronische Form reicht nicht aus). Im Übrigen gilt: 571

a) Fristlose Kündigung

Genauso wie bei jedem anderen Arbeitsverhältnis kann eine Aushilfstätigkeit, sei sie befristet oder unbefristet, **fristlos** gekündigt werden, wenn die dafür gesetzlich vorgeschriebenen Gründe (§ 626 BGB) gegeben sind, beispielsweise eine Straftat gegen den Arbeitgeber oder eine beharrliche Arbeitsverweigerung trotz Abmahnung. 572

b) Fristgerechte Kündigung

573 Dagegen hat der Gesetzgeber für die **fristgerechte (ordentliche) Kündigung** eine Besonderheit eingeräumt: Für Aushilfsbeschäftigungen können **kürzere als die gesetzlichen Mindestkündigungsfristen** (§ 622 Abs. 5 Nr. 1 BGB) vereinbart werden.

> **Beispiele:**
>
> Mit einem Kellner, der für einen kranken Kollegen einspringt, wird eine Kündigungsfrist von zwei Tagen vereinbart.
>
> Mit einer nur für den Sommerschlussverkauf eingestellten Verkäuferin wird eine Kündigungsfrist von einer Woche festgelegt.
>
> Mit einem Buchhalter, der nur beim Jahresabschluss tätig sein soll, wird eine Kündigungsfrist von zwei Wochen vereinbart.

Wichtig: Für Aushilfskräfte, die in einem Betrieb **länger als drei Monate** arbeiten, gelten die gesetzlichen Mindestkündigungsfristen (§ 622 Abs. 5 BGB) und nicht (mehr) eine vereinbarte verkürzte Kündigungsfrist.

574 Die **Regelkündigungsfristen** für Arbeiter und Angestellte sind **in § 622 BGB geregelt,** und zwar insgesamt abschließend und gleich für Arbeiter und Angestellte mit einer Grundkündigungsfrist von vier Wochen zum 15. eines Monats oder zum Monatsende mit ausnahmsweisen **Verkürzungsmöglichkeiten**

– für Kleinbetriebe,

– in der Probezeit und

– durch anwendbare tarifvertragliche Regelungen.

Diese Kündigungsfristen sind anzuwenden, wenn die aufgezeigte Kürzungsmöglichkeit (→ Rz. 573) nicht genutzt wird oder nicht genutzt werden kann.

> **Beispiel:**
>
> Eine Aushilfsverkäuferin wird für mehrfache Urlaubsvertretung auf die Dauer von sechs Monaten befristet eingestellt, in Anbetracht ihrer Bekanntheit aus früheren Einsätzen ohne Probezeitvereinbarung und ohne Festlegung einer Kündigungsfrist bei lediglich vereinbarter Kündigungsmöglichkeit vor Fristablauf; ein Tarifvertrag findet keine Anwendung.
>
> Hier muss die neue Grundkündigungsfrist von vier Wochen zum 15. eines Monats oder zum Monatsende eingehalten werden. Dasselbe würde bei gleicher Ausgangslage für die Kündigung einer aushilfsweise eingestellten Produktionshilfsarbeiterin gelten.

Wichtig:

Die Tatsache eines Aushilfsarbeitsverhältnisses und eines entsprechenden Arbeitsvertrags führt allein nicht zu **verkürzten Kündigungsfristen.** Sie müssen **ausdrücklich vereinbart** werden. Geschieht dies nicht, gelten die gesetzlichen Fristen.

> **Beispiel:**
>
> Eine junge Frau wird für eine erkrankte Verkäuferin vorübergehend eingestellt. Es wurde versäumt, eine Vereinbarung über die Kündigungsfrist zu treffen. Als daher die erkrankte Mitarbeiterin schon nach einer Woche wieder arbeitsfähig ist, kann die Aushilfskraft nicht sofort entlassen werden. Denn der Arbeitgeber muss sich an die gesetzlichen Kündigungsfristen halten.

c) Befristung: Vorzeitige Kündigung muss vereinbart werden

575 Der im vorangehenden Beispiel angeführte Fall kann allerdings nicht nur bei einem **unbefristeten,** sondern auch bei einem **befristeten Aushilfsarbeitsverhältnis** eintreten.

Beispiel:

Die junge Frau wird als Vertreterin für eine Verkäuferin eingestellt, die ein Kind bekommen hat. Die Aushilfstätigkeit wird auf sechs Monate befristet. Die Möglichkeit einer vorzeitigen Kündigung wird nicht vereinbart. Als daher die Verkäuferin früher als zunächst vorgesehen an ihren Arbeitsplatz zurückkommt, kann der Arbeitgeber der Aushilfe nicht kündigen, weil ihr Arbeitsverhältnis erst mit Ablauf der vereinbarten sechs Monate endet (s. jetzt auch ausdrücklich § 15 Abs. 3 TzBfG).

Die Aushilfsverkäuferin hätte eine Kündigung hinnehmen müssen, wenn mit ihr einzelvertraglich oder über einen vereinbarten Tarifvertrag eine vorzeitige Kündigung vereinbart worden wäre; so jetzt ausdrücklich § 15 Abs. 3 TzBfG.

Also: Bei allen Aushilfstätigkeiten ist darauf zu achten, dass die schriftliche Vereinbarung eine **Kündigungsklausel** (Anhang 2 → Arbeitsvertrag für Aushilfen § 6) enthält.

d) Ausnahmen/Besonderheiten

Besondere **Einschränkungen** bei der Kündigung des Aushilfsarbeitsverhältnisses können sich in folgenden Fällen ergeben: 576

- **Schwerbehinderte Menschen**
  Auch mit Schwerbehinderten können verkürzte Kündigungsfristen vereinbart werden. Es gilt also keine Mindestkündigungsfrist von vier Wochen. **Übrigens:** Die Kündigung eines zur Aushilfe eingestellten schwerbehinderten Menschen **bedarf nicht der Zustimmung** des Integrationsamts – es sei denn, das Arbeitsverhältnis besteht länger als sechs Monate, § 173 Abs. 1 Nr. 1 SGB IX.

- **Schwangere und Wöchnerinnen**
  Ein Arbeitgeber darf **Frauen, auf die die Bestimmungen des Mutterschutzgesetzes zutreffen,** nicht kündigen (§ 9 MuSchG). Dies gilt allerdings nur bei einer **unbefristeten** Aushilfstätigkeit. Bei einem befristeten Vertrag endet das Arbeitsverhältnis ja auch ohne Kündigung nach der vereinbarten Zeit. Hier zeigt sich der Wert eines – zulässig – befristeten Aushilfsvertrags!
  Das Kündigungsverbot gilt uneingeschränkt auch für **Hausangestellte**.

- **Beschäftigte über drei Monate**
  Für Aushilfskräfte, die in einem Betrieb **länger als drei Monate** arbeiten, gelten die gesetzlichen Mindestkündigungsfristen (§ 622 Abs. 5 BGB). Handelt es sich dabei jedoch um mehrere hintereinander vereinbarte Aushilfsbeschäftigungen (Kettenarbeitsverträge), ist in jedem Fall die Frage der Kündigungsfristen genau zu prüfen.

Beispiel 1:

Mit einem Kellner wird als Vertretung für einen erkrankten Mitarbeiter eine sechswöchige Aushilfsbeschäftigung mit einer Kündigungsfrist von zwei Tagen vereinbart. Der erkrankte Kellner fällt jedoch wegen einer Kur und Nachkur für weitere 2½ Monate aus, so dass der Aushilfsvertrag über die sechs Wochen hinaus entsprechend verlängert wird.

- In diesem Fall gilt ab dem Zeitpunkt, ab dem der Vertrag verlängert wurde, nicht mehr die vereinbarte, sondern die gesetzliche Kündigungsfrist.

Beispiel 2:

Eine Kassiererin, die ein Kind erwartet, fällt für mehrere Monate aus. Der Arbeitgeber stellt deshalb für sie eine Aushilfskraft ein. Der Vertrag mit einer Kündigungsfrist von einer Woche wird zunächst auf zwei Monate befristet. Anschließend erneuert der Chef diesen Vertrag zweimal – wiederum jeweils um zwei Monate. Als die vertretene Kollegin nach fünfeinhalb Monaten die Arbeit wieder aufnehmen kann, kündigt der Arbeitgeber der Aushilfskraft mit der Kündigungsfrist von einer Woche.

Kündigung

- Dies ist rechtlich jedoch nicht möglich. Im ersten Beispiel musste der Vertrag aus sachlichen, nämlich vorher nicht voraussehbaren Gründen verlängert werden. Dagegen zeigt der zweite Fall sehr deutlich, dass der Arbeitgeber durch hintereinander abgeschlossene Verträge bewusst die gesetzlichen Kündigungsfristen umgehen wollte. Deshalb kann er sich hier nicht auf die vereinbarte kürzere Frist berufen.
- **Tarifvertragliche Kündigungsfrist**
  Sieht ein anzuwendender **Tarifvertrag** für Aushilfsarbeitsverhältnisse eine bestimmte Mindestkündigungsfrist vor, so muss sie beachtet und darf **nicht einzelvertraglich unterschritten** werden.

e) Allgemeiner Kündigungsschutz

577 Abschließend noch ein Hinweis für den seltenen Fall, dass eine **Aushilfsbeschäftigung länger als sechs Monate** dauert: Hier muss sich der Arbeitgeber bei einer Kündigung an die im Kündigungsschutzgesetz vorgeschriebenen triftigen Gründe halten (§ 1 Abs. 2 KSchG), wenn er die Kleinbetriebsgrenze (siehe § 23 KSchG und → Rz. 580) überschreitet. Dabei wird allerdings der Wegfall des Aushilfszwecks, des vorübergehenden Bedarfs, als betriebsbedingter Kündigungsgrund anerkannt. Andererseits liegt kein personenbedingter Grund zur Kündigung i.S.v. § 1 Abs. 2 KSchG vor, wenn ein als „Aushilfe" beschäftigter „ewiger" Student auf Grund seiner überlangen Studiendauer von den Sozialversicherungsträgern nicht mehr als sozialversicherungsfrei angesehen wird (BAG v. 18.1.2007, 2 AZR 731/05, NZA 2007, 680).

f) Besonderer Kündigungsschutz

578 Die **besonderen gesetzlichen Kündigungsschutzregelungen** sind auch bei Aushilfsarbeit maßgeblich, z.B. nach

- § 9 MuSchG,
- § 18 BEEG (für Arbeitnehmer in Elternzeit, wird bei Aushilfen kaum in Betracht kommen),
- § 168 SGB IX (schwerbehinderte Menschen),
- § 178 Abs. 2 SGB IX (ordnungsgemäße Beteiligung der Schwerbehindertenvertretung vgl. BAG v. 13.12.2018, 2 AZR 378/18, NZA 2019, 305),
- § 102 BetrVG (ordnungsgemäße Anhörung des Betriebsrats vor Kündigung).

Sie greifen aber **nicht** ein, wenn der Aushilfsvertrag **befristet** abgeschlossen ist und deshalb durch Zeitablauf endet.

2. Kündigung des Teilzeitarbeitsverhältnisses

a) Grundsatz

579 Für Teilzeitbeschäftigte gibt es in der Kündigungsfrage **keine besonderen Regelungen.** Es gelten also dieselben Bedingungen wie bei einem normalen Arbeitsverhältnis (**außerordentliche Kündigung:** § 626 BGB; **Mindestkündigungsfrist** bei einer **ordentlichen Kündigung:** § 622 BGB; **Schriftform** (nicht elektronisch) für die Kündigung: § 623 BGB) – mit einer **Ausnahme:** In Fällen, in denen eine **Teilzeitbeschäftigung gleichzeitig ein Aushilfsarbeitsverhältnis** ist, besteht die Möglichkeit, die gesetzlichen Mindestkündigungsfristen wie bei einer Aushilfstätigkeit zu verkürzen (→ Rz. 573).

Die **Kündigungsfristen** sind in § 622 BGB geregelt:

- Die gesetzlichen Kündigungsfristen sind allein § 622 BGB zu entnehmen.
- Die Grundkündigungsfrist für die ersten zwei Jahre beträgt vier Wochen zum 15. oder Monatsende.

- Die Grundkündigungsfrist verlängert sich gemäß § 622 Abs. 2 Satz 1 BGB bei längerer Betriebszugehörigkeit in mehreren Stufen. Diese Staffelung der Kündigungsfristen verletzt das Verbot der mittelbaren Altersdiskriminierung nicht (BAG v. 18.9.2014, 6 AZR 636/13, NZA 2014, 1400).
- Bei vereinbarter Probezeit bis zu sechs Monaten beträgt die Kündigungsfrist zwei Wochen.
- Tariflich können die Kündigungsfristen verkürzt (und verlängert) werden (wirksam im Teilzeitarbeitsverhältnis bei Tarifbindung von Arbeitnehmer und Arbeitgeber, bei Vereinbarung der Tarifregelung oder bei allgemein verbindlichem Tarifvertrag).
- In Kleinbetrieben mit nicht mehr als 20 Arbeitnehmern (zur Berechnung der Anzahl der Arbeitnehmer → Rz. 580) kann die Grundkündigungsfrist durch Vereinbarung auf vier Wochen (ohne Endtermin) verkürzt werden.

b) Allgemeiner Kündigungsschutz

Teilzeitbeschäftigte genießen **Kündigungsschutz wie Vollzeitarbeitnehmer**, unabhängig von ihrer Arbeitszeit, wenn sie länger als sechs Monate Betriebszugehörigkeit besitzen und der Betrieb den Schwellenwert für Kleinbetriebe überschreitet (**Wartezeit und Schwellenwert**). Der Schwellenwert richtet sich im Einzelnen nach § 23 Abs. 1 KSchG. 580

Kündigungsschutz nach dem KSchG bedeutet: Eine Kündigung ist nur aus den in § 1 KSchG genannten Gründen zulässig. Hierzu muss auf weiterführende Werke verwiesen werden.

Bei der **Ermittlung der Beschäftigtenzahl** von fünf bzw. zehn Arbeitnehmern sind **Teilzeitkräfte** wie folgt zu berücksichtigen: 581

- Arbeitnehmer mit einer regelmäßigen wöchentlichen Arbeitszeit von nicht mehr als 20 Stunden mit 0,5 und
- mit nicht mehr als 30 Stunden mit 0,75.

Bei **betriebsbedingten Kündigungen** muss der Arbeitgeber auf eine Besonderheit achten: Wenn der Arbeitsplatz eines Teilzeitarbeiters z.B. wegen Rationalisierungsmaßnahmen entfällt, im Betrieb aber eine vergleichbare freie Vollzeitstelle vorhanden ist, muss der Arbeitgeber dem Teilzeitarbeiter diesen Platz zunächst anbieten, ggf. sogar durch Änderungskündigung. Erst bei Ablehnung ist er zur Kündigung berechtigt.

Bei **Wegfall von Arbeitsplätzen** entscheidet der Arbeitgeber grundsätzlich frei darüber, ob er entsprechend dem Wegfall einer entsprechenden Anzahl von Vollzeitkräften kündigt oder ob er Änderungskündigungen dahingehend ausspricht, dass Vollzeitkräfte zu Teilzeitkräften werden (BAG v. 19.5.1993, 2 AZR 584/92, DB 1993, 1879). 582

> **Beispiel:**
> In einem Betrieb entfallen durch Auftragsrückgang drei Vollzeitarbeitsplätze.
>
> Der Arbeitgeber kann nunmehr drei Vollzeitkräften kündigen. Er kann aber auch sechs Vollzeitkräften eine Änderungskündigung auf eine Halbtagsbeschäftigung – unter Beachtung der Grundsätze zur Sozialauswahl – aussprechen.

Andererseits gilt bei betriebsbedingtem Wegfall von Arbeitsvolumen zur **Sozialauswahl zwischen Teilzeit- und Vollzeitbeschäftigten** (BAG v. 3.12.1998, 2 AZR 341/98, DB 1999, 487; BAG v. 12.8.1999, 2 AZR 12/99, DB 2000, 228; EuGH v. 26.9.2000, C-322/98, AP Nr. 51 zu § 1 KSchG 1969 Soziale Auswahl):

- Hat der Arbeitgeber eine **organisatorische**/personalpolitische/unternehmerische **Entscheidung** dahingehend getroffen, dass er bestimmte Arbeiten auf Vollzeitarbeitsplätzen verrichten lassen will, so sind bei weggefallenem Arbeitsbedarf Teilzeitkräfte mit Vollzeitkräften nicht vergleichbar; eine Sozialauswahl findet also nicht statt, und zwar auch dann nicht, wenn eine sozial schutzwürdigere Teilzeitkraft sich bereit erklärt, zur Vermeidung einer Kündigung einen Vollzeitarbeitsplatz zu übernehmen.

- Hat der Arbeitgeber andererseits **keine Organisationsentscheidung** getroffen, ob das Arbeitsvolumen durch Teilzeit- oder Vollzeitarbeitnehmer erledigt werden soll, und ist damit die Anzahl der für bestimmte Arbeitsaufgaben eingesetzten Arbeitnehmer aus seiner Sicht belanglos, so sind Teilzeit- und Vollzeitkräfte vergleichbar; weggefallenes Arbeitsvolumen muss also nach den Grundsätzen der Sozialauswahl nach § 1 Abs. 3 KSchG belastet werden.

- Die Organisationsentscheidung des Arbeitgebers darf im Übrigen **nicht willkürlich** oder unsachlich sein.

c) Besonderer Kündigungsschutz

583 Der besondere **Kündigungsschutz** nach dem **Mutterschutzgesetz** (§ 9 MuSchG) und in Elternzeit (§ 18 BEEG) gilt auch für Teilzeitarbeitnehmerinnen – Kündigungsverbot –, ebenso wie bei **schwerbehinderten** Teilzeitkräften nach sechsmonatiger Betriebszugehörigkeit die Zustimmung des Integrationsamtes zur Kündigung eingeholt werden muss, § 168 SGB IX.

Der besondere Kündigungsschutz entfällt natürlich ebenso wie der allgemeine Kündigungsschutz, wenn das Arbeitsverhältnis bei – zulässiger – **Befristung** nicht durch Kündigung, sondern durch Zeitablauf endet.

3. Kündigung bei nebenberuflicher Beschäftigung

584 Für die Kündigung gelten im nebenberuflichen Arbeitsverhältnis **keine Besonderheiten** hinsichtlich Kündigungsfristen und allgemeinem und besonderem Kündigungsschutz (→ Rz. 580 ff.); für den Arbeitgeber des nebenberuflichen Beschäftigungsverhältnisses gibt es also insoweit keine Erleichterungen.

Dasselbe – keine Erleichterung – gilt auch für den **Arbeitgeber der hauptberuflichen Beschäftigung**, der insbesondere kein Kündigungsrecht wegen erlaubter (zulässiger) Nebenbeschäftigung des Arbeitnehmers besitzt (→ Nebenberufliche Beschäftigung/Nebentätigkeit).

Bei **unerlaubter Nebentätigkeit**, d.h. bei einem Verstoß des Arbeitnehmers gegen ein berechtigtes Nebenbeschäftigungsverbot z.B. wegen eines Konkurrenzverbots (→ Mehrere Beschäftigungen), kann eine **Abmahnung** (BAG v. 30.5.1996, 6 AZR 537/95, DB 1997, 233), nach Abmahnung eine verhaltensbedingte **Kündigung** nach § 1 Abs. 2 KSchG, in gravierenden Fällen auch eine außerordentliche Kündigung (BAG v. 9.4.2007, 2 AZR 180/06, NZA-RR 2007, 571) nach § 626 BGB gerechtfertigt sein. Ein solcher gravierender Fall liegt z.B. regelmäßig dann vor, wenn der Arbeitnehmer (im Streitfall: Sachbearbeiter in der Bau- und Liegenschaftsverwaltung) über mehrere Jahre hinweg fortgesetzt in Unkenntnis des Arbeitgebers offensichtlich nicht genehmigungsfähige Nebentätigkeiten ausübt und die Einholung der erforderlichen Nebentätigkeitsgenehmigungen deshalb unterlässt, weil ihm nach eigenem Bekunden die mangelnde Genehmigungsfähigkeit bewusst war (BAG v. 18.9.2008, 2 AZR 827/06, NZA-RR 2009, 393).

Andererseits: Ein Arbeitnehmer, der mit der Ausübung einer Nebentätigkeit, durch **die betriebliche Interessen nicht beeinträchtigt** werden, nicht bis zu einer gerichtlichen Entscheidung über ihre Zulässigkeit abwartet, handelt unter Berücksichtigung seiner Grundrechte aus Art. 12 GG und Art. 2 Abs. 1 GG selbst dann nicht pflichtwidrig, wenn arbeitsvertraglich ein Erlaubnisvorbehalt vereinbart ist (BAG v. 13.5.2015, 2 ABR 38/14, DB 2016, 59). Hat also der Hauptarbeitgeber dem Arbeitnehmer ohne innere Berechtigung eine Nebenbeschäftigung untersagt, so darf der Arbeitnehmer gegen dieses unberechtigte Nebenbeschäftigungsverbot verstoßen; eine auf diesen Verstoß gestützte Kündigung des Arbeitgebers ist unwirksam.

Eine zulässige Nebentätigkeit darf im Übrigen nur ganz ausnahmsweise auch **während einer Arbeitsunfähigkeit** ausgeübt werden, ohne dass deswegen gekündigt werden dürfte; bei Genesungswidrigkeit und nach Abmahnung ohne Erfolg oder bei erschlichener Arbeitsunfähigkeit (ohne Abmahnung) oder bei entsprechendem begründetem und nachweisbarem Verdacht liegt ein Kündigungsgrund vor.

Die vorstehenden Ausführungen gelten umgekehrt für eine Nebentätigkeit **während des Urlaubs** im Hauptarbeitsverhältnis: Eine Kündigung kommt normalerweise nicht in Betracht.

II. Lohnsteuer

Zahlt der Arbeitgeber an den Arbeitnehmer für dessen Entlassung aus dem Dienstverhältnis oder für die vorzeitige Beendigung des Dienstverhältnisses eine (Entlassungs-)**Abfindung**, ist sie als Arbeitslohn stets steuerpflichtig. Weil solche Abfindungen **nicht** der Sozialversicherung unterliegen und somit auch nicht zum sozialversicherungsrechtlichen Arbeitsentgelt rechnen, ist die **Lohnsteuerpauschalierung** mit 2 % und 20 % nicht zulässig. 585

Folglich muss der Arbeitgeber die auf die Abfindungszahlung bzw. Entlassungsentschädigung entfallende Lohnsteuer im Regelverfahren nach den **Lohnsteuerabzugsmerkmalen** des Arbeitnehmers erheben (→ Lohnsteuerkarte). Dazu ist die Abfindung als sonstiger Bezug (→ sonstige Bezüge) zu behandeln. Zur steuerlichen Behandlung einer Entlassungsabfindung → Lohnsteuerbescheinigung, → Rz. 659.

Solch eine Besteuerung im Regelverfahren muss für den Arbeitnehmer nicht nachteilig sein. Denn durch den Ansatz des Arbeitnehmer-Pauschbetrags i.H.v. 1 000 € (→ Rz. 1050) bleiben Abfindungen bis zu diesem Betrag steuerunbelastet. Voraussetzung hierfür ist, dass der Arbeitnehmer keinen weiteren Arbeitslohn bezieht. Ggf. kommt noch der für andere Einkünfte oder i.R. der Zusammenveranlagung zur Einkommensteuer nicht ausgeschöpfte („verbrauchte") Grundfreibetrag hinzu.

Im Übrigen bestehen keine lohnsteuerrechtlichen Besonderheiten.

III. Sozialversicherung

Es bestehen keine sozialversicherungsrechtlichen Besonderheiten. 586

Kurzfristige Beschäftigung

I. Arbeitsrecht

Bei kurzfristiger Beschäftigung handelt es sich regelmäßig um Aushilfsbeschäftigung, sei es in Vollzeit, Teilzeit, befristet oder im Mini-Job, so dass auf die jeweils einschlägige Darstellung verwiesen wird. Auch bei der kurzfristigen Beschäftigung gilt der gesetzliche Mindestlohn (→ Mindestlohn). 587

Auch für **Saisonarbeiter** (→ Saisonarbeitnehmer), wie sie insbesondere in der Landwirtschaft zu finden sind, gilt keine Ausnahme vom Mindestlohn. Eine gewisse **Kompensation** ist allerdings zuletzt mit der **Neuregelung** in § 8 Abs. 1 Nr. 2 SGB IV mit Wirkung ab 1.1.2019 dadurch geschaffen worden, dass sie bei begrenzter Beschäftigungszeit von längstens 70 Tagen oder drei Monaten **zu den kurzfristig** Beschäftigten gehören mit den nachfolgend dargestellten steuerlichen und sozialversicherungsrechtlichen Besonderheiten. Diese Grenzen sind aufgrund der Corona-Pandemie für den Zeitraum März bis Oktober 2020 auf fünf Monate oder längstens 115 Tage angehoben worden.

Ansonsten bestehen keine arbeitsrechtlichen Besonderheiten.

II. Lohnsteuer

588 Nach dem Steuerrecht liegt eine kurzfristige Beschäftigung vor, wenn der Arbeitnehmer beim Arbeitgeber **gelegentlich**, d.h. **nicht regelmäßig** wiederkehrend, beschäftigt wird. In diesen Fällen kann der Arbeitgeber eine pauschale Lohnsteuer i.H.v. 25 % des Arbeitslohns erheben. Für diese Beschäftigungsform müssen die folgenden **drei Voraussetzungen** vorliegen:

1. Gelegentliche Tätigkeit

589 Der Arbeitnehmer arbeitet bei einem Arbeitgeber nur **gelegentlich**. Das heißt: Die Tätigkeit darf sich zwar wiederholen, aber sie darf nicht regelmäßig wiederkehren. Wo die Finanzbeamten die Grenzlinie zwischen „gelegentlich" und „regelmäßig" ziehen, kann nur für den jeweiligen Fall entschieden werden.

Nach den Lohnsteuer-Richtlinien ist als gelegentliche, nicht regelmäßig wiederkehrende Beschäftigung eine **ohne** feste Wiederholungsabsicht ausgeübte Tätigkeit zu verstehen (R 40a.1 Abs. 2 LStR). Tatsächlich kann es zu Wiederholungen der Tätigkeit kommen. **Entscheidend** ist, dass die erneute Tätigkeit nicht bereits von vornherein vereinbart worden ist. Es kommt nicht darauf an, wie oft die Aushilfskräfte tatsächlich im Laufe des Jahrs tätig werden.

Eine gelegentliche Beschäftigung liegt somit auch dann vor, wenn der Arbeitgeber auf bestimmte Personen zurückgreifen kann, die ohne Wiederholungsabsicht je nach persönlicher Verfügbarkeit bereit sind, auf Nachfrage auszuhelfen. Nicht maßgeblich ist, ob es sich um eine kurzfristige Beschäftigung i.S.d. Sozialversicherungsrechts handelt.

> **Beispiel 1:**
> Ein Bestattungsunternehmer benötigt häufig Sargträger. Ihm ist ein Kreis von Personen bekannt, der ohne feste Wiederholungsabsicht bereit ist, nach Abkömmlichkeit auf Anruf auszuhelfen. Falls der Unternehmer im Laufe eines Jahrs einen Sargträger mehrfach (z.B. 30-mal) in Auftrag genommen hat, handelt es sich gleichwohl jeweils um kurzfristige Beschäftigungen.

> **Beispiel 2:**
> Arbeitgeber A benötigt regelmäßig eine Buchhaltungshilfe. Er vereinbart deshalb mit der Arbeitnehmerin B, dass sie jeweils an den letzten drei Tagen des Monats im Betrieb arbeiten soll.
>
> Weil die Tätigkeit regelmäßig ausgeübt wird, handelt es sich nicht um eine kurzfristige bzw. gelegentliche Beschäftigung ohne Wiederholungsabsicht. Die Voraussetzungen für die Pauschalierung der Lohnsteuer mit 25 % liegen nicht vor. Falls die Voraussetzungen für eine geringfügig entlohnte Beschäftigung erfüllt sind, ist die Lohnsteuerpauschalierung i.H.v. 2 % oder 20 % möglich.

2. Beschäftigungsdauer

590 Die **Beschäftigungsdauer** darf im Beschäftigungszeitraum (regelmäßig auch Lohnzahlungs- oder Lohnabrechnungszeitraum) höchstens **18** hintereinanderliegende Arbeitstage umfassen; dabei wird der Beschäftigungszeitraum nicht durch Tage unterbrochen, an denen üblicherweise nicht gearbeitet wird. Maßgebend sind jedoch nur die Tage, an denen der Arbeitnehmer **tatsächlich** arbeitet. Ebenso anzusetzen sind die arbeitsfreien Tage, für die (z.B. wegen Krankheit) **Lohnfortzahlung** geleistet wird.

Außer Betracht bleiben – und zwar sowohl für die Prüfung des zusammenhängenden Einsatzes als auch des Zeitraums von 18 Tagen – arbeitsfreie **Sonn- und Feiertage, Samstage, Freizeittage** sowie **unbezahlte Krankheits-** und **Urlaubstage**.

Die Bezeichnung „**Arbeitstag**" ist nicht immer als Kalendertag zu verstehen, hierfür ist im Einzelfall das Tätigkeitsbild entscheidend. So kann als ein „Arbeitstag" auch eine sich auf zwei Kalendertage erstreckende Nachtschicht angesehen werden. Als Lohnzahlungszeitraum wird der Zeitraum bezeichnet, für den jeweils der laufende Arbeitslohn gezahlt wird, z.B. Monat oder kürzerer Beschäftigungszeitraum.

3. Arbeitslohngrenzen

Der **Arbeitslohn** darf seit dem Kalenderjahr 2020 während der Beschäftigungsdauer **15 €** durchschnittlich je Arbeitsstunde und **120 €** (zuvor 12 € bzw. 72 €) durchschnittlich je Arbeitstag nicht übersteigen. 591

Der Begriff „Arbeitsstunde" bezeichnet die Zeitstunde (= 60 Minuten, § 40a Abs. 4 EStG, H 40a.1 LStH). Wird der Arbeitslohn für kürzere Zeiträume gezahlt, z.B. für 45 Minuten, ist der Lohn zur Prüfung der Pauschalierungsgrenze auf 60 Minuten umzurechnen.

Die Höchstbeträge für den Stunden- und Tageslohn sind **Durchschnittsbeträge**. Das heißt: Der Arbeitnehmer (kurzfristig oder teilzeitbeschäftigt) kann zwar an einzelnen Tagen etwas mehr verdienen, aber im Durchschnitt darf sich für die gesamte Beschäftigungsdauer kein höherer Stunden- oder Tagesbetrag ergeben (→ Stundenlohn). Die Festlegung als Durchschnittsbeträge hat v.a. Bedeutung in Fällen, in denen Einmalzahlungen (Weihnachts- oder Urlaubsgeld) rechnerisch auf die Beschäftigungsdauer zu verteilen sind. Werden dadurch die für die Pauschalierung maßgebenden Grenzen überschritten, ist sie für diesen Zeitraum nicht zulässig.

4. Pauschaler Steuersatz

Der **Pauschsteuersatz** beträgt bei einer kurzfristigen Beschäftigung **25 %** des Arbeitslohns. Hinzu kommen Solidaritätszuschlag (auch im Kalenderjahr 2021 stets i.H.v. 5,5 % der pauschalen Lohnsteuer) und Kirchensteuer (→ Kirchensteuer) nach dem jeweiligen Landesrecht. 592

Die Pauschalierung der Lohnsteuer mit 25 % ist auch zulässig, wenn die Beschäftigung zu einem **unvorhersehbaren Zeitpunkt sofort** erforderlich wird (→ Akuter Bedarf).

Liegen für die steuerlich kurzfristige und sofort erforderliche Beschäftigung die Voraussetzungen für eine geringfügig entlohnte Beschäftigung vor, darf der Arbeitslohn mit einem Pauschsteuersatz i.H.v. 2 % oder 20 % versteuert werden.

5. Schriftform

Bei der Vielgestaltigkeit der Sachverhalte dürfte letztlich maßgebend sein, welche Beschäftigungsart Arbeitgeber und Arbeitnehmer vereinbaren. Ob entsprechende **Vereinbarungen** schriftlich erfolgen sollten, ist von Fall zu Fall zu entscheiden. Empfehlenswert erscheint die **Schriftform** jedenfalls dann, wenn die Möglichkeit besteht, dass die Aushilfskraft im Kalenderjahr nochmals bei demselben Arbeitgeber beschäftigt werden könnte, ohne aber bei den sich wiederholenden Beschäftigungsverhältnissen zu vereinbaren, regelmäßig arbeiten zu wollen. Hierbei sollten jeweils die **Befristung und** der **Grund festgelegt** werden. 593

III. Sozialversicherung

1. Definition

Eine kurzfristige Beschäftigung liegt nach § 8 Abs. 1 Nr. 2 SGB IV vor, wenn die Beschäftigung für eine Zeitdauer ausgeübt wird, die im Laufe eines Kalenderjahrs (jeweils vom 1.1. bis zum 31.12.) auf nicht mehr als drei Monate oder insgesamt 70 Arbeitstage nach ihrer Eigenart begrenzt zu sein pflegt oder im Voraus vertraglich (z.B. 594

durch einen auf längstens ein Kalenderjahr befristeten Rahmenarbeitsvertrag) begrenzt ist; dies gilt auch dann, wenn die kurzfristige Beschäftigung die Voraussetzungen einer geringfügig entlohnten Beschäftigung erfüllt. Eine kurzfristige Beschäftigung liegt nicht mehr vor, wenn die Beschäftigung berufsmäßig ausgeübt wird und das Arbeitsentgelt aus dieser Beschäftigung 450 € überschreitet. Eine zeitliche Beschränkung der Beschäftigung nach ihrer Eigenart ist gegeben, wenn sie sich vorausschauend aus der Art, dem Wesen oder dem Umfang der zu verrichtenden Arbeit ergibt (z.B. Beschäftigung als Verkäuferin für die Zeit eines Weihnachtsmarkts).

Eine kurzfristige Beschäftigung liegt nicht vor, wenn zwar die Zeitdauer von 70 Arbeitstagen im Laufe eines Kalenderjahrs nicht überschritten wird, aber ein Dauerarbeitsverhältnis ausgeübt wird (z.B. Ultimokräfte bei Kreditinstituten). Bei diesen Beschäftigungen fehlt es an einer Befristung, die unbedingte Voraussetzung für eine Beschäftigung i.S.d. § 8 Abs. 1 Nr. 2 SGB IV ist. Eine kurzfristige Beschäftigung liegt auch nicht im Rahmen eines über ein Jahr hinausgehenden Rahmenarbeitsvertrags vor. Allerdings ist in diesen Fällen zu prüfen, ob die Beschäftigung die Voraussetzungen einer geringfügig entlohnten Beschäftigung erfüllt.

> **Beispiel 1:**
> Eine Hausfrau wird als Verkäuferin für die Zeit eines Weihnachtsmarkts eingestellt. Die wöchentliche Arbeitszeit beträgt 48 Stunden bei einer Sechs-Tage-Woche; das Entgelt beträgt 1 500 €.
>
> Es handelt sich um eine kurzfristige Beschäftigung. Die Befristung ergibt sich aus der Eigenart, dass ein Weihnachtsmarkt auf die Adventszeit befristet ist. Die Grenze von drei Monaten wird nicht überschritten.

> **Beispiel 2:**
> Frau Emsig arbeitet bei einem Kreditinstitut als Ultimokraft jeweils die letzten vier Arbeitstage eines Monats. Das monatliche Entgelt beträgt 500 €.
>
> Frau Emsig ist in dieser Beschäftigung versicherungspflichtig. Es handelt sich nicht um eine kurzfristige Beschäftigung i.S.d. § 8 Abs. 1 Nr. 2 SGB IV, da es an einer Befristung der Beschäftigung mangelt, auch wenn die Arbeitseinsätze pro Kalenderjahr mit 48 Arbeitstagen die Grenze von 70 Arbeitstagen nicht übersteigen. Versicherungsfreiheit im Rahmen einer geringfügig entlohnten Beschäftigung kommt ebenfalls nicht in Betracht, da das monatliche Arbeitsentgelt 450 € übersteigt.

2. Maßgebende Zeitgrenze

595 § 8 Abs. 1 Nr. 2 SGB IV sieht vom 1.1.2015 an zwei Zeitgrenzen für eine kurzfristige Beschäftigung vor – drei Monate oder 70 Arbeitstage. Die Grenze von drei Monaten ist dann maßgebend, wenn die zu beurteilende befristete Beschäftigung an mindestens fünf Tagen in der Woche ausgeübt wird. Bei einer befristeten Beschäftigung, die an weniger als fünf Tagen in der Woche ausgeübt wird, ist somit die Grenze von 70 Arbeitstagen maßgebend. Hier ist die neue Entscheidung des BSG vom 24.11.2020 (B 12 KR 23/19 R) zu beachten. Wird eine Beschäftigung zwar an 5 Arbeitstagen pro Woche ausgeübt und ist auf mehr als 3 Monate befristet, aber die Anzahl der Arbeitstage übersteigt den Wert von 70 nicht, so liegt dennoch eine kurzfristige Beschäftigung vor. Eine jahrzehntelange Rechtsauffassung wurde mit diesem Urteil aufgehoben.

Ein Nachtdienst, der sich über zwei Kalendertage erstreckt, gilt dabei als ein Arbeitstag. Werden an einem Kalendertag mehrere kurzfristige Beschäftigungen ausgeübt, gilt dieser Kalendertag ebenfalls als ein Arbeitstag.

> **Beispiel 1:**
> Befristete Beschäftigung vom 1.6.2021 bis zum 31.8.2021 – fünf Arbeitstage pro Woche
>
> Es handelt sich um eine kurzfristige Beschäftigung. Die maßgebende Zeitgrenze von drei Monaten wird nicht überschritten.

Beispiel 2:

Befristete Beschäftigung vom 3.4.2021 bis zum 12.9.2021 – Arbeitstage: dienstags und mittwochs

Es handelt sich um eine kurzfristige Beschäftigung. Da die Beschäftigung an weniger als fünf Arbeitstagen pro Woche ausgeübt wird, ist die Grenze von 70 Arbeitstagen maßgebend. In der Zeit vom 3.4.2021 bis zum 12.9.2021 wird die Beschäftigung an 48 Arbeitstagen ausgeübt.

Eine kurzfristige Beschäftigung liegt nur dann vor, wenn sie nicht regelmäßig, sondern **gelegentlich** ausgeübt wird. Hierzu gehören auch Beschäftigungen, die z. B. durch eine längstens für ein Jahr befristete Rahmenvereinbarung mit Arbeitseinsätzen von maximal 70 Arbeitstagen befristet sind. Bei Rahmenvereinbarungen mit sich wiederholenden Arbeitseinsätzen über mehrere Jahre liegt eine gelegentliche kurzfristige Beschäftigung vor, wenn die einzelnen Arbeitseinsätze ohne Bestehen einer Abrufbereitschaft unvorhersehbar zu unterschiedlichen Anlässen ohne erkennbaren Rhythmus für maximal 70 Arbeitstage pro Kalenderjahr erfolgen und der Betrieb des Arbeitgebers nicht strukturell auf den Einsatz solcher Arbeitskräfte ausgerichtet ist. In diesen Fällen sind die Arbeitseinsätze von vornherein nicht vorhersehbar und folgen keinem bestimmten Muster oder Rhythmus; das heißt, die Arbeitseinsätze erfolgen in unterschiedlichen Monaten, zu unterschiedlichen Anlässen sowie der Anzahl der jeweiligen Arbeitstage her ohne erkennbares Schema und der Arbeitgeber muss zur Sicherstellung des Betriebsablaufs nicht regelmäßig auf Aushilfskräfte zurückgreifen (BSG v. 23.6.1971, 3 RK 24/71, USK 7195; v. 25.11.1976, 12/3 RJ 1/75, USK 76178 und v. 7.5.2014, B 12 R 5/12 R, USK 2014-47).

596

Eine kurzfristige Beschäftigung liegt hingegen nicht vor, wenn die Beschäftigung bei vorausschauender Betrachtung von vornherein auf ständige Wiederholung gerichtet ist und über mehrere Jahre hinweg ausgeübt werden soll, also eine hinreichende Vorhersehbarkeit von Dauer und Zeitpunkt der einzelnen Arbeitseinsätze besteht. In diesem Fall handelt es sich um eine **regelmäßige Beschäftigung**. Die Regelmäßigkeit ergibt sich bereits daraus, dass die Arbeit nicht unvorhersehbar in wechselnder Häufigkeit und zu verschiedenen Zeiten übernommen wird (BSG v. 1.2.1979, 12 RK 7/77, USK 7929) oder dass auf Grund einer Rahmenvereinbarung eine auf Dauer angelegte Rechtsbeziehung mit einander in kurzem Abstand folgenden Beschäftigungen angenommen werden kann (BSG v. 28.4.1982, 12 KR 1/80, USK 8261). Für das Vorliegen einer regelmäßigen Beschäftigung kommt es dabei nicht darauf an, ob die jeweiligen Arbeitseinsätze im Rahmen eines Dauerarbeitsverhältnisses von vornherein feststehen oder von Mal zu Mal vereinbart werden. Das Merkmal der Regelmäßigkeit kann vielmehr auch erfüllt sein, wenn der Beschäftigte zu den sich wiederholenden Arbeitseinsätzen auf Abruf bereitsteht, ohne verpflichtet zu sein, jeder Aufforderung zur Arbeitsleistung Folge zu leisten (BSG v. 11.5.1993, 12 RK23/91, USK 9353, und v. 23.5.1995, 12 RK 60/93, USK 9530).

Allerdings ist in den vorgenannten Fällen zu prüfen, ob die Beschäftigung die Voraussetzungen einer geringfügig entlohnten Beschäftigung erfüllt.

Drei Monate oder 70 Arbeitstage

597

Von dem Dreimonatszeitraum ist nur dann auszugehen, wenn die Beschäftigung an mindestens fünf Tagen in der Woche ausgeübt wird (BSG v. 27.1.1971, 12 RJ 118/70, USK 7104). Bei Beschäftigungen von regelmäßig weniger als fünf Tagen in der Woche ist bei der Beurteilung auf den Zeitraum von 70 Arbeitstagen abzustellen. Ein Nachtdienst, der sich über zwei Kalendertage erstreckt, gilt als ein Arbeitstag (vgl. hierzu auch BFH v. 28.1.1994, VI R 51/93, USK 9417). Werden an einem Kalendertag mehrere kurzfristige Beschäftigungen ausgeübt, gilt dieser Kalendertag ebenfalls als ein Arbeitstag.

3. Mehrere kurzfristige Beschäftigungen

598 Mehrere kurzfristige Beschäftigungen im Laufe eines Kalenderjahres sind nach § 8 Abs. 2 Satz 1 SGB IV zu addieren. Bei einer Zusammenrechnung von mehreren Beschäftigungszeiten treten an die Stelle des Dreimonatszeitraums 90 Kalendertage; das gilt nicht, wenn es sich bei den einzelnen Beschäftigungszeiten jeweils um volle Kalendermonate handelt. Sind bei einer Zusammenrechnung Zeiten, in denen die Beschäftigung regelmäßig an mindestens fünf Tagen in der Woche ausgeübt wurde, und Beschäftigungszeiten mit einer Arbeitszeit regelmäßig an weniger als fünf Tagen in der Woche zu berücksichtigen, dann ist einheitlich von dem Zeitraum von 70 Arbeitstagen auszugehen.

Zusammenrechnung mehrerer kurzfristiger Beschäftigungen

Bei der Prüfung, ob die Zeiträume von drei Monaten oder 70 Arbeitstagen überschritten werden, sind die Zeiten mehrerer aufeinanderfolgender kurzfristiger Beschäftigungen zusammenzurechnen, unabhängig davon, ob sie geringfügig entlohnt oder mehr als geringfügig entlohnt sind. Zu berücksichtigen sind die Zeiträume der Beschäftigung, die vom Arbeitgeber unter Angabe der Personengruppe 110 gemeldet wurden. Dies gilt auch dann, wenn die einzelnen Beschäftigungen bei verschiedenen Arbeitgebern ausgeübt werden. Es ist jeweils bei Beginn einer neuen Beschäftigung zu prüfen, ob diese zusammen mit den schon im laufenden Kalenderjahr ausgeübten Beschäftigungen die maßgebende Zeitgrenze überschreitet. Beschäftigungen, die im Vorjahr begonnen haben, werden nur mit der im laufenden Kalenderjahr liegenden Beschäftigungszeit berücksichtigt. Wird durch eine Zusammenrechnung mehrerer kurzfristiger Beschäftigungen die Grenze von drei Monaten oder 70 Arbeitstagen überschritten, handelt es sich um eine regelmäßig ausgeübte Beschäftigung; in diesen Fällen ist zu prüfen, ob eine geringfügig entlohnte Beschäftigung vorliegt. Im Ausland ausgeübte Beschäftigungen werden bei der Zusammenrechnung nicht berücksichtigt.

Die vorstehenden Ausführungen gelten auch für Beschäftigungen, die über den Jahreswechsel hinausgehen; das heißt, beginnt eine Beschäftigung in einem Kalenderjahr, in dem die Dauer von drei Monaten bzw. 70 Arbeitstagen zusammen mit Vorbeschäftigungen erreicht ist, liegt für die gesamte Dauer der Beschäftigung keine Kurzfristigkeit vor, und zwar auch insoweit, als die zu beurteilende Beschäftigung in das neue Kalenderjahr hineinreicht. Eine nach Kalenderjahren getrennte versicherungsrechtliche Beurteilung dieser Beschäftigung erfolgt nicht. Ist die Dauer von drei Monaten bzw. 70 Arbeitstagen bei Beginn einer kalenderjahrüberschreitenden Beschäftigung unter Hinzurechnung von Vorbeschäftigungen noch nicht erreicht, bleibt die kalenderjahrüberschreitende Beschäftigung versicherungsfrei, wenn sie auf nicht mehr als drei Monate bzw. 70 Arbeitstage befristet ist (→ Berufsmäßigkeit).

Werden Arbeitnehmer wiederholt von ein und demselben Arbeitgeber beschäftigt, ohne dass eine regelmäßige Beschäftigung besteht, liegt eine kurzfristige Beschäftigung so lange vor, als im laufenden Kalenderjahr die Zeitgrenze von **90 Kalendertagen oder 70 Arbeitstagen** nicht überschritten wird.

Wichtig: Wird der Arbeitnehmer zu Beginn der kurzfristigen Beschäftigung gefragt, ob er im Laufe des Kalenderjahres weitere kurzfristige Beschäftigungen bzw. Beschäftigungen mit einem monatlichen Entgelt von mehr als 450 € ausgeübt hat und verneint er diese Frage und unterschreibt er zusätzlich, dass alle von ihm gemachten Angaben wahrheitsgemäß sind, so kann rückwirkend keine Sozialversicherungspflicht eintreten.

4. Maßgebender Beitragssatz zur Krankenversicherung

599 Kommt man bei der Beurteilung einer kurzfristigen Beschäftigung zu dem Ergebnis, dass die Kriterien des § 8 Abs. 1 Nr. 2 SGB IV (z.B. wegen anrechenbarer Vorbeschäftigungen) nicht erfüllt sind, so besteht grundsätzlich Kranken-, Pflege-, Renten- und Arbeitslosenversicherungspflicht. In Bezug auf die Krankenversicherung ist dann aller-

dings noch die Entscheidung über den maßgebenden Beitragssatz zu treffen. In der Krankenversicherung gibt es zwei Beitragssätze, die für alle Krankenkassen gelten, den

– allgemeinen Beitragssatz (14,6 %) und
– ermäßigten Beitragssatz (14,0 %).

Der allgemeine Beitragssatz gilt für Beschäftigte, die im Falle der Arbeitsunfähigkeit Anspruch auf Entgeltfortzahlung für die Dauer von mindestens sechs Wochen haben.

Der ermäßigte Beitragssatz ist u.a. für versicherungspflichtig Beschäftigte maßgebend, die keinen Anspruch auf Krankengeld haben. i.d.R. sind dies beschäftigte Altersrentner, Bezieher einer Erwerbsunfähigkeitsrente, einer Rente wegen voller Erwerbsminderung, Bezieher von Vorruhestandsgeld, Arbeitnehmer, die sich in der Freistellungsphase einer Altersteilzeitmaßnahme befinden oder Beschäftigungen, die auf einen Zeitraum von weniger als zehn Wochen befristet sind. Gelten für ein derartiges Beschäftigungsverhältnis die Regelungen des § 3 Abs. 3 EFZG, so entsteht der Anspruch auf Entgeltfortzahlung bei neu begründeten Beschäftigungsverhältnissen erst nach einer Wartezeit von vier Wochen. Ist das Beschäftigungsverhältnis auf weniger als zehn Wochen befristet, so hat der Arbeitnehmer im Falle von Arbeitsunfähigkeit gegenüber dem Arbeitgeber keinen Anspruch auf eine Entgeltfortzahlung von mindestens sechs Wochen. In diesen Fällen sind die Krankenversicherungsbeiträge nach dem ermäßigten Beitragssatz zu berechnen. Zum 1.8.2009 wurde für Arbeitnehmer, die im Falle von Arbeitsunfähigkeit nicht für mindestens sechs Wochen Anspruch auf Entgeltfortzahlung haben, die Option eingeräumt, den Anspruch auf gesetzliches Krankengeld zu wählen. Macht ein Arbeitnehmer (Befristung auf weniger als zehn Wochen) hiervon Gebrauch, so gilt für den Arbeitnehmer der allgemeine Beitragssatz.

Zu beachten ist ab dem 1.1.2015 der Zusatzbeitrag, den die Krankenkasse erhebt, bei welcher der Arbeitnehmer versichert ist. Der Zusatzbeitrag ist im Lohnabzugsverfahren vom Arbeitgeber einzubehalten und seit dem 1.1.2020 paritätisch zu tragen.

Beispiel 1:

Befristete Beschäftigung vom 1.3.2021 bis zum 30.4.2021 (Fünf-Tage-Woche); bezüglich der Entgeltfortzahlung gelten die gesetzlichen Regelungen.

Der Arbeitnehmer hat bei Arbeitsunfähigkeit keinen Anspruch auf Krankengeld. Wegen einer anrechenbaren kurzfristigen Beschäftigung vom 1.1.2021 bis zum 29.2.2021 (Fünf-Tage-Woche) besteht keine Versicherungsfreiheit nach § 8 Abs. 1 Nr. 2 SGB IV, sondern Kranken-, Pflege-, Renten- und Arbeitslosenversicherungspflicht.

Da das Beschäftigungsverhältnis auf weniger als zehn Wochen (acht Wochen und fünf Tage) befristet ist, besteht kein Anspruch auf die mindestens sechswöchige Entgeltfortzahlung.

Die Krankenversicherungsbeiträge sind nach dem ermäßigten Beitragssatz zu ermitteln (14,0 %). Hat der Arbeitnehmer von der Option des gesetzlichen Krankengeldanspruchs Gebrauch gemacht, so gilt der allgemeine Beitragssatz.

Der allgemeine Beitragssatz (14,6 %) wäre jedoch maßgebend, wenn tarif- oder einzelvertraglich geregelt ist, dass ab Beginn des Beschäftigungsverhältnisses im Falle der Arbeitsunfähigkeit ein unmittelbarer Anspruch auf Entgeltfortzahlung besteht. Der ermäßigte Beitragssatz ist in den Fällen anzuwenden, in denen ein Beschäftigungsverhältnis auf weniger als sechs Wochen befristet ist und dadurch kein Anspruch auf Krankengeld entstehen kann.

Beispiel 2:

Befristete Beschäftigung vom 1.3.2021 bis zum 30.5.2021 (Drei-Tage-Woche – dienstags, mittwochs und freitags); bezüglich der Entgeltfortzahlung gelten die gesetzlichen Regelungen. Der Arbeitnehmer hat bei Arbeitsunfähigkeit Anspruch auf Krankengeld. Wegen einer anrechenbaren kurzfristigen Beschäftigung im Jahre 2021 besteht keine Versicherungsfreiheit nach § 8 Abs. 1 Nr. 2 SGB IV, sondern Kranken-, Pflege-, Renten- und Arbeitslosenversicherungspflicht.

Kurzfristige Beschäftigung

In diesem Fall ist der allgemeine Beitragssatz maßgebend, da die Beschäftigung auf einen längeren Zeitraum als mindestens zehn Wochen (hier 13 Wochen) befristet ist. Der Arbeitnehmer hat in diesem Fall einen gesetzlichen Anspruch auf Krankengeld.

IV. Kirchensteuer

600 Der Arbeitslohn aus einer kurzfristigen Beschäftigung ist lohnsteuerpflichtig und auch kirchensteuerpflichtig. Der Arbeitgeber kann zwischen zwei Möglichkeiten der Besteuerung wählen, wobei diese Wahl für jeden Lohnsteuer-Anmeldungszeitraum unterschiedlich getroffen werden kann:

- entweder: Individualbesteuerung nach Maßgabe der Lohnsteuerkarte/Ersatzbescheinigung im Hinblick auf die Lohnsteuer und die Kirchensteuer
- oder: pauschale Besteuerung – ohne Vorlage der Lohnsteuerkarte/Ersatzbescheinigung – mit einem pauschalen Steuersatz von 25 % des Arbeitslohns zuzüglich pauschale Kirchensteuer (deren Höhe jeweils nach Bundesland differiert), wenn der Arbeitnehmer bei dem Arbeitgeber gelegentlich, nicht regelmäßig wiederkehrend beschäftigt wird und die Dauer der Beschäftigung 18 zusammenhängende Arbeitstage nicht übersteigt und der durchschnittliche Arbeitslohn während der Beschäftigungsdauer 62 € je Arbeitstag und 12 € je Arbeitsstunde nicht übersteigt. Liegt eine Steuerkarte vor, gibt es keine Begrenzung des gezahlten Arbeitslohns. Für die Besteuerung gelten die Merkmale und auch das Kirchensteuersignal der vorgelegten Lohnsteuerkarte/Ersatzbescheinigung.

Land- und Forstwirtschaft

I. Arbeitsrecht

601 Es bestehen keine arbeitsrechtlichen Besonderheiten; siehe aber → Saisonarbeitnehmer.

II. Lohnsteuer

1. Pauschsteuersatz i.H.v. 5 %

602 Auch Arbeitgeber in der Land- und Forstwirtschaft können die Lohnsteuer vom Arbeitslohn der Teilzeit- oder Aushilfsbeschäftigten nach den vorgenannten Regelungen mit 2 %, 20 % oder 25 % pauschal erheben, soweit die maßgebenden Verdienst- und Zeitgrenzen nicht überschritten werden.

Darüber hinaus kann vom Arbeitslohn der **Aushilfskräfte**, die in Betrieben der Land- und Forstwirtschaft **ausschließlich** mit **typisch** land- und forstwirtschaftlichen Arbeiten beschäftigt werden, die Lohnsteuer mit einem **Pauschsteuersatz** i.H.v. **5 %** besteuert werden (§ 40a Abs. 3 EStG).

Aushilfskräfte im Sinne dieser Vorschrift (zur Anwendung des Pauschsteuersatzes i.H.v. 5 %) sind Personen, die für **typisch** land- und forstwirtschaftliche Arbeiten, die nicht ganzjährig anfallen, beschäftigt werden. **Keine** Aushilfskräfte sind Arbeitnehmer, die zu den land- und forstwirtschaftlichen Fachkräften gehören.

Eine Beschäftigung der Aushilfskraft mit **anderen**, also mit nicht typisch land- und forstwirtschaftlichen Arbeiten, ist jedoch unschädlich, wenn deren Dauer 25 % der Gesamtbeschäftigungsdauer der Aushilfskraft nicht überschreitet (Unschädlichkeitsgrenze).

Wird die Aushilfskraft an mehr als **180 Tagen** im Kalenderjahr beschäftigt, ist die Lohnsteuer-Pauschalierung mit 5 % nicht zulässig.

2. Pauschalierungsvoraussetzungen

Die Voraussetzungen im Einzelnen: 603

- Die Aushilfskraft muss in einem **land- und forstwirtschaftlichen Betrieb** i.S.d. Einkommensteuergesetzes (§ 13 Abs. 1 Nr. 1 bis 4 EStG) beschäftigt werden. Diese Voraussetzung liegt dann **nicht** vor, wenn ein Betrieb infolge erheblichen Zukaufs fremder Erzeugnisse aus dem Tätigkeitsbereich des landwirtschaftlichen Betriebs ausgeschieden und einheitlich als Gewerbebetrieb zu beurteilen ist. Dies gilt auch für Neben- oder Teilbetriebe, die für sich allein die Merkmale eines land- und forstwirtschaftlichen Betriebs erfüllen.

  Ist ein Betrieb kraft Tätigkeit aus dem Kreis der Betriebe der Land- und Forstwirtschaft (i.S.d. § 13 Abs. 1 Nr. 1 bis 4 EStG) ausgeschieden und erzielt er deshalb **gewerbliche** Einkünfte, scheidet die Pauschalierungsmöglichkeit mit 5 % ebenfalls aus. Für in einem Gewerbebetrieb (i.S. des § 15 EStG) beschäftigte Aushilfskräfte kommt eine Pauschalierung mit 5 % auch dann nicht in Betracht, wenn sie typische land- und forstwirtschaftliche Arbeiten verrichten. Für weitere Details zur Abgrenzung des Gewerbebetriebes gegenüber einem land- und forstwirtschaftlichen Betrieb vgl. R 15.5 EStR und H 15.5 EStH.

  Demgegenüber ist die Pauschalierung mit 5 % **zulässig**, wenn ein Betrieb, der die Land- oder Forstwirtschaft betreibt, nur wegen seiner Rechtsform als Gewerbebetrieb gilt (H 40a.1 [Land- und Forstwirtschaft] LStH; BFH v. 5.9.1980, VI R 183/77, BStBl II 1981, 76; BFH v. 14.9.2005, VI R 89/98, BStBl II 2006, 92 [Abfärbetheorie]). Denn es ist nicht erforderlich, dass der Betrieb ertragsteuerrechtlich auch Einkünfte aus Land- und Forstwirtschaft erzielt.

  Im Übrigen kann ein Betrieb der Land- und Forstwirtschaft **auch dann** vorliegen, wenn nicht die typischen Formen des Getreideanbaus oder der Milchwirtschaft betrieben werden. Anders verhält es sich aber z.B., wenn ein Weingut mit Wein- und Getränkehandel als einheitlicher Betrieb zu werten ist, der infolge erheblichen Zukaufs im Wein- und Getränkehandel aus dem Tätigkeitsbereich Land- und Forstwirtschaft (i.S.d. § 13 Abs. 1 EStG) ausscheidet und einheitlich als Gewerbebetrieb zu qualifizieren ist. Folglich ist die Pauschalierung bei Gewerbebetrieben kraft Rechtsform dann möglich, wenn nach den Abgrenzungskriterien von R 15.5 EStR ein Betrieb der Land- und Forstwirtschaft anzunehmen wäre. Bei einem Gewerbebetrieb kraft Rechtsform ist die Pauschalierung mit 5 % nicht davon abhängig, dass er von der Gewerbesteuer befreit ist.

- Die Aushilfskräfte müssen ausschließlich mit **typisch** land- und forstwirtschaftlichen **Arbeiten** beschäftigt werden, die **nicht ganzjährig** anfallen. Zu diesen begünstigten Arbeiten rechnen grundsätzlich sämtliche Arbeiten bis zur Fertigstellung der land- und forstwirtschaftlichen Erzeugnisse, die im Rahmen des erzeugenden land- und forstwirtschaftlichen Betriebs anfallen. Das Pauschalierungsverfahren setzt nicht voraus, dass witterungsabhängige Arbeiten verrichtet werden.

  Wird die Aushilfskraft zwar in einem land- und forstwirtschaftlichen Betrieb beschäftigt, übt sie jedoch **keine** solche Tätigkeiten aus (z.B. als Verkäuferin in der Verkaufsstelle oder Blumenbinderin), ist eine Pauschalierung mit 5 % nicht zulässig. Sobald sich land- und forstwirtschaftliche Arbeiten und andere Arbeiten mischen, ist die **Unschädlichkeitsgrenze** von 25 % zu prüfen. Gegebenenfalls kommt eine Pauschalierung mit 2 % oder 20 % (geringfügige Beschäftigung) in Betracht, sofern hierfür die Voraussetzungen vorliegen und sich der Arbeitgeber hierzu eindeutig bereit erklärt.

- **Aushilfskräfte** i.S.d. Pauschalierungsvorschrift (5 %) sind Personen, die für die Ausführung von **Arbeiten** beschäftigt werden, die **nicht ganzjährig** anfallen und die an **nicht** mehr als **180 Tagen** im Kalenderjahr beschäftigt sind. Eine Dauerbeschäftigung ist somit nicht begünstigt.

Deshalb muss mit dem einzelnen Arbeitnehmer jeweils ein Dienstverhältnis für eine im Voraus bestimmte Arbeit von vorübergehender Dauer abgeschlossen werden. Hierbei ist zu berücksichtigen, dass gerade in der Land- und Forstwirtschaft saisonbedingte Arbeiten anfallen, welche durch die Art der Arbeiten und auch vom zeitlichen Ablauf her vorübergehend sind, z.B. beim Pflanzen und Ernten. Solche Arbeiten sind begünstigt, nicht aber Arbeiten, die – ebenso wie Arbeiten in anderen Bereichen – während des ganzen Kalenderjahrs anfallen, z.B. Viehfütterung oder saisonunabhängige Kellereiarbeiten.

Es ist mithin nicht entscheidend, dass etwa eine Aushilfskraft nur für eine vorübergehende Dauer tätig wird, sondern vielmehr, dass die Arbeit als solche von ihrer Art her von vorübergehender Dauer ist. Dies trifft nicht zu für Arbeiten, die keinen erkennbaren Abschluss in sich tragen, sondern regelmäßig das ganze Jahr über im Betrieb anfallen.

- Oftmals stellen landwirtschaftliche Betriebshilfsdienste, die in der **Rechtsform** eines **eingetragenen Vereins** organisiert sind, den landwirtschaftlichen Betrieben in Notfällen Aushilfskräfte zur Verfügung, z.B. bei längerer Erkrankung des Landwirts. Diese Vereine sind keine land- und forstwirtschaftlichen Betriebe i.S.v. § 13 EStG, zudem sind die beschäftigten Aushilfskräfte regelmäßig landwirtschaftliche Fachkräfte. Deshalb kann ein solcher Verein die Lohnsteuer für den an die „Aushilfskraft" gezahlten Arbeitslohn **nicht** mit 5 % pauschal erheben.

- Von den **Aushilfskräften** zu unterscheiden sind land- und forstwirtschaftliche **Fachkräfte**. Für den Arbeitslohn solcher Fachkräfte ist die Pauschalierung der Lohnsteuer mit 5 % nicht zulässig.

Ob ein Arbeitnehmer als Fachkraft zu beurteilen ist, hängt von der Art der **Tätigkeit** und von seinen **Kenntnissen** ab, die er zur Ausübung dieser Tätigkeit erlernt hat. Hat er die Fertigkeiten zur Verrichtung der land- oder forstwirtschaftlichen Tätigkeit im Rahmen einer Berufsausbildung erlernt, so gehört er zu den Fachkräften, ohne dass es darauf ankommt, ob die durchgeführten Arbeiten den Einsatz einer Fachkraft erfordern.

Somit ist die Frage nach der Eigenschaft als Fachkraft eindeutig zu beantworten, wenn der Arbeitnehmer die Fertigkeiten für die zu beurteilende Tätigkeit im Rahmen einer **Berufsausbildung** erlernt hat. Ein solcher Arbeitnehmer gehört stets zu den Fachkräften, seine fachliche Qualifikation lässt sich aus dem objektiv feststellbaren beruflichen Abschluss ableiten (BFH v. 12.6.1986, VI R 167/83, BStBl II 1986, 681; BFH v. 25.10.2005, VI R 77/02, BStBl II 2006, 208). Auf die Anforderungen der konkret wahrgenommenen bzw. durchgeführten Tätigkeit kommt es dann nicht an.

- Verfügt ein Arbeitnehmer **nicht** über eine einschlägige **Berufsausbildung**, kann er auch zu den land- und forstwirtschaftlichen Fachkräften gehören, wenn er von seinen – auch angelernten – Fähigkeiten her in der Lage ist, eine **Fachkraft** zu ersetzen (BFH v. 12.6.1986, VI R 167/83, BStBl II 1986, 681). Deshalb ist ein Arbeitnehmer ohne Berufsausbildung nur dann als Fachkraft i.S.d. Pauschalierungsvorschrift (§ 40a Abs. 3 Satz 3 EStG) anzusehen, wenn er auch tatsächlich an Stelle einer Fachkraft eingesetzt ist (H 40a.1 [Land- und forstwirtschaftliche Fachkraft] LStH; BFH v. 25.10.2005, VI R 77/02, BStBl II 2006, 208).

Wird hingegen ein Arbeitnehmer lediglich unter **Anleitung** eines als Fachkraft zu beurteilenden anderen Arbeitnehmers tätig und verrichtet er Handlangerdienste oder einfache Tätigkeiten, die kein Anlernen erfordern, so ist er regelmäßig keine land- und forstwirtschaftliche Fachkraft.

- **Entscheidend** für die Pauschalierung mit 5 % ist die vorübergehende Beschäftigung der Aushilfskraft für Arbeiten, die nicht ganzjährig anfallen.

Arbeiten, die das **ganze Jahr** über anfallen, können nicht Gegenstand der Pauschalierung sein. Damit wird ausgeschlossen, dass die Pauschalierung allein durch die Arbeitseinteilung im jeweiligen Betrieb erreicht werden kann.

Hierbei kommt es nicht darauf an, ob ähnliche Arbeiten bei anderen Bewirtschaftungsarten anders zu beurteilen sind. So fallen Arbeiten für den einmaligen Almauftrieb wegen des jahreszeitlich bedingten Weideverhaltens der Tiere saisonal an, das tägliche Viehtreiben vom Stall auf die Weide jedoch nicht.

Hingegen ist unbeachtlich, ob die Arbeiten nur in größeren Zeitabständen vorgenommen werden, weil die Pauschalierung eben nicht allein durch die Arbeitseinteilung im jeweiligen Betrieb erreicht werden kann.

- Demnach muss die Aushilfskraft zur Bewältigung einer Arbeitsspitze beschäftigt werden, die auf land- oder forstwirtschaftliche Besonderheiten und nicht allein auf die betriebliche Arbeitseinteilung zurückzuführen ist (BFH v. 25.10.2005, VI R 60/03, BStBl II 2006, 206). Beispielsweise
  - sind Arbeiten, die im Zusammenhang mit der Viehhaltung stehen, begünstigt, wenn sie wegen des **jahreszeitlich** bedingten Weideverhaltens der Tiere saisonal anfallen, wie Almauftrieb oder Almabtrieb (BFH v. 25.10.2005, VI R 60/03, BStBl II 2006, 206);
  - kann die Tätigkeit des Ausmistens eines (Tief-)Stalls eine nicht ganzjährig anfallende Arbeit sein, wenn sie nur im Zusammenhang mit dem einmal jährlich erfolgenden Viehaustrieb auf die Weide möglich ist. Unschädlich wäre, dass ähnliche Tätigkeiten bei anderen Bewirtschaftungsformen ganzjährig anfallen können (BFH v. 25.10.2005, VI R 60/03, BStBl II 2006, 206);
  - sind Reinigungsarbeiten, die ihrer Art nach während des **ganzen** Jahres anfallen, wie Reinigung der Güllekanäle und Herausnahme der Güllespalten, nicht vom Lebensrhythmus der produzierten Pflanzen oder Tiere abhängig und daher keine saisonbedingten Arbeiten. Diese Arbeiten sind dann durchzuführen, wenn es der Verschmutzungsgrad erfordert, weshalb sie ihrer Art nach während des ganzen Jahrs anfallen (BFH v. 25.10.2005, VI R 59/03, BStBl II 2006, 204);
  - sind **Traktorführer** jedenfalls dann als Fachkräfte und nicht als Aushilfskräfte zu beurteilen, wenn sie nicht nur den Traktor selbständig fahren, sondern diesen als Zugfahrzeug mit landwirtschaftlichen Maschinen führen (BFH v. 25.10.2005, VI R 59/03, BStBl II 2006, 204).

  Z.B. sind das gleichmäßige Aufbringen von Gülle entsprechend der Verordnung über das Aufbringen von Gülle und Geflügelkot mit einem Güllefass, die fachmännische Beseitigung eines Silos mit einem Siloblockschneider, die Anfertigung von Strohballen mittels einer entsprechenden Maschine, das Pflügen eines Ackers und seine anschließende Bestellung etwa mit einem Drill-, Pflanz- oder Dippelgerät nicht mit einfachen Tätigkeiten zu vergleichen, die eine Aushilfskraft nach kurzer Anleitung unter Aufsicht verrichten kann.

Werden Arbeitnehmer für **nicht ganzjährig** anfallende Arbeiten beschäftigt, sind auch aufeinanderfolgende Beschäftigungen denkbar, die bei zutreffender Gestaltung nicht zu einem Dauerarbeitsverhältnis führen müssen. So können z.B. in einem Weinbaubetrieb das „Schneiden" und „Binden" der Reben zeitlich hintereinander liegen. Hier wären die Aushilfskräfte zunächst für das „Schneiden" einzustellen und dann für das „Binden" im Weinberg. Das „Binden" wäre dann eine neue „Fall-Beschäftigung", die sich aber aus dem notwendigen Betriebsablauf ergibt. In diesen Ausnahmefällen können die Löhne auch bei aufeinanderfolgenden Aushilfsbeschäftigungen pauschal mit 5 % lohnversteuert werden.

3. Beschäftigungsdauer

Die Beurteilung, ob es sich um eine Aushilfstätigkeit handelt, muss nach dem **Gesamtbild der Tätigkeit** erfolgen. Dabei kommt es nicht auf eine bestimmte Zahl von Arbeitsvorgängen (Schneiden, Binden usw.) an. Wenn jedoch eine Person sehr häufig in einem Betrieb arbeitet, dann kann die daraus resultierende stärkere Eingliederung in den

Betrieb für eine Dauertätigkeit sprechen. Dies kann insbesondere dann zutreffen, wenn die Tätigkeit im Kalenderjahr nur für Zeiten unterbrochen wird, die in etwa der Urlaubszeit entsprechen.

Wird eine land- und forstwirtschaftliche Aushilfskraft wiederholt beschäftigt, ist dies nicht schädlich, es sei denn, die **Gesamtbeschäftigungsdauer** beträgt **mehr als 180 Tage im Kalenderjahr.** Bei einer Aushilfstätigkeit mit Unterbrechungen (z.B. tageweise) sind für die Prüfung der 180 Tage-Grenze die einzelnen Arbeitstage zusammenzurechnen. Wird beispielsweise eine Aushilfskraft für die gesamte Erntezeit vom 1.6. bis 30.9. eingestellt, so dauert das Beschäftigungsverhältnis vier Monate, also insgesamt 122 Tage einschließlich der arbeitsfreien Tage.

Bei der **mehrfachen** Beschäftigung einer Aushilfskraft innerhalb eines Kalenderjahrs muss der Arbeitgeber die 180-Tage-Grenze rückblickend beachten. Wird diese Kraft an mehr als 180 Tagen im Kalenderjahr beschäftigt, **entfallen rückwirkend** die Voraussetzungen für die Pauschalierung der Lohnsteuer mit 5 %. In diesem Fall hat der Arbeitgeber die zuvor bereits abgewickelten Abrechnungen mit den Lohnsteuerpauschalierungen sowie die Lohnsteuer-Anmeldungen zu **berichtigen**.

Die Pauschalierung der Lohnsteuer mit 5 % ist auch dann noch möglich, wenn die Aushilfskraft mit saisonbedingten Arbeiten und daneben auch noch mit anderen Arbeiten beschäftigt wird **(Mischtätigkeit),** falls deren Dauer **nicht mehr als 25 %** der Gesamtbeschäftigungsdauer ausmacht.

> **Beispiel 1:**
>
> **180-Tage-Regelung**
>
> Ein Winzer beschäftigt eine Aushilfskraft im Frühjahr an 90 Tagen für Arbeiten im Weinberg. Im Sommer arbeitet die Aushilfe weitere 60 Tage; im Herbst soll sie für die Weinlese und die anschließende Traubenverarbeitung erneut eingestellt werden.
>
> Wird die Aushilfskraft im Herbst an mehr als 30 Tagen beschäftigt, war sie im Kalenderjahr insgesamt an mehr als 180 Tagen beschäftigt, mit der Folge, dass die Pauschalierung der Lohnsteuer mit 5 % für das gesamte Kalenderjahr unzulässig wäre (§ 40a Abs. 3 EStG).

> **Beispiel 2:**
>
> **Saisonunabhängige Beschäftigungsdauer**
>
> Eine Aushilfskraft ist für 20 Tage zur Weinlese eingestellt. Weil die Weinlese auf Grund der Wetterlage an fünf Tagen nicht möglich ist, wird die Aushilfskraft mit dem Spülen und dem Versand von Weinflaschen beschäftigt.
>
> Das Spülen und der Versand von Weinflaschen sind saisonunabhängige Arbeiten, die für sich allein betrachtet die Voraussetzungen für die pauschale Lohnversteuerung mit 5 % nicht erfüllen (§ 40a Abs. 3 EStG). Weil die Aushilfe aber zur Weinlese – also zu einer typischen Saisonarbeit – eingestellt worden ist und die saisonunabhängigen Tätigkeiten nur 25 % (fünf Tage von 20 Tagen) betragen, ist eine Pauschalierung der Lohnsteuer mit 5 % für den gesamten Beschäftigungszeitraum zulässig.

4. Verdienstgrenzen

605 Für Aushilfskräfte in der Land- und Forstwirtschaft ist bei der Bemessung des Arbeitslohns lediglich die durchschnittliche **Stundenverdienstgrenze** i.H.v. 15 € (seit dem Kalenderjahr 2020, zuvor 12 €) zu beachten. Eine monatliche Arbeitslohngrenze sieht das Einkommensteuergesetz als Pauschalierungsvoraussetzung nicht vor. Damit soll der witterungs- und naturbedingten Eigenart der Beschäftigung Rechnung getragen werden. So sind beispielsweise die Erntearbeiten wenig konkret planbar, weil sie sowohl von der Witterung als auch der Art und Größe des Betriebs abhängen.

Bei der **Arbeitslohnermittlung** ist zu beachten, dass nicht nur der gezahlte Arbeitslohn (Geldbetrag) steuerpflichtig ist und der Lohnsteuerpauschalierung unterliegt. Zum

Arbeitslohn rechnen auch Sachbezüge, z.B. unentgeltliche oder verbilligte Verpflegung oder Unterkunft. Dabei ist es unbeachtlich, unter welcher Bezeichnung und in welcher Form die Einnahmen (der Arbeitslohn) gewährt werden.

5. Sonderregelungen

Sonderfälle: 606

- Sofern **Winzergenossenschaften** die Voraussetzungen für einen land- und forstwirtschaftlichen Betrieb erfüllen, können sie die Lohnsteuer für die Aushilfslöhne mit 5 % pauschalieren.
- **Rebveredelungsbetriebe** können für Rebveredelungsarbeiten (Gewinnung von Pflanzen oder Pflanzenteilen durch Nutzung der Naturkraft von Boden/Erde), soweit sie von Aushilfskräften durchgeführt werden, die entsprechenden Lohnzahlungen der pauschalen Lohnsteuer i.H.v. 5 % unterwerfen. Das gilt ebenso für die gleichartigen Tätigkeiten im Obstbau und für Baumschulen, z.B. Veredelung von Rosen.
- Zu den begünstigten land- und forstwirtschaftlichen Arbeiten gehören im **Weinbau** bei einem Erzeugerbetrieb auch die Kellerarbeiten, z.B. die Traubenverarbeitung, die Fassweinbehandlung (Schönen, Filtrieren sowie weitere Arbeiten bis zum ersten Abstich).
- Werden bei **Erntearbeiten** (z.B. Zuckerrübenernte) u.a. Kraftfahrer als Aushilfskräfte beschäftigt, die das Erntegut von den Feldern zur Zuckerfabrik fahren, so ist diese Tätigkeit ebenso wie die Feldarbeit der übrigen Aushilfskräfte als eine im Rahmen eines Ernteeinsatzes ausgeübte land- und forstwirtschaftliche Tätigkeit anzusehen.
- **Wegearbeiten** können auch zu den typisch land- und forstwirtschaftlichen Arbeiten i.S.d. § 40a Abs. 3 EStG gehören. Voraussetzung ist, dass die Wirtschafts- oder Waldwege vom Land-/Forstwirt in seiner Eigenschaft als Inhaber eines solchen Betriebs angelegt werden. Diese Bedingung ist z.B. nicht erfüllt, wenn eine Gemeinde solche Wege in ihrer Eigenschaft als öffentlich-rechtliche Gebietskörperschaft zur Erschließung eines Gebiets oder zur Verbesserung der Zufahrtsmöglichkeiten anlegt. In diesen Fällen wird die Aushilfskraft nicht von einem Betrieb der Land- und Forstwirtschaft mit ebensolchen typischen Arbeiten beschäftigt.
- Der Einsatz von **selbständigen** Landwirten und Winzern in den Forstbetrieben der Verbandsgemeinden bzw. Gemeinden während der Wintermonate zum Holzfällen und für Kulturarbeiten ist regelmäßig dem Einsatz von Fachkräften (Waldarbeitern) gleichzustellen, so dass eine Lohnsteuerpauschalierung mit 5 % nicht möglich ist. Eine solche Tätigkeit ist jedoch begünstigt, wenn der Arbeitnehmer nur unter Anleitung tätig wird (z.B. Handlangerdienste) und lediglich einfache Tätigkeiten ausübt, für die nur kurze Einweisungen, aber kein weiteres Anlernen erforderlich ist.

III. Sozialversicherung

Es gibt keine sozialversicherungsrechtlichen Besonderheiten. Bei Beschäftigungsbeginn ist jedoch zu beachten, dass eine Sofortmeldepflicht besteht – unabhängig davon, ob eine versicherungspflichtige oder versicherungsfreie Beschäftigung vorliegt. 607

IV. Kirchensteuer

Die Kirchensteuer ist auch bei Pauschalierung der Lohnsteuer mit 8 % bzw. 9 % (je nach Bundesland) zu erheben. 608

Lohngleichbehandlung

I. Arbeitsrecht

609 Da bei Teilzeitarbeit die Arbeitsleistung lediglich quantitativ geringer ist als bei Vollzeitarbeit, muss den Teilzeitkräften grundsätzlich der gleiche Zeit- oder Leistungslohn gezahlt werden wie den vergleichbaren vollbeschäftigten Arbeitnehmern. Dies verlangen der arbeitsrechtliche **Gleichbehandlungsgrundsatz,** die Vorschrift des § 4 Abs. 1 TzBfG und das **Diskriminierungsverbot.** Dabei ist insbesondere der Grundsatz der **Lohngleichheit für Frauen** zu beachten. Auch die Bestimmungen des Entgelttransparenzgesetzes sind zu beachten.

Lohn- oder Gehaltstarifverträge gelten regelmäßig auch zu Gunsten der Teilzeitkräfte, z.B. für die Lohn- oder Gehaltsgruppe.

Eine unterschiedliche Bezahlung kann nur ausnahmsweise aus sachlichen **Differenzierungsgründen** infrage kommen, beispielsweise aus Gründen der

- Arbeitsleistung,
- Qualifikation,
- Berufserfahrung,
- unterschiedlichen sozialen Lage oder wegen
- unterschiedlicher Arbeitsplatzanforderungen.

610 Mit dem Grundsatz der **Lohngleichbehandlung** von Teilzeitkräften im Verhältnis zu Vollzeitbeschäftigten ist nach der höchstrichterlichen **Rechtsprechung** u.a. Folgendes zu berücksichtigen:

- Bei der Entgeltgleichbehandlung von Teilzeitkräften ist nicht nur das Arbeitsentgelt im engeren Sinne zu berücksichtigen, sondern **der weitere Entgeltbegriff**, so dass z.B. auch Zulagen, Sonderzahlungen, vermögenswirksame Leistungen, Rabatte, Freistellungsansprüche und Sachbezüge in die Vergleichslohnbetrachtung einzubeziehen sind (BAG v. 24.9.2008, 6 AZR 657/07, NZA-RR 2009, 221).
- Teilzeitkräfte haben entsprechend ihrem Anteil an der Arbeitszeit Anspruch auf die **Vergütung**, die den vergleichbaren Vollzeitbeschäftigten gezahlt wird (BAG v. 26.5.1993, 4 AZR 461/92, DB 1993, 2288). Ein Verstoß ist eine unerlaubte Handlung nach § 823 Abs. 2 BGB mit längerer Verjährungsfrist nach § 852 BGB (BAG v. 24.10.2001, 5 AZR 32/00, DB 2002, 218). Ein Anspruch auf gleiche Vergütung besteht aber nur, solange vergleichbare Vollzeitkräfte im Betrieb beschäftigt sind (BAG v. 17.4.2002, 5 AZR 413/00, DB 2002, 2653).

Bei der **Umrechnung** der Vergütung für Vollbeschäftigte auf die Gleichbehandlungsvergütung für eine Teilzeitkraft kann nach einer Entscheidung des BAG (v. 25.6.2014, 5 AZR 556/13, ZTR 2014, 718) für den MTV Einzelhandel NRW folgende Formel verwendet werden: Entgelt einer (vergleichbaren) Vollbeschäftigten · vereinbarte wöchentliche Arbeitszeit der Teilzeitkraft ÷ Wochenarbeitszeit der Vollbeschäftigten; bei mit der Teilzeitkraft vereinbarter Monatsarbeitszeit ist diese für die Anwendung der Formel durch Division mit der Zahl 4,347 in eine wöchentliche Arbeitszeit umzurechnen.

Problematisch, aber von der Rechtsprechung noch nicht geklärt ist die Frage, ob sich die **Lohngleichbehandlung bei geringfügig Beschäftigten** am **Bruttolohn oder Nettolohn** vergleichbarer Vollzeitbeschäftigter zu orientieren hat (Hinweis auf die Darstellung von Hanau, DB 2005, 946; Hanau, NZA 2006, 809).

Bei einem Verstoß gegen die Pflicht zur Lohngleichbehandlung ist eine Vergütungsabrede nichtig und der Arbeitnehmer hat Anspruch auf die übliche Vergütung nach § 612 BGB, d.h. auf die an vergleichbare Vollzeitkräfte gezahlte Vergütung; dieser Anspruch besteht aber nur **solange**, wie eine Benachteiligung wegen Teil-

zeitarbeit vorliegt (BAG v. 17.4.2002, 5 AZR 413/00, DB 2002, 2653); der Anspruch endet daher mit Wegfall vergleichbarer Vollzeitkräfte.
Die **Verjährung** des Anspruchs auf die Gleichbehandlungsvergütung richtet sich nach dem Recht der unerlaubten Handlung mit der Verjährungsfrist nach § 199 BGB (BAG v. 24.10.2001, 5 AZR 32/00, DB 2002, 218).

- Eine **Weihnachtszuwendung** ist grundsätzlich **pro rata temporis**, das heißt entsprechend dem Verhältnis der vereinbarten durchschnittlichen regelmäßigen Arbeitszeit zur regelmäßigen Arbeitszeit eines entsprechenden vollzeitbeschäftigten Arbeitnehmers im Bezugszeitraum zu bemessen; der **Bezugszeitraum, nicht ein bestimmter Stichtag**, ist auch **bei vorübergehender Teilzeitbeschäftigung** für die Berechnung der anteiligen Quote maßgeblich (BAG v. 17.6.2015, 10 AZR 187/14, NZA-RR 2015, 530).

- Ein Ausschluss der Teilzeitbeschäftigten von einer **Sonderzahlung** stellt regelmäßig einen Verstoß gegen das Benachteiligungsverbot nach § 4 Abs. 1 TzBfG dar. Werden bei einer Sonderzahlung Teilzeit- und Vollzeitbeschäftigte entsprechend dem „**Pro-rata-temporis-Grundsatz**" behandelt, schließt dies von vornherein eine Diskriminierung wegen der Teilzeitarbeit aus (BAG v. 22.10.2008, 10 AZR 734/07, NZA 2009, 168).

- Die Gleichbehandlungspflicht gilt auch für **Sozialplanabfindungen**; nach dem Zweck eines Sozialplans ist es aber nicht zu beanstanden, wenn ein die Abfindungshöhe bestimmender Faktor das zuletzt bezogene individuelle Monatsentgelt ist; dies gilt auch für teilzeitbeschäftigte Arbeitnehmer; dabei dürfen bei der Bemessung der Abfindung Zeiten der Teilzeit- und der Vollzeitbeschäftigung anteilig berücksichtigt werden, ohne dass damit gegen den Gleichbehandlungsgrundsatz verstoßen wird (BAG v. 22.9.2009, 1 AZR 316/08, DB 2009, 2664; v. 13.2.2007, 9 AZR 729/05, NZA 2007, 860). Bietet der Arbeitgeber Arbeitnehmern das freiwillige Ausscheiden aus dem Arbeitsverhältnis gegen Abfindungszahlung an, stellt es keine unzulässige Benachteiligung dar, wenn er Teilzeitbeschäftigten nur eine Abfindung nach dem Grundsatz „pro rata temporis" (§ 4 Abs. 1 Satz 2 TzBfG) zusagt (BAG v. 13.2.2007, 9 AZR 729/05, NZA 2007, 860). Werden in einem Sozialplan bei der Berechnung der Abfindung Teilzeitarbeitnehmer, die früher teilweise in **Elternteilzeit** tätig waren, anders behandelt als Teilzeitarbeitnehmer, deren Verringerung der Arbeitszeit nicht mit der Inanspruchnahme von Elternzeit verknüpft war, kann dies – die Vergleichbarkeit dieser Arbeitnehmergruppen unterstellt – sachlich gerechtfertigt sein (BAG v. 5.5.2015, 1 AZR 826/13, AP Nr. 229 zu § 112 BetrVG).

- Zum gleichbehandlungspflichtigen Entgelt gehören auch Leistungen der **betrieblichen Altersversorgung**. Nach gefestigter Rechtsprechung verstößt daher der Ausschluss von Teilzeitkräften von der betrieblichen Altersversorgung sowohl gegen das Gleichbehandlungsgebot nach § 4 Abs. 1 TzBfG als auch gegen das europarechtliche Diskriminierungsverbot wegen des Geschlechts; daraus folgt ein Anspruch auf (anteilige) Leistung gegen den Arbeitgeber (BAG v. 28.7.1992, 3 AZR 173/92, NZA 1993, 215; BAG v. 20.11.1990, 3 AZR 613/89, NZA 1991, 635; BVerfG v. 27.11.1997, 1 BvL 12/91, NZA 1998, 247). Teilzeitbeschäftigte müssen also nach dem **Pro-rata-temporis-Grundsatz** in § 4 Abs. 1 TzBfG Leistungen der betrieblichen Altersversorgung mindestens in der Höhe erhalten, die dem Umfang ihrer Arbeitszeit an der Arbeitszeit eines vergleichbaren Vollzeitbeschäftigten entspricht. Vergleichbar sind dabei nur Teilzeit- und Vollzeitbeschäftigte mit einer gleich langen Betriebszugehörigkeit (BAG v. 19.4.2016, 3 AZR 526/14, NZA 2016, 820). Höchstrichterlich noch nicht abschließend geklärt ist die Frage, ob die Gleichbehandlungspflicht auch für **geringfügig beschäftigte Teilzeitkräfte** gilt (bejahend LAG München v. 13.1.2016, 10 Sa 544/15, BetrAV 2016, 256).

- Erhalten vergleichbare Vollzeitbeschäftigte eine **übertarifliche Vergütung**, so besteht auch für die Teilzeitkräfte ein entsprechender Anspruch, es sei denn, für eine Ungleichbehandlung gebe es einen **sachlichen Grund** (BAG v. 26.5.1993, 4 AZR 461/92, DB 1993, 2288).

Lohngleichbehandlung

- Teilzeitbeschäftigte Lehrkräfte sind für die Dauer der Teilnahme an ganztägigen **Klassenfahrten** wie vollzeitbeschäftigte Lehrkräfte zu vergüten (BAG v. 22.8.2001, 5 AZR 108/00, EzA Nr. 66 zu § 2 BeschFG).
- Einen sachlichen Grund für eine Ungleichbehandlung muss im Streitfall der **Arbeitgeber nachweisen**, der sich darauf beruft (BAG v. 23.9.1992, 4 AZR 30/92, DB 1993, 737).
- Das Recht zur **freien Arbeitszeitbestimmung** (einer studentischen Teilzeitkraft) gestattet keine Lohndifferenzierung (BAG v. 25.4.2001, 5 AZR 368/99, DB 2001, 2150).
- Ein tariflicher monatlicher **Zuschlag** zur Anerkennung der **Betriebszugehörigkeit/** Unternehmenszugehörigkeit, der für Teilzeitbeschäftigte nur zeitanteilig vorgesehen ist, verstößt nicht gegen das Gebot der Lohngleichbehandlung (BAG v. 16.4.2003, 4 AZR 156/02, DB 2003, 1849), ebenso wenig die Koppelung einer **kinderbezogenen persönlichen Zulage** an die Differenz zum entsprechenden Anspruch des (teilzeitbeschäftigten) Ehegatten (BAG v. 24.2.2000, 6 AZR 660/98, AP Nr. 4 zu § 1 TVG Deutsche Bahn).
- Bei einer tariflichen **Arbeitszeitverkürzung mit Lohnausgleich** haben Teilzeitkräfte mit unveränderter Arbeitszeit Anspruch auf Lohnerhöhung entsprechend dem Lohnausgleich (BAG v. 22.10.2008, 10 AZR 734/07, NZA 2009, 168); denn wenn sich das Arbeitsentgelt Vollbeschäftigter pro Arbeitsstunde erhöht, darf dies den Teilzeitbeschäftigten nicht vorenthalten werden. Bei einer Anhebung der Pflichtstundenzahl für Vollzeitkräfte vermindert sich umgekehrt der Gehaltsanspruch einer Teilzeitkraft (BAG v. 17.5.2000, 5 AZR 783/98, BB 2001, 1362).
- Der (tarifliche) Ausschluss von Teilzeitkräften durch eine Beschränkung des Anspruchs auf eine ab Vollendung des 57. Lebensjahrs zu gewährende **bezahlte tarifliche Altersfreizeit** auf Arbeitnehmer, deren wöchentliche Arbeitszeit mehr als 35 Stunden beträgt, verstößt gegen § 4 Abs. 1 TzBfG. Die benachteiligten Teilzeitkräfte haben einen anteiligen Anspruch auf bezahlte Altersfreizeit (BAG v. 23.7.2019, 9 AZR 372/18, BB 2019, 2547).
- Bei einer Arbeitszeitverkürzung zum **Ausgleich besonderer Belastungen** besteht für Teilzeitkräfte kein Anspruch auf anteilige Kürzung, wenn die Belastung bei ihnen nicht, auch nicht anteilig, gegeben ist (BAG v. 29.1.1992, 5 AZR 518/90, DB 1993, 278).
- Das Gebot der Gleichbehandlung teilzeit- und vollzeitbeschäftigter Arbeitnehmer gilt sowohl für vertragliche Vereinbarungen als auch für einseitige Maßnahmen. Die Heranziehung eines teilzeitbeschäftigten Orchestermusikers zu einer bestimmten Zahl von Diensten (**Arbeitspensum**) ist an § 4 Abs. 1 TzBfG zu messen (BAG v. 3.12.2008, 5 AZR 469/07, NZA-RR 2009, 527).
- Ist mit einem teilzeitbeschäftigten Lehrer eine bestimmte Zahl von Unterrichtsstunden und die anteilige Vergütung einer Vollzeitkraft vereinbart, führt die **Anhebung der Pflichtstundenzahl** für Vollzeitkräfte zu einer entsprechenden **Minderung des Vergütungsanspruchs des Teilzeitbeschäftigten**. Darin kann eine schlechtere Behandlung i.S.d. § 4 Abs. 1 TzBfG dergestalt liegen, dass auf Grund unterschiedlicher Vertragsgestaltung der teilzeitbeschäftigte Arbeitnehmer Nachteile erleidet, die ein Vollzeitbeschäftigter nicht hat. Unterlässt der Arbeitgeber das zur Verhinderung oder Beseitigung einer solchen verbotenen schlechteren Behandlung Erforderliche, macht er sich ggf. schadensersatzpflichtig (BAG v. 14.12.2011, 5 AZR 457/10, DB 2012, 1516),
- Bei einer **Tariflohnerhöhung** nach Alter und Betriebszugehörigkeit dürfen vergleichbare Teilzeitkräfte nicht ausgenommen werden (BAG v. 5.11.1992, 6 AZR 420/91, EzA Nr. 24 zu § 1 BeschFG).
- Teilzeitkräfte, auch geringfügig Beschäftigte, haben Anspruch auf **tarifliche Eingruppierung** unter Beteiligung des Betriebsrats (BAG v. 18.6.1991, 1 ABR 53/90,

DB 1991, 2086). Dieselben Grundsätze gelten bei auf Vollzeitkräfte angewendeten allgemeinen **betrieblichen Vergütungssystemen** (Eingruppierungsgrundsätze).

- Teilzeitkräfte haben Anspruch auf – anteiliges – **tarifliches Übergangsgeld** trotz eines tariflichen Ausschlusses dieses Personenkreises.

- Der Anspruch von Teilzeitkräften auf eine **Überbrückungsbeihilfe** darf von einer wöchentlichen Arbeitszeit von mehr als 21 Stunden abhängig gemacht werden (BAG v. 31.7.2014, 6 AZR 993/12, NZA-RR 2014, 674).

- Bei einem nebenberuflich in Teilzeit tätigen Arbeitnehmer mit einer dauerhaften Existenzgrundlage in einem **Hauptberuf** oder durch Altersrente besteht nach neuerer Rechtsprechung kein sachlicher Grund für eine Ungleichbehandlung bei der Teilzeitvergütung gegenüber Vollzeitbeschäftigten, sondern ein Anspruch auf gleich hohe Vergütung (BAG v. 1.11.1995, 5 AZR 84/94, DB 1996, 1285).

- Der Ausschluss von Teilzeitkräften vom **Bewährungsaufstieg** ist unwirksam. Eine generelle Verdoppelung der **Bewährungszeit** bei Teilzeitkräften ist unzulässig. Eine längere von Teilzeitbeschäftigten zurückliegende Bewährungszeit gegenüber Vollzeitbeschäftigten hinsichtlich des Bewährungsaufstiegs kann objektiv **gerechtfertigt** sein, wenn wachsendes Erfahrungswissen honoriert werden soll und wenn dieses Erfahrungswissen bei Vollzeitbeschäftigten nicht nur unwesentlich stärker anwächst.

- Gewährt ein Arbeitgeber seinen Vollzeitbeschäftigten **Beihilfen in Krankheits-, Geburts- und Todesfällen**, so dürfen Teilzeitkräfte nicht wegen der verminderten Arbeitszeit von diesen Leistungen ausgenommen werden; ob die Leistung in vollem Umfang (BAG v. 25.9.1997, 6 AZR 65/96, NZA 1998, 151) oder anteilig (BAG v. 19.2.1998, 6 AZR 460/96, NZA 1998, 887) nach der Arbeitszeit beansprucht werden kann, richtet sich nach dem Zweck der Leistung (Zuschusscharakter oder Deckung des vollen Bedarfs).

- Die zeitanteilige Kürzung des ehegattenbezogenen **Ortzuschlags** wahrt den Prorata-temporis-Grundsatz und verstößt daher nicht gegen das Verbot der Diskriminierung teilzeitbeschäftigter Arbeitnehmer in § 4 Abs. 1 TzBfG (BAG v. 19.10.2010, 6 AZR 305/09, NZA-RR 2011, 159).

- Bei einer **Jubiläumszuwendung** besteht ein Anspruch für Teilzeitkräfte in voller Höhe, also nicht nur anteilig nach ihrer Arbeitszeit (BAG v. 22.5.1996, 10 AZR 618/95, DB 1996, 1783). Zulässig ist demgegenüber eine pauschalierende Berechnung der **Betriebszugehörigkeitszeit** für sog. **unständig Beschäftigte** durch Betriebsvereinbarung hinsichtlich Treue- und Jubiläumsgeld (BAG v. 10.3.1999, 10 AZR 551/98, n.v.).

- Gewährt der Arbeitgeber einen pauschalen **Essenszuschuss** an die Beschäftigten, die typischerweise ein Mittagessen während ihrer Arbeitszeit einnehmen, darf eine Teilzeitkraft mit 75 % der Vollzeitarbeitszeit nicht ausgeschlossen werden (BAG v. 26.9.2001, 10 AZR 714/00, DB 2002, 47).

- Der Ausschluss von Teilzeitkräften vom **Bezug zinsgünstiger Darlehen**, die den Vollzeitbeschäftigten gewährt werden, verstößt gegen das Verbot der Differenzierung zwischen Voll- und Teilzeitkräften (BAG v. 27.7.1994, 10 AZR 538/93, DB 1994, 2348).

- Bei erfüllten Voraussetzungen für eine tarifliche **Wechselschichtzulage, Sonntagszulage, Feiertagszulage, Nachtschichtzuschlag, Sicherheitszulage** hat auch die Teilzeitkraft hierauf Anspruch, je nach der Regelung u.U. aber nur anteilig (LAG Köln v. 19.11.2007, 14 Sa 715/07, n.v.).

- Eine tarifliche Regelung, die einen **Spätarbeitszuschlag** für Teilzeitbeschäftigte bei einem Ende der regelmäßigen Arbeitszeit nach 17.00 Uhr nur vorsieht, wenn Wechselschicht geleistet wird, während Vollzeitbeschäftigte bei gleichem Arbeitszeitende den Zuschlag auch dann erhalten, wenn sie nicht in Wechselschicht tätig sind, verstößt gegen § 4 Abs. 1 TzBfG (BAG v. 24.9.2003, 10 AZR 675/02, EzA Nr. 5 zu § 4 TzBfG).

- Teilzeitarbeitnehmer haben nach geänderter Rechtsprechung des BAG bei Überstunden bzw. Mehrarbeit neben der normalen Vergütung zusätzlich Anspruch auf **Überstundenzuschläge** bzw. zusätzlichen Freizeitausgleich; im Einzelnen siehe → Überstunden/Überstundenzuschläge Rz. 995.

- Teilzeitbeschäftigte, die ständig Schicht- und Wechselschichtarbeiten leisten, haben keinen Anspruch auf die tarifliche Schicht- und **Wechselschichtzulage** in voller Höhe; diese Zulagen stehen Teilzeitbeschäftigten nur anteilig in Höhe der Quote zwischen vereinbarter und regelmäßiger tariflicher Arbeitszeit zu. Bei Wahrung des gesetzlichen **Pro-rata-temporis-Grundsatzes** scheidet eine Benachteiligung wegen der Teilzeitarbeit aus (BAG v. 24.9.2008, 10 AZR 634/07, DB 2008, 2768). Die mit Schichtarbeit verbundenen Erschwernisse werden bei Abrufarbeit nicht bereits durch die vereinbarte Vergütung kompensiert. Der Arbeitnehmer kann daher eine tarifliche **Schichtzulage** pro Stunde auch dann beanspruchen, wenn der Arbeitgeber bei der Aufstellung der Dienstpläne auf die Einsatzwünsche der Abruf-Mitarbeiter Rücksicht nimmt (BAG v. 24.9.2008, 10 AZR 106/08, NZA 2008, 1424). Ansonsten gilt für **Zulagen** bei Teilzeitkräften: Eine **Zulage auf geleistete Stunden**, z.B. für Nachtstunden, steht Teilzeitkräften in vollem Umfang zu. Eine **pauschale Zulage**, z. B. eine Wechselschicht- und Schichtzulage mit einem monatlichen Festbetrag, steht Teilzeitkräften regelmäßig nur **anteilig** entsprechend dem Anteil der Arbeitszeit zu (BAG v. 25.9.2013, 10 AZR 4/12, NZA-RR 2014, 8). Ebenso steht Teilzeitkräften ein **Urlaubsgeld** regelmäßig nur proportional zur geringeren Arbeitszeit zu (BAG v. 12.12.2013, 8 AZR 829/12, DB 2014, 723).

- Eine tarifliche **Funktionszulage für Kassiertätigkeiten** im Einzelhandel an Ausgangskassen (check-out) von 4 % des Tarifgehalts, die von einer entsprechenden Tätigkeit an durchschnittlich mindestens 24 Wochenstunden abhängt, ist nach § 4 Abs. 1 Satz 2 TzBfG einem teilzeitbeschäftigten Arbeitnehmer mindestens in dem Umfang zu gewähren, der dem Anteil seiner Arbeitszeit an der Arbeitszeit eines vergleichbaren vollzeitbeschäftigten Arbeitnehmers entspricht; auch die Tarifvertragsparteien müssen bei der Regelung der Vergütung dieses gesetzliche Verbot der Diskriminierung teilzeitbeschäftigter Arbeitnehmer beachten (BAG v. 18.3.2009, 10 AZR 338/08, AP Nr. 20 zu § 4 TzBfG).

- Bei tariflich vorgesehener Nichtberücksichtigung unterhälftiger Teilzeitbeschäftigungen für die **Berechnung der Dienstzeit oder Beschäftigungszeit** ist die tarifliche Bestimmung nichtig.

611 Bei allgemeinen **Arbeitszeitverkürzungen** ist hinsichtlich der Weitergabe an Teilzeitkräfte **zu unterscheiden:**

- Ist die Teilzeitarbeitszeit als Bruchteil, z.B. ½, oder als Prozentsatz, z.B. 50 %, der Vollarbeitszeit vereinbart, so führt eine Verkürzung der Vollarbeitszeit quasi automatisch auch zur entsprechenden Verkürzung für die Teilzeitkraft.

- Ist die Teilzeitarbeitszeit demgegenüber mit bestimmter Stundenzahl festgelegt, so wirkt sich eine Verkürzung der Vollarbeitszeit nicht aus; eine Verkürzung müsste hier gesondert vereinbart werden.

612 Soweit eine Verkürzung der wöchentlichen Arbeitszeit bei den Vollzeitkräften durch einen vollen oder teilweisen **Lohnausgleich** kompensiert wird, muss diese Lohnerhöhung wegen der gebotenen **Gleichbehandlung auch den Teilzeitkräften** gezahlt werden (BAG v. 29.1.1992, 4 AZR 293/91, DB 1992, 998); an der finanziellen Besserstellung muss dieser Personenkreis anteilmäßig beteiligt werden.

Dient die Arbeitszeitverkürzung dem **Ausgleich besonderer Belastungen,** so haben auch die Teilzeitkräfte Anspruch auf anteilige Arbeitszeitverkürzung. **Ausnahme:** Der Arbeitgeber kann nachweisen, dass die auszugleichenden besonderen Belastungen bei den Teilzeitkräften auch nicht anteilig gegeben sind.

II. Lohnsteuer

Es bestehen keine lohnsteuerrechtlichen Besonderheiten. 613

III. Sozialversicherung

Es bestehen keine sozialversicherungsrechtlichen Besonderheiten. 614

Lohngrenze

I. Arbeitsrecht

Es gibt keine arbeitsrechtlichen Besonderheiten. 615

II. Lohnsteuer

Steuerlich sind Lohngrenzen regelmäßig für die Möglichkeit der pauschalen Lohnsteuererhebung zu beachten (Pauschalierungsvoraussetzungen). Sie sind insbesondere für die folgenden Beschäftigungen zu prüfen: → Kurzfristige Beschäftigung, → Akuter Bedarf, → Geringfügig entlohnte Beschäftigung und für Beschäftigungen in der → Land- und Forstwirtschaft. 616

Möchte der Arbeitgeber die Lohnsteuer im Papier-Regelverfahren nach der Lohnsteuertabelle oder anhand der elektronischen Lohnsteuerabzugsmerkmale des Arbeitnehmers (→ Lohnsteuerkarte) erheben, setzt dies keine bestimmten Arbeitslohngrenzen voraus.

III. Sozialversicherung

Es bestehen keine sozialversicherungsrechtlichen Besonderheiten. 617

Lohnkonto

I. Arbeitsrecht

Es bestehen keine arbeitsrechtlichen Besonderheiten. 618

II. Lohnsteuer

1. Führung des Lohnkontos

Wesentliche Grundlage für die Lohnsteuererhebung ist das Lohnkonto. In ihm sind die für den Lohnsteuerabzug erforderlichen Merkmale eines Arbeitnehmers, die in bar oder als Sachbezug gezahlten Arbeitslöhne sowie die Höhe der einbehaltenen Steuer- und Abzugsbeträge aufzuzeichnen. Deshalb ist der Arbeitgeber gesetzlich verpflichtet, für jeden Arbeitnehmer ein kalenderjahrbezogenes **Lohnkonto** zu führen und es nach Ablauf des Kalenderjahrs aufzurechnen und zu schließen. Ein Lohnkonto ist auch für unbeschränkt steuerpflichtige Arbeitnehmer ohne Wohnsitz im Inland und für beschränkt steuerpflichtige Arbeitnehmer zu führen. Diese weitgehenden Verpflichtungen sind auch dann zu beachten, wenn keine Lohnsteuer einzubehalten ist, z.B. auf Grund des niedrigen Arbeitslohns. 619

Bei pauschaler Lohnsteuererhebung hat der Arbeitgeber insbesondere **Aufzeichnungen** (Entgeltunterlagen) über die Pauschalierung der Lohnsteuer für Teilzeitbeschäftigte zu führen. Diese Dokumentation verlangt das Finanzamt zum Nachweis der Voraussetzungen für die Lohnsteuerpauschalierung.

Das Lohnkonto ist am Ort der Betriebsstätte zu führen.

Lohnkonto

2. Form des Lohnkontos

620 Die **Form** des Lohnkontos wird weder vom Einkommensteuergesetz noch durch Verwaltungsanweisungen vorgeschrieben. Die Auswahl ist dem Arbeitgeber überlassen; sie ist jedoch durch die Form der Dokumentation der Besteuerungsmerkmale vorgegeben. Üblicherweise wird das Lohnkonto in elektronischer Form (mittels PC o.Ä.) oder in Papierform (z.B. als Buch, Kartei) geführt. Belege, wie z.B. Quittungen über die Barauszahlung des Arbeitslohns, sind als steuerliche **Belege** bzw. Entgeltunterlagen zum Lohnkonto zu nehmen und **aufzubewahren**.

3. Inhalt des Lohnkontos

621 Im Lohnkonto sind die steuerrelevanten Daten für das Beschäftigungsverhältnis **aufzuzeichnen** bzw. zu dokumentieren. Weil bei Aushilfskräften und Teilzeitbeschäftigten, für deren Arbeitslohn die Lohnsteuer **pauschal** mit 2 %, 5 %, 20 % oder 25 % erhoben wird, vereinfachte Aufzeichnungen zugelassen sind, werden zunächst diese Anforderungen aufgelistet. Für solche Beschäftigungen sind zumindest **folgende Angaben** aufzuzeichnen (gem. § 4 Abs. 2 Nr. 8 Satz 4 und 5 LStDV):

- vollständiger Name, Tag der Geburt und Anschrift des Arbeitnehmers,
- Dauer der Beschäftigung,
- Zahl der tatsächlich geleisteten Arbeitsstunden (= Zeitstunden à 60 Minuten) im jeweiligen Lohnzahlungs- oder Lohnabrechnungszeitraum,
- Tag der Lohnzahlung,
- Höhe des Arbeitslohns (auch steuerfreier Arbeitslohn und pauschal besteuerte Fahrtkostenzuschüsse),
- Höhe der einbehaltenen/erhobenen Lohnsteuer, des Solidaritätszuschlags sowie der Kirchensteuer,
- bei Aushilfstätigkeiten in der Land- und Forstwirtschaft die Art der Beschäftigung und ggf.
- Nachweis über die Zugehörigkeit oder Nichtzugehörigkeit zu einer erhebungsberechtigten Religionsgemeinschaft/Kirche (z.B. Austrittsbescheinigung, Familienstammbuch, schriftliche Versicherung des Arbeitnehmers).

Falls die Lohnsteuer **nicht** pauschal erhoben wird, sind zusätzlich die im Härtefall-Verfahren in einer vom Finanzamt ausgestellten **Bescheinigung** für den Lohnsteuerabzug eingetragenen allgemeinen Besteuerungsmerkmale aufzuzeichnen; insbesondere:

- steuerliche Identifikationsnummer,
- Steuerklasse, Zahl der Kinderfreibeträge, Religionszugehörigkeit,
- den Jahresfreibetrag oder den Jahreshinzurechnungsbetrag sowie den Monatsbetrag, Wochenbetrag oder Tagesbetrag, der in einer vom Finanzamt ausgestellten Bescheinigung für den Lohnsteuerabzug eingetragen ist,
- der Zeitraum, für den die Eintragungen/Lohnsteuerabzugsmerkmale gelten.

Hat der Arbeitgeber bei der Finanzverwaltung die **elektronischen** Lohnsteuerabzugsmerkmale abgerufen, sind diese an Stelle der Merkmale auf der Papierbescheinigung im Lohnkonto aufzuzeichnen bzw. zu speichern (§ 4 Abs. 1 LStDV). Ergänzend regelt § 41 Abs. 1 EStG, dass im Lohnkonto Folgendes einzutragen ist:

- bestimmte Großbuchstaben, z.B. „M", wenn der Arbeitgeber dem Arbeitnehmer während seiner beruflichen Auswärtstätigkeit oder im Rahmen einer doppelten Haushaltsführung eine (mit dem amtlichen Sachbezugswert zu bewertende) Mahlzeit zur Verfügung gestellt hat,

- steuerfreie Lohnersatzleistungen, z.B. Kurzarbeitergeld, Verdienstausfallentschädigungen nach dem Infektionsschutzgesetz,
- andere steuerfreie Lohnzahlungen, z.B. → Reisekosten.

4. Abschluss, Aufbewahrung des Lohnkontos

Am Ende des Kalenderjahrs oder bereits nach der Beendigung des Dienstverhältnisses im laufenden Kalenderjahr hat der Arbeitgeber das Lohnkonto **abzuschließen**. Damit umschreibt das Gesetz die Beendigung des Lohnsteuerabzugs durch die Aufrechnung und Summenbildung der Eintragungen im Konto, z.B. die Summen der Lohnzahlungen sowie der einbehaltenen Steuerbeträge. Spätere bzw. nachträgliche Änderungen des Lohnkontos sind nicht zulässig. 622

Die gesetzliche Aufbewahrungsfrist für das jahresbezogene Lohnkonto und für die Entgeltunterlagen (Belege) beträgt **sechs** Kalenderjahre nach Ablauf des Kalenderjahrs, in dem die letzte Lohnzahlung vorgenommen wurde.

5. Ordnungsvorschriften

Die zuvor genannten (und in § 4 Abs. 2 Nr. 8 LStDV festgelegten) Aufzeichnungspflichten haben nur den **Charakter von Ordnungsvorschriften** und stellen keine materiell-rechtlichen Voraussetzungen für die Pauschalierung der Lohnsteuer dar. Deshalb ist es im Einzelfall ggf. ausreichend, wenn der Arbeitgeber das Vorliegen der Pauschalierungsvoraussetzungen glaubhaft macht; allerdings gehen evtl. Unklarheiten zu seinen Lasten. 623

Bei **fehlenden** oder **fehlerhaften Aufzeichnungen** kann das Finanzamt eine Pauschalierung der Lohnsteuer gleichwohl anerkennen, wenn der Arbeitgeber die Voraussetzungen auf andere Weise – z.B. durch Arbeitsvertrag, Arbeitsnachweise, Zeitkontrollen, Stundenabrechnungen, Zeugenaussagen – nachweisen oder glaubhaft machen kann.

III. Sozialversicherung

→ Aufzeichnungspflichten. Im Übrigen bestehen keine sozialversicherungsrechtlichen Besonderheiten. 624

Lohnsteuer

I. Arbeitsrecht

Es bestehen keine arbeitsrechtlichen Besonderheiten. 625

II. Lohnsteuer

Die Lohnsteuer wird als Quellensteuer und als besondere Form der Einkommensteuer des Arbeitnehmers auf den von einem inländischen Arbeitgeber gezahlten Arbeitslohn erhoben (→ Lohnsteuerabzug). Der Arbeitgeber ist auf Grund öffentlich-rechtlicher Regelungen verpflichtet, die Lohnsteuer vom Lohn und Gehalt seiner Arbeitnehmer einzubehalten und sie an das örtliche Finanzamt abzuführen (→ Betriebsstättenfinanzamt). Obwohl er dafür keine Vergütung erhält, ist er für die korrekte Einbehaltung und Abführung an die Finanzbehörden verantwortlich. Zudem haftet er für zu wenig einbehaltene und abgeführte Lohnsteuer. Steuerschuldner der im Regelverfahren erhobenen Lohnsteuer ist der Arbeitnehmer (→ Abwälzung). 626

Der Arbeitgeber hat bei jeder Lohnzahlung die **Lohnsteuer einzubehalten** (→ Lohnsteuerabzug); Voraussetzung ist der Zufluss des Arbeitslohns (→ Arbeitsvergütung) beim Arbeitnehmer (→ Arbeitnehmer). Für den Lohnsteuereinbehalt vom Arbeitslohn kann der Arbeitgeber zwischen der **pauschalen** oder der nach den individuellen **Lohnsteuerabzugsmerkmalen** des Arbeitnehmers (Regelverfahren) erhobenen Lohnsteuer (→ Lohnsteuerkarte) wählen.

Die individuellen Lohnsteuerabzugsmerkmale hat der Arbeitgeber als elektronische Lohnsteuerabzugsmerkmale bei der Finanzverwaltung abzurufen; auf Antrag ist ein Härtefall-/Papier-Verfahren möglich.

Die nach den individuellen Lohnsteuerabzugsmerkmalen einbehaltene Lohnsteuer ist vom Arbeitnehmer zu tragen. Übernimmt der Arbeitgeber diese Lohnsteuer, ist dieser Betrag als zusätzlicher Arbeitslohn zu versteuern (→ Nettolohnvereinbarung). Weil der **Arbeitgeber** Schuldner der **pauschalen** Lohnsteuer ist, hat er diese zu übernehmen (kein zusätzlicher Arbeitslohn).

Die einbehaltene bzw. bei jeder Lohnzahlung einzubehaltende Lohnsteuer sowie die pauschale Lohnsteuer sind zu den gesetzlich bestimmten Terminen dem Finanzamt **anzumelden** und dorthin **abzuführen** (→ Lohnsteuer-Anmeldung). Hiervon ausgenommen ist die einheitliche Pauschsteuer i.H.v. 2 % des Arbeitsentgelts; sie ist an die Deutsche Rentenversicherung → Knappschaft-Bahn-See anzumelden und abzuführen.

Wurde die Lohnsteuer nicht pauschal erhoben, ist bei Beendigung des Dienstverhältnisses, spätestens jedoch nach Ablauf des Kalenderjahrs, der einbehaltene Lohnsteuerbetrag in der elektronischen **Lohnsteuerbescheinigung** bzw. der Besonderen Lohnsteuerbescheinigung anzugeben (→ Lohnsteuerbescheinigung). Übermittelt der Arbeitgeber die Lohnsteuerbescheinigung nicht elektronisch an die Finanzverwaltung, muss er seit dem Kalenderjahr 2020 eine neue Verpflichtung zu beachten. Danach hat er für den Arbeitnehmer eine auf Papier ausgestellte Lohnsteuerbescheinigung bis zum letzten Tag des Monats Februar des auf den Abschluss des Lohnkontos folgenden Kalenderjahrs an das → Betriebsstättenfinanzamt zu übersenden.

Ist der Lohnsteuerabzug in zu geringer Höhe vorgenommen worden, hat der Arbeitgeber dies dem Betriebsstättenfinanzamt anzuzeigen (§ 41c Abs. 4 EStG). Erstattungsansprüche wegen zu Unrecht einbehaltener Lohnsteuer können nach Ablauf des Kalenderjahrs und nach Übermittlung der Lohnsteuerbescheinigung lediglich beim Finanzamt im Rahmen einer Veranlagung zur Einkommensteuer geltend gemacht werden.

Erstellt der Arbeitgeber die Lohnsteuerbescheinigung personell, ist der Vordruck „Besondere Lohnsteuerbescheinigung" zu verwenden und dem Arbeitnehmer **auszuhändigen**. Arbeitgeber mit maschineller Lohnabrechnung haben die Lohnsteuerbescheinigung elektronisch an die Finanzverwaltung zu übermitteln und dem Arbeitnehmer einen Ausdruck der elektronischen Lohnsteuerbescheinigung auszuhändigen.

III. Sozialversicherung

627 Es bestehen keine sozialversicherungsrechtlichen Besonderheiten.

Lohnsteuerabführung

I. Arbeitsrecht

628 Es bestehen keine arbeitsrechtlichen Besonderheiten.

II. Lohnsteuer

629 Der Arbeitgeber ist **verpflichtet**, sowohl die einbehaltene als auch die von ihm übernommene Lohn- und Kirchensteuer sowie den fälligen Solidaritätszuschlag **spätestens am 10. Tag** nach Ablauf des Lohnsteuer-Anmeldungszeitraums an das → Betriebsstättenfinanzamt anzumelden und abzuführen. Für die Abführung gelten die gleichen Termine, zu denen die Lohnsteuer beim Finanzamt anzumelden ist. Fällt dieses **Fristende**

auf einen Samstag, Sonntag oder Feiertag, **verschiebt** sich die Fälligkeit auf den nächstfolgenden Werktag. Dies gilt auch für die pauschale Lohnsteuer, die der Arbeitgeber mit dem Steuersatz von 5 %, 20 % oder 25 % des an Aushilfskräfte, Teilzeitbeschäftigte oder landwirtschaftliche Arbeitnehmer gezahlten Arbeitslohns berechnet (→ Lohnsteuer-Anmeldung).

Hiervon abweichend ist die **einheitliche** Pauschsteuer i.H.v. 2 % an die Deutsche Rentenversicherung Knappschaft-Bahn-See in 45115 Essen zu entrichten.

Entscheidend für die Zuordnung der einbehaltenen Lohnsteuer zum **Lohnsteuer-Anmeldungszeitraum** ist der Zeitpunkt des **Lohnzuflusses** beim Arbeitnehmer und nicht der Zeitraum, für welchen der Arbeitslohn gezahlt wird. 630

Werden z.B. die Arbeitsnachweise der Arbeitnehmer für den Monat Mai am 5. Juni abgerechnet und die Mai-Gehälter am 11. Juni ausgezahlt, ist die im Juni einbehaltene Lohnsteuer bei monatlichem Anmeldungszeitraum in der Lohnsteuer-Anmeldung für den Monat Juni zu erklären (→ Lohnsteuer-Anmeldung). Diese Lohnsteuer-Anmeldung ist spätestens am 10. Juli beim Finanzamt abzugeben bzw. im ELSTER-Verfahren dorthin elektronisch zu übermitteln. Die vom Arbeitgeber zu entrichtende Lohnsteuer ist spätestens zum selben Termin an das Betriebsstättenfinanzamt abzuführen.

Kommt der Arbeitgeber seinen gesetzlichen Verpflichtungen zur fristgemäßen Anmeldung und Abführung der (Lohn-)Steuern nicht nach, drohen gesetzlich vorgeschriebene Maßnahmen (Sanktionen) des Finanzamts. Ist die Abführung der Lohnsteuer nicht sichergestellt, kann das Finanzamt eigenständig von der Gesetzesvorschrift **abweichende** Termine zur Anmeldung und Abführung der Lohnsteuer festsetzen. So z.B. statt vierteljährlicher oder jährlicher Abführung die monatliche Anmeldung und Abführung der Lohnsteuer.

Ferner kann das Finanzamt die Abgabe der Lohnsteuer-Anmeldung durch Androhung und Festsetzung eines **Zwangsgelds** erzwingen sowie einen Verspätungszuschlag und Säumniszuschläge festsetzen. Führt dies zu keinem Erfolg, kann es die Höhe der Steuerbeträge schätzen und ausstehende Zahlungen im Vollstreckungsverfahren beitreiben. 631

Weitere Informationen zum Abzug der Lohnsteuer unter → Lohnsteuerabzug sowie → Lohnsteuer-Anmeldung.

III. Sozialversicherung

Es bestehen keine sozialversicherungsrechtlichen Besonderheiten. 632

Lohnsteuerabzug

I. Arbeitsrecht

Es bestehen keine arbeitsrechtlichen Besonderheiten. 633

II. Lohnsteuer

Bei Arbeitnehmern wird die vom Arbeitslohn zu zahlende Einkommensteuer im Wege des Abzugs vom Arbeitslohn erhoben (Lohnsteuerabzug), wenn der Arbeitslohn von einem inländischen Arbeitgeber gezahlt wird. Dazu ist der Arbeitgeber verpflichtet. Er hat bei jeder Lohnzahlung die Lohnsteuer einzubehalten, die nach den elektronischen Lohnsteuerabzugsmerkmalen bzw. nach einer vom Finanzamt ausgestellten Bescheinigung (→ Lohnsteuerkarte) oder – in bestimmten Fällen – pauschal zu erheben ist. 634

Die Lohnsteuer ist eine **besondere** Erhebungsform der Einkommensteuer, also keine Steuer eigener Art. Mit dem Steuerabzug ist für den Arbeitnehmer das Besteuerungsverfahren im Allgemeinen abgeschlossen, es sei denn, er beantragt zur Steuererstattung beim Finanzamt nach Ablauf des Kalenderjahrs eine Veranlagung zur Einkommensteuer oder sie ist von Amts wegen durchzuführen. **Pauschale** Lohnsteuer und pauschal versteuerte Arbeitslohnteile werden bei einer Veranlagung zur Einkommensteuer nicht berücksichtigt.

Neben der Lohnsteuer hat der Arbeitgeber den → Solidaritätszuschlag sowie die → Kirchensteuer vom Arbeitslohn einzubehalten und an das Finanzamt abzuführen. Weitere Informationen zur Abführung der Lohnsteuer und den weiteren steuerlichen Abzugsbeträgen unter → Lohnsteuer und → Lohnsteuerabführung.

III. Sozialversicherung

635 Es bestehen keine sozialversicherungsrechtlichen Besonderheiten.

IV. Kirchensteuer

636 Bei einer Kirchensteuer erhebenden Kirche oder bei einer Religionsgemeinschaft angehörenden Arbeitnehmern wird die vom Arbeitslohn zu zahlende Kirchensteuer im Wege des Abzugs vom Arbeitslohn erhoben (Kirchensteuerabzug).

Lohnsteuer-Anmeldung

I. Arbeitsrecht

637 Es bestehen keine arbeitsrechtlichen Besonderheiten.

II. Lohnsteuer

1. Steuererklärung

638 Der Arbeitgeber hat die bei der Lohnzahlung einbehaltene und übernommene bzw. die zu übernehmende Lohnsteuer – mit Ausnahme der einheitlichen Pauschsteuer (2 %) – spätestens am **zehnten Tag** nach Ablauf eines jeden Lohnsteuer-Anmeldungszeitraums mittels Lohnsteuer-Anmeldung dem Betriebsstättenfinanzamt **anzumelden** und dorthin **abzuführen**. Gleiches gilt für die **Kirchensteuer** und den **Solidaritätszuschlag**. Hierbei ist zu beachten, dass für jede lohnsteuerliche Betriebsstätte eine Lohnsteuer-Anmeldung abgegeben werden muss.

Die Lohnsteuer-Anmeldung ist eine **Steuererklärung**, in welcher der Arbeitgeber die Steuer selbst zu errechnen hat. Sie wird mit Eingang beim Finanzamt zu einer **Steuerfestsetzung** unter dem **Vorbehalt der Nachprüfung**, weshalb sie vom Finanzamt auch auf Antrag des Arbeitgebers aufgehoben oder geändert werden kann. Dies gilt, solange dieser Vorbehalt besteht oder die Steuererklärung nicht mehr geändert werden kann.

Führt die Anmeldung zu einer **Herabsetzung** der zuvor angemeldeten Steuer, z.B. bei einer berichtigten Lohnsteuer-Anmeldung, oder zu einer Steuererstattung, so gilt sie erst dann als Steuerfestsetzung, wenn die Finanzbehörde zustimmt. Diese Zustimmung ist **formfrei**, weshalb das Finanzamt sie dem Arbeitgeber regelmäßig nicht ausdrücklich erklärt. Der Arbeitgeber erkennt sie durch die Gutschrift des angemeldeten Betrags auf seinem Konto oder auf Grund einer Abrechnungsmitteilung des Finanzamts.

Das Finanzamt setzt die Lohnsteuer sowie die Kirchensteuer und den Solidaritätszuschlag nur dann förmlich, also durch einen Steuerbescheid, fest, wenn die Überprüfung der Lohnsteuer-Anmeldung zu einer abweichenden Lohnsteuer führt, z.B. bei Rechenfehlern des Arbeitgebers, bei Nichtabgabe der Anmeldung (führt zu einer Steuerschätzung) oder nach einer → Lohnsteuer-Außenprüfung.

2. Anmeldungszeitraum, Zahlungsfrist

Maßgebend für die Bestimmung des Anmeldungszeitraums ist der Lohnsteuerbetrag des Vorjahrs. Beschäftigt der Arbeitgeber **erstmals** Arbeitnehmer, ist die für dieses Jahr voraussichtlich abzuführende Lohnsteuer heranzuziehen. In den Fällen der **Betriebseröffnung** ist die auf einen Jahresbetrag umgerechnete, für den ersten vollen Kalendermonat nach der Eröffnung der Betriebstätte abzuführende Lohnsteuer maßgebend. 639

Folgende **Lohnsteuer-Anmeldungszeiträume** hat der Arbeitgeber zu beachten: 640

- den **Kalendermonat**, wenn die abzuführende Lohnsteuer im vorangegangenen Kalenderjahr mehr als 5 000 € betragen hat;
- das **Kalendervierteljahr**, wenn die abzuführende Lohnsteuer im vorangegangenen Kalenderjahr mehr als 1 080 €, aber nicht mehr als 5 000 € betragen hat;
- das **Kalenderjahr**, wenn die abzuführende Lohnsteuer im vorangegangenen Kalenderjahr nicht mehr als 1 080 € betragen hat.

De Lohnsteuer-Anmeldung muss spätestens am zehnten Tag nach Ablauf des Lohnsteuer-Anmeldungszeitraums beim Finanzamt **eingehen**. Dieselbe Frist gilt für die Abführung bzw. **Zahlung** der Lohnsteuer an das Finanzamt. Endet die Anmeldungs- oder Zahlungsfrist an einem Samstag, Sonntag oder gesetzlichen Feiertag, verlängern sich beide Fristen auf den nächstfolgenden Werktag.

Eine wirksame Zahlung gilt als geleistet

- bei Übergabe oder Übersendung von Zahlungsmitteln an das Finanzamt am Tag des Eingangs, bei Hingabe oder Übersendung von Schecks jedoch drei Tage nach dem Tag des Eingangs, unabhängig von der tatsächlichen Kontobelastung (→ Rz. 644),
- bei Überweisung oder Einzahlung auf ein Konto der Finanzbehörde und bei Einzahlung mit Zahlschein an dem Tag, an dem der Betrag der Finanzbehörde gutgeschrieben wird. Bei Überweisungen verzichtet die Finanzverwaltung auf die Erhebung eines Säumniszuschlags, wenn der Zahlbetrag bis zu drei Tagen verspätet eingeht.
- bei Vorliegen einer Einzugsermächtigung am Fälligkeitstag.

Siehe auch → Lohnsteuer.

3. Anzumeldende und abzuführende Lohnsteuer

Der Arbeitgeber hat die Lohnsteuer zu denselben Terminen beim Finanzamt anzumelden und dorthin abzuführen. **Anzumelden** ist der Lohnsteuerbetrag, der im Anmeldezeitraum einzubehalten bzw. zu übernehmen ist. Dies ist die Summe der vom Arbeitslohn sämtlicher Arbeitnehmer – also auch der geringfügig Beschäftigten sowie der Teilzeitbeschäftigten – einbehaltenen und vom Arbeitgeber übernommenen bzw. zu tragenden Lohnsteuer. Entsprechend ist für die Kirchensteuer und den Solidaritätszuschlag zu verfahren. 641

Weil bestimmte Kürzungen und Absetzungen vom anzumeldenden Betrag zulässig sind, kann die **abzuführende** Lohnsteuer in bestimmten Fällen geringer sein als der angemeldete Betrag. In Betracht kommen der Kürzungsbetrag für Besatzungsmitglieder von Handelsschiffen sowie der Förderbetrag zur betrieblichen Altersversorgung nach § 100 EStG (BAV-Förderbetrag). Ergibt sich kein Zahlbetrag, ist eine Anmeldung mit dem Zahlbetrag „0", sog. Nullmeldung, abzugeben.

Die Anmeldungs- und Abführungspflicht gilt auch für diejenigen Arbeitgeber, die nur eine Teilzeitkraft beschäftigen (z.B. als Haushaltsvorstand oder Alleinerziehende eine Hilfe im Haushalt). Weiterhin sind die nach den individuellen Lohnsteuerabzugsmerkmalen (→ Lohnsteuerkarte) einbehaltenen Lohnsteuerbeträge (Regelverfahren) und die mit 5 %, 15 %, 20 % sowie 25 % **pauschal** erhobenen Lohnsteuern in der **Lohnsteuer-**

Anmeldung getrennt zu erklären. Diese Beträge sind in Zeile 18 (Kennzahl 42) und Zeile 19 (Kennzahl 41) des Erklärungsvordrucks anzugeben.

Laut Zeile 18 der Anmeldung ist die Summe der **„einzubehaltenden"** Lohnsteuer anzugeben. Diese Formulierung entspricht dem Gesetzestext und soll klarstellen, dass der Arbeitgeber die rechtmäßig vom Arbeitslohn im Regelverfahren zu erhebende Lohnsteuer (Soll-Steuer), und nicht etwa einen anderen Betrag, z.B. eine zu niedrige einbehaltene Lohnsteuer (Ist-Steuer), beim Finanzamt anzumelden hat.

Entsprechend der pauschalen Lohnsteuer hat der Arbeitgeber die im **vereinfachten** Verfahren erhobene **pauschale Kirchensteuer** in einer Summe in einer gesonderten Zeile anzumelden (Zeile 25 Kennzahl 47). Hierdurch wird der Arbeitgeber entlastet, weil nun die Finanzverwaltung die Aufteilung der Kirchensteuer auf die erhebungsberechtigten Religionsgemeinschaften vornimmt.

Die **einheitliche Pauschsteuer** (2 %) ist mit dem Beitragsnachweis an die Deutsche Rentenversicherung → Knappschaft-Bahn-See in 45115 Essen (Minijob-Zentrale) zu melden und abzuführen oder sie wird im Haushaltsscheckverfahren eingezogen (→ Haushaltsscheckverfahren).

4. Zuordnung zum Anmeldungszeitraum

642   Für die **Zuordnung** der Lohnsteuer (sowie Kirchensteuer und Solidaritätszuschlag) zum Anmeldungszeitraum ist der **Zahlungszeitpunkt** des Arbeitslohns maßgebend.

Wird z.B. bei monatlicher Lohnzahlung der Arbeitslohn für den Monat **Januar** im **Februar** abgerechnet und ausgezahlt, hat der Arbeitgeber zu diesem Zeitpunkt den **Lohnsteuereinbehalt** vorzunehmen. Für den jeweiligen Zeitpunkt der abzugebenden Lohnsteuer-Anmeldung gilt Folgendes:

– Bei **monatlichem** Lohnsteuer-**Anmeldungszeitraum** ist die im Februar (Lohnsteuer-Anmeldungszeitraum) einbehaltene Lohnsteuer bis zum 10.3. an das Finanzamt anzumelden und abzuführen.

– Ist Anmeldungszeitraum das **Kalendervierteljahr**, hat der Arbeitgeber diese Lohnsteuer (einschl. der im Februar und März einbehaltenen Beträge) bis zum 10.4. anzumelden und abzuführen,

– bei **jährlichem** Anmeldungszeitraum sind diese Pflichten spätestens bis zum 10.1. des folgenden Jahrs zu erledigen.

5. Elektronische Übermittlung, Erklärungsvordruck

643   Die **Lohnsteuer-Anmeldung** ist grundsätzlich auf **elektronischem Weg** an das Finanzamt zu übermitteln. Zur Vermeidung sog. **unbilliger Härten** kann das → Betriebsstättenfinanzamt auf Antrag die Abgabe der Anmeldung in **herkömmlicher** Form – auf Papier oder per Telefax – weiterhin zulassen.

Ein Härtefall liegt insbesondere dann vor, wenn und solange es dem Arbeitgeber nicht zumutbar ist, die technischen Voraussetzungen einzurichten, die für die Übermittlung der elektronischen Lohnsteuer-Anmeldung erforderlich sind; beispielsweise für Arbeitgeber, die über keinen PC oder Internetanschluss verfügen, sowie für einen **Privathaushalt** als Arbeitgeber einer lediglich geringfügig beschäftigten Person, der über keinen PC oder Internetanschluss verfügt (§ 150 Abs. 8 AO).

Für die **elektronische** Übermittlung der Lohnsteuer-Anmeldung hat die Finanzverwaltung bisher ein Programm für den PC- bzw. Computereinsatz bereit gestellt („Elster-Formular"). Dieser Service wird nicht mehr angeboten. Nunmehr ist die elektronische Erklärungsabgabe ausschließlich „online" über das Elster-Online-Portal in „Mein ELSTER" möglich. Näheres hierzu erläutert die Finanzverwaltung im Internet unter www.elster.de. Privat herausgegebene Steuersoftware unterstützt regelmäßig „ELSTER" und bietet oft einen zusätzlichen Service an.

Nachdem die Lohnsteuer-Anmeldung authentifiziert und erfolgreich an die Finanzverwaltung übermittelt worden ist, muss/sollte der Arbeitgeber das sog. Übertragungsprotokoll ausdrucken. Es dient als Nachweis der elektronischen Abgabe und ist für die Lohnunterlagen bestimmt.

Wird nach Zustimmung bzw. ohne Widerspruch des Betriebsstättenfinanzamts die **Lohnsteuer-Anmeldung** weiterhin in **Papierform** (auf dem amtlichen Vordruck) abgegeben, ist sie vom Arbeitgeber oder einem seiner Vertreter zu **unterschreiben**. Dabei steht es dem Arbeitgeber frei, die zur Unterschrift berechtigte Person zu benennen. Fehler dieser Person (des Beauftragten) werden jedoch dem Arbeitgeber zugerechnet, so dass er für zu wenig einbehaltene Lohnsteuer grundsätzlich haftet.

6. Verspätete Abgabe/Zahlung

Bei verspäteter **Abgabe** der Lohnsteuer-Anmeldung kann das Finanzamt unmittelbar einen **Verspätungszuschlag** festsetzen. Dieser Zuschlag darf bis zu 25 000 € betragen, was für den hier behandelten Arbeitnehmerkreis bzw. für die dafür einzubehaltende Lohnsteuer nicht in Betracht kommen kann.

644

Wird die Lohnsteuer-Anmeldung nicht binnen 14 Monaten nach Ablauf des Kalenderjahrs (Besteuerungszeitraums) oder bei Vorabanforderungen des Finanzamts nicht bis zu dem in der Anordnung bestimmten Zeitpunkt abgegeben, wird ein Verspätungszuschlag ohne Ermessensentscheidung festgesetzt (§ 152 Abs. 2 AO). Gesetzlich vorgeschrieben ist für Steuererklärungen allgemein für jeden angefangenen Monat der eingetretenen Verspätung ein Verspätungszuschlag i.H.v. 0,25 % der festgesetzten Steuer und mindestens 10 € (§ 152 Abs. 5 AO).

Solch ein striktes Vorgehen ist jedoch für vierteljährlich und für monatlich abzugebende Lohnsteuer-Anmeldungen sowie zusätzlich für jährlich abzugebende Lohnsteuer-Anmeldungen ausgeschlossen (§ 152 Abs. 8 AO). Ein festzusetzender Verspätungszuschlag beträgt somit nicht zwingend für jeden angefangenen Monat der eingetretenen Verspätung die o.g. 0,25 % der festgesetzten Steuer bzw. mindestens 10 € pro angefangenen Monat der Verspätung. Stattdessen hat das Finanzamt bei der Bemessung des Verspätungszuschlags die Dauer und Häufigkeit der Fristüberschreitung sowie die Höhe der Steuer zu berücksichtigen.

Zu den zuvor genannten Abgabeterminen für die Lohnsteuer-Anmeldungen ist der **Gesamtbetrag** aus Lohnsteuer, Solidaritätszuschlag und ggf. der Kirchensteuer an die Finanzkasse zu **überweisen**. Erfolgt die Zahlung verspätet, hat das Finanzamt **Säumniszuschläge** festzusetzen. Ein Verschulden des Steuerpflichtigen ist für das Entstehen von Säumniszuschlägen nicht erforderlich. Der Säumniszuschlag beträgt für jeden angefangenen Monat der Säumnis 1 % des auf den nächsten durch 50 € teilbaren, abgerundeten rückständigen (angemeldeten) Steuerbetrags. Ein Säumnistitel tritt jedoch nicht ein, bevor die Steuer festgesetzt oder angemeldet worden ist. Folglich ist bei verspäteter Abgabe der Lohnsteuer-Anmeldung der Zuschlag erst ab dem auf den Tag des Eingangs der Anmeldung folgenden Tags an zu berechnen.

Regelmäßig werden bei **Banküberweisungen**, die bis zu **drei Tagen** verspätet eingehen, keine Säumniszuschläge erhoben (Zahlungsschonfrist). **Scheck- und Barzahlungen** müssen am Fälligkeitstag entrichtet werden. Hierbei ist zu beachten, dass **Scheckzahlungen** erst am **dritten** Tag nach dem Tag des Scheckeingangs beim Finanzamt als entrichtet gelten. Das Finanzamt kann die Festsetzung der Zuschläge auf Antrag (Rechtsbehelf) aufheben bzw. erlassen.

> **Beispiel:**
>
> **Zahlung der Lohnsteuerschuld per Scheck**
>
> Der Arbeitgeber gibt die bis zum 10.4.2021 monatlich einzureichende Lohnsteuer-Anmeldung am 11.4.2021 per Erklärungsvordruck beim Finanzamt ab (Alternative 1) bzw. übermittelt sie elektro-

nisch (Alternative 2). Bei der Alternative 1 legt er einen Scheck über den Zahlbetrag bei, bei Alternative 2 gibt er ihn per Brief beim Finanzamt ab. Weil das Fristende für die Abgabe der Lohnsteuer-Anmeldung ein Samstag ist, verschiebt sich der Abgabetermin auf Montag, den 12.4.2021.

Folglich ist die Lohnsteuer-Anmeldung fristgerecht abgegeben/übermittelt worden.

Weil für Scheckzahlungen die o.g. dreitägige Zahlungsschonfrist nicht zur Anwendung kommt, gilt die Steuer am 14.4.2021 als entrichtet. Damit ist der späteste Zahlungstermin 12.4.2021 nicht eingehalten; das Finanzamt wird einen Säumniszuschlag ab dem 13.4.2021 festsetzen.

7. Beendung Erklärungspflicht, Nullmeldung

645 Für Verwirrung sorgt in der Praxis immer wieder die Frage, wann die **Abgabe** einer **Lohnsteuer-Anmeldung** erforderlich ist und wann der Arbeitgeber von der Verpflichtung zur Abgabe weiterer Lohnsteuer-Anmeldungen **befreit** ist. Hierzu folgende Grundsätze:

– Entrichtet der Arbeitgeber von Beginn des Dienstverhältnisses an (ausschließlich) die einheitliche Pauschsteuer (an die Knappschaft), scheidet die Abgabe einer Lohnsteuer-Anmeldung von vornherein aus. Insbesondere der Privathaushalt kann als Arbeitgeber eines solchen geringfügigen Beschäftigungsverhältnisses auf eine „Anmeldung" als Arbeitgeber bei seinem (Wohnsitz-) Finanzamt verzichten.

– Ist der Arbeitgeber hingegen zunächst zur Abgabe von Lohnsteuer-Anmeldungen verpflichtet, z.B. weil er die Lohnsteuer für das Arbeitsentgelt einer geringfügigen Beschäftigung nach den individuellen Lohnsteuerabzugsmerkmalen (lt. ELStAM- oder Härtefall-Verfahren) erhebt, und

  – zahlt er ab einem späteren Zeitpunkt ausschließlich **steuerunbelasteten** oder **steuerfreien** Arbeitslohn oder

  – wählt er die einheitliche Pauschsteuer (an die Knappschaft) oder

  – wird das Beschäftigungsverhältnis beendet,

hat er dies dem → Betriebsstättenfinanzamt mitzuteilen.

Allein eine solche **Mitteilung** befreit ihn von der Verpflichtung zur Abgabe (weiterer) Lohnsteuer-Anmeldungen. Die Abgabe von Lohnsteuer-Anmeldungen mit der Angabe 0 € als anzumeldende Lohnsteuer (sog. Nullmeldung) wird regelmäßig nicht als die geforderte Mitteilung an das Betriebsstättenfinanzamt angesehen.

8. Elektronisches Zertifikat

646 Eine elektronische Übermittlung der Lohnsteuer-Anmeldungen an die Finanzverwaltung setzt ein elektronisches Zertifikat des Arbeitgebers (Authentifizierung) voraus. Denn die Arbeitgeber sind gesetzlich verpflichtet, Lohnsteuer-Anmeldungen (sowie Umsatzsteuer-Voranmeldungen) mit einem solchen Zertifikat an die Finanzverwaltung elektronisch zu übermitteln. Hierfür ist die Registrierung mit der aktuellen Steuernummer im Internet unter www.elster.de/eportal/start erforderlich. Sollten Arbeitgeber diese Authentifizierung vergessen oder zu spät beantragt haben, empfiehlt es sich, die Lohnsteuer-Anmeldung beim Betriebsstättenfinanzamt fristgerecht auf dem amtlichen Erklärungsvordruck (Papierform) abzugeben.

Steuerliche Dienstleister (z.B. Lohnbüros/-abrechner oder Steuerberater) müssen sich nur einmal registrieren. Mit dem so erhaltenen Zertifikat können sie für alle ihrer Mandanten in deren Auftrag Übermittlungen ausführen.

III. Sozialversicherung

Es bestehen keine sozialversicherungsrechtlichen Besonderheiten. 647

Lohnsteuer-Anrufungsauskunft

I. Arbeitsrecht

Es bestehen keine arbeitsrechtlichen Besonderheiten. 648

II. Lohnsteuer

Hat der Arbeitgeber Fragen zur Anwendung des Lohnsteuerrechts, zu Anträgen auf Pauschalierung der Lohnsteuer mit dem betriebsindividuellen Pauschsteuersatz sowie zu Zweifelsfällen, ob z.B. die steuerlichen Voraussetzungen für eine steuerfreie Lohnzahlung vorliegen oder ob eine Arbeitnehmereigenschaft gegeben ist, kann er beim → Betriebsstättenfinanzamt eine sogenannte Anrufungsauskunft beantragen (§ 42e EStG, R 42e LStR). 649

Das Betriebsstättenfinanzamt des Arbeitgebers hat auf Anfrage eines Beteiligten am Lohnsteuererhebungsverfahren darüber Auskunft zu geben, ob und inwieweit im einzelnen Fall die Vorschriften über die Lohnsteuer anzuwenden sind. Weil diese Auskunft das Finanzamt bindet, kann der **Arbeitgeber** darauf vertrauen. Das heißt: Verfährt er danach, ist er gegen eventuelle Lohnsteuernachforderungen des Finanzamts abgesichert. Der durch die Anrufungsauskunft geschaffene Vertrauensschutz endet jedoch, wenn sich die Rechtslage geändert hat, z.B. durch eine Gesetzesneuregelung oder durch eine geänderte Rechtsprechung des BFH oder BVerfG.

Falls der Arbeitgeber eine solche Auskunft nicht stellt, kann im Einzelfall auch der Arbeitnehmer eine Lohnsteuer-Anrufungsauskunft beantragen.

Im Gegensatz zum Betriebsstättenfinanzamt ist das **Wohnsitzfinanzamt** des **Arbeitnehmers** an eine solche im Lohnsteuerabzugsverfahren erteilte Anrufungsauskunft nicht gebunden. Es prüft den Sachverhalt i.R. einer Einkommensteuerveranlagung. Falls sich dabei nachträglich herausstellt, dass der Sachverhalt anders zu beurteilen ist, trifft es eine abweichende Entscheidung (H 42e LStH).

Nach der gefestigten Rechtsprechung des BFH (v. 30.4.2009, VI R 54/07, BStBl II 2010, 996 sowie v. 13.1.2011, VI R 61/09, BStBl II 2011, 479) ist die Erteilung und der Widerruf einer Lohnsteuer-Anrufungsauskunft (nach § 42e EStG) nicht nur eine Wissenserklärung (unverbindliche Rechtsauskunft) des Betriebsstättenfinanzamts, sondern vielmehr ein feststellender **Verwaltungsakt** (§ 118 Satz 1 AO). Deshalb sind die Regelungen über das außergerichtliche Rechtsbehelfsverfahren (§§ 347 ff. AO) anzuwenden.

Folglich ist der Arbeitgeber berechtigt, gegen eine Lohnsteuer-Anrufungsauskunft bzw. die darin getroffene Entscheidung des Finanzamts einen Einspruch einlegen. Ein Antrag auf Aussetzung der Vollziehung ist nicht möglich, da es sich nicht um einen vollziehbaren Verwaltungsakt handelt. Gleiches gilt bei Ablehnung einer Anrufungsauskunft; siehe hierzu auch BMF-Schreiben v. 12.12.2017, IV C 5-S 2388/14/10001, BStBl I 2017, 1656.

III. Sozialversicherung

650 Es bestehen keine sozialversicherungsrechtlichen Besonderheiten.

Lohnsteuer-Außenprüfung

I. Arbeitsrecht

651 Es bestehen keine arbeitsrechtlichen Besonderheiten.

II. Lohnsteuer

1. Lohnsteuer-Außenprüfung

652 Die Finanzverwaltung kann zur Prüfung, ob der Arbeitgeber die Lohnsteuer zutreffend einbehalten und abgeführt hat, eine **Lohnsteuer-Außenprüfung** (§ 42f EStG) oder eine Lohnsteuer-Nachschau (§ 42g EStG) durchführen. Diese Prüfungen richten sich unmittelbar und zielgerichtet an den **Arbeitgeber**. Sie **erstrecken** sich darauf, ob dieser als Lohnsteuerentrichtungsschuldner seine Pflicht zur Einbehaltung, Erhebung und Abführung der Lohnsteuer ordnungsgemäß erfüllt hat. Diese Prüfungen umfassen auch den Solidaritätszuschlag und die Kirchensteuer.

Ergeben die Prüfungen einen zu geringen Lohnsteuereinbehalt, muss der Arbeitgeber, ggf. jedoch der Arbeitnehmer, den zu geringen Betrag nachzahlen. Denn beide sind gegenüber dem Finanzamt Gesamtschuldner der Lohnsteuer sowie des Solidaritätszuschlags und der Kirchensteuer.

Das Rechtsverhältnis des Finanzamts zum **Arbeitnehmer** wird durch die Außenprüfung nicht berührt. Es ist nicht ihr Ziel, die zutreffende individuelle Einkommensteuerschuld des Arbeitnehmers zu ermitteln, sondern die steuerlichen Verhältnisse von Arbeitgeber und Arbeitnehmer sowohl zu Gunsten als auch zu Ungunsten der Beteiligten nach dem sog. Untersuchungsgrundsatz zu prüfen.

Der Lohnsteuer-Außenprüfer prüft und entscheidet über die Steuerpflicht des Arbeitslohns als Besteuerungsgrundlage und berechnet ggf. die vom Arbeitgeber nach den individuellen Lohnsteuerabzugsmerkmalen einzubehaltende oder pauschal zu erhebende Lohnsteuer neu.

Geprüft werden sowohl die privaten als auch die öffentlich-rechtlichen **Arbeitgeber**. Die Außenprüfung ist zulässig bei Personen, die einen gewerblichen, land- und forstwirtschaftlichen Betrieb unterhalten oder freiberuflich tätig sind sowie bei anderen Personen, soweit sie für Rechnung eines anderen Lohnsteuerbeträge zu entrichten oder Lohnsteuern einzubehalten und abzuführen haben. Danach kann der Lohnsteuereinbehalt auch bei **Privatpersonen** geprüft werden, die Arbeitnehmer beschäftigen. Allerdings wird den Finanzämtern durch die Lohnsteuer-Richtlinien vorgeschrieben, Privathaushalte, in denen nur geringfügig entlohnte Hilfen beschäftigt werden, i.d.R. nicht zu prüfen (R 42f Abs. 3 Satz 2 LStR). Diese Selbstbeschränkung gilt ebenso für die Lohnsteuer-Nachschau. Sie berührt die grundsätzliche Zulässigkeit einer Lohnsteuer-Außenprüfung jedoch nicht.

Voraussetzung für die Lohnsteuer-Außenprüfung ist eine Prüfungsanordnung, die gegenüber dem Arbeitgeber zu erlassen bzw. ihm bekanntzugeben ist.

2. Lohnsteuer-Nachschau

653 Als Alternative zur Lohnsteuer-Außenprüfung kann das Finanzamt beim Arbeitgeber lohnsteuerliche Prüfungen im Rahmen einer **Lohnsteuer-Nachschau** durchführen. Die Lohnsteuer-Nachschau ist ein eigenständiges Prüfungsverfahren zur zeitnahen Aufklärung steuererheblicher Sachverhalte. Deshalb gelten die besonderen Vorschriften der

Abgabenordnung für die Außenprüfung hier nicht. Insbesondere sind die §§ 146 Abs. 2b, 147 Abs. 6, 201, 202 AO und § 42d Abs. 4 Satz 1 Nr. 2 EStG nicht anzuwenden.

Eine Lohnsteuer-Nachschau kommt z.B. in Betracht:

– bei Beteiligung an Einsätzen der Finanzkontrolle Schwarzarbeit,
– zur Feststellung einer Arbeitgeber- oder Arbeitnehmereigenschaft,
– bei Beginn eines neuen Betriebs,
– zur Feststellung, ob eine Person selbständig oder als Arbeitnehmer tätig ist,
– zur Prüfung der steuerlichen Behandlung von sog. Minijobs.

Die Lohnsteuer-Nachschau soll der Sicherstellung einer ordnungsgemäßen Einbehaltung und Abführung der Lohnsteuer dienen. Sie ist ein besonderes Verfahren zur zeitnahen Aufklärung steuererheblicher Sachverhalte und hat während der üblichen Geschäfts- und Arbeitszeiten stattzufinden. Dazu können die mit der Nachschau beauftragten Beamten ohne vorherige Ankündigung und außerhalb einer Lohnsteuer-Außenprüfung Grundstücke und Räume von Personen, die eine gewerbliche oder berufliche Tätigkeit ausüben, betreten. Insoweit unterscheidet sich die Lohnsteuer-Nachschau von der Lohnsteuer-Außenprüfung; siehe hierzu auch BMF-Schreiben v. 16.10.2014, IV C 5-S 2386/09/10002:001, BStBl I 2014, 1408. Zu der maßgeblichen Regelung im EStG sowie in den LStR s. → Rz. 652.

3. Zuständiges Finanzamt

Für die Lohnsteuer-Außenprüfung sowie die Lohnsteuer-Nachschau ist grundsätzlich das **Betriebsstättenfinanzamt** zuständig. Dieses entscheidet, ob und wann eine Lohnsteuer-Außenprüfung durchzuführen ist. Das → Betriebsstättenfinanzamt ist das für den jeweiligen Betrieb bzw. die Betriebsstätte zuständige Finanzamt. Für Privathaushalte als Arbeitgeber ist es das für die Einkommensteuerveranlagung zuständige Wohnsitzfinanzamt. 654

III. Sozialversicherung

Nach den Bestimmungen des Sozialversicherungsrechts ist der **Privathaushalt** nicht verpflichtet, Entgeltunterlagen zu führen bzw. aufzubewahren. Dies erklärt auch, weshalb der Privathaushalt durch die Sozialversicherungsprüfer (Rentenversicherungsträger) nicht geprüft wird; die Prüfungsmöglichkeit ist gesetzlich ausgeschlossen. Im Übrigen bestehen keine sozialversicherungsrechtlichen Besonderheiten. 655

IV. Kirchensteuer

Die Lohnsteuer-Außenprüfung erstreckt sich auch darauf, ob der Lohnsteuerentrichtungsschuldner seine Verpflichtung zur Einbehaltung, Erhebung und Abführung der Kirchensteuer ordnungsgemäß erfüllt hat. 656

Lohnsteuerbescheinigung

I. Arbeitsrecht

Es bestehen keine arbeitsrechtlichen Besonderheiten. 657

II. Lohnsteuer

1. Ausstellung und Übermittlung der Lohnsteuerbescheinigung

Am Ende des Kalenderjahrs oder bei vorhergehender Beendigung des Arbeitsverhältnisses hat der Arbeitgeber für den Arbeitnehmer, aber auch für die Finanzverwaltung 658 die Lohnsteuerbescheinigung auszustellen. Voraussetzung hierfür ist, dass die Lohnsteuer im Regelverfahren erhoben worden ist. Die Bescheinigung ist bis zum letzten Tag des Monats Februar des folgenden Jahrs zu übermitteln. Hat der Arbeitgeber die Lohnsteuer mit **pauschalen** Steuersätzen erhoben, darf keine Lohnsteuerbescheinigung ausgestellt werden.

In der Lohnsteuerbescheinigung sind die nach den individuellen Lohnsteuerabzugsmerkmalen des Arbeitnehmers einbehaltene Lohnsteuer sowie weitere im Lohnkonto aufgezeichnete Besteuerungsmerkmale anzugeben. Der Arbeitgeber hat grundsätzlich eine **elektronische** Lohnsteuerbescheinigung auszustellen bzw. an die Finanzverwaltung zu übersenden. Arbeitgeber mit maschineller Lohnabrechnung haben die Lohnsteuerbescheinigung elektronisch per Datenübermittlung der Finanzverwaltung zuzusenden. In diesem Fall erhält der Arbeitnehmer einen nach amtlichem Muster erstellten Papierausdruck mit den übermittelten Daten. Im Übrigen gelten für die elektronische Übermittlung der Lohnsteuerbescheinigung die Erläuterungen unter → Rz. 643 entsprechend.

Hingegen darf der Arbeitgeber **ohne** maschinelle Lohnabrechnung die sog. **Besondere Lohnsteuerbescheinigung** (Papierbescheinigung) ausstellen. Nach den gesetzlichen Regelungen dürfen nur Arbeitgeber ohne maschinelle Lohnabrechnung, die ausschließlich Arbeitnehmer im Rahmen einer geringfügigen Beschäftigung im Privathaushalt (i.S.d. § 8a SGB IV) beschäftigen und keine elektronische Lohnsteuerbescheinigung ausstellen können – weil sie kein elektronisches Lohnabrechnungsprogramm einsetzen –, eine Besondere Lohnsteuerbescheinigung (auf Papier) erteilen. Entsprechendes gilt für andere Arbeitgeber, denen das Finanzamt die Nichtteilnahme am ELStAM-Verfahren genehmigt hat (Härtefallregelung → Rz. 671). Der amtliche Vordruck „Besondere Lohnsteuerbescheinigung" ist seit dem Kalenderjahr 2020 neu aufgelegt worden und besteht aus zwei Blättern. Er ist beim Finanzamt kostenlos erhältlich.

Seit dem Kalenderjahr 2020 genügt es nicht mehr, allein dem Arbeitnehmer die auf Papier ausgestellte Lohnsteuerbescheinigung auszuhändigen. Zusätzlich muss der Arbeitgeber dem Betriebsstättenfinanzamt eine Lohnsteuerbescheinigung übersenden. Vordruckmäßig hat der Arbeitgeber seinem Arbeitnehmer eine Zweitausfertigung der Lohnsteuerbescheinigung auszuhändigen. Alternativ müsste es ausreichen, ihm eine Kopie der für das Finanzamt vorgesehenen Bescheinigung zu überreichen. Als spätester Termin für die Übersendung ist der letzte Tag des Monats Februar des auf den Abschluss des Lohnkontos folgenden Kalenderjahrs festgeschrieben.

2. Lohnsteuerbescheinigung neben Lohnsteuerpauschalierung

659 Entlassungsabfindungen unterliegen nicht der Sozialversicherung und rechnen somit auch nicht zum sozialversicherungsrechtlichen Arbeitsentgelt. Deshalb ist auch in Fällen der **Lohnsteuerpauschalierung** des laufenden (z.B. monatlich gezahlten) Arbeitslohn mit 2 % oder mit 20 % die Lohnsteuer für eine **Entlassungsabfindung** (steuerpflichtiger Arbeitslohn) nach den üblichen Regelungen zu ermitteln; entsprechend den Lohnsteuerabzugsmerkmalen des Arbeitnehmers und nach der Jahrestabelle, weil es sich um einen sonstigen Bezug handelt. Eine ggf. anfallende Lohnsteuer hat der Arbeitgeber an das → Betriebsstättenfinanzamt abzuführen. In diesen Fällen hat der Arbeitgeber unabhängig von einem Lohnsteuereinbehalt eine Lohnsteuerbescheinigung auszustellen und an das Betriebsstättenfinanzamt zu senden bzw. an die Finanzverwaltung elektronisch zu übermitteln.

Der Arbeitnehmer hat die besteuerte Entlassungsabfindung in seiner Einkommensteuererklärung dem Finanzamt anzugeben. Im Rahmen der Einkommensteuerveranlagung wird geprüft, ob für die Abfindung eine ermäßigte Besteuerung in Betracht kommt (sog. Fünftelungsregelung). Voraussetzung dafür ist, dass im Auszahlungsjahr der Abfindung eine Zusammenballung von Einkünften (Einnahmen) vorliegt.

3. Inhalt und Korrektur der Lohnsteuerbescheinigung

Die (elektronische) Lohnsteuerbescheinigung hat u.a. folgende **Angaben** zu enthalten: 660

- Name, Vorname, Geburtsdatum, Anschrift sowie die steuerliche Identifikationsnummer des Arbeitnehmers;
- die Bezeichnung und die Nummer des Finanzamts, an das die Lohnsteuer abgeführt worden ist, sowie die Steuernummer des Arbeitgebers;
- Dauer des Dienstverhältnisses während des Kalenderjahrs sowie die Anzahl der vermerkten Großbuchstaben „U" (falls Anspruch auf Arbeitslohn für fünf aufeinanderfolgende Werktage entfallen war);
- Art und Höhe des gezahlten Arbeitslohns, einbehaltene Lohnsteuer, Solidaritätszuschlag und Kirchensteuer;
- steuerfrei gezahlte Lohnersatzleistungen wie Kurzarbeitergeld einschl. Saison- und Transferkurzarbeitergeld sowie steuerfreie Zuschüsse des Arbeitgebers zum Kurzarbeitergeld und zum Mutterschaftsgeld;
- steuerfreie Arbeitgeberleistungen für Fahrten zwischen Wohnung und erster Tätigkeitsstätte (Job-Ticket),
- pauschal besteuerte Arbeitgeberleistungen für Fahrten zwischen Wohnung und Arbeitsstätte, für die steuerfreie Sammelbeförderung den Großbuchstaben „F", steuerfrei gezahlte Verpflegungszuschüsse und Vergütungen bei doppelter Haushaltsführung sowie den im Lohnkonto aufgezeichneten Großbuchstaben „M";
- Beiträge zu den gesetzlichen Rentenversicherungen und an berufsständische Versorgungseinrichtungen, getrennt nach Arbeitgeber- und Arbeitnehmeranteil;
- steuerfrei gezahlte Arbeitgeberzuschüsse zur Kranken- und Pflegeversicherung;
- Beiträge des Arbeitnehmers zur gesetzlichen Krankenversicherung und zur sozialen Pflegeversicherung sowie zur Arbeitslosenversicherung.

Zu weiteren Einzelheiten wird auf das maßgebende BMF-Schreiben verwiesen, vgl. → Rz. 661.

Als **Arbeitslohn** ist der Gesamtbetrag des Bruttoarbeitslohns, einschließlich des Werts eventueller Sachbezüge, zu bescheinigen. Bruttoarbeitslohn ist die Summe aus dem laufenden Arbeitslohn, der für Lohnzahlungszeiträume gezahlt worden ist, die im Kalenderjahr geendet haben, und den sonstigen Bezügen, die der Arbeitnehmer im Kalenderjahr erhalten hat. Dazu gehören auch Urlaubsgeld, Weihnachtszuwendungen sowie vermögenswirksame Leistungen.

Der **Bruttolohn** darf nicht um den Versorgungsfreibetrag, den Zuschlag zum Versorgungsfreibetrag oder den Altersentlastungsbetrag gekürzt werden. Ebenso darf ein vom Finanzamt als Lohnsteuerabzugsmerkmal mitgeteilter Freibetrag nicht abgezogen werden. Ein Hinzurechnungsbetrag darf nicht hinzugerechnet werden. Netto gezahlter Arbeitslohn ist mit dem umgerechneten Bruttobetrag anzusetzen (→ Abwälzung).

Sofern bei **Sachbezügen** der Rabattfreibetrag anzuwenden ist, ist nur der steuerpflichtige Teil der Sachbezüge zu bescheinigen.

Für die elektronische Datenübermittlung ist grundsätzlich die steuerliche **Identifikationsnummer** (§ 139b AO) des Arbeitnehmers zu verwenden. Die alternative eTIN ist letztmals für das Kalenderjahr bzw. die Lohnsteuerbescheinigung des Kalenderjahrs 2022 zulässig, wenn dem Arbeitgeber für den Arbeitnehmer keine steuerliche Identifikationsnummer vorliegt. Weil der Arbeitgeber die eTIN ohne Einsatz elektronischer Programme nicht ermitteln kann, braucht er diese im Härtefallverfahren regelmäßig nicht anzugeben.

Stellt der Arbeitgeber bis zum Ablauf des siebten auf den Besteuerungszeitraum folgenden Kalenderjahrs fest, dass die (elektronisch) übermittelten Daten unzutreffend waren, so hat er die Lohnsteuerbescheinigung grundsätzlich durch die Übermittlung eines weiteren Datensatzes bzw. einer weiteren Lohnsteuerbescheinigung zu korrigieren oder zu stornieren (§ 93c Abs. 3 Satz 1 AO). Nach der einengenden Regelung des § 41c Abs. 3 und 4 EStG kommt eine solche Korrektur oder Stornierung nur dann in Betracht, wenn es sich um eine bloße Berichtigung eines zunächst unrichtig übermittelten Datensatzes handelt (R 41c.1 Abs. 7 LStR).

Eine Korrektur oder Stornierung unzutreffend bescheinigter Angaben bzw. Lohnsteuerdaten (z.B. einbehaltene Lohnsteuer oder einbehaltener Solidaritätszuschlag) ist der Finanzverwaltung durch Übermittlung einer berichtigten Lohnsteuerbescheinigung mitzuteilen, soweit sie nicht im Widerspruch zu der maßgebenden und bereits bestandskräftigen Lohnsteuer-Anmeldung steht.

4. Amtliche Schreiben

661   Einzelheiten zu der Frage, welche Einzelangaben mit welchen Summenbeträgen anzugeben sind, regeln i.d.R. jährliche BMF-Schreiben. Für Lohnzahlungen im Kalenderjahr 2021 ist es weiterhin das Schreiben v. 9.9.2019 zur „Ausstellung von elektronischen Lohnsteuerbescheinigungen für Kalenderjahre ab 2020; Ausstellung von Besonderen Lohnsteuerbescheinigungen durch den Arbeitgeber ohne maschinelle Lohnabrechnung für Kalenderjahre ab 2020" (IV C 5-S 2378/19/10002:001, BStBl I 2019, 911).

III. Sozialversicherung

662   Es bestehen keine sozialversicherungsrechtlichen Besonderheiten.

Lohnsteuer-Jahresausgleich

I. Arbeitsrecht

663   Es bestehen keine arbeitsrechtlichen Besonderheiten.

II. Lohnsteuer

1. Verpflichtung, Voraussetzungen

664   Hat der Arbeitgeber die Lohnsteuer im Regelverfahren erhoben, besteht durch den betrieblichen Lohnsteuer-Jahresausgleich die Möglichkeit, dem Arbeitnehmer die aus Jahressicht evtl. zu viel erhobene Lohnsteuer zu erstatten. Der Jahresausgleich umfasst auch den Solidaritätszuschlag sowie die Kirchenlohnsteuer. Für pauschal erhobene Lohnsteuer darf kein Jahresausgleich durchgeführt werden.

Grundvoraussetzung für den Jahresausgleich ist, dass der Arbeitnehmer das gesamte Kalenderjahr beim Arbeitgeber beschäftigt gewesen ist (R 42b Abs. 1 Satz 1 Nr. 1 LStR). Ferner ist zu beachten, dass dem Arbeitgeber gültige elektronische Lohnsteuerabzugsmerkmale oder eine vom Finanzamt für den Lohnsteuerabzug des betreffenden Ausgleichsjahrs ausgestellte Bescheinigung (noch) vorliegen müssen und dass die elektronische Lohnsteuerbescheinigung noch nicht übermittelt bzw. die Besondere Lohnsteuerbescheinigung noch nicht ausgestellt worden ist.

Weil seit dem Kalenderjahr 2020 keine Beschränkung mehr auf unbeschränkt einkommensteuerpflichtige Arbeitnehmer besteht, sind nunmehr auch beschränkt einkommensteuerpflichtige Arbeitnehmer in das Ausgleichsverfahren einzubeziehen.

Der Arbeitgeber ist gesetzlich **verpflichtet**, den betrieblichen Lohnsteuer-Jahresausgleich durchzuführen, wenn er am 31.12. des Kalenderjahrs mindestens zehn Arbeitnehmer beschäftigt. Für diese Grenze sind auch solche Arbeitnehmer zu berücksichtigen, von deren Arbeitslohn keine Lohnsteuer einzubehalten war, für deren Arbeitsentgelt die Lohnsteuer pauschal erhoben worden ist oder für die kein Lohnsteuer-Jahresausgleich in Betracht kommt. Sind am Jahresende weniger als zehn Arbeitnehmer beschäftigt, darf der Arbeitgeber (freiwillig) dennoch für die Arbeitnehmer einen Lohnsteuer-Jahresausgleich durchführen.

Der Jahresausgleich ist **nicht** zulässig, wenn der Arbeitnehmer im Kalenderjahr bei einem anderen Arbeitgeber beschäftigt war. Für die Frage, ob das Dienstverhältnis das gesamte Kalenderjahr bestanden hat, sind nur die Zeiträume einzubeziehen, für die der Arbeitnehmer Arbeitslohn im gegenwärtigen Dienstverhältnis erhalten hat. Ruht das Arbeitsverhältnis, kann ein Jahresausgleich durchgeführt werden, wenn die übrigen Voraussetzungen dafür vorliegen.

Ferner darf insbesondere in den folgenden Fällen **kein** Lohnsteuer-Jahresausgleich durchgeführt werden:

- für Arbeitnehmer, die **beantragt** haben, den Jahresausgleich nicht vorzunehmen;
- für Arbeitnehmer, die im Ausgleichsjahr oder für einen Teil dieses Jahrs nach der **Steuerklasse** V oder VI, oder nur für einen Teil des Ausgleichsjahrs nach der Steuerklasse II, III oder IV zu besteuern waren;
- für Arbeitnehmer, die im Ausgleichsjahr Kurzarbeitergeld sowie steuerfreie Zuschüsse des Arbeitgebers zum Kurzarbeitergeld, Zuschüsse zum Mutterschaftsgeld nach dem Mutterschutzgesetz oder Entschädigungen für Verdienstausfall nach dem Infektionsschutzgesetz bezogen haben;
- für Arbeitnehmer, die Arbeitslohn bezogen haben, der im Ausgleichsjahr nach der **Allgemeinen** Lohnsteuer-Tabelle und nach der **Besonderen** Lohnsteuer-Tabelle zu besteuern war;
- für Arbeitnehmer ohne gültige elektronische Lohnsteuerabzugsmerkmale oder für die keine vom Finanzamt für den Lohnsteuerabzug ausgestellte Bescheinigung (mehr) vorliegt;
- für Arbeitnehmer, bei deren Lohnsteuerberechnung ein **Freibetrag** oder ein **Hinzurechnungsbetrag** berücksichtigt worden ist oder ein als Lohnsteuerabzugsmerkmal mitgeteilter **Faktor** angewandt wurde;
- für Arbeitnehmer, in deren Lohnkonto oder Lohnsteuerbescheinigung mindestens ein **Großbuchstabe U** eingetragen ist.

2. Durchführung

Üblicherweise nimmt der Arbeitgeber den Jahresausgleich im Zusammenhang mit einer Lohnabrechnung vor. Frühestens ist dies die Abrechnung für den letzten im Ausgleichsjahr endenden Lohnzahlungszeitraum (Dezember). Übereinstimmend mit dem spätesten Übermittlungstermin für die Lohnsteuerbescheinigung an das Finanzamt (letzter Tag des Monats Februar des auf den Abschluss des Lohnkontos folgenden Kalenderjahrs) muss der Jahresausgleich spätestens mit der Lohnabrechnung für den Lohnzahlungszeitraum, der im Monat Februar des folgenden Jahrs endet, durchgeführt werden.

665

Sind im Ausgleichsjahr die steuerlichen Vorschriften (z.B. das Einkommensteuergesetz) mit Rückwirkung geändert worden, so ist der Arbeitgeber gesetzlich verpflichtet, die neuen bzw. geänderten Regelungen auch für zurückliegende Lohnzahlungen, also für den gesamten Ausgleichszeitraum anwenden. Im Einzelfall regelt die Finanzverwaltung, dass für bestimmte Gesetzesänderungen auf solche Rückrechnungen verzichtet werden kann.

Folgende **Schritte** sind für den Jahresausgleich vorzunehmen:

- Ermittlung des Jahresarbeitslohns sowie der Jahreslohnsteuer;
- Korrektur der (Lohn-) Steuerabzüge und Abschlussbuchungen im Lohnkonto.

Zunächst ist anhand der Aufzeichnungen im Lohnkonto der **Jahresarbeitslohn** des Arbeitnehmers festzustellen. Dazu gehören grundsätzlich sämtliche Einnahmen, die der Arbeitnehmer im Ausgleichsjahr erhalten hat.

Nicht hinzuzurechnen sind steuerfreie Einnahmen, Bezüge für mehrjährige Tätigkeit und ermäßigt besteuerte Entschädigungen für entgangenen oder entgehenden Arbeitslohn (die außerordentlichen Einkünfte), es sei denn, der Arbeitnehmer beantragt die Einbeziehung dieser Arbeitslohnteile in den Jahresausgleich, sowie pauschal besteuerte Lohnteile (Bezüge).

Von dem so ermittelten Jahresarbeitslohn sind der in Betracht kommende **Versorgungsfreibetrag**, der **Zuschlag** zum Versorgungsfreibetrag und der **Altersentlastungsbetrag** abzuziehen.

Hat der Arbeitgeber nach den zuvor beschriebenen Schritten den Jahresarbeitslohn des Arbeitnehmers für das Ausgleichsjahr berechnet, ist dafür die Jahreslohnsteuer aus der von Stollfuß Medien herausgegebenen Tabelle „Lohnsteuer-Jahresausgleich" abzulesen.

Daran anschließend folgt der Vergleich mit der einbehaltenen Lohnsteuer. Zu vergleichen sind die im Kalenderjahr insgesamt einbehaltenen (Lohnsteuer-)Beträge und die zum Jahresarbeitslohn ausgewiesenen Beträge. Wurden zu viel Steuern einbehalten, ist dem Arbeitnehmer der entsprechende Betrag zu erstatten.

Nicht zulässig ist, dass der Arbeitgeber einen sich ergebenden Minusbetrag als Lohnsteuer vom Arbeitnehmer nachträglich einbehält bzw. nachfordert. Hat der Arbeitgeber während des Kalenderjahrs die sich monatlich ergebende Lohnsteuer zutreffend berechnet und einbehalten, braucht er einen sich beim Lohnsteuer-Jahresausgleich aus Jahressicht ergebenden Minusbetrag nicht zu beachten.

Für die Erstattung der Lohnsteuer an den Arbeitnehmer kann der Arbeitgeber die im Lohnzahlungszeitraum vom Arbeitslohn einbehaltenen Lohnsteuerbeträge verwenden. In diesen Fällen ist in der Lohnsteuer-Anmeldung nur der Differenzbetrag als abzuführende Lohnsteuer zu erklären. Sollte die zu erstattende Lohnsteuer größer sein als die einbehaltene Lohnsteuer und die an das Finanzamt abzuführende pauschale Lohnsteuer, ist der Erstattungsbetrag in der (elektronischen) Lohnsteuer-Anmeldung als Minusbetrag zu kennzeichnen. In diesen Fällen ist die Lohnsteuer-Anmeldung ein Erstattungsantrag.

3. Abschlussbuchungen

666 Im Lohnkonto ist die im Lohnsteuer-Jahresausgleich erstattete Lohnsteuer gesondert einzutragen. Zudem sind die Berechnungsschritte bzw. die Berechnung des Jahresarbeitslohns darzustellen.

Auf der Besonderen Lohnsteuerbescheinigung bzw. in der elektronischen Lohnsteuerbescheinigung ist der sich nach Verrechnung der einbehaltenen mit der erstatteten Lohnsteuer ergebende Betrag als erhobene Lohnsteuer anzugeben.

III. Sozialversicherung

Es bestehen keine sozialversicherungsrechtlichen Besonderheiten. 667

Lohnsteuerkarte

I. Arbeitsrecht

Es bestehen keine arbeitsrechtlichen Besonderheiten. 668

II. Lohnsteuer

1. Elektronische Lohnsteuerkarte, elektronische Lohnsteuerabzugsmerkmale

Die früher von den Gemeinden auszustellende Papier-Lohnsteuerkarte ist seit 2013 durch die „Elektronischen LohnsteuerAbzugsMerkmale" (ELStAM) ersetzt worden. Bei den ELStAM handelt es sich um die Angaben, die früher auf der Vorderseite der Lohnsteuerkarte eingetragen waren (zum Beispiel Steuerklasse, Zahl der Kinderfreibeträge, Freibetrag und Kirchensteuerabzugsmerkmal). Weil die Finanzverwaltung neben dem Begriff „ELStAM" auch den der „Elektronischen Lohnsteuerkarte" verwendet, wird in diesem Ratgeber die Bezeichnung „Lohnsteuerkarte" noch fortgeführt. 669

Erhebt der Arbeitgeber nicht die pauschale Lohnsteuer, hat er im **Regelverfahren** die Lohnsteuer nach den individuellen Lohnsteuerabzugsmerkmalen des Arbeitnehmers (lt. ELStAM- oder Härtefall-Verfahren) zu erheben.

2. ELStAM-Verfahren

Im ELStAM-Verfahren ist allein die Finanzverwaltung für die Bildung der Lohnsteuerabzugsmerkmale und deren Bereitstellung für den Abruf durch den Arbeitgeber zuständig. Die elektronischen Lohnsteuerabzugsmerkmale werden gebildet auf Grund 670

- der von den Gemeinden an die Finanzverwaltung übermittelten Meldedaten (z.B. den jeweiligen Familienstand für die zutreffende Bildung der Steuerklasse für Ledige und Verheiratete) sowie
- von Anträgen des Arbeitnehmers beim Finanzamt (z.B. Freibetrag, Berücksichtigung von Kindern).

Als **elektronische Lohnsteuerabzugsmerkmale** kommen in Betracht:

1. Steuerklasse sowie der Faktor für die Steuerklasse IV,
2. Zahl der Kinderfreibeträge bei den Steuerklassen I bis IV,
3. Freibetrag und Hinzurechnungsbetrag,
4. die für den Kirchensteuerabzug erforderlichen Merkmale.

Lohnsteuerabzugsmerkmale werden sowohl für ein erstes als auch für jedes weitere **Dienstverhältnis** gebildet. Auf Antrag des Arbeitnehmers teilt ihm das Finanzamt – auch im Hinblick auf ein zukünftiges Dienstverhältnis – seine (elektronischen) Lohnsteuerabzugsmerkmale mit.

Für den Einsatz des ELStAM-Verfahrens hat der Arbeitgeber oder sein Vertreter den bzw. die beschäftigten Arbeitnehmer in der ELStAM-Datenbank anzumelden. Dazu und für den Abruf der ELStAM hat der **Arbeitnehmer** jedem Arbeitgeber bei **Eintritt** in das Dienstverhältnis Folgendes **mitzuteilen**:

1. die steuerliche Identifikationsnummer sowie den Tag der Geburt,
2. ob es sich um das erste oder ein weiteres Dienstverhältnis handelt,
3. ggf. ob und in welcher Höhe der Arbeitgeber einen festgestellten Freibetrag abrufen soll.

Die Anforderung von ELStAM ist nur für im Betrieb beschäftigte Arbeitnehmer zulässig.

All diese Pflichten erledigt regelmäßig das **Lohnbuchhaltungsprogramm**. Eine Mitteilung des erstmaligen Abrufs der ELStAM gegenüber dem Betriebsstättenfinanzamt ist nicht erforderlich.

Nach erfolgreichem **Abruf** der ELStAM hat der Arbeitgeber für die angemeldeten Arbeitnehmer die Lohnsteuererhebung nach den Vorschriften des ELStAM-Verfahrens (§§ 38 bis 39e EStG, Regelverfahren) anzuwenden. D.h., die abgerufenen ELStAM sind regelmäßig für die nächste auf den Abrufzeitpunkt folgende Lohnabrechnung anzuwenden und im Lohnkonto aufzuzeichnen.

3. Härtefallregelung

671 Ist ein Arbeitgeber nicht in der Lage und ist es ihm nicht zumutbar, die Lohnsteuerabzugsmerkmale der Arbeitnehmer elektronisch abzurufen, kann er einen Antrag auf **Nichtteilnahme** am sog. Abrufverfahren (ELStAM-Verfahren) stellen. Zuständig ist das → Betriebsstättenfinanzamt. Solch ein Antrag ist kalenderjährlich unter Darlegung der Gründe neu zu beantragen; ggf. rückwirkend bis zum Beginn des Kalenderjahrs der Antragstellung.

Eine **unbillige Härte** liegt insbesondere bei einem Arbeitgeber vor, der nicht über die technischen Möglichkeiten der Kommunikation über das Internet verfügt oder für den eine solche Kommunikationsform wirtschaftlich oder persönlich unzumutbar ist (§ 150 Abs. 8 AO ist entsprechend anzuwenden).

Das Finanzamt hat dem Antrag des Arbeitgebers stets stattzugeben, wenn er ausschließlich Arbeitnehmer im Rahmen einer geringfügigen Beschäftigung in seinem Privathaushalt i.S.d. § 8a SGB IV beschäftigt. Auch nach einer Genehmigung zur Nichtteilnahme an diesem Verfahren kann der Arbeitgeber jederzeit ohne gesonderte Mitteilung zum ELStAM-Verfahren wechseln.

Der **Härtefallantrag** ist nach amtlich vorgeschriebenem Vordruck zu stellen (Vordruck „Antrag des Arbeitgebers auf Nichtteilnahme am Abrufverfahren der elektronischen Lohnsteuerabzugsmerkmale (ELStAM) für 201_") und muss folgende Angaben beinhalten:

1. Steuernummer der lohnsteuerlichen Betriebsstätte,
2. Verzeichnis der beschäftigten Arbeitnehmer,
3. Identifikationsnummer und Geburtsdatum der einzelnen Beschäftigten,
4. Angaben darüber, ob es sich um ein erstes (Hauptarbeitgeber) oder weiteres Dienstverhältnis (Steuerklasse VI) handelt und
5. bei einem weiteren Beschäftigungsverhältnis ggf. den vom Arbeitnehmer angegebenen und zu berücksichtigenden Frei- bzw. Abzugsbetrag (nach § 39a Abs. 1 Satz 1 Nr. 7 EStG, → Hinzurechnungsbetrag).

Gibt das Betriebsstättenfinanzamt dem Antrag statt, ist der Arbeitgeber von der Verpflichtung befreit, das ELStAM-Verfahren anzuwenden. Als Ersatz wird ihm eine arbeitgeberbezogene **Bescheinigung** zur Durchführung des Lohnsteuerabzugs erteilt, welche die für das jeweilige Kalenderjahr gültigen Lohnsteuerabzugsmerkmale der einzelnen Arbeitnehmer enthält. DieseBescheinigung sowie evtl. Änderungsmitteilungen sind zur Durchführung des Lohnsteuerabzugs als Beleg zum Lohnkonto zu nehmen und während der Beschäftigung, längstens bis zum Ablauf des maßgebenden Kalenderjahrs, aufzubewahren. Diese Bescheinigungen sind nur für den beantragenden Arbeitgeber bestimmt und dürfen nicht weitergegeben werden.

Ein förmlicher Bescheid wird nur bei Ablehnung des Antrags auf Nichtteilnahme am Abrufverfahren der elektronischen Lohnsteuerabzugsmerkmale erteilt.

4. Steuerklassen

Erhebt der Arbeitgeber die Lohnsteuer im Regelverfahren, hat er die Lohnsteuer entsprechend der vom Finanzamt mitgeteilten Lohnsteuerklasse zu erheben. Die Steuerklassen sind für die Höhe der Lohnsteuer besonders wichtig. Welche Steuerklassen für den Arbeitnehmer in Frage kommen, zeigt die folgende Auflistung.

– Steuerklasse I gilt für ledige und geschiedene Arbeitnehmer sowie für verheiratete Arbeitnehmer, deren Ehegatte im Ausland wohnt oder die von ihrem Ehegatten dauernd getrennt leben. In die Steuerklasse I gehören auch beschränkt einkommensteuerpflichtige Arbeitnehmer.

– Steuerklasse II gilt für die unter Steuerklasse I genannten Arbeitnehmer, wenn ihnen der Entlastungsbetrag für Alleinerziehende zusteht. Voraussetzung hierfür ist, dass der Arbeitnehmer alleinstehend ist und zu seinem Haushalt mindestens ein Kind gehört, für das ihm ein Freibetrag für Kinder oder Kindergeld zusteht und das bei ihm mit Haupt- oder Nebenwohnung gemeldet ist.

Für jeden vollen Kalendermonat, in dem die Voraussetzungen für den Entlastungsbetrag nicht vorliegen, steht dem Arbeitnehmer die Steuerklasse II nicht zu. Für die Beantragung der Steuerklasse II ist der amtliche Vordruck „Antrag auf Lohnsteuer-Ermäßigung" nebst „Anlage Kinder zum Lohnsteuer-Ermäßigungsantrag" zu verwenden.

– Steuerklasse III kommt für verheiratete Arbeitnehmer in Betracht, die nicht die Steuerklasse IV gewählt haben und wenn der Ehegatte des Arbeitnehmers in die Steuerklasse V eingereiht ist. Verwitwete Arbeitnehmer gehören im Kalenderjahr 2021 in die Steuerklasse III, wenn der Ehegatte nach dem 31.12.2019 verstorben ist, beide Ehegatten an dessen Todestag im Inland gewohnt und nicht dauernd getrennt gelebt haben.

– Steuerklasse IV gilt für Arbeitnehmer, die verheiratet sind, im Inland wohnen, nicht dauernd getrennt leben und nicht die Steuerklassenkombination III/V gewählt haben.

– Steuerklasse V tritt für einen der Ehegatten an die Stelle der Steuerklasse IV, wenn der andere Ehegatte in die Steuerklasse III eingereiht wird.

– Steuerklasse VI gilt für Arbeitnehmer, die nebeneinander von mehreren Arbeitgebern Arbeitslohn beziehen, für die Einbehaltung der Lohnsteuer vom Arbeitslohn aus dem zweiten und einem weiteren Dienstverhältnis. Der Lohnsteuerabzug nach der Steuerklasse VI sollte von dem niedrigeren Arbeitslohn vorgenommen werden.

Beziehen beide Ehegatten Arbeitslohn, so dürfen sie zwischen den Steuerklassenkombinationen IV/IV sowie III/V wählen. Die Auswahl kann mit dem Ziel erfolgen, die niedrigste Lohnsteuer zu zahlen oder um der Jahres(einkommen)steuer ziemlich nahe zu kommen. Um den Ehegatten/Lebenspartnern die Steuerklassenwahl zu erleichtern, veröffentlicht das Bundesfinanzministerium jährlich ein „Merkblatt zur Steuerklassenwahl für das Jahr ... bei Ehegatten oder Lebenspartnern, die beide Arbeitnehmer sind".

5. Änderungen der Lohnsteuerabzugsmerkmale

Sind auf Grund geänderter Lebensverhältnisse des Arbeitnehmers abweichende Lohnsteuerabzugsmerkmale maßgebend, z.B. durch Heirat, werden die elektronischen Lohnsteuerabzugsmerkmale automatisch geändert. Auslöser hierfür sind die Datenübermittlungen der Meldestellen der Gemeinden an die Finanzverwaltung. Änderungen können sich auch auf Grund eines Antrags des Arbeitnehmers beim Finanzamt ergeben.

Ändern sich die (individuellen) Lohnsteuerabzugsmerkmale des Arbeitnehmers, erhält der Arbeitgeber vom Finanzamt automatisch elektronisch neue ELStAM bereitgestellt oder eine geänderte Papierbescheinigung für den Lohnsteuerabzug zugesandt.

Erfolgt keine oder eine **unzutreffende** Änderung der elektronischen Lohnsteuerabzugsmerkmale, hat das Finanzamt diese Lohnsteuerabzugsmerkmale des Arbeitnehmers zu berichtigen. In diesen Fällen erhält der Arbeitgeber regelmäßig die aktuellen ELStAM auf einer Papierbescheinigung ausgewiesen. Diese ist dem Arbeitgeber vorzulegen.

Der Arbeitnehmer hat eine Änderung der persönlichen Freibeträge (→ Freibetrag) stets bei seinem → Wohnsitzfinanzamt zu beantragen.

6. Arbeitgeberwechsel

674 Wechselt der Arbeitnehmer seinen Arbeitgeber oder beendet er das Dienstverhältnis, hat der Arbeitgeber den Tag der Beendigung des Dienstverhältnisses der Finanzverwaltung unverzüglich mitzuteilen (sog. → Abmeldung). Solch eine Abmeldung ist im ELStAM-Verfahren auch dann erforderlich, wenn das Finanzamt den Arbeitgeberabruf (bereits) gesperrt hat.

Bei Nichtteilnahme am ELStAM-Verfahren (Härtefallregelung) hat der Arbeitgeber beim Ausscheiden eines Arbeitnehmers aus dem Dienstverhältnis während des Kalenderjahrs dem → Betriebsstättenfinanzamt unverzüglich das Datum der Beendigung schriftlich mitzuteilen (§ 39e Abs. 7 Satz 8 EStG).

7. Aktuelle Verwaltungsanweisungen

675 Ausführliche Regelungen sowie nähere Einzelheiten zum Verfahren der elektronischen bzw. individuellen Lohnsteuerabzugsmerkmale (ELStAM-Verfahren) enthält das aktuelle BMF-Schreiben (BMF v. 8.11.2018, IV C 5-S 2363/13/10003-02, BStBl I 2018, 1137). Weil seit dem Kalenderjahr 2020 die beschränkt steuerpflichtigen Arbeitnehmer am ELStAM-Verfahren teilnehmen, wurde das o.g. Schreiben ergänzt durch das BMF-Schreiben v. 7.11.2019, IV C 5-S 2363/19/10007:001, BStBl I 2019, 1087.

III. Sozialversicherung

676 Es bestehen keine sozialversicherungsrechtlichen Besonderheiten.

IV. Kirchensteuer

677 Auf der Lohnsteuerkarte ist unter „Kirchensteuerabzug" ein Kürzel für diejenige Kirche oder Religionsgemeinschaft eingetragen, die Kirchensteuer erhebt. Der Arbeitgeber hat für die einer dieser Kirchen oder Religionsgemeinschaften angehörenden Arbeitnehmer die Kirchensteuer an das Betriebsstättenfinanzamt abzuführen.

Die Tabelle unter → Rz. 542 gibt Auskunft über die auf der Lohnsteuerkarte enthaltenen Kirchensteuersignale.

Mankogelder

I. Arbeitsrecht

678 Es bestehen keine arbeitsrechtlichen Besonderheiten.

II. Lohnsteuer

679 → Fehlgeldentschädigung

III. Sozialversicherung

680 Mankogelder bzw. Fehlgeldentschädigungen sind kein Arbeitsentgelt i.S.d. Sozialversicherung, wenn der monatliche Betrag 16 € nicht übersteigt. Ist der monatliche Betrag größer als 16 €, so ist er in voller Höhe Arbeitsentgelt.

Mehrere Beschäftigungen

I. Arbeitsrecht

1. Vorbemerkung

Bei der Mehrfachbeschäftigung (eine im Arbeitsrecht eher ungebräuchliche Bezeichnung, gelegentlich spricht man gezielter von Nebentätigkeiten, nebenberuflichen Beschäftigungen (→ Nebenberufliche Beschäftigung/Nebentätigkeit Rz. 748 ff.) oder Doppelarbeitsverhältnissen) verwertet der Arbeitnehmer seine Arbeitskraft in mehreren formal getrennten und nebeneinander bestehenden Arbeitsverhältnissen, um zusätzliches Einkommen zu erzielen. Soweit es nicht um einmalige oder gelegentliche Einzeleinsätze des Arbeitnehmers geht, handelt es sich i.d.R. um ein Hauptarbeitsverhältnis mit zusätzlichen u.U. geringfügigen Teilzeitarbeitsverhältnissen oder um mehrere Teilzeitarbeitsverhältnisse, sofern eine weitere Betätigung nicht **freiberuflich**, z.B. im Rahmen eines Werk- oder Dienstvertrags, abgewickelt wird. Insoweit kann das Interesse des Arbeitnehmers an der mehrfachen Verwertung seiner Arbeitskraft mit unterschiedlichen Interessen der Arbeitgeber kollidieren, aber auch z.B. mit zu seinem Schutz konzipierten Arbeitszeitschutzvorschriften.

681

Jeder Arbeitnehmer kann mehreren Beschäftigungen nachgehen, wobei allerdings die jeweiligen spezifischen Rechte, Pflichten und Interessen nicht immer im Einklang stehen und eine Vielzahl von Fragen, insbesondere **Kollisionsfragen** aufwerfen können. Insoweit ist insbesondere z.B. das grundsätzliche **Konkurrenzverbot/Wettbewerbsverbot** zu beachten (ausführlich → Rz. 751).

Hinsichtlich des **Arbeitszeitschutzes** gilt: Die Tätigkeiten, die der Arbeitnehmer in mehreren Arbeitsverhältnissen ausübt, dürfen zusammen nicht die gesetzliche Höchstgrenze der täglichen Arbeitszeit (acht bzw. zehn Stunden, vgl. §§ 3 Abs. 1, 6 Abs. 2 ArbZG) überschreiten. Dabei sind auch Sonn- und Feiertage einzubeziehen (§ 11 Abs. 2 ArbZG). Die Arbeitszeiten bei mehreren Arbeitgebern werden **zusammengerechnet**, § 2 Abs. 1 ArbZG. Daraus ergibt sich auch: Die **Ruhezeit** zwischen der Beendigung einer abendlichen Tätigkeit und dem Beginn einer Tagestätigkeit muss mindestens elf Stunden betragen, § 5 Abs. 1 ArbZG.

Zur Frage der **Pflicht zur Arbeitszeitaufzeichnung** siehe die Ausführungen im Kapitel Arbeitszeit → Arbeitszeit Rz. 134.

Wird die Grenze, die sich aus dem ArbZG ergibt, erheblich und nicht nur gelegentlich überschritten, so führt dies wegen Verstoßes gegen ein Gesetz gem. § 134 BGB zur Nichtigkeit des zweiten Arbeitsverhältnisses (BAG v. 19.6.1959, 1 AZR 565/57, DB 1959, 1086); insoweit gilt das Prioritätsprinzip. Diese Rechtsprechung hat auch das LAG Nürnberg jüngst noch einmal bestätigt (LAG Nürnberg v. 19.5.2020, 7 Sa 11/19, ZTR 2020, 479). Eine geltungserhaltende Reduktion bzw. Teilnichtigkeit des zuletzt abgeschlossenen Arbeitsverhältnisses kommt danach nur ausnahmsweise in Betracht. Das bedeutet: Der Arbeitsvertrag, in dem sich der Arbeitnehmer zu einer Tätigkeit verpflichtet, die er nur unter Verstoß gegen das ArbZG ausüben kann, ist nichtig. Daraus ergibt sich aber nicht etwa, dass der Arbeitnehmer aus diesem Arbeitsverhältnis keinen Vergütungsanspruch hat. Er kann seinen Lohn und seinen Urlaub nach den Grundsätzen des fehlerhaften Arbeitsverhältnisses fordern (BAG v. 19.6.1959, 1 AZR 565/57, DB 1959, 1086; LAG Nürnberg v. 19.5.2020, 7 Sa 11/19, ZTR 2020, 479). Zudem können dem Zweit-Arbeitgeber auch ordnungs- oder gar strafrechtliche Konsequenzen drohen, da er für die Einhaltung des Arbeitszeitrechts verantwortlich ist. Vor diesem Hintergrund sollten Arbeitgeber Bewerber nach etwaigen weiteren Beschäftigungen und deren zeitlichen Umfang fragen und dies schriftlich festhalten.

Wichtig: Nicht vom ArbZG erfasst wird die Arbeit, die jemand neben seinem Hauptarbeitsverhältnis als **Selbständiger**, z.B. freier Mitarbeiter oder Handelsvertreter, ausübt.

Ebenso wie eine Doppel- oder Mehrfachbeschäftigung bei **mehreren Arbeitgebern** grundsätzlich zulässig ist, ist umgekehrt die Aufspaltung einer **Beschäftigung bei demselben Arbeitgeber** in mehrere Teilarbeitsverhältnisse etwa mit unterschiedlicher Vergütung oder mit Abspaltung eines Mini-Jobs grundsätzlich **unzulässig** (BSG v. 27.6.2012, B 12 KR 28/10 R, SozR 4-2400 § 8 Nr. 5).

2. Mehrere Teilzeitbeschäftigungen

682 Wer gleichzeitig **mehreren Teilzeitbeschäftigungen** nachgeht, kann im Krankheitsfall von jedem Arbeitgeber die Zahlung des jeweiligen Arbeitsentgelts als **Entgeltfortzahlung** verlangen.

> **Beispiel:**
>
> Eine junge Frau arbeitet täglich drei Stunden als Putzhilfe in einem Privathaushalt und vier Stunden als Schreibkraft in einem Industriebetrieb. Wenn sie erkrankt, hat sie bei ihrem ersten Arbeitgeber Anspruch auf Entgeltzahlung für drei Stunden, bei ihrem zweiten Arbeitgeber für vier Stunden, bemessen nach dem jeweiligen Stundenlohn.

683 Bei **mehreren Teilzeitarbeitsverhältnissen** hat der Beschäftigte **gegenüber jedem Arbeitgeber einen gesonderten Urlaubsanspruch,** der sich nach den Bedingungen der jeweiligen Vereinbarungen richtet. Arbeitgeber sind auf Grund ihrer Fürsorgepflicht gehalten, dem Mitarbeiter **möglichst einen einheitlichen Urlaub in allen Arbeitsverhältnissen** zu gewährleisten. Falls sich dies aus betrieblichen Gründen nicht erreichen lässt, kommt ein Teilzeitbeschäftigter in eine kuriose Situation: Er hat Urlaub und muss gleichzeitig arbeiten. Dieser Sachverhalt verstößt übrigens nicht gegen das Verbot der Erwerbstätigkeit während des Urlaubs.

684 Arbeitnehmerinnen haben bei mehreren Arbeitsverhältnissen gegen jeden Arbeitgeber Anspruch auf Zuschuss **zum Mutterschaftsgeld** nach § 20 Abs. 2 MuSchG. Insoweit sind die Nettobezüge aller Arbeitsverhältnisse für die Berechnung des kalendertäglichen Arbeitsentgelts zu berücksichtigen; der Zuschuss zwischen dem so ermittelten Nettoentgelt und dem Mutterschaftsgeld ist von den Arbeitgebern **anteilig in dem Verhältnis** zu zahlen, in dem die Nettobezüge zueinander stehen (BAG v. 3.6.1987, 5 AZR 592/86, DB 1987, 2159).

685 In kündigungsrechtlicher Hinsicht bestehen keine Besonderheiten.

3. Haupt- und nebenberufliche Beschäftigung

686 Auch wer eine haupt- und nebenberufliche Tätigkeit wegen einer Erkrankung nicht ausüben kann, hat **gegenüber beiden Arbeitgebern Anspruch** auf Entgeltfortzahlung.

687 Dieser Anspruch auf Entgeltfortzahlung gegenüber beiden Arbeitgebern besteht übrigens auch, wenn jemand während der Nebenbeschäftigung einen **Arbeitsunfall** erleidet. Im Falle einer unerlaubten Nebenbeschäftigung entfällt der Anspruch erst dann, wenn nachgewiesen ist, dass die konkrete Unfallursache gerade in den Umständen liegt, die eine Nebenbeschäftigung unzulässig machen (BAG v. 21.4.1982, 5 AZR 1019/79, DB 1982, 1729; siehe auch die Darstellung von Boecken, NZA 2001, 233).

> **Beispiel:**
>
> Ein Schichtarbeiter mit einer 40-Stunden-Woche ist daneben täglich noch acht Stunden als Taxifahrer tätig. Dabei erleidet er einen Verkehrsunfall, so dass er vier Wochen arbeitsunfähig ist.
>
> In diesem Beispiel erhält der Arbeitnehmer keine Entgeltfortzahlung von seinem Hauptarbeitgeber. Denn es ist zu vermuten, dass der Unfall durch selbst verschuldete Übermüdung verursacht wurde (Gegenbeweis bleibt möglich).

Bei Nebentätigkeiten, die länger als einen Monat dauern, stehen dem Arbeitnehmer genauso viele **Urlaubstage** zu wie jeder Teilzeitkraft. Unter zeitlichen Gesichtspunkten ist der Urlaub im Hauptarbeitsverhältnis maßgeblich. Ein Arbeitgeber kann einem nebenberuflich bei ihm Beschäftigten Urlaubstage zu diesem Zeitpunkt nur dann verweigern, wenn wichtige betriebliche Gründe i.S.d. § 7 Abs. 1 BUrlG dagegensprechen. 688

Es gelten die Ausführungen zu → Urlaub entsprechend.

4. Nebeneinander von Arbeits- und Dienstvertrag

Ebenso wie ein Arbeitnehmer mehrere Arbeitsverhältnisse auch zu ein und demselben Arbeitgeber eingehen kann, ist es rechtlich **nicht von vornherein ausgeschlossen**, dass er zur selben Person in einem Arbeitsverhältnis und darüber hinaus in einem Dienstverhältnis steht. Dies ergibt sich schon aus der Vertragsfreiheit. Voraussetzung hierfür ist allerdings, dass das dem Arbeitgeber aufgrund des Arbeitsvertrags zustehende Weisungsrecht nicht für die Tätigkeiten gilt, die der Vertragspartner aufgrund des Dienstverhältnisses schuldet. Dies mag in der Praxis zu Abgrenzungsschwierigkeiten führen. 689

II. Lohnsteuer

1. Grundsatz

Übt ein Arbeitnehmer mehrere Beschäftigungen aus, hat **jeder** Arbeitgeber den Lohnsteuerabzug vom Arbeitslohn vorzunehmen. Hierbei ist jedes Beschäftigungsverhältnis (→ Dienstverhältnis) für sich zu betrachten und prüfen; Anfragen oder Mitteilungen an die anderen Arbeitgeber sind nicht zu versenden. Deshalb darf der Arbeitnehmer bei jedem Arbeitgeber für die verbilligt oder kostenlos überlassenen Waren den sog. **Rabattfreibetrag** (→ Preisnachlass) i.H.v. 1 080 € im Kalenderjahr in Anspruch nehmen. Ebenso kann in jedem Dienstverhältnis die monatliche 44 €-Freigrenze für → Sachbezüge berücksichtigt werden. Dasselbe gilt bei einem Arbeitgeberwechsel während des Kalenderjahrs. 690

Möchte der Arbeitnehmer durch einen Freibetrag die Lohnsteuer mindern, kann er diesen auf seine mehreren Beschäftigungen verteilen (→ Freibetrag, → Hinzurechnungsbetrag).

2. Lohnsteuereinbehalt nach den vom Finanzamt mitgeteilten individuellen Lohnsteuerabzugsmerkmalen

Während des Kalenderjahrs erfolgt lohnsteuerlich **keine** Zusammenrechnung der von mehreren Arbeitgebern gezahlten Arbeitslöhne. Die Arbeitgeber haben sich nicht über die Höhe des Arbeitslohns sowie die Art der Lohnversteuerung abzustimmen. 691

Erheben bei mehreren Beschäftigungen des Arbeitnehmers die Arbeitgeber die Lohnsteuer nach den individuellen Lohnsteuerabzugsmerkmalen (Regelbesteuerung), hat der zweite und weitere Arbeitgeber die **Steuerklasse VI** anzuwenden (→ Lohnsteuerkarte). Erhält ein **Altersrentner** nebeneinander von mehreren Arbeitgebern Arbeitslohn, muss jeder Arbeitgeber den zustehenden Altersentlastungsbetrag in voller Höhe anzusetzen (→ Ältere Arbeitnehmer).

Hat ein Arbeitnehmer im Kalenderjahr für mehrere Beschäftigungen nebeneinander Arbeitslohn bezogen, ist er verpflichtet, eine Einkommensteuererklärung abzugeben. Dabei werden die Arbeitslöhne zusammengerechnet und als Einkünfte aus nichtselbständiger Arbeit erfasst (→ Einkommensteuerveranlagung).

3. Lohnsteuerpauschalierung

Übt der Arbeitnehmer neben seiner Hauptbeschäftigung eine geringfügige Beschäftigung aus und hat der andere Arbeitgeber die pauschalen Rentenversicherungsbeiträge 692 i.H.v. 15 % oder 5 % zu entrichten, kann die Lohnsteuerpauschalierung mit 2 % (→ Pauschalierung und Pauschalbeiträge) gewählt werden.

Geht ein Arbeitnehmer neben seiner Hauptbeschäftigung und der ersten Nebenbeschäftigung noch einer zweiten oder mehreren Nebenbeschäftigungen nach und hat der Arbeitgeber der zweiten und weiteren Nebenbeschäftigung die pauschalen Rentenversicherungsbeiträge i.H.v. 15 % oder 5 % nicht zu entrichten, scheidet insoweit die Lohnsteuerpauschalierung mit 2 % aus. Folglich darf der Arbeitgeber (anstelle des Lohnsteuereinbehalts nach den individuellen Lohnsteuerabzugsmerkmalen) die Lohnsteuerpauschalierung mit 20 % des Arbeitsentgelts bzw. des Arbeitslohns bei geringfügig entlohnter Beschäftigung (Mini-Job) oder mit 25 % bei steuerlich kurzfristiger Beschäftigung (akuter Bedarf) oder Aushilfsbeschäftigung wählen.

Siehe auch → Akuter Bedarf, → Freibetrag, → Geringfügig entlohnte Beschäftigung, → Kurzfristige Beschäftigung

III. Sozialversicherung

1. Mehrere geringfügig entlohnte Beschäftigungen

693 Übt eine Person zeitgleich mehrere geringfügig entlohnte Beschäftigungen bei verschiedenen Arbeitgebern aus, so sind für die versicherungsrechtliche Beurteilung nach § 8 Abs. 2 Satz 1 SGB IV die Arbeitsentgelte aus den einzelnen Beschäftigungen zusammenzurechnen. Wird auf Grund der Addition der Arbeitsentgelte die Grenze von 450 € überschritten, so besteht in allen Beschäftigungen Kranken-, Pflege-, Renten- und Arbeitslosenversicherungspflicht.

> **Beispiel:**
> Beschäftigung bei Arbeitgeber A ab dem 1.4.2021 gegen ein monatliches Arbeitsentgelt von 300 €; Beschäftigung bei Arbeitgeber B ab dem 1.6.2021 gegen ein monatliches Arbeitsentgelt von 200 €; die Arbeitgeber wissen von der jeweils anderen Beschäftigung.
>
> Auf Grund der Addition der Arbeitsentgelte aus beiden Beschäftigungen (insgesamt 500 € monatlich) besteht ab dem 1.6.2021 in beiden Beschäftigungen Kranken-, Pflege-, Renten- und Arbeitslosenversicherungspflicht.
>
> Auf Grund des § 28o Abs. 1 SGB IV haben Arbeitnehmer, die für mehrere Arbeitgeber tätig sind, allen Arbeitgebern gegenüber die für das Melde- und Beitragsverfahren erforderlichen Angaben zu machen.

Eine Zusammenrechnung ist jedoch nicht vorzunehmen, wenn eine geringfügig entlohnte Beschäftigung mit einer **kurzfristigen Beschäftigung** zusammentrifft.

> **Beispiel:**
> Eine familienversicherte Friseurin arbeitet befristet beim Arbeitgeber A vom 4.6.2021 bis zum 28.7.2021 (Sechs-Tage-Woche) 55 Kalendertage gegen ein monatliches Arbeitsentgelt von 900 €, beim Arbeitgeber B vom 4.6.2021 bis zum 5.9.2021 (Fünf-Tage-Woche) 94 Kalendertage gegen ein monatliches Arbeitsentgelt von 390 € (Befreiung von der Rentenversicherungspflicht mit Beschäftigungsbeginn beantragt).
>
> Die Beschäftigung beim Arbeitgeber A ist wegen ihrer Dauer und die Beschäftigung beim Arbeitgeber B wegen der Höhe des Arbeitsentgelts geringfügig. Folglich besteht in beiden Beschäftigungen Versicherungsfreiheit. Eine Addition der beiden Beschäftigungen ist nicht vorzunehmen, da es sich bei der Beschäftigung beim Arbeitgeber A um eine kurzfristige Beschäftigung (vgl. § 8 Abs. 1 Nr. 2 SGB IV) und bei der Beschäftigung beim Arbeitgeber B um eine geringfügig entlohnte Beschäftigung (vgl. § 8 Abs. 1 Nr. 1 SGB IV) handelt.

2. Geringfügig entlohnte Beschäftigungen neben nicht geringfügiger Beschäftigung

694 Neben einer nicht geringfügigen versicherungspflichtigen Beschäftigung (Hauptbeschäftigung) kann eine geringfügig entlohnte Beschäftigung kranken-, pflege- und arbeitslosenversicherungsfrei ausgeübt werden. Eine Addition von einer nicht geringfügigen Beschäftigung mit „einer" geringfügig entlohnten Beschäftigung ist nicht vorzunehmen (vgl. § 8 Abs. 2 Satz 1 SGB IV). Dies gilt einheitlich für die Kranken-, Pflege-, Renten- und Arbeitslosenversicherung. Dies gilt jedoch lediglich für die „erste" (zeitlich zuerst aufgenommene) geringfügig entlohnte Beschäftigung. Werden an ein und demselben Tag mehrere für sich allein betrachtet geringfügig entlohnte Beschäftigungen aufgenommen, so ist als „erste" geringfügig entlohnte Beschäftigung die zeitlich zuerst aufgenommene von der Addition ausgenommen. Der Arbeitnehmer hat kein Wahlrecht, welche geringfügig entlohnte Beschäftigung als „erste" geringfügig entlohnte Beschäftigung neben einer Hauptbeschäftigung versicherungsfrei bleiben soll.

> **Beispiel:**
>
> Eine Angestellte arbeitet regelmäßig beim Arbeitgeber A gegen ein monatliches Arbeitsentgelt von 1 800 €, beim Arbeitgeber B gegen ein monatliches Arbeitsentgelt von 300 €.
>
> In der (Haupt-)Beschäftigung bei Arbeitgeber A besteht Kranken-, Pflege-, Renten- und Arbeitslosenversicherungspflicht. Die Beschäftigung bei Arbeitgeber B bleibt als geringfügig entlohnte Beschäftigung kranken-, pflege- und arbeitslosenversicherungsfrei, weil das monatliche Arbeitsentgelt die Grenze von 450 € nicht übersteigt. Eine Addition der geringfügig entlohnten Beschäftigung mit der versicherungspflichtigen (Haupt-)Beschäftigung ist nicht vorzunehmen. Es besteht jedoch Rentenversicherungspflicht.
>
> Werden neben einer versicherungspflichtigen (Haupt-)Beschäftigung mehrere – für sich allein betrachtet – geringfügig entlohnte Beschäftigungen ausgeübt, so besteht – mit Ausnahme der ersten geringfügig entlohnten – in diesen Beschäftigungen Kranken-, Pflege- und Rentenversicherungspflicht, weil diese mit der Hauptbeschäftigung zusammenzurechnen sind (vgl. § 8 Abs. 2 Satz 1 SGB IV i.V.m. § 7 Abs. 1 Satz 2 SGB V und § 5 Abs. 2 Satz 1 SGB VI). Dies gilt selbst dann, wenn die Entgelte aus beiden geringfügig entlohnten Beschäftigungen zusammen die Grenze von 450 € nicht überschreiten.

In der Arbeitslosenversicherung gilt die Besonderheit, dass eine versicherungspflichtige Hauptbeschäftigung nicht mit einer geringfügig entlohnten Beschäftigung zu addieren ist, so dass geringfügig entlohnte Beschäftigungen, die neben einer versicherungspflichtigen Hauptbeschäftigung ausgeübt werden, immer arbeitslosenversicherungsfrei sind (vgl. § 27 Abs. 2 Satz 1 SGB III). **695**

> **Beispiel:**
>
> Hauptbeschäftigung i.H.v. 2 500 € monatlich; erste geringfügig entlohnte Beschäftigung ab dem 1.4.2021 i.H.v. 50 € monatlich; zweite geringfügig entlohnte Beschäftigung ab dem 1.6.2021 i.H.v. 300 € monatlich. Die beteiligten Arbeitgeber wissen von allen zusätzlich ausgeübten Beschäftigungen.
>
> Die ab dem 1.4.2021 ausgeübte Beschäftigung bleibt kranken-, pflege- und arbeitslosenversicherungsfrei, da es sich um die „erste" geringfügig entlohnte Beschäftigung neben einer Hauptbeschäftigung handelt (aber: Pauschalbeiträge an die KBS). Es besteht allerdings Rentenversicherungspflicht (Arbeitgeber: 15 % Pauschalbeitrag – Arbeitnehmer: 3,6 %). In der ab dem 1.6.2021 aufgenommenen – für sich allein betrachtet – ebenfalls geringfügig entlohnten Beschäftigung besteht auf Grund der Additionsregelung Kranken-, Pflege- und Rentenversicherungspflicht, auf Grund der besonderen Regelung im SGB III jedoch Arbeitslosenversicherungsfreiheit.

Die Zusammenrechnung einer nicht geringfügigen Beschäftigung mit einer geringfügig entlohnten Beschäftigung ist nur dann vorzunehmen, wenn die nicht geringfügige Beschäftigung Versicherungspflicht begründet.

Demzufolge scheidet z.B. eine Zusammenrechnung einer nach § 6 Abs. 1 Nr. 2 SGB V und § 5 Abs. 1 Nr. 1 SGB VI in der Kranken-, Pflege- und Rentenversicherung versicherungsfreien (nicht geringfügigen) Beamtenbeschäftigung mit einer geringfügig entlohnten Beschäftigung aus. Allerdings sind mehrere neben einer versicherungsfreien Beamtenbeschäftigung ausgeübte geringfügig entlohnte Beschäftigungen zusammenzurechnen.

Mehrere Beschäftigungen

> **Beispiel 1:**
>
> Ein Beamter übt neben seiner Beamtenbeschäftigung beim Arbeitgeber A weitere Beschäftigungen beim Arbeitgeber B und C aus. Beim Arbeitgeber B arbeitet er als Programmierer gegen ein monatliches Arbeitsentgelt von 200 €; beim Arbeitgeber C arbeitet er als Buchhalter gegen ein monatliches Arbeitsentgelt von 150 €.
>
> Bei den Beschäftigungen bei den Arbeitgebern B und C handelt es sich jeweils um geringfügig entlohnte Beschäftigungen, weil das Arbeitsentgelt aus den einzelnen Beschäftigungen (auch insgesamt) 450 € nicht übersteigt; die Beschäftigungen sind deshalb kranken-, pflege- und arbeitslosenversicherungsfrei. Eine Zusammenrechnung der zweiten geringfügig entlohnten Beschäftigung mit der Beamtenbeschäftigung kommt auch für den Bereich der Rentenversicherung nicht in Betracht, weil die Beamtenbeschäftigung keine Versicherungspflicht begründet.

> **Beispiel 2:**
>
> Ein Beamter übt neben seiner Beamtenbeschäftigung beim Arbeitgeber A weitere Beschäftigungen bei den Arbeitgebern B und C aus. Beim Arbeitgeber B arbeitet er als Programmierer gegen ein monatliches Arbeitsentgelt von 250 €; beim Arbeitgeber C arbeitet er als Buchhalter gegen ein monatliches Arbeitsentgelt von 220 €.
>
> Der Beamte ist auf Grund der Beschäftigungen bei den Arbeitgebern B und C in der Krankenversicherung und damit auch in der Pflegeversicherung versicherungsfrei, da sich die Versicherungsfreiheit als Beamter in diesen Sozialversicherungszweigen auf alle weiteren Beschäftigungen auswirkt. In der Renten- und Arbeitslosenversicherung besteht für den Beamten auf Grund der Beschäftigungen beim Arbeitgeber B und C Versicherungspflicht, weil das Arbeitsentgelt aus diesen Beschäftigungen 450 € übersteigt. In der Renten- und Arbeitslosenversicherung wirkt sich die Versicherungsfreiheit auf Grund einer Beamtenbeschäftigung nicht auf andere Beschäftigungsverhältnisse aus.

3. Geringfügig entlohnte Beschäftigungen neben (freiwilliger) Dienstpflicht, Elternzeit, Pflegezeit, während des Leistungsbezugs von einer Agentur für Arbeit oder einer Tätigkeit im Rahmen des Bundesfreiwilligendienstgesetzes

696 Eine geringfügig entlohnte Beschäftigung, die neben einer freiwilligen Dienstpflicht (freiwilliger Wehrdienst oder Bundesfreiwilligendienst) ausgeübt wird, ist kranken-, pflege- und arbeitslosenversicherungsfrei, aber rentenversicherungspflichtig. Hierbei ist unerheblich, ob die geringfügig entlohnte Beschäftigung beim bisherigen oder bei einem anderen Arbeitgeber ausgeübt wird. Mehrere neben der gesetzlichen Dienstpflicht ausgeübte geringfügig entlohnte Beschäftigungen sind allerdings zusammenzurechnen.

Bestand in einer weiteren geringfügig entlohnten Beschäftigung bislang wegen einer Hauptbeschäftigung Kranken-, Pflege- und Rentenversicherungspflicht, so entfällt diese bei Dienstantritt und Wegfall der Hauptbeschäftigung, es sei denn, durch die Addition der geringfügig entlohnten Beschäftigungen wird die Arbeitsentgeltgrenze von 450 € überschritten. In diesem Fall würden in den geringfügig entlohnten Beschäftigungen Kranken-, Pflege-, Renten- und Arbeitslosenversicherungspflicht bestehen.

Auch während einer Elternzeit, einer Pflegezeit sowie bei Bezug von Leistungen nach dem Dritten Buch Sozialgesetzbuch kann eine geringfügig entlohnte Beschäftigung ausgeübt werden, in der dann Kranken-, Pflege-, und Arbeitslosenversicherungsfreiheit bestehen, aber Rentenversicherungspflicht.

4. Geringfügig entlohnte Beschäftigungen höher verdienender Arbeitnehmer

697 In der Krankenversicherung unterliegen Arbeitnehmer nur dann der Versicherungspflicht, wenn ihr regelmäßiges Jahresarbeitsentgelt die Jahresarbeitsentgeltgrenze nicht übersteigt. Die allgemeine Jahresarbeitsentgeltgrenze beläuft sich im Kalenderjahr 2021 auf 64 350 €. Für Arbeitnehmer, die am 31.12.2002 privat krankenversichert waren, beträgt die (besondere) Jahresarbeitsentgeltgrenze im Kalenderjahr 2021 58 050 €.

Bei der Feststellung, ob das regelmäßige Jahresarbeitsentgelt eines Arbeitnehmers die Jahresarbeitsentgeltgrenze übersteigt, ist das Arbeitsentgelt aus einer versicherungsfreien geringfügig entlohnten Beschäftigung nicht zu berücksichtigen. Lediglich das Arbeitsentgelt aus einer zweiten oder weiteren versicherungspflichtigen geringfügig entlohnten Beschäftigung neben einer versicherungspflichtigen Hauptbeschäftigung ist anzurechnen.

Wird durch die Zusammenrechnung der Arbeitsentgelte aus den zu berücksichtigenden Beschäftigungen die Jahresarbeitsentgeltgrenze überschritten, so endet die Krankenversicherungspflicht mit Ablauf des Kalenderjahrs des Überschreitens. Weitere Voraussetzung ist jedoch, dass auch voraussichtlich die Jahresarbeitsentgeltgrenze des folgenden Kalenderjahrs überschritten wird. Gleiches gilt für die Pflegeversicherung.

> **Beispiel:**
> Hauptbeschäftigung ab dem 1.2.2021 mit einem monatlichen Arbeitsentgelt i.H.v. 5 100 €; erste geringfügige Beschäftigung ab dem 1.4.2021 i.H.v. 300 €; zweite geringfügige Beschäftigung ab dem 1.6.2021 i.H.v. 300 €.
>
> Der Arbeitnehmer war am 31.12.2002 nicht privat krankenversichert. Es gilt die allgemeine Jahresarbeitsentgeltgrenze (2021 = 64 350 €).
>
> Das regelmäßige Jahresarbeitsentgelt aus der Hauptbeschäftigung beträgt am 1.2.2021 61 200 €. Die allgemeine Jahresarbeitsentgeltgrenze für das Kalenderjahr 2021 von 64 350 € wird nicht überschritten. Es besteht u.a. Kranken- und Pflegeversicherungspflicht.
>
> Die am 1.4.2021 aufgenommene Beschäftigung hat keinerlei Auswirkungen auf die Berechnung des regelmäßigen Jahresarbeitsentgelts, da Arbeitsentgelte aus versicherungsfreien Beschäftigungen bei dieser Ermittlung nicht zu berücksichtigen sind. In der am 1.4.2021 aufgenommenen Beschäftigung besteht Kranken-, Pflege- und Arbeitslosenversicherungsfreiheit, da es sich um die „erste" geringfügig entlohnte Beschäftigung neben einer versicherungspflichtigen Hauptbeschäftigung handelt. Seit dem 1.1.2013 besteht jedoch Rentenversicherungspflicht. Der Arbeitgeber hat Pauschalbeiträge an die Bundesknappschaft zu entrichten. Vom Arbeitnehmer ist die Differenz zwischen dem jeweils geltenden Beitragssatz in der Rentenversicherung und dem vom Arbeitgeber zu zahlenden Pauschalbeitrag zu tragen.
>
> Die am 1.6.2021 aufgenommene Beschäftigung ist für sich allein betrachtet zwar ebenfalls geringfügig entlohnt, unterliegt durch die Addition mit der Hauptbeschäftigung jedoch der Versicherungspflicht in der Kranken-, Pflege- und Rentenversicherung.
>
> Am 1.6.2021 ist das regelmäßige Jahresarbeitsentgelt neu zu ermitteln. Es beträgt ab dem 1.6.2021 64 800 €. Von diesem Zeitpunkt an übersteigt das regelmäßige Jahresarbeitsentgelt die maßgebende Jahresarbeitsentgeltgrenze von 64 350 €.
>
> Kranken- und Pflegeversicherungsfreiheit tritt zum 1.1.2022 ein, wenn auch die Jahresarbeitsentgeltgrenze des Jahres 2022 überschritten wird.

Nimmt ein Arbeitnehmer, der in der Hauptbeschäftigung bereits wegen Überschreitens der maßgebenden Jahresarbeitsentgeltgrenze kranken- und pflegeversicherungsfrei ist, eine oder mehrere geringfügig entlohnte Beschäftigungen auf, so ist die zeitlich zuerst aufgenommene geringfügig entlohnte Beschäftigung kranken-, pflege- und arbeitslosenversicherungsfrei. Für jede weitere geringfügig entlohnte Beschäftigung besteht auf Grund der Regelung, dass für eine Zusammenrechnung in der Hauptbeschäftigung Versicherungspflicht bestehen muss, lediglich Rentenversicherungspflicht. In der Hauptbeschäftigung besteht Kranken- und Pflegeversicherungsfreiheit. Eine Addition darf nicht erfolgen. In der Arbeitslosenversicherung gilt die Besonderheit, dass keine Zusammenrechnung einer versicherungspflichtigen mit einer geringfügig entlohnten Beschäftigung erfolgen darf.

> **Beispiel:**
> Eine Programmiererin übt folgende Beschäftigungen aus: Hauptbeschäftigung seit Jahren i.H.v. 5 500 € monatlich; 1. geringfügig entlohnte Nebenbeschäftigung ab dem 1.2.2021 i.H.v. 200 € monatlich; 2. geringfügig entlohnte Nebenbeschäftigung ab dem 1.4.2021 i.H.v. 200 € monatlich.

> Auf Grund der Höhe des regelmäßigen Jahresarbeitsentgelts in der Hauptbeschäftigung (66 000 €) besteht Krankenversicherungsfreiheit und keine Pflegeversicherungspflicht.
>
> Die erste geringfügig entlohnte Nebenbeschäftigung ist kranken-, pflege-, und arbeitslosenversicherungsfrei, aber rentenversicherungspflichtig. Die zweite geringfügig entlohnte Beschäftigung ist in der Kranken- und Pflegeversicherung nicht mit der Hauptbeschäftigung zu addieren, da zu diesen Zweigen in der Hauptbeschäftigung keine Versicherungspflicht besteht. Ist der Arbeitnehmer gesetzlich krankenversichert, so hat der Arbeitgeber der zweiten geringfügig entlohnten Beschäftigung ab dem 1.4.2021 Pauschalbeiträge zur Krankenversicherung an die KBS zu entrichten, da die Entgelte aus den beiden geringfügig entlohnten Beschäftigungen zusammengerechnet 450 € nicht übersteigen. In der Pflegeversicherung tritt in der zweiten geringfügig entlohnten Beschäftigung Versicherungspflicht ein, wenn der Arbeitnehmer freiwillig gesetzlich krankenversichert und dadurch pflegeversicherungspflichtig ist. In der Rentenversicherung hat eine Addition zu erfolgen, da die Hauptbeschäftigung rentenversicherungspflichtig ist. Aus der zweiten geringfügigen Beschäftigung ab dem 1.4.2021 sind Rentenversicherungsbeiträge zu entrichten. In der Arbeitslosenversicherung besteht in der zweiten geringfügig entlohnten Beschäftigung ebenfalls Versicherungsfreiheit.

IV. Kirchensteuer

698 Im Falle der Lohnsteuerpauschalierung kann die Kirchensteuer ebenfalls pauschaliert (→ Kirchensteuer Rz. 548) werden. Weist der Arbeitgeber nach, welcher Mitarbeiter Kirchenangehöriger ist, sind für diese Kirchenangehörigen 8 % bzw. 9 % (je nach Bundesland) einzubehalten und an das Finanzamt abzuführen.

Meldungen zur Sozialversicherung

1. Allgemeines

699 Neben der Beitragspflicht besteht in der Sozialversicherung auch eine Meldepflicht.

Die Meldungen zur Sozialversicherung kann man in folgende Meldungen unterteilen:

- Anmeldung
- Abmeldung
- Jahresmeldung
- Unterbrechungsmeldung
- Sofortmeldung
- Sondermeldungen

Bei Aufnahme der Beschäftigung ist der Abgabegrund „10" zu verwenden. Die weiteren Anmeldegründe sind der Aufstellung der Meldegründe zu entnehmen. Übt der geringfügig Beschäftigte mehrere Beschäftigungen aus, ist das Kennzeichen „Mehrfachbeschäftigung" entsprechend auszufüllen. Die systemgeprüften Entgeltabrechnungsprogramme bzw. Ausfüllhilfen sehen die erforderlichen Abfragen und Ausfüllhinweise vor.

Erfolgte auf Grund der Unterbrechung des entgeltlichen Beschäftigungsverhältnisses von mehr als einem Monat (z.B. unbezahlter Urlaub) eine Abmeldung, so ist bei Wiederaufnahme dieser Beschäftigung eine Neuanmeldung mit dem Abgabegrund „13" zu übermitteln (§ 9 DEÜV).

Bei einer Anmeldung wird immer nur der Zeitpunkt des Beginns der Beschäftigung gemeldet. Ein Zeitraum – ist auch bei befristeten Beschäftigungen – nicht zu melden. Ebenfalls ist kein Entgelt zu melden.

Der Beginn einer Beschäftigung i.S.d. Sozialversicherung ist mit der ersten Entgeltabrechnung zu übermitteln, spätestens innerhalb von sechs Wochen nach Beginn der

Beschäftigung (§ 28a Abs. 1 Nr. 1 SGB IV i.V.m. § 6 DEÜV). Bei der Anmeldung sind folgende Daten zu übermitteln:

- Versicherungsnummer des Arbeitnehmers,
- Familien- und Vorname des Arbeitnehmers,
- Geburtsdatum des Arbeitnehmers,
- Staatsangehörigkeit des Arbeitnehmers,
- Angaben über seine Tätigkeit nach dem Schlüsselverzeichnis der Bundesagentur für Arbeit,
- Betriebsnummer des Beschäftigungsbetriebs,
- die Beitragsgruppen,
- den Personengruppenschlüssel,
- die zuständige Einzugsstelle,
- den Arbeitgeber,
- die Anschrift,
- den Beginn der Beschäftigung,
- sonstige für die Vergabe der Versicherungsnummer erforderliche Daten, falls die RV-Nummer nicht vorliegt,
- die Angabe, ob zum Arbeitgeber eine Beziehung als Ehegatte, eingetragener Lebenspartner oder Abkömmling besteht,
- die Angabe, ob es sich um eine Tätigkeit als geschäftsführender Gesellschafter einer GmbH handelt und
- die Staatsangehörigkeit.

a) Sofortmeldung

In bestimmten Wirtschaftszweigen, wo der Gesetzgeber verstärkt Schwarzarbeit vermutet, sind die Arbeitnehmer spätestens mit Beginn der Beschäftigung – **sofort** – zu melden. Betroffen sind die folgenden Wirtschaftszweige: 700

- Baugewerbe,
- Gaststätten- und Beherbergungsgewerbe,
- Personenbeförderungsgewerbe,
- Speditions-, Transport- und Logistikgewerbe,
- Schaustellergewerbe,
- Unternehmer der Forstwirtschaft,
- Gebäudereinigungsgewerbe,
- Unternehmen, die sich am Auf- und Abbau von Messen und Ausstellungen beteiligen, sowie
- Unternehmen der Fleischwirtschaft
- Unternehmen im Prostitutionsgewerbe
- Unternehmen der Wach und Sicherheitsbranche.

Alle Arbeitnehmer – unerheblich ob Arbeiter oder Angestellter – sind spätestens bei Beschäftigungsaufnahme an die Datenstelle der Deutschen Rentenversicherung Bund (DRV-Bund) zu melden. Die Sofortmeldung ist mit dem Abgabegrund 20 zu übermitteln und muss **zusätzlich** zur normalen Anmeldung (Abgabegrund 10) erfolgen.

Die Meldung hat folgende Angaben zu beinhalten:

– Vor- und Nachname des Arbeitnehmers,

– Versicherungsnummer des Arbeitnehmers (ist diese nicht bekannt, so sind die folgenden Angaben mit zu übermitteln: Geburtstag, -ort und -name),

– Betriebsnummer des Beschäftigungsbetriebs und

– Tag der Beschäftigungsaufnahme.

Die Sofortmeldung wird bei der DRV-Bund gelöscht, wenn die Echtanmeldung des Arbeitgebers über die Krankenkasse an die Datenstelle der DRV-Bund weitergeleitet wurde.

Die Sofortmeldung dient der Bekämpfung der Schwarzarbeit. Wird bei Kontrollen durch die Zollämter festgestellt, dass eine angetroffene Person nicht unter der maßgebenden Betriebsnummer bei der Datenstelle der DRV-Bund gemeldet ist, so wird Schwarzarbeit vermutet. Wer seiner Meldeverpflichtung als betroffener Arbeitgeber nicht nachkommt, handelt ordnungswidrig. Solch eine Ordnungswidrigkeit kann mit einem Bußgeld von bis zu 50 000 € geahndet werden (vgl. § 111 SGB IV).

Die Arbeitnehmer der o.a. Wirtschaftszweige sind zu Beginn der Beschäftigung darauf hinzuweisen, dass sie während der Tätigkeit für den Arbeitgeber immer ihren Personalausweis mit sich zu führen haben. Wenn sich Arbeitnehmer bei einer Kontrolle durch die Zollämter nicht ausweisen können, so ist auch dies eine Ordnungswidrigkeit. Diese kann mit einem Bußgeld von bis zu 5 000 € geahndet werden (vgl. § 111 SGB IV).

b) Jahresmeldung

701 Für versicherungspflichtige Arbeitnehmer, die über einen Jahreswechsel hinaus beschäftigt werden, ist das rentenversicherungspflichtige Bruttoarbeitsentgelt zu melden. Auch für geringfügig entlohnte Beschäftigte sind Jahresmeldungen zu erstellen. Hier ist das beitragspflichtige Bruttoarbeitsentgelt zu melden. Für kurzfristig Beschäftigte ist ebenso eine Jahresmeldung zu erstellen.

Daneben gibt der Unternehmer im Meldeverfahren zur Sozialversicherung (DEÜV-Verfahren) ab 1.1.2016 eine gesonderte Jahresmeldung zur Unfallversicherung (UV-Jahresmeldung) für jeden Arbeitnehmer ab. Diese UV-Jahresmeldung ist ausschließlich für den Prüfdienst der Rentenversicherung bestimmt und ersetzt den bisherigen Datenbaustein Unfallversicherung (DBUV) in den Entgeltmeldungen. Der zu meldende Zeitraum ist immer der 1.1. bis 31.12. eines Kalenderjahres. Es ist unerheblich, ob der der Arbeitnehmer im Laufe des Jahres die Beschäftigung aufgenommen oder beendet hat, eine Unterbrechung wegen Bezug einer Entgeltersatzleistung vorgelegen hat oder er im Laufe des Jahres bei einem anderen Arbeitgeber beschäftigt war. Der Abgabegrund für die Jahresmeldung zur Unfallversicherung lautet „92".

Folgende Daten sind zusätzlich zu melden:

Betriebsnummer des zuständigen Trägers der Unfallversicherung

Jeder Träger der Unfallversicherung verfügt grundsätzlich über eine eigene Betriebsnummer. Falls nicht schon bekannt, wird sie dem Arbeitgeber vom Träger der Unfallversicherung mitgeteilt. Sofortmeldungen mit fehlerhafter Betriebsnummer werden abgewiesen.

Mitgliedsnummer des Betriebes

Jedes Unternehmen hat beim zuständigen Träger der Unfallversicherung eine eigene Mitgliedsnummer. Auch diese muss in der Meldung unbedingt angegeben werden, damit die Lohnnachweise erstellt und die Betriebsprüfungsergebnisse mitgeteilt werden können.

Gefahrtarifstelle und Betriebsnummer

Dem Veranlagungsbescheid des Unfallversicherungsträgers können die vorgegebenen Gefahrtarife und die dazugehörige Betriebsnummer – zur Angabe in der Meldung – entnommen werden. Die Zuordnung im Veranlagungsbescheid ist jedoch nur die Festlegung zu einem gewissen Zeitpunkt. Im Lauf der Zeit kann sich die Zuordnung durch neue Unternehmensinhalte, Tätigkeiten oder verstärkten Maschineneinsatz verändern. Wird bei der Beitragsberechnung die Gefahrtarifstelle eines nicht zuständigen Unfallversicherungsträgers zugrunde gelegt, ist zusätzlich die Betriebsnummer des Unfallversicherungsträgers anzugeben, dessen Gefahrtarif zur Anwendung kommt. Übt ein Arbeitnehmer unterschiedliche Tätigkeiten innerhalb des Beschäftigungsverhältnisses aus, ist nach dem sogenannten Überwiegensprinzip in vielen Fällen die Gefahrtarifstelle maßgebend, die der Beschäftigte überwiegend ausgeübt hat. Eine Aufteilung des Meldezeitraumes an sich ist nicht notwendig.

Fiktive Gefahrtarifstelle

Werden die Beiträge zur Unfallversicherung bei dem Arbeitgeber nicht nach Arbeitsentgelten, sondern nach Köpfen bemessen, werden diese Sachverhalte im Datenfeld „UV-Grund" abgebildet. Die Berechnung nach Köpfen hat dann den Schlüssel „A09" und in der Landwirtschaft „A08". In diesem Fall sind weder die Mitgliedsnummer, das unfallversicherungspflichtige Arbeitsentgelt noch die Arbeitsstunden anzugeben.

Unfallversicherungspflichtiges Arbeitsentgelt

Da der Begriff einheitlich definiert ist, entspricht das unfallversicherungspflichtige Arbeitsentgelt grundsätzlich dem sozialversicherungspflichtigen Arbeitsentgelt. Ausnahmen: Die in der Sozialversicherung bekannte März-Klausel findet in der Unfallversicherung keine Anwendung. Anders als in der Sozialversicherung sind in der Unfallversicherung steuerfreie Sonntags-, Feiertags- und Nachtarbeitszuschläge stets beitragspflichtig. Anstelle von fiktiven Arbeitsentgelten (wie in der Sozialversicherung zum Beispiel bei Kurzarbeit) werden in der Unfallversicherung die tatsächlichen Arbeitsentgelte verbeitragt. Darüber hinaus muss beachtet werden, dass in der Unfallversicherung das Arbeitsentgelt nur bis zur Höhe des Höchstjahresarbeitsverdienstes zugrunde zu legen ist. Dies ergibt sich aus der jeweiligen Satzung des zuständigen Unfallversicherungsträgers. Sofern eine Satzungsregelung nicht besteht, beträgt der Höchstjahresarbeitsverdienst das Zweifache der Bezugsgröße (2017: 71 400 € in den alten beziehungsweise 63 840 € in den neuen Bundesländern). Der Unfallversicherungsträger kann auch ein fiktives Mindestarbeitsentgelt festlegen. Dieses wird der Beitragsberechnung für Versicherte, die das 18. Lebensjahr vollendet haben, zugrunde gelegt. Das fiktive Mindestarbeitsentgelt beträgt 60 % der Bezugsgröße (2017: 21 420 € in den alten beziehungsweise 19 152 € in den neuen Bundesländern).

Arbeitsstunden

Für die Ermittlung der Arbeitsstunden gilt der Grundsatz, dass der Arbeitgeber auf die bei ihm schon ohnehin vorhandenen Daten zurückgreift. Eine besondere Erhebung dieser Daten oder die Einführung einer Zeiterfassung ist nicht erforderlich. In erster Linie sollen die Arbeitsstunden konkret aufgrund der Daten ermittelt werden, die in einem vorhandenen Zeiterfassungssystem gespeichert sind und ohne Weiteres ausgewertet werden können.

Für Urlaubs- und Krankheitszeiten ist auf konkrete Aufzeichnungen auch dann abzustellen, wenn diese außerhalb einer automatisierten Zeiterfassung geführt werden. Soweit keine auswertbaren Daten vorhanden sind, sind die arbeitsvertraglichen Sollwerte ausreichend, hilfsweise ist auf den Vollarbeiterrichtwert im Unternehmen abzustellen.

Besonderheiten bei der Altersteilzeit

In der Unfallversicherung wurde bisher in der Regel ein Wertguthaben von den Arbeitgebern erst dann gemeldet, wenn es ausgezahlt wurde. Inzwischen wurde die Rechtslage dahingehend geklärt, dass das Arbeitsentgelt für das Umlagejahr zu melden ist, in dem der Entgeltanspruch entstanden ist. Diese Regelung gilt unabhängig davon, ob das Arbeitsentgelt ausgezahlt oder in ein Wertguthaben eingestellt wurde. Dies hat zur Konsequenz, dass ggf. zwischen dem gemeldeten und noch nicht gemeldeten Wertguthaben zu unterscheiden ist.

Arbeitsentgelt, das in ein Wertguthaben eingebracht wird, ist im Lohnnachweis einzutragen und im Datenbaustein „Unfallversicherung" zu melden. Wird es dann später aus dem Wertguthaben entnommen, ist in der Unfallversicherung nichts mehr zu unternehmen, auch dann nicht, wenn Arbeitsentgeltteile wegen des Überschreitens der Höchstjahresarbeitsverdienstgrenze beitragsfrei geblieben sind. Wird das Wertguthaben in Form von Zeitguthaben geführt, ist der Wert der Arbeitszeit zugrunde zu legen.

Märzklausel

Neu ist ab dem 1.1.2016 auch, dass alle „Märzklausel-Fälle" im Bereich der Kranken-, Renten-, Arbeitslosen- und Pflegeversicherung separat zu melden sind, auch wenn die Jahresmeldung für das Jahr der Zuordnung der Einmalzahlung noch nicht übermittelt wurde. Der Abgabegrund lautet hier „54".

2. Zuständige Einzugsstelle

702 Der Arbeitgeber hat (geringfügig) Beschäftigte bei der zuständigen Einzugsstelle (bei versicherungsfreien geringfügigen Beschäftigungen der KBS in 45115 Essen) anzumelden.

3. Meldegründe

703 Eine Abmeldung kann aus folgenden Gründen erforderlich sein:
- Ende des Beschäftigungsverhältnisses (Abgabegrund: 30),
- Krankenkassenwechsel (Abgabegrund: 31),
- Abmeldung wegen Beitragsgruppenwechsel (Abgabegrund: 32),
- Abmeldung wegen sonstiger Gründe/Änderungen im Beschäftigungsverhältnis (Abgabegrund: 33),
- Abmeldung wegen Ende einer sozialversicherungsrechtlichen Beschäftigung bei einer Unterbrechung von länger als einem Monat (Abgabegrund: 34),
- Abmeldung wegen Todes (Abgabegrund: 49).

4. Meldefrist

704 Die Abmeldung ist mit der ersten Entgeltabrechnung nach Ende der Beschäftigung zu erstellen; spätestens innerhalb von sechs Wochen nach Ende der Beschäftigung.

5. Zu meldendes Entgelt

705 Als beitragspflichtiges Arbeitsentgelt ist in den Meldungen das Arbeitsentgelt einzutragen, von dem Beiträge zur Rentenversicherung entrichtet wurden. Bei Arbeitnehmern, die ein Beschäftigungsverhältnis innerhalb der Gleitzonenregelung ausüben – und nicht auf die Anwendung der Gleitzonenregelung verzichtet haben – ist das verminderte Arbeitsentgelt zu melden.

Hat ein versicherungsfrei geringfügig entlohnt Beschäftigter auf die Rentenversicherungsfreiheit vor dem 1.1.2013 verzichtet und liegt das tatsächliche Arbeitsentgelt unterhalb von 175 € monatlich, so ist der Betrag der Mindestbeitragsbemessungsgrundlage von monatlich 175 € als beitragspflichtiges Arbeitsentgelt zu bescheinigen. Dieser Wert gilt auch für alle ab 1.1.2013 aufgenommenen geringfügig entlohnten Beschäftigungen, die rentenversicherungspflichtig sind.

Mindestlohn

I. Arbeitsrecht

Wichtiger Hinweis: Der gesetzliche Mindestlohn unterliegt insofern einer gewissen Dynamik, als er zukünftig auch ohne erneutes Tätigwerden des Gesetzgebers den Gegebenheiten angepasst werden kann (→ Rz. 709). Insoweit gilt zurzeit nach der Dritten Verordnung zur Anpassung der Höhe des Mindestlohns v. 28.10.2020 eine Erhöhung des Mindestlohns wie folgt: 706

- zum 1.1.2021 auf 9,50 € brutto,
- zum 1.7.2021 auf 9,60 € brutto,
- zum 1.1.2022 auf 9,82 € brutto und
- zum 1.7.2022 auf 10,45 € brutto

pro Arbeitsstunde.

1. Allgemeines

Aktuelle Darstellungen zum Mindestlohn finden sich z.B. bei Stenslik, Aktuelle Entwicklungen zum gesetzlichen Mindestlohn, DStR 2019, 336, bei Fuhlrott, Update Mindestlohn: Rechtsprechungsüberblick 2017, ArbRAktuell 2018, 85, und bei Sura, Anrechnungsmöglichkeiten und Berechnungsgrundlagen von anderweitigen Entgeltelementen bei Erfüllung des gesetzlichen Mindestlohns, BB 2018, 437. Ein umfassendes **Prüfungsschema** zum Anspruch auf Mindestlohn findet sich im Übrigen bei Rittweger/Zieglmeier, Checkliste Mindestlohn – Maßnahmen und Compliance-Management, NZA 2015, 976. 707

Nach § 1 Abs. 1, 2 MiLoG hat jede Arbeitnehmerin und jeder Arbeitnehmer Anspruch auf Zahlung des (jeweiligen) **gesetzlichen Mindestlohns**. Dieser Mindestlohnanspruch aus § 1 Abs. 1 MiLoG ist ein gesetzlicher Anspruch, der eigenständig neben den arbeits- oder tarifvertraglichen Entgeltanspruch tritt und der in die Entgeltvereinbarungen der Arbeitsvertragsparteien und anwendbarer Entgelttarifverträge insoweit eingreift, als sie den Anspruch auf Mindestlohn unterschreiten.

Der Anspruch auf Mindestlohn entsteht mit jeder geleisteten Arbeitsstunde; das erfordert deren schlüssige Darlegung durch den Arbeitnehmer (BAG v. 25.5.2016, 5 AZR 135/16, BB 2016, 2621). Bei einem vereinbarten **Monatsgehalt** muss daher ggf. die Erreichung des Mindestlohns durch Teilung durch die konkret geleisteten Stunden je Monat geprüft werden; ein nicht auf Stunden bezogener Zeitlohn muss also **umgerechnet** werden, wobei die **Summe der berücksichtigungsfähigen Vergütungsbestandteile geteilt durch die regelmäßige monatliche Arbeitszeit des Arbeitnehmers** einen Betrag ergeben muss, der mindestens dem gesetzlichen Mindestlohn entspricht.

Zur mit dem Mindestlohn vergütungspflichtigen **Arbeitszeit** (Zeitstunde) gehören **nach bestätigter Rechtsprechung des BAG** auch **Zeiten der Bereitschaftsdienste** (→ Rz. 711). Auch Bereitschaftszeit ist also mit dem gesetzlichen Mindestlohn zu vergüten (BAG v. 29.6.2016, 5 AZR 716/15, NZA 2016, 1332; BAG v. 11.10.2017, 5 AZR 591/16, NJW 2018, 489). Der Geltungsbereich des Mindestlohngesetzes erstreckt sich grundsätzlich auf **alle Arbeitnehmer**, also z.B. auch auf **Aushilfen, geringfügig Beschäftigte und Teilzeitkräfte**.

Wichtig: Eine notwendige **Anhebung der Vergütung** bei geringfügig Beschäftigten auf den jeweils aktuellen Mindestlohn pro Zeitstunde kann **zur Überschreitung der 450-Euro-Grenze** für die Vergünstigung von Mini-Jobs führen. In einem solchen Fall hilft wohl nur eine **Vereinbarung mit dem Mini-Jobber** über eine entsprechende **Herabsetzung der Stundenzahl**; eine einseitige Anpassung der Stundenzahl ist unzulässig; eine entsprechende Änderungskündigung ist in ihrer Wirksamkeit zweifelhaft, wenn sie auf ihre soziale Rechtfertigung nach § 2 KSchG überprüft wird.

Für geringfügig Beschäftigte nach § 8 Abs. 1 SGB IV gilt nach § 17 Abs. 1 MiLoG die Pflicht des Arbeitgebers zur **Dokumentation der Arbeitszeiten,** d.h.

- zur **Aufzeichnung** von Beginn, Ende und Dauer der täglichen Arbeitszeit spätestens bis zum Ablauf des siebten Tages nach der Arbeitsleistung (→ Anhang 19) und
- zur **Aufbewahrung** der Aufzeichnungen für mindestens zwei Jahre.

Ein Verstoß gegen diese Aufzeichnungs- und Aufbewahrungspflichten steht nach § 21 Abs.1 Nr. 8 MiLoG unter **Bußgeld**androhung.

Auch für **Saisonarbeiter** (→ Saisonarbeitnehmer Rz. 842 ff.), wie sie insbesondere in der Landwirtschaft zu finden sind, gilt keine Ausnahme. Eine gewisse **Kompensation** ist allerdings in § 8 Abs. 1 Nr. 2 SGB IV vorgesehen, dass sie bei begrenzter Beschäftigungszeit von längstens 70 Tagen oder drei Monaten **zu den kurzfristig** Beschäftigten gehören mit den entsprechenden steuerlichen und sozialversicherungsrechtlichen Besonderheiten (→ Kurzfristige Beschäftigung).

Die **Kontrolle** über die Einhaltung der Mindestlohnvorschriften ist dem Zoll übertragen.

Vorsätzliche oder fahrlässige Verstöße gegen das Mindestlohngesetz sind nach § 21 MiLoG mit **Bußgeld** bedroht, z.B. wenn der Mindestlohn nicht bezahlt wird, aber auch bei Verletzung der Dokumentationspflichten.

2. Geltungsbereich

708 Der Geltungsbereich des Mindestlohngesetzes erstreckt sich grundsätzlich – mit noch darzustellenden Ausnahmen – auf **alle Arbeitnehmer** (siehe auch § 22 Abs. 1 Satz 1 MiLoG), also z.B. auch und insbesondere gerade auf den Bereich des Niedriglohnsektors für **Aushilfskräfte, geringfügig Beschäftigte, Teilzeitbeschäftigte u.Ä.**

Keine Anwendung findet das Mindestlohngesetz andererseits auf nicht in Arbeitnehmereigenschaft tätige Personen wie z.B. **Selbständige** und freie Mitarbeiter. Etwaige Überlegungen, zur Vermeidung des Mindestlohns eine Tätigkeit in eine selbstständige Tätigkeit umzuwandeln oder bei Neueinstellung direkt eine selbstständige Tätigkeit zu wählen, sind überaus riskant. Mindestlohnfragen betreffen eher den Niedriglohnbereich, in dem Selbständigkeit selten anzutreffen ist, und in dem deshalb der Verdacht der **Scheinselbständigkeit** naheliegt (mit hoher Kontrolldichte).

Keine Anwendung findet das Mindestlohngesetz auch auf

- Beamte und Soldaten,
- familiär, d.h. nicht auf arbeitsvertraglicher Grundlage mitarbeitende Familienangehörige (→ Angehörige Rz. 55 ff.),
- GmbH-Geschäftsführer,
- Freiwillige im Bundesfreiwilligendienst nach dem BFDG,
- für in Behindertenwerkstätten tätige schwerbehinderte Menschen (ArbG Kiel v. 19.6.2015, 2 Ca 165 a/15, LAGE § 22 MiLoG Nr. 2).

Zur Problematik beim **Mindestlohn für Pflegekräfte aus Osteuropa** siehe ausführlich Knopp, Gesetzlicher Mindestlohn auch für osteuropäische Pflegehilfen – legale Modelle versus Schwarzmarkt, NZA 2015, 851; ders., Osteuropäische Pflegehilfen in der häuslichen Pflege: Dringender Handlungsbedarf, NZS 2016, 445.

Hinsichtlich der seit Einführung des MiLoG umstrittenen Frage, ob es auch nach dem Territorialitätsprinzip zu Gunsten der **Mitarbeiter ausländischer Unternehmen** mit Sitz allein im Ausland gilt, die u.U. nur kurzzeitig auf deutschem Boden im **Transitverkehr** zum Einsatz kommen, wie z.B. für Lkw-Fahrer im Ausland ansässiger Transportunternehmen für Fahrten in Deutschland, hat das FG Baden-Württemberg entschieden, dass das deutsche MiLoG auch auf ausländische Transportunternehmen und ihre nur kurzfristig in Deutschland eingesetzten Fahrer anwendbar ist (Urteile v. 17.7.2018, 11 K 544/16, DStRE 2019, 519 und 11 K 2644/16, ZfZ 2019, 303). Die endgültige obergerichtliche Klärung der Frage steht allerdings weiter aus. Beide Verfahren sind unter den Az. VII R 34/18 und VII R 35/18 beim BFH anhängig.

3. Änderung/Anpassung des Mindestlohns

Die **zukünftige Anpassung des Mindestlohns** ist in einem komplizierten Verfahren nach §§ 4 bis 12 MiLoG so geregelt worden, dass eine einzurichtende Mindestlohnkommission aus Vertretern der Tarifpartner erstmals mit Wirkung zum 1.1.2017, danach alle zwei Jahre, einen Vorschlag zur Anpassung des Mindestlohns macht, den die Bundesregierung in einer Rechtsverordnung übernehmen kann. Auf die nächsten beschlossenen **Erhöhungen** ist zu achten (→ Rz. 706). 709

4. Unabdingbarkeit/Ausschlussfristen

Der Mindestlohn ist nach § 3 MiLoG zwingend und **unabdingbar**, d.h. er darf nicht durch Vereinbarung unterschritten oder in der Geltendmachung beschränkt werden (allerdings enthält das Mindestlohngesetz **Herausnahmen** von Arbeitnehmergruppen aus seinem **Geltungsbereich** sowie **Ausnahmen** auf Dauer und **Übergangsregelungen**). 710

Die Unabdingbarkeit bedeutet:

– Der Arbeitnehmer kann auf den Mindestlohnanspruch nur in einem gerichtlichen Vergleich wirksam **verzichten.**
– Eine **Verwirkung** des Anspruchs ist ausgeschlossen.

Bezogen auf **Ausschlussfristen** wirkt sich die Unabdingbarkeit wie folgt aus:

– Ein Verfall des Mindestlohns durch eine **vereinbarte Ausschlussfrist** ist ausgeschlossen (BAG v. 24.8.2016, 5 AZR 703/15, NZA 2016, 1539).
– Eine vom Arbeitgeber vorformulierte **arbeitsvertragliche Verfallklausel**, die ohne jede Einschränkung alle beiderseitigen Ansprüche aus dem Arbeitsverhältnis und damit auch den von § 1 MiLoG garantierten Mindestlohn erfasst, verstößt gegen das Transparenzgebot des § 307 Abs. 1 Satz 2 BGB. Es bleibt aber zu unterscheiden: Eine derartige Verfallklausel ist dann **insgesamt unwirksam**, wenn der Arbeitsvertrag nach dem 31.12.2014 – also nachdem Inkrafttreten des MiLoG – geschlossen wurde (BAG v. 18.9.2018, 9 AZR 162/18, NJW 2019, 456); eine vor Inkrafttreten des Mindestlohngesetzes vereinbarte Verfallklausel, die den Anspruch auf den gesetzlichen Mindestlohn nicht ausnimmt, ist seit dem 1.1.2015 nur insoweit, nicht aber ansonsten und damit insgesamt unwirksam (BAG v. 30.1.2019, 5 AZR 43/18, NZA 2019, 768).
– Die Geltendmachung des Anspruchs auf Entgeltfortzahlung im Krankheitsfall nach § 3 Abs. 1 EFZG kann trotz seiner Unabdingbarkeit (§ 12 EFZG) grundsätzlich einer tariflichen Ausschlussfrist unterworfen werden. Eine **tarifliche Ausschlussfrist** ist jedoch nach § 3 Satz 1 MiLoG unwirksam, **soweit** sie auch den während Arbeitsunfähigkeit nach § 3 Abs. 1, § 4 Abs. 1 EFZG fortzuzahlenden gesetzlichen Mindestlohn erfasst, hat jedoch im Übrigen Bestand; anders als bei Ausschlussfristen, die arbeitsvertraglich in Allgemeinen Geschäftsbedingungen vereinbart sind, unterliegen Tarifregelungen gemäß § 310 Abs. 4 Satz 1 BGB indes keiner Transparenzkontrolle (BAG v. 20.6.2018, 5 AZR 377/17, NJW 2018, 3472).

Allerdings ist die **Verjährung** von Mindestlohnansprüchen nach der regelmäßigen Verjährungsfrist von drei Jahren nach § 195 BGB nicht ausgeschlossen.

5. Mindestlohnpflichtige Zeiten/Berechnungsfragen/Anrechnungsfähige Entgeltleistungen

Grundsätzlich gilt: Der Arbeitgeber hat den Anspruch auf den gesetzlichen Mindestlohn erfüllt, wenn die für einen Kalendermonat gezahlte Bruttovergütung den Betrag 711 erreicht, der sich aus der Multiplikation der Anzahl der in diesem Monat tatsächlich geleisteten Arbeitsstunden mit dem Mindeststundenlohn ergibt (BAG v. 6.9.2017, 5 AZR 317/16, BB 2017, 2739). Bei einem vereinbarten **Monatsgehalt** muss also ggf. die Erreichung des Mindestlohns durch Teilung durch die konkret geleisteten Stunden je Monat geprüft werden (wichtig insbes. bei geringfügig Beschäftigten).

Ausführlich und aktuell zur Anrechenbarkeit von Vergütungsbestandteilen auf den gesetzlichen Mindestlohn siehe Weigert, NZA 2017, 745.

Zur mit dem Mindestlohn vergütungspflichtigen **Arbeitszeit** (Zeitstunde) gehören **nach bestätigter Rechtsprechung des BAG** auch **Zeiten der Bereitschaftsdienste**; auch Bereitschaftszeit ist also mit dem gesetzlichen Mindestlohn zu vergüten. (BAG v. 29.6.2016, 5 AZR 716/15, NZA 2016, 1332; BAG v. 11.10.2017, 5 AZR 591/16, NJW 2018, 489; BAG v. 12.12.2018, 5 AZR 588/17, NZA 2019, 775). Auch wenn Bereitschaftszeiten tariflich oder arbeitsvertraglich nur anteilig als Arbeitszeit berücksichtigt werden, ändert dies nichts daran, dass jede so erbrachte Zeitstunde mit dem gesetzlichen Mindestlohn zu vergüten ist. Erhält der Arbeitnehmer eine **Monatsvergütung** für geleistete Vollarbeits- und Bereitschaftsdienstzeiten, so ist der Anspruch auf den gesetzlichen Mindestlohn erfüllt, wenn er für die in einem Kalendermonat erbrachte Arbeit – einschließlich der Bereitschaft – mindestens eine Bruttovergütung erhält, die das Produkt der Gesamtstunden mit dem gesetzlichen Mindestlohn nicht unterschreitet. Bei vereinbarten gesonderten Stundenlöhnen für Vollarbeits- und Bereitschaftszeiten dürfte allerdings diese Durchschnittsberechnung nicht Platz greifen.

Demgegenüber zählen Zeiten der – nicht abgerufenen – **Rufbereitschaft** nicht zu den mit dem Mindestlohn vergütungspflichtigen Arbeitszeiten (BAG v. 9.10.2003, 6 AZR 512/02, DB 2004, 654).

Hinsichtlich der **Zeiten für den Arbeitsweg** ist zu unterscheiden: Grundsätzlich erbringt der Arbeitnehmer mit der – eigennützigen – Zurücklegung des Wegs von der Wohnung zur Arbeitsstelle und zurück keine Arbeit für den Arbeitgeber, hat also keinen Vergütungsanspruch. Hat der Arbeitnehmer aber seine Tätigkeit an einer **auswärtigen Arbeitsstelle** zu erbringen, leistet er mit den Fahrten zum Kunden und zurück vergütungspflichtige Arbeit, unabhängig davon, ob Fahrtantritt und Fahrtende vom Betrieb des Arbeitgebers oder von der Wohnung des Arbeitnehmers aus erfolgen. Durch Arbeits- oder Tarifvertrag kann eine gesonderte Vergütungsregelung für eine andere als die eigentliche Tätigkeit und damit auch für Fahrten zur auswärtigen Arbeitsstelle getroffen werden. Dabei darf allerdings für die in einem Kalendermonat insgesamt geleistete vergütungspflichte Arbeit der gesetzliche Anspruch auf den Mindestlohn nicht unterschritten werden (BAG v. 25.4.2018, 5 AZR 424/17, NZA 2018, 1211).

Nicht eindeutig gesetzlich geregelt ist die Frage, ob das Mindestlohngebot auch für **Vergütungsansprüche ohne Arbeitsleistung** gilt, insbesondere für die Lohnersatzansprüche (Entgeltschutzansprüche) im Krankheitsfall nach dem **EFZG**, im Urlaub nach dem **BUrlG** und in Mutterschaft nach dem **MuSchG**. Insoweit verweist das BAG auf die einschlägigen speziellen Vorschriften, die den Vergütungsanspruch auch bei fehlender tatsächlicher Arbeitsleistung erhalten (BAG v. 25.5.2016, 5 AZR 135/16, BB 2016, 2621). Die Frage erscheint allerdings für die Vergütungspraxis nicht von Bedeutung, weil der Mindestlohn jedenfalls nach dem in diesen Fällen anzuwendenden **Lohnausfallprinzip** bzw. Referenzprinzip für die Berechnung maßgeblich ist. Ein Rückgriff des Arbeitgebers auf eine vertraglich vereinbarte niedrigere Vergütung ist in diesen Fällen deshalb unzulässig (BAG v. 13.5.2015, 10 AZR 191/14, DB 2015, 2276).

Das Mindestlohngebot gilt daher auch

- für die Berechnung der Höhe der **Entgeltfortzahlung** im Krankheitsfall (BAG v. 20.6.2018, 5 AZR 377/17, NJW 2018, 3472),
- für die Berechnung der Höhe des **Urlaubsentgelts** (BAG v. 20.9.2017, 10 AZR 171/16, NZA 2018, 53),

- für die Berechnung der Höhe des **Urlaubsgelds** (BAG v. 20.9.2017, 10 AZR 171/16, NZA 2018, 53),
- für die Berechnung der Höhe der **Feiertagsvergütung** (BAG v. 20.9.2017, 10 AZR 171/16, NZA 2018, 53),
- für die Berechnung der Höhe des **Nachtzuschlags** (BAG v. 20.9.2017, 10 AZR 171/16, NZA 2018, 53).

Von großer Bedeutung für die betriebliche Praxis war die gesetzlich nicht geklärte und daher umstrittene **Anrechnungsfrage**: Setzt sich das vom Arbeitgeber geleistete Arbeitsentgelt aus **verschiedenen Lohnbestandteilen** zusammen, so stellt sich die Frage, welche Vergütungselemente (z.B. Zulagen, Zuschläge, Sonderzahlungen usw.) bei der Ermittlung der geleisteten Vergütung im Verhältnis zum Mindestlohn anzusetzen sind. Das Mindestlohngesetz selbst enthält zu dieser praktisch bedeutsamen Frage keine Regelung.

Insoweit ist – auch in Anbetracht vergleichbarer Konstellationen nach dem Arbeitnehmerentsendegesetz und Arbeitnehmerüberlassungsgesetz – nach der zwischenzeitlich ergangenen klärenden Rechtsprechung davon auszugehen, dass der **Begriff des Arbeitsentgelts weit zu verstehen** ist: Die Auslegung des Mindestlohngesetzes hat die Rechtsprechung des EuGH zum Arbeitnehmerentsenderecht zu beachten. Danach sind alle zwingend und transparent geregelten Gegenleistungen des Arbeitgebers für die Arbeitsleistung des Arbeitnehmers Bestandteile des Mindestlohns (EuGH v. 12.2.2015, C-396/13, NZA 2015, 345; BAG v. 21.12.2016, 5 AZR 374/16, NZA 2017, 378). So werden also z.B. auf den Grundlohn entfallende **monatlich gezahlte** Vergütungsleistungen zu berücksichtigen bzw. anzurechnen sein:

- Allgemeine Zuschläge,
- Leistungszulagen/Leistungsprämien (BAG v. 6.9.2017, 5 AZR 317/16, DB 2017, 2812; BAG v. 21.12.2016, 5 AZR 374/16, NZA 2017, 378); eine jeweils lediglich zum Quartalsende gezahlte Prämie ist jedenfalls im Auszahlungsmonat mindestlohnwirksam (BAG v. 6.9.2017, 5 AZR 441/16, DStR 2017, 2830),
- Zeitzuschläge für Arbeit an Sonn- und Feiertagen (BAG v. 17.1.2018, 5 AZR 69/17, NJW 2018, 2586; BAG v. 20.9.2017, 10 AZR 171/16, NZA 2018, 53),
- Erschwerniszuschläge (BAG v. 22.3.2017, 5 AZR 424/16, NZA 2017, 1073),
- Akkordzuschläge (BAG v. 6.9.2017, 5 AZR 317/16, BB 2017, 2739),
- Schicht-/Wechselschichtzulagen (BAG v. 22.3.2017, 5 AZR 424/16, NZA 2017, 1073; BAG v. 21.12.2016, 5 AZR 374/16, NZA 2017, 378),
- Funktionszulagen (BAG v. 21.12.2016, 5 AZR 374/16, NZA 2017, 378),
- Besitzstandszulagen (BAG v. 6.12.2017, 5 AZR 699/16, NJW 2018, 1416),
- Anwesenheitsprämien (BAG v. 6.12.2017, 5 AZR 864/16, NZA 2018, 525; BAG v. 11.10.2017, 5 AZR 621/16, NZA 2017, 1598),
- „Immerda-Prämie", „Leergutprämie" und Prämie für Ordnung und Sauberkeit (BAG v. 8.11.2017, 5 AZR 692/16, AP Nr. 9 zu § 1 MiLoG),
- Nähprämien (BAG v. 6.9.2017, 5 AZR 441/16, DStR 2017, 2830),
- Treueprämien, vorbehaltlos für tatsächlich geleistete Arbeit (BAG v. 22.3.2017, 5 AZR 424/16, NZA 2017, 1073),
- Provisionen/Prämien (LAG Sachsen v. 24.5.2016, 3 Sa 680/15, ArbuR 2016, 378),
- geldwerte Vorteile eines zur privaten Nutzung überlassenen Firmenwagens (BAG v. 19.2.2014, 5 AZR 1047/12, NZA 2014, 915),
- Ansprüche auf Entgeltfortzahlung und Urlaubsabgeltung (BAG v. 13.5.2015, 10 AZR 191/14, DB 2015, 2276) sowie
- Sozialleistungen.

Umgekehrt werden **spezifische Zulagen oder Zuschläge** außer Ansatz bleiben müssen, die nicht die Normalleistung des Arbeitnehmers betreffen, sondern besondere Leistungen abgelten sollen (EuGH v. 14.4.2005, C-341/02, NZA 2005, 573), wie z.B.

- Zeitzuschläge für Nachtarbeit (zwingend nach § 6 Abs. 5 ArbZG, siehe auch BAG v. 18.11.2015, 5 AZR 761/13, NZA 2016, 828; BAG v. 20.9.2017, 10 AZR 171/16, NZA 2018, 53),
- eigenständige tarifliche Urlaubszuschläge (BAG v. 20.9.2017, 10 AZR 171/16, BB 2017, 2355),
- Qualitätsprämien,
- Gefahrenzulagen.

Die Rechtslage ist allerdings umstritten und noch nicht abschließend geklärt.

Demgegenüber dürften wegen ihrer besonderen Rechtsnatur **Trinkgelder** nicht auf den Mindestlohn anzurechnen sein (vgl. ausführlich Sagan, „Stimmt so!" – Die Anrechnung von Trinkgeld auf den gesetzlichen Mindestlohn, NJW 2019, 1977).

Für das weite Feld der zusätzlichen **Sonderzahlungen** wie z.B. Einmalzahlungen, Gratifikationen, Urlaubsgeld, Boni o.ä., mit denen keine spezifische Leistung vergütet werden soll (und die im Mindestlohnbereich wohl auch eher selten anzutreffen sind), dürfte nach einer aktuellen Entscheidung des BAG (BAG v. 28.9.2016, 5 AZR 188/16; BAG v. 25.5.2016, 5 AZR 135/16, BB 2016, 2621) **zu unterscheiden** sein:

- Sie sind **nicht als Erfüllung des Mindestlohnanspruchs zu berücksichtigen**, wenn sie, wie z.B. eine reine Treueprämie, nicht als Arbeitsentgelt dienen, ohne Rücksicht auf die tatsächliche Arbeitsleistung des Arbeitnehmers erbracht werden oder auf einer besonderen gesetzlichen Zweckbestimmung beruhen.
- Sie sind als Erfüllung beim Mindestlohn **zu berücksichtigen**, wenn sie jeweils ratierlich in der monatlichen Abrechnungsperiode (**Monatsbetrachtung** entsprechend § 2 Abs. 1 MiLoG) ausgezahlt werden müssen; auch verspätete Zahlungen können angerechnet werden.
- Insoweit ist allerdings eine entsprechende **Auszahlungsvereinbarung über eine Zwölftelung** erforderlich, die auch auf einer Betriebsvereinbarung beruhen kann; ein einseitig angeordneter Wechsel von jährlicher bzw. halbjährlicher Zahlung reicht nicht aus.
- Werden sie – als Arbeitsentgelt – einmal jährlich ausgezahlt und stehen daher dem Arbeitnehmer nicht laufend in jeder Abrechnungsperiode zu seiner Existenzsicherung zur Verfügung, kann eine **Berücksichtigung nur im Auszahlungsmonat** erfolgen.

Zusammenfassend ist für die Frage der Hinzurechnung von zusätzlichen Zahlungen auf den Mindestlohn darauf abzustellen, ob die vom Arbeitgeber erbrachte Leistung ihrem Zweck nach diejenige Arbeitsleistung des Arbeitnehmers entgelten soll, die mit dem Mindestlohn zu vergüten (= **Gegenleistung für eine Arbeitsleistung**) ist. Daher ist dem erkennbaren Zweck des Mindestlohns, der dem Arbeitnehmer als unmittelbare Leistung für die verrichtete Tätigkeit zusteht, der zu ermittelnde Zweck der jeweiligen Leistung des Arbeitgebers, die dieser aufgrund anderer (individual- oder kollektivrechtlicher) Regelungen erbracht hat, gegenüberzustellen. Besteht danach eine **funktionale Gleichwertigkeit der zu vergleichenden Leistungen** (BAG v. 22.3.2017, 5 AZR 424/16, NZA 2017, 1073; BAG v. 16.4.2014, 4 AZR 802/11, NZA 2014, 1277; BAG v. 18.4.2012, 4 AZR 139/10, DB 2013, 69), ist die erbrachte Leistung auf den zu erfüllenden Mindestlohnanspruch anzurechnen. Zur Beurteilung der funktionalen Gleichwertigkeit ist es erforderlich, die Funktion zu bestimmen, die die bestimmte Leistung des Arbeitgebers hat, um sodann festzustellen, ob sie sich auf die Normaltätigkeit des Arbeitnehmers bezieht, die mit dem Mindestlohn abgegolten sein soll.

Danach zählen **vermögenswirksame Leistungen** (EuGH v. 7.11.2013, C-522/12, NZA 2013, 1359; BAG v. 18.11.2015, 5 AZR 761/13, NZA 2016, 828) angesichts ihres unterschiedlichen Zwecks nicht zum anzurechnenden Arbeitsentgelt, ebenso wenig echter **Aufwendungsersatz**, es sei denn, es handelt sich um verschleiertes und damit steuerpflichtiges Arbeitsentgelt (BAG v. 13.3.2013, 5 AZR 294/12, DB 2013, 1732). Auch von Dritten geleistete **Trinkgelder** bleiben unberücksichtigt; ob eine Anrechnungsvereinbarung zulässig ist, ist umstritten (siehe Dommermuth-Alhäuser/Heup, Anrechnung von Trinkgeld auf den Mindestlohn, NZA 2015, 406).

Für den (mit dem Schwerpunkt auf der Gleichbehandlung) vergleichbaren Bereich des **Entsende-Mindestlohns** gilt nach einer Entscheidung des **EuGH** (EuGH v. 12.2.2015, C-396/13, NZA 2015, 345) für die Berechnung des Mindestlohns im Hinblick auf **tarifvertragliche Vergütungsbestandteile**:

– Ein **Tagegeld** ist unter den gleichen Bedingungen als Bestandteil des Mindestlohns anzusehen wie sie für seine Einbeziehung in den Mindestlohn gelten, der einheimischen Arbeitnehmern bei ihrer Entsendung innerhalb des betreffenden Mitgliedstaats gezahlt wird.

– Eine Entschädigung für die tägliche **Pendelzeit**, die den Arbeitnehmern unter der **Voraussetzung gezahlt wird, dass ihre tägliche Pendelzeit mehr als eine Stunde** beträgt, ist als Bestandteil des Mindestlohns der entsandten Arbeitnehmer anzusehen, sofern diese Voraussetzung erfüllt ist.

– Die Übernahme der **Kosten für die Unterbringung** dieser Arbeitnehmer ist nicht als Bestandteil ihres Mindestlohns anzusehen.

– Eine Zulage in Form von **Essensgutscheinen**, die an diese Arbeitnehmer ausgegeben werden, darf nicht als Bestandteil ihres Mindestlohns angesehen werden.

– Die **Urlaubsvergütung**, die den entsandten Arbeitnehmern für die Dauer des bezahlten Mindestjahresurlaubs zu gewähren ist, muss dem Mindestlohn entsprechen, auf den diese Arbeitnehmer im Referenzzeitraum Anspruch haben.

Ungeklärt lässt das Mindestlohngesetz auch die Frage, wie mit **schwankenden Bezügen** umzugehen ist, ob ein und ggf. welcher Referenzzeitraum anzulegen ist. Entscheidend für die Beurteilung dürfte nicht der Lohn für einzelne Stunden sein, sondern eine **Gesamtbetrachtung** der vom Arbeitnehmer nach dem Arbeitsvertrag geschuldeten Arbeitsleistung und des vom Arbeitgeber dafür zu zahlenden Entgelts für eine bestimmte Abrechnungsperiode, d.h. regelmäßig für den **Kalendermonat** (BAG v. 17.10.2012, 5 AZR 792/11, DB 2013, 582).

6. Rechtsfolgen bei Unterschreitung des Mindestlohns/Kündigung

Eine Vergütungsvereinbarung unterhalb des Mindestlohns ist unwirksam. An die Stelle der unwirksamen Vereinbarung tritt entweder eine neue Vereinbarung der Arbeitsvertragsparteien oder das Arbeitsentgelt ist gem. § 612 Abs. 2 BGB nach dem **üblichen Arbeitsentgelt** für die Tätigkeit zu bestimmen, so dass dieser übliche Lohn durchaus höher liegen kann als der Mindestlohn. Es empfiehlt sich, bei einer in Anbetracht des neuen Mindestlohns zu niedrigen bisherigen Lohnhöhe durch eine neue Vereinbarung den jeweiligen Mindestlohn pro Zeitstunde ausdrücklich vertraglich festzuschreiben.

712

Erreicht die vom Arbeitgeber tatsächlich gezahlte Vergütung den gesetzlichen Mindestlohn nicht, begründet dies einen **Anspruch auf Differenzvergütung**, wenn der Arbeitnehmer in der Abrechnungsperiode für die geleisteten Arbeitsstunden im Ergebnis nicht mindestens den in § 1 Abs. 2 Satz 1 MiLoG vorgesehenen Bruttolohn erhält (BAG v. 25.5.2016, 5 AZR 135/16, BB 2016, 2621). Der Arbeitnehmer hat also ab Unwirksamkeit der Vergütungshöhe einen Anspruch auf **Nachzahlung** der Vergütungsdifferenz zur richtigen neuen Vergütungshöhe. Im Übrigen ist die Unterschreitung des Mindestlohns nach §§ 20, 21 Abs. 1 Nr. 9 MiLoG ordnungswidrig und **bußgeldbedroht**.

Mindestlohn

Ein Verfall des Mindestlohns durch eine **vereinbarte Ausschlussfrist** ist ausgeschlossen (→ Rz. 710).

Fordert der Arbeitnehmer den gesetzlichen Mindestlohn vom Arbeitgeber ein und wird daraufhin von diesem gekündigt, so ist diese **Kündigung** des Arbeitsverhältnisses als **verbotene Maßregelung** nach § 612a BGB zu werten und somit unwirksam (ArbG Berlin v. 17.4.2015, 28 Ca 2405/15, ArbR 2015, 327). Ebenso ist eine Kündigung als unerlaubte Maßregelung unwirksam, wenn sie ausgesprochen wird, weil der Arbeitnehmer ein **mindestlohnwidriges Vertragsänderungsangebot** des Arbeitgebers abgelehnt hat (LAG Chemnitz v. 24.6.2015, 2 Sa 156/15, ArbuR 2015, 417).

Das LAG Berlin-Brandenburg hat mit mehreren Urteilen (v. 11.8.2015, 19 Sa 819/15, 19 Sa 827/15, 19 Sa 1156/15, BB 2015, 2612) entschieden, dass eine **Änderungskündigung**, mit der der Arbeitgeber aufgrund des Mindestlohns bisher zusätzlich zu einem Stundenlohn unterhalb des Mindestlohns gezahltes Urlaubs- und Weihnachtsgeld streichen will, unwirksam ist.

7. Fälligkeit

713 Nach § 2 Abs. 1 MiLoG ist der Mindestlohn grundsätzlich zum Zeitpunkt der vertraglich vereinbarten Fälligkeit zu zahlen, d.h. der Arbeitgeber hat den Mindestlohn spätestens bis zum letzten Bankarbeitstag des Monats, der auf den Monat folgt, in dem die Arbeitsleistung erbracht wurde, zu zahlen.

Bei einem vereinbarten **Arbeitszeitkonto** muss nach § 2 Abs. 2 MiLoG spätestens innerhalb von zwölf Monaten nach der Erfassung ein Ausgleich durch Freizeit oder Zahlung des Mindestlohns erfolgen, soweit der Ausgleich nicht bereits durch **verstetigten Lohn** erfüllt ist. Dies führt im Ergebnis dazu, dass ggf. das Arbeitszeitkonto z.B. bei Mehrarbeitszeiten regelmäßig auf einen Überschuss und seinen Ausgleich im Ausgleichszeitraum von zwölf Monaten **überprüft** werden muss, um auch den Mindestlohn trotz Mehrarbeit zu gewährleisten. Bei Überschreiten droht ein **Bußgeld** nach § 21 Abs. 1 Nr. 9 MiLoG.

8. Persönliche Ausnahmen vom Mindestlohn

714 Der gesetzliche Mindestlohn gilt insbesondere nach der Herausnahmeregelung in § 22 MiLoG **nicht** für

- Auszubildende (siehe aber → Rz. 715),
- ehrenamtlich Tätige (regelmäßig keine Arbeitnehmer, so BAG v. 29.8.2012, 10 AZR 499/11, BAGE 143, 77); insoweit sollen nach einer aktuellen Stellungnahme der Bundesregierung auch die Amateur-Vertragsspieler im Fußball nicht zu den Arbeitnehmern gehören,
- Freiwilligendienstleistende,
- Beamte und Soldaten,
- familiär mitarbeitende Familienangehörige,
- GmbH-Geschäftsführer,
- Jugendliche im Alter von unter 18 Jahren ohne abgeschlossene Berufsausbildung, z.B. minderjährige Schüler in einem Ferienjob,
- Schüler, Studierende und Auszubildende, die ein Pflichtpraktikum absolvieren,
- Teilnehmer an Orientierungspraktika von maximal drei Monaten für die Aufnahme einer Ausbildung oder eines Studiums,
- Teilnehmer an ausbildungs- oder studiumsbegleitenden Praktika von maximal drei Monaten,
- Teilnehmer an Einstiegsqualifikationen nach § 54a SGB III und Berufsbildungsvorbereitungen nach §§ 68 bis 70 BBiG,

- Langzeitarbeitslose in den ersten sechs Monaten einer neuen Beschäftigung,
- in Werkstätten für Behinderte beschäftigte Behinderte, weil sie keine Arbeitnehmer sind (ArbG Kiel v. 19.6.2015, 2 Ca 165 a/15, DB 2015, 2643); anders behinderte Menschen in Integrationsprojekten, diese haben Anspruch auf den Mindestlohn.

Teilnehmer an **ausbildungsintegrierenden, ausbildungsbegleitenden oder praxisintegrierenden dualen Studiengängen** haben keinen Anspruch auf den Mindestlohn (ausführlich Koch-Rust/Kolb/Rosenreter, Mindestlohn auch für dual Studierende?, NZA 2015, 402).

Demgegenüber haben **„unechte Praktikanten"** (→ Praktikant Rz. 787 f.) oder auch **Volontäre**, die außerhalb der oben beschriebenen Ausnahmen in Wahrheit ausschließlich oder überwiegend abhängige Arbeit als Arbeitnehmer leisten, Anspruch auf den gesetzlichen Mindestlohn.

Seit dem 1.1.2020 gilt für die Auszubildendenvergütung Folgendes: Die Höhe der Mindestvergütung beträgt im ersten Jahr der Berufsausbildung **715**

- 515 €, wenn die Ausbildung im Zeitraum vom 1.1.2020 bis zum 31.12.2020 begonnen wird,
- 550 €, wenn die Ausbildung im Zeitraum vom 1.1.2021 bis zum 31.12.2021 begonnen wird,
- 585 €, wenn die Ausbildung im Zeitraum vom 1.1.2022 bis zum 31.12.2022 begonnen wird und
- 620 €, wenn die Ausbildung im Zeitraum vom 1.1.2023 bis zum 31.12.2023 begonnen wird.

Die Erhöhungsstufen betragen in allen Fällen bezogen auf das erste Ausbildungsjahr:

- 18% für das zweite Ausbildungsjahr,
- 35% für das dritte Ausbildungsjahr und
- 40% für das vierte Ausbildungsjahr

Ab 1.1.2024 wird die Höhe der Mindestvergütung zum 1. Januar eines jeden Jahres fortgeschrieben.

Die **Tarifvertragsparteien** haben nach § 17 Abs. 3 BBiG die Möglichkeit, die allgemeine Mindestvergütung zu unterschreiten.

9. Aufzeichnungs- und Dokumentationspflichten

Die neu und ergänzend neben sonstigen gleichgelagerten Verpflichtungen mit § 17 MiLoG eingeführten Dokumentations- und Aufzeichnungspflichten über Beginn, Ende und Dauer der täglichen Arbeitszeit gelten für die in § 2a SchwarzArbG genannten und damit der Dokumentations- und Aufzeichnungspflicht unterliegenden **Branchen**; dies sind (derzeit): **716**

- Baugewerbe,
- Gaststätten- und Beherbergungsgewerbe,
- Personenbeförderungsgewerbe,
- Speditions-, Transport- und damit verbundenen Logistikgewerbe,
- Schaustellergewerbe,
- Unternehmen der Forstwirtschaft,
- Gebäudereinigungsgewerbe,
- Unternehmen, die sich am Auf- und Abbau von Messen und Ausstellungen beteiligen,
- Fleischwirtschaft

- Prostitutionsgewerbe und
- Wach- und Sicherheitsgewerbe.

Weiterhin gelten die Verpflichtungen auch für die in § 8 Abs. 1 SGB IV angeführten Arbeitnehmer, d.h. **für alle geringfügig Beschäftigten (Mini-Jobs)**, auch wenn sie nicht in einem der o. a. Wirtschaftszweige tätig sind.

Ausgenommen sind demgegenüber ausdrücklich geringfügig Beschäftigte in **Privathaushalten** gemäß § 8a SGB IV, die typischerweise familiär verrichtete Tätigkeiten ausüben.

Bei **Leiharbeitsverhältnissen** treffen die Verpflichtungen den **Entleiher**.

Zusätzliche besondere Melde- und Erklärungspflichten für **ausländische Arbeitgeber** sind in der **Mindestlohnmeldeverordnung** vom 26.11.2014 (BGBl. I 2014, 1825) geregelt.

Unberührt von den neuen Dokumentationspflichten nach § 17 MiLoG bleiben entsprechende oder ähnliche anderweitige Dokumentationspflichten, z.B. die (thematisch benachbarte) **Dokumentationspflicht gem. § 16 Abs. 2 ArbZG**; nach dieser Bestimmung müssen alle Arbeitgeber die über acht Stunden hinausgehende Arbeitszeit an Werktagen sowie jegliche Arbeitszeit an Sonn- und Feiertagen aufzeichnen.

Nach der derzeit geltenden Fassung der **Mindestlohndokumentationspflichten-Verordnung** des Bundesministeriums für Arbeit und Soziales gilt die Dokumentationspflicht hinsichtlich Beginn, Ende und Dauer der Arbeitszeit nicht für Arbeitnehmer, die ein verstetigtes regelmäßiges Monatsentgelt von **mehr als 2 000 €** brutto erzielen. Voraussetzung ist jedoch, dass der Arbeitgeber den Dokumentationspflichten gem. § 16 Abs. 2 ArbZG (Aufzeichnung der über acht Stunden an Werktagen hinausgehenden Arbeitszeit sowie der Arbeitszeit an Sonn- und Feiertagen) nachkommt und diese Unterlagen bereithält. Für die Beschäftigung von mitarbeitenden engen **Familienangehörigen** (Ehegatten, eingetragene Lebenspartner, Kinder und Eltern des Arbeitgebers) sind die Aufzeichnungspflichten überhaupt nicht mehr anzuwenden.

Nach der am 1.1.2015 in Kraft getretenen **Mindestlohnaufzeichnungsverordnung** v. 26.11.2014 (BGBl. I 2014, 1824) entfällt für Arbeitnehmer, die ausschließlich mit mobilen Tätigkeiten beschäftigt werden und denen der Arbeitgeber keine Vorgaben zur konkreten täglichen Arbeitszeit (Beginn und Ende) macht und die sich ihre tägliche Arbeitszeit eigenverantwortlich einteilen können, zudem die Verpflichtung, Beginn und Ende der täglichen Arbeitszeit aufzuzeichnen. Für diese Arbeitnehmer ist **lediglich die Dauer der täglichen Arbeitszeit** zu erfassen.

Allgemein ist zur Frage der **Pflicht zur Arbeitszeitaufzeichnung** das in seinen einzelnen Auswirkungen noch nicht zu übersehende aktuelle „**Stechuhr-Urteil**" des **EuGH** im Blick zu behalten (EuGH v. 14.5.2019, C-55/18, NZA 2019, 683), nach dem der Arbeitgeber europarechtlich verpflichtet ist, ein System einzurichten, mit dem die Arbeitszeit, die jeder Arbeitnehmer täglich leistet, gemessen werden kann.

II. Lohnsteuer

717 Grundsätzlich bestehen keine lohnsteuerrechtlichen Besonderheiten. Der gezahlte Arbeitslohn ist auch dann steuerpflichtig, wenn der Arbeitslohn nicht in Höhe des Mindestlohns gezahlt wird. Steuerlich gilt auch insoweit das **Zuflussprinzip**, wonach ausschließlich zugeflossener Arbeitslohn zu versteuern ist (anders das Entstehungsprinzip bei der Sozialversicherung).

Besonderheiten sind allerdings im Hinblick auf die Pauschalbesteuerung mit der einheitlichen Pauschsteuer i.H.v. 2 % und mit dem Pauschsteuersatz von 20 % zu beachten (→ Geringfügig entlohnte Beschäftigung). Denn für diese Formen der Lohnsteuerpauschalierung wird (zunächst) auf den sozialversicherungsrechtlichen Begriff des Arbeitsentgelts aus geringfügigen Beschäftigungen i.S.d. SGB IV abgestellt (BFH v. 29.5.2008, VI R 57/05, BStBl II 2009, 147). Dies kann dazu führen, dass auf Grund des zu zahlenden Mindestlohns die Entgeltgrenze von 450 € überschritten ist, weshalb eine Pauschalbesteuerung mit 2 % bzw. 20 % nicht möglich ist.

Beispiel 1:

Der Arbeitgeber zahlt dem Arbeitnehmer im Kalenderjahr 2021 für einen Mini-Job einen Stundenlohn von 7 €.

Lohnsteuerliche Behandlung: Die Lohnsteuer ist auf Grundlage des gezahlten Arbeitslohns von 7 €/Stunde zu berechnen.

Für die sozialversicherungsrechtliche Behandlung und Einordnung des Beschäftigungsverhältnisses ist jedoch der Mindestlohn maßgebend → Rz. 718.

Beispiel 2:

Wie Beispiel 1; der Arbeitnehmer hat im März 2021 insgesamt 60 Stunden gearbeitet.

Bei einem gezahlten Stundenlohn von 7 € ergibt sich aus lohnsteuerlicher Sicht ein monatlicher Arbeitslohn von 420 €.

Aus Sicht der Sozialversicherung ist auf Grund des im März 2021 anzusetzenden Mindestlohns von 9,50 € · 60 Std. jedoch ein Arbeitsentgelt von 570 € maßgebend.

Weil hierdurch die Grenze für ein geringfügiges Beschäftigungsverhältnis i.H.v. 450 €/Monat überschritten wird, ist eine Pauschalbesteuerung des Arbeitsentgelts mit 2 % bzw. 20 % nicht möglich. Die Versteuerung muss deshalb nach den individuellen Lohnsteuerabzugsmerkmalen des Arbeitnehmers durchgeführt werden.

Anzusetzen/steuerpflichtig ist jedoch nur der zugeflossene lohnsteuerpflichtige Arbeitslohn i.H.v. 420 €.

Beispiel 3:

Wie Beispiel 1; der Arbeitnehmer hat im Monat 40 Stunden gearbeitet.

Bei einem gezahlten Stundenlohn von 7 € ergibt sich nach dem Lohnsteuerrecht ein monatlicher Arbeitslohn von 280 €.

Aus sozialversicherungsrechtlicher Sicht liegt auf Grund des im Kalenderjahr 2021 anzusetzenden Mindestlohns von 9,50 € · 40 Std. bzw. 9,60 € · 40 Std. jedoch ein Arbeitsentgelt von 380 € bzw. von 384 € vor. Da die monatliche Verdienstgrenze für ein geringfügiges Beschäftigungsverhältnis i.H.v. 450 € nicht überschritten ist, darf der Arbeitgeber für die gezahlten 280 € die Pauschalbesteuerung mit 2 % bzw. 20 % wählen.

Die **Prüfung** der Einhaltung des Mindestlohns obliegt den Behörden der Zollverwaltung (Finanzkontrolle Schwarzarbeit – FKS).

III. Sozialversicherung

In der Sozialversicherung ist ab dem 1.1.2015 der gesetzliche Mindestlohn zu beachten. **718**

Im Sozialversicherungsrecht gilt bei laufendem Arbeitsentgelt das Entstehungsprinzip, d.h., dass es – anders als im Steuerrecht – nicht auf das tatsächliche gezahlte Arbeitsentgelt ankommt. Der Prüfdienst der DRV Bund wird bei Betriebsprüfungen den maßgebenden Mindestlohn ansetzen, auch wenn dieser tatsächlich nicht gezahlt wurde.

Beispiel:

Ein Arbeitnehmer wird ab 1.1.2021 für einen Stundenlohn von 6 € 60 Stunden monatlich beschäftigt.

Es ergibt sich ein monatliches Entgelt von 360 €.

Für die Sozialversicherung ist allerdings ein monatliches Arbeitsentgelt in Höhe von 570 € (1.1.2021 bis 30.6.2021 – 60 Std. · 9,50 €) bzw. 576 € (ab 1.7.2021 – 60 Stunden · 9,60 €) zu beachten. Durch

> die monatliche Arbeitszeit und den Mindestlohn wird die Geringfügigkeitsgrenze von 450 € überschritten. Es tritt ab 1.1.2021 Sozialversicherungspflicht ein. Beitragsschuldner ist der Arbeitgeber. Bei einem laufenden Beschäftigungsverhältnis kann der Arbeitnehmer noch für die letzten drei Monate vor Feststellung der Versicherungspflicht in Anspruch genommen werden.

Aufgrund der Einführung des Mindestlohns zum 1.1.2015 – von den Ausnahmen einmal abgesehen – sollte man die Arbeitsverträge mit geringfügig entlohnt Beschäftigten bei jeder Erhöhung des Mindestlohns noch einmal überprüfen und die Stundenzahl evtl. anpassen, damit es bei der nächsten Betriebsprüfung durch den Rentenversicherungsträger keine böse Überraschung gibt.

Da in diesen Fällen in der Sozialversicherung das sog. „Entstehungsprinzip" greift, sind die Sozialversicherungsbeiträge aus den o.a. Entgelten zu berechnen. Auch wenn tatsächlich nur 360,00 € gezahlt würden.

Mini-Job (Geringfügige Beschäftigung)

I. Arbeitsrecht

719 Zum 1.1.2013 ist eine **Reform bei den Mini-Jobs** mit Anhebung der Grenzwerte in Kraft getreten (→ geringfügig entlohnte Beschäftigung).

Eine aktuelle Darstellung bringt N. Besgen, Aktuelles aus dem Arbeitsrecht zu Nebentätigkeiten und Minijobs, B+P 2018, 667.

1. Grundsätze

720 Hier sprechen die Juristen von einer **Beschäftigung „bei einem betrieblichen Bedarf für eine zeitlich geringfügige Arbeitsleistung"**, ohne dass der Begriff in zeitlicher Hinsicht noch feste Konturen hätte. Diese Begrifflichkeit unterscheidet sich vom Sozialversicherungs-/Lohnsteuerrecht (vgl. z.B. § 8 Abs. 1 Nr. 1 SGB IV). Die aktuelle Abgrenzung zur Steuer- und Sozialversicherungspflicht ist arbeitsrechtlich im Wesentlichen ohne Belang.

Unter arbeitsrechtlichen Gesichtspunkten ist die **Unterscheidung** in regelmäßige (**Dauerbedarf**) oder gelegentliche (**vorübergehender Bedarf**) geringfügige Beschäftigung wichtig:

721 Bei einer regelmäßigen geringfügigen Beschäftigung – entgeltgeringe Mini-Jobs – handelt es sich um eine Untergruppe des Teilzeitarbeitsverhältnisses (so jetzt ausdrücklich in § 2 Abs. 2 TzBfG) – mit allen an anderer Stelle dargestellten Konsequenzen für

- Gleichbehandlung,
- Diskriminierungsverbot,
- Entgeltfortzahlung,
- Urlaub,
- Befristung,
- Lohn/Lohngleichbehandlung,
- Überstunden,
- Freistellung,
- Altersversorgung,
- Zulagen,
- Zuschuss zum Mutterschaftsgeld,
- Sonderleistungen,

– Kündigung usw.

Der ab 1.1.2015 vorgeschriebene gesetzliche **Mindestlohn** von zuletzt mindestens brutto 9,35 € (ab 1.1.2020) pro Zeitstunde nach § 1 Abs. 1, 2 des Mindestlohngesetzes (→ Mindestlohn) erstreckt sich auch auf Arbeitnehmer in Mini-Jobs. Gemäß der Dritten Verordnung zur Anpassung der Höhe des Mindestlohns vom 28.10.2020 erfolgen die nächsten Erhöhungen wie folgt:

– zum 1.1.2021 auf 9,50 € brutto,
– zum 1.7.2021 auf 9,60 € brutto,
– zum 1.1.2022 auf 9,82 € brutto und
– zum 1.7.2022 auf 10,45 € brutto.

Wird durch einen Anspruch auf erhöhte Vergütung als Folge des einsetzenden Mindestlohnanspruchs bei entsprechender Stundenzahl die **Entgeltgrenze von 450 € überschritten**, liegt keine geringfügige Beschäftigung mehr vor mit den daraus folgenden Konsequenzen, insbesondere mit Handlungsbedarf für den Arbeitgeber. Als Ausweg bleibt eine **Vereinbarung** zwischen Arbeitgeber und Mini-Jobber über eine **geringere Stundenzahl** (oder ggf. ein Verzicht des Mini-Jobbers auf eine Sonderzahlung). Die schrittweise Anhebung des Mindestlohns führt also auf Dauer faktisch zu einer Zurückdrängung der geringfügigen Beschäftigung, weil sich diese auf nur noch wenige Wochenstunden erstreckt und deshalb insbesondere für Arbeitgeber oft nicht mehr lohnt.

Außerdem gilt für geringfügig Beschäftigte jetzt nach § 17 Abs. 1 MiLoG die Pflicht des Arbeitgebers zur **Dokumentation der Arbeitszeiten** (→ Anhang 19).

Beim **Lohn** muss auch darauf geachtet werden, dass bei Anwendbarkeit des Lohn- oder Gehaltstarifvertrags der **Tariflohn nicht unterschritten** werden darf; dabei muss ggf. eine vereinbarte Nettovergütung auf die Bruttovergütung hochgerechnet und diese Bruttovergütung mit der tariflichen Vergütung verglichen werden.

Die geringfügig Beschäftigten kommen also im Wesentlichen in den Genuss der arbeitsrechtlichen Schutzvorschriften – entgegen einem verbreiteten Irrtum! **Bei demselben Arbeitgeber** ist im Übrigen eine zusätzliche geringfügige Beschäftigung regelmäßig nicht zulässig – es besteht ein einheitliches Beschäftigungsverhältnis.

Bei der Frage **Pauschalbesteuerung oder individuelle Besteuerung nach Lohnsteuerkarte** kann der **Arbeitgeber** nach § 40a Abs. 2 EStG bei geringfügiger Beschäftigung **frei wählen**, wenn keine spezifische Vereinbarung zwischen Arbeitnehmer und Arbeitgeber getroffen worden ist. Auf seine Wahl braucht der Arbeitgeber auch den Arbeitnehmer nicht hinzuweisen; aus unterbliebenem Hinweis kann daher keine Schadensersatzverpflichtung hergeleitet werden (BAG v. 13.11.2014, 8 AZR 817/13, BB 2015, 250). Ein Arbeitnehmer, der besonderen Wert darauf legt, dass die Sonderbesteuerungsart für sein Arbeitsverhältnis zur Anwendung kommt, hat (nur) die Möglichkeit, von sich aus nachzufragen und ggf. eine entsprechende Vereinbarung vorzuschlagen.

Auch bei Mini-Jobs ist zur Beurteilung eines **sittenwidrigen Niedriglohns** kein pauschaler Aufschlag vorzunehmen, um den Nettocharakter des steuer- und sozialversicherungsfrei ausgezahlten Betrages auszugleichen und eine Vergleichbarkeit mit dem üblichen Bruttolohn zu ermöglichen (LAG Düsseldorf v. 19.8.2014, 8 Sa 764/13, BB 2015, 180).

Eine geringfügige Beschäftigung, die nur **einmalig oder nur gelegentlich** (z.B. auf Abruf → Abrufarbeit) geleistet wird – **zeitgeringe** Beschäftigung –, ist dagegen ein **Aushilfsarbeitsverhältnis**. Es gelten die insoweit an anderer Stelle dargestellten Bestimmungen zu

– Vertragsschluss,
– Befristung,

Mini-Job (Geringfügige Beschäftigung)

- Kündigung,
- Entgeltfortzahlung,
- Vergütung in besonderen Fällen,
- Urlaub,
- Urlaubsgeld,
- Betriebsverfassung.

2. Arbeitsvertrag für geringfügig Beschäftigte/Mini-Jobs in den verschiedenen Formen

725 Anhang 3 → Arbeitsvertrag für geringfügig Beschäftigte im Privathaushalt

Anhang 4 → Arbeitsvertrag für geringfügig Beschäftigte mit Vergütung bis 450 € monatlich

Anhang 5 → Arbeitsvertrag für Beschäftigte im sozialversicherungsrechtlichen Übergangsbereich zwischen 450,01 € und 1 300 €

3. Nachweis wesentlicher Vertragsbedingungen nach dem Nachweisgesetz

726 Nach dem **Nachweisgesetz** (NachwG) gilt für den Arbeitgeber **bei geringfügiger Beschäftigung** eines Arbeitnehmers:

- Bei geringfügiger Aushilfe bis zur Dauer von **höchstens einem Monat** besteht keine Pflicht zum Nachweis der wesentlichen Arbeitsbedingungen.
- Bei geringfügiger Beschäftigung von **über einem Monat** müssen die wesentlichen Vertragsbedingungen (§ 2 NachwG) dem Arbeitnehmer spätestens einen Monat nach Vertragsbeginn **schriftlich** (nicht elektronisch) **ausgehändigt** werden.
- Der Arbeitnehmer muss auf die Möglichkeit der **Aufnahme in die gesetzliche Rentenversicherung** hingewiesen werden; eine Verletzung der Hinweispflicht kann zu einem **Schadensersatzanspruch** gegen den Arbeitgeber führen.
- Eine **Änderung wesentlicher Vertragsbedingungen** muss spätestens einen Monat nach der Änderung schriftlich (nicht elektronisch) mitgeteilt werden.
- Andererseits entfällt die Nachweispflicht bei schriftlichem Arbeitsvertrag, der die erforderlichen Angaben enthält; ähnlich bei Hinweis auf Tarifverträge, Betriebsvereinbarungen und ähnliche Regelungen (§ 2 Abs. 3 NachwG).

4. „Abwälzung" der Abgaben (Pauschalsteuer und Sozialversicherung)

727 → Abwälzung

II. Lohnsteuer

728 Als steuerlicher Mini-Job wird eine geringfügig entlohnte Beschäftigung i.S.d. Sozialversicherungsrechts bezeichnet (§§ 8 Abs. 1 Nr. 1, 8a SGB IV, geringfügig entlohnte Beschäftigung), deren regelmäßiges Arbeitsentgelt nicht über 450 € im Monat liegt (→ Geringfügig entlohnte Beschäftigung).

Der Arbeitgeber kann für Mini-Jobber an Stelle der Lohnsteuererhebung nach den individuellen Lohnsteuerabzugsmerkmalen (→ Lohnsteuerkarte) die Lohnsteuerpauschalierung wählen (→ Pauschalierung und Pauschalbeiträge). Dafür hat er zu unterscheiden zwischen

- geringfügig entlohnten Beschäftigten i.S.d. Sozialversicherungsrechts (Mini-Jobber) und
- anderen Teilzeitbeschäftigten.

Abhängig von dieser sozialversicherungsrechtlichen Einordnung der Beschäftigungen ist die Lohnsteuerpauschalierung i.H.v. 2 %, 20 % oder mit 25 % des Arbeitslohns bzw. mit 5 % bei Aushilfskräften in der Land- und Forstwirtschaft möglich.

III. Sozialversicherung

Unter dem Begriff Mini-Job sind in der Sozialversicherung geringfügig entlohnte und kurzfristige Beschäftigungen zu verstehen (→ Geringfügig entlohnte Beschäftigung, → Kurzfristige Beschäftigung). 729

IV. Kirchensteuer

In den Fällen, in denen bei geringfügigen Beschäftigungsverhältnissen i.S.d. §§ 8 Abs. 1 Nr. 1, 8a SGB V pauschale Rentenversicherungsbeiträge vom Arbeitgeber zu zahlen sind, hat der Arbeitgeber einen einheitlichen Pauschsteuersatz i.H.v. 2 % des Arbeitsentgelts zu erheben. Mit Abführung der einheitlichen Pauschsteuer sind die ansonsten zu erhebenden Beiträge für die Kirchensteuer bereits abgegolten. 730

In den Fällen, in denen eine Lohnsteuerpauschalierung i.H.v. 25 % des Arbeitslohns bzw. mit 5 % bei Aushilfskräften in der Land- und Forstwirtschaft erfolgt, ist auch die Kirchensteuer mit dem im Land der Betriebsstätte gültigen Prozentsatz der Lohnsteuer zu pauschalieren (→ Kirchensteuer).

Mobilzeitarbeit

I. Arbeitsrecht

Der Begriff der Mobilzeitarbeit bedeutet, dass die vertragliche Arbeitszeit des Arbeitnehmers geringer ist als die betriebliche Regelarbeitszeit der Vollzeitkräfte. Es handelt sich also um eine Bezeichnung für **Teilzeitarbeit**, mit der der negative Klang des Begriffs der Teilzeitarbeit vermieden werden soll. Außerdem wird begrifflich die **Flexibilität und Mobilität** neuer Arbeitszeitformen hervorgehoben, beispielsweise für 731

- Abrufarbeit,
- Saisonarbeit,
- Jahressaisonarbeit,
- Sabbatical (Langzeiturlaub) und
- Job-Sharing.

Arbeitsrechtlich unterscheidet sich die Mobilzeitarbeit von der Vollzeitarbeit lediglich durch die Dauer der Arbeitszeit; inhaltlich handelt es sich damit um **Teilzeitarbeit**.

Auf die Darstellung der Regelungen zur Teilzeitarbeit kann daher verwiesen werden (→ Teilzeitbeschäftigung).

II. Lohnsteuer

Es bestehen keine lohnsteuerrechtlichen Besonderheiten. 732

III. Sozialversicherung

Es bestehen keine sozialversicherungsrechtlichen Besonderheiten. Maßgebend für die sozialversicherungsrechtliche Beurteilung sind die tatsächlichen Verhältnisse. 733

Mutterschaftsgeld

I. Arbeitsrecht

734 Auch gegenüber Teilzeitarbeitnehmerinnen kann der Arbeitgeber zur Zahlung eines **Mutterschaftsgeldzuschusses** nach § 20 MuSchG verpflichtet sein. Der Zuschuss hat Lohnersatzfunktion.

Dabei muss der kalendertägliche Verdienst mindestens 13 € netto betragen, wobei nach § 20 Abs. 2 MuSchG eine Addition aus mehreren Arbeitsverhältnissen erfolgt (BAG v. 3.6.1987, 5 AZR 592/86, NZA 1987, 851). Die insoweit beteiligten Arbeitgeber leisten dann entsprechend ihres Anteils (zum evtl. **Erstattungsanspruch** für Kleinbetriebe → Ausgleichsverfahren AAG).

> **Beispiel:**
> Eine Frau erzielt in ihrer Hauptbeschäftigung ein monatliches Nettoeinkommen von 2 100 €, in einer weiteren geringfügigen Tätigkeit von 300 € monatlich, umgerechnet auf den Kalendertag also 70 € und 10 € netto, zusammen 80 € netto.
>
> In den Mutterschaftsfristen bei Schwangerschaft erhält sie von der Krankenversicherung Mutterschaftsgeld i.H.v. kalendertäglich 13 € netto. Sie hat weiterhin zur Sicherung ihres Gesamteinkommens während der Mutterschutzfristen Anspruch gegen beide Arbeitgeber auf Zuschuss zum Mutterschaftsgeld nach § 20 MuSchG, der nach dem BAG wie folgt zu berechnen ist:
>
> | | |
> |---|---:|
> | Kalendertägliches Gesamtnettoeinkommen | 80,00 € |
> | Prozentualer Anteil des Hauptarbeitgebers | 87,5 % |
> | Prozentualer Anteil des Nebenarbeitgebers | 12,5 % |
> | Zuschuss zum Mutterschaftsgeld insgesamt kalendertäglich (80 € ./. Mutterschaftsgeld 13 €) | 67,00 € |
> | Anteil des Nebenarbeitgebers hieran 12,5 % | 8,38 € |

Die Berechnung richtet sich nach den Vorgaben von § 21 MuSchG. Im Übrigen bestehen keine arbeitsrechtlichen Besonderheiten im Rahmen dieses Ratgebers.

II. Lohnsteuer

735 Mutterschaftsgeld nach dem Mutterschutzgesetz oder dem Gesetz über die Krankenversicherung der Landwirte sowie die Sonderunterstützung für im Familienhaushalt beschäftigte Frauen und der Zuschuss zum Mutterschaftsgeld nach dem Mutterschutzgesetz sind **steuerfrei** (§ 3 Nr. 1 Buchst. d EStG). Diese Leistungen unterliegen mit den ausgezahlten Beträgen dem Progressionsvorbehalt (→ Arbeitsloser).

Zahlt der Arbeitgeber freiwillig einen Zuschuss zum Mutterschaftsgeld, so ist dieser als weitergezahlter Arbeitslohn lohnsteuerpflichtig.

III. Sozialversicherung

736 Während des Bezugs von Mutterschaftsgeld besteht für die Beschäftigte Beitragsfreiheit in der Sozialversicherung. Der vom Arbeitgeber zu zahlende Zuschuss zum Mutterschaftsgeld ist kein Arbeitsentgelt i.S.d. Sozialversicherung (vgl. § 1 Abs. 1 Satz 1 Nr. 6 SvEV). Der Bezug von laufendem Mutterschaftsgeld durch die Krankenkasse setzt voraus, dass ein Anspruch auf Krankengeld besteht. Im Normalfall besteht für eine geringfügig entlohnte Beschäftigung kein Anspruch auf Krankengeld, da die Beschäftigung krankenversicherungsfrei ist. Ein Anspruch auf laufendes Mutterschaftsgeld durch die Krankenkasse ist daher nur dann gegeben, wenn mehrere geringfügig entlohnte Beschäftigungen parallel ausgeübt werden und diese die Geringfügigkeitsgrenze überschreiten oder es sich nicht um die erste geringfügig entlohnte Beschäftigung neben einer Hauptbeschäftigung handelt. Nach § 19 Abs. 2

MuSchG erhalten Frauen, die nicht Mitglied einer gesetzlichen Krankenkasse sind, sondern privat oder familienversichert sind, Mutterschaftsgeld, wenn sie bei Beginn der Schutzfrist in einem Arbeitsverhältnis stehen, was auch auf eine geringfügig entlohnte Beschäftigung zutrifft. Für die Zeit der Schutzfristen der § 3 MuSchG sowie für den Entbindungstag wird Mutterschaftsgeld zu Lasten des Bundes in entsprechender Anwendung der Vorschriften des Fünften Buches Sozialgesetzbuch über das Mutterschaftsgeld gezahlt, höchstens jedoch insgesamt 210 €. Das Mutterschaftsgeld wird diesen Frauen auf Antrag vom Bundesamt für Soziale Sicherung in einer Summe (einmalig) gezahlt.

Nachforderungsbescheid

I. Arbeitsrecht

Es bestehen keine arbeitsrechtlichen Besonderheiten. 737

II. Lohnsteuer

Stellt das Finanzamt einen Fehler in der Lohnsteuer-Anmeldung fest oder ergibt sich auf Grund einer Außenprüfung, dass der Arbeitgeber zu wenig Lohnsteuer erhoben hat, so genügt ein schriftliches Anerkenntnis der Zahlungsverpflichtung des Arbeitgebers, wenn er die geforderten Beträge bezahlen möchte. Solch eine Anerkenntnis beinhaltet den Verzicht auf eine weitere Begründung des Forderungsbescheids. Sie führt aber nicht zu einem Verzicht auf Einwendungen gegen die Nachforderung und bedeutet auch keinen Verzicht auf Rechtsbehelfsmittel (Einspruch). 738

Bestreitet der Arbeitgeber seine Zahlungsverpflichtung oder stimmt er nicht aktiv zu, wird das Finanzamt einen Nachforderungsbescheid erlassen, wenn pauschale Lohnsteuer zuzüglich Solidaritätszuschlag und ggf. Kirchensteuer nachzufordern ist. Denn die pauschale Lohnsteuer hat der Arbeitgeber als Steuerschuldner zu übernehmen. Handelt es sich hingegen um die im Regelverfahren zu erhebende Lohnsteuer (→ Lohnsteuerkarte), erlässt das Finanzamt einen → Haftungsbescheid.

Der **Nachforderungsbescheid** bezieht sich auf die steuerpflichtigen Sachverhalte der Nacherhebung. Für die durch einen Nachforderungsbescheid angeforderten Steuerbeträge hat der Arbeitgeber regelmäßig eine Zahlungsfrist von einem Monat. Als Steuerbescheid kann der Nachforderungsbescheid mit dem Einspruch oder einer Klage angefochten werden.

Fordert das Finanzamt beim Arbeitgeber pauschale Lohnsteuer (zzgl. Solidaritätszuschlag und ggf. Kirchensteuer) nach und wird er aus anderen Gründen zugleich für andere Steuerbeträge als Haftungsschuldner in Anspruch genommen, so ist in dem Bescheid die Steuerschuld von der Haftungsschuld **getrennt** auszuweisen. Dies kann im Entscheidungssatz des **zusammengefassten** Steuer- und Haftungsbescheids erfolgen, in der Begründung dieses Bescheids oder in dem Bericht über eine Lohnsteuer-Außenprüfung, der dem Arbeitgeber bereits bekannt ist oder der dem Bescheid beigefügt ist. In diesen Fällen wird als Begründung auf den Bericht über die Lohnsteuer-Außenprüfung Bezug genommen.

III. Sozialversicherung

Es bestehen keine sozialversicherungsrechtlichen Besonderheiten. 739

IV. Kirchensteuer

Der Nachforderungsbescheid des Finanzamts gegenüber dem Arbeitgeber umfasst außer der Nachforderung der pauschalen Lohnsteuer zusätzlich den Solidaritätszuschlag und die Kirchensteuer. 740

Nachtzuschlag

I. Arbeitsrecht

741 → Zulagen/Zuschläge

II. Lohnsteuer

742 Zahlt der Arbeitgeber einen Nachtzuschlag (Arbeitslohnzuschlag für Nachtarbeit), so rechnet dieser entweder zum steuerpflichtigen oder zum steuerfreien **Arbeitslohn**. Unbeachtlich für diese Einordnung ist, ob der Zuschlag einmalig oder laufend gezahlt wird und ob der Arbeitnehmer auf die Zahlung einen Rechtsanspruch hat. Steuerfrei können nur die neben dem Grundlohn gezahlten Zuschläge sein, nicht jedoch der für die begünstigten Zeiten gezahlte Grundlohn selbst. Somit sind für die Beurteilung die eindeutigen Vereinbarungen zur Höhe des Zuschlags sowie des maßgebenden Grundlohns und die Abrechnung anhand der tatsächlich geleisteten Arbeit entscheidend.

Steuerfrei sind Nachtzuschläge zu dem sonst üblichen und vertraglich vereinbarten Stundenlohn (Grundlohn) in folgender Höhe:

– für die Nachtarbeit zwischen 20 Uhr und 6 Uhr: bis zu 25 %
– bei Nachtarbeit mit Arbeitsbeginn vor 0 Uhr für die Zeit zwischen 0 Uhr und 4 Uhr: bis zu 40 %

(s. ggf. ergänzend § 3b EStG, R 3b LStR, H 3b LStH; zur Einbeziehung der Beiträge zur gesetzlichen Unfallversicherung vgl. § 1 Abs. 2 SvEV).

Der **begünstigte Stundenlohn** (Bemessungsgrundlage) für steuerfreie Nachtzuschläge ist auf höchstens 50 € pro Stunde begrenzt.

Ausführliche Erläuterungen und Berechnungsbeispiel → Arbeitslohnzuschläge, → Gestaltungsmöglichkeiten.

III. Sozialversicherung

743 Nachtarbeitszuschläge sind kein Arbeitsentgelt i.S.d. Sozialversicherung, vorausgesetzt, die steuerrechtlichen Prozentsätze werden nicht überschritten und der Grundlohn, auf dem die Zuschläge berechnet werden, übersteigt 25 € nicht. Zu beachten ist in diesem Zusammenhang aber § 1 Abs. 2 SvEV. Danach sind nämlich in der gesetzlichen Unfallversicherung und in der Seefahrt lohnsteuerfreie Zuschläge für Sonntags-, Feiertags- und Nachtarbeit dem Arbeitsentgelt zuzurechnen. Dies bedeutet, dass sich bei der Berechnung des Umlageanteils, den das einzelne Unternehmen als Mitglied zur Berufsgenossenschaft jährlich zu leisten hat, lohnsteuerfreie Zuschläge Berücksichtigung finden.

Nachweisgesetz

I. Arbeitsrecht

1. Aushilfen: Nachweis wesentlicher Vertragsbedingungen nach dem Nachweisgesetz

744 Nach dem Nachweisgesetz (NachwG) gilt für Aushilfsbeschäftigte:

– Bei einem **echten Aushilfsarbeitsverhältnis,** also bei vorübergehendem Bedarf, mit zeitlicher Begrenzung auf **höchstens einen Monat** ist der Arbeitgeber **nicht zur schriftlichen Festlegung und Aushändigung** der wesentlichen Arbeitsbedingungen verpflichtet.

– Bei **unechter Aushilfe** (→ Aushilfe Rz. 173) oder bei feststehender oder absehbarer Dauer der Aushilfe von **über einem Monat** müssen die wesentlichen Vertragsbedingungen (§ 2 NachwG) dem Arbeitnehmer spätestens **einen Monat** nach Beginn des Arbeitsverhältnisses **schriftlich** (nicht elektronisch) **ausgehändigt** werden.

– Handelt es sich bei einer Aushilfsbeschäftigung von mehr als einem Monat um eine sozialversicherungsrechtliche geringfügige (nicht kurzfristige) Beschäftigung, muss der Arbeitnehmer auch auf die Möglichkeit der **Aufnahme in die gesetzliche Rentenversicherung** (Anhang 2 → Arbeitsvertrag für Aushilfen § 11 (2) (IV)) hingewiesen werden.

– Eine **Änderung** wesentlicher Vertragsbedingungen muss spätestens einen Monat nach der Änderung schriftlich (nicht elektronisch) mitgeteilt werden.

– Die Pflicht zur schriftlichen Mitteilung entfällt bei einem **schriftlichen Arbeitsvertrag,** der die erforderlichen Angaben enthält (Anhang 2 → Arbeitsvertrag für Aushilfen); ähnlich bei **Hinweis auf Tarifverträge**, Betriebsvereinbarungen und ähnliche Regelungen (§ 2 Abs. 3 NachwG), wobei im Anwendungsbereich kirchenarbeitsrechtlicher Bestimmungen solche Bezugnahmen auf wesentliche Vertragsbestimmungen regelmäßig nicht ausreichen (BAG v. 30.10.2019, 6 AZR 465/18, NZA 2020, 379).

2. Teilzeitbeschäftigte und geringfügig Beschäftigte

Die Bestimmungen des Nachweisgesetzes gelten uneingeschränkt auch für Teilzeitbeschäftigte und geringfügig Beschäftigte.

II. Lohnsteuer

Es bestehen keine lohnsteuerrechtlichen Besonderheiten.

III. Sozialversicherung

Die Niederschrift nach § 2 NachwG ist zu den Entgeltunterlagen zu nehmen (vgl. § 8 Abs. 2 Nr. 6 BVV – Beitragsverfahrensverordnung).

Nebenberufliche Beschäftigung/Nebentätigkeit

I. Arbeitsrecht

1. Grundsatz

Nebenberufliche Beschäftigung bedeutet: Ein Arbeitnehmer übt **neben einem Hauptbeschäftigungsverhältnis bei einem anderen oder auch bei demselben Arbeitgeber** (hier ist regelmäßig ein einheitliches Beschäftigungsverhältnis anzunehmen) **noch eine weitere Tätigkeit** aus (→ Mehrere Beschäftigungen). Andererseits ist rechtlich nicht von vornherein ausgeschlossen, dass ein Arbeitnehmer mit seinem Arbeitgeber neben dem Arbeitsverhältnis zusätzlich ein freies Dienstverhältnis begründet (BAG v. 27.6.2017, 9 AZR 851/16, ArbR 2017, 490).

Soweit es nicht um einmalige oder gelegentliche Einzeleinsätze des Arbeitnehmers geht, handelt es sich regelmäßig um eine besondere Form des (ggf. geringfügigen) Teilzeitarbeitsverhältnisses, sofern die nebenberufliche Betätigung nicht freiberuflich z.B. im Rahmen eines Werk- oder Dienstvertrags abgewickelt wird. Insoweit können die Interessen des Arbeitnehmers an der weiteren Verwertung seiner Arbeitskraft mit unterschiedlichen Interessen in erster Linie des Hauptarbeitgebers, aber auch des Nebenarbeitgebers kollidieren. Handelt es sich aber um eine **besondere Form eines Teilzeitarbeitsverhältnisses,** so gelten die dort dargestellten Regeln auch für diese Beschäftigungsart, z.B. das Gebot der Gleichbehandlung mit den Vollzeitkräften (→ Teilzeitbeschäftigung Rz. 982) und das Diskriminierungsverbot (→ Teilzeitbeschäftigung Rz. 976 f.).

Hingewiesen sei darauf, dass für Beschäftigte **im öffentlichen Dienst** bzw. in Institutionen, die das öffentliche Dienstrecht anwenden, besondere Bestimmungen gelten, die die Ausübung von Nebentätigkeiten in allen Einzelheiten regeln (z.B. §§ 2, 3 TVöD); diese Spezialmaterie wird vorliegend nicht behandelt.

Hingewiesen sei auch darauf, dass die Übernahme von **Ehrenämtern** nicht als Nebentätigkeit zu werten ist, insbesondere nicht der Genehmigung durch den Arbeitgeber unterliegt.

Eine zusammenfassende Darstellung zur Nebentätigkeit bringen N. Besgen, Aktuelles aus dem Arbeitsrecht zu Nebentätigkeiten und Minijobs, B+P 2018, 667, D. Besgen, B+P 2009, 739 und Braun, DB 2003, 2282.

Zur kurzzeitigen Nebenbeschäftigung von Arbeitslosen → Arbeitsloser.

2. Zulässigkeitsfragen

a) Grundsatz

749 Wegen kollidierender Interessen ist dem Hauptarbeitgeber zu empfehlen, seine Kenntnisnahme von einer Nebentätigkeit des Arbeitnehmers zu sichern, um rechtzeitig eine etwaige Kollision mit seinen eigenen Interessen prüfen zu können. Dies kann z.B. durch eine vertragliche Vereinbarung im Arbeitsvertrag mit einem **Erlaubnisvorbehalt** erfolgen. Ein solches Verbot mit Erlaubnisvorbehalt ist zulässig (BAG v. 11.12.2001, 9 AZR 464/00, DB 2002, 1507; BAG v. 13.3.2003, 6 AZR 585/01, NZA 2003, 976). Denn es berechtigt den Arbeitgeber nicht, die Aufnahme einer Nebentätigkeit willkürlich zu verwehren. Sofern keine Beeinträchtigung der betrieblichen Interessen des Arbeitgebers zu erwarten ist, hat der Arbeitnehmer Anspruch auf Erteilung der Zustimmung.

Ein Erlaubnisvorbehalt ist somit nicht einem Nebentätigkeitsverbot gleichzusetzen. Er dient nur dazu, dem Arbeitgeber bereits vor Aufnahme der Nebentätigkeit die Überprüfung zu ermöglichen, ob seine Interessen beeinträchtigt werden. Im Ergebnis wird vom Arbeitnehmer nichts anderes verlangt, als dass er vor Aufnahme einer Nebenbeschäftigung den Arbeitgeber unterrichtet. Verstößt der Arbeitnehmer gegen seine Verpflichtung zur Einholung der Genehmigung, so ist eine Abmahnung auch dann berechtigt, wenn er Anspruch auf deren Erteilung hat (BAG v. 22.2.2001, 6 AZR 398/99, EzBAT Nr. 10 zu § 11 BAT).

Im Übrigen ist es für Arbeitgeber ratsam, sich durch einen Widerrufsvorbehalt den Widerruf der erteilten Nebentätigkeitsgenehmigung vorzubehalten, um auf Entwicklungen in der Zukunft reagieren zu können.

In dieselbe Richtung geht eine zu empfehlende Vereinbarung betr. die Verpflichtung des Arbeitnehmers zur **Auskunftserteilung** über eine Änderung von Art und Umfang einer genehmigten Nebentätigkeit.

Vor einer Vereinbarung über eine nebenberufliche Beschäftigung sollten Arbeitgeber und Arbeitnehmer zunächst zwei Fragen klären:

- Liegt die Tätigkeit noch innerhalb des gesetzlichen bzw. tarifvertraglichen **Arbeitszeitrahmens**?
- **Erlaubt** der Hauptarbeitgeber überhaupt eine solche Nebentätigkeit?

b) Gesetzliche und/oder tarifliche Zulässigkeit

> **Beispiel:**
>
> **750** Ein gewerblicher Arbeitnehmer mit einer 40-Stunden-Woche schließt wegen eines finanziellen Engpasses einen Nebenbeschäftigungsvertrag als Taxifahrer ab, nach dem er täglich acht Stunden arbeiten muss.

Eine solche Nebentätigkeit ist verboten; der über das Taxifahren abgeschlossene Vertrag ist nichtig. Der Grund: Die **gesamte Arbeitszeit** dieses Arbeitnehmers geht **regelmäßig und erheblich über den gesetzlichen Rahmen** von werktäglich acht Stunden nach § 3 Arbeitszeitgesetz hinaus (BAG v. 19.6.1959, 1 AZR 565/57, DB 1959, 1086). Die Prüfsteine sind also die Begriffe „erheblich" und „regelmäßig". Falls Haupt- und Nebenbeschäftigungen die Arbeitszeitgrenzen nur geringfügig und/oder gelegentlich überschreiten, gilt das Verbot nicht.

Zum Arbeitszeitschutz siehe ausführlich → Mehrere Beschäftigungen, Rz. 681.

c) Erlaubnis des Arbeitgebers

Zur zweiten Frage: Grundsätzlich hat jeder das Recht, seine Arbeitskraft mehrfach „zu verwerten". Ein Arbeitgeber kann dieses Recht einschränken und seinem **Mitarbeiter im Vertrag eine Nebentätigkeit verbieten** – allerdings nur, wenn ein **berechtigtes Interesse** besteht (BAG v. 26.8.1976, 2 AZR 377/75, DB 1977, 544). Dies ist z.B. der Fall, 751

- wenn die **Arbeitsleistung** bei der Hauptbeschäftigung stark **beeinträchtigt** wird, weil der Mitarbeiter durch die Nebentätigkeit überfordert ist (insoweit ausnahmsweise ein **Auskunftsanspruch** des Arbeitgebers, vgl. BAG v. 18.1.1996, 6 AZR 314/95, DB 1996, 2182);

- bei der **Verletzung von Wettbewerbsinteressen** des Arbeitgebers (vgl. BAG v. 24.6.1999, 6 AZR 605/97, DB 2000, 1336; vgl. § 60 HGB); Voraussetzung für die Verletzung von Wettbewerbsinteressen ist aber, dass die **Stellung des Arbeitgebers am Markt nachteilig berührt** wird. Das ist z.B. nicht der Fall, wenn ein Hotelkoch eine Nebentätigkeit in einem Altenheim ausübt oder eine Reinigungskraft in zwei Einzelhandelsunternehmen arbeitet. Eine verbotswidrige Wettbewerbstätigkeit liegt erst dann vor, wenn sie durch den Umfang und die Intensität der Tätigkeit auch grundsätzlich geeignet ist, das Interesse des Arbeitgebers, unbeeinflusst von Konkurrenztätigkeit des Arbeitnehmers in seinem Marktbereich auftreten zu können, spürbar zu beeinträchtigen. Einmalige oder nur ganz sporadisch ausgeübte reine Freundschaftsdienste im Marktbereich des Arbeitgebers muss der Arbeitgeber i.d.R. hinnehmen, wenn diese den arbeits- und wertmäßigen Umfang einer geringfügigen Gefälligkeit nicht übersteigen und unentgeltlich durchgeführt wurden (vgl. BAG v. 24.3.2010, 10 AZR 66/09, NZA 2010, 693).

- wenn nicht auszuschließen ist, dass die Nebentätigkeit eine negative Wirkung z.B. auf die Öffentlichkeit hat (LAG Düsseldorf v. 29.11.2018, 11 Sa 603/18, öAT 2019, 63),

- bei Gefahr der gegenständlichen und zeitlichen **Überschneidung** von Haupt- und Nebentätigkeiten (Nebentätigkeit eines Krankenpflegers als Bestatter, BAG v. 28.2.2002, 6 AZR 357/01, DB 2002, 1560; Nebentätigkeitsverbot mit Lenkverbot für hauptberuflichen Busfahrer, BAG v. 26.6.2001, 9 AZR 343/00, DB 2001, 2657; siehe auch BAG v. 21.9.1999, 9 AZR 759/98, DB 2000, 1336);

- bei **Schwarzarbeit;**

- bei **Erwerbstätigkeit im Urlaub,** die dem Urlaubszweck widerspricht (aber: kein Nebentätigkeitsverbot bei dauerhafter Beurlaubung/Suspendierung, soweit keine konkreten dienstlichen Interessen gefährdet sind, siehe BAG v. 13.3.2003, 6 AZR 585/01, NZA 2003, 976);

- bei **Erwerbstätigkeit** während ärztlich festgestellter **Arbeitsunfähigkeit.**

Sind solche wichtigen Gründe nicht gegeben, kann der Arbeitnehmer gegen dieses **unberechtigte Verbot** verstoßen. Der Arbeitgeber hat hier auch **kein Recht zu kündigen** – im Gegensatz zu dem Fall, dass ein Mitarbeiter gegen ein berechtigtes Nebenbeschäftigungsverbot verstößt: Der Arbeitgeber kann nach einer Abmahnung eine sog. **verhaltensbedingte Kündigung** aussprechen.

> **Beispiel:**
>
> Im vorstehenden Beispielsfall des vollzeitbeschäftigten Fabrikarbeiters mit nebenberuflicher voller Taxifahrertätigkeit kann der Fabrikarbeitgeber, aber auch der Taxiunternehmer, die anderweitige Tätigkeit abmahnen und, wenn dies nicht fruchtet, das Arbeitsverhältnis fristgerecht kündigen.

Ein Arbeitnehmer mit berechtigter Ausübung einer Nebentätigkeit, weil mit der Ausübung die betrieblichen Interessen nicht beeinträchtigt werden, muss auch bei einem vereinbarten Erlaubnisvorbehalt **nicht bis zu einer gerichtlichen Entscheidung über ihre Zulässigkeit abwarten**. Er handelt unter Berücksichtigung seiner Grundrechte aus Art. 12 Abs. 1 GG und Art. 2 Abs. 1 GG selbst dann nicht pflichtwidrig, wenn arbeitsvertraglich ein Erlaubnisvorbehalt vereinbart ist. Sinn und Zweck eines solchen Vorbehalts ist es, den Arbeitgeber durch die Anzeige beabsichtigter Nebentätigkeiten in die Lage zu versetzen, vor deren Aufnahme zu prüfen, ob durch sie betriebliche Belange beeinträchtigt werden. Das Interesse, den Arbeitnehmer auch dann von der Ausübung einer – angezeigten – Nebentätigkeit abzuhalten, wenn er bei objektiver Betrachtung einen Anspruch auf ihre Erlaubnis hat, ist dagegen nicht schutzwürdig (BAG v. 13.5.2015, 2 ABR 38/14, NZA 2016, 116).

752 In jedem Fall ist der Arbeitgeber berechtigt, mit dem Arbeitnehmer zu vereinbaren, dass eine Nebentätigkeit der **Erlaubnis des Arbeitgebers** bedarf (BAG v. 11.12.2001, 9 AZR 464/00, DB 2002, 1507); bei Verstoß kann eine Abmahnung erteilt werden. Ein solcher Erlaubnisvorbehalt ändert aber nichts daran, dass der Arbeitgeber zustimmen muss, wenn betriebliche Interessen nicht beeinträchtigt werden.

Auch bei genehmigungsfreier Nebentätigkeit besteht für den Arbeitnehmer auf Anforderung eine **Anzeigepflicht,** wenn die Interessen des Arbeitgebers berührt sein könnten, erst recht bei einem Erlaubnisvorbehalt. Zudem sollte eine Anzeigepflicht auch vertraglich geregelt werden. Bei geringfügigen Beschäftigungen (**Mini-Jobs**) gelten besondere Anzeigepflichten: Im Hinblick darauf, dass mehrere **geringfügige Beschäftigungen zusammenzurechnen** sind, schreibt § 28o Abs. 1 SGB IV vor, dass der Arbeitnehmer, der in zwei geringfügigen Beschäftigungsverhältnissen steht, beiden Arbeitgebern das Vorhandensein des jeweils anderen Beschäftigungsverhältnisses anzeigen muss.

Übrigens: Die gekennzeichneten Nebentätigkeitsverbote gelten nicht nur für nebenberufliche Arbeitsverhältnisse, sondern auch für **freiberufliche Nebentätigkeit,** z.B. als Versicherungsvertreter, Zeitschriftenwerber oder Zeitungsbote.

3. Kündigung

753 Zur Kündigung bei nebenberuflicher Beschäftigung → Kündigung.

4. Entgeltfortzahlung (Lohnfortzahlung) im Krankheitsfall

754 Zur Entgeltfortzahlung bei nebenberuflicher Beschäftigung → Entgeltfortzahlung im Krankheitsfall, → Mehrere Beschäftigungen, Rz. 682 f.

5. Urlaub

Zum Urlaub bei nebenberuflicher Beschäftigung → Urlaub Rz. 1016.   755

6. Zuschuss zum Mutterschaftsgeld

Zum Zuschuss zum Mutterschaftsgeld → Mutterschaftsgeld Rz. 734.   756

II. Lohnsteuer

Es bestehen keine lohnsteuerrechtlichen Besonderheiten.   757

III. Sozialversicherung

Es bestehen keine sozialversicherungsrechtlichen Besonderheiten.   758

Nettolohnvereinbarung

I. Arbeitsrecht

Die Nettolohnvereinbarung spielt im Rahmen dieses Ratgebers eine wichtige Rolle bei der Pflicht zur **Abführung der Abgaben bei Mini-Jobs.** Insoweit wird auf die Darstellung zum Stichwort → Abwälzung verwiesen.   759

Allgemein liegt eine **Nettolohnvereinbarung** vor, wenn der Arbeitgeber nach dem Arbeitsvertrag – bzw. nach einer Betriebsvereinbarung oder einem Tarifvertrag – verpflichtet ist, zuzüglich zu dem vereinbarten Nettolohn die darauf entfallende Lohnsteuer, den Solidaritätszuschlag, die Kirchensteuer und die Arbeitnehmeranteile zur Sozialversicherung zu tragen. Wegen der Außergewöhnlichkeit einer Nettolohnvereinbarung und ihrer Folgen muss ihr Abschluss **klar und einwandfrei feststellbar** sein, wenn sie anerkannt werden soll. Dies gilt sowohl arbeitsrechtlich (BAG v. 29.9.2004, 1 AZR 634/03, DB 2005, 395; v. 26.8.2009, 5 AZR 616/08, USK 2009-71) als auch steuerrechtlich (BFH v. 28.2.1992, VI R 146/87, BStBl II 1992, 733 m.w.N.). Fehlt ein eindeutiger Nachweis, so schuldet der Arbeitgeber lediglich den Bruttolohn. Für das Vorliegen einer Nettolohnvereinbarung ist regelmäßig der Arbeitnehmer darlegungs- und beweisbelastet, sofern er sich hierauf beruft. Soweit in arbeitsrechtlichen Regeln der Begriff „netto" gebraucht wird, wird damit regelmäßig lediglich auf die Abzüge von Entgeltzahlungen Bezug genommen; nach den Umständen des Einzelfalls kann aber auch eine andere Auslegung geboten sein (BAG v. 18.5.2010, 3 AZR 373/08, NZA 2010, 935).

Zur Schwarzgeldvereinbarung als Nettolohnvereinbarung → Schwarzarbeit Rz. 888.

II. Lohnsteuer

1. Nettolohn

Als Nettolohn wird der dem Arbeitnehmer ausgezahlte Betrag bezeichnet. Dies ist regelmäßig die Differenz aus dem Bruttolohn und der Summe der gesetzlichen Abzüge wie Lohnsteuer, Solidaritätszuschlag, Kirchensteuer sowie die Arbeitnehmerbeiträge zur Sozialversicherung. Die vom Arbeitgeber zu zahlenden Beiträge an die gesetzliche Sozialversicherung rechnen nicht zum Arbeitslohn.   760

2. Nettolohnvereinbarung

Statt dem Bruttolohn kann in einem Arbeitsvertrag auch der zu zahlende Nettolohn vereinbart werden. In diesen Fällen muss der Arbeitgeber den steuerpflichtigen Brutto-   761

Nettolohnvereinbarung

lohn selbst ermitteln. Eine Nettolohnvereinbarung erkennt das Finanzamt nur bei unzweifelhaft nachgewiesener Gestaltung an.

In einer steuerlich wirksamen Nettolohnvereinbarung muss stets der auszuzahlende Nettolohn festgelegt werden, so dass der Bruttolohn – ggf. unter Berücksichtigung der zusätzlich zu übernehmenden Sozialversicherungsbeiträge des Arbeitnehmers (Arbeitnehmerbeiträge) durch den Arbeitgeber und der Lohnsteuerlast (einschl. Solidaritätszuschlag und ggf. Kirchensteuer) – veränderbar ist. Denn die vom Arbeitgeber nach den individuellen Lohnsteuerabzugsmerkmalen (→ Lohnsteuerkarte) des Arbeitnehmers übernommene Lohnsteuer stellt zusätzlichen Arbeitslohn dar, der versteuert werden muss.

Leistet der Arbeitgeber auf Grund einer Nettolohnvereinbarung für den Arbeitnehmer eine Einkommensteuernachzahlung für ein vorangegangenes Kalenderjahr, wendet er dem Arbeitnehmer ebenfalls steuerpflichtigen Arbeitslohn zu. Dieser fließt dem Arbeitnehmer als sonstiger Bezug im Zeitpunkt der Zahlung zu. Für die Versteuerung ist der Nachzahlungsbetrag auf einen Bruttobetrag hochzurechnen.

Die Berechnung des zutreffenden Bruttolohns ist ein wenig aufwändig, denn die Lohnsteuer ist zu Beginn von einem fiktiven Bruttoarbeitslohn zu berechnen, der nach Abzug der Lohnsteuer den vereinbarten Nettolohn ergibt.

Zunächst ist auf der Grundlage des Nettolohns die Lohnsteuer zu berechnen. Durch Addition beider Beträge ergibt sich ein Bruttobetrag bzw. ein Bruttolohn, von dem erneut die Lohnsteuer zu berechnen ist. Diese erneut ermittelte Lohnsteuer ist vom Bruttolohn abzuziehen. Der so im **ersten** Rechenschritt ermittelte tatsächliche Nettolohn stimmt regelmäßig nicht mit dem vereinbarten Nettolohn überein. Folglich ist der zuvor ermittelte Nettolohn in einem **weiteren** Rechenschritt um die zuvor ermittelte Lohnsteuer zu erhöhen. Von diesem erhöhten Bruttoarbeitslohn ist ein weiteres Mal die Lohnsteuer zu ermitteln.

Nun wiederholen sich die vorgenannten Rechenschritte und Abgleiche mit dem Nettolohn. Stimmt der so rechnerisch gefundene tatsächliche Nettolohn mit dem vereinbarten Nettolohn überein, ist der nun gefundene Bruttoarbeitslohn steuerlich anzusetzen. Weil für ein zutreffendes Ergebnis die vorgenannten Rechenschritte mehrmals durchzuführen sind, bezeichnet man diese Berechnungsmethode als Abtastverfahren.

Trägt der Arbeitgeber auch den **Solidaritätszuschlag** und ggf. die **Kirchensteuer** sowie die Arbeitnehmeranteile zur Sozialversicherung, sind für die Ermittlung des Bruttoarbeitslohns auch diese Abzugsbeträge einzubeziehen.

Bei dieser Berechnung des Bruttolohns sind ein anzusetzender **Versorgungsfreibetrag** (einschl. Zuschlag), der **Altersentlastungsbetrag** sowie ein als Lohnsteuerabzugsmerkmal zu berücksichtigender **Freibetrag** anzusetzen. Aus Vereinfachungsgründen ist bei der jeweiligen Lohnabrechnung (im Lohnzahlungszeitraum) der anteilige Freibetrag nicht vom Bruttoarbeitslohn, sondern im ersten Rechenschritt vom Nettolohn abzuziehen und das folgende Abtastverfahren für den so gekürzten Betrag bzw. Nettolohn anzuwenden.

Auch wenn sich der Arbeitgeber in diesen Fällen verpflichtet, die gesetzlichen Abzüge anstelle des Arbeitnehmers zu tragen, bleibt der **Arbeitnehmer** gegenüber dem Finanzamt **Steuerschuldne**r. Folglich wird die einbehaltene Lohnsteuer im Rahmen einer Einkommensteuerveranlagung auf die Einkommensteuerschuld des Arbeitnehmers angerechnet. Ergibt dies eine Überzahlung, wird der Unterschiedsbetrag stets an den Arbeitnehmer ausgezahlt. Dieser Grundsatz gilt auch dann, wenn Arbeitgeber und Arbeitnehmer im Innenverhältnis vereinbart haben, dass solch ein Betrag dem Arbeitgeber zusteht. Im Fall einer Nettolohnvereinbarung unterstellt die Finanzverwaltung, dass der Arbeitgeber die Lohnsteuer vorschriftsmäßig einbehält. Das Finanzamt muss stets diese Lohnsteuer i.R. einer Veranlagung zur Einkommensteuer ansetzen. Hat der

Arbeitgeber eine zu geringe Lohnsteuer einbehalten, wird der Minderbetrag bei ihm nachgefordert.

3. Pauschale Lohnsteuer

Wird die Lohnsteuer pauschal erhoben, ist der Arbeitgeber gegenüber der Finanzverwaltung stets der Steuerschuldner. Folglich wird in diesen Fällen steuertechnisch regelmäßig ein zu zahlender „Nettolohn" vereinbart. Andererseits darf im Fall einer **fehlgeschlagenen** Lohnsteuerpauschalierung nicht gefolgert werden, es sei eine steuerliche Nettolohnvereinbarung abgeschlossen worden. Denn eine fehlerhafte Pauschalbesteuerung durch den Arbeitgeber ist für das Finanzamt bzw. die Veranlagung zur Einkommensteuer nicht bindend.

762

Im → **Lohnkonto** und in der → **Lohnsteuerbescheinigung** ist – neben den vom Arbeitgeber getragenen Sozialversicherungs- und Steuerabzugsbeträgen – auch der Bruttolohn und nicht etwa der ausgezahlte Nettolohn anzugeben.

III. Sozialversicherung

Wurde eine Nettolohnvereinbarung getroffen, so hat der Arbeitgeber anhand der individuellen steuer- und sozialversicherungsrechtlichen Merkmale des Arbeitnehmers in einem besonderen Verfahren das Netto- auf ein Bruttoarbeitsentgelt hochzurechnen. Die vom Arbeitgeber übernommenen Arbeitnehmeranteile zur Sozialversicherung sind ebenfalls Arbeitsentgelt i.S.d. Sozialversicherung.

763

Pauschalierung und Pauschalbeiträge

I. Arbeitsrecht

Es bestehen keine arbeitsrechtlichen Besonderheiten.

764

II. Lohnsteuer

Die Pauschalierungsmöglichkeit der Lohnsteuer ist ein **Angebot** an den **Arbeitgeber**; ob er davon Gebrauch macht, liegt in seinem Ermessen. Wählt er diese Möglichkeit nicht, ist die Lohnsteuer nach den individuellen Lohnsteuerabzugsmerkmalen des Arbeitnehmers (lt. ELStAM- oder Härtefall-Verfahren) zu erheben.

765

Für den Arbeitslohn eines **Teilzeitbeschäftigten** und für eine **geringfügig** entlohnte Beschäftigung darf die Lohnsteuer auch dann **pauschal** erhoben werden, wenn der Arbeitnehmer vom selben Arbeitgeber ein **betriebliches Ruhegeld** bezieht, für das die Lohnsteuer im Regelverfahren erhoben wird (z.B. Werkspension).

Die **Lohnsteuerpauschalierung** sollte bei folgenden **Beschäftigungsformen** geprüft werden:

Beschäftigungsform	Steuersätze bei pauschaler Lohnsteuererhebung
Geringfügig entlohnte Beschäftigung i.S.d. Sozialversicherung (Mini-Job) (§ 8 Abs. 1 Nr. 1, § 8a SGB IV)	Die pauschale Lohnbesteuerung ist möglich mit dem
– pauschale Beiträge zur Rentenversicherung sind zu entrichten	einheitlichem Pauschsteuersatz i.H.v. 2 % (§ 40a Abs. 2 EStG)
– pauschale Beiträge zur Rentenversicherung sind nicht zu entrichten	Pauschsteuersatz i.H.v. 20 % (§ 40a Abs. 2a EStG).

Beschäftigungsform	Steuersätze bei pauschaler Lohnsteuererhebung
Teilzeitbeschäftigung i.S.d. Steuerrechts (nach § 40a Abs. 1 EStG) als	Die pauschale Lohnbesteuerung ist möglich mit dem
– kurzfristige Beschäftigung (Aushilfe)	Pauschsteuersatz i.H.v. 25 %
– Tätigkeit zu einem unvorhersehbaren Zeitpunkt	Pauschsteuersatz i.H.v. 25 %
Aushilfsbeschäftigung in Betrieben der Land- und Forstwirtschaft (§ 40a Abs. 3 EStG)	Pauschsteuersatz i.H.v. 5 %

Hinzu kommen noch der Solidaritätszuschlag, der weiterhin 5,5 % der pauschalen Lohnsteuer beträgt, sowie ggf. die Kirchensteuer.

Wird der Arbeitslohn von geringfügig Beschäftigten, Teilzeitbeschäftigten und Aushilfsbeschäftigten nach den individuellen Lohnsteuerabzugsmerkmalen (im ELStAM- oder Härtefall-Verfahren → Lohnsteuerkarte) besteuert, sind für die Höhe des Lohnsteuerabzugs die Steuerklasse (→ Rz. 672) und der Lohnzahlungszeitraum (→ Steuerermittlung) maßgebend.

Die nachfolgende **Übersicht** veranschaulicht, bis zu welchem **Monatslohn** in der jeweiligen Steuerklasse im Abzugsverfahren **keine Lohnsteuer** einzubehalten ist (Allgemeine Lohnsteuertabelle):

Steuerklasse		Monatlicher Arbeitslohn in €
I	für Ledige, Geschiedene, getrennt lebende Eheleute	1 118,99
II	für Ledige, Verwitwete und getrennt lebende Eheleute mit Kind, denen ein Entlastungsbetrag für Alleinerziehende zusteht	1 316,99
III	für verheiratete Arbeitnehmer, Ehepartner ist ggf. in Steuerklasse V eingereiht	2 126,99
IV	für verheiratete, verpartnerte Arbeitnehmer, beide Eheleute/Partner beziehen Arbeitslohn	1 118,99
V	für verheiratete, verpartnerte Arbeitnehmer, beide Eheleute/Partner beziehen Arbeitslohn, der Ehe-/Partner ist in Steuerklasse III eingereiht	107,99
VI	als zweite oder weitere Lohnsteuerklasse für Arbeitnehmer, die nebeneinander von mehreren Arbeitgebern Arbeitslohn beziehen	0,00

Werden die vorstehenden Verdienstgrenzen überschritten, hat der Arbeitgeber Lohnsteuer einzubehalten. Bei nicht ganzjähriger Beschäftigung kann der Arbeitnehmer bei Überschreiten der vorgenannten **Monatslohngrenzen** damit rechnen, die einbehaltene Lohnsteuer ganz oder teilweise vom Finanzamt erstattet zu bekommen; vorausgesetzt, es kommt kein Progressionsvorbehalt zur Anwendung.

Progressionsvorbehalt bedeutet: Bei der Berechnung des maßgebenden Einkommensteuersatzes werden bestimmte steuerfreie Lohnersatzleistungen, z.B. Arbeitslosengeld und Kurzarbeitergeld, einbezogen; dadurch erhöht sich der auf die steuerpflichtigen Einkünfte anzuwendende Einkommensteuersatz (→ Arbeitsloser).

Ist der **Mini-Job** die einzige Beschäftigung des Arbeitnehmers und hat der Arbeitgeber die Lohnsteuer nach den individuellen Lohnsteuerabzugsmerkmalen einbehalten, verringert sich das steuerpflichtige Arbeitsentgelt (bzw. der Arbeitslohn) zumindest um den **Arbeitnehmer-Pauschbetrag** i.H.v. 1 000 € (Jahresbetrag). Hierdurch wird bis zu einem jährlichen Bruttolohn von 1 000 € im Rahmen der Einkommensteuerveranlagung kein zu versteuerndes Arbeitsentgelt angesetzt. Gleiches gilt, wenn der Arbeitnehmer neben dem mit 2 % pauschal versteuerten Arbeitsentgelt eine Zahlung erhält, die sozialversicherungsrechtlich nicht erfasst wird, z.B. eine Entlassungsabfindung.

Der Arbeitnehmer-Pauschbetrag steht als Pauschbetrag für Werbungskosten jedem Arbeitnehmer bei der Ermittlung des steuerpflichtigen Arbeitslohns (Arbeitsentgelts) zu; ausgenommen bei der Lohnsteuerpauschalierung. Er ist nicht auf den Ehegatten übertragbar. Werden höhere Werbungskosten angesetzt, wird der Pauschbetrag nicht berücksichtigt. Ob für den Arbeitslohn letztlich Einkommensteuer zu zahlen ist, hängt davon ab, ob das zu versteuernde Einkommen über dem Grundfreibetrag liegt.

Der **Grundfreibetrag** ist der Teil des zu versteuernden Einkommens, bis zu dem keine Einkommensteuer festgesetzt wird. Das heißt, trotz erzielter Einkünfte bzw. eines zu versteuernden Einkommens ergibt sich noch keine Einkommensteuerschuld. Wird dieser Betrag überschritten, entsteht eine Einkommensteuerschuld. Der Grundfreibetrag steht jedem Stpfl. zu und beträgt ab 2021 für Ledige 9 744 € und für Verheiratete/Verpartnerte (bei Zusammenveranlagung zur Einkommensteuer) 19 488 €.

Für weitere Informationen → Geringfügig entlohnte Beschäftigung.

III. Sozialversicherung

1. Pauschalbeiträge zur Krankenversicherung

Nach § 249b Satz 1 SGB V hat der Arbeitgeber einer geringfügig entlohnten Beschäftigung für Versicherte, die in dieser Beschäftigung versicherungsfrei oder nicht versicherungspflichtig sind, einen **Pauschalbeitrag zur Krankenversicherung** i.H.v. **13 %** (bei **Beschäftigungen in Privathaushalten 5 %**) des Arbeitsentgelts aus dieser Beschäftigung zu zahlen. Der Pauschalbeitrag zur Krankenversicherung ist vom Arbeitgeber jedoch nur dann zu entrichten, wenn der Arbeitnehmer gesetzlich krankenversichert ist. Hierbei ist es unerheblich, ob es sich bei dieser Versicherung um eine

– Pflichtversicherung (z.B. als Rentner oder als Leistungsbezieher nach dem Dritten Buch Sozialgesetzbuch) oder
– freiwillige Versicherung oder
– Familienversicherung

handelt.

Ebenfalls ohne Bedeutung ist, ob und inwieweit auf Grund einer Pflichtversicherung oder einer freiwilligen Versicherung bereits Beiträge zur gesetzlichen Krankenversicherung gezahlt werden. Dies bedeutet, dass z.B. für freiwillig gesetzlich krankenversicherte Beamte, die neben der Beamtenbeschäftigung eine versicherungsfreie geringfügig entlohnte Beschäftigung ausüben, Pauschalbeiträge zur Krankenversicherung anfallen. Gleiches gilt für einen höherverdienenden, freiwillig krankenversicherten Arbeitnehmer.

Im Übrigen ist der Pauschalbeitrag ausschließlich für solche Zeiten zu zahlen, für die tatsächlich eine Versicherung in der gesetzlichen Krankenversicherung besteht. Endet z.B. die Familienversicherung, weil der Stammversicherte aus der Versicherung ausscheidet, sind ab diesem Zeitpunkt keine Pauschalbeiträge zur Krankenversicherung zu zahlen.

Für geringfügig entlohnt Beschäftigte, die privat krankenversichert oder gar nicht krankenversichert sind, ist kein Pauschalbeitrag zur Krankenversicherung zu entrichten.

Für krankenversicherungsfreie Werkstudenten, die eine geringfügig entlohnte Beschäftigung ausüben, sind ebenfalls Pauschalbeiträge zur Krankenversicherung zu entrichten, wenn diese gesetzlich krankenversichert sind. Erfüllt die Beschäftigung jedoch nicht das Kriterium einer geringfügig entlohnten Beschäftigung, weil das monatliche Entgelt aus der Beschäftigung 450 € übersteigt, die wöchentliche Arbeitszeit 20 Stunden jedoch nicht übersteigt, so sind vom Arbeitgeber keine Pauschalbeiträge zur Krankenversicherung zu entrichten.

2. Pauschalbeiträge zur Rentenversicherung

767 Die wichtigste Änderung im Bereich der geringfügig entlohnten Beschäftigung ab dem 1.1.2013 war neben der Erhöhung der Entgeltgrenze auf 450 €, dass generell Rentenversicherungspflicht für geringfügig entlohnt Beschäftigte eingetreten ist: für alle Neufälle, aber auch für alle Bestandsfälle, wenn nun das regelmäßige monatliche Arbeitsentgelt die „alte" Grenze von 400 € übersteigt.

Die grundsätzliche Rentenversicherungspflicht hat aber nicht zur Folge, dass die Beiträge zur Rentenversicherung paritätisch finanziert werden. Der Arbeitgeber hat weiterhin einen Pauschalbeitrag zur Rentenversicherung i.H.v. 15 % (Privathaushalte 5 %) vom Bruttoarbeitsentgelt zu tragen. Der Arbeitnehmer hat dann vom Bruttoarbeitsentgelt (mindestens jedoch i.H.v. 175 €) den Prozentsatz zu tragen, der bis zum jeweiligen aktuellen Beitragssatz fehlt. Durch die Absenkung des Beitragssatzes zur allgemeinen Rentenversicherung auf 18,6 % sind dies 3,6 % bzw. 13,6 % (Beschäftigung im Privathaushalt).

> **Beispiel 1:**
> Entgelt: 450 €
> Pauschalbeitrag Arbeitgeber: 450 € · 15 % = 67,50 €
> Anteil Arbeitnehmer: 450 € · 3,6 % = 16,20 €
> Gesamtbeitrag zur Rentenversicherung: 83,70 €

Der Arbeitnehmeranteil zur Rentenversicherung ist im Lohnabzugsverfahren einzubehalten.

Keine Rentenversicherungspflicht und damit auch kein Pauschalbeitrag zur Rentenversicherung ist zu entrichten für

- Beamte, die neben ihrer Beamtenbeschäftigung eine geringfügig entlohnte Beschäftigung ausüben, auf die die Gewährleistung einer Versorgungsanwartschaft erstreckt worden ist,
- ordentlich Studierende einer Fachschule oder Hochschule, die ein nicht in ihrer Prüfungsordnung vorgeschriebenes Praktikum gegen ein Entgelt, das regelmäßig 450 € im Monat nicht übersteigt, ableisten (nicht vorgeschriebenes Zwischenpraktikum; → Praktikant).

> **Beispiel 2:**
> Eine familienversicherte Hausfrau übt eine versicherungsfreie geringfügig entlohnte Beschäftigung als Kosmetikerin aus. Das monatliche Arbeitsentgelt beträgt 450 €.
> Der Arbeitgeber hat Pauschalbeiträge zur Kranken- und Rentenversicherung an die KBS (siehe zuständige Einzugsstelle) abzuführen.
> Pauschalbeitrag Krankenversicherung: 420 € · 13 % = 54,60 €
> Pauschalbeitrag Rentenversicherung: 420 € · 15 % = 63,00 €
> Arbeitnehmeranteil Rentenversicherung: 420 € · 3,6 % = 15,12 €

> **Beispiel 3:**
>
> Ein privat krankenversicherter Schüler eines Gymnasiums übt eine geringfügig entlohnte Beschäftigung in einem Computerhandel aus. Das monatliche Arbeitsentgelt beträgt 300 €.
>
> Der Arbeitgeber hat lediglich einen Pauschalbeitrag zur Rentenversicherung an die KBS zu entrichten. Pauschalbeiträge zur Krankenversicherung sind nicht zu entrichten, da kein gesetzlicher Krankenversicherungsschutz besteht.
>
> | | | |
> |---|---|---|
> | Pauschalbeitrag Rentenversicherung: | 300 € · 15 % = | 45,00 € |
> | Arbeitnehmeranteil Rentenversicherung: | 300 € · 3,6 % = | 10,80 € |
> | Gesamtbeitrag zur Rentenversicherung: | | 55,80 € |

> **Beispiel 4:**
>
> Eine familienversicherte Hausfrau übt eine versicherungsfreie, geringfügig entlohnte Beschäftigung als Friseurin aus. Im Monat Juni muss sie unvorhersehbar eine arbeitsunfähig erkrankte Kollegin vertreten. Das Arbeitsentgelt für den Monat Juni beträgt 900 €.
>
> Da es sich um eine unvorhersehbare und nur gelegentliche Überschreitung der Geringfügigkeitsgrenze handelt, verbleibt es bei der Versicherungsfreiheit als geringfügig entlohnte Beschäftigung. Der Arbeitgeber hat Pauschalbeiträge zur Kranken- und Rentenversicherung an die KBS abzuführen. Bemessungsgrundlage für den Monat Juni ist das Arbeitsentgelt i.H.v. 900 €. Zusätzlich hat der Arbeitnehmer hiervon 3,6 % Beitrag zur Rentenversicherung zu tragen.
>
> Ein Arbeitnehmeranteil zur Rentenversicherung entfällt nur dann, wenn der Arbeitnehmer von der Rentenversicherungspflicht befreit ist.

IV. Kirchensteuer

Ausführungen zur Pauschalierung und zu Pauschalbeiträgen in der Kirchensteuer zusammengefasst unter dem Stichwort → Kirchensteuer Rz. 541 ff.

768

PC-Überlassung

I. Arbeitsrecht

Es bestehen keine arbeitsrechtlichen Besonderheiten.

769

II. Lohnsteuer

Möchte ein Arbeitgeber seinem Arbeitnehmer einen Personal-Computer einschl. dem erforderlichen Zubehör übereignen, darf die für diesen steuerpflichtigen Vorgang anfallende Lohnsteuer pauschal erhoben werden. Voraussetzung für die Lohnsteuer-Pauschalierung ist jedoch, dass die Zuwendungen des Arbeitgebers zusätzlich zum ohnehin geschuldeten Arbeitslohn gewährt werden; zur Zusätzlichkeitsvoraussetzung s. → Rz. 539. Bei dieser Regelung besteht zudem die Möglichkeit, für die Telekommunikationsaufwendungen des Arbeitnehmers steuerbegünstigte Barzuschüsse zu leisten.

770

Pauschalierungsfähig mit einer Lohnsteuer von **25 %** sind Vorteile durch die unentgeltliche oder verbilligte **Übereignung** von betrieblichen

- Personal-Computern an den Arbeitnehmer einschließlich sonstiger PC-Hardware, technischem Zubehör und Software sowie
- Telekommunikationsgeräten und Geräten für die Internetnutzung.

Begünstigt sind die Übereignung von Geräten als Erstausstattung und als Ergänzung, Aktualisierung sowie Austausch einer bereits vorhandenen PC-Anlage.

PC-Überlassung

Für Telekommunikationsgeräte, die nicht Zubehör eines Personal-Computers sind oder nicht für die Internetnutzung verwendet werden können, ist ebenso die Lohnsteuer-Pauschalierung zugelassen.

Verfügt der Arbeitnehmer über einen **Internetzugang**, sind auch **Lohnzahlungen** (Barzuschüsse) des Arbeitgebers für die Internetnutzung des Arbeitnehmers pauschalierungsfähig. Zu solchen Aufwendungen rechnen die laufenden Kosten (Grundgebühr für den Internetzugang, laufende Gebühren für die Internetnutzung, Flatrate) sowie die Kosten für die Einrichtung des Internetzugangs (z.B. ein ISDN-Anschluss sowie die dafür erforderlichen Geräte wie Router und Personal-Computer).

Aus Vereinfachungsgründen darf der Arbeitgeber den vom Arbeitnehmer erklärten Betrag für die laufende Internetnutzung (Gebühren) pauschal versteuern, soweit dieser **50 €** im Monat nicht übersteigt. Bei höheren Zuschüssen zur Internetnutzung und bei einer Änderung dieser Verhältnisse muss der Arbeitnehmer für drei Monate Aufzeichnungen über seine Aufwendungen führen und diese dem Arbeitgeber nachweisen. Der Arbeitgeber hat diese Erklärungen des Arbeitnehmers als Belege zum Lohnkonto aufzubewahren.

Soweit die pauschal besteuerten Arbeitgeberzuschüsse auf **Werbungskosten** des Arbeitnehmers entfallen, ist der Werbungskostenabzug in Höhe dieses Betrags ausgeschlossen. Zu Gunsten des Arbeitnehmers rechnet die Finanzverwaltung die pauschal besteuerten Zuschüsse jedoch zunächst auf den privat veranlassten Teil der Aufwendungen an. Hierdurch können verbleibende berufliche Aufwendungen als Werbungskosten angesetzt werden. Aus Vereinfachungsgründen werden jedoch Arbeitgeberzuschüsse bis zu 50 € im Monat **nicht** auf die Werbungskosten des Arbeitnehmers angerechnet.

Siehe auch → Private Nutzung betrieblicher Geräte.

III. Sozialversicherung

771 Werden die o.a. Geräte unentgeltlich zur Nutzung überlassen, so handelt es sich um Sachbezüge und damit Arbeitsentgelt i.S.d. Sozialversicherung. Wird dieser Sachbezug aber nach § 40 Abs. 2 EStG pauschal versteuert, so handelt es sich nicht mehr um Arbeitsentgelt i.S.d. Sozialversicherung, da eine Einnahme nach § 40 Abs. 2 EStG vorliegt. Gemäß § 1 Abs. 1 Satz 1 Nr. 3 SvEV handelt es sich bei Einnahmen nach § 40 Abs. 2 EStG nicht um Arbeitsentgelt.

Pensionär

I. Arbeitsrecht

772 Die Beschäftigung von Pensionären als Aushilfen, als Teilzeitbeschäftigte oder in Mini-Jobs unterliegt keinen arbeitsrechtlichen Beschränkungen. Da es bei der Beschäftigung von Pensionären um Arbeitnehmer in vorgerücktem Alter geht, ist darauf zu achten, dass sie nicht wegen ihres Alters unzulässig benachteiligt werden i.S.d. **Diskriminierungsverbots** nach §§ 1 ff. AGG.

Zu der Möglichkeit der **Befristung** des Arbeitsvertrags **ohne Sachgrund bei älteren Arbeitnehmern** → Befristeter Arbeitsvertrag Rz. 206, 219.

Zu der Möglichkeit der **Befristung** des Arbeitsvertrags allgemein → Befristeter Arbeitsvertrag.

Zur **Altersgrenze** als Beendigungsgrund für das Arbeitsverhältnis → Ältere Arbeitnehmer.

Ansonsten bestehen aber keine spezifischen arbeitsrechtlichen Besonderheiten für diesen Personenkreis; siehe im Übrigen auch → Rentner Rz. 830.

II. Lohnsteuer

Pensionäre (Beamten- oder Werkspensionäre) können während des Bezugs von Altersbezügen auch eine Teilzeitbeschäftigung oder einen Mini-Job ausüben. Für die Altersbezüge aus dem früheren Dienstverhältnis ist die Lohnsteuer im Regelverfahren nach den individuellen Lohnsteuerabzugsmerkmalen des Pensionärs zu erheben (→ Lohnsteuerkarte). Dazu hat der (frühere) Arbeitgeber die „Besondere" Lohnsteuertabelle anzuwenden; eine Lohnsteuererhebung mit pauschalen Steuersätzen ist nicht zulässig.

773

Für eine **weitere** Beschäftigung bzw. Nebenbeschäftigung sind lohnsteuerlich grundsätzlich keine Besonderheiten zu beachten. Folglich kann die Lohnsteuer für den Arbeitslohn eines teilzeitbeschäftigten oder geringfügig entlohnten Pensionärs auch pauschal erhoben werden. Solch eine steuerlich begünstigte Neben- oder Teilzeitbeschäftigung (mit Pauschsteuersatz) ist auch für den Arbeitgeber zulässig, der die Altersbezüge zahlt. Denn abweichend von dem Grundsatz des einheitlichen Beschäftigungsverhältnisses darf der Arbeitgeber, der ein betriebliches Ruhegeld zahlt (davon Lohnsteuererhebung im Regelverfahren), vom Arbeitslohn dieses teilzeitbeschäftigten oder geringfügig entlohnten Werkspensionärs die Lohnsteuer **pauschal** erheben.

Zum Altersentlastungsbetrag siehe → Ältere Arbeitnehmer Rz. 34.

III. Sozialversicherung

Sozialversicherungsmeldung: Gruppenschlüssel und Einzugsstellen zu bestimmten Sachverhalten

Für Pensionäre (Beamte im Ruhestand) gelten hinsichtlich der versicherungsrechtlichen Beurteilung von Beschäftigungen in den einzelnen Versicherungszweigen unterschiedliche Regelungen.

774

In der Kranken- und Pflegeversicherung unterliegen Pensionäre in allen ausgeübten Beschäftigungen nicht der Versicherungspflicht. Hierbei ist unerheblich, ob die Pension aus Altersgründen oder wegen Dienstunfähigkeit gezahlt wird. Übt ein Pensionär eine geringfügig entlohnte Beschäftigung aus, so ist vom Arbeitgeber nur dann ein Pauschalbeitrag zu diesem Versicherungszweig zu entrichten, wenn der Pensionär gesetzlich krankenversichert ist.

In der Rentenversicherung besteht für Pensionäre in ausgeübten Beschäftigungen nur dann Versicherungsfreiheit, wenn die Pension wegen Alters gezahlt wird. Auch in diesen Fällen hat der Arbeitgeber seinen Beitragsanteil zur Rentenversicherung zu entrichten. Wird die Pension jedoch wegen Dienstunfähigkeit gezahlt, so besteht in der Beschäftigung Rentenversicherungspflicht.

Es kann jedoch Rentenversicherungsfreiheit bestehen, wenn es sich bei der ausgeübten Beschäftigung um eine geringfügig entlohnte Beschäftigung handelt. Der Arbeitgeber hat auch für pensionierte Beamte, die rentenversicherungsfrei sind, einen Pauschalbeitrag zur Rentenversicherung an die KBS zu entrichten. Auf Grund des Bezugs von Altersruhegehalt besteht Rentenversicherungsfreiheit. Vom Arbeitnehmer sind daher keine Rentenversicherungsbeiträge zu tragen.

In der Arbeitslosenversicherung sind beschäftigte Pensionäre ebenfalls versicherungsfrei, wenn sie eine geringfügige Beschäftigung ausüben. Liegen auf Grund des Beschäftigungsumfangs die Kriterien einer geringfügigen Beschäftigung nicht vor, so besteht nur dann Versicherungsfreiheit, wenn der Pensionär das Lebensalter für die Regelaltersrente vollendet hat. Hat der Pensionär das Lebensalter für die Regelaltersrente bereits vollendet und handelt es sich nicht um eine geringfügige Beschäftigung, so hat der Arbeitgeber seit dem 1.1.2017 keinen Beitragsanteil mehr zur Arbeitslosenversicherung zu entrichten. Mit dieser – bis 31.12.2021 befristeten – Regelung sollen die Arbeitgeber ein Stück weit entlastet werden.

Pensionär

Folgende Übersicht weist die Gruppenschlüssel und Einzugsstellen zu bestimmten Sachverhalten aus:

Sachverhalt	Beitragsgruppe KV RV AV PV	Personengruppe	Einzugsstelle
Pensionär wegen Alters (Dienstunfähigkeit): Minijob, private Krankenversicherung.	0 5 0 0 (0 1 0 0)	109	Minijob-Zentrale
Pensionär wegen Alters (Dienstunfähigkeit): Minijob, gesetzlich krankenversichert.	6 5 0 0 (6 1 0 0)	109	Minijob-Zentrale
Pensionär wegen Alters: Beschäftigung mit monatlichem Entgelt > 450 € (bis 31.12.2016), gesetzlich oder privat krankenversichert.	0 3 0 0	119	Krankenkasse
Pensionär wegen Dienstunfähigkeit: Beschäftigung mit monatlichem Entgelt > 450 €, gesetzlich oder privat krankenversichert.	0 1 1 0	101	Krankenkasse

IV. Kirchensteuer

775 Üben kirchenangehörige Pensionäre eine Teilbeschäftigung aus, ist die Kirchensteuer in Abhängigkeit zur Lohnsteuer zu begleichen. Wird die Lohnsteuer mit einem pauschalen Lohnsteuersatz i.H.v. 20 % pauschaliert, kann die Kirchensteuer ebenfalls pauschaliert (→ Kirchensteuer Rz. 557) werden. Weist der Arbeitgeber nach, welcher Mitarbeiter Kirchenangehöriger ist, sind für diese Kirchenangehörigen 8 % bzw. 9 % (je nach Bundesland) einzubehalten und an das Finanzamt abzuführen.

Personengruppenschlüssel

I. Arbeitsrecht

776 Es bestehen keine arbeitsrechtlichen Besonderheiten.

II. Lohnsteuer

777 Es bestehen keine lohnsteuerlichen Besonderheiten.

III. Sozialversicherung

Übersicht zu Personengruppenschlüsseln in der Sozialversicherung

778 Für Personen, die geringfügig entlohnt beschäftigt werden, gilt immer der Personengruppenschlüssel 109, für diejenigen, die kurzfristig beschäftigt werden, immer der Personengruppenschlüssel 110.

In den Fällen, in denen eine zweite oder weitere geringfügig entlohnte Beschäftigung mit einer Hauptbeschäftigung zusammengerechnet werden muss, kann es in der Kranken- und Rentenversicherung zu unterschiedlichen Ergebnissen kommen. Das heißt, die geringfügige Beschäftigung wird krankenversicherungsfrei jedoch rentenversicherungspflichtig oder umgekehrt.

Fraglich ist dann, ob der Personengruppenschlüssel 101 oder 109 Anwendung findet. Maßgeblich sollen bei diesen Sachverhalten jedoch immer die versicherungsrechtlichen Ergebnisse der Rentenversicherung sein. Ergibt sich bei der Zusammenrechnung der Beschäftigungen Rentenversicherungspflicht, ist der Personengruppenschlüssel 101 zu verwenden, bleibt die geringfügige Beschäftigung rentenversicherungsfrei, gilt der Personengruppenschlüssel 109. Vom 1.1.2013 an gilt aber für geringfügig entlohnte Beschäftigte weiterhin der Personengruppenschlüssel 109 – auch wenn Rentenversicherungspflicht besteht.

Schlüsselzahl	Personenkreis	Beschreibung der Personengruppe
101	Sozialversicherungspflichtig Beschäftigte ohne besondere Merkmale	Beschäftigte, die kranken-, pflege-, renten- oder arbeitslosenversicherungspflichtig sind sowie Beschäftigte, für die Beitragsanteile zur Renten- oder Arbeitslosenversicherung zu zahlen sind, sofern sie nicht den nachfolgenden Personengruppen zugeordnet werden können.
102	Auszubildende	Auszubildende sind Personen, die auf Grund eines Ausbildungsvertrages nach dem BBiG eine betriebliche Berufsausbildung in einem anerkannten Ausbildungsberuf durchlaufen. Berufsausbildung ist die Ausbildung im Rahmen rechtsverbindlicher Ausbildungsrichtlinien für einen staatlich anerkannten Ausbildungsberuf. Darüber hinaus ist Berufsausbildung auch die Ausbildung für einen Beruf, für den es zwar noch keine rechtsverbindlichen Ausbildungsrichtlinien gibt, die vorgesehene Ausbildung jedoch üblich und allgemein anerkannt ist. Sind für die Ausbildung Ausbildungsverträge abgeschlossen und von der zuständigen Stelle oder der Handwerkskammer in das Verzeichnis der Ausbildungsverhältnisse eingetragen worden, ist von einer Berufsausbildung auszugehen. Ist ein schriftlicher Ausbildungsvertrag nicht abgeschlossen, kommt es auf die tatsächliche Gestaltung des Ausbildungsverhältnisses und die Umstände des Einzelfalls an. Unbeachtlich für die Annahme einer Berufsausbildung ist, ob die Ausbildung abgeschlossen bzw. ein formeller Abschluss überhaupt vorgesehen ist. Rentenversicherungspflichtige Praktikanten sind mit dem Personengruppenschlüssel 105 zu melden.

Schlüsselzahl	Personenkreis	Beschreibung der Personengruppe
103	Beschäftigte in Altersteilzeit	Beschäftigter in Altersteilzeit ist, wer das 55. Lebensjahr vollendet hat, nach dem 14.2.1996 auf Grund einer Vereinbarung mit seinem Arbeitgeber, die sich zumindest auf die Zeit bis zu einem Altersrentenanspruch erstrecken muss, seine Arbeitszeit auf die Hälfte der bisherigen wöchentlichen Arbeitszeit vermindert hat und versicherungspflichtig i.S.d. SGB III ist (Altersteilzeitarbeit) und innerhalb der letzten fünf Jahre vor Beginn der Altersteilzeitarbeit mindestens 1 080 Kalendertage in einer die Beitragspflicht begründenden Beschäftigung i.S.d. § 25 SGB III gestanden hat bzw. Anspruch auf Arbeitslosengeld, Arbeitslosenhilfe, Arbeitslosengeld II hatte bzw. (für den) Versicherungspflicht nach § 26 Abs. 2 SGB III vorlag. Außerdem muss der Arbeitgeber (wenn die Altersteilzeitarbeit vor dem 1.7.2004 begonnen hat) das Arbeitsentgelt für die Altersteilzeitarbeit um mindestens 20 % dieses Arbeitsentgelts, jedoch mindestens auf 70 % des um die bei (richtig) Arbeitnehmern gewöhnlich anfallenden gesetzlichen Abzüge verminderten bisherigen Arbeitsentgelts aufstocken und für den Arbeitnehmer zusätzlich Beiträge zur gesetzlichen Rentenversicherung mindestens i.H.d. Beitrags zahlen, der auf den Unterschiedsbetrag zwischen 90 % des Vollzeitarbeitsentgelts und dem Arbeitsentgelt aus der Altersteilzeitarbeit entfällt (§§ 2 und 3 AltersTZG a.F.). Bei Beginn der Altersteilzeitarbeit seit dem 1.7.2004 muss der Arbeitgeber das Arbeitsentgelt für die Altersteilzeitarbeit um mindestens 20 % des Regelarbeitsentgelts aufstocken und für den Arbeitnehmer zusätzliche Beiträge zur gesetzlichen Rentenversicherung mindestens i.H.d. Betrags zahlen, der sich aus 80 % des Regelarbeitsentgelts, begrenzt auf 90 % der Beitragsbemessungsgrenze, ergibt.
105	Praktikanten	Praktikanten (→ Praktikant) sind Personen, die eine in Studien- oder Prüfungsordnungen vorgeschriebene berufspraktische Tätigkeit im Rahmen eines rentenversicherungspflichtigen Vor- oder Nachpraktikums verrichten. Zwischenpraktikanten sind in der Kranken-, Pflege-, Renten- und Arbeitslosenversicherung versicherungsfrei und daher nicht zu melden.

Schlüssel-zahl	Personenkreis	Beschreibung der Personengruppe
106	Werkstudenten	Werkstudenten sind Personen, die in der vorlesungsfreien Zeit und/oder der Vorlesungszeit eine Beschäftigung ausüben und darin in der Kranken-, Pflege- und Arbeitslosenversicherung versicherungsfrei, jedoch in der Rentenversicherung versicherungspflichtig sind.
108	Bezieher von Vorruhestandsgeld	Vorruhestandsgeldbezieher unterliegen dann der Kranken-, Pflege- und Rentenversicherungspflicht, wenn nach dem übereinstimmenden Willen der Vertragspartner mit der Vorruhestandsvereinbarung das Ausscheiden des Arbeitnehmers aus dem Erwerbsleben erfolgt, d.h. die Parteien darüber einig sind, dass das bisherige Arbeitsverhältnis beendet und kein neues Arbeitsverhältnis (bei einem anderen Arbeitgeber) aufgenommen wird. Im Übrigen wird für die Versicherungspflicht vorausgesetzt, dass das Vorruhestandsgeld bis zum frühestmöglichen Beginn der Altersrente oder ähnlicher Bezüge öffentlich-rechtlicher Art oder, wenn keine dieser Leistungen beansprucht werden kann, bis zum Ablauf des Kalendermonats gewährt wird, in dem der ausgeschiedene Arbeitnehmer das 65. Lebensjahr vollendet (§ 5 Abs. 3 SGB V, § 3 Satz 1 Nr. 4 SGB VI).
109	Geringfügig entlohnt Beschäftigte	Eine geringfügig entlohnte Beschäftigung liegt vor, wenn das Arbeitsentgelt regelmäßig im Monat 450 € nicht übersteigt (§ 8 Abs. 1 Nr. 1 SGB IV). Auch wenn ab dem 1.1.2013 Rentenversicherungspflicht besteht, ist der Personengruppenschlüssel 109 zu verwenden. Sofern durch die Zusammenrechnung von mehreren geringfügig entlohnten Beschäftigungen bzw. von mehr als einer (richtig) geringfügig entlohnten Beschäftigung mit einer versicherungspflichtigen Beschäftigung Versicherungspflicht eintritt, ist grds. der Personengruppenschlüssel 101 zu verwenden.
110	Kurzfristig Beschäftigte	Eine kurzfristige Beschäftigung liegt vor, wenn die Beschäftigung innerhalb eines Kalenderjahrs auf längstens drei Monate oder 70 Arbeitstage nach ihrer Eigenart begrenzt zu sein pflegt oder im Voraus vertraglich begrenzt ist, es sei denn, dass die Beschäftigung berufsmäßig ausgeübt wird und ihr Entgelt 450 € im Monat übersteigt (§ 8 Abs. 1 Nr. 2 SGB IV). Eine kurzfristige Beschäftigung liegt auch dann vor, wenn gleichzeitig die Kriterien einer geringfügig entlohnten Beschäftigung erfüllt sind.

Personengruppenschlüssel

Schlüsselzahl	Personenkreis	Beschreibung der Personengruppe
118	Unständig Beschäftigte	Unständig Beschäftigte sind Personen, die berufsmäßig unständigen Beschäftigungen nachgehen, in denen sie versicherungspflichtig sind. Unständig ist die Beschäftigung, die auf weniger als eine Woche entweder nach der Natur der Sache befristet zu sein pflegt oder im Voraus durch den Arbeitsvertrag befristet ist.
119	Versicherungsfreie Altersvollrentner und Versorgungsbezieher wegen Alters	Es handelt sich um Personen, die eine Vollrente wegen Alters aus der gesetzlichen Rentenversicherung oder eine entsprechende Versorgung von einer berufsständischen Versorgungseinrichtung oder eine Versorgung nach beamtenrechtlichen Vorschriften oder Grundsätzen wegen Erreichens einer Altersgrenze beziehen (§ 5 Abs. 4 Nr. 1 und 2 SGB VI).
120	Versicherungspflichtige Altersvollrentner	Es handelt sich um Personen, die vor Erreichen der Regelaltersgrenze eine Vollrente wegen Alters aus der gesetzlichen Rentenversicherung beziehen oder nach Erreichen der Regelaltersgrenze eine Vollrente wegen Alters aus der gesetzlichen Rentenversicherung beziehen und auf die Versicherungsfreiheit nach § 5 Abs. 4 Satz 2 SGB VI verzichten oder vor Erreichen der Regelaltersgrenze eine Vollrente wegen Alters aus der gesetzlichen Rentenversicherung beziehen und auf die Versicherungsfreiheit nach § 230 Abs. 9 Satz 2 SGB VI verzichten.
121	Geringverdiener	Auszubildende, deren monatliches Arbeitsentgelt 325 € nicht übersteigt
122	Auszubildende in einer außerbetrieblichen Ausbildung	Auszubildende in einer außerbetrieblichen Ausbildung
123	Personen, die einen Bundesfreiwilligendienst, ein soziales oder ökologisches Jahr leisten	Es handelt sich um Personen, die auf Grund der Ableistung eines Freiwilligendienstes nach dem BFDG versicherungspflichtig werden.
124	Heimarbeiter	Heimarbeiter ohne Anspruch auf Entgeltfortzahlung
190	Beschäftigte, die ausschließlich in der gesetzlichen Unfallversicherung versichert sind	Es handelt sich um versicherte Beschäftigte nach § 2 Abs. 1 Nr. 1 SGB VII mit nur zur gesetzlichen Unfallversicherung beitragspflichtigem Entgelt.

Pflegezeit/Familienpflegezeit

I. Arbeitsrecht

Das Pflegezeitgesetz, das Familienpflegezeitgesetz und das Gesetz zur besseren Vereinbarkeit von Familie, Pflege und Beruf (BGBl. I 2014, 2462) sollen Beschäftigten die Möglichkeit zur Pflege naher Angehöriger in häuslicher Umgebung eröffnen, und damit die Vereinbarkeit von Beruf und familiärer Pflege verbessern.

Die Pflegezeitregelungen **gelten ohne Einschränkungen auch für Aushilfen, Minijobber und Teilzeitkräfte**. Hinsichtlich einer ausführlichen allgemeinen Darstellung wird daher auf die 39. Auflage 2018 dieses Ratgebers sowie auf weiterführende spezifische Werke verwiesen.

II. Lohnsteuer

Durch die Pflegezeit/Familienpflegezeit wird das steuerliche Dienstverhältnis nicht aufgelöst. Folglich bleibt es regelmäßig das „erste" Dienstverhältnis. Zahlt der Arbeitgeber während der Pflegezeit/Familienpflegezeit – wenn auch ggf. einen verminderten – Arbeitslohn fort oder leistet er Sonderzahlungen, sind die allgemeinen Regelungen zum → Lohnsteuerabzug zu beachten.

III. Sozialversicherung

In der Sozialversicherung ist zu beachten, dass bei einer Pflegezeit nach § 3 PflegeZG, bei einer vollständigen Freistellung von der Arbeitsleistung, kein Beschäftigungsverhältnis im sozialversicherungsrechtlichen Sinne mehr besteht. Als Arbeitgeber hat man den Beschäftigten mit dem letzten Tag der Beschäftigung gegen Arbeitsentgelt abzumelden.

Bei der Pflegezeit nach § 2 PflegeZG bestehen keine Besonderheiten.

Durch die Einführung der neuen Familienpflegezeit dürften sich ebenfalls keine sozialversicherungsrechtlichen Besonderheiten ergeben. Da die wöchentliche Arbeitszeit mindestens 15 Stunden betragen muss und das reduzierte Entgelt um 25 % aufgestockt werden muss, dürfte es nur in seltenen Fällen dazu kommen, dass aus einer versicherungspflichtigen eine versicherungsfreie geringfügig entlohnte Beschäftigung wird.

Diese Fallgestaltungen kommen in der Praxis äußerst selten vor.

Seit dem 1.1.2015 wird die unbezahlte kurzfristige Arbeitsfreistellung nach § 2 PflegeZG mit einem Pflegeunterstützungsgeld, ähnlich dem Krankengeld, für die Betreuung eines erkrankten Kindes, finanziell abgesichert.

Der Bezug von Pflegeunterstützungsgeld führt zur Beitragsfreiheit in der Beschäftigung. Für diese Zeiten sind also keine SV-Tage zu berücksichtigen.

Praktikant

I. Arbeitsrecht

1. Definition, Grundsätze und Mindestlohn

Praktikant ist nach der **gesetzlichen Definition** gem. § 22 Abs. 1 Satz 3 MiLoG unabhängig von der Bezeichnung des Rechtsverhältnisses, wer sich nach der tatsächlichen Ausgestaltung und Durchführung des Vertragsverhältnisses für eine begrenzte Dauer zum Erwerb praktischer Kenntnisse und Erfahrungen einer bestimmten betrieblichen Tätigkeit zur Vorbereitung auf eine berufliche Tätigkeit unterzieht, ohne dass es sich dabei um eine Berufsausbildung im Sinne des Berufsbildungsgesetzes oder um eine damit vergleichbare praktische Ausbildung handelt. Mit den Worten des BAG (v. 13.3.2003, 6 AZR 564/01, EzB BBiG § 26 Nr. 18) „ist ein Praktikant in aller Regel vorübergehend in einem Betrieb praktisch tätig, um sich die zur Vorbereitung auf einen – meist akademischen – Beruf notwendigen praktischen Kenntnisse und Erfahrungen anzueignen. Allerdings findet in einem Praktikantenverhältnis keine systematische Berufsausbildung statt. Vielmehr wird eine darauf beruhende Tätigkeit häufig Teil einer Gesamtausbildung sein und beispielsweise für die Zulassung zu Studium oder Beruf benötigt. Demnach steht bei einem Praktikantenverhältnis ein Ausbildungszweck im Vordergrund. Die Vergütung ist der Höhe nach deshalb auch eher eine Aufwandsentschädigung oder Beihilfe zum Lebensunterhalt."

Für Praktikanten gilt nunmehr nach § 1 NachwG auch die Pflicht zum **Nachweis der Arbeitsvertragsbedingungen** (→ Nachweisgesetz Rz. 744 ff.).

Zur **Befristung** im Anschluss an ein früheres Praktikantenverhältnis gilt: Eine berufsvorbereitende Beschäftigung als Praktikant, wenn mit diesem kein Arbeitsvertrag abgeschlossen wurde, ist **kein Vorbeschäftigungsverhältnis** und steht daher der sachgrundlosen Befristung nach § 14 Abs. 2 TzBfG nicht entgegen (BAG v. 19.10.2005, 7 AZR 31/05, NZA 2006, 154).

Für **ausbildungsähnliche Rechtsverhältnisse** und damit auch für den Personenkreis dieser Praktikanten, die – zumeist nur für relativ kurze Zeit – eingestellt werden, um berufliche Kenntnisse, Fertigkeiten oder Erfahrungen zu erwerben, ohne dass es sich um eine Berufsausbildung i.S.d. BBiG handelt und soweit nicht ein Arbeitsverhältnis vereinbart ist, sollen nach dem Willen des Gesetzgebers gem. § 26 BBiG vertragsrechtliche **Schutzvorschriften des Berufsbildungsgesetzes** zur Anwendung kommen. Entscheidend ist ggf. in jedem Einzelfall in einem als Praktikum bezeichneten Vertragsverhältnis, ob es sich um ein ausbildungsähnliches Rechtsverhältnis mit Ausbildungselementen i.S.d. § 26 BBiG handelt, bei dem der Ausbildungscharakter im Vordergrund steht oder ob das Rechtsverhältnis durch seine Ausgestaltung als Arbeitsverhältnis geprägt wird. Steht der Arbeitsverhältnischarakter der Beziehungen im Vordergrund, dient die Arbeitsleistung also in erster Linie und überwiegend in zeitlicher Hinsicht wirtschaftlichen Zwecken und nicht oder erst in zweiter Linie der Vermittlung beruflicher Kenntnisse, Fertigkeiten oder Erfahrungen, so findet zwar das Berufsbildungsgesetz mit seinen Schutzvorschriften keine Anwendung; für das Arbeitsverhältnis gelten dann aber natürlich die allgemeinen arbeitsrechtlichen Regeln, z.B. insbesondere die Pflicht zur Zahlung einer angemessenen Arbeitsvergütung.

Zur **europarechtlichen Arbeitnehmereigenschaft** eines Praktikanten im Zusammenhang von Massenentlassungen s. EuGH v. 9.7.2015, C-229/14, NJW 2015, 2481.

Hinsichtlich einer ausführlichen **Darstellung** s. D. Besgen, Die Welt der Praktikanten, B+P 2015, 666.

783 Praktikanten gelten insoweit nach § 22 Abs. 1 Satz 2 MiLoG als Arbeitnehmer mit der Konsequenz, dass sie Anspruch auf den **gesetzlichen Mindestlohn** nach dem MiLoG besitzen mit folgenden **Ausnahmen** (→ Mindestlohn Rz. 706):

– Pflichtpraktikanten nach Ausbildungsordnung, hochschulrechtlicher Bestimmung oder im Rahmen einer Ausbildung an einer gesetzlich geregelten Berufsakademie,

– Teilnehmer an Orientierungspraktika von maximal drei Monaten für die Aufnahme einer Ausbildung oder eines Studiums,

– Teilnehmer an ausbildungs- oder studienbegleitenden Praktika von maximal drei Monaten, wenn nicht zuvor ein solches Praktikumsverhältnis mit demselben Ausbildenden bestanden hat

– Teilnehmer an einer Einstiegsqualifizierung nach § 54a SGB III oder an einer Berufsausbildungsvorbereitung nach §§ 68 bis 70 BBiG.

Zur Einordnung von **Unterbrechungen eines Orientierungspraktikums** bei der Drei-Monats-Frist gilt (BAG v. 30.1.2019, 5 AZR 556/17, NZA 2019, 773): Ein Praktikum zur

Orientierung für eine Berufsausbildung oder für die Aufnahme eines Studiums im Sinne des § 22 Abs. 1 Nr. 2 MiLoG kann aus Gründen in der Person des Praktikanten, beispielsweise aufgrund von Krankheit, Urlaub oder anderweitiger Tätigkeit, rechtlich oder tatsächlich unterbrochen und um die Dauer der Unterbrechungszeit verlängert werden, wenn zwischen den einzelnen Abschnitten ein sachlicher und zeitlicher Zusammenhang besteht und die Höchstdauer von drei Monaten insgesamt nicht überschritten wird. Offen und höchstrichterlich ungeklärt ist demgegenüber die Rechtslage zu der Frage nach den Modalitäten des Mindestlohnanspruchs bei **Überschreitung** der Drei-Monats-Frist.

2. Schülerpraktikum

Das Betriebspraktikum für Schüler hat sich in den letzten Jahren verstärkt herausgebildet. Ein solches Betriebspraktikum hat den Zweck, einen Schüler und angehenden Auszubildenden/Arbeitnehmer mit dem praktischen Arbeits- und Berufsleben vertraut zu machen, und zwar noch vor dem Schulabschluss. Für die Durchführung derartiger Betriebspraktika für Schüler im Rahmen der Schulausbildung bestehen in den meisten Bundesländern Richtlinien und Erlasse. **784**

Bei den Betriebspraktika handelt es sich nicht um arbeitsrechtlich relevante Praktikanten- oder Arbeitsverhältnisse, sondern um eine schulische Ausbildung im Rahmen einer **Schulveranstaltung** in den Betrieben mit einer Dauer von zwei bis vier Wochen. Es besteht weder eine arbeitsrechtliche Pflicht zur Zahlung von Arbeitsentgelt für den Betrieb noch ein Recht bzw. eine Pflicht zur Arbeitsleistung. Ob der Arbeitgeber den Schülern ohne rechtliche Verpflichtung eine Art Anerkennungsentgelt oder Taschengeld zukommen lässt, sollte mit dem pädagogischen Leiter des Betriebspraktikums abgesprochen werden.

Die Beschäftigung von Schülern im Rahmen eines Betriebspraktikums während der Vollzeitschulpflicht ist gem. § 5 Abs. 2 Nr. 2 Jugendarbeitsschutzgesetz auch für noch nicht 14 Jahre alte Schüler (Kinder) zulässig.

Grundsätzlich zur Beschäftigung von Schülern siehe → Schüler Rz. 875 ff.

3. Echtes Studentenpraktikum

Bei verschiedenen Studiengängen eines Hochschulstudiums oder eines Fachhochschulstudiums ist eine praktische Ausbildung während der Studienzeit Bestandteil der Ausbildung. Der betreffende Student muss also diese praktische Ausbildung während des Studiums gegebenenfalls erfolgreich ablegen und nachweisen, um sein Studienziel erreichen zu können. **785**

Für den Bereich dieser Hochschul- und Fachhochschul-Praktika gilt: Es handelt sich **nicht** um **Arbeitsverhältnisse** im Rechtssinne, auch **nicht** um **Ausbildungsverhältnisse,** für die die Vorschrift des § 26 BBiG Anwendung finden würde.

Andererseits gilt: Ein Praktikum **vor Aufnahme** eines Hochschulstudiums oder einer Fachhochschulausbildung ist ein arbeitsrechtlich in vollem Umfang relevantes **Praktikantenverhältnis**, auf das gem. § 26 BBiG die Schutzregelungen nach §§ 10 bis 23 und 25 BBiG Anwendung finden. Dies gilt auch dann, wenn das Betriebspraktikum Voraussetzung für die Aufnahme des Studiums ist. Dasselbe gilt für ein Berufspraktikum, das **im Anschluss an ein Studium** absolviert wird und ggf. absolviert werden muss.

Umgekehrt handelt es sich bei **Werkstudenten** (→ Student/Werkstudent) um echte Arbeitsverhältnisse.

4. Freiwilliges Praktikum mit Ausbildungs- und Arbeitscharakter

Das Praktikantenverhältnis kann auch als „anderes Vertragsverhältnis" i.S.d. § 26 BBiG ausgestaltet sein. Dann gelten einerseits gem. § 10 BBiG die allgemeinen arbeits- **786** rechtlichen Rechtsvorschriften und Rechtsgrundsätze, andererseits die besonderen vertragsrechtlichen Regelungen des Berufsbildungsgesetzes mit der Maßgabe, dass die gesetzliche Probezeit abgekürzt, auf die Vertragsniederschrift verzichtet und bei vorzeitiger Lösung des Vertragsverhältnisses kein Schadensersatz verlangt werden kann.

Von Bedeutung ist auch, dass eine Ausbildungsvergütung gezahlt werden muss: Dem Praktikanten steht nach § 17 BBiG eine **angemessene Praktikantenvergütung** zu. Dieser Anspruch ist **unverzichtbar**! Das bedeutet: Eine Unentgeltlichkeitsabrede für das Praktikantenverhältnis ist unwirksam; an die Stelle der unwirksamen Vereinbarung tritt der Anspruch des Praktikanten auf eine angemessene „übliche" Vergütung nach § 612 BGB. Zur Vergütung des Praktikanten gilt auch: Verrichtet ein Praktikant **höherwertige Dienste** als die, die er nach dem vereinbarten Inhalt des Praktikums zu erbringen hat, ist dies von der Vergütungsvereinbarung zum Praktikum nicht mehr gedeckt. Die Vergütung der außervertraglichen, höherwertigen Leistung erfolgt entsprechend § 612 BGB (BAG v. 10.2.2015, 9 AZR 289/13, ZTR 2015, 459).

Einen **Formulierungsvorschlag** für einen Praktikantenvertrag enthält Anhang 15 → Praktikantenvertrag (Studenten).

5. Missbrauch des Praktikantenvertrags/Scheinpraktikum

787 Der Praktikantenvertrag wird, folgt man der Vielzahl von entsprechenden Berichten in den Medien, nicht selten missbraucht in der Richtung, dass Praktikanten in ihrer Erwartung eines regulären Arbeitsvertrags als billige Arbeitskräfte ausgenutzt werden: „Wenn Praktikum draufsteht, steckt nicht immer Praktikum drin." Ein einschlägiger, meist im Vorhinein schon leicht erkennbarer Fehler kann nicht nur erhebliche finanzielle Konsequenzen bei der Nachzahlung von Vergütung und der Sozialversicherung haben, sondern auch ein Strafverfahren nach §§ 263, 266a und 291 StGB nach sich ziehen.

Außerdem besteht mindestens Anspruch auf den **gesetzlichen Mindestlohn** nach dem MiLoG (→ siehe oben Rz. 782).

788 Ein „Praktikum" ist nur dann kein Arbeitsverhältnis, wenn ein Ausbildungszweck im Vordergrund steht. Daran hat auch § 22 Abs. 1 Satz 3 MiLoG nichts geändert. Daher sind z.B. Praktika von bereits fertigen Absolventen eines einschlägigen Studiums, die lediglich dem Einstieg in den Arbeitsmarkt dienen, jedoch überwiegend mit üblichen Arbeitsaufgaben von Arbeitnehmern verbunden sind, Scheinpraktika und damit Arbeitsverhältnisse. Enthält ein „Praktikanten-Vertrag" typische Arbeitnehmerpflichten, insbesondere eine tägliche Anwesenheitspflicht von acht Stunden und eine Tätigkeit nach Weisung eines Mitarbeiters des Vertragspartners und in dessen Großraumbüro, ist ein Scheinpraktikum zu vermuten (LAG Berlin-Brandenburg v. 20.5.2016, 6 Sa 1787/15, BB 2016, 2548).

In Missbrauchsfällen, d.h. bei Benutzung der Praktikantenbezeichnung zur Verdeckung eines in Wahrheit vollzogenen Arbeitsverhältnisses zwecks vermeintlicher Rechtfertigung einer niedrigen Arbeitsvergütung (Schlagwort: **Scheinpraktikum**) gilt: Bei nicht überwiegendem Ausbildungszweck ist die Vereinbarung einer – geringen – Ausbildungsvergütung **sittenwidrig** und eine angemessene Vergütung geschuldet (LAG Baden-Württemberg v. 8.2.2008, 5 Sa 45/07, NZA 2008, 768). Erbringt ein Beschäftigter im Rahmen eines sog. Praktikantenvertrages auf Weisung des Arbeitgebers über einen längeren Zeitraum Leistungen, die nicht seiner Aus- oder Fortbildung dienen, sondern ganz überwiegend im betrieblichen Interesse liegen, so steht ihm hierfür ein Vergütungsanspruch gem. § 612 BGB zu (LAG Sachsen-Anhalt v. 18.5.2009, 6 Sa 432/08), ebenso bei einem lohnwucherischen „**Anlernverhältnis**" (BAG v. 27.7.2010, 3 AZR 317/08, DB 2011, 943). Steht in einem nahezu einjährigen sog. Praktikantenverhältnis der Ausbildungszweck nicht im Vordergrund, sondern liegt eine Eingliederung in die Arbeitsorganisation vor, so verstößt eine Vergütung i.H.v. 200 € für eine Vollzeittätigkeit gegen die guten Sitten und stellt einen Fall unzulässigen **Lohn-**

wuchers dar (ArbG Kiel v. 19.11.2008, 4 Ca 1187 d/08, PflR 2009, 188). Bei einem Anspruch auf die übliche Vergütung besteht mindestens Anspruch auf den gesetzlichen **Mindestlohn** nach dem MiLoG.

Geht es in einem **Konfliktfall** um die Frage, ob es sich im Einzelfall um ein – privilegiertes – Praktikantenverhältnis oder um ein normales Arbeitsverhältnis mit allen diesbezüglichen Rechten und Pflichten gehandelt hat, so ist letztlich entscheidend nicht die Bezeichnung und die Vereinbarung der Vertragsbeziehungen „auf dem Papier", sondern maßgeblich ist (wie z.B. bei der Abgrenzung freier Mitarbeit zum Arbeitsverhältnis) die praktische Durchführung der Vertragsbeziehungen (BAG v. 29.1.1992, 7 ABR 25/91, DB 1992, 1781; BAG v. 25.5.2005, 5 AZR 347/04, AP Nr. 117 zu § 611 BGB Abhängigkeit).

> **Beispiel:**
> Eine Arbeitnehmerin hat zunächst ein freiwilliges soziales Jahr in einer bestimmten Krankenanstalt abgeleistet, kurze Zeit später einen Schwesterhelferinnenkurs und im Anschluss daran ein vereinbartes „Krankenpflegepraktikum" von sechs Monaten. Für dieses Praktikum war Unentgeltlichkeit vereinbart, erkennbar in der Hoffnung der Arbeitnehmerin, einen Ausbildungsplatz beim Arbeitgeber zu erhalten. Die Arbeitnehmerin wurde während der Zeit des Praktikums im Pflegedienst des Krankenhauses wie eine vergleichbare Arbeitnehmerin eingesetzt.

Bei dieser Fallgestaltung liegt kein Praktikantenverhältnis im rechtlichen Sinne vor, sondern ein Arbeitsverhältnis. Dies hat u.a. zur Folge, dass die Vereinbarung der Unentgeltlichkeit des Praktikums unwirksam ist. An die Stelle der unwirksamen Vereinbarung tritt der Anspruch der Arbeitnehmerin auf die übliche Vergütung nach § 612 Abs. 2 BGB, mindestens aber auf den Mindestlohn (vgl. LAG Rheinland-Pfalz v. 8.6.1984, 6 Sa 51/84, NZA 1986, 293).

II. Lohnsteuer

In der Praxis wird der Begriff des Praktikanten oft weitreichend und unbestimmt verwendet. Im allgemeinen Sprachgebrauch ist ein Praktikant praktisch jede günstig beschäftigte Arbeitskraft, die noch in einer Ausbildung ist, ein Studium absolviert oder seinen Berufseinstieg nach dem Studium finden möchte.

Erhält ein Praktikant für seine Tätigkeit im Rahmen eines Dienstverhältnisses Arbeitslohn (→ Arbeitnehmer), gehören diese Zahlungen nach § 19 EStG zu den steuerpflichtigen Einkünften aus nichtselbständiger Tätigkeit. Folglich hat der Arbeitgeber vom Arbeitslohn nach den allgemeinen Regelungen die Lohnsteuer zu erheben.

Siehe auch → Arbeitsvergütung, → Dienstverhältnis und → Schüler.

III. Sozialversicherung

1. Allgemeines

Praktikanten sind Personen, die sich im Zusammenhang mit einer theoretischen, schulischen Ausbildung praktische Kenntnisse in Betrieben aneignen, die der Vorbereitung, Unterstützung oder Vervollständigung der Ausbildung für den angestrebten Beruf dienen.

Für die versicherungsrechtliche Beurteilung kommt es v.a. darauf an, ob das Praktikum vorgeschrieben ist, wann es ausgeübt wird (Vor-, Zwischen- oder Nachpraktikum) und ob Arbeitsentgelt gezahlt wird. Eine Legaldefinition bietet seit dem 1.1.2015 § 22 Abs.1 MiLoG. Die o.a. arbeitsrechtlichen Grundsätze sind ab 1.1.2015 zu beachten.

2. Vorgeschriebene Praktika

a) Grundsatz

791 Vorgeschriebene Praktika liegen nur dann vor, wenn sie in einer Ausbildungs-, Studien- oder Prüfungsordnung normiert sind. Die Verpflichtung zur Ableistung des Praktikums ist nachzuweisen.

b) Zwischenpraktika

aa) Kranken-, Pflege- und Arbeitslosenversicherung

792 Nach § 6 Abs. 1 Nr. 3 SGB V sind Personen krankenversicherungsfrei, die während der Dauer ihres Studiums als ordentliche Studierende einer Hochschule oder einer der fachlichen Ausbildung dienenden Schule gegen Arbeitsentgelt beschäftigt sind. Entsprechendes gilt, da die Pflegeversicherung grundsätzlich der Krankenversicherung folgt, in der Pflegeversicherung und nach § 27 Abs. 4 Nr. 2 SGB III in der Arbeitslosenversicherung. Diese Versicherungsfreiheit ist nicht allein auf Werkstudenten beschränkt. Sie gilt ebenfalls für solche Studenten, die ein in einer Studien- oder Prüfungsordnung vorgeschriebenes Praktikum absolvieren. Diese Praktikanten bleiben, wenn und solange sie an einer Hochschule bzw. Fachhochschule immatrikuliert sind, ihrem Erscheinungsbild nach Studenten. Mithin besteht für sie, soweit das Praktikum im Rahmen eines abhängigen Beschäftigungsverhältnisses ausgeübt wird, Versicherungsfreiheit in der Kranken-, Pflege- und Arbeitslosenversicherung. Die Dauer des Praktikums, die wöchentliche Arbeitszeit sowie die Höhe des während des Praktikums erzielten Arbeitsentgelts spielen dabei keine Rolle.

Für die versicherungsrechtliche Beurteilung von Praktikanten, die an einer ausländischen Hochschule eingeschrieben sind, ist der Besuch der ausländischen Hochschule dem Studium an einer deutschen Hochschule gleichzustellen. Daraus ergibt sich, dass in der Bundesrepublik Deutschland abgeleistete Praktika ohne Rücksicht auf die Dauer des Praktikums sowie die Höhe des Arbeitsentgelts versicherungsfrei in der Kranken-, Pflege- und Arbeitslosenversicherung sind, sofern das Praktikum in einer Studien- oder Prüfungsordnung vorgeschrieben ist.

bb) Rentenversicherung

793 Die versicherungsrechtliche Beurteilung von Praktikanten, die während der Dauer eines Studiums als ordentliche Studierende einer Fachschule oder Hochschule ein Praktikum ableisten, das in einer Studien- oder Prüfungsordnung vorgeschrieben ist, ergibt sich aus § 5 Abs. 3 SGB VI. Diese Praktika sind unabhängig von der wöchentlichen Arbeitszeit und der Höhe des monatlichen Arbeitsentgelts versicherungsfrei in der Rentenversicherung.

c) Vor- und Nachpraktika

aa) Kranken- und Pflegeversicherung

Allgemeines zum Vorpraktikum

794 Praktikanten, die ein vorgeschriebenes Vorpraktikum über den Zeitpunkt der Studienaufnahme hinaus in unverändertem Umfang für einen kurzen Zeitraum fortführen, ohne dass das Hochschulrecht dem entgegensteht, sind weiterhin als Vorpraktikanten und nicht als Zwischenpraktikanten zu behandeln. Die Einschreibung während des Vorpraktikums beeinflusst den versicherungsrechtlichen Status in diesen Fällen nicht, wenn der Zeitraum, in dem das Praktikum in das Studium hineinragt, nicht mehr als zwei Wochen ausmacht. Sofern das Praktikum mehr als zwei Wochen in das Studium hineinragt, ist – rückwirkend zum Zeitpunkt des Studienbeginns – eine Differenzierung zwischen Vorpraktikanten und Zwischenpraktikanten vorzunehmen.

Personen, die eine in Studien- oder Prüfungsordnungen vorgeschriebene berufspraktische Tätigkeit verrichten, unterliegen der Kranken- und Pflegeversicherungspflicht als Praktikant, wenn die vorgeschriebene berufspraktische Tätigkeit ohne Arbeitsentgelt ausgeübt wird. Es sind vom Arbeitgeber keine Beiträge zu diesen Versicherungszweigen zu entrichten. Bei den Meldungen nach der DEÜV sind diese Versicherungszweige bei den Beitragsgruppen mit „0" zu verschlüsseln (0XX0), als Personengruppe ist der Schlüssel 105 zu verwenden.

Wird das vorgeschriebene Vor- oder Nachpraktikum jedoch gegen Arbeitsentgelt ausgeübt, so besteht Kranken- und Pflegeversicherungspflicht. Die Regelungen über die Versicherungsfreiheit wegen Geringfügigkeit der Beschäftigung sind jedoch nicht anzuwenden, da es sich um eine Beschäftigung im Rahmen betrieblicher Berufsbildung handelt. Dies ist für den Bereich der Krankenversicherung in § 7 Satz 1 Nr. 2 SGB V ausdrücklich geregelt und gilt gem. dem Grundsatz „Pflegeversicherung folgt Krankenversicherung" auch für den Zweig der Pflegeversicherung.

bb) Renten- und Arbeitslosenversicherung

Praktikanten, die ein in einer Studien- oder Prüfungsordnung vorgeschriebenes Praktikum absolvieren, aber noch nicht oder nicht mehr an einer Hochschule bzw. Fachhochschule immatrikuliert sind, unterliegen als zu ihrer Berufsausbildung Beschäftigte der Versicherungspflicht nach § 1 Satz 1 Nr. 1 SGB VI in der Rentenversicherung und nach § 25 Abs. 1 SGB III in der Arbeitslosenversicherung. Dies gilt gleichermaßen für vorgeschriebene Praktika, die vor Beginn des Fachschulbesuchs abgeleistet werden. **795**

Da es sich bei einem Praktikum um eine Beschäftigung im Rahmen betrieblicher Berufsbildung bzw. Berufsausbildung handelt und die Regelungen über die Versicherungsfreiheit geringfügiger Beschäftigungen nach ausdrücklicher Bestimmung in § 5 Abs. 2 Satz 2 SGB VI und § 27 Abs. 2 Satz 2 Nr. 1 SGB III auf Beschäftigungen im Rahmen betrieblicher Berufsbildung bzw. Berufsausbildung nicht anzuwenden sind, kommt für Vorpraktikanten Versicherungsfreiheit nicht in Betracht. Die Vorpraktikanten unterliegen, weil sie nicht an einer Hochschule bzw. Fachhochschule immatrikuliert sind, mithin auch dann der Versicherungspflicht in der Renten- und Arbeitslosenversicherung, wenn das Praktikum nicht länger als zwei Monate dauert.

Wird das Praktikum gegen Arbeitsentgelt ausgeübt, so sind die Beiträge aus dem Arbeitsentgelt zu ermitteln. Die Regelungen zur → Geringverdienergrenze gelten auch für Praktikanten, da sie zu ihrer Berufsausbildung im Betrieb beschäftigt sind. Renten- und Arbeitslosenversicherungspflicht besteht in der Rentenversicherung allerdings auch dann, wenn das vorgeschriebene Praktikum ohne Arbeitsentgelt ausgeübt wird. In diesen Fällen ist für die Beitragsberechnung 1 % der monatlichen Bezugsgröße zu Grunde zu legen (2021 Rechtskreis West: 32,90 € und Rechtskreis Ost: 31,15 €). Die Renten- und Arbeitslosenversicherungsbeiträge sind vom Arbeitgeber zu tragen.

Bei den Meldungen zur Sozialversicherung ist für Vor- und Nachpraktikanten ohne Arbeitsentgelt der Personengruppenschlüssel „105" zu verwenden. Wird jedoch Arbeitsentgelt gezahlt, so ist die Personengruppe mit „102" zu verschlüsseln.

Die Geringverdienergrenze ist zu beachten: Für Praktikanten, deren monatliches Arbeitsentgelt 325 € nicht übersteigt, gelten die unter dem Beitrag → Geringverdienergrenze beschriebenen beitragsrechtlichen Besonderheiten. Zudem ist für diesen Personenkreis der Personengruppenschlüssel „121" zu verwenden.

3. Nicht vorgeschriebene Praktika

a) Zwischenpraktika

aa) Kranken-, Pflege- und Arbeitslosenversicherung

Die versicherungsrechtliche Beurteilung von nicht vorgeschriebenen Zwischenpraktika ist in der Krankenversicherung nach § 6 Abs. 1 Nr. 3 SGB V und in der Arbeitslosenver- **796** sicherung nach § 27 Abs. 4 Satz 1 Nr. 2 SGB III vorzunehmen. In der Pflegeversicherung ist entsprechend der Beurteilung für die Krankenversicherung zu verfahren. Danach besteht Versicherungsfreiheit für Personen, die während der Dauer ihres Studiums als ordentliche Studierende (→ Student/Werkstudent) einer Hochschule oder einer der fachlichen Ausbildung dienenden Schule eine Beschäftigung gegen Arbeitsentgelt ausüben. Die Versicherungsfreiheit kommt allerdings nur für die Studierenden in Betracht, deren Zeit und Arbeitskraft überwiegend durch das Studium in Anspruch genommen werden; für diejenigen, die ihrem Erscheinungsbild nach als Arbeitnehmer anzusehen sind, gelten die allgemeinen Regelungen über die Versicherungspflicht von Arbeitnehmern in der Kranken-, Pflege- und Arbeitslosenversicherung.

bb) Rentenversicherung

797 In der Rentenversicherung besteht – anders als in der Kranken-, Pflege- und Arbeitslosenversicherung – keine besondere Regelung für nicht vorgeschriebene Zwischenpraktika. Da die allgemeinen Regelungen gelten, kommt Rentenversicherungsfreiheit nur noch beim Vorliegen einer geringfügig entlohnten oder einer kurzfristigen Beschäftigung in Betracht. Diese Personen gehören nicht zu den zur Berufsausbildung Beschäftigten.

Wird ein vorgeschriebenes Zwischenpraktikum ausgeübt, so besteht Rentenversicherungspflicht als zur Berufsausbildung Beschäftigter. Rentenversicherungsfreiheit i.R. einer geringfügigen Beschäftigung kann nicht eintreten.

Liegen bei einem nicht vorgeschriebenen Zwischenpraktikum die Voraussetzungen einer geringfügig entlohnten Beschäftigung vor, so sind zur Rentenversicherung keine Pauschalbeiträge vom Arbeitgeber zu entrichten (vgl. § 172 Abs. 3 SGB VI). Zur Krankenversicherung sind jedoch Pauschalbeiträge zu entrichten. Voraussetzung ist, dass der Praktikant gesetzlich krankenversichert ist.

b) Vor- und Nachpraktika

798 Im Gegensatz zu den in Studien- oder Prüfungsordnungen vorgeschriebenen Vor- oder Nachpraktika bestehen für nicht vorgeschriebene Vor- oder Nachpraktika hinsichtlich der versicherungsrechtlichen Beurteilung keine Sonderregelungen. Personen, die nicht vorgeschriebene Praktika gegen Arbeitsentgelt ausüben, sind deshalb grundsätzlich versicherungspflichtig in der Krankenversicherung nach § 5 Abs. 1 Nr. 1 SGB V, in der Pflegeversicherung nach § 20 Abs. 1 Satz 2 Nr. 1 i.V.m. Satz 1 SGB XI und in der Arbeitslosenversicherung nach § 25 Abs. 1 SGB III.

Die Regelung des § 5 Abs. 3 SGB VI über die Versicherungsfreiheit nicht vorgeschriebener Praktika in der Rentenversicherung erfasst nur Zeiten eines Praktikums, die während der Dauer eines Studiums als ordentlich Studierender einer Fachschule oder Hochschule abgeleistet werden (Zwischenpraktikum). Für die Dauer eines Vor- oder Nachpraktikums besteht somit in der Rentenversicherung ebenfalls grundsätzlich Versicherungspflicht.

Da nicht vorgeschriebene Vor- und Nachpraktika nicht zu den Beschäftigungen im Rahmen betrieblicher Berufsbildung gehören, kann Versicherungsfreiheit (Ausnahme: Rentenversicherung) in Betracht kommen, wenn Geringfügigkeit nach § 8 oder § 8a SGB IV vorliegt.

4. Praktika von Schülern allgemeinbildender Schulen

799 Schüler, die während ihrer schulischen Ausbildung an einer allgemeinbildenden Schule ein meist auf drei Wochen befristetes Praktikum in Betrieben ihrer Wahl ausüben, um sich einen Eindruck von einem Beruf ihrer Wahl machen zu können, sind in diesen Praktika nicht versicherungspflichtig. Es handelt sich nicht um ein Beschäfti-

gungsverhältnis i.S.d. Sozialversicherung, da dieses Praktikum zur schulischen Ausbildung gehört.

Dies gilt auch dann, wenn die Schüler für die Dauer des Praktikums eine Vergütung vom Betrieb erhalten.

5. Weitere Praktika

a) Praktika von Fachschülern und Berufsfachschülern

Der Begriff des ordentlichen Studierenden erstreckt sich nicht allein auf Studenten von Hochschulen. Als ordentliche Studierende im Sinne dieser Regelungen sind grundsätzlich auch Schüler von Fachschulen und Berufsfachschulen anzusehen. Für die versicherungs-rechtliche Beurteilung ist allerdings zunächst entscheidend, ob es sich bei der Ausübung eines in der Schul-, Ausbildungs- und/oder Prüfungsordnung vorgeschriebenen Praktikums von Fach- oder Berufsfachschülern um ein Beschäftigungsverhältnis handelt. Ein betriebliches Praktikum stellt ausnahmsweise dann keine Beschäftigung dar, wenn es aufgrund bundes- oder landesrechtlicher Vorschriften in die Schulausbildung eingegliedert und deshalb als Teil der schulischen Ausbildung anzusehen ist. 800

Hiervon ist auszugehen, wenn auch die Phasen der betrieblichen Ausbildung im Wesentlichen durch die Schule geregelt und gelenkt werden und sich infolge enger Verzahnung mit der theoretischen Ausbildung als Bestandteil der Schulausbildung darstellen. Im Rahmen einer praxisintegrierten (einphasigen) Fachschul- oder Berufsfachschulausbildung, in der ein regelmäßiger Wechsel von fachtheoretischer Ausbildung an der Fach- oder Berufsfachschule (schulische Ausbildung) und fachpraktischer Ausbildung (Zwischenpraktika) in Praxiseinrichtungen über die gesamte Ausbildungsdauer mit überwiegendem fachtheoretischen Ausbildungsanteil stattfindet, erfüllen Zwischenpraktika dann nicht die Voraussetzungen einer Beschäftigung, wenn sie als Bestandteil der Schulausbildung zu werten sind, weil die berufspraktische Ausbildung derart eng mit der durch die Schule geregelten fachtheoretischen Ausbildung verzahnt ist, dass sie als integraler Bestandteil des Besuchs der Fach- oder Berufsfachschule anzusehen ist.

Handelt es sich bei dem von Fachschülern oder Berufsfachschülern zu absolvierenden betrieblichen Zwischenpraktikum hingegen um ein Beschäftigungsverhältnis, sind die Regelungen zur Versicherungsfreiheit in der Kranken-, Pflege- und Arbeitslosenversicherung nach § 6 Abs. 1 Nr. 3 SGB V bzw. § 27 Abs. 4 Satz 1 Nr. 2 SGB III aufgrund des Werkstudentenprivilegs sowie in der Rentenversicherung nach § 5 Abs. 3 SGB VI anwendbar.

Ein im Rahmen einer (zweiphasigen) Fachschul- oder Berufsfachschulausbildung im Anschluss an die fachtheoretische schulische Ausbildung zu absolvierendes betriebliches Praktikum, das beispielsweise der staatlichen Anerkennung der Ausbildung dient, ist nicht als Bestandteil der schulischen Ausbildung zu werten, wenn es als abtrennbarer Teil der Gesamtausbildung anzusehen ist; dementsprechend ist von einer Beschäftigung im Rahmen betrieblicher Berufsausbildung im Sinne des § 7 Abs. 2 SGB IV auszugehen. Mit der Qualifizierung des Praktikums als betriebliche Berufsausbildung geht die Einbeziehung der Auszubildenden für diese Phase der Berufsausbildung in die Versicherungspflicht der einzelnen Zweige der Sozialversicherung einher. Versicherungsfreiheit in der Kranken-, Pflege- und Arbeitslosenversicherung nach § 6 Abs. 1 Nr. 3 SGB V bzw. § 27 Abs. 4 Satz 1 Nr. 2 SGB III aufgrund des Werkstudentenprivilegs sowie in der Rentenversicherung nach § 5 Abs. 3 SGB VI kommt in diesen Fällen nicht in Betracht.

b) Fachpraktika von Fachoberschülern

Schüler mit dem Abschlusszeugnis einer Realschule oder einem als gleichwertig anerkannten Zeugnis werden in den Fachoberschulen innerhalb von zwei Jahren auf den 801

Erwerb der Fachhochschulreife vorbereitet. Während des ersten Ausbildungsjahres wird eine fachpraktische Ausbildung durchgeführt. Die fachpraktische Ausbildung ist im Regelfall nicht für sich allein, sondern als Bestandteil der Gesamtausbildung an der Fachoberschule zu beurteilen, die die Klassen 11 und 12 umfasst. Im Rahmen dieser Gesamtausbildung legt die Fachoberschule die Ausgestaltung des Praktikums fest und regelt die Durchführung der fachpraktischen Ausbildung nach Maßgabe der Praktikumsbestimmungen. Das Praktikum stellt sich somit als nicht abtrennbarer Bestandteil der (Fachober-)Schulausbildung dar. Als im Wesentlichen nichtbetrieblich geprägte Ausbildungsphase ist das Praktikum mithin nicht als Beschäftigung zu werten. Die Schüler der Fachoberschulen unterliegen daher (auch) während der fachpraktischen Ausbildung weder als gegen Arbeitsentgelt Beschäftigte noch als zur Berufsausbildung Beschäftigte der Versicherungspflicht in der Kranken-, Pflege-, Renten- und Arbeitslosenversicherung.

c) Praktika zur Erlangung des berufspraktischen Teils der Fachhochschulreife

802 In einzelnen Bundesländern besteht die Möglichkeit, nach Verlassen der gymnasialen Oberstufe unter Zuerkennung des schulischen Teils der Fachhochschulreife durch Absolvierung eines einjährigen (gelenkten) Praktikums den berufspraktischen Teil der Fachhochschulreife zu erlangen. Da bei Aufnahme des erforderlichen Praktikums die Schulausbildung bereits abgeschlossen ist, kommt eine Gleichstellung mit den Fachoberschülern, die während der Dauer des Schulbesuchs ein Fachpraktikum ableisten (siehe → Rz. 801) nicht in Betracht.

Sofern das Praktikum zur Erlangung des berufspraktischen Teils der Fachhochschulreife im Rahmen eines Beschäftigungsverhältnisses ausgeübt wird, unterliegen die Praktikanten – unabhängig davon, ob Arbeitsentgelt gezahlt wird oder nicht – als zu ihrer Berufsausbildung Beschäftigte der Versicherungspflicht in der Rentenversicherung nach § 1 Satz 1 Nr. 1 SGB VI und in der Arbeitslosenversicherung nach § 25 Abs. 1 SGB III. In der Krankenversicherung besteht Versicherungspflicht nach § 5 Abs. 1 Nr. 1 SGB V und in der Pflegeversicherung nach § 20 Abs. 1 Satz 2 Nr. 1 i.V.m. Satz 1 SGB XI allerdings nur, wenn Arbeitsentgelt bezogen wird. Bei Ableistung des Praktikums ohne Arbeitsentgeltzahlung besteht die Versicherungspflicht in der Kranken- und Pflegeversicherung grundsätzlich nach § 5 Abs. 1 Nr. 10 SGB V bzw. § 20 Abs. 1 Satz 2 Nr. 10 i.V.m. Satz 1 SGB XI.

d) Praktika von Referendaren im juristischen Vorbereitungsdienst

803 Die Juristenausbildung ist zweistufig und gliedert sich in das mit dem ersten Staatsexamen abgeschlossene Jurastudium und den sich anschließenden juristischen Vorbereitungsdienst (Referendariat), in dem die Rechtsreferendare in Pflicht- und Wahlstationen praktisch ausgebildet werden.

Der rund zwei Jahre dauernde Vorbereitungsdienst stellt sich als vorgeschriebenes Nachpraktikum dar. Der Vorbereitungsdienst wird – mit Ausnahme von Übergangsfällen in Thüringen, in denen die Rechtsreferendare noch im Beamtenverhältnis auf Widerruf im Vorbereitungsdienst ausgebildet werden – im Rahmen eines öffentlich-rechtlichen Ausbildungsverhältnisses durchgeführt. Während Referendare als Beamte auf Widerruf im Vorbereitungsdienst in allen Versicherungszweigen versicherungsfrei sind (§ 6 Abs. 1 Nr. 2 SGB V, § 5 Abs. 1 Satz 1 Nr. 1 SGB VI, § 27 Abs. 1 Nr. 1 SGB III), besteht für sie im öffentlich-rechtlichen Ausbildungsverhältnis Versicherungspflicht in der Krankenversicherung nach § 5 Abs. 1 Nr. 1 SGB V, in der Pflegeversicherung nach § 20 Abs. 1 Satz 2 Nr. 1 i.V.m. Satz 1 SGB XI und in der Arbeitslosenversicherung nach § 25 Abs. 1 SGB III. Versicherungsfreiheit aufgrund des Werkstudentenprivilegs kommt nicht in Betracht. In der Rentenversicherung besteht Versicherungsfreiheit nach § 5 Abs. 1 Satz 1 Nr. 2 i.V.m. Satz 2 Nr. 4 SGB VI, wenn den Rechtsreferendaren nach Entscheidung (sog. Gewährleistungsentscheidung) der obersten Verwaltungsbehörde des ausbildenden Bundeslandes (vgl. § 5 Abs. 1 Satz 3 SGB VI) entsprechend beamtenrechtlichen Vorschriften oder Grundsätzen Anwartschaft auf Versorgung bei verminderter Erwerbsfähigkeit und im Alter sowie auf Hinterbliebenenversorgung gewährleistet und die Erfüllung der Gewährleistung gesichert ist. Nach § 5 Abs. 1 Satz 4 SGB VI begründet die Gewährleistung von Anwartschaften Versicherungsfreiheit von Beginn des Monats an, in dem eine Anwartschaft tatsächlich vertraglich zugesichert wurde. Wird den in einem öffentlich-rechtlichen Ausbildungsverhältnis stehenden Rechtsreferendaren – wie z.B. in Thüringen – keine Anwartschaft auf Versorgung gewährleistet, unterliegen sie als Beschäftigte zur Berufsausbildung der Rentenversicherungspflicht nach § 1 Satz 1 Nr. 1 SGB VI.

Rechtsreferendare stehen auch während der Zeiten in einem (alleinigen) Beschäftigungsverhältnis zu dem ausbildenden Land, in denen die praktische Ausbildung bei Stellen außerhalb von Gerichtsbarkeit und Verwaltung stattfindet. Im Rahmen dieser Beschäftigung sind auch die von den Ausbildungsstellen im Einzelfall ohne Rechtsgrund zusätzlich gewährten Vergütungen (neben der vom Land gewährten Unterhaltsbeihilfe) beitragspflichtiges Arbeitsentgelt (Urteil des BSG v. 31.3.2015, B 12 R 1/13 R, USK 2015-22); in der Rentenversicherung jedoch nur, sofern keine Anwartschaft auf Versorgung gewährleistet wird, das heißt keine Versicherungsfreiheit nach § 5 Abs. 1 Satz 1 Nr. 2 in V. mit Satz 2 Nr. 4 SGB VI besteht. Erweist sich – angesichts bestehender Nebenabreden in der Ausbildungsstation – die zusätzliche Vergütung als Zahlung für eine über den Ausbildungszweck hinausgehende Nebentätigkeit, ist dagegen von einem (weiteren) Beschäftigungsverhältnis zur Ausbildungsstelle auszugehen, das abgrenzbar neben dem öffentlich-rechtlichen Ausbildungsverhältnis besteht. Aufgrund dieses weiteren entgeltlichen Beschäftigungsverhältnisses unterliegen die Rechtsreferendare als Arbeitnehmer der Versicherungspflicht in der Kranken-, Pflege-, Renten- und Arbeitslosenversicherung. Dies gilt für die Rentenversicherung auch dann, wenn im öffentlich-rechtlichen Ausbildungsverhältnis Versicherungsfreiheit nach § 5 Abs. 1 Satz 1 Nr. 2 i.V.m. Satz 2 Nr. 4 SGB VI besteht, denn die Gewährleistung einer Versorgungsanwartschaft nach beamtenrechtlichen Vorschriften oder Grundsätzen erstreckt sich nicht auf die weitere Beschäftigung außerhalb des öffentlich-rechtlichen Ausbildungsverhältnisses (Näheres zur Beitragspflicht siehe Punkt 6 der Niederschrift über die Besprechung zu Fragen des gemeinsamen Beitragseinzugs am 18.11.2015).

IV. Kirchensteuer

Bei Kirchenangehörigen ist Kirchensteuer in Abhängigkeit zur Lohnsteuer zu begleichen. Wird ein Praktikum ausgeübt, bei dem die Lohnsteuer mit einem pauschalen Lohnsteuersatz i.H.v. 20 % pauschalisiert wird, kann die Kirchensteuer ebenfalls pauschaliert (→ Kirchensteuer Rz. 557) werden. Weist der Arbeitgeber nach, welcher Mitarbeiter Kirchenangehöriger ist, sind für diese Kirchenangehörigen 8 % bzw. 9 % (je nach Bundesland) einzubehalten und an das Finanzamt abzuführen. **804**

Preisnachlass

I. Arbeitsrecht

Es bestehen keine arbeitsrechtlichen Besonderheiten. **805**

II. Lohnsteuer

1. Waren und Dienstleistungen

Gewährt der Arbeitgeber dem Arbeitnehmer Preisnachlässe auf **Waren** oder Dienstleistungen, die im Betrieb nicht überwiegend nur für den Bedarf der Mitarbeiter(innen) hergestellt oder vertrieben werden, sind das **steuerpflichtige Rabatte**. Denn sie resultieren unmittelbar aus der Beschäftigung oder sie werden im Zusammenhang mit ihr ein- **806**

Preisnachlass

geräumt. Solche Preisnachlässe (Personalrabatte) sind bis zu einem jährlichen Höchstbetrag von 1 080 € (Rabattfreibetrag) **steuerfrei**.

Sowohl der Arbeitgeber als auch der Arbeitnehmer können bei der Ermittlung des geldwerten Vorteils aus der kostenlosen oder verbilligten Überlassung **zwei Bewertungsmethoden** anwenden. Als Ausgangswert darf entweder

1. der übliche Endpreis (einschließlich Umsatzsteuer) angesetzt werden abzüglich des Rabattfreibetrags, oder aber
2. der am Markt übliche bzw. günstigste Preis unter Berücksichtigung der üblichen Preisnachlässe ohne Ansatz des Rabattfreibetrags.

2. Ansatz des üblichen Endpreises und des Rabattfreibetrags

807 Die Arbeitgeber setzen für die Bewertung der Vorteile für die kostenlose Überlassung oder aus dem verbilligten Verkauf ihrer Waren oder Dienstleistungen regelmäßig den üblichen Endpreis an, der um den Rabattfreibetrag gemindert werden darf. Dieser Ausgangswert ist regelmäßig unstrittig und hat den Vorteil, dass dadurch für jeden Arbeitnehmer derselbe Preis heranzuziehen ist.

Dazu ist der Preis anzusetzen, der in der Mehrzahl der Verkaufsfälle tatsächlich gezahlt wird (üblicher Endpreis). Übliche Preisnachlässe sind bei der Bewertung der Ware bzw. Dienstleistung zu berücksichtigen. Der so geminderte übliche Endpreis ist ein Bruttobetrag; er schließt also die Umsatzsteuer mit ein. Regelmäßig wird dies der übliche Verkaufspreis der Ware (oder Dienstleistung) sein.

Von dem ermittelten Endpreis ist der steuerpflichtige Vorteil unter Berücksichtigung des **Personalrabatts** (Preisnachlasses) wie folgt zu ermitteln:

96 % des üblichen Endpreises an fremde Dritte

abzgl. einer eventuellen Zuzahlung des Arbeitnehmers

abzgl. des (noch nicht aufgebrauchten) Rabattfreibetrags i.H.v. 1 080 €;

der sich so ergebende positive Betrag ist der anzusetzende steuerpflichtige Arbeitslohn (§ 8 Abs. 3 EStG, R 8.2 LStR).

Beispiel: Ermittlung des steuerpflichtigen Arbeitslohns bei einem Personalrabatt, Ansatz des Rabattfreibetrags

Ein Möbelhändler verkauft seinem Arbeitnehmer eine Schrankwand zum Preis von 3 000 €. Laut Preisauszeichnung beträgt der Endpreis (übliche Verkaufspreis) dieser Schrankwand 4 500 €.

Endpreis der Schrankwand:	4 500 €
zur Ermittlung des anzusetzenden Werts ist zunächst der Endpreis um 4 % zu kürzen:	-180 €
abzgl. vom Arbeitnehmer gezahlter Preis:	-3 000 €
ergibt den steuerpflichtigen Arbeitslohn vor Ansatz des Rabattfreibetrags:	1 320 €
abzgl. jährlicher Rabattfreibetrag (oder noch nicht verbrauchter Teilbetrag):	-1 080 €
ergibt den steuerpflichtigen Arbeitslohn i.H.v.:	240 €

Erhält dieser Arbeitnehmer im selben Kalenderjahr ein weiteres Möbelstück, z.B. eine Sitzgarnitur (Endpreis 2 000 €) verbilligt (für 1 220 €), kann der Rabattfreibetrag nicht mehr angesetzt werden. Er ist für dieses Jahr bereits ausgeschöpft worden. Der steuerpflichtige geldwerte Vorteil ist nach o.g. Berechnungsschema zu ermitteln: Endpreis der Sitzgarnitur (2 000 €), Kürzung um 4 % (80 €), Abzug des vom Arbeitnehmer gezahlter Preises (1 220 €) ergibt den steuerpflichtigen Arbeitslohn (700 €).

3. Ansatz des üblichen bzw. günstigsten Preises

808 Weil der vom Arbeitgeber anzusetzende übliche Endpreis nicht stets der niedrigste Preis im Handelsverkehr ist, lässt die Finanzverwaltung eine abweichende Ermittlung des steuerpflichtigen Vorteils zu.

Danach kann der **Arbeitnehmer** im Rahmen seiner **Einkommensteuererklärung** einen **niedrigeren** Wert für die erhaltene Ware oder Dienstleistung nachweisen und ansetzen (mit 96 % des nachgewiesenen niedrigeren Werts). Allerdings darf in diesen Fällen der Rabattfreibetrag nicht angesetzt werden.

Diese Möglichkeit kommt dann in Betracht, wenn die vom Arbeitgeber angesetzten 96 % des üblichen Verkaufspreises (abzügl. des angesetzten Rabattfreibetrags) der Ware höher sind als für die Ware im allgemeinen Geschäftsverkehr (z.B. Internethandel) zu bezahlen wäre. Weitere Einzelheiten und Erläuterungen hierfür enthält das BMF-Schreiben v. 16.5.2013, IV C 5-S 2334/07/0011, BStBl I 2013, 729.

4. Arbeitgeberdarlehen

Erhält der Arbeitnehmer auf Grund des Dienstverhältnisses vom Arbeitgeber oder von einem Dritten ein Darlehen, so sind evtl. geldwerte Vorteile zu prüfen. Sie kommen in Betracht, wenn der Zinssatz des Darlehens unter den marktüblichen Zinssätzen liegt. Solche Zinsvorteile sind steuerpflichtig. Ein Arbeitgeberdarlehen beruht regelmäßig auf einem Darlehensvertrag. Hingegen ist der ausgezahlte Darlehensbetrag selbst kein Arbeitslohn.

Keine Arbeitgeberdarlehen sind insbesondere

– Reisekostenvorschüsse,

– vorschüssig gezahlter Auslagenersatz,

– Lohnabschläge,

– Lohnvorschüsse,

wenn sie nach den betriebsüblichen Vereinbarungen als Arbeitslohn gezahlt werden.

Zinsvorteile ergeben sich nur dann, wenn die Darlehenskonditionen des Arbeitgeberdarlehens (z.B. der Zinssatz) günstiger sind als für ein vergleichbares Darlehen am Markt. Von der so ermittelten Zinsersparnis hat der Arbeitgeber die Lohnsteuer einzubehalten und abzuführen. Jedoch sind die Zinsvorteile nur dann steuerpflichtig, wenn die Summe der noch nicht getilgten Darlehen am Ende des jeweiligen Lohnzahlungszeitraums **2 600 €** übersteigt. Die 44 €-Freigrenze (→ Sachbezüge) ist anwendbar.

> **Beispiel: Freigrenze für Darlehensbeträge i.H.v. 2 600 €**
>
> Ein Arbeitgeber gewährt seinem Arbeitnehmer ab März ein zinsloses Darlehen in Form eines Gehaltsvorschusses i.H.v. 2 000 €. Weitere Arbeitgeberdarlehen hat der Arbeitnehmer nicht erhalten.
>
> Die aus dem Darlehen resultierenden Zinsvorteile sind nicht als Arbeitslohn zu versteuern, da der Darlehensbetrag am Ende eines jeden Lohnzahlungszeitraums die Freigrenze von 2 600 € nicht übersteigt.

Für die Ermittlung des Zinsvorteils ist zwischen

– einer Bewertung mit dem um übliche Preisnachlässe geminderten üblichen Endpreis am Abgabeort (nach § 8 Abs. 2 EStG), z.B. der Arbeitnehmer eines Einzelhändlers erhält ein zinsverbilligtes Arbeitgeberdarlehen, und

– einer Bewertung mit dem tatsächlichen Endpreis des Arbeitgebers am Abgabeort (nach § 8 Abs. 3 EStG), z.B. ein Bankangestellter erhält von seinem Arbeitgeber ein zinsverbilligtes Arbeitgeberdarlehen mit Ansatz des Rabattfreibetrags i.H.v. 1 080 €,

zu unterscheiden. Gewährt der Arbeitgeber ein Darlehen zu einem marktüblichen Zinssatz, erhält der Arbeitnehmer keinen steuerpflichtigen Zinsvorteil. Für weitere Erläuterungen und Beispiele vgl. ggf. BMF-Schreiben v. 19.5.2015, IV C 5-S 2334/07/0009, BStBl I 2015, 484.

Preisnachlass

Der Arbeitgeber hat die Unterlagen für den ermittelten und der Lohnversteuerung zu Grunde gelegten üblichen oder tatsächlichen Endpreis der Ware bzw. des Darlehens sowie die Berechnung der Vorteile zu **dokumentieren**, als Belege zum **Lohnkonto** aufzubewahren und dem Arbeitnehmer auf Verlangen formlos mitzuteilen.

III. Sozialversicherung

810 Das Sozialversicherungsrecht folgt hier wieder dem Steuerrecht. Wenn der Bezug eines steuerrechtlichen Arbeitslohns festgestellt wird, dann liegt auch der Bezug von Arbeitsentgelt vor. Für die Ermittlung des regelmäßigen monatlichen Arbeitsentgelts zur Beurteilung, ob eine geringfügig entlohnte Beschäftigung vorliegt, können diese Bezüge im Normalfall nicht herangezogen werden, da sie unregelmäßig in Anspruch genommen werden.

Private Nutzung betrieblicher Geräte

I. Arbeitsrecht

811 Es bestehen keine arbeitsrechtlichen Besonderheiten.

II. Lohnsteuer

812 Zum laufenden Arbeitslohn gehören auch regelmäßig zufließende **Sachbezüge** wie z.B. geldwerte Vorteile durch die private Nutzung eines überlassenen, betrieblichen **Kraftfahrzeugs** (der Nutzungswert) sowie aus der privaten **Nutzung anderer betrieblicher** Geräte, z.B. Maschinen für den privaten Hausbau. Eine einmalige Nutzung ist als sonstiger Bezug steuerpflichtig. Soweit sie nicht bereits ausgeschöpft ist, kann die monatliche Freigrenze für → Sachbezüge angesetzt werden.

Dagegen sind die **Vorteile** aus der **privaten** Nutzung

– betrieblicher Datenverarbeitungsgeräte, wie z.B. Personalcomputer (→ PC-Überlassung) und

– betrieblicher Telekommunikationsgeräte (z.B. Privatgespräche auf dem betrieblichen Handy)

(z.B. im Home-Office) sowie die Privatnutzung des betrieblichen Zubehörs **steuerfrei** (§ 3 Nr. 45 EStG). Gleiches gilt für zur privaten Nutzung überlassene System- und Anwendungsprogramme (Software), wenn sie der Arbeitgeber auch in seinem Betrieb einsetzt (→ Home-Office-Tätigkeit).

Darüber hinaus bleiben die vom Arbeitgeber getragenen **Verbindungsentgelte**, die durch die Nutzung o.g. betrieblicher Telekommunikationsgeräte entstehen, unabhängig vom Umfang der beruflichen Nutzung steuerfrei. **Erstattet** der Arbeitgeber seinem Arbeitnehmer die Aufwendungen für die vom privaten Telefonanschluss aus geführten betrieblichen Gespräche (Telekommunikationsaufwendungen), kommt ebenso die zuvor genannte Steuerfreiheit in Betracht. Dazu kann monatlich abgerechnet werden oder ein monatlicher Durchschnittsbetrag zu Grunde gelegt werden. Fallen erfahrungsgemäß beruflich veranlasste Telekommunikationsaufwendungen an, können aus Vereinfachungsgründen ohne Einzelnachweis bis zu 20 % des Rechnungsbetrags, höchstens **20 €** monatlich, **steuerfrei** ersetzt werden. Ist für einen repräsentativen Zeitraum von drei Monaten ein monatlicher Durchschnittsbetrag ermittelt worden, darf dieser als steuerfreier pauschaler Auslagenersatz angesetzt werden. Er bleibt grundsätzlich so lange steuerfrei, bis sich die Verhältnisse wesentlich ändern. Eine wesentliche Änderung der Verhältnisse kann sich insbesondere im Zusammenhang mit einer Änderung der Berufstätigkeit ergeben.

Zu den **betrieblichen** Datenverarbeitungsgeräten und Telekommunikationsgeräten sowie deren Zubehör gehören u.a. auch Laptop, Handy, Smartphones, Tablets (z.B. ein iPad), Autotelefone sowie System- und Anwendungsprogramme. Zum Zubehör rechnen Monitor, Drucker, Beamer, Scanner, Modem, Netzwerkswitch, Router, Hub, Bridge, ISDN-Karte, SIM-Karte, UMTS-Karte, LTE-Karte, Ladegeräte sowie Transportbehältnisse.

Die **Steuerfreiheit** ist nicht auf die private Nutzung der Geräte im Betrieb beschränkt, sondern gilt beispielsweise auch für Mobiltelefone im Firmenwagen oder für Personal-Computer in der Wohnung des Arbeitnehmers. Allerdings gilt die Steuerfreiheit nur für die Nutzungsüberlassung durch den Arbeitgeber oder auf Grund des Dienstverhältnisses durch einen Dritten.

Regelmäßig **nicht begünstigt** ist die private Nutzung eines betrieblichen Smart-TVs, MP3-Players, Spielautomaten und E-Book-Readers sowie einer (Spiele-)Konsole.

III. Sozialversicherung

Die Sozialversicherung folgt hier wieder dem Steuerrecht. Liegt steuerrechtlich kein Arbeitslohn vor, so handelt es sich auch nicht um Arbeitsentgelt i.S.d. Sozialversicherung.   **813**

Privathaushalt

I. Arbeitsrecht

Es bestehen keine arbeitsrechtlichen Besonderheiten, siehe aber → Haushaltsnahe Beschäftigung.   **814**

II. Lohnsteuer

Auch der Privathaushalt kann → Arbeitgeber sein. Beschäftigt er eine Arbeitskraft im Rahmen eines → Mini-Jobs, sind die Besonderheiten für die Erhebung und Abführung der einheitlichen Pauschsteuer zu beachten.   **815**

Das für den Privathaushalt als Arbeitgeber zuständige → Betriebsstättenfinanzamt, an das lohnsteuerliche Zweifelsfragen gerichtet werden können und an das lohnsteuerliche (Steuer-)Erklärungen zu senden sind, ist das für die Einkommensteuerveranlagung zuständige (Wohnsitz-)Finanzamt.

III. Sozialversicherung

Als Arbeitgeber in Form eines „Privathaushalts" kommen nur natürliche Personen in Betracht. Werden in einem Privathaushalt Arbeitnehmer für Arbeiten geringfügig entlohnt beschäftigt, die normalerweise von einer im Haushalt lebenden Person ausgeführt werden, so ist das → Haushaltsscheckverfahren zwingend durchzuführen. Werden Arbeitnehmer mehr als geringfügig entlohnt beschäftigt, so besteht Sozialversicherungspflicht nach den allgemeinen Regelungen. Das bedeutet, dass der Arbeitgeber „Privathaushalt" Meldungen und Beitragsnachweise nach den allgemein geltenden Regelungen zu übermitteln hat.   **816**

Rabatte

I. Arbeitsrecht

Der Rabatt (Personalrabatt) ist ein → Preisnachlass, den der Arbeitgeber auf Grund des Arbeitsverhältnisses seinen Arbeitnehmern auf eigene Waren und Dienstleistungen   **817** einräumt. Die praktischen Ausgestaltungen sind vielfältig. In Betracht kommen z.B. Mitarbeiterrabatte beim Warenkauf im eigenen oder in verbundenen Unternehmen oder einmalige Leistungen, wie sie etwa bei einem Rabatt für Jahreswagen aus der eigenen Produktion vorkommen. In der Praxis sind vielfältige Leistungen Gegenstand des Personalrabatts, z.B. auch der verbilligte Bezug von Gas oder Strom für Mitarbeiter (und ggf. Ruheständler, BAG v. 19.2.2008, 3 AZR 61/06, NZA-RR 2008, 597) von Energieversorgungsunternehmen. Demgegenüber ist die Gewährung eines steuerbegünstigten **Warengutscheins** als Sachbezug einzuordnen, der nicht ohne weiteres automatisch zu betrieblichen Rabattregeln des Personaleinkaufs führt (BAG v. 14.11.2012, 5 AZR 815/11, DB 2013, 406).

Die Gewährung von Personalrabatten liegt grundsätzlich in der **freien Entscheidung** des Arbeitgebers, ob er überhaupt, ggf. in welcher Höhe und an welchen Personenkreis Rabatte einräumt. Ist allerdings ein Rabatt ohne Widerrufsvorbehalt einmal zugesagt, kann der Arbeitgeber die Leistung nicht mehr einseitig einstellen (BAG v. 14.6.1995, 5 AZR 126/94, DB 1995, 2273). Andererseits steht die Einräumung eines Personalrabatts regelmäßig unter dem Vorbehalt, dass der Arbeitgeber die preisgeminderten Waren selbst herstellt (BAG v. 7.9.2004, 9 AZR 631/03, NZA 2005, 1223). Besteht ein Betriebsrat, so kommt auch ein Mitbestimmungsrecht nach § 87 Abs. 1 Nr. 10 BetrVG in Betracht, jedenfalls soweit es um das „Wie" der Verteilung von Rabatten oder von verbilligten Leistungen geht (vgl. Richardi, BetrVG, 16. Aufl. 2018, § 87 BetrVG Rz. 758).

Beim Personalrabatt handelt es sich um **Arbeitsentgelt** im weiteren Sinn, dessen Erzielung der Arbeitnehmer mit dem Einsatz eigener Mittel steuern kann. Im Hinblick auf den Entgeltcharakter muss der Arbeitgeber bei der Festlegung des bezugsberechtigten Personenkreises insbesondere den **Gleichbehandlungsgrundsatz** gegenüber Teilzeitbeschäftigten beachten (BAG v. 17.3.2010, 5 AZR 168/09, NZA 2010, 696 und → Lohngleichbehandlung).

II. Lohnsteuer

818 Überlässt ein **Arbeitgeber** seinem Arbeitnehmer auf Grund des Dienstverhältnisses Waren oder Dienstleistungen **kostenlos** oder zu vergünstigten Konditionen, ist der Personal- oder Belegschaftsrabatt grundsätzlich **lohnsteuerpflichtig**. Dies gilt auch bei einer → geringfügig entlohnten Beschäftigung und für eine → Teilzeitbeschäftigung. Stellt der Arbeitgeber die überlassenen Güter selbst her bzw. erbringt oder vertreibt er die gestellten Dienstleistungen selbst, ist der Rabattfreibetrag (→ Preisnachlass) anzusetzen.

Werden Personalrabatte nicht unmittelbar vom Arbeitgeber, sondern auf dessen Veranlassung von einem **Dritten** gewährt wird, liegt ebenfalls ein steuerpflichtiger geldwerter Vorteil vor; s. → Sachbezüge.

Der steuerpflichtige geldwerte Vorteil ist grundsätzlich als Unterschiedsbetrag zwischen dem Geldwert der Ware bzw. des Sachbezugs und dem Zuzahlungsbetrag des Arbeitnehmers zu ermitteln (→ Preisnachlass).

III. Sozialversicherung

819 Vom Arbeitgeber gewährte Rabatte sind in der Sozialversicherung Arbeitsentgelt, wenn es sich steuerrechtlich um Arbeitslohn handelt (→ Preisnachlass).

Rahmenarbeitsvertrag

I. Arbeitsrecht

Es bestehen keine arbeitsrechtlichen Besonderheiten (siehe aber → Ein-Tages-Aushilfe Rz. 331). **820**

II. Lohnsteuer

Es bestehen keine lohnsteuerrechtlichen Besonderheiten. **821**

III. Sozialversicherung

Eine kurzfristige Beschäftigung liegt auch vor, wenn ein auf ein Jahr befristeter Rahmenarbeitsvertrag abgeschlossen wird und die Anzahl der Arbeitseinsätze ab 1.1.2015 auf maximal 70 Arbeitstage begrenzt ist. Schließt sich allerdings an einen auf ein Jahr befristeten Rahmenarbeitsvertrag unmittelbar ein neuer Rahmenarbeitsvertrag zwischen den beiden Vertragspartnern an, so handelt es sich bei dem neuen Rahmenarbeitsvertrag nicht mehr um eine kurzfristige Beschäftigung i.S.d. § 8 Abs. 1 Nr. 2 SGB IV. Bei dem sich unmittelbar anschließenden Arbeitsvertrag wird unterstellt, dass es sich um ein Dauerarbeitsverhältnis handelt. Versicherungsfreiheit (Ausnahme: Rentenversicherung) könnte jedoch nach § 8 Abs. 1 Nr. 1 SGB IV im Rahmen einer geringfügig entlohnten Beschäftigung vorliegen. Ein erneuter Rahmenarbeitsvertrag im Rahmen einer kurzfristigen Beschäftigung ist dann wieder möglich, wenn zwischen den beiden Rahmenarbeitsverträgen ein Zeitraum von mindestens zwei Monaten liegt. **822**

> **Beispiel 1:**
>
> Rahmenarbeitsvertrag zwischen Arbeitgeber A und Arbeitnehmer B; Befristung vom 1.1.2021 bis zum 31.12.2021 – maximal 70 Arbeitseinsätze.
>
> Es liegt eine kurzfristige Beschäftigung i.S.d. § 8 Abs. 1 Nr. 2 SGB IV vor.

> **Beispiel 2:**
>
> Rahmenarbeitsvertrag zwischen Arbeitgeber A und Arbeitnehmer B; Befristung vom 1.1.2020 bis zum 31.12.2020 – maximal 70 Arbeitseinsätze; erneuter Rahmenarbeitsvertrag mit den gleichen Inhalten für die Zeit vom 1.1.2021 bis zum 31.12.2021
>
> Abschluss am 15.11.2020.
>
> Für die Zeit des ersten Rahmenarbeitsvertrags handelt es sich um eine kurzfristige Beschäftigung. Ab dem 15.11.2020 handelt es sich um eine Dauerbeschäftigung. Eine kurzfristige Beschäftigung liegt nicht mehr vor. Versicherungsfreiheit (Ausnahme: Rentenversicherung) kann jedoch im Rahmen einer geringfügig entlohnten Beschäftigung in Betracht kommen, wenn das regelmäßige monatliche Arbeitsentgelt 450 € nicht überschreitet.

> **Beispiel 3:**
>
> Rahmenarbeitsvertrag zwischen Arbeitgeber A und Arbeitnehmer B; Befristung vom 1.1.2020 bis zum 31.12.2020 – maximal 70 Arbeitseinsätze; erneuter Rahmenarbeitsvertrag mit den gleichen Inhalten, maximal 70 Arbeitseinsätze für die Zeit vom 1.3.2021 bis zum 28.2.2022.
>
> Bei beiden Rahmenarbeitsverträgen handelt es sich um eine kurzfristige Beschäftigung. Auch für die Dauer des zweiten Rahmenarbeitsvertrags liegt eine kurzfristige Beschäftigung vor, da zwischen den beiden Rahmenarbeitsverträgen ein Zeitraum von mindestens zwei Monaten liegt.

> **Beispiel 4:**
>
> Rahmenarbeitsvertrag zwischen Arbeitgeber A und Arbeitnehmer B; Befristung vom 1.1.2020 bis zum 31.12.2020 – maximal 70 Arbeitseinsätze; Rahmenarbeitsvertrag zwischen Arbeitgeber C und Arbeitnehmer B; Befristung vom 1.1.2021 bis zum 31.12.2021 – maximal 70 Arbeitseinsätze.
>
> Bei beiden Rahmenarbeitsverträgen handelt es sich um eine kurzfristige Beschäftigung, da der zweite Rahmenarbeitsvertrag von Arbeitnehmer B mit einem anderen Arbeitgeber abgeschlossen wurde.

Werden Arbeitnehmer, ohne dass ein Rahmenarbeitsvertrag besteht, wiederholt von ein und demselben Arbeitgeber beschäftigt, liegt eine regelmäßige Beschäftigung so lange nicht vor, wie im laufenden Kalenderjahr die Zeitgrenze von 70 Arbeitstagen nicht überschritten wird.

Wenn die Arbeitseinsätze unvorhersehbar und zu unterschiedlichen Anlässen ohne erkennbaren Rhythmus für maximal 70 Arbeitstage pro Kalenderjahr erfolgen und der Betrieb des Arbeitgebers nicht strukturell auf den Einsatz solcher Arbeitskräfte ausgerichtet ist, kann auch ohne die vorherige Befristung auf ein Kalenderjahr eine → kurzfristige Beschäftigung vorliegen. Voraussetzung ist, dass die Beschäftigung nicht von vornherein auf ständige Wiederholungen ausgerichtet ist.

Reisekosten

I. Arbeitsrecht

823 Es bestehen keine arbeitsrechtlichen Besonderheiten; zu beachten ist, dass bei einer vorübergehenden Entsendung des Arbeitnehmers zu einer auswärtigen Arbeitsstelle und von dort zurück die erforderlichen **Reisezeiten** ausschließlich im Interesse des Arbeitgebers erfolgen und deshalb in der Regel wie Arbeit zu vergüten sind (BAG v. 17.10.2018, 5 AZR 553/17, NZA 2019, 159).

II. Lohnsteuer

824 Der Arbeitgeber kann das Arbeitsentgelt für eine geringfügig entlohnte Beschäftigung oder für eine Teilzeitbeschäftigung durch die Zahlung **steuerfreier** Reisekosten aufbessern. Sie entstehen durch eine beruflich veranlasste → Auswärtstätigkeit des Arbeitnehmers und bleiben bei der Prüfung der sozialversicherungsrechtlichen und steuerlichen Entgeltgrenze (450 € monatlich) außer Ansatz. Soweit der Arbeitgeber keinen steuerfreien Ersatz leistet, kann der Arbeitnehmer seine beruflichen Reisekosten i.R. einer Einkommensteuerveranlagung dann als → Werbungskosten geltend machen, wenn der Arbeitgeber die Lohnsteuerpauschalierung nicht gewählt hat.

Eine beruflich veranlasste Auswärtstätigkeit liegt vor, wenn der Arbeitnehmer **vorübergehend außerhalb** seiner Wohnung und seiner **ersten Tätigkeitsstätte** → Arbeitsstätte/Betriebsstätte beruflich tätig wird. Eine **Auswärtstätigkeit** liegt ebenfalls vor, wenn der Arbeitnehmer bei seiner individuellen beruflichen Tätigkeit **typischerweise**

– nur an ständig wechselnden Tätigkeitsstätten (→ Einsatzwechseltätigkeit) oder
– auf einem Fahrzeug (→ Fahrtätigkeit)

tätig wird. Bei Auswärtstätigkeiten kommen als steuerliche **Reisekosten** in Betracht:

– Fahrtkosten,
– Verpflegungsmehraufwendungen,
– Übernachtungskosten sowie
– Reisenebenkosten

(vgl. ggf. ergänzend § 3 Nr. 16 EStG, R 3.16, 9.4 LStR, H 9.4 ff. LStH).

1. Fahrtkosten

Legt der Arbeitnehmer die Strecken zwischen Arbeits-/Betriebsstätte bzw. Wohnung und auswärtiger Tätigkeitsstätte mit dem **privaten** Fahrzeug zurück, darf der Arbeitgeber als **Fahrtkosten** pro gefahrenen Kilometer **steuerfrei** zahlen (Höchstbeträge, R 9.5 LStR, H 9.5 LStH): 825

– für den Pkw bis zu 0,30 €,
– für andere motorbetriebene Fahrzeuge wie Motorrad, Motorroller, Moped, Mofa bis zu 0,20 €.

Fährt der Arbeitnehmer von seiner Wohnung aus zunächst zur ersten Tätigkeitsstätte bzw. zum Betrieb (→ Arbeitsstätte/Betriebsstätte) und im Anschluss daran zur auswärtigen Tätigkeitsstätte, beginnt die für die Auswärtstätigkeit anzusetzende Fahrtstrecke im Betrieb.

2. Verpflegungsmehraufwendungen

Für eine berufliche Auswärtstätigkeit können seit dem Kalenderjahr 2020 pro Kalendertag folgende Pauschbeträge als **Verpflegungsmehraufwendungen steuerfrei** gezahlt werden (Höchstbeträge): 826

Bei einer Abwesenheit von

– 24 Stunden: 28 € (zuvor 24 €),
– weniger als 24 Stunden, aber über 8 Stunden: 14 € (zuvor 12 €),
– für die An- und Abreisetage vor und nach einer auswärtigen Übernachtung (ohne Mindestabwesenheitsdauer): 14 € (zuvor 12 €).

Dabei ist grundsätzlich die Dauer der Abwesenheit von der Wohnung am jeweiligen Kalendertag maßgebend. Ausnahme: Die Auswärtstätigkeit wird von der ersten Tätigkeitsstätte aus angetreten bzw. dort beendet. In diesen Fällen beginnt bzw. endet die Auswärtstätigkeit an der ersten Tätigkeitsstätte. Für die Ermittlung der Abwesenheitszeit darf die Dauer mehrerer Abwesenheiten an einem Kalendertag zur Bemessung der Verpflegungspauschale zusammengerechnet werden.

Bei **derselben** Auswärtstätigkeit beschränkt sich die Steuerfreiheit der Verpflegungsmehraufwendungen auf die ersten **drei Monate** der Auswärtstätigkeit. Dieselbe Auswärtstätigkeit liegt nicht vor, wenn die auswärtige Tätigkeitsstätte an nicht mehr als zwei Tagen wöchentlich aufgesucht wird. In diesem Fall beginnt die Dreimonatsfrist nicht.

Eine längerfristige vorübergehende Auswärtstätigkeit ist noch als dieselbe Auswärtstätigkeit zu beurteilen, wenn der Arbeitnehmer nach einer kurzen **Unterbrechung** die Auswärtstätigkeit mit gleichem Inhalt, am gleichen Ort und im zeitlichen Zusammenhang mit der bisherigen Tätigkeit ausübt. **Längere** Unterbrechungen der Auswärtstätigkeit, z.B. durch vorübergehende Tätigkeit an der regelmäßigen Arbeitsstätte oder eine urlaubs- oder krankheitsbedingte Unterbrechung bei derselben Auswärtstätigkeit, führen jedoch dann zu einem **Neubeginn** der Dreimonatsfrist, wenn die Unterbrechung mindestens **vier Wochen** gedauert hat.

3. Übernachtungskosten

Übernachtet der Arbeitnehmer anlässlich einer beruflich veranlassten Auswärtstätigkeit, darf der Arbeitgeber die **tatsächlichen** Aufwendungen steuerfrei ersetzen. Nach Ablauf von 48 Monaten einer längerfristigen beruflichen Auswärtstätigkeit dürfen Unterkunftskosten nur bis zu 1 000 € im Monat steuerfrei gezahlt werden. Weiterhin erfordert die steuerfreie Zahlung von Unterkunftskosten, dass der Arbeitnehmer noch eine andere Wohnung innehat, die seinen Lebensmittelpunkt bildet. 827

Ohne den Nachweis der tatsächlichen Aufwendungen für die Übernachtung darf der Arbeitgeber für **jede** tatsächliche Übernachtung des Arbeitnehmers im Inland einen **Pauschbetrag** von bis zu 20 € steuerfrei zahlen. Dies gilt nicht, wenn der Arbeitnehmer die Unterkunft vom Arbeitgeber oder auf Grund seines Dienstverhältnisses von einem Dritten unentgeltlich oder teilentgeltlich erhalten hat.

Für weitere Einzelheiten sowie Erläuterungen zum Reisekostenrecht wird auf das im Kalenderjahr 2020 überarbeitete BMF-Schreiben hingewiesen, das bei Redaktionsschluss dieses Ratgebers noch nicht veröffentlicht war, sowie auf den von Stollfuß Medien herausgegebenen Ratgeber „Reisekosten 2021 – Private Wirtschaft".

4. Reisenebenkosten

828 Zu den **Reisenebenkosten** gehören die tatsächlichen Aufwendungen für

– die Beförderung und Aufbewahrung von Gepäck, für Telefongespräche und Schriftverkehr beruflichen Inhalts mit dem Arbeitgeber oder mit dessen Geschäftspartnern sowie Telefongespräche privaten Inhalts zur Kontaktaufnahme mit Angehörigen und Freunden bei einer mindestens einwöchigen beruflichen Auswärtstätigkeit

sowie

– die Gebühren für die Benutzung von Straßen, Brücken, Tunneln und Parkplätzen sowie für Schadensersatzleistungen infolge von Verkehrsunfällen, wenn die jeweils damit verbundenen Fahrtkosten als Reisekosten anzusetzen sind.

III. Sozialversicherung

829 Es bestehen keine sozialversicherungsrechtlichen Besonderheiten. Wenn steuerrechtlicher Arbeitslohn vorliegt, dann handelt es sich auch um Arbeitsentgelt i.S.d. Sozialversicherung.

Rentner

I. Arbeitsrecht

1. Allgemeine arbeitsrechtliche Gesichtspunkte bei der Beschäftigung von Rentnern

830 Arbeitnehmer können ohne Einschränkung auch im Rentenalter berufstätig sein. Das Rentnerarbeitsverhältnis unterliegt grundsätzlich den für „normale" Arbeitsverhältnisse geltenden Regelungen. Dies gilt unabhängig davon, ob der Rentner in Vollzeit, in Teilzeit oder als geringfügig Beschäftigter, befristet oder unbefristet tätig wird. Die Anwendung der **für „normale" Arbeitsverhältnisse geltenden Regelungen** bezieht sich insbesondere auf das Arbeitsentgelt, bezahlten Urlaub, Zusatzurlaub für schwerbehinderte Menschen, Entgeltfortzahlung im Krankheitsfall und an Feiertagen sowie in Bezug auf Sonderkündigungsschutz nach gesetzlichen Bestimmungen. Insbesondere rechtfertigt die Tatsache, dass ein Arbeitnehmer aufgrund einer früheren hauptberuflichen Tätigkeit mittlerweile ein Altersruhegeld bezieht, keine schlechtere Bezahlung (BAG v. 1.11.1995, 5 AZR 880/94, NZA 1996, 816). Die **Überschreitung der Hinzuverdienstgrenzen** bei vorgezogener Altersrente berührt den Bestand des Rentnerarbeitsverhältnisses nicht. Sie führt lediglich zur Anrechnung eines Teils der Vergütung auf den Rentenanspruch und somit zur Verkürzung der Rente. Dagegen dürfte es zulässig sein, einen Rentner von der Teilhabe an der betrieblichen Altersversorgung auszuschließen, da er durch seinen Rentenbezug bereits für das Alter abgesichert ist. Im Übrigen ist der Arbeitgeber bei der Beschäftigung von Rentnern aber an den Gleichbehandlungsgrundsatz gebunden.

Das Rentnerarbeitsverhältnis unterliegt auch den **Regelungen des Kündigungsschutzgesetzes**, soweit die Voraussetzungen zu dessen Anwendbarkeit nach der Größe des

Betriebes gegeben sind und die Wartezeit von sechs Monaten erfüllt ist. Bezieht der Arbeitnehmer Regelaltersrente und ist er insgesamt ausreichend versorgt, kann dies in Bezug auf eine arbeitgeberseitige Kündigung keine Berücksichtigung hinsichtlich der Sozialkriterien finden; allerdings ist ein regelaltersrentenberechtigter Arbeitnehmer ist in einer **Sozialauswahl** nach § 1 Abs. 3 Satz 1 KSchG hinsichtlich des Kriteriums „Lebensalter" deutlich weniger schutzbedürftig als ein Arbeitnehmer, der noch keine Altersrente beanspruchen kann (BAG v. 27.4.2017, 2 AZR 67/16, NZA 2017, 902). Kommt es im Rahmen eines Kündigungsschutzrechtsstreits zu einem **Auflösungsurteil** nach § 9 KSchG, scheidet für Arbeitnehmer nach dem Erreichen des Regelrentenalters die Heraufsetzung der normalen Höchstgrenze für Abfindungen von bis zu zwölf auf bis zu 15 bzw. bis zu 18 Monatsverdienste je nach Betriebszugehörigkeit aus, § 10 Abs. 2 Satz 2 KSchG.

Der Rentenbezug stellt nach § 41 Satz 1 SGB VI ausdrücklich keinen zulässigen Kündigungsgrund dar.

Da es bei der Beschäftigung von Rentnern um Arbeitnehmer in vorgerücktem Alter geht, ist darauf zu achten, dass sie nicht i.S. des **Diskriminierungsverbots** nach §§ 1 ff. AGG wegen ihres Alters unzulässig benachteiligt werden. Weist z.B. ein Arbeitgeber die Bewerbung eines Altersrentners unter Hinweis auf eine bei ihm geltende Altersgrenzenregelung bereits im Bewerbungsverfahren zurück, liegt hierin ein nicht gerechtfertigter Verstoß gegen das Verbot der Altersdiskriminierung nach § 7 Abs. 1 AGG (LAG Niedersachen v. 1.8.2018, 17 Sa 1302/17, öAT 2018, 214).

Auch in kollektivrechtlicher Hinsicht bestehen für die Beschäftigung von Rentnern keine Besonderheiten.

Zur **Altersgrenze** als Beendigungsgrund für das Arbeitsverhältnis → Ältere Arbeitnehmer.

2. Befristung nach vertraglich vereinbartem Ausscheiden bei Erreichen der Regelaltersgrenze nach § 41 Satz 3 SGB VI – Hinausschiebensvereinbarung

Mit der am 1.7.2014 in Kraft getretenen ergänzenden Neuregelung hat der Gesetzgeber eine neue Möglichkeit der befristeten Weiterbeschäftigung nach Erreichen der Regelaltersgrenze durch eine sog. **Hinausschiebensvereinbarung** nach § 41 Satz 3 SGB VI geschaffen. Mit dieser Regelung will der Gesetzgeber bezüglich der in Deutschland bestehenden Praxis kollektiv- oder individualvertraglich vereinbarter Altersgrenzen, die ein Ausscheiden mit Erreichen der Regelaltersgrenze vorsehen, entgegenwirken und den Vertragsparteien einvernehmlich die rechtssichere Fortsetzung des Arbeitsverhältnisses für einen von vornherein bestimmten Zeitraum ermöglichen, z.B. weil eine Nachbesetzung der entsprechenden Stelle nicht nahtlos erfolgen kann oder der Arbeitnehmer laufende Projekte mit seiner Sachkunde erfolgreich zum Abschluss bringen soll oder neu eingestellte, jüngere Kollegen in ihre Tätigkeit eingearbeitet werden sollen. Den Arbeitsvertragsparteien soll so aus dem bereits bestehenden Arbeitsverhältnis heraus ein flexibler Übergang in den Ruhestand ermöglicht werden, ohne dabei den Beschränkungen des TzBfG zu unterliegen. Wichtig: Die Regelung betrifft die Fortsetzung des Arbeitsverhältnisses zwischen den bisherigen Arbeitsvertragsparteien; davon unabhängig ist die Beschäftigung eines Rentners bei einem anderen Arbeitgeber.

831

Voraussetzung für die Anwendung der Vorschrift des § 41 Satz 3 SGB VI ist, dass ein Arbeitsverhältnis mit einer Vereinbarung über die Beendigung des Arbeitsverhältnisses mit dem Erreichen der Regelaltersgrenze vorliegt und dass die Verlängerungsbefristung noch während des laufenden Arbeitsverhältnisses getroffen wird.

Wichtig ist dabei:

– Die Einhaltung der **Schriftform** der Vereinbarung ist zwingend zu beachten, § 14 Abs. 4 TzBfG.

Rentner

– Auf **nach Erreichen der Regelaltersgrenze** erst neu begründete Arbeitsverhältnisse ist die Regelung nicht anwendbar.

Unter der Voraussetzung einer schon getroffenen – wirksamen – Vereinbarung der Beendigung des Arbeitsverhältnisses mit Erreichen der gesetzlichen Regelaltersgrenze können die Arbeitsvertragsparteien rechtssicher weitere sich nahtlos anschließende Befristungen des Arbeitsverhältnisses vereinbaren (**Hinausschiebensvereinbarungen**), wie auch der EuGH anerkannt hat (EuGH v. 28.2.2018, C-46/17, NZA 2018, 355). Eine Vereinbarung über das Hinausschieben des auf das Erreichen der Regelaltersgrenze bezogenen Beendigungszeitpunkts des Arbeitsverhältnisses erfordert auch **keinen Sachgrund** nach § 14 Abs. 1 TzBfG; unentschieden bleibt noch, ob eine Vereinbarung auch mit geänderten Vertragsbedingungen zulässig ist (BAG v. 19.12.2018, 7 AZR 70/17, NZA 2019, 523).

Eine ausführliche Darstellung der Neuregelung findet sich bei Arnold/Zeh, Die befristete Beschäftigung von Rentnern, NZA 2019,1017; bei N. Besgen, Die befristete Beschäftigung von Rentnern – Zum neuen § 41 Satz 3 SGB VI, B+P 2015, 523; bei Jüngst, Arbeitsrechtliche Gesichtspunkte bei der Beschäftigung von Rentnern, B+P 2017, 91 und bei Bader, Arbeitsrechtliche Altersgrenzen weiter flexibilisiert, NZA 2014, 749.

3. Befristung allgemein

832 Eine bei oder nach Erreichen des Renteneintrittsalters getroffene Vereinbarung über die befristete Fortsetzung des Arbeitsverhältnisses, die nicht in den Anwendungsbereich des § 41 Satz 3 SGB VI fällt, ist problematisch: Eine befristete Rentnerbeschäftigung nach § 14 Abs. 2 oder Abs. 3 TzBfG scheidet aus, weil es um die unmittelbare Fortsetzung des durch vertragliche Vereinbarung beendeten Arbeitsverhältnisses geht. Einer sachgrundlosen Befristung nach § 14 Abs. 2 TzBfG steht damit das **Vorbeschäftigungsverbot** entgegen; für eine Befristung nach § 14 Abs. 3 TzBfG fehlt es an dem Erfordernis der viermonatigen Beschäftigungslosigkeit bzw. der der Beschäftigungslosigkeit in § 14 Abs. 3 TzBfG gleichgesetzten Sachverhalte.

Die grundsätzlich mögliche Rentnerbeschäftigung durch einen **befristeten Arbeitsvertrag mit Sachgrund** im Übrigen dürfte in der Praxis dann in Betracht kommen, wenn sich die Beschäftigungsmöglichkeit bzw. das Beschäftigungserfordernis erst nach zeitlicher Unterbrechung durch die Beendigung des Arbeitsverhältnisses mit Erreichen der Regelaltersgrenze ergibt. So kann die Befristung aus in der Person des Arbeitnehmers liegenden Gründen nach § 14 Abs. 1 Satz 2 Nr. 6 TzBfG sachlich gerechtfertigt sein, wenn der Arbeitnehmer Altersrente aus der gesetzlichen Rentenversicherung beanspruchen kann und die befristete Fortsetzung des Arbeitsverhältnisses einer konkreten, im Zeitpunkt der Vereinbarung der Befristung bestehenden **Personalplanung** des Arbeitgebers dient. Eine derartige Befristung verstößt nicht gegen das Verbot der Diskriminierung wegen des Alters. Zum anderen kann eine Befristung aus in der Person des Arbeitnehmers liegenden Gründen gem. § 14 Abs. 1 Satz 2 Nr. 6 TzBfG sachlich gerechtfertigt sein, wenn das Interesse des Arbeitgebers, aus **sozialen Erwägungen** mit dem betreffenden Arbeitnehmer nur einen befristeten Arbeitsvertrag abzuschließen, auch angesichts des Interesses des Arbeitnehmers an einer unbefristeten Beschäftigung schutzwürdig ist. Das ist der Fall, wenn es ohne den in der Person des Arbeitnehmers begründeten sozialen Zweck überhaupt nicht zum Abschluss eines Arbeitsvertrags, auch nicht eines befristeten Arbeitsvertrags, gekommen wäre. Schließlich kann auch der **Wunsch des Arbeitnehmers** nach einer nur zeitlich begrenzten Beschäftigung die Befristung eines Arbeitsvertrags nach § 14 Abs. 1 Satz 2 Nr. 6 TzBfG sachlich rechtfertigen. Entscheidend dafür ist, ob der Arbeitnehmer auch bei einem Angebot auf Abschluss eines unbefristeten Vertrags nur ein befristetes Arbeitsverhältnis vereinbart hätte (BAG v. 11.2.2015, 7 AZR 17/13, DB 2015, 1727). Arbeitgebern ist bei der Vertragsgestaltung dringend anzuraten, einen etwaigen Wunsch des Arbeitnehmers nach einer befristeten Beschäftigung ausdrücklich zu dokumentieren, z.B. in einer Vorbemerkung zur Befristungsvereinbarung.

Zu der Möglichkeit der **Befristung** des Arbeitsvertrags **ohne Sachgrund bei älteren Arbeitnehmern** → Befristeter Arbeitsvertrag Rz. 219.

Zu der Möglichkeit der **Befristung** des Arbeitsvertrags allgemein → Befristeter Arbeitsvertrag.

II. Lohnsteuer

Werden (Alters-)Rentner in einem Dienstverhältnis (weiter) beschäftigt, gelten für die Lohnsteuererhebung die allgemeinen Regelungen (→ Ältere Arbeitnehmer, → Pensionär, → Pauschalierung und Pauschalbeiträge, → Lohnsteuerkarte). 833

III. Sozialversicherung

Bei der Beschäftigung von Rentnern sollte beachtet werden, dass, wenn es sich nicht um eine Vollrente wegen Alters (diese liegt bei Versicherten, die bis zum 31.12.1946 geboren sind, bei 65 Jahren und für Versicherte, die ab dem 1.1.1967 geboren sind, nach schrittweiser Anhebung bei 67 Jahren) handelt, bestimmte → Hinzuverdienstgrenzen nicht überschritten werden dürfen. Alle Rentner können, unabhängig von der Art der Rente, neben dem Rentenbezug eine geringfügig entlohnte Beschäftigung ausüben. Dies bedeutet, dass sie ab 1.1.2013 mit Anhebung der Grenze der Geringfügigkeit 450 € im Monat hinzuverdienen können. Es kann deswegen nicht zu einer Rentenkürzung kommen. 834

Zum 1.7.2017 ist für Renten, die **vor Erreichen des Alters für die Regelaltersrente** gezahlt werden, eine allgemeine rentenunschädliche Hinzuverdienstgrenze von 6 300,00 € jährlich eingeführt worden. Dies entspricht einem monatlichen Betrag von 525,00 €. Wird diese Grenze überschritten, so werden 40 % des übersteigenden Betrags auf die Rente angerechnet. Dies wird zum 1.7. eines Jahres jeweils individuell vom Träger der Rentenversicherung geprüft. Hier kann es dann zu Rentenkürzungen, aber auch zu Rentennachzahlungen kommen.

Hinzuverdienstgrenzen – Corona-Pandemie

Für das Jahr 2020 wurde die Hinzuverdienstgrenze auf 44 590 € angehoben. Ab dem 1.1.2021 gilt wieder die Grenze von 6 300 €.

Hat der beschäftigte Rentner das **Alter für die Regelaltersrente vollendet**, kann er ab Beginn des folgenden Kalendermonats unbegrenzt hinzuverdienen. Die Rente wird dann nicht mehr gekürzt.

1. Geringfügig entlohnt beschäftigte Rentner, die eine Vollrente wegen Alters beziehen

Geringfügig entlohnt beschäftigte Rentner, die eine Vollrente wegen Alters beziehen und das Alter für die Regelaltersrente vollendet haben, sind rentenversicherungsfrei. Das bedeutet, dass in einer geringfügig entlohnten Beschäftigung kraft Gesetzes Rentenversicherungsfreiheit besteht und ein Antrag auf Befreiung von der Rentenversicherungspflicht somit obsolet ist. Für diesen Personenkreis ist aber weiterhin ein Pauschalbeitrag zur Rentenversicherung zu entrichten. 835

Handelt es sich um einen gesetzlich krankenversicherten Rentner, so ist dieser mit dem Beitragsgruppenschlüssel 6 5 0 0 zu melden.

Sollten irrtümlicherweise vom Arbeitnehmer Beiträge zur Rentenversicherung entrichtet worden sein, so werden diese auf Antrag von der Minijob-Zentrale erstattet. Die Minijob-Zentrale informiert in solchen Fällen auch die betroffenen Arbeitgeber.

Hat der Beschäftigte Rentner das Alter für die Regelaltersgrenze noch nicht vollendet, so besteht Rentenversicherungspflicht – mit der Option, sich von der Rentenversicherungspflicht zu befreien.

2. Rentenversicherungspflicht für Vollrentner

836 Vollrentenbezieher sind rentenversicherungsfrei. Arbeitgeber haben für diese Beschäftigten einen Arbeitgeberanteil zu zahlen, der der Höhe nach dem Arbeitgeberbeitrag entspricht, der zu zahlen wäre, wenn die Person versicherungspflichtig wäre. Diese Beiträge wirken sich bisher nicht auf die Höhe der Rente aus. Bei einem Altersteilrentenbezug besteht hingegen keine Rentenversicherungsfreiheit.

Seit dem 1.1.2017 besteht Rentenversicherungsfreiheit für beschäftigte Altersvollrentner nur noch nach Erreichen der Regelaltersgrenze. Für diese Beschäftigten ist weiterhin der Arbeitgeberanteil zu entrichten, welcher sich nicht rentensteigernd auswirkt.

Jedoch können beschäftigte Altersvollrentner nach Erreichen der Regelaltersgrenze durch Erklärung gegenüber ihrem Arbeitgeber für die Dauer der Beschäftigung auf die Rentenversicherungsfreiheit verzichten. Die in einem Kalenderjahr aus den Pflichtbeiträgen erworbenen zusätzlichen Rentenanwartschaften werden zum 1.7. des Folgejahres in einer Rentenneuberechnung rentensteigernd berücksichtigt.

Daraus folgt, dass Beschäftigte über den Beginn einer vorzeitigen Altersvollrente bis zum Erreichen der Regelaltersgrenze rentenversicherungspflichtig bleiben. Aus den geleisteten Pflichtbeiträgen werden zusätzliche Rentenanwartschaften erworben, die den bestehenden Altersrentenanspruch ab dem Folgemonat des Erreichens der Regelaltersgrenze erhöhen. Arbeitnehmer, die am 31.12.2016 auf Grund des Bezugs einer Altersvollrente rentenversicherungsfrei beschäftigt waren, bleiben jedoch in dieser Beschäftigung im Rahmen einer Bestandsschutzregelung rentenversicherungsfrei. Sie können aber gegenüber dem Arbeitgeber auf die Versicherungsfreiheit verzichten. Der Verzicht kann nur für die Zukunft erklärt werden und ist für die Dauer der Beschäftigung bindend.

3. Auswirkungen auf das Meldeverfahren

837 Zur korrekten Bestimmung der für die Rentenberechnung zu Grunde zu legenden Entgeltpunkte bis zum Beginn einer Altersvollrente sowie der Zuschläge jeweils für Zeiten einer Beschäftigung während eines Altersvollrentenbezug vor und nach Erreichen der Regelaltersgrenze ist eine differenzierte Darstellung von Beschäftigungszeiten rentenversicherungsfreier und rentenversicherungspflichtiger Altersvollrentner im Meldeverfahren unabdingbar. Zur Gewährleistung der erforderlichen Verfahrenssicherheit soll diese Abgrenzung durch die Angabe eines jeweils eigenen Personengruppenschlüssels in Verbindung mit dem Beitragsgruppenschlüssel erreicht werden.

Hierfür wird die Beschreibung des bereits bestehenden Personengruppenschlüssels 119 für „Versicherungsfreie Altersvollrentner" wie folgt angepasst:

119 – Versicherungsfreie Altersvollrentner und Versorgungsbezieher wegen Alters

Es handelt sich um Personen, die nach Erreichen der Regelaltersgrenze eine Vollrente wegen Alters aus der gesetzlichen Rentenversicherung oder eine entsprechende Versorgung von einer berufsständischen Versorgungseinrichtung oder eine Versorgung nach beamtenrechtlichen Vorschriften oder Grundsätzen wegen Erreichens einer Altersgrenze beziehen (§ 5 Abs. 4 Nr. 1 und 2 SGB VI) oder vor Erreichen der Regelaltersgrenze eine Vollrente wegen Alters aus der gesetzlichen Rentenversicherung beziehen und auf Grund des Bestandsschutzes versicherungsfrei bleiben (§ 230 Abs. 9 Satz 1 SGB VI).

Zusätzlich wird ein neuer Personengruppenschlüssel 120 für „Versicherungspflichtige Altersvollrentner" mit folgender Definition eingeführt:

120 – Versicherungspflichtige Altersvollrentner

Es handelt sich um Personen, die vor Erreichen der Regelaltersgrenze eine Vollrente wegen Alters aus der gesetzlichen Rentenversicherung beziehen oder nach Erreichen der Regelaltersgrenze eine Vollrente wegen Alters aus der gesetzlichen Rentenversicherung beziehen und auf die Versicherungsfreiheit nach § 5 Abs. 4 Satz 2 SGB VI verzichten oder vor Erreichen der Regelaltersgrenze eine Vollrente wegen Alters aus der gesetzlichen Rentenversicherung beziehen und auf die Versicherungsfreiheit nach § 230 Abs. 9 Satz 2 SGB VI verzichten.

> **Beispiel:**
>
> Bezieher einer Vollrente wegen Alters (nach 45 Beitragsjahren zur Rentenversicherung).
>
> Geburtsdatum: 2.1.1953 – es besteht ein gesetzlicher Krankenversicherungsschutz.
>
> 1. Aufnahme einer geringfügig entlohnten Beschäftigung am 1.2.2018:
>
> BGR: 6 1 0 0 – PGR: 109 – Mini-Job-Zentrale.
>
> Arbeitnehmer nutzt Befreiungsmöglichkeit zur Rentenversicherung:
>
> BGR: 6 5 0 0 – PGR: 109 – Mini-Job-Zentrale.
>
> 2. Aufnahme einer mehr als geringfügig entlohnten Beschäftigung am 1.2.2018:
>
> BGR: 3 1 1 1 – PGR: 120 – zuständige Krankenkasse.
>
> In der Krankenversicherung ist der ermäßigte Beitragssatz maßgebend, da eine Vollrente wegen Alters bezogen wird und kein Anspruch auf Krankengeld besteht. Zu den anderen Zweigen besteht Versicherungspflicht.
>
> Ab 1.9.2018: BGR: 3 3 0 1 – PGR: 119 – zuständige Krankenkasse.
>
> Am 1.8.2018 vollendet der Arbeitnehmer das Alter für die Regelaltersrente (65 Jahre und 7 Monate). Ab 1.9.2018 besteht Renten- und Arbeitslosenversicherungsfreiheit. Der Arbeitgeber hat jedoch weiterhin seinen Anteil zur Rentenversicherung zu tragen.
>
> Neu ist seit dem 1.1.2017 auch, dass sich diese Personen auf die Rentenversicherungsfreiheit schriftlich gegenüber dem Arbeitgeber verzichten können. Durch die volle Beitragszahlung erhöht sich die Rente zum 1.7. des Folgejahres entsprechend.
>
> Der Verzicht auf die Rentenversicherungsfreiheit gilt für die gesamte Dauer der Beschäftigung; er kann also nicht zurückgenommen werden.
>
> Bei Verzicht auf die Rentenversicherungsfreiheit wäre Folgendes zu melden:
>
> BGR: 3 1 0 1 – PGR: 120 – zuständige Krankenkasse.

Sachbezüge

I. Arbeitsrecht

Zum **Arbeitsentgelt** können neben der normalen Geldleistung auch sog. **Sachbezüge** 838 gehören. Eine entsprechende **Vereinbarung** ist nach § 107 Abs. 2 GewO zulässig, wenn dies dem Interesse des Arbeitnehmers oder der Eigenart des Arbeitsverhältnisses entspricht. Häufige und typische Sachbezüge sind z.B. die Überlassung einer Werks- oder Dienstwohnung, die Zurverfügungstellung eines Dienstwagens mit Privatnutzung, die Einräumung von Personalrabatten, die Einlösung von Warengutscheinen (BAG v. 14.11.2012, 5 AZR 815/11, NZA-RR 2013, 392), ein Energiekostenrabatt, Kost, Wohnung, Heizung, Haustrunk der Brauereien u.Ä. Sachleistung und Arbeitsleistung müssen aber im unmittelbaren Gegenseitigkeitsverhältnis stehen (BAG v. 17.2.2009, 9 AZR 676/07, NZA 2010, 99); auch darf das Arbeitsentgelt nur zum Teil, d.h. nicht vollständig durch Sachbezüge ersetzt werden. Zudem muss die Gewährung von Sachbezügen im Interesse des Arbeitnehmers liegen oder durch die Eigenart des Arbeitsverhältnisses gerechtfertigt sein. Dies ist eine Frage des Einzelfalls.

Sachbezüge

In jedem Fall ist dem Arbeitnehmer der unpfändbare Teil des Arbeitsentgelts zwingend in Geld auszuzahlen; denn die Arbeitnehmer sollen nicht in eine Lage geraten, in der sie Gegenstände, die sie als Naturalvergütung erhalten haben, erst verkaufen müssen, bevor ihnen Geld zur Verfügung steht (BAG v. 24.3.2009, 9 AZR 733/07, NZA 2009, 861).

Sachbezüge sind bei der Berechnung des fortzuzahlenden Arbeitsentgelts nach dem EFZG zu berücksichtigen.

Siehe die aktuelle und ausführliche Darstellung von Jüngst, Arbeitsrechtliche Grundlagen und wesentliche Fragestellungen bei Sachbezügen, B+P 2018, 595.

II. Lohnsteuer

1. Erfassung und Bewertung von Sachbezügen

839 Leistet der Arbeitgeber neben dem Barlohn auch Sachbezüge an den Arbeitnehmer, ist deren Wert dem Arbeitslohn hinzuzurechnen. Zu den Sachbezügen rechnen vom Arbeitgeber zugewendete nicht in Geldeswert bestehende Güter wie kostenlos oder verbilligt bereitgestellte Mahlzeiten, gestellte Unterkunft, abgegebene Waren oder Dienstleistungen sowie (Sach-)Geschenke. **Unentgeltliche** Sachbezüge sind für die Besteuerung mit ihrem **Geldwert** anzusetzen.

Für kostenlos oder verbilligt gestellte bzw. überlassene (arbeitstägliche) **Mahlzeiten** sowie (Gemeinschafts-)**Unterkünfte**, die keine Wohnungen sind (z.B. möblierte Zimmer, Sammelunterkünfte), ist der Wert grundsätzlich nach den Bestimmungen der → **Sozialversicherungsentgeltverordnung** (SvEV) zu ermitteln (sog. Sachbezugswert). Der steuerliche Wert **anderer** Sachbezüge ist aus Vereinfachungsgründen mit 96 % des ortsüblichen **Endpreises** des Sachbezugs anzusetzen.

Erhält der Arbeitnehmer die Sachbezüge nicht unentgeltlich, so ist der Unterschiedsbetrag zwischen dem zuvor genannten Sachbezugswert bzw. dem Endpreis des Sachbezugs und dem Zuzahlungsbetrag steuerpflichtig.

2. Freigrenze für Sachbezüge (44 €-Grenze)

840 Sachbezüge werden nicht als Arbeitslohn angesetzt, wenn die – ggf. nach Anrechnung der vom Arbeitnehmer gezahlten Entgelte – sich ergebenden geldwerten Vorteile insgesamt 44 € im Kalendermonat nicht übersteigen (§ 8 Abs. 2 Satz 11 EStG), z.B. Gestellung von Belohnungsessen.

Diese Freigrenze für Sachbezüge setzt voraus, dass die vom Arbeitgeber kostenlos oder verbilligt hingegebenen Sachbezüge,

– nicht unter den Rabattfreibetrag nach § 8 Abs. 3 EStG i.H.v. 1 080 € (→ Rabatte) fallen und

– nicht nach Durchschnittswerten (z.B. Sachbezugswerte nach der SvEV) zu bewerten sind.

Folglich erfasst die Freigrenze z.B. vom Arbeitgeber bezahlte Belohnungsessen und Geschenke, wenn sie nicht bereits als Annehmlichkeiten steuerfrei sind (→ Aufmerksamkeit) sowie Vorteile aus der Überlassung eines zinslosen oder zinsverbilligten Arbeitgeberdarlehens. Für die Feststellung, ob die Freigrenze überschritten ist, sind die in einem Kalendermonat zufließenden und in die Freigrenze einzubeziehenden Vorteile zusammenzurechnen.

Freigrenze bedeutet, dass bis zu dem genannten Betrag keine Lohnsteuer zu erheben ist. Übersteigen die Vorteile diesen Grenzbetrag i.H.v. 44 € nur um 1 Cent, ist der gesamte Betrag als steuerpflichtiger Arbeitslohn anzusetzen und dafür Lohnsteuer einzubehalten.

Siehe auch → Preisnachlass; → Rabatte.

III. Sozialversicherung

Sachbezüge sind Arbeitsentgelt i.S.d. Sozialversicherung. Mit welchen Eurobeträgen die Sachbezüge anzusetzen sind, ergibt sich aus der Sozialversicherungsentgeltverordnung (SvEV) (→ Sozialversicherungsentgeltverordnung). Werden z.B. die Sachbezüge für Verpflegung nach § 40 Abs. 2 EStG pauschal versteuert, so handelt es sich nicht um Arbeitsentgelt i.S.d. Sozialversicherung.

841

Nicht zum Arbeitslohn rechnen **Sachleistungen** des Arbeitgebers, die auch im gesellschaftlichen Verkehr üblicherweise ausgetauscht werden, zu keiner ins Gewicht fallenden Bereicherung des Arbeitnehmers führen und allgemein als **Aufmerksamkeiten** angesehen werden (→ Aufmerksamkeit).

Saisonarbeitnehmer

I. Arbeitsrecht

1. Grundsätze

Die Arbeit in Saisonbetrieben (und Kampagnebetrieben) weist arbeitsrechtlich einige Besonderheiten auf, die neben den allgemeinen arbeitsrechtlichen Grundsätzen beachtet werden sollten. Bei Saisonarbeit in **kurzfristiger Beschäftigung** gelten die diesbezüglichen Besonderheiten (→ Kurzfristige Beschäftigung).

842

Für **Saisonbeschäftigte aus Drittstaaten** ist **europarechtlich** die Richtlinie 2014/36/EU des Europäischen Parlaments und des Rates vom 26.2.2014 über die Bedingungen für die Einreise und den Aufenthalt von Drittstaatsangehörigen zwecks Beschäftigung als Saisonarbeitnehmer, ABl. 2014 Nr. L 94, 375 zu beachten.

Unter **Saisonbetrieben**, in denen Saisonarbeit geleistet wird, sind Betriebe zu verstehen, in denen zwar über das ganze Jahr hindurch Arbeit geleistet wird, die aber regelmäßig in einem bestimmten Teil des Jahres verstärkt arbeiten und während dieser Saisonzeit einen erheblich erhöhten Personalbedarf besitzen. Saisonbetriebe sind also durch eine durchgehende Betriebstätigkeit einerseits mit verstärkter Tätigkeit in einer bestimmten Jahreszeit gekennzeichnet, wobei es nicht auf die Gründe ankommt, die zu den periodisch wiederkehrenden Schwankungen des Personalbedarfs führen; diese Schwankungsgründe können witterungsbedingt, absatzbedingt, jahreszeitbedingt oder standortbedingt sein.

Als **Beispiele für Saisonbetriebe** seien genannt: Hotels und Gaststätten in einem Sommerferienort, Spielzeugbetriebe, Weihnachtsartikelherstellung, Spielzeugherstellung, land- und forstwirtschaftliche Betriebe usw.

Von Saisonbetrieben mit Saisonarbeit sind zu unterscheiden die **Kampagnebetriebe**, in denen im Unterschied zu den Saisonbetrieben nicht über das ganze Jahr gearbeitet wird, sondern in denen sich die Tätigkeit auf einen Teil des Jahres beschränkt. Auch hier kommt es nicht darauf an, aus welchen Gründen der Kampagnebetrieb nur vorübergehend arbeitet; dabei spielt es keine Rolle, in welchem Verhältnis die Zeit der Betriebsruhe zur Zeit der Betriebstätigkeit steht und ob während der Zeigen der Betriebsruhe eine geringe Stammbelegschaft etwa zu Instandhaltungs- und Pflegearbeiten beschäftigt wird.

Als **Beispiele für Kampagnebetriebe** seien genannt Freibäder, nur im Sommer oder Winter geöffnete Gaststätten und Hotels, Gemüsekonservenfabriken, Zuckerfabriken, Obstverarbeitungsbetriebe usw.

Die Unterscheidung zwischen Saisonbetrieben und Kampagnebetrieben, der im Übrigen praktisch keine große Bedeutung zukommt, ist vom BAG (BAG v. 29.1.1987, 2 AZR 109/86, NZA 1987, 627) anerkannt, obwohl es zumeist auf die Unterscheidung kaum ankommen wird, weil sie keine konkrete Auswirkung hat.

Insoweit ist auch noch ergänzend anzusprechen, dass es naturgemäß auch **Mischbetriebe** gibt, d.h. normale Betriebe, die in einem abgrenzbaren Betriebsteil oder einer Betriebsabteilung oder einem Nebenbetrieb einen Saison- oder Kampagnebetrieb führen. Insoweit gelten die arbeitsrechtlichen Grundsätze der Saison- bzw. Kampagnearbeit nur für den diesbezüglichen Betriebsteil und die diesem Teil zugeordneten Arbeitnehmer.

2. Vertragsfragen

843 Die rechtliche Ausgestaltung der Saisonarbeitsverhältnisse unterliegt mangels spezifischer gesetzlicher Regelungen weitestgehend dem Grundsatz der Vertragsfreiheit, d.h. die Arbeitsvertragsparteien bestimmen die inhaltlichen Einzelheiten der Vertragsbeziehungen selbst, wobei sie jedoch nicht darüber disponieren können, ob es sich um ein Saisonarbeitsverhältnis handelt oder nicht. Bei Saisonarbeitnehmern handelt es sich häufig um ausländische Arbeitnehmer. Insoweit sei auf die Definition des Begriffs der „Saisonarbeiter" nach der Verordnung 1408/71 EG hingewiesen: Danach ist Saisonarbeiter jeder Arbeitnehmer, der sich in das Gebiet eines anderen Mitgliedsstaates als des Staats der EG begibt, in dem er wohnt, um dort für Rechnung eines Unternehmens oder eines Arbeitgebers in diesem Staat eine Saisonarbeit auszuüben, deren Dauer keinesfalls acht Monate überschreiten darf, und der sich für die Dauer seiner Beschäftigung im Gebiet dieses Staats aufhält; unter Saisonarbeit ist eine jahreszeitlich bedingte Arbeit zu verstehen, die jedes Jahr erneut anfällt.

Kennzeichnend für den Saisonarbeitsvertrag ist **typischerweise der Abschluss eines befristeten Arbeitsverhältnisses**, zumeist für wenige Monate unterhalb eines halben Jahres. Kennzeichnend ist weiterhin, dass das Saisonarbeitsverhältnis in Teilzeittätigkeit oder in Aushilfstätigkeit ausgeübt wird, teilweise auch im Rahmen geringfügiger Beschäftigung. Der **sachliche Grund für die Befristung** des Saisonarbeitsvertrages liegt darin, dass der betriebliche Bedarf an der Arbeitsleistung nur vorübergehend besteht (§ 14 Abs. 1 Satz 2 Nr. 1 TzBfG). Dieser Sachgrund des nur vorübergehenden Bedarfs an der Arbeitsleistung wird nicht allein dadurch in Frage gestellt, dass der vom Arbeitgeber prognostizierte Bedarf an der Arbeitsleistung noch über das Vertragsende hinaus andauert und erst später wegfällt. Der Arbeitgeber kann frei darüber entscheiden, ob er den Zeitraum des von ihm prognostizierten zusätzlichen Arbeitskräftebedarfs ganz oder nur teilweise durch den Abschluss von befristeten Arbeitsverträgen abdeckt. Aus der Vertragslaufzeit darf sich jedoch nicht ergeben, dass der Sachgrund tatsächlich nicht besteht oder nur vorgeschoben ist (BAG v. 14.12.2016, 7 AZR 688/14, NZA 2017, 711).

Wichtig: Auch wenn es nicht zwingend geboten ist, den Saisonarbeitsvertrag schriftlich abzuschließen (zwingende Schriftform allerdings für eine Befristung des Vertrags) und in der Vertragsvereinbarung ausdrücklich anzuführen, dass es sich um ein Saisonarbeitsverhältnis handelt, empfiehlt es sich,

– den Vertrag schriftlich abzuschließen,

– ausdrücklich im Vertrag klarzustellen, dass es sich um ein Saisonarbeitsverhältnis handelt,

– den Arbeitnehmer über die wesentlichen Arbeitsbedingungen gemäß Nachweisegesetz zu informieren.

Der Saisonarbeitsvertrag kann selbstverständlich auch als Abrufarbeitsverhältnis gestaltet werden (→ Abrufarbeit).

844 Für Firmen, die **saisonbedingt** beispielsweise acht oder neun Monate voll arbeiten, in den übrigen Monaten dagegen nicht oder nur zeitlich eingeschränkt, bietet sich eine Flexibilisierung durch Abschluss eines **Jahresarbeitsvertrags** ohne Befristung oder zwischenzeitliche Auflösung des Arbeitsverhältnisses an. Damit werden einerseits die betrieblichen Interessen berücksichtigt, die Auflösungsschwierigkeiten vermeiden wol-

len, ebenso aber auch eine Bezahlung von Zeiten der Nichtarbeit. Andererseits ist auch den Interessen des Arbeitnehmers gedient, der den Dauerbestand des Arbeitsverhältnisses und ein durchgehendes Einkommen wünscht.

Zu empfehlen ist daher die Variante des Jahresarbeitszeitvertrags, die die **Vergütung** nicht nach der tatsächlichen monatlichen Arbeitszeit bemisst mit Vergütungsausfall in den arbeitsfreien Zeiten, sondern nach der vertraglichen **durchschnittlichen Arbeitszeit** pro Monat. So kommt es zu einer Vergütung in gleichbleibender Höhe auch in den arbeitsfreien Zeiträumen. Damit werden sozialversicherungsrechtliche Probleme bei unbezahlten Freizeitperioden vermieden.

Ein **Muster** eines saisonalen Jahresarbeitsvertrags in Mobilzeit (Teilzeit) enthält Anhang 1 → (Jahres-)Arbeitsvertrag für saisonale Teilzeitarbeit, unbefristet.

3. Wiedereinstellungsanspruch

Der Saisonarbeitnehmer wird häufig den Wunsch haben, für die nächste Saison erneut einen Arbeitsvertrag zu erhalten, sei er auch befristet. Insoweit könnten die Arbeitsvertragsparteien eine entsprechende **Wiedereinstellungsvereinbarung** bzw. Wiedereinstellungszusage verabreden. Derartige Abreden kommen jedoch in der Praxis nur sehr selten vor, da sich der Arbeitgeber für die nächste Saison nicht binden möchte, auch wenn er grundsätzlich an einem bestimmten bewährten Arbeitnehmer interessiert ist. 845

Insoweit stellt sich gelegentlich die Frage, insbesondere bei in der Vergangenheit mehrfach aneinandergereihten Saisonarbeitsverhältnissen, ob der Arbeitnehmer bei Beginn der nächsten Saison nicht nur eine Wiedereinstellungschance, sondern einen echten **Wiedereinstellungsanspruch** besitzt. Einen solchen Wiedereinstellungsanspruch kann im Übrigen der Arbeitnehmer nicht mit der Entfristungsklage bei Auslaufen des befristeten Saisonarbeitsvertrages verfolgen, sondern allein im Wege einer Klage auf Wiedereinstellung, d.h. auf Abschluss eines neuen, ggf. befristeten, Saisonarbeitsvertrages (LAG Köln v. 27.11.2006, 2 Sa 511/06, LAGE Nr. 34 zu § 14 TzBfG).

Ein solcher **Wiedereinstellungsanspruch** eines Saisonarbeitnehmers besteht jedoch **grundsätzlich** auch dann **nicht**, wenn in Folge mehrere Saisonarbeitsverhältnisse begründet worden sind. Ein Wiedereinstellungsanspruch ist vielmehr nach einer einschlägigen Entscheidung des Bundesarbeitsgerichts (BAG v. 29.1.2987, 2 AZR 109/86, NZA 1987, 627) nur ganz ausnahmsweise bei einem Vertrauenstatbestand gegeben, z.B. wenn Jahr für Jahr alle Arbeitnehmer in der Saison wieder eingestellt werden, die dies verlangen, der Arbeitgeber den Beginn der Saison ohne Vorbehalt am Schwarzen Brett bekannt gegeben hat und sogar Arbeitnehmer neu einstellt. Umgekehrt kann der Arbeitnehmer aus der bloßen, durch die Handhabung in den vergangenen Jahren geweckte Erwartung, er werde im Frühjahr wieder eingestellt, keinen Anspruch auf Wiedereinstellung herleiten (BAG v. 26.4.2006, 7 AZR 190/05, AP Nr. 1 zu § 611 BGB – Wiedereinstellung).

4. Arbeitszeit

Für die Arbeitszeit in Saisonbetrieben und damit für Saisonarbeitnehmer gilt das Arbeitszeitgesetz. Das Arbeitszeitgesetz sieht für diese Betriebe in § 10 Abs. 1 ArbZG eine Reihe von **Ausnahmetatbeständen** für die Beschäftigung an Sonn- und Feiertagen vor, wobei die Arbeitsschutzbehörde weitere Ausnahmen vom grundsätzlichen Verbot der Sonn- und Feiertagsarbeit zulassen kann. 846

Außerdem kann die Arbeitsschutzbehörde nach § 15 Abs. 1 ArbZG längere tägliche Arbeitszeiten für Saison- und Kampagnebetriebe für die Zeit der Saison/der Kampagne bewilligen, wenn die Verlängerung der Arbeitszeit über acht Stunden werktäglich durch eine entsprechende Verkürzung der Arbeitszeit zu anderer Zeit ausgeglichen wird.

5. Arbeitsvergütung

847 Der gesetzliche **Mindestlohn** (→ Mindestlohn) erstreckt sich auch auf Saisonarbeitnehmer mit kurzfristiger Beschäftigung; für sie gilt also keine Ausnahme. Eine gewisse **Kompensation** sieht allerdings § 8 Abs. 1 Nr. 2 SGB IV dadurch vor, dass sie bei begrenzter Beschäftigungszeit von längstens 70 Tagen oder drei Monaten **zu den kurzfristig** Beschäftigten gehören mit den entsprechenden steuerlichen und sozialversicherungsrechtlichen Besonderheiten (→ Kurzfristige Beschäftigung).

6. Annahmeverzug

848 Auch im Saisonbetrieb trägt der Arbeitgeber das Risiko des Arbeitsausfalls. Fällt also z.B. witterungsbedingt die Möglichkeit der Tätigkeit aus und schließt der Arbeitgeber vorübergehend seinen Saisonbetrieb, z.B. seine Gaststätte, so bleibt er trotz Nichtleistung der Arbeit zur Zahlung der Arbeitsvergütung verpflichtet (BAG v. 9.7.2008, 5 AZR 810/07, DB 2008, 2599).

Etwas anderes gilt, wenn die Parteien des Saisonarbeitsverhältnisses von vornherein vereinbart haben, dass die Arbeit für einen vorher bestimmten Zeitraum ruhen soll, z.B. im Rahmen eines Jahreszeitvertrages mit vereinbarten Unterbrechungszeiten.

7. Entgeltfortzahlung im Krankheitsfall und Urlaub

a) Entgeltfortzahlung

849 Auch im Saisonbetrieb gilt im Fall krankheitsbedingter Arbeitsunfähigkeit des Arbeitnehmers das Entgeltfortzahlungsgesetz, wenn die allgemeinen Voraussetzungen erfüllt sind.

Bei der wirksamen Vereinbarung eines zeitweisen **Ruhens** des Saisonarbeitsverhältnisses entfällt ein Anspruch auf Entgeltfortzahlung im Krankheitsfall in dieser Zeit.

b) Urlaub

850 Auch die Urlaubsbestimmungen des BUrlG (und eines evtl. anwendbaren Tarifvertrags) greifen für das Saisonarbeitsverhältnis, auch wenn in vielen Fällen die Wartezeit von sechs Monaten nach § 4 BUrlG nicht erreicht werden dürfte.

Tatsächlich wird es allerdings während der Saison zumeist nicht zur Urlaubsgewährung kommen können, eben weil die Arbeitskraft gebraucht wird. Hier bietet es sich an, den Urlaub (ein Zwölftel des Jahresurlaubs für jeden vollen Beschäftigungsmonat) entweder von vornherein an das Saisonende anschließend zu vereinbaren oder den Urlaub nach Beendigung des Arbeitsverhältnisses abzugelten.

8. Beendigung des Saisonarbeitsverhältnisses

851 Bei Entlassungen in größerem Umfang sind bekanntlich die **Massenentlassungsvorschriften** des Kündigungsschutzgesetzes, §§ 17 ff. KSchG, zu beachten. Insoweit gilt für Saisonbetriebe folgende Besonderheit: Um Saisonbetrieben eine zügige Anpassung an den sich im Zusammenhang mit dem Saisongeschäft verändernden Personalbedarf zu ermöglichen, sind diese Betriebe nach § 22 KSchG von den Vorschriften über den Massenentlassungsschutz **befreit**. Diese Privilegierung gilt aber nur für solche Entlassungen, die durch die spezifische Eigenart des Saisonbetriebes bedingt sind, also wegen der Beendigung der Saison erfolgen. Kommt es zu Massenentlassungen während der Saison aus sonstigen, z.B. allgemeinen betriebsbedingten Gründen, finden die Massenentlassungsvorschriften Anwendung. Bei Mischbetrieben mit Mischtatbeständen gelten für saisonbedingte Entlassungen die Ausnahmevorschriften, für die übrigen Entlassungen nicht.

Die Ausnahme von den Vorschriften des Massenentlassungsschutzes gilt im Übrigen nach § 22 Abs. 2 KSchG nicht für Betriebe des Baugewerbes, in denen die ganzjährige Beschäftigung nach dem SGB III gefördert wird, wohl aber für die Baubetriebe, die nicht der Winterbauförderung unterliegen.

Im Übrigen gilt hinsichtlich der Kündigung eines Saisonarbeitsverhältnisses Folgendes:

Für die **ordentliche Kündigung** des Saisonarbeitsverhältnisses gelten grundsätzlich die normalen Kündigungsfristen nach § 622 BGB.

Insoweit kann sich eine verkürzte Kündigungsfrist sowohl aus einer **Probezeitvereinbarung** (§ 622 Abs. 2 BGB: zwei Wochen) als auch aus einem anwendbaren Tarifvertrag (§ 622 Abs. 4 BGB) als auch daraus ergeben, dass das Saisonarbeitsverhältnis ein Aushilfsarbeitsverhältnis (§ 622 Abs. 5 BGB) ist oder der Saisonbetrieb i.d.R. nicht mehr als 20 Arbeitnehmer beschäftigt (§ 622 Abs. 5 BGB).

Bei ordentlicher Kündigung des Saisonarbeitsverhältnisses ist im Übrigen die Anwendbarkeit des **Kündigungsschutzgesetzes** nicht ausgeschlossen. Der Saisonarbeitnehmer hat also Anspruch auf Kündigungsschutz gegenüber sozial ungerechtfertigter Kündigung, wenn die Voraussetzungen für die Anwendbarkeit des Kündigungsschutzgesetzes erfüllt sind (sechs Monate Wartezeit, kein Kleinbetrieb i.S.d. § 23 KSchG). Allerdings wird in aller Regel der allgemeine Kündigungsschutz nicht eingreifen, solange das Saisonarbeitsverhältnis die Dauer von sechs Monaten nicht übersteigt.

Insoweit stellt sich die Frage, ob frühere Beschäftigungszeiten eines bestimmten Arbeitnehmers aus früheren Saisonzeiten trotz zwischenzeitlicher Unterbrechung bzw. Neubegründung des Saisonarbeitsverhältnisses auf die erforderliche Wartezeit nach § 1 KSchG **anzurechnen** sind. Diese Frage ist jedoch zu verneinen, so dass sich die Wartezeit nach dem jeweiligen Saisonarbeitsverhältnis ohne Berücksichtigung früherer Saisonarbeitsverhältnisse bemisst.

Auch die **Sonderkündigungsschutzvorschriften** für besondere Arbeitnehmergruppen, z.B. für Schwerbehinderte nach § 85 SGB IX und nach § 9 MuSchG beanspruchen grundsätzlich für Saisonarbeitnehmer Geltung, soweit etwaige spezifische Anwendungsvoraussetzungen erfüllt sind.

Soweit es um die Anwendbarkeit des Kündigungsschutzgesetzes nach der regelmäßigen **Beschäftigtenzahl** (§ 23 KSchG) geht, kommt es bei Saisonbetrieben, die jeweils für einige Wochen oder Monate im Jahr einen erhöhten Arbeitskräftebedarf haben, nicht auf die Anzahl der Saisonarbeitnehmer an; diese vorübergehend eingestellten Arbeitnehmer zählen nicht zu den i.d.R. Beschäftigten. Etwas anderes gilt lediglich für reine Kampagnebetriebe, die überhaupt nur während eines Teils des Jahres arbeiten. In einem derartigen Fall ist die Beschäftigtenzahl während der Kampagne maßgebend. Dies hat das BAG zur gleichen Fragestellung bei der Betriebsänderung nach § 111 BetrVG entschieden (BAG v. 16.11.2004, 1 AZR 642/03, AP Nr. 58 zu § 111 BetrVG).

II. Lohnsteuer

1. Persönliche Steuerpflicht

Arbeitnehmer, die im Inland weder ihren Wohnsitz noch ihren gewöhnlichen Aufenthalt haben und hier Arbeitslohn beziehen, sind beschränkt einkommensteuersteuerpflichtig. Als gewöhnlicher Aufenthalt wird ein zeitlich zusammenhängender Aufenthalt in Deutschland von mehr als sechs Monaten Dauer angesehen. Kurzfristige Unterbrechungen bleiben unberücksichtigt.

Arbeitnehmer, die hier nur zu bestimmten Jahreszeiten arbeiten, rechnen steuerlich zu den sog. Saisonarbeitnehmern. Hierzu gehören regelmäßig ausländische Arbeitnehmer, die in Deutschland beschränkt (lohn- und einkommensteuer-) steuerpflichtig sind. Auch der an diesen Personenkreis gezahlte Arbeitslohn ist grundsätzlich steuerpflichtig. Für den Lohnsteuerabzug durch den Arbeitgeber gelten die allgemeinen Vorschriften.

Beschränkt steuerpflichtige Arbeitnehmer, die mindestens 90 % ihrer gesamten Einkünfte in Deutschland erzielen, werden auf Antrag **wie unbeschränkt** steuerpflichtige Personen behandelt. Dazu gehört auch die Möglichkeit der Beantragung von Kindergeld für die Monate der inländischen Tätigkeit. Der Antrag auf unbeschränkte Steuerpflicht kann auch für das Lohnsteuerabzugsverfahren gestellt werden. Das Finanzamt hält entsprechende Vordrucke bereit.

2. Lohnsteuereinbehalt

a) Lohnsteuerabzugsmerkmale

853 Erhebt der Arbeitgeber für den Arbeitslohn des beschränkt steuerpflichtigen Saisonarbeitnehmers die Lohnsteuer nicht pauschal, sind für das Regelverfahren die Lohnsteuerabzugsmerkmale maßgebend. Diese Saisonarbeitnehmer werden regelmäßig in die Lohnsteuerklasse I eingereiht (→ Lohnsteuerkarte).

Seit dem Kalenderjahr 2020 wird auch dieser Arbeitnehmerkreis in das ELStAM-Verfahren einbezogen (→ Lohnsteuerkarte). Somit ist für Saisonarbeitnehmer die frühere Ausstellung einer Papierbescheinigung für den Lohnsteuerabzug (sog. Bescheinigung für beschränkt einkommensteuerpflichtige Arbeitnehmer) grundsätzlich entfallen. Zu weiteren Erläuterungen vgl. BMF-Schreiben v. 7.11.2019 (IV C 5-2 2363/19/10007:001, BStBl I 2019, 1087).

Der Arbeitgeber hat die Lohnsteuer für den jeweiligen Lohnzahlungszeitraum nach den Lohnsteuerabzugsmerkmalen dieser Bescheinigung zu erheben (maschinell berechnen oder nach der entsprechenden Lohnsteuertabelle – Tages- oder Monatstabelle).

b) Pauschale Lohnsteuer

854 Alternativ darf der Arbeitgeber auch für beschränkt steuerpflichtige ausländische Saisonarbeiter die Möglichkeit zur Pauschalierung der Lohnsteuer wählen. Dies wird insbesondere für in der Land- und Forstwirtschaft beschäftigte Saisonarbeiter vorteilhaft sein (Pauschsteuersatz 5 %).

3. Steuerfreie Leistungen

855 Viele Saisonarbeiter erhalten vom Arbeitgeber freie Kost und Logis. Da die Familie des Saisonarbeiters in der Regel außerhalb des Tätigkeitsorts wohnt und der Saisonarbeiter in einer betrieblichen Einrichtung des Arbeitgebers seine erste Tätigkeitsstätte hat, führt er einen **doppelten Haushalt** (→ Doppelter Haushalt). Folglich kann der Arbeitgeber nach den Grundsätzen einer doppelten Haushaltsführung **steuerfreie** Leistungen gewähren, z.B. kostenlose Unterkunft. Solche Logis und Kost können regelmäßig steuerfrei gewährt werden. In den ersten drei Monaten stehen dem Saisonarbeitnehmer die ebenfalls steuerfrei zahlbaren Verpflegungspauschalen zu (→ Reisekosten).

Gestellt der Arbeitgeber jedoch neben den steuerfreien Verpflegungspauschalen zusätzlich die arbeitstäglichen **Mahlzeiten** kostenlos, sind die Verpflegungspauschalen zu kürzen. Die Kürzungsbeträge betragen für ein im Inland gestelltes Frühstück seit dem Kalenderjahr 2020 5,60 € (zuvor 4,80 €) und für ein Mittagessen und Abendessen je 11,20 € (vor dem Kalenderjahr 2020 je 9,60 €). Somit kann bei einer vollständigen Mahlzeitengestellung keine steuerfreie Verpflegungspauschale mehr gezahlt werden. Siehe auch → Pauschalierung und Pauschalbeiträge.

III. Sozialversicherung

1. EU-Ausland

Seit dem 1.5.2011 gilt für alle Arbeitnehmer innerhalb der EU die sog. Dienstleistungsfreiheit. Jeder Arbeitnehmer kann sich innerhalb der EU einen Arbeitsplatz suchen. Die aktuellen sozialversicherungsrechtlichen Regelungen zu Arbeitnehmern innerhalb der EU und aus dem EU-Ausland sind nachfolgend aufgeführt. 856

a) Versicherungsrechtliche Regelungen

Für Beschäftigungsverhältnisse von Saisonarbeitnehmern, die Staatsangehörige eines EU-Staates sind bzw. auch für Nicht-EU-Staatsangehörige aus dem EU-Ausland, die sich dort legal aufhalten, sind die Vorschriften der EU-RL 883/04 anzuwenden. Dies bedeutet u.a., dass Sozialversicherungspflicht nur in einem Mitgliedsstaat vorliegen kann. Für Saisonarbeitskräfte aus dem EU-Ausland, die eine Beschäftigung in Deutschland aufnehmen, ist keine Doppelversicherung mehr möglich. 857

Für die sozialversicherungsrechtliche Beurteilung sind hierbei folgende Personenkreise zu unterscheiden:

- Arbeitnehmer,
- Hausfrauen/-männer, Rentner und Studenten,
- Arbeitslose.

Bei Arbeitnehmern ist weiterhin zu unterscheiden, ob die (Saison-)Beschäftigung in der Bundesrepublik Deutschland während eines bezahlten oder unbezahlten Urlaubs ausgeübt wird.

b) Beschäftigung während eines bezahlten Urlaubs

Arbeitnehmer aus dem EU-Ausland, die während ihres bezahlten Urlaubs (z.B. in Tschechien) in Deutschland eine Beschäftigung aufnehmen, unterliegen auch in der in Deutschland ausgeübten Beschäftigung dem tschechischen Sozialversicherungsrecht, wenn der tschechische Arbeitnehmer den Vordruck A 1 vorlegt. Durch den Vordruck A 1 weist der tschechische Arbeitnehmer nach, dass für ihn nicht die deutschen Rechtsvorschriften gelten. Der deutsche Arbeitgeber hat in diesem Fall die nach tschechischem Recht anfallenden Sozialversicherungsbeiträge an die tschechischen Sozialversicherungsträger abzuführen. 858

Wird bei Beginn der Beschäftigung vom tschechischen Arbeitnehmer der Vordruck A 1 nicht vorgelegt, so erfolgt die sozialversicherungsrechtliche Beurteilung der Beschäftigung nach den deutschen Rechtsvorschriften. Reicht der tschechische Arbeitnehmer den Vordruck A 1 allerdings nach, so ist rückwirkend – ab Beschäftigungsbeginn – das tschechische Sozialversicherungsrecht anzuwenden. Eventuell an einen deutschen Sozialversicherungsträger erstellte Meldungen sind zu stornieren, Beiträge zurückzurechnen und Beitragsnachweise zu korrigieren.

Um sich diese Arbeitsschritte zu ersparen, sollten die Arbeitnehmer aus dem EU-Ausland vor Beschäftigungsbeginn ausdrücklich darauf hingewiesen werden, dass sie den Vordruck A 1 unbedingt mit nach Deutschland bringen müssen.

c) Beschäftigung während eines unbezahlten Urlaubs

Übt ein (Saison-)Arbeitnehmer aus dem EU-Ausland die Beschäftigung in der Bundesrepublik Deutschland während eines unbezahlten Urlaubs aus, ist die Beschäftigung nach deutschem Recht zu beurteilen. Gemäß Abschnitt B Punkt 2.2.3. Abs. 4 Satz 3 Geringfügigkeits-Richtlinien werden Beschäftigungen während eines unbezahlten Urlaubs berufsmäßig ausgeübt und unterliegen daher der Sozialversicherungspflicht, in diesen Fällen dem deutschen Sozialversicherungsrecht. 859

d) Kombination aus bezahltem und unbezahltem Urlaub

860 Bisher galt die Regelung, dass Sozialversicherungspflicht nach deutschen Rechtsvorschriften eintrat, sobald auch nur für einen Tag einer Saisonbeschäftigung in Deutschland ein Arbeitnehmer im Ausland unbezahlten Urlaub genommen hatte. Diese Regelung findet keine Anwendung mehr.

Für die Zeit des bezahlten Urlaubs ist in diesen Fällen das Sozialversicherungsrecht des anderen EU-Staats und für die Zeit des unbezahlten Urlaubs deutsches Sozialversicherungsrecht maßgebend.

e) Hausfrauen/-männer, Rentner und Studenten

861 Für diese Personenkreise ist die sozialversicherungsrechtliche Beurteilung nach deutschen Rechtsvorschriften vorzunehmen. Die Regelungen hinsichtlich der kurzfristigen Beschäftigung i.S.d. § 8 Abs. 1 Nr. 2 SGB IV sind zu beachten. Handelt es sich um eine kurzfristige nicht berufsmäßige und damit versicherungsfreie Beschäftigung, sind die Meldungen nach der DEÜV an die Minijob-Zentrale in 45115 Essen zu senden. Eventuell anfallende Umlagebeiträge nach dem AAG sind ebenfalls der Minijob-Zentrale nachzuweisen.

Soweit für diese Personen weder Krankenversicherungspflicht nach deutschem noch nach dem Recht ihres EU-Heimatstaats besteht, ist für diese Personen vom Arbeitgeber ein privater Krankenversicherungsschutz herzustellen.

f) Arbeitslose

862 Nimmt ein in seinem EU-Heimatstaat Arbeit suchend Gemeldeter in Deutschland eine (Saison-)Beschäftigung auf, so schließt dies regelmäßig den Anspruch auf Arbeitslosengeld nach dem Recht des EU-Heimatstaats aus. Für die sozialversicherungsrechtliche Beurteilung der Beschäftigung von in ihrem Heimatland Arbeit suchend gemeldeten Saisonarbeitskräften gelten die deutschen Rechtsvorschriften. In diesen Fällen ist Berufsmäßigkeit zu unterstellen, so dass diese Beschäftigungen der Sozialversicherungspflicht unterliegen.

g) Nachweise

863 Damit als Arbeitgeber eine korrekte sozialversicherungsrechtliche Beurteilung vorgenommen werden kann, sollte man von dem Arbeitnehmer aus dem EU-Ausland – wie bisher – entsprechende Nachweise für die eigenen Lohnunterlagen (→ Aufzeichnungspflichten Rz. 159) fordern (Bescheinigung über bezahlten bzw. unbezahlten Urlaub, Rentenbescheid, Studentenbescheinigung etc.).

h) Beitragsrecht

864 An welche Stelle die Sozialversicherungsbeiträge abzuführen sind, hängt von der versicherungsrechtlichen Beurteilung ab. Ist deutsches Recht anzuwenden und handelt es sich um eine geringfügige Beschäftigung i.S.d. § 8 Abs. 1 SGB IV, so ist die Minijob-Zentrale in 45115 Essen zuständige Einzugsstelle. Besteht Versicherungspflicht nach deutschem Recht, so sind die Beiträge an die zuständige deutsche Einzugsstelle zu entrichten, zu welcher der Arbeitnehmer angemeldet wurde. Die Regelungen des Krankenkassenwahlrechts nach §§ 173 ff. SGB V sind zu beachten.

Besteht Versicherungspflicht nach dem Recht des anderen EU-Staats, so gelten auch für das im Inland ausgeübte Beschäftigungsverhältnis die sozialversicherungsrechtlichen Regelungen dieses Staats.

Wie es sich mit der Fälligkeit, Berechnung, Tragung und Entrichtung der Beiträge sowie der Meldungen verhält, erfährt man am besten über die Deutsche Verbindungsstelle Krankenversicherung Ausland (DVKA). Auf deren Website www.dvka.de sind viele Informationen zu den jeweiligen Staaten und eventuell zu beachtende Besonderheiten eingestellt.

2. Nicht-EU-Staaten, mit denen ein Sozialversicherungsabkommen besteht

In diesen Fällen sind die zwischenstaatlichen Regelungen zu beachten. Nähere Informationen findet man unter www.dvka.de.

3. Nicht-EU-Staaten, mit denen kein Sozialversicherungsabkommen besteht

In diesen Fällen sind die Beschäftigungsverhältnisse ausschließlich nach deutschen Rechtsvorschriften zu beurteilen. Wie bereits erwähnt, sind hier keine strengeren Maßstäbe anzulegen als bei der Beurteilung von kurzfristigen Beschäftigungen, die von in Deutschland lebenden Personen ausgeübt werden. Für die sozialversicherungsrechtliche Beurteilung kommt es nicht darauf an, ob der Arbeitnehmer aus dem Ausland eine Aufenthalts- oder Arbeitserlaubnis hat. Wird eine Beschäftigung gegen Arbeitsentgelt ausgeübt, so gelten die allgemeinen Kriterien für die Beurteilung dieser Beschäftigung (→ ausländische Arbeitnehmer).

IV. Kirchensteuer

Arbeitnehmer, die ihren Wohnsitz nicht im Inland haben und in Deutschland nur zu bestimmten Zeiten arbeiten (Saisonarbeitnehmer), sind keine Kirchenmitglieder einer in Deutschland Kirchensteuer erhebenden Kirche oder Religionsgemeinschaft. Bei katholischen Kirchenmitgliedern wird in steuerlicher Hinsicht auf die Zugehörigkeit zu einer der Diözesen in Deutschland abgestellt.

Schätzung

I. Arbeitsrecht

Es bestehen keine arbeitsrechtlichen Besonderheiten.

II. Lohnsteuer

Für die Auferlegung von steuerlichen Pflichten benötigt das Finanzamt die Mitwirkung des Steuerpflichtigen. So knüpft z.B. die Festlegung des Abgabetermins für die Lohnsteuer-Anmeldungen an die Höhe der anzuführenden Lohnsteuer an. Üblicherweise ist dem Arbeitgeber der gezahlte Arbeitslohn bekannt, so dass dessen Höhe sowie die der abzuführenden Lohnsteuer, Kirchensteuer und des Solidaritätszuschlags nicht zu schätzen sind.

Bei **Betriebseröffnung** oder erstmaliger Beschäftigung wird zur Bestimmung der Abgabetermine der Lohnsteuer-Anmeldungen von der geschätzten, voraussichtlich im Kalenderjahr abzuführenden Lohnsteuer ausgegangen (→ Lohnsteuer-Anmeldung). Hierfür muss der Arbeitgeber mitwirken und die voraussichtlichen Beträge mitteilen.

Im **Besteuerungsverfahren** hat das Finanzamt die Grundlagen zu schätzen, wenn der Steuerpflichtige seinen Mitwirkungspflichten nicht nachkommt, er also z.B. die Steuererklärung (Lohnsteuer-Anmeldung) nicht oder nicht rechtzeitig abgibt. In diesem Fall kann das Finanzamt die Besteuerungsgrundlagen regelmäßig nicht ermitteln oder berechnen. Dann ist es berechtigt und verpflichtet, die Besteuerungsgrundlagen zu schätzen. Geschätzt werden nicht die Steuern selbst, sondern deren Grundlagen, z.B. die Höhe der (Betriebs-)Einnahmen, Betriebsausgaben, Werbungskosten oder der gezahlten Löhne.

Schätzung

Eine **Schätzung** soll in sich schlüssig sein; ihre Ergebnisse sollen wirtschaftlich vernünftig und möglich sein. Ziel einer Schätzung ist es deshalb, diejenigen Besteuerungsgrundlagen und Steuer zu ermitteln, welche die größte Wahrscheinlichkeit der Richtigkeit für sich haben (BFH v. 19.1.1993, VIII R 128/84, BStBl II 1993, 594). Dabei ist das Finanzamt grundsätzlich gehalten, diejenigen Erkenntnisse, deren Beschaffung und Verwertung ihm zumutbar und möglich sind, auszuschöpfen.

Die Schätzung sowie der Schätzungsbescheid **ersetzen nicht** die Steuererklärung, zu deren Abgabe der Arbeitgeber oder Arbeitnehmer (unabhängig von der Schätzung) gesetzlich verpflichtet ist.

III. Sozialversicherung

870 Als Arbeitgeber hat man der Einzugsstelle bis zum fünftletzten Bankarbeitstag eines Monats den Beitragsnachweis für den aktuellen Monat zu übermitteln: Kommt man dieser Verpflichtung nicht nach, so schätzen die Einzugsstellen den Beitrag, der für den aktuellen Monat fällig ist. Eine Beitragsschätzung durch die Einzugsstelle ersetzt den Beitragsnachweis nicht.

Hiermit nicht zu verwechseln ist die Möglichkeit, die Sozialversicherungsbeiträge für den Monat zu „schätzen". Dies bedeutet eine Vereinfachungsregelung für den Arbeitgeber und darf angewendet werden, wenn die genaue Berechnung der Beiträge im laufenden Monat nicht möglich ist, z.B. durch häufigen Mitarbeiterwechsel oder der Zahlung von variablen Arbeitsentgeltbestandteilen, die erst nach Ablauf des gesamten Monats feststehen (§ 23 Abs. 1 SGB IV).

Scheinselbständigkeit

I. Arbeitsrecht

871 Von Scheinselbständigkeit spricht man, wenn ein Mitarbeiter zwar nach den vertraglichen Vereinbarungen als Selbständiger oder freier Mitarbeiter Dienst- oder Werkleistungen für ein Unternehmen erbringt, nach der tatsächlichen Ausgestaltung aber nichtselbständige Arbeiten in einem weisungsgebundenen Arbeitsverhältnis erbringt. Die tatsächliche Vertragsdurchführung ist maßgeblich, § 611a Abs. 1 Satz 6 BGB. Bei einer solchen **rechtsmissbräuchlichen** Vertragsgestaltung unter Umgehung der arbeitsschutzrechtlichen Bestimmungen liegt rechtlich ein Arbeitsverhältnis vor, mit allen ggf. schwerwiegenden Konsequenzen.

872 Ob z.B. die **Umfunktionierung eines Aushilfsarbeitsverhältnisses** in ein freies Mitarbeiterverhältnis **missbräuchlich** ist, richtet sich nach den Umständen des Einzelfalls (Scheinselbständigkeit, vgl. dazu ausführlich Handbuch Betrieb und Personal, Fach 10 Rz. 193 ff. und B+P 2005, 811 ff.; zu Abwicklungsfragen des verdeckten Arbeitsverhältnisses nach „enttarnter" Scheinselbständigkeit s. B+P 2009, 810 ff.) und dürfte insbesondere dann vorliegen, wenn hierdurch die Abführung von pauschaler Lohnsteuer und ggf. auch von Sozialversicherungsbeiträgen umgangen werden soll; so ist z.B. ein studentischer Tankwart auf Abruf regelmäßig Arbeitnehmer (BAG v. 12.6.1996, 5 AZR 960/94, DB 1997, 429). Es liegt aber nahe, dass die tatsächliche Durchführung eines Aushilfsarbeitsverhältnisses regelmäßig für ein Arbeitsverhältnis sprechen dürfte.

Das BAG (z.B. BAG v. 20.8.2003, 5 AZR 610/02, NZA 2004, 39; BAG v. 25.5.2005, 5 AZR 347/04, AP Nr. 117 zu § 611 BGB Abhängigkeit; BAG v. 9.6.2010, 5 AZR 332/09, DB 2010, 1830; BAG v. 15.2.2012, 10 AZR 301/10, NZA 2012, 731; BAG v. 11.8.2015, 9 AZR 98/14, NZA-RR 2016, 288) definiert den Begriff des Arbeitnehmers in Abgrenzung zum Selbständigen wie folgt:

„Arbeitnehmer ist, wer auf Grund eines privatrechtlichen Vertrags im Dienste eines anderen zur Leistung weisungsgebundener, fremdbestimmter Arbeit in persönlicher

Abhängigkeit verpflichtet ist. Das Arbeitsverhältnis ist ein auf den Austausch von Arbeitsleistung und Vergütung gerichtetes Dauerschuldverhältnis. Die vertraglich geschuldete Leistung ist im Rahmen einer von Dritten bestimmten Arbeitsorganisation zu erbringen. Die Eingliederung in die fremde Arbeitsorganisation zeigt sich insbesondere darin, dass der Beschäftigte einem Weisungsrecht seines Vertragspartners (Arbeitgebers) unterliegt. Das Weisungsrecht kann Inhalt, Durchführung, Zeit, Dauer und Ort der Tätigkeit betreffen. Arbeitnehmer ist derjenige Mitarbeiter, der nicht im Wesentlichen frei seine Tätigkeit gestalten und seine Arbeitszeit bestimmen kann. Selbständig ist dagegen, wer im Wesentlichen frei seine Tätigkeit gestalten und frei seine Arbeitszeit bestimmen kann, § 84 Abs. 1 Satz 2 HGB. Für die Abgrenzung hat sich das Gesetz im Bereich der Vermittlung von Geschäften und Versicherungen für Dritte auf diese beiden Kriterien beschränkt. Zwar sind dabei alle Umstände des Falles in Betracht zu ziehen und schließlich in ihrer Gesamtheit zu würdigen. Die heranzuziehenden Anknüpfungspunkte müssen sich jedoch diesen gesetzlichen Unterscheidungsmerkmalen zuordnen lassen. Der jeweilige Vertragstyp ergibt sich aus dem wirklichen Geschäftsinhalt. Widersprechen sich Vereinbarung und tatsächliche Durchführung, ist das letztere maßgebend. Dabei kommt es auf die Gesamtwürdigung der Umstände des Einzelfalles an."

Die zum 1.4.2017 erfolgte gesetzliche Definition in § 611a Abs. 1 BGB hat zu keiner materiellen Änderung geführt, sodass es weiterhin auf die skizzierten Kriterien ankommt.

Der **Grad der wirtschaftlichen Abhängigkeit** ist für die Arbeitnehmereigenschaft unerheblich, kann aber für die Einordnung als **arbeitnehmerähnlicher Mitarbeiter Bedeutung erlangen**. Eine Möglichkeit zur Klärung von Zweifelsfällen betr. abhängige Beschäftigung oder freie Mitarbeit bietet das **sozialversicherungsrechtliche Statusfeststellungsverfahren** nach § 7a Abs. 1 SGB IV (vgl. Altmann, B+P 2005, 853).

Auch die Einordnung neuartiger Beschäftigungsformen im Kontext der „Arbeit 4.0" – z.B. Crowdworking, economy on demand, Scrum etc. – richtet sich nach den o.g. Abgrenzungskriterien in jedem Einzelfall. Eine voreilige Einordnung als freies Vertragsverhältnis verbietet sich, auch wenn dies in vielen Fällen gegeben sein wird (siehe z.B. LAG Hessen v. 14.2.2019, 10 Ta 350/18, NZA-RR 2019, 505).

Besonderheiten im Kontext dieses Ratgebers ergeben sich nicht.

II. Lohnsteuer

Für die steuerliche Beurteilung der Arbeitnehmereigenschaft ist oftmals die sozialversicherungsrechtliche Einstufung prägend, grundsätzlich aber nicht bindend. Die sozialversicherungsrechtliche Auffassung wird im Regelfall dann nicht maßgebend sein, wenn die Entscheidung nach den Grundsätzen gegen die Scheinselbständigkeit getroffen worden ist. Ebenso ist die arbeitsrechtliche Fiktion eines Arbeits- bzw. Dienstverhältnisses steuerrechtlich nicht maßgebend (BFH v. 8.5.2008, VI R 50/05, BStBl II 2008, 868, → Arbeitnehmer).

873

III. Sozialversicherung

Scheinselbständige sind abhängig Beschäftigte i.S.d. Sozialversicherung und unterliegen als Arbeitnehmer der Versicherungspflicht. Der vermeintliche Auftraggeber wird Arbeitgeber. Ist unklar, ob jemand auf selbständiger oder abhängiger Basis für ein Unternehmen tätig ist, so ist ein Statusfeststellungsverfahren bei der Deutschen Rentenversicherung Bund durchzuführen. Die Deutsche Rentenversicherung Bund entscheidet für alle Sozialversicherungsträger verbindlich, ob eine abhängige sozialversicherungspflichtige Beschäftigung oder tatsächlich eine selbständige Tätigkeit vorliegt. Nähere Informationen zu dieser Thematik enthält das Gemeinsame Rundschreiben der Spitzenverbände der Sozialversicherungsträger vom 13.4.2010.

874

Scheinselbständigkeit

Das BSG hat in einer Vielzahl von Entscheidungen Kriterien herausgearbeitet, die zur Abgrenzung einer selbständigen Tätigkeit von einer unselbständigen Beschäftigung stehen. Die Zuordnung einer Tätigkeit nach deren Gesamtbild zum rechtlichen Typus der Beschäftigung bzw. selbstständigen Tätigkeit setzt voraus, dass alle nach Lage des Einzelfalls als Indizien in Betracht kommenden Umstände festgestellt, in ihrer Tragweite zutreffend erkannt und gewichtet, in die Gesamtschau mit diesem Gewicht eingestellt und nachvollziehbar, d.h. den Gesetzen der Logik entsprechend und widerspruchsfrei gegeneinander abgewogen werden (vgl. u.a. BSG v. 25.4.2012, B 12 KR 24/10 R, SozR 4-2400 § 7 Nr. 15). Weitere Informationen hierzu können z.B. der Schnellübersicht Sozialversicherung Beitragsrecht, Stollfuß Medien 2020, entnommen werden.

Hauptkriterien für eine selbstständige Tätigkeit sind u.a.:

- Tragen eines erheblichen unternehmerischen Risikos,
- keine persönliche Leistungspflicht,
- fehlende persönliche Abhängigkeit,
- Durchführung der Tätigkeit nach eigenen Vorstellungen,
- Weisungsfreiheit hinsichtlich Art, Ort, Zeit und Weise der Tätigkeit,
- Tätigwerden am Markt (Werbung, Akquirieren neuer Kunden etc.),
- Tätigkeit für mehrere Kunden.

Demgegenüber sprechen folgende Kriterien für eine abhängige Beschäftigung:

- fehlendes unternehmerisches Risiko,
- Anspruch auf Entgeltfortzahlung bei Arbeitsunfähigkeit,
- Anspruch auf bezahlten Urlaub,
- weisungsgebundene Tätigkeit (Art, Ort, Zeit und Weise der Tätigkeit wird vorgegeben),
- persönliche Leistungspflicht,
- Verbot, für Dritte zu arbeiten.

In Zweifelsfällen ist zu prüfen, welche Merkmale – gewichtet – überwiegen. In Zweifelsfällen sollte ein freiwilliges Statusfeststellungsverfahren durch die Deutsche Rentenversicherung Bund (DRV-Bund, www.drv-bund.de) angestrengt werden. Dies dient dem eigenen Interesse als Arbeitgeber, da ansonsten bei verspäteter Feststellung der Sozialversicherungspflicht als Arbeitnehmer sämtliche Sozialversicherungsbeiträge vom Arbeitgeber zu tragen sind. Die DRV-Bund stellt für alle Sozialversicherungszweige einheitlich fest, ob eine Beschäftigung oder eine selbständige Tätigkeit vorliegt.

Eine bestehende Sozialversicherungspflicht als Arbeitnehmer kann durch eine vertragliche Regelung nicht ausgeschlossen werden (vgl. § 32 SGB I).

Schüler

I. Arbeitsrecht

1. Grundsätze

875 Für die Beschäftigung von Schülern ist auf das grundsätzliche **Verbot der Kinderarbeit** nach dem Jugendarbeitsschutzgesetz aufmerksam zu machen sowie auf die **Höchstarbeitszeit** für Jugendliche von 40 Wochenstunden und die Höchstbeschäftigungszeit von vier Wochen pro Kalenderjahr in den Schulferien für die Jugendlichen mit Vollzeitschulpflicht (zum Einsatz von Minderjährigen bei Inventuren siehe Wenzel, DB 2001, 1613).

Kind i.S.d. Jugendarbeitsschutzes ist, wer noch nicht 15 Jahre alt ist; Kind ist aber auch ein Jugendlicher ab 15 Jahre bis zur Vollendung des 18. Lebensjahrs, der der

Vollzeitschulpflicht unterliegt. Die Beschäftigung von Kindern in diesem Sinne ist **grundsätzlich verboten**.

Ausnahmsweise erlaubt ist die Beschäftigung von Kindern über 13 Jahre mit Einwilligung des Personensorgeberechtigten mit leichten und für Kinder geeigneten Arbeiten nach § 5 Abs. 3 JArbSchG. Dazu zählen beispielsweise nach der **Kinderarbeitsschutzverordnung**

– das Austragen von Zeitungen,

– Hilfeleistungen in privaten Haushalten, das Babysitting,

– die Erteilung von Nachhilfeunterricht,

– Einkaufstätigkeiten,

– Handreichungen beim Sport und Hilfeleistungen in der Landwirtschaft.

Auch in Zukunft nicht erlaubt ist eine Beschäftigung in der gewerblichen Wirtschaft, in der Produktion und im Handel.

Soweit die Beschäftigung nach der Verordnung ausnahmsweise zugelassen ist, sind die für diese Art der Beschäftigung in § 5 JArbSchG festgesetzten **zeitlichen Beschränkungen** und die sonstigen Schutzvorschriften des Jugendarbeitsschutzgesetzes zu beachten.

Danach dürfen Kinder über 13 Jahre und vollzeitschulpflichtige Jugendliche u.a.

– nicht mehr als zwei Stunden täglich, in landwirtschaftlichen Familienbetrieben nicht mehr als drei Stunden täglich,

– nicht zwischen 18 und 8 Uhr,

– nicht vor dem Schulunterricht und nicht während des Schulunterrichts,

– nicht an mehr als fünf Tagen in der Woche,

– nicht an Wochenenden und Feiertagen,

– nicht mit gefährlichen Arbeiten, z.B. mit Gefahrstoffen oder biologischen Arbeitsstoffen,

– nicht mit Akkordarbeiten oder tempoabhängigen Arbeiten

beschäftigt werden.

Zum **Schülerpraktikum** s. → Praktikant Rz. 784.

Jugendliche Arbeitnehmer haben im Übrigen **besondere Mindesturlaubsansprüche** 876 nach dem Jugendarbeitsschutzgesetz von

– 30 Tagen vor Vollendung des 16. Lebensjahrs,

– 27 Tagen vor Vollendung des 17. Lebensjahrs und

– 25 Tagen vor Vollendung des 18. Lebensjahrs zu Beginn des Urlaubskalenderjahrs.

Wichtiger Hinweis: Die **Freibetragsgrenze** für hilfebedürftige Schüler/Kinder von Arbeitslosengeld II-Empfängern ist auf 1 500 € angehoben; selbst verdientes Geld steht ihnen bis zu dieser Höhe uneingeschränkt zur Verfügung.

Eine Überschreitung der Verdienstgrenze für das Kindergeld von zzt. 8 004 € kommt wohl praktisch nicht in Betracht.

2. Beschäftigung von Schülern in den Ferien

Zu Beginn der Ferienzeit suchen sich Schülerinnen und Schüler häufig einen Job. 877 Nachfolgend geben wir eine Übersicht über die **Rahmenbedingungen**:

Voraussetzung für einen Ferienjob ist, dass die Schülerinnen und Schüler **mind. 15 Jahre alt** sind. Bis zur Vollendung der Vollschulzeitpflicht muss der Ferienjob auf **max.**

Schüler

vier Wochen im Kalenderjahr begrenzt bleiben. Dabei spielt es keine Rolle, wie diese vier Wochen in den Schulferien eines Kalenderjahrs verteilt werden. Insgesamt darf max. nur an 20 Ferienjob-Tagen (es gilt die Fünf-Tage-Woche) gearbeitet werden.

Für die Beschäftigung gelten folgende **Voraussetzungen:**

- Die tägliche Arbeitszeit darf für alle, die 15, aber noch nicht 18 Jahre alt sind, nur auf acht Stunden am Tag und 40 Stunden pro Woche angesetzt sein. Pausen zählen dabei nicht mit.
- Es darf keine Beschäftigung während der Nachtzeit (20.00 Uhr bis 6.00 Uhr) erfolgen und es muss eine Freizeit von mind. zwölf Stunden gewährt werden.
- Die Ruhepausen während der Arbeitszeit müssen mind. 30 Minuten bei einer täglichen Arbeitszeit von viereinhalb bis sechs Stunden und 60 Minuten bei einer täglichen Arbeitszeit von über sechs Stunden betragen, wobei eine Ruhepause mindestens 15 Minuten betragen muss.
- Der Ferienjob ist an Samstagen, Sonntagen und Feiertagen verboten.

Volljährige Schüler unterliegen nicht mehr dem Jugendarbeitsschutzgesetz. Sie dürfen daher auch neben der Schulzeit einen Mini-Job ausüben, vorausgesetzt, dieser beeinträchtigt ihre schulischen Leistungen nicht.

Bei Beschäftigung **nach der Schulentlassung** ist zu unterscheiden:

- Grundsätzlich ist die zwischen der Schulentlassung und der ersten Aufnahme einer Dauerbeschäftigung ausgeübte Beschäftigung als berufsmäßig zu qualifizieren, denn der Schulentlassene ist bereits dem Kreis der berufsmäßigen Arbeitnehmer zuzurechnen.
- Dagegen kann eine berufsmäßige Ausübung von Beschäftigungen verneint werden, wenn ein Abiturient bis zum mutmaßlichen Studienbeginn erstmals eine befristete Beschäftigung aufnimmt.
- Liegt allerdings zwischen Abitur und beabsichtigtem Studium noch eine Berufsausbildung und übt der Studienplatzbewerber im Anschluss an die versicherungspflichtige Ausbildung kurzfristig den erlernten Beruf zur vollen Arbeitszeit und zu vollem Lohn aus, so ist die Berufsmäßigkeit dieser Tätigkeit anzunehmen.

878 In den Ferien jobbende Schüler gelten im Übrigen nach § 22 Abs. 2 MiLoG nicht als Arbeitnehmer und haben **keinen Anspruch auf den gesetzlichen Mindestlohn,** wenn sie minderjährig und ohne abgeschlossene Berufsausbildung sind.

II. Lohnsteuer

1. Allgemeine Grundsätze

879 Erhält ein Schüler i.R. eines Dienstverhältnisses Arbeitslohnzahlungen, richtet sich deren Besteuerung nach den allgemeinen steuerlichen Vorschriften. Grundsätzlich sind die individuellen Lohnsteuerabzugsmerkmale (lt. ELStAM- oder Härtefall-Verfahren → Lohnsteuerkarte) anzuwenden; die Lohnsteuerpauschalierung ist jedoch zulässig.

Wird die Lohnsteuer im Regelverfahren erhoben, ist sie entsprechend dem Lohnzahlungszeitraum nach der Monats- oder Tagestabelle zu erheben. Der Arbeitgeber darf den Lohnsteuerabzug auch dann nicht unterlassen, wenn der Schüler für den Arbeitslohn – auf das Kalenderjahr gesehen – voraussichtlich keine Lohnsteuer zu zahlen hat (z.B. wegen geringen Arbeitslohns auf Grund einer Ferientätigkeit). Falls aus Jahressicht zu viel Lohnsteuer, Solidaritätszuschlag und ggf. Kirchensteuer einbehalten worden ist, kann der Schüler beim Finanzamt eine Erstattung beantragen (Antrag auf eine → Einkommensteuerveranlagung). War der Schüler nicht ganzjährig beschäftigt, darf der Arbeitgeber für ihn keinen → Lohnsteuer-Jahresausgleich durchführen.

2. Sozialer Tag

Anlässlich oftmals bundesweiter Schulprojekte wie „Der Soziale Tag", „Aktion Tagwerk" o.ä. arbeiten Schüler einen Tag lang in kleineren bzw. größeren Betrieben oder in Privathaushalten. Der so erarbeitete Lohn wird im Einvernehmen mit den Schülern und den Arbeitgebern an die jeweilige Organisation gespendet.

880

Nach einer Entscheidung der obersten Finanzbehörden der Länder unterliegen die gezahlten und gespendeten Arbeitslöhne der Schüler aus Vereinfachungsgründen nicht dem Lohnsteuerabzug. Folglich brauchen die jeweiligen Arbeitgeber keine Lohnsteuer einzubehalten. Sofern der Initiator des Schulprojekts nicht bereits die Zustimmung des jeweiligen Landes-Finanzministeriums eingeholt hat, muss die Schule ihr Vorgehen mit dem zuständigen → Betriebsstättenfinanzamt abstimmen.

III. Sozialversicherung

Schüler einer allgemeinbildenden Schule sind in der Beschäftigung sozialversicherungsfrei, wenn es sich um eine kurzfristige Beschäftigung handelt. Wird ab dem 1.1.2013 eine geringfügig entlohnte Beschäftigung aufgenommen, so besteht Kranken-, Arbeitslosen- und Pflegeversicherungsfreiheit, jedoch Rentenversicherungspflicht. Auch Schüler können sich auf Antrag von der Rentenversicherungspflicht befreien lassen. Da die Befreiung von der Rentenversicherungspflicht nicht nur Vorteile für den Schüler hat, ist Folgendes zu beachten: Hat der Schüler das 18. Lebensjahr noch nicht vollendet, so muss ein Erziehungsberechtigter diesen Antrag mitunterschreiben. Geschieht dies nicht, so ist der Antrag auf Befreiung von der Rentenversicherungspflicht nicht wirksam. Ein entsprechender Antrag auf Befreiung von der Rentenversicherungspflicht findet sich im Anhang und kann bei der Minijob-Zentrale unter www.minijob-zentrale.de heruntergeladen werden.

881

Wird die Beschäftigung mehr als geringfügig ausgeübt, so besteht Kranken-, Renten- und Pflegeversicherungspflicht, jedoch Arbeitslosenversicherungsfreiheit.

Zur **sozialversicherungsfreien Beschäftigung** von Schülern siehe ausführlich B+P 2015, 495.

IV. Kirchensteuer

Führt der Arbeitgeber Lohnsteuer an das Betriebsstättenfinanzamt ab, ist für Kirchenangehörige zugleich auch Kirchensteuer abzuführen.

882

Schwankendes Arbeitsentgelt

I. Arbeitsrecht

Es gibt keine arbeitsrechtlichen Besonderheiten.

883

II. Lohnsteuer

Die regelmäßigen (z.B. monatlichen) Arbeitslohn- bzw. Entgeltzahlungen müssen im Beschäftigungszeitraum nicht stets in gleicher Höhe ausgezahlt werden. Ihre Höhe kann auch schwanken, z.B. auf Grund von saisonbedingten Arbeitslohnzahlungen, Bezahlung nach dem erzielten Umsatz oder nach der gefertigten Stückzahl. Auch in diesen Fällen hat der Arbeitgeber die Lohnsteuer einzubehalten.

884

Wird die Lohnsteuer im Regelverfahren (→ Lohnsteuerkarte) erhoben, muss der Arbeitgeber beachten, dass auch schwankende Bezüge zum **laufenden** Arbeitslohn (→ Rz. 916) rechnen und nicht etwa als → sonstige Bezüge behandelt werden.

Schwankendes Arbeitsentgelt

Für den **Arbeitnehmer** ist es ratsam, bei schwankenden Arbeitslöhnen zu prüfen, ob die im Kalenderjahr insgesamt einbehaltene Lohnsteuer über der Jahreslohnsteuer bzw. der anfallenden Einkommensteuer für den Jahresarbeitslohn liegt. Denn bei schwankenden Arbeitslöhnen kann – auf das Kalenderjahr bezogen – zu viel Lohnsteuer einbehalten werden. Ursache hierfür ist, dass der jeweilige Monatslohn zur Lohnsteuerberechnung auf einen Jahreslohn hochgerechnet wird. Die so ermittelte Jahres-Lohnsteuer wird auf eine Monatssteuer umgerechnet. Hierdurch unterliegt der Arbeitslohn stets dem progressiv ansteigenden Steuertarif. Fällt der Jahresarbeitslohn geringer aus als der hochgerechnete Arbeitslohn, ergibt sich regelmäßig eine gewisse Überzahlung. Hat der Arbeitgeber sie nicht durch den → Lohnsteuer-Jahresausgleich ausgeglichen, kann der Arbeitnehmer zu viel gezahlte Lohnsteuer vom Finanzamt zurückbekommen. Dazu hat er einen Antrag auf eine → Einkommensteuerveranlagung zu stellen. Dies empfiehlt sich insbesondere dann, wenn das Dienstverhältnis nicht ganzjährig bestanden hat.

III. Sozialversicherung

885 Bei schwankender Höhe des Arbeitsentgelts und in den Fällen, in denen im Rahmen eines Dauerarbeitsverhältnisses saisonbedingt unterschiedliche Arbeitsentgelte erzielt werden, ist der regelmäßige Betrag nach denselben Grundsätzen zu ermitteln, die für die Schätzung des Jahresarbeitsentgelts in der Krankenversicherung bei schwankenden Bezügen gelten. Kommt man auf Grund einer solchen gewissenhaften Schätzung zu dem Ergebnis, dass eine geringfügig entlohnte Beschäftigung vorliegt und stellt sich diese Schätzung im Nachhinein als nicht korrekt heraus, so tritt für die Vergangenheit keine Änderung der versicherungsrechtlichen Beurteilung ein, sondern nur für die Zukunft.

> **Beispiel:**
>
> Ein Kellner erzielt in den Monaten Mai bis September monatlich 600 € und in den Monaten Oktober bis April monatlich 350 €.
>
> Das für die versicherungsrechtliche Beurteilung maßgebende Arbeitsentgelt ist wie folgt zu ermitteln:
>
> | | | |
> |---|---|---|
> | Mai bis September | (5 · 600 € =) | 3 000 € |
> | Oktober bis April | (7 · 350 € =) | 2 450 € |
> | zusammen | | 5 450 € |

Ein Zwölftel dieses Betrags beläuft sich auf (5 450 € : 12 =) 454,17 € und übersteigt die Arbeitsentgeltgrenze von 450 €, so dass der Kellner in der Beschäftigung ganzjährig versicherungspflichtig ist.

Dies gilt nicht, wenn eine regelmäßige geringfügig entlohnte Beschäftigung auszuschließen ist, weil deren Umfang erheblichen Schwankungen unterliegt. Das ist dann der Fall, wenn eine in wenigen Monaten eines Jahres ausgeübte Vollzeitbeschäftigung nur deshalb geringfügig entlohnt ausgeübt würde, weil die Arbeitszeit und das Arbeitsentgelt in den übrigen Monaten des Jahres lediglich soweit reduziert werden, dass das Jahresarbeitsentgelt 5 400 € nicht übersteigt. Dies gilt auch dann, wenn unverhältnismäßige Schwankungen saisonbedingt begründet werden. In diesen Fällen liegt in den Monaten des Überschreitens der Entgeltgrenze keine geringfügig entlohnte Beschäftigung vor. Hier gibt es keine genauen Abweichungswerte in Prozent. Es wird hier auf das Ermessen des Prüfdienstes der DRV ankommen.

> **Beispiel:**
>
> Ein Abiturient überbrückt die Zeit bis zum nächstmöglichen Studienbeginn im Wintersemester mit einer Aushilfsbeschäftigung als Kellner in einem Ausflugslokal. Die Beschäftigung ist von vornherein für die Zeit vom 1.6. bis 31.12. bei einem Arbeitseinsatz von mehr als 70 Arbeitstagen befristet. Das Arbeitsentgelt wird wie folgt gezahlt:

Juni bis August = 970 € monatlich

September bis Dezember = 60 € monatlich

Die Beschäftigung ist nicht kurzfristig, weil zu ihrem Beginn feststeht, dass sie länger als drei Monate bzw. 70 Arbeitstage dauern wird. Es handelt sich auch nicht um eine geringfügig entlohnte Beschäftigung mit schwankendem Arbeitsentgelt. Der Charakter der regelmäßigen geringfügig entlohnten Beschäftigung ist nicht gegeben, weil der Beschäftigungsumfang einer erheblichen Schwankung unterliegt. Der Schwerpunkt der Beschäftigung liegt in den Monaten Juni bis August. Die Schwankungen in der Arbeitszeit verändern den Charakter der Beschäftigung derart, dass es sich nicht durchgehend um dieselbe regelmäßige Beschäftigung handelt, die einheitlich zu beurteilen ist. Die Beschäftigung ist in den Monaten Juni bis August nicht geringfügig entlohnt und in den Monaten September bis Dezember geringfügig entlohnt. Dabei ist unerheblich, dass der Gesamtverdienst im Zeitraum vom 1.6. bis 31.12. die zulässige anteilige Entgeltgrenze von 3 150 € nicht übersteigt.

Bis 31.8.: Personengruppenschlüssel: 101 Beitragsgruppenschlüssel: 1 1 1 1

Ab 1.9.: Personengruppenschlüssel: 109 Beitragsgruppenschlüssel: 6 1 0 0

Fragen Sie sich in solchen Fällen, ob sich objektiv betrachtet der Charakter der Beschäftigung ändert oder nicht.

Im Rahmen der Möglichkeit von flexiblen Arbeitszeitregelungen auch bei geringfügig entlohnt Beschäftigten ist darauf zu achten, dass im Jahreszeitraum die Grenze von 5 400 € nicht überschritten wird. Sobald feststeht, dass die Grenze voraussichtlich überschritten wird, liegt keine geringfügig entlohnte Beschäftigung mehr vor.

Schwarzarbeit

I. Arbeitsrecht

1. Begriff

Nach § 1 Abs. 2 SchwarzArbG leistet Schwarzarbeit, wer Dienst- oder Werkleistungen erbringt oder ausführen lässt und dabei 886

- als **Arbeitgeber, Unternehmer** oder versicherungspflichtiger **Selbständiger** seine sich auf Grund der Dienst- oder Werkleistungen ergebenden sozialversicherungsrechtlichen Melde-, Beitrags- oder Aufzeichnungspflichten nicht erfüllt,
- als **Stpfl.** seine sich auf Grund der Dienst- oder Werkleistungen ergebenden steuerlichen Pflichten nicht erfüllt,
- als **Empfänger von Sozialleistungen** seine sich auf Grund der Dienst- oder Werkleistungen ergebenden Mitteilungspflichten gegenüber dem Sozialleistungsträger nicht erfüllt,
- als **Erbringer von Dienst- oder Werkleistungen** seiner sich daraus ergebenden Verpflichtung zur Anzeige vom Beginn des selbständigen Betriebs eines stehenden Gewerbes (§ 14 GewO) nicht nachgekommen ist oder die erforderliche Reisegewerbekarte (§ 55 GewO) nicht erworben hat,
- als **Erbringer von Dienst- oder Werkleistungen** ein zulassungspflichtiges Handwerk als stehendes Gewerbe selbständig betreibt, ohne in der Handwerksrolle eingetragen zu sein (§ 1 HwO).

Diese Regelungen finden **keine Anwendung** für nicht nachhaltig auf Gewinn gerichtete Dienst- oder Werkleistungen, die

- von Angehörigen i.S.d. § 15 AO oder Lebenspartnern,
- aus Gefälligkeit,
- im Wege der Nachbarschaftshilfe oder
- im Wege der Selbsthilfe i.S.d. § 36 Abs. 2 und 4 II. WoBauG oder als Selbsthilfe i.S.d. § 12 Abs. 1 Satz 2 WoFG

erbracht werden.

Als nicht nachhaltig auf Gewinn gerichtet gilt insbesondere eine Tätigkeit, die gegen geringes Entgelt erbracht wird.

Darüber hinaus kann das Nichtabführen von Arbeitgeber- und Arbeitnehmeranteilen zur Sozialversicherung den **Straftatbestand** des § 266a StGB oder den Ordnungswidrigkeitstatbestand des § 8 Abs. 3 SchwarzArbG erfüllen. Auch Scheinbeschäftigungsverhältnisse zum Erschleichen von Sozialleistungen sind unter Strafe gestellt.

Adressaten der Vorschriften sind damit in erster Linie Arbeitgeber, Unternehmen und versicherungspflichtige Selbstständige.

Im Übrigen ist zu beachten: Ist ein Werkvertrag wegen Verstoßes gegen das Verbot des § 1 Abs. 2 Nr. 2 SchwarzArbG nichtig, steht dem Besteller, der den Werklohn bereits gezahlt hat, gegen den Unternehmer **kein Rückzahlungsanspruch** unter dem Gesichtspunkt einer ungerechtfertigten Bereicherung zu (BGH v. 11.6.2015, VII ZR 216/14, DB 2015, 1777).

Zur sog. **Bürgenhaftung** gilt: Die Bürgenhaftung des Bauunternehmers nach § 14 AEntG soll diesen veranlassen, verstärkt darauf zu achten, dass seine Subunternehmer die nach dem AEntG zwingenden Arbeitsbedingungen einhalten. Sie dient damit der wirksamen Durchsetzung des § 1 AEntG und soll auch bewirken, dass in Deutschland dadurch mehr Arbeitsplätze geschaffen werden, Schwarzarbeit in der Bauwirtschaft verhindert wird und Generalunternehmer verstärkt Aufträge an zuverlässige kleine und mittlere Unternehmen vergeben, von denen sie wissen, dass sie die gesetzlichen Bestimmungen einhalten (BAG v. 28.3.2007, 10 AZR 76/06, NZA 2007, 613).

Ausführlich zur Schwarzarbeit und Schwarzlohnvereinbarung siehe D. Besgen, B+P 2012, 595.

2. Abwicklung der Schwarzgeldvereinbarung

887 Von der Schwarzarbeit ist trotz Gemeinsamkeiten die **Schwarzgeldvereinbarung** oder Schwarzlohnvereinbarung zu unterscheiden. Bei einer Schwarzgeldvereinbarung geht es nicht um eine insgesamt illegale Beschäftigung und um verbotene Dienst- oder Werkleistung, sondern um die Hinterziehung von Steuern und Sozialversicherungsbeiträgen. Aus einer Schwarzgeldvereinbarung folgt deshalb **nicht die Nichtigkeit des Arbeitsvertrags** noch der Vergütungsabrede oder des Schwarzlohnteils der Vergütungsabrede (BAG v. 26.2.2003, 5 AZR 690/01, DB 2003, 1581), sondern unwirksam (und strafbar nach §§ 263, 266a StGB) ist nur die Vereinbarung der Hinterziehung von Steuern und Sozialversicherungsabgaben. Anders aber – Nichtigkeit des Vertrags insgesamt – bei einem „schwarzen" freien Dienstvertrag (BAG v. 24.3.2004, 5 AZR 233/03, EzA Nr. 2 zu § 134 BGB 2002).

888 Die Behandlung derartiger Schwarzgeldvereinbarungen ist jetzt durch die **Neufassung** von § 14 Abs. 2 SGB IV durch das Gesetz zur Erleichterung der Bekämpfung von illegaler Beschäftigung und Schwarzarbeit vom 23.7.2002, BGBl. I 2002, 2787, **geändert**: Um die Arbeitgeber vom Abschluss von Schwarzgeldvereinbarungen abzuhalten, regelt das Gesetz nunmehr, dass ein **Nettoarbeitsentgelt** als vereinbart gilt. Damit wird die Abwicklung aufgedeckter Schwarzlohnfälle wesentlich vereinfacht und erleichtert. Die Fiktion einer Nettoarbeitsentgeltvereinbarung dient aber ausschließlich der Berechnung der nachzufordernden Gesamtsozialversicherungsbeiträge und hat nicht die arbeitsrechtliche Wirkung einer Nettolohnvereinbarung (BAG v. 17.3.2010, 5 AZR 301/09, DB 2010, 1241; BAG v. 21.9.2011, 5 AZR 629/10, NZA 2012, 145).

Zur Berechnung der Beiträge zu den Sozialkassen des Baugewerbes bei Schwarzbeschäftigung siehe BAG v. 22.6.2016, 10 AZR 806/14, NZA 2016, 1218.

II. Lohnsteuer

Die erstmals durch das Gesetz zur Intensivierung der Bekämpfung der Schwarzarbeit und damit zusammenhängender Steuerhinterziehung vom 23.7.2004 (Schwarzarbeitsbekämpfungsgesetz, BGBl. I 2004, 1842) geschaffenen Regelungen sowie die späteren Ergänzungen ermöglichen dem Fiskus eine wirkungsvollere Bekämpfung der **Schwarzarbeit**.

889

Zur Definition von Schwarzarbeit wird auf die entsprechenden arbeitsrechtlichen Ausführungen verwiesen (→ Rz. 886).

1. Hilfeleistungen, Nachbarschaftshilfe

Hilfeleistungen durch Angehörige sowie Nachbarschaftshilfe sind demnach zulässig und lösen keine steuerlichen Verpflichtungen aus. Wo kleine Hilfeleistungen erbracht werden, bei denen Gefälligkeit und Hilfsbereitschaft im Vordergrund stehen und als „Entgelt" ein paar Euro als Aufbesserung des Taschengelds oder als eine Anerkennung der Hilfsbereitschaft, eine Kinokarte, eine Schachtel Pralinen oder eine Flasche Wein erwartet und gewährt werden, ist die Leistung nicht auf Gewinn gerichtet und deshalb steuerlich i.d.R. unbeachtlich; sie lösen keine Verpflichtungen gegenüber dem Finanzamt aus.

890

Sofern solche Hilfeleistungen als gelegentliche Gefälligkeiten eingestuft werden können, begründen sie auch kein Arbeitsverhältnis und keine Unternehmereigenschaft. Wo keine steuerlichen Pflichten entstehen, entfallen der Begriff der Schwarzarbeit und die Strafbarkeit. Grundvoraussetzung ist allerdings, dass die Arbeit (Hilfeleistung) des Angehörigen oder Nachbarn nicht bezahlt bzw. vergütet wird.

2. Folgen bei Schwarzarbeit

In den Fällen von Schwarzarbeit ergeben sich – wenn sie dem Fiskus bekannt werden – steuerliche und ggf. lohnsteuerliche Folgerungen, wenn ein **Dienstverhältnis** vorliegt und Einkünfte aus nichtselbständiger Arbeit erzielt werden. Hat der Arbeitgeber die Lohnsteuer nicht vorschriftsmäßig einbehalten, haftet er für die nicht einbehaltenen und nicht abgeführten Beträge. Des Weiteren kommen auf den Arbeitgeber – ebenso wie den Arbeitnehmer – ggf. steuerstrafrechtliche Folgerungen zu.

891

Bei vorsätzlicher **Steuerverkürzung** liegt eine Steuerhinterziehung vor (→ Steuerhinterziehung), bei Leichtfertigkeit handelt es sich regelmäßig um eine Steuerverkürzung, die als Ordnungswidrigkeit behandelt wird.

3. Sonderregelungen für Privathaushalt

Der durch das Schwarzarbeitsbekämpfungsgesetz eingeführte § 50e Abs. 2 EStG stellt zu Gunsten der Betroffenen klar, dass eine Steuerhinterziehung bei einer unangemeldeten geringfügigen Beschäftigung in einem **Privathaushalt** als solche nicht verfolgt wird; sie ist als Steuerordnungswidrigkeit zu ahnden. Diese Freistellung von der Verfolgung als Steuerhinterziehung gilt für den Arbeitgeber und den Arbeitnehmer.

892

Durch diese Regelungen wird die Nichtanmeldung von geringfügigen Beschäftigungen in Privathaushalten aus der steuerstrafrechtlichen Verfolgung herausgenommen, bei denen der Steueranspruch des Staats durch Erhebung und Abführung mit dem einheitlichen Pauschsteuersatz i.H.v. 2 % (§ 40a Abs. 2 EStG) erfüllt werden kann. In diesen Fällen erfolgt lediglich eine Verfolgung nach den **Bußgeldvorschriften** der §§ 377 bis 384 AO. Dies erscheint angesichts der sehr geringen Höhe des staatlichen Steueranspruchs und des regelmäßig geringen Unrechts- und Schuldgehalts auch als ausreichend; erst recht, wenn man bedenkt, dass der Arbeitgeber einen Teil seiner Aufwendungen (einschl. der Lohnsteuer) als Steuerermäßigung von seiner Einkommensteuerschuld wieder abziehen kann (§ 35a EStG). Der Gesetzestext stellt explizit klar, dass eine Ahndung nach den Bußgeldvorschriften der AO nicht an einem vorsätzlichen Handeln von Arbeitgeber und Arbeitnehmer scheitert.

Fehlt es an der Voraussetzung „einheitlicher" Pauschsteuersatz i.H.v. 2 %, z.B. weil der Arbeitnehmer mehrere geringfügige Beschäftigungen ausübt, die zusammengerechnet einen Verdienst über 450 € ergeben, oder verdient der Beschäftigte mehr als 450 € monatlich oder beschäftigt der Arbeitgeber mehrere nicht angemeldete Aushilfen, wird die Finanzverwaltung die Verfehlung als **Steuerhinterziehung** (§ 370 AO) verfolgen. Dies gilt für den Privathaushalt als Arbeitgeber grundsätzlich ebenso wie für Unternehmen.

4. Selbständigkeit

893 Gibt sich der Schwarzarbeiter als selbständiger **Unternehmer** aus, kann es beim Auftraggeber an dem für die Bestrafung wegen Beihilfe zur Steuerhinterziehung erforderlichen Vorsatz fehlen. Hierfür ist eine generalisierende Aussage jedoch nicht möglich, da es auf die Umstände des Einzelfalls ankommt.

III. Sozialversicherung

894 Zum Begriff der Schwarzarbeit → Rz. 886. Da bei festgestellter Schwarzarbeit eine Nettolohnvereinbarung unterstellt wird, sind die Sozialversicherungsbeiträge in einem speziellen Hochrechnungsverfahren vom Bruttoarbeitsentgelt zu berechnen (→ Nettolohnvereinbarung).

Der Arbeitgeber ist hierbei gegenüber den Sozialversicherungsträgern Haftungsschuldner, d.h., dass er die Beiträge tragen und zahlen muss.

Ausführlich zu den Auswirkungen der Schwarzarbeit auf die Sozialversicherung Altmann, B+P 2012, 630.

Selbständig Tätige

I. Arbeitsrecht

895 Es bestehen keine arbeitsrechtlichen Besonderheiten (siehe aber → Scheinselbständigkeit).

II. Lohnsteuer

1. Gewinneinkünfte

896 Natürliche Personen können steuerlich nicht nur als Arbeitnehmer mit dem Bezug von Einkünften aus nichtselbständiger Arbeit (§ 19 EStG) eingestuft werden. Es gibt noch weitere Einkunftsarten, mit denen auf Grund einer selbständigen oder gewerblichen Tätigkeit Einkünfte erzielt werden. Hier können in Betracht kommen Einkünfte aus selbstständiger Arbeit (§ 18 EStG) oder aus Gewerbebetrieb (§ 15 EStG).

2. Einkünfte aus selbständiger Arbeit / aus Gewerbebetrieb

897 **Selbständig** tätige Personen arbeiten auf eigene Verantwortung und auf eigene Rechnung. Sie tragen ein Unternehmerrisiko und benötigen zumindest eine gewisse Unternehmerinitiative, um Einnahmen zu erzielen. Solche Personen haben regelmäßig eine eigene Betriebsstätte (→ Betriebsstättenfinanzamt), verfügen selbst über ihre Arbeitskraft und gestalten ihre Tätigkeit und Arbeitszeit im Wesentlichen nach ihrer freien Entscheidung. Für die Frage, ob ein Steuerpflichtiger selbstständig oder nichtselbstständig tätig ist, kommt es nicht allein auf die vertragliche Bezeichnung, die Art der Tätigkeit oder die Form der Entlohnung an. Entscheidend ist das Gesamtbild der Ver-

hältnisse. Es müssen die für und gegen die Selbstständigkeit sprechenden Umstände gegeneinander abgewogen werden (→ Arbeitnehmer).

Diese Grundsätze sind auch bei einer **Aushilfstätigkeit** oder **Nebentätigkeit** zu beachten. Dabei ist die Aushilfs- oder Nebentätigkeit i.d.R. für sich allein zu beurteilen. Die Art einer etwaigen Haupttätigkeit ist für die Beurteilung der weiteren Tätigkeit nur dann wesentlich, wenn beide unmittelbar zusammenhängen. Dies ist insbesondere dann zu prüfen, wenn bei einem Arbeitgeber sowohl eine Haupt- als auch eine Aushilfs- oder Nebentätigkeit ausgeübt wird.

Nach der Definition des § 15 Abs. 2 EStG ist eine Tätigkeit eines Einzelunternehmers steuerlich als **Gewerbebetrieb** anzusehen, wenn er einer selbständigen nachhaltigen Betätigung nachgeht mit der Absicht, Gewinn zu erzielen. Ferner muss sie sich als Beteiligung am allgemeinen wirtschaftlichen Verkehr darstellen und sie darf nicht als Ausübung einer selbständigen Arbeit anzusehen sein. Ein wesentliches Abgrenzungsmerkmal zwischen gewerblichen Einkünften und einer selbständigen Tätigkeit ist, dass es bei der selbstständigen Tätigkeit auf den Einsatz der persönlichen Arbeitsleistung und nicht auf den Einsatz von Betriebsvermögen ankommt.

3. Gewinnermittlung, Steuerzahlung

Die Eingruppierung in die zutreffende **Einkunftsart** ist wichtig für die steuerlichen Folgerungen. Die Einkünfte aus Gewerbebetrieb und selbstständiger Arbeit werden durch Gegenüberstellung der Betriebseinnahmen und der Betriebsausgaben als **Gewinn** oder Verlust ermittelt. Hingegen rechnen die Einkünfte aus nichtselbstständiger Arbeit zur Gruppe der Überschusseinkunftsarten. Ihr Ergebnis ist der **Überschuss** der Einnahmen über die Werbungskosten, von dem die Einkommensteuer erhoben wird. 898

Unterschiedlich ist auch die Art der **Steuerzahlung**. Die Einnahmen aus der Tätigkeit eines Gewerbebetriebs sowie auf Grund einer selbständigen Tätigkeit unterliegen **nicht** dem Lohnsteuerabzug. Für den erzielten Gewinn setzt das Finanzamt im Rahmen einer Veranlagung zur Einkommensteuer die Einkommensteuerschuld fest.

Während des laufenden Kalenderjahrs setzt das Finanzamt regelmäßig **Einkommensteuer-Vorauszahlungen** auf die voraussichtliche Einkommensteuerschuld durch einen Steuerbescheid fest (hinzu kommt der Solidaritätszuschlag und ggf. die sich ergebende Kirchensteuer). Dazu muss nicht erst eine Steuererklärung abgegeben werden. Es genügt zunächst eine Schätzung der Einnahmen und Ausgaben, die der Steuerpflichtige dem Finanzamt mitzuteilen hat. Der selbständig Tätige ist nicht verpflichtet, die Heraufsetzung der Vorauszahlungen zu beantragen, wenn er erkennt, dass die im Kalenderjahr gezahlten Vorauszahlungen zu niedrig sind.

III. Sozialversicherung

Selbständig Tätige können ebenfalls eine geringfügige Beschäftigung ausüben. In dieser Beschäftigung kann, wenn die Voraussetzungen (u.a. Befreiungsantrag von der Rentenversicherungspflicht) erfüllt sind, Versicherungsfreiheit bestehen. Wird eine geringfügig entlohnte Beschäftigung ausgeübt, so sind auch für diesen Personenkreis Pauschalbeiträge zur Rentenversicherung zu entrichten. Der Pauschalbeitrag zur Krankenversicherung ist für (freiwillig krankenversicherte) hauptberuflich selbständig Erwerbstätige ebenfalls zu entrichten. Ist der selbständig Tätige privat krankenversichert, so ist kein Pauschalbeitrag zur Krankenversicherung zu entrichten. Dass ein selbständig Tätiger gar nicht krankenversichert ist, darf seit dem 1.1.2009 nicht mehr vorkommen. Die privaten Krankenversicherer sind seit dem 1.1.2009 verpflichtet, Personen, die zuletzt privat krankenversichert waren, in den sog. „Basistarif" aufzunehmen. 899

Übt ein hauptberuflich selbständig Erwerbstätiger mehrere geringfügige Beschäftigungen aus, die auf Grund der Additionsregelungen Versicherungspflicht zur Folge haben, tritt in den Beschäftigungen lediglich Renten- und Arbeitslosenversicherungspflicht ein. In der Kranken- und Pflegeversicherung sind hauptberuflich selbständig Erwerbstätige auch dann nicht versicherungspflichtig, wenn sie dem Grunde nach versicherungspflichtige Beschäftigungen ausüben (vgl. § 5 Abs. 5 SGB V).

Eine hauptberuflich selbständige Tätigkeit liegt dann vor, wenn mindestens ein sozialversicherungspflichtiger Arbeitnehmer beschäftigt wird. Ansonsten ist zu prüfen, ob die Einnahmen aus der selbstständigen Tätigkeit die weiteren Einnahmen um mindestens 20 % übersteigen. Von einer hauptberuflich selbständigen Erwerbstätigkeit ist jedoch nicht mehr auszugehen, wenn neben dieser Tätigkeit eine Beschäftigung von mindestens 20 Stunden wöchentlich ausgeübt und hieraus ein monatliches Arbeitsentgelt von mindestens 1 592,50 € erzielt wird. Die selbständige Tätigkeit tritt dann in den Hintergrund, so dass Kranken- und Pflegeversicherungspflicht auf Grund einer Beschäftigung eintreten kann. Es empfiehlt sich, die versicherungsrechtliche Beurteilung von der zuständigen Einzugsstelle vornehmen bzw. bestätigen zu lassen, da die kranken- und pflegeversicherungsrechtliche Beurteilung immer einzelfallbezogen vorzunehmen ist.

Für landwirtschaftliche Unternehmer gelten hierbei Besonderheiten. In Zweifelsfragen sollte man Kontakt mit der zuständigen Landwirtschaftlichen Krankenkasse aufnehmen.

Solidaritätszuschlag

I. Arbeitsrecht

900 Es bestehen keine arbeitsrechtlichen Besonderheiten.

II. Lohnsteuer

1. Selbständige Steuer

901 Der Solidaritätszuschlag ist als Ergänzungsabgabe eine selbständige, gesondert von der Lohnsteuer zu erhebende Steuer. Seine Bemessung und Erhebung regelt das Solidaritätszuschlaggesetz 1995.

Obwohl der Solidaritätszuschlag für Gering- und Mittelverdiener ab dem Kalenderjahr 2021 entfällt, ist er bei höheren Löhnen sowie bei einer Lohnsteuerpauschalierung weiterhin zu entrichten und folglich vom Arbeitgeber zu erheben und an das Finanzamt abzuführen. Das Aufkommen aus dem Zuschlag steht allein dem Bund zu. Zuletzt hat der BFH im Urteil v. 21.7.2011 (II R 52/10, BStBl II 2012, 43) den Zuschlag für verfassungsgemäß gehalten. Die Verfassungsbeschwerde aus dem Kalenderjahr 2014 zur Frage der Zulässigkeit des Solidaritätszuschlags ist weiterhin beim BVerfG anhängig (Az.: 2 BvL 6/14, zuvor FG Niedersachen v. 21.8.2013, 7 K 143/08, DStRE 2014, 534).

Der Zuschlagssatz beträgt **5,5 %**, seine **Bemessungsgrundlage** ist die Einkommensteuer und bei der Lohnsteuererhebung die Lohnsteuer. Als Besonderheit sind die sog. Nullzone und der sog. Milderungsbereich zu beachten (→ Rz. 903). Der Solidaritätszuschlag wirkt sich **nicht** auf die Höhe der einzubehaltenden **Kirchensteuer** aus (diese richtet sich nur nach der einzubehaltenden Lohnsteuer ohne Solidaritätszuschlag).

Neben der Einbehaltung und Abführung ist der Arbeitgeber verpflichtet, den Zuschlag im Lohnkonto gesondert einzutragen, in der Lohnsteuerbescheinigung auszuweisen und jeweils zum selben Zeitpunkt wie die Lohnsteuer dem Betriebsstättenfinanzamt anzumelden und an dieses abzuführen. In der Lohnsteuer-Anmeldung ist der Solidaritätszuschlag gesondert zu erklären.

2. Bemessungsgrundlage

Der Solidaritätszuschlag (5,5 % der Einkommen-/Lohnsteuer) wird nur erhoben, wenn die Bemessungsgrundlage bestimmte Freigrenzen überschreitet. Weil ab dem Kalenderjahr 2021 die Freigrenzen deutlich erhöht worden sind, fällt bei einer üblichen Lohnsteuererhebung für der Arbeitslohn einer geringfügigen Beschäftigung sowie für Aushilfsbeschäftigungen kein Solidaritätszuschlag mehr an.

Anders verhält es sich bei **pauschal** besteuerten Arbeitslöhnen. Hier beträgt der Zuschlagssatz weiterhin stets 5,5 % der pauschalen Lohnsteuer. Ausgenommen hiervon ist die einheitliche Pauschsteuer (2 %); sie beinhaltet bereits den Solidaritätszuschlag.

Eine besondere Berechnung ist durchzuführen,

- wenn die Lohnsteuer im **Regelverfahren** nach den persönlichen Lohnsteuerabzugsmerkmalen des Arbeitnehmers erhoben wird und
- wenn bei der Ermittlung des Zuschlags ein Kinderfreibetrag (Kinderzähler) als individuelles Lohnsteuerabzugsmerkmal (→ Lohnsteuerkarte) zu berücksichtigen ist.

Solch ein Kinderfreibetrag wird als Entlastungsbetrag angesetzt und zur Steuerminderung vom Bruttoarbeitslohn abgezogen. Dafür ist eine „fiktive" Lohnsteuerberechnung unter Ansatz des Kinderfreibetrags bzw. der Freibeträge für Kinder durchzuführen. Der für den jeweiligen Arbeitslohn zutreffende Solidaritätszuschlag kann in den von Stollfuß Medien herausgegebenen Lohnsteuertabellen unmittelbar abgelesen werden.

3. Nullzone, Milderungsbereich

Ein Solidaritätszuschlag wird im Regelverfahren vom laufenden Arbeitslohn nur erhoben, wenn die Lohnsteuer einen bestimmten Einkommensteuer(grenz)betrag übersteigt (sog. **Nullzone**; sie beträgt ab 2021 jährlich 16 956 € bei Einzelveranlagung und 33 912 € bei Zusammenveranlagung). Daraus abgeleitet wird ab dem Kalenderjahr 2021 ein Solidaritätszuschlag nur erhoben, wenn die Lohnsteuer (Bemessungsgrundlage) in der Steuerklasse III monatlich 2 826 €, wöchentlich 659,40 € bzw. täglich 94,20 € und in den anderen Steuerklassen monatlich 1 413 €, wöchentlich 329,70 € bzw. täglich 47,10 € übersteigt. Anschließend an die o.g. Grenzbeträge folgt ein sog. Milderungsbereich. Darin sichert eine Überleitungsregelung den gleitenden Übergang bis hin zur Belastung mit 5,5 %. Auch diese besonderen Regelungen sind in den Lohnsteuertabellen berücksichtigt.

4. Sonderzuwendungen

Ab dem Kalenderjahr 2021 werden sonstige Bezüge dem laufenden Arbeitslohn hinzugerechnet, weil die Jahreslohnsteuer als Berechnungsgrundlage heranzuziehen ist. Damit wird die Anwendung der jährlichen Nullzonen auch bei sonstigen Bezügen sichergestellt und von geringen bzw. durchschnittlichen Arbeitslöhnen unterjährig kein Solidaritätszuschlag erhoben. Wird die Nullzone überschritten, ist der Solidaritätszuschlag stets mit 5,5 % der auf den sonstigen Bezug entfallenden Lohnsteuer zu erheben. Der Milderungsbereich ist ebenso wenig zu berücksichtigen wie die Freibeträge für Kinder.

III. Sozialversicherung

905 Es bestehen keine sozialversicherungsrechtlichen Besonderheiten.

Sonderleistungen

I. Arbeitsrecht

906 Teilzeitbeschäftigte sind Vollzeitarbeitnehmern gleichgestellt (→ insbesondere Lohngleichbehandlung). Wenn ein Arbeitgeber zusätzliche Leistungen (z.B. Gratifikationen, Weihnachtsgeld, Urlaubsgeld, Altersversorgung, Beihilfen, Darlehen zu Sonderzinsen, Funktionszulagen für automatische Textverarbeitung, Zulagen, Zuschläge, Fahrtkosten, Verheiratetenzuschlag, Personalrabatt, Prämie) zahlt, hat auch ein vergleichbarer Teilzeitarbeiter **Anspruch auf diese Leistungen** – allerdings nur **in anteiliger Höhe**. Das ergibt sich schon aus dem Diskriminierungsverbot des § 4 Abs. 1 Satz 2 TzBfG.

Eine **Weihnachtszuwendung** z.B. ist grundsätzlich **pro rata temporis**, d.h. entsprechend dem Verhältnis der vereinbarten durchschnittlichen regelmäßigen Arbeitszeit zur regelmäßigen Arbeitszeit eines entsprechenden vollzeitbeschäftigten Arbeitnehmers in diesem Zeitraum zu bemessen (BAG v. 17.6.2015, 10 AZR 187/14, NZA-RR 2015, 530).

> **Beispiel:**
> Eine Teilzeitangestellte im Vertrieb in Halbtagsbeschäftigung hat lediglich Anspruch auf die Hälfte der Weihnachtsgratifikation einer vergleichbaren Vollzeitbeschäftigten im Vertrieb, soweit nicht ohnehin der Anspruch in einem Prozentsatz oder Anteil von der Arbeitsvergütung ausgedrückt ist.

Auch bei im Laufe des Bezugszeitraums nur vorübergehender bzw. wechselnder Arbeitszeit ist eine Weihnachtszuwendung grundsätzlich pro rata temporis, das heißt entsprechend dem Verhältnis der vereinbarten durchschnittlichen regelmäßigen Arbeitszeit zur regelmäßigen Arbeitszeit eines entsprechenden vollzeitbeschäftigten Arbeitnehmers im Bezugszeitraum zu bemessen, und zwar nach der durchschnittlichen Quote im Bezugszeitraum, nicht an einem bestimmten Stichtag (BAG v. 17.6.2015, 10 AZR 187/14, NZA-RR 2015, 530).

907 Im Übrigen ist es regelmäßig unzulässig, die Teilzeitkräfte von Sonderleistungen **auszuschließen.** Dies verstößt gegen das **Gleichbehandlungsgebot** wie gegen das Verbot der **mittelbaren Geschlechtsdiskriminierung** (BAG v. 6.12.1990, 6 AZR 159/89, BAGE 66, 314) und ist deshalb unwirksam (→ Teilzeitbeschäftigung Rz. 976, 982 f.). Zulässig ist es aber, bei einer Sonderzuwendung für Teilzeitkräfte auf die vertragliche Arbeitszeit abzustellen und Mehrarbeitsstunden unberücksichtigt zu lassen (BAG v. 24.4.2002, 10 AZR 651/01, DB 2002, 2053).

908 Beim **Wechsel von Teilzeitarbeit zu Vollzeitarbeit** oder umgekehrt bemisst sich die Höhe der Gratifikation im Übergangsjahr positiv wie negativ nach dem maßgeblichen Stichtag (BAG v. 18.8.1999, 10 AZR 424/98, DB 2000, 96) oder Referenzzeitraum bzw. Referenzmonat (BAG v. 18.5.2011, 10 AZR 379/10, NZA 2011, 944), ggf. auch nach dem Anteilsprinzip, in erster Linie aber danach, was die Gratifikationsvereinbarung selbst dazu sagt. Dies muss ggf. durch Auslegung ermittelt werden.

II. Lohnsteuer

Näheres hierzu → Sonderzuwendung, → Kündigung und → Sonstige Bezüge. 909

III. Sozialversicherung

Näheres hierzu → Sonderzuwendung. 910

Sonderzuwendung

I. Arbeitsrecht

Näheres hierzu → Sonderleistungen. 911

II. Lohnsteuer

Sonderzuwendungen des Arbeitgebers rechnen zum Arbeitslohn des Arbeitnehmers und sind grundsätzlich steuerpflichtig. 912

Erhalten teilzeitbeschäftigte Arbeitnehmer neben dem **pauschal versteuerten** laufenden Arbeitslohn Sonderzuwendungen (sonstige steuerpflichtige Bezüge wie Weihnachtsgeld, Urlaubsgeld sowie Leistungsprämien), die nicht zum laufenden Arbeitslohn gehören, so sind sie für die Feststellung, ob die Pauschalierungsgrenzen eingehalten sind, rechnerisch gleichmäßig auf die tatsächlich geleisteten Arbeitsstunden und die maßgebenden monatlichen Zahlungszeiträume zu verteilen. Dies sind die Kalendermonate, in denen die Arbeitsleistung erbracht wird und für die sie eine Belohnung (Bezahlung) darstellen → Rz. 913.

In der Regel sind deshalb die vorgenannten Sonderzuwendungen auf die gesamte Beschäftigungszeit im Kalenderjahr zu verteilen. Ergibt sich bei der rechnerischen **Verteilung der** Sonderzuwendungen, dass die **Pauschalierungsgrenzen** im jeweiligen Lohnzahlungszeitraum eingehalten worden sind, so dürfen in diesem Zeitraum sowohl der regelmäßig gezahlte Lohn als auch die anteilige Sonderzuwendung pauschal besteuert werden. Wird die Pauschalierungsgrenze hingegen überschritten, ist für diesen Lohnzahlungszeitraum die Pauschalierung für beide Lohnteile ausgeschlossen.

Wird eine Sonderzahlung erst **nach Ablauf des Kalenderjahrs** geleistet, in dem die entsprechende Arbeitsleistung erbracht wurde, ist die Sonderzahlung nur bei den Pauschalierungsgrenzen des Monats der Zahlung zu berücksichtigen.

III. Sozialversicherung

Sonderzuwendungen sind Einmalzahlungen. Einmalzahlungen sind Arbeitsentgelt i.S.d. Sozialversicherung und somit beitragspflichtig. Für die versicherungsrechtliche Beurteilung sind Sonderzuwendungen bei der Ermittlung des regelmäßigen monatlichen Arbeitsentgelts nur dann zu berücksichtigen, wenn sie mindestens einmal jährlich gezahlt werden und ein Rechtsanspruch auf diese Leistungen besteht. Für die versicherungsrechtliche Beurteilung sind die regelmäßig zu erwartenden Einmalzahlungen dann mit 1/12 auf das monatliche Arbeitsentgelt aufzuaddieren. 913

Beiträge zur Sozialversicherung fallen aber erst dann an, wenn die Einmalzahlung ausgezahlt wird.

IV. Kirchensteuer

Bei Kirchenangehörigen ist auch bei Zahlung einer Sonderzuwendung durch den Arbeitgeber Kirchensteuer einzubehalten und an das Betriebsstättenfinanzamt abzuführen. 914

Sonstige Bezüge

I. Arbeitsrecht

915 Näheres hierzu → Sonderleistungen.

II. Lohnsteuer

916 Zum steuerpflichtigen Arbeitslohn rechnen neben dem laufenden Arbeitslohn auch Zahlungen, die nicht regelmäßig zufließen; z.B. Einmalzahlungen wie Urlaubs-, Weihnachtsgeld oder Entlassungsabfindungen.

Für die Abgrenzung gegenüber dem laufenden Arbeitslohn spricht das Lohnsteuerrecht hierfür von sonstigen Bezügen. Diese Unterscheidung ist wichtig, weil die Lohnsteuerberechnung nach unterschiedlichen Regelungen vorzunehmen ist. Zudem kann die zeitliche Zuordnung der Zahlungen zu einem bestimmten Kalenderjahr auseinanderfallen. In Sonderfällen kann für einen sonstigen Bezug eine ermäßigte Lohn- bzw. Einkommensteuer berechnet werden, wenn es sich hierbei um eine steuerbegünstigte Entschädigung oder um eine Vergütung für eine mehrjährige Tätigkeit handelt.

1. Laufender Arbeitslohn

917 Zum laufenden Arbeitslohn, der dem Arbeitnehmer regelmäßig fortlaufend zufließt, gehören insbesondere:

– Monatsgehälter, Wochen- und Tagelöhne,
– Mehrarbeitsvergütungen, Zuschläge und Zulagen,
– geldwerte Vorteile aus der ständigen Überlassung von Dienstwagen zur privaten Nutzung,
– Arbeitslohn für Lohnzahlungszeiträume des abgelaufenen Kalenderjahrs, der innerhalb der ersten drei Wochen des nachfolgenden Kalenderjahrs zufließt.

2. Sonstige Bezüge

918 Ein sonstiger Bezug ist der Arbeitslohn, der nicht als laufender Arbeitslohn gezahlt wird. Zu den sonstigen Bezügen gehören insbesondere einmalige Arbeitslohnzahlungen, die neben dem laufenden Arbeitslohn gezahlt werden, z.B.:

– dreizehnte und vierzehnte Monatsgehälter,
– einmalige Abfindungen (→ Rz. 659) und Entschädigungen,
– Gratifikationen und Tantiemen, die nicht fortlaufend gezahlt werden,
– Jubiläumszuwendungen,
– Urlaubsgelder, die nicht fortlaufend gezahlt werden, und Entschädigungen zur Abgeltung nicht genommenen Urlaubs,
– Vergütungen für Erfindungen,
– Weihnachtszuwendungen,
– Nachzahlungen und Vorauszahlungen, wenn sich der Gesamtbetrag oder ein Teilbetrag der Nachzahlung oder Vorauszahlung auf Lohnzahlungszeiträume bezieht, die in einem anderen Jahr als dem der Zahlung enden. Nachzahlungen liegen auch vor, wenn Arbeitslohn für Lohnzahlungszeiträume des abgelaufenen Kalenderjahrs später als drei Wochen nach Ablauf dieses Jahrs zufließt.

Sonstige Bezüge sind bei Zufluss zu versteuern.

Wird für sonstige Bezüge die Lohnsteuer nach den individuellen Lohnsteuerabzugsmerkmalen (lt. ELStAM- oder Härtefall-Verfahren → Lohnsteuerkarte) erhoben, ist die

Lohnsteuer-Jahrestabelle anzuwenden, um die Steuerprogression und damit die Steuerbelastung zu vermindern. Dazu ist das folgende besondere **Berechnungsverfahren** gesetzlich vorgeschrieben:

– Zunächst ist der voraussichtliche steuerpflichtige Jahresarbeitslohn zu ermitteln. Diesem wird der sonstige Bezug bzw. die Einmalzahlung **hinzugerechnet**. Anschließend ist für diesen erhöhten Jahresarbeitslohn die Jahressteuer aus der Jahreslohnsteuertabelle abzulesen.

– Dasselbe Verfahren ist für den voraussichtlichen Jahresarbeitslohn zu wiederholen, der sich **ohne** die Hinzurechnung des sonstigen Bezugs ergibt.

– Der **Unterschiedsbetrag** zwischen den beiden Jahressteuern ist die Lohnsteuer, die auf den sonstigen Bezug entfällt. Übersteigt die Lohnsteuer für den erhöhten Jahresarbeitslohn die sog. Nullzone, ist der Solidaritätszuschlag i.H.v. 5,5 % des oben ermittelten Unterschiedsbetrags zu erheben (→ Solidaritätszuschlag).

Zur Pauschalbesteuerung vgl. → Rz. 912.

III. Sozialversicherung

Der steuerrechtliche Begriff von sonstigen Bezügen ist im Sozialversicherungsrecht mit dem des einmalig gezahlten Arbeitsentgelts vergleichbar. 919

IV. Kirchensteuer

Bei Kirchenangehörigen ist auch bei Zahlung sonstiger Bezüge durch den Arbeitgeber Kirchensteuer einzubehalten und an das Betriebsstättenfinanzamt abzuführen. 920

Sozialversicherungsentgeltverordnung

I. Arbeitsrecht

Es bestehen keine arbeitsrechtlichen Besonderheiten. 921

II. Lohnsteuer

Im Lohnsteuerrecht werden bestimmte **Sachbezüge** entsprechend den Regelungen des Sozialversicherungsrechts mit amtlichen Sachbezugswerten nach der Sozialversicherungsentgeltverordnung (SvEV) angesetzt. Dies sind arbeitstägliche Mahlzeiten und (Gemeinschafts-)Unterkünfte, die keine Wohnungen sind (z.B. möblierte Zimmer, Sammelunterkünfte). Die steuerlich maßgebenden Beträge für die vom Arbeitgeber gestellten Mahlzeiten (s. unter → Rz. 923) werden jährlich durch ein BMF-Schreiben bekannt gegeben, obwohl sie regelmäßig den sozialversicherungsrechtlichen Beträgen entsprechen. Das für 2021 maßgebende BMF-Schreiben war bei Redaktionsschluss dieses Ratgebers noch nicht amtlich veröffentlicht worden. Die nachfolgend genannten amtlichen Sachbezugswerte für arbeitstägliche Mahlzeiten sind auch dann anzusetzen, wenn die Mahlzeiten mit 25 % pauschal besteuert werden. 922

Die Sozialversicherungsentgeltverordnung bestimmt auch, welche steuerfreien und pauschal besteuerten Lohnteile dem (sozialversicherungsrechtlichen) Arbeitsentgelt nicht hinzuzurechnen sind (§ 1 SvEV).

III. Sozialversicherung

In § 2 der Sozialversicherungsentgeltverordnung (SvEV) sind die Werte für die Zurverfügungstellung einer Unterkunft oder Verpflegung geregelt. 923

Der Wert für freie Unterkunft beläuft sich im Jahr 2021 monatlich auf 237 €. Für freie Verpflegung ist ein Monatswert von 263 € monatlich anzusetzen.

Wird die Verpflegung nicht für einen vollen Monat, sondern z.B. nur an Arbeitstagen in Anspruch genommen, so sind arbeitstäglich folgende Werte anzusetzen:

- Frühstück 1,83 € (Monatswert 55 €),
- Mittagessen 3,47 € (Monatswert 104 €),
- Abendessen 3,47 € (Monatswert 104 €).

Hat der Arbeitnehmer sich an den Kosten für das Mittagessen zu beteiligen, so ist lediglich die Differenz zwischen dem Sachbezugswert und dem Eigenanteil des Arbeitnehmers als Arbeitsentgelt zu berücksichtigen.

Macht der Arbeitgeber von der Möglichkeit der pauschalen Versteuerung nach § 40 Abs. 2 EStG Gebrauch, so entfällt die Arbeitsentgelteigenschaft in der Sozialversicherung (vgl. § 1 Abs. 1 Satz 1 Nr. 3 SvEV).

Ferner ist in der SvEV geregelt, welche Einnahmen kein Arbeitsentgelt i.S.d. Sozialversicherung sind.

Steuerermittlung

I. Arbeitsrecht

924 Es bestehen keine arbeitsrechtlichen Besonderheiten.

II. Lohnsteuer

1. Einkommensteuer

925 Die Höhe der Einkommensteuer ermittelt sich aus einer Tarifformel, die im Einkommensteuergesetz geregelt ist (§ 32a EStG, tarifliche Einkommensteuer). Abweichend hiervon gilt für die Einkünfte aus Kapitalvermögen ein gesonderter Steuertarif i.H.v. 25 % (§ 32d Abs. 1 EStG, Abgeltungssteuer). Nach der Ermittlung des steuerpflichtigen und zu versteuernden Einkommens setzt das Finanzamt die zu zahlende tarifliche Einkommensteuer fest (→ Einkommensteuerveranlagung). Wollen Steuerpflichtige die Einkommensteuer oder Lohnsteuer selbst berechnen, ist dies anhand privat erstellter Rechenprogramme sowie durch Nachschlagen in gedruckten Tabellen möglich.

2. Lohnsteuerermittlung

a) Lohnsteuertabelle, Bemessungsgrundlage

926 Neben dem steuerpflichtigen Bruttolohn hat der Arbeitgeber auch die einzubehaltenden Steuer- und Abzugsbeträge (Lohnsteuer, Kirchensteuer sowie Solidaritätszuschlag) zu berechnen. Ermittelt der Arbeitgeber die Lohnsteuer im Regelverfahren nicht maschinell, können sie und die weiteren Abzugsbeträge aus der Lohnsteuertabelle abgelesen werden.

Dafür ist zunächst der **Lohnzahlungszeitraum** zu ermitteln, nach dem sich die Höhe der Lohnsteuer richtet. Über den Beginn und das Ende dieses Zeitraums entscheiden die Festlegungen im Arbeitsvertrag. Üblicherweise ist der Kalendermonat der Lohnzahlungszeitraum. Mitunter werden für die Lohnzahlung jedoch kürzere Zeiträume vereinbart (z.B. eine Woche oder einzelne Tage bei Aushilfsbeschäftigungen). In diesem Fall ist dieser Zeitraum der Lohnzahlungszeitraum. Folglich entsteht ein verkürzter Lohnzahlungs- und Lohnabrechnungszeitraum, der lohnsteuerrechtliche „Teillohnzahlungszeitraum", für den die Monatslohnsteuertabelle nicht angewandt werden darf. In solchen Fällen ist die Lohnsteuer durch eine tageweise Berechnung zu ermitteln. Hierfür wird eine Tageslohnsteuertabelle zur Verfügung gestellt.

Diese Lohnsteuertabellen sind nach Steuerklassen gegliedert und aus dem Einkommensteuertarif abgeleitet. Sie stellen auf den Bruttoarbeitslohn ab und ersparen somit dem Arbeitgeber die Umrechnung des Arbeitslohns in einen zu versteuernden Einkommensbetrag. Die **Lohnsteuertabellen** berücksichtigen bereits die gesetzlichen Pausch- und Freibeträge, die für die in die jeweilige Steuerklasse fallenden Arbeitnehmer in Betracht kommen.

Für eine zutreffende Lohnsteuerermittlung benötigt der Arbeitgeber die **Besteuerungsmerkmale** des Arbeitnehmers. Sie werden dem Arbeitgeber regelmäßig als individuelle Lohnsteuerabzugsmerkmale (lt. ELStAM- oder Härtefall-Verfahren → Lohnsteuerkarte) mitgeteilt (z.B. Steuerklasse, Freibetrag usw. sowie deren Änderungen).

Bemessungsgrundlage für die Lohnsteuer ist der gezahlte Bruttoarbeitslohn. Nicht berücksichtigt werden steuerfreie Lohnteile und steuerfreie Lohnzuschläge, wie z.B. Reisekosten, die steuerfrei gezahlt werden, oder steuerfreie Zuschläge für Sonntagsarbeit (→ Arbeitslohnzuschläge). Die Lohnsteuerschuld entsteht am Tag der Lohnzahlung. Der Lohnzahlungszeitraum entscheidet über die anzuwendende Lohnsteuertabelle.

Für den Lohnsteuerabzug hat der Arbeitgeber nur die steuerlichen Verhältnisse des **jeweiligen** Beschäftigungsverhältnisses zu berücksichtigen. Übt der Arbeitnehmer noch eine (oder ggf. mehrere) weitere Beschäftigung(en) aus, ist dies vom Arbeitgeber für den Lohnsteuerabzug und die Ermittlung der Lohnsteuer nicht zu berücksichtigen (→ Gestaltungsmöglichkeiten, → Hinzurechnungsbetrag).

b) Außerordentliche Einkünfte

Sind im Einkommen **außerordentliche Einkünfte** enthalten, wird die darauf entfallende Lohn- und Einkommensteuer auf Antrag nach einer sog. **Fünftelungsregelung** ermittelt (§ 34 EStG). 927

Hintergrund: → Sonstige Bezüge sind für die Lohnsteuerermittlung grundsätzlich in Höhe des zugeflossenen Betrags anzusetzen und zwar unabhängig davon, ob sie zum laufenden Kalenderjahr (Zahlungsjahr) oder ob sie zu mehreren Kalenderjahren gehören. Diese Besteuerung bei Zufluss kann mitunter zu einer erhöhten Steuerbelastung führen. Denn es ergäbe sich z.B. regelmäßig eine niedrigere Steuer, wenn der Arbeitgeber eine Jubiläumszahlung über mehrere Kalenderjahre verteilt auszahlt statt in einem Einmalbetrag (gleichbleibenden Jahresarbeitslohn unterstellt). Um für **Einmalzahlungen** eine überhöhte Steuerbelastung durch den progressiv ansteigenden Einkommensteuertarif zu vermeiden, sieht das Einkommensteuergesetz die Steuerberechnung nach der sog. Fünftelungsregelung vor (§ 34 Abs. 1 EStG), die auch im Lohnsteuerabzugsverfahren zu berücksichtigen ist (§ 39b Abs. 3 Satz 9 EStG). Der Arbeitgeber hat die Fünftelungsregelung bereits bei der Lohnsteuerermittlung zu berücksichtigen.

Diese Fünftelungsregelung kommt in Betracht für **Entschädigungszahlungen** i.S.d. § 24 Nr. 1 EStG, wie Abfindungen wegen der Entlassung aus dem Dienstverhältnis und für Vergütungen für mehrjährige Tätigkeiten (z.B. für eine **Jubiläumszuwendung**). Eine Tätigkeit ist dann „mehrjährig", wenn sie sich über zwei Kalenderjahre (Veranlagungszeiträume) erstreckt; auf die Dauer, z.B. mindestens zwölf Monate, kommt es nicht an.

Berechnung:

Die ermäßigte Lohnsteuer ist in drei Rechenschritten zu berechnen:

- Bei der Fünftelungsregelung ist der sonstige Bezug mit einem Fünftel des steuerpflichtigen Gesamtbetrags anzusetzen.
- Für dieses Fünftel ist die Lohnsteuer nach den Regeln für → sonstige Bezüge zu ermitteln.
- Der so ermittelte Lohnsteuerbetrag ist mit fünf zu multiplizieren, so dass der fünffache Steuerbetrag der auf das Arbeitslohn-Fünftel entfallenden Lohnsteuer einzubehalten ist.

Steuerermittlung

Bei Jubiläumszuwendungen ist die Fünftelungsregelung stets dann – also ohne weitere Prüfung einer Zusammenballung – anzuwenden, wenn der Arbeitnehmer voraussichtlich nicht vor dem Ende des Kalenderjahrs aus dem Dienstverhältnis ausscheidet (BMF-Schreiben v. 10.1.2000, IV C 5-S 2330-2/00, BStBl I 2000, 138 sowie v. 1.11.2013, IV C 4-S 2290/13/10002, BStBl I 2013, 1326).

Kann der Arbeitgeber die Voraussetzungen für die Zusammenballung des Arbeitslohns im Kalenderjahr nicht feststellen, so ist die Lohnsteuer vom sonstigen Bezug **ohne** Fünftelungsregelung zu ermitteln. In diesen Fällen kann der Arbeitnehmer die Anwendung der Fünftelungsregelung im Rahmen einer Einkommensteuerveranlagung beim Finanzamt beantragen. Daraufhin prüft das Finanzamt stets die günstigste Besteuerungsform.

Entsprechend dem so gefundenen Ergebnis ist der sonstige Bezug auf der Besonderen → **Lohnsteuerbescheinigung** (Papierausfertigung) oder in der elektronischen Lohnsteuerbescheinigung entweder

- zusammen mit dem übrigen Arbeitslohn als laufend gezahlter Bruttoarbeitslohn im Eintragungsfeld Nr. 3 auszuweisen oder
- als ermäßigt besteuerter Arbeitslohn für mehrere Kalenderjahre bzw. ermäßigt besteuerte Entschädigungen im Eintragungsfeld Nr. 10.

Bei einer elektronischen Übermittlung der Lohnsteuerbescheinigung werden die Beträge in den Datensatz aufgenommen und auf dem für den Arbeitnehmer bestimmten Ausdruck der Lohnsteuerbescheinigung (nach amtlichem Muster) ausgewiesen.

Um das Ziel der zutreffenden Einkommensbesteuerung zu erreichen, ist der **Arbeitnehmer** zur Abgabe einer Einkommensteuererklärung verpflichtet, wenn von einem sonstigen Bezug die ermäßigte Lohnsteuer einbehalten worden ist. Bei **beschränkt** einkommensteuerpflichtigen Arbeitnehmern ist ebenfalls der ermäßigte Steuersatz nach § 34 EStG anzuwenden.

3. Pauschale Lohnsteuer

928 Bei Beschäftigung einer Aushilfe, Teilzeitkraft und bei geringfügig entlohnter Beschäftigung (Dauerbeschäftigungen oder geringfügige Beschäftigungen in Privathaushalten) kann der Arbeitgeber die Lohnsteuer auch pauschal erheben. In Betracht kommen die Pauschsteuersätze i.H.v. 25 % vom Arbeitslohn, i.H.v. 20 % oder 2 % vom Arbeitsentgelt sowie bei Aushilfskräften in der Land- und Forstwirtschaft i.H.v. 5 % vom Arbeitslohn.

Siehe auch → Aushilfe, → Teilzeitkraft, → Geringfügig entlohnte Beschäftigung, → Land- und Forstwirtschaft.

Neben der Lohnsteuer hat der Arbeitgeber auch den → Solidaritätszuschlag (5,5 % der Lohnsteuer) und die → Kirchensteuer nach dem jeweiligen Landesrecht zu erheben; ausgenommen bei der einheitlichen Pauschsteuer (2 %).

Durch die Pauschsteuer ist die (Einkommens-)**Besteuerung** dieses Arbeitslohns in vollem Umfang **abgeschlossen**. Der pauschal besteuerte Arbeitslohn bleibt bei der Einkommensteuerveranlagung des Arbeitnehmers außer Betracht und muss deshalb nicht in einer Einkommensteuererklärung angegeben werden.

III. Sozialversicherung

929 Es bestehen keine sozialversicherungsrechtlichen Besonderheiten.

IV. Kirchensteuer

930 Die Kirchensteuer verhält sich akzessorisch zur Einkommen(Lohn-)steuer. Sie beträgt 8 % bzw. 9 % (je nach Bundesland) der Einkommensteuer. Wird die Lohnsteuer mit einem pauschalen Lohnsteuersatz i.H.v. 20 % pauschalisiert, kann die Kirchensteuer ebenfalls pauschaliert (→ Kirchensteuer Rz. 557) werden. Weist der Arbeitgeber nach, welcher Mitarbeiter Kirchenangehöriger ist, sind für diese Kirchenangehörigen 8 % bzw. 9 % (je nach Bundesland) einzubehalten und an das Finanzamt abzuführen.

Steuerfreie Einnahmen

I. Arbeitsrecht

Es bestehen keine arbeitsrechtlichen Besonderheiten. 931

II. Lohnsteuer

Arbeitslohn kann steuerfrei gezahlt werden, wenn er nach den Regelungen des **Einkommensteuergesetzes** nicht der Besteuerung unterliegt, z.B. Verpflegungspauschalen bei beruflichen Auswärtstätigkeiten (→ Reisekosten) oder Nacht- und Feiertagszuschläge. Hiervon zu unterscheiden ist die Auszahlung von steuerpflichtigem Arbeitslohn ohne Lohnsteuerabzug, weil noch keine Lohnsteuer anfällt. 932

Steuerfreier Arbeitslohn wird weder bei der Prüfung der Pauschalierungsgrenzen noch bei der Prüfung der Arbeitslohnhöhe bzw. der Arbeitsentgeltgrenze für eine geringfügig entlohnte Beschäftigung (Geringfügigkeitsgrenze) berücksichtigt. Gleiches gilt für die Einkommensteuerveranlagung, bei der nur steuerpflichtige Einkünfte angesetzt werden.

Zu den steuerfreien Einnahmen zählen z.B.

- Leistungen aus einer Kranken-, Pflege- und aus der gesetzlichen Unfallversicherung,
- das Übergangsgeld und das Mutterschaftsgeld,
- das Arbeitslosen-, Teilarbeitslosen- und das Kurzarbeitergeld sowie bestimmte Leistungen nach dem SGB III,
- das Insolvenzgeld,
- das → Werkzeuggeld,
- zusätzlich zum ohnehin geschuldeten Arbeitslohn erbrachte Leistungen des Arbeitgebers zur Unterbringung und Betreuung von nicht schulpflichtigen Kindern in Kindergärten oder vergleichbaren Einrichtungen (→ Kindergartenbeitrag/-zuschuss),
- freiwillig gegebene Trinkgelder,
- sog. durchlaufende Gelder und → Auslagenersatz.

Mitunter macht das Einkommensteuergesetz die Steuerfreiheit davon abhängig, dass die Einnahmen bestimmte Freigrenzen nicht überschreiten, z.B. für → Sachbezüge und für Gewinne aus privaten Veräußerungsgeschäften.

Steuerfreie Arbeitgeberzahlungen werden vom Finanzamt regelmäßig auf die i.R. einer Einkommensteuerveranlagung angesetzten gleichartigen Werbungskosten angerechnet. Dadurch verringert sich der abzugsfähige Betrag.

III. Sozialversicherung

Steuerfreie Einnahmen, die **zusätzlich** zum ohnehin geschuldeten Arbeitsentgelt gezahlt werden, sind **kein Arbeitsentgelt** i.S.d. Sozialversicherung. Hier orientiert sich das Sozialversicherungsrecht am Steuerrecht (vgl. § 1 SvEV). 933

Eine Besonderheit gilt jedoch bei den Sonn-, Feiertags- und Nachtarbeitszuschlägen. Hier besteht Sozialversicherungsfreiheit nur für die Zuschläge auf einen Grundlohn

Steuerfreie Einnahmen

von maximal 25 € pro Stunde. Allerdings ist zu beachten, dass in der Seefahrt und zur Unfallversicherung die o.a. Zuschläge beitragspflichtiges Arbeitsentgelt sind (vgl. § 1 Abs. 2 SvEV).

Steuerhinterziehung

I. Arbeitsrecht

934 Es bestehen keine arbeitsrechtlichen Besonderheiten.

II. Lohnsteuer

1. Definition

935 Eine Steuerhinterziehung begeht, wer

- den Finanzbehörden oder anderen Behörden über steuerlich erhebliche Tatsachen unrichtige oder unvollständige Angaben macht oder
- sie pflichtwidrig über steuerlich erhebliche Tatsachen in Unkenntnis lässt und
- dadurch Steuern verkürzt oder für sich oder einen anderen nicht gerechtfertigte Steuervorteile erlangt.

Das Gleiche gilt, wenn erzielte Einnahmen dem Finanzamt gegenüber **verschwiegen** werden. Bereits der Versuch einer Steuerhinterziehung ist strafbar (§ 370 Abs. 2 AO).

Für das Vorliegen einer Steuerhinterziehung ist es erforderlich, dass es zu einer Steuerverkürzung oder zu einem ungerechtfertigten Steuervorteil gekommen ist. Steuern sind dann verkürzt, wenn sie nicht, nicht in voller Höhe oder nicht rechtzeitig festgesetzt werden; dies gilt auch dann, wenn die Steuer vorläufig oder unter Vorbehalt der Nachprüfung festgesetzt wird.

Nach § 371 AO besteht die Möglichkeit der **Selbstanzeige**, um dadurch Straffreiheit zu erlangen. Eine Straffreiheit tritt jedoch z.B. **nicht** ein, wenn

- ein Amtsträger (z.B. der zuständige Beamte) bereits beim Steuerpflichtigen zur Ermittlung einer Steuerstraftat oder einer Steuerordnungswidrigkeit erschienen ist oder
- die verkürzte Steuer oder der erlangte nicht gerechtfertigte Steuervorteil einen Betrag von 25 000 € je Tat übersteigt.

2. Strafmaß

936 Steuerhinterziehung wird mit Freiheitsstrafe bis zu zehn Jahren oder mit Geldstrafe bestraft. Weil Freiheitsstrafen unter sechs Monaten grundsätzlich nicht verhängt werden (§ 47 Abs. 1 StGB), kommt in diesen Fällen regelmäßig eine Geldstrafe in Betracht.

Wenn dem Täter ein vorsätzliches Handeln nicht nachzuweisen ist, ist eine Ahndung als **leichtfertige Steuerverkürzung** nach § 378 AO möglich. Die leichtfertige Steuerverkürzung ist, anders als die Steuerhinterziehung, keine Straftat, sondern eine Ordnungswidrigkeit.

Steuerhinterziehung ist dann strafbar, wenn ein Wille erkennbar ist, den Straftatbestand in all seinen Tatumständen zu verwirklichen. Befindet sich der Täter in einem Verbots- oder einem Tatbestandsirrtum, scheidet eine Steuerhinterziehung aus. Ein Verbotsirrtum liegt vor, wenn dem Täter die Einsicht, Unrecht zu tun, fehlt und er diesen Irrtum nicht vermeiden konnte. Ferner ist zu beachten, ob sich der Täter über das Vorliegen eines Tatbestandsmerkmals irrte. Ein Irrtum des Steuerschuldners über das Bestehen des Steueranspruchs schließt den Vorsatz aus.

Die Steuerhinterziehung ist z.B. dann vollendet, wenn das Finanzamt auf Grund einer falschen Erklärung des Stpfl. (z.B. Arbeitnehmers, Arbeitgebers) Einkommensteuer festgesetzt und durch Bescheid bekannt gegeben hat.

Siehe auch → Schwarzarbeit.

III. Sozialversicherung

Es bestehen keine sozialversicherungsrechtlichen Besonderheiten. 937

Steuerpflicht

I. Arbeitsrecht

Es bestehen keine arbeitsrechtlichen Besonderheiten. 938

II. Lohnsteuer

1. Steuerpflicht

Nach dem Einkommensteuergesetz ist jede natürliche Person steuerpflichtig, unabhängig von einer tatsächlich entstandenen Lohn- oder Einkommensteuerschuld (potenzieller Einkommensteuerschuldner). Erfasst werden Personen von der Geburt bis zum Tod. Ohne Bedeutung sind das Lebensalter, das Geschlecht, der Familienstand, die Staatsangehörigkeit, die Geschäftsfähigkeit oder Verfügungsbeschränkungen des Stpfl. 939

Die **sachliche Steuerpflicht** ergibt sich dann, wenn die im Einkommensteuergesetz aufgezählten Einkünfte bezogen werden und sich dadurch eine Einkommensteuerschuld ergibt. Das Einkommensteuergesetz kennt insgesamt sieben Einkunftsarten. Hierzu gehören die Einkünfte aus Land- und Forstwirtschaft, Gewerbebetrieb, selbstständiger Arbeit, nichtselbstständiger Arbeit, Kapitalvermögen, Vermietung und Verpachtung und die sonstigen Einkünfte.

2. Unbeschränkte, beschränkte Steuerpflicht

Für den Umfang der Steuerpflicht differenziert das Einkommensteuergesetz zwischen **unbeschränkt** und **beschränkt** steuerpflichtigen Personen. 940

Unbeschränkt einkommensteuerpflichtig sind alle Arbeitnehmer, die im Inland einen Wohnsitz oder ihren gewöhnlichen Aufenthalt haben. Gleichgültig ist, ob sie die deutsche Staatsangehörigkeit besitzen. Dies gilt z.B. für ausländische Arbeitnehmer, auch wenn ihre Familien im Heimatland leben. Arbeitnehmer, die im Inland weder einen Wohnsitz noch ihren gewöhnlichen Aufenthalt haben, sind **beschränkt** einkommensteuerpflichtig, wenn sie inländischen Arbeitslohn erzielen.

Diese Unterscheidung ist für den Arbeitgeber seit dem Kalenderjahr 2020 nicht mehr von großer Bedeutung, weil nunmehr auch die **beschränkt** einkommensteuerpflichtigen Arbeitnehmer für die Regelbesteuerung in das ELStAM-Verfahren einbezogen werden → Rz. 64, 669 ff. Ist dies nicht möglich, stellt das Finanzamt des Arbeitgebers (→ Betriebsstättenfinanzamt) für diesen Personenkreis weiterhin eine sog. Bescheinigung für beschränkt einkommensteuerpflichtige Arbeitnehmer aus. Sie enthält die für den Lohnsteuerabzug maßgebenden persönlichen Lohnsteuerabzugsmerkmale.

Die pauschale Lohnsteuer kann unabhängig von dieser Frage/Entscheidung erhoben werden.

Siehe auch → Saisonarbeiter, → Steuerhinterziehung, → Schwarzarbeit.

III. Sozialversicherung

941 Es bestehen keine sozialversicherungsrechtlichen Besonderheiten.

IV. Kirchensteuer

942 Mitglieder einer Kirchensteuer erhebenden Kirche oder Religionsgemeinschaft sind kirchensteuerpflichtig.

Student/Werkstudent

I. Arbeitsrecht

943 Studenten/Werkstudenten, die weisungsgebundene Tätigkeiten in persönlicher Abhängigkeit erbringen, sind Arbeitnehmer i.S.d. allgemeinen Arbeitnehmerbegriffs (BAG v. 11.11.2008, 1 ABR 68/07, NZA 2009, 450) und des § 5 Abs. 1 BetrVG. **Arbeitsrechtlich** gelten für diese Personen als Arbeitnehmer grundsätzlich **keine Besonderheiten**, insbesondere finden sämtliche Arbeitnehmerschutzvorschriften uneingeschränkt Anwendung, soweit nur die sonstigen Voraussetzungen erfüllt sind. Auf die Ausführungen zu Aushilfe, Teilzeitarbeit und geringfügig entlohnte Beschäftigung kann daher in vollem Umfang verwiesen werden.

Siehe auch → Aushilfe, → Teilzeitarbeit, → geringfügig entlohnte Beschäftigung, → Praktikant.

Studentische Beschäftigte haben daher **beispielsweise Anspruch** auf

- Arbeitsentgelt (unter Beachtung des MiLoG),
- Urlaub, Urlaubsvergütung und zusätzliches Urlaubsgeld,
- Entgeltfortzahlung im Krankheitsfall,
- Feiertagslohn,
- Sonderleistungen,
- Einhaltung von Kündigungsfristen und Kündigungsschutzbestimmungen,
- Elternzeit und Mutterschaftsgeld,
- tarifliche Leistungen bei anwendbarem Tarifvertrag,
- Gleichbehandlung mit anderen Teilzeitangestellten zu tariflichen Bedingungen und
- auf Eingruppierung (und Entlohnung) nach einem betrieblich praktizierten Vergütungstarifvertrag (BAG v. 11.11.2008, 1 ABR 68/07, NZA 2009, 450)

wie die übrigen Teilzeit- und Vollzeitkräfte des Betriebs; ein Recht zur freien Arbeitszeitgestaltung rechtfertigt keine geringere Vergütung (BAG v. 25.4.2001, 5 AZR 368/99, DB 2001, 2150). Von einer **Abfindung** bei Vertragsende, die als Entgeltzulage bei Ablauf eines befristeten Arbeitsvertrags gewährt wird, dürfen sie aber ausgeschlossen werden (EuGH v. 1.10.2015, C-432/14, NZA 2015, 1309).

Die neuere Rechtsprechung hat im Übrigen noch einmal ausdrücklich bestätigt, dass **studentische Aushilfs- und Teilzeitkräfte** Anspruch auf **Urlaub** besitzen (BAG v. 12.6.1996, 5 AZR 960/94, DB 1997, 429). Eine Ausnahme hiervon besteht nur bei einer Beschäftigungszeit unter einem Monat, z.B. bei echten Ein-Tages-Arbeitsverhältnissen (→ Kurzfristige Beschäftigung). Ebenso hat dieser Personenkreis Anspruch auf (tarifliche) **Sonntags-, Feiertags- und Nachtzuschläge** wie sonstige Arbeitskräfte.

Bei vereinbartem Einsatz auf Dauer, aber **auf jeweiligen Abruf**, handelt es sich bei den Einzeleinsätzen nicht jeweils um Kurzarbeitsverhältnisse, sondern es besteht ein **Dauerarbeitsverhältnis**. Dies gilt auch, wenn ein Pool von Studenten die einzelnen Einsätze selbst über ausliegende Listen regelt (BAG v. 19.1.1993, 9 AZR 53/92, DB 1993, 1781).

Ausländische Studenten, die nicht Staatsangehörige eines EG-Mitgliedstaats oder eines Staates aus dem EWG-Wirtschaftsraum sind, können nach Maßgabe von § 16 Abs. 3 AufenthG im Jahr 120 ganze oder 240 halbe Tage arbeiten sowie studentische Nebentätigkeiten an einer Hochschule oder im Umfeld einer solchen (z.B. wissenschaftliche Hilfskraft, Tätigkeit beim Studierendenwerk oder beim AStA) ausüben.

Das sozialversicherungsrechtliche **Werkstudentenprivileg** endet im Übrigen nicht mit der ersten Staatsprüfung, wenn das Studium zwecks Notenverbesserung durch eine Wiederholungsprüfung fortgesetzt wird (BAG v. 20.8.2002, 9 AZR 306/00, DB 2003, 891).

Befristete Arbeitsverträge sind auch mit Studenten/Werkstudenten im Rahmen von § 14 TzBfG und insbes. § 2 WissZeitVG zulässig. 944

Für die **Kündigung** des Arbeitsverhältnisses mit einem Studenten und für die Kündigungsfristen gelten keine Besonderheiten (siehe Hunold, NZA 2009, 476). Anders ist es aber bei studentischen Hilfskräften in Forschungseinrichtungen: Hier ist nach Exmatrikulation regelmäßig eine personenbedingte Kündigung sozial gerechtfertigt (BAG v. 18.9.2008, 2 AZR 976/06, NZA 2009, 425). 945

Im Übrigen: Wer „ewige" Studenten über das 25. Semester hinaus beschäftigt, muss mit dem **Verlust der Sozialversicherungsfreiheit** rechnen. Damit ist aber nicht automatisch das Recht zur Kündigung aus personenbedingten Gründen nach § 1 Abs. 2 KSchG verbunden (BAG v. 18.1.2007, 2 AZR 731/05, NZA 2007, 680). Der Arbeitgeber muss also damit rechnen, dass nicht nur rückwirkend die Sozialversicherungsbeiträge nachveranlagt werden, sondern dass das Arbeitsverhältnis auch sozialversicherungspflichtig fortbesteht und nicht ohne Weiteres beendet werden kann.

In derartigen Fällen sollte sich daher der Arbeitgeber nicht nur darauf beschränken, sich laufend die Studienbescheinigungen vorlegen zu lassen, sondern sollte auch das 25. Studiensemester im Auge behalten und bei einem „ewigen" Studenten für eine **Vertragsanpassung** Sorge tragen, jedenfalls aber dem Studenten nunmehr den Arbeitnehmeranteil zur Sozialversicherung anlasten.

II. Lohnsteuer

Wird ein Student/Werkstudent als Arbeitnehmer beschäftigt, sind keine lohnsteuerlichen Sonderregelungen zu beachten (→ Arbeitnehmer, → Schüler). An Studenten gezahlte **Stipendien** sind regelmäßig nach § 3 Nr. 44 EStG steuerfrei. 946

III. Sozialversicherung

Allgemeines: Gemeinsames Rundschreiben vom 23.11.2016.

Das überarbeitete Gemeinsame Rundschreiben zur versicherungsrechtlichen Beurteilung von beschäftigten Studenten und Praktikanten wurde unter dem Datum vom 23.11.2016 bekanntgegeben; es löste das bisherige Rundschreiben vom 27.7.2004 ab.

Gegenüber dem vorhergehenden Rundschreiben ergeben sich im Wesentlichen folgende Änderungen:

- Die Hochschulausbildung im Sinne der Anwendung des Werkstudentenprivilegs wird nicht mehr mit der letzten Prüfungsleistung, sondern mit Ablauf des Monats, in dem der Studierende vom Gesamtergebnis der Prüfungsleistung offiziell schriftlich unterrichtet worden ist, als beendet angesehen.
- Es wird herausgestellt, dass die Versicherungsfreiheit bei befristeter Beschäftigung nicht auf der Anwendung der Vorschriften über die Versicherungsfreiheit aufgrund des Werkstudentenprivilegs beruht, sondern auf der Regelung zur Versicherungsfreiheit bei geringfügiger (kurzfristiger) Beschäftigung.

- Die im Zusammenhang mit der Ausübung mehrerer Beschäftigungen im Laufe des Jahres maßgebende 26-Wochen-Regelung wird auf den Ursprung ihrer Bedeutung zurückgeführt. Die 26-Wochen-Regelung dient nicht dazu, eine Versicherungsfreiheit zu begründen. Vielmehr soll sie eine auf der Grundlage des Werkstudentenprivilegs grundsätzlich einzuräumende Versicherungsfreiheit ausschließen.
- Es wurde klargestellt, dass auch bei nur kurzen Unterbrechungen beim Übergang vom Bachelor- zum Masterstudium nicht von einem durchgehenden Fortbestehen der Zugehörigkeit zum Personenkreis der ordentlich Studierenden auszugehen ist.
- Im Unterschied zur Ausübung einer regulären Beschäftigung wird bei Ableistung eines in der Studien- oder Prüfungsordnung vorgeschriebenen Praktikums während des Urlaubssemesters Versicherungsfreiheit aufgrund des Werkstudentenprivilegs angenommen.

Im Weiteren wird auf Beschäftigungen eingegangen, deren wöchentliche Arbeitszeit über 20 Stunden liegt. Hier gab es die wohl gravierendste Änderung – nämlich die, dass Beschäftigungen, die dauerhaft an mehr als 20 Stunden ausgeübt werden, seit dem 1.1.2017 versicherungspflichtig sind. Hierbei kommt es seit dem 1.1.2017 nicht mehr auf die zeitliche Lage der Arbeitszeit an.

1. Regelungen in der Kranken-, Pflege- und Arbeitslosenversicherung

947 Nach § 6 Abs. 1 Nr. 3 SGB V sind Personen krankenversicherungsfrei, die während der Dauer ihres Studiums als ordentliche Studierende einer Hochschule oder einer der fachlichen Ausbildung dienenden Schule (Fachschule) gegen Arbeitsentgelt beschäftigt sind. Dies gilt ebenfalls für die Pflegeversicherung, da diese grundsätzlich der Krankenversicherung folgt, sowie nach § 27 Abs. 4 Satz 1 Nr. 2 SGB III für die Arbeitslosenversicherung. Zu den ordentlichen Studierenden gehören diejenigen, die an einer Hochschule oder einer der fachlichen Ausbildung dienenden Schule eingeschrieben (immatrikuliert) sind und deren Zeit und Arbeitskraft überwiegend durch das Studium in Anspruch genommen werden. Das Nähere zur Beschäftigung von Studenten wurde in einem Gemeinsamen Rundschreiben der Spitzenverbände der Sozialversicherung vom 23.11.2016 geregelt.

2. Zum Begriff der Hochschule bzw. Fachhochschule:

a) Hochschulen

948 Zu den Hochschulen gehören z.B.:

Universitäten, Technische Hochschulen, Pädagogische Hochschulen, Bergakademien, Tierärztliche Hochschulen, Landwirtschaftliche Hochschulen, Wirtschaftshochschulen, Kunst- und Musikhochschulen, Kirchliche/Philosophisch-Theologische Hochschulen, Fachhochschulen. Das Studium an einer Hochschule ist mit der Immatrikulationsbescheinigung nachzuweisen.

b) Fachschulen

949 Zu den der fachlichen Ausbildung dienenden Schulen gehören die Fachschulen, Höheren Fachschulen und Berufsfachschulen. Das Studium bzw. der Besuch einer dieser Schulen ist durch eine Bescheinigung nachzuweisen.

Fachschulen sind nicht als Hochschulen anerkannte berufsbildende Schulen, die der landwirtschaftlichen, gartenbaulichen, bergmännischen, technischen, gewerblichen, handwerklichen, kunsthandwerklichen, kaufmännischen, verkehrswirtschaftlichen, frauenberuflichen, sozialpädagogischen, künstlerischen, sportlichen oder einer verwandten Ausbildung dienen. Diese Ausbildung muss i.d.R. mindestens sechs Monate (Halbjahreskurs) dauern und dabei Zeit- und Arbeitskraft des Fachschülers überwiegend in Anspruch nehmen. Fachschulausbildung liegt auch vor, wenn es sich um einen deutlich länger als fünf Kalendermonate andauernden planmäßigen Vollzeitunterricht handelt, der als Halbjahreskurs anzusehen ist oder wenn die Ausbildung nur deshalb nicht volle sechs Monate umfasst, weil am Beginn und/oder Ende des jeweiligen Kurses arbeitsfreie Tage (Samstag, Sonntag, Feiertag) oder Ferienzeiten liegen. Im Übrigen sind Ausbildungen von weniger als sechs Monaten Fachschulausbildung, wenn sie mindestens 600 Unterrichtsstunden umfassen.

Der Besuch der Fachschule setzt im Allgemeinen eine ausreichende praktische Berufsvorbildung oder berufspraktische Tätigkeit, in manchen Fällen auch nur eine bestimmte schulische Vorbildung oder eine besondere (etwa künstlerische) Befähigung voraus.

Die Höheren Fachschulen werden als besondere Stufe im Aufbau des Fachschulwesens angesehen.

Berufsfachschulen sind Schulen, die, ohne eine praktische Berufsausbildung vorauszusetzen, in ganztägigem, mindestens ein Jahr umfassendem Unterricht besucht werden. Sie dienen entweder der Vorbereitung auf einen industriellen, handwerklichen, kaufmännischen, hauswirtschaftlichen oder künstlerischen Beruf, wobei der Schulbesuch i.d.R. auf die Ausbildungszeit angerechnet wird, oder gelten als voller Ersatz für eine betriebliche Ausbildungszeit und schließen mit der Gesellen-, Facharbeiter- oder Gehilfenprüfung ab.

Die Vielzahl der Fachschulen, Höheren Fachschulen und Berufsfachschulen lässt eine erschöpfende Aufzählung nicht zu. Zur Fachschulausbildung gehört unter der Voraussetzung, dass die Merkmale einer der vorstehenden Begriffsbestimmungen „Fachschulen", „Höhere Fachschulen" oder „Berufsfachschulen" vorliegen, z.B. der Besuch folgender Schulen:

Altenpflegeschulen, Bauschulen, Bergschulen, Bibelschulen, Chemotechnikerschulen, Diakonenausbildungsanstalten, Forstschulen, Frauenfachschulen, Gartenbauschulen, Gemeindehelferinnenseminare, Gewerbliche Berufsfachschulen, Haushaltsschulen, Hebammenschulen, Hortnerinnenschulen, Ingenieurschulen, Kaufmännische Schulen, Kindergärtnerinnenschulen, Kinderpflegeschulen, Krankengymnastikschulen, Kunstschulen, Landfrauenschulen, Landwirtschaftsschulen, Lehranstalten für med.-techn. Assistentinnen, Meisterschulen, Missionsschulen, Musikschulen, Säuglingspflegeschulen, Schauspielschulen, Seefahrtsschulen, Seelsorgehelferinnenseminare, Sozialpädagogische Schulen, Sprachenschulen, Wirtschaftsschulen, Wohlfahrtsschulen.

c) Keine Werkstudenteneigenschaft

Folgende Personengruppen gehören nicht (mehr) zum Personenkreis der ordentlichen Studierenden, mit der Folge, dass die Regelungen über die Versicherungsfreiheit in der Kranken-, Pflege- und Arbeitslosenversicherung nicht gelten: 950

– Studenten, die für ein oder mehrere Semester vom Studium beurlaubt werden, sind zwar weiterhin eingeschrieben, nehmen aber in dieser Zeit nicht am Studienbetrieb teil. Wird während der Dauer der Beurlaubung eine Beschäftigung aufgenommen, ist das Erscheinungsbild als ordentlicher Studierender nicht gegeben. Ausnahme: Während des Urlaubssemesters wird ein vorgeschriebenes Zwischenpraktikum ausgeübt.

– Studenten, die eine Beschäftigung neben dem Besuch eines Studienkollegs zum Erlernen der deutschen Sprache und zur Vorbereitung auf das Studium ausüben.

d) Beschäftigungen während der Vorlesungszeit

Personen, die neben ihrem Studium wöchentlich nicht mehr als 20 Stunden beschäftigt sind, gehören ihrem Erscheinungsbild nach zu den ordentlichen Studierenden. Bei Studenten, die mehrere Beschäftigungen nebeneinander ausüben, ist zunächst zu prüfen, 951 ob der Student seinem Erscheinungsbild nach als Student oder als Arbeitnehmer einzustufen ist. Arbeitet er insgesamt mehr als 20 Stunden in der Woche und gehört er damit vom Erscheinungsbild her zu den Arbeitnehmern, muss in einem weiteren Schritt geprüft werden, ob bei einzelnen Beschäftigungen Geringfügigkeit i.S.d. § 8 SGB IV bzw. § 8a SGB IV vorliegt und damit Versicherungsfreiheit in der Kranken-, Pflege- und Arbeitslosenversicherung nach § 7 Abs. 1 SGB V und § 27 Abs. 2 SGB III in Betracht kommt. Beträgt die wöchentliche Arbeitszeit nicht mehr als 20 Stunden, besteht – unabhängig davon, ob es sich um eine oder mehrere befristete oder unbefristete Beschäftigung(en) handelt – Versicherungsfreiheit; die Höhe des Arbeitsentgelts ist dabei ohne Bedeutung. Wird eine Beschäftigung unbefristet mehr als 20 Stunden in der Woche ausgeübt, so ist die Beschäftigung kranken-, renten-, arbeitslosen- und pflegeversicherungspflichtig. Das Werkstudentenprivileg ist hier nicht mehr anzuwenden, auch wenn die Arbeitszeit überwiegend in den Abend- und Nachtstunden oder am Wochenende liegt. Dies ist eine wesentliche Änderung zu der bis 31.12.2016 geltenden Rechtsauffassung.

Beispiel:

Ein krankenversicherter Student arbeitet unbefristet zehn Stunden in der Woche beim Arbeitgeber A als Programmierer gegen ein monatliches Arbeitsentgelt von 500 €, seit dem 1.6. vier Stunden in der Woche beim Arbeitgeber B als Taxifahrer gegen ein monatliches Arbeitsentgelt von 170 €, seit dem 1.8. vier Stunden in der Woche beim Arbeitgeber C als Kellner gegen ein monatliches Arbeitsentgelt von 160 €.

Der Student unterliegt in der (Haupt-)Beschäftigung beim Arbeitgeber A ausschließlich der Rentenversicherungspflicht. Bei den beiden übrigen Beschäftigungen handelt es sich jeweils um geringfügig entlohnte Beschäftigungen, weil das Arbeitsentgelt aus den einzelnen Beschäftigungen 450 € im Monat nicht übersteigt. Da die Beschäftigung beim Arbeitgeber B zeitlich zuerst aufgenommen wird, wird sie nicht mit der rentenversicherungspflichtigen (Haupt-)Beschäftigung zusammengerechnet. Dennoch besteht in der ersten geringfügig entlohnten Beschäftigung neben der Hauptbeschäftigung Rentenversicherungspflicht (für Beschäftigungen ab 1.1.2013). Von dieser Rentenversicherungspflicht kann sich der Student allerdings befreien lassen. Die Beschäftigung beim Arbeitgeber C ist hingegen mit der rentenversicherungspflichtigen (Haupt-)Beschäftigung zusammenzurechnen mit der Folge, dass sie Rentenversicherungspflicht begründet.

Die Aufnahme der Beschäftigung beim Arbeitgeber B hat auf die versicherungsrechtliche Beurteilung in der Kranken-, Pflege- und Arbeitslosenversicherung keine Auswirkungen. Der Student bleibt über den 1.6. hinaus weiterhin als Werkstudent in der Kranken-, Pflege- und Arbeitslosenversicherung versicherungsfrei, da die wöchentliche Arbeitszeit aus beiden Beschäftigungen zusammen nicht mehr als 20 Stunden beträgt. Allerdings hat der Arbeitgeber B Pauschalbeiträge zur Kranken- und Rentenversicherung zu zahlen, da die Merkmale einer geringfügig entlohnten Beschäftigung vorliegen.

Mit Aufnahme der Beschäftigung beim Arbeitgeber C ab dem 1.8. wird die 20-Stunden-Grenze (Versicherungsfreiheit von Werkstunden in der Kranken-, Pflege- und Arbeitslosenversicherung) weiterhin nicht überschritten. Sie hat somit keine Auswirkungen auf die bisherige versicherungsrechtliche Beurteilung der Beschäftigung beim Arbeitgeber A und Arbeitgeber B.

Der Student bleibt über den 31.7. hinaus kranken-, pflege- und arbeitslosenversicherungsfrei. Allerdings hat Arbeitgeber C pauschale Beiträge zur Krankenversicherung für die bei ihm ausgeübte versicherungsfreie (für sich allein betrachtet) geringfügig entlohnte Beschäftigung zu entrichten.

Eine Zusammenrechnung mit der (Haupt-)Beschäftigung bei Arbeitgeber A ist nicht vorzunehmen, da diese keine Versicherungspflicht in der Krankenversicherung begründet.

Die Beschäftigungen B und C sind als geringfügig entlohnte Beschäftigungen zu addieren. Da die Grenze von 450 € nicht überschritten wird, handelt es sich bei beiden Beschäftigungen weiterhin um versicherungsfreie geringfügig entlohnte Beschäftigungen für den Bereich der Krankenversicherung.

Arbeitgeber A Personengruppenschlüssel: 106
               Beitragsgruppenschlüssel: 0 1 0 0
               Einzugsstelle: zuständige Krankenkasse

Arbeitgeber B Personengruppenschlüssel: 109
               Beitragsgruppenschlüssel: 6 1 0 0 bzw. 6 5 0 0 (wenn Befreiung von der Rentenversicherungspflicht vorliegt)
               Einzugsstelle: Deutsche Rentenversicherung Knappschaft-Bahn-See

Arbeitgeber C   Personengruppenschlüssel: 106
                Beitragsgruppenschlüssel: 0 1 0 0
                Einzugsstelle: zuständige Krankenkasse
                und
                Personengruppenschlüssel: 109
                Beitragsgruppenschlüssel: 6 0 0 0
                Einzugsstelle: Deutsche Rentenversicherung
                Knappschaft-Bahn-See

e) Ausweitung der Beschäftigung während der Semesterferien

Wird eine Beschäftigung mit einer wöchentlichen Arbeitszeit von nicht mehr als 20 Stunden lediglich in der vorlesungsfreien Zeit (Semesterferien) auf mehr als 20 Stunden ausgeweitet, so besteht auch für diese Zeit Versicherungsfreiheit zur Kranken-, Pflege- und Arbeitslosenversicherung. 952

Beispiel:

Ein Student übt eine unbefristete Beschäftigung aus. Die wöchentliche Arbeitszeit beträgt während der Vorlesungszeit 18 Stunden und während der Semesterferien 40 Stunden. Das monatliche Arbeitsentgelt beträgt während des Semesters 860 € und während der Semesterferien 1 900 €.

Es besteht Versicherungsfreiheit in der Kranken-, Pflege- und Arbeitslosenversicherung, da die Beschäftigung den Studenten nicht mehr als 20 Stunden in der Woche in Anspruch nimmt und die Ausweitung der wöchentlichen Arbeitszeit auf mehr als 20 Stunden (hier: 40 Stunden) auf die Semesterferien beschränkt ist. In der Rentenversicherung besteht durchgehend Versicherungspflicht, da die Beschäftigung sowohl während der Vorlesungszeit als auch während der Semesterferien nicht geringfügig ist.

f) Befristete Beschäftigungen

Befristung auf drei Monate oder 70 Arbeitstage (Kurzfristige Beschäftigung) 953

Versicherungsfreiheit besteht auch für solche Studenten, die während der Vorlesungszeit zwar mehr als 20 Stunden wöchentlich arbeiten, deren Beschäftigungsverhältnis aber von vornherein auf nicht mehr als drei Monate oder 70 Arbeitstage befristet ist; die Höhe des Arbeitsentgelts ist hierbei unbedeutend. Die Versicherungsfreiheit beruht in diesen Fällen jedoch nicht auf der Anwendung der Vorschriften über die Versicherungsfreiheit aufgrund des Werkstudentenprivilegs, sondern auf der Regelung zur Versicherungsfreiheit bei geringfügiger (kurzfristiger) Beschäftigung (§ 7 Abs. 1 SGB V, § 27 Abs. 2 SGB III jeweils i.V.m. § 8 Abs. 1 Nr. 2 SGB IV). Im Rahmen der Prüfung, ob eine kurzfristige Beschäftigung im Sinne des § 8 Abs. 1 Nr. 2 i.V.m. § 115 SGB IV vorliegt, sollte die Checkliste der Bundesvereinigung Deutscher Arbeitgeberverbände (BDA) eingesetzt werden. Diese findet man im Internet unter www.minijob-zentrale.de/SharedDocs/Downloads/DE/Formulare/gewerblich/01_Checkliste_BDA_Personalfragebogen.pdf?__blob=publicationFile&v=10.

Bei dieser Checkliste handelt es sich um eine mit den Spitzenverbänden der Sozialversicherungsträger abgestimmte Checkliste, auf der alle Fragen vermerkt sind, die dem Arbeitnehmer zu stellen sind.

Ohne Vorbeschäftigungen

Gibt der Student an, dass er im Laufe des Kalenderjahres noch keine Beschäftigung ausgeübt hat und ist die aktuelle Beschäftigung auf drei Monate bzw. 70 Arbeitstage befristet, so ist die Beschäftigung als kurzfristige, nicht berufsmäßige Beschäftigung kranken-, renten-, arbeitslosen- und pflegeversicherungsfrei. Meldungen sind an die Minijob-Zentrale zu übermitteln (Beitragsgruppenschlüssel 0 0 0 0 – Personengruppenschlüssel 110).

Wichtig: Sollten die Angaben des Studenten nicht der Wahrheit entsprechen, so greift die sogenannte „Amnestieregelung" des § 8 Abs. 2 Satz 3 SGB IV sowie Abschn. B 6 Geringfügigkeits-Richtlinien i.d.F. v. 21.11.2018. Dies bedeutet, dass rückwirkend keine Versicherungspflicht eintreten kann.

Mit Vorbeschäftigungen

Gibt der Werkstudent an, im Laufe des Kalenderjahres bereits weitere Beschäftigungen ausgeübt zu haben, so sind zunächst alle Beschäftigungszeiten mit einem Entgelt von mehr als 450,00 € zu addieren. Kommt man zu dem Ergebnis, dass die Beschäftigungszeiten zusammengerechnet mehr als drei Monate bzw. 70 Arbeitstage ergeben, so ist die ausgeübte Beschäftigung grundsätzlich kranken-, renten-, arbeitslosen- und pflegeversicherungspflichtig. Es sei denn, die Voraussetzung für eine geringfügig entlohnte Beschäftigung liegt vor.

Wenn die Voraussetzungen einer kurzfristigen Beschäftigung nicht mehr vorliegen, so ist bei Werkstudenten noch die „26-Wochen-Regelung" zu prüfen.

26-Wochen-Regelung

Die 26-Wochen-Regelung dient nach der aktuellen Auffassung der Spitzenverbände der Sozialversicherungsträger nicht dazu, eine Versicherungsfreiheit unter Heranziehung des Werkstudentenprivilegs zu begründen, nachdem zuvor durch Zusammenrechnung mehrerer kurzfristiger Beschäftigungen innerhalb eines Kalenderjahres Versicherungsfreiheit wegen Geringfügigkeit (Kurzfristigkeit) auszuschließen ist (vgl. TOP 1 Besprechungsergebnis der Spitzenverbände der Sozialversicherungsträger vom 23.3.2017).

Die **26-Wochen-Regelung** soll nach dem vom 1.1.2017 an geltenden Verständnis eine auf der Grundlage des Werkstudentenprivilegs grundsätzlich einzuräumende Versicherungsfreiheit ausschließen. Voraussetzung für die Anwendung der 26-Wochen-Regelung ist daher, dass trotz Überschreitens der 20-Wochenstunden-Grenze Versicherungsfreiheit aufgrund des Werkstudentenprivilegs dem Grunde nach zunächst einzuräumen wäre, weil das Überschreiten der 20-Stunden-Grenze durch Beschäftigungszeiten am Wochenende oder in den Abend- und Nachtstunden bedingt ist oder in die vorlesungsfreie Zeit (Semesterferien) fällt.

Ein Überschreiten der 20-Stunden-Grenze unter Fortgeltung des Werkstudentenprivilegs soll jedoch kein Dauerzustand bzw. ein im Jahr überwiegender Zustand sein. Zu diesem Zweck tritt die 26-Wochen-Regelung an. Sie führt im Ergebnis dazu, dass ein Student, der im Laufe eines Jahres (nicht Kalenderjahres) mehrmals eine Beschäftigung mit einer wöchentlichen Arbeitszeit von mehr als 20 Stunden ausübt, vom Erscheinungsbild nicht mehr als ordentlicher Studierender, sondern als Beschäftigter anzusehen ist, wenn die Zusammenrechnung der Beschäftigungszeiten mehr als 26 Wochen ergibt. Der **Jahreszeitraum** zur Statusbestimmung ist in der Weise zu ermitteln, dass **vom voraussichtlichen Ende der zu beurteilenden Beschäftigung ein Jahr zurückgerechnet** wird.

Anzurechnen sind **alle Beschäftigungen** in diesem Zeitraum, in denen – unabhängig von der versicherungsrechtlichen Beurteilung – die wöchentliche **Arbeitszeit mehr als 20 Stunden** beträgt. Dabei spielt es keine Rolle, ob die Beschäftigungen bei demselben Arbeitgeber oder bei verschiedenen Arbeitgebern ausgeübt werden; vorgeschriebene Zwischenpraktika bleiben unberücksichtigt.

In den Fällen, in denen ein Student, der im Rahmen einer unbefristeten oder auf mehr als 26 Wochen befristeten Beschäftigung mit einer wöchentlichen Arbeitszeit von bis zu 20 Stunden beschäftigt ist, für eine im Voraus befristete Zeit den Beschäftigungsumfang auf mehr als 20 Wochenstunden ausweitet, wobei das Überschreiten der 20-Stunden-Grenze durch Beschäftigungszeiten am Wochenende oder in den Abend- und Nachtstunden oder in der vorlesungsfreien Zeit (Semesterferien) bedingt sein muss, bleibt das Werkstudentenprivileg erhalten, wenn der Student im Laufe eines Jahres insgesamt nicht mehr als 26 Wochen mit einer Wochenarbeitszeit von mehr als 20 Stunden beschäftigt ist. Dies gilt auch dann, wenn durch Aufnahme einer befristeten Beschäftigung bei einem anderen Arbeitgeber der Beschäftigungsumfang auf mehr als 20 Wochenstunden erhöht wird. Der Jahreszeitraum ist in der Weise zu ermitteln, dass vom Ende der im Voraus befristeten Erhöhung des Beschäftigungsumfangs auf mehr als 20 Wochenstunden ein Jahr zurückgerechnet wird.

Beispiel 1:

Ein Student übt eine befristete Beschäftigung aus: 15.10.2021 – 14.12.2021

Wöchentliche Arbeitszeit 25 Stunden – keine Arbeitszeit am Wochenende.

Aufgrund anrechenbarer Vorbeschäftigungen ist eine Kurzfristigkeit dieser Beschäftigung nicht gegeben. Da keine Arbeitszeit am Wochenende liegt, handelt es sich um eine versicherungspflichtige Beschäftigung. Das Werkstudentenprivileg ist in diesem Fall nicht anzuwenden.

Beispiel 2:

Wie Beispiel 1 – aber acht Stunden Arbeitszeit am Wochenende.

Aufgrund anrechenbarer Vorbeschäftigungen ist eine Kurzfristigkeit dieser Beschäftigung nicht gegeben. Da nun auch am Wochenende gearbeitet wird und die wöchentliche Arbeitszeit innerhalb der Woche nicht mehr als 20 Stunden beträgt, ist die 26-Wochen-Regelung zu prüfen.

Jahreszeitraum: 15.12.2020 – 14.12.2021

Vorbeschäftigungen: anrechenbar

1.9.2020 – 28.12.2020: 21 Std./Woche; 15.12.2020 – 28.12.2020 = 14 Kalendertage

1.1.2021 – 31.3.2021: 15 Std/Woche – nicht anrechenbar (≤ 20 Stunden/Woche)

1.4.2021 – 31.5.2021: 20 Std./Woche – nicht anrechenbar (≤ 20 Stunden/Woche)

1.6.2021 – 15.9.2021: 20,5 Std./Woche; 1.6.2021 – 15.9.2021 = 107 Kalendertage

15.10.2021 – 14.12.2021: 25 Std./Woche; 15.10.2021 – 14.12.2021 = 61 Kalendertage

Insgesamt sind 182 Kalendertage zu berücksichtigen. Da die Grenze von 182 Kalendertagen zwar erreicht, aber nicht überschritten wird, ist das Werkstudentenprivileg für die o.a. Beschäftigung einzuräumen.

Wäre ein Tag mehr zu berücksichtigen, so wäre die Beschäftigung in allen Zweigen der Sozialversicherung versicherungspflichtig.

Die Prüfung, ob im Laufe eines Jahrs Beschäftigungen mit einer wöchentlichen Arbeitszeit von mehr als 20 Stunden für die Dauer von insgesamt mehr als 26 Wochen ausgeübt wurden bzw. werden, ist auch vorzunehmen, wenn die zu beurteilende Beschäftigung ausschließlich oder teilweise während der vorlesungsfreien Zeit (Semesterferien) ausgeübt wird.

g) Beschäftigungen während der vorlesungsfreien Zeit (Semesterferien)

Bei Beschäftigungen, die ausschließlich während der vorlesungsfreien Zeit (Semesterferien) ausgeübt werden, ist davon auszugehen, dass Zeit und Arbeitskraft überwiegend durch das Studium in Anspruch genommen werden. Unabhängig von der wöchentlichen Arbeitszeit und der Höhe des Arbeitsentgelts besteht unter der Voraussetzung, dass die Beschäftigung ausschließlich auf die vorlesungsfreie Zeit (Semesterferien) begrenzt ist, Versicherungsfreiheit in der Kranken-, Pflege- und Arbeitslosenversicherung.

Beispiel:

Ein Student übt eine befristete Beschäftigung aus:

Semesterferien: vom 1.7. bis 5.10. sowie vom 15.2. bis 10.4.

Student/Werkstudent

> Dauer der Beschäftigung: 20.7. bis 5.10.
>
> wöchentliche Arbeitszeit: 25 Stunden
>
> Es besteht Versicherungsfreiheit in der Kranken-, Pflege- und Arbeitslosenversicherung, da die auf mehr als zwei Monate befristete Beschäftigung ausschließlich während der Semesterferien ausgeübt wird. In der Rentenversicherung besteht Versicherungspflicht, da die Beschäftigung auf mehr als zwei Monate befristet und damit nicht kurzfristig ist.

Versicherungsfreiheit liegt nicht mehr vor, sobald absehbar ist, dass eine Beschäftigung mit einer wöchentlichen Arbeitszeit von mehr als 20 Stunden über die Semesterferien hinaus andauert. Bei zeitlichen Überschneidungen bis zu längstens zwei Wochen, die nur ausnahmsweise vorkommen, ist davon auszugehen, dass auch für diese Zeit die Beschäftigung das Erscheinungsbild als Student nicht beeinträchtigt und damit die Beschäftigung versicherungsfrei bleibt; **die Dauer der vorlesungsfreien Zeit ist nachzuweisen. Der Nachweis ist den Entgeltunterlagen hinzuzufügen** (→ Aufzeichnungspflichten).

> **Beispiel:**
>
> Ein Student übt eine befristete Beschäftigung aus:
>
> Semesterferien: vom 1.7. bis 15.10. sowie vom 15.2. bis 10.4.
>
> Dauer der Beschäftigung: 1.12. bis 30.4.
>
> wöchentliche Arbeitszeit: 25 Stunden
>
> Es besteht Versicherungspflicht in der Kranken-, Pflege- und Arbeitslosenversicherung, da die Beschäftigung auf mehr als zwei Monate befristet ist, die wöchentliche Arbeitszeit mehr als 20 Stunden beträgt und nicht ausschließlich während der Semesterferien ausgeübt wird. Außerdem besteht Rentenversicherungspflicht, da die Beschäftigung auf mehr als zwei Monate befristet und nicht kurzfristig ist.

Wurden vor Aufnahme einer in der vorlesungsfreien Zeit liegenden Beschäftigung bereits neben dem Studium Beschäftigungen ausgeübt, ist zu prüfen, ob innerhalb eines Jahrs – zurückgerechnet vom voraussichtlichen Ende der zu beurteilenden Beschäftigung – insgesamt mehr als 26 Wochen (182 Kalendertage) Beschäftigungen mit einer wöchentlichen Arbeitszeit von mehr als 20 Stunden ausgeübt wurden bzw. werden. Ist dies der Fall, besteht vom Beginn der zu beurteilenden Beschäftigung an Versicherungspflicht.

Schaubild: Regelungen ab 2017

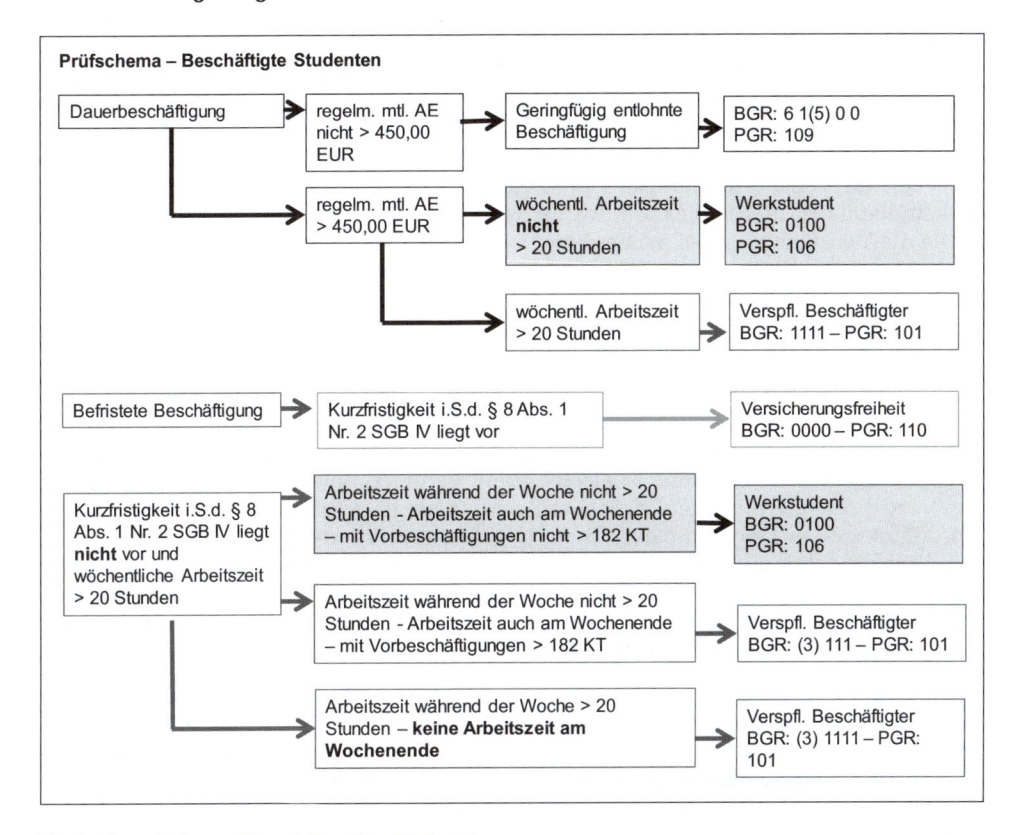

```
Prüfschema – Beschäftigte Studenten

Dauerbeschäftigung ──► regelm. mtl. AE        ──► Geringfügig entlohnte   ──► BGR: 6 1(5) 0 0
                       nicht > 450,00              Beschäftigung               PGR: 109
                       EUR

                   ──► regelm. mtl. AE        ──► wöchentl. Arbeitszeit   ──► Werkstudent
                       > 450,00 EUR               nicht                        BGR: 0100
                                                   > 20 Stunden                PGR: 106

                                              ──► wöchentl. Arbeitszeit   ──► Verspfl. Beschäftigter
                                                  > 20 Stunden                BGR: 1111 – PGR: 101

Befristete Beschäftigung ──► Kurzfristigkeit i.S.d. § 8 Abs. 1 ──► Versicherungsfreiheit
                             Nr. 2 SGB IV liegt vor                BGR: 0000 – PGR: 110

Kurzfristigkeit i.S.d. § 8 ──► Arbeitszeit während der Woche nicht > 20 ──► Werkstudent
Abs. 1 Nr. 2 SGB IV liegt       Stunden - Arbeitszeit auch am Wochenende     BGR: 0100
nicht vor und                   – mit Vorbeschäftigungen nicht > 182 KT      PGR: 106
wöchentliche Arbeitszeit
> 20 Stunden              ──► Arbeitszeit während der Woche nicht > 20 ──► Verspfl. Beschäftigter
                              Stunden - Arbeitszeit auch am Wochenende     BGR: (3) 111 – PGR: 101
                              – mit Vorbeschäftigungen > 182 KT

                          ──► Arbeitszeit während der Woche > 20       ──► Verspfl. Beschäftigter
                              Stunden – keine Arbeitszeit am               BGR: (3) 1111 – PGR:
                              Wochenende                                   101
```

h) Studienaufnahme während einer Beschäftigung

Für Arbeitnehmer, die ein Studium aufnehmen, tritt mit der Aufnahme des Studiums Versicherungsfreiheit in der Kranken-, Pflege- und Arbeitslosenversicherung ein, wenn das Arbeitsverhältnis vom Umfang her den Erfordernissen des Studiums angepasst wird und kein prägender innerer Zusammenhang zwischen Studium und der weiter ausgeübten Beschäftigung besteht. Versicherungsfreiheit besteht zur Kranken-, Pflege- und Arbeitslosenversicherung. Wird der versicherungspflichtige Arbeitnehmer für die Dauer eines Studiums unter Fortzahlung von Arbeitsentgelt beurlaubt, besteht allerdings Versicherungspflicht als Arbeitnehmer. Versicherungsfreiheit (Ausnahme: Rentenversicherung) besteht hier nur dann, wenn es sich um eine geringfügig entlohnte Beschäftigung handelt, das monatliche Arbeitsentgelt also 450 € nicht übersteigt.

Fördern Betriebe das Studium von Arbeitnehmern (nach abgeschlossener Berufsausbildung – kein dualer Studiengang) durch die Zahlung von monatlichen Studienbeihilfen, ist für die Dauer des Studiums von einem Beschäftigungsverhältnis auszugehen, wenn die Förderbedingungen wie z.B. die Fachrichtung des geförderten Studiums, die Ableistung von fachpraktischen Hospitationen (unter Fortzahlung der Studienbeihilfe) im Betrieb, die Anfertigung der Studienabschlussarbeit nach Möglichkeit in Absprache mit dem Betrieb, die Verpflichtung, für eine bestimmte Zeit nach Abschluss des Studiums im Betrieb tätig zu sein, die Erbringung eines Nachweises über die erfolgreiche Absolvierung des Studiums sowie die Rückzahlung der Studienbeihilfe in voller Höhe, wenn die vertraglichen Vereinbarungen nicht eingehalten werden, durch den Betrieb festgelegt werden.

Die Studienbeihilfe stellt dabei Arbeitsentgelt i.S.d. § 14 Abs. 1 SGB IV dar. Mithin unterliegen die Arbeitnehmer während der Dauer des geförderten Studiums der Versicherungspflicht in der Kranken-, Pflege-, Renten- und Arbeitslosenversicherung. Dem Fortbestand des versicherungspflichtigen Beschäftigungsverhältnisses steht auch nicht entgegen, dass das Beschäftigungsverhältnis nach einer vertraglichen Vereinbarung formal beendet wird; denn hierbei handelt es sich dem Grunde nach nur um eine Beurlaubung für die Dauer des Studiums. Insbesondere eine Wiedereinstellungszusage durch den Betrieb sowohl für den Fall des erfolgreichen Abschlusses des Studiums als auch für den Fall des Abbruchs des Studiums oder des Nichtbestehens der Prüfungen sprechen für den Fortbestand des Beschäftigungsverhältnisses. Für den Fortbestand spricht ebenfalls die Möglichkeit, während der Semesterferien im Betrieb zu arbeiten sowie die Verpflichtung des Arbeitnehmers zu einer mehrjährigen Tätigkeit im Betrieb nach Abschluss des Studiums.

i) Beschäftigung während eines Aufbau- bzw. Zweitstudiums

956 Die Versicherungsfreiheit als ordentlicher Studierender gilt auch für Studenten, die bereits ein Hochschulstudium mit einem berufsqualifizierenden Abschluss absolviert haben, aber in der gleichen Fachrichtung ein Aufbaustudium oder in einer anderen Fachrichtung ein Zweitstudium betreiben und daneben eine Beschäftigung ausüben. Die Versicherungsfreiheit endet nicht schlechthin mit dem Erreichen des erstmöglichen Abschlusses einer Hochschulausbildung (Hochschulprüfung). Versicherungsfreiheit in der Kranken-, Pflege- und Arbeitslosenversicherung kommt in einer Beschäftigung auch für solche Studenten in Betracht, die nach Erreichen eines berufsqualifizierenden Abschlusses in der gleichen oder in einer anderen Fachrichtung ein weiteres bzw. neues Studium aufnehmen, das wiederum mit einer Hochschulprüfung abschließt.

In einer Entscheidung des BSG v. 11.11.2003 (B 12 KR 26/03 R, USK 2003-34) wurde festgestellt, dass für Personen, die in der Zeit zwischen einem bestandenen Freiversuch im ersten juristischen Staatsexamen und einer Wiederholungsprüfung zur Notenverbesserung eine Beschäftigung ausüben, das Werkstudentenprivileg anzuwenden ist. Allerdings gilt das Werkstudentenprivileg nicht, wenn der Betreffende den erreichten Abschluss des ersten juristischen Staatsexamens dazu nutzt, um eine entsprechend höher qualifizierte Beschäftigung aufzunehmen, oder zu erkennen ist, dass er von der Möglichkeit der Wiederholungsprüfung tatsächlich keinen Gebrauch machen will. Entsprechendes gilt für vergleichbare Regelungen in anderen Studienfachrichtungen.

j) Beitragsrecht

957 Beschäftigungen von Werkstudenten, die bei demselben Arbeitgeber mit wechselnden Arbeitszeiten und Verdiensten ausgeübt werden und abwechselnd während der Vorlesungszeiten unter der Geringfügigkeitsgrenze und während der Semesterferien darüber liegen, sind einheitlich zu beurteilen. In solchen Fällen besteht durchgehend Versicherungsfreiheit in der gesetzlichen Krankenversicherung nach § 6 Abs. 1 Nr. 3 SGB V. Pauschalbeiträge zur Krankenversicherung nach § 249b SGB V sind für die Zeit der Semesterferien nicht zu zahlen; wegen der Annahme eines einheitlichen Beschäftigungsverhältnisses und durchgehender Versicherungsfreiheit in der Krankenversicherung sind auch für die Beschäftigung während der Vorlesungszeiten Pauschalbeiträge nicht zu zahlen.

Sollte es auf Grund von Beschäftigungen während des Studiums zur Kranken- und damit auch Pflegeversicherungspflicht kommen, so ist seit dem 1.1.2005 bei diesen Personen der Beitragszuschlag zur Pflegeversicherung i.H.v. 0,25 % des beitragspflichtigen Arbeitsentgelts einzubehalten. Dies gilt für Personen, die das 23. Lebensjahr vollendet haben und keine Elterneigenschaft nachweisen können. Dieser Zuschlag ist vom Arbeitnehmer allein zu tragen, jedoch vom Arbeitgeber einzubehalten.

k) Regelungen in der Rentenversicherung

In der Rentenversicherung gelten die allgemeinen Regelungen über die Versicherungspflicht bei Beschäftigungen. Demnach unterliegen immatrikulierte Studenten der Rentenversicherungspflicht, wenn sie eine Beschäftigung gegen Arbeitsentgelt ausüben. Rentenversicherungsfreiheit für beschäftigte Studenten besteht nur dann, wenn es sich um eine geringfügig entlohnte (ab 2013 durch die Möglichkeit eines Befreiungsantrags) oder kurzfristige nicht berufsmäßige Beschäftigung handelt. Wird eine geringfügig entlohnte Beschäftigung ausgeübt, sind zur Rentenversicherung Pauschalbeiträge an die Deutsche Rentenversicherung Knappschaft-Bahn-See abzuführen. 958

l) Langzeitstudenten

Bei beschäftigten Studenten mit einer ungewöhnlich langen Studiendauer wird von der widerlegbaren Vermutung ausgegangen, dass bei einer Studienzeit von bis zu 25 Fachsemestern je Studiengang das Studium im Vordergrund steht und somit, bei Vorliegen der übrigen Voraussetzungen, in der Kranken-, Pflege- und Arbeitslosenversicherung das Werkstudentenprivileg anzuwenden ist. 959

Stundenlohn

I. Arbeitsrecht

Es bestehen keine arbeitsrechtlichen Besonderheiten, siehe aber → Mindestlohn. 960

II. Lohnsteuer

Lohnsteuerlich ist der gezahlte oder vereinbarte Stundenlohn grundsätzlich unbeachtlich. Dies gilt auch für den arbeitsrechtlich zu beachtenden gesetzlichen oder Branchen- → Mindestlohn. Allerdings ist der vereinbarte bzw. gezahlte Stundenlohn lohnsteuerlich 961

– als Bemessungsgrundlage für die Zahlung von steuerfreien Arbeitslohnzuschlägen sowie
– als Pauschalierungsvoraussetzung

zu beachten (→ Arbeitslohnzuschläge).

Als Voraussetzung für eine **pauschale** Lohnsteuererhebung ist bei folgenden Beschäftigungsformen eine **Begrenzung des Arbeitslohns** auf durchschnittlich 15 € je Arbeitsstunde (seit dem Kalenderjahr 2020, zuvor 12 €) zu beachten:

– für eine kurzfristige Beschäftigung (vorübergehende Aushilfsbeschäftigungen → Kurzfristige Beschäftigung) an höchstens 18 zusammenhängenden Arbeitstagen,
– bei unvorhersehbar sofort erforderlicher Beschäftigung (→ Akuter Bedarf),
– als Aushilfsbeschäftigung in der Land- und Forstwirtschaft an höchstens 180 Tagen im Kalenderjahr (→ Land- und Forstwirtschaft).

Für diese Beschäftigungen darf der Arbeitslohn während der Beschäftigungsdauer **durchschnittlich** 15 € je Arbeitsstunde nicht übersteigen. Der Begriff „Arbeitsstunde" bezeichnet die Zeitstunde (= 60 Minuten, § 40a Abs. 4 EStG, H 40a.1 LStH). Wird der Arbeitslohn für kürzere Zeiträume gezahlt, z.B. für 45 Minuten, ist der Lohn zur Prüfung der Pauschalierungsgrenze auf 60 Minuten umzurechnen.

Der Höchstbetrag für den Stundenlohn gilt als Durchschnittsbetrag. Das heißt: Der Arbeitnehmer (Teilzeitbeschäftigte) kann zwar an einzelnen Stunden/Tagen etwas mehr verdienen, aber im Durchschnitt darf sich für die gesamte Beschäftigungsdauer kein höherer Stundenbetrag ergeben.

Stundenlohn

Die Festlegung als Durchschnittsbeträge hat v.a. Bedeutung in Fällen, in denen Einmalzahlungen (Weihnachts- oder Urlaubsgeld) rechnerisch auf die Beschäftigungsdauer zu verteilen sind (→ Geringfügig entlohnte Beschäftigung). Werden dadurch die Pauschalierungsgrenzen überschritten, ist die Lohnsteuerpauschalierung für diesen Zeitraum nicht zulässig.

Zur **Berechnung des durchschnittlichen Stundenlohns** für kurzfristige Beschäftigungen und Aushilfsbeschäftigungen einschl. solchen Beschäftigungen in der Land- und Forstwirtschaft ist allein auf die während der Beschäftigungsdauer tatsächlich geleisteten Arbeitsstunden abzustellen. Ferner sind solche Zeiträume zu berücksichtigen, in denen der Arbeitslohn wegen Urlaub, Krankheit oder gesetzlicher Feiertage fortgezahlt wird.

> **Beispiel:**
> Der Arbeitnehmer A wird als Aushilfe für zwei Wochen jeweils dienstags, mittwochs und sonntags beschäftigt. Der Stundenlohn beträgt dienstags und mittwochs 13 € und sonntags 19 €. A arbeitet dienstags, mittwochs und sonntags je sechs Stunden, insgesamt 18 Stunden.
>
> | | | | |
> |---|---|---|---|
> | 12 Stunden | à 13 € | = | 156 € |
> | 6 Stunden | à 19 € | = | 114 € |
> | 18 Stunden | | = | 270 € |
> | pro Stunde (= 270 € : 18 Stunden) | | = | 15 € |
>
> Der durchschnittliche Stundenlohn übersteigt im Lohnzahlungszeitraum den Höchstbetrag von 15 € pro Arbeitsstunde nicht; die Pauschalierung ist demnach zulässig (Hinweis auf steuerliche Gestaltungsmöglichkeiten, z.B. steuerfreie Zuschläge für Sonntags- und → Feiertagsarbeit.

Ein **Stundenlohn** braucht im Übrigen nicht ausdrücklich vereinbart zu sein. Die Pauschalierung kann deshalb auch bei Heimarbeitern angewandt werden, sofern die Aufzeichnungen über die tatsächlich geleisteten Arbeitsstunden eine Umrechnung in einen durchschnittlichen Stundenlohn zulassen.

Wird während der Beschäftigungsdauer die **Stundenlohngrenze überschritten**, kann der Arbeitgeber die Lohnsteuer nicht pauschal erheben. Der Arbeitslohn ist vielmehr nach den individuellen Lohnsteuerabzugsmerkmalen (→ Lohnsteuerkarte) zu versteuern. Liegen die individuellen Lohnsteuerabzugsmerkmale nicht vor, hat der Arbeitgeber den Lohnsteuerabzug nach der Steuerklasse VI vorzunehmen.

Umfasst das Beschäftigungsverhältnis mehrere Lohnzahlungs- bzw. Lohnabrechnungszeiträume, beziehen sich die Arbeitslohngrenzen auf den jeweiligen Lohnzahlungs- bzw. Lohnabrechnungszeitraum.

III. Sozialversicherung

962 Es bestehen keine sozialversicherungsrechtlichen Besonderheiten.

Tarifvertrag

I. Arbeitsrecht

1. Aushilfen

963 Insbesondere im Einzelhandel existieren regelmäßig **tarifvertragliche Spezialregelungen** für die Arbeitsverhältnisse der Aushilfsbeschäftigungen, die zu beachten sind.

Allgemein sind **Tarifverträge** auch auf Aushilfskräfte **anwendbar,** wenn

– die Geltung zwischen Arbeitgeber und Aushilfe vereinbart oder sonst betriebsüblich ist,

- Aushilfe und Arbeitgeber tarifgebunden sind kraft Zugehörigkeit (Mitgliedschaft) zu den Tarifvertragsparteien (sog. kongruente Tarifbindung) oder wenn
- die einschlägigen Tarifverträge allgemeinverbindlich sind, wie z.B. weitgehend im Bereich des Einzelhandels oder des Baugewerbes.

Die Anwendbarkeit des Tarifvertrags **hat zur Folge,** dass die gesamten tariflichen Regelungen der Arbeitsbedingungen z.B. über Lohn, Urlaub usw. zu Gunsten der Aushilfskraft beachtet werden müssen, allerdings auch ungünstige Regelungen wie z.B. eine tarifliche Ausschluss- oder Verfallvorschrift.

Beispiel:
Eine Aushilfsverkäuferin hat mit ihrem Arbeitgeber einen Stundenlohn von 10 € vereinbart. Der allgemeinverbindliche Lohntarif des Einzelhandels sieht demgegenüber für die Tätigkeit eine Vergütung von 11 € (fiktiv!) vor. Hier hat die Aushilfsverkäuferin Anspruch auf einen Stundenlohn von 11 €!

2. Teilzeitbeschäftigte

Tarifvertragliche Spezialregelungen für die Arbeitsverhältnisse der Teilzeitarbeitnehmer sind nach wie vor selten. 964

Für die Anwendbarkeit gelten auch insoweit die o.g. Kriterien.

Gelegentlich sehen Tarifverträge ausdrücklich vor, dass bestimmte Regelungen für Teilzeitkräfte unterhalb bestimmter Stundenzahlen nicht gelten sollen.

Bei Anwendbarkeit des Tarifvertrags im Arbeitsverhältnis der Teilzeitkraft müssen die tariflichen Bedingungen, z.B. für Lohn, Urlaub, Gratifikation usw., **mindestens** gewährt werden; andererseits gelten auch die ungünstigen Regelungen wie z.B. eine tarifliche Ausschluss- oder **Verfallfrist**.

II. Lohnsteuer

Tarifvertragliche Vereinbarungen sind für die Lohnbesteuerung sowie für andere lohnsteuerliche Beurteilungen regelmäßig unerheblich, weil nur der zugeflossene Arbeitslohn für die Lohnsteuer maßgebend ist (siehe auch → Entstehungsprinzip). 965

III. Sozialversicherung

Handelt es sich um einen für allgemein verbindlich erklärten Tarifvertrag, so sind die dort geregelten Entgelte für die Berechnung der Sozialversicherungsbeiträge maßgebend (→ Entstehungsprinzip). 966

Siehe auch → Verzicht auf Arbeitsentgelt.

Teilzeitanspruch

I. Arbeitsrecht

1. Überblick über die Regelungen

Wichtiger Hinweis vorab: Zum mit Wirkung ab 1.1.2019 in Kraft getretenen neuen **Anspruch auf Brückenteilzeit** siehe → Rz. 971 ff. 967

Viele bisher in Vollzeit oder auch in Teilzeit beschäftigte Arbeitnehmer wünschen eine **Verringerung ihrer bisherigen Arbeitszeit** (zum speziellen Anspruch auf Verringerung der Arbeitszeit in der Elternzeit (**Elternteilzeit**) nach § 15 Abs. 7 BEEG → Elternteilzeit). Diesem Wunsch trägt § 8 TzBfG wie folgt Rechnung:

- Die Vorschrift gilt nur für Arbeitgeber, die i.d.R. **mehr als 15 Arbeitnehmer** (Kopfzahl maßgeblich) ausschließlich der Auszubildenden beschäftigen. Nach einer Entscheidung des LAG Köln (LAG v. 18.1.2002, 4 Sa 1066/01, NZA-RR 2002, 511) ist dieser Ausschluss der Arbeitnehmer in Kleinbetrieben nicht verfassungswidrig.
- Die Vorschrift gilt nur für Arbeitnehmer, deren Arbeitsverhältnis **länger als sechs Monate** bestanden hat.
- Der Arbeitnehmer muss die Verringerung seiner Wochenarbeitszeit und den Umfang der Verringerung **spätestens drei Monate** vor deren Beginn **in Textform** geltend machen und soll dabei die gewünschte Verteilung der Arbeitszeit auf die einzelnen Arbeitstage in der Woche angeben.
- Der Arbeitgeber muss den Verringerungs- und den Verteilungswunsch mit dem Arbeitnehmer mit dem Ziel einer Vereinbarung **erörtern**.
- Der Arbeitgeber kann den Verringerungs- und Verteilungswunsch nur wegen entgegenstehender **betrieblicher Gründe** ablehnen.
- Die Ablehnung muss dem Arbeitnehmer **spätestens vier Wochen** vor dem gewünschten Beginn der Verringerung **schriftlich** (Unterschriftsform oder elektronische Form, § 126 BGB) mitgeteilt werden; bei Fristversäumnis bzw. Nichtreaktion bzw. Formfehler tritt **automatisch (!)** Verringerung und/oder Verteilung entsprechend dem Wunsch des Arbeitnehmers ein.
- Gegen eine rechtzeitige Ablehnung kann der Arbeitnehmer vor dem Arbeitsgericht **klagen** (kein Recht des Arbeitnehmers auf eigenmächtiges Handeln!); der Arbeitgeber kann mit Rückwirkung verurteilt werden (BAG v. 27.4.2004, 9 AZR 522/03, DB 2004, 2700).
- Ausnahmsweise kann der Arbeitnehmer auch unter strengen Voraussetzungen in Notfällen vor einer rechtskräftigen gerichtlichen Entscheidung eine Verringerung der Arbeitszeit im Wege einer **einstweiligen Verfügung** erstreiten (zu den Anforderungen vgl. z.B. LAG Rheinland-Pfalz v. 12.4.2002, 3 Sa 161/02, DB 2002, 1723).
- Der Arbeitgeber kann eine gewünschte oder festgelegte neue Arbeitszeitverteilung wegen erheblich überwiegender betrieblicher Interessen nach Ankündigung einen Monat vorher **ändern**.
- Der Arbeitnehmer kann eine **erneute Verringerung** der Wochenarbeitszeit erst nach Ablauf von zwei Jahren verlangen, gerechnet von einer einvernehmlichen Verringerung oder einer berechtigten Ablehnung.
- Der Anspruch auf Elternteilzeit besteht auch für Arbeitnehmer, die **bereits in Teilzeit** beschäftigt sind (BAG v. 13.11.2012, 9 AZR 259/11, NZA 2013, 373).

Zur näheren Darstellung sei auf weiterführende Werke verwiesen.

Zur **Mitbestimmung** des Betriebsrats bei den im Zusammenhang mit dem Teilzeitanspruch auftretenden Arbeitszeitfragen siehe Hamann, NZA 2010, 785.

2. Rechtsprechung zu Grund- und Einzelfragen

968 Der Teilzeitanspruch muss auf eine Arbeitszeitverringerung auf Dauer gerichtet werden. Ein Verlangen auf **befristete Verringerung** der Arbeitszeit ist nur im Rahmen von § 9a TzBfG zulässig.

Das Verringerungsverlangen eines Arbeitnehmers nach § 8 Abs. 1 TzBfG ist eine auf die Änderung des Arbeitsvertrags gerichtete Willenserklärung. Das Änderungsangebot, das dem Arbeitgeber spätestens drei Monate vor Beginn der begehrten Arbeitszeitverringerung zugehen muss, muss regelmäßig **so konkret sein, dass der Adressat des Angebots dieses mit einem einfachen „Ja" annehmen kann**. Der Inhalt eines zwischen den Parteien zustande kommenden Änderungsvertrags muss feststehen (BAG v. 16.10.2007, 9 AZR 239/07, NZA 2008, 289). Nicht erforderlich ist, dass der Arbeitnehmer sein Änderungsangebot ausdrücklich als Teilzeitantrag bezeichnet (BAG v. 20.1.2015, 9 AZR 860/13, NZA 2015, 805). Insoweit ist ein Verlangen, den Arbeitnehmer bei einer gegenüber einem Vollzeitbeschäftigten auf 50 % verringerten Arbeitszeit blockweise nur außerhalb der genannten Kalendermonate zu beschäftigen, hinreichend bestimmt, auch wenn die Angabe, auf welche Tage/Stunden die Arbeitszeit verteilt sein soll, fehlt (BAG v. 27.6.2017, 9 AZR 368/16, ArbR 2017, 489).

Arbeitsvertragliche Regelungen, die einen nach § 8 Abs. 1 TzBfG gegenüber dem Arbeitgeber bestehenden Anspruch des Arbeitnehmers, den Abschluss eines Teilzeitarbeitsvertrags zu verlangen, **zu Lasten des Arbeitnehmers einschränken**, sind gem. § 22 TzBfG unwirksam. Dies gilt auch für die Regelungen in einer Betriebsvereinbarung, die nicht unmittelbar und zwingend auf das Arbeitsverhältnis einwirkt, sondern nur Kraft einer arbeitsvertraglichen Bezugnahmeklausel auf das Arbeitsverhältnis Anwendung findet (BAG v. 20.1.2015, 9 AZR 735/13, NZA 2015, 816).

Möglich ist eine befristete Arbeitszeitverringerung auch, wenn ein anwendbarer **Tarifvertrag** dies vorsieht: Die gesetzlich begründeten Verringerungsansprüche hindern die Tarifvertragsparteien nicht, hiervon abgekoppelt einen Anspruch des Arbeitnehmers auf Verringerung der Arbeitszeit zu begründen und den Inhalt dieses Anspruchs im Einzelnen auszugestalten (BAG v. 21.11.2006, 9 AZR 138/06, BB 2007, 1001). Auch die **Betriebsparteien und Arbeitsvertragsparteien** können zusätzlich zum gesetzlichen Anspruch die Möglichkeit vorsehen, die Arbeitszeit für eine begrenzte Dauer zu reduzieren; insoweit bedarf die Befristung der Arbeitszeitverringerung keines Sachgrundes (BAG v. 10.12.2014, 7 AZR 1009/12, NZA 2015, 811).

Für den Teilzeitanspruch gibt es **keine gesetzlichen Vorgaben** hinsichtlich eines **Mindestmaßes** der Verringerung der Arbeitszeit (anders: § 15 Abs. 7 BEEG). Ein Arbeitnehmer, der nur eine verhältnismäßig geringfügige Verringerung seiner Arbeitszeit und eine bestimmte Verteilung der reduzierten Arbeitszeit verlangt, handelt daher nicht per se rechtsmissbräuchlich; im Einzelfall kann aber die Annahme eines **Rechtsmissbrauchs** gerechtfertigt sein (BAG v. 11.6.2013, 9 AZR 786/11, NZA 2013, 1074).

Hat der Arbeitnehmer die **Ankündigungsfrist von drei Monaten** missachtet, erörtert aber der Arbeitgeber den Teilzeitwunsch vorbehaltlos, so ist darin ein Verzicht des Arbeitgebers auf die Einhaltung der Ankündigungsfrist zu sehen (BAG v. 14.10.2003, 9 AZR 636/02, DB 2004, 986). Ein Teilzeitantrag mit nicht gewahrter Ankündigungsfrist ist i.d.R. dahingehend auszulegen, dass er (hilfsweise) **auf den richtigen Zeitpunkt gerichtet sein soll** (BAG v. 20.7.2004, 9 AZR 626/03, DB 2004, 2323). Denn es ist „regelmäßig davon auszugehen, dass es dem Arbeitnehmer in erster Linie um das Ob der Verringerung und erst in zweiter Linie um den Zeitpunkt der Verringerung geht".

Zur **Berechnung der Ankündigungsfrist** hat das BAG (BAG v. 14.10.2003, 9 AZR 636/02, DB 2004, 986) auf §§ 187 Abs. 1, 188 Abs. 2 BGB verwiesen: Zwischen dem Zugang der Erklärung beim Arbeitgeber und dem Beginn der Arbeitszeitverkürzung müssen volle drei Monate liegen: In dem entschiedenen Fall begann die Frist nach Eingang des Antrags beim Arbeitgeber am 13.2.2001 mit dem 14.2.2001 und endete am 13.5.2001. Erst nach Ablauf des 13.5.2001 waren die vollen drei Monate der Ankündigungsfrist abgelaufen.

Die Ablehnung des Verringerungsverlangens des Arbeitnehmers gemäß § 8 Abs. 5 TzBfG muss unter Einhaltung der **Schriftform** des § 126 Abs. 1 BGB (Unterzeichnung durch eigenhändige Namensunterschrift oder mittels notariell beglaubigten Handzeichens) erfolgen; die Einhaltung der **Textform ist nicht ausreichend** (BAG v. 27.6.2017, 9 AZR 368/16, ArbR 2017, 489).

Lehnt der Arbeitgeber den auf § 8 TzBfG gestützten Antrag des Arbeitnehmers **nicht fristgerecht** binnen eines Monats vor dem gewünschten Beginn der Teilzeittätigkeit oder **nicht in Textform** ab, so tritt nach § 8 Abs. 5 TzBfG kraft Gesetzes die **Fiktion einer Vertragsänderung** ein, d.h. der Arbeitgeber muss sich so behandeln lassen, als hätte er der angetragenen Vertragsänderung zugestimmt: Die Arbeitszeit verringert

Teilzeitanspruch

sich in dem vom Arbeitnehmer gewünschten Umfang und die von ihm begehrte Verteilung der reduzierten Arbeitszeit gilt als festgelegt. Erklärt nun der Arbeitgeber eine **Änderungskündigung** mit dem Ziel, die eingetretene Wirkung der Fiktion wieder zu beseitigen, kann er im Kündigungsschutzrechtsstreit zur Rechtfertigung der Änderung der Arbeitsbedingungen grundsätzlich nur solche Tatsachen vortragen, die er dem Teilzeitverlangen des Arbeitnehmers vor Ablauf der einmonatigen Frist nicht schon hätte entgegenhalten können (BAG v. 20.1.2015, 9 AZR 860/13, NZA 2015, 805).

Die im Zusammenhang mit der Verhandlungspflicht des Arbeitgebers umstrittene Frage, ob die **Ablehnung einer Verhandlung** (oder eine **Scheinverhandlung**) dazu führt, dass eine Zustimmung des Arbeitgebers fingiert wird oder zur Verwirkung des Ablehnungsrechts führt, hat das BAG v. 18.2.2003 (9 AZR 356/02, DB 2003, 1682) inzwischen beantwortet: Eine Verletzung der dem Arbeitgeber obliegenden Verhandlungspflicht hat **weder** die **Fiktion** der Zustimmung **noch** die **Verwirkung** des Rechts zur Folge, das Änderungsangebot des Arbeitnehmers abzulehnen.

Wird für den Arbeitgeber bei Prüfung des Teilzeitwunsches erkennbar, dass der Arbeitnehmer die gewünschte Verringerung der Arbeitszeit von der gewünschten Verteilung der Arbeitszeit **abhängig** machen will, kann er das Änderungsangebot des Arbeitnehmers nur **einheitlich annehmen oder ablehnen** (BAG v. 18.2.2003, 9 AZR 356/02, DB 2003, 1682), im Übrigen kann er auch nur der Verringerung oder der Verteilung zustimmen.

Hinsichtlich des **Verhältnisses zwischen Verringerungsantrag und Verteilungsantrag** gilt (BAG v. 23.11.2004, 9 AZR 644/03, DB 2005, 1279):

- Der **Arbeitnehmer hat die Wahl**, ob er einen einheitlichen Verringerungs- und Verteilungsantrag mit bestimmten Wünschen hinsichtlich der Verteilung stellt oder die Verteilung der verringerten Arbeitszeit dem Direktionsrecht des Arbeitgebers überlässt.

- Will der Arbeitnehmer eine bestimmte Verteilung der verringerten Arbeitszeit erreichen, muss er den diesbezüglichen Verteilungsantrag **spätestens im Erörterungsgespräch** mit dem Arbeitgeber stellen.

- Äußert er bis dahin keinen Verteilungswunsch, steht die Verteilung im Direktionsrecht des Arbeitgebers.

- Andererseits ist der Arbeitnehmer an seinen **erklärten Verteilungswunsch gebunden**, er kann ihn nicht mehr wirksam nach abgeschlossener Erörterung mit dem Arbeitgeber oder nach Ablehnung durch den Arbeitgeber ändern; es bleibt nur die neuerliche Geltendmachung von Verringerung und Verteilung nach Maßgabe von § 8 Abs. 6 TzBfG (BAG v. 24.6.2008, 9 AZR 514/07, DB 2008, 2543).

- Dem **Arbeitnehmer** ist deshalb **anzuraten**, sich frühzeitig darüber Gedanken zu machen und darüber klar zu werden, ob er nur eine ganz bestimmte Neuverteilung der Arbeitszeit nach seiner Interessenlage wünscht oder ob er – möglicherweise vorsorglich – die Neuverteilung der Arbeitszeit in das Direktionsrecht des Arbeitgebers stellen will. Eine entsprechende Erklärung des Arbeitnehmers muss dann spätestens im Rahmen des Erörterungsgesprächs mit dem Arbeitgeber abgegeben werden, wobei der Arbeitnehmer auch auf die Nachweisbarkeit seiner Erklärung achten und diese schriftlich fassen soll.

- Dem **Arbeitgeber** umgekehrt ist **anzuraten**, im Interesse der Klarheit darauf zu dringen, dass der Arbeitnehmer seine Vorstellungen zur Neuverteilung der verringerten Arbeitszeit spätestens im Erörterungsgespräch klärt und nachweisbar erklärt. Insoweit dürfte sich eine schriftliche und beidseitig unterschriebene Niederschrift empfehlen.

Hat der Arbeitgeber die Verringerung der Arbeitszeit und/oder die gewünschte Verteilung der Arbeitszeit wegen entgegenstehender betrieblicher Gründe abgelehnt und kommt es zu einer gerichtlichen Überprüfung der Rechtmäßigkeit der Ablehnung, so ist regelmäßig auf die **Verhältnisse zu dem Zeitpunkt** abzustellen, zu dem der Arbeitgeber die **Ablehnung erklärt** hat, also nicht etwa auf zwischenzeitliche Veränderungen, die bis zum Zeitpunkt der letzten mündlichen Verhandlung vor Gericht eingetreten sind (BAG v. 18.2.2003, 9 AZR 356/02, DB 2003, 1682).

Im Übrigen muss das Verringerungsverlangen des Arbeitnehmers nach dem BAG (BAG v. 16.10.2007, 9 AZR 239/07, NZA 2008, 289) gewisse **Bestimmtheitsanforderungen** erfüllen: Ein **unbestimmter Teilzeitantrag** des Arbeitnehmers (ohne Überlassung der Leistungsbestimmung an den Arbeitgeber) ist unbeachtlich und unwirksam. Deshalb steht einem späteren – wirksamen – Antrag des Arbeitnehmers auch nicht die Veränderungssperre von zwei Jahren entgegen. Der Arbeitnehmer kann bei einem Teilzeitantrag dem **Arbeitgeber** die **Leistungsbestimmung** überlassen. Dann kann er im gerichtlichen Verfahren seinen Teilzeitwunsch konkretisieren. Der beim Arbeitgeber gestellte Teilzeitantrag des Arbeitnehmers muss auch inhaltlich mit dem späteren gerichtlichen Antrag übereinstimmen. Ein im gerichtlichen Verfahren ausgebrachter neuer, eigenständiger Teilzeitantrag ohne diesbezüglich durchlaufenes Vorverfahren muss abgewiesen werden.

3. Speziell: Betriebliche Ablehnungsgründe

Der Arbeitgeber kann nach § 8 Abs. 4 TzBfG dem Teilzeitbegehren des Arbeitnehmers **betriebliche Gründe** entgegenhalten. Als derartige entgegenstehende Gründe sind in § 8 Abs. 4 TzBfG Regelbeispiele angeführt. Dabei können sich die betrieblichen Gründe im Einzelfall allein auf die Verringerung der Arbeitszeit, allein auf die Verteilung der Arbeitszeit oder auf beide Komponenten erstrecken. Dabei geht es um eine **objektive sachliche Prüfung** der geltend gemachten betrieblichen Gründe, nicht um die subjektiven Vorstellungen des Arbeitgebers.

969

Insoweit kommt es nach dem BAG (BAG v. 9.12.2003, 9 AZR 16/03, DB 2004, 1782; BAG v. 16.10.2007, 9 AZR 239/07, NZA 2008, 289) andererseits aber auch **nicht auf die persönlichen Gründe des Arbeitnehmers** für sein Teilzeitverlangen bzw. auf eine Abwägung der beiderseitigen Interessen an. Der Teilzeitanspruch hängt somit insoweit nur davon ab, ob objektiv sachliche Gründe entgegenstehen oder nicht.

Mit dem Begriff der betrieblichen Gründe, die den Arbeitgeber berechtigen, das Verringerungsbegehren abzulehnen, nimmt § 8 Abs. 4 TzBfG auf den **Betrieb als organisatorische Einheit** Bezug, nicht auf den einzelnen Arbeitsplatz, den der Arbeitgeber dem Arbeitnehmer zugewiesen hat (BAG v. 13.11.2012, 9 AZR 259/11, NZA 2013, 373). Bei der **sachlichen Prüfung** der geltend gemachten betrieblichen Gründe gilt folgende **dreistufige Prüfungsfolge** (BAG v. 18.2.2003, 9 AZR 164/02, DB 2003, 2442):

– In der **ersten Stufe** ist festzustellen, ob überhaupt und wenn ja, welches betriebliche Organisationskonzept der vom Arbeitgeber als erforderlich angesehenen Arbeitszeitregelung zu Grunde liegt. Dabei obliegt die Darlegungslast dem Arbeitgeber dahingehend, dass das Organisationskonzept die von ihm für erforderlich gehaltene Arbeitszeitregelung bedingt. Dabei ist die Richtigkeit des Vorbringens des Arbeitgebers arbeitsgerichtlich voll überprüfbar, jedoch nicht die dem Konzept zu Grunde liegende unternehmerische Aufgabenstellung und die daraus abgeleiteten organisatorischen Entscheidungen. Voll überprüfbar ist wiederum, ob das vom Arbeitgeber vorgetragene Konzept auch tatsächlich im Betrieb durchgeführt wird.

– In einer **zweiten Stufe** ist zu prüfen, inwieweit die Arbeitszeitregelung dem Teilzeitverlangen des Arbeitnehmers tatsächlich entgegensteht bzw. ob eine dem Arbeitgeber zumutbare Änderung unter Wahrung des Organisationskonzepts mit dem individuellen Änderungswunsch des Arbeitnehmers zur Deckung gebracht werden kann.

Ist das Teilzeitverlangen des Arbeitnehmers nicht mit dem Organisationskonzept in Übereinstimmung zu bringen, ist in einer **dritten Stufe** das Gewicht der entgegenstehenden betrieblichen Gründe zu prüfen, und zwar dahingehend, ob durch die vom Arbeitnehmer gewünschte Abweichung die **unternehmerische Aufgabenstellung wesentlich beeinträchtigt** wird.

970 Im Folgenden sind **Einzelfälle** zu den betrieblichen Ablehnungsgründen aus gerichtlichen Entscheidungen kurzgefasst:

Ein **Organisationskonzept** des Arbeitgebers betr. **Schichtbesetzung** mit zwei Betriebselektrikern ist als betriebliche Vorgabe zu akzeptieren. Der Wunsch eines Vollzeit-Betriebselektrikers auf Verringerung der Arbeitszeit auf die Hälfte kann daher nur dann Erfolg haben, wenn die Ausfüllung der Ausfallzeit mit einer Ersatzkraft zumutbar und möglich ist (BAG v. 14.10.2003, 9 AZR 636/02, DB 2004, 986).

Ein Verweigerungsrecht des Arbeitgebers besteht auch, wenn die gewünschte Arbeitszeitreduzierung eine erhebliche **Störung des** im Betrieb **praktizierten Arbeitszeitsystems** bewirkt, weil der Arbeitgeber entweder den Arbeitnehmer, der den Teilzeitwunsch äußert, oder andere mittelbar betroffene Arbeitnehmer nicht mit der gesamten Arbeitszeit einsetzen kann; diese Störung ist schon deshalb erheblich, weil der Arbeitgeber seiner Beschäftigungspflicht nicht in vollem Umfang nachkommen kann und infolgedessen u.a. Annahmeverzugsansprüche entstehen können (BAG v. 13.11.2007, 9 AZR 36/07, NZA 2008, 314).

Wünscht ein Facharbeiter in Vollzeit mit 35 Wochenstunden zwecks Kinderbetreuung eine Arbeitszeitverringerung auf 21 Wochenstunden von Montag bis Mittwoch (BAG v. 9.12.2003, 9 AZR 16/03, AP Nr. 8 zu § 8 TzBfG), so steht dem Einbau dieser Arbeitszeit in das Arbeitszeitmodell des Arbeitgebers als betrieblicher Grund entgegen, dass eine für den Ausfall „passende" Teilzeitkraft auf dem Arbeitsmarkt nicht zur Verfügung steht. Ein Ausgleich durch **Überstunden anderer Arbeitnehmer** kann nicht vom Arbeitgeber verlangt werden, ebenso wenig die Inanspruchnahme von **Leiharbeit** oder die Einstellung einer Vollzeitkraft mit Ausgleich durch **Abbau von Überstunden**. Eine Abwägung der persönlichen Gründe des Arbeitnehmers für seinen Teilzeitwunsch gegen die betrieblichen Gründe ist nicht geboten.

Der Anspruch auf Verringerung der regelmäßigen Arbeitszeit unter den in § 8 TzBfG genannten Voraussetzungen gilt auch für **flexible Arbeitszeitmodelle** wie solche, die eine flexible Jahresarbeitszeit vorsehen (BAG v. 13.11.2012, 9 AZR 259/11, NZA 2013, 373).

Einem Teilzeitbegehren kann der Einwand der **unzulässigen Rechtsausübung** entgegenstehen, wenn der Arbeitnehmer seine formale Rechtsposition dazu ausnutzt, einen Freistellungsanspruch während der als Urlaubszeit besonders begehrten Schulsommerferien durchzusetzen, ohne sich mit den Urlaubswünschen anderer Arbeitnehmer abstimmen zu müssen; insoweit kann das in einer Betriebsvereinbarung zur Urlaubsvergabe niedergelegte betriebliche Organisationskonzept zur gerechten Verteilung von Urlaubs- und Freizeitwünschen auf alle Mitarbeiter einen betrieblichen Ablehnungsgrund darstellen (LAG Köln v. 18.1.2018, 7 Sa 365/17, AA 2018, 180).

Das BAG (BAG v. 18.3.2003, 9 AZR 126/02, DB 2004, 319; BAG v. 19.8.2003, 9 AZR 542/02, EzA Nr. 4 zu § 8 TzBfG) hat sich bezüglich eines **Vollzeit-Organisationskonzepts** bzw. **Vollzeit-Arbeitsmodells** des Arbeitgebers als Ablehnungsgrund mit einem pädagogischen Konzept in einem **Kindergarten** beschäftigt, das die durchgehende Anwesenheit der die Kinder betreuenden Erzieherinnen im Kindesinteresse vorsah; insoweit hat das BAG betriebliche Gründe gegen eine Arbeitsplatzteilung bejaht und eine Abkoppelung der Anwesenheits- und Betreuungszeiten von den Öffnungszeiten des Kindergartens abgelehnt.

Die Darlegung des Arbeitgebers, seine Arbeitsabläufe „bestmöglich" und „effektiv" gestalten zu wollen, stellt allerdings **kein überprüfbares Organisationskonzept** dar (BAG v. 18.5.2004, 9 AZR 319/03, NZA 2005, 108), ebenso wenig allein die abweichende unternehmerische Vorstellung von der „richtigen" Arbeitszeitverteilung (BAG

v. 24.6.2008, 9 AZR 313/07, NZA 2008, 1309; BAG v. 13.10.2009, 9 AZR 910/08, DB 2010, 340).

Die **Teilbarkeit eines Vollzeitarbeitsplatzes** kann entgegenstehende betriebliche Gründe ausschließen. Eine störungsfreie zwei Jahre dauernde Teilung des Arbeitsplatzes (hier während der Elternzeit) kann ein Indiz für eine in der Praxis mögliche Teilbarkeit sein. Der Arbeitgeber hat vorzutragen, inwieweit sein unternehmerisches Konzept während der Elternzeit tatsächlich beeinträchtigt worden ist oder welche konkreten Störungen bei dauerhafter Fortführung der in der Elternzeit geübten Verteilungspraxis zu erwarten sind (BAG v. 13.10.2009, 9 AZR 910/08, DB 2010, 340).

Ein verbindliches **Arbeitszeit-Organisationsmodell** kann sich im Übrigen auch aus einer zwischen Arbeitgeber und Betriebsrat nach § 87 Abs. 1 Nr. 2 BetrVG vereinbarten Regelung bzw. **Betriebsvereinbarung** über die Verteilung der Arbeitszeit ergeben; verstößt der Arbeitszeitwunsch des Arbeitnehmers gegen eine solche Regelung, stellt dies einen betrieblichen Grund zur Ablehnung dar (BAG v. 18.2.2003, 9 AZR 164/02, DB 2003, 2442).

Ein servicefreundliches Organisationskonzept eines Einzelhandelsunternehmens zur Beschäftigung von Vollzeitkräften, damit die Kunden jeweils nur einen Verkäufer als Ansprechpartner haben, zieht dann nicht, wenn im Hinblick auf die 60-stündige Ladenöffnungszeit das Konzept durch Teilzeitbeschäftigung ohnehin nicht wesentlich beeinträchtigt wird (BAG v. 30.9.2003, 9 AZR 665/02, NZA 2004, 382).

Zur Frage einer **geeigneten Ersatzkraft** zwecks Auffangen der bei Verringerung der Arbeitszeit ausfallenden Arbeitskraft hat das BAG (BAG v. 14.10.2003, 9 AZR 636/02, DB 2004, 986) entschieden: Eine Ersatzkraft ist geeignet, wenn sie die für den Arbeitsplatz notwendigen Kenntnisse und Fähigkeiten hat oder dem Arbeitgeber zuzumuten ist, sie entsprechend zu schulen, wobei die Schulung keine unverhältnismäßigen Kosten verursachen darf.

Erfordert der Einsatz einer **Ersatzkraft** unverhältnismäßige **zusätzliche Kosten** (z.B. laufend hohe Schulungskosten und hohe Ausrüstungskosten usw. bei einem Pharmareferenten) mit dem Ergebnis geringer Wertschöpfung, so kann der Arbeitgeber mit dieser betrieblichen Begründung den Teilzeitwunsch ablehnen. Auch kann der Arbeitnehmer nicht mit Erfolg geltend machen, die Einstellung einer Ersatzkraft erübrige sich deshalb, weil der Arbeitnehmer selbst durch Arbeitsverdichtung das bisherige Arbeitspensum in der verkürzten Arbeitszeit erledigen könne (BAG v. 21.6.2005, 9 AZR 409/04, DB 2006, 105).

4. Brückenteilzeit – Neuer Teilzeitanspruch

Mit dem zum 1.1.2019 eingefügten § 9a TzBfG erhalten Arbeitnehmer nun grds. auch die Möglichkeit, lediglich eine vorrübergehende Verringerung ihrer Arbeitszeit zu erwirken, sog. **Brückenteilzeit**. Kernpunkte sind ein **Rückkehrrecht zur Vollzeit** nach einer zeitlich befristeten Arbeitszeitreduzierung – auch für alle diejenigen, die bereits in Teilzeit sind und ihre Arbeitszeit wieder verlängern wollen und die Erleichterung einer Arbeitszeitaufstockung für Teilzeitkräfte (→ Arbeitszeitverlängerung). 971

Ausführliche Darstellungen der neuen Brückenteilzeit finden sich z.B. bei N. Besgen, Die neue Brückenteilzeit, B+P 2019, 19; Preis/Schwartz, Reform des Teilzeitarbeitsrechts, NJW 2018, 3673; Bayreuther, Die neue Brückenteilzeit und andere Änderungen im TzBfG, NZA 2018, 1577.

Die **Eckpunkte** zur Neuregelung in § 9a TzBfG im Einzelnen: 972

- Der Anspruch auf Brückenteilzeit setzt einen zu Umfang und Verteilung der zu verringernden Arbeitszeit **bestimmten Antrag** des Arbeitnehmers auf verringerte Arbeitszeit voraus.

- Der Anspruch auf die Arbeitszeitverringerung ist nicht von einem bestimmten Grund wie beispielsweise Kindererziehung abhängig.
- **Kleinstbetriebe** mit bis zu 45 Beschäftigten sind von den Regelungen **ausgenommen**, d.h. für die Beschäftigten in diesen Betrieben kann generell kein Anspruch auf Brückenteilzeit geltend gemacht werden.
- Unabhängig von der Betriebsgröße ist der Arbeitgeber aber nach § 7 Abs. 2 TzBfG dazu verpflichtet, den Wunsch nach veränderter Arbeitszeit mit dem Arbeitnehmer zu besprechen (**Erörterungspflicht**).
- Der Antrag ist beim Arbeitgeber in **Textform** und mit **Antragsfrist** spätestens drei Monate vor Beginn zu stellen.
- Wie bisher gilt, dass das Arbeitsverhältnis **länger als sechs Monate** bestanden haben muss.
- Die beantragte **Dauer der Teilzeitphase** muss mindestens ein Jahr und darf höchstens fünf Jahre betragen.
- Während der bewilligten Brückenzeit kann der Arbeitnehmer weder eine weitere Verringerung noch eine Verlängerung seiner Arbeitszeit verlangen.
- Eine **erneute Reduzierung** der Stunden ist erst frühestens wieder nach Ablauf eines Jahres seit Rückkehr zur ursprünglichen Arbeitszeit möglich.
- Durch Tarifvertrag kann der Rahmen für die Brückenzeit den Zeitraum der Arbeitszeitverringerung abweichend auch zuungunsten des Arbeitnehmers hinsichtlich der Mindestdauer auf mehr oder weniger als ein Jahr, hinsichtlich der die Höchstdauer auf mehr oder weniger als fünf Jahre festgelegt werden.

973 Der Arbeitgeber kann das Verlangen eines Arbeitnehmers nach Brückenteilzeit ablehnen, wenn **betriebliche Gründe** (→ Rz. 969) entgegenstehen.

Eine Sonderregelung mit **Schwellenwerten** gilt nach § 9a Abs. 2 TzBfG für Unternehmen von 46 bis zu 200 Arbeitnehmern mit einer **Überlastverhinderungsquote** dahingehend, dass pro 15 in der Regel beschäftigten Arbeitnehmern nur jeweils einem Antrag auf befristete Teilzeit entsprochen wird und weitere Anträge abgelehnt werden können. Zu berücksichtigen sind nur Brückenteilzeitarbeitnehmer, nicht Teilzeitarbeitnehmer auf anderer Grundlage.

II. Lohnsteuer

974 Es bestehen keine lohnsteuerrechtlichen Besonderheiten.

III. Sozialversicherung

975 Es bestehen keine sozialversicherungsrechtlichen Besonderheiten.

Teilzeitbeschäftigung

I. Arbeitsrecht

1. Grundsätze

976 Teilzeitbeschäftigung ist im Gegensatz zu einer Aushilfsbeschäftigung keine nur vorübergehende, sondern eine auf Dauer angelegte Tätigkeit, bei der allerdings eine kürzere als die betriebsübliche Arbeitszeit vereinbart ist. Das Teilzeitarbeitsverhältnis kann nicht nur durch Vereinbarung, sondern auch über den **Teilzeitanspruch** (→ Teilzeitanspruch) oder den Anspruch auf Elternteilzeit (→ Elternteilzeit) entstehen. Das Teilzeitarbeitsverhältnis ist ein **normales Arbeitsverhältnis**, das hinsichtlich der zur Anwendung kommenden Gesetze, Tarifverträge und Betriebsvereinbarungen praktisch keine Unterschiede zum Vollzeitarbeitsverhältnis aufweist.

Nach der **Definition** des § 2 Abs. 1 TzBfG sind **Teilzeitbeschäftigte** die Arbeitnehmer, deren regelmäßige Arbeitszeit kürzer ist als die Arbeitszeit vergleichbarer vollzeitbeschäftigter Arbeitnehmer des Betriebs. 977

Für die **Ausgestaltung** eines solchen Arbeitsverhältnisses gibt es **keine starren Regelungen:** Ein Teilzeitarbeiter kann z.B. nur an einigen Tagen in der Woche oder im Monat voll, also acht Stunden, tätig sein, oder er ist an allen oder einigen Arbeitstagen jeweils nur mehrere Stunden beschäftigt. Die Teilzeitarbeit kann **haupt- oder nebenberuflich** ausgeübt werden. Es sind auch **mehrere Teilzeitbeschäftigungen** nebeneinander möglich. Der Teilzeitarbeitsvertrag kann **befristet** oder unbefristet abgeschlossen werden (→ Befristeter Arbeitsvertrag). 978

Erlaubt ist auch die kurzzeitige **Teilzeitbeschäftigung von Arbeitslosen** – bei Verdienstanrechnung auf das Arbeitslosengeld (→ Arbeitsloser). 979

In den Fällen, in denen ein Arbeitgeber einen Arbeitnehmer **über einen längeren Zeitraum über die vertraglich vorgesehene Arbeitszeit hinaus** einsetzt, kann sich die Frage stellen, welche Arbeitszeit gilt. Hierzu meint das BAG (BAG v. 21.6.2011, 9 AZR 238/10, NZA 2012, 527): Die Tatsache, dass ein Arbeitgeber einen Arbeitnehmer – auch über einen längeren Zeitraum – über die vertraglich vorgesehene Arbeitszeit hinaus einsetzt, ist für sich betrachtet nicht hinreichend, um eine einvernehmliche Vertragsänderung anzunehmen. Bei dem Einsatz des Arbeitnehmers handelt es sich um ein tatsächliches Verhalten, dem nicht notwendig ein bestimmter rechtsgeschäftlicher Erklärungswert in Bezug auf den Inhalt des Arbeitsverhältnisses zukommt. Die Annahme einer dauerhaften Vertragsänderung mit einer erhöhten regelmäßigen Arbeitszeit setzt die Feststellung entsprechender Erklärungen der Parteien voraus. Bei Fehlen einer Teilzeitvereinbarung wird im Zweifel ein Vollzeitarbeitsverhältnis begründet (BAG v. 8.10.2008, 5 AZR 715/07, NZA 2009, 920). Der Beschäftigungsumfang ist in einem solchen Fall – sofern möglich – unter Rückgriff auf das Tarifrecht oder durch ergänzende Vertragsauslegung zu bestimmen. Die Regel, wonach bei Fehlen einer Teilzeitvereinbarung im Zweifel ein Vollzeitarbeitsverhältnis begründet werde, greift nicht schon dann ein, wenn es an einer ausdrücklichen Vereinbarung über ein Teilzeitarbeitsverhältnis fehlt. Die Anwendung dieser Regel setzt vielmehr voraus, dass sich auch durch Auslegung eine Teilzeitvereinbarung nicht ermitteln lässt (BAG v. 24.9.2014, 5 AZR 1024/12, NZA 2014, 1328). 980

2. Grundregelungen nach dem Teilzeit- und Befristungsgesetz

Die Grundregelungen für das Teilzeitarbeitsverhältnis sind durch das seit dem 1.1.2001 geltende **Teilzeit- und Befristungsgesetz** (TzBfG) vom 21.12.2000 (BGBl. I 2000, 1966) fortgeführt, teilweise aber auch praxisrelevant erweitert und für den Arbeitgeber verschlechtert worden. Im Einzelnen: 981

a) Gleichbehandlung

So gilt nach § 4 Abs. 1 TzBfG ausdrücklich das **Gebot der Gleichbehandlung** (→ Lohngleichbehandlung) von Teilzeitkräften gegenüber den Vollzeitmitarbeitern. Der Arbeitgeber darf teilzeitbeschäftigte Arbeitnehmer nicht wegen der Teilzeitarbeit gegenüber vollzeitbeschäftigten Arbeitnehmern schlechter behandeln. Dies gilt nicht nur für das eigentliche **Arbeitsentgelt**, sondern für alle Arbeitsbedingungen, also z.B. auch für eine betriebliche **Altersversorgung** (BAG v. 11.12.2012, 3 AZR 588/10, NZA 2013, 572). Bei einem **Verstoß** hat die Teilzeitkraft Anspruch auf die Bedingungen der Vollzeitkraft, beispielsweise auf gleichen Lohn oder gleiche Urlaubsdauer. So ist z.B. eine Tarifregelung, die vorsieht, dass Zeiten geringfügiger Beschäftigung, die vor einem bestimmten Stichtag zurückgelegt wurden, nicht als **Beschäftigungszeit** i.S.d. Tarifvertrags gelten, wegen Verstoßes gegen das Benachteiligungsverbot des § 4 Abs. 1 TzBfG unwirksam (BAG v. 25.4.2007, 6 AZR 746/06, NZA 2007, 881). 982

Ausnahme: Hat der Arbeitgeber sachliche Gründe für eine unterschiedliche Behandlung von Vollzeit- und Teilzeitkräften, die er im Fall einer streitigen Auseinandersetzung exakt nachweisen muss, so ist eine Ungleichbehandlung zulässig. Ein solcher **sachlicher Grund** für eine unterschiedliche Behandlung kann beispielsweise in der unterschiedlichen Qualifikation, Berufserfahrung, geringeren Arbeitsplatzanforderungen oder auch in der geringeren sozialen Schutzbedürftigkeit der Teilzeitkraft (mit anderweitigem existenzsicherndem Hauptberuf) liegen. Solche etwaigen sachlichen Gründe sollten Arbeitgeber mit Blick auf eine spätere Nachweisbarkeit unbedingt dokumentieren.

b) Abrufarbeit

983 Nach § 12 TzBfG muss bei vereinbarter Anpassung der Arbeitszeit an den Arbeitsanfall (KAPOVAZ) oder bedarfsabhängiger variabler Arbeitszeit (BAVAZ) oder Abrufarbeit auf bestimmte Besonderheiten geachtet werden (→ Abrufarbeit).

c) Ausschreibung Teilzeitarbeitsplatz

984 Nach § 7 Abs. 1 TzBfG hat der Arbeitgeber einen Arbeitsplatz, den er öffentlich oder innerhalb des Betriebes ausschreibt, auch als **Teilzeitarbeitsplatz auszuschreiben**, es sei denn, dass dringende betriebliche Gründe einer Teilzeitarbeit an diesem Arbeitsplatz entgegenstehen.

d) Informationspflicht

985 Nach § 7 Abs. 3 TzBfG hat der Arbeitgeber einen Arbeitnehmer, der ihm den Wunsch nach einer Veränderung von Dauer und Lage seiner vertraglich vereinbarten Arbeitszeit angezeigt hat, über Arbeitsplätze zu **informieren**, die im Betrieb oder Unternehmen besetzt werden sollen. Diese **Informationspflicht** endet regelmäßig nicht schon mit einer ersten Ablehnung des Arbeitgebers, wenn der Arbeitnehmer sich dauerhaft an einer Aufstockung interessiert gezeigt hat (LAG Köln v. 6.12.2018, 7 Sa 217/18, ArbR 2019, 336).

986 Nach § 7 Abs. 4 TzBfG hat der Arbeitgeber die **Arbeitnehmervertretung** über Teilzeitarbeit im Betrieb und Unternehmen zu **informieren**, insbesondere über die Umwandlung von Teilzeit- in Vollzeitarbeitsplätze oder umgekehrt. Der Arbeitnehmervertretung sind auf Verlangen die erforderlichen Unterlagen zur Verfügung zu stellen; § 92 BetrVG bleibt unberührt.

3. Verbot der unmittelbaren und der mittelbaren Frauendiskriminierung

987 Der Personenkreis der Teilzeitbeschäftigten besteht, ohne näher auf die unterschiedlichen Ursachen einzugehen, überwiegend aus Frauen. Eine **unmittelbare Diskriminierung** der weiblichen Teilzeitkräfte wegen ihres Geschlechts ist verboten. Ein Verstoß gegen das Verbot führt zu einem **Anspruch auf Gleichbehandlung**, z.B. auf den Anspruch auf gleichen Lohn der Frau für gleiche Arbeitsleistung wie der Mann.

988 Unzulässig ist aber auch die insbesondere vom Europäischen Gerichtshof entwickelte und im Allgemeinen Gleichbehandlungsgesetz (**AGG**) verankerte **mittelbare Geschlechtsdiskriminierung** (vgl. grundlegend EuGH v. 9.9.1999, C-281/97, NZA 1999, 1151; zuletzt EuGH v. 3.10.2019, C-274/18, NZA 2019, 1485). Eine solche mittelbare Diskriminierung wegen des Geschlechts ist dann anzunehmen, wenn eine Maßnahme rein äußerlich betrachtet auf eine unterschiedliche Behandlung der Teilzeitkräfte hinausläuft, eigentlich jedoch die signifikant überwiegend in der relevanten Gruppe der Teilzeitkräfte befindlichen Frauen betrifft. Auch eine solche mittelbare Diskriminierung ist unzulässig und führt zu einem Anspruch auf Gleichbehandlung, soweit nicht ein **sachlicher Grund** die unterschiedliche Behandlung rechtfertigt.

> **Beispiel:**
>
> In einer Betriebsvereinbarung zwischen Arbeitgeber und Betriebsrat ist geregelt, dass die Vollzeitkräfte unter bestimmten weiteren Voraussetzungen eine betriebliche Altersversorgung in Anspruch nehmen können. Die Teilzeitkräfte sind ausdrücklich von der Möglichkeit der Altersversorgung ausgenommen.
>
> Diese Regelung enthält auf den ersten Blick keine Frauendiskriminierung. Sie ist dennoch wegen mittelbarer Geschlechtsdiskriminierung unwirksam, weil sie einen Ausschluss der – überwiegend weiblichen – Teilzeitkräfte enthält (vgl. z.B. BAG v. 23.1.1990, 3 AZR 58/88, DB 1990, 1620). Diese haben ebenfalls Anspruch auf Altersversorgung, falls der Arbeitgeber – kaum möglich – nicht einen sachlichen Grund nachweist, der nichts mit der Teilzeitarbeit zu tun hat.

Zur **Beweislast** bei einer geltend gemachten mittelbaren Diskriminierung gilt: Von der Arbeitnehmerin, die sich durch eine Diskriminierung für benachteiligt hält, wird nicht verlangt, dass sie, um den Anschein einer Diskriminierung glaubhaft zu machen, in Bezug auf die Arbeitnehmergruppe, die von der Regelung betroffen ist, konkrete statistische Zahlen oder konkrete Tatsachen vorbringt, wenn sie zu solchen Zahlen oder Tatsachen keinen oder nur schwer Zugang hat (EuGH v. 3.10.2019, C-274/18, NZA 2019, 1485).

4. Mehrere Teilzeit-Arbeitsverträge

Arbeitgeber und Arbeitnehmer müssen beim Abschluss **mehrerer Teilzeit-Arbeitsverträge** Folgendes bedenken: 989

Wird durch die Beschäftigungsverhältnisse die gesetzliche Arbeitszeit von acht Stunden erheblich und regelmäßig überschritten, ist der Teilzeitarbeitsvertrag insoweit nichtig (vgl. BAB v. 24.8.2016, 5 AZR 129/16, NZA 2017, 58).

Der Abschluss mehrerer Arbeitsverträge mit einem Mitarbeiter ist dann nicht erlaubt, wenn dadurch **Tarifbestimmungen umgangen** werden sollen – z.B. wenn der Zweck dieses Verfahrens ist, verschiedene Tätigkeiten eines Arbeitnehmers in unterschiedlicher Höhe zu entlohnen.

Mehrere Beschäftigungen bei **einem Arbeitgeber,** insbesondere bei einer zusätzlichen geringfügigen Beschäftigung, werden **sozialversicherungsrechtlich** zu einem einheitlichen Beschäftigungsverhältnis zusammengezogen.

5. Formulierungsvorschlag für einen Teilzeit-Arbeitsvertrag

Einen Formulierungsvorschlag für einen Teilzeit-Arbeitsvertrag enthält Anhang 9 → Arbeitsvertrag für Teilzeitbeschäftigte, allgemein. Klarstellender **Hinweis:** Bei Teilzeitarbeit in Form der geringfügigen Beschäftigung/Mini-Job siehe Mustervertrag Anhang 4 → Arbeitsvertrag für geringfügig Beschäftigte mit Vergütung bis 450 € monatlich. 990

II. Lohnsteuer

Das Steuerrecht unterscheidet folgende Formen der Teilzeitbeschäftigung mit steuerlichen Sondervorschriften für die **Lohnsteuerpauschalierung** (nach § 40a EStG): 991

- **kurzfristige** Beschäftigung (vorübergehende Aushilfsbeschäftigung) sowie als unvorhersehbare und sofort erforderliche (Aushilfs-)Beschäftigung (→ Akuter Bedarf) mit dem Pauschsteuersatz von 25 %,
- **geringfügig entlohnte** Beschäftigung i.S.d. Sozialversicherung (→ Mini-Job (Geringfügige Beschäftigung), → Geringfügig entlohnte Beschäftigung). Die Höhe der Pauschsteuer richtet sich nach den an die gesetzliche Rentenversicherung zu entrichtenden Beiträgen. Sind Pauschalbeiträge i.H.v. 15 % oder 5 % zu entrichten,

beträgt die einheitliche Pauschsteuer 2 %; hat der Arbeitgeber die Regelbeiträge zur Rentenversicherung zu entrichten, ist die Lohnsteuerpauschalierung mit 20 % möglich,

- **Aushilfsbeschäftigung** in der Land- und Forstwirtschaft mit einem Pauschsteuersatz von 5 % (→ Land- und Forstwirtschaft).

Diese Pauschalierungsmöglichkeit der Lohnsteuer ist ein Angebot an den Arbeitgeber; ob er davon Gebrauch macht, liegt in seinem Ermessen. Wählt er diese Möglichkeit nicht, ist die Lohnsteuer nach den individuellen Lohnsteuerabzugsmerkmalen des Arbeitnehmers (lt. ELStAM- oder Härtefall-Verfahren → Lohnsteuerkarte) zu erheben.

III. Sozialversicherung

992   Es bestehen keine sozialversicherungsrechtlichen Besonderheiten.

IV. Kirchensteuer

993   In den Fällen, in denen die Lohnsteuer mit einem Pauschsteuersatz i.H.v. 25 % bzw. 5 % bei Aushilfsbeschäftigungen in der Land- und Forstwirtschaft pauschaliert werden kann, kann auch die Kirchensteuer pauschaliert werden.

Überstunden/Überstundenzuschläge

I. Arbeitsrecht

994   Teilzeitbeschäftigte sind – wie auch Vollzeitbeschäftigte – nur dann zur Ableistung von Überstunden verpflichtet, wenn dringende unvorhersehbare Notfälle vorliegen oder die Ableistung von Überstunden (kollektiv) vertraglich vereinbart ist. Erklärt sich der Beschäftigte dazu bereit, ohne bereits verpflichtet zu sein, hat er Anspruch auf entsprechenden Ausgleich, entweder in Geld oder durch Freizeitausgleich.

Der Anspruch auf Vergütung von Überstunden setzt neben deren Leistung voraus, dass die Überstunden vom Arbeitgeber **angeordnet, gebilligt, geduldet oder** jedenfalls zur Erledigung der geschuldeten Arbeit **notwendig** gewesen sind; die **Darlegungs- und Beweislast** hierfür trägt der Arbeitnehmer (BAG v. 23.9.2015, 5 AZR 767/13, DB 2016, 838; BAG v. 10.4.2013, 5 AZR 122/12, NZA 2013, 1100). Insoweit genügt der Arbeitnehmer der ihm obliegenden Darlegungslast für die Leistung von Überstunden, wenn er schriftsätzlich vorträgt, an welchen Tagen er von wann bis wann Arbeit geleistet oder sich auf Weisung des Arbeitgebers zur Arbeit bereitgehalten hat (BAG v. 21.12.2016, 5 AZR 362/16, NZA-RR 2017, 233). Steht dagegen fest, dass Überstunden geleistet wurden, weil die dem Arbeitnehmer zugewiesene Arbeit generell oder zumindest im Streitzeitraum nicht ohne die Leistung von Überstunden zu erbringen war, kann aber der Arbeitnehmer nicht jede einzelne Überstunde belegen, kann das Mindestmaß geleisteter Überstunden **richterlich geschätzt** werden, wobei die für eine solche Schätzung unabdingbaren Anknüpfungstatsachen im Regelfall der Arbeitnehmer darlegen und beweisen muss (BAG v. 25.3.2015, 5 AZR 602/13, NZA 2015, 1002).

Wird die Arbeitszeit des Arbeitnehmers **(elektronisch) erfasst** und zeichnet der Arbeitgeber oder für ihn ein Vorgesetzter des Arbeitnehmers die entsprechenden Arbeitszeitnachweise ab, kann sich der Arbeitnehmer im Überstundenprozess hierauf zunächst berufen. Darauf muss der Arbeitgeber im Rahmen der abgestuften Darlegungslast substantiiert erwidern, dass, aus welchen Gründen und in welchem Umfang die von ihm oder einem für ihn handelnden Vertreter abgezeichneten Arbeitsstunden nicht geleistet wurden oder der behauptete Saldo bereits abgegolten/ausgeglichen ist. Anderenfalls gelten die vom Arbeitnehmer vorgetragenen Arbeitsstunden als zugestanden (BAG v. 26.6.2019, 5 AZR 452/18, NZA 2019, 1361).

Häufig wird in Arbeitsverträgen die pauschale Abgeltung aller Überstunden mit dem Gehalt vereinbart. Dies ist wegen Verstoßes gegen das Transparenzgebot nach § 307 BGB unwirksam (BAG v. 27.6.2012, 5 AZR 530/11, NZA 2012, 1147). Da der Arbeitnehmer erkennen können muss, was auf ihn ggf. an Überstunden zukommt, müssen diese in einem bestimmbaren Umfang im Vertrag angegeben werden, entweder in einem bestimmten Volumen („20 Stunden", BAG v. 16.5.2012, 5 AZR 331/11) oder prozentual („20 %"). Dabei müssen sich die pauschal abgegoltenen Überstunden aber im Rahmen des ArbZG halten, dürfen nicht sittenwidrig den Lohn verringern und dürfen nicht zu einem Missverhältnis zur vereinbarten Regelarbeitszeit stehen. Damit soll verhindert werden, dass aus einem Teilzeitarbeitsverhältnis „durch die Hintertür" ein Vollzeitarbeitsverhältnis wird. Eine unwirksame Pauschalierungsabrede führt bei Vorliegen einer objektiven Vergütungserwartung zu einem Vergütungsanspruch nach § 612 Abs. 1 BGB (BAG v. 22.2.2012, 5 AZR 765/10, NZA 2012, 861).

Die Abgeltung von Überstunden ist regelmäßig nicht mitbestimmungspflichtig (BAG v. 22.8.2017, 1 ABR 24/16, NZA 2018, 115). Bei der Abgeltung selbst steht dem Arbeitgeber – sofern nicht anders vereinbart – ein Wahlrecht zu, ob die Abgeltung in Geld oder Freizeitausgleich erfolgen soll. Für Ausbildungsverhältnisse bestimmt dies § 17 Abs. 7 BBiG ausdrücklich.

Diese Grundsätze gelten auch für geringfügig Beschäftigte. Dabei ist auf eine rechtssichere Pauschalierungsabrede aber in besonderem Maße zu achten, weil andernfalls Überstundenabgeltungsansprüche zu einer Überschreitung der Geringfügigkeitsgrenze mit den entsprechenden Konsequenzen führen können.

Für etwaige **Überstundenzuschläge** (→ Zulagen/Zuschläge) bzw. zusätzlichen Freizeitausgleich gilt: Eine tarifvertragliche Bestimmung, nach der ein Anspruch auf Mehrarbeitszuschläge erst besteht, wenn die für eine Vollzeittätigkeit maßgebliche Stundenzahl überschritten wird, verstößt gegen § 4 Abs. 1 TzBfG. Die Grenze, ab der Teilzeitbeschäftigte Anspruch auf Mehrarbeitszuschläge haben, muss daher entsprechend dem Verhältnis der vereinbarten individuellen Arbeitszeit zur regulären Vollzeitarbeitszeit gesenkt werden. Denn die Anforderung, dass Teilzeitbeschäftigte erst die gesamte Differenz zur Vollzeitarbeitszeit über ihre Teilzeitquote hinaus arbeiten müssten, um für die nächste Stunde einen Überstundenzuschlag zu erhalten, ist mit einer höheren Belastungsgrenze von Teilzeit- gegenüber Vollzeitbeschäftigten und damit mit einer unzulässigen **Diskriminierung** verbunden (BAG v. 19.12.2018, 10 AZR 231/18, NZA 2019, 790). Eine solche Benachteiligung ist sowohl tarifvertraglich als auch **arbeitsvertraglich** verboten. 995

> **Beispiel:**
> Eine Sachbearbeiterin arbeitet als Teilzeitkraft in einem Büro jeweils am Vormittag vier Stunden mit 20 Stunden pro Woche.
>
> Auf Bitte ihres Arbeitgebers arbeitet sie ohne Absprache eines Überstundenzuschlags vier Wochen lang jeweils zehn Stunden mehr pro Woche zum Ausgleich für einen anderweitigen Krankheitsausfall.
>
> Für diese Überstunden besteht nach aktueller Rechtsprechung nunmehr ein Anspruch auf Zuschläge!

Gegebenenfalls ist auf **tarifliche Sondervorschriften** zu Überstunden/Mehrarbeit und spezifische Zuschlagsregelungen zu achten.

II. Lohnsteuer

Leistet der Arbeitgeber für anfallende Mehrarbeit Sonderzahlungen (z.B. Überstundenvergütungen), sind diese regelmäßig dem steuerpflichtigen Bruttolohn hinzuzurechnen. Ausgenommen hiervon sind die gesetzlich ausdrücklich steuerfrei gestellten → Arbeitslohnzuschläge. Wird die Lohnsteuer nach den individuellen Lohnsteuerab- 996 zugsmerkmalen des Arbeitnehmers ermittelt (→ Lohnsteuerkarte), sind gelegentliche Überstundenvergütungen regelmäßig als → sonstige Bezüge zu versteuern (Jahrestabelle).

III. Sozialversicherung

997 Überstundenvergütungen sind Arbeitsentgelt im Sinne der Sozialversicherung. Sie sind laufendes Arbeitsentgelt. Werden Überstundenzuschläge gezahlt, so sind diese ebenfalls Arbeitsentgelt und bei der Beitragsberechnung zu berücksichtigen.

IV. Kirchensteuer

998 Für Kirchenangehörige fällt bei Sonderzahlungen Kirchensteuer i.H.v. 8 % bzw. 9 % der Lohnsteuer an.

Übungsleiterfreibetrag

I. Arbeitsrecht

999 Es bestehen keine arbeitsrechtlichen Besonderheiten.

II. Lohnsteuer

1. Freibetragshöhe, Anspruchsvoraussetzungen

1000 Übungsleiter und die anderen begünstigten nebenberuflich Tätigen können von ihren Einnahmen die **Übungsleiterpauschale** i.H.v. **2 400 €** im Kalenderjahr als Betriebsausgaben bzw. Werbungskosten abziehen und zwar gleichgültig, ob sie steuerlich als **Selbständiger** oder als **Arbeitnehmer** tätig sind (§ 3 Nr. 26 EStG). Die frühere Bezeichnung „Übungsleiterfreibetrag" ist durch den Begriff der Übungsleiterpauschale ersetzt worden. Anm.: Bei Redaktionsschluss dieses Ratgebers war vorgesehen, ab dem Kalenderjahr 2021 die Übungsleiterpauschale auf 3 000 € jährlich zu erhöhen (Änderung i.R. des Jahressteuergesetzes 2020).

Bis zur Höhe der Übungsleiterpauschale bleiben steuerfrei die Einnahmen von Personen, die im Dienst oder Auftrag einer juristischen Person des öffentlichen Rechts, die in der EU, im EWR-Raum oder in der Schweiz belegen ist, oder einer gemeinnützigen Körperschaft tätig sind und

– eine nebenberufliche Tätigkeit als Übungsleiter, Ausbilder, Erzieher, Betreuer o.Ä. ausüben oder

– eine nebenberufliche künstlerische Tätigkeit ausüben oder

– nebenberuflich alte, kranke oder behinderte Menschen pflegen.

Voraussetzung ist, dass die Tätigkeit im Dienst oder im Auftrag einer inländischen juristischen Person des öffentlichen Rechts oder einer als gemeinnützig oder mildtätig anerkannten Einrichtung oder einer kirchliche Zwecke verfolgenden Einrichtung ausgeübt wird (gem. §§ 52–54 AO → ehrenamtliche Tätigkeit). Dabei spielt es keine Rolle, ob der Arbeitslohn bzw. das Arbeitsentgelt nach den individuellen Lohnsteuerabzugsmerkmalen des Arbeitnehmers (→ Lohnsteuerkarte) oder pauschal versteuert wird.

2. Begünstigte Einrichtungen und Tätigkeiten

1001 Wird die Tätigkeit im Rahmen der Erfüllung der **Satzungszwecke** einer juristischen Person ausgeübt, die wegen Förderung gemeinnütziger, mildtätiger oder kirchlicher Zwecke steuerbegünstigt ist, so ist im Allgemeinen davon auszugehen, dass die Tätigkeit ebenfalls der Förderung dieser steuerbegünstigten Zwecke dient. Dies gilt auch dann, wenn die nebenberufliche Tätigkeit in einem sog. Zweckbetrieb (i.S.d. §§ 65–68 AO) ausgeübt wird, z.B. in einer Einrichtung der **Wohlfahrtspflege**, in **Krankenhäusern**, **Alten- und Pflegeheimen**, als nebenberuflicher **Übungsleiter** bei sportlichen Veranstaltungen, als nebenberuflicher **Erzieher** in einer Einrichtung der Fürsorgeerziehung oder der freiwilligen Erziehungshilfe.

Zu den begünstigten **Tätigkeiten** gehören z.B. die Tätigkeit eines Sporttrainers, eines Chorleiters oder Orchesterdirigenten, die Lehr- und Vortragstätigkeit i.R. der allgemeinen Bildung und Ausbildung (z.B. Kurse und Vorträge an Schulen und Volkshochschulen, Mütterberatung, Erste-Hilfe-Kurse, Schwimm-Unterricht) oder im Rahmen der beruflichen Ausbildung und Fortbildung sowie die Pflege alter, kranker oder behinderter Menschen.

Nicht begünstigt sind z.B. die in einem gemeinnützigen Verein tätigen Vereinsvorsitzenden, Schriftführer, Geräte- und Platzwarte, Hausmeister, Kassierer und Reinigungskräfte. Für sie kommt der allgemeine Ehrenamtsfreibetrag i.H.v. 720 € im Kalenderjahr in Betracht (→ Ehrenamtliche Tätigkeit). Anm.: Bei Redaktionsschluss dieses Ratgebers war vorgesehen, ab dem Kalenderjahr 2021 die Ehrenamtspauschale auf 840 € jährlich zu erhöhen (Änderung i.R. des Jahressteuergesetzes 2020).

3. Nebenberuflichkeit

Eine Tätigkeit wird **nebenberuflich** ausgeübt, wenn sie – bezogen auf das Kalenderjahr – nicht mehr als ein Drittel der Arbeitszeit eines vergleichbaren Vollzeiterwerbs in Anspruch nimmt. Es können deshalb auch solche Personen nebenberuflich tätig sein, die im steuerrechtlichen Sinne keinen Hauptberuf ausüben, z.B. Hausfrauen, Vermieter, Studenten, Rentner oder Arbeitslose.

Übt ein Stpfl. **mehrere** verschiedenartige begünstigte Tätigkeiten aus, ist die Nebenberuflichkeit für jede Tätigkeit getrennt zu beurteilen. Mehrere gleichartige Tätigkeiten sind zusammenzufassen, wenn sie sich nach der Verkehrsanschauung als Ausübung eines einheitlichen Hauptberufs darstellen, z.B. Unterricht von jeweils weniger als dem dritten Teil des Pensums einer Vollzeitkraft an mehreren Schulen. Eine Tätigkeit wird nicht nebenberuflich ausgeübt, wenn sie als Teil der Haupttätigkeit anzusehen ist.

4. Freibetrag beim Lohnsteuereinbehalt

Die Pauschale ist ein **Jahresbetrag** und unabhängig davon, wie lange und wie viele Tätigkeiten als Übungsleiter ausgeübt wurden. Übersteigen die tatsächlichen Werbungskosten bzw. Betriebsausgaben diesen Freibetrag, können sie mit dem übersteigenden Betrag von den Einnahmen abgezogen werden.

Voraussetzung für die Berücksichtigung der Übungsleiterpauschale (bzw. des Freibetrags) bei der **Lohnzahlung** (Lohnsteuereinbehalt) ist eine schriftliche Bestätigung des Arbeitnehmers, dass die steuerfreie Pauschale nicht bereits in einem anderen Dienstverhältnis berücksichtigt wird oder im Kalenderjahr ausgeschöpft worden ist. Der Arbeitgeber hat diese Erklärung als Beleg zum **Lohnkonto** zu nehmen und aufzubewahren.

Die steuerfreie Pauschale kann auch dann angesetzt werden, wenn der Arbeitnehmer für denselben Arbeitgeber **neben** der begünstigten nebenberuflichen Tätigkeit eine andersartige Hauptbeschäftigung ausübt, z.B. als Bürosachbearbeiter oder Chefkoch und nebenberuflicher Krankenpfleger.

Ist der unter § 3 Nr. 26 EStG fallende Steuerpflichtige steuerlich als Arbeitnehmer einzustufen, ist es unseres Erachtens im Auslegungsweg der Regelungen des § 39b Abs. 1 EStG vertretbar, auf den Abruf von elektronischen Lohnsteuerabzugsmerkmalen oder die Vorlage einer vom Finanzamt ausgestellten Bescheinigung für den Lohnsteuerabzug zu verzichten, wenn ausschließlich steuerfreie Vergütungen (Einnahmen) gezahlt werden.

III. Sozialversicherung

1004 Die steuerrechtlichen Regelungen hinsichtlich des Übungsleiterfreibetrags nach § 3 Nr. 26 EStG sind auch im Sozialversicherungsrecht anwendbar (vgl. § 1 Abs. 1 Satz 1 Nr. 16 SvEV). Der Übungsleiterfreibetrag von 2 400 € (→ ehrenamtliche Tätigkeit) kann pro rata (z.B. monatlich mit 200 €) angesetzt oder en bloc (z.B. jeweils zum Jahresbeginn bzw. zu Beginn der Beschäftigung) ausgeschöpft werden. Sofern eine Beschäftigung im Laufe eines Kalenderjahrs beendet wird und der Steuerfreibetrag noch nicht verbraucht ist, wird durch eine (rückwirkende) volle Ausschöpfung des Steuerfreibetrags die versicherungsrechtliche Beurteilung einer Beschäftigung nicht berührt. Das Bundessozialgericht hat in ständiger Rechtsprechung den Grundsatz aufgestellt, dass *„rechtmäßig abgewickelte"* Versicherungsverhältnisse rückwirkend nicht mehr geändert werden dürfen (vgl. u.a. BSG v. 30.11.1978, 12 RK 26/78, USK 78187).

Die Inanspruchnahme des Übungsleiterfreibetrags in Kombination mit einer geringfügig entlohnten Beschäftigung bei ein und demselben Arbeitgeber ist möglich. Ferner besteht noch die Möglichkeit, die sog. Ehrenamtspauschale (720,00 € per anno bzw. 60,00 € monatlich) in Anspruch zu nehmen, wenn der Übungsleiter z.B. auch Kassierer ist.

Beispiel 1:

Am 1.4.2020 wird eine Beschäftigung als Übungsleiter in einem Sportverein aufgenommen. Der Verein zahlt dem Übungsleiter ein monatliches Arbeitsentgelt von 400 € monatlich zuzüglich einer Aufwandsentschädigung von 200 € monatlich sowie eine Ehrenamtspauschale als Kassierer des Vereins von 60,00 € monatlich.

Es handelt sich um eine geringfügig entlohnte Beschäftigung, da lediglich der Betrag von 400 € als Arbeitsentgelt im Sinne der Sozialversicherung zu berücksichtigen ist. Bei der Aufwandsentschädigung und der Ehrenamtspauschale handelt es sich nicht um Arbeitsentgelt, da es sich um steuerfreie Einnahmen handelt.

Fortsetzung des Beispiels 1:

Der Verein und der Übungsleiter lösen den Vertrag zum 31.7.2020 in beiderseitigem Einvernehmen auf. Steuerrechtlich ist eine rückwirkende Korrektur möglich, indem man die Zahlungen von April bis Juli 2020 als steuerfreie Aufwandsentschädigung verbucht, indem man den Betrag von 2 400 € für diesen Zeitraum zu Grunde legt: April bis Juli 2020 = 4 · 400 € + 4 · 200 € = 2 400 €

In der Sozialversicherung bleibt es dagegen bei der bisherigen Beurteilung. Eine rückwirkende Änderung von Arbeitsentgelt in eine steuerfreie Aufwandsentschädigung ist nicht zulässig. Die entrichteten Pauschalbeiträge können vom Arbeitgeber nicht mehr zurückgefordert werden.

Beispiel 2:

Eine privat krankenversicherte Hausfrau nimmt am 1.3. im Rahmen einer abhängigen Beschäftigung eine nebenberufliche Lehrtätigkeit auf. Sie arbeitet gegen ein monatliches Arbeitsentgelt von 800 €. Auf das Arbeitsentgelt wird zunächst der als Aufwandsentschädigung vorgesehene Steuerfreibetrag von jährlich 2 400 € angewandt.

Die nebenberuflich tätige Lehrerin ist für die Zeit vom 1.3. bis zum 31.5. wegen der vollen Ausschöpfung des Steuerfreibetrags von (3 · 800 € =) 2 400 € nicht gegen Arbeitsentgelt beschäftigt. Für diese Zeit ist weder ein Pauschalbeitrag zu zahlen noch eine Meldung zu erstatten. Ab dem 1.6. besteht Versicherungspflicht, weil das Arbeitsentgelt 450 € übersteigt. Die Beiträge sind von diesem Zeitpunkt an unter Berücksichtigung des Übergangsbereichs zu ermitteln.

Unständig Beschäftigter

I. Arbeitsrecht

Eine geringfügige Beschäftigung, die nur **einmalig oder nur gelegentlich** (z.B. wiederholt auf **Abruf** oder **saisonal**) geleistet wird – **zeitgeringe** Beschäftigung, steuerlich und sozialversicherungsrechtlich als unständige Beschäftigung bezeichnet –, ist ein **Aushilfsarbeitsverhältnis.** Es gelten die in den diesbezüglichen Stichworten dargestellten Regelungen.

1005

II. Lohnsteuer

Rundfunk- und Fernsehanstalten beschäftigen neben dem ständigen engagierten Personal häufig Künstler und Angehörige verwandter Berufsgruppen, die i.d.R. auf Grund von Honorarverträgen tätig sind. Sie werden im Allgemeinen nicht als unständig Beschäftigte (und damit nicht als Arbeitnehmer), sondern als „freie Mitarbeiter" bezeichnet. Entgegen dieser Bezeichnung ist dieser Personenkreis lohnsteuerlich grundsätzlich als **Arbeitnehmer** nichtselbständig tätig. Näheres regelt der sog. Künstlererlass (BMF v. 5.10.1990, IV B 6-S 2332-73/90, BStBl I 1990, 638). Ergibt sich aus den dort aufgeführten Merkmalen für die Tätigkeit ein lohnsteuerliches Dienstverhältnis, kommt dem Umstand, dass im Dienstvertrag „freie Mitarbeit" oder „selbständig ausgeübte Tätigkeit" vereinbart worden ist, keine Bedeutung zu. Der Wille der Vertragsparteien ist nur in Grenzfällen ausschlaggebend.

1006

Ist nach dem Künstlererlass (dem sog. Negativkatalog) jedoch eine Einstufung als „freier Mitarbeiter" möglich, hat das → Wohnsitzfinanzamt dem Steuerpflichtigen eine **Bescheinigung** als „freier Mitarbeiter" zu erteilen (Muster dieser Bescheinigung s. BMF v. 9.7.2014, IV C 5-S 2332/0-07, BStBl I 2014, 1103). Diese Bescheinigung bezieht sich auf die Tätigkeit des freien Mitarbeiters für einen bestimmten Auftraggeber und ist diesem vorzulegen.

Im Übrigen bestehen keine lohnsteuerrechtlichen Besonderheiten.

III. Sozialversicherung

1. Definition

Von dem Begriff der kurzfristig Beschäftigten ist der Begriff der unständig Beschäftigten zu unterscheiden. Während bei einer kurzfristigen Beschäftigung grundsätzlich ein Nebenerwerb unterstellt werden kann, handelt es sich bei unständigen Beschäftigungen um die Haupterwerbsquelle des Beschäftigten.

1007

Unständig Beschäftigte sind Arbeitnehmer, die „berufsmäßig" Beschäftigungen von weniger als einer Woche ausüben. Es handelt sich um Personen, die in ihrem Hauptberuf Beschäftigungen von nur sehr kurzer Dauer (weniger als eine Woche) verrichten und nach ihrem Berufsbild ohne festes Arbeitsverhältnis mal hier, mal dort, heute mit dieser, morgen mit jener Arbeit beschäftigt sind.

Berufsmäßig unständige Beschäftigungen sind vor allem in den folgenden Berufen anzutreffen:

– freie Mitarbeiter von Rundfunk- und Fernsehanstalten (z.B. Schauspieler, Synchronsprecher etc.),

– Hafen- und Großmarktarbeiter,

– Tagelöhner in der Landwirtschaft.

2. Befristung der Beschäftigung auf weniger als eine Woche

1008 Unständig ist eine Beschäftigung dann, wenn sie auf weniger als eine Woche entweder nach der Natur der Sache befristet zu sein pflegt oder im Voraus durch den Arbeitsvertrag befristet ist (vgl. § 232 Abs. 3 SGB V).

Als Woche ist dabei nicht die Kalenderwoche, sondern die Beschäftigungswoche zu verstehen. Die Beschäftigungswoche ist ein Zeitraum von sieben aufeinanderfolgenden Kalendertagen, beginnend mit dem ersten Tag der Beschäftigung. Beschäftigungsfreie Tage wie Samstage, Sonn- und Feiertage sind bei der Dauer der Beschäftigung mitzuzählen.

Der Natur der Sache nach ist eine Beschäftigung befristet, wenn vertraglich nicht die Arbeitsdauer, sondern eine bestimmte Arbeitsleistung (z.B. Be- und Entladen von Schiffen) vereinbart ist.

Für die Annahme einer unständigen Beschäftigung ist ein ständiger Wechsel des Arbeitsgebers oder ein Wechsel in der Art der Beschäftigung nicht Grundvoraussetzung. Auch wenn sich Beschäftigungen von weniger als einer Woche bei demselben Arbeitgeber oder bei mehreren Arbeitgebern über einen längeren Zeitraum wiederholen, so geht der Charakter einer unständigen Beschäftigung nicht verloren, wenn die Eigenart der Beschäftigung, die Art ihrer Annahme und Entlohnung einer unständigen Beschäftigung entspricht. Unständige Beschäftigungen können daher auch bei nur einem Arbeitgeber ausgeübt werden (z.B. Hafenarbeiter für einen Hafenbetrieb).

3. Berufsmäßig unständig Beschäftigte

1009 Berufsmäßig unständig Beschäftigte sind Personen, die in ihrem Hauptberuf unständige Beschäftigungen verrichten, d.h., die unständige Beschäftigung muss den eindeutigen wirtschaftlichen und zeitlichen Schwerpunkt der Erwerbstätigkeit bilden. Das Berufsbild und die Erwerbstätigkeit des Arbeitnehmers müssen durch die unständige Beschäftigung bestimmt sein. Arbeitnehmer sind nur dann als berufsmäßig unständig Beschäftigte anzusehen, wenn sie eine unständige Beschäftigung aufnehmen und – abweichend von ihrem bisherigen Erscheinungsbild – das „Berufsbild" eines unständig Beschäftigten anstreben. Wiederholen sich bei diesem Personenkreis Beschäftigungen von weniger als einer Woche oder mehr als einer Woche, ist Berufsmäßigkeit (als unständig Beschäftigter) ohne weitere Prüfung anzunehmen, wenn die Beschäftigungen von weniger als einer Woche überwiegen und im Laufe eines Jahrs mehr als 50 Arbeitstage betragen. Ein Arbeitnehmer, der bisher in einem festen Arbeitsverhältnis stand, kann berufsmäßig eine unständige Beschäftigung aufnehmen. Dies ist vor allem dann der Fall, wenn er in einen für unständige Beschäftigungen typischen Beruf wechselt.

Nicht zu den unständig Beschäftigten gehören Arbeitnehmer eines Gesamtbetriebs, die auf Grund eines Garantielohnabkommens Anspruch auf sechs bzw. fünf Schichtlöhne pro Woche haben, wenn sie ohne ihr eigenes Verschulden nicht zur Arbeit eingesetzt werden.

4. Abgrenzung einer unständigen Beschäftigung zu einer regelmäßig wiederkehrenden Beschäftigung

1010 Unständige Beschäftigungen sind Arbeitsverrichtungen von sehr kurzer Dauer, die jeweils getrennt voneinander vereinbart werden. Diese unterscheiden sich voneinander in Inhalt und Zweck und erschöpfen sich nach ihrer jeweiligen Erfüllung, ohne auf aufeinander folgende Tätigkeiten abzuzielen oder diese zur Folge zu haben. Das Rechtsverhältnis zwischen Arbeitgeber und unständig Beschäftigten entsteht also von unständiger Beschäftigung zu unständiger Beschäftigung immer wieder neu. Unständige Beschäftigungen wiederholen sich daher nicht auf Grund schon vorher getroffener Absprache. Sie können sich jedoch auch bei einem Arbeitgeber entsprechend einem nicht vorhersehbaren Arbeitsbedarf mehr oder weniger lückenlos aneinander anschließen.

Unständig sind Beschäftigungen daher nur dann, wenn es sich nicht tatsächlich um regelmäßig wiederkehrende Beschäftigungen oder Dauerbeschäftigungen handelt. Eine Dauerbeschäftigung liegt dann vor, wenn sich einzelne Arbeitseinsätze von Beginn an in gewissen Abständen vereinbarungsgemäß wiederholen (z.B. Ultimokräfte im Bankgewerbe); es genügt, dass den Beziehungen zwischen Arbeitgeber und Arbeitnehmer ein → Rahmenarbeitsvertrag zu Grunde liegt oder eine sonstige – stillschweigende – Abrede, aus der sich ergibt, dass die Rechtsbeziehung auf Dauer angelegt sein soll. Von einem Dauerbeschäftigungsverhältnis ist daher auszugehen, wenn der Arbeitnehmer häufig und ohne größere Unterbrechungen bei demselben Arbeitgeber zum Einsatz kommt. Ein häufiger Einsatz ohne größere Unterbrechungen ist immer dann anzunehmen, wenn der Arbeitnehmer über ein halbes Jahr hinweg mindestens einmal wöchentlich zum Einsatz kommt, wobei eine Unterbrechung von nicht länger als einem Monat unschädlich ist.

Von Dauerbeschäftigungsverhältnissen ist immer dann auszugehen, wenn Einzelarbeitsverträge zur Umgehung einer ständigen Beschäftigung abgeschlossen werden oder wenn der Arbeitgeber mit Hilfe von Einzelarbeitsaufträgen keinen Spitzenbedarf, sondern einen Dauerbedarf an Arbeitskräften deckt, der Arbeitgeber also dauerhaft mehr Arbeitnehmer benötigt, als er unbefristet eingestellt hat. Kommt man zu dem Ergebnis, dass ein Dauerbeschäftigungsverhältnis vorliegt, so ist eine unständige Beschäftigung ausgeschlossen.

5. Versicherungsrechtliche Besonderheiten

In der Kranken- und Pflegeversicherung gelten für unständig Beschäftigte keine Besonderheiten. Überschreitet das regelmäßige Jahresarbeitsentgelt unständig Beschäftigter die maßgebende Jahresarbeitsentgeltgrenze, so ist der unständig Beschäftigte kranken- und pflegeversicherungsfrei. Das regelmäßige Jahresarbeitsentgelt ist bei diesem Personenkreis durch eine gewissenhafte Schätzung ggf. unter Berücksichtigung des regelmäßigen Jahresarbeitsentgelts des Vorjahres oder vergleichbarer unständig Beschäftigter zu ermitteln. Auf Grund der befristeten Beschäftigungen auf nicht mehr als eine Woche haben unständig Beschäftigte keinen Anspruch auf eine mindestens sechswöchige Entgeltfortzahlung im Falle der Arbeitsunfähigkeit. Aus diesem Grund war für unständig Beschäftigte bis zum 31.12.2007 der erhöhte Beitragssatz der zuständigen Krankenkasse maßgebend. Seit dem 1.1.2009 hatte dieser Personenkreis keinen gesetzlichen Anspruch auf Krankengeld (GKV-WSG). Demzufolge galt für diesen Personenkreis ab dem 1.1.2009 der ermäßigte Beitragssatz. Zum 1.8.2009 führte der Gesetzgeber u.a. für den Personenkreis der unständig Beschäftigten die Option eines Anspruchs auf gesetzliches Krankengeld ein. Hat ein unständig Beschäftigter von dieser Option Gebrauch gemacht, so gilt für ihn der allgemeine Beitragssatz. Handelt es sich bei dem unständig Beschäftigten allerdings um einen Altersrentner oder Bezieher einer Rente wegen voller Erwerbsminderung (Erwerbsunfähigkeitsrentner), so gilt der ermäßigte Beitragssatz der entsprechenden Krankenkasse. Anspruch auf Krankengeld kann nicht gewählt werden.

In der Rentenversicherung gelten für unständig Beschäftigte die allgemeinen Regelungen, während für diesen Personenkreis in der Arbeitslosenversicherung Versicherungsfreiheit besteht (vgl. § 27 Abs. 3 Nr. 1 SGB III).

6. Beitragsrechtliche Besonderheiten

Hinsichtlich der Tragung und Zahlung der Beiträge gelten die allgemeinen Regelungen für Arbeitnehmer.

7. Meldungen

a) Meldepflicht des Arbeitgebers

1013 Für unständig Beschäftigte hat der Arbeitgeber grundsätzlich die gleichen Meldungen zu erstatten wie für ständig Beschäftigte.

Eine Meldung der unständig Beschäftigten in Listenform ist seit dem 1.1.2006 auf Grund der Streichung des § 30 DEÜV und der Umstellung auf das maschinelle Meldeverfahren nicht mehr möglich.

Die Meldepflichten des Arbeitgebers haben bei unständig Beschäftigten, die regelmäßig in Gesamtbetrieben beschäftigt werden, die Gesamtbetriebe zu übernehmen.

b) Meldepflicht des unständig beschäftigten Arbeitnehmers

1014 Unständig beschäftigte Arbeitnehmer sind verpflichtet, Beginn und Ende einer unständigen Beschäftigung unverzüglich – d.h. ohne schuldhaftes Zögern – ihrer Krankenkasse zu melden, damit diese die Versicherungspflicht feststellen und die Mitgliedschaft durchführen kann. Es ist allerdings nicht Beginn und Ende einer jeweiligen unständigen Beschäftigung zu melden, sondern lediglich die erstmalige Aufnahme einer unständigen Beschäftigung und die nicht vorübergehende Aufgabe einer unständigen Beschäftigung. Unter dem Begriff der nicht nur vorübergehenden Aufgabe einer unständigen Beschäftigung ist ein Zeitraum von mehr als drei Wochen zu verstehen. Wird der Zeitraum von drei Wochen nicht überschritten, so besteht die Mitgliedschaft durchgehend fort. Eine Meldung des unständig Beschäftigten ist nicht erforderlich.

Der Arbeitgeber hat den unständig Beschäftigten auf dessen Meldepflichten gegenüber seiner Krankenkasse hinzuweisen.

8. Ausgleichsverfahren nach dem AAG

1015 Arbeitgeber, die am → Ausgleichsverfahren AAG teilnehmen, haben für unständig Beschäftigte keine Umlagebeiträge abzuführen, da diese keinen Anspruch auf Entgeltfortzahlung im Krankheitsfalle haben.

Urlaub

I. Arbeitsrecht

1016 Jeder Arbeitnehmer hat in jedem Kalenderjahr (= Urlaubsjahr) Anspruch auf bezahlten Erholungsurlaub, gesetzlich geregelt im Bundesurlaubsgesetz mit einem **Mindestanspruch von 24 Werktagen**, tariflich oder arbeitsvertraglich zumeist mit einem höheren Anspruch, wobei allerdings eine **Staffelung** des Urlaubsanspruchs **nach dem Lebensalter** wegen Diskriminierung jüngerer Arbeitnehmer **unzulässig** ist (BAG v. 12.4.2016, 9 AZR 659/14, NZA-RR 2016, 438). Für die Zeit des Erholungsurlaubs bzw. von Urlaubsabschnitten hat der Arbeitnehmer Anspruch auf Urlaubsvergütung, auf das sog. Urlaubsentgelt (das **Urlaubsgeld** bezeichnet demgegenüber eine zusätzliche freiwillige Leistung des Arbeitgebers).

1. Urlaub bei Aushilfsbeschäftigung

1017 Für Aushilfsbeschäftigungen gelten die Bestimmungen des Bundesurlaubsgesetzes ebenso wie etwaige tarifvertragliche Urlaubsregelungen. Das bedeutet: Auch Aushilfskräfte haben während ihrer Beschäftigung **Anspruch auf anteiligen Urlaub** von einem Zwölftel des Jahresurlaubs für jeden vollen Monat der Aushilfsbeschäftigung; nur bei einer Aushilfstätigkeit unterhalb eines vollen Monats besteht kein Urlaubsanspruch!

Mehrere selbständige kurzfristige Aushilfsarbeitsverhältnisse, die auf einem jeweils eigenständigen Vertrag beruhen, werden **nicht** zeitlich **addiert** im Hinblick auf anteilige Urlaubsansprüche. 1018

> **Beispiel 1:**
>
> In einem Kaufhaus treten mehrmals in verschiedenen Bereichen im Laufe eines Jahrs Personalengpässe wegen Erkrankungen auf; hierfür wird eine ehemalige Verkäuferin jeweils für zwei bis drei Wochen aushilfsweise befristet eingestellt.
>
> Trotz einer Jahresarbeitszeit von z.B. drei Monaten insgesamt besteht wegen der jeweils eigenständigen Verträge kein Urlaubsanspruch.

> **Beispiel 2:**
>
> Für die sog. Sitzwachen in einem Krankenhaus ist ein Pool aus Studenten gebildet, die nach einer Rahmenvertragsvereinbarung mit dem Krankenhaus ihre Einsätze für die jeweiligen Sitzwachen selbst dienstplanmäßig absprechen.
>
> Hier besteht trotz des jeweiligen Einsatzes nur für eine Tagesschicht ein durchgehendes Arbeitsverhältnis (BAG v. 19.1.1993, 9 AZR 53/92, DB 1993, 1781) mit einem Urlaubsanspruch, der nach den Formeln in → Rz. 1030 zu berechnen ist (siehe zu **Ein-Tages-Aushilfen** aber auch → Befristeter Arbeitsvertrag, Rz. 200).

Im Übrigen gilt auch für Aushilfsarbeitsverhältnisse der **Grundsatz:** Ein bestehender Urlaubsanspruch muss bis zum Ende des Kalenderjahres genommen oder zumindest erfolglos geltend gemacht worden sein. Ist dies nicht geschehen und ist der Urlaub auch nicht bis zum 31.3. des Folgejahrs **übertragen** worden, so kann sich der Arbeitgeber (grundsätzlich, es gibt Ausnahmen, siehe → Rz. 1026) gegenüber einem verspäteten Urlaubswunsch auf den **Verfall des Urlaubs** berufen (siehe zum Mindesturlaub die Darstellung in B+P 2014, 523). Er braucht den verfallenen Urlaub auch nicht mehr abzugelten. 1019

Kann der zustehende Urlaub nicht während der Dauer der Beschäftigung genommen werden, muss ihn der Arbeitgeber am Ende der Tätigkeit durch Bezahlung ausgleichen (**Urlaubsabgeltung**). Zur Vererblichkeit von Urlaub siehe → Rz. 1025. 1020

Anteiliges **Urlaubsgeld** werden dagegen Aushilfskräfte kaum erhalten; denn die Zahlung setzt i.d.R. ein länger bestehendes Arbeitsverhältnis voraus. 1021

2. Urlaub bei Teilzeitbeschäftigung

a) Urlaubsanspruch

Ein Teilzeitbeschäftigter kann genauso viele **Urlaubstage** (auch Schwerbehindertenzusatzurlaub) beanspruchen **wie ein „normaler" Mitarbeiter** in Vollzeitbeschäftigung; der Urlaub wird tageweise berechnet, nicht etwa stundenweise. Die Unterschiede zeigen sich später auf dem Lohn- bzw. Gehaltskonto. 1022

> **Beispiel:**
>
> Im Vertrag einer Verkäuferin, die halbtags für ein Monatsgehalt von 900 € in einem Textilgeschäft arbeitet, ist – ausgehend von einer 6-Tage-Urlaubswoche – ein Jahresurlaub von 30 Tagen vereinbart.
>
> Die Verkäuferin kann somit 30 Tage Urlaub machen – nicht etwa (entsprechend ihrer Halbtagsbeschäftigung) nur 10 Tage.
>
> Wenn ihr Arbeitgeber allerdings die **Urlaubsvergütung** berechnet, berücksichtigt er die verkürzte Arbeitszeit. Die Rechnung sieht dann folgendermaßen aus (§ 11 Abs. 1 BUrlG): 2 700 ÷ 78 Werktage · 30 Urlaubstage = 1 038,46 € brutto für den Gesamtjahresurlaub von 30 Tagen.

Urlaub

1023 Für die Anzahl der Urlaubstage und für die Höhe der Urlaubsvergütung ist im Übrigen auf die **Gleichbehandlung** mit den Vollzeitkräften zu achten.

Also: Auch Teilzeitkräfte haben Anspruch auf Urlaub wie normale Vollzeitarbeitnehmer, so z.B. die **studentischen Aushilfskräfte**, soweit nicht die Beschäftigungszeit unterhalb eines Monats bleibt; dann besteht kein Urlaubsanspruch (z.B. auch nicht bei **mehreren kurzfristigen** Teilzeitarbeitsverhältnissen oder Ein-Tages-Arbeitsverhältnissen).

Schwerbehinderte Teilzeitkräfte haben auch Anspruch auf den **Schwerbehinderten-Zusatzurlaub**. Der Anspruch auf Zusatzurlaub nach § 125 Abs. 1 Satz 1 1. Halbsatz SGB IX tritt dabei dem Urlaubsanspruch hinzu, den der Beschäftigte ohne Berücksichtigung seiner Schwerbehinderung beanspruchen kann (BAG v. 24.10.2006, 9 AZR 669/05, DB 2007, 351).

1024 Bei **unbezahltem Sonderurlaub** des Teilzeitarbeitnehmers besteht nach grundlegender Änderung der Rechtsprechung kein Urlaubanspruch bzw. der Urlaubsanspruch ist entsprechend zu kürzen (BAG v. 19.3.2019, 9 AZR 315/17, AP Nr. 87 zu § 7 BUrlG).

Zur Urlaubskürzung in der Freistellungsphase bei **Altersteilzeit** siehe → Rz. 42.

Zur Urlaubskürzung bei **Elternzeit** siehe → Rz. 344.

1025 Bei **Beendigung des Teilzeitarbeitsverhältnisses** noch offene Urlaubsansprüche sind im Übrigen nicht erledigt, sondern müssen ausgezahlt und damit **abgegolten** werden.

Dies gilt auch für **beim Tod des Arbeitnehmers im laufenden Arbeitsverhältnis** noch offene Urlaubsansprüche: Aus dem noch offenen Urlaubsanspruch – ebenso aus einem Anspruch auf Zusatzurlaub für **Schwerbehinderte** (BAG v. 22.1.2019, 9 AZR 45/16, NZA 2019, 829) – wird in diesen Fällen ein Urlaubsabgeltungsanspruch (BAG v. 22.1.2019, 9 AZR 328/16, NZA 2019, 835). Dieser Anspruch ist **vererblich**, so dass die Erben eines verstorbenen Arbeitnehmers von dessen ehemaligem Arbeitgeber eine finanzielle Vergütung für den von dem Arbeitnehmer nicht genommenen bezahlten Jahresurlaub verlangen können. Dabei müssen die Erben allerdings eine für den verstorbenen Arbeitnehmer maßgebliche **Ausschlussfrist** beachten (BAG v. 22.1.2019, 9 AZR 149/17, NZA 2019, 985).

1026 **Schließlich:** Ein bestehender Urlaubsanspruch muss bis zum Ende des Kalenderjahres genommen oder zumindest erfolglos geltend gemacht worden sein. Ist dies nicht geschehen und ist der Urlaub auch nicht bis längstens zum 31.3. des Folgejahrs übertragen worden, so kann sich der Arbeitgeber gegenüber einem verspäteten Urlaubswunsch auf den **Verfall des Urlaubs** berufen (siehe zum Mindesturlaub die Darstellung in B+P 2014, 523). Der verfallene Urlaub braucht dann auch nicht mehr ausbezahlt werden; er ist für den Arbeitnehmer verloren.

Allerdings muss der Arbeitgeber den Arbeitnehmer zuvor **konkret aufgefordert haben, den Urlaub zu nehmen**, und ihn klar und rechtzeitig darauf hingewiesen haben, dass der Urlaub anderenfalls mit Ablauf des Kalenderjahres erlischt (BAG v. 21.5.2019, 9 AZR 259/18, NZA 2019, 1365). Eine ausführliche Darstellung findet sich bei Bayreuther, NZA 2019, 945.

b) Urlaubserteilung/Urlaubsberechnung

1027 **Schwierigkeiten** bei der **Urlaubserteilung** können für die Teilzeitkräfte entstehen, die nicht an allen Wochentagen – verkürzt – arbeiten, sondern z.B. nur an zwei oder drei Arbeitstagen. In solchen Fällen kann bei der **Umrechnung des Urlaubsanspruchs von Werktagen in die effektiven Urlaubsarbeitstage** (BAG v. 27.1.1987, 8 AZR 579/84, DB 1987, 1151) folgende **Tabelle** helfen, wobei nach der Rechtsprechung des BAG (v. 14.2.1991, 8 AZR 97/90, NZA 1991, 777) bei Bruchteilen von weniger als einem halben Urlaubstag ohne besondere Regelung **nicht abgerundet** werden darf:

c) Umrechnungstabelle Werktage in effektive Urlaubstage

Urlaubsanspruch: Umrechnungstabelle Werktage in effektive Urlaubstage

Urlaubsanspruch in Werktagen	Arbeitstage in der Woche					
	1	2	3	4	5	6
6	1	2	3	4	5	6
7	1,2	2,3	4	5	6	7
8	1,3	3	4	5,3	7	8
9	2	3	5	6	7	9
10	2	3,3	5	7	8,3	10
11	2	4	6	7,3	9,2	11
12	2	4	6	8	10	12
13	2,2	4,3	7	9	11	13
14	2,3	5	7	9,3	12	14
15	3	5	8	10	13	15
16	3	5,3	8	11	13,3	16
17	3	6	9	11,3	14,2	17
18	3	6	9	12	15	18
19	3,2	6,3	10	13	16	19
20	3,3	7	10	13	16	20
21	4	7	11	14	18	21
22	4	7,3	11	15	18,3	22
23	4	8	12	15,3	19,2	23
24	4	8	12	16	20	24
25	4,2	8,3	13	17	21	25
26	4,3	9	13	17,3	22	26
27	5	9	14	18	23	27
28	5	9,3	14	19	23,3	28
29	5	10	15	19,3	24,2	29
30	5	**10***)	15	20	25	30
31	5,2	10,3	16	21	26	31
32	5,3	11	16	21	26	32
33	6	11	17	22	28	33
34	6	11,3	17	23	28,3	34
35	6	12	18	23,3	29,2	35

*) **Beispiel:**

Eine Verkäuferin in einer Boutique arbeitet am Freitagnachmittag und am Samstag. Sie hat einen tariflichen Urlaubsanspruch von **30 Werktagen** pro Jahr.

Dieser Urlaubsanspruch entspricht lt. Tabelle **zehn** effektiven Arbeitstagen, so dass die Verkäuferin jeweils fünf Wochen pro Jahr Urlaub beanspruchen kann. Nimmt die Verkäuferin Urlaub für einen

Urlaub

Freitagnachmittag und einen Samstag, so gehen zwei Urlaubstage von ihrem Urlaubskonto in Arbeitstagen ab; ihr verbleiben also nur noch acht effektive Urlaubsarbeitstage.

d) Umrechnungstabelle Arbeitstage in effektive Urlaubstage

Urlaubsanspruch: Umrechnungstabelle Arbeitstage in effektive Urlaubstage

1029 Ist der Urlaubsanspruch der Teilzeitarbeitskraft z.B. tariflich in **Arbeitstagen** bezogen auf eine regelmäßige Fünf-Arbeitstage-Woche **ausgedrückt,** so gilt für die Umrechnung (BAG v. 14.2.1991, 8 AZR 97/90, NZA 1991, 777; BAG v. 20.6.2000, 9 AZR 309/99, DB 2001, 651) in effektive Urlaubsarbeitstage folgende Tabelle:

Urlaubsanspruch in Arbeitstagen	Arbeitstage in der Woche				
	1	2	3	4	5
6	1,2	2,4	4	5	6
7	1,4	3	4,2	6	7
8	2	3,2	5	6,4	8
9	2	4	5,4	7,2	9
10	2	4	6	8	10
11	2,2	4,4	7	9	11
12	2,4	5	7,2	10	12
13	3	5,2	8	10,4	13
14	3	6	8,4	11,2	14
15	3	6	9	12	15
16	3,2	6,4	10	13	16
17	3,4	7	10,2	14	17
18	4	7,2	11	14,4	18
19	4	8	11,4	15,2	19
20	4	8	12	16	20
21	4,2	8,4	13	17	21
22	4,4	9	13,2	18	22
23	5	9,2	14	18,4	23
24	5	10	14,4	19,2	24
25	5	10	15	20	25
26	5,2	10,4	16	21	26
27	5,4	**11*)**	16,2	22	27
28	6	11,2	17	22,4	28
29	6	12	17,4	23,2	29
30	6	12	18	24	30

*) Beispiel:

In vorstehendem Beispielfall unter c) ergibt sich für die Boutiqueverkäuferin bei einem Urlaubsanspruch von **27 Arbeitstagen** ein Anspruch von insgesamt **elf** effektiven Urlaubstagen.

e) Umrechnung bei unregelmäßigen Arbeitstagen

Bei unregelmäßiger Zahl von Arbeitstagen pro Woche muss zur Ermittlung des Urlaubsanspruchs die **Anzahl der Jahresarbeitstage der Teilzeitkraft ermittelt** und ins Verhältnis zu den Jahresarbeitstagen der Vollzeitkräfte gesetzt werden (BAG v. 2.10.1987, 8 AZR 166/86, DB 1988, 762; BAG v. 20.8.2002, 9 AZR 261/01, DB 2003, 1963). Mit anderen Worten: Ist die regelmäßige Arbeitszeit, wie z.B. bei Arbeit in Wechselschicht, nicht auf eine Kalenderwoche verteilt, muss für die Umrechnung eines nach Arbeitstagen bemessenen Urlaubs auf den längeren Zeitabschnitt abgestellt werden, in dem im Durchschnitt die regelmäßige wöchentliche Arbeitszeit erreicht ist. Die Anzahl der Arbeitstage mit Arbeitspflicht ist dabei mit der Anzahl der Urlaubstage ins Verhältnis zu setzen (BAG v. 24.6.2010, 6 AZR 75/09, NZA 2011, 368). Für den praktischen Anwendungsfall der **Urlaubsberechnung bei Schichtarbeit** lautet die für die Umrechnung der Urlaubstage maßgebliche Formel daher:

1030

Urlaubstage pro Jahr · Arbeitstage pro Jahr nach abweichender Verteilung dividiert durch Arbeitstage im Jahr bei einer Fünftagewoche, wobei Nachtschichten, die sich über zwei Kalendertage erstrecken, als zwei Tage zu rechnen sind (BAG v. 21.7.2015, 9 AZR 145/14, AP TVG § 1 Tarifverträge: Versorgungsbetriebe Nr. 6).

Lassen sich wegen unregelmäßiger Heranziehung zur Arbeit die mit Arbeitspflicht belegten Tage nur auf Grund eines Jahresvergleichs ermitteln, z.B. bei einem **Abrufarbeitsverhältnis mit Jahresarbeitszeit-Konto** (BAG v. 5.9.2002, 9 AZR 244/01, DB 2003, 1521), so sind auch insoweit diese tatsächlichen Arbeitstage ins Verhältnis zu den gesetzlich möglichen Arbeitstagen zu setzen, wobei das BAG für die Sechs-Tage-Woche von 312 und für die Fünf-Tage-Woche von 260 möglichen Arbeitstagen im Jahr ausgeht. Ändert sich die Verteilung der Arbeitszeit innerhalb des jeweiligen Bezugszeitraums, muss dies berücksichtigt werden, so dass u.U. die Urlaubsdauer mehrfach berechnet werden muss.

Bei der Umrechnung der Urlaubstage im Jahresvergleich gelten je nach Sechs-Tage-Woche oder Fünf-Tage-Woche folgende **Umrechnungsformeln**:

– Anzahl der Werktage Urlaub pro Jahr · Anzahl tatsächliche Arbeitstage pro Jahr ÷ 312 Regelwerktage pro Jahr

> **Beispiel:**
> 36 Werktage Urlaubsanspruch · 200 tatsächliche Arbeitstage im Jahr 2018 ÷ 312 = 23,08 arbeitsfreie Urlaubstage

– Anzahl der Arbeitstage Urlaub pro Jahr · Anzahl tatsächliche Arbeitstage pro Jahr ÷ 260 Regelarbeitstage pro Jahr

> **Beispiel:**
> 30 Arbeitstage Urlaubsanspruch · 150 tatsächliche Arbeitstage im Jahr 2018 ÷ 260 = 17,31 arbeitsfreie Urlaubstage

f) Urlaubsberechnung bei Wechsel von Vollzeit in Teilzeit

Schwierigkeiten bei der Urlaubsberechnung können auftreten, wenn der Arbeitnehmer **von Vollzeitarbeit in Teilzeitarbeit wechselt.** Hier ist der Urlaubsanspruch ab dem Zeitpunkt des Wechsels nach der neuen Teilzeitarbeitszeit zu berechnen (BAG v. 28.4.1998, 9 AZR 314/97, DB 1998, 1034).

1031

Wechselt der Arbeitnehmer **von Vollzeitarbeit in Teilzeitarbeit** und arbeitet er nunmehr **nicht an allen Arbeitstagen,** so berechnet sich der Urlaubsanspruch dahingehend, dass der in der Vollzeit vor dem Wechsel erworbene und nicht verbrauchte

Urlaubsanspruch nominal erhalten bleibt und insoweit **keine Umrechnung** stattfindet (BAG v. 10.2.2015, 9 AZR 53/14, NZA 2015, 1005). Insoweit ist zu empfehlen, vor dem Wechsel in Teilzeit die entstandenen Urlaubsansprüche durch Gewährung von Urlaub in Natur abzulösen. Ansonsten gilt nach dem BAG folgende **Umrechnungsformel**: Ändert sich die Anzahl der Tage mit Arbeitspflicht, bevor der Arbeitnehmer den gesamten Urlaub in Anspruch genommen hat, ist der verbleibende Urlaubsanspruch unter Berücksichtigung des bereits vom Arbeitgeber gewährten Urlaubs zu berechnen. Dabei ist die Anzahl der zum Zeitpunkt des Wechsels noch nicht genommenen Urlaubstage mit dem Quotienten zu multiplizieren, der sich aus der Anzahl der Wochenarbeitstage unter dem neuen Arbeitszeitregime (Dividend) und der Anzahl der Wochenarbeitstage unter dem alten Arbeitszeitregime (Divisor) ergibt (BAG v. 14.3.2017, 9 AZR 7/16, NZA 2017, 1288). Also: Bei einem **unterjährigen Wechsel der Anzahl der Arbeitstage** in der Kalenderwoche ist der Urlaubsanspruch für das betreffende Kalenderjahr unter Berücksichtigung der einzelnen Zeiträume der Beschäftigung und der auf sie entfallenden Wochentage mit Arbeitspflicht umzurechnen (BAG v. 19.3.2019, 9 AZR 406/17, AP Nr. 86 zu § 7 BUrlG).

g) Urlaubsberechnung bei Wechsel von Teilzeit in Vollzeit

1032 Bei einem Wechsel von Teilzeitarbeit in Vollzeitarbeit gelten für die **Umrechnung** des noch nicht verbrauchten Urlaubsanspruchs aus der Zeit vor dem Wechsel die unter → Rz. 1031 dargestellten Grundsätze. Insoweit richtet sich der Urlaubsanspruch für die Zeit nach dem Wechsel nach der neuen Arbeitszeit.

h) Urlaubsentgelt, insbesondere bei Wechsel von Vollzeit zu Teilzeit und umgekehrt

1033 Für die Höhe des Urlaubsentgelts gilt nach den Bestimmungen des Bundesurlaubsgesetzes das **Referenzprinzip**. Findet für tatsächlich geleistete Arbeitsstunden eine **Mindestlohnregelung** Anwendung, ist diese jedenfalls dann für die Höhe des Urlaubsentgelts maßgeblich, wenn die Mindestlohnregelung selbst keine abweichenden Regelungen i.S.v. § 13 Abs. 1 Satz 1 BUrlG enthält (BAG v. 13.5.2015, 10 AZR 191/14, GWR 2015, 217).

In den Fällen des Wechsels von Vollzeit zu Teilzeit und umgekehrt ist auch die Frage nach dem **Urlaubsentgelt** klärungsbedürftig. Insoweit hat das BAG aktuell nach vorangegangenen Urteilen des EuGH seine **bisherige Rechtsprechung geändert:** Ein vor der Arbeitszeitänderung erworbener Urlaubsanspruch, der ganz oder teilweise nach der Arbeitszeitänderung verwirklicht wird, muss noch mit dem Entgelt für die Zeit vor der Arbeitszeitverringerung vergütet werden (BAG v. 18.9.2018, 9 AZR 159/18, NZA 2019, 262; BAG v. 20.3.2018, 9 AZR 486/17, NZA 2018, 851).

> **Beispiel:**
>
> Eine Buchhalterin ist bis zum 30.4. eines Jahres in Fünf-Tage-Woche vollzeitbeschäftigt mit einem Gehalt von 3 500 € und vereinbarten 30 Urlaubstagen. Sie wechselt ab 1.5. aus familiären Gründen zur Halbtagsarbeit in Fünf-Tage-Woche mit einem Gehalt i.H.v. 1 750 €.
>
> Die Buchhalterin hat im April einen Urlaub von fünf Urlaubstagen genommen und nimmt nunmehr im August/September ihren restlichen Jahresurlaub von 25 Urlaubstagen.
>
> Sie hatte in der Vollzeitarbeit einen Urlaubsanspruch von 4/12 = zehn Urlaubstage erworben. Hiervon sind fünf Urlaubstage verblieben, die in den Urlaub August/September fallen.
>
> Diese verbliebenen fünf Urlaubstage sind noch mit dem Vollzeitarbeitsentgelt zu vergüten.

Diese Grundsätze müssen dann auch entsprechend bei nachträglicher Urlaubsverwirklichung nach **Wechsel von Teilzeit zu Vollzeit** für die Berechnung des Urlaubsentgelts gelten.

Im Übrigen gilt aber sowohl bei Wechsel von Vollzeit zu Teilzeit wie umgekehrt: Das Urlaubsentgelt für **nach dem Wechsel entstandene Urlaubsansprüche** ist nach § 11 BUrlG an der neuen Arbeitszeit auszurichten.

Treffen Arbeitgeber und Arbeitnehmer eine **Sabbatjahrvereinbarung** (sog. Sabbatical), dass der Arbeitnehmer nach einer siebenjährigen Beschäftigung mit der Regelarbeitszeit eines in Vollzeit tätigen Beschäftigten Anspruch auf eine einjährige Freistellung von der Verpflichtung zur Arbeitsleistung hat mit einem Entgelt nach dem Umfang der gewählten Teilzeitbeschäftigung sowohl während der Ansparphase als auch während der Freistellungsphase, so verstößt die **Verringerung des Urlaubsentgelts** nicht gegen das Diskriminierungsverbot (BAG v. 18.9.2018, 9 AZR 159/18, NZA 2019, 262) 1034

i) Urlaubsgeld

Auch bei einem zusätzlichen **Urlaubsgeld**, das einem Teilzeitarbeiter nach seinem Vertrag, den tarifvertraglichen Bestimmungen oder nach dem Gebot der **Gleichbehandlung** mit Vollzeitkräften zustehen kann, wird **anteilig** vorgegangen (BAG v. 21.1.2014, 9 AZR 134/12); ein Urlaubsgeld steht also Teilzeitkräften regelmäßig nur proportional zur geringeren Arbeitszeit zu (BAG v. 12.12.2013, 8 AZR 829/12, DB 2014, 723); dies verstößt nicht gegen die Gleichbehandlungspflicht (BAG v. 15.4.2003, 9 AZR 548/01, EzA Nr. 2 zu § 4 TzBfG). 1035

> **Beispiel:**
> Ein Unternehmen mit einer 40-Stunden-Woche zahlt jedem Mitarbeiter ein zusätzliches Urlaubsgeld von 20 € pro Urlaubstag. Eine Schreibkraft, die 20 Stunden in der Woche halbtags im Betrieb tätig ist, erhält entsprechend ihrer Arbeitszeit ein Urlaubsgeld von 10 € je Urlaubstag.

Reduziert ein Beschäftigter zwischen dem Urlaubszeitraum und dem Zeitpunkt der (jährlichen) Auszahlung des Urlaubsgelds **seine regelmäßige Arbeitszeit**, so bleibt für die Berechnung der zusätzlichen Urlaubsvergütung das Entgelt im Urlaubszeitraum maßgeblich (BAG v. 19.6.2018, 9 AZR 3/18, AP Nr. Nr. 247 zu § 1 TVG Tarifverträge: Metallindustrie).

j) Mehrere Teilzeitbeschäftigungen

Die skizzierten Regelungen gelten natürlich auch bei **mehreren Teilzeitarbeitsverhältnissen**. Der Beschäftigte hat **gegenüber jedem Arbeitgeber einen gesonderten Urlaubsanspruch,** der sich nach den Bedingungen der jeweiligen Vereinbarungen richtet. Arbeitgeber haben in diesen Fällen noch einen wichtigen Punkt zu beachten: Sie sind auf Grund ihrer Fürsorgepflicht gehalten, dem Mitarbeiter **möglichst einen einheitlichen Urlaub in allen Arbeitsverhältnissen** zu gewährleisten. Falls sich dies aus betrieblichen Gründen nicht erreichen lässt, kommt ein Teilzeitbeschäftigter in eine kuriose Situation: Er hat Urlaub und muss gleichzeitig arbeiten. Dieser Sachverhalt verstößt übrigens nicht gegen das Verbot der Erwerbstätigkeit während des Urlaubs. 1036

3. Urlaub bei nebenberuflicher Beschäftigung

Bei Nebentätigkeiten, die länger als einen Monat dauern, stehen dem Arbeitnehmer genauso viele Urlaubstage zu wie jeder Teilzeitkraft. Unter zeitlichen Gesichtspunkten ist der Urlaub im Hauptarbeitsverhältnis maßgeblich. Ein Arbeitgeber kann einem nebenberuflich bei ihm Beschäftigten Urlaubstage zu diesem Zeitpunkt nur dann verweigern, wenn wichtige betriebliche Gründe i.S.d. § 7 Abs. 1 BUrlG dagegen sprechen. 1037

II. Lohnsteuer

Zahlt der Arbeitgeber während des Urlaubs den üblichen Arbeitslohn **fort** oder leistet er übliche Sonderzahlungen, liegt regelmäßig steuerpflichtiger **Arbeitslohn** vor. Glei- 1038 ches gilt, wenn der Arbeitnehmer anlässlich des Urlaubs oder für die Dauer des Urlaubs eine zusätzliche Vergütung erhält. Dabei ist es unbeachtlich, ob die Sonderzahlung auf tarifvertraglicher, betrieblicher oder einzelvertraglicher Regelung beruht oder als freiwillige Leistung des Arbeitgebers gewährt wird.

Verringert sich der Arbeitslohn auf Grund unbezahlten Urlaubs, führt dies zu **schwankenden** Arbeitslöhnen, wodurch aus Jahressicht die nach den individuellen Lohnsteuerabzugsmerkmalen (→ Lohnsteuerkarte) ermittelte Lohnsteuer mit einem zu hohen Betrag einbehalten wird.

Wird das Urlaubsgeld in **eine**r Rate gezahlt, rechnet es zu den **sonstigen Bezügen** (Lohnsteuereinbehalt nach Jahrestabelle). Anders verhält es sich, wenn der Arbeitgeber das Urlaubsgeld über das Jahr verteilt monatlich auszahlt. Dann zählt es zum laufenden Arbeitslohn.

Erhält ein **teilzeitbeschäftigter** Arbeitnehmer, für dessen Arbeitslohn die Lohnsteuer pauschal erhoben wird, ein Urlaubsgeld, liegt ebenso eine Einmalzahlung vor. Für die Prüfung der Entgeltgrenzen ist das Urlaubsgeld regelmäßig auf die maßgebende Beschäftigungsdauer zu verteilen.

Siehe auch → Sonstige Bezüge.

III. Sozialversicherung

1039 Es bestehen keine sozialversicherungsrechtlichen Besonderheiten.

Verzicht auf Arbeitsentgelt

I. Arbeitsrecht

1040 Es bestehen keine arbeitsrechtlichen Besonderheiten, siehe aber → Mindestlohn Rz. 710.

II. Lohnsteuer

1041 Ein Gehaltsverzicht, mit dem der Arbeitnehmer keine Bedingung für die Verwendung der verzichteten Gehaltsteile verbindet, führt nicht zu Arbeitslohn. Ob ein bedingungsfreier Gehaltsverzicht oder eine lohnsteuerpflichtige Gehaltskürzung unter Verwendungsauflage und damit Arbeitslohn vorliegt, ist nach den Verhältnissen des Einzelfalls zu entscheiden, → Zuflussprinzip.

III. Sozialversicherung

1042 In der Praxis ergeben sich immer wieder Probleme, wenn Arbeitsentgelt, auf das der Arbeitnehmer einen Rechtsanspruch hat, nicht gezahlt wurde. Sind diese Fälle bei Betriebsprüfungen aufgefallen, so wurden Beiträge von sog. „Phantomentgelt" berechnet. Diese Verfahrensweise bestätigte das Bundessozialgericht (BSG v. 14.7.2004, B 12 KR 1/04, BSGE 93, 119). Vielfach erfüllten die Verzichtserklärungen der Arbeitnehmer auf Arbeitsentgelt nicht die rechtlich erforderlichen Voraussetzungen für einen beitrags- und versicherungsrechtlich wirksamen Verzicht auf Arbeitsentgelt. Ein solch wirksamer Verzicht muss kumulativ folgende Voraussetzungen erfüllen:

– Der Verzicht auf laufendes Arbeitsentgelt muss arbeitsrechtlich zulässig sein.
  Bei einem bindenden Tarifvertrag ist der Entgeltverzicht nur zulässig, soweit eine Öffnungsklausel besteht und diese Öffnungsklausel nicht gegen das Teilzeit- und Befristungsgesetz verstößt. Liegt kein bindender Tarifvertrag vor, ist ein einzelarbeitsvertraglich ausgesprochener Entgeltverzicht – vorbehaltlich des Teilzeit- und Befristungsgesetzes – ohne Weiteres arbeitsrechtlich zulässig.

– Der Verzicht muss schriftlich niedergelegt sein.
Nach § 2 Abs. 1 Satz 2 Nr. 6 NachwG müssen die Zusammensetzung und die Höhe des Arbeitsentgelts einschließlich Zuschläge, Zulagen, Prämien und Sonderzuwendungen sowie anderer Bestandteile des Arbeitsentgelts und dessen Fälligkeit schriftlich niedergelegt sein. Ein Gehaltsverzicht gehört auch zu den schriftlich niederzulegenden Arbeitsvertragsinhalten. Ausgenommen von der Nachweispflicht sind die in § 1 NachwG genannten Personen (Arbeitnehmer, die nur zur vorübergehenden Aushilfe von höchstens einem Monat eingestellt werden).

– Der Verzicht darf nur auf künftig fällig werdende Arbeitsentgeltbestandteile gerichtet sein.
Ein rückwirkender Verzicht des Arbeitnehmers auf Entgeltansprüche führt nicht zu einer Reduzierung der Beitragsforderung und ist ebenfalls nicht bei der versicherungsrechtlichen Beurteilung zu berücksichtigen.

Wichtig: Nur ein arbeitsrechtlich zulässiger schriftlicher Verzicht auf künftig entstehende Arbeitsentgeltansprüche mindert das zu berücksichtigende Arbeitsentgelt.

Tarifverträge, die für allgemein verbindlich erklärt worden sind, findet man als Downloaddatei unter www.bmas.de/DE/Themen/Arbeitsrecht/Tarifvertraege/inhalt.html. Bei sonstigen tarifgebundenen Arbeitsverhältnissen empfiehlt sich die Kontaktaufnahme mit dem jeweiligen Arbeitgeberverband, damit abgeklärt werden kann, ob Arbeitnehmer arbeitsrechtlich zulässig auf Entgeltbestandteile verzichten können. Bei Einmalzahlungen ist der Verzicht sozialversicherungsrechtlich auch dann wirksam, wenn ein Verzicht auf die Einmalzahlung arbeitsrechtlich nicht zulässig ist.

Siehe auch → Entstehungsprinzip, → Zuflussprinzip.

Vorruhestand

I. Arbeitsrecht

Es bestehen keine arbeitsrechtlichen Besonderheiten. **1043**

II. Lohnsteuer

Leistungen des Arbeitgebers, die aufgrund von betrieblichen Vereinbarungen (Betriebsvereinbarungen, Einzelarbeitsverträge) oder nach Tarifverträgen beim Eintritt in den Vorruhestand gezahlt werden, sind regelmäßig steuerpflichtig. Befindet sich ein Arbeitnehmer im Vorruhestand, gelten für einen Hinzuverdienst auf Grund einer weiteren Tätigkeit keine steuerlichen Besonderheiten (→ Hinzuverdienstgrenzen). **1044**

III. Sozialversicherung

Übt ein nach § 5 Abs. 3 SGB V, § 20 Abs. 2 SGB XI und § 3 Satz 1 Nr. 4 SGB VI in der Kranken-, Pflege- und Rentenversicherung versicherungspflichtiger Bezieher von Vorruhestandsgeld eine geringfügig entlohnte Beschäftigung aus, findet keine Zusammenrechnung mit dem Vorruhestandsgeld statt, so dass die geringfügig entlohnte Beschäftigung in der Kranken- und Pflegeversicherung versicherungsfrei bleibt. In der Rentenversicherung besteht auf Grund der geringfügig entlohnten Beschäftigung ab dem 1.1.2013 allerdings Versicherungspflicht. Werden hingegen neben dem Bezug von Vorruhestandsgeld mehrere geringfügig entlohnte Beschäftigungen ausgeübt, dann scheidet für eine (die zeitliche zuerst aufgenommene) geringfügig entlohnte Beschäftigung die Zusammenrechnung mit dem Vorruhestandsgeld aus. Diese bleibt weiterhin versicherungsfrei. Die weiteren geringfügig entlohnten Beschäftigungen sind nach § 8 Abs. 2 Satz 1 SGB IV i.V.m. § 7 Abs. 1 Satz 2 SGB V bzw. § 5 Abs. 2 Satz 1 Halbsatz 2 SGB VI mit dem Vorruhestandsgeld zusammenzurechnen. Da Bezieher von Vorruhe- **1045**

Vorruhestand

standsgeld keinen Anspruch auf Krankengeld haben, gilt in der Krankenversicherung der ermäßigte Beitragssatz (2020: 14,0 %).

Der Arbeitnehmer und der Arbeitgeber haben jeweils einen Beitragsanteil von 7,0 % zu tragen.

Den kassenindividuellen Zusatzbeitrag hat der Vorruhestandsgeldbezieher zu tragen.

Wegearbeiten

I. Arbeitsrecht

1046 Es bestehen keine arbeitsrechtlichen Besonderheiten.

II. Lohnsteuer

1047 Wegearbeiten können zu den typisch land- und forstwirtschaftlichen Arbeiten i.S. des § 40a Abs. 3 EStG gehören. Voraussetzung hierfür ist, dass die Wirtschafts- oder Waldwege vom Land-/Forstwirt in seiner Eigenschaft als Inhaber eines solchen Betriebs angelegt werden bzw. als solche gewartet werden. In diesen Fällen kann der Arbeitgeber die Lohnsteuer für den Arbeitslohn einer Aushilfskraft nach den Regelungen für die → Land- und Forstwirtschaft erheben.

Die o.g. Voraussetzungen liegen z.B. nicht vor, wenn eine Gemeinde solche Wege in ihrer Eigenschaft als öffentlich-rechtliche Gebietskörperschaft zur Erschließung eines Gebiets oder zur Verbesserung der Zufahrtsmöglichkeiten anlegt. In diesen Fällen wird die Aushilfskraft nicht von einem Betrieb der Land- und Forstwirtschaft mit ebensolchen typischen Arbeiten beschäftigt.

III. Sozialversicherung

1048 Es bestehen keine sozialversicherungsrechtlichen Besonderheiten.

Werbungskosten

I. Arbeitsrecht

1049 Es bestehen keine arbeitsrechtlichen Besonderheiten.

II. Lohnsteuer

1050 Steuerliche Werbungskosten sind sämtliche Aufwendungen, die durch die **Ausübung** der beruflichen Tätigkeit entstehen und dem Erwerb, der Sicherung und der Erhaltung der Einnahmen dienen. Eine berufliche Veranlassung verlangt einen objektiven Zusammenhang mit dem Beruf. Zudem müssen die Aufwendungen i.d.R. subjektiv zur Förderung des Berufs gemacht werden. Aufwendungen, die durch die allgemeine **Lebensführung** bedingt sind, rechnen nicht zu den Werbungskosten.

Zur Abgeltung der Werbungskosten wird bei den Einkünften aus nichtselbständiger Arbeit ein **Arbeitnehmer-Pauschbetrag** i.H.v. 1 000 € jährlich angesetzt. Diese 1 000 € werden als **Jahresbetrag** auch dann in voller Höhe gewährt, wenn der Arbeitnehmer nicht ganzjährig beschäftigt ist. Ein negativer Betrag darf sich dadurch jedoch nicht ergeben.

Der Arbeitnehmer-Pauschbetrag steht jedem Arbeitnehmer bei der Ermittlung des steuerpflichtigen Arbeitslohns (Arbeitsentgelts) **einmalig** jährlich zu; auch wenn er gleichzeitig bei mehreren Arbeitgebern beschäftigt ist. Der Pauschbetrag ist nicht auf den Ehegatten/Lebenspartner übertragbar und kann bei der Lohnsteuerpauschalierung nicht angesetzt werden. Macht der Arbeitnehmer höhere Werbungskosten geltend, wird der Pauschbetrag nicht berücksichtigt.

Wie andere Abzugsbeträge ist der Arbeitnehmer-Pauschbetrag in den Lohnsteuertabellen für die Steuerklassen I bis V eingearbeitet; nicht jedoch zur Ermittlung der Lohnsteuer nach der für ein zweites oder weiteres Dienstverhältnis geltenden Steuerklasse VI. Beim Lohnsteuerabzug wird er jeweils anteilig berücksichtigt; z.B. in der Monatstabelle mit 1/12. Sind beide Ehegatten/Lebenspartner als Arbeitnehmer berufstätig, hat jeder Anspruch auf den Arbeitnehmer-Pauschbetrag.

Ist der nach den **individuellen** Lohnsteuerabzugsmerkmalen (→ Lohnsteuerkarte) ausgeübte Mini-Job die einzige Beschäftigung des Arbeitnehmers, verringert sich das steuerpflichtige Arbeitsentgelt (bzw. der Arbeitslohn) zumindest um den Arbeitnehmer-Pauschbetrag i.H.v. 1 000 €, so dass bei der Einkommensteuerveranlagung bis zu einem jährlichen Bruttoentgelt i.H.v. 1 000 € kein zu versteuernder Arbeitslohn angesetzt wird.

Weil die **pauschale** Lohnsteuer Abgeltungscharakter hat, wird der so besteuerte Arbeitslohn im Rahmen der Einkommensteuerveranlagung des Arbeitnehmers nicht erfasst. Folglich können die für diese Beschäftigung angefallenen Werbungskosten nicht angesetzt und die Pauschsteuer nicht auf die festgesetzte bzw. zu zahlende Einkommensteuer angerechnet werden.

III. Sozialversicherung

Werbungskosten mindern das Arbeitsentgelt i.S.d. Sozialversicherung nicht. **1051**

Werkzeuggeld

I. Arbeitsrecht

Es bestehen keine arbeitsrechtlichen Besonderheiten. **1052**

II. Lohnsteuer

Benutzt der Arbeitnehmer selbst angeschaffte Werkzeuge für seine berufliche Tätigkeit (z.B. im Betrieb oder auf der Baustelle), ist die Erstattung der dem Arbeitnehmer dafür entstandenen Aufwendungen **steuerfrei**. Als Werkzeuge werden steuerlich nur Handwerkzeuge angesehen, die zur leichteren Handhabung, Herstellung oder zur Bearbeitung eines Gegenstands verwendet werden. **1053**

Steuerfrei gezahlt werden können die jeweiligen Aufwendungen des Arbeitnehmers für die Anschaffung des Werkzeugs. Bei Anschaffungskosten über 800 € sind diese Kosten und Zahlungen auf die betriebsgewöhnliche Nutzungsdauer zu verteilen. Ohne Einzelnachweis der tatsächlichen Aufwendungen darf der Arbeitgeber pauschale Entschädigungen steuerfrei zahlen, soweit sie

– die regelmäßigen Absetzungen für Abnutzung der Werkzeuge (Abschreibung),
– die üblichen Betriebs-, Instandhaltungs- und Instandsetzungskosten der Werkzeuge sowie
– die Kosten für die Beförderung der Werkzeuge zwischen der Wohnung des Arbeitnehmers und dem Betrieb bzw. der Einsatzstelle

abgelten (§ 3 Nr. 30 EStG, R 3.30 LStR, H 3.30 LStH). Zahlt der Arbeitgeber Entschädigungen für den Zeitaufwand des Arbeitnehmers, z.B. für die ihm obliegende Reinigung und Wartung der Werkzeuge, gehören sie zum steuerpflichtigen Arbeitslohn. Anm.: Bei Redaktionsschluss dieses Ratgebers hatte der Bundesrat vorgeschlagen, ab dem

Kalenderjahr 2021 die (GWG-)Grenze von 800 € auf 1 000 € zu erhöhen. Das Ergebnis bzw. ob die Bunderegierung den Vorschlag i. R. des Jahressteuergesetzes 2020 umgesetzt hat, ist abzuwarten.

III. Sozialversicherung

1054 Es bestehen keine sozialversicherungsrechtlichen Besonderheiten.

Wertguthabenvereinbarungen

I. Arbeitsrecht

1055 Es bestehen keine arbeitsrechtlichen Besonderheiten.

II. Lohnsteuer

1056 Der steuerliche Begriff des Zeitwertkontos stimmt mit dem Begriff der Wertguthabenvereinbarung i.S.v. § 7b SGB IV (auch sog. Lebensarbeitszeit- bzw. Arbeitszeitkonto) überein. Die Vereinbarung einer Zeitwertkontenführung hat zum Ziel, den erdienten und im Prinzip fälligen Arbeitslohn nicht sofort auszubezahlen. Er soll zunächst beim Arbeitgeber nur betragsmäßig erfasst und vorgehalten werden. Die Fälligkeit des Arbeitslohns soll in die Zukunft verschoben werden mit dem Ziel, ihn erst in der späteren Auszahlungs- bzw. Entnahmephase niedriger als in der Erwerbsphase zu besteuern. Deshalb wird der Auszahlungstermin mitunter für die Zeit mit einer Freistellung von der beruflichen Tätigkeit geplant.

Oftmals wird das Guthaben eines Zeitwertkontos ganz oder teilweise zu Gunsten einer betrieblichen Altersversorgung herabgesetzt. Dies ist letztlich eine Entgeltumwandlung für die betriebliche Altersversorgung, wodurch sich der Zuflusszeitpunkt und die Besteuerung dieser Arbeitslohnbeträge bzw. Beiträge nach dem jeweiligen Durchführungsweg der betrieblichen Altersversorgung richten.

Welche Voraussetzungen und Besonderheiten zu beachten sind, regeln die BMF-Schreiben v. 17.6.2009, IV C 5-S 2332/07/0004, BStBl I 2009, 1286 sowie v. 8.8.2019, IV C 5-S 2332/07/0004:004, BStBl I 2019, 874; siehe auch → Flexible Arbeitszeitregelungen.

Diese vorgenannten Grundsätze und Folgen gelten auch für ein Altersteilzeitarbeitsverhältnis.

III. Sozialversicherung

1057 Wertguthabenvereinbarungen sollen (längerfristige) **Freistellungen von der Arbeitsleistung** unter Verwendung eines – auf Grund Verzichts auf die Auszahlung erarbeiteten Arbeitsentgelts aufgebauten – Wertguthabens ermöglichen. Eine Freistellung im Rahmen einer Wertguthabenvereinbarung dient vorrangig dem Zweck, auch in Zeiten von mehr als einem Monat auf Grund der gesetzlichen Beschäftigungsfiktion (§ 7 Abs. 1a SGB IV) den Versicherungsschutz in der Kranken-, Pflege-, Renten- und Arbeitslosenversicherung aufrechtzuerhalten. Dies ist in einer geringfügigen Beschäftigung, die Versicherungsfreiheit (Ausnahme: Rentenversicherung) begründet, nicht möglich. Im Rahmen der nunmehr zulässigen Wertguthabenvereinbarung in einer geringfügigen Beschäftigung (§ 7b Nr. 5 SGB IV) besteht in Zeiten der Freistellung von der Arbeitsleistung und der Fortzahlung des Arbeitsentgelts aus einem Wertguthaben lediglich die versicherungsfreie Beschäftigung fort.

1058 Soweit Wertguthaben in einer geringfügigen Beschäftigung aufgebaut wurde, kann dessen **„Entsparung"** lediglich in geringfügig entlohntem Umfang erfolgen. Es fehlt zwar an einer klarstellenden entsprechenden gesetzlichen Regelung. Allerdings schließen Sinn und Zweck von Wertguthabenvereinbarungen aus, dass aus einer während der Arbeitsphase versicherungsfreien geringfügigen Beschäftigung ein sozialversicherungsrechtlicher Schutz in einer während der Freistellungsphase versicherungspflichtigen Beschäftigung begründet werden kann.

Für die Prüfung der Angemessenheit der „Entsparung" des Wertguthabens gelten – wie bei einer versicherungspflichtigen Beschäftigung – als Höchstgrenze zwar ebenfalls 130 % des durchschnittlich gezahlten Arbeitsentgelts der unmittelbar vorangegangenen zwölf Kalendermonate der Arbeitsphase, allerdings können bei der „Entsparung" eines Wertguthabens aus einer geringfügig entlohnten Beschäftigung nicht mehr als 450 € monatlich aus dem Wertguthaben entnommen werden. Wird das Wertguthaben mit einem monatlichen Arbeitsentgelt von mehr als 450 € entspart, bleibt die Beschäftigung dennoch auch in der Freistellungsphase versicherungsfrei (Ausnahme: Rentenversicherung) geringfügig entlohnt und die Pauschalbeiträge sind auf das tatsächlich ausgezahlte Arbeitsentgelt zu zahlen. Da in vorgenannten Fällen keine versicherungspflichtige (Haupt-)Beschäftigung begründet wird, ist bei der Zusammenrechnung mit weiteren geringfügig entlohnten Beschäftigungen auch das tatsächlich „entsparte" Arbeitsentgelt zu berücksichtigen, in dessen Folge die Beschäftigungen mehr als geringfügig entlohnt und somit versicherungspflichtig zu beurteilen sind.

> **Beispiel:**
>
> Eine Verkäuferin ist gegen ein monatliches Arbeitsentgelt von 900 € beschäftigt.
>
> Ab 1.10.2020 verzichtet die Verkäuferin im Rahmen einer Wertguthabenvereinbarung auf die Auszahlung von monatlich 450 €. Diese sollen monatlich als Wertguthaben für eine spätere Freistellung angespart werden. Die Verkäuferin ist weiterhin versicherungspflichtig in der Kranken-, Renten-, Arbeitslosen- und Pflegeversicherung. Die Umwandlung einer versicherungspflichtigen Beschäftigung in eine versicherungsfreie Beschäftigung durch eine Wertguthabenvereinbarung ist unzulässig. Die besonderen Regelungen zu Wertguthabenvereinbarungen finden keine Anwendung. Auf Basis des monatlich erarbeiteten Arbeitsentgeltanspruchs von 900 € besteht Beitragspflicht. Eine sozialversicherungsrechtlich relevante „Entsparung" des „Wertguthabens" ist nicht möglich.
>
> Die versicherungspflichtige Beschäftigung endet vor Beginn der Freistellung der Verkäuferin von der Arbeitsleistung und der Auszahlung des „Wertguthabens".
>
> Personengruppenschlüssel: 101
>
> Beitragsgruppenschlüssel: 1 1 1 1

Nach § 7b Nr. 5 SGB IV kann Wertguthaben aus einer versicherungspflichtigen Beschäftigung während der Freistellung von der Arbeitsleistung zudem nicht im Rahmen einer geringfügig entlohnten Beschäftigung versicherungsfrei „entspart" werden. Demzufolge muss jedoch die Umwandlung einer versicherungspflichtigen Beschäftigung bereits in der Ansparphase in eine versicherungsfreie Beschäftigung durch eine Wertguthabenvereinbarung erst recht unzulässig sein (§ 32 SGB I). Soweit geringfügig Beschäftigten der Abschluss von Wertguthabenvereinbarungen ermöglicht wurde, der auch in Zeiten der Freistellung von der Arbeitsleistung nicht mit einem besonderen Versicherungsschutz verbunden ist, kann dies nicht dazu führen, dass durch eine Wertguthabenvereinbarung eine versicherungspflichtige Beschäftigung (bereits in der Ansparphase des Wertguthabens) versicherungsfrei wird. Wurde eine entsprechende Wertguthabenvereinbarung geschlossen, ist sie sozialversicherungsrechtlich nicht relevant. Da in diesen Fällen eine Wertguthabenvereinbarung nach § 7b SGB IV nicht vorliegt, finden auch die besonderen beitragsrechtlichen Regelungen zur Verschiebung der Beitragsfälligkeit nach § 23b Abs. 1 SGB IV keine Anwendung. Demzufolge ist das Arbeitsentgelt für die versicherungs- und beitragsrechtliche Beurteilung maßgebend, welches erarbeitet wurde. Die nur teilweise Auszahlung des Arbeitsentgelts im Rahmen des Aufbaus eines „Arbeitsentgeltkontos" ist dabei unerheblich. Bei den später aus diesem Konto ausgezahlten Beträgen handelt es sich nicht um sozialversicherungsrechtlich relevantes Arbeitsentgelt.

> Wertguthabenvereinbarungen

1059 Da versicherungsfreie **kurzfristige Beschäftigungen** im Voraus auf einen kurzen Zeitraum begrenzt werden, sind hier Wertguthabenvereinbarungen für eine (längerfristige) Freistellung von der Arbeitsleistung nicht möglich.

Wohnsitzfinanzamt

I. Arbeitsrecht

1060 Es bestehen keine arbeitsrechtlichen Besonderheiten.

II. Lohnsteuer

1061 Das Wohnsitzfinanzamt ist im Gegensatz zum → Betriebsstättenfinanzamt für die persönlichen Belange des Stpfl. zuständig, z.B. → Einkommensteuerveranlagung. Es ist das Finanzamt, in dessen Bezirk der Arbeitnehmer seine Wohnung innehat.

So ist das Wohnsitzfinanzamt u.a. für die Bildung und Änderung der individuellen Lohnsteuerabzugsmerkmale des Arbeitnehmers sowie für die Ausstellung einer Bescheinigung für den Lohnsteuerabzug (→ Lohnsteuerkarte) zuständig, falls die elektronischen Lohnsteuerabzugsmerkmale unzutreffend sein sollten oder (noch) nicht gebildet werden können.

Für den **Privathaushalt** als **Arbeitgeber** ist das Wohnsitzfinanzamt regelmäßig zugleich das → Betriebsstättenfinanzamt.

III. Sozialversicherung

1062 Es bestehen keine sozialversicherungspflichtigen Besonderheiten.

IV. Kirchensteuer

1063 In den Fällen, in denen durch die Betriebsstättenbesteuerung ein höherer Hebesatz angewandt wird als derjenige, der am Wohnsitz des Arbeitnehmers gilt (z. B. 9 % Betriebsstätte statt 8 % Wohnsitz), erstatten die Kirchen auf Antrag des Arbeitnehmers die Hebesatzdifferenz. Dies stellt sicher, dass für das Kirchenmitglied der Steuersatz seiner Kirche gilt.

Zeugnis

I. Arbeitsrecht

1064 Aushilfskräfte haben Anspruch (nach § 109 GewO) auf Erteilung eines **einfachen Zeugnisses**; ebenso muss ihnen der Arbeitgeber auf Verlangen ein **qualifiziertes Zeugnis** erteilen, sofern sich dies nicht wegen der Kürze der Beschäftigung mangels Beurteilungsmöglichkeit verbietet.

1065 Ebenso haben Teilzeitarbeitnehmer selbstverständlich wie Vollzeitbeschäftigte Anspruch (nach § 109 GewO) auf Erteilung eines **einfachen Zeugnisses** beim Ausscheiden; auf Wunsch muss auch ein **qualifiziertes Zeugnis** ausgestellt werden mit Leistungs- und Führungsbeurteilung.

Da eine Schlussformel, mit der dem Arbeitnehmer regelmäßig für die Zusammenarbeit gedankt, sein Ausscheiden bedauert und ihm alles Gute für die Zukunft gewünscht wird, kein rechtlich notwendiger Bestandteil eines qualifizierten Zeugnisses ist (BAG v. 11.12.2012, 9 AZR 227/11, NZA 2013, 324), hat der Arbeitnehmer hierauf regelmäßig auch keinen Anspruch. Die Teilzeit als solche darf im Arbeitszeugnis erwähnt werden.

II. Lohnsteuer

Es bestehen keine lohnsteuerrechtlichen Besonderheiten. | 1066

III. Sozialversicherung

Es bestehen keine sozialversicherungsrechtlichen Besonderheiten. | 1067

Zuflussprinzip

I. Arbeitsrecht

Es bestehen keine arbeitsrechtlichen Besonderheiten. | 1068

II. Lohnsteuer

Grundvoraussetzung für die **Besteuerung** des Arbeitslohns ist sein tatsächlicher Zufluss, also die Erlangung der wirtschaftlichen Verfügungsmacht durch den Arbeitnehmer (z.B. bei Entgegennahme der Barzahlung, eines Schecks oder Verrechnungsschecks; bei einer Gehaltsüberweisung dann, wenn der Arbeitgeber die Überweisungsträger an das Kreditinstitut gegeben hat). Die **Lohnsteuerschuld** entsteht mit Zufluss des Arbeitslohns; zu diesem Zeitpunkt ist sie vom Arbeitgeber einzubehalten und abzuführen. | 1069

Wesentliches Merkmal des Zuflusses ist, dass es zu einer **Vermögensmehrung** beim Arbeitnehmer kommt. Erhält der Arbeitnehmer einen Geldbetrag, bestehen hinsichtlich des Zuflusses und der Erfassung als Einnahme keine Schwierigkeiten. Nicht erforderlich ist, dass der Arbeitgeber den Geldbetrag an den Arbeitnehmer selbst auszahlt oder überweist. Eine Einnahme bzw. ein Arbeitslohnzufluss liegt aber **auch** dann vor, wenn der Arbeitnehmer unbare Vorteile erhält (→ Arbeitsvergütung) oder wenn der Arbeitgeber eine mit dem Arbeitnehmer getroffene **Lohnverwendungsabrede** (konstitutive Verwendungsauflage) erfüllt. Bei einer Lohnverwendungsabrede erlischt der Lohnanspruch nicht, sondern erhält lediglich in Bezug auf die Erfüllungsmodalitäten einen anderen Inhalt. Andernfalls hätte der Arbeitnehmer auch die Zahlung des Arbeitslohns verlangen können.

Keinen Lohn erhält der Arbeitnehmer hingegen, wenn er auf Lohn verzichtet und keine Bedingungen an die Verwendung der frei gewordenen Mittel knüpft (Lohn-/Gehaltsverzicht, → Verzicht auf Arbeitsentgelt).

III. Sozialversicherung

Auf Grund der Änderung des § 22 Abs. 1 SGB IV zum 1.1.2003 entstehen die Beitragsansprüche der Sozialversicherungsträger bei einmalig gezahltem Arbeitsentgelt erst, sobald diese tatsächlich ausgezahlt werden. Damit gilt für einmalig gezahltes Arbeitsentgelt das Zuflussprinzip. Maßgebend für die Beitragspflicht von einmalig gezahltem Arbeitsentgelt ist demnach, ob und wann die Einmalzahlung zugeflossen ist. Beiträge sind nicht mehr zu entrichten, wenn das einmalig gezahlte Arbeitsentgelt tatsächlich nicht gezahlt wurde. Diese Änderung gilt für alle Beschäftigungszeiträume ab dem 1.1.2003. Diese Regelung ist auch bei der versicherungsrechtlichen Beurteilung zu berücksichtigen. Das Zuflussprinzip ist daher auch anzuwenden bei der Prüfung, ob das regelmäßige monatliche Arbeitsentgelt | 1070

- die Geringfügigkeitsgrenze von 450 € monatlich (→ Geringfügigkeitsgrenze) oder
- die Gleitzonengrenze (→ Gleitzonenregelung) von 850 € monatlich

überschreitet.

Zulagen/Zuschläge

I. Arbeitsrecht

1071 Durch Zulagen/Zuschläge (vgl. allgemein und ausführlich D. Besgen, B+P 2012, 379) sollen i.d.R. besondere Leistungen des Arbeitnehmers Berücksichtigung finden. Ein entsprechender Anspruch des Arbeitnehmers kann sich dabei aus Gesetz, Tarifvertrag oder einzelvertraglicher Vereinbarung sowie betrieblicher Übung und arbeitsrechtlichem Gleichbehandlungsgrundsatz ergeben. Als zuschlagspflichtige besondere Leistungen des Arbeitnehmers in diesem Sinne sind **insbesondere** zu nennen:

- Überstunden/Mehrarbeit (→ Überstunden),
- Sonn- und Feiertagsarbeit (→ Feiertagsarbeit),
- besonders ungünstige Arbeitszeiten (Spätschicht, Wechselschicht, Nachtarbeit),
- Arbeit an Vorfesttagen, z.B. Heiligabend,
- besonders schwere oder schmutzige Arbeit,
- Einsatz in Rufbereitschaft oder Bereitschaftsdienst,
- Auslands- bzw. Auswärtstätigkeit.

Bei der **Entgeltfortzahlung** im Krankheitsfall ist betr. der Überstundenzuschläge § 4 Abs. 1a EFZG zu beachten sowie auf tarifvertragliche Besonderheiten zu achten.

1072 Nach dem Gebot der **Lohngleichbehandlung von Teilzeitkräften** (Gleiches gilt grundsätzlich auch für **Aushilfskräfte,** → Aushilfe) steht ihnen bei Erfüllung der übrigen Voraussetzungen auch ein Anspruch auf bestimmte Zulagen/Zuschläge zu, die die Vollzeitbeschäftigten erhalten, z.B. auf Erschwerniszulagen, Sozialzulagen, Wechselschichtzulagen, Sonn- und Feiertagszuschläge oder Nachtzuschläge. So werden z.B. die mit Schichtarbeit verbundenen Erschwernisse bei Abrufarbeit nicht bereits durch die vereinbarte Vergütung kompensiert. Der Arbeitnehmer kann daher eine tarifliche **Schichtzulage** auch dann beanspruchen, wenn der Arbeitgeber bei der Aufstellung der Dienstpläne auf die Einsatzwünsche der Abruf-Mitarbeiter Rücksicht nimmt (BAG v. 24.9.2008, 10 AZR 106/08, NZA 2008, 1424). Eine **Zulage auf geleistete Stunden**, z.B. für Nachtstunden, steht Teilzeitkräften in vollem Umfang zu.

Siehe auch → Lohngleichbehandlung.

Zur **Zuschlagshöhe**: Ob die Zuschläge z.B. für Sonn- und Feiertagsarbeit auf den dem Arbeitnehmer tatsächlich gezahlten oder auf den (niedrigeren) tariflichen Stundenlohn zu zahlen sind, muss durch Auslegung des Tarifvertrags oder der arbeitsvertraglichen Vergütungsvereinbarung ermittelt werden (BAG v. 6.12.2006, 4 AZR 711/05, NZA-RR 2007, 368).

Besondere Bedeutung hat die Frage der Berücksichtigung von Zuschlägen i.S. einer Anrechnung beim **Mindestlohnanspruch**; siehe hierzu im Einzelnen → Mindestlohn Rz. 711.

Hingewiesen sei auf folgende von der **Rechtsprechung** entschiedene **Einzelfälle**:

- Teilzeitbeschäftigte, die ständig **Schicht- und Wechselschichtarbeit** leisten, haben keinen Anspruch auf die (pauschale monatliche) tarifliche Schicht- und Wechselschichtzulage in voller Höhe. Diese Zulagen stehen Teilzeitbeschäftigten nur anteilig in Höhe der Quote zwischen vereinbarter und regelmäßiger tariflicher Arbeitszeit zu. Eine Gleichbehandlung teilzeitbeschäftigter Arbeitnehmer beim Arbeitsentgelt oder bei anderen teilbaren geldwerten Leistungen nach dem in § 4 Abs. 1 TzBfG gesetzlich normierten sog. Pro-rata-temporis-Grundsatz schließt von vornherein eine Benachteiligung wegen der Teilzeitarbeit aus (BAG v. 25.9.2013, 10 AZR 4/12, NZA-RR 2014, 8; BAG v. 24.9.2008, 10 AZR 634/07, NZA 2008, 1422).

- Teilzeitkräfte können anders als bisher nach aktuell geänderter Rechtsprechung des BAG (v. 19.12.2018, 10 AZR 231/18, NZA 2019, 790) nicht von **Überstundenzuschlägen** betreffend Überstunden unterhalb der betrieblichen Vollarbeitszeit ausgeschlossen werden (→ Rz. 995).
- Eine Bestimmung, die für einzelne Arbeitsstunden in einer bestimmten zeitlichen Lage **Spätarbeits- und Nachtarbeitszuschläge** vorsieht, kann Teilzeitkräfte von diesem Anspruch nicht ausnehmen. Eine entgegenstehende Vorschrift ist nichtig. Die durch die Regelung benachteiligten Teilzeitkräfte haben Anspruch auf die Zuschläge, die vollzeitbeschäftigte Arbeitnehmer für Spät- und Nachtarbeit erhalten (BAG v. 24.9.2003, 10 AZR 675/02, NZA 2004, 611; BAG v. 15.12.1998, 3 AZR 239/97, DB 1999, 1762).
- Auch Teilzeitbeschäftigten steht die **Funktionszulage** zu, wenn der Anteil der herausgehobenen Tätigkeit dem bei einem Vollzeitbeschäftigten erforderlichen Anteil entspricht (BAG v. 18.3.2009, 10 AZR 338/08, NZA-RR 2010, 56).
- Sollen Teilzeitkräfte eine allein am Familienstand und der Kinderzahl orientierte tarifliche **Sozialzulage** nur entsprechend ihrer Arbeitszeit anteilig erhalten, so muss dies ausdrücklich bestimmt sein (BAG v. 7.10.1992, 10 AZR 51/91, DB 1993, 891).

II. Lohnsteuer

Zahlt der Arbeitgeber freiwillige oder vertraglich festgelegte Zulagen und Lohnzuschläge, sind diese regelmäßig steuerpflichtige Lohnteile, wenn sie nicht ausdrücklich gesetzlich steuerfrei gestellt sind, z.B. Zuschläge für Nachtarbeit (→ Nachtzuschlag). 1073

Siehe auch → Arbeitslohnzuschläge.

III. Sozialversicherung

Zuschläge und Zulagen sind Arbeitsentgelt. Lediglich dann, wenn sie zusätzlich zum ohnehin geschuldeten Arbeitsentgelt gezahlt werden und steuerfrei sind, sind sie kein Arbeitsentgelt im Sinne der Sozialversicherung (vgl. § 1 Abs. 1 Satz 1 Nr. 1 SvEV). 1074

Anhang

1. (Jahres-) Arbeitsvertrag für saisonale Teilzeitarbeit, unbefristet[1)]

Zwischen der Firma ....
(im Folgenden Arbeitgeber)
und Herrn/Frau ...., geb. am ....
wohnhaft in ...., Telefon ....
(im Folgenden Arbeitnehmer)
wird folgender Jahresarbeitsvertrag über Teilzeitarbeit geschlossen:

§ 1 Beginn der Tätigkeit

Der Arbeitnehmer wird als Teilzeitarbeitskraft vom .... an eingestellt.

§ 2 Art der Tätigkeit

a) *Die Tätigkeit umfasst folgenden Aufgabenbereich:*
b) *Der Arbeitgeber behält sich vor, dem Arbeitnehmer eine andere, ihm zumutbare, seinen Fähigkeiten und Kenntnissen entsprechende gleichwertige Tätigkeit zu übertragen – eventuell auch an einem anderen Ort –, ohne dass eine Änderung der Bezüge eintritt.*

§ 3 Arbeitszeit

a) *Die Arbeitszeit während des Kalenderjahres beträgt .... Stunden. Dies entspricht der üblichen Arbeitszeit einer Vollzeitarbeitskraft in .... Monaten/Wochen.*
b) *Die Lage der Arbeitszeit wird gemeinsam vom Arbeitgeber und Arbeitnehmer bestimmt und schriftlich für jeweils ein Kalenderjahr im Voraus festgelegt. Soweit keine andere Regelung getroffen wird, gilt folgender Arbeitszeitplan:*
....
(Zum Beispiel: 1.6. bis 31.12. Arbeitszeit und 1.1. bis 31.5. Freizeitperiode.)
c) *Während der Arbeitsperiode beträgt die regelmäßige Arbeitszeit .... Stunden wöchentlich. Soweit erforderlich, hat der Arbeitnehmer Überstunden in dem für Vollzeitarbeitskräfte üblichen Umfang zu erbringen.*

§ 4 Arbeitsentgelt

a) *Der Arbeitgeber zahlt an den Arbeitnehmer einen Stundenlohn von .... €.*
b) *Das Arbeitsentgelt wird am Ende eines jeden Monats auf ein vom Arbeitnehmer zu benennendes Konto überwiesen. Es berechnet sich auf der Grundlage der Arbeitsstunden im Monatsdurchschnitt des Kalenderjahres.*
c) *Zusätzlich wird Ende November ein Weihnachtsgeld in Höhe von .... (z.B. einem Zwölftel des Jahresarbeitsentgelts) gewährt.*
d) *Überstunden werden nach den gleichen Grundsätzen wie bei Vollzeitarbeitskräften vergütet. Die Vergütung für die Überstunden wird jeweils am Ende des Monats der Arbeitsleistung überwiesen.*

---

1) Bitte prüfen Sie jeweils, ob eine Tarifbindung besteht. In diesem Fall wären erhebliche Abweichungen möglich. Vorliegende Vereinbarung berücksichtigt lediglich die gesetzlichen Vorgaben.

§ 5 Urlaub

Der Jahresurlaub beträgt .... Arbeitstage während der Arbeitsperiode (Alternative: je Arbeitsmonat .... Arbeitstage). Die Lage des Urlaubs während der Arbeitsperiode wird vom Arbeitgeber entsprechend den Wünschen des Arbeitnehmers im Rahmen der betrieblichen Möglichkeiten und der berechtigten persönlichen Belange anderer Mitarbeiter festgelegt.

(Alternative)

Der Jahresurlaub in Höhe von .... Arbeitstagen wird dem Arbeitnehmer am Ende der jeweils nach § 3 Buchst. b vereinbarten Arbeitsperiode gewährt.

§ 6 Entgeltfortzahlung im Krankheitsfall

a) *Anspruch auf Entgeltfortzahlung im Krankheitsfall in Höhe von zz. 100 % des ausgefallenen Arbeitsentgelts (ohne Überstunden) besteht während der im Arbeitszeitplan nach § 3 Buchst. b festgelegten Arbeitsperiode. Dauert eine Erkrankung während der Arbeitsperiode über den Zeitraum der Entgeltfortzahlung im Krankheitsfall hinaus fort, kürzt sich das Jahresarbeitsentgelt des Arbeitnehmers um den auf diese Zeit entfallenden Teil des Arbeitsentgelts.*

b) *Erkrankt der Arbeitnehmer während der Arbeitsperiode, so hat er den Arbeitgeber unverzüglich zu unterrichten. Ein ärztliches Attest ist spätestens am .... Tag nach Eintritt der Arbeitsunfähigkeit vorzulegen. Krankheiten in der Freizeitperiode sind dem Arbeitgeber unverzüglich mitzuteilen, soweit die Möglichkeit einer Fortdauer bis in die nächste Arbeitsperiode erkennbar ist.*

§ 7 Probezeit und Kündigung

a) *Die ersten .... Wochen/Monate der Arbeitsperiode gelten als Probezeit, in der das Arbeitsverhältnis von beiden Seiten mit einer Frist von zwei Wochen gekündigt werden kann.*[1]

b) *Nach Ablauf der Probezeit gelten die gesetzlichen Kündigungsfristen. Die Grundkündigungsfrist beträgt für beide Seiten zurzeit vier Wochen zum 15. oder zum Ende eines Kalendermonats.*

c) *Im Falle der vorzeitigen Beendigung des Arbeitsverhältnisses werden gezahltes Arbeitsentgelt und erbrachte Arbeitsstunden saldiert und entweder der dem Arbeitnehmer auf Grund der geleisteten Arbeitsstunden noch zustehende Teil des Arbeitsentgelts unverzüglich überwiesen oder dem Arbeitgeber der von ihm zu viel gezahlte Teil des Arbeitsentgelts unverzüglich zurückgezahlt.*

§ 8 Betriebliche Altersversorgung

Der Arbeitnehmer hat Anspruch auf Versorgungsleistungen nach Maßgabe der Versorgungsordnung des Arbeitgebers (anteilig entsprechend der geleisteten Arbeit zur Vollzeitarbeit).

§ 9 Betriebsordnung

§ 10 Lohnpfändung

§ 11 Sonstige Vereinbarungen

---

[1] Gemäß § 622 Abs. 3 BGB kann diese Probezeit bis zu sechs Monate betragen. Bis zu dem letzten Tag der Probezeit kann die Kündigung dann mit der Frist von zwei Wochen ausgesprochen werden.

§ 12 Ausschlussfrist

§ 13 Tarifverträge

........................,   den ....
(Ort)   *(Datum)*
....
(Arbeitgeber)   *(Arbeitnehmer)*

2. Arbeitsvertrag für Aushilfen[1]

Zwischen ....
als Arbeitgeber   (im Folgenden Text „Arbeitgeber" genannt)
und Herrn/Frau ....
als Arbeitnehmer(in)   (im Folgenden Text „Arbeitnehmer(in)" genannt)

wird folgender Arbeitsvertrag zur Aushilfe geschlossen:

§ 1 Art und Zweck der Tätigkeit

Der/Die Arbeitnehmer(in) wird

a) für ....
   (z. B. die Dauer des Sommer- und Winterschlussverkaufes/das Weihnachtsgeschäft/die Ferienbeurlaubungen/die Erkrankung von Personal)
b) wegen ....
   (Aushilfszweck einfügen)

zur Aushilfe eingestellt.

§ 2 Dauer der Tätigkeit[2]

Der/Die Arbeitnehmer(in) wird

a)   am .... für die Dauer von   ....
                                              (Zeitraum angeben)
b)   vom .... bis zum .... eingestellt.[3]
c)   Grund der Befristung (vgl. § 14 TzBfG) ist: ....

Mit Ablauf des .... endet das Arbeitsverhältnis, ohne dass es einer Kündigung bedarf. Eine Weiterbeschäftigung bedarf einer ausdrücklichen schriftlichen Vereinbarung.[4]

§ 3 Arbeitsentgelt[5]

Der/Die Arbeitnehmer(in) erhält nachfolgendes Entgelt:

Monats-/Stunden-/Wochenlohn[6] ....

Dieses Entgelt setzt sich zusammen aus:

- Grundlohn nach Tarifgruppe   ....
- Leistungszulage   ....
- Freiwillige, jederzeit widerrufliche Zulage   ....
- Sozialzulage   ....
- Sonstige Zulagen   ....

---

1) Bitte prüfen Sie jeweils, ob eine Tarifbindung besteht. In diesem Fall wären erhebliche Abweichungen möglich. Vorliegende Vereinbarung berücksichtigt lediglich die gesetzlichen Vorgaben.
2) Befristungshöchstdauer ohne sachlichen Grund sind zwei Jahre und innerhalb dieses Zeitraums ist höchstens eine dreimalige Verlängerung möglich und nur wenn zuvor mit dem Arbeitgeber kein Beschäftigungsverhältnis bestanden hat (§ 14 Abs. 2 TzBfG). Mit sachlichem Grund sind Befristungen mehrfach möglich. Ein sachlicher Grund bestünde z.B. bei vorübergehendem betrieblichen Bedarf oder zur Vertretung eines anderen Arbeitnehmers (vgl. § 14 Abs. 1 Nr. 1 oder Nr. 3 TzBfG).
3) Zutreffende Angaben bitte sorgfältig ausfüllen. Nichtzutreffende Angaben bitte streichen.
4) Zutreffende Angaben bitte sorgfältig ausfüllen.
5) In den meisten Branchen ist der geltende Mindestlohn zu beachten!
6) Nichtzutreffende Angaben bitte streichen.

Das Entgelt wird in bar am Monats-/Wochenende ausgezahlt/auf ein vom/von der Arbeitnehmer(in) benanntes Konto überwiesen.[1)]

§ 4 Arbeitszeit

Die regelmäßige Arbeitszeit während der Aushilfstätigkeit beträgt .... Stunden wöchentlich/täglich.

Der/Die Arbeitnehmer(in) ist auf Aufforderung zur Leistung von Überstunden verpflichtet. Für diese Überstunden wird ein Zuschlag von .... bezahlt.

§ 5 Urlaub

Der Urlaubsanspruch richtet sich nach dem Bundesurlaubsgesetz. Er beträgt 24 Werktage = 20 Arbeitstage im Urlaubsjahr (Kalenderjahr). Ist der Arbeitnehmer nur an einzelnen Tagen der Woche beschäftigt, ist der Urlaub umzurechnen.

§ 6 Kündigung[2)]

a) *Während der vereinbarten Zeitdauer des Aushilfsarbeitsverhältnisses wird beiderseits eine ordentliche Kündigung in den ersten drei Monaten des Aushilfsarbeitsverhältnisses von einem Tag zum Ende des darauf folgenden Kalendertages vereinbart.*

   Nach Ablauf von drei Monaten gilt beiderseits die gesetzliche Mindestfrist von vier Wochen zum 15. oder zum Ende eines Kalendermonats.

b) *Es gelten die gesetzlichen Kündigungsfristen.*[3)]

Die Kündigung bedarf der Schriftform.

§ 7 Arbeitsverhinderung

Bei jeder Arbeitsverhinderung – gleich aus welchem Grund – ist der Arbeitgeber unverzüglich über den Grund des Fernbleibens und seine voraussichtliche Dauer (z.B. persönlich, telefonisch, per Fax oder durch zuverlässige Dritte) zu unterrichten.

Dauert eine Arbeitsverhinderung wegen krankheitsbedingter Arbeitsunfähigkeit länger als drei Kalendertage, ist der/die Arbeitnehmer(in) verpflichtet, ein ärztliches Attest am darauf folgenden Arbeitstag dem Arbeitgeber vorzulegen, aus dem sich die Arbeitsunfähigkeit sowie ihre voraussichtliche Dauer ergeben muss.

Der Arbeitgeber behält sich vor, ein ärztliches Attest bereits ab dem ersten Tage der Arbeitsunfähigkeit zu fordern.[4)] *Ein ärztliches Attest ist auch nach Ablauf des gesetzlichen Entgeltfortzahlungsanspruchs für die Dauer der gesamten krankheitsbedingten Arbeitsunfähigkeit vorzulegen.*

§ 8 Entgeltfortzahlung bei Krankheit und Kur

(1) *Die Parteien vereinbaren für die Entgeltfortzahlung im Krankheitsfalle die gesetzliche Regelung der §§ 3, 4 EFZG. Das bedeutet, dass ein Anspruch erst nach vierwöchiger ununterbrochener Dauer des Arbeitsverhältnisses entsteht (§ 3 Abs. 3 EFZG) und ein gesetzlicher Anspruch auf Entgeltfortzahlung in Höhe von 100 % des regelmäßigen Entgeltes – ohne Überstundenvergütungen und Aufwendungen (§ 4 Abs. 2 EFZG) – für die Dauer von sechs Wochen gewährt wird (§§ 3 Abs. 1, 4 Abs. 1 EFZG).*

---

1) Zutreffende Angaben bitte sorgfältig ausfüllen, Nichtzutreffendes streichen.
2) § 622 Abs. 5 und Abs. 6 BGB sind zu beachten (→ Rz. 576).
3) Nichtzutreffende Angaben bitte streichen.
4) Ein ärztliches Attest kann bei krankheitsbedingter Arbeitsunfähigkeit in begründeten Fällen auch schon nach einem Tag verlangt werden (BAG v. 14.11.2012, 5 AZR 886/11, DB 2013, 464).

Eine Änderung dieser gesetzlichen Grundlage findet mit ihrem In-Kraft-Treten unmittelbar Anwendung auf das Arbeitsverhältnis.

Leistet der Arbeitgeber Entgeltfortzahlung, tritt der/die Angestellte eine ihm/ihr zustehende Schadensersatzforderung an einen Dritten, der die Arbeitsunfähigkeit zu vertreten hat, an den Arbeitgeber ab (§ 6 EFZG).

(2) *Im Falle einer Kurmaßnahme gilt § 10 BUrlG.*

§ 9 Sonderzuwendungen

Soweit der Arbeitgeber während des Aushilfsarbeitsverhältnisses Sonderzuwendungen (z.B. Weihnachtsgratifikation oder zusätzliches Urlaubsgeld) gewährt, erfolgt die Zahlung freiwillig und ohne jeden zukünftigen Rechtsanspruch. Für die Zahlung gelten die jeweils festgelegten Bedingungen, insbesondere Rückzahlungsklauseln.

Ist das Arbeitsverhältnis im Zeitpunkt der Auszahlung – gleich von welcher Partei – gekündigt, entfällt ein Anspruch auf die Sonderzuwendung.

Für die Kürzung der Sonderzuwendung für Zeiten der Arbeitsunfähigkeit durch Krankheit gilt § 4a EFZG als vereinbart.

§ 10 Ergänzende Regelungen/Vertragsänderungen

Im Übrigen gelten für das Arbeitsverhältnis ergänzend die Vorschriften des Tarifvertrages .... /der Arbeitsordnung vom ....[1] in ihrer jeweiligen Fassung, soweit in diesem Vertrag keine besondere Regelung erfolgt ist. Weitere Vereinbarungen außerhalb dieses Vertrages bestehen nicht.

Nebenabreden und Ergänzungen sowie Änderungen des Vertrages werden nur wirksam, wenn sie schriftlich niedergelegt sind. Das gilt auch für die Aufhebung dieser Schriftformklausel.

§ 11 Geringfügige/kurzfristige Beschäftigung/Lohnsteuer/Sozialversicherung

Soweit die Parteien einen Zeitrahmen und/oder eine Vergütung festgelegt haben, die als „geringfügige Beschäftigung" nach den jeweils anwendbaren gesetzlichen Bestimmungen steuer- und sozialversicherungsrechtliche Sonderregelungen genießen, gilt Folgendes:

(1) **Steuerrechtliche Besonderheiten**[2]
- ☐ **Es liegt eine steuerpflichtige geringfügige Beschäftigung vor**[3]
  - ☐ *Die geringfügige Beschäftigung ist nicht lohnsteuerfrei. Insoweit soll Pauschalversteuerung nach § 40a EStG nebst Solidaritätszuschlag und ggf. Kirchensteuer erfolgen.*
    - ☐ *Die anfallende Steuer trägt der Arbeitgeber.*
    - ☐ *Die anfallende Steuer trägt der Arbeitnehmer.*
  - ☐ *Die geringfügige Beschäftigung ist nicht lohnsteuerfrei. Es soll über eine vom Arbeitnehmer vorzulegende Lohnsteuerkarte abgerechnet werden.*
- ☐ **Es liegt eine kurzfristige, pauschalbesteuerte Beschäftigung vor.**

(2) **Sozialversicherungsrechtliche Besonderheiten**
- ☐ **Reguläre Sozialversicherungspflicht:**
  Die geringfügige Beschäftigung ist in vollem Umfang sozialversicherungspflichtig.

---

1) Zutreffendes bitte ankreuzen.
2) Bei bestehender Aufstockungsoption Zutreffendes bitte ankreuzen.
3) Bei bestehender Aufstockungsoption Zutreffendes bitte ankreuzen.

☐ **Pauschale Sozialversicherungsbeitragspflicht:**
- *(I)* *Die dauerhaft geringfügige Beschäftigung ist grundsätzlich pauschal krankenversicherungspflichtig mit zurzeit ... % des Arbeitsentgelts und*
- *(II)* *grundsätzlich pauschal rentenversicherungspflichtig mit zurzeit ... % des Arbeitsentgelts.*
- *(III)* *Die vorgenannten pauschalen Sozialversicherungsbeiträge trägt der Arbeitgeber.*
- *(IV)* *Optionsmöglichkeit – gesetzliche Rentenversicherung*
  - ☐ *Der Arbeitnehmer verzichtet auf die Versicherungspflicht in der Rentenversicherung; der Arbeitnehmer optiert damit für die Versicherungsfreiheit in der gesetzlichen Rentenversicherung und wird hierzu dem Arbeitgeber einen unterschriebenen Befreiungsantrag von der Rentenversicherungspflicht vorlegen.*
  - ☐ *Der Arbeitnehmer erklärt nach Hinweis auf die Optionsmöglichkeit für die Versicherungsbefreiung in der gesetzlichen Rentenversicherung:*
    Es soll bei der Versicherungspflicht in der Rentenversicherung verbleiben; von der Möglichkeit zum Verzicht auf die Rentenversicherungspflicht mit eigenem Beitragsanteil mache ich keinen Gebrauch.
- *(V)* *Der Arbeitnehmer verpflichtet sich, den Arbeitgeber über jede zur allgemeinen Sozialversicherungspflicht führende Änderung seiner Beschäftigungsverhältnisse (insbesondere über das Bestehen oder die Aufnahme versicherungspflichtiger oder weiterer geringfügiger Beschäftigungen) unverzüglich zu unterrichten.*
- *(VI)* *Eine entgegen der angenommenen Sozialversicherungsfreiheit bestehende oder entstehende Belastung trägt der Arbeitnehmer, ebenso eine sich aus der Nichteinhaltung der Unterrichtungspflicht ergebende Belastung.*

☐ **Sozialversicherungsfreie geringfügige (kurzfristige) Beschäftigung:**
- *(I)* *Die geringfügige (kurzfristige) Beschäftigung (von längstens drei Monaten oder höchstens 70 Arbeitstagen im Kalenderjahr[1]) ist sozialversicherungsfrei.*
- *(II)* *Der Arbeitnehmer verpflichtet sich, den Arbeitgeber über jede zur allgemeinen Sozialversicherungspflicht führende Änderung seiner Beschäftigungsverhältnisse (insbesondere über das Bestehen oder die Aufnahme versicherungspflichtiger oder weiterer geringfügiger Beschäftigungen) unverzüglich zu unterrichten.*
- *(III)* *Eine entgegen der angenommenen Sozialversicherungsfreiheit bestehende oder entstehende Belastung trägt der Arbeitnehmer, ebenso eine sich aus der Nichteinhaltung der Unterrichtungspflicht ergebende Belastung.*

§ 12 Sonstige Vereinbarungen

....

....

....

....

---

[1] Zu der Erhöhung der Zeitgrenzen auf 3 Monate bzw. 70 Arbeitstage → kurzfristige Beschäftigung.

§ 13 Gerichtsstand

Gerichtsstand für beide Vertragspartner ist das Arbeitsgericht in .... [1]

........................,   *den* ....
(Ort)   *(Datum)*

....
(Arbeitgeber)   *(Arbeitnehmer)*

---

[1] Sitz des Arbeitgebers oder Erfüllungsort.

3. Arbeitsvertrag für geringfügig Beschäftigte im Privathaushalt

Zwischen Herrn/Frau ....
wohnhaft in ...., Telefon ....
(im Folgenden Arbeitgeber)
und Herrn/Frau ...., geb. am ....
wohnhaft in ...., Telefon ....
(im Folgenden Arbeitnehmer)
wird folgender Teilzeitarbeitsvertrag geschlossen:

§ 1 Tätigkeit

Der Arbeitnehmer wird vom .... an als geringfügig beschäftigte Teilzeitarbeitskraft (ohne Lohnsteuerkarte) für eine Tätigkeit im Privathaushalt des Arbeitgebers eingestellt. Hierunter fallen alle Arbeiten, die sonst gewöhnlich durch Mitglieder des privaten Haushalts erledigt werden, insbesondere ....

§ 2 Arbeitszeit

Die regelmäßige Arbeitszeit beträgt .... Stunden in der Woche,

und zwar .... Stunden jeweils am .... und am ....

§ 3 Arbeitsentgelt/geringfügige Beschäftigung[1)]

a) Der Arbeitnehmer erhält ein regelmäßiges monatliches Arbeitsentgelt von .... €.
b) Die Bezüge werden nachträglich am Ende des Monats/der Woche auf ein vom Arbeitnehmer zu benennendes Konto überwiesen.
c) Für die geringfügige Beschäftigung im Privathaushalt (§ 8a SGB IV) sind vom Arbeitgeber
 – pauschale Krankenversicherungsbeiträge von 5 % des Arbeitsentgelts und
 – pauschale Rentenversicherungsbeiträge von 5 % des Arbeitsentgelts und
 – die Pauschalsteuer von 2 % des Arbeitsentgelts
 zu entrichten. Hierfür wird das Haushaltsscheckverfahren angewendet.
d) Der Arbeitnehmer ist versicherungspflichtig in der Rentenversicherung und ist insoweit zur ergänzenden Zahlung des Rentenversicherungsbeitrags für Arbeitnehmer in Höhe der Differenz zwischen dem Pauschalbeitrag des Arbeitgebers zur Rentenversicherung im Haushaltsscheckverfahren (5 %) und dem jeweiligen vollen Beitrag zur Rentenversicherung (2015 = 18,7 %), also von 13,7 % des Arbeitsentgelts verpflichtet. Dieser Beitrag ist mindestens von einem Arbeitsentgelt in Höhe von 175 € zu zahlen. Der Arbeitgeber ist verpflichtet diesen Anteil vom Entgelt des Arbeitnehmers einzubehalten und an die Sozialversicherung abzuführen. Auf die Möglichkeit sich von der Rentenversicherungspflicht befreien zu lassen, hat der Arbeitgeber den Arbeitnehmer hingewiesen.
 (Wichtige Anmerkung: Die Rentenversicherungspflicht wurde 2013 eingeführt, damit sich auch geringfügig Beschäftigte Pflichtbeitragszeiten erarbeiten, was durchaus auch Vorteile bieten kann. Der Arbeitgeber sollte den Arbeitnehmer bei Beginn der Beschäftigung darauf hinweisen, dass er sich hierzu informieren

---

1) In den meisten Branchen ist der Mindestlohn zu beachten!

sollte und wenn die Rentenversicherungspflicht **nicht** gewollt ist, der Arbeitnehmer dem Arbeitgeber dies formlos schriftlich mitteilen kann, dass er eine Befreiung von der Versicherungspflicht in der Rentenversicherung wünscht. Dieser vom Arbeitnehmer zu unterschreibende Antrag auf Befreiung von der Rentenversicherungspflicht ist mit einem Eingangsdatum versehen, zu den Entgeltunterlagen zu nehmen, damit der Arbeitgeber in einer Sozialversicherungsprüfung den Verzicht des Arbeitnehmers auf die Rentenversicherungspflicht nachweisen kann. → Anhang 18 Antrag auf Befreiung von der Rentenversicherungspflicht)

e) Der Arbeitnehmer versichert, dass er keine weiteren geringfügigen und sonstigen Beschäftigungen ausübt, die zu einem Überschreiten der monatlichen Entgelthöchstgrenze für geringfügige Beschäftigungen in Höhe von 450 € führen. Er verpflichtet sich, den Arbeitgeber unverzüglich über jede zur allgemeinen Sozialversicherungspflicht oder zum Verlust der Steuerpauschalierung führende Änderung, insbesondere über die Aufnahme versicherungspflichtiger oder weiterer geringfügiger Beschäftigungen, zu unterrichten. Der Arbeitnehmer versichert, dass ihm bekannt ist, dass Verstöße gegen die Mitteilungspflichten Schadensersatzansprüche des Arbeitgebers auslösen können.

§ 4 Probezeit/Kündigungsfristen

§ 5 Urlaub

§ 6 Lohnpfändung

§ 7 Ausschlussfrist

§ 8 Vertragsänderungen

........................., den........................
(Ort) (Datum)
....
(Arbeitgeber) (Arbeitnehmer)

4. Arbeitsvertrag für geringfügig Beschäftigte mit Vergütung bis 450 € monatlich[1]

Zwischen der Firma ....
(im Folgenden Arbeitgeber)
und Herrn/Frau ....,   geb. am ....
wohnhaft in ....,   Telefon ....
(im Folgenden Arbeitnehmer)

wird folgender Teilzeitarbeitsvertrag geschlossen:

§ 1 Tätigkeit

a)   Der Arbeitnehmer wird vom .... an als geringfügig beschäftigte Teilzeitarbeitskraft (ohne individuelle Lohnbesteuerung) für folgende Tätigkeit eingestellt.

b)   Der Arbeitnehmer verpflichtet sich, bei Bedarf auch andere Arbeiten zu übernehmen, die üblicherweise von einem .... verrichtet werden oder ihm sonst zumutbar sind, insbesondere weil sie seiner Ausbildung und seinen Kenntnissen entsprechen und mit keiner Minderung des Arbeitsentgelts verbunden sind.

§ 2 Arbeitszeit

Die regelmäßige Arbeitszeit beträgt .... Stunden in der Woche, und zwar .... Stunden jeweils am .... und am ....

(Alternative)

Die regelmäßige Arbeitszeit beträgt .... Stunden in der Woche; ihre Lage und Verteilung richten sich nach den jeweiligen betrieblichen Regelungen.

§ 3 Arbeitsentgelt/geringfügige Beschäftigung[2]

a)   Der Arbeitnehmer erhält ein regelmäßiges monatliches Arbeitsentgelt von .... €/einen Stundenlohn von .... €.
Für Überstunden wird ein Zuschlag von .... % gezahlt.

b)   Die Bezüge werden nachträglich am Ende des Monats/der Woche auf ein vom Arbeitnehmer zu benennendes Konto überwiesen.

c)   Für die geringfügige Beschäftigung (§ 8 Abs. 1 Nr. 1 SGB IV) sind vom Arbeitgeber zu entrichten:
 - pauschale Krankenversicherungsbeiträge von 13 % des Arbeitsentgelts (in Privathaushalten 5 %),
 - pauschale Rentenversicherungsbeiträge von 15 % des Arbeitsentgelts (in Privathaushalten 5 %),
 - die einheitliche Pauschalsteuer von 2 %; hierin sind Kirchensteuer und Solidaritätszuschlag enthalten,
 - Beiträge zur Unfallversicherung und

---

1) Bitte prüfen Sie jeweils, ob eine Tarifbindung besteht. In diesem Fall wären erhebliche Abweichungen möglich. Vorliegende Vereinbarung berücksichtigt lediglich die gesetzlichen Vorgaben.
2) Auch hier sollten Sie sich sicher sein, dass dem Arbeitnehmer tarifvertraglich oder nach dem Mindestlohngesetz kein höherer Lohn zusteht. Es könnte sich bei Überschreiten der 450 €-Grenze eventuell eine Sozialversicherungspflicht ergeben.

- ggf. Umlagen nach dem Aufwendungsausgleichgesetz für die Entgeltfortzahlung im Krankheitsfall und für Mutterschaftsaufwendungen.

Die pauschalen Sozialversicherungsbeiträge und die Pauschalsteuer trägt der Arbeitgeber.

d) Der Arbeitnehmer ist versicherungspflichtig in der Rentenversicherung und ist insoweit zur ergänzenden Zahlung des Rentenversicherungsbeitrags für Arbeitnehmer in Höhe der Differenz zwischen dem Pauschalbeitrag des Arbeitgebers zur Rentenversicherung (15 %) und dem jeweiligen vollen Beitrag zur Rentenversicherung (2015 = 18,7 %), also von 3,7 % des Arbeitsentgelts verpflichtet. Dieser Beitrag ist mindestens von einem Arbeitsentgelt in Höhe von 175 € zu zahlen. Der Arbeitgeber ist verpflichtet diesen Anteil vom Entgelt des Arbeitnehmers einzubehalten und an die Sozialversicherung abzuführen. Auf die Möglichkeit sich von der Rentenversicherungspflicht befreien zu lassen, hat der Arbeitgeber den Arbeitnehmer hingewiesen.

(**Wichtige Anmerkung:** Die Rentenversicherungspflicht wurde 2013 eingeführt, damit sich auch geringfügig Beschäftigte Pflichtbeitragszeiten erarbeiten, was durchaus auch Vorteile bieten kann. Der Arbeitgeber sollte den Arbeitnehmer bei Beginn der Beschäftigung darauf hinweisen, dass er sich hierzu informieren sollte und wenn die Rentenversicherungspflicht nicht gewollt ist, der Arbeitnehmer dem Arbeitgeber dies formlos schriftlich mitteilen kann, dass er eine Befreiung von der Versicherungspflicht in der Rentenversicherung wünscht. Dieser vom Arbeitnehmer zu unterschreibende Antrag auf Befreiung von der Rentenversicherungspflicht ist mit einem Eingangsdatum versehen, zu den Entgeltunterlagen
zu nehmen, damit der Arbeitgeber in einer Sozialversicherungsprüfung den Verzicht des Arbeitnehmers auf die Rentenversicherungspflicht nachweisen kann.
→ Anhang 18 Antrag auf Befreiung von der Rentenversicherungspflicht)

(Alternative)

Die Parteien sind sich einig, dass das Arbeitsentgelt pauschal besteuert wird. Die Lohnsteuer wird gemäß § 40a Abs. 2a des Einkommensteuergesetzes pauschal mit einem Steuersatz von 20 % (zuzüglich Solidaritätszuschlag und Kirchensteuer) erhoben. Die pauschalierte Steuer trägt der Arbeitgeber/im Innenverhältnis der Arbeitnehmer/im Innenverhältnis der Arbeitgeber zu
.... % und der Arbeitnehmer zu .... %.

e) Der Arbeitnehmer versichert, dass er
- folgende weitere Beschäftigungen ausübt: ....
(Angabe der Beschäftigungen und Höhe des Arbeitsentgelts),
- keine weiteren geringfügigen und sonstigen Beschäftigungen ausübt, die zu einem Überschreiten der monatlichen Entgelthöchstgrenze für geringfügige Beschäftigungen in Höhe von 450 € führen. Er verpflichtet sich, den Arbeitgeber unverzüglich über jede zur allgemeinen Sozialversicherungspflicht oder zum Verlust der Steuerpauschalierung führende Änderung, insbesondere über die Aufnahme versicherungspflichtiger oder weiterer geringfügiger Beschäftigungen, zu unterrichten.

Der Arbeitnehmer versichert, dass ihm bekannt ist, dass Verstöße gegen die Mitteilungspflichten Schadensersatz- und Rückgriffsansprüche des Arbeitgebers auslösen können. Der Arbeitgeber behält sich vor, diese Ansprüche geltend zu machen.

§ 4 Probezeit/Kündigungsfristen

§ 5 Urlaub

§ 6 Lohnpfändung

§ 7 Ausschlussfrist

§ 8 Vertragsänderungen

§ 9 Sonstige Vereinbarungen

........................,   den ....
(Ort)   *(Datum)*
....
(Arbeitgeber)   *(Arbeitnehmer)*

5. Arbeitsvertrag für Beschäftigte im sozialversicherungsrechtlichen Übergangsbereich zwischen 450,01 € und 1 300 €

Zwischen der Firma ....
(im Folgenden Arbeitgeber)
und Herrn/Frau ...., geb. am ....
wohnhaft in ...., Telefon ....
(im Folgenden Arbeitnehmer)
wird folgender Teilzeitarbeitsvertrag geschlossen:

§ 1 Tätigkeit

a) Der Arbeitnehmer wird vom .... an als Teilzeitarbeitskraft (mit Lohnsteuerkarte) für folgende Tätigkeit eingestellt. Arbeitsort ist ....
b) Der Arbeitnehmer verpflichtet sich, bei Bedarf auch andere Arbeiten zu übernehmen, die üblicherweise von einem .... verrichtet werden oder ihm sonst zumutbar sind.

§ 2 Arbeitszeit

Die regelmäßige Arbeitszeit beträgt .... Stunden in der Woche, und zwar
.... Stunden jeweils am .... und am .... /Lage und Verteilung der Arbeitszeit richten sich nach den jeweiligen betrieblichen Regelungen.

§ 3 Arbeitsentgelt/Beschäftigung innerhalb des sozialversicherungsrechtlichen Übergangsbereichs

a) Der Arbeitnehmer erhält ein regelmäßiges monatliches Arbeitsentgelt von .... (zwischen 450,01 € und 1 300 €).
b) Die Bezüge werden nachträglich am Ende des Monats/der Woche auf ein vom Arbeitnehmer zu benennendes Konto überwiesen.
c) Für die Beschäftigung (innerhalb des Übergangsbereichs des § 20 Abs. 2 SGB IV) sind
   - vom Arbeitgeber der volle Beitragsanteil zur Kranken-, Pflege-, Renten- und Arbeitslosenversicherung und
   - vom Arbeitnehmer ein reduzierter Beitragsanteil (entsprechend der Höhe des Arbeitsentgelts zwischen ca. 4 % und 21 % des tatsächlichen Arbeitsentgelts)
   zu entrichten.
d) Der Arbeitnehmer versichert, dass er keine weiteren versicherungspflichtigen Beschäftigungen ausübt, die zu einem Überschreiten der monatlichen Entgelthöchstgrenze von 1 300 € führen. Er verpflichtet sich, den Arbeitgeber unverzüglich über jede zur allgemeinen Sozialversicherungspflicht führende Änderung, insbesondere über die Aufnahme versicherungspflichtiger Beschäftigungen, zu unterrichten. Übt der Arbeitnehmer eine oder mehrere weitere versicherungspflichtige Beschäftigungen aus, deren Arbeitsentgelte zusammengerechnet innerhalb des sozialversicherungsrechtlichen Übergangsbereichs zwischen 450,01 und 1 300 € liegen, ist er darüber hinaus verpflichtet, dem Arbeitgeber das monatliche Arbeitsentgelt in den anderen Beschäftigungen mitzuteilen. Der Arbeitnehmer versichert, dass ihm bekannt ist, dass Verstöße gegen die Mitteilungspflichten Schadensersatz- und Rückgriffsansprüche des Arbeitgebers auslösen können.

§ 4 Probezeit/Kündigungsfristen

§ 5 Urlaub

§ 6 Lohnpfändung

§ 7 Ausschlussfrist

§ 8 Vertragsänderungen

........................,   den ....
(Ort)   *(Datum)*
....
(Arbeitgeber)   *(Arbeitnehmer)*

6. Arbeitsvertrag für gewerbliche Arbeitnehmer nach § 14 Abs. 2 TzBfG, befristet[1)]

Zwischen ....
als Arbeitgeber   (im Folgenden „Arbeitgeber" genannt)
und Herrn/Frau ....
als Arbeitnehmer(in)   (im Folgenden „Arbeitnehmer(in)" genannt)

wird folgender befristete Arbeitsvertrag geschlossen:

§ 1 Beginn, Ende und Art der Tätigkeit

Der/Die Arbeitnehmer(in) wird als .... für die Dauer von .... Monaten/Jahren[2)] eingestellt (§ 14 Abs. 2 TzBfG).[3)] Arbeitsort ist ....

Der Arbeitnehmer/die Arbeitnehmerin versichert, dass er/sie bisher in keinem befristeten oder unbefristeten Beschäftigungsverhältnis zu dem Arbeitgeber gestanden hat.

Das Arbeitsverhältnis beginnt am .... und endet am ....

Die Verlängerung bedarf einer ausdrücklichen schriftlichen Vereinbarung.

Während der Dauer der vereinbarten Befristung kann der Anstellungsvertrag von beiden Seiten ordentlich mit vier Wochen zum 15. oder zum Ende eines Kalendermonats gekündigt werden.

Die ersten .... Wochen/Monate gelten als Probezeit.[4)] Während dieser vereinbarten Probezeit kann der Arbeitsvertrag beiderseits mit einer Frist von zwei Wochen gekündigt werden.

Die ordentliche Kündigung des Arbeitsverhältnisses vor Aufnahme der Tätigkeit ist beiderseits ausgeschlossen.

Eine außerordentliche Kündigung gilt für den Fall ihrer Unwirksamkeit zugleich als fristgemäße Kündigung zum nächsten zulässigen Termin.

Die Kündigung bedarf der Schriftform.

§ 2 Stundenlohn/Arbeitszeit

Der Arbeitgeber zahlt an den/die Arbeitnehmer(in) einen Stundenlohn von wöchentlich/monatlich brutto .... €.

Setzt sich der Stundenlohn aus einem Tariflohn gemäß § 12 dieses Vertrages und freiwilligen übertariflichen Zulagen zusammen, so können diese übertariflichen Zulagen jederzeit nach billigem Ermessen widerrufen werden. Auch durch die wiederholte Gewährung entsteht für die Zukunft kein Rechtsanspruch. Die übertariflichen Zulagen können auf tarifliche Erhöhungen und tarifliche Umgruppierungen angerechnet werden.

Tarifliche Zulagen werden nur für die Dauer der tariflichen Voraussetzungen der Zulagen gewährt.

---

1) Bitte prüfen Sie jeweils, ob eine Tarifbindung besteht. In diesem Fall wären erhebliche Abweichungen möglich. Vorliegende Vereinbarung berücksichtigt lediglich die gesetzlichen Vorgaben.
2) Zutreffende Angaben in den folgenden Abschnitten bitte sorgfältig ausfüllen; nicht zutreffende Angaben bitte streichen.
3) Es kann eine Befristung (ohne sachlichen Grund) bis zu höchstens zwei Jahren erfolgen, auf keinen Fall länger. Der Arbeitgeber kann zunächst auch eine kürzere Befristung wählen. Dann darf er diesen befristeten Vertrag noch dreimal verlängern bis zu einer Höchstdauer von zwei Jahren (§ 14 Abs. 2 TzBfG). Die Verlängerung muss vor Auslaufen der Befristung vereinbart werden.
4) Gemäß § 622 Abs. 3 BGB kann diese Probezeit bis zu sechs Monate betragen. Bis zu dem letzten Tag der Probezeit kann die Kündigung dann mit der Frist von zwei Wochen ausgesprochen werden.

Die regelmäßige wöchentliche Arbeitszeit beträgt .... Stunden. Der/Die Arbeitnehmer(in) ist im Rahmen der gesetzlichen und tariflichen Bestimmungen und in Notfällen zur Leistung von Mehrarbeit, Nachtarbeit, Sonn- und Feiertagsarbeit verpflichtet. Die über die regelmäßige wöchentliche Arbeitszeit hinaus angeordnete Mehrarbeit wird mit einem Zuschlag von .... % vergütet.

Irrtümlich gezahlten Lohn hat der/die Arbeitnehmer(in) zurückzuerstatten.

§ 3 Urlaub

Die Dauer des Urlaubs richtet sich nach den gesetzlichen/tarifvertraglichen Bestimmungen. Berechtigte Wünsche des Arbeitnehmers/der Arbeitnehmerin bezüglich des Urlaubszeitpunktes werden im Rahmen betrieblicher Möglichkeiten und berechtigter Belange anderer Mitarbeiter berücksichtigt. Sie sind rechtzeitig .... Wochen vor dem beabsichtigten Urlaubsantritt beim Arbeitgeber anzumelden. Der Urlaub darf nur nach einer Bewilligung durch den Arbeitgeber angetreten werden.

§ 4 Arbeitsverhinderung

Bei jeder Arbeitsverhinderung – gleich aus welchem Grund – ist der Arbeitgeber unverzüglich über den Grund des Fernbleibens und seine voraussichtliche Dauer (z. B. persönlich, telefonisch, per Fax oder durch zuverlässige Dritte) zu unterrichten.

Dauert eine Arbeitsverhinderung wegen krankheitsbedingter Arbeitsunfähigkeit länger als drei Kalendertage, ist der/die Arbeitnehmer(in) verpflichtet, ein ärztliches Attest am darauffolgenden Arbeitstag dem Arbeitgeber vorzulegen, aus dem sich die Arbeitsunfähigkeit sowie ihre voraussichtliche Dauer ergeben muss.

Der Arbeitgeber behält sich vor, ein ärztliches Attest bereits ab dem ersten Tag der Arbeitsunfähigkeit zu fordern.[1] Ein ärztliches Attest ist auch nach Ablauf des gesetzlichen Entgeltfortzahlungsanspruchs für die Dauer der gesamten krankheitsbedingten Arbeitsunfähigkeit vorzulegen.

§ 5 Entgeltfortzahlung bei Krankheit und Kur

Die Parteien vereinbaren bezüglich der Entgeltfortzahlung im Krankheitsfalle die gesetzliche Regelung der §§ 3, 4 EFZG. Das bedeutet, dass ein Anspruch erst nach vierwöchiger, ununterbrochener Dauer des Arbeitsverhältnisses entsteht (§ 3 Abs. 3 EFZG) und ein gesetzlicher Anspruch auf Entgeltfortzahlung in Höhe von 100 % des regelmäßigen Entgeltes – ohne Überstundenvergütungen und Leistungen für Aufwendungen des Arbeitnehmers (§ 4 Abs. 1a EFZG) – für die Dauer von sechs Wochen gewährt wird (§§ 3 Abs. 1, 4 Abs. 1 EFZG).

Für die Entgeltfortzahlung für Kurmaßnahmen gelten § 9 EFZG, § 10 BUrlG.

Eine Änderung dieser gesetzlichen Grundlagen findet mit ihrem In-Kraft-Treten unmittelbar Anwendung auf das Arbeitsverhältnis.

§ 6 Vertragsstrafevereinbarung

Tritt der/die Arbeitnehmer(in) schuldhaft die Arbeit nicht an, wird er/sie in berechtigter Weise außerordentlich gekündigt oder beendet er/sie die Tätigkeit ohne wichtigen Grund, so verpflichtet er/sie sich, eine Vertragsstrafe in Höhe eines Brutto-Wochenlohnes an den Arbeitgeber zu zahlen. Weitergehende Schadensersatzansprüche des Arbeitgebers werden dadurch nicht berührt.

§ 7 Nebentätigkeit/Verschwiegenheitspflicht

Jede Nebentätigkeit, die in Konkurrenz zur übernommenen Arbeitsleistung steht, darf der/die Arbeitnehmer(in) nur mit vorheriger schriftlicher Einwilligung des Arbeitgebers

---

1) Ein ärztliches Attest kann bei krankheitsbedingter Arbeitsunfähigkeit in begründeten Fällen auch schon nach einem Tag verlangt werden (BAG v. 14.11.2012, 5 AZR 886/11, DB 2013, 464).

ausüben. Der/Die Arbeitnehmer(in) ist verpflichtet, über die Geschäfts- und Betriebsgeheimnisse des Arbeitgebers sowie alle betriebsinternen vertraulichen Angelegenheiten – auch nach Beendigung des Arbeitsverhältnisses – Stillschweigen zu bewahren und sie vor allem nicht zu Konkurrenzzwecken zu verwerten.

Der Arbeitgeber kann die insoweit geheimhaltungsbedürftigen Geschäfts- und Betriebsgeheimnisse ausdrücklich bei Ausscheiden des Arbeitnehmers bezeichnen.

§ 8 Abtretungsverbot/Lohnpfändung

Die Abtretung und die Verpfändung von Lohnforderungen sind ausgeschlossen.

Der/Die Arbeitnehmer(in) hat bei einer Lohnpfändung die entstandenen Kosten zu tragen. Die zu ersetzenden Kosten sind pauschaliert und betragen je zu errechnenden und abzuführenden Betrag .... €. Der Arbeitgeber ist berechtigt, bei Nachweis höhere tatsächliche Kosten in Ansatz zu bringen.

§ 9 Sonderzuwendungen

Soweit der Arbeitgeber während des befristeten Arbeitsverhältnisses Sonderzuwendungen (z. B. Weihnachtsgratifikation oder zusätzliches Urlaubsgeld) gewährt, erfolgt die Zahlung freiwillig und ohne jeden zukünftigen Rechtsanspruch. Für die Zahlung gelten die jeweils festgelegten Bedingungen, insbesondere Rückzahlungsklauseln.

Ist das Arbeitsverhältnis im Zeitpunkt der Auszahlung – gleich von welcher Partei – gekündigt, entfällt ein Anspruch auf die Sonderzuwendung.

Für die Kürzung der Sonderzuwendung wegen Zeiten der Arbeitsunfähigkeit durch Krankheit gilt § 4a EFZG als vereinbart.

§ 10 Persönliche Daten des Arbeitnehmers/der Arbeitnehmerin und Datenschutz

Änderungen des Personenstandes und der Anschrift sind dem Arbeitgeber unverzüglich und unaufgefordert anzuzeigen. Mitteilungen und sonstige Erklärungen an die letzte bekannte Anschrift des Arbeitnehmers/der Arbeitnehmerin gelten mit dem dritten Tag ihrer Absendung als zugegangen.

Die Angaben im Personalfragebogen sind wesentlicher Bestandteil des Arbeitsvertrages. Ihre unrichtige Beantwortung kann zur Anfechtung des Arbeitsvertrages führen. Der/Die Arbeitnehmer(in) ist mit der Verarbeitung seiner/ihrer personenbezogenen Daten einverstanden.

§ 11 Persönliche Erklärung des Arbeitnehmers/der Arbeitnehmerin

Der/Die Arbeitnehmer(in) versichert, dass er/sie bisher in keinem befristeten oder unbefristeten Beschäftigungsverhältnis zu dem Arbeitgeber gestanden hat.

§ 12 Ergänzende Regelungen/Vertragsänderungen

Im Übrigen gelten für das Arbeitsverhältnis ergänzend die Vorschriften des Tarifvertrages ..../der Betriebsordnung vom .... in ihrer jeweiligen Fassung, soweit in diesem Vertrag keine besondere Regelung erfolgt ist.

Die Regelungen liegen im Personalbüro offen und können auf Verlangen jederzeit während der Arbeitszeit eingesehen werden.

Weitere Vereinbarungen außerhalb dieses Vertrages bestehen nicht.

Nebenabreden und Ergänzungen sowie Änderungen des Vertrages werden nur wirksam, wenn sie schriftlich niedergelegt sind. Dies gilt auch für die Aufhebung dieser Schriftformklausel.

§ 13 Sonstige Vereinbarungen

§ 14 Gerichtsstand

Gerichtsstand für beide Vertragspartner ist das Arbeitsgericht in ....[1]

........................, den ....
(Ort) (Datum)
....
(Arbeitgeber) (Arbeitnehmer)

---

[1] Sitz des Arbeitgebers oder Erfüllungsort.

7. Arbeitsvertrag für kurzfristig Beschäftigte

Zwischen der Firma ....
(im Folgenden Arbeitgeber)
und
Herrn/Frau ...., geb. am ....
wohnhaft in ...., Tel. ....
(im Folgenden Arbeitnehmer)

wird folgender Arbeitsvertrag geschlossen:

§ 1 Art der Tätigkeit/Dauer der Beschäftigung/Keine Berufsmäßigkeit

a) Der Arbeitnehmer wird vom .... an als kurzfristig beschäftigte Arbeitskraft (mit Lohnsteuerkarte/ohne Lohnsteuerkarte) für folgende Tätigkeit eingestellt:....................

b) Der Arbeitnehmer verpflichtet sich, bei Bedarf auch andere Arbeiten zu übernehmen, die üblicherweise von einem .... verrichtet werden oder ihm sonst zumutbar sind.

c) Das Arbeitsverhältnis ist auf die Zeit vom .... bis .... begrenzt (höchstens drei Monate im Kalenderjahr)[1].
(Alternative 1)
Die zeitliche Begrenzung des Arbeitsverhältnisses auf höchstens drei Monate oder 70 Arbeitstage im Kalenderjahr ergibt sich aus folgender Eigenart des Arbeitsverhältnisses: .
....
(Alternative 2)
Das Arbeitsverhältnis besteht vom 1.1 .... bis zum 31.12 ....; die Arbeitseinsätze innerhalb dieses Zeitraums sind auf 70 Arbeitstage begrenzt.

d) Die Beschäftigung wird nicht berufsmäßig ausgeübt. Der Arbeitnehmer versichert, dass die Beschäftigung für ihn von untergeordneter wirtschaftlicher Bedeutung ist, weil ....

§ 2 Arbeitszeit

Die regelmäßige Arbeitszeit beträgt .... Stunden in der Woche; und zwar .... Stunden jeweils am .... und am ..../ Lage und Verteilung der Arbeitszeit richten sich nach den jeweiligen betrieblichen Regelungen.

§ 3 Arbeitsentgelt/kurzfristige Beschäftigung

a) Der Arbeitnehmer erhält ein tägliches/wöchentliches/monatliches Arbeitsentgelt von ....

b) Die Bezüge werden nachträglich am Ende des Monats/der Woche auf ein vom Arbeitnehmer zu benennendes Konto überwiesen.

---

[1] Zur Erhöhung der Zeitgrenze → kurzfristige Beschäftigung.

c) Für die kurzfristige Beschäftigung (§ 8 Abs. 1 Nr. 2 SGB IV) sind keine Versicherungsbeiträge zu entrichten.
Die Lohnsteuer ist nach den Merkmalen der vom Arbeitnehmer vorzulegenden Lohnsteuerkarte zu berechnen.
(Alternative)
Die Parteien sind sich einig, dass die Lohnsteuer gemäß § 40a Abs. 1 des Einkommensteuergesetzes pauschal mit dem Steuersatz von 25 % (zuzüglich Solidaritätszuschlag und Kirchensteuer) erhoben wird. Die pauschalierte Steuer trägt der Arbeitgeber/im Innenverhältnis der Arbeitnehmer/im Innenverhältnis der Arbeitgeber zu .... %, der Arbeitnehmer zu .... %.

d) Der Arbeitnehmer versichert, dass er im Kalenderjahr bisher keine kurzfristige Beschäftigung/vom .... bis .... eine kurzfristige Beschäftigung ausgeübt hat. Er verpflichtet sich, den Arbeitgeber unverzüglich über jede zur allgemeinen Sozialversicherungspflicht führende Änderung, insbesondere über die Aufnahme weiterer kurzfristiger Beschäftigungen, sowie dann zu unterrichten, wenn die Beschäftigung für ihn nicht mehr von nur untergeordneter wirtschaftlicher Bedeutung ist. Der Arbeitnehmer versichert, dass ihm bekannt ist, dass Verstöße gegen die Mitteilungspflichten Schadensersatz- und Rückgriffsansprüche des Arbeitgebers auslösen können.

§ 4 Arbeitsentgelt

§ 5 Erholungsurlaub

Der Urlaub richtet sich nach den tarifvertraglichen/gesetzlichen Bestimmungen. Er beträgt zurzeit .... Arbeitstage/Werktage im Jahr und wird bei einer über einen Monat hinausgehenden Beschäftigung anteilig für jeden vollen Beschäftigungsmonat entsprechend der Dauer der Betriebszugehörigkeit gewährt. Die Lage des Urlaubs wird vom Arbeitgeber entsprechend den Wünschen des Arbeitnehmers/der Arbeitnehmerin im Rahmen der betrieblichen Möglichkeiten und der berechtigten persönlichen Belange anderer Mitarbeiter festgelegt.

§ 6 Betriebsordnung

§ 7 Lohnpfändung

§ 8 Sonstige Vereinbarungen

§ 9 Ausschlussfrist

§ 10 Tarifverträge/Betriebsvereinbarungen

§ 11 Vertragsveränderungen

Nebenabreden, Ergänzungen und Änderungen dieses Vertrages, insbesondere seine Verlängerung, sind nur wirksam, wenn sie schriftlich niedergelegt sind.

.........................,   den ....
(Ort)   (Datum)

....
(Arbeitgeber)   (Arbeitnehmer)

8. Arbeitsvertrag für befristete Beschäftigung, Verlängerung[1)]

Zwischen der Firma ....
....
(im Folgenden Arbeitgeber)

und

Herrn/Frau ....,   geb. am ....
wohnhaft in ....,   Telefon ....
(im Folgenden Arbeitnehmer)

wird vereinbart, dass der gemäß § 14 Abs. 2 des Teilzeit- und Befristungsgesetzes abgeschlossene befristete Arbeitsvertrag vom .... bis zum .... verlängert wird.[2)]

........................,   den ....
(Ort)   (Datum)

....
(Arbeitgeber)   (Arbeitnehmer)

---

1) Achten Sie darauf, die Verlängerung vor Ablauf des ursprünglichen Vertrags schriftlich zu vereinbaren.
2) Eine Befristung (ohne sachlichen Grund) ist höchstens für die Dauer von zwei Jahren zulässig. Bis zu dieser Gesamtdauer von zwei Jahren ist auch die **höchstens dreimalige Verlängerung** eines kalendermäßig befristeten Arbeitsvertrags zulässig.

9. Arbeitsvertrag für Teilzeitbeschäftigte

Zwischen der Firma ....
(im Folgenden Arbeitgeber)

und
Herrn/Frau ....,   geb. am ....
wohnhaft in ....,   Telefon ....
(im Folgenden Arbeitnehmer)

wird folgender Teilzeitarbeitsvertrag geschlossen:

§ 1 Beginn der Tätigkeit

Der Arbeitnehmer wird vom .... an als Teilzeitarbeitskraft eingestellt.

§ 2 Arbeitszeit

a) Die regelmäßige Arbeitszeit beträgt wöchentlich .... Stunden.
b) Die tägliche Arbeitszeit erstreckt sich am

Montag	von	bis	Uhr
Dienstag	von	bis	Uhr
Mittwoch	von	bis	Uhr
Donnerstag	von	bis	Uhr
Freitag	von	bis	Uhr
Samstag	von	bis	Uhr
Sonntag	von	bis	Uhr

c) Dem Arbeitgeber bleibt vorbehalten, die Lage der Arbeitszeit mit einer Ankündigungsfrist von ____ Woche(n) unter Berücksichtigung der berechtigten Interessen des Arbeitnehmers neu zu bestimmen.

(Alternative)

Die Verteilung der Arbeitszeit richtet sich nach den betrieblichen Gegebenheiten/nach der Weisung des Arbeitgebers.

c) Der Arbeitnehmer verpflichtet sich, im Falle betrieblicher Notwendigkeiten auf Anordnung bis zu .... Stunden in der Woche/im Monat Überstunden zu leisten. Diese Überstunden werden innerhalb von .... Wochen/Monaten durch Freizeit ausgeglichen.

§ 3 Probezeit und Kündigung

a) Die ersten .... Wochen/Monate gelten als Probezeit.[1] Während dieser Probezeit kann das Arbeitsverhältnis von beiden Seiten mit einer Frist von zwei Wochen gekündigt werden.
b) Nach Ablauf der Probezeit gelten die gesetzlichen Kündigungsfristen. Die Grundkündigungsfrist beträgt für beide Seiten zurzeit vier Wochen zum 15. oder zum Ende eines Kalendermonats.

---

[1] Gemäß § 622 Abs. 3 BGB kann diese Probezeit bis zu sechs Monate betragen. Bis zu dem letzten Tag der Probezeit kann die Kündigung dann mit der Frist von zwei Wochen ausgesprochen werden.

§ 4 Art und Ort der Tätigkeit

§ 5 Arbeitsentgelt

§ 6 Betriebliche Altersversorgung

Der Arbeitnehmer hat Anspruch auf Versorgungsleistungen nach Maßgabe der Versorgungsordnung des Arbeitgebers (anteilig entsprechend der geleisteten Arbeit zur Vollzeitarbeit).

§ 7 Urlaub

Der Urlaub beträgt zurzeit .... Arbeitstage/Werktage im Jahr (bei nicht an allen betrieblichen Arbeitstagen beschäftigten Arbeitnehmern erfolgt eine Anrechnung der arbeitsfreien Werktage). Er setzt sich zusammen aus dem gesetzlichen Mindest(- und Schwerbehinderten-)urlaub, der vorrangig zu gewähren und zu nehmen ist, und weiteren .... Werktagen/Arbeitstagen. Der zusätzliche Urlaub verfällt, soweit er bis zum 31.3. des Folgejahres auch wegen krankheitsbedingter Arbeitsunfähigkeit des Arbeitnehmers nicht genommen wird. Insoweit besteht auch kein Abgeltungsanspruch. Die Lage des Urlaubs wird vom Arbeitgeber entsprechend den Wünschen des Arbeitnehmers im Rahmen der betrieblichen Möglichkeiten und der berechtigten persönlichen Belange anderer Mitarbeiter festgelegt. Übt der Arbeitnehmer mehrere Teilzeitarbeitsverhältnisse aus, so bemüht sich der Arbeitgeber, die Lage des Urlaubs so festzulegen, dass der Arbeitnehmer in allen Arbeitsverhältnissen einen zusammenhängenden Urlaub hat.

§ 8 Betriebsordnung

§ 9 Lohnpfändung

§ 10 Sonstige Vereinbarungen

§ 11 Ausschlussfrist

§ 12 Tarifverträge

§ 13 Vertragsänderungen

........................,   den ....
(Ort)   *(Datum)*
....
(Arbeitgeber)   *(Arbeitnehmer)*

10. Arbeitsvertrag über Altersteilzeit

Zwischen Frau/Herrn ....
(im Folgenden Arbeitnehmer)
und der Firma ....
(im Folgenden Arbeitgeber)
wird auf der Grundlage des Altersteilzeitgesetzes (AtG) folgender Altersteilzeit-Arbeitsvertrag geschlossen:

§ 1 Beginn der Altersteilzeit

Das am .... zwischen den Parteien geschlossene Arbeitsverhältnis wird hiermit im gegenseitigen Einvernehmen geändert und ab dem .... als Altersteilzeitarbeitsverhältnis fortgeführt. Soweit im Folgenden nichts anderes vereinbart ist, gelten die bisherigen Regelungen weiter.

§ 2 Tätigkeit

a) Der Arbeitnehmer übt seine bisherige Tätigkeit weiter aus, soweit die Umwandlung in ein Altersteilzeitarbeitsverhältnis keine Veränderung notwendig macht.

(Alternative)
Der Arbeitnehmer wird abweichend von seiner bisherigen Tätigkeit mit folgendem Aufgabenbereich betraut: ....

b) Der Arbeitgeber behält sich vor, dem Arbeitnehmer eine andere, ihm zumutbare, seinen Tätigkeiten und Kenntnissen entsprechende gleichwertige Tätigkeit – eventuell auch an einem anderen Ort – zu übertragen.

§ 3 Arbeitszeit

a) Die individuelle regelmäßige wöchentliche Arbeitszeit des Arbeitnehmers beträgt die Hälfte seiner bisher vereinbarten individuellen regelmäßigen wöchentlichen Arbeitszeit. Das sind zurzeit wöchentlich .... Stunden. Ändert sich die tarifliche/betriebsübliche wöchentliche Arbeitszeit während der Laufzeit dieses Arbeitsvertrages, erfolgt eine entsprechende Anpassung.

b) Der Arbeitnehmer übt weiterhin eine versicherungspflichtige Tätigkeit nach § 25 SGB III aus.

c) Die Arbeitszeit wird so verteilt, dass der Arbeitnehmer im ersten Abschnitt der Altersteilzeit vom .... bis .... voll arbeitet (Arbeitsphase) und anschließend ab dem .... bis zum Ende der Altersteilzeit von der Arbeitsleistung freigestellt wird (Freistellungsphase).

d) Eine ungleichmäßige Verteilung der Arbeitszeit in der Arbeitsphase ist zulässig. Für die konkrete Arbeitszeitlage in der Arbeitsphase gelten die betrieblichen Regelungen.

§ 4 Arbeitsentgelt

a) Der Arbeitnehmer erhält für die Dauer der Altersteilzeit Arbeitsentgelt nach Maßgabe der gemäß § 3 reduzierten Arbeitszeit.

b) Das Arbeitsentgelt wird unabhängig von der Verteilung der Arbeitszeit fortlaufend gezahlt.

c) Entgeltänderungen – auch während der Freistellungsphase – wirken sich auf das Arbeitsentgelt aus.

§ 5 Aufstockungsleistungen

a) Der Arbeitnehmer erhält entsprechend § 3 Abs. 1 Nr. 1 Buchst. a AtG Aufstockungsleistungen in Höhe von 20 % des Regelarbeitsentgelts. Regelarbeitsentgelt ist das auf einen Monat entfallende regelmäßig zu zahlende sozialversicherungspflichtige Arbeitsentgelt bis zur Beitragsbemessungsgrenze im Sinne des SGB III. Nicht laufend gezahlte Entgeltbestandteile bleiben unberücksichtigt.

b) Der Arbeitgeber entrichtet für den Arbeitnehmer entsprechend § 3 Abs. 1 Nr. 1 Buchst. b AtG zusätzliche Beiträge zur gesetzlichen Rentenversicherung in Höhe des Beitrags, der auf 80 % des Regelarbeitsentgelts (vgl. Buchst. a) entfällt, begrenzt auf den Unterschiedsbetrag zwischen 90 % der monatlichen Beitragsbemessungsgrenze im Sinne des SGB III und dem Regelarbeitsentgelt.

c) Dem Arbeitnehmer ist bekannt, dass für die Aufstockung der Progressionsvorbehalt nach § 32b Abs. Nr. 1g EStG zur Anwendung kommt.

§ 6 Nebentätigkeiten und Mehrarbeit

a) Nebentätigkeiten jeder Art (selbstständige und unselbstständige) sind dem Arbeitgeber anzuzeigen.

b) Der Arbeitnehmer ist verpflichtet, keine Beschäftigung oder selbstständige Tätigkeit auszuüben, die die Geringfügigkeitsgrenze des § 8 SGB IV überschreitet. Dies gilt auch dann, wenn der Arbeitnehmer auf Grund einer solchen Beschäftigung eine Entgeltersatzleistung erhält.

c) Bei einem Überschreiten der Geringfügigkeitsgrenze ruht der Anspruch auf eine Erstattung der Altersteilzeitleistungen durch die Bundesagentur für Arbeit (§ 5 Abs. 3 AtG). Der Arbeitnehmer ist verpflichtet, dem Arbeitgeber den Aufstockungsbetrag sowie die zusätzlichen Rentenversicherungsbeiträge zu ersetzen.

d) Mehrarbeit, die die Geringfügigkeitsgrenze des § 8 SGB IV übersteigt, ist ausgeschlossen; hierzu zählt nicht die durch Freizeit ausgeglichene Mehrarbeit.

§ 7 Urlaubsanspruch

a) Für das Kalenderjahr des Wechsels zwischen Arbeits- und Freistellungsphase wird der Urlaubsanspruch anteilig für die Arbeitsphase berechnet. Für die Freistellungsphase besteht kein Urlaubsanspruch.

b) Die Urlaubsansprüche aus dem bisherigen Vollarbeitsverhältnis sind vor der Altersteilzeit abzuwickeln; ist dies ausnahmsweise, z.B. aus betrieblichen Gründen oder wegen Krankheit, nicht möglich, ist der Urlaub während der Arbeitsphase zu gewähren.

c) Urlaubsansprüche gelten mit der Freistellung als erfüllt.

§ 8 Arbeitsunfähigkeit

a) Die bisherigen Pflichten des Arbeitnehmers bei Arbeitsunfähigkeit laut Arbeitsvertrag vom .... bleiben unberührt.

b) Die vom Arbeitgeber zu leistende Entgeltfortzahlung richtet sich nach den jeweiligen gesetzlichen Bestimmungen.

c) Bei Bezug von Krankengeld, Versorgungskrankengeld, Verletztengeld oder Übergangsgeld nach Ablauf des Entgeltfortzahlungszeitraums tritt der Arbeitnehmer seine Ansprüche auf Altersteilzeitleistungen gegen die Bundesagentur für Arbeit aus § 10 Abs. 1 AtG an den Arbeitgeber ab. Der Arbeitgeber erbringt die Altersteilzeitleistungen an Stelle der Bundesagentur für Arbeit und im Umfang der abgetretenen Rechte.

d) *Krankheitszeiten in der Arbeitsphase, in denen kein Anspruch auf Entgelt oder Entgeltfortzahlung besteht, verlängern die Arbeitsphase und verkürzen die Freistellungsphase um die Hälfte dieser ausgefallenen Arbeitszeit.*

§ 9 Ende des Altersteilzeitarbeitsverhältnisses

a) *Das Altersteilzeitarbeitsverhältnis endet ohne vorherige Kündigung mit Erreichen der jeweiligen Regelaltersgrenze.*
b) *Es endet unabhängig davon*
   – *mit Ablauf des Kalendermonats vor dem Kalendermonat, für den der Arbeitnehmer eine ungeminderte Altersrente oder, wenn er von der Versicherungspflicht befreit ist, eine vergleichbare Leistung einer Versicherungsgesellschaft beanspruchen kann (§ 5 Abs. 1 Nr. 2 AtG),*
   – *mit Beginn des Kalendermonats, für den der Arbeitnehmer eine der in § 5 Abs. 1 Nr. 3 AtG aufgeführten Leistungen (z. B. eine Altersrente, ggf. auch mit Abschlägen) bezieht,*
   – *im Übrigen, wenn der Anspruch auf Altersteilzeitleistung entsprechend § 5 AtG erlischt.*
c) *Der Arbeitnehmer ist verpflichtet, dem Arbeitgeber bei Abschluss dieses Altersteilzeit-Arbeitsvertrages eine Rentenauskunft des zuständigen Rentenversicherungsträgers zu übergeben, aus der sich der Zeitpunkt ergibt, zu dem der Arbeitnehmer erstmals eine ungeminderte Rente beanspruchen kann. Der Arbeitnehmer ist verpflichtet, von einer vorzeitigen Rentenbezugsmöglichkeit mit Abschlägen vor dem in Aussicht genommenen Ende des Altersteilzeitarbeitsverhältnisses ohne Einwilligung des Arbeitgebers keinen Gebrauch zu machen. Andernfalls hat er für den dem Arbeitgeber entstehenden Schaden einzutreten.*
d) *Das Recht zur vorzeitigen Beendigung des Altersteilzeit-Arbeitsverhältnisses durch Kündigung bleibt unberührt.*
e) *Endet das Altersteilzeitarbeitsverhältnis vorzeitig (Störfall), hat der Arbeitnehmer Anspruch auf eine etwaige Differenz zwischen den ausgezahlten Leistungen (Altersteilzeitentgelt und Aufstockungsbetrag) und dem Entgelt, das der Arbeitnehmer während der Arbeitsphase ohne die Altersteilzeit verdient hätte („Härtevergütung").*

§ 10 Sonstige Pflichten des Arbeitnehmers

a) *Der Arbeitnehmer zeigt Änderungen der ihn betreffenden Verhältnisse, die für Altersteilzeitleistungen erheblich sind, unverzüglich dem Arbeitgeber an.*
b) *Kommt der Arbeitnehmer seinen Pflichten nach Buchst. a nicht nach, stehen dem Arbeitgeber Zurückbehaltungsrechte, Rückerstattungsansprüche und Schadensersatzansprüche zu.*

§ 11 Insolvenzsicherung

Der Arbeitgeber sichert das durch Vorarbeit des Arbeitnehmers angesammelte Wertguthaben, soweit es das Dreifache des Regelarbeitsentgelts (vgl. § 5 Buchst. a), einschließlich des darauf entfallenden Arbeitgeberanteils am Gesamtsozialversicherungsbeitrag, übersteigt, für den Fall seiner Zahlungsunfähigkeit ab. Er weist dem Arbeitnehmer erstmals mit der ersten Gutschrift und danach alle sechs Monate in der Textform des § 126b BGB die zur Sicherung des Wertguthabens getroffenen Maßnahmen nach.

§ 12 Schlussbestimmungen

a) *Nebenabreden zu dieser Vereinbarung wurden nicht getroffen.*

b) Änderungen und Ergänzungen bedürfen der Schriftform.
c) Sollten sich die diesem Altersteilzeit-Arbeitsvertrag zu Grunde liegenden zwingenden gesetzlichen Vorschriften während der Laufzeit ändern, so verpflichten sich die Parteien bereits jetzt, an ihre Stelle eine den veränderten Rahmenbedingungen möglichst nahe kommende wirksame Regelung zu setzen.
d) Der Arbeitnehmer bestätigt, dass er über die Voraussetzungen und allgemeinen Folgen des Altersteilzeitarbeitsverhältnisses, auf die sozialversicherungsrechtlichen Folgen von Änderungen, über seine Mitwirkungs- und Mitteilungspflichten sowie über die Rechtsfolgen einer Verletzung dieser Pflichten unterrichtet wurde.

........................., den ....
(Ort) (Datum)

....
(Arbeitgeber) (Arbeitnehmer)

11. Arbeitsvertrag über Arbeit auf Abruf

Zwischen der Firma ....
(im Folgenden Arbeitgeber)
und
Herrn/Frau ...., geb. am ....
wohnhaft in ...., Tel. ....
(im Folgenden Arbeitnehmer)

wird folgender Teilzeitarbeitsvertrag geschlossen:

§ 1 Beginn der Tätigkeit

Der Arbeitnehmer wird vom .... an als Teilzeitarbeitskraft eingestellt.

§ 2 Arbeitszeit

a) Der Arbeitnehmer hat die Arbeitsleistung entsprechend dem Arbeitsanfall auf Abruf des Arbeitgebers zu leisten. Er ist bei jedem Arbeitseinsatz für mindestens .... Stunden zu beschäftigen.

b) Die wöchentliche/monatliche/vierteljährliche Arbeitszeit beträgt .... Stunden. Diese sind auch dann zu vergüten, wenn der Arbeitnehmer nicht oder nicht wirksam zur Arbeitsleistung herangezogen wird oder der nicht abgerufene Teil der wöchentlichen/monatlichen/vierteljährlichen Arbeitszeit nicht wirksam auf den folgenden Arbeitszeitraum übertragen worden ist. Eine Übertragung des nicht abgerufenen Teils der Arbeitszeit durch den Arbeitgeber auf den folgenden Arbeitszeitraum ist einseitig bis zu .... Stunden, sonst nur mit Einwilligung des Arbeitnehmers zulässig.

c) Der Arbeitnehmer ist zur Arbeitsleistung nur verpflichtet, wenn ihm der Arbeitgeber Beginn und Ende der Arbeitszeit mindestens vier Kalendertage im Voraus mitgeteilt hat.

d) Der Arbeitnehmer verpflichtet sich, auf Aufforderung des Arbeitgebers mehr als die nach Absatz b) vereinbarte Stundenzahl zu leisten. Die vom Arbeitgeber einseitig abrufbare Arbeit darf nicht mehr als ... Prozent (höchstens 25 Prozent) dieser Stundenzahl betragen und muss ebenfalls mindestens vier Kalendertage im Voraus mitgeteilt werden. Die Vergütung richtet sich nach § 5.

e) Der Arbeitnehmer verpflichtet sich, im Falle betrieblicher Notwendigkeiten Überstunden zu leisten. Diese dürfen ... Prozent (höchstens 10 Prozent) der nach den Absätzen b) und d) vereinbarten Stundenzahl nicht übersteigen. Die Überstunden werden mit einem zusätzlichen Zuschlag von ... Prozent vergütet oder innerhalb von ... Wochen durch Freizeit ausgeglichen.

§ 3 Probezeit und Kündigung

a) Die ersten .... Wochen/Monate gelten als Probezeit, in der das Arbeitsverhältnis von beiden Seiten mit einer Frist von zwei Wochen gekündigt werden kann.[1]

b) Nach Ablauf der Probezeit gelten die gesetzlichen Kündigungsfristen. Die Grundkündigungsfrist beträgt für beide Seiten zurzeit vier Wochen zum 15. oder zum Ende eines Kalendermonats.

---

1) Gemäß § 622 Abs. 3 BGB kann diese Probezeit bis zu sechs Monate betragen. Bis zu dem letzten Tag der Probezeit kann die Kündigung dann mit der Frist von zwei Wochen ausgesprochen werden.

§ 4 Art der Tätigkeit

§ 5 Arbeitsentgelt

§ 6 Betriebliche Altersversorgung

Der Arbeitnehmer hat Anspruch auf Versorgungsleistungen nach Maßgabe der Versorgungsordnung des Arbeitgebers (anteilig entsprechend der geleisteten Arbeit zur Vollzeitarbeit).

§ 7 Urlaub und Feiertagsausgleich

a) Der Urlaub richtet sich nach den tarifvertraglichen/gesetzlichen Bestimmungen. Er beträgt zurzeit .... Werktage/Arbeitstage im Jahr. Für jeden Urlaubstag wird die vereinbarte wöchentliche/monatliche/vierteljährliche Arbeitszeit um .... Stunden verkürzt.

b) Die Lage des Urlaubs wird vom Arbeitgeber entsprechend den Wünschen des Arbeitnehmers im Rahmen der betrieblichen Möglichkeiten und der berechtigten persönlichen Belange anderer Mitarbeiter festgelegt. Übt der Arbeitnehmer mehrere Teilzeitarbeitsverhältnisse aus, so bemüht sich der Arbeitgeber, die Lage des Urlaubs so festzulegen, dass der Arbeitnehmer in allen Arbeitsverhältnissen einen zusammenhängenden Urlaub hat.

c) Als Ausgleich für die auf Grund von gesetzlichen Feiertagen nicht abgerufene Arbeit erhält der Arbeitnehmer einen zusätzlichen Urlaub von zehn Arbeitstagen/Werktagen im Jahr (vgl. Buchst. a).

§ 8 Entgeltfortzahlung im Krankheitsfall

Im Krankheitsfall wird die vereinbarte wöchentliche/monatliche/vierteljährliche Arbeitszeit um .... Stunden für jeden Krankheitstag, der auf einen möglichen Arbeitstag fällt, gekürzt. Im Übrigen gelten die gesetzlichen Bestimmungen.

§ 9 Betriebsordnung

§ 10 Lohnpfändung

§ 11 Sonstige Vereinbarungen

§ 12 Ausschlussfrist

§ 13 Tarifverträge

§ 14 Vertragsänderungen

........................,   den   ....
(Ort)   (Datum)
....
(Arbeitgeber)   (Arbeitnehmer)

12. Arbeitsvertrag über Arbeitsplatzteilung (Job-Sharing)

Zwischen der Firma ....
(im Folgenden Arbeitgeber)

und
Herrn/Frau ....,   geb. am ....
wohnhaft in ....,   Telefon ....
(im Folgenden Arbeitnehmer)

wird folgender Teilzeitarbeitsvertrag geschlossen:

§ 1 Tätigkeit

a)   Der Arbeitnehmer wird vom .... an als Teilzeitarbeitskraft für folgende Tätigkeit eingestellt: ....

b)   Der Arbeitnehmer teilt sich mit einem anderen Arbeitnehmer/zwei/drei .... anderen Arbeitnehmern die betriebsübliche Arbeitszeit an einem Vollarbeitsplatz.

c)   Der Arbeitnehmer verpflichtet sich, bei Bedarf andere Arbeiten – auch außerhalb der Arbeitsplatzteilung – zu übernehmen, die üblicherweise von einem .... verrichtet werden oder ihm sonst zumutbar sind.

§ 2 Arbeitszeit

a)   Die regelmäßige Arbeitszeit beträgt wöchentlich .... Stunden (entsprechend der Zahl der Arbeitsplatzpartner).
  (Alternative)
  Die Arbeitszeit ist von dem Arbeitsplatzpartner innerhalb ....
  (z. B. eines Monats) zu erreichen.

b)   Die Arbeitsplatzpartner legen nach Abstimmung mit dem Arbeitgeber die Aufteilung der Arbeitszeit so fest, dass der Arbeitslatz regelmäßig in der Zeit von ......
  .... bis .... besetzt ist. Der Arbeitszeitplan ist dem Arbeitgeber für jeden Kalendermonat .... Wochen vorher schriftlich vorzulegen.
  Können sich die Arbeitsplatzpartner nicht einigen, legt der Arbeitgeber den Arbeitszeitplan unter Berücksichtigung der berechtigten Belange der Arbeitsplatzpartner fest.

c)   Bei Ausfall des/eines anderen in die Arbeitsplatzteilung einbezogenen Arbeitnehmers, z. B. im Falle einer Erkrankung oder bei Urlaub, ist der Arbeitnehmer zur Vertretung nur mit seiner Zustimmung oder ohne seine Zustimmung verpflichtet, wenn dringende betriebliche Erfordernisse vorliegen und die Vertretung im Einzelfall ihm zumutbar ist. Zur Regelung der Vertretung gilt Buchst. b) entsprechend.

d)   Der Arbeitnehmer verpflichtet sich, im Falle betrieblicher Notwendigkeiten auf Anordnung bis zu .... Stunden in der Woche/im Monat Überstunden zu leisten. Diese Überstunden werden mit einem zusätzlichen Zuschlag von .... Prozent vergütet.

§ 3 Probezeit und Kündigung

a) Die ersten .... Wochen/Monate gelten als Probezeit, in der das Arbeitsverhältnis von beiden Seiten mit einer Frist von zwei Wochen gekündigt werden kann.[1]

b) Nach Ablauf der Probezeit gelten die gesetzlichen Kündigungsfristen. Die Grundkündigungsfrist beträgt für beide Seiten zurzeit vier Wochen zum 15. oder zum Ende eines Kalendermonats.

c) Eine Kündigung durch den Arbeitgeber wegen des Ausscheidens eines Partners aus der Arbeitsplatzteilung ist unwirksam. Die Unwirksamkeit muss der Arbeitnehmer innerhalb einer Frist von drei Wochen geltend machen.

§ 4 Arbeitsentgelt und -ort

§ 5 Entgeltfortzahlung an Feiertagen und im Krankheitsfall

Für die Entgeltfortzahlung an gesetzlichen Feiertagen und bei Erkrankung des Arbeitnehmers ist der Arbeitszeitplan verbindlich. Im Übrigen gelten die gesetzlichen Bestimmungen.

§ 6 Betriebliche Altersversorgung

Der Arbeitnehmer hat Anspruch auf Versorgungsleistungen nach Maßgabe der Versorgungsordnung des Arbeitgebers (anteilig entsprechend der geleisteten Arbeit zur Vollzeitarbeit).

§ 7 Urlaub

Der Urlaub richtet sich nach den tarifvertraglichen/gesetzlichen Bestimmungen. Er beträgt zurzeit .... Werktage/Arbeitstage im Jahr (bei nicht an allen betrieblichen Arbeitstagen beschäftigten Arbeitnehmern erfolgt eine Anrechnung der arbeitsfreien Werktage). Die Lage des Urlaubs wird vom Arbeitgeber entsprechend den Wünschen des Arbeitnehmers im Rahmen der betrieblichen Möglichkeiten und der berechtigten persönlichen Belange anderer Mitarbeiter, insbesondere des/der Arbeitsplatzpartner(s) festgelegt. Übt der Arbeitnehmer mehrere Teilzeitarbeitsverhältnisse aus, so bemüht sich der Arbeitgeber, die Lage des Urlaubs so festzulegen, dass der Arbeitnehmer in allen Arbeitsverhältnissen einen zusammenhängenden Urlaub hat.

§ 8 Betriebsordnung

§ 9 Lohnpfändung

§ 10 Sonstige Vereinbarungen

§ 11 Ausschlussfrist

§ 12 Tarifverträge

§ 13 Vertragsänderungen

---

1) Gemäß § 622 Abs. 3 BGB kann diese Probezeit bis zu sechs Monate betragen. Bis zu dem letzten Tag der Probezeit kann die Kündigung dann mit der Frist von zwei Wochen ausgesprochen werden.

Anhang **Arbeitsvertrag über Arbeitsplatzteilung (Job-Sharing)**

........................, den ....
(Ort) *(Datum)*
....
(Arbeitgeber) *(Arbeitnehmer)*

13. Aushilfsvereinbarung

*Herr/Frau .... wird vorübergehend zum Zwecke der Aushilfe als ....
..... eingestellt.*

Die Aushilfstätigkeit dient ....

(Hinweis: Hier ist der Aushilfszweck zumindest kurz zu beschreiben.)

Das Arbeitsverhältnis beginnt am .... und endet am ...., ohne dass es einer Kündigung bedarf.

Während dieser Zeit ist das Arbeitsverhältnis mit einer Frist von .... Tagen kündbar.

(Hinweis: Bei der einzusetzenden Kündigungsfrist ist → Kündigung Rz. 552 zu beachten!)

14. Arbeitsvertrag für Ersatzkraft nach dem BEEG (Elternzeitvertretung), befristet

Zwischen der Firma ....
(im Folgenden Arbeitgeber)

und
Herrn/Frau ...., geb. am ....
wohnhaft in ...., Tel. ....
(im Folgenden Arbeitnehmer/Arbeitnehmerin)

wird folgender Arbeitsvertrag geschlossen:

§ 1 Beginn und Dauer der Tätigkeit

a) Der Arbeitnehmer/die Arbeitnehmerin wird vom .... an als Ersatzkraft gem. § 21 BEEG eingestellt.[1]

b) Die Einstellung erfolgt befristet und endet mit Ablauf des ...., ohne dass es einer Kündigung bedarf. Grund für die Befristung ist ....
Hierdurch wird aber § 14 Abs. 2 des Teilzeit- und Befristungsgesetzes, der Befristungen ohne Sachgrund zulässt, nicht ausgeschlossen. Der Arbeitnehmer/die Arbeitnehmerin versichert, dass er/sie bisher in keinem befristeten oder unbefristeten Beschäftigungsverhältnis zu dem Arbeitgeber gestanden hat.
(Alternative)

b) Die Einstellung erfolgt befristet für eine Einarbeitungszeit von .... Wochen, für die Zeit, in der die zu vertretende Arbeitnehmerin .... wegen der Beschäftigungsverbote nach dem Mutterschutzgesetz nicht beschäftigt werden kann und/oder für die Zeit, in der der zu vertretende Arbeitnehmer/die zu vertretende Arbeitnehmerin .... Elternzeit nimmt. Der Arbeitgeber ist verpflichtet, dem Arbeitnehmer/der Arbeitnehmerin so frühzeitig wie möglich den Zeitpunkt der Beendigung des Arbeitsverhältnisses mitzuteilen, mindestens aber vier Wochen vor der Beendigung.

c) Will der Arbeitgeber das Arbeitsverhältnis über die Befristung hinaus fortsetzen, so hat er den Arbeitnehmer/die Arbeitnehmerin hiervon spätestens .... Tage/Wochen vor Ablauf der Befristung zu unterrichten.

d) Der Arbeitsvertrag kann unabhängig von der vereinbarten Befristung
1. von beiden Parteien mit einer Frist von vier Wochen zum 15. oder zum Ende eines Kalendermonats gekündigt werden,
2. vom Arbeitgeber unter Einhaltung einer Frist von drei Wochen gekündigt werden, wenn die Elternzeit ohne Zustimmung des Arbeitgebers vorzeitig beendet werden kann und der Arbeitnehmer/die Arbeitnehmerin dem Arbeitgeber die vorzeitige Beendigung der Elternzeit mitgeteilt hat; die Kündigung ist frühestens zum Ende der Elternzeit zulässig (§ 21 Abs. 4 BEEG).

§ 2 Art der Tätigkeit

§ 3 Arbeitszeit

§ 4 Arbeitsentgelt

---

[1] Zutreffende Angaben bitte sorgfältig ausfüllen. Nichtzutreffende Angaben bitte streichen.

§ 5 Erholungsurlaub

Der Urlaub richtet sich nach den tarifvertraglichen/gesetzlichen Bestimmungen. Er beträgt zurzeit .... Arbeitstage/Werktage im Jahr und wird bei einer über einen Monat hinausgehenden Beschäftigung anteilig für jeden vollen Beschäftigungsmonat entsprechend der Dauer der Betriebszugehörigkeit gewährt. Die Lage des Urlaubs wird vom Arbeitgeber entsprechend den Wünschen des Arbeitnehmers/der Arbeitnehmerin im Rahmen der betrieblichen Möglichkeiten und der berechtigten persönlichen Belange anderer Mitarbeiter festgelegt.

§ 6 Betriebsordnung

§ 7 Lohnpfändung

§ 8 Sonstige Vereinbarungen

§ 9 Ausschlussfrist

§ 10 Tarifverträge/Betriebsvereinbarungen

§ 11 Vertragsveränderungen

Nebenabreden, Ergänzungen und Änderungen dieses Vertrages, insbesondere seine Verlängerung, sind nur wirksam, wenn sie schriftlich niedergelegt sind.

........................, den ....
(Ort)   (Datum)
....
(Arbeitgeber)   (Arbeitnehmer)

15. Praktikantenvertrag (Studenten)

Zwischen der Firma ....
(im Folgenden Firma)

geb. am ....

und Herrn/Frau ....,
wohnhaft in ....,
(im Folgenden Praktikant)

Telefon ....

wird folgender Vertrag über ein Betriebspraktikum geschlossen:

§ 1 Beginn und Dauer des Praktikums

a) *Der Praktikant wird vom ....an für die Dauer von .... Monaten/bis zum Ablauf des .... gemäß dem Ausbildungsplan der Universität/Fachhochschule/Verwaltungs- und Wirtschaftsakademie/Einrichtung .... als Praktikant zum Erwerb von Erfahrungen und Kenntnissen im Fachbereich .... in der Abteilung ..../ in folgenden Abteilungen des Betriebs .... in .... eingesetzt; ein Arbeitsverhältnis oder Ausbildungsverhältnis im Sinne des § 1 Abs. 3 BBiG wird dadurch nicht begründet.*

b) *Das Praktikantenverhältnis endet zu dem vorgesehenen Zeitpunkt, ohne dass es einer Kündigung bedarf.*

§ 2 Probezeit und Kündigung

a) *Die ersten .... Wochen/der erste Monat der Praktikantenzeit gelten/gilt als Probezeit, in der das Praktikantenverhältnis von beiden Seiten mit eintägiger Frist gekündigt werden kann.*

b) *Nach Ablauf der Probezeit kann das Praktikantenverhältnis vom Praktikanten mit einer Frist von vier Wochen gekündigt werden. Die Kündigung bedarf der Angabe von Kündigungsgründen.*

c) *Das Recht zur außerordentlichen Kündigung des Praktikantenverhältnisses bleibt für beide Seiten unberührt. Die Kündigung hat schriftlich zu erfolgen.*

d) *§ 23 des Berufsbildungsgesetzes ist gemäß § 26 des Berufsbildungsgesetzes ausgeschlossen.*

§ 3 Vergütung, Urlaub, Ausbildungszeit

a) *Der Praktikant erhält eine monatliche Vergütung in Höhe von .... €. Sie wird nachträglich am Ende des Monats auf ein vom Praktikanten zu benennendes Konto überwiesen.*

b) *Der Urlaub beträgt .... Tage im Monat/Jahr. Seine Lage darf dem Zweck des Studiums nicht entgegenstehen; sie ist im Einzelnen mit der Firma abzustimmen.*

c) *Die tägliche/wöchentliche Einsatzzeit richtet sich nach der betrieblichen Arbeitszeit. Sie beträgt .... Stunden.*

§ 4 Pflichten der Firma

Die Firma hat im Rahmen der betrieblichen Möglichkeiten

a) die nach dem beiliegenden Ausbildungsplan erforderlichen praktischen Erfahrungen und Kenntnisse zu vermitteln. Hiervon gelten jedoch folgende Ausnahmen:
....
b) auf Verlangen des Praktikanten mit der Universität/Fachhochschule/Einrichtung in allen das Praktikum betreffenden Fragen zusammenzuarbeiten;
c) die zum Besuch der Universität/Fachhochschule/Einrichtung und zur Teilnahme an Prüfungen und notwendigen Lehrgängen notwendige Freizeit zu gewähren;
d) nach Beendigung des Praktikantenverhältnisses einen Tätigkeitsnachweis/ein Zeugnis zu erstellen, der/das den Erwerb der nach dem Ausbildungsplan erforderlichen praktischen Erfahrungen und Kenntnisse dokumentiert und auf Wunsch des Praktikanten auch Angaben zur Führung und Leistung enthält;
e) im Krankheitsfall dem Praktikanten die ausgefallene Vergütung zu zahlen. Die Vorschriften des Entgeltfortzahlungsgesetzes gelten entsprechend;
f) einen geeigneten Mitarbeiter zu bestellen, der den Praktikanten betreut und in allen betrieblichen und mit dem Praktikum zusammenhängenden Fragen berät und unterstützt.

§ 5 Pflichten des Praktikanten

Der Praktikant ist verpflichtet,

a) den Ausbildungsplan einzuhalten und die gebotenen Ausbildungsmöglichkeiten wahrzunehmen;
b) die übertragenen Arbeiten gewissenhaft auszuführen, die gegebenen Weisungen zu befolgen und über die Betriebsvorgänge Stillschweigen zu bewahren;
c) die Betriebsordnung und die Unfallverhütungsvorschriften einzuhalten sowie die Werkzeuge und Arbeitsmittel sorgfältig zu behandeln;
d) die vorgeschriebenen Tätigkeitsberichte zu fertigen, die tägliche Einsatzzeit einzuhalten und an den vorgeschriebenen Prüfungen teilzunehmen;
e) im Falle der Verhinderung den Betrieb unverzüglich zu benachrichtigen und im Falle der Erkrankung innerhalb von .... Tagen eine Arbeitsunfähigkeitsbescheinigung vorzulegen.

§ 6 Sonstige Vereinbarungen

§ 7 Vertragsänderungen

Nebenabreden, Ergänzungen und Änderungen dieses Vertrags, insbesondere seine Verlängerung, bedürfen der Schriftform.

........................,   den ....
(Ort)   (Datum)

....
(Firma)   (Praktikant)

Anlage

Ausbildungsplan

16. Erklärung zur Religionszugehörigkeit (gegenüber dem Betriebsstättenfinanzamt für die Erhebung der pauschalen Lohnsteuer nach §§ 40, 40a Abs. 1, 2a und 3 und § 40b EStG und der pauschalen Einkommensteuer nach §§ 37a und 37b EStG)

Erklärung gegenüber dem Betriebsstättenfinanzamt zur Religionszugehörigkeit für die Erhebung der pauschalen Lohnsteuer nach §§ 40, 40a Abs. 1, 2a und 3 und § 40b EStG und der pauschalen Einkommensteuer nach §§ 37a und 37b EStG

Finanzamt ....

Arbeitgeber / Unternehmen / Steuerpflichtiger:

Name der Firma ....

Anschrift: ....

Arbeitnehmer / Empfänger der Sachprämien oder Sachzuwendungen:

Name, Vorname ....

Anschrift: ....

Ich, der vorbezeichnete Arbeitnehmer / Empfänger der Sachprämien oder Sachzuwendungen, erkläre, dass ich

- ☐ keiner Religionsgemeinschaft angehöre, die Kirchensteuer erhebt, und zwar
    - a) ☐ seit Beginn meines Beschäftigungsverhältnisses mit dem oben genannten Arbeitgeber.
    - b) ☐ im Zeitpunkt der Gewährung (bitte Datum oder Zeitraum angeben ....) der Sachprämie oder Sachzuwendung.
    - c) ☐ seit dem .... (bei Änderungen nach dem unter Buchstabe a bzw. b genannten Zeitpunkt).
- ☐ einer Religionsgemeinschaft angehöre, die Kirchensteuer erhebt
    - ☐ evangelisch
    - ☐ römisch-katholisch
    - ☐ alt-katholisch
    - ☐ jüdisch/israelitisch
    - ☐ freireligiös

und zwar seit dem .... *.

* Datumsangabe nur erforderlich, wenn Sie gegenüber dem o.g. Arbeitgeber / Unternehmen / Steuerpflichtigen früher erklärt haben, dass Sie keiner Religionsgemeinschaft angehören, die Kirchensteuer erhebt, und zwischenzeitlich in eine solche Religionsgemeinschaft eingetreten sind oder Sie zu einer anderen Kirchensteuer erhebenden Religionsgemeinschaft gewechselt sind.

Ich versichere, die Angaben in dieser Erklärung wahrheitsgemäß nach bestem Wissen und Gewissen gemacht zu haben. Mir ist bekannt, dass die Erklärung als Grundlage für das Besteuerungsverfahren dient.

....

Ort, Datum

....

Unterschrift des Arbeitnehmers / Empfängers der Sachprämien oder Sachzuwendungen

Diese Erklärung ist vom Arbeitgeber / Unternehmen / Steuerpflichtigen aufzubewahren.

Meldung über Beschäftigung im Haushalt (Haushaltsscheck) — Anhang

17. Meldung über Beschäftigung im Haushalt (Haushaltsscheck)

08 HAUSHALTSSCHECK FÜR PRIVATHAUSHALTE
Per Fax: 0201- 384 97 97 97   Per Post: Deutsche Rentenversicherung Knappschaft-Bahn-See • Minijob-Zentrale • 45115 Essen

☐ Anmeldung
☐ Änderung / Abmeldung

Für die Minijob-Zentrale

Arbeitgeber
- Name
- Vorname
- Vorsatzwort, Namenszusatz, Titel
- Straße und Hausnummer
- Betriebsnummer als Privathaushalt
- Pauschsteuer: Ja ☐ Nein ☐
- Postleitzahl
- Wohnort
- Steuernummer
- E-Mail-Adresse
- Telefonnummer

Beschäftigte/-r
- Name
- Vorname
- Vorsatzwort, Namenszusatz, Titel
- Straße und Hausnummer
- Geburtsname
- Land
- Postleitzahl
- Wohnort
- Geburtsdatum (T T M M J J J J)
- Männlich ☐ Weiblich ☐
- Rentenversicherungsnummer der / des Beschäftigten
- Geburtsort
- E-Mail-Adresse
- Telefonnummer

Welche der folgenden Aussagen trifft auf Ihre Haushaltshilfe zu? Meine Haushaltshilfe...
- ☐ übt eine weitere Beschäftigung mit mehr als 450 Euro monatlich aus
- ☐ ist **nicht** gesetzlich krankenversichert
- ☐ möchte selbst **Pflichtbeiträge** zur Rentenversicherung zahlen   Ja ☐ Nein ☐

HHS 001

Dauer der Beschäftigung
Nur ausfüllen zur An- und / oder Abmeldung einer Haushaltshilfe
- Beginn der Beschäftigung am: (T T M M J J J J)
- Beschäftigung wurde / wird beendet am: (T T M M J J J J)

Arbeitsentgelt
- ☐ monatlich **gleichbleibend** ab: (T T M M J J J J) bis auf Weiteres
- Monatliches Arbeitsentgelt (volle Eurobeträge z. B. „0120") _____ Euro
- Hiervon abweichendes Arbeitsentgelt im **ersten / letzten** Monat der Beschäftigung _____ Euro
- ☐ monatlich **schwankend** voller Monat (z. B. 052018 für Mai 2018) (M M J J J J) in diesem Monat
- Monatliches Arbeitsentgelt (volle Eurobeträge z. B. „0120") _____ Euro

SEPA-Basislastschriftmandat — gemäß § 28a Abs. 7 Sozialgesetzbuch Viertes Buch (SGB IV) zwingend erforderlich -
Deutsche Rentenversicherung Knappschaft-Bahn-See • 45115 Essen   Gläubiger-Identifikationsnummer: DE 81KBS00000034886

Ich ermächtige die Deutsche Rentenversicherung Knappschaft-Bahn-See (KBS), Zahlungen von meinem Konto mittels Lastschrift einzuziehen. Zugleich weise ich mein Kreditinstitut an, die von der KBS auf mein Konto gezogenen Lastschriften einzulösen. Ich kann innerhalb von acht Wochen, beginnend mit dem Belastungsdatum, die Erstattung des belasteten Betrages verlangen. Es gelten dabei die mit meinem Kreditinstitut vereinbarten Bedingungen.
Hinweis: Die Mandatsreferenz teilen wir Ihnen separat (in der Regel auf dem Abgabenbescheid) mit.

- Vorname und Name des Kontoinhabers
- Straße und Hausnummer
- Postleitzahl
- Wohnort
- Kreditinstitut
- IBAN (International Bank Account Number): D E _ _ _ _ ...
- Ort, Datum
- Unterschrift

Das SEPA-Basislastschriftmandat ist nur mit Datum und Unterschrift gültig.

Anhang   Meldung über Beschäftigung im Haushalt (Haushaltsscheck)

08 HAUSHALTSSCHECK FÜR PRIVATHAUSHALTE

Per Fax: 0201-384 97 97 97 Per Post: Deutsche Rentenversicherung Knappschaft-Bahn-See • Minijob-Zentrale • 45115 Essen

☐ Anmeldung
☐ Änderung / Abmeldung

Für den Arbeitgeber

Arbeitgeber
Name | Vorname | Vorsatzwort, Namenszusatz, Titel

Straße und Hausnummer | Betriebsnummer als Privathaushalt | Pauschsteuer ☐ Ja ☐ Nein

Postleitzahl | Wohnort | Steuernummer

E-Mail-Adresse | Telefonnummer

Beschäftigte/-r
Name | Vorname | Vorsatzwort, Namenszusatz, Titel

Straße und Hausnummer | Geburtsname

Land | Postleitzahl | Wohnort | Geburtsdatum T T M M J J J J | Männlich ☐ Weiblich ☐

Rentenversicherungsnummer der/des Beschäftigten | Geburtsort

E-Mail-Adresse | Telefonnummer

Welche der folgenden Aussagen trifft auf Ihre Haushaltshilfe zu? Meine Haushaltshilfe...
☐ übt eine weitere Beschäftigung mit mehr als 450 Euro monatlich aus
☐ ist **nicht** gesetzlich krankenversichert
☐ möchte selbst **Pflichtbeiträge** zur Rentenversicherung zahlen ☐ Ja ☐ Nein

Dauer der Beschäftigung
Nur ausfüllen zur An- und / oder Abmeldung einer Haushaltshilfe
Beginn der Beschäftigung am: T T M M J J J J | Beschäftigung wurde / wird beendet am: T T M M J J J J

Arbeitsentgelt
☐ monatlich **gleichbleibend** ab: T T M M J J J J bis auf Weiteres | Monatliches Arbeitsentgelt (volle Eurobeträge z. B. „0120") ____ Euro | Hiervon abweichendes Arbeitsentgelt im **ersten / letzten** Monat der Beschäftigung ____ Euro

☐ monatlich **schwankend** voller Monat (z. B. 052018 für Mai 2018) M M J J J J in **diesem** Monat | Monatliches Arbeitsentgelt (volle Eurobeträge z. B. „0120") ____ Euro

SEPA-Basislastschriftmandat - gemäß § 28a Abs. 7 Sozialgesetzbuch Viertes Buch (SGB IV) zwingend erforderlich -
Deutsche Rentenversicherung Knappschaft-Bahn-See • 45115 Essen Gläubiger-Identifikationsnummer: DE 81KBS00000034886

Ich ermächtige die Deutsche Rentenversicherung Knappschaft-Bahn-See (KBS), Zahlungen von meinem Konto mittels Lastschrift einzuziehen. Zugleich weise ich mein Kreditinstitut an, die von der KBS auf mein Konto gezogenen Lastschriften einzulösen. Ich kann innerhalb von acht Wochen, beginnend mit dem Belastungsdatum, die Erstattung des belasteten Betrages verlangen. Es gelten dabei die mit meinem Kreditinstitut vereinbarten Bedingungen.
Hinweis: Die Mandatsreferenz teilen wir Ihnen separat (in der Regel auf dem Abgabenbescheid) mit.

Vorname und Name des Kontoinhabers | Straße und Hausnummer

Postleitzahl | Wohnort | Kreditinstitut

D E ____ IBAN (International Bank Account Number)

Ort, Datum | Unterschrift

Das SEPA-Basislastschriftmandat ist nur mit Datum und Unterschrift gültig.

457

Meldung über Beschäftigung im Haushalt (Haushaltsscheck) — Anhang

HAUSHALTSSCHECK FÜR PRIVATHAUSHALTE

Per Fax: 0201-384 97 97 97 Per Post: Deutsche Rentenversicherung Knappschaft-Bahn-See • Minijob-Zentrale • 45115 Essen

☐ Anmeldung
☐ Änderung / Abmeldung

Arbeitgeber

Name | Vorname | Vorsatzwort, Namenszusatz, Titel

Straße und Hausnummer | Betriebsnummer als Privathaushalt | Pauschsteuer Ja/Nein

Postleitzahl | Wohnort | Steuernummer

E-Mail-Adresse | Telefonnummer

Beschäftigte/-r

Name | Vorname | Vorsatzwort, Namenszusatz, Titel

Straße und Hausnummer | Geburtsname

Land | Postleitzahl | Wohnort | Geburtsdatum (T T M M J J J J) | Männlich / Weiblich

Rentenversicherungsnummer der/des Beschäftigten | Geburtsort

E-Mail-Adresse | Telefonnummer

Welche der folgenden Aussagen trifft auf Ihre Haushaltshilfe zu? Meine Haushaltshilfe...
☐ übt eine weitere Beschäftigung mit mehr als 450 Euro monatlich aus
☐ ist **nicht** gesetzlich krankenversichert
☐ möchte selbst **Pflichtbeiträge** zur Rentenversicherung zahlen Ja / Nein

Dauer der Beschäftigung

Nur ausfüllen zur An- und / oder Abmeldung einer Haushaltshilfe
Beginn der Beschäftigung am: (T T M M J J J J) | Beschäftigung wurde / wird beendet am: (T T M M J J J J)

Arbeitsentgelt

☐ monatlich **gleichbleibend** ab: (T T M M J J J J) bis auf Weiteres | Monatliches Arbeitsentgelt (volle Eurobeträge z. B. „0120") Euro | Hiervon abweichendes Arbeitsentgelt im **ersten / letzten** Monat der Beschäftigung Euro

☐ monatlich **schwankend** voller Monat (z. B. 052018 für Mai 2018) (M M J J J J) in **diesem** Monat | Monatliches Arbeitsentgelt (volle Eurobeträge z. B. „0120") Euro

HHS 001

Haushaltsscheck – was Sie beachten sollten!

❶ Privathaushalte. Für das Haushaltsscheck-Verfahren kommen nur natürliche Personen als Arbeitgeber in Betracht. Bei Beschäftigungsverhältnissen in privaten Haushalten, die mit Dienstleistungsagenturen, Wohnungseigentümergemeinschaften oder Hausverwaltungen geschlossen werden, kann der Haushaltsscheck nicht genutzt werden. Ein Minijobber kann nur dann mit dem Haushaltsscheck angemeldet werden, wenn er für denselben Arbeitgeber keine weiteren Arbeiten, wie z. B. in den dem Privathaushalt angeschlossenen Geschäftsräumen, erbringt.

❷ Anmeldung oder Änderung / Abmeldung. Bitte kennzeichnen Sie, ob Sie die Beschäftigung anmelden möchten oder ob es sich um eine Änderung (z. B. des Arbeitsentgelts, der Adresse oder der Bankverbindung) oder eine Abmeldung der bereits angemeldeten Beschäftigung handelt. Das Ende der Beschäftigung (siehe Punkt 12) können Sie auch zusammen mit der Anmeldung anzeigen, sofern es bereits bekannt ist.

❸ Bei mehreren **Vornamen** ist nur der Rufname anzugeben. **Vorsatzwörter** zum Familiennamen sind zum Beispiel: auf, auf der, van, van der, von, vom und zu, zu, zur. **Namenszusätze** sind zum Beispiel: Baronesse, Freiherr, Fürstin, Graf, Marquis. **Titel** sind akademische Grade wie zum Beispiel: Dr. med., Prof., Professor
Beispiel: Adelheid Gräfin von Plettenberg
Name: Plettenberg   Vorname: Adelheid   Vorsatzwort, Namenszusatz,   Titel: Gräfin von

❹ Betriebsnummer. Wenn Sie schon eine Betriebsnummer als Privathaushalt haben, dann tragen Sie diese bitte ein. Falls nicht, legen wir eine für Sie an.

❺ Pauschsteuer. Ja, wenn Sie die Lohnsteuer als so genannte einheitliche Pauschsteuer in Höhe von zwei Prozent des Arbeitsentgelts an uns zahlen möchten. **Nein,** wenn Sie die Lohnsteuer nach den Lohnsteuermerkmalen erheben, die dem zuständigen Finanzamt vorliegen.

❻ Steuernummer. Nur eintragen, wenn Sie die Pauschsteuer in Höhe von zwei Prozent des Arbeitsentgelts an uns zahlen möchten (siehe Punkt 5). Die Steuernummer entnehmen Sie bitte Ihrem letzten Steuerbescheid.

❼ E-Mail-Adresse und Telefonnummer. Die Angaben sind freiwillig, beschleunigen aber den Kontakt bei Fragen.

❽ Rentenversicherungsnummer. Sie wird von der Deutschen Gesetzlichen Rentenversicherung vergeben. Die Nummer entnehmen Sie bitte dem Sozialversicherungsausweis Ihrer Haushaltshilfe. **Nicht bekannt?** Bitte Geburtsname, Geburtsdatum, Geschlecht und Geburtsort der/des Beschäftigten eintragen.

❾ Weitere Beschäftigung über 450 Euro. Bitte ankreuzen, wenn Ihre Haushaltshilfe gleichzeitig eine (Haupt-)Beschäftigung ausübt. Der Bezug von Leistungen wie Elterngeld oder Arbeitslosengeld stellt keine Hauptbeschäftigung dar.

❿ Keine gesetzliche Krankenversicherung. Bitte ankreuzen, wenn Ihre Haushaltshilfe **nicht** gesetzlich krankenversichert ist. Der weit überwiegende Teil der Bevölkerung in Deutschland ist bei einer gesetzlichen Krankenkasse (AOK, BKK, Ersatzkasse, IKK, landwirtschaftliche Krankenkasse, KNAPPSCHAFT) pflicht-, freiwillig oder familienversichert.

⓫ Pflichtbeiträge zur Rentenversicherung. Ja, wenn Ihre Haushaltshilfe **eigene Rentenbeiträge** zahlen möchte. Den monatlichen Rentenbeitrag berechnen wir mindestens von 175 Euro. Ihr Arbeitgeberanteil beträgt fünf Prozent vom tatsächlichen Arbeitsentgelt. Die Differenz bis zum vollen Beitrag trägt Ihre Haushaltshilfe. Diesen Beitragsanteil ziehen Sie Ihrer Haushaltshilfe vom Verdienst ab. Zur Fälligkeit buchen wir die vollen Rentenbeiträge vom angegebenen Konto ab.

Bei Rentnern ergeben sich aufgrund der Flexibilisierung der Vollrenten wegen Alters und der Hinzuverdienstgrenzen vielfältige Gestaltungsmöglichkeiten. Sollte Ihre Haushaltshilfe hierzu Fragen haben, soll sie sich an ihren zuständigen Rentenversicherungsträger wenden, der sie individuell zu ihrer persönlichen Situation berät.

Nein, wenn Ihre Haushaltshilfe **keine eigenen Rentenbeiträge** zahlen möchte. Vorab empfehlen wir Ihrer Haushaltshilfe, unser „Merkblatt über die möglichen Folgen einer Befreiung von der Rentenversicherungspflicht" zu lesen. Das Merkblatt finden Sie im Internet unter minijob-zentrale.de. Sie können es auch telefonisch im Service-Center (Telefonnummer 0355 2902 70799 von montags bis freitags von 7.00 bis 17.00 Uhr) anfordern.

Eine Befreiung von der Rentenversicherungspflicht gilt als erteilt, wenn wir nicht innerhalb eines Monats nach Eingang des Haushaltsschecks widersprechen. Die Befreiung ist unwiderruflich und wirkt grundsätzlich ab Beginn des Kalendermonats, in dem Ihr Haushaltsscheck bei uns eingeht, frühestens ab Beginn der Beschäftigung. Bei einer insgesamt geringfügig entlohnten Mehrfachbeschäftigung gilt die Befreiung für alle gleichzeitig bestehenden und später aufgenommenen Minijobs.

Bitte wenden

Meldung über Beschäftigung im Haushalt (Haushaltsscheck) Anhang

⓬ Dauer der Beschäftigung. Hier geben Sie den Beginn bzw. das Ende der Beschäftigung an. Den Beginn der Beschäftigung bitte nur zur Anmeldung eintragen (auch bei erneuter Beschäftigung nach einer Unterbrechung von mehr als einem vollen Monat). Das Ende der Beschäftigung kann bei einem befristeten Beschäftigungsverhältnis gleichzeitig mit der Anmeldung eingetragen werden.

⓭ Arbeitsentgelt monatlich gleichbleibend. Bitte ankreuzen, wenn Sie jeden Monat **denselben** Betrag zahlen. Geben Sie als Ab-Datum bitte den Tag, den Monat und das Jahr an. Daneben unter Punkt 14 tragen Sie bitte das konstante monatliche Entgelt ein.

⓮ Arbeitsentgelt. Das ist das vereinbarte Bruttoentgelt, also der Betrag **vor** Abzug von eventuell einbehaltenen Steuern (siehe Punkt 5) und des Beitragsanteils des Arbeitnehmers bei Rentenversicherungspflicht (siehe Punkt 11). Sachbezüge (beispielsweise kostenlose Verpflegung) werden nicht dem Arbeitsentgelt zugerechnet.

⓯ Abweichendes Arbeitsentgelt im ersten / letzten Monat. Beginnt oder endet eine auf Dauer angelegte bzw. regelmäßig wiederkehrende Beschäftigung im Laufe eines Kalendermonats **und** Sie zahlen Ihrer Haushaltshilfe anstelle des vollen Verdienstes nur einen anteiligen Betrag, dann tragen Sie diesen bitte hier ein.

Beispiel 1
Beginn der Beschäftigung am 15. August 2018 mit einem gleichbleibenden monatlichen Arbeitsentgelt von 200 Euro. Trotz der geringeren Arbeitsleistung im August erhält die Haushaltshilfe im Monat des Beschäftigungsbeginns die vollen 200 Euro.
Lösung: Punkt 13: 15082018   Punkt 14: 0200   Punkt 15: keine Angaben

Beispiel 2
Beginn der Beschäftigung am 15. August 2018 mit einem gleichbleibenden monatlichen Arbeitsentgelt von 200 Euro. Aufgrund der geringeren Arbeitsleistung im August erhält die Haushaltshilfe im Monat des Beschäftigungsbeginns nur 100 Euro.
Lösung: Punkt 13: 15082018   Punkt 14: 0200   Punkt 15 (erster Monat): 0100

⓰ Arbeitsentgelt monatlich schwankend. Bitte ankreuzen, wenn Sie jeden Monat einen **anderen** Betrag zahlen. Geben Sie als Ab-Datum bitte den Monat und das Jahr an. Daneben unter Punkt 17 tragen Sie bitte das Entgelt für den angegebenen Beschäftigungsmonat ein. Die Arbeitsentgelte für die folgenden Monate melden Sie bitte monatlich mit weiteren Haushaltsschecks (oben rechts bitte Änderung ankreuzen). Alternativ stellen wir Ihnen automatisch einen Halbjahresscheck zur Verfügung.

⓱ Arbeitsentgelt. Siehe Erläuterungen zum Punkt 14.

⓲ SEPA-Basislastschriftmandat. Erteilen Sie bei Ihrer ersten Anmeldung oder wenn sich Ihre Bankverbindung geändert hat. Sie ermächtigen die Deutsche Rentenversicherung Knappschaft-Bahn-See/Minijob-Zentrale, folgende Beträge von Ihrem Konto abzubuchen: Beiträge zur Kranken- und Rentenversicherung (Beitragsanteile von Ihnen und bei Rentenversicherungspflicht auch die Ihrer Haushaltshilfe), Unfallversicherungsbeiträge, Umlagen zum Ausgleich der Arbeitgeberaufwendungen bei Krankheit und Mutterschaft, etwaige Nebenforderungen sowie gegebenenfalls die einheitliche Pauschsteuer. Das Lastschriftmandat ist nur mit **Datum und Unterschrift** gültig.

Sollte das SEPA-Basislastschriftmandat nicht von Ihnen, sondern von einer anderen Person erteilt worden sein, möchten wir Sie bitten, dass Sie alle relevanten Daten (Mandatsreferenz, Fälligkeitstag und die Höhe des einzuziehenden Betrages) dieser Person mitteilen. Sie erhalten diese Informationen in der Regel mit dem Abgabenbescheid. Sie können auch vorab mit dem Haushaltsscheck-Rechner unter minijob-zentrale.de Ihre Abgaben berechnen.

Ihre Minijob-Zentrale

18. Befreiungsantrag von der Rentenversicherungspflicht geringfügig entlohnter Beschäftigter nach § 6 Abs. 1b SGB VI – zum Nachweis in den Entgeltunterlagen des Arbeitgebers[1)]

Hiermit beantrage ich (Arbeitnehmer):

Name: ....

Vorname: ....

Rentenversicherungsnummer: _ _-_ _ _ _ _ _ _- _ -_ _ _

die Befreiung von der Rentenversicherungspflicht im Rahmen meiner geringfügig entlohnten Beschäftigung. Mir ist bekannt, dass ich damit auf den Erwerb von Pflichtbeitragszeiten verzichte. Ich habe mich über die möglichen Folgen einer Befreiung von der Rentenversicherungspflicht informiert und bin damit einverstanden.

Mir ist bekannt, dass der Antrag nicht widerrufen werden kann und dass er für alle zeitgleich von mir ausgeübten geringfügig entlohnten Beschäftigungen gilt und mich während der gesamten Dauer der Beschäftigung bindet. Des Weiteren verpflichte ich mich, alle Arbeitgeber, bei denen ich geringfügig tätig bin oder sein werde, über diesen Befreiungsantrag zu informieren.

....
(Ort, Datum)   (Unterschrift Arbeitnehmer bzw. bei Minderjährigen Unterschrift gesetzlicher Vertreter)

Bestätigung durch den Arbeitgeber:

Arbeitgeber:

Name:.................... (Betriebs-Nr.: ....)

Hiermit bestätigen wir, dass der Antrag am __.__.____ bei uns eingegangen ist.

Die Befreiung wirkt ab __.__.____.

Anmerkung:

Der Befreiungsantrag muss gemäß § 8 Abs. 4a BVV zu den Entgeltunterlagen genommen werden und wird nicht an die Minijob-Zentrale gesendet.

....
(Ort, Datum)   (Unterschrift Arbeitgeber)

[1)] Bevor sich der Arbeitnehmer für die Befreiung entscheidet, sollte er sich bei der Minijob-Zentrale informieren, welche Vorteile er von einer Rentenversicherungspflicht hat. Die Deutsche Rentenversicherung ist kostenlos unter der Service-Telefon-Nr. 0800 1000 480 13 zu erreichen. Bitte nach Möglichkeit beim Anruf die Versicherungsnummer der Rentenversicherung bereithalten.

19. Dokumentation der täglichen Arbeitszeit nach § 17 Abs. 1 Mindestlohngesetz (MiLoG) für geringfügig Beschäftigte nach § 8 Abs. 1 SGB IV

Hinweis:

Die Aufzeichnungen über die tägliche Arbeitszeit sind mindestens **wöchentlich** zu führen, denn der Arbeitgeber „*ist verpflichtet, Beginn, Ende und Dauer der täglichen Arbeitszeit dieser Arbeitnehmerinnen und Arbeitnehmer spätestens bis zum Ablauf des siebten auf den Tag der Arbeitsleistung folgenden Kalendertages aufzuzeichnen und diese Aufzeichnungen* **mindestens zwei Jahre** *beginnend ab dem für die Aufzeichnung maßgeblichen Zeitpunkt aufzubewahren*" (§ 17 Abs. 1 Satz 1 MiLoG).

Ein Verstoß gegen diese Pflichten steht nach § 21 Abs. 1 Nr. 8 MiLoG unter Bußgeldandrohung.

Arbeitgeber: ....

Arbeitnehmer (Name, Vorname): ....

Aufzeichnung für die Zeit vom .... bis ....

Tag	Zeitraum von .... bis	Stunden	Unterschrift

Stichwortverzeichnis

Die Zahlen hinter den Stichwörtern bezeichnen die entsprechenden Randziffern in unserem Ratgeber.

A

Abfindung 585, 659

Abmeldung
- Abmeldungsgrund 4, 703
- Beendigung Dienstverhältnis 2
- Benachrichtigung Finanzamt 2
- Elektronische Lohnsteuerabzugsmerkmale 2
- ELStAM 2
- Lohnsteuer-Anmeldung 3
- Lohnsteuerpauschalierung 2
- Meldefrist 5, 704
- meldepflichtiges Entgelt 6, 705

Abrufarbeit 25
- AGB-Kontrolle/Ermessenskontrolle 22
- Ankündigungsfrist 15
- Anlass 7
- Arbeitsentgelt/Schichtzulage 23
- Arbeitszeit 12, 14
- Ausgleichszeitraum 18
- Bandbreitenregelung 17, 21
- Definition 9
- Einschränkungen 11
- Entgeltfortzahlung 23
- Feiertagslohn 392
- Feiertagsvergütung 23
- fingierte Arbeitszeit 12
- nach jeweiligem Anfall 10
- Neuregelung ab 2019 8
- Null-Stunden-Verträge 11
- Sanktion 13
- Schichtarbeit 10
- Tagesaushilfe 10
- Tarifvertrag 16
- Überschreitung der Mindestarbeitszeit 19
- Unterschreitung der Höchstarbeitszeit 20
- Urlaub 23
- Vertragsänderung durch Überschreitung der vereinbarten Arbeitszeit 10
- Vertragserfordernis 9
- Vertragsfragen 10

Abschlussbuchungen
- Lohnsteuer-Jahresausgleich 666

Abwälzung
- Kirchensteuer 32, 563
- Lohnsteuer 30
- Pauschalsteuer 27

- Sozialversicherungsbeiträge 28
- Steuerschuldner 30

Abzugsbetrag
- Antragsverfahren 497
- Anwendungsbeispiele 497
- Beantragung und Anwendung 495
- Berechnung 496 f.

Ältere Arbeitnehmer
- Altersdiskriminierung 33
- Altersentlastungsbetrag 34
- Altersgrenze 33
- Befristung 33
- Diskriminierung wegen Alters 33
- Kündigungsschutz 33
- rentennahe Arbeitnehmer 33
- Sozialplanabfindung 33

Aktion Tagwerk 879

Akuter Bedarf 38, 40
- Arbeitslohngrenzen 37
- Beschäftigungsform 37
- Definition 37
- Lohnsteuereinbehalt 37
- Lohnsteuerpauschalierung 37

Altersentlastungsbetrag
- Berücksichtigung beim Lohnsteuerabzug 34
- Voraussetzungen 34

Altersteilzeit
- Ablauf Steuerfreistellung 46
- Aufstockungsbetrag 43 f.
- Beginn 47
- Blockmodell 51
- Einzelfragen 42
- Grundsätze 41
- Lohnsteuererhebung 43
- Meldung 50
- Mini-Jobs 45
- Nebenbeschäftigung 49

Altersversorgung 52
- Betriebsrente 54
- Rente 53
- Werksrente 53

Angehörige 60
- Arbeitgeber 59

– Arbeitnehmer 59
– Arbeitsverhältnis 59
– Eheähnliche Lebensgemeinschaft 55
– Ehegatten-Arbeitsverhältnis 56
– Ehegattenmitarbeit 55
– Kinder-Arbeitsverhältnis 58
– Kindermitarbeit 57
– Lebenspartnerschaft 55
– Mindestlohn 58

Anmeldung
– Angehörige 60
– Arbeitnehmer bei Finanzverwaltung 62
– Beschäftigungsverhältnis 62
– Einzugsstelle 702
– ELStAM-Verfahren 63
– Härtefall-Verfahren 62 f.
– Meldegründe 699
– Zeitpunkt 699

Arbeitgeber
– Aufzeichnungspflichten 158
– Definition 69, 72
– Haftung 459
– Haftungsbescheid 459
– Kirchensteuer 548
– Kirchensteuerabzugsverpflichtung 73 ff., 541, 544 f., 547 f., 550, 555, 559 ff.
– Lohnkonto 158
– Lohnsteuererhebung 69
– Nachforderungsbescheid 738
– Pflichten 69
– Privathaushalt 815 f.
– steuerliche Pflichten 70
– Steuerschuldner 738
– Verpflichtung zum Lohnsteuereinbehalt 626

Arbeitgeberbeiträge 569
– zur gesetzlichen Sozialversicherung 69, 71
– zur Sozialversicherung 226

Arbeitgeberdarlehen 809

Arbeitgeberwechsel
– Lohnsteuerabzugsmerkmale 674

Arbeitnehmer 84
– Abgrenzung Scheinselbständigkeit 82
– ältere 35
– ältere, Altersentlastungsbetrag 34
– Arbeitsvertrag 131
– Aushilfe 181
– Ausländische 184, 188
– Auslagenersatz 374
– Beamter 195
– Bescheinigung für den Lohnsteuerabzug 188
– Definition 82 f.
– EU-Staaten 185

– Künstlererlass 1006
– Lohnsteuererhebung 188
– lohnsteuerliche Pflichten 82
– Merkmale 82
– Rechtsnachfolger 82
– Steuerpflicht 188

Arbeitnehmer, ältere
– Altersentlastungsbetrag 34

Arbeitnehmereigenschaft
– Scheinselbständigkeit 873

Arbeitnehmer-Pauschbetrag
– Begriff 1050
– Werbungskosten 1050

Arbeitnehmer-Sparzulage
– Anlageformen 87
– Anlagemöglichkeit 86
– Antragstellung 90
– Auszahlung 91
– Begünstigte 87
– Einkommensgrenzen 90
– Förderung 86
– Gutschrift 91
– Höhe 86
– Höhe der Förderung 88 ff.
– Produktivkapital 88
– Sperrfrist 91
– Voraussetzungen 90
– vorzeitige Auszahlung 92
– Wohnungsbau 89

Arbeitsentgelt
– Arbeitsentgelteigenschaft 128
– Einkünfte aus nichtselbständiger Arbeit 127
– Einnahmen 127
– Gehaltsumwandlung 128
– Sachleistungen 127
– steuerfreie Arbeitslohnzuschläge, Aufzählung 98
  Zuflussprinzip 1070

Arbeitslohn 127
– Abgrenzung 135
– Aufmerksamkeit 150
– Einkünfte aus nichtselbständiger Arbeit 326
– Einmalzahlung 916
– Gestaltungsmöglichkeiten 449
– Kost 852
– laufender 916
– Logis 852
– Lohn-/Gehaltsverzicht 1069
– Lohnverwendungsabrede 1069
– Nettolohnvereinbarung 760
– Saisonarbeitnehmer 852
– schwankender 884

– Sonderzuwendung 912
– steuerfreie Arbeitslohnzuschläge, Aufzählung 98
– steuerfreie Lohnteile 449
– steuerfreier 138, 150
– Verzicht 1041
– Zuflussprinzip 1069
– Zusätzlichkeitsvoraussetzung 449

Arbeitslohngrenze
– Bedeutung im Steuerrecht 95
– Mindestlohn 95
– Voraussetzung für Lohnsteuerpauschalierung 95

Arbeitslohnzuschläge 108
– Aufzählung 98
– Aufzeichnung in Lohnkonto 104
– Beitragspflicht Sozialversicherung 107
– Beitragspflicht Unfallversicherung 107
– Fallbeispiele 98
– Pauschalbesteuerung 98
– steuerfreie 98
– Zusätzlichkeitsvoraussetzung 106

Arbeitslohnzuschlag für Nachtarbeit 742

Arbeitslosenversicherung
– Beiträge 110
– Lohnsteuerbescheinigung 110
– Mehrere Beschäftigungen 111
– steuerliche Behandlung 110

Arbeitsloser 120
– Auskunftsersuchen 115
– Hinzuverdienst 114
– Lohnersatzleistung 117
– Nebenbeschäftigung 112 f., 119
– Progressionsvorbehalt 118
– steuerpflichtige Nebenbeschäftigung 116

Arbeitsplatzteilung 530

Arbeitsschutzkleidung
– Barablösung 249
– Steuerfreiheit 249

Arbeitsstätte 125
– erste Tätigkeitsstätte 122

Arbeitsvergütung 127, 129
– Teilzeitkräfte 126

Arbeitsverhältnis
– Angehörige 59
– Dienstverhältnis 299
– einheitliches 299
– Lebenspartner 59

Arbeitsverlängerung 147
– Aufstockungsanspruch 140
– Befristete Arbeitszeiterhöhung 141

– Informationspflicht 140
– konkludente (faktische) Vereinbarung 140
– Verlängerungsanspruch 140

Arbeitsvertrag 132 f.
– Arbeitnehmer 131
– Befristung 198
– Formen der Beschäftigung 130
– Formulierungsvorschlag bei Teilzeitbeschäftigung 990
– Formvorschriften 131
– Kündigung 199
– Kündigungsschutz 199

Arbeitszeit
– Abrufarbeit 12 ff.
– Arbeitsdauer 135
– Arbeitslohn steuerpflichtig, steuerfrei 135
– Arbeitszeitschutz Aushilfskräfte 134
– Arbeitszeitschutz Teilzeitkräfte 134
– Aufzeichnungspflicht 134
– bei demselben Arbeitgeber 681
– Konkurrenzverbot 681
– Lohnsteuerermittlung 136
– Lohnsteuertabelle 135
– Lohnzahlungszeitraum 136
– steuerfreier Arbeitslohn 138
– Teilarbeitsverhältnisse 681
– Teilzeitbeschäftigung 681

Arbeitszeitkonto 396, 1056

Asylbewerber
– Beschäftigung, zulässige 187

Asylsuchender 189

Aufmerksamkeit 152
– Arbeitslohn 150
– Aufenthaltsraum 150
– außergewöhnlicher Arbeitseinsatz 151
– Genussmittel 151
– Geschenk 150
– Getränke 151
– Ruheraum 151
– Sachleistungen 150
– Speisen 151
– steuerfreier Arbeitslohn 150 f.

Aufstockungsanspruch
– Ablehnungsgründe 146
– Arbeitsplatz, freier 145
– Arbeitszeit 143
– Arbeitszeitverlängerung Teilzeit 140
– Beweislast für Ablehnungsgründe 146
– Schadensersatz bei schuldhafter Ablehnung 146
– Textform für den Antrag 144
– Verpflichtung des Arbeitgebers 144
– Voraussetzung 142

Stichwortverzeichnis

Aufstockungsbetrag
- Altersteilzeit 43 f.
- Lohnkonto 48
- Lohnsteuerbescheinigung 48
- Mini-Jobs 45
- Steuerfreiheit 43

Aufwandsentschädigung 155 f.
- Anspruch 153
- Ehrenamt 154
- ehrenamtliche Tätigkeit 154
- öffentliche Kasse 154
- privater Arbeitgeber 154
- Steuerfreiheit 154

Aufzeichnungspflichten 162
- Arbeitgeber 158
- Aufbewahrungsfristen 161
- Beitragsliste 160
- Entgeltunterlagen 159
- Lohnkonto 158
- Mindestlohn 157

Ausgleichsverfahren
- Arbeitslohn 164
- Betriebseinnahmen 164
- Erstattung 168
- Krankheit 165
- Mutterschutzleistungen 163, 165
- Teilzeitbeschäftigte 163
- Umlage U1 166
- Umlage U2 167
- Umlageverfahren 163, 165
- unständig Beschäftigter 1015

Aushilfe 183
- Arbeitnehmer 181
- befristete kurzfristige Beschäftigung 178
- befristeter Arbeitsvertrag 198
- befristeter Arbeitsvertrag, Missbrauchsfälle 198
- Befristung 200 ff., 205
- Befristung ohne Kündigungsschutz 203
- Befristung/Schriftform 204
- Begriff 169
- Bulgarien 186
- echte 172
- Ein-Tages-Aushilfen 200
- Elternzeit 176
- Feiertagsarbeit 179
- Freistellung 179
- Gratifikation 179
- Kündigung 199
- Kündigungsschutz 199
- Missbrauch 170
- Mutterschutz 179
- Nachweisgesetz 175
- Rumänien 186
- unechte 173

- Vereinbarung 174
- Vergütung 179

Aushilfen
- Abrufarbeit 25
- Betriebsrat 180
- Tarifvertrag 963

Aushilfsbeschäftigung
- Urlaub 1017 ff.
- Urlaubsabgeltung 1020
- Urlaubsgeld 1021
- Verfall 1019
- zeitliche Addition 1018

Aushilfskräfte
- Zeugnis 1064

Aushilfskraft
- Land- und Forstwirtschaft 602

Aushilfstätigkeit 896

Ausländischer Arbeitnehmer
- Arbeitserlaubnis 190

Auslagenersatz 154
- Arbeitslohn 374
- pauschaler 374
- Steuerfreiheit 374

Außerordentliche Einkünfte
- Fünftelungsregelung 927
- Lohnsteuerbescheinigung 927
- Steuerermittlung 925, 927

Aussperrungsunterstützungen 118

Auswärtstätigkeit 824
- Begriff 192
- Leiharbeitnehmer 192

B

Beamter 196 f.
- Arbeitnehmer 195
- Lohnsteuereinbehalt 195, 773
- Pensionär 773

Beendigung Dienstverhältnis
- Abmeldung 2

Befristeter Arbeitsvertrag 224
- Aushilfsbeschäftigung 221
- Ersatzkraft Pflegezeit 221
- Lohnsteuertabelle 222
- Sozialversicherung 223
- Teilzeitbeschäftigung 221

Befristeter Rahmenarbeitsvertrag 822

Befristung
- ältere Arbeitnehmer 206, 219

– Anschlussverbot 205, 215
– Höchstdauer 217
– ohne Sachgrund 205 ff., 213, 215, 219
– ohne Sachgrund/Tarifvertrag 218
– Rechtsmissbrauch 198, 210
– Sachgrund 201 f., 211
– Schriftform 204, 208, 214, 220
– Tarifvertrag/Grenzen 218
– Teilzeit 210
– unwirksame 202
– unwirksame/Klagefrist 212
– Verlängerung 217
– Vorbeschäftigungsverbot 205, 215 f.
– wirksame/Maßregelung 212
– Zweckbefristung 209

Beitragsberechnung 870
– geringfügig entlohnte Beschäftigte 227, 230
– Geringverdiener 229
– Übergangsbereich 231
– Versicherungspflichtig Beschäftigte 228

Beitragsgruppenschlüssel 235 f.

Beitragsnachweis
– Schätzung 870

Beitragstragung 238 ff.

Beitragszuschlag zur Pflegeversicherung 242 f.

Belege
– Aufbewahrung 620
– zum Lohnkonto 620

Berufskleidung 247 f., 250
– Arbeitsschutzkleidung 245
– Aufwendungsersatz 244
– Dienstkleidung 246
– Steuerfreiheit 249
– Streitfragen 244

Berufsmäßigkeit
– Abgrenzung 260
– Beschäftigungslose 257
– Elternzeit 256
– gelegentlich ausgeübte Beschäftigungen 254
– kurzfristige Beschäftigung 253
– nicht nur gelegentlich ausgeübte Beschäftigungen 255
– Selbständigkeit 256
– unbezahlter Urlaub 256
– Zeiten im Ausland 259

Beschäftigung 264 f.
– berufsfremde 413
– Dienstverhältnis 263
– haupt- und nebenberufliche 681

– lohnsteuerliche Folgerungen 263
– Lohnsteuerpauschalierung 263
– mehrere 681
– Mehrere Beschäftigungen 690
– nebenberufliche 748
– Teilzeitbeschäftigung 681

Beschäftigung im Übergangsbereich
– Gleitzonenregelung 266
– Midi-Job 266

Beschäftigungen im Übergangsbereich
– Anwendungsfälle 269
– Arbeitsentgelt außerhalb des Übergangsbereichs 274
– ausgeschlossener Personenkreis 276
– Beiträge zur Rentenversicherung 275
– Beitragsberechnung 270 ff.
– Beitragstragung 270
– Definition 268
– Lohnsteuerermittlung 267
– mehrere Beschäftigungen 273
– Meldung 277
– Teilmonate 271

Beschäftigungsdauer
– Kirchensteuer 548

Besondere Lohnsteuertabelle 195

Besteuerung
– Gestaltungsmöglichkeiten 450

Betreuungsaufwendungen
– bei unverheiratetem Elternpaar 538
– Corona/COVID-19 294
– Zusätzlichkeitsvoraussetzung 539

Betreuungsleistung
– Steuerermäßigung 476

Betreuungspersonen
– Kinderbetreuung 535
– steuerfreier Arbeitgeberersatz 535
– Vermittlung 535

Betriebliche Ablehnungsgründe
– Teilzeitanspruch 969

Betriebliche Altersversorgung
– Begriff 280
– Durchführungswege 280
– Entgeltumwandlung 281
– Förderbetrag 641
– Förderbetrag für den Arbeitgeber 282
– Gleichbehandlung Teilzeitkräfte 278
– Lohnsteuer-Anmeldung 641
– Riester-Förderung 284
– Steuerfreiheit 283

Betriebliche Geräte
– Datenverarbeitungsgeräte 812

467

Stichwortverzeichnis

– Personalcomputer 812
– private Nutzung 812
– Telekommunikationsgeräte 812

Betriebseröffnung 869

Betriebsstätte
– Begriff 123, 287
– lohnsteuerliche 287
– lohnsteuerliche Bedeutung 123

Betriebsstättenfinanzamt
– Anrufungsauskunft 287
– Aufgaben 287
– Begriff 287
– Betriebsstätte 287
– Kirchensteuer 289, 542 f.

Betriebsverfassung
– Aushilfen als Arbeitnehmer 290
– Teilzeitkräfte als Arbeitnehmer 290

Brückenteilzeit
– Ablehnungsrecht des Arbeitgebers 973
– Anspruchsgrundsätze 972
– Neuregelung 2018 971
– Rückkehrrecht 971
– Schwellenwerte 973
– Überlastquote 973

C

Corona/COVID-19
– Anordnung von Corona-Tests 293
– Anordnung von Home-Office 293
– Arbeitgeberzuschüsse 294
– Arbeitsschutz 293
– Arbeitszimmer/Home-Office 294, 522
– Aufschieben des Elterngeldbezugs 293
– Aussetzung Insolvenzantragspflicht 293
– Betreuung von Angehörigen, Kindern 294
– Corona-Bonus 293
– COVID-19-Arbeitszeitverordnung 293
– COVID-19-Tests 249, 294
– Desinfektionsmittel, Impfung 294
– Einkommensteuerveranlagung 294
– Entgeltfortzahlung im Krankheitsfall 293
– Hinzuverdienst bei Kurzarbeit 297
– Kindernotbetreuung 536
– Kurzarbeit 293
– Kurzarbeitergeld 294
– Lohnsteuerbescheinigung 294
– lohnsteuerlichen Erleichterungen, Regelungen 294
– Nebentätigkeit während Bezug von KUG 293
– Quarantäne 294
– Schutzausrüstung 294
– Übergangsregelung bei geringfügig entlohnter Beschäftigung 297

– Übergangsregelungen bei kurzfristiger Beschäftigung 297
– Verdienstaufwandsentschädigungen 294
– Verdienstausfall nach IfSG 293

Crowdworking
– Arbeitnehmereigenschaft 872

D

Darlehen 806

Desinfektionsmittel 249

Dienstleistungen
– Beratung Arbeitnehmer 535
– steuerfreier Arbeitgeberersatz 535

Dienstverhältnis
– Begriff 299
– bei demselben Arbeitgeber 299
– bei mehreren Arbeitgebern 299
– einheitliches 299
– erstes oder weiteres 462

Doppelter Haushalt
– Begriff 302
– Belege 307
– Fahrtkosten 304
– Familienheimfahrt 304
– Nachweis für steuerfreie Leistungen 307
– steuerfreier Ersatz 302
– Übernachtungskosten 306
– Verpflegungspauschale 305
– Voraussetzungen 302
– Werbungskostenabzug 307

Durchlaufende Gelder 154

E

Eheähnliche Lebensgemeinschaft 55

Ehegatten-Arbeitsverhältnis 56

Ehrenamtliche Tätigkeit 309, 315
– Aufwandsentschädigung 154
– Dienstverhältnis 311
– Ehrenamtsfreibetrag 311
– Entgeltlichkeit 311
– Übungsleiterfreibetrag 311
– Unentgeltlichkeit 310

Ehrenamtsfreibetrag
– ehrenamtliche Tätigkeit 311
– Entgeltlichkeit 311

Ein-Euro-Job 318
– Arbeitslohn 317
– Kein Arbeitsverhältnis 316

– Mitbestimmung bei der Einstellung 316
– öffentlich-rechtliches Verhältnis 316
– Steuerfreiheit 317

Einkommensteuerveranlagung 324
– Abgabefrist Erklärung 322
– Durchführung 320
– Veranlagungspflicht 320
– Verspätungszuschlag 322
– Werbungskosten 320

Einkünfte aus Gewerbebetrieb
– Abgrenzung zu anderen Einkunftsarten 896
– Definition 896

Einkünfte aus nichtselbständiger Arbeit
– Abgrenzung zu anderen Einkunftsarten 896

Einkünfte aus selbstständiger Arbeit
– Abgrenzung zu anderen Einkunftsarten 896
– Definition 896

Einmalzahlung 916

Einsatzwechseltätigkeit
– Begriff 329
– steuerfreie Zahlungen 329
– Tätigkeitsstätte 329

Ein-Tages-Aushilfe 331, 333 f.
– Lohnsteuerermittlung 332

Einzugsstelle 337 f., 340
– Abführung Lohnsteuer 336
– Anmeldung 702

Elektronisches Zertifikat
– Authentifizierung 646

ELStAM-Verfahren 64
– Anmeldung 63
– Anmeldung Arbeitnehmer 62
– Anwendung 670
– Begriff 669
– Härtefallregelung 671
– Härtefall-Verfahren 65
– Nichtteilnahme 671
– Verwaltungsanweisungen 675

Elterngeld 341 ff.

Elternteilzeit 346
– Anspruch 344
– Einzelfragen 345
– Sozialplanabfindung/Berechnung 344

Elternzeit 353 f.
– Beschäftigung 352
– Einzelregelungen 350

– Ersatzkraft/Mustervertrag 221
– Ersatzkraft/Vertrag 351
– Flexibilisierung 2015 348
– Grundsätze 349
– Lohnsteuerabzug 352
– Neuregelung ab 2015 348

Entfernungspauschale
– Anrechnung Arbeitgeberleistung 103

Entgeltfortzahlung
– Abrufarbeit 23

Entgeltfortzahlung im Krankheitsfall 362 ff.
– Ausgleichsverfahren 357
– Aushilfsbeschäftigung 355 ff.
– Entgelthöhe bei Teilzeitbeschäftigten 359
– mehrere Teilzeitverträge 360
– nebenberufliche Beschäftigung 361
– Nebentätigkeit 361
– Teilzeitbeschäftigung 358

Entgeltgrenze
– arbeitgeberbezogen 424
– Arbeitslohnteile, pauschalbesteuert 424
– Arbeitslohnteile, steuerfrei 424
– Arbeitslohnumwandlung 426
– Einbeziehung Lohnteile 424, 426
– Gestaltungsmöglichkeiten 424
– keine Zurechnung 424
– Sachbezüge 424

Entlassungsabfindung 585, 659

Entschädigungszahlungen
– Steuerermittlung 927

Entsparung
– Wertguthabenvereinbarung 1058

Entstehungsprinzip 367 f., 398
– geringfügige Beschäftigung 366
– Zuflussprinzip 366

Erntehelfer
– EU-Ausland 856

Ersatzkraft 372
– Aushilfe befristet 369
– Dienstverhältnis 370
– Elternzeitvertretung 369
– Lohnsteuererhebung 370

Erste Tätigkeitsstätte
– Begriff 122
– dauerhafte Zuordnung 122
– lohnsteuerliche Bedeutung 122

F

Fahrkarte
– steuerfreier Arbeitgeberersatz 100

Fahrtätigkeit
- Begriff 377
- steuerfreie Zahlungen 377
- Tätigkeitsstätte 377

Fahrtkosten 385
- Arbeitgeberersatz 824
- Begriff 380
- Einzelnachweis 383
- Fahrten Wohnung – Tätigkeitsstätte 384
- Familienheimfahrt 387
- Pauschalbesteuerung Arbeitgeberzuschüsse 380, 382
- pauschale Sätze 382
- Pauschbeträge 825
- steuerfreier Ersatz 380, 382 f.
- Umwegfahrten 380
- Werbungskosten 824

Familienheimfahrt 388
- steuerfreier Ersatz 387

Familienpflegezeit 780 f.

Fehlgeldentschädigung 391, 680
- steuerfreier Ersatz 390

Feiertagsarbeit 394
- Abrufarbeit 392
- Feiertagslohn 392
- steuerfreier Zuschlag 393
- Zeitungszusteller 392

Feiertagsvergütung
- Abrufarbeit 23

Ferienjob
- Mindestlohn für Schüler 878
- Schüler 877

Flexible Arbeitszeitregelung 396 f.

Flexirente 502 f.

Flüchtling 189

Flüchtlinge
- Beschäftigung, zulässige 187

Förderbetrag
- betriebliche Altersvorsorge 282

Fortbildungsmaßnahmen
- steuerfrei 99

Freibetrag 405
- Antragstellung 400
- Lohnsteuerabzug 400, 495
- Minderung Lohnsteuer 400

Freigrenze für Sachbezüge
- 44 €-Grenze 839

Freistellung 407

Freistellung aus besonderen Anlässen 409

Freistellung, bezahlte
- Arztbesuch 406
- Brauchtumstage 406
- Einzelansprüche 406

Fünftelungsregelung
- Berechnung 927
- Lohnsteuerbescheinigung 927

G

Gefälligkeit 181

Gehaltsumwandlung 452

Gehaltsverzicht 1041

Gelegentliche Beschäftigung
- Begriff 588
- Fallbeispiel 589
- Pauschalierungsvoraussetzungen 589
- Pauschsteuer 588

Geringfügig entlohnte Beschäftigung 438, 442
- abweichende Vorschriften für Arbeitsentgelt, Arbeitslohn 424
- allgemeines 428
- Arbeitsentgelt 433
- Arbeitsentgeltgrenze 422
- Arbeitslohnteile, steuerfrei 424
- Arbeitslohnumwandlung 425 f.
- Befreiung von der Rentenversicherungspflicht ab 1.1.2013 431
- Bemessungsgrundlage für die Lohnsteuerpauschalierung 423
- berufsfremde Beschäftigung 413
- berufsständische Versorgungswerke 413
- Besteuerung 413 f., 425
- einheitliches Beschäftigungsverhältnis 416
- Einkommensteuerveranlagung 418
- einmalige Einnahmen 435
- Einmalzahlungen 423
- Entgeltgrenze 432
- Entgeltgrenze, Einbeziehung 424
- Entgeltgrenze, keine Zurechnung 424
- Entstehungsprinzip 422
- Ermittlung einheitliche Pauschsteuer und Abgaben 417
- Ermittlungsgrundsätze 434
- Fallbeispiele 418, 421
- Fortsetzung einer Beschäftigung 437
- Grundsätze Lohnsteuererhebung 411
- Kammertätigkeit 413
- kein pauschaler Beitrag zur gesetzlichen Rentenversicherung 419
- Lohnsteuerberechnung 418

- Lohnsteuererhebung 411
- mehrere Beschäftigungen 693 ff.
- Minderjährige 431
- Neuregelung per 1.1.2013 429
- pauschaler Steuersatz von 20 % 419 f.
- Pauschalierung nach EStG 424
- Pauschalierungsgrenze 425
- Pauschsteuersatz von 2 % 412 ff.
- Privathaushalt 423
- Rentenversicherungsfreiheit, Verzicht 413
- Rentner 834
- Sachbezüge 423 f.
- Steuerbelastung 418
- Steuerermäßigung 411
- Tätigkeit als Gesellschafter-Geschäftsführer 427
- Übergangsregelungen ab 1.1.2013 429 f.
- Verzicht auf die Pauschalbesteuerung 418
- Wegfall der Pauschalierungsmöglichkeit 415
- Zuflussprinzip 422
- zwei Beschäftigungen beim selben Arbeitgeber 416

Geringfügige Beschäftigung
- Zuflussprinzip 366

Geringfügige Beschäftigung/Mini-Job
- Arbeitszeitaufzeichnung 721
- Definition im Arbeitsrecht 720 f., 724 f.
- entgeltgeringe Beschäftigung 721
- Grundsätze 719
- Mindestlohn 721
- Nachweis der Vertragsbedingungen 726
- Niedriglohn 723
- Pauschalsteuer nach Wahl des Arbeitgebers 722
- zeitgeringe Beschäftigung 724

Geringfügigkeitsgrenze
- Entgeltgeringfügigkeit 441 f.
- lohnsteuerliche Bedeutung 440
- Zeitgeringfügigkeit 441, 443

Geringverdienergrenze 446 f.

Gestaltungsmöglichkeiten 424, 450, 452 f.
- Kirchensteuer 548
- Kirchensteuer Land- und Forstwirtschaft 550
- steuerfreie Lohnteile 449
- Zusätzlichkeitsvoraussetzung 451

Gewerbebetrieb 896

Gewinn 896

Gewinnerzielungsabsicht
- ehrenamtliche Tätigkeit 310

Gleichbehandlungsgrundsatz
- beim Urlaub 1023

Grenzgänger 456 f.
- Begriff 455
- Freistellung vom Lohnsteuerabzug 455

Grundfreibetrag 765

H

Härtefallregelung
- elektronische Lohnsteuerabzugsmerkmale 671
- ELStAM-Verfahren 671
- Lohnsteuerabzugsmerkmale 671

Härtefall-Verfahren
- Anmeldung Arbeitnehmer bei Finanzverwaltung 62
- Anmeldung bei Finanzverwaltung 63
- Antrag 62, 65
- ELStAM-Verfahren 65

Häusliches Arbeitszimmer 519
- steuerliche Regelungen 518, 520

Haftungsbescheid
- Lohnsteuer 459

Handy
- steuerfreie Arbeitslohnteile 105

Haupt- und nebenberufliche Beschäftigung 681
- Entgeltfortzahlung im Krankheitsfall 686
- Entgeltfortzahlung nach Arbeitsunfall 687
- Urlaub 688

Hauptbeschäftigung 463 f.
- Lohnsteuererhebung 462

Haushaltsnahe Beschäftigung
- Angehörige 477
- arbeitsrechtliche Grundsätze 465
- Arbeitsschutz 469
- Arbeitszeit 470
- Familienangehörige 477
- fristgerechte Kündigung 471
- fristlose Kündigung 473
- Haushaltsscheckverfahren 483
- Kündigungsfristen, verlängerte 472
- Kündigungsschutz, vertraglicher 475
- Mindestlohn 467
- Pflegekräfte aus Osteuropa 466
- Sonderkündigungsschutz 474
- Steuerermäßigung 476 f.
- Vergütung 467

Haushaltsnahe Dienstleistung
- Steuerermäßigung 476

471

Haushaltsscheckverfahren
- Allgemeines 486
- Ausfüllhinweis 490
- einheitliche Pauschsteuer 485
- geringfügige Beschäftigung im Privathaushalt 488
- Halbjahrescheck 487
- Pauschalbeiträge 489
- Privathaushalt als Arbeitgeber 486

Heimarbeiterzuschlag 493
- Steuerfreiheit 492

Hilfeleistung 181, 890

Hinzurechnungsbetrag
- Anwendungsbeispiele 497
- Beantragung und Anwendung 495
- Berechnung 496 f.
- Lohnsteuerabzug 495
- Verfahren 497
- Wahlrecht 498

Hinzuverdienst
- Lohnsteuerabzug 501
- Vorruhestand 1044

Hinzuverdienstgrenzen 511
- befristete Abschaffung der Arbeitgeberbeiträge 508
- Flexirentengesetz 502 ff.
- jährliche Neuberechnung des Hinzuverdienstes 505
- Lohnsteuerabzug 501
- Meldeverfahren 507
- Neuregelung zum 1.7.2017 504
- Rentenauskunft 510
- Rentenversicherungspflicht für Vollrentner 506
- Zahlung zum Ausgleich von Rentenabschlägen 509

Höhe der Einkommensteuer 925

Home-Office-Tätigkeit 523, 812
- Arbeitnehmer 514
- Arbeitslohn 520
- Arbeitsstättenverordnung 512
- Ausstattung 519
- Begrifflichkeit 512
- Corona 522
- Grundsätze 512
- Heimarbeit 515
- im Dienst- oder Werkvertrag 517
- in freier Mitarbeit 516
- Kündigung/Teilkündigung 514
- Mobil Office 512
- private Nutzung PC und Software 519
- steuerfreie Nutzung 520
- steuerliche Regelungen 518, 520

- Vor- und Nachteile 513
- Werbungskosten 519 f.
- Zahlungen des Arbeitgebers 520

I

Identifikationsnummer 670

Insolvenzgeldumlage 524
- Umlage U3 526

Internetnutzung/-zugang
- Lohnsteuerpauschalierung 770

J

Jahresarbeitsentgeltgrenze 529
- Lohnsteuerabzug 528
- Mini-Jobs 528

Jahresmeldung
- Unfallversicherung 701

Jahrestabelle
- sonstige Bezüge 916

Job-Sharing 530

Job-Ticket
- steuerfreier Arbeitgeberersatz 98, 100

Jubiläumszuwendung
- Steuerermittlung 927

K

Kammertätigkeit 413

Kettenarbeitsverträge 198, 210

Kinder-Arbeitsverhältnis 58

Kindergartenbeitrag 540
- steuerfreier Arbeitgeberersatz 534

Kindergartenzuschuss 540
- steuerfreier Arbeitgeberersatz 534
- Zusätzlichkeitsvoraussetzung 539

Kindernotbetreuung
- steuerfreier Arbeitgeberersatz 536

Kirchensteuer
- Abwälzung 563
- abzuführende 641
- Anmeldung 638
- Arbeitsverhältnis über 450 € 541
- Beginn der Steuerpflicht 544
- Betriebsstättenfinanzamt 542 f.
- Betriebsstättenprinzip 543
- Ende der Steuerpflicht 545

– Gestaltungsmöglichkeiten 548
– Höhe 543, 554
– Individualbesteuerung 548, 559
– Kirchenmitglied 542, 561
– Kirchensteuersatz 543
– Kirchensteuersatz bei Pauschalierung 554
– konfessionsverschiedene Ehe 546
– kurzfristige Beschäftigung 547
– Land- und Forstwirtschaft 549
– Lohnsteuer-Anmeldung 641
– Mini-Job 551 f.
– Nachweis der Kirchenzugehörigkeit 561
– Pauschalierung 548, 550, 553
– Religionsgemeinschaft 542
– Sachbezüge 553
– steuererhebende Kirche 542
– Steuerpflicht der Ehegatten 546
– Zusammenfassung 564
– Zuschlag zur Lohnsteuer 543

Kirchensteuerabzugsverpflichtung
– des Arbeitgebers 541

Knappschaft-Bahn-See 566 f.

Krankenversicherung
– Arbeitgeberbeiträge 569
– Arbeitnehmer, ältere 35
– Beiträge zur privaten Krankenversicherung 400
– Berücksichtigung beim Lohnsteuerabzug 400
– Bescheinigung für Lohnsteuerabzug 400
– Vorsorgepauschale 569

Kündigung
– befristeter Arbeitsvertrag 199

Kündigung/Aushilfe
– allgemeiner Kündigungsschutz 577
– Ausnahmen 576
– außerordentliche 572
– Befristung 575
– Beschäftigung über drei Monate 576
– besonderer Kündigungsschutz 578
– Besonderheiten 576
– fristgerechte 573
– fristlose 572
– ordentliche 573
– Regelkündigungsfristen für Arbeiter und Angestellte 574
– Schriftformerfordernis 571
– Schwangere und Wöchnerinnen 576
– schwerbehinderter Menschen 576
– Tarifvertrag 576
– verkürzte Kündigungsfrist 573

Kündigung/Nebenberufliche Beschäftigung 584

Kündigung/Teilzeit
– allgemeiner Kündigungsschutz 580
– bei Wegfall von Arbeitsplätzen 582
– Berücksichtigung von Teilzeitkräften bei Ermittlung der Beschäftigtenzahl 581
– besonderer Kündigungsschutz 583
– Grundsätze 579

Künstlererlass
– Arbeitnehmer 1006

Kürzungsbetrag bei Handelsschiffen 641

Kurzarbeitergeld
– Anspruch auf Kurzarbeitergeld 297

Kurzfristige Beschäftigung 443
– Arbeitslohn 590
– Arbeitslohngrenzen 591
– Begrenzung des Arbeitslohns 961
– Begriff 588 f.
– Beitragssatz zur Krankenversicherung 599
– Beschäftigungsdauer 590
– Definition 594
– Fallbeispiel 589
– Kirchensteuer 547, 600
– Mindestlohn 587
– Nachweise 592
– Pauschalierungsvoraussetzungen 588
– Pauschsteuer 588 f.
– Pauschsteuersatz 592
– Schriftform 593
– Zeitgrenze 595

L

Land- und Forstwirtschaft 608
– 180-Tage-Grenze 603
– 180-Tage-Regelung 604
– Aushilfskraft 602 f.
– Beschäftigungsdauer 604
– Beschäftigungsvoraussetzungen 603
– Beurteilungsmaßstab für Aushilfstätigkeit 604 f.
– landwirtschaftliche Betriebshilfsdienste 603
– Pauschalierungsvoraussetzungen 603
– Pauschsteuersatz von 5 % 602
– saisonunabhängige Beschäftigungsdauer 604
– Sonderfälle Pauschalierung 606
– Verdienstgrenzen 605
– Wegearbeiten 1047

Landwirtschaftliche Betriebshilfsdienste 603

Lebensarbeitszeitkonto 1056

Lebenspartnerschaft 55

Leichtfertige Steuerverkürzung 935

Leiharbeitnehmer
– Auswärtstätigkeit 192

Lohnersatzleistung
– Einkommensteuererklärung 117
– Progressionsvorbehalt 117

Lohnfortzahlung im Krankheitsfall 362

Lohngleichbehandlung
– Arbeitszeitverkürzung bei Teilzeitkräften 611
– Arbeitszeitverkürzung mit Lohnausgleich 612
– Teilzeitarbeit 609
– von Teilzeitkräften: Rechtsprechung 610

Lohngrenzen
– für Pauschalbesteuerung 616

Lohnkonto 539
– Abschluss 621
– Anforderungen 619
– Aufbewahrung 619, 621 f.
– Aufstockungsbetrag 48
– Aufzeichnung Lohnsteuerabzugsmerkmale 670
– Aufzeichnungen 619 f.
– Aufzeichnungspflichten 158
– Aufzeichnungspflichten nach LStDV 621
– Beendigung 622
– Belege 620
– Dokumentation 620
– fehlende, fehlerhafte Aufzeichnungen 621, 623
– Form 619 f.
– Inhalt 619 ff.
– Ordnungsvorschriften 623
– steuerrelevante Daten 621

Lohnsteuer
– Abführung 336, 626
– Abwälzung 30
– Anmeldung 638
– Anrufungsauskunft 649
– Außenprüfung 652
– Einbehalt 626
– elektronische Lohnsteuerabzugsmerkmale 670
– Erstattung 626
– individuelle Lohnsteuerabzugsmerkmale 670
– Lohnsteuerabführung 629
– Lohnsteuerabzug 634
– Lohnsteuerabzugsmerkmale 673
– Lohnsteuerbescheinigung 658
– Nachschau 653
– Nachzahlung 626
– Quellensteuer 626
– Schätzung bei Betriebseröffnung 869
– Schätzung bei Nichtabgabe Steuererklärung 869
– Schätzung Besteuerungsgrundlagen 869
– Steuerschuldner 626

Lohnsteuerabführung
– Abgabe der Lohnsteuer-Anmeldung 630
– Sanktionen 630
– Schätzung 631
– Termin 629
– Verpflichtung 629
– Zuordnung der einbehaltenen Lohnsteuer 630
– Zwangsgeld 631

Lohnsteuerabzug 636
– Abgeltungscharakter 634
– Abzugsbetrag 495
– Freibetrag 400, 495
– Hinzurechnungsbetrag 495
– Schüler 879
– Verpflichteter 634

Lohnsteuerabzugsmerkmale 853
– Abmeldung des Arbeitnehmers 670
– Änderung 673
– Anmeldung des Arbeitnehmers 670
– Anwendung 670
– Arbeitgeberwechsel 674
– Begriff 670
– Bildung 670
– elektronische Lohnsteuerabzugsmerkmale 670
– Härtefallregelung 671
– Lohnkonto 670
– Lohnsteuerkarte 670
– Verwaltungsanweisungen 675

Lohnsteuer-Anmeldung
– Abgabetermin 638
– Abmeldung 3
– abzuführende Lohnsteuer 641
– Anmeldungszeitraum 638 ff.
– Authentifizierung 646
– Befreiung von Abgabeverpflichtung 645
– Benachrichtigung Finanzamt 3
– Betriebseröffnung 639
– einzubehaltende Lohnsteuer 641
– elektronisch 643
– elektronisches Zertifikat 646
– Form 638, 643
– Kirchensteuer 638, 641
– Kürzungsbeträge 641
– Nullmeldung 645
– Säumniszuschlag 644
– Scheckhingabe 640, 644
– Schonfrist 644

- Solidaritätszuschlag 638, 641
- Steuererklärung 638
- Übermittlung 643
- Überweisung 640, 644
- Verspätung 644
- Verspätungszuschlag 644
- Zahlung 640
- Zuordnung zum Anmeldungszeitraum 642

Lohnsteuer-Anrufungsauskunft
- Begriff 649
- Bindungswirkung 649
- Verwaltungsakt 649
- Zuständigkeit 649

Lohnsteuer-Außenprüfung 287, 655 f.
- Begriff 652
- Privathaushalt 654
- s. Lohnsteuer-Nachschau 652
- Umfang 652
- Zuständigkeit 654

Lohnsteuerbescheinigung 626
- Aufstockungsbetrag 48
- Ausschreibung 658
- Berichtigung 660
- Entschädigungszahlungen 927
- Härtefallregelung 658
- Inhalt 660
- Jubiläumszuwendung 927
- Korrektur 660
- Stornierung 660
- Übermittlung 658

Lohnsteuereinbehalt
- Nettolohnvereinbarung 760
- Saisonarbeitnehmer 853

Lohnsteuererhebung
- Abmeldung 2
- Beamter 195
- Beschäftigungsform akuter Bedarf 37
- geringfügig entlohnte Beschäftigte 728
- Mini-Job 728
- Teilzeitbeschäftigung 728

Lohnsteuerermittlung
- sonstige Bezüge 916

Lohnsteuer-Jahresausgleich
- Abschlussbuchung 666
- Aufbewahrung Lohnunterlagen 665
- Ausschluss 665
- durch den Arbeitgeber 664
- Durchführung 665
- Ermittlung des Jahresarbeitslohns 665
- Verpflichtung zum 664

Lohnsteuerkarte
- ELStAM-Verfahren 669
- Kirchensteuer 677

Lohnsteuerklasse
- Steuerklasse 672

Lohnsteuer-Nachschau 287
- Begriff 653
- Privathaushalt 654
- s. Lohnsteuer-Außenprüfung 653
- Umfang 653
- Zuständigkeit 654

Lohnsteuerpauschalierung
- Abmeldung 2
- bei Teilzeitbeschäftigung 991
- Beschäftigungsformen 765
- Internetnutzung/-zugang 770
- mehrere Beschäftigungen 692
- neben Tabellenlohnsteuer 659
- PC-Überlassung 770
- Telekommunikationsgeräte 770
- Vergleichsrechnung Abzugsverfahren 765

Lohnsteuertabelle 136, 925
- befristeter Arbeitsvertrag 222
- Besondere 195
- Steuerermittlung 926
- Tagestabelle 332

Lohnsteuer-Tagestabelle 332

Lohnverwendungsabrede 1069

Lohnverzicht 1069

Lohnzahlungszeitraum
- Begriff 926

M

Märzklausel 701

Mankogelder 680

Mehrere Beschäftigungen 681, 693 ff., 698
- 44 €-Freigrenze für Sachbezüge 690
- Anwendung Freibeträge 690
- Arbeitslosenversicherung 111
- Beschäftigungen im Übergangsbereich 273
- Dienst- und Arbeitsvertrag nebeneinander 689
- Einkommensteuerveranlagung 691
- geringfügig entlohnte Beschäftigung höher verdienender Arbeitnehmer 697
- Lohnsteuer 690
- Lohnsteuereinbehalt 691
- Lohnsteuerpauschalierung 692

Mehrere Teilzeitbeschäftigungen
- Entgeltfortzahlung im Krankheitsfall 682
- Kündigung 685

– Urlaubsanspruch 683
– Zuschuss zum Mutterschaftsgeld 684

Meldung
– Beschäftigungen im Übergangsbereich 277
– unständig Beschäftigter 1013 f.

Meldungen zur Sozialversicherung 699

Midi-Job
– Beschäftigungen im Übergangsbereich 266
– Lohnsteuerermittlung 267

Minderjährige 431

Mindestlohn 706
– Änderung/Anpassung 709
– Änderungskündigung 712
– Akkordleistungen 711
– Anpassung 707
– Anrechnungsfragen im Einzelnen 711
– Arbeitnehmereigenschaft 708
– Arbeitswegezeiten 711
– Arbeitszeitaufzeichnung 716
– Arbeitszeitkonto 713
– Aufwendungsersatz 711
– Aushilfen 707
– Ausländische Unternehmen im Transit 708
– Ausnahmen, persönliche 714
– Ausschlussfrist 710, 712
– Auszubildendenvergütung 715
– Bedeutung im Steuerrecht 95
– Berechnungsfragen im Einzelnen 711
– Bereitschaftsdienste 711
– Bereitschaftszeiten 707
– Bestandteile 711
– Dokumentationspflichten 716
– Entgeltfortzahlung 711
– Fälligkeit 713
– Familienangehörige 708
– Feiertagsvergütung 711
– Freiwillige 708
– Geltungsbereich 708
– Geringfügig Beschäftigte 707
– Geringfügige Beschäftigung/Mini-Job 721
– Jugendliche 714
– Kündigung 712
– Langzeitarbeitslose 714
– Leistungsprämien 711
– Nachtzuschlag 711
– Nachzahlung 712
– Pflegekräfte aus Osteuropa 708
– Prämien 711
– Praktikanten 714
– Provisionen 711
– Rufbereitschaft 711
– Saisonkräfte 707

– schwankende Bezüge 711
– Sonderzahlungen 711
– steuerpflichtiger Arbeitslohn 717
– Teilzeitkräfte 707
– Trinkgelder 711
– Unabdingbarkeit 710
– Urlaubsentgelt 711
– Urlaubsgeld 711
– Verfallklausel 710
– Verjährung 710
– Vermögenswirksame Leistungen 711
– Verwirkung 710, 712
– Verzicht 710, 712
– Zuflussprinzip 717
– Zulagen, Zuschläge 711

Mini-Job
– Kirchensteuer 551 f., 730
– Lohnsteuererhebung 411, 728
– Rentner 834
– Sozialversicherung 428

Missbrauch des Praktikantenvertrags 787

Mobiltelefon
– steuerfreie Arbeitslohnteile 105

Mobilzeitarbeit 731

Mutterschaftsgeld 735 f.

Mutterschaftsgeldzuschuss
– Zuschuss bei Teilzeitarbeitnehmerinnen 734

N

Nachbarschaftshilfe 181, 890

Nachforderungsbescheid 740
– pauschale Lohnsteuer 738

Nachtzuschlag
– Beitragspflicht Sozialversicherung 743
– Beitragspflicht Unfallversicherung 743
– Steuerfreiheit 742

Nachweisgesetz
– Aushilfsarbeitsverhältnis 744
– Beitragsverfahrensordnung 747
– geringfügig Beschäftigte 745
– Teilzeitbeschäftigungsverhältnis 745

Naturalleistung 838

Naturalvergütung 838

Nebenberufliche Beschäftigung 748
– Anzeigepflicht bei mehreren Mini-Jobs 752
– Erlaubnis des Hauptarbeitgebers 751
– Erlaubnisvorbehalt 749, 751

- Erwerbstätigkeit im Urlaub 751
- Erwerbstätigkeit während ärztlich festgestellter Arbeitsunfähigkeit 751
- Schwarzarbeit 751
- Wettbewerbsverbot/Konkurrenzverbot 751
- Zulässigkeit 749 ff.

Nebenbeschäftigung
- Altersteilzeit 49
- Lohnsteuererhebung 462
- wöchentliche Arbeitszeit 119

Nebentätigkeit 681, 748, 896
- Urlaub 1037

Negativer Progressionsvorbehalt 118

Nettolohnvereinbarung
- Abgaben bei Mini-Jobs 759
- Berechnung 760
- Freibeträge 760
- Lohnkonto 760
- Lohnsteuerbescheinigung 760
- Steuerschuldner 760
- Umrechnungspflicht des Arbeitgebers 763
- Voraussetzungen 760

Nicht vorgeschriebene Praktika
- Arbeitslosenversicherung 796
- Krankenversicherung 796
- Pflegeversicherung 796
- Rentenversicherung 797
- Vor- und Nachpraktika 798

Nichtselbständige Arbeit
- Arbeitslohn 326
- Einkünfte 326

Notbetreuung von Kindern
- steuerfreier Arbeitgeberersatz 536

Notbetreuung von pflegebedürftigen Angehörigen
- steuerfreier Arbeitgeberersatz 536

P

Pauschalbeiträge
- Krankenversicherung 766
- Rentenversicherung 767

Pauschalbeträge
- zur Sozialversicherung 226

Pauschale Lohnsteuer 925
- Stundenlohn 961

Pauschalierung
- Beschäftigungsformen 765
- Fahrtkostenzuschüsse 382
- Folgerungen 765

- Höhe des Kirchensteuersatzes 554
- Kirchensteuer 548 ff., 553 f., 558, 560, 562
- Kirchensteuer – Aufteilung 556
- Kirchensteuer – Rechtsgrundlagen 557
- Kirchensteuersatz 558
- Lohnsteuer 765
- Vergleichsrechnung Abzugsverfahren 765
- Wahlrecht Arbeitgeber 765

PC-Überlassung
- Lohnsteuerpauschalierung 770
- Sachbezug 771

Pensionär 775
- Arbeitslosenversicherungspflicht 774
- arbeitsrechtlich 772
- Beamter 773
- Krankenversicherungspflicht 774
- Lohnsteuereinbehalt 773
- Rentenversicherungspflicht 774
- Werkspensionär 773

Personalrabatte 817
- Arbeitslohn 818
- Darlehen 806
- Korrektur Veranlagung 808
- Preisnachlass 806, 810
- Rabattfreibetrag 806

Personengruppenschlüssel
- Geringfügig entlohnt Beschäftigte 778
- Kurzfristig Beschäftigte 778

Personennahverkehr
- Definition 101

Pflegekräfte aus Osteuropa 466

Pflegezeit 780 f.

Pflegezeit/Familienpflegezeit
- Allgemeines 779

Pflichtpraktika
- Nachweispflicht 791

Phantomentgelt 1042

Praktikant 790, 804
- Definition 782
- Lohnsteuerpflicht 789
- Mindestlohn 787
- Mindestlohnfragen 783
- Missbrauch des Praktikantenvertrags 787 f.
- Niedriglohn 787
- Rentenversicherungspflicht 793
- Scheinpraktikum 787
- Scheinpraktikum, Rechtsfolgen 788
- Schüler allgemeinbildender Schulen 799
- Versicherungspflicht 792

Stichwortverzeichnis

Praktikum
- Betriebspraktikum 784
- freiwilliges 786
- Lohnsteuerpflicht 789
- Rentenversicherungspflicht 793
- Schülerpraktikum 784
- Studentenpraktikum 785
- Versicherungspflicht 792
- von Fachoberschülern 801
- von Fachschülern und Berufsfachschülern 800
- von juristischen Referendaren 803
- von Schülern allgemeinbildender Schulen 799

Praktische Studienzeit 785

Preisnachlass 810
- Darlehen 806
- Rabattfreibetrag 806

Private Nutzung
- betrieblicher Geräte 813

Private Nutzung betrieblicher Geräte 813
- Personalcomputer 812
- Sachbezüge 812
- Telekommunikationsgeräte 812
- Verbindungsentgelte 812

Privathaushalt
- Arbeitgeber 815 f.

Progressionsvorbehalt
- Begriff 118
- Berechnung 118
- Einkommensteuerveranlagung 117 f.
- Lohnersatzleistung 117 f.
- negativer 118

R

Rabatte 819
- Arbeitslohn 818
- Personalrabatte 817 f.

Rabattfreibetrag 806

Rahmenarbeitsvertrag 822

Reisekosten
- Arbeitgeberersatz 824
- Fahrtkosten 382 f.
- Familienheimfahrt 387
- Reisezeit/Vergütung 823
- Werbungskosten 824

Reisenebenkosten 828
- Arbeitgeberersatz 824
- Werbungskosten 824

Rente
- Altersversorgung 53

Rentenversicherungsfreiheit 413

Rentenversicherungspflicht
- bei Praktikum 793

Rentner 833
- arbeitsrechtlich 830
- Befristung allgemein 832
- Befristung nach Neuregelung in § 41 Satz 3 SGB VI 831
- Geringfügig entlohnte Beschäftigung 835
- Hinausschiebensvereinbarung 831
- Hinzuverdienstgrenze 834
- Kündigungsschutz 830
- Meldeverfahren 837
- Neuregelungen zum 1.1.2017 836
- Rentenversicherungspflicht für Vollrentner 836

Riester-Förderung 284

S

Sachbezüge 838
- Begriff 839
- Bewertung 839
- Freigrenze 839
- Kirchensteuer 553
- Mahlzeit 839
- Sozialversicherungsentgeltverordnung 841, 922
- Unterkunft 839

Sachleistungen
- Begriff 839
- Bewertung 839
- Freigrenze 839

Säumniszuschlag
- Höhe, Berechnung 644
- Lohnsteuer-Anmeldung 644

Saisonarbeitnehmer 867
- Annahmeverzug 848
- Arbeitslohn 852
- Arbeitslose 862
- Arbeitsvergütung 847
- Arbeitszeit 846
- aus Nicht-EU-Staaten 865 f.
- Beendigung des Saisonarbeitsverhältnisses 851
- befristeter Vertrag 843
- Beitragsrecht 864
- Beschäftigung während eines bezahlten Urlaubs 858
- Beschäftigung während eines unbezahlten Urlaubs 859

- Bescheinigung für den Lohnsteuerabzug 852
- Drittstaatenbeschäftigte 842
- Entgeltfortzahlung im Krankheitsfall 849
- EU-Ausland 856
- Grundsätzliches 842
- Hausfrauen/-männer, Rentner und Studenten 861
- Kombination aus bezahltem und unbezahltem Urlaub 860
- Kündigung 851
- Lohnsteuerabzug 852
- Mindestlohn 847
- Nachweise 863
- persönliche Steuerpflicht 852
- steuerfeie Leistungen 852
- Urlaub 850
- versicherungsrechtliche Regelungen 857
- Vertragsfragen 843
- Vertragsgestaltung 844
- Wiedereinstellungsanspruch 845

Saisonkraft
- Bulgarien 186
- Rumänien 186

Schätzung
- bei Nichtabgabe Steuererklärung 869
- Besteuerungsgrundlagen 869
- Betriebseröffnung, erstmalige Beschäftigung 869
- Grundsätze 869
- Lohnsteuer 631, 869
- Nichtabgabe des Beitragsnachweises 870

Scheinselbständigkeit 871
- Abgrenzung Arbeitnehmer/Selbständige 872
- Arbeitnehmereigenschaft 873
- Crowdworking 872
- sozialversicherungsrechtliche Einstufung 873

Schüler 882
- Aktion Tagwerk 879
- Arbeitslohn 879
- Ferienjob 877
- Grundsätze zur Beschäftigung 875
- Lohnsteuerabzug 879
- Mindestlohn 878
- Mindesturlaubsanspruch 876
- Schulprojekte 879
- Sozialer Tag 879

Schülerpraktikum 784
- Lohnsteuerpflicht 789

Schulprojekte 879

Schutzausrüstung 249

Schutzmasken 249

Schwankender Arbeitslohn
- Einkommensteuerveranlagung 884
- Lohnsteuereinbehalt 884

Schwankendes Arbeitsentgelt
- Schätzung 885

Schwarzarbeit
- Abwicklung der Schwarzgeldvereinbarung 887
- Behandlung von Schwarzgeldvereinbarungen 888
- Definition 890
- Folgen bei Dienstverhältnis 891
- Grundsätzliches 886
- Hilfeleistung 890
- Lohnsteuer 889
- Nachbarschaftshilfe 890
- nachträgliche Berechnung der Sozialversicherungsbeiträge 894
- Privathaushalt 892
- Rechtsfolgen 886
- Schwarzarbeitsbekämpfungsgesetz 889
- Selbständigkeit 893
- Steuerhinterziehung 891, 893
- Steuerverkürzung 891, 893

Schwerbehinderten-Zusatzurlaub
- Teilzeitkräfte 1023

Selbständig Tätige
- Besteuerung 896
- geringfügig Beschäftigte 899

Selbstanzeige 935

Sofortmeldung 700

Solidaritätszuschlag
- abzuführender 641
- Anmeldung 638
- Bemessungsgrundlage 902
- Erhebung 901
- Lohnsteuer-Anmeldung 641
- Milderungsbereich 903
- Nullzone 903
- Sonderzuwendungen 904
- Zuschlagsatz 901

Sonderleistungen
- bei Wechsel von Teilzeit- zu Vollzeitarbeit 908
- für Teilzeitarbeitnehmer 906
- Gleichbehandlungsgebot 907

Sonderzuwendung 913 f.
- Pauschalierungsgrenzen 912
- Zurechnung zum Arbeitslohn 912

Sonstige Bezüge 920
- Begriff 916
- Jahrestabelle 916
- Lohnsteuerermittlung 916

Sonstiger Bezug
- Abfindung 585, 659

Sozialer Tag 879

Sozialversicherungsentgeltverordnung 923
- Sachbezüge 841, 922

Sozialversicherungsfreiheit 450 ff.
- steuerfreie Lohnteile 449

Spekulationsgewinn
- Home-Office 521

Statusfeststellungsverfahren 83
- Angehörige 60

Steuerermäßigung
- Angehörige 477
- Dienstleistung 476
- Familienangehörige 477
- haushaltsnahe Beschäftigung 476 f.

Steuerermittlung 930
- außerordentliche Einkünfte 925 ff.
- Bemessungsgrundlage 926
- Fünftelungsregelung 927
- Lohnsteuerkarte 927
- Lohnsteuertabelle 925 ff.
- pauschale Lohnsteuer 928

Steuerfreie Einnahmen 933
- Folgen 932
- Formen 932
- Sozialversicherungsentgeltverordnung 932
- steuerfreier Arbeitslohn 932
- Übersicht 932

Steuerfreiheit 452
- Gestaltungsmöglichkeiten 450
- steuerfreie Lohnteile 449
- Zusätzlichkeitsvoraussetzung 449, 451

Steuerhinterziehung 891 ff.
- Begriff 935
- Definition 935
- Folgen 935 f.
- Selbstanzeige 935
- Strafmaß 936

Steuerklassen
- Bedeutung 672
- Einreihung 672

Steuerklassenwahl bei Ehegatten 672

Steuerpflicht 942
- beschränkte 939

- Grundzüge 939
- unbeschränkte 939

Steuerschuldner
- Nachforderungsbescheid 738

Steuerverkürzung 891 ff.

Stipendien 946

Streikunterstützungen 118

Student 946
- Arbeitsverhältnisfragen 943
- befristete Beschäftigung 953
- Beitragsrecht 957
- Beschäftigung in Semesterferien 952, 954
- Beschäftigung während der Vorlesungszeit 951
- Beschäftigung während Zweitstudiums 956
- Fachhochschule 949
- Hochschule 948
- Rentenversicherung 958
- Sozialversicherungsfragen 947
- Studienaufnahme während einer Beschäftigung 955
- Werkstudentenprivileg 959

Studentenpraktikum 785
- freiwilliges 786
- Lohnsteuerpflicht 789

Studentisches Praxisjahr 785

Stundenlohn
- Begrenzung 961
- pauschale Lohnsteuer 961

T

Tätigkeitsstätte
- Einsatzwechseltätigkeit 329
- erste Tätigkeitsstätte 329
- Fahrtätigkeit 377

Tarifvertrag 965 f.
- Aushilfen 963
- Teilzeitbeschäftigte 964

Teilzeit
- Befristung, Kettenarbeitsverträge 210
- Befristung, Missbrauch 210
- Befristungsregeln 210

Teilzeitanspruch
- betriebliche Ablehnungsgründe 969
- Brückenteilzeit 971
- Organisationskonzept 970
- Rechtsprechung 968
- Überblick 967

Teilzeitarbeit
- Lohngleichbehandlung 609
- Mobilzeitarbeit 731

Teilzeitarbeitsverhältnis
- Urlaubsabgeltung 1025

Teilzeitbeschäftigte
- Ausgleichsverfahren 163
- Tarifvertrag 964

Teilzeitbeschäftigung 976, 993
- Abrufarbeit 983
- Arbeitslose 979
- Ausschreibung Teilzeitarbeitsplatz 984
- Definition nach TzBfG 977
- Formen 991
- Formulierungsvorschlag Arbeitsvertrag 990
- Geschlechtsdiskriminierung, mittelbare 988
- Geschlechtsdiskriminierung, unmittelbare 987
- Gestaltungen 978
- Gleichbehandlungsgebot 982
- Gleichbehandlungsgrundsatz beim Urlaub 1023
- Grundregelungen 981
- Information der Arbeitnehmervertretung 986
- Information des Arbeitnehmers 985
- Lohnsteuerpauschalierung 991
- mehrere Beschäftigungen 681 f.
- mehrere Teilzeit-Arbeitsverträge 989
- Sabbatjahr/Urlaubsentgelt 1034
- Umrechnung Urlaub bei Schichtarbeit 1030
- Umrechnung Urlaub bei unregelmäßigen Arbeitstagen 1030
- Umrechnungstabelle Urlaub nach Arbeitstagen 1029
- Umrechnungstabelle Urlaub nach Werktagen 1028
- Urlaub bei mehreren Teilzeitarbeitsverhältnissen 1036
- Urlaubsanspruch 682, 1022
- Urlaubsanspruch bei Sonderurlaub 1024
- Urlaubsentgelt bei Sabbatjahr 1034
- Urlaubserteilung 1027
- Urlaubsgeld 1035
- Verfall des Urlaubsanspruchs 1026
- Vertragsänderung durch Überschreitung der vereinbarten Arbeitszeit 980

Teilzeitkräfte
- Zeugnis 1065

Telekommunikationsgeräte
- Lohnsteuerpauschalierung 770

U

Übernachtungskosten
- Arbeitgeberersatz 824
- Familienheimfahrt 387
- Pauschbeträge 827
- Unterkunftskosten 827
- Werbungskosten 824

Überschreiten der Arbeitsentgeltgrenze 436

Überschuss 896

Überschusserzielungsabsicht
- ehrenamtliche Tätigkeit 310

Überstunden 997 f.
- Anordnung 994
- Lohnsteuerabzug 994, 996
- sonstige Bezüge 996
- Vereinbarung 994
- Vergütung 994
- Zuschläge 994 f.

Überstundenzuschläge 995

Übungsleiterfreibetrag 1004
- Anspruchsvoraussetzung 1000
- begünstigte Einrichtungen 1001
- begünstigte Tätigkeiten 1001
- ehrenamtliche Tätigkeit 311
- Entgeltlichkeit 311
- Höhe 1000
- Lohnsteuerabzug 1003
- nebenberufliche Tätigkeit 1002

Umlagebeträge
- zur Sozialversicherung 226

Umlageverfahren 165

Unfallversicherung 701

Unständig Beschäftigter 1005 ff., 1012
- Abgrenzungsfragen 1010
- Ausgleichsverfahren 1015
- Berufsmäßigkeit 1009
- Dauer 1008
- Meldung 1013 f.
- Versicherungspflicht 1011

Urlaub
- Abrufarbeit 23
- Aushilfsbeschäftigung 1017 ff.
- Lohnzahlungen 1038
- Nebentätigkeit 1037
- Verfall 1019
- zeitliche Addition 1018

Urlaubsabgeltung
- Aushilfsbeschäftigung 1020

Urlaubsanspruch
– Schüler 876
– Sonderurlaub 1024
– Teilzeitbeschäftigung 1022
– Tod des Arbeitnehmers 1025
– Vererblichkeit der Urlaubsabgeltung 1025
– Verfall 1026

Urlaubsberechnung
– Wechsel von Teilzeit in Vollzeit 1032
– Wechsel von Vollzeit in Teilzeit 1031

Urlaubsentgelt
– Referenzprinzip 1033
– Wechsel Teilzeit auf Vollzeit 1033
– Wechsel Vollzeit auf Teilzeit 1033

Urlaubserteilung
– Teilzeitbeschäftigung 1027

Urlaubsgeld 135
– Aushilfsbeschäftigung 1021
– Teilzeitbeschäftigung 1035

V

Vermittlung
– Betreuungspersonen 535
– Kinderbetreuung 535
– steuerfreier Arbeitgeberersatz 535

Vermögenswirksame Leistungen 86
– Anlageformen 90

Verpflegungsmehraufwendungen 826
– Arbeitgeberersatz 824
– Werbungskosten 824

Verpflegungspauschalen
– Dreimonatsfrist 826
– Familienheimfahrt 387
– Pauschbeträge 826

Versicherungspflicht
– bei Praktikum 792

Versicherungspflichtgrenze 529

Versorgungswerke 413

Verspätungszuschlag
– Einkommensteuererklärung 322
– Höhe, Berechnung 644
– Lohnsteuer-Anmeldung 644

Verzicht auf Arbeitsentgelt 1042

Vorgeschriebene Praktika
– Arbeitslosenversicherung 795
– Krankenversicherung 794
– Nachweispflicht 791
– Pflegeversicherung 794

– Rentenversicherung 795
– Vor- und Nachpraktika 794 f.

Vorruhestand
– Arbeitslohnzahlungen 1044
– Hinzuverdienst 1044
– Vorruhestandsgeld 1045

Vorruhestandsgeld
– Vorruhestandsgeld 1045

Vorsorgepauschale
– Lohnsteuerabzug 569

W

Waldarbeiter
– Kirchensteuer 550
– Land- und Forstwirtschaft 549

Wegearbeiten
– land- und forstwirtschaftlichen Arbeiten 1047

Weiterbildungsleistungen
– steuerfrei 99

Werbungskosten 1051
– Arbeitnehmer-Pauschbetrag 1050
– Begriff 1050
– Freibetrag 400
– häusliches Arbeitszimmer 519
– Home-Office 519
– Home-Office-Tätigkeit 520

Werkspensionär
– Lohnsteuereinbehalt 773

Werksrente
– Altersversorgung 53

Werkstudent 946, 950
– 26-Wochen-Regelung 953
– Arbeitsverhältnisfragen 943
– befristete Beschäftigung 953
– Beitragsrecht 957
– Beschäftigung in Semesterferien 952, 954
– Beschäftigung während der Vorlesungszeit 951
– Beschäftigung während Zweitstudiums 956
– Fachhochschule 949
– Hochschule 948
– Rentenversicherung 958
– Sozialversicherungsfragen 947
– Studienaufnahme während einer Beschäftigung 955
– Werkstudentenprivileg 959

Werkzeuggeld
– Arbeitslohn 1053
– Steuerfreiheit 1053

Wertguthaben 397, 1057

Wertguthabenvereinbarung 1056 f.
– Entsparung 1058
– Kurzfristige Beschäftigung 1059

Wettbewerbsverbot/Konkurrenzverbot
– Nebenberufliche Beschäftigung 751

Winzereigenossenschaft
– Land- und Forstwirtschaft 549

Wöchentliche Arbeitszeit
– Nebenbeschäftigung 119
– Überschreitung 119

Wohnsitzfinanzamt 1063
– Begriff 1061
– Privathaushalt 1061
– Zuständigkeit 1061

Z

Zeitwertkonto 396, 1056

Zeugnis
– Aushilfskräfte 1064
– Teilzeitkräfte 1065

Zuflussprinzip
– Arbeitslohn 1069
– einmalig gezahltes Arbeitsentgelt 1070
– Lohn-/Gehaltsverzicht 1069
– Lohnverwendungsabrede 1069
– Mindestlohn 717

Zulagen 1071, 1073 f.
– Teilzeitkräfte/Lohngleichbehandlung 1072

Zusätzlichkeitsvoraussetzung 451
– Arbeitslohnzuschläge 106

Zuschläge 1071, 1073 f.
– Teilzeitkräfte/Lohngleichbehandlung 1072